Onésime Reclus

Hachette et Cie

Paul Brodard

LE PLUS BEAU ROYAUME

SOUS LE CIEL

ONESIME RECLUS

DU MÊME AUTEUR

A LA MÊME LIBRAIRIE

La Terre à Vol d'Oiseau
Un Volume in-8 Jésus, avec 116 Gravures et 10 Cartes. Broché. 12 fr.

En France
Un Volume, avec 250 Gravures et 21 Cartes. Broché. 8 fr.

Nos Colonies
Un Volume, avec 252 Gravures et 18 Cartes, Broché. 8 fr.

LE PLUS BEAU ROYAUME SOUS LE CIEL

Décrit par
Onésime Reclus

Édité par
Hachette et Cie

Imprimé par
Paul Brodard

PARIS, 1899

Tous droits de Traduction et de Reproduction reservés.

PREMIÈRE PARTIE

LA BELLE FRANCE

CHAPITRE PREMIER

NEC PLURIBUS IMPAR

I. LE COUPE-GORGE.
II II. EUROPE OCCIDENTALE ; FRANCE. II III. PETITESSE DE LA FRANCE. II IV. LE BELVÉDÈRE. II V. PERTE DE L'ALSACE-LORRAINE. II VI. PETITESSE AU DEDANS, GRANDEUR AU DEHORS.

LOUIS XIV avait pris pour devise : *Nec pluribus impar,* « sans égal, incomparable » ; il se croyait le plus grand des rois, le premier des hommes et peut-être plus qu'un homme.

Ce blason dont il n'était pas digne, nous le revendiquons pour la France.

I
LE
COUPE-
GORGE

Ce fut toujours une terrible misère que de vivre du côté de l'étoile du soir, au fond de l'Hespérie, tout au bout d'un monde, à la fin du plus grand des continents, à la dernière extrémité de la plaine immense partie de l'Asie centrale, au terme des grandes routes qui traversent l'Europe d'orient en occident. L'Ibérie est encore plus « hespérique », il est vrai, que la France, mais ses Pyrénées droites la protègent, et, nous, rien de farouche, rien de haut, de massif, d'escarpé ne nous défend dans les plates campagnes qui continuent jusqu'à toucher Paris le Steppe ou la Toundra d'Asie, la terre noire de Russie, les boues de la Pologne, les sables et les vases de la Germanie et des Pays-Bas.

Comme le dernier couloir d'un labyrinthe infini, là où toute fuite s'arrête devant une muraille d'*in pace*, le sol de France, barré vers le soleil couchant par des flots que l'homme ne domptait pas encore, a reçu, par fin de voyage, et dès avant les premières lueurs de l'histoire, tous les pèlerins du vieux monde, des familles, des tribus, des nations errantes, en route depuis des dizaines, parfois des centaines d'années ; et, sauf déversement en Espagne par les deux bouts de la Pyrénée (et aussi en Italie par les cols les plus faciles des Alpes), ces pèlerins se sont suivis, atteints, bousculés les uns sur les autres, tués et contre-tués dans des batailles presque toutes sans nom : car nous ne savons rien de nos ancêtres avant leur rencontre avec les Romains.

Mais bien avant ces « fils de la louve » et Julius, leur grand capitaine, que de froissements et d'écrasements, que de sang, depuis l'aurore de l'homme ! Et aussi que de Césars et de Césarions chez nous depuis ce Latin d'outrageuse mémoire, le massacreur sec, méthodique, qui faucha les Gaulois, les Belges, les Ligures, les Aquitains pour les vanités de son ambition, et non pour la grandeur du nom romain ou l'étendue de la « paix romaine » ! Après lui, avant lui, toujours, il a fallu se hérisser de dards, à l'orient, contre « l'invasion des Barbares ».

Par ironie du sort, l'irruption du « divin Jules », celle qui modela le plus fortement la Gaule et les Gaulois, n'arriva pas de l'est, par la plaine largement ouverte entre l'Ardenne et la mer, ou par-dessus les plateaux de cette Ardenne, ou par les cols bas des Vosges septentrionales ; elle nous vint d'où l'on ne l'aurait pas attendue, de l'Italie, par le très rude sentier de la Ligurie et par les Alpes Maritimes, par la Corniche, aujourd'hui si pacifique, avec ses fleurs, ses fêtes, ses plaisirs, ses guérisons et ses convalescences, et le jeu, dans ce qu'il a de plus mécaniquement aléatoire. De la Corniche, elle atteignit Marseille et remonta le Rhône.

De même, huit cents ans après, la plus terrible chevauchée que repoussèrent les hommes de la France non française encore, nous vint de l'outre-Pyrénée. Et c'est miracle si les enturbannés dont les yataghans, lames de Damas, buvaient tout le soleil épars dans le ciel, n'ont pas alors détruit en une seule journée l'œuvre de César et des Césars !

Ainsi jamais de repos : une tempête jamais apaisée à l'orient, de soudains et de terribles orages au midi, et nul refuge à l'occident, au septentrion, cernés par la mer grondante.

L'histoire a meurtri tous nos aïeux, et nos pères, et jusqu'à nous-mêmes, sur une terre continuement foulée jusqu'à ce jour, n'étant pas de celles où l'on passe en chantant, mais de celles où l'on s'arrête et où l'on piétine en un effort de lutte.

Cent fois nos destins ont été renversés. Et cent fois aussi notre race fut troublée dans sa genèse.

Déjà composée de dix, de vingt éléments, de cinquante peut-être, brusquement il lui arrivait quelque invasion d'un peuple armé en guerre, tantôt d'incorrigibles nomades, tantôt des sédentaires fuyant devant d'autres sédentaires ou devant des nomades. Et ces conquérants triomphaient deux fois des conquis, par la mort et par la vie : d'abord le meurtre des hommes, ensuite le rapt des femmes et des filles. Dès lors un sang nouveau se mêlait au sang composite; du pillard intrus au berger ou au paysan fixé dans le pays depuis des générations nombreuses, du petit au grand, du mince au trapu, du septentrional au méridional, tout s'unissait ainsi dans la paix d'après la guerre, et dès la guerre elle-même, au hasard d'une victoire, d'une défaite, d'un passage, d'une chevauchée, d'une fuite, d'un accueil ou bienveillant ou contraint. L'amour, la haine et la lassitude y contribuaient également.

Puis de nouveau le fer, la torche, la flamme, la Gaule saignée au flanc, le peuple forcé dans toutes ses familles, et la sève nationale encore une fois contrariée par la montée d'une sève étrangère.

Car, de mélange en mélange, il s'était fait un sang « gaulois », ou tout autre nom qu'on voudra; et ce sang persistait malgré tout, par les femmes, rarement massacrées et toutes ou presque toutes annexées par la race envahissante.

Ainsi durait toujours, mais incessamment transformée, la nation première, celle qui résultait des familles originairement établies en Gaule et qui, par croissance obscure derrière ses forêts, avait cessé d'être une tribu pour devenir un peuple capable d'absorber à la longue tous ses brutaliseurs.

Conformément à tant d'aïeux divers, héritière de tant de vertus comme de tant de crimes, la gent française garde sans doute, modifiés par le milieu, fixés par le temps, quelques-uns des caractères essentiels de la tribu primordiale, ou plutôt de l'ensemble des premières tribus procréatrices, qui nous resteront inconnues à jamais.

A côté de ces caractères communs, c'est une anarchie extraordinaire; toutes couleurs d'yeux, toutes nuances de cheveux, et tous les crânes, tous les fronts, tous les nez, toutes les bouches et dentures, et toutes les tailles : tels Français ressemblent à Don Quichotte, tels autres, et bien plus nombreux, à Sancho Pança; celui-ci est un géant, cet autre un pygmée, cet autre encore tient le juste milieu entre Goliath et Tom Pouce.

La France est donc par destination une contrée tragique; elle l'est aussi parce que le ciel lui fit, comme à l'Italie, le don

Le Plus Beau Royaume Sous le Ciel.

funeste de la beauté. La peuplade, le clan, la famille, personne n'a jamais recherché les gorges livides, les plaines glacées, les fanges froides, les plateaux pulvérisés par le soleil, les sables chassés par le vent, les déserts sans eau courante, les pins grêles au bord des étangs louches. On doit croire que souvent une horde orientale hésita, dans son milieu du continent, entre le nord qui mène à la Toundra, le midi qui mène au Steppe ; puis une nouvelle, arrivée de proche en proche, un vague ouï-dire, une légende la tourna vers le soleil couchant, vers le pays des belles prairies, des belles pluies fines, des belles rivières coulant à pleins bords au pied des collines boisées, terre de chasse, de pêche, et de joyeux festins.

II
EUROPE OCCIDENTALE ; FRANCE

L'Europe occidentale a toute supériorité dans le monde, et c'est d'elle que la terre entière se peuple et se gouverne. Harmonieuse en ses contours, partout le flot de vie, le flot océanique la pénètre, mer fraîche au nord et à l'ouest, mer chaude au midi ; tous ses pays ont autour d'eux ou devant eux l'éternelle rumeur de la vague, étant tous, soit un isthme entre deux eaux, soit une presqu'île, soit une île. Sauf quelques plateaux, quelques vallons ceinturés de montagnes, tous reçoivent de l'Océan les humides « vents de la Fontaine », et l'impluviosité n'y trace aucun désert.

La *France* est l'un des isthmes entre deux eaux de l'Europe « européenne ». Plus parfaite encore que ses voisines, moins froide que l'Allemagne, moins embrouillardée que l'Angleterre, moins grillée qu'Espagne ou qu'Italie, elle porte le mont majeur de l'Europe, et pourtant, grâce à Rhône, Saône, Seine et Garonne, on y passe plus aisément de l'une à l'autre mer : mieux que de la Baltique au Pont-Euxin à travers fanges de Pologne et roches des Carpathes ; mieux que de Hambourg à Venise outre les Alpes de Germanie, d'Autriche ; mieux que d'Atlantique à Méditerranée par-dessus tant de sierras et serras d'Espagne et de Portugal.

Du brumeux à l'éclatant, d'Ouessant à Menton et à Bonifacio, l'air ne nous dispense que des climats tempérés, et par faveur insigne, nous vivons aussi loin du Pôle que de l'Équateur.

Le 45e degré de latitude, celui qui marque la mi-distance entre la nuit de six mois et le jour égal à la nuit, tranche la France tout du large entre la mer des Landes et les Alpes briançonnaises : il passe sur les dunes littorales et sur l'étang de la Canau ; il traverse Garonne et Dordogne, flots fangeux, en amont de leur rencontre au Bec d'Ambès ; il franchit l'Isle entre Coutras et Libourne, la Vézère entre Montignac et les Eyzies, la Dordogne au-dessus de Beaulieu; il passe au midi du Plomb du Cantal et, laissant au nord Saint-Flour, coupe l'Allier en aval de Monistrol, la Loire en amont du Puy, le Rhône et l'Isère au-dessus de leur confluent; après quoi c'est l'éventrement des Alpes, où il traverse le Drac dans les monts au sud de Grenoble, frôle au septentrion les glaciers du Pelvoux et sort de France à l'est de Turin, vers les sources de la Durance, après avoir tranché dix départements : Gironde, Dordogne, Lot, Corrèze, Cantal, Haute-Loire, Ardèche, Drôme, Isère, Hautes-Alpes. Au nord de cette même ligne médiane il y a cinquante-sept départements tendant vers le Pôle, au sud il y en a vingt tendant vers l'Équateur.

Le lieu de la France le plus voisin du Pôle boréal, 51° 5′ 45″, est dans le Nord, à l'ourlet de la mer, à la plage de Ghyvelde, sur la frontière de Belgique.

L'endroit le plus voisin de l'Équateur, 42° 20, est dans les Pyrénées-Orientales, sur le territoire de la Manère, au sud-est de Prats-de-Mollo, sur la Bague de Bordeillat, crête de 1 550 mètres d'altitude d'où descend un torrenticule qui s'en va vers le Galdarès, affluent droit du fleuve du Tech.

Il y a donc un peu plus loin, environ 3° 26′, de la France à la ligne équatoriale que de la France au Pôle Nord.

Notre lieu le plus occidental, 7° 29′, c'est, devant la houle de l'Atlantique, la pointe de Pern, dans l'île d'Ouessant, que des flots orageux dévorent.

Avant les déroutes de 1870-1871 notre lieu le plus oriental était par 5° 45′ de longitude Est, en Alsace, dans le Bas-Rhin, là où la « Claire » (Lauter) s'engloutit dans le grand fleuve vert; c'est aujourd'hui 5° 18′, dans le département des Alpes-Maritimes, à l'est-nord-est du bourg de Saorge, sur la convexité d'une courbe de la Bendola, qui sépare ici la France du Piémont avant de devenir française par ses deux rives et de se perdre dans la Roya, fleuve de Tende et de Vintimille.

Quand midi sonne à Paris, il est 11 heures 30 minutes 4 secondes à la pointe de Pern, et midi 21 minutes 12 secondes à la courbe de la Bendola.

Ceci pour la France continentale, mais en tenant compte de l'île de Corse, notre lieu le plus méridional, c'est, par 41° 21′ 4″, la pointe d'un cap du détroit de Bonifacio; et le plus oriental c'est, par 7° 11′ 6″ de longitude Est, le maremmatique rivage qui regarde de loin la côte romaine de Civita-Vecchia et lorsque midi sonne à Paris, il est ici midi 29 minutes.

Voilà les points extrêmes de ce pays d'infinie variété, de

Le Plus Beau Royaume Sous le Ciel.

la Bretagne la plus sombre ou de la Normandie la plus verte en ses vallons d'églogue jusqu'aux Cévennes soleilleuses et à la pierre blanche ou rouge de Vaucluse, plus « italienne » que l'Italie.

III
PETITESSE DE LA FRANCE

Six cents, huit cents ans ont passé depuis l'éclosion des grandes cathédrales, depuis la belle époque de la langue d'oïl, quand elle n'était pas encore tout à fait notre langue française, quand le trouvère allait chantant de manoir en manoir « Douce France » et « Terre Major » chez les châtelains vêtus de fer; et nos hauts ou bas barons, leurs pages, leurs hommes d'armes s'émerveillaient d'être nés dans le plus vaste et le plus beau des empires de la Chrétienté.

Ces deux noms traversent nos poèmes de chevalerie et nos « romans » d'aventure, qu'ils parlent « de France, de Bretagne ou de Rome la Grand »; pour ces interminables conteurs monotones et monorimes, la patrie est toujours Douce France, le plus gai pays, et Terre Major, le plus grand royaume.

De nos jours, huit cents ans après la Chanson de Roland, la France est toujours la douce France, la terre charmante, l'honneur de la zone tempérée qui nulle part ailleurs ne mesure mieux le soleil et la pluie; c'est le verger des fruits, le cellier des vins, le grenier d'abondance et la patrie du plus gai des peuples.

Mais elle ne mérite plus le nom de Terre Major; ceux qui l'appelèrent ainsi ne connaissaient du monde que ce que les Romains en avaient connu, le tour de la Méditerranée et l'Europe jusqu'à la Pologne et aux plaines disputées par le Slave au Tartare.

Dans ce cul-de-sac de l'ancien continent, la France avait remplacé Rome en puissance morale; d'elle sortaient les poètes, les artistes, les architectes ou, comme on disait alors innocemment, les « maîtres maçons »; sa langue « délectable » rayonnait, et l'Angleterre, devenue depuis notre ennemie triomphante, était alors un satellite de la France, un pays français par sa cour, ses lois, ses tribunaux, ses livres; tandis que, sous le vain nom de Saint-Empire, l'Allemagne était un campement de barbares; que l'Italie saignait en tronçons; que l'Espagne luttait pour la vie, en trois mille batailles contre le Maure d'Afrique, maître des « alcazars » de la Péninsule.

Aujourd'hui la Moscovie dédaignée, la Russie, tient le quart du vieux continent; l'Angleterre déborde sur le cinquième du Globe; l'Allemagne a quinze millions d'hommes de plus que nous; l'Espagne a castillanisé d'immenses vice-royaumes émiettés depuis en républiques américaines, et le Portugal revit cent fois dans les serras brésiliennes et les campos du rio de Solimoens.

De Terre Majeure devenus Terre Mineure nous serons bientôt Terre Minime : le siècle approche où la France n'élèvera que le centième des habitants du Globe ; les fils de nos petits-fils le verront. Les Français de France seront alors à l'ensemble des hommes ce que la population de Lyon ou de Marseille est à nos 38 500 000 citoyens, ou ce que telle commune est à son département. Heureusement notre langue dépasse nos frontières et l'avenir verra bien plus de francophones en Afrique et peut-être aussi dans l'Asie et l'Amérique du Nord que dans notre vieille Europe.

Fatiguée de se retourner vers l'est toujours et toujours contre la poussée des peuples, comme le nageur menacé d'être brisé sur les rochers du rivage et qui coupe désespérément, l'une après l'une, les vagues venues de la haute mer, la France a tenté l'Occident : ce qu'elle ne pouvait faire, étant elle-même le couchant du vieux monde, qu'en passant l'Atlantique et en abordant à la rive orientale du Nouveau Continent ; elle a donc franchi l'Océan.

Et là, en Amérique, elle avait jeté les fondements, indestructibles, semblait-il, d'une autre et vingt ou trente fois plus grande France ; mais les pirates éternels, jusqu'à ce jour invincibles parce que leur île est inviolable, les Anglais ont sapé cet immense et magnifique édifice encore presque inhabité, et il n'en est resté qu'un vaste compartiment, le Canada des Laurentides où l'on parle français, mais où l'on est tellement serré par les Anglais qu'on peut y craindre la mort par suffocation.

Il n'y a pas toute une vie d'homme, « puisque les jours de nos années reviennent à soixante-dix ans, et s'il y en a de forts et de vigoureux, à quatre-vingts ans », il n'y a pas encore tout à fait quatorze lustres que, chassés de l'Occident, nous avons tenté le Midi.

Franchissant donc l'autre mer, en 1830, nous avons ajouté à nos vieilles et honorées provinces, à la Picardie, à la Normandie, à la Champagne, à la Bourgogne, d'autres provinces, plus vieilles encore historiquement et bien plus étendues, l'Algérie, l'Oranie, la Numidie, la république de Carthage ; puis nous avons annexé des peuples à ne pas les compter : des Oasiens du Sahara, des littoraux de l'Atlantique et de la mer des Indes, des continentaux du Soudan, des anthropophages du Congo ; des blancs, des bruns, des basanés, des cuivrés, des dorés, des noirs, des jaunes; des Berbères et demi-Berbères, des Ouolofs, des Peuls, des Bambaras, des Mandingues, des Bantous, des Hovas, des Sakalaves, des Annamites, des Cambodgiens, des Laotiens, des tribus géantes et des tribus naines, des hommes du verbe sémitique, des monosyllabisants et des polysynthétiques; une France extraordinairement mêlée, espoir ou déception de l'avenir.

Mais la vieille France, réduite à son dix-huitième d'Europe, est un très petit pays.

IV
LE BEL-VÉDÈRE

A moins d'une lieue au nord-est de Saint-Amand-Mont-Rond, un coteau sylvestre du département du Cher, qui est central en France, monte à 314 mètres, au-dessus de la vallée de la Marmande, riviérette accompagnée par le canal du Berry. Cette colline, argiles et grès du lias, porte la tour de Malakoff, bâtie à la gloire de l'armée qui força Sébastopol : on la nomme le *Belvédère*.

Du Belvédère, un homme qui marcherait devant lui sur la route idéale, sans détours, sans montées, sans descentes, sur le fluide chemin des oiseaux, ne resterait que cent cinquante lieues en France, et vers un seul horizon, la corne de la Bretagne; en tout autre sens, vers Bayonne, Port-Vendres, Menton, Belfort ou Dunkerque il atteindrait plus tôt la frontière. Et il n'y a même pas cent lieues en ligne droite entre le Belvédère et l'une quelconque de nos trois mers, Manche, Atlantique et Méditerranée.

Avant la venue de la Savoie, avant le départ de l'Alsace-Lorraine, la colline de la tour Malakoff passait pour le centre de la France, et elle est encore à peu près telle. De sa cime on devine dans le ciel, plus qu'on ne les voit, des lignes qui pourraient être des nuages et qui sont des montagnes : au nord-est le Morvan, au nord les collines de Sancerre, au sud les Dore, les Dôme, les monts de la Marche : il semble qu'on règne sur le monde, et pourtant l'on ne contemple qu'un lambeau de la France; or la France n'est pas même le neuf-centième du Globe, tous Océans compris.

V
PERTE DE L'ALSACE-LORRAINE

Il est vrai que le cyclone de 1870 nous a subitement enlevé un lambeau de nous-mêmes, devenu province allemande sous le nom d'*Alsace-Lorraine*; cette chair de notre chair nous était précieuse, l'amputation, presque mortelle, a laissé de vives douleurs après elle, mais nous en sommes à peine diminués : d'un trente-huitième comme territoire, d'un vingt-quatrième comme nombre d'hommes. Nous avons perdu, en ces jours néfastes :

Un département, le *Bas-Rhin*, vaste de 455 000 hectares : là nous avions la rive gauche du « Nil de l'Occident », de la « Coupe des nations », du fleuve embarrassé d'îles, le *Rhin* qui reçoit une rivière de plaine, l'*Ill*, grossie de cent torrents des Vosges; nous tenions le versant oriental de ces Vosges avec leurs sylves, leurs châteaux, pierre qui continue la pierre; là étaient Strasbourg, toujours fidèle; Schlestadt, place murée; Haguenau, qu'avoisine une immense forêt; Saverne, qui contemple des sapins; Wissembourg, que la Lauter sépare des Bavarois cisrhénans;

Le département du *Haut-Rhin*, sauf le petit pays qu'on appelle provisoirement le *Territoire de Belfort*; soit 350 000 hectares de moins; là nous avons perdu de vastes plaines, également sur l'Ill, et sur le Rhin qui, fuyant d'un flot prompt l'urne des Grandes Alpes, tourne de l'ouest au nord au-dessous de l'helvétique Bâle. Au couchant de cette plaine la « Vosge » dardait chez nous ses plus hautes cimes, à l'horizon de Mulhouse;

Près de quatre cinquièmes de la *Moselle*, environ 425 000 hectares; il nous en reste 112 000, à l'occident, sur les frontières de la Meuse; mais nous n'avons plus Metz « la Pucelle », Thionville, pleine de guerriers, l'imprenable Bitche, Sarreguemines; et la rivière dont Sarreguemines a son nom, la Sarre a passé de la France à l'Allemagne;

Près du tiers de la *Meurthe*, quelque 200 000 hectares; on nous en a laissé plus de 400 000, mais nous n'avons plus ni Phalsbourg, la « pépinière des braves », ni les vallons de la Sarre supérieure dans les hautes forêts de Dabo, ni la Seille qui s'en va, lente, sinueuse, endormie, vers la Moselle de Metz;

Enfin 21 500 hectares des *Vosges*, où les Allemands se sont contentés des vallons dont la Bruche emporte les eaux vers Strasbourg.

C'est 1 451 000 hectares de moins; et 1 600 000 hommes regardant vers Paris et dont on s'obstine à tordre la nuque rebelle pour tourner leur visage vers le soleil levant de Berlin, qui a déjà perdu le plus beau de sa rouge splendeur, depuis qu'il s'est levé dans le sang en 1866 et en 1870.

Ainsi diminués, nous restons à 53 689 100 hectares avec 38 500 000 hommes.

Quelle misère!

La terre sans les mers occupant à peu près 135 490 765 kilomètres carrés, nos 536 891 carrés de cent hectares n'équi-

Le Plus Beau Royaume Sous le Ciel.

valent qu'au deux cent cinquante-deuxième ou au deux cent cinquante-troisième du Globe, avec un quarantième seulement des « sublunaires » ! Notre domaine d'Europe, notre « France française » n'est que le cinquantième de l'empire anglais, le quarante-deuxième de l'empire russe (le dixième de la seule Russie d'Europe), le vingtième de la Chine, pas même le dix-septième des États-Unis, pas le seizième de la Puissance du Canada, pas le quinzième du Brésil, pas le cinquième de la République argentine !

C'est près de 24 millions d'hectares de moins que la Scandinavie, près de 9 millions de moins que l'Austro-Hongrie sans la Bosnie-Herzégovine, qui appartient à l'empire d'Autriche sans lui appartenir, par une des fictions de l'hypocrisie politique. A 360 000 hectares près, en moins, c'est l'étendue de l'empire allemand.

VI
PETITESSE
AU DEDANS,
GRANDEUR
AU DEHORS

Mais aussi quelle injustice de comparer la France à des empires « universels » comme le russe ou l'anglais, et non pas à la seule Russie ou à la seule Angleterre !

Il y a de par le monde un empire français. Nous sommes devenus peuple « impérial » au grand ébahissement des eunuques, et par surcroît des myopes, qui jugeaient séant de nous laisser moisir dans la prison d'Europe, la chaîne aux pieds, la corde au cou, l'œil fou de terreur au seul aspect de gardiens au poil roux !

Malgré eux, malgré nous, malgré tout — il faut toujours y revenir, car c'est le grand tournant de notre histoire, notre meilleure espérance, et notre seul salut — nous avons brisé le seuil de la geôle.

Peu à peu, dans le temps jadis, la vaillance des uns, la ruse ou la sagesse des autres, les hasards, les coups et contre-coups du sort avaient fini par répandre hors d'Europe, en Amérique, en Afrique, en Asie, en Océanie, le pouvoir d'abord si petit qui commença par batailler contre des hobereaux campés sur les collines du pays de Paris, chacun derrière ses fossés, à l'abri dans un donjon dont les murs avaient 3, 4, 5 mètres d'épaisseur.

Ce que les aventuriers et les politiques nous avaient gagné, nos gouvernants le perdirent par le malheur des guerres, et aussi par l'incohérence d'esprit, l'imbécillité pure ; surtout par la manie d'entasser les cadavres pour conquérir une bicoque, une tête de pont, un bout de vallée, alors que devant eux s'ouvraient de vastes mondes.

Mais voici qu'à partir de 1830 nous avons conquis, d'Alger

au Touât, de Tunis à Tlemcen, une Afrique qui continue la Provence, sous un climat semblable à celui qui dore les Albères, les Corbières, les Cévennes et les Alpines; et qu'à partir de 1871, de l'année qui prétendit nous effacer de la carte d'Europe, nous avons envahi délibérément une partie du « sublunariat ».

Si bien qu'aujourd'hui, avant la fin de ce xixe siècle qui nous vit réduits, en 1815, à une France diminuée, délabrée, désespérée, avec quelques villes, quelques îlots, quelques marais en Asie, en Afrique, en Amérique, nous possédons en îles grandes ou petites, en rivages d'océans, en vallées de fleuves immenses tels que Mékong, Niger et Congo, en terre d'exubérance et en Saharas fauves, en steppes, en brousse, en forêts vierges, une France Majeure, non encore arrivée à toute sa croissance, et déjà quinze fois grande comme France Mineure. En calculant à la diable, avant que notre empire soit accru de ce qui lui manque encore et lui reviendra fatalement (tout désastre définitif à part : car, qui peut conjurer le sort?), nous tenons au moins le quinzième du monde, le douzième en y comprenant « beaucoup de sahara », « beaucoup de terres légères », comme disait un Anglais ironique; nous sommes 90 à 95 millions d'hommes, de cannibale à boulevardier : du seizième au dix-septième des êtres doués de langage.

CHAPITRE DEUXIÈME

LES FRONTIÈRES

VII. FRONTIÈRE DU RHIN. ‖ VIII. LE NOM DE FRANCE. ‖ IX. FRONTIÈRE DE BELGIQUE ET DE LUXEMBOURG. ‖ X. FRONTIÈRE D'ALSACE-LORRAINE. ‖ XI. FRONTIÈRE DE SUISSE. ‖ XII. FRONTIÈRE D'ITALIE. ‖ XIII. FRONTIÈRE D'ESPAGNE. ‖ XIV. FRONTIÈRES MARINES.

VII
FRONTIÈRE
DU
RHIN

AINSI, la France s'étend au delà des mers, aux rives de la Méditerranée, de l'Atlantique, de l'Océan des Indes; vingt-cinq ans lui ont suffi pour déborder sur l'ancien monde, et mille ans ne l'ont pas amenée à la rive gauche du Rhin passionnément désirée; elle ne l'a possédée, cette rive, que sur le moindre de sa longueur, en Alsace, et pas même pendant deux cents ans. Or, la Gaule confrontait à ce grand fleuve vert.

Nous n'allons plus qu'aux Ardennes, aux Vosges, ayant ainsi perdu de notre héritage gallo-romain les millions d'hectares devenus Belgique, lambeau de Hollande, Luxembourg, Prusse rhénane, Palatinat de Bavière, Alsace-Lorraine. Certes, de bien beaux et bien riches pays, et des peuples bien vivaces!

Et pourtant, qui dira jamais la profondeur du fleuve de sang qu'a fait couler cette frontière, fleuve où se mêlaient deux rivières ennemies? « A quoi bon tant de sang rouge? » comme dit le poète germain quand il demande avec amertume ce que gagna l'Allemagne à la triple journée de Leipzig. Pour nous, hommes des Gaules, c'était une œuvre de néant que de tenter d'unir à la France les Cisrhénans, qui ne sont Français ni par le vœu ni par le langage.

CHAPITRE DEUXIÈME — *La Belle France.*

Sans doute : mais les agressions qu'on nous reproche comme autant de hautes félonies, de basses injustices, d'assauts contre le droit, étaient aussi, par un côté, du droit, de la vérité, de la justice. Contrepoussée de l'Ouest à la poussée de l'Est, en attaquant le Rhin, le Danube, le Main, et la lointaine Elbe, et l'Oder plus distant encore, elles sauvaient la Seine, et la Saône et la Loire et le Rhône et la Garonne et l'Adour. L'incendie du Palatinat répondait à mille et trois villages ars jusqu'à la pierre, du fait des Germains, des Slaves et des Tartares de la grande invasion, puis des Hongrois, des Allemands, des Suédois et de tous les « guerriers » partis de ce dur Orient qui nous envoie le vent froid, la neige, les fléaux, les Barbares.

C'est ici, ou jamais, l'histoire de : « A Corsaire, Corsaire et demi ! » ; ou peut-être, les récits vrais à la main, s'il est de vrais récits, celle de : « A Corsaire et demi, Corsaire ». Qui sait si nous n'avons pas moins péché comme vainqueurs, en toute arrogance, que souffert comme vaincus, et les dents serrées ?

Les conquérants se valent à peu près, avec plus de cruauté méthodique sur l'autre rive des ondes, que ce soit l'eau qui coule, comme le Rhin, ou l'eau qui s'enfle et s'échappe d'elle-même comme la Manche.

VIII
LE NOM DE FRANCE

Donc, réduite, vers l'est, à de moindres frontières que la Gaule, la France a reculé derrière l'Ardenne et la Vosge.

Au fait, puisque c'est la Gaule, pourquoi l'appelle-t-on la France ?

Ce nom lui vient du dehors, non seulement hors de la France d'aujourd'hui, mais hors de la Gaule antique dont la frontière avec les mouvantes peuplades de la Germanie était le fleuve du Rhin, alors bien plus naturel, plus raboteux, plus distendu en graviers, en bras, en marais. Maintenant il est discipliné à la prussienne.

Semblables à toutes les nations, même les plus étourdies d'elles-mêmes, de leur « sang », de leur « race », de leur « être » original, essentiel, de leur aristocratie d'origine sans tare, nous sommes nés d'un entremêlement de familles dont la première, celle qui forma la trame intime, l'âme, l'esprit, la conscience de la nation, fut une obscure tribu dans les bois, parmi les marais, sur le sol que foulèrent ensuite des peuples oubliés, puis des nations historiques.

Parmi ces nations il en est deux qui, visiblement, versèrent peu de sang dans l'artère française ; de ces moindres ancêtres nous tenons pourtant notre langue et notre nom — aux

Le Plus Beau Royaume Sous le Ciel.

Romains nous devons un clair idiome sorti de la pourriture des mots latins; à des Germains, aux Francs, le nom de France et celui de Français.

Quand l'Empire romain tombait d'un effondrement général, de Rome, dès longtemps caduque, jusqu'aux limites les plus reculées du monde latin (et aussi du monde grec), une tribu de Germains pillards avait ses campements dans la brumeuse région des bouches du Rhin, au voisinage de la mer du Nord, sur l'Ijssel ou Yssel, alors appelé Sala : d'où le surnom de Saliens porté par ces Allemands qui se rattachaient à la Confédération des *Francs*.

Ces compagnons à la hache lourde, appelée d'après eux la francisque, quittèrent un beau jour leurs plaines tourbeuses, qui sont à cette heure la Gueldre et l'Over Ijssel, provinces néerlandaises; de plateau en plateau, de rivière en rivière, souvent vaincus, plus souvent vainqueurs, ils traversèrent la Belgique plate, au nord de la Belgique bombée, puis ils arrivèrent à ce qui est aujourd'hui France et régnèrent (très petitement) à Cambrai, qui est riveraine de l'Escaut; après quoi, ils passèrent de l'Escaut à l'Oise, ensuite à l'Aisne, et s'établirent à Soissons; enfin, en l'an 493, un de leurs chefs les plus sanglants, Clovis, s'empara de Lutèce ou Paris, ville gallo-romaine où les Francs apprirent, très lentement, le latin; ou plutôt le roman, car la langue de la ville aux Sept collines tendait déjà de longtemps vers ce qui devint l'idiome de la montagne Sainte-Geneviève et de l'université de Paris.

Lutèce était la reine du petit pays de France ou d'Ile-de-France, ainsi appelé depuis que les Francs y dominaient sur la Seine, la Marne, l'Aisne et l'Oise. Peu à peu ce nom, grandissant avec la puissance des rois parisiens, annexa de grands territoires où le sang des Francs ne s'était aucunement mêlé à celui des Gallo-Romains.

Et ce nom de France, consacré par le temps, par l'histoire, par la prose ou les vers, couvre à cette heure tout le pays compris entre la Belgique, l'Allemagne, la Suisse, les Alpes, la Méditerranée, les Pyrénées, l'Atlantique, la Manche et la mer du Nord. Sous une autre forme, Franken, ou, comme nous disons, Franconie, il vit aussi chez les Bavarois, dans le pays calcaire, prolongement de notre Jura, qu'habitent les descendants d'autres tribus franques : du Rhœn, mont de basalte, au Main, rivière prodigieuse en détours; du Main à Nuremberg; et de Nuremberg au Danube.

Par bonne fortune, nous ne sommes pas campés au milieu des terres, semblables par exemple au Magyar qui ne connaît que le vent de la Montagne et le vent du Steppe, l'un chargé de neige, l'autre de poussière (et ni l'un ni l'autre de la douce rudesse, de la fraîche tiédeur, de la bienheureuse humidité des brises du grand large); ou comme les Russes du Tchornoziom, de la Terre Noire qui ne foulent pas seulement du pied ce sol de boue séchée mais qui l'aspirent à chaque haleine, en particules ténues, sous un soleil de plomb non tempéré de nuées : car si la vague est là, tout au bout de la pulvérulente plaine, cette vague, soit Pont-Euxin, soit Caspienne, est une trop petite Méditerranée pour un si vaste steppe.

Donc nous ne campons pas entre terres, mais entre terres et mers, et quelles mers! Atlantique et Méditerranée, celle-ci nous montrant tout près de nous l'Afrique et l'Asie, celle-là nous ouvrant la route des lointaines Amériques!

C'est de quoi les Français n'ont pas assez profité; dans leur longue erreur, ils ont préféré, et d'aucuns sans doute préféreraient encore se jeter en désespérés contre nos 500 ou 600 lieues de frontières terrestres, au lieu de tendre chaque jour à dompter un peu plus la nature africaine, à pacifier l'Arabe et le Noir, à renouveler vingt fois la France au delà des flots qui retentissent.

IX
FRONTIÈRES
DE BELGIQUE
ET DE
LUXEMBOURG

Prenons la « terre de los et d'honneur » à son plus extrême septentrion, à son ajustement avec la grande plaine d'Europe, au rivage de la mer du Nord, à l'est-nord-est de Dunkerque, ville qui aurait donné le jour à nos plus hardis marins, s'il n'y avait quelque part en Bretagne une cité du nom de Saint-Malo.

Ici commencent nos 550 kilomètres de frontière avec la Belgique (ces lignes de séparation étant infiniment onduleuses on n'en peut donner la véritable longueur, le développement exact, complet, sans négligence d'aucune courbe, d'aucun angle, même infinitésimal).

Ni mont, ni rivière, ni désert, ni forêt ne séparent les deux pays; la limite franco-belge est essentiellement conventionnelle, en même temps que mémorablement absurde. Une plaine, une colline, un marais, un ruisseau, des bois, des haies, des champs, des rues et ruelles, des villages, des hameaux commencés chez nous finissent chez les Belges; et des deux côtés de la ligne arbitraire on parle également les mêmes langues — d'abord le flamand, la plupart des familles du pays de Dunkerque et d'Hazebrouck usant encore de ce dialecte bas-allemand (et de plus en plus du français), comme le font également leurs voisins d'outre-frontière; puis, où s'arrête le flamand,

Le Plus Beau Royaume Sous le Ciel.

c'est le français qui règne, aussi bien en Belgique, dans le Hainaut, la province de Namur et le Luxembourg belge que dans nos départements du Nord, de l'Aisne, des Ardennes et de Meurthe-et-Moselle.

A 13 kilomètres de Dunkerque, à gauche de Furnes, ville belge, la grande république et le petit royaume se séparent sur un estran sablonneux, côte droite, importueuse, battue des vents du Nord; la ligne divisoire traverse d'abord une demi-lieue de dunes basses, puis 1 500 mètres de plaine, puis encore quelques centaines de mètres d'un second cordon de dunes parallèle au premier; après quoi elle coupe des moeres, nom qu'il faut prononcer *moures* : il est flamand, et en flamand comme en hollandais, *ou* s'écrit *oe*. Ces moures sont des marais transformés en plaine féconde par un entre-croisement de *grachts*, c'est-à-dire de fossés et contrefossés; et bientôt, aux moures succède une campagne très basse, mais qui n'est pas palustre, un plan très bien cultivé, très peuplé de hameaux qui ont souvent vu la guerre; là, chez nous, mais tout à côté du Belge, la ville d'Hondschoote fut le pivot d'une bataille où les Français culbutèrent les Anglais (1793), un 8 septembre, donc un avant-anniversaire de la prise de Sébastopol.

Arrivée au fleuve Yser, ruisseau banal, la frontière le franchit, puis remonte son affluent l'Ey Becque, dans des champs qui n'ont même pas 20 mètres au-dessus de la mer du Nord, éloignée pourtant de 25 kilomètres; mais la montagne est tout près, ce qu'en Flandre on appelle montagne, ailleurs taupinière; cette montagne ou taupinière, mont très humble, mais taupinière gigantesque extraordinairement majorée par son isolement dans la plaine, ce Catsberg ou Mont des Chats (158 mètres), la ligne de divorce le laisse à la France, couronné de son couvent de trappistes de Notre-Dame du Mont; puis elle nous attribue les villes de Bailleul et de Nieppe, celle d'Armentières, grosse villasse industrielle où dort un tributaire de l'Escaut, la Lys, empoisonnée par les résidus des fabriques; et l'on est toujours en plaine basse, à 15 ou 20 mètres d'altitude.

La Lys serpente entre les deux pays, France à droite, Belgique à gauche, pendant 28 kilomètres, dans la direction du nord-est, par Houplines, Frelinghien, Deulémont, et par Warneton, Comines et Werwicq, trois cités divisées chacune en deux villes « ennemies » par la rivière, une ville belge, une ville française. Puis le trait de frontière se remet à courir les champs, « au petit bonheur », au hasard d'une route, d'un sentier, d'un fossé, de rien du tout; il nous attribue Halluin et la puissante Tourcoing et Roubaix, plus puissante encore, qui, au vrai, ne sont qu'une seule et même foule de 200 000 âmes.

Puis, il erre de çà de là dans les plaines du Tournaisis, par où les Francs-Saliens envahirent la Gaule romaine, plaines renommées pour maintes batailles dont les plus illustres sont chez nous, à 6 kilomètres de la limite, *Bouvines* (1214), qui assura l'indépendance de la France contre l'Allemagne; en Belgique, près de la rive droite de l'Escaut, en amont de Tournai, Fontenoy (1745), qui fut une défaite dure de coalisés insulaires et continentaux, les Anglais en tête, cela s'entend toujours.

Cet Escaut, français par ses humbles origines, puis wallon par son expansion subite en magnifique estuaire et son entremêlement final avec les bouches de la Meuse et du Rhin, le tracé divisoire l'atteint à trois lieues en amont de la ville belge de Tournai, à une lieue et demie en aval de la ville française, bien moindre, de Saint-Amand-les-Eaux. Au delà dudit fleuve qui n'est encore ici qu'une rivière de 20, rarement de 25 à 30 mètres d'ampleur, à moins de 10 mètres au-dessus des mers, les deux États s'ajustent au long d'un cordeau idéal, noble qualificatif répondant ici à l'adjectif beaucoup moins noble de conventionnel.

Ce cordeau laisse à la France la ville de Condé, puis passe à une dizaine de kilomètres à l'est de Valenciennes, ensuite à 6 kilomètres au septentrion d'une cité déchue, *Bavai*, plus que modeste chef-lieu de canton du département du Nord après avoir été la capitale de la nation gauloise des Nerviens, la *Bagacum* ou la *Bavacum* des Gallo-Romains; semblable à tant d'autres cités fondées ou organisées et accrues par le peuple-roi, Bavai n'occupe point un site « fatal », sur une grande rivière, dans un lieu de passage forcé; elle couvre une colline, au-dessus d'un ruisselet, mais des routes droites s'y croisaient vers quatre horizons.

Cette frontière capricieuse, « monumentalement » imbécile, traversant plus de ruisseaux qu'elle n'en suit, coupant des villes, des bourgs, des hameaux, des maisons en deux (pour la joie et la facilité des contrebandiers), traverse au nord-est et près de Bavai le champ de bataille de *Malplaquet*, où la défaite des Français (1709) fut terrible, presque décisive; puis de crochet en crochet, de courbe en courbe, on peut dire d'erreur en erreur, elle tombe sur un tributaire droit de la Meuse, la Sambre, qu'elle croise entre Jeumont (France) et Erquelines (Belgique), à 123 mètres d'altitude.

On n'est plus ici dans la plaine flamande, et l'on a passé aux collines du Namurois par les coteaux du Hainaut, avant d'atteindre les monts et plateaux des Ardennes et du Luxembourg, leurs « fagnes » ou fanges, hautes plaines schisteuses, froides, marécageuses, boueuses. La ligne de frontière y arrive non loin de la traversée de la Sambre. Elle donne aux Français Solre-le-Château, Trélon et sa vaste forêt, la très manufacturière Fourmies, coupe l'Oise à 220 mètres environ d'altitude, puis la remonte sur 3 kilomètres, dans une région d'étangs, de grandes sylves, à la lisière septentrionale de la forêt de Saint-Michel, suivie à l'est, au long de la frontière, par celle de Signy-le-Petit ; cette future rivière de l'Ile-de-France n'est par ici qu'un filet d'eau brune encore tout rapproché de ses sources.

A 7 lieues à l'est de cette rencontre de l'Oise, sur son maussade plateau, si humidement froid en hiver, Rocroi n'est qu'à 9 kilomètres au midi de la délinéation franco-belge, à près de 400 mètres au-dessus des océans. Autour de cette ville, qui n'est pas beaucoup plus qu'un village, l'Espagne perdit en 1643, par une victoire du Grand Condé, sa meilleure infanterie, sa primauté, son prestige en Europe.

A travers les bois épais de l'Ardenne, grands restes d'une sylve qui fut absolument immense, comme une futaie d'Afrique ou d'Amérique, le tracé de séparation tombe presque sur la rive gauche de la Meuse, à côté de Fumay, mais là même il s'écarte du fleuve et, se poursuivant sous arbres ou dans les clairières, sur les collines ou dans les ravins étroits, ne va traverser ladite Meuse qu'à plus de 20 kilomètres au nord-nord-est, en aval de Givet, par une centaine de mètres au-dessus du niveau général. Et ensuite la frontière tourne brusquement au sud, pour suivre à l'est, à distances variables, et souvent de près, le val de Meuse, comme elle vient de la suivre à l'ouest, de Fumay au delà de Givet — singulière délimitation qui enfonce notre territoire en pleine Belgique, ainsi qu'un fer de lance aigu, aux deux côtés de l'eau de Verdun, de Sedan, de Mézières-Charleville.

La ligne coupe la Houille, tributaire droit de la Meuse ; elle gravit la Croix-Scaille, culmen des Ardennes françaises ; elle croise la Semoy, merveilleusement pure, vive, sinueuse ; elle suit cette Semoy, « honneur du Luxembourg », tantôt loin, tantôt assez près de sa rive gauche, pour s'en écarter au delà de Bouillon, ville féodale du Luxembourg belge, l'atteindre presque à nouveau près de Florenville (Belgique), longer des crêtes, se terrer dans des bas-fonds où coulent des riviérettes du bassin de la Chiers, affluent de la Meuse comme Houille et Semoy, accompagner un moment la rive de cette Chiers, se reperdre dans le dédale des bois, des coteaux, des gorges, passer à moins de 2 kilomètres au nord de Longwy ; enfin elle arrive aux lieux où elle cesse de séparer deux peuples égale-

DEUXIÈME — *La Belle France.*

ment francophones, de s'insinuer honteusement, on peut dire, sans rien de loyal, rien de visible, entre des Français et des Wallons, hommes de même verbe ; elle a fini de dire aux Belges : « Vous n'êtes pas des fils de France », et elle serpente entre la France et le grand-duché de *Luxembourg,* où vivent des gens de langue allemande. Ce Luxembourg ne relève officiellement de personne, mais il est très petit (258 700 hectares, 211 000 habitants), et par cela même craint sa voisine l'Allemagne, qui le revendique au nom du principe : *So weit die deutsche Zunge klingt!* Et vraiment, abstraction faite des souvenirs communs, de certaines conformités de sentiments et d'affinités électives, ce principe vaut mieux pour la délimitation des peuples que tout le bric-à-brac historique et toute cette sagesse et prudence de chancellerie dont sont issues les inconcevables folies du bornage franco-belge.

Avant 1870, nous nous séparions du Luxembourg par une longue ligne sinueuse, généralement anti-naturelle, qui allait de la Chiers supérieure (à l'ouest) jusqu'à la rive gauche de la Moselle à sa sortie de notre département de la Moselle (à l'est) ; mais, depuis que nous avons perdu presque tout ce département, et que la France se divise de l'Alsace-Lorraine dans la région des sources de l'Alzette, rivière centrale du Luxembourg, nous ne confrontons plus avec les Luxembourgeois que pendant trois lieues de poste ou un peu plus.

X
FRONTIÈRE D'ALSACE-LORRAINE

Alors commence notre frontière avec l'Allemagne, en province d'*Alsace-Lorraine* ; limite souvent infidèle au principe invoqué par les Allemands: « Aussi loin que sonne la langue des Deutsch ». Car les vainqueurs à trois contre un ont planté les bornes de séparation tantôt à la limite même des langues, et tantôt en pleine francophonie.

Entre les deux grandes nations la nouvelle ligne de divorce — Nouvelle? Est-ce à dire, puisqu'elle a déjà vingt-sept-ans ! — serpente d'abord sur des plateaux calcaires de 300 à 400 mètres d'altitude. Elle semble tracée au hasard, mais ce n'est qu'une apparence ; telle que les Allemands l'ont imposée, elle est délibérément « scientifique », ce qui veut dire ici : stratégique ; elle nous laisse le bourg d'Audun-le-Roman, la ville de Briey ; elle franchit l'Orne de Woëvre par quelque 172 mètres au-dessus des mers et va se tordant et retordant comme au hasard sur les champs mortuaires des batailles de Metz ; Mars-la-Tour est resté française, Gravelotte, Rezonville, Vionville sont devenues « alsaciennes-lorraines » ; Metz est maintenant en

Le Plus Beau Royaume Sous le Ciel.

« Allemagne », à 3 lieues du lieu le plus rapproché de la ligne « franco-allemande ».

La Moselle, la belle rivière vosgienne, est coupée par le tracé « imposé » à 10 kilomètres en aval de Pont-à-Mousson, à côté de Pagny; et le fossé idéal de séparation monte sur les collines d'entre la Moselle et la Seille messine, puis descend à cette riviérette serpentante, si molle en sa vallée sans pente où la moindre pluie l'étend sur les prés; il l'atteint à 2 lieues au nord-est de la ville des Mussipontins, il la suit un peu, il la franchit pour la laisser à la France par les deux rives sur 22 à 23 kilomètres, en aval et en amont de Nomény; puis il la refranchit : la Seille devient alors limite entre les deux peuples durant 7 à 8 lieues, jusqu'à 6 ou 7 kilomètres de Château-Salins, petite ville maintenant germaine. Après quoi les poteaux de séparation sont plantés sur le massif d'entre la Seille et le Sanon, qui est un tributaire de la Meurthe accompagné par le canal de la Marne au Rhin; ils se suivent entre Arracourt, resté terre de France, Vic, Moyenvic, Marsal, devenus terre d'Alsace-Lorraine; ils croisent ledit Sanon, ledit canal et s'en vont en ligne sinueuse vers Avricourt, station double du chemin de fer de Paris à Strasbourg, avec gare française et gare allemande. De là, ils montent, ils descendent en forêt ou clairière, sur un plateau mamelonné, avec lueurs d'étangs, ils s'approchent de la Sarre Blanche, l'une des composantes de la Sarre, mais ils ne l'atteignent pas; puis, entrant dans la montagne des Vosges, ils se dissimulent sous les grands arbres des sylves du vieux pays de Dabo, sur la tranche du faîte entre Sarre et Vezouze, celle-ci rivière de Lunéville et feudataire de la Meurthe. De cette crête ils dévalent sur la Plaine, torrent tributaire de la Meurthe, ils attribuent à l'Allemagne le Donon, l'une des montagnes majeures de la Vosge septentrionale, et se développent ensuite sur des « hautes chaumes », des dômes et ballons, des arêtes, sur des pelouses ou dans des sapinières, le long du toit des eaux entre le Rhin par l'Ill à l'est, la Moselle à l'ouest. Du commencement de la frontière d'Alsace-Lorraine jusque par ici la séparation, soit purement artificielle, et visible seulement à des poteaux, soit artificielle à demi le long d'un ru, d'une rivière, d'une croupe de colline, a le défaut capital, le plus grave de tous, de n'avoir aucun égard à la langue des habitants : sur ces 60 lieues on parle français des deux côtés de la limite. A partir des environs du Donon, le divorce des peuples contraires n'a plus ce caractère purement conventionnel; il se fait (sauf menues exceptions) conformément au divorce des eaux, et (sauf exceptions encore) conformément au divorce des langues : à l'ouest ce sont des Francophones, à l'orient des Germanophones ; seulement les exceptions profitent à l'Alsace-Lorraine, pays d'empire, et les villages de langue française situés sur le versant d'Alsace, dans le haut de la vallée de la Bruche (tributaire de l'Ill à Strasbourg même) comme dans le haut de la vallée de Sainte-Marie-aux-Mines et de la vallée de la Poutroye, ont été dévolus à l'Allemagne.

Cette délinéation rationnelle, ou à peu près, dure pendant une trentaine de lieues, par delà les sources de la Meurthe, de la Moselle, de l'Ognon, de la Savoureuse, à peu près jusqu'au bout de la Vosge ; et quand celle-ci s'abat brusquement sur les alluvions quaternaires de la Trouée de Belfort, entre Vosges au nord, Jura au sud, le tracé redevient arbitraire, en même temps qu'irrespecteux de la langue parlée ; il se disperse deçà delà dans les plaines boueuses, coupant des riviérettes ou les accompagnant, tranchant des villages en deux ; il passe à 11 kilomètres à l'orient de Belfort, croise à Montreux le Saint-Nicolas que son autre nom de Bourbeuse rattache bien plus intimement aux campagnes terreuses qu'il parcourt. Aussitôt après la Bourbeuse, il traverse le canal du Rhône au Rhin ; de là 5 lieues encore, de ru en ru, dans des bois, à côté d'étangs, sur ces mêmes alluvions ; enfin contact avec la roche oolithique du Jura et terme de la frontière inacceptée, longue d'un peu plus de 100 lieues.

XI
FRONTIÈRE
DE
SUISSE

La France et l'Helvétie se frôlent par des lignes conventionnelles, coupant ou suivant sans raison les chaînes du Jura ; sur ces chaînes, sur leurs plateaux froids, dans leurs gorges où l'eau de roche est bleue, en Suisse comme en France, on n'entend qu'une joyeuse langue, la nôtre. Le tracé s'en va, cahin-caha, tantôt vers l'ouest, en empiétant sur la France, tantôt vers le sud, et la résultante générale est le sud-ouest ; il franchit la rivière de Montbéliard, l'Allaine, en amont et près de Delle, qui est à nous, il longe la rive droite du Doubs, d'assez près, de fort haut, du plateau d'oolithe, la sinueuse rivière à l'eau de cristal sommeillant à 300, à 400 ou 500 mètres plus bas dans ses cluses ; il traverse ce Doubs, puis le retraverse à 6 ou 7 kilomètres plus loin, dans la singulière presqu'île allongée qu'il forme en se coudant si brusquement qu'au lieu d'aller rejoindre le Rhin à Bâle, il va se perdre exactement à l'opposé dans la Saône en amont de Châlon.

Ensuite c'est le Doubs lui-même qui coule pendant 45 kilomètres, entre les deux contrées, merveilleusement beau dans

Le Plus Beau Royaume Sous le Ciel.

son couloir de solennelle profondeur, entre rochers et sapinières, qu'il soit immobile comme dans son lac de Chaillexon, ou croulant et furieux comme à son fameux saut, ou bruyant à mille rapides.

Plus loin, le Doubs étant de Jura français par ses deux rives, le cordeau de démarcation s'allonge et quelquefois s'embrouille sur le haut plateau, à travers monts et ravins ; il passe à moins de 7 kilomètres de Pontarlier, puis tout près de Jougne, deux villes, qu'il nous laisse, tandis qu'un peu plus loin il attribue à l'Eidgenossenschaft ou Confédération la superbe source de l'Orbe et le lac de Joux dont cette Orbe ramène à la joyeuse lumière les eaux enfouies dans la nuit des entonnoirs ; il partage entre les deux nations la cime du Risoux (1 428 mètres), met en France le lac des Rousses, première origine de la susdite Orbe, met en Suisse la Dôle (1 681 mètres), atteint au delà des sources de notre Valserine la rivière des brillantes fontaines de Divonne, la Versoix, qui devient limite presque jusqu'à son embouchure dans le Léman ; après quoi la frontière effleure la française Ferney, que Voltaire fit si célèbre, elle s'approche de Genève jusqu'à une petite lieue, elle atteint le Rhône, le suit pendant 3 lieues, le traverse par moins de 350 mètres au-dessus des mers, à 10 kilomètres en amont du Fort de l'Écluse, et changeant absolument d'horizon, prend son orientation vers l'est, puis le nord-est pour aboutir à la rive méridionale du Léman, à 13 kilomètres au nord-nord-est de la « Rome des Calvinistes ».

Et alors c'est le beau lac, c'est la « mer bleue » qui brise les rais du soleil entre la France au midi, la Suisse au nord, devant Yvoire, Thonon, Évian, Meillerie, jusqu'à Saint-Gingolph : cette rive française du Léman se développe sur 55 kilomètres.

De Saint-Gingolph, voisin de la grève où le Rhône, flot violent, bourbe impure, descend dans l'indigo profond du lac, la limite gagne le Mont Blanc par les crêtes qui séparent deux pays de parler français : à l'orient la vallée du Rhône supérieur, à l'occident la Savoie ; elle se dirige ici vers le sud, elle suit la coulière de la Morge, affluent torrentueux du lac de Genève, puis assez exactement le toit des eaux entre le haut Rhône à l'est et la Dranse de Savoie à l'ouest ; ensuite, au delà de cette « aigueverse » de plus ou moins de 2 000 mètres d'altitude, elle se heurte à des Alpes de 3 000 mètres, cuirassées de frimas « vieux comme le monde », qui pourvoient soit le Rhône valaisan, soit l'Arve, et elle arrive enfin aux Aiguilles du Mont Blanc.

Ce géant de l'Europe a chez nous sa pointe suprême, mais trois nations, la France, l'Italie, la Suisse, ont part à la sérénité de ses neiges ; toutefois, ses montagnards, quelle que soit leur vallée, au sud comme au nord, à l'est comme à l'ouest, n'ont d'autre idiome que le nôtre.

La pointe de ce massif souverain où finit le rampement de la limite franco-suisse, long d'environ 100 lieues, a pour nom le Mont Dolan (3 830 mètres), à la tête du superbe glacier de l'Argentière : alors commence la limite italo-française.

XII FRONTIÈRE D'ITALIE

Du Mont Blanc aux monts d'où naît le Var, la frontière entre la France et l'ancien Piémont est irréprochable comme obstacle, puisqu'elle sépare de ses pics hautains deux natures, deux climats, deux bassins, celui du Rhône et celui du Pô. Au Rhône l'Arve, l'Isère avec son Arc, la Durance ; au Pô la Doire d'Aoste ou Doire Baltée, l'Orco, la Doire de Suse ou Doire Ripaire, le Cluson, la Stura. Mais ce n'est pas partout une barrière morale, puisque diverses vallées italiennes par leur versant ont conservé l'usage du français : tel ce val de la Cenise où passe le chemin de fer de Paris à Turin, à sa sortie du tunnel des Alpes.

Au delà des sources de la Tinée, affluent du Var, les limites se brouillent; elles ne suivent plus fidèlement la chaîne; tracées à l'avantage de l'Italie, elles ne daignent pas profiter d'une arête de 3 000 mètres d'altitude et laissent au Piémont les têtes de plusieurs torrents ; nous ne possédons ni les sources de maints tributaires gauches de la Tinée, ni celles des courants qui composent la Vésubie dont Nice et sa banlieue consomment les eaux par un canal, ni celles de la Roya, fleuve dont nous ne tenons pas non plus l'embouchure.

C'est entre la française Menton et l'italienne Vintimille que la frontière atteint la Méditerranée, après avoir séparé les deux « sœurs latines » durant 125 lieues.

Le Pont Saint-Louis regarde à peu près à travers la Méditerranée la ville franco-africaine de Bône. A un peu moins de 100 lieues au sud-ouest de ce pont, vis-à-vis de la brillante Alger, la plus bleue des mers nous abandonne, au pied des Pyrénées, pour aller, câline aujourd'hui, demain furieuse de cers ou mistral, baigner les caps orientaux de l'Espagne.

XIII FRONTIÈRE D'ESPAGNE

De la Méditerranée à l'Atlantique, jusqu'au Chouldocogagna, qui règne sur l'heureuse plage d'Hendaye, les Pyrénées nous divisent de l'Espagne, et souvent très mal.

Au lieu de se tenir inflexiblement sur l'arête aiguë, sur le « fil de rasoir », la frontière chevauche souvent deçà delà, tantôt en France, tantôt en Espagne, selon que les bergers de l'une ou de l'autre nation ont de temps immémorial la jouissance des pâturages sur les deux versants de la montagne ; c'est pourquoi nombre de rivières françaises ont leur source en Espagne, et nombre de torrents espagnols commencent en France.

Il est un fleuve essentiellement français : il attire les eaux du versant nord des Pyrénées centrales, il baigne Toulouse et Bordeaux, il reçoit le flot de marée par le plus grand de nos estuaires ; on le nomme Garonne, et, dans son estuaire, Gironde ; il semblerait que ce fleuve doit naître où il grandit et meurt, en France ; pourtant ses gorges natales du val d'Aran sont une terre espagnole de 55 000 hectares, isolée de l'Espagne par les Pyrénées les plus hautes.

Inversement il est une rivière aussi espagnole que possible, la Sègre, tributaire de l'Èbre, égale ou supérieure à cet Èbre lui-même : il semblerait que ce plus puissant courant des Pyrénées méridionales doit relever d'Espagne entièrement ; or, c'est chez nous qu'il naît, dans la Cerdagne française, haut val de 50 000 hectares, ancien lac remblayé, tout comme le val aranais.

La Cerdagne est dans les Pyrénées orientales, et le val d'Aran dans les centrales ; dans les occidentales, nous gagnons au midi de la chaîne 5 200 hectares aux têtes de l'Irati, sous-affluent de l'Èbre par l'Aragon, mais nous en perdons plus de 21 000 sur le versant du nord, surtout aux sources de la Nivelle, petit fleuve côtier, et à celles des torrents qui font la Nive, tributaire de l'Adour.

Ce ne sont point là les seules erreurs de cette frontière.

Pourtant, s'il est en Europe une roche entre deux nations, c'est bien la pyrénéenne, si haute, si raide, avec des cols si durs.

Mais, pareille au Mont Blanc et aux monts d'entre l'Arc et la Doire, elle sépare plutôt deux natures de pays que deux natures d'hommes ; au moyen âge, les mêmes langues et patois se parlaient sur les deux versants, chez des peuples issus des mêmes ancêtres ; tout à l'ouest résonnait le basque, et, du pays des Escualdunacs à la Méditerranée, des dialectes de la langue d'oc, idiome qui n'était ni le français, ni l'espagnol, mais qui ressemblait à tous les deux.

Aujourd'hui l'on se comprend encore du nord au sud aux deux extrémités de la chaîne, de Basque de France à Basque d'Espagne, de fils du Roussillon à fils de la Catalogne.

Mais ailleurs on ne s'entend plus ; l'Ariégeois saisit mal le langage des Catalans ultramontains, l'Aragonais ne sait ce que lui disent le Bigordan et le Béarnais, ses voisins d'outre-mont ;

la langue d'oc s'est effeuillée en dialectes, elle a perdu l'Aragon, qui ne parle plus qu'espagnol, et rapidement le castillan s'empare du versant méridional, comme le français du versant du nord. Le jour luit presque où les Pyrénées s'élèveront entre deux langages, comme elles séparent déjà deux soleils et deux destinées.

En somme, et plus ou moins, la France touche à l'étranger à l'est et au sud, par environ 600 lieues de frontières terrestres, soit 2400 kilomètres; plus, au nord, à l'ouest et au sud-est, au delà de 2900 kilomètres de frontières marines : au total, à peu près 5350 kilomètres de bornage — un peu plus du huitième du tour de la Terre.

XIV
FRONTIÈRES MARINES

Nous ne bordons pas une seule mer, comme, par exemple, la Finlande, la Hollande, la Belgique ou le Portugal : au fleuve Océan, ceinture des terres, nous prenons part le long de quatre mers, privilège inestimable : par un peu de mer du Nord, par toute la Manche, par beaucoup d'Atlantique et par la Méditerranée.

La *Mer du Nord* regarde un vide ouvert sur le Pôle entre Grande-Bretagne et Scandinavie. Par la *Manche,* long, large détroit, elle communique avec l'Atlantique.

L'*Atlantique*, c'est la grande mer, c'est l'océan lui-même et non pas une immense baie comme l'eau de Dunkerque, un vaste détroit comme la Manche, un « lac sans bornes » comme la Méditerranée : sans la courbure de la terre, et avec un regard capable de percer plus de 1000 lieues, l'homme d'Hendaye verrait à l'ouest, en face de sa dune, le rivage du Maine, dans les États-Unis; l'homme de la fin des terres de Bretagne verrait le littoral de la Gaspésie, dans le Canada, qui est une autre France, à la confusion de l'immuablement chaste Saint-Laurent avec l'eau marine où vogue au printemps la flotte infinie des glaçons semi-polaires.

La *Méditerranée*, c'est, son nom latin le dit, le lac au milieu des terres, entre Europe, Asie, Afrique, et les Français de cette rive ont vis-à-vis d'eux, au midi, l'Algérie, qui est aussi une autre France et la vive racine de l'« immensurable » empire africain.

Flots turbulents, bruyants, colériques, les mers bordent chez nous un rivage où le péril est partout, sur des bancs, des sables, des alluvions, des galets, des écueils; notre littoral est hominivore, aux falaises normandes comme aux granits bretons, aux « côtes sauvages » de l'Atlantique ainsi qu'aux dunes de Gironde et d'Adour, rivage d'une beauté infinie mais qui passe pour monotone, ennuyeux, « crevant » ; il n'est tel que pour l'homme inférieur qui hait le vent de la mer, la voix des pins, les bouts du monde et la solitude.

Là où les ports sont vastes, abrités, profonds, dans la Bretagne déchirée, on n'y pénètre que par un chemin dangereux, à travers les épaves du continent, roches, récifs, traînées, chaussées, plateaux sous-marins qui boursouflent l'Océan, le dispersent en écume, le tordent en remous, le divisent en courants terribles ; la Méditerranée elle-même, clémente et charmante, a de subites fureurs.

Mais cinq ou six cents phares, lueurs fixes ou feux intermittents, brillent du haut de nos caps, du bord de nos îles, du piédestal des rocs qui sont l'avant-garde de la France ; et maintenant, sur cette rive où, il y a cent ans à peine, des barbares assommaient les naufragés, tranquille devant le complot des ténèbres, des vents et des vagues, le marin trouve sa route à ces étoiles de la mer.

De larges estuaires, d'étroits chenaux serrés entre les roches ou réduits en ampleur et en profondeur par le sable, des bouches, des brèches, des valleuses, amènent à nos mers des fleuves, des rivières, des ruisseaux, des sources. Aucun de ces fleuves n'est comparable, même de loin, à un Amazone, à un Congo, à un Saint-Laurent, à un rio de la Plata, ou seulement à un Danube.

Seule notre Gironde est immense, et celui qui longe sa rive médocaine ou sa rive saintongeaise n'aperçoit que confusément la berge opposée. Mais c'est une fausse immensité ; le fleuve, si rayé de boue qu'il est terre fluide, roule sa vase et non pas ses eaux ; le flot de la mer, raclant la fange, monte et descend l'estuaire avec au moins 300 000 mètres cubes par seconde, qui noient vingt fois les crues excessives de la Garonne-Dordogne, deux cent cinquante à deux cent soixante fois leur module, trois mille cinq cents fois leur moindre étiage.

La Seine est vaste aussi à sa communion avec la mer, mais sa grandeur est plus fausse encore que celle de la Gironde ; il n'y a dans son ultime étalage que le trompe-l'œil du flux et du reflux : la force de la Seine finale est la force de l'Océan, et non point celle du ruisseau de Paris.

Et la Loire, quand elle arrive à l'Atlantique, entre Saint-Nazaire et Paimbœuf, n'est également presque rien par elle-même ; il n'y a qu'un trente-sixième d'eau « ligérienne » dans le flot qui remonte son estuaire ou le descend à raison de cinq lieues par heure.

Le Rhône, bien plus puissant que nos autres fleuves, a tout justement beaucoup moins de force apparente, mais comme la Méditerranée où il s'engloutit est une mer sans marée, comme aucun flux n'y pénètre, qu'aucun jusant n'y dévale, son flot rapide n'a rien que de « rhodanien », la marée n'y contribue pas ; il a pour devise : « être et non paraître », à l'inverse des trois autres grands courants et de la Somme et de maintes rivières et d'une foule de ruisseaux-estuaires en Bretagne et ailleurs.

Donc, chez nous, aucun des grands courants de la Terre n'arrive au ceinturon des eaux salées qui tonnent et grondent ou soupirent ou rarement se taisent, comme mortes, elles si vibrantes et passionnément vivantes. Mais nul pays n'a de plus pures fontaines, d'où coulent de plus limpides rivières. Il nous manque les grands lacs, les grandes cascades (non pas les hautes), parce que le vieux Chronos, Saturne plus que chenu, le Temps a usé la Gaule ; il a comblé nos Lémans, devenus les jardins de la France, il a scié les barrages de pierre qui suspendaient lacs et laquets, raboté l'escalier des anciens torrents ; bref, passé son niveau, lui, l'immortel aplanisseur, et l'immortel survivant, sur les épanouissements et sur les écroulements des rivières de France.

Mais il leur a laissé les beautés les plus rares, la grâce, l'harmonie, la transparence, le cours à pleins bords ; nos sources surtout sont superbes, grâce à l'abondance des pluies, à la perméabilité des craies et des calcaires qui sont une des deux moitiés de Belle France.

On ne compte pas chez nous les « Vaucluses » qui sont l'orgueil de leur cirque de rochers ou de leur vallon de prairies ; doux, douix ou dhuis, trous, abîmes, creux, puits, fonts, gours, dormants, bouillants ou bouillidours, sous quelque nom qu'ils montent vers la lumière, ces beaux jaillissements s'épanchent aussitôt en ruisseaux, parfois en rivières qui passent avec leur fraîcheur, leur clarté, leurs chants d'écluse devant les villages qui n'en troublent point le cristal, puis devant les cités qui les divisent et les corrompent.

Pourtant quelle splendeur que la limpidité bleue, la clarté verte ou la transparence brune des eaux ! Le nuage y flotte, le soleil y vibre, l'ombre y descend, le ciel s'y peint et fait les flots aussi profonds qu'il nous paraît haut.

Et quelle infortune quand une rivière devient infidèle à son blason : *Nunquam fœdari!* Jamais de souillure!

Depuis quelques années nos rivières ont singulièrement augmenté leur réseau : non qu'il nous tombe des cieux beaucoup plus d'eau qu'antan pour la naissance des sources ou la

Le Plus Beau Royaume Sous le Ciel. CHAPITRE DEUXIÈME

continuité des rus sur tel de nos plateaux anhydres, comme Beauce ou Champagne ; mais on devine maintenant l'énigme des cavernes à 50, 100, même plus de 200 mètres de profondeur et, descendu par des abîmes dans l'obscurité du monde souterrain, on y admire la merveille des courants incontaminés.

Entre ces 5 350 kilomètres de bornage terrestre ou marin se déroule « le plus beau des Royaumes après celui du Ciel », la bien-aimée, fort illustre et très admirable France.

DEUXIÈME PARTIE

MONTS INTÉRIEURS

AUX SOURCES DE LA VIE
ET DU RENOUVELLEMENT

I
MONTS
ET
MONTAGNARDS

LES monts où l'eau saute, la plaine où l'eau coule, la mer où l'eau s'arrête, c'est là le tout d'un peuple.

Nos monts sont extérieurs ou intérieurs : extérieurs les Vosges qui nous séparent de l'Allemagne, le Jura que nous partageons avec la Suisse, les Alpes d'entre la France et l'Italie, les Pyrénées d'entre la France et l'Espagne; intérieurs, donc entièrement nôtres, une foule de massifs dont le plus haut pointe en Auvergne.

Le principe de vie, avec le soleil, c'est l'eau; l'âme de la nature c'est la mer, fontaine des pluies, réservoir des flots, outre des vents sonores. La montagne attire ces pluies, renouvelle ces flots, divise et distribue ces vents.

L'Océan, chaudière de vie, brasse et mêle courants, souffles et climats; il porte au Nord la tiédeur du Tropique, au Tropique la fraîcheur du Nord.

La montagne rapproche les climats, elle les sépare suivant ses versants et les étage suivant ses hauteurs. Immobile et morte, sauf les roches qui tombent, les torrents qui roulent, les avalanches qui croulent, les glaciers qu'on ne voit pas marcher et qui marchent pourtant, elle est, dans sa tranquillité hautaine, cent fois plus diverse que l'Océan qui se cabre par toutes ses vagues et se lamente à tous les vents sur tous ses rivages : car, sierras baignées d'eau glauque, plateaux, vallons ténébreux, forêts d'algues, monstres marins, les poissons, leurs légions, leurs campements, leurs batailles, toute cette vie pullulante de la mer féconde que l'« harmonieux aveugle » nommait la mer infertile, ce que le plongeur entrevoit, ce que

Le Plus Beau Royaume Sous le Ciel.

devine la sonde, tout cela nous est caché dans les profondeurs du « sel divin », sous le masque vert ou bleu des flots.

La mer ne passe pas tout son temps à dévorer des îles, des presqu'îles, des caps ; elle remplit des golfes et dépose au fond des eaux la matière des continents futurs ; les protubérances qu'elle ronge lui suffisent pour combler les baies, mais, pour la création des sols de l'avenir, il lui faut le secours des boues fluviales : ces boues, c'est de la montagne surtout qu'elle les reçoit.

Et le mont ne fournit pas seulement des alluvions terrestres aux plaines et aux mers ; il en descend aussi des alluvions humaines pour la croissance, pour le maintien et la durée des peuples.

Ils viennent toujours des terres élevées, des sols âpres, des cantons indigents, les rénovateurs des races, les continuateurs, d'abord presque sans feu ni lieu, des classes dirigeantes, élégantes, opulentes, mais énervées, ennuyées, frivoles, stériles, au faîte de tout leur luxe et de tout leur orgueil. La richesse meurt de sa richesse, avec la pauvreté pour unique héritière. A cinquante, à cent, à deux cents ans d'avance, les palais des métropoles sont destinés aux nourrissons de la misère, aux « fils de la louve », aux marins du port voilé d'embruns entre roches sauvages, aux ruraux, aux sylvestres, aux monticoles, aux enfants de la chaumière sur le mont neigeux, sur la croupe éternellement harcelée où sont les Heurtebises, les Aures, Grandes Aures et Toutes Aures, les Touvents, les Quatre Vents, les Sept Vents comme s'appelle, près des sources de la Seulle et de la Drôme, un village du Bocage de Normandie, à la divergence des vallons, à la convergence des rafales, non loin du bourg de Caumont l'Éventé ; et comme se nomme également un autre village du Bocage vendéen dominant un ravin de la rive droite de la Sèvre Nantaise ; il y a même des Treize Vents, dont un au nord-ouest de Castres, près du vieux bourg de Lautrec, au-dessus du vallon d'un tributaire de l'Agout.

Dans l'air sain des sommets, dans les gorges ruisselantes, sur les hautes prairies, au-dessus des soleils énervants, loin des excès de Tarente et des mollesses de Sybaris, loin du luxe, de la soif d'honneurs, des vœux tendus, des rêves trompés, des vies dispersées, s'endurcit et s'augmente le peuple qui va prendre en bas les places vides faites par la corruption, l'épuisement, le calcul, le suicide et la mort prématurée.

Ce ne sont pas des familles d'un, deux, trois enfants blêmes qui sortent des chaumières bloquées par l'hiver, mais des cohortes de rouges montagnards et montagnardes, cinq, huit, dix, douze gaillards et gaillardes prenant l'existence du bon côté, parce qu'elle ne leur rapporte, toutes exceptions faites, que santé, vigueur, combats naturels, plaisirs simples. Beaucoup sont nés au temps de la neige, se sont mariés sous la neige et mourront dans une heure neigeuse. Mais jusqu'à l'extrême vieillesse il y a du printemps dans leurs veines et une singulière ténacité de durée pendant l'été, l'automne et l'hiver de la vie.

Ces familles vigoureuses, pauvres, auxquelles le climat est hargneux, et souvent le sort contraire, résistent à tout mieux que les ruraux, ouvriers et messieurs du bas pays. Ce fut un monticole que la légende nous peint comme grand, blond et longuement moustachu, ce fut un Arverne, osons dire un Auvergnat, Vercingétorix, qui disputa le dernier la Gaule à César; cinq cents ans après, ce fut encore le peuple arverne, devenu gallo-romain, qui résista le dernier aux Barbares. Et puisque la France doit finir, ceux qui garderont le plus longtemps l'héritage de sa langue seront des hommes de l'Auvergne, des Cévennes, du Rouergue, du Limousin, des Pyrénées ou des Alpes, nés dans des vallées perdues où l'on ne parle encore que le patois. Et quel patois que celui des arrière-neveux du grand brenn! Le moins élégant sans doute de tous nos dialectes soit d'oïl, soit d'oc, le moins ailé, le plus alourdi par les *ch* et les *j*, celui qui traduit librement le vers latin d'Horace : *Beatus ille qui procul negotiis*, par le vers auvergnat :

Héiroux qui chens chouchis, chens prouchas, chens quarelles;

C'est-à-dire :

Heureux qui sans soucis, sans procès, sans querelles.

Certes, ces transfuges des hauteurs sont des rustiques désagréables à l'œil, à l'odorat; ils ont les mains rudes, la barbe raide, le corps crasseux; leurs joies sont grossières, leur rire brutal; ils boivent du vin qui racle, à l'auberge, le dimanche. En même temps que des rusés, ce sont des naïfs. Mais naïf, c'est neuf, et le neuf a devant lui la durée que le vieux a derrière lui; c'est donc en fourrier de la conquête, voire souvent en conquérant, qu'il entre dans sa première échoppe urbaine, n'importe où, dans un village, un bourg ou quelqu'une des rues les moins policées d'une grande ville.

Sous nos yeux Paris est envahi par les Auvergnats, les Limousins, les Marchois, les Cévenols, les Caussenards, les Vellaves, les Savoyards, les Dauphinois, les Pyrénéens, tandis

Le Plus Beau Royaume Sous le Ciel.

que sur tous les chemins de la province on voit passer des colporteurs « auvergnats » sous le lourd ballot qui leur casse le dos. Maçons, terrassiers, porteurs d'eau, ramoneurs, commissionnaires, concierges, chaudronniers, gens de tous les métiers, appelés ou venus d'eux-mêmes, grands ou petits, fluets ou trapus, noirauds, blancs ou rouges, tous ces hommes d'en haut, ceux du moins que l'art ou la science ou les livres n'attirent pas à Lutèce, adorent avec ferveur le plus bas idéal, l'argent; c'est pour lui qu'ils viennent souffrir la veille et le jeûne, affronter l'hôpital et quelquefois s'étendre sur les dalles de la Morgue.

Et, pour le répéter, ce n'est pas seulement à Paris que descend cette foule inquiète, éternel renouvellement de la grande cité; il n'y a ville de France, fût-elle des plus minces, qui n'ait son « Auvergnat » marchant à la fortune. Son Auvergnat ou Auverpin, comme on disait autrefois, comme on commence à le redire, et son demi-Auvergnat, ainsi qu'on peut nommer le Lozerot, l'Aveyronnais, le Caussenard ou Caussatier, fils des Causses majeurs ou mineurs, le Corrézien, le Creusois et autres paysans des alentours d'Auvergne. Il y a bien aujourd'hui hors de l'aire natale, près ou loin de nos monts intérieurs, cinq cent mille oiseaux arvernes de haut ou de bas vol planant sous le grand ciel de France à la recherche d'une proie : car, avec une patience infinie, et ils ne s'en doutent point, ce sont des rapaces partis à l'essor pour dépecer la bourgeoisie dans le clapier compliqué des villes.

CHAPITRE PREMIER

DORE, DOME, D'AUVERGNE A BRETAGNE

II. MASSIF CENTRAL. ‖ III. MONT DORE. ‖ IV. DORDOGNE INITIALE. ‖ V. DORDOGNE MOYENNE, BASSE DORDOGNE. ‖ VI. LES COUZES. ‖ VII. MONTS DOME. ‖ VIII. LIMAGNE. ‖ IX. ALLIER, SIOULE. ‖ X. MONTS DU LIMOUSIN ET DE LA MARCHE. ‖ XI. VIENNE. ‖ XII. CREUSE. ‖ XIII. GARTEMPE. ‖ XIV. CHAVANON, DIÈGE ET LUZÈGE. ‖ XV. VÉZÈRE. ‖ XVI. ISLE, AUVÉZÈRE ET DRONNE. ‖ XVII. TARDOIRE ET BANDIAT. ‖ XVIII. DE GUYENNE A TOURAINE ; DE LIMOUSIN A BRETAGNE. ‖ XIX. DOUBLE. ‖ XX. CHAMPAGNE DE COGNAC. ‖ XXI. PAYS-BAS. ‖ XXII. ISTHME D'ANGOUMOIS ET POITOU. ‖ XXIII. MARAIS DU POITOU. ‖ XXIV. LITTORAL DE L'AUNIS. ‖ XXV. MARAIS DE SAINTONGE. ‖ XXVI. SEUDRE. ‖ XXVII. PRESQU'ILE D'ARVERT. ‖ XXVIII. HAUTE CHARENTE ET TOUVRE. ‖ XXIX. BASSE CHARENTE. ‖ XXX. SÈVRE NIORTAISE. ‖ XXXI. CLAIN. ‖ XXXII. ILE DE RÉ. ‖ XXXIII. ILE D'OLERON.

*II
MASSIF
CENTRAL*

CETTE terre de rustres qui seront les pères des « beaux messieurs » de demain, et les arrière-grands-pères d'hommes redevenus misérables par le luxe, le jeu, la frivolité, la paresse, cette osseuse Auvergne est un nœud du Massif ou Plateau Central.

Le Massif Central couvre environ 8 500 000 hectares, plus du septième de la France : au sud, dans le pays du Vigan, il touche presque à la Méditerranée ; à l'est, dans les monts de l'Ardèche, il est proche du bas Rhône ; au nord, vers les sources de l'Indre, il confronte à la plaine de Châteauroux, que la Sologne, autre plaine, rattache à la Loire moyenne ; à l'ouest, les landes, les granits, les châtaigniers du Périgord, traversés par la Tardoire, le Bandiat, la Dronne, l'Isle et l'Auvezère, lui appartiennent aussi.

Le Plus Beau Royaume Sous le Ciel.

De ses granits, de ses gneiss, de ses schistes et micaschistes, de ses calcaires, de ses dolomies, de ses craies, des basaltes, des laves, des trachytes, des domites, des phonolithes refroidis qu'y vomirent des volcans de divers âges, coulent six de nos grandes rivières, Loire, Allier, Vienne, Dordogne, Lot et Tarn. La Loire, la Gironde et le Rhône s'y abreuvent, et de ses vallées descendent les hommes qui sont la principale réserve de la nation française, l'Auvergnat propre à toute besogne, le Limousin et le Marchois qui gâchent le mortier, le Ruthène et le Cévenol endurcis à la fois contre la neige et contre le soleil.

Le Massif Central, principale forteresse de la France, est la plus haute, la plus ample protubérance de ce qu'on nomme les Monts Français, Vosges, Jura, Alpes et Pyrénées à part. On l'appelle d'habitude le Plateau Central, mais c'est moins un plateau qu'un massif.

Les *Monts Français* couvrent 14 à 15 millions d'hectares, et toutes nos montagnes réunies 24 à 25 millions. Restent donc 28 à 29 millions d'hectares pour collines, plaines et rivages.

III
MONTS
DORE

Le Massif Central est fait de diverses montagnes.

De tous ces monts le plus élevé, c'est une pyramide aiguë, le Puy de Sancy, père de la Dordogne.

Le *Puy de Sancy* culmine au sud et près de *Mont-Dore-les-Bains*, ville thermale enfouie à 1 046 mètres dans une profonde vallée d'érosion où jase entre les cailloux la naissante Dordogne, ici clair torrenticule, et ailleurs, en approchant de la mer, énorme fleuve de fange.

Il s'élance à 1 886 mètres, et dru tombe la neige, pendant des mois, sur ce souverain de tous les dômes, pics ou puys du Centre; mais elle ne l'ensevelit point sous des névés éternels, et, glissant de sa tête sur ses épaules, elle s'entasse dans les précipices, à l'origine de ruisseaux que boivent la Dordogne et son sous-affluent la Tarentaine.

De sa cime on contemple l' « infini » : d'abord le cirque où ruisselle la jeune Dordogne, puis des gorges déchirées, de mornes plateaux où lacs et laquets scintillent, des pelouses dont les burons, cabanes de bergers, sont presque des tanières. Au loin, par l'effet de la distance, le chaos des monts, des plans, des défilés, des abîmes, devient une espèce de plaine vaporeuse et bleue où se lèvent des monts éthérés, les Dôme, le Velay, le Forez, le Cantal, et quelques profils des Alpes, vision flottante. C'est un monde grandiose, mais triste et vide.

Il est nu : chênes, frênes, hêtres, pins, sapins, le Massif Central n'a plus que de pauvres lambeaux des bois qui le parèrent; les trois ennemis des sylves, le bûcheron, le pasteur, le paysan, y ont couché plus d'arbres que n'en relèveront jamais les forestiers.

Arbres combien différents des bambous et autres plantes demi-tropicalement frileuses qui croissaient ici lors des grands flamboiements pliocènes, et dont on retrouve les linéaments, en très délicate mais très visible empreinte, sur le lit des cendres volcaniques! Alors, sur un socle « primitif » de mille mètres environ de moyenne hauteur, des cratères épanchant laves sur laves soulevaient plus haut, à chaque éruption, leur volcan, et finissaient par lui donner 2 500 mètres au moins d'élévation ; puis, lorsque les vomissements convulsionnaires furent arrêtés, l'usure commença; le volcan, au lieu de monter, descendit, chaque millénaire le vit plus bas, et surtout beaucoup moins compact : à force de se démanteler il s'est fragmenté en puys, en vides et précipices, en cirques où bruissent la Dordogne initiale et la Couze de Chaudefour; le Sancy, le Ferrand, l'Aiguiller, le puy de Cacadogne ont été façonnés dans la masse de ses parois. Comme si, quand l'Etna sera mort, ce géant qui pèse d'un poids si lourd sur la Sicile se démantibule en pics séparés par des abîmes; seulement, le volcan de Dore n'avait que 25, 30 lieues de tour à la base, contre les 45 ou 50 de l'Etna. On suppose que les deux maîtres cratères du Dore s'ouvraient en bouche de four : l'un à peu près là où se lève le Sancy; l'autre à deux petites lieues au nord-nord-est, aux environs du hameau de Dyanne qui, de ses 1 322 mètres d'altitude, commande une très creuse ravine aboutissant au lac Chambon.

De bons gazons poussent en montagne de Dore dans un sol de pierre ignée, de scories, de cendres « cratériques », sur ce qui est resté croupes et plateaux, c'est-à-dire sur tout ce qui a résisté, des milliers de siècles durant, au gel, au soleil, à la neige, à la pluie, au vent, à la pulvérisation sous le rampement des glaciers. A ces gazons les vaches puisent un bon lait dont les montagnards font des fromages dans leurs cabanes. Aux pentes des cirques, des étranglements, des gorges, s'accrochent des hêtres magnifiques et des sapins, sombre forêt.

Parmi les lacs des Monts Dore, vieux cratères ou réservoirs arrêtés par quelque barrage de lave, le plus beau ne se voit pas du Sancy. C'est le *Pavin* (44 hectares) plein de truites, près de Besse, à 1 197 mètres d'altitude; profond de 92 mètres,

Le Plus Beau Royaume Sous le Ciel.

presque dès sa rive, il dort dans un cirque de parois escarpées, au pied du cône de Montchalme (1 411 mètres), volcan refroidi dont il reflète les sapins, les hêtres et les rougeâtres basaltes. Les Auvergnats du pays contaient sur cette coupe ronde, sur ce miroir du ciel, sur cette eau d'un vert sombre, des histoires terribles, qu'on croyait, et qu'ils croyaient : comment il était insondable parce que son onde fondait le plomb, même la pierre du sondage ; comment son immobilité morte cachait, vers le milieu de l'abîme, un sinistre tournoiement, un maelstrom qui depuis que le monde est monde avalait par-dessous les bateaux ; enfin comment un caillou jeté dans son gouffre le soulevait en lugubre tempête et le brisait en flot contre ses rochers. Mais depuis qu'il n'est plus hanté par les flammes du « feu central » Pavin n'a d'effrayant que la profondeur de son puits et la menace de son écroulement ; il pourrait s'effondrer sur la Couze, dont il commande immédiatement la vallée, et disperser en débris la ville de Besse-en-Chandesse sur le chemin de la rivière Allier.

Le *Chauvet*, qu'on voit briller du Sancy à une altitude de 1 166 mètres, est aussi une coupe antique ayant gardé la rondeur du cratère d'où montaient les flammes. Quelque peu supérieur au lac d'abîme que contemple le Montchalme, car il a 53 hectares, sa profondeur est bien moindre, son entour moins abrupt et moins sombre ; son onde, que la truite raye comme un éclair, se verse dans la Tarentaine par le courant de l'Eau Verte.

Le *Lac de Montsineyre* ne remplit point une « marmite » jadis incandescente ; un jour, dans la noire antiquité, un fleuve de fusion sortit d'un volcan dont les puissantes coulées prouvent qu'il fut peut-être le plus fertile en laves de toute l'Auvergne ; ce volcan, alors si vivant, c'est la Montsineyre (1 333 mètres), cône tronqué vêtu de hêtres, où s'ouvrent deux cratères ; le fleuve fumant se fit digue de pierre à travers le vallon d'un torrent dont les flots, ainsi suspendus, devinrent un lac de 800 mètres sur 400, profond de 18 mètres, et sans émissaire visible : mais l'eau remonte au jour par les fontaines de la Couze de Compains, sous-tributaire de l'Allier. Son altitude, comme celles du Pavin, du Chauvet, dépasse 1150 mètres ; de même, et tout près de lui, le *Lac de la Bourdouze* (1 170 mètres), qui n'est plus un lac, mais un étang tourbeux.

Plus haut qu'eux tous, à 1 225 mètres, le *Lac de la Godivelle* disparaît sous la glace de l'hiver ; entre le rond et l'ovale, c'est une sorte de petit Pavin de 44 mètres de gouffre, spécialement nommé Lac d'en haut, par opposition à son compagnon au Lac d'en bas, espèce de marais d'où sort un ruisseau du bassin de la Dordogne.

Au sud-ouest du village d'Église-Neuve, une petite île de tourbe flotte sur l'eau vaseuse du *Lac de l'Esclauze*.

Le *Lac de Guéry*, au voisinage des Bains du Mont-Dore, est enchâssé de rives pastorales nues, à l'altitude de 1 240 mètres. N'ayant même pas 10 mètres de profondeur, il repose dans une conque de phonolithes et de conglomérats volcaniques; son émissaire, le ruisseau d'Enfer, double en été la Dordogne commençante. Au nord et très près de cet étang mélancolique, un torrenticule du versant de la Loire par la Sioule coule en toute humilité, à deux pas de son origine, entre la Roche Tuilière ou Repos de l'Aigle et la Roche Sanadoire, vieux et soucieux phonolithes, prodigieux piliers avec admirables rangées de prismes.

La *Roche Tuilière*, périlleuse à gravir, est comme une gigantesque tour de Pise qui, dépassant la verticale, penche un peu sur son précipice; la *Roche Sanadoire*, d'ascension non moins malaisée, portait une forteresse qui a croulé du fronton avec ce fronton lui-même; en bas, d'énormes blocs rappellent cette culbute, mais les arbres, les herbes s'en emparent, « le vif reprend le mort ». Au nord-est de ce gigantesque portail des deux « Roches », le *Lac de Servière*, grand de 12 hectares, profond de 23 mètres, verse de son ancien cratère les premières eaux de la Sioule.

Le Puy de Sancy ne l'emporte guère sur quelques autres pics de son proche entourage. Le *Puy Ferrand*, qui tombe sur le cirque de Chaudefour par des pentes vertigineuses, atteint 1 846 mètres; le *Puy Gros*, 1 804. Ce sont là les trois géants des Dore, et, avec trois sommets en Cantal, les seuls pics des Monts Français qui s'élancent à plus de 1 800 mètres au-dessus des Océans.

Par la rivière de Sioule et par les charmantes Couzes, l'Allier partage avec la Dordogne les fonts vives, les neiges hivernales, les orages, les cascatelles qui ne sont que poussière d'eau faute d'assez de flots dans les torrents qui ne boivent pas à la glace immortelle, enfin les sources minérales et thermales, dont il y a plus de deux cents, précieuses fontaines de santé, parmi lesquelles on vante celles du Mont-Dore, de la Bourboule et de Saint-Nectaire. La Sioule reçoit plus d'eau des Dôme que des Dore; il n'en est pas de même des Couzes, qui ne sont que

Le Plus Beau Royaume Sous le Ciel.   CHAPITRE

de fort beaux rus de montagne guettés de près par un des longs courants de France; tandis que la Dordogne, issue du Sancy même, devient une des grandes rivières françaises et ne s'arrête qu'aux approches de la mer dans un estuaire où monte et descend l'Océan.

IV
DORDOGNE
INI-
TIALE

Sous le nom de Dore, la Dordogne jaillit à 1 720 mètres au-dessus des mers, au flanc du Sancy, dans une prairie mouillée, tourbeuse; arrivée à 1 633 mètres, elle s'abat de 35 mètres par la Cascade de la Dore, puis descend si vite, petit torrent destiné à une grande gloire, qu'aux *Bains du Mont-Dore*, thermes célèbres, les blocs qui l'irritent ne sont déjà plus qu'à 1 000 mètres d'altitude; rien qu'à 850 seulement devant la *Bourboule*, lieu de guérison fameux grâce à des sources très chargées d'arsenic.

Elle rencontre, en de sombres gorges, sa seconde branche mère, le Chavanon, qui épanche des étangs de la Marche; ensuite elle entre dans le val de Bort, jadis lac, que dominent de 350 mètres les *Orgues de Bort*, puissantes colonnades basaltiques issues d'un volcan du Cantal; ces « orgues » ont été séparées de la masse des laves cantaliennes par la Dordogne elle-même, soit que la vive rivière ait fait à elle seule tout le travail d'usure, soit qu'elle ait seulement, et très à la longue, approfondi quelque fissure préexistante.

A 3 000 mètres sous Bort, la Dordogne se cogne à la Rue après un voyage très accidenté de 52 kilomètres contre les 50 de la Rue, en un bassin de 103 500 hectares, la Rue n'en drainant que 92 500. Laquelle de ces deux rivières amène le plus d'onde au rendez-vous? Là-dessus nulle certitude; tout ce qu'on peut dire, c'est que la Rue, en cela supérieure à la Dordogne, participe à la fois des Dore, du Luguet, du Cantal, la Dordogne ne puisant qu'aux Dore seulement. L'altitude du confluent est de 415 mètres.

La *Rue* a ses premières lueurs d'eau près du Puy de Sancy. Elle s'appelle d'abord Clamouse, et ce nom, elle n'est pas seule à le porter en France; il désigne aussi des rivières, des sources d'un courant rapide, raboteux, plein de clameurs (d'où le mot Clamouse); de la sorte se nomment par exemple un affluent du Chapeauroux (Lozère) et la fontaine de Clamouse, qui sort du roc avec abondance de torrent pour tomber aussitôt en cascade sur l'Hérault, près du pont du Diable, à l'issue des gorges de Saint-Guilhem-le-Désert.

Donc, appelée Clamouse, torrent à chaque instant rompu

de cascatelles, elle serpente sur la haute pelouse ombragée de hêtres ; à partir d'Église-Neuve, le vallon devient gorge, parfois abîme, et cela jusqu'à la Dordogne, sauf à Condat-en-Feniers, petit bassin qui fut petit lac ; à l'exception de cette bourgade ces défilés sauvages, entre forêts, sont déserts, même sans moulins. La dernière cascade, voisine de Bort, est le *Saut de la Saule*, où l'on admire la pureté du torrent et comment son onde immortelle a creusé des cuves, des gouffres, des couloirs dans la dureté du gneiss porphyrique.

Rarement moins de 2 mètres cubes par seconde dans la Rue, souvent 10, 15, 20, autant dans la Dordogne, de là résulte qu'en aval du confluent de la Rue, sous les ruines du vieux château de Madic, le torrent babillard des Bains du Mont-Dore roule 20, 40, peut-être 50 mètres cubes en belles et bonnes eaux quand il s'enfonce, là même, dans des couloirs si profonds qu'ils sont presque « infernaux », entre les avancées basaltiques du Cantal à gauche et les roches « primordiales » du Limousin à droite. La Dordogne continue donc à évoluer dans la masse du Plateau Central ; à vrai dire, elle lui reste très longtemps fidèle et quand elle arrive à Libourne, en un lieu où la marée la gonfle déjà puissamment, c'est pour y recevoir, par l'Isle, des eaux qui viennent en partie des bastions limousins de ce même grand relief intérieur. Il y a donc lieu de la considérer jusqu'à sa fin comme un courant auvergnat dans le sens étendu du mot.

V
DORDOGNE MOYENNE, BASSE DORDOGNE

Les Français, race moutonnière, admirent sur la foi des livres, et tantôt ici, tantôt là, suivant le caprice de la mode, mais toujours hors de France, des gorges moins superbes que nos défilés « paternels » : tels ceux de la Dordogne en aval de la Rue.

Gorges austères, creusées à vif dans des pierres de toute dureté, gneiss, granits, micaschistes ; aussi les versants ne s'élancent-ils pas résolument à pic comme dans les cagnons calcaires et crayeux, si bien que çà et là des restes de forêt y pendent, châtaigniers, hêtres, chênes, asile des sangliers et des loups ; mais les talus sont très raides, très hauts, jusqu'à 200, 250 mètres au-dessus de la rivière dormante en ses gouffres, ou bouillonnante sur des roches hérissées.

Dans l'obscur couloir, elle n'égaye ni villes, ni villages, les bourgs, même les hameaux s'étant vissés sur la hauteur, faute de place dans l'anfractuosité du précipice. Ainsi en est-il durant au moins 15 lieues, de Madic à Argentat, cependant que la Dordogne hume en route des rivières intarissables, des-

Le Plus Beau Royaume Sous le Ciel.

cendues, du plateau corrézien à droite, et à gauche, des monts cantaliens : Diège, Sumène, Triousonne, Auze Mauriacoise, Luzège, Doustre; celles du Cantal ont bien plus d'abondance que celles de la Corrèze, en vertu de la plus grande surrection du massif des puys volcaniques, environ deux fois plus haut que les plans et mamelons du Limousin.

Vers Argentat la fissure s'élargit : la Dordogne emporte le superbe torrent cantalien de la Maronne, puis elle entre en aval de Beaulieu dans une vaste plaine où elle confisque la Cère, longue rivière d'Auvergne. Et déjà, c'est un beau fleuve, clair sur les galets, dans un val admirable. Elle passe au pied du *Puy d'Issolu* (311 mètres), qui fut ou ne fut pas l'assiette d'*Uxellodunum*, cet oppidum celtique dont on a si longuement discuté.

Vis-à-vis du Puy d'Issolu le chemin de fer de Paris à Toulouse la traverse avant de monter sur le causse de Gramat par la fameuse rampe de Montvalent, d'où la vue est splendide sur le cirque, et sur la rivière, qui serpente entre de magnifiques parois de roches colorées.

La voici dans l'oolithe, que suivra bientôt la craie; elle va de cingle en cingle, émue souvent par de gracieux rapides; elle reçoit l'Ouysse, laisse Souillac à droite, puis trace le méandre de Codon (5 000 mètres d'anneau pour 500 mètres d'isthme); après quoi elle coule au pied des fiers escarpements que couronne Domme sur son créneau de rochers; non moins belles sont plus bas les parois de la Roque-Gageac et la pierre hautaine qui porte le château de Beynac; sur ces rocs et derrière ces rocs, coteaux, plateaux et vallons s'en vont en terres rouges, dans le pays des châtaigniers; dans la vallée tout est vert, exubérant, gai, touffu, splendide. La Dordogne, rarement endormie, s'ébranle souvent en vague onduleuse sur la grève de son lit, au pied de la falaise de craie ou devant les hauts coteaux au sein de la plaine uberrime. A Limeuil la Vézère teintée de rouge l'accroît plus ou moins d'un tiers et lui donne, à elle Dordogne, toute son ampleur, car l'autre grand affluent, l'Isle, arrive tout à fait dans le bas, là où la rivière d'Auvergne n'est plus vraiment une rivière, mais un estuaire à demi marin.

Par des cingles largement éployés que le chemin de fer de Saint-Denis près Martel à Libourne coupe sur de beaux ponts, elle descend à ses frémissements les plus bruyants, aux *Rapides de Lalinde* : Grand Thoret, Saut de la Gratusse, ratch des Pesqueyroux; trois bouillonnements qui l'abaissent en tout de 8 à 9 mètres. Beaux sites et belles eaux.

Ces trois rapides marquent la fin du val, qui devient une plaine ample de 3, de 4, de 5, de 6 kilomètres, entre des collines orgueilleuses de leurs vins, surtout de leur « Monbazillac » et de leur « Saint-Émilion ».

Bergerac est, avec Libourne, la seule ville de plus de 10 000 âmes assise au bord de la rivière des Périgourdins ; à 2 kilomètres en aval, le *Grand Barrage* relève le plan de la Dordogne, ici très large, très profonde, avec toutes les apparences d'un maître fleuve ; magnifique aussi en grande crue, voire en tout temps, la chute des eaux sur le plan incliné de la digue.

On est maintenant dans des alluvions dont la générosité n'a pas de fin ; de Bergerac à Sainte-Foy-la-Grande, à Castillon, à Libourne, plus on descend, mieux vaut la terre.

Au-dessous de Castillon l'eau pure fait place à la souillée ; avec la marée, la rivière devient fleuve ; à *Libourne*, port déchu, la Dordogne est aussi navigable, mais aussi contaminée par la vase que la Garonne à Bordeaux.

Puis elle écarte extrêmement ses deux rives dès qu'elle s'est mêlée, devant Libourne, à l'Isle qui, semblable à son fleuve, découvre à marée basse un estran vaseux. Elle est bouleversée en tout temps et remuée jusqu'à ses profondeurs en équinoxe, époque des plus hautes mers, par l'impétueux mascaret, flot de remonte pareil à la barre de la Seine : on entend un bruit lointain, comme un tonnerre continu, vaguement indistinct ; le vent fraîchit, la rumeur confuse passe au fracas, et le mascaret arrive en se cabrant sur la rivière qu'il secoue ; d'une rive à l'autre, obliquement ou en droiture suivant que la Dordogne se courbe ou qu'elle s'avance en un lit sans flexion, la volute court, blanche sur les eaux jaunes ; au loin devant elle, et jusqu'au moment où elle tourmente le fleuve, c'est le silence et la paix ; quand elle passe en écroulement de cascade, c'est le tumulte d'un bord à l'autre de la rivière, et l'assaut bruyant du rivage et la vase avalée subitement, et la Dordogne qui s'empare de tout son estuaire ; quand elle a passé c'est le silence encore, mais un silence où l'on entend sourdement que le flot monte ; et aussitôt apparaît la flotte des blancs voiliers, qui, partie du Bec d'Ambès, suit allègrement le mascaret toutes toiles dehors, sur les larges flots de la rivale de la Garonne.

Sous les ponts de Cubzac, tous deux très beaux, très hauts, traversant toute la plaine, donc très longs (l'un d'au delà de 1 500 mètres, l'autre de près de 2 000), elle a plus de 500 mètres d'ampleur, et vers le confluent plus de 1 000. On se croirait en face d'un fleuve charriant les dépouilles d'un continent, tandis qu'on n'a sous les yeux qu'une rivière devant toute sa grandeur au travail de la marée ; dans son court pèlerinage, elle n'a point fait perdre leur nom à des Missouris, à des Ohios, à des

Le Plus Beau Royaume Sous le Ciel.

Outaouais, mais à de vifs torrents, à de charmantes rivières ; et si elle porte des navires, ce n'est que pendant 43 kilomètres, de Libourne au Bec d'Ambès, et à la rigueur pendant 69, à partir de Saint-Jean de Blagnac ; plus haut il n'y a que petits bricks, « chalands » et bateaux, car les rebouilles de Lalinde ne sont point les derniers de la Dordogne ; la rivière a des seuils de roche, des hauts-fonds, des courants brusques au-dessous de Bergerac, même de Sainte-Foy, même de Castillon ; elle ne cesse d'être torrent qu'en devenant estuaire.

A la rencontre avec la Garonne, à quelque peu plus de 20 kilomètres exactement au nord de Bordeaux, elle a recueilli, dans un voyage de 472 kilomètres, le tribut de 2 387 020 hectares, soit à peu près le vingt-deuxième de la France. On estime son étiage à 50 mètres cubes, son module à 300, sa crue majeure en ayant roulé 7 200.

VI
LES COUZES

Les Couzes sont des riviérettes alertes courant sur la roche « antique », la pierre de soubassement, ou sur les laves « modernes » émises jadis par le grand cratère des Dore.

Il y en a trois, chacune réunissant d'autres Couzes. — C'est ici un nom générique des torrents et des torrenticules.

La *Couze d'Ardes* [1] descend du Cézallier ; elle passe au pied d'un pic de 945 mètres portant le château de Mercœur, qui avait titre de duché.

La *Couze-Pavin* [2] est une fille du Sancy ; elle reçoit l'émissaire du Pavin et contourne le coteau basaltique de Saint-Pierre-Colamine ; c'est en louvoyant autour de cette roche qu'elle coule devant les grottes de Jonas, habitées il n'y a pas longtemps encore par une petite tribu de véritables troglodytes. Son passage à Issoire, ville entourée de vergers, lui vaut son autre nom de Couze d'Issoire.

La *Couze de Chambon* [3] commence à ce même Sancy ; on la nomme également Couze de Chaudefour, de ce qu'elle réunit ses premiers ruisseaux (qui ne sont que de longues cascatelles) dans le cirque trachytique de Chaudefour ; et Couze de Champeix, de la seule bourgade qu'elle traverse.

1. 40 kilomètres, 25 900 hectares. — 2. 48 kilomètres, 30 400 hectares. — 3. 42 kilomètres, 18 725 hectares.

C'est cette Couze-là, fraîche, transparente et mutine comme les autres, qui remplit le lac de Chambon, à 880 mètres.

Le *Lac de Chambon* n'a pas même 1 200 mètres de longueur sur 300 à 700 de largeur, et il ne cesse de diminuer, de deux façons : par le comblement alluvionnaire, et par l'élargissement des fissures dans la roche de sa digue. C'est un laquet riant, avec îlots boisés, entre bosquets et prairies; pourtant il naquit du *Tartaret* (962 mètres), volcan vêtu de hêtres, parmi la fumée, la cendre, les sifflements et flamboiements, un jour que ce cratère, dans une de ses crises, vomit une digue de lave sur la gorge où babillait librement la Couze de Champeix, alors sans nom dans la bouche des hommes (l'homme n'existait pas encore). Aussitôt qu'elle s'est épanchée du Chambon, la Couze contourne le Tartaret; elle serpente au bas du château médiéval de *Murols*, très puissante forteresse, construite, semblait-il, à l'épreuve des siècles, et déjà sa lave, assise sur la lave, n'est plus qu'une ruine, formidable, immense. Cette Couze se brise aux cascades des Granges et de Saillans, gerbes transparentes, flots d'une abondance inconnue à la plupart des cataractes d'Auvergne, muettes pendant six mois de l'année ou dont il ne reste qu'un filet d'argent.

Toutes ces Couzes et Couzettes glissent à belle eau vive; l'Allier leur doit beaucoup pendant la moitié de l'année, et durant l'autre moitié, la sèche, elles restent au nombre de ses affluents les plus fidèles.

VII
MONTS
DOME

Au septentrion des Monts Dore, les Monts Dôme sont volcaniques aussi, mais avec des cratères bien mieux conservés, par la simple raison qu'ils sont beaucoup moins vieux. Que de fois la sylve millénaire s'était renouvelée, tantôt pareille à elle-même, tantôt du tout au tout différente, selon les changements cosmiques du climat dans ce recoin du monde, quand les volcans quaternaires des Dôme commencèrent à flamber au septentrion des Dore, cratères pliocènes morts déjà depuis longtemps et déchiquetés par les météores!

Ces cratères quaternaires, donc géologiquement presque modernes, l'homme sans doute (ou peut-être) les vit s'allumer; et l'on peut croire que des Auvergnats très archaïques en redoutèrent les éruptions, comme aujourd'hui, chacun chez lui, le Napolitain, le Sicilien, l'Équatorien, le Salvadorien, le Guatémaltèque, le Philippinien, l'Havaïen, le Japonais. Leurs flammes sombres se réflétaient dans le grand lac qui est maintenant la plaine de la Limagne. A chacune de leurs convulsions ils éructèrent bruyamment des blocs, des cendres, de fumantes viscosités devenues les *chéires*, traînées de roches poreuses, de scories et de pouzzolanes.

Les Dôme, au nombre d'une soixantaine, se rangent dans une longueur de quinze lieues environ du sud au nord, avec largeur moyenne de 3 kilomètres seulement, sur un plateau d'antique assise, gneiss, micaschistes, granits de 800 à 1 000 mètres d'altitude : soit 500 mètres au-dessus du val de l'Allier, la rivière qui coule dans ladite Limagne; ils ont un commandement très variable, 100, 200, jusqu'à plus de 500 mètres au-dessus du socle de leur base; donc, plutôt grandes collines que montagnes, mais on ne les gravit pas sans peine; la pente est dure, parfois excessive, et le pied manque d'assurance sur les talus roides, la cendre volcanique cède sous les pas, les scories déboulent, et glissants sont les gazons sur ces cônes nus pour la plupart; mais on a le ferme propos de les reboiser tous et déjà parmi les soixante puys, il en est beaucoup qui répondent aux gémissements du vent par les lamentations des hêtres.

Les roches légères, boursouflées, spongieuses des chéires, les phonolithes ou pierres sonores boivent avidement l'eau qui leur descend soit des puys, soit du ciel; aussi n'entretiennent-elles que des pâturages secs, indignes de leur altitude; et parfois il n'y a même pas de gazon sur les coulées raboteuses; point d'arbres non plus, rien que la roche brûlée, carrière où l'on taille les blocs dont sont faites les « villes noires » d'Auvergne, notamment Clermont, la plus grande; la pierre de Volvic, tirée d'une chéire, a bâti maintes cités. Mais l'eau qu'ont aspirée les porosités des coulées n'est pas toute perdue pour le peuple des Auvergnats; elle coule sous le plancher des laves et quand un sous-sol étanche l'a conservée, elle revoit le jour, soit au pied de la chéire, soit par une cassure du fourreau de pierre calcinée.

Tel fleuve rouge évadé d'un volcan atteignit, en suivant le ravin qui favorisait sa pente, une vallée quelconque à laquelle il coupa l'aval : alors le courant de cette vallée dut refluer en lac allongé; mais l'eau, qui a des lèvres de cristal, mord et dévore en caressant, et dès que la pâte brûlante fut devenue digue froide, le flot se mit à limer l'obstacle; or, dans les montagnes où les torrents coulent toujours, cet ouvrier-là ne dort jamais; il abaissa tellement le seuil que les lacs diminuèrent, puis disparurent, et la cascade qui du haut des laves jetait leurs eaux dans le vallon d'en bas put devenir l'un des lieux profonds et paisibles du torrent qui les avait formés.

De ces lacs occasionnels, presque tous se sont ou vidés, ou remplis. Reste le *Lac d'Aydat*, qu'on a peint sous des couleurs enchanteresses, mais au vrai, il n'a d'autre grâce que la pureté de son onde, et le miroir de cette onde même ; la roche de ses bords, celle de sa digue ont les teintes brûlées, noires, grises, rouges des pierres volcaniques, elles en ont aussi la stérilité ; il ne vient qu'arbres chétifs, tel que le genévrier, sur cette sombre ou terne pierraille, des pins sans force et sans hauteur, de la broussaille, quelques fougères et des herbes sèches. Il rassemble ses eaux derrière une chéire, à 826 mètres. A peine a-t-il une petite lieue de tour avec profondeurs qui ne vont que de 13 à 30 mètres. Visiblement, une part de ses eaux sort par un torrent du bassin de l'Allier ; invisiblement, un ruisseau de la nuit, un petit Styx sous la lave conduit le reste de ce léman minime à de belles sources qui sont les affluents du déversoir à ciel ouvert.

Le lac d'Aydat étant la vasque la plus méridionale du Dôme, le *Gour de Tazana*, par un peu moins de 700 mètres, au pied du puy de Chalard (844 mètres), en est la coupe la plus septentrionale. Ce lac-cratère de 35 hectares, presque aussi rond qu'une coupe, envoie à la Morge, tributaire de l'Allier, l'excès de ses eaux transparentes, cristal d'un bleu vert où la sonde ne trouve le fond qu'à 67 mètres.

Parmi ces montagnes qui lancèrent tant de lave, tant de boue, de soufre, de salpêtre, de nitre, de scories, d'eau bouillante, la plus haute, le *Puy de Dôme*, n'a que 1 465 mètres, mais il commande de 550 mètres son plateau, de 1 100 mètres et Clermont et la Limagne ; très grandiose, vu de la plaine, son cône boisé se compose de l'espèce de trachyte qui lui doit le nom de domite ; cet « assembleur de nuages » porte un observatoire, et, à côté de ce temple de la science, les ruines d'un sanctuaire gallo-romain dédié à Mercure Domien ou Mercure Auvergnat, l'un de ces dieux indigènes que les peuples vaincus s'empressaient de confondre avec l'une des grandes divinités de Rome et que la ville impériale acceptait aussitôt dans son Panthéon, si vaste qu'il put recevoir tous les génies topiques. Comme les Romains, croyant l'Empire éternel, bâtissaient pour l'éternité, le temple du Mont Dôme, si haut dans le ciel, était vaste, solide, superbe, orné de marbres d'Europe, d'Afrique, d'Asie ; et la statue en bronze de Mercure Arverne était le plus gigantesque colosse du monde gréco-latin : « les dimensions de toutes les statues ont été dépassées de nos jours, dit Pline, par le *Mercure* que Zénodore a fait pour la cité des Arvernes » ; mais on ignore si ce *Mercure* se dressait dans le temple Domien, ou dans la ville des Arverni. Au-dessus de Gergovie, l'imprenable oppidum des Celtes auvergnats, plus haut encore au-dessus de *Nemetum*, ville de fusion entre Celtes et Latins — c'est notre Clermont-Ferrand — on venait ici, de tous les lieux de la Gaule, apporter des prières, des vœux, des offrandes au Dieu ; et ce pèlerinage dura tant qu'on crut à l'Olympe, de foi vive ou par habitude, par ancestrale impulsion, tandis qu'insensiblement le monde occidental se livrait au Juif cloué des mains et des pieds sur la croix entre deux voleurs. Il y eut là, durant des siècles, un pèlerinage universel. Et grâce à cette ascension religieuse de tant de Celtes dévots, ce lieu de si dure montée fut cinq ou six siècles durant un pôle d'attraction, avant de devenir, suivant l'expression d'illustres géologues, un pôle de répulsion d'où les hommes divergent vers sept fois sept horizons de France.

De ce mont conique, si bien dégagé de tout autre en son isolement sur le plateau, on plane au loin sur les Dore, les monts du Cantal, les monts du Forez, et plus près, sur les puys et chéires des Dôme et sur cent villages dans la plaine de la Limagne.

Du Puy de Dôme au Gour de Tazana, sur la route du nord, les cratères les plus curieux bombant le sol issu pour une part de leurs entrailles, sont :

Le *Petit Puy de Dôme* (1 228 mètres) : la nuit du vendredi, les sorcières, arrivées par les airs sur leur manche à balai, de tous les pays de France, dansent leur sabbat au fond du cratère, nommé Nid de la Poule ;

Le *Puy de Pariou* (1 210 mètres) : de son cratère harmonieusement arrondi, de 950 mètres de tour, de 94 de creux, s'échappa la vaste chéire qui verse, à son extrémité d'en bas, les belles eaux de Nohanent et de Fontmort ;

Le *Puy de Côme* (1 255 mètres), le plus majestueux après le Puy de Dôme : ce cône de scories boisé de hêtres contemple de plus de 300 mètres le plateau des Puys ; son double cratère de 89 mètres de profondeur rejeta la chéire majeure d'Auvergne, de toutes la plus crevassée et bouleversée, celle que la Sioule ronge au-dessus de Pontgibaud ;

Le *Puy Chopine* (1 131 mètres), où grande est la diversité des roches prévolcaniques et des roches de fusion ;

Le *Puy de Jumes* (1 165 mètres), d'où s'évada vers l'orient une longue rivière de lave ;

Le *Puy de la Chadeire* (1 200 mètres), c'est-à-dire de la Chaise, dont le nom, passant de l'auvergnat au français, s'est corrompu en Louchadière ; son cratère de 148 mètres de creux inclina, comme le Puy de Côme, sa lave à l'occident, vers les bas-fonds de Pontgibaud sur Sioule; et aussi vers le levant : de ce côté il concourut, avec le Puy de Jumes et avec le *Puy de la Nugère* (994 mètres), à cette puissante *Chéire de Volvic* devenue carrière inépuisable de pierre noire pour la construction de Clermont, de Riom et des bourgs et villages jusqu'à vingt lieues à la ronde.

Sur la route du sud, du Puy de Dôme au lac d'Aydat, se lèvent, entre autres :

Le *Puy de Montchier* (1 219 mètres), avec quatre cratères, dont un de 113 mètres de creux;

Le *Puy de Barme* (1 097 mètres), qui eut trois chaudières, visibles encore; sa très développée chéire ne s'arrête que sur la Sioule, vers Pont des Eaux et vers Olby;

Le *Puy de Gravenoire*, qui encombra de ses laves la gorge de *Royat*, si fraîche, si riante aux rives de son torrent, la Tiretaine, issue des plus belles sources que laisse échapper la lave d'Auvergne; ce « Mont rouge » des Latins, ce « Sable noir » des Auverpins méritera bientôt un autre nom, dès qu'auront grandi les pins dont on le pare : après avoir été fous, nous devenons sages, au moins dans le pays des Dôme, et nous y reboisons des versants écaillés;

Le *Puy de Lassolas* (1 195 mètres), le *Puy de la Vache* (1 170 mètres) et le *Puy de Vichatel* (1 117 mètres) dont jaillit la pierre enflammée qui, forçant un torrent à refluer, donna naissance au lac d'Aydat; leur très longue chéire ne s'arrête qu'à Tallende, point très loin de l'Allier;

Le *Puy de Montjughéat* (1 137 mètres), avec superbe cratère; puy « classique », bien rond, bien campé, sans voisin qui le gêne et s'emmanche avec lui.

Quant à la montagne de *Gergovie*, sa célébrité ne vient ni de son altitude (744 mètres), ni de ses cratères, car elle n'en a pas, et, si elle porte des basaltes, elle les a reçus, mais ne les a point vomis; elle n'est pas belle et n'a rien de grandiose. Sa gloire est tout historique : sur son plateau s'élevait la forteresse que César ne put arracher à Vercingétorix.

VIII
LIMAGNE

Autant la vie est rare, étriquée sur le plateau des Puys, vie des plantes et vie des hommes, autant elle est touffue, opulente, exubérante, au pied de la montagne, à son orient, dans la *Limagne*, plaine féconde vantée de tout temps comme un paradis. Dans ses 15 lieues de long du sud au nord, en suivant l'Allier, dans ses 5 à 8 ou 9 lieues de large, de la base des Dôme à celle des monts du Forez, tout sort à souhait de cette terre grasse qu'il ne faut point

Le Plus Beau Royaume Sous le Ciel.

visiter en temps de pluie; on enfonce alors dans une boue tenace et l'on emporte un peu de Limagne à la semelle de ses souliers. Peu de nos vallées ont une telle profusion d'eau, de rus tout entiers consommés par l'irrigation des prairies veloutées, des vergers, des jardins, des haies vives, des splendides noyers, des ormes, des peupliers, des châtaigniers, au-dessus desquels on voit trôner les Dôme, les Dore, la croupe du Forez; sur les côtes du pourtour la vigne et la châtaigne, dans le terreau de la plaine, les blés et céréales diverses, les champs de betterave et les chanvrières, et les luzernières, et toute culture qui n'exige pas impérieusement, absolument le grand soleil du Midi torride.

Cette fécondité presque exorbitante lui vient de la non-défaillance des eaux qui lui dévalent de ses trois montagnes, et de l'heureux mélange des terrains dans la cuvette du lac dont elle a pris la place; il y a par ici, sur les granits antérieurs de ce fond d'un Léman qui fut bien plus grand que l'eau de Genève, une épaisseur de 200, 300, même 400 mètres, de débris terrestres : cendres et parcelles volcaniques issues des cratères pliocènes des Dore ou des fours quaternaires des Dôme; boues glaciaires, marnes, calcaires, raclures diverses apportées par l'Allier et ses affluents et sous-affluents; alluvions fournies à la fois et par des roches froides et par des roches chaudes; bref, le brassage d'une foule d'éléments plastiques à la favorable altitude de 320 mètres vers l'entrée d'amont de l'Allier dans le plan de Limagne à peu près à moitié chemin d'Issoire à Clermont, et de 250 à la sortie de la rivière, dans le pays de Vichy la guérissante et aussi la joueuse et la « noceuse ».

L'Allier, rivière essentielle de la Limagne, doit une bonne part de son flot, surtout de son flot d'été, aux Dore et aux Dôme; son tributaire majeur, la Sioule, limite à l'ouest le plateau des Puys, d'où lui viennent ses plus claires eaux.

IX
ALLIER,
SIOULE

L'*Elaver* des Gallo-Romains, notre inconstant Allier, balance, en apparence du moins, la Loire quand il la heurte sous Nevers.
Il débute fort humblement à 7 lieues au nord-est de Mende en Lozère, à 1 423 mètres d'altitude, au pied du Mourre de la Gardille (1 501 mètres), dans les montagnes où la forêt de Mercoire, jadis immense, ne vêt plus hui que de courtes ravines.

Il marche d'abord vers l'orient, comme pour aller se perdre sans gloire dans l'Ardèche, affluent du Rhône; mais bientôt il tourne au septentrion; à la Bastide, où le rencontre le chemin de fer de Nîmes à Paris, qui lui reste longtemps fidèle, il coule déjà vers le nord. Devant ce glacial hameau à plus de 1 000 mètres au-dessus des mers, on le franchit d'un bond, mais promptement il s'accroît de ruisseaux semblables à lui venus de monts ruinés par des défilés stériles. Divinement limpide, il passe entre les gneiss de la Margeride et les laves du Devès, à de sombres profondeurs, en des gorges ici nues, là boisées, dont il était seul à troubler l'auguste silence quand la locomotive n'y sifflait pas encore et que les convois n'y roulaient pas sur une ligne conquise à force de courbes, de tranchées, de remblais, de viaducs, de ponts et de tunnels. Au bout de ces défilés, dans le bassin houiller de Langeac, l'Allier est déjà rivière, grâce à des torrents lucides.

L'Allier supérieur coule dans une étroite vallée d'entre-monts sevrée des vents de la grande mer de l'Ouest comme de ceux de la petite mer du Sud, et la France n'a pas de bassin plus continental ; aussi la rivière d'été y diffère-t-elle singulièrement de la rivière d'hiver ; dès que les frimas ont fondu, c'est à ne pas la reconnaître : ce ruisseau qui ne mouille pas sa pierre dans la prairie sèche, entre des roches torrides, est-ce bien le torrent hivernal ou printanier, si plein, si clair et courant dans sa montagne, devant les sapins argentés par la neige, plus blanche sur ces arbres si sombres, et ces arbres plus sombres sous cette neige si blanche ? Ces filets d'eau sont-ils bien le Masméjan de Saint-Étienne de Lugdarès, l'Espézonnette, issue de la forêt de Bauzon, le Langouyrou de Langogne, le Chapeauroux des tristes plateaux de Châteauneuf-Randon et les trois filles de la Margeride, l'Ance, la Seuge et la Desge ?

Dans la *Plaine de Langeac*, lac comblé, l'Allier n'est plus qu'à 500 mètres au-dessus des océans.

Des étroits moins serrés et profonds le mènent dans la *Plaine de Brioude*, laquelle n'est plus qu'à 400 mètres.

A cet autre lac vidé d'eau, rempli de terre, d'autres gorges succèdent ; l'Allier passe à Brassac, ville de houille ; il boit l'Alagnon, coule devant la charmante Issoire, se tord entre les durs porphyres de Saint-Yvoine, jadis mieux nommé Pierre-Cise, puisque la rivière a scié cette roche, de siècle en siècle.

C'est là son dernier défilé, sa fin de montagne. Il entre dans la *Limagne d'Auvergne*, où il ne rencontre que des cités médiocres et laisse à 10 kilomètres à gauche la ville de Clermont-Ferrand ; puis du même côté, à 15 kilomètres, Riom qui est quatre fois plus petite que Clermont ; enfin, encore à gauche, Gannat, deux fois moindre que Riom.

La Limagne d'Auvergne se continue au nord par la *Lima-*

Le Plus Beau Royaume Sous le Ciel.

gne *bourbonnaise* jusqu'à Saint-Pourçain. L'Allier dévore la Dore ; il passe à Vichy, ville d'eaux salutaires ; il emporte avec lui la Sioule, si vive et pittoresque ; il baigne à Moulins les treize arches d'un pont de 300 mètres.

Ce n'est plus ici le torrent froid, pur, fantasque du Velay, c'est un fleuve plat où l'été découvre de vastes bancs de sable et qui ne lave pas toujours, pas même très souvent, non loin de son embouchure, les dix-huit piles de l'aqueduc du Guétin (500 mètres), qui porte le canal latéral à la Loire.

Cette deuxième des branches mères du fleuve central de la France rencontre la Loire à 6 kilomètres en aval de Nevers, au Bec d'Allier, par 172 mètres.

En ce choc de deux larges eaux, c'est l'Allier qui l'emporte ; il pousse au nord la Loire qui, depuis Nevers, coule vers le sud-ouest.

A son terme, il se trouve avoir peiné ou paressé durant 410 kilomètres, en une conque de 1 443 580 hectares. Peut-être doit-on évaluer son étiage absolu à 12 mètres cubes par seconde, son étiage ordinaire à 25, ses eaux les plus habituelles à 90, ses crues extrêmes à 5 000 ou 6 000, le module annuel variant de 125 à 150.

La *Sioule*, admirable d'un bout à l'autre, sauf tout à sa fin dans la Limagne, est un courant de 150 kilomètres en 260 000 hectares, contribuant à l'Allier par des maigres « suprêmes » de 3 500 litres à la seconde, un étiage coutumier de 7 mètres cubes, un volume normal de 24 (?), des crues de 700.

Elle se compose de torrenticules tapageurs nés dans les Dore parmi des puys de 1 200 à 1 400 mètres, et de ruisseaux moins bruyants pourvus par des plateaux mornes sans grande pente sur de longues étendues et où même les eaux hésitent parfois à s'ébranler vers l'un quelconque des horizons ; alors elles s'assemblent en étangs ou s'attardent dans les prairies froides ou dorment sur le fond noir des tourbières. C'est la Sioule ou Grande Sioule qui réunit les torrents mutins, le *Sioulet*, ou Petite Sioule (42 kilomètres, 60 000 hectares), qui concentre les brunes et plus calmes riviérettes du plateau.

La Sioule a combattu longtemps contre les laves raboteuses des Dôme.

Quand les basaltes incandescents barrèrent sa vallée, elle les éteignit à force de les baigner d'une eau qui sifflait et montait en vapeur dans les airs ; puis elle devint lac derrière la digue refroidie ; elle passe aujourd'hui librement, ayant scié l'obstacle, de Pontgibaud jusqu'au delà du Pranal, par des gorges splendides.

Gorges multicolores, de par les pierres des deux rives, laves et basaltes, et roches cristallisées telles que granits, gneiss, stéaschistes, rutilants porphyres; et de par l'onde verte de la rivière et de par le reflet violet de la bruyère dans les chastes eaux du torrent. Et ainsi en est-il (sauf que bientôt les laves disparaissent), non seulement jusqu'au Pranal, mais pendant vingt lieues jusqu'à Ebreuil.

Châteauneuf, dont les eaux minérales appellent chaque année plus de baigneurs, Ebreuil, ville de colline, Saint-Pourçain, ville de plaine, ce sont là les seuls lieux bien vivants de la Sioule; peu de bourgs, même de villages se contemplent dans les flots de cette belle rivière qui coule presque partout loin des hommes, tantôt bruyante, tantôt lente et sournoise, au fond des défilés tordus et retordus.

X
MONTS DU LIMOUSIN ET DE LA MARCHE

Du pied des Dôme et des Dore, en allant vers ouest et nord-ouest, de croupe en croupe, de gazons en herbages, d'horizon large en horizon nu, l'on arrive aux *Monts du Limousin* par les hauts plateaux de Bourg-Lastic, d'Eygurande, d'Ussel, socles de granits ou de schistes cristallins de 600 à 800 mètres d'élévation, voire plus, prairies, bois et bruyères, étangs silencieux, torrents entraînés à la Dordogne par le Chavanon et par la Diège, qui est la rivière d'Ussel.

Les monts du Limousin sont la dégringolade du Massif Central, autrement dit des « Terres Froides » sur les craies de Périgord, les oolithes de l'Angoumois et du Poitou, autrement dit sur les Terres Chaudes qui se sont déposées, sous mer, entre le noyau primitif d'Auvergne et le noyau primitif de Bretagne. Comme cette dégringolade n'a rien de subit, de vertigineux, de terrible, c'est plutôt une simple descente vers l'occident; de même que les monts de la Marche une descente de ce même Plateau central vers les collines du septentrion, puis les plaines du Berry, confrontées par le fleuve de la Loire.

Les monts du Limousin n'ont point de pics parmi leurs roches granitiques et micaschiteuses, traversées de filons éruptifs, semées d'îlots de diorites, d'amphiboles, de porphyres, de serpentines; ils ne se bombent qu'en mamelons; ils n'ont point de vrais lacs enchâssés dans la roche, mais des étangs réfléchissant prés, bois, brandes, genêts et fougères, et des chênes, et les châtaigniers dont le paysan vit autant que du seigle de ses sillons.

Assise argileuse, ces plateaux bossus retiennent à la surface toutes gouttes de pluie, tous cristaux de neige : l'eau y est partout, sous toutes ses formes, sommeil dans les étangs et les mares, bruit dans les torrents, murmures dans les rigoles, scintillements dans l'herbe de la prairie, ruissellements obscurs sous les mousses. Comme le dicton le proclame : « le Limousin ne périra jamais par la sécheresse ».

Aussi les monts de ce pays n'ont-ils point le climat de leur latitude; ils n'ont point non plus celui de leur altitude : parfois le printemps y est sans clémence, comme l'automne; un hiver long, très rude, à demi scandinave, y règne sur des pelouses blanches entre de noires lisières de forêt, et les rivières sont glacées ou coulent, sombres, entre des rives de neige. — Cependant aucune cime n'y atteint 1 000 mètres.

Étangs, sources, neiges, y font les plus jolis ruisseaux du monde, et ces ruisseaux se rassemblent en rivières serpentantes où passent d'abondants flots vifs, teintés d'un rouge noirâtre, ou d'un noir rougeâtre: Vienne, Combade, Maude, Taurion, Briance, Chavanon, Vézère, Corrèze, Auvézère, Isle et Dronne, Bandiat, et Tardoire, tournent gracieusement dans des prairies tondues par des bœufs magnifiques.

Quoique ces monts tiennent du plateau, qu'ils soient largement ondulés, qu'ils n'aient rien de chaotique, rien d'audacieux, qu'on les aime pour leur fraîcheur, leur verdure, leur grâce, leurs bruits de clochettes, et non pour leur grandeur, les vallées y sont profondes, surtout vers l'aval, et les cascades n'y manquent point aux rivières : la Maude a son gour des Jarraux, la Vézère ses sauts de la Virolle et du Saumon, la Montane ses bonds de Gimel, la Dronne son humble cascade du Chalard, le Bandiat son gour de Masfraulé. Au faîte entre Loire et Gironde, aux sources de la Vienne, de la Vézère, le *Mont Besson*, pentes de pelouse et mamelon chauve, regarde les herbes du plateau de Millevache; « titan » du Limousin, de par 978 mètres seulement, il domine de 24 mètres le *Mont Odouze* (954 mètres), jadis honoré par livres et cartes de la taille au tiers alpestre, à demi pyrénéenne, de 1 364 mètres.

Le *Plateau de Millevache* tient son nom d'un village de 900 mètres d'altitude, tout voisin des naissants de Vienne et Vézère. On a prétendu que ce village, des plus tristes et pauvres, se nomme ainsi, *Mille Vaches*, des troupeaux qui y trouvent l'herbage et l'eau : mais il ne se peut guère, car ces troupeaux ne sont pas d'encornés, mais de lainés, et c'est presque seul le mouton qui tend ici ses lèvres en avant pour appréhender les herbes entre les rares bouquets d'arbres, les genévriers étriqués, les brandes, les genêts, les fougères que mouillent en moyenne 1 300 millimètres de pluie par an; et s'il y a si peu de vaches au pis gonflé sur la haute étendue, comment donc aurait-on nommé Mille Vaches ce morne plan de plus de 15 lieues de travers, cette plaine gauche, irrégulière, bosselée, nue, livrée aux mélancolies de la pluie et du ciel? Quand les vents s'y taisent, le silence est solennel, la paix profonde; tout homme fier aime ces hautes solitudes.

A l'ouest du Millevache, sur la haute Vézère et la haute Corrèze, dans les *Monédières*, la montagne l'emporte sur le plateau : les replis y sont plus profonds, les puys moins empâtés dans la masse, plus libres entre torrents plus larges, et avec plus de forêts. C'est en les éventrant que la Vézère arrive à son saut de la Virolle, la Montane à ses cascades de Gimel.

920, 911 mètres, ainsi « trônent » les deux pics des Monédières, d'après lesquels on a désigné ce massif que les Limousins de par ici, paysans fort rustres, n'avaient pas nanti d'un nom général; ils se mamelonnent au sud-ouest de Treignac, à la tranche entre Vézère et Corrèze; le puy de Masmichels (872 mètres) et le puy d'Agnoux (813 mètres) ont à leur pied la turbulente Corrèze; le puy d'Allogne (772 mètres) regarde Treignac; le Gargan (731 mètres) contemple au nord un horizon de forêts inclinées vers la Combade, feudataire de la Vienne supérieure.

Aux frontières du Limousin et du Périgord, les *Monts de Chalus*, hauteurs bocagères autour desquelles gazouillent les premières fontaines de l'Isle, de la Dronne, du Bandiat et de la Tardoire, se groupent autour d'un sommet de 554 mètres, le Courbefy; sur cette colline les Gaulois eurent une forteresse, puis les Romains une station (si toutefois Courbefy est bien l'antique *Fines*), et le XIIIe siècle y bâtit un château.

Dans les *Monts de Laurière*, au nord-est de Limoges, entre Vienne et Gartempe, le Puy de Sauvagnac (701 mètres) domine un pays d'étangs et de vallons boisés, horizon que barre à l'ouest, sur la route de Confolens, le massif isolé de Blond.

Isolé, c'est trop dire, mais la *Montagne de Blond* voit de haut les coteaux qui l'entourent : que du Mont Rocher, sa cime de 515 mètres, on aille au nord vers Bellac, au sud vers Saint-Junien, à l'est vers Nantiat, à l'ouest vers Confolens, on passe toujours par une sorte de bas pays; quand on l'aperçoit d'assez loin pour qu'elle soit bleue, du Limousin, de l'Angoumois, du Poitou, cette acropole monte majestueusement dans le ciel du Sud-Ouest.

Le Plus Beau Royaume Sous le Ciel.

Au septentrion du plateau de Millevache et non moins élevé, le *Plateau de Gentioux*, dit aussi *Plateau de Royère*, lui ressemble, pelouse nue aux croupes arides, avec landes et genêts ; en chaque pli du sol, de petites sources, et au-dessous de ces sources, la prée mouillée, herbes et joncs, qui tremble élastiquement sous les pas ; aussi est-ce comme Millevache un surabondant château d'eau : la Creuse en reçoit ses premiers ruisselets de gauche ; le Taurion y naît, et la merveilleusement tortueuse Maude, qui s'en échappe au gour des Jarraux.

Les *Monts de la Marche* ne se différencient en rien des monts du Limousin, et d'ailleurs la Marche, c'est-à-dire la frontière fut démembrée avant l'an mil du Limousin proprement dit auquel elle appartenait intimement par le sol, le climat, les mêmes hommes de souche très identique, fort peu mêlés de sangs disparates, car les invasions, celles surtout qui sont brusques et courtes, appréhendent la montagne ; elles préfèrent la contourner, le long des larges vallées fécondes, riantes, peuplées : aussi bien, que trouver de rare, que piller de riche, que tuer avec profit de dépouille opime dans un pays de voussures granitiques, de seigle maigre, de sarrasin, de brandes ? A-t-on jamais vu de villes opulentes dans un pays de 500 à 800 mètres d'altitude suivant qu'il domine le bas ou le haut de ses rivières, dans une contrée d'étangs durcis en glace par l'hiver, de gazons ou neigeux ou gelés ou mouillés, chez des gens qui vivent de châtaignes ?

A peu près entièrement granitiques, avec micaschistes, porphyres, orthophyres, traînées de roches houillères, les monts marchois se déroulent avec la monotonie des grandes ondulations vagues, avec la mélancolie des hautes pelouses, avec la nudité des croupes d'où tant de sylves ont disparu, qui n'ont laissé d'elles que des bois de minces bouleaux au tremblant feuillage, et çà et là des bouquets de l'arbre de la vieille Gaule, le chêne dont on détachait pieusement, cérémonieusement, rituellement, le gui sacré ; il y a bien aussi, et par mille milliers, des châtaigniers puissamment ombreux, mais pas sur les plateaux, trop froids pour eux : ils vivent dans les vallées sinueuses, qui ont si belles eaux et si belles prairies.

De beaucoup de ces monts, dont très peu de belle apparence, faute de dégagement bien net et de suffisante élévation au-dessus du socle de la base, l'horizon s'étend, triste, sauvage, solitaire, jusqu'à la rondeur du ciel, tout au bout de la puissance du regard ; on voit des herbes, des verdures, des taches d'arbres, des lueurs d'étangs, quelques clochers, des hameaux à côté des seiglières, des champs de pommes de terre, des fromentières bien moins rares qu'au temps de nos ancêtres, depuis que les Marchois émigrent moins qu'auparavant vers Paris comme gâcheurs de mortier, maçons ou autrement, et depuis que plus de fils de la terre restent à la terre leur mère et à force de chaux réchauffent le sol froid.

De peu de villages, de peu de hameaux ou de maisons d'écart on se recueille devant le spectacle grand et sérieux des brandes voisines, des collines lointaines et des montagnes si distantes et fuyantes qu'on les confond avec un linéament de nuages reposant, ici, là, sur le tour du panorama. C'est que maisons, hameaux, bourgs préfèrent au déchaînement des quatre vents de l'espace le val frais, riant, enclos, la rive du ruisseau, la prée du bord de l'étang, l'abri de la roche où pendent l'herbe et la broussaille.

Ceux des monts de la Marche qui se ramifient à la rive droite du val encaissé de la Creuse se détachent du bossellement de Millevache; ceux de la rive gauche, du bossellement de Gentioux.

Les monts de la rive droite vont se répandant entre les tributaires de la Grande Creuse, de la Petite Creuse, du Cher, de la Tardes, de l'Indre. — Tels le *Massif de la Courtine* (931 mètres) dont les eaux vont à la haute Dordogne; la *Montagne de Sermur* (721 mètres), couronnée d'une haute tour du XIVe siècle, ruine de très loin visible dont le château fut une des puissances de la Marche; les *Monts de Mérinchal* (792 mètres) à la source du Cher; les *Monts de Combraille* (655 mètres), puys chauves autour d'une antique cité gauloise ou prégauloise, Toulx-Sainte-Croix, au midi de Boussac; enfin, au nord de cette bourgade, le bastion le plus septentrional de notre citadelle intérieure, les petits *Monts de Saint-Marien* (508 mètres), d'où ruissellent les premières fontaines de l'Indre et de l'Arnon.

Les monts marchois de la rive gauche de la Creuse lèvent le *Puy d'Yverneresse* (854 mètres), bien nommé, que l'hiver blanchit, que les vents glacent; le *Puy de Peyrabout* (687 mètres), origine de la Gartempe; le *Puy de Gaudy* (651 mètres), qui fut un oppidum des Celtes; le *Maupuy* (686 mètres), qui règne sur Guéret; les *Trois Cornes* (636 mètres), près de Saint-Vaury, pic aérien, dominateur parce qu'il est isolé, bien maître de lui.

Sans les monts du Limousin et de la Marche, semblables à une immense éponge, toujours exprimée et qui dégoutterait toujours, ni la Loire, ni la Dordogne, ni la Charente ne seraient ce qu'elles sont. A ce superbe château d'eau divisoire, la Loire puise par la Sioule, affluent majeur de l'Allier, par le Cher supérieur, par le haut de l'Indre, par la Vienne où se confondent Creuse et Gartempe; la Charente leur doit sa maîtresse fontaine, la merveilleuse Touvre, née de la mort de la Tardoire et du Bandiat : la Dordogne leur emprunte son Chavanon, ses torrents corréziens, Diège et Luzège, et sa Vézère, augmentée de la Corrèze, et son Isle, accrue de l'Auvézère et de la Dronne.

XI
VIENNE

La Sioule part des chéires des monts Dore et Dôme, le Cher ne reste pas longtemps dans la Marche, l'Indre n'y a guère que ses sources, mais la Vienne doit au Limousin presque tout le flux de ses eaux.

Vignagne ou Vignane chez le paysan de ses rives supérieures, la *Vienne* a son principe à cinq lieues au nord-ouest d'Ussel, sur le plateau de Millevache, à la base du plus haut mamelon du massif de l'Odouze. Puis ses eaux claires, quoique teintées de rouge, glissent sur des dalles de granit, de gneiss, dans une délicieuse vallée tournoyante, entre des dômes boisés, dans les prairies où paissent grands bœufs et chevaux.

Née à 858 mètres d'altitude, elle descend si vite, par Eymoutiers et Saint-Léonard, qu'à *Limoges* son niveau n'est plus que de 210 mètres. Devant cette ville au loin renommée pour ses porcelaines, elle est large de 75 à 80 mètres, ayant déjà pris leur eau, leur nom, leur gloire à trois rivières inégales qu'aucun été ne peut espérer de tarir, à trois courants faits de ruisseaux nés sur des pelouses éternellement humides, à trois ondes rapides, expansives, indociles, à trois joyeux torrents immortellement jeunes qui, de l'amont à l'aval, et du plus petit au plus grand, se nomment la Combade, la Maude et le Taurion.

La *Combade* [1] est une petite Maude, comme la Maude un petit Taurion, le Taurion une petite Vienne ; une eau rapide, un courant teinté, ce que les Espagnols d'Amérique nommeraient un « Colorado ». Profond, très sinueux autour des avancées du gneiss, son vallon presque désert part du Gargan ; il s'achève au delà de Masléon, bastide calculée pour être ville et qui est restée village.

La *Maude* ou Maulde [2] varie d'ordinaire entre 1 400 et 8 500 litres par seconde, mais telle de ses crues est très puissante comme aussi tel de ses étiages est fort bas.

En descendant la Maude on va, suivant les détours de cette

---

1. 28 kilomètres, 18 500 hectares. — 2. 72 kilomètres, 32 000 hectares.

onde à torsions convulsionnaires, vers l'un quelconque des quartiers du ciel; et, en définitive, on marche vers l'ouest.

Elle coule des brandes et pâtures, des tourbes, des mousses du plateau de Gentioux, elle dort dans des planiols ou se disperse bruyamment en ratchs sur la pierre, elle tombe en poussière d'eau, de 15 mètres, au *Gour des Jarreaux* et verse à la Vienne des flots d'un brun rougeâtre à une lieue et demie en amont de Saint-Léonard, à Lartige, site vraiment « limousin » par les rochers, les prairies, la turbulence des eaux sombres.

Le *Taurion*[1] jette à la Vienne, suivant le temps, de 2 300 à 17 000 litres, abstraction faite des eaux très faibles ou très fortes. Il s'épanche des mêmes froides bruyères que la Maude, du plateau de Gentioux; ainsi qu'elle, il ne cesse d'arrondir sa courbe autour des granits, des gneiss, des schistes d'où le soleil, illuminant le grain du mica, tire des étincelles d'argent; comme elle il est vif et bruyant, rougeâtre aussi. Point de ville à son rivage, peu de villages en sa gorge; mais il passe près des superbes ruines du château de Monteil au Vicomte et dans le proche voisinage de la ville de Bourganeuf.

Un autre affluent, dans la banlieue d'aval de Limoges, la *Briance*[2] tire ses eaux obscures du penchant septentrional des basses montagnes qui vont du Gargan aux origines de l'Isle. Aidée d'un de ses tributaires, la Ligoure, et à son confluent avec elle, elle dégage du plateau le promontoire couronné par les ruines de *Chalusset*, château fort à trois enceintes (XIIIe siècle) devenu l'une de nos grandes « écroulées » de murs féodaux.

A Aixe, à Saint-Junien, à Confolens, la vallée de la Vienne garde sa verte fraîcheur, et la rivière bruit entre rocs, sur des bancs, des écueils, ou tournoie dans des remous ou sommeille dans des gours, conformément à l'ossature limousine.

Mais dès qu'elle arrive dans l'oolithe du Poitou, elle change de nature; de couleur aussi, parce que les sources du calcaire mêlent des eaux pures aux eaux sombres amenées par la Vienne initiale, la Combade, la Maude, le Taurion, la Briance et la foule des torrents de « vieille roche » dont il est superflu de dire les noms et de conter les courtes et banales aventures. Elle accueille à gauche le Clain, venu de la vallée de Poitiers, route entre Nord et Midi, passage des peuples, chemin des armées; elle anime la manufacture d'armes de Châtellerault, elle s'ouvre,

---

1. 125 kilomètres, 110 000 hectares. — 2. 55 kilomètres, 71 500 hectares.

Le Plus Beau Royaume Sous le Ciel.

de colline couronnés de ruines de châteaux forts comme Mézières, Prunget, Rocherolles; enfin et surtout les dons de la Gartempe.

XIII
GARTEMPE

Claire comme la Creuse, la *Gartempe* est absolument parallèle à la Vienne en son cours vers l'ouest, puis vers le nord. Elle part des monts de Guéret. Elle boit des fuites d'étangs, elle coule sous de vieux ponts, serpente au bas de vieux châteaux (telles les ruines du sombre manoir de Salagnac), se brise sur des écueils, et s'apaise dès qu'elle passe des granits à l'oolithe en amont de la ville de Montmorillon. Elle se perd dans la Creuse à la Roche-Posay, forte de 2 à 3 mètres cubes en étiage, de 10 en volume coutumier, de 400 en grande crue, après avoir parcouru 190 kilomètres en un bassin de 397 500 hectares; de ce domaine, il y a près de moitié [1] pour l'*Anglin*; celui-ci, rivière de Belabre, d'Ingrandes, d'Angles, rassemble une foule de longs ruisseaux nés sur la roche dure, dans le pays où le chemin de fer de Paris à Toulouse serpente entre la Souterraine et Argenton; mais ces ruisseaux finissent dans l'oolithe, d'où l'Anglin tire sa réserve d'été, comme il tire ses crues du gneiss et du granit d'en haut.

XIV
CHAVANON
DIÈGE
ET LUZÈGE

Bien inégales les rivières que les monts du Limousin et de la Marche destinent à la rive droite de la Dordogne : Chavanon, Diège et Luzège sont tout au plus de vifs torrents; Vézère, Isle ont une puissante ramure et finissent en notables rivières.

Le *Chavanon* [2] a droit au nom de branche mère de la Dordogne, parce qu'à la commune rencontre, il a parcouru 3 lieues de plus que le torrent du Mont-Dore en un bassin presque triple, et que sans doute il amène autant ou plus d'onde que sa rivale. Des plateaux nus de la Marche sud-orientale, des croupes désolées, des mamelons arrondis, des herbes que transissent les froids altitudinaires, quelques ruisseaux descendent, par des vallons « tournoyants », sur mousse, sur tourbe, sur pierre, à deux grands étangs, l'un de 100, l'autre de 63 hectares; de l'étang de 100 hectares, qui est l'étang de la Ramade, long de 2 500 mètres, sort la Ramade; de l'étang de la Miouse, long de 1 500 mètres, s'épanche la Miousette; Miousette et Ramade forment le Chavanon, qui serpente,

---

1. 85 kilomètres, 172 500 hectares. — 2. 45 kilomètres, 42 000 hectares.

en harmonieux replis, dans des gorges profondes, fraîches (comme le comporte la nature des roches), avec prairies et restes de l'antique forêt ; il y a là mainte Arcadie ignorée ; il atteint la Dordogne par environ 350 mètres au-dessus des mers.

La *Diège* [1] a ses naissants en « Millevache », près de ceux de Vienne et de Creuse. Sa ville riveraine, Ussel, n'a pas été encouragée par les savants (ou censés tels) dans sa prétention d'occuper le seul, unique et véritable site de la vieille *Uxellodunum*, encore qu'elle en porte exactement le nom, dès qu'on le réduit à la racine topique, sans le *dunum* final, qui signifiait en celte, la colline. En aval de cette cité ainsi réveillée de son petit rêve de gloire, la Diège s'enfonce en un cagnon tortueux qui la conduit à la Dordogne, à 10 kilomètres en aval de Bort, par 375 mètres au-dessus des Océans, dans un lieu d'extrême étroitesse, de profondeur terrible.

La *Luzège* [2] part du plateau de Millevache, du pied du Besson, géant du Limousin. C'est le ruisseau de Meymac, c'est le torrent qui gronde près des ruines du château de Ventadour, c'est la rivière opprimée, étranglée, étouffée à 200, 300 mètres dans les sauvages corridors du gneiss et du micaschiste ; son confluent est à 230 mètres.

XV
VÉZÈRE

Née au plus haut du Limousin, la *Vézère* glisse d'abord entre les herbes du plateau de Millevache ; en aval de Bugeat, elle perce les Monédières par des gorges obscures, boisées, très serpentantes où elle s'abat de 15 mètres au *Saut de la Virolle*, puis s'apaise ou ne s'apaise pas dans ses précipices : « Il faut, dit-on dans le pays de Treignac, vingt-quatre heures pour sortir du gour de la Vézère ».

Elle coule sous les trois ponts de Treignac, l'un vieux, les deux autres très hauts, et contourne le noirâtre coteau de la « cité la plus pittoresque peut-être de France », ville escarpée dont on dit : « Qui a maison à Uzerche, il a château en Limousin ».

Puis ses anfractuosités sont de plus en plus profondes, serrées, désertes : la Vézère y court avec fracas, perpétuel rapide, sur des blocs entre monts arides, ardus, où le châtaignier, parfois le pin, jettent leur ombre ; elle y passe au pied des ruines de Comborn, elle en sort à la cascade du Saillant ou *Saut du Saumon*; là ses eaux noires tombent de 3 à 4 mètres ; c'est

---

1. 48 kilomètres, 42 242 hectares. — 2. 60 kilomètres, 43 995 hectares.

Le Plus Beau Royaume Sous le Ciel.

son dernier bond, mais il lui reste de nombreux ratchs où se briser et bruire. Elle boit la Corrèze, puis quitte enfin les pierres limousines, granits, schistes cristallins, gneiss, puis schistes cambriens et roches permiennes, pour entrer dans les oolithes et les craies du Périgord, — craies où elle coule entre de hautes roches percées de cavernes qu'habitèrent nos plus anciens précurseurs connus sur le sol où nous passons ; dans ces grottes on trouve les os d'hommes antérieurs à toute légende, les témoignages de leurs arts naissants, les débris des armes rudimentaires dont ils frappaient les bêtes auxquelles ils disputaient l'asile et la vie, animaux terribles disparus de nos climats.

Ces antres garantis des fauves par une race obscure ont illustré la Vézère ; Cro-Magnon, le Moustier, la Madeleine, Laugerie-Haute, Laugerie-Basse, la Gorge d'Enfer, les Eyzies sont des noms célèbres.

Colorée quand elle sort de Limousin, elle n'arrive point parfaitement claire à la rivale de la Garonne, malgré les fonts pures qu'elle tire du Périgord : Blagour, Sorps et Doux qui font la Couze de Larche, Doux de Coly, Bleu-Fond de Montignac, Doux du Bugue, etc. Ses villes de bas pays se nomment Terrasson, Montignac, le Bugue, et, à l'embouchure même, Limeuil.

Son grand affluent, torrent dans la pierre, la *Corrèze*[1] naît d'eaux distillées par la pelouse du Millevache et des Monédières ; elle court allègrement dans une gorge vide, sauf moulins et cabanes de bergers. Elle traverse les Monédières sans chutes ; tandis que son affluent la *Montane* tombe par les *Cascades de Gimel*, des plus belles en France : là, trois grands bonds, dont le troisième, la Queue de Cheval, est moins une cascade qu'un rapide extraordinairement penché, précipitent l'eau rouge entre les roches ternes, les pins, les châtaigniers, les mousses, la fougère, les bruyères que l'été fleurit en rose ; puis la Montane environne le cap de Braguse, murs antiques et vieux cimetière sur un détour de l'eau bruyante encore, car aux sauts succèdent les rapides, et, quand la gorge s'évase en vallée, le torrent a sauté de 125 mètres.

Très rapide, très sinueuse aussi, par un perpétuel retour sur elle-même, la Corrèze n'est qu'à 200 mètres dans la pittoresque *Tulle*, à l'immédiat aval de laquelle elle hume la Montane, dite aussi la Gimelle, du lieu de ses cascades ; elle laisse à gauche, en ravin latéral, le bourg d'Aubazine, si beau par

---

1. 88 500 mètres, 120 000 hectares.

ses rochers, ses eaux vives, ses débris du moyen âge ; elle baigne *Brive*, surnommée la Gaillarde : et en effet c'est une ville de gaîté, capitale du Bas Limousin, du Limousin chaud et fertile, par opposition au Limousin d'en haut, froid, dur, pastoral, où règne l'héritière du nom des *Lemovices*, Limoges. Elle accroît la Vézère tantôt d'un tiers, tantôt de moitié, la saison en décide, et l'on estime son étiage à 2 850 litres, son volume normal à 7 200. Quant à la Vézère, longue de 192 kilomètres, elle reçoit le tribut de 376 200 hectares et verse à la Dordogne 12 mètres cubes en étiage, 25 mètres cubes en débit coutumier, 1 200, 1 400 en grandes crues ; son module serait de 50 mètres cubes.

XVI
ISLE,
AUVÉZÈRE
ET DRONNE

C'est à Libourne dans la Dordogne déjà transformée ici en estuaire à marées puissantes, que finit la rivière de Périgueux, l'Isle, dont l'Auvézère et la Dronne partagent la destinée. Elle naît de collines de 400 à 450 mètres, à un peu plus de 5 lieues au sud de Limoges. D'abord rouge noirâtre dans les roches anciennes, elle passe dans l'oolithe en aval de Jumilhac-le-Grand, puis dans la craie, et dès lors de magnifiques fonts l'épurent et l'augmentent : Glane que Périgueux a renoncé à boire, Gour de Saint-Vincent, qui est un rejaillissement de l'Auvézère engouffrée, Toulon de Périgueux, fontaine de l'Abîme près Razac, source de la cascade de Sourzac près Mussidan, etc. Elle boit la *Loue*[1], noirâtre rivière qui vient de Saint-Yrieix-la-Perche, du pays de la terre à porcelaine, et, après la Loue, l'Auvézère ; elle baigne *Périgueux*, de loin signalée par les cinq coupoles et le clocher byzantin de Saint-Front ; après quoi elle coule devant Mussidan, rencontre la Dronne à 1 500 mètres sous Coutras, et, devenue là même rivière à marée, s'achève profondément, vaseusement, dans la Dordogne, creuse et vaseuse. A ce confluent *Libourne* est la plus grande des bastides, villes bâties dans le Sud-Ouest sur un plan uniforme, au temps de la suzeraineté anglaise. Quarante écluses, à partir de Périgueux, font l'Isle navigable pendant près de 150 kilomètres, mais il n'y a guère de gros bateaux que de Guîtres à Libourne, grâce au soulèvement de la marée.

Des deux grands tributaires de l'Isle, c'est à tort qu'on nomme le premier l'*Auvézère*, voire la Haute Vézère : ce serait plutôt la Basse Vézère, puisqu'elle a ses origines à presque

---

1. 48 kilomètres, 28 700 hectares.

Le Plus Beau Royaume Sous le Ciel.

deux fois moindre altitude que la Vézère « essentielle » et coule dans une région bien moins élevée.

Auvézère semble être purement et simplement le même mot que Vézère : lo Vézère (l'article limousin étant *lo*) : d'où, par incorporation de l'article, Lovézère, l'Ovézère, l'Auvézère : ainsi se coagulent et se corrompent les noms.

Elle part de monts et plateaux de 500-550 mètres qui se rattachent au Gargan. Née dans la pierre la plus dure, elle a comme destin, quand elle a quitté le Limousin pour le Périgord, de couler sur la pierre la plus lâche et la plus cassée. Au terme de défilés extrêmement sinueux qui, s'approfondissant toujours, ont passé du gneiss au micaschiste, puis au schiste cambrien, puis, sur un court espace, au permien, la voici qui change brusquement : de fraîche, sa vallée devient sèche, et pour tout dire, oolithique. Son eau change aussi, de lourde, d'obscure, elle se fait peu à peu plus légère et claire par la vertu de sources telles que celles de Bézan, de Tourtoirac, de Crezen (à Sainte-Eulalie d'Ans), du Blâme, du Chaubier, etc.

A la sortie du bourg de Cubjac l'Auvézère, que les débordements de la Lourde colorent en rouge, et celles du Dalon en blanc terreux, se divise en deux bras et, chose rare, le bras de droite est une rivière souterraine, le bras de gauche une eau superficielle.

Le bras de droite entre sous le moulin du Souci, bâti à la bouche d'une caverne, sur la route de Cubjac à Périgueux; les bâtiments cachent la nature du lieu; on voit l'eau passer sous la voûte du moulin, puis on l'entend tomber avec un bruit sourd; elle ne reparaît plus. C'est la *Perte du Souci.*

Cette moitié d'Auvézère engouffrée coule mystérieusement sous des collines de 225 mètres vêtues de bois chétifs, et va rejaillir, à une petite lieue au nord-ouest, dans une autre vallée, près d'une autre rivière, par une source ultra-puissante qui ne verse pas moins d'un mètre cube par seconde en sécheresse. Cette fontaine, le *Gour de Saint-Vincent*, sort entre herbes et roseaux et gagne aussitôt la rive gauche de l'Isle dont elle double presque le volume. Les paysans prétendent qu'un canard emporté par l'Auvézère dans l'obscurité du Souci reparut au Gour de Saint-Vincent avec des couan! couan! joyeux; il avait perdu les plumes du dos, arrachées par le raclement des voûtes. Légende banale et sorte de lieu commun : on en dit autant d'une foule de passages souterrains de l'onde entre un engouffrement et un rejaillissement.

Le bras visible finit à 10 kilomètres en amont de Périgueux, au pied de coteaux blanchâtres. L'Auvézère parcourt 103 kilomètres, soit 5 ou 6 lieues de plus que l'Isle à leur commun rendez-vous ; elle draine 93 700 hectares, elle va d'un étiage de 1 800 litres à de belles eaux de 8 mètres cubes.

Presque égale à l'Isle en été, mais deux à trois fois moindre tout le reste de l'année, la *Dronne* se mêle à la rivière de Périgueux en aval et près de la ville de Coutras, jusqu'où remonte très faiblement le flot de marée. Elle contribue à la puissance, à la gloire de sa rivale, pour 2 mètres cubes en bas étiage, 9 à 16 en plein volume, 300 en grandes crues ; le tout après 189 kilomètres de voyage en un pays de 289 700 hectares.

C'est une de ces rivières qu'on aime pour la transparence de leur onde et la grâce de leurs rivages ; elle a des sites adorables ; on la célèbre au loin dans le Sud-Ouest.

Elle débute à 30 kilomètres au sud-ouest de Limoges, non loin de Chalus et près des sources de la Tardoire, sur un massif de 500 à 550 mètres, plateau pastoral et forestier glacé le matin par la buée des étangs.

Longtemps elle serpente en d'étroites gorges du granit, du gneiss, du micaschiste, gorges vêtues de châtaigniers et de chênes, couloirs sinueux, fonds obscurs n'ayant d'habitants que les meuniers de quelques moulins ; là son humble Niagara est la *Cascade du Chalard*, en amont de Saint-Pardoux ; puis elle passe au calcaire et à la craie.

Arrivée à Saint-Pardoux, ce n'est qu'un gros ru sombre, entre rouge et noir : rouge sur son sable quand l'eau n'est pas creuse, noir quand elle est profonde, mais dès lors elle devient rivière, sans affluents visibles, sinon quelques ruisselets.

Mémorable exemple de ces courants qui croissent par les sources de fond, de village à village elle augmente : où ? l'on ne sait au juste ; s'en aperçoit parfois qui s'y plonge en été, et qui, joyeux de la tiédeur des eaux, se sent tout à coup transi par une fontaine sournoise. Au confluent de la *Côle* [1], augmentée du Bouillidour des Fonts, ce n'est déjà plus le torrent louche, c'est déjà la rivière pure.

Elle passe dans la très gracieuse Brantôme, devant Bourdeilles, dont le donjon est haut et beau et où elle coule par sa rive gauche sous une demi-voûte ; puis naissent, à son proche voisinage, les grandes fontaines visibles : le *Puits de Fonta* [2], à l'aval et près de Bourdeilles, le Bouillidour de Creyssac, semblable au Bouillon du Loiret, la font de Lisle ou Douzelle du Bouillidour.

Elle effleure presque Ribérac, reçoit la « divinement » pure *Nizonne* [3] ou Lisonne et s'attarde au pied du rocher de l'am-

---

1. 50 kilomètres, 30 000 hectares. — 2. 631 litres(?). — 3. 65 kilomètres, 55 000 hectares.

phithéâtrale *Aubeterre*, craie vive où l'on tailla jadis sous le château fort une église monolithe qui fut jusqu'à ces dernières années sombre cimetière, fidèle image de notre néant : à peine si le jour filtré par la porte et par une lucarne laissait voir des fosses, des croix, des tibias, des crânes et, dans l'abside encore plus sombre, sur un tombeau, les statues d'Hélène Bouchard et de son mari François Desparbès de Lussan, maréchal d'Aubeterre.

Entre Aubeterre et Coutras, la Roche-Chalais contemple de sa colline, au bord de la rivière de cristal, une des vallées le plus intimement belles de l'Occident de France.

Quand l'Isle s'amortit dans la Dordogne, elle a cheminé vers le sud-ouest pendant 235 kilomètres, concentré les eaux de 752 500 hectares; on lui attribue 10 mètres cubes en étiage ordinaire, 40 en volume normal, 1 500 en grande crue.

XVII
TARDOIRE
ET
BANDIAT

Le principe de la *Charente* est un ruisseau des roches limousines, et quand elle quitte ces roches c'est encore un ruisseau; cependant les monts « lémoviciens » contribuent à la puissance du fleuve par deux courants qui tirent leurs eaux de ce versant occidental du Massif intérieur : la Tardoire et le Bandiat.

La *Tardoire*[1] naît des mêmes collines qu'Isle, Dronne et Bandiat, sur un relief de 500 mètres, au sud-ouest de Limoges.

Elle passe près de la tour de Chalus, d'où siffla la flèche qui tua Richard Cœur de Lion et ses eaux sombres courent allègrement au fond des gorges.

Tant qu'elle reste sur le lit dur que lui font les roches du pays natal, elle grandit, surtout par le Trieux, courant du Nontronnais.

Mais dès qu'elle arrive sur les calcaires lâches de l'Angoumois, elle filtre sous le sol, imperceptiblement, de çà, de là, sans bruit, sans qu'on voie l'eau s'agiter; les pertes commencent au-dessous de Montbron, et dans les étés fort secs la Tardoire peut finir à Rancogne, ou même au château de la Roche-Berthier; en aval de Rancogne, les fissures ébrèchent en cent lieux le lit, caché par des eaux noires, si bien qu'aucune année, si pluvieuse soit-elle, ne voit la rivière couler pendant les trois cent soixante-cinq jours sous le pont que regarde le superbe

---

1. 92 kilomètres, 51 500 hectares.

château de la Rochefoucauld; il y a toujours des mois, ou tout au moins des semaines où la Tardoire ne rampe pas jusque-là.

Et quand elle atteint ce pont, c'est pour aller se perdre dans les failles de Rivières et d'Agris; durant les saisons très pluvieuses elle se traîne jusqu'au bout de sa vallée, près de Mansle : c'est alors un affluent visible de la Charente.

Le *Bandiat* [1], moins fort que la Tardoire, puise comme elle des eaux obscures aux ruisseaux limousins, il ouvre, comme elle, son lit à des émissaires d'étangs; il tombe d'une douzaine de mètres au *Gour de Masfraulé*, voisin d'Abjat, puis passe au bas de la colline de Nontron; après quoi il abandonne la roche primitive pour l'oolithe fendillée.

Ses gouffres, ses suçoirs, tous sur la rive gauche, ont plus de grandeur que les fissures de la Tardoire; le *Gouffre de Chez-Roby* est le plus grand de tous; un mur y retient le Bandiat dans son lit, quand le Bandiat coule jusque-là, devenu grand parce que la neige limousine fond, ou que l'hiver, le printemps versent à flots la pluie, ou que l'été débonde les cataractes du ciel, au soir d'un jour électrique, parmi les éclairs et les tonnerres : alors la rivière de Nontron coule à pleins bords devant Chez-Roby malgré les pertes d'amont; le Bandiat dépasse le mur et tombe en cascade en un ravin plein de blocs et de cailloux; puis, buttant contre la roche, il fuit sous terre dans les collines qu'habille la forêt de la Braconne.

Il faut de fortes crues pour le mener jusqu'à l'effondrement en terre rouge qu'on nomme le trou de Gouffry; des crues plus fortes encore pour qu'il atteigne les gouffres de la Caillère, trous béants où tombent en sourde cascade les flots troubles amenés à l'improviste par l'un des deux torrents que l'Angoumois aspire et soutire. Et très rarement il arrive que le Bandiat rejoigne la Tardoire à Agris.

Les eaux des deux rivières ainsi humées vont courir en torrents ou s'épandre en lacs ténébreux sous les roches sèches, cassées, que vêtent les forêts de la Braconne et du Bois-Blanc : la France doit avoir ici sa grotte de Han, sa caverne d'Adelsberg, sa Mammouth-Cave, des voûtes, des siphons, des couloirs, des précipices, des cascades, des eaux endormies en mares ténébreuses, tout un monde aveugle et sourd, un Cocyte un Styx, un Phlégéthon noir inconnu des « pâles humain ».

---

1. 80 kilomètres, 48 500 hectares.

Le Plus Beau Royaume Sous le Ciel. CHAPITRE

XVIII
DE GUYENNE
A TOURAINE,
DE LIMOUSIN
A BRETAGNE

Ces belles rivières de Vézère, d'Isle, de Dronne descendent donc des granits de Limoges aux calcaires, et surtout aux craies de Périgueux, car les oolithes n'occupent ici qu'une étroite bordure. On ne saurait imaginer un plus violent contraste que le passage subit de ce que les paysans de ces contrées ont si bien nommé les *Terres Froides* à ce qu'ils ont non moins justement appelé les *Terres Chaudes*. D'un côté la verdure sombre, les châtaigniers et les chênes, les roches moussues, les argiles compactes, les eaux noires, les étangs, les prairies ruisselantes et, en leur saison, les neiges profondes ; de l'autre, et immédiatement, les sols blanchâtres ou rougeâtres, la vigne, le froment, les arbres fruitiers, des frimas rares, un astre brûlant, des hommes plus expansifs — ce sont deux mondes hostiles qui se touchent.

Qu'on se figure de petits plateaux ou de petits massifs bas, aussi secs que la sécheresse même, par disparition instantanée des pluies dans les cassures de la rocaille ; pas le moindre ru qui daigne couler tout l'an d'outre en outre ; des coteaux à l'herbe rare, maigre, ou sans un brin de gazon, des taillis, des sillons où l'araire soulève autant de cailloux que de terre : tout ceci pour le haut, qui n'est pas très haut, toujours au-dessous de 200 mètres et plus souvent au-dessous de 100. Et dans le bas, en aubaine aux passants harassés de chaleur, la gaie chanson des « bouillidours », l'abîme des « doux » de 100 pieds de creux, ce dit-on, comme la Doux de Coly, la rondeur bleue des « gours », les bosquets, les noyers, les ombrages, les champs, les prés étroits qui mènent le long du vallon, de courbe en courbe, aux prairies veloutées, aux terres fécondes, aux grands villages des larges vallées. Telles s'en vont, vers l'Atlantique, et de lieue en lieue plus basses, les *Craies du Périgord*, que les *Craies de l'Angoumois* continuent jusqu'au fleuve de Charente, et les *Craies de Saintonge* jusqu'au voisinage de la mer.

XIX
DOUBLE

Au midi ces craies confrontent aux collines tertiaires qui tiennent tant d'espace dans le bassin de Bordeaux ou bassin de Guyenne ou encore bassin d'Aquitaine. Et tout d'abord elles s'ajustent à l'espèce de Sologne très accidentée qui a pour nom la *Double* et se divise en Double de Périgord, Double d'Angoumois, Double de Saintonge.

La Double de Périgord, l'*Edobola Sylva* ou forêt Edobole des plus vieux textes, va de la basse Dronne à l'Isle, au sud de

Ribérac et de Saint-Aulaye, au nord de Mussidan et de Montpon, à l'est de la Roche-Chalais. Sable sur argile étanche, son sol que n'échauffe et n'avive aucun calcaire est stérile; sans source pure, elle a pour toute eau de petits étangs, l'humidité des nauves ou prairies mouillées, les transissants brouillards nocturnes ou matinaux et le cours des ruisseaux rouilleux. Forêt de pins, elle devient de plus en plus un vignoble; ses étangs, ses mares disparaissent, on draine ses nauves et son insalubrité diminue.

Aux 50 000 hectares, ou à peu près de la Double périgourdine, la Double de Saintonge, augmentée de la Doublette d'Angoumois, en ajoute, au delà de la Dronne, environ 50 000 autres. Elle se prolonge à l'ouest, sur les coteaux du Lary, affluent droit de l'Isle, sur le haut de la Saye, autre feudataire du courant de Périgueux, et jusque sur des vallons tributaires de l'estuaire de la Gironde, par une Double beaucoup plus plate, bien plus basse; on la nomme, cette Double occidentale, la *Lande de Montendre* ou lande de Tout l'y Fault, c'est-à-dire « tout lui manque » de ce qui fait un pays d'opulence : du sable, des pins, des brandes, voilà son plus riche et son plus beau.

XX
CHAMPAGNE
DE
COGNAC

Au-dessus de la rive gauche du fleuve de la Charente, vis-à-vis des « Pays-Bas », la craie d'Angoumois s'achève par la *Champagne de Cognac* qui, ruinée par le phylloxéra, ne donne presque plus d'eau-de-vie, de « fine champagne », première du monde, encore que Cognac en vende autant que jamais. Cette ville de « brûleurs » concentre les vins blancs de ce qui reste de ceps dans la Champagne par excellence, ou Grande Champagne ou Champagne de Segonzac; ce qui lui vient de la Petite Champagne enveloppant la Grande au sud, à l'est, à l'ouest; et ce qu'elle tire des Bois, autrement dit des craies et aussi des tertiaires éocènes du voisinage, parfois assez éloigné, de la Petite Champagne : ainsi Champanais et Boisillers concourent à remplir d'eau de feu, très cher vendue, les chais immenses de Cognac.

XXI
PAYS-BAS

On appelle *Pays-Bas* une plaine d'alluvions quaternaires qui s'étend au nord de Cognac, à 20 mètres seulement d'altitude, entre collines d'oolithe, dans le bassin de l'Antenne, affluent droit de la Charente; il y a là dans les campagnes de Matha-sur-Antenne, 33 000 hectares d'une argile épaisse, diversicolore, avec dominance du gris ou du noir; qu'il y pleuve dix minutes seulement et la terre grasse fait au paysan la vie dure : il y marche avec un poids lourd à chaque pied, il hésite, il chancelle, il tombe parfois de la petite colline de boue gluante qui s'est sous-attachée à ses galoches, ainsi qu'on nomme les sabots en Saintonge.

XXII
ISTHME
D'ANGOUMOIS
ET POITOU

Qui a voyagé de Paris à Bordeaux connaît les plateaux oolithiques d'Angoumois, de Poitou : il les a, non guère admirés, mais vus à satiété, des fenêtres de son vagon, à niveau, sur remblais en tranchées sèches, et il les a trouvés pareils à tous les cantons quelconques de jura perméable.
Tantôt sols de surface, tantôt dissimulés sous des dépôts tertiaires, ils s'allongent du sud au nord, de la craie d'Angoulême à la craie de Châtellerault, le long de la Charente, ensuite sur le plan d'entre Charente et Loire, enfin aux deux rives du Clain gracieux, à partir de Voulon, dès avant Vivonne ; de l'est à l'ouest, ils s'élargissent entre les promontoires extrêmes du Limousin et les avancées de la Gâtine et du Bocage qui sont les fins dernières de la péninsule armoricaine. Par-ci, par-là ravinés assez profondément, ils sont très plats sur de vastes étendues, en mémoire de leur inerte immobilité, quand ils s'ébauchaient ténébreusement sous une mer jurassique, dans le détroit d'entre granits de Bretagne et granits d'Auvergne, alors qu'il n'y avait pas encore de navires pour fendre la vague, ni d'hommes pour imaginer ces navires, ni même d'animal supérieur aux rêves confus de la bête à coquillage.

Terre naturellement sèche, à la fois osseuse et désossée ; buveuse avide qu'aucun déluge ne peut désaltérer ; grand tonneau des Danaïdes qui laisse fuir par les cavernes d'en bas autant d'eau qu'en aspirent les cavernes d'en haut à travers le crible de la pierraille ; de là les glorieuses fontaines comme Touvre et Boutonne, et les jets vifs dans les vallons. Contrée de vignes, de fruitiers, de taillis, de « ségalas » et de « fromentaux » avec chaumes pour les moutons plutôt que prés pour la vache et le cheval, sauf les herbes grasses des vallées. Enfin campagne ample à souhait pour le choc des armées, pour la bataille du Nord et du Midi, comme en fait foi, parmi tant d'autres et moindres rencontres, la mêlée furieuse de 732 et l'homme du plus ardent soleil, l'Arabe arrêté net, les bras cassés, par les barbares du Septentrion dans sa conquête du monde. Quel chemin plus facile à des multitudes que ces plaines au bout d'autres plaines, entre les Pyrénées et la Loire ! Le chemin de fer de Paris à Madrid, Cadix et Lisbonne ne pouvait passer ailleurs ; son seul souterrain de quelque longueur, le tunnel de Livernant (1 471 mètres) s'ouvre (à 469 kilomètres de la capitale) à 130-136 mètres seulement au-dessus des mers, sous un faîte de pas plus de 198 mètres entre la Charente et la Dronne; et de là jusqu'aux Pyrénées, à partir de la Roche-Chalais c'est une parfaite platitude.

De ces calcaires, de ces craies jusqu'à la vague inquiète s'étendent des « mollières » antiquement, médiévalement, modernement gagnées sur le flot, et dont la conquête se continue sous nos yeux. Au nord, ces mollières s'appellent marais du Poitou; au sud, elles se nomment Marais d'Aunis et de Saintonge; vis-à-vis, en mer et tout près de terre, deux de nos plus grandes îles, d'ailleurs petites, l'île de Ré et l'île d'Oleron.

XXIII
MARAIS
DU
POITOU

Dans l'eau d'un vaste rentrant de mer qu'on peut désigner rétrospectivement sous le nom de golfe de Poitou, des dépôts de terre et de mer, et aussi peut-être l'imperceptible soulèvement du sol, ont grandement rétréci le domaine de l'Océan.

Il y a deux mille ans la baie du Poitou poussait au loin des bras dans le continent, jusqu'à Luçon, Fontenay, Niort, Aigrefeuille; l'homme aidant la nature par ses canaux et ses digues, la petite mer intérieure, qui asseyait ses vases autour d'une vingtaine de dunes ou d'îlots calcaires de dix, de vingt, de trente et quelques mètres de hauteur, a de siècle en siècle fait place au palus que se partagent inégalement la Vendée, les Deux-Sèvres et la Charente-Inférieure.

C'est plus de 40 000 hectares qu'a perdus ce vieux golfe du Poitou devenu le *Marais poitevin*, campagne qui domine un peu la mer basse, qui même ne craint pas le flux; mais les hautes marées de syzygie la dépassent de près de 2 mètres; elles s'écrouleraient sur sa vase plate sans l'obstacle des digues et des sous-digues.

Le Marais de Poitou, comme ceux de Bretagne et de Saintonge, a suivant les saisons deux irrésistibles tendances contraires; il s' « oriente » vers le déluge ou la sécheresse; de ces tendances, la nature favorise aussi bien la première que la seconde, mais à la longue, et du fait de l'homme, c'est la deuxième qui triomphe.

Dès que les pluies ont commencé, l'eau monte partout : le Marais l'attire en tant que bas-fond, il la dégorge par souspression, il l'exsude par capillarité; elle s'élève dans les « ceintures », les canaux, les riviérettes, les rivières fleuries de nénuphars en été, et en tout temps entrelacées et comme feutrées de plantes aquatiques.

Mais, dès les premières journées chaudes, elle baisse partout dans les rivières, les chenaux, les étangs, les mares,

Le Plus Beau Royaume Sous le Ciel.

les fossés, les sillons, elle se cache sous les herbes touffues, sous le feutrage des ruisseaux ; et souvent, le matin, le soir, ou aux heures sans soleil, des brouillards flottent, et l'on ne voit plus alors ni la terre, ni l'eau.

Tout compensé, d'année en année le sol gagne sur l'onde par la décantation des ruisseaux, les lais de mer, sables, vases, coquilles assurés au continent par des digues, les feuilles des arbres, les terreaux lentement composés de la pourriture des joncs, des roseaux, des herbages.

Ainsi l'hiver couvre cette plaine amphibie, à l'exception des îlots, des levées, des terrées et des mottes.

Les îlots, rochers ou sables autour desquels s'est cristallisé le Marais portent des bourgs où tournent en rond des ailes de moulins à vent : Charron, Marans, l'île d'Elle, Maillé, Maillezais, le Gué de Velluire (36 mètres), Vouillé, Chaillé, les trois villages de Sainte-Radegonde, Puyravault et Champagne, établis sur la même ligne de dunes, Triaize, Saint-Michel-en-l'Herm, Grues, etc.

Les levées sont plantées de saules et de frênes ; les terrées, buttes artificielles, portent aussi des frênes et des saules auxquels se mêlent des trembles, des peupliers, des aunes ; les mottes, boues fournies par le curage des fossés, servent de jardins aux cabaniers ou aux huttiers — ainsi se nomment les Maraîchins.

Aux premiers beaux jours, dès que le soleil sèche les vases trempées, tout pousse avec lustre et vigueur dans la terre féconde, ce que l'homme sème ou plante, ce que la nature enfante sans l'homme ou malgré l'homme, blé, chanvre, légumes, les arbres, les herbes des étangs, les joncs du marécage, les nénuphars des rivières, les carex, les rouches, les roseaux où niche le goéland.

Alors le marais de Poitou, si morne l'hiver, n'est pas sans gaieté ; ses fils, les huttiers, l'aiment ; ils le parcourent dans les barques qui sont leurs gondoles, sur les canaux ombragés, les rivières immobiles, qui sont leurs chemins. Telle est cette Venise sur vase et non sur sable, qui n'a ni souvenirs, ni marbres, ni monuments, cette Hollande sans villes et sans navires.

Hollande que des Néderlandais contribuèrent sans doute à tirer des flots ; le grand fossé qui arrête au nord les eaux du haut pays (haut par comparaison) et qui amène en hiver au canal de Luçon l'excès des crues de la rivière Vendée ne se nomme pas sans cause la Ceinture des Hollandais.

L'*Anse de l'Aiguillon* est tout ce qui reste du golfe de Poitou ; l'on y fait du sel, on y élève des moules ; toujours plus remblayée, elle perd en moyenne 30 hectares par an et déjà l'on pourrait diminuer encore de 2 000 hectares ce golfe qui eut 30 kilomètres au moins d'ouverture — il n'en a plus que 9 — et dont l'empiétement dans les terres s'est réduit de quinze lieues à deux.

XXIV LITTORAL DE L'AUNIS

Du Marais de Poitou au Palus de Saintonge la rive maritime est déchirée, avec estrans vaseux, presqu'îles menacées par l'Océan, baies que le progrès des alluvions prétend ravir un jour à l'Atlantique; en face de ce continent deux îles sont en lutte éternelle avec le flot qui leur enlève des roches sur la « côte sauvage » tournée vers la Grande mer, et leur apporte des sables le long du littoral, bien moins battu des vagues marines, qui regarde le rivage d'Aunis et Poitou.

Ici la mer a deux noms : devant l'anse de l'Aiguillon, c'est le *Pertuis Breton*, large de 10 à 16 kilomètres et qui sépare du continent l'île de Ré; au delà des promontoires de la Rochelle, c'est le *Pertuis d'Antioche*, de trois lieues d'ampleur, entre l'île de Ré au nord, l'île d'Oleron au sud.

En suivant cette rive on rencontre sur la baie de l'Aiguillon, Charon qui, de sa colline de 7 mètres, ancienne île, dévisage l'embouchure boueuse de la Sèvre Niortaise ; Esnandes, également en bordure de la baie de l'Aiguillon ; Villedoux, dont la butte basse domina la « baie de Poitou » et ne domine plus que digues et canaux; Marsilly, sur la côte du Pertuis Breton. Ces villages parquent les moules dans deux mille « bouchots », ville de piquets et fascines, dédale de claies envahi par la haute mer; bout à bout, ces palissades auraient 130 kilomètres, et leurs enclos triangulaires s'étendent sur 4 000 hectares de vases.

Le rapprochement de l'île de Ré, inclinée au sud-est, et du littoral, dirigé vers le sud-ouest à partir de l'anse de l'Aiguillon, rétrécit le Pertuis Breton en un détroit nommé rade de la Pallice.

La rade de la Pallice est peu remuée par la Grande Mer : n'a-t-elle pas au nord la côte vendéenne, au sud Oleron, à l'ouest Ré, à l'est le littoral rochelais ?

C'est pourquoi l'on y a creusé le nouveau port de *la Rochelle*, dit port de la Pallice, accessible en tout temps aux grands navires ; le vieux port, à 5 kilomètres de là, devant la « ville calviniste », admet en flux les vaisseaux, mais se vide au reflux, et les bâtiments n'y pénètrent qu'en enfilant le goulet de 100 mètres de largeur seulement qui coupe en son milieu la Grande Digue.

Le Plus Beau Royaume Sous le Ciel.

La Grande Digue (1454 mètres) est une levée de pierres sèches que la haute mer engloutit; Richelieu la dressa dans la vase, en travers de la rade, pour arrêter au large les bons amis des Huguenots, les Anglais, seul espoir des religionnaires assiégés.

La Rochelle succomba, blessée, mais non pas à mort; et même elle prospéra cent cinquante ans encore, jusqu'à la perte de ce Canada regrettable à jamais où les gens d'Angoumois, d'Aunis et de Saintonge envoyèrent pendant le dernier demi-siècle de notre domination plus de familles de colons que la Normandie, que le Poitou, que l'Ile-de-France, les trois provinces qui avaient fondé la « France-Nouvelle » chez le peuple des Algonquins.

A 15 kilomètres au midi de la Rochelle, l'île d'*Aix* commande l'embouchure de la Charente, à 6 kilomètres du rivage d'Oleron comme du rivage de Châtel-Aillon.

Il y a cinq siècles, au lieu d'île Aix était bout de presqu'île; mais la mer a démoli des fins de continent dans ce fond du Pertuis d'Antioche.

Elle a pièce à pièce emporté, qui sait où? la roche où portaient les deux villes de *Montmeillan* et de *Châtel-Aillon*; celle-ci, première des quatre grandes baronnies d'Aunis, fut mise à néant plus tard que celle-là : mur à mur elle tomba par écroulement de falaise, et 1709 culbuta les restes de son donjon; un fort, une plage de bains, une pointe d'écueil à plus de 3 kilomètres en mer, gardent le nom de la ville dispersée par le flot.

Aix est un croissant de 3 000 mètres de long, de 300 à 600 de large, de 129 hectares de surface; un rocher fortifié, en même temps qu'un sable d'où l'on tire du vin et du froment. 500 personnes y hument les brises vivifiantes, devant l'estuaire du fleuve.

Puis ce sont des marais salants qui ne « travaillent » presque plus, qui d'oisifs deviennent malfaisants quand ils se transforment en « marais gâts », jusqu'à ce qu'on les ait desséchés entièrement; et à côté de ces marais salants, des marais d'eau douce et des laisses de mer non conquises encore par des digues. Tel est le rivage insalubre qui va de Charente à Seudre en bordure du Marais de Saintonge.

Là fut *Brouage*, peut-on dire, quoique Brouage existe encore; par les atterrissements et par la surrection du sol, cette patrie de Champlain, le fondateur de Québec, a tout perdu en perdant son port, lequel passait pour un des meilleurs de la Saintonge, avant qu'au temps maudit de Calvinisme contre Catholicisme, les Rochelais l'eussent aux trois quarts comblé en y coulant vingt navires chargés de cailloux.

Elle a gardé ses beaux remparts ombragés d'ormeaux, mais ces murailles commencent à crouler; il n'y a pour animer ses rues que de rares habitants, le peu de matelots naviguant à travers des marais d'une mélancolie désolée sur le canal de 2 m. 60 de profondeur qui relie le bourg, d'une part à la mer, d'autre part à la rive gauche de la Charente; et elle a perdu les soldats d'une petite garnison qu'on changeait tous les cinq jours, ces lieux étant fort miasmatiques. *Parvi nominis umbra!* C'est une Aigues-Mortes saintongeaise, non du temps des Croisades, du « Saint roi », mais de l'ère des guerres de religion, de Richelieu, du « Grand roi ».

XXV
MARAIS
DE
SAINTONGE

Derrière Brouage le *Marais de Broue* est en communauté de nom avec la ville décadente (ou plus justement déchue); il s'appelle aussi bien le marais de Saint-Aignant ou le Marais Gât (par excellence).

Le long du canal de Brouage à la Charente, il se continue jusqu'à ce fleuve, puis il le franchit et se poursuit au loin sur la rive contraire par les marécages de la *Petite Flandre*, au nord, au nord-est de Rochefort. Tout autour de cette ville d'entre palus, de Brouage et de Marennes, la Broue, la Petite Flandre et les rives de la Seudre inférieure, c'est là le *Marais de Saintonge*, pareil à ceux de Poitou, de Bretagne, par l'éternel tournoi de la terre et de l'eau, les retours offensifs de l'onde en hiver, la victoire finale que l'avenir ménage à l'élément consistant sur l'élément fluide, aussi bien dans le marais intérieur qu'au bord de l'Océan lui-même. On estime à 10 000 hectares ce qu'il y a par ici de lais de mer à incorporer au continent.

XXVI
SEUDRE

Très long ruisseau terminé par la vaste embouchure d'un faux fleuve, la *Seudre*, issue de la craie, n'a que 6 à 7 mètres de largeur en arrivant à Saujon; mais à partir du Breuil elle s'écarte en estuaire, avec 500 mètres entre rives et profondeurs de 4 à 10 mètres en marée haute.

Sans les bancs de sable, sans la redoutable mer de son embouchure où « Maumusson grogne », on aurait voué cet estuaire aux établissements maritimes projetés par Colbert en

Le Plus Beau Royaume Sous le Ciel.

Saintonge ; on choisit la Charente, mais on pensa d'abord à la Seudre.

Des salines, des parcs où vivent (si c'est vivre) les huîtres vertes de **Marennes**, le cabotage d'une dizaine de ports vaseux situés sur la Seudre même et sur quelques chenaux navigables, donnent un peu de mouvement aux rives plates et singulièrement monotones de la Seudre. On engraisse là chaque année, dans plus de quinze mille « claires », au delà de cent millions d'huîtres françaises ou portugaises, nées sur place ou amenées du Poitou, de l'Armorique, d'Arcachon surtout. Mais si l'huîtrerie prospère, si Marennes vend au loin, à Paris, et partout, les bivalves que ses claires ont teints d'une belle couleur verte, ses salins, qui furent les premiers de France, font de moins en moins de sel parce que le Midi et l'Est en font de plus en plus et moins cher ; et les salins abandonnés, marais gâts en attendant de devenir herbages, et plus tard terres de labour, empestent de leurs exhalaisons l'air du *Colloque des Iles* : ainsi nommait-on la contrée de Marennes, aquatique presque autant que terrestre lorsque la haute mer enfle ses chenaux et canaux. La plus grande de ces îles, c'était celle où s'est assise la ville de Marennes avec son clocher de 85 mètres de haut d'où la vue est si proche ou si lointaine, si vaste, si belle et si singulière sur les plateaux de l'Aunis, les marais, salines, digues et canaux du Palus, la mer inquiète, les dunes d'Oleron. Viennent ensuite l'île qui porte les villages de Saint-Just et de Saint-Sornin, celles d'Hiers et de Beaugeay.

La Seudre laisse la Tremblade à 1 500 mètres à gauche, sur son chenal de l'Atelier que pratiquent les embarcations de 60 tonnes ; et à 3 000 mètres à droite Marennes, dont le chenal porte des bâtiments de 80 tonneaux.

Elle entre en mer après un cours de 60 kilomètres : pas dans la grande mer libre, mais dans la mer fermée où Maumusson s'insurge entre la péninsule du Colloque des Iles, les dunes oleronnaises de Saint-Trojan et la presqu'île d'Arvert ; la région dont ce « fleuve » assure l'écoulement s'étend sur 85 497 hectares.

XXVII
PRES-
QU'ILE
D'ARVERT

Entre la Seudre et les vagues où la Gironde se confond avec le flot incoercible des mers une péninsule s'avance, trapue, quadrangulaire. C'est la *Presqu'île d'Arvert* où, de la Seudre à l'Atlantique, les forêts de pins retiennent en collines cohérentes l'arène autrefois éparpillée en sables volants par les vents de la mer : il y a là, tendant vers la pointe de la Coubre, 9 000 hectares de dunes, sur les 28 000 de la péninsule, en avant de trois vagues agitées : au nord le pertuis de Maumusson, à l'ouest l'Océan, au sud le golfe de la Gironde. Puechs ou mamelons, rides parallèles, combes ou pochons, lèdes ou vallons, bas-fonds que l'Avertois appelle barachois, blouses ou fondrières dissimulées, ces dunes prolongent celles des Landes par delà l'estuaire de Gironde, tout comme les dunes d'Oleron continuent les sables d'Arvert au delà du pertuis maumussonnais.

Hautes sont-elles ; l'une, à l'occident de la Tremblade, et non loin de l'Atlantique, s'est haussée à 62 mètres. De poursuite en poursuite, animées du souffle marin, elles avaient enseveli Notre-Dame de Buze qui serait la Pompéi d'Arvert si l'on déblayait les sablons qui la couvrent ; et sous le nom d'Anchoisne, la ville de la Tremblade avait longtemps fui devant elles. C'était un dicton de la Saintonge que « les monts marchent en Arvert ». Tandis que les dunes se déroulaient inexorablement sur ce rivage de la France, celle-ci continuait de s'accroître aux dépens de l'Atlantique, et toujours s'agrandissaient, se tassaient les plaines marécageuses que les alluvions de mer, et un peu les fluviales, ont déposées dans l'antique estuaire de la Seudre en aval de Saujon, et dans les bas pays de Brouage et de Rochefort.

Jadis il y avait là des flots océaniens battant deux presqu'îles, celle d'Arvert et de la Tremblade au sud, celle de Marennes au nord.

Craies d'Angoumois et de Saintonge, oolithe de Poitou, d'Angoumois et rus engorgés du Marais, tout cela s'épanche directement vers l'Atlantique par le fleuve de la Charente et par la Sèvre Niortaise, ou indirectement par la Loire à laquelle accourt le Clain. La Charente est la rivière essentielle du Marais de Saintonge, la Sèvre celle du Marais Poitevin.

XXVIII HAUTE-CHARENTE ET TOUVRE

Le vrai nom, c'est Chérente ; du moins les paysans de l'Angoumois, de l'Aunis, de la Saintonge appellent-ils ainsi ce fleuve sineux qui parcourt 361 kilomètres pour une ligne droite de moins de 150 entre sa source et la mer Atlantique. Son million d'hectares (exactement, 1 000 160) lui ménage 18 700 litres par seconde aux eaux les plus basses, 35 mètres cubes en volume coutumier, 300 en crues ; merveilleuse constance, débonnaireté rare. On estime le module à 95 mètres cubes.

Elle vient au jour dans le pays limousin de Rochechouart, à Chéronnac, par une humble fontaine en un humble vallon,

Le Plus Beau Royaume Sous le Ciel.

parmi schistes et micaschistes d'un relief de 323 mètres.

Il semble d'abord qu'elle ira s'engloutir dans la Vienne, en amont de Confolens ; le ruisseau se rapproche jusqu'à moins de 3 000 mètres de la rive gauche de la rivière, mais bientôt il s'en éloigne et passe de la roche dure à l'oolithe, de la nature limousine à la poitevine.

La Charente devient riviérette, ensuite rivière ; elle coule devant Civrai, laisse Ruffec à 1 800 mètres, sur un coteau de la rive droite, et boit le *Lien*, dont la source, au pied même de Ruffec, est la réapparition de la Péruse, ruisseau qui filtre dans le calcaire ; près de Mansle arrive la Bonnieure, parfois grossie de la Tardoire ; mais, soutirée en chemin, icelle Tardoire dépasse rarement les gouffres d'Agris ; sa vraie fin est ailleurs, dans les cavernes.

Au moment de toucher à la fière colline d'Angoulême dont le plateau la domine de 72 mètres, la Charente se double ou se triple, et même se quadruple, suivant la saison, par la rencontre de la Touvre magnifique.

La *Touvre* tient son origine des pertes de la Tardoire, de celles du Bandiat et de l'enfouissement de quelques ruisseaux et ruisselets. Par ce Bandiat, par cette Tardoire la Charente a beaucoup plus de part au Limousin que par ses quelques lieues de voyage en roche imperméable, de sa première fontaine de Chéronnac à son abandon du schiste cristallin au bout d'environ 32 kilomètres de petits serpentements.

A deux lieues à l'orient d'Angoulême, Touvre est une vieille église, et quelques maisons à côté sur une cime de coteau.

A quelques pas de l'église, dans une vigne, des lambeaux de murs, des pierres dispersées sur un tertre, au bas d'un tertre, rappellent un manoir du XVIe siècle ; on le nomme château de Ravaillac, mais l'assassin de Henri IV n'y a point vécu et ne l'a point possédé.

Au pied de ces ruines informes, dans un pli du coteau, ravine étroite entre des flancs boisés, un gouffre, le *Dormant*, sommeille. Son onde pure, profonde de 22 mètres, est sombre par cette profondeur même, par la hauteur des arbres qui lui versent l'ombre et parce que sa colline lui cache une partie de la lumière du jour ; quand le soleil y luit, ses rayons n'éclairent pas jusqu'au fond le froid palais des nymphes de la Touvre et l'on ne voit point comment les entrailles de la roche mènent l'eau des lacs obscurs à la vague lueur du puits du Dormant.

Mais en avant du Dormant, sans que rien le sépare de

lui, en face de son eau morte, affreuse, comme le dit le vers latin :

Fons scatet horrendus, prisci dixere Toveram,

à l'endroit même où les talus du ravin s'écartent, une onde s'agite, vive toujours et parfois turbulente après les longues pluies, dans un ample gour de 12 mètres de creux, flot si clair qu'on en voit, ou plutôt qu'on en soupçonne le fond quand flambe, haut et droit dans le ciel, à midi, le grand soleil de juillet : ce large soulèvement et bruissement concentrique versant toute une rivière éveillée devant un gouffre endormi, c'est le *Bouillant*, le vrai père de la Touvre; car le silencieux Dormant dégorge beaucoup moins de Bandiat et de Tardoire que le Bouillant transparent et joyeux.

Bouillant-Dormant, c'est la Grande Touvre, qui s'unit aussitôt à une Touvre moindre, à la font de Lussac, née à 100 mètres de « l'abîme de Ravaillac ».

La *Font de Lussac*, dite dans le pays la petite font — petite par opposition — est une énorme fontaine, un vaste « Bouillidour » montant d'un abîme bleu, en flots jaseurs, et quand les pluies sont drues, en vagues pressées, hautes, bruyantes; si bien que certains, la comparant au gouffre voisin, au puits muet, la prennent pour le Bouillant. Riviérette, bien plus, rivière souvent puissante, à sa naissance même un moulin lui jette le cristal d'une quatrième fontaine, éloignée de quelques centaines de mètres, la *Lèche*, de beaucoup la moindre des quatre, pourtant fort belle et jaillissant avec impétuosité; ce n'est pas un dormant, un gour, un abîme, c'est une onde tumultueuse éternellement poussée d'en bas par d'autres ondes. Éternellement? Non, puisqu'on l'a vu sécher dans les étés arides, et la font de Lussac aussi, dit-on; mais le Bouillant n'a jamais donné moins de 4 mètres cubes par seconde.

La font de Lussac coule entre les joncs, dans les herbes éparpillées ou sous un « feutrage » dont on dirait un marais si l'on ne voyait fuir à grand'erre une eau divinement limpide dans l'herbière et jonchère touffue que les bateaux plats des pêcheurs de la Touvre ont peine à diviser.

La Lèche est charmante, le Bouillant et le gour de Lussac vifs et gais, le Dormant terrible; la Touvre est joyeuse; à peine issue des entrailles de la colline, elle s'épanche allègrement, large, claire, d'un flot rapide courbant joncs et roseaux, et les herbes déliées flottent à son courant. Elle anime la grande papeterie de Maumont, voisine (comme les sources elles-mêmes) d'une station du chemin de fer d'Angoulême à Limoges; elle baigne la délicieuse Magnac et là vogue sur ses eaux, montant, descendant, criant, ramant des pattes, battant des ailes, une foule de canards et d'oies blanches ou multicolores, monde babillard qui se divise en escadrilles jalouses ; le matin ces empennés s'en vont d'eux-mêmes à la rivière, le soir ils s'en reviennent chez eux sans que personne les mène une gaule à la main.

Puis ce fleuve à l'urne intarissable, cette onde mutine court d'écluse en écluse ; elle donne l'âme à de grandes papeteries, à la fonderie de canons de Ruelle, et s'unit à la Charente, plus faible en été, mais encore plus pure, par 30 mètres environ d'altitude, au bout d'un épanchement de 10 kilomètres à peine. Elle reçoit les eaux de 114 000 hectares, elle verse 4 mètres cubes à la seconde pendant le quart le plus sec de l'année ; de 6 à 12 pendant le second quart, sec sans trop l'être ; et de 12 à 18 durant les six mois de la saison pluvieuse ; ses grandes crues ne vont qu'à 45.

XXIX
BASSE-
CHA-
RENTE

La Charente a dès lors presque toute sa grandeur. Elle serpente, profonde et tranquille, devant Jarnac, Cognac, *Saintes*, qui a donné son nom au pays de Saintonge et où Rome a laissé des débris que le moyen âge avait mieux respectés que le temps moderne ; il n'avait fait qu'ébrécher l'amphithéâtre de *Mediolanum Santonum* ; ellipse de 133 mètres sur 108, capable de 20 000 à 22 000 spectateurs ; mais hui ce colisée digne de Rome n'est plus qu'une ruine en tronçons.

La Charente heurtait ici les piles d'un pont romain, précédé d'un arc de triomphe consacré à Tibère ; l'arc de triomphe, transporté pierre à pierre et maçonné près de là, n'a pas disparu, mais le pont n'existe plus et c'est sous une travée suspendue que passe le fleuve, déjà moins limpide : n'étant plus même à 3 mètres d'altitude devant la cité gallo-romaine, il y obéit aux secousses alternatives du flot qui, par les hautes marées, remonte même jusqu'à 7 kilomètres sous Cognac, jusqu'au port du Lis, lieu d'embouchure du *Né* [1].

A Taillebourg l'onde, où se reconnaît de moins en moins le jet pur des sources, coule entre un escarpement qui portait des tours féodales, et de larges prairies où saint Louis battit les Anglais ; elle baigne Saint-Savinien, où remontent les bâtiments de 200 tonnes, rencontre la Boutonne, rivière louche comme elle après être née claire, et passe à Tonnay-Charente sous un pont suspendu de 18 mètres de hauteur, calculé pour que les navires n'aient pas besoin de renverser leurs mâts.

1. 64 kilomètres, 64 000 hectares.

Devant Tonnay-Charente, la marée monte de 5 mètres 1/2 en vives eaux. Le fleuve n'est plus un sillon limpide, un ruban d'azur; ce fils des plus claires fontaines est devenu fange profonde. A 15 kilomètres de sa fin, *Rochefort*, qu'entourent des marais, peut construire à la fois 18 navires de guerre. Ces lourds cuirassés et carapacés, le port militaire ne saurait comment les envoyer à l'Atlantique si les marées de l'océan n'étaient si puissantes, car il y a des jours où la barre du fleuve n'est cachée que par 60 centimètres d'eau.

D'ailleurs, lancés dans le port, ils ne sont armés qu'en rade de l'île d'Aix.

Sa largeur à Rochefort n'est que de 150 à 200 mètres; la Charente ne prend d'ampleur qu'au delà de Soubise, et surtout après le coude du Vergeroux : elle a dès lors 500 mètres de rive à rive, à mer haute, quand ses vases d'estran sont recouvertes; puis elle devient golfe et il y a bien 2 500 mètres à son embouchure, entre le fort de l'île Madame au sud, et le bourg de Fouras au nord. Tout le bas de sa route, à peu près depuis Taillebourg, est un remblaiement d'alluvions, une terre palustre qui fut jadis mortellement fiévreuse et que rendrait à ses fièvres la moindre négligence dans l'entretien des digues et des canaux.

D'Angoulême à la mer, la Charente boit des sources magnifiques : telles la *Font de Veillards*, qui se nomme Lèche, ainsi que le moindre des quatre jets de la Touvre; telle encore la *Font de Gensac*; il lui arrive de charmants ruisseaux à papeteries et deux rivières, Seugne et Boutonne.

La *Seugne*[1], dite aussi la Sévigne, contribue à la basse Charente pour 1 850 litres en étiage, 3 750 en volume normal. Elle part des collines de Montlieu (142 mètres), faîte entre Charente, Isle et Dronne; longtemps ce n'est qu'un ru marécageux, qui passe devant Jonzac; puis de belles eaux la vivifient, sources visibles ou sources de fond issues de la craie, et c'est au bas de la gracieuse Pons une gaie rivière rarement contenue en un seul lit : au contraire, elle s'anastomose, ici en deux bras, là en trois, ailleurs en quatre ou cinq.

Ainsi éparpillée entre peupliers et saules, en riviérettes limpides malgré joncs et roseaux, elle s'épanche à la moindre pluie, et ses prairies presque toujours mouillées sont moins des herbages que des jonchères, rouchères et roselières, demi-marais ou vrai palus, au bout duquel la Seugne entre en Charente par trois bras en amont près de Saintes, aux Gonds, jadis *Condate*, le Confluent.

---

1. 75 kilomètres, 125 000 hectares.

Le Plus Beau Royaume Sous le Ciel.

La *Boutonne* s'étire paresseusement pendant 92 kilomètres, elle draine 125 000 hectares, elle pousse devant elle 6 000 litres à la seconde, avec étiage de 3 500, maigre absolu de 1 000, crues de 55 mètres cubes.

Elle naît à Chef-Boutonne, la bien nommée, au bas d'un réseau de plateaux et de coteaux filtrants de 120 à 170 mètres, à la résultante d'un filet de vallons secs. La *Source de la Boutonne*, cachée par une rue et aussitôt accaparée par un abreuvoir et par un lavoir, n'a plus son antique beauté, quand elle jaillissait librement de la roche au pied de l'abrupte colline où s'accrocha le château de Malesherbes.

Riviérette dès son origine, et bientôt rivière par les belles fonts de son vallon et des vallons latéraux, elle a tendance à se diviser et subdiviser comme la Seugne, puis à se concentrer pour se disperser encore à travers une fraîche prairie où les villages très nombreux se frôlent.

C'est longtemps une rivière triple : à droite un courant longe la colline de droite, à gauche un courant accompagne la colline de gauche; ralentis tous deux par les usines, ils envoient à tout coup des branches à la « Rivière du Milieu », lente également ou bien ils reçoivent d'elle des ruisseaux et des fossés.

De Saint-Jean-d'Angély à la Charente, la Boutonne est plus compacte; censée navigable, très peu naviguée, elle serpente en un val humide qui, de plus en plus aquatique, devient vers Tonnay-Boutonne un marais sans maisons, une officine des fièvres; les villages sont sur les coteaux (d'ailleurs fort bas), sauf Champdolent.

La Charente, cette eau claire en vallée gracieuse jusqu'aux lieux où la marée la bouleverse entre berges palustres, est presque l'idéal d'un fleuve bien réglé, pour deux causes :

Presque toute son onde lui vient des sols perméables;

Les eaux d'allure irrégulière que lui envoient les roches compactes du Limousin et du Nontronnais l'atteignent rarement à ciel ouvert, et même alors ne lui arrivent que très diminuées par les gouffres du Bandiat et de la Tardoire: entre ces pertes et les fontaines de la Touvre, des gours noirs servent de régulateurs à l'heureuse Charente.

XXX
SÈVRE
NIOR-
TAISE

A l'époque, peu lointaine encore, puisqu'elle est historique, où la baie du Poitou s'avançait jusqu'aux environs de Niort par l'un des plus longs de ses golfes, la *Sèvre Niortaise* n'était qu'un grand ruisseau de l'oolithe augmenté de petits torrents du granit et du lias; mais l'atterrissement l'a doublée de longueur; il lui a réuni trois autres fluviots côtiers, l'Autise, le Mignon, la Vendée, et c'est maintenant un courant de 150 kilomètres dominant 358 000 hectares et roulant à l'ordinaire une douzaine de mètres cubes par seconde.

Elle a pour origine deux charmantes riviérettes bleues, filles du calcaire, qui se réunissent dans la vaste prairie, sous la Mothe-Saint-Héraye : la Sèvre et le Pamproux. Ses deux branches réunies, elle baigne Saint-Maixent ; elle boit des fontaines de la roche oolithique, et des rus de l'imperméable Gâtine du Poitou ; elle frôle la colline de Niort, puis s'engage dans le Marais, où elle coule comme elle peut, sans pente, sinueusement, péniblement, sans paraître couler, par des lits étroits, vaseux, profonds, vers lesquels tend le réseau compliqué des canaux du palus. Elle entre dans l'anse de l'Aiguillon près de Charron, à quelques kilomètres de sa ville de Marans, qui reçoit des navires de 250 tonnes.

Son maître affluent, la *Vendée*[1], traverse aussi les trois régions naturelles de l'occident du Poitou ; elle naît dans le Bocage, elle quitte les silencieuses demi-ténèbres de la forêt de Vouvant pour les campagnes sans ombre de la Plaine, elle s'achève dans le Marais, après avoir traversé la ville de Fontenay-le-Comte.

XXXI
CLAIN

La jolie rivière du penchant septentrional des oolithes de Poitou, le Clain se déroule comme une fluide couleuvre pendant trente-cinq lieues, dans un pays de 325 000 hectares, et il se mêle à la rive gauche de la Vienne à raison de 3 mètres cubes en étiage, de 12 en débit coutumier.

Est-ce sur le Clain supérieur, à Voulon, et non pas à Vouillé-sur-Auzance, qu'est le *Campus Vogladensis* où les Francs de Clovis battirent les Visigoths d'Alaric ? Est-ce le Clain inférieur, à Moussais, qui roula le sang du terrible écrabouillage nommé bataille de Tours, où s'arrêta l'expansion de l'empire universel arabe ?

Ni de l'un ni de l'autre site on n'est certain, même à demi, mais ces deux luttes entre le Nord et le Sud durent avoir pour lieu de gémissement une vallée qui est la route naturelle entre la Loire et la Charente, entre Paris et Bordeaux.

Le Clain, c'est la rivière tranquille et profonde, en un val sinueux, qu'on admire en amont de Poitiers, au pied de la roche de Passelourdin et du Roc qui va boire à midi (de ce que son ombre tombe vers le milieu du jour dans le flot transpa-

---

1. 66 kilomètres, 67 500 hectares.

Le Plus Beau Royaume Sous le Ciel.

rent); elle aussi qui est la beauté vivante d'une ville pleine de monuments illustres.

L'antique oppidum des Pictons ou Pictaves, **Poitiers**, est hautement campé sur le plateau et les pentes les moins raides d'un promontoire, en un contour du Clain, au confluent de la Boivre.

Le Celte lui légua le beau dolmen de la Pierre Levée ; le Romain lui avait bâti des thermes, disparus sauf quelques pierres, substructions et linéaments ; il lui avait amené les eaux de la Font de Cé, belle source de Lusignan, par un aqueduc dont il reste quatre arcades, hors ville ; il lui avait fait présent d'un amphithéâtre immense, ellipse de 156 mètres sur 130 1/2 presque effacée du sol ; et très nombreux sont les témoins du haut et du bas moyen âge : Temple Saint-Jean, baptistère du IVe siècle qui passe pour l'édifice chrétien le plus ancien de France ; Saint-Hilaire, qui a des débris du VIIIe et du Xe ; Notre-Dame la Grande, église romane dont la façade est une splendeur ; Sainte-Radegonde, fière de son « pas de Jésus-Christ », légère empreinte dans la pierre, et de son tombeau de sainte Radegonde, abbesse, femme de Clotaire Ier ; la cathédrale (XIIe, XIIIe, XIVe siècles) ; le palais des comtes du Poitou (XIIe, XIIIe, XIVe, XVe siècles), devenu palais de justice ; des restes de l'enceinte ; des tours qui marquent la place d'une antique forteresse au confluent du Clain et de la Boivre, près d'un pont du XVe siècle.

Devant cette ville si vivante quand le Poitou était dans sa fleur, hui si morte en ses rues étroites et tordues, le Clain coule d'un flot dormant ; qui s'y baigne en été, passe souvent d'une eau tiède à l'onde glacée de fontaines jaillissant du lit même, car cette rivière de l'oolithe doit beaucoup de son flot à des sources de fond.

Né à 5 ou 6 kilomètres de la Vienne confolentaise, le Clain part d'un plateau de 200 à 230 mètres ; il baigne la charmante Vivonne, la soucieuse Poitiers et se perd dans la Vienne à une petite lieue en amont de Châtellerault. Ses affluents lui ressemblent par la limpidité d'onde et la tortuosité de val, entre roches ardues et talus couronnés de bois.

La **Vonne**[1] passe à Sanxay, la Pompéi pictave, la cité gallo-romaine avec temple, thermes, hôtelleries, théâtre exhumés récemment ; puis elle effleure le coteau de Lusignan, où nulle grande ruine ne remémore le manoir célèbre par la légende de Mélusine et la famille de rois chrétiens que les Croisés intronisèrent à Jérusalem ; elle s'achève à Vivonne.

---

1. 68 kilomètres, 38 543 hectares.

La *Clouère* [1] passe à Château-Larcher, au pied du *Plateau de Thorus*, qui est ou plutôt qui était un grand musée de mégalithes avec trente enceintes, deux cents tombelles, douze dolmens.

L'*Auzance* [2] coule devant Vouillé, bourg qui dispute à Voulon la bataille de l'an 507.

XXXII
ILE DE RÉ

Les îles de Ré, d'Oleron complètent le continent de France vis-à-vis du Poitou, de l'Aunis; elles se lèvent là, de très humble surrection, pour témoigner que le continent fut plus grand jadis. L'une et l'autre sont un débris.

La terre océanique garantissant l'anse de l'Aiguillon des vents du Sud-Ouest, l'*Ile de Ré* s'approche fort de la terre ferme par son extrémité sud-est; de sa pointe de Sablanceaux à la côte rochelaise il n'y a guère que 2 500 mètres; au nord, le Pertuis Breton, large de 10 à 12 kilomètres, la sépare de la rive poitevine; au sud, le *Pertuis d'Antioche*, également large de 3 lieues, gronde sourdement entre la côte méridionale de Ré et la pointe septentrionale d'Oleron; le nom de ce dernier passage de l'Océan serait un héritage d'Antioche, ville problématique depuis longtemps disparue sous la mer inclémente, là où l'Océan déferle, au sud-est et non loin d'Ars-en-Ré, sur des roches, pointes, dalles basses, en avant de la pointe de Chanchardon.

L'Atlantique désosse les calcaires de Ré; il a distrait cette île du continent, non pas dans une antiquité géologique, mais il y a douze cents ans au plus, sinon même seulement mille, c'est du moins ce qu'on suppose : il a de la sorte aboli un rivage antique, voire deux, car les écueils de *Rochebonne*, à 12 ou 15 lieues à l'occident de Ré, sont peut-être, eux aussi, des témoins laissés par un littoral disparu.

De la pointe de Sablanceaux au superbe phare des Baleines, Ré s'allonge du sud-est au nord-ouest sur 25 kilomètres, avec 75 à 80 de tour, anses comprises, et largeur extrême de 5; son étroitesse extrême de 70 mètres en fait une île à la taille de guêpe composée de deux îlettes inégales : au nord-ouest l'île d'Ars, au sud-est l'îlette de Saint-Martin; ces deux fragments sont unis par la langue de terre de 70 mètres d'efflanquement, nommée l'isthme du Martray; elles sont séparées par le *fiers*, c'est-à-dire le fjord d'Ars, golfe sans profondeur : si la haute mer y palpite, la basse mer n'y laisse que des boues et des flaques, des chenaux, de l'humidité luisante.

1. 65 kilomètres, 36 282 hectares. — 2. 56 kilomètres, 32 600 hectares.

Cet isthme, on ne le sauve pas sans peine par des levées empêchant l'Atlantique de le rompre, puis de le distribuer ailleurs en limons et en sables. Il a devant lui, vers le sud, une lieue d'écueils, restes de ce qui fut (ou ne fut pas) le piédestal d'Antioche.

Une des bourgades de Ré s'appelle encore le Bois. L'île fut donc sylvestre, et ne l'est plus. Pas de forêt, pas un bosquet pour briser le vent de l'Atlantique, et « il y a cinq ans de fers pour le chien qui lève la patte contre un arbre ». Pas de ruisseaux non plus ; c'est le vent qui moud les grains, et ce vent ne s'arrête guère : ici l'outre d'Eole est inépuisable.

Ainsi nue et basse, nul mamelon n'y dépassant 18 mètres, la mer, si belle, est sa beauté.

La Côte Sauvage, en face du grand large, à l'ouverture du Pertuis d'Antioche, défie le flot tonnant et le repousse ; mais, de victoire en victoire, elle est vaincue, trouée, déchirée ; de ce côté nulle anse, nulle crique pour abriter un navire ; mais le littoral tourné vers le continent de France lutte contre une vague de plus de mansuétude, et ses ports sont pleins de caboteurs.

Peuplée à l'égal de Ré, la France compterait plus de 112 millions d'habitants au lieu de 38 500 000. Sur les 7 389 hectares de l'île que la mer menace de couper en deux, il n'y a pas moins de 15 600 insulaires, soit 211 au kilomètre carré ; ils habitent quelques grosses bourgades et une foule de hameaux et d'écarts. Les Rhétois vivent de la navigation, du cabotage, un peu de la pêche ; ils cuisent la chaux dans des fours, ils ont des milliers de parcs à huîtres, de vastes salines, quelques pins et tamaris, des champs engraissés d'herbes marines, des luzernières, de l'orge, des pommes de terre, des prairies et, sur terre ou dans la dune, des vignes dont le vin sent le goémon ; le tout sur un sol divisé en parcelles fort petites, voire parfois infinitésimales.

XXXIII
ILE
D'OLE-
RON

Cette terre allongée aide l'île de Ré à garantir des vagues du large le littoral de la Rochelle ; et surtout elle protège les estuaires de Charente et de Seudre.

Inclinée du nord-ouest au sud-est, Oleron s'avance en dunes jusque près d'un rivage de dunes ; il n'y a même pas 2 500 mètres de la pointe de Maumusson, cap méridional, au continent sablonneux d'Arvert, distance que la basse mer réduit à moins de 500 mètres entre île et terre ferme.

Cet étroit courant, très violent sur sable couvert de peu d'eau, c'est le fameux *Pertuis de Maumusson* que le matelot, le pêcheur de Saintonge redoute autant que le Breton peut appréhender le passage du Raz; ici tout marin, tout passager aventuré sur le détroit doit s'attendre à male mort dès qu'un vent favorable cesse d'enfler ses voiles; bruyant quand l'Océan s'insurge au vent soufflant de la mer, on l'entend alors de quinze lieues, en pleine Saintonge : « Maumusson grougne », dit le paysan. Là fut autrefois l'attache de l'île à la terre ferme.

30 kilomètres de long, 3 à 10 de large, 72 à 75 d'enceinte, 15 326 hectares; telles sont les dimensions de cette île si petite et pourtant inférieure à la Corse seulement parmi les terres insulaires que nous possédons en Europe.

Sur ses 15 326 hectares 16 656 personnes habitent des bourgs et une centaine de hameaux, ce qui répond à 109 ou 110 hommes par kilomètre carré.

Pareillement à Ré, ses deux littoraux contrastent, celui de l'ouest étant « côte sauvage », celui de l'est « côte clémente » avec ports abordables autour desquels on pêche des poissons et l'on décroche du rocher les huîtres portugaises. Pareillement aussi, elle a ses récoltes de varech et de goémon, ses pêcheries, ses huîtrières, ses marais salants, ses luzernières, champs d'orge, de blé, de betteraves, de maïs, d'asperges, en parcelles extrêmement minces, par excès de division d'une terre surpeuplée; ces champs sont nus, quoiqu'avec plus d'arbres que dans l'île sœur, figuiers géants, chênes, pins dans la dune. Le vin de ses vignobles doit son méchant goût aux goémons de fumure; de petites vaches y paissent le gazon des chemins et des talus.

Un mamelon y atteint 32 mètres dans les dunes du sud, mais par elle-même, et toute abstraction faite du sable dont le vent surcharge ses contours, elle ne monte qu'à 36 pieds.

Tant de platitude, si peu de bosquets et boqueteaux, depuis que les « Iliens » ont si fort dégradé leur Oleron, encore boisée au temps du Béarnais de « la poule au pot », l'île serait triste sans le grand nombre et la dispersion de ses hameaux, laide sans les agitations, les calmes, les exaspérations, les bruits, les voix, les tonnerres de la mer autour d'elle. C'est la plainte sourde, étouffée ou le fracas du pertuis de Maumusson et des dalles de Chassiron verdies jusque presque au noir par la prairie des varechs; c'est la mélopée des pins de la dune à Saint-Trojan, aux Saumonards, au Domino; c'est l'Océan qui tonne contre les rives ou qui les abandonne en se fuyant lui-même; ce sont les sables changeant, incessamment à chaque flux, à chaque reflux, et les souffles aigus ou sonores, et partout les moulins à vent qui tournent de toute la vitesse de leurs ailes noires au-dessus des hameaux à maisons blanches, sur les petits ressauts d'où ils sollicitent les moindres courants de l'air : et quelques-uns, sur la Côte Sauvage, sont mouillés jusqu'à ces ailes par le saut de la vague.

Les dunes d'Oleron furent agressives. Sous l'une d'elles, près de salines, est à jamais caché l'ancien bourg de Saint-Trojan ; le nouveau bourg, nommé de même, ne craint plus les sables roulants et volants, qu'ont fixés les pins et les tamaris.

Ainsi se suivent les terres de France, d'Orient en Occident, le long de Dordogne et Charente, des Dore et des Dôme aux brise-lames du littoral et à des îles de brise-vagues campées en avant dans la mer sauvage. Telle est la houle du sol et tels sont les déroulements de l'oolithe, de la craie, des terres tertiaires, des boues quaternaires entre l'antiquissime Auvergne et l'antiquissime Bretagne, entre deux processions de vagues de granit. Et voilà comment un isthme de roches infiniment moins vieilles que ces granits, gneiss et micaschistes, l'isthme oolithique d'Angoumois-Poitou met en communication facile le nord de notre terre, l'ancienne Neustrie d'autour de *Lutecia Parisiorum* avec notre Sud-Ouest, notre Aquitaine ; et cela de plateau en plateau : d'Ile de France en Touraine, de Touraine en Poitou, de Poitou en Angoumois, Périgord et Guyenne.

Il y a là, de Paris à Bordeaux, voire de Dunkerque à Bayonne, une de ces heureuses distributions du sol français qui avaient enthousiasmé le grand géographe grec Strabon et l'avaient mis en humeur de prophétiser à la Gaule un rayonnant avenir.

« Il semble, disait-il, qu'une providence a dressé ces chaînes de montagnes, rapproché ces mers, tracé, dirigé le cours de tous ces fleuves pour faire un jour de la Gaule le lieu le plus florissant du monde ! »

CHAPITRE DEUXIÈME

DU SANCY AUX CÉVENNES

XXXIV. LUGUET ET CÉZALLIER. ‖ XXXV. LE CANTAL : SA DIRAMATION DE TORRENTS. ‖ XXXVI. ALAGNON. ‖ XXXVII. RUE, SUMÈNE, MARONNE ET CÈRE. ‖ XXXVIII. PLANÈZE. ‖ XXXIX. MARGERIDE. ‖ XL. CHAPEAUROUX, ANCE, SEUGE ET DESGE. ‖ XLI. PALAIS DU ROI. ‖ XLII. GÉVAUDAN. ‖ XLIII. MONTS D'AUBRAC. ‖ XLIV. TRUYÈRE.

XXXIV
LUGUET
OU
CÉZALLIER

A qui revient des vases du visage d'Aunis aux rugosités du Massif Central, le Cantal apparaît au midi des monts Dore, dès la rive gauche de la haute Dordogne, là où cette rivière, presque escamotée dans la ténébreuse profondeur des gorges, borde de sa rive droite les pierres limousines.

C'est par le *Cézallier* ou *Luguet* que s'adaptent monts Dore au septentrion, Cantal au sud : aussi bien la roche primitive cachée sous les laves que ces laves elles-mêmes.

Les petits lacs, les mares glaciales, les suintements sous l'herbe, les fontaines sorties de la roche, de la pierre ponce, de la pouzzolane, de la scorie des volcans pliocènes, le Cézallier les partage entre la Dordogne par la Rue et l'Allier par l'Alagnon. Dans la région orientale de ce socle de 1 000, 1 200, 1 300 mètres de hauteur les coulées plutoniques cachent beaucoup moins les gneiss, les schistes cristallins, que dans la moitié occidentale où il n'y a pas de défauts à la cuirasse ajustée par le feu central au torse de la plus vieille Auvergne.

Le Cézallier n'a rien du profil aigu des sierras; aux plateaux il ajoute les plateaux, aux mamelons les mamelons, aux croupes bossues les croupes bossues : triste, maussade, et par les mauvais temps lugubre, il est nu, et le vent, qui n'a pas de branches à tordre, y ride quelques petits lacs et rase en sifflant des gazons et des bruyères. Pourtant ses Auvergnats le surnomment le Hort de las Fades, le jardin des Fées : mais aussi, de quelles Fées, car il en est tant, de ces fluides et puissantes dames, dans le panthéon des dieux et des génies d'avant le crucifié de Jérusalem? Sans doute que le Cézallier est l' « Hort » des Fées qui passent à minuit, tristes, muettes, voilées de brumes plus qu'éclairées de lune, et non de celles qui dansent en rond, qui rient et qui lutinent au plus clair du flambeau des nuits.

Le maître mont du Cézallier, le *Luguet*, arrive à 1 555 mètres, au-dessus du beau *Cirque d'Artout* dont le petit torrent court vers le bas de l'Alagnon ; à 5 kilomètres à l'ouest-nord-ouest du Luguet, le *Chamaroux* se bombe à 1 476 mètres. 1 555 et 1 476 mètres, c'est 300 à 400 mètres de moins que la tête du Plomb sommet majeur du Cantal.

XXXV
LE CANTAL,
SA
DIRAMATION
DE TORRENTS

Haut de 1 858 mètres, donc inférieur au seul Sancy parmi les Monts Français, le *Plomb du Cantal* se lève près d'une montagne plus basse, mais célèbre par ses deux tunnels, le *Lioran* : de ces deux souterrains, entre 1 100 et 1 200 mètres d'altitude, l'un transmet le chemin de fer d'Arvant à Figeac, et l'autre la route de Brioude à Aurillac, du versant de l'Allier par l'Alagnon à celui de la Dordogne par la Cère.

Le Plomb du Cantal est un pic indépendant depuis des millénaires, depuis qu'au commencement de l'ère quaternaire cessa de s'épancher le flot visqueux des andésites, des labradorites, des trachytes, des basaltes, des phonolithes, qui venait de couler paresseusement, par la force de la pente, durant toute l'époque pliocène (et même la miocène). Mais pendant un laps indéfini du temps infini, tandis que le fleuve fumant descendait d'un prodigieux cratère sur un socle de granits, de micaschistes, la roche devenue le Plomb du Cantal n'avait pas d'existence séparée; elle était simple paroi de la chaudière où bouillonnait la pâte poreuse, à la gueule d'un volcan de 2 500 mètres de hauteur probable avec 150 grands kilomètres de tour à son élancement du plateau primitif. Volcan moins haut que l'Etna, avec 30 kilomètres de base en moins, mais tout aussi puissant que le géant de la Sicile. D'autres et nombreux pans de la cuve sifflante, des « témoins » de ces expansions spasmodiques, se rangent en cercle autour du « Cervin de l'Auvergne », du *Puy Griou* (1 694 mètres), montagne majestueuse dont on admet qu'elle se dresse, bloc aigu sans manteau de forêt, au milieu de la chaudière qui fut un grand cratère des jours et des nuits pliocènes.

Parmi ces pics de contour, sur six grandes lieues en rond, se dessinent, lumineux en été, vaporeux en automne, neigeux en hiver, brouillés de pluies et de buées au printemps : le *Puy Brunet* (1 806 mètres), au sud-ouest et tout près du Plomb; le *Puy Gros* (1 599 mètres), au sud-ouest du Brunet, sur la tranche entre Dordogne et Lot par Truyère; le *Petit Cantal* ou Cantalou ou encore pic du Rocher (1 800 mètres), au nord et non loin du Plomb; le *Puy de Bataillouse* (1 686 mètres) au-dessus du col de Cabre (1 485 mètres); la *Peyre Arse* ou Pierre Brûlée (1 567 mètres), qui se décrit rien qu'en se nommant et commande ce même col; le *Puy Mary* (1 787 mètres), qui est une fort belle pyramide à trois pans, au-dessus de quatre pentes descendant à quatre cirques, où naissent quatre torrents, au départ des coulées qui cuirassèrent en « volcanite » les roches primitives devenues dans la suite le plateau pastoral de Salers — il se peut fort bien que son panorama soit le plus merveilleux de toute la France centrale, après celui du Mézenc qui, lui, voit en plus la vallée du Rhône et les Alpes resplendissantes; le *Puy de Chavaroche* ou l'Homme de Pierre (1 744 mètres), dominant d'admirables vallons et d'admirables verdures; le *Roc des Ombres* (1 647 mètres), à l'origine de la ravissante Maronne, au-dessus d'adorables ravins calmes dans leur profondeur, diaprés de gazons, de fleurs, de ruisseaux d'argent; le *Puy Violent* (1 594 mètres), qui est tout à fait au nord de la coupe; le pic auquel on a donné le charmant nom d'*Elancèze*; etc.

Par-dessus puys, gorges et cirques où les roches ont gardé les noirceurs ou les rougeurs des antiques incendies; de prairies en forêts, par les phonolithes sonores, les laves et basaltes, l'armure volcanique du plateau de granits, gneiss, schistes cristallins, va de la Truyère à la Dordogne, et même au delà, puisque les orgues de Bort, sur la rive droite de ce dernier torrent, sont des basaltes « cantaliens ».

Colonnades basaltiques, roches monumentales, forêts de sapins, de hêtres, prairies veloutées, cascades et cascatelles, eaux brillantes, filles des neiges de six mois de l'année, c'est ce dont on s'émerveille dans les seize vallées et les innombrables vallons en éventail qui s'étoilent vers la Dordogne, la Truyère, l'Allier.

Pourtant le Cantal a perdu bien des sylves : le coureur qui mêle éternellement ses courses, embrouilleur et débrouilleur des nues, dispensateur des pluies, agitateur des eaux, âme et

Le Plus Beau Royaume Sous le Ciel.

voix de la nature, le vent, puisqu'il faut l'appeler par son nom, y passe plus froid, car moins de forêts le tempèrent; plus violent, car moins d'arbres l'arrêtent; et là où il vibra jadis à travers les bois, comme dans une immense lyre éolienne, il souffle aujourd'hui sur des calvities, des nudités, des brandes et sur de vastes pâtures où paissent les beaux bœufs de la race de Salers.

Il se tait maintenant, l'orchestre des rameaux verts qui chantait en sourde symphonie sur les monts de France intérieure; volcans d'Auvergne, puys de la Marche et du Limousin, Cévennes sont sortis par presque tous leurs pics et leurs dômes de la sainte obscurité des forêts.

Et cependant, disait un proverbe, dans la montagne, un arbre vaut un homme; aussi, que de puys merveilleux quand on les voit à l'horizon, bleus, célestes, éthérés, magiques, sont-ils, vus de près, laids, grisâtres, éboulés, ravinés, ébréchés, altérés, caducs. C'est comme une trahison. « La nature nous trompe, dit un poète aragonais; ce ciel, cet azur que nous voyons d'en bas, n'est point azur, ni ciel. »

Il est des monts de cassure franche que leur nudité n'a point avilis, qui peut-être même sont plus nobles depuis que le soleil luit sur tous leurs marbres; il en est d'autres qui s'en vont mourant chaque jour depuis que les abandonna la sylve : leurs formes s'effacent, leur cime s'abaisse, leurs créneaux tombent, leur gloire s'enfuit en ignominie. Le Cantal n'est ni des uns, ni des autres; la désylvation n'y a point révélé de grandes parois lumineuses, elle ne l'a pas dégradé non plus; le sol penché que les bois cessent de retenir tient ferme aux racines de l'herbe, et l'eau brille dans les rigoles de la prairie au lieu de couler obscurément sous le dôme de la forêt; elle y mord ici la roche volcanique, là les pierres d'avant le volcan, plus dures à déchirer, ailleurs les blocs laissés en moraine ou terminale ou frontale par des glaciers de vaste carapace, car ils eurent 8 et jusqu'à près de 10 lieues.

Le dénombrement des torrents du Cantal, ce serait celui de l'incomptable armée fournie par les vingt satrapies de Xerxès. Tous sont charmants. Les uns vont à l'Allier par l'Alagnon, d'autres au Lot par la Truyère, le grand nombre à la Dordogne.

XXXVI
ALAGNON

Parti du Lioran, l'*Alagnon*, ratch continuel, passe devant Murat, qui est à 937 mètres au-dessus des océans, au pied du célèbre *Roc de Bonnevie*, basalte de 140 mètres de hauteur avec prismes encore intacts ayant jusqu'à 20 mètres de longueur. Son val est plein de merveilles : il a roches hardies, basaltes columnaires disposés en escarpements semblables à ceux que les Portugais du Brésil appellent Serras dos Orgãos ou Monts des Orgues, blocs erratiques, frontons de moraines, murs et donjons féodaux, tentures de sapins, luxe d'herbes et d'eaux vagabondes; chaque pré y ruisselle, chaque torrent y est une « clamouse ». La montagne reçoit par ici tant de pluies, et ces pluies retenues par le gazon, dans un bassin de 105 000 hectares, s'écoulent si régulièrement que l'Alagnon vaut presque l'Allier quand il le heurte au Saut du Loup, par 390 mètres; étiages et crues ne donnent à l'Allier qu'un léger avantage, et pendant les belles eaux ordinaires le torrent de Brioude n'est supérieur que d'un tiers au verdâtre torrent de Murat : 21 mètres cubes contre 14. Pourtant le cours de l'Allier double, et au delà, celui de l'Alagnon, dans une conque plus que triple.

XXXVII
RUE,
SUMÈNE,
MARONNE
ET CÈRE

C'est à la rive gauche de la Dordogne que tendent les plus belles eaux cantaliennes, par Rue, Sumène, Maronne, Cère.

Vers la Rue, l'une des deux branches mères de la Dordogne tirant à la fois son flot des Dore, du Luguet, des gneiss froids du plateau de l'*Artense* et des pentes cantaliennes, vers la Rue descendent : la *Santoire* [1], eau verte d'où s'élance la *Roche Pointue*, dyke de basalte haut deux fois comme Notre-Dame de Paris; et la *Rue de Cheylade* [2] qui passe près du cône volcanique où se cramponnent encore les derniers lambeaux du château d'Apchon, antérieur par quelques pierres à l'empereur Charlemagne; et la *Tarentaine* [3], fille mutine de la mélancolique Artense.

La *Sumène* [4], tantôt sauvage, tantôt charmante, hésitante en son cours et qui chemine vers plus d'un horizon, amène à la Dordogne, outre ses belles ondes fraîches, celles du *Mars*, torrent enfoncé dans de telles anfractuosités qu'on l'a surnommé la Ribeyre Cabade ou Ru Cavé, Ru Creux. Entre Sumène et Maronne, la rivière de Mauriac, l'*Auze* doit quelque célébrité à son *ray* ou rayon, c'est-à-dire à sa *Cascade des Salins*, haute de 30 mètres.

La *Maronne*, infiniment variée, se tourne pendant 86 kilomètres et boit à 82 880 hectares dont elle tire 12 à 15 mètres cubes d'ondes vives que la sécheresse annuelle abaisse à 3 ou 2. Elle commence en amont de Salers, bourg de basalte aux mai-

---

1. 40 kilomètres, 16 470 hectares. — 2. 32 kilomètres, 19 730 hectares. — 3. 32 kilomètres, 16 000 hectares. — 4. 45 400 mètres, 39 330 hectares.

sons vieilles de quatre ou cinq cents ans, sur un plateau de verte prairie; elle coule entre herbe ou sylve, à chaque pas avivée par des cascades tombant du basalte sur le basalte, serpente à 250 mètres au bas de Salers; puis, quand elle a humé la ravissante Aspres ou rivière de Fontanges, elle quitte les roches volcaniques en aval du délicieux bassin de Saint-Martin de Valmeroux et, torrent dans les schistes et micaschistes, mugit à 300 mètres au-dessous des plateaux, dans l'ancien pays de *Xaintrie*. Elle se perd dans la Dordogne sous Argentat, par environ 172 mètres.

Tout comme la Maronne, la *Cère* débute sur la roche volcanique du Cantal, se continue et s'achève sur les roches primitives.

Son principe est à la Font de Cère, à 1 295 mètres, au pied du Lioran, près des deux tunnels de grande altitude; d'abord c'est un ruissellement sur la pelouse, entre les racines des vieux sapins, des vieux hêtres, puis elle brame dans une gorge dominée de haut par le chemin de fer d'Arvant à Figeac. *Pas de Compain*, *Pas de la Cère*, ainsi se nomment ses plus stricts étranglements.

A la sortie du Pas de la Cère, le torrent devient rivière; il entre dans une vallée de prairies et s'y disperse en ruisseaux irrigants; il y baigne Vic, qui a des eaux minérales froides et laisse à demi-lieue sur la droite la ville d'Aurillac, d'où lui vient son maître affluent, la *Jordanne* [1], issue d'un des plus beaux cirques de la montagne du Cantal, le *Cirque de Mandailles*, retentissant de la rumeur des cascades. Après quoi la Cère rentre dans les défilés avec l'eau que lui a laissée l'arrosage des brillants gazons; vers la Roquebrou ces défilés sont un précipice austère, désert, dont elle ne s'échappe que pour errer pendant deux ou trois lieues encore dans une large plaine où elle rencontre la Dordogne par 130 mètres, en aval et près de Brétenoux, bastide de l'an 1279, en face de Puybrun, autre bastide.

La Cère fait un voyage de 110 kilomètres en un pays de 120 000 hectares. Qu'apporte-t-elle à sa rivière? Tantôt plus, tantôt moins, cela s'entend, mais avec un très grand écart du moins au plus : les magnifiques prairies et pelouses du massif cantalien lui enlèvent tant d'onde en saison chaude qu'alors elle arrive toute menue et indigne d'elle-même à la Dordogne qui l'engloutit; en bonnes eaux elle roule 15, 20, 25 mètres cubes à la seconde.

1. 31 kilomètres, 12 750 hectares.

DEUXIÈME *Monts Intérieurs.*

XXXVIII
PLANÈZE

Une des maîtresses coulées du Cantal, c'est la *Planèze*, une plaine, comme son nom l'indique. Non pas une Beauce horizontale, mais un plateau bosselé de 1 000 mètres de moyenne altitude ayant dos de coteaux, buttes isolées, torrents inclinés vers la Truyère.

L'un de ces torrents lave le pied du haut basalte couronné par Saint-Flour, qui n'est plus la capitale de la chaudronnerie ; sa célébrité n'en reste pas moins très grande parmi nous, tant ses émigrants ont porté son nom, sinon sa gloire, dans les bourgs les plus reculés de la France ; bien des paysans n'ignorent pas Saint-Flour, qui n'ont jamais entendu parler de Moscou, de Constantinople, de New-York ou du Caire ; les basaltes qu'elle couvre, les pierres volcaniques dont elle est bâtie et qui l'ont fait appeler « Ville Noire », tout cela sortit des gueules du Cantal, fluide, puis se figea.

Elle n'est point belle la Planèze ; elle est nue, gauche de formes, triste de couleurs, ici champ de seigle, là prairie d'herbe non drue pour moutons, bœufs et vaches ; elle est dure au pauvre monde, glacée pendant six grands mois sur douze ; l'hiver y entasse neige sur neige, et sauf d'heureuses journées, ou peut-être des semaines heureuses, les vents s'y dispersent, froids et fougueux, soufflant également du Cantal, de la Margeride, des monts d'Aubrac, de toutes les cimes de l'horizon.

Qui la traverse de l'ouest à l'est en coupant ses principaux vallons, passe des laves du Cantal aux granits de la Margeride ; qui la traverse du nord au sud en suivant ses ruisseaux, arrive à l'abîme où la Truyère la sépare des roches ignées vomies par l'Aubrac ; elle forme de la sorte un remblai volcanique entre deux massifs qui flambèrent et une chaîne qu'aucune éruption n'éclaira.

De son plateau de lave au plateau sans basalte qui s'étend à l'orient des monts d'Aubrac, on va maintenant de plain-pied, tandis qu'il y a quelques années, il fallait descendre de la Planèze dans le précipice de la Truyère, puis, de là, monter sur la table prévolcanique étalée entre l'Aubrac et la Margeride. Aujourd'hui les trains passent sur le gouffre à hauteur « sidérale », par le viaduc encore incomparable.

Le *Pont du Garabit* franchit la Truyère à 123 mètres de hauteur : c'est plus que la colonne Vendôme hissée sur Notre-Dame.

Le voyageur a le temps de frémir, car du plateau de Cantal au plateau de Lozère le pont vertigineux traverse 565 mètres de vide.

Le Plus Beau Royaume Sous le Ciel. CHAPITRE

XXXIX
MARGERIDE

L'assise « préalable » de la France intérieure, bloc qu'enduisirent postérieurement les volcans des Dore cesse de s'appeler Cézallier ou Luguet dès sa tombée sur les gorges de l'Alagnon ; mais elle recommence aussitôt à la rive opposée de ce turbulent torrent sous le nom de *Margeride* ou Margerite et se poursuit au loin vers le sud-sud-est jusque vis-à-vis des causses de Mende, au-dessus des couloirs du Lot naissant ; là elle s'enchevêtre avec les Cévennes, sur le grand faîte entre Atlantique et Méditerranée. C'est une longueur de près de 25 lieues dont, et de beaucoup, la majeure part sur le toit des eaux d'Europe.

Vue à distance, la Margeride est une longue ligne noire dans le ciel de la France centrale, une espèce de large et de sombre muraille sans clochers, sans tours, sans créneaux, une longue voussure, une puissante croupe.

Regardée d'occident, de la Planèze ou des coteaux de la Truyère supérieure, qui coule sur un socle très élevé, c'est une chaîne de noires collines, avec un profil de Limousin ou de Morvan ; elle aurait plus de grandeur, contemplée d'orient, d'un lieu plus creux, du val d'Allier, mais on ne l'y aperçoit point : l'Allier court dans un vide enfoncé, sans perspective, comme au fond d'un puits, et les ressauts du soubassement de la Margeride lui cachent les cimes de la montagne.

Pareilles à l'écueil que la mer entoure et ne submerge point, ces petites Alpes du Gévaudan sont demeurées purement gneissiques et granitiques au milieu du vaste océan de laves ardentes qui descendit des monts du Devès, des monts du Cantal et des monts d'Aubrac. Contre leurs assises, le Cantal lança d'occident le flot devenu la Planèze, et d'orient les monts du Devès vomirent les basaltes qu'a sculptés, que sculpte toujours le transparent Allier ; mais ces deux courants ne remontèrent pas les versants margeridiens.

La cognée, les troupeaux, l'incendie, ont fait ici moins de ravages que dans la plupart de nos monts ; de son arête aux plateaux ou vallons de sa base, la Margeride est noire de forêts, chênes, hêtres, sapins tourmentés par l'hiver ; et dans ces bois profonds, reculés, moins troublés que d'autres par l'homme, le loup rôde encore en bandes quand la neige couvre monts et ravines.

Il y a cent trente ans une louve géante y déclara la guerre à l'espèce humaine : était-elle affamée seulement, ou bien folle furieuse ? Elle dévora, comme dans l'Inde un tigre : en dix-huit mois (1764-1765) elle mangea soixante-six personnes, femmes, enfants et quelques hommes ; elle en déchira soixante et onze. Folle peut-être, mais certainement rusée, patiente, intelligente, elle guettait d'un lieu culminant et, la proie choisie, rampait vers elle en tapinois; on lui opposa toute une armée, on finit par la cerner et on la tua un peu par hasard dans les bois des Chazes sur le plateau de Grandrieu. Encore aujourd'hui la *Bête du Gévaudan* est célèbre dans le pays qu'éventre la Truyère au sud-est de Saint-Flour, là où cette rivière, la plus grande en Margeride, passe de la Lozère au Cantal et commence à se courber pour aller à la rencontre de l'Olt ou Lot, son seigneur et maître.

Sans les bergers et leurs chiens les loups vivraient ici durant l'été, en seigneurs magnifiques, quand sont arrivés du Bas-Languedoc, par la Grande Draille, large sentier des moutons nomades, 120 000, 150 000, même 200 000 bêlants lanigères qui trouvent en Margeride bon air, bonne herbe et bonne eau.

Le *Randon* (1 554 mètres) commande en Margeride, à la source du Chapeauroux, tributaire de l'Allier; mais il commande de très peu : il n'a point l'allure d'un mont dominateur, et le piédestal sur lequel il repose fait les trois quarts de sa taille.

Son voisin au midi, le *Truc de Fortunio* (1 543 mètres), l'égale presque et nombre de mamelons du faîte ne lui sont inférieurs que de 50, 100, 150 mètres, conformément à la nature ondulée, surbaissée, aplatie de la chaîne, qui n'a rien de heurté, de brutalement héroïque. Le Randon se bombe à l'est du bourg de Saint-Amant-la-Lozère, à 3 lieues à l'ouest-nord-ouest de Châteauneuf de Randon, ville au-dessus du vallon triste qui vit la mort de Duguesclin.

Des forêts de hêtres et de pins, des pelouses, des clairières où le montagnard cultive la pomme de terre, le blé noir, le seigle, et surtout où il boit du lait et fait du fromage, les ondes glacées de la Margeride vont à l'ouest vers la Truyère par une infinité de petits torrents; à l'est vers l'Allier par le Chapeauroux, l'Ance Margeridienne, la Seuge, la Desge.

XL
CHAPEAUROUX, ANCE, SEUGE, DESGE

C'est sur un socle granitique d'une trentaine de milliers d'hectares que serpente d'abord le Chapeauroux[1]; ce plan qui ondule à 1 200 mètres de moyenne altitude, c'est le *Plateau de Grandrieu* où de mélancoliques bois de sapins ne consolent ni du froid hivernal, ni de la stérilité pérannuelle; le Chapeauroux mêle son courant au courant de

---

1. 50 kilomètres, 40 000 hectares.

Le Plus Beau Royaume Sous le Ciel.

l'Allier dans un site de morne, d'étrange aridité, fait de la grève nue des deux torrents.

L'*Ance* dite Margeridienne [1] part du Roc des Fenêtres (1 484 mètres), qui est en effet comme quatre croisées ouvertes sur la contrée, jusqu'au Mézenc, au-dessus de tristes plateaux où le vent injurieux casse ou courbe les hêtres ; elle gagne l'Allier parmi les beaux rochers de Monistrol.

La *Seuge* [2] erre dans la « Suisse de la Margeride », elle tombe à la *Cascade de Luchadou*, elle disparaît dans l'Allier parmi de capricieux basaltes.

La *Desge* [3] meurt à Chanteuges, au bas d'une antique abbaye, à l'issue d'un des plus beaux corridors volcaniques de la grande rivière de Limagne.

XLI
PALAIS
DU
ROI

Au pied même des deux cimes suprêmes de la Margeride, au sud-ouest et près de Châteauneuf de Randon, au nord-est et non loin de Mende, le fameux *Palais du Roi* n'a rien d'un palais royal, et l'on n'y trouve ni château, ni maison, pas même une chaumière ; il fait trop froid sur cette table de pierre extraordinairement désolée et très plate, aux altitudes de 1 300-1 500 mètres, avec élévation moyenne de 1 350 ; et surtout il y fait trop vent, sur la croupe entre Loire et Gironde, entre Chapeauroux, Lot et Colagne.

On a vu le vent dresser par ici la neige en amas tellement extraordinaires qu'en 1869 une de ces congères, comme on dit dans le pays, leva sa crête à 25 ou 30 mètres sur une longueur d'une demi-lieue, le long du chemin de Mende à Langogne qui est une section de la grand'route de Toulouse à Lyon. Or, cette route ne monte qu'à 1 265 mètres au-dessus des mers, à la Pyramide ou Pierre Plantée, borne de granit au divorce des eaux entre le Lot et l'Allier ; et même l'on peut dire qu'elle ne traverse pas le Palais du Roi, mais plutôt qu'elle le suit au sud, à moindre altitude, tandis que l'ancienne route le coupait d'outre en outre.

Route abandonnée en ce siècle-ci seulement, mais qui durait depuis bien des siècles ; elle avait été gallo-romaine, et avant les Romains, elle fut gauloise ; elle menait de la métropole des Helviens, *Alba Augusta Helviorum*, l'Aps d'aujour-

---

1. 35 kilomètres, 24 000 hectares. — 2. 31 kilomètres, 13 500 hectares. — 3. 36 kilomètres, 18 560 hectares.

d'hui, sur le territoire de l'Ardèche, à *Castellum Gredonense*, maintenant Grèzes, qui fut un oppidum des ancêtres, puis une forteresse romaine, ensuite un château médiéval, et qui n'est plus qu'un village des environs de Marvejols en Lozère. Les paysans lui ont conservé son nom romain de *via superior*, très supérieure en effet, avec la corruption nécessaire du latin en patois de Languedoc; ils l'appellent la *voie soubeiranne*. De hauts piliers de granit en marquaient le tracé, pour guider les passants en hiver à travers neiges et congères; ils le marquent encore, depuis qu'après 1830 on a taillé la route nouvelle à 150, 200, 250 mètres en contre-bas, à la suite de l'ensevelissement d'une compagnie de fantassins prise dans une tourmente aveugle. — Elles font rage ici les tempêtes « blanches », quelquefois dès avant novembre et durent jusqu'en avril et mai, voire en juin. — En réalité il n'y a guère en Palais du Roi que trois mois pleins, du 15 juin au 15 septembre, pour la chaleur, la clarté, le bien-être des bergers et des non rares troupeaux de mille à deux mille moutons arrivés du Languedoc pour pâturer une herbe sèche dont ne veulent pas les vaches.

Ce gazon sans fraîcheur, sans saveur, sans verdeur; point d'arbres, sinon les pins qu'on a plantés en rangs aux deux bords de la grand'route, à quelque distance, pour en éloigner les congères; pas même de broussaille; des tourbes d'où partent des torrents longtemps indécis à cause de la faiblesse des pentes entre la mer de Saint-Nazaire et la mer de Royan; et pas un seul hameau pour frissonner au froid : tel est le Palais, en ses 11 000 hectares.

XLII
GÉVAUDAN

Pour aller de la Margeride aux Monts d'Aubrac, il faut marcher sur les plateaux du Gévaudan terminés au sud-est, avec la Margeride elle-même, par ce Palais du Roi qu'on dirait ainsi nommé par ironie, puisqu'il ne porte que des herbes fouettées pendant huit mois de l'année par des vents mouillés de neige; puis on franchit la sauvage Truyère ou la Colagne, affluent du Lot.

Un piédestal de granit à mille mètres en moyenne au-dessus des mers; sur ce piédestal, des cônes noirs, pointes de basalte qui sont les témoins d'antiques éruptions aubracoises; de ces pics, une vue très vaste sur Margeride et sur Aubrac et, naturellement, sur le plateau d'entre-deux : du *Montivernoux* (1 289 mètres) ou mont de l'Hiver, et en effet l'hiver l'assaille de toutes ses neiges, le printemps, l'été, l'automne de toutes leurs bises, à trois lieues vers l'ouest d'Aumont; du *Truc de l'Homme* (1 276 mètres), à une lieue au nord-est du

Le Plus Beau Royaume Sous le Ciel.

Montivernoux; du *Roc de Peyre* (1 181 mètres) et du *Truc de la Garde* (1 165 mètres), à une douzaine de kilomètres au nord de Marvejols, au sud-ouest de Javols; sur le plateau, les herbes et encore les herbes avec ruisseaux indolents sur les versants de Truyère ou Bès ou Colagne; bref, une région pastorale; cette haute plaine est spécialement le *Bas-Gévaudan* ou simplement le *Gévaudan*, par opposition à la Margeride et à l'Aubrac, qui font le *Haut-Gévaudan*.

Pays certes bien humble, bien ignoré, bien retiré, encore qu'on vienne d'y tracer le chemin de fer d'Arvant à Béziers; mais sous les Romains il eut sa grande ville avec voies stratégiques et commerciales, aqueducs, thermes, amphithéâtres, palais, temples, autels, statues, son *Anderitum*, sa cité des *Gabali*, son *Gabalum*, dont le nom est à l'origine de celui de Gévaudan, et se retrouve très peu défiguré dans celui de *Javols,* ainsi qu'on appelle le village héritier de la ville, sur un affluent de gauche et à 3 kilomètres de la jeune Truyère.

XLIII
MONTS
D'AU-
BRAC

Ils se nomment ainsi d'un grand hôpital dont il ne reste que des ruines; bâtie vers l'an 1120 au pied d'un de leurs mamelons suprêmes, la demeure hospitalière d'Aubrac, Notre-Dame des Pauvres attira longtemps par milliers les malades, les lépreux, les pèlerins, les va-nu-pieds; et elle désigna la montagne; non sans laisser un nom spécial aux plateaux qui vont en s'abaissant à l'ouest, au sud, jusqu'à tomber très brusquement sur la Truyère et sur le Lot; ces plateaux, c'est la *Viadène*.

Et voici qu'Aubrac redevient un lieu de guérison : il y a là l'un des sanitoires qu'on a depuis quelques années la sagesse d'établir aux grandes altitudes, dans l'air pur de vibrions homicides, à la senteur des bois, sous l'air vif, violent même, et qui restaure.

Le suprême haussement de ces labradorites, laves, andésites, basaltes de l'ère pliocène supportés par des micaschistes, des granits, le *Mailhebiau* (1 471 mètres), simple protubérance arrondie, n'a que quelques mètres de supériorité sur les pâtures inclinées d'alentour; ce n'est qu'un dôme entre dômes, un mamelon parmi des mamelons, près de la forêt de hêtres d'Aubrac, au-dessus de la source du Bès; il est à la divergence de plusieurs plissements, vallons tourbeux avec de très petits lacs qu'a fort diminués, qu'efface de plus en plus cette tourbe même; et plusieurs ont disparu tout à fait, en attendant que disparaissent aussi les autres qui n'ont ni l'ampleur, ni la profondeur, ni aucune garantie de durée. Les disparus déjà, ce sont les lacs de Moussous, de Pin Doliou, d'Aubrac, devenus prairie humide sur fond tourbeux.

Des quatre qui subsistent encore, tous quatre dans le bassin d'un affluent gauche du Bès, aucun n'a le moindre droit au nom de lac; non pas même le *Saint-Andéol* aux rives palustres, spongieuses, car à peine si son contour atteint 2400 mètres, à 1200 mètres au-dessus des mers; ce fut un lac sacré, et sans doute l'est-il encore pour mille et un Aubracois, « car les gens des hameaux tremblent facilement », dit Hugo; surtout dans les hameaux de la montagne. De tout temps les paysans de l'Aubrac le révérèrent, ils y cherchaient avec une pieuse confiance la guérison de leurs maux en se plongeant dans son eau sombre à l'époque la plus chaude de leur froide année, en un dimanche d'août; peut-être même n'ont-ils pas cessé d'y jeter des pièces de monnaie, des draps, et autres ex-voto, pour s'acquérir les bonnes grâces des puissances cachées; mais depuis une terrible bagarre entre la maréchaussée et ces pèlerins du mois d'Auguste, qui se croyaient chrétiens et n'étaient que païens, depuis 1867 : De par l'Empereur, puis la République, « défense à Dieu de faire miracle en ce lieu », et très rares sont maintenant les Aubracois fidèles à ces rites « antédiluviens ». Le lac de Bord, au sud-est et près du Saint-Andéol, miroite à côte du Bartas ou *Buisson de Bord*, ruines d'un village sinon gaulois d'avant Rome, tout au moins gallo-romain, et dont il se peut que le dépérissement date de l'invasion des Barbares; il y a là vingt masures « du bon vieux temps » qui fut si mauvais : tout ce qui reste en Aubrac de la trentaine de bourgades celtiques, la plupart supérieures en étendue au Buisson de Bord, qu'il y avait encore ici vers l'an 1850. Le lac de Souverols est infinitésimal.

Le lac des Salhiens sommeille derrière une digue de basalte; son émissaire s'abat de 30 mètres par la chute du Deroc, assez semblable à la Grande Cascade du Mont-Dore. Le ru qui boit ces quatre laquets, la *Plèche* coule pendant une cinquantaine de mètres sur un « pavé des géants », un damier de basalte, entre prismes colomnaires, à travers la coulée qu'une éruption opposa jadis à son flot, dès lors transformé d'eau courante en eau dormante, — mais peu à peu l'érosion vida ce lac, occasionnel et temporaire comme tous les lacs, serait-ce même le grandissime Supérieur.

Aucun de ces laquets minuscules ne se blottit dans le basalte, tous les quatre remplissent des coupes de granit sans profondeur, entre rives nues, la forêt qui couvrait au loin tout l'Aubrac, soit hêtres, soit chênes, soit bouleaux, ayant entièrement disparu depuis des centaines d'années pour faire place à

Le Plus Beau Royaume Sous le Ciel.

ce que les bergers aubracois nomment la « motte » ; ce par quoi ils entendent le pâturage où tintent les sonnettes du troupeau. Dans les quatre étangs du *Plateau des lacs* et dans les marais des bas-fonds, qu'ils soient ou non d'anciennes nappes d'eau, de grands troncs d'arbres noircis par leur séculaire séjour dans la fange, rappellent encore la forêt d'abord férocement ravagée, puis à jamais détruite, à moins que ne vienne le tour du reboisement, si l'on entreprend d'étendre au loin, sur le plan du Gévaudan, à l'ouest comme à l'est, de la Truyère d'en haut à la Truyère d'en bas, les vastes bois « montagnards » de la Guiole, de Rigambal et d'Aubrac, qui sont un beau reste de l'ancienne splendeur sylvestre.

Le pavé des géants du ru de Plèche, le basalte qui retient le lac des Salhiens, les pierres « brûlées » dont on a bâti la ville de la Guiole sur le versant d'une butte basaltique, les « orgues », les vitrifications, les sources thermales, tous les accidents volcaniques qui ont étalé un tapis de lave chaude, poreuse, sur un plancher de granit froid et dur, n'ont changé l'aspect, la nature, l'être intime du massif que sur son faîte et sur le versant d'occident, vers le Lot et la Truyère inférieure ; vers l'orient ils se sont arrêtés près de la rive gauche du Bès, laissant au seul granit tout le plateau qui se déroule du Bès à la Truyère supérieure ; au nord, la très profonde entaille où se tord cette rivière-ci sépare les laves aubracoises des cantaliennes ; au sud, par delà les gorges du Lot, la pierre volcanique se montre sporadiquement sur le plan du Rouergue, notamment sur le Causse du Comtal, au-dessus d'Espalion, et près de Bozouls et dans le pays de Sévérac-le-Château.

Au sud, au sud-ouest, les torrents d'Aubrac, faits du ruissellement des pelouses, quittent précipitamment le silence et la paix des lieux suprêmes ; par de profondes déchirures, entre des orgues, des roches, des talus oppresseurs, ils tombent en quelques heures à la rive droite de Lot. A l'est, au nord, sur le versant de la Truyère, la pente est moindre, les sources ayant devant elles une route bien plus longue avant d'atteindre la ville d'Entraygues, au rendez-vous de Lot et Truyère. De ce côté s'étend la *Sibérie d'Aubrac*, blanche de neige d'octobre en avril, et toute en herbe, sans un arbre, sans un arbuste ; c'est là qu'est la *Motte*, la Motte par excellence ; là que souffle, du septentrion, des monts du Cantal, la cantalèse, la bise abominable ; là qu'on s'égare, les yeux brûlés de froid, sous les tourmentes de neige, mortelles jadis à tant de passants dans la solitude, comme le monumente l'inscription de la vieille cloche de Notre-Dame des Pauvres : *Errantes revoca* ; c'est-à-

Monts Intérieurs.

dire : Fais revenir (et sauve) les errants (dans la tempête).

Sibérie en hiver seulement. En été son beau gazon feutré, qu'égaient des fleurs sans nombre, réjouit les 30 000 bœufs et vaches, les 100 000 moutons, troupeaux venus en partie des plaines, alors torrides, du Bas-Languedoc ; ces bœufs n'ont pas pour destin de saigner sous le couteau des bouchers d'Aubrac, encore moins de mourir ici de leur belle mort; ils descendent de la montagne pour aller travailler au loin chez le Poitevin, le Saintongeais, puis on les parque dans de grasses pâtures, soit dans le Marais du Poitou, soit aux environs de Nantes, et ils partent enfin pour la ville qui dévore. Du lait des vaches, le berger fait des fourmes ou fromages dits auvergnats, bien qu'ils soient aubracois. Ce berger, on l'appelle en Aubrac le « cantalès », parce qu'il vient du même pays que le vent de la cantalèse, ou qu'à l'origine il en venait.

Sur ce versant septentrional un nuage de vapeurs plane au-dessus du vallon d'un torrent qui descend à la Truyère ; il signale *Chaudes-Aigues*, les Eaux-Chaudes : là jaillissent des sources thermales — de 57º à 81º 5. — Amenée par des canaux dans les maisons, l'onde fumante y distribue en hiver une température de 18, de 20, et même de 26 degrés, si bien qu'il règne en ce bas-fond de l'Aubrac un air tiède infiniment supérieur au climat normal d'une ville sise en plein mont sous des cieux neigeux, à 650 mètres d'altitude, en un vallon tourné vers le nord.

Ces eaux ne sont pas seulement thermales, elles sont aussi minérales ; elles guérissent des rhumatisants, des gastralgiques et autres dolents ; leur renom grandit ; elles attirent des visiteurs à l'Aubrac, terre hier encore presque déserte, où il n'y a que bourgs assaillis de rafales, menus villages, mazucs ou cabanes d'été, huttes en pierre sèche pour le logement du cantalès, et parcs à bétail dispersés sur la croupe gazonnée où çà et là se lèvent des mégalithes.

XLIV
TRUYÈRE

La rivière margeridienne, cantalienne, et surtout aubracoise, la *Truyère* ou Trueyre contourne le massif d'Aubrac à l'est, au nord, à l'ouest. Elle part du versant occidental de la Margeride et presque aussitôt murmure par 1 300 mètres environ devant la Villedieu, l'un des villages très haut perchés de la France du centre. Vers Malzieu, la pente s'accélère, la rivière de plateau devient un torrent des gorges incessamment accru de torrenticules arrivés en longues cascatelles des noires forêts, des ravines rougeâtres de la Margeride.

Le plateau baissant peu, et le courant beaucoup, il se trouve que le pont du Garabit, travées qui ne plient point sous les trains du chemin de fer d'Arvant à Béziers, tend ses poutres d'acier à 123 mètres au-dessus de la rapide Truyère.

Puis elle suit sa route obscure, brisée, vagabonde, toujours engloutie dans des gorges et sans effleurer de bourgade; villes, villages, hameaux sont campés sur la montagne, que déchire la Truyère en son cours héroïque, entre escarpements sombres, rochers ternes, pans de forêts, avec quelques moulins et d'étroits estrans de prairie.

Sa fin est à Entraigues; elle oppose au Lot, tributaire de la Garonne, une onde en tout temps supérieure, à l'issue d'un bassin de 315 000 hectares qui est à celui de la rivière devant laquelle il perd son nom comme 3 est à 2, après un déroulement de 160 kilomètres, à peu près égal à la serpentaison du Lot jusque-là. On peut admettre qu'à la rencontre d'Entraigues le torrent du Garabit l'emporte de deux cinquièmes, de par un volume ordinaire de 25 mètres cubes contre 15, un étiage de 5 contre 3. Comme beauté d'eau la Truyère, qui n'a pas une seule roche oolithique dans son domaine, ne vaut pas le courant rival avivé par les fontaines de cristal du Causse.

Le maître tributaire de la Truyère, le *Bès*, aubracois de bout en bout, draine 37 500 hectares en un cours de 56 kilomètres; ses flots sombres, que la profondeur fait noires, vont de 800 litres en étiage extrême à 8 mètres cubes en force normale, avec crues très puissantes qu'un extraordinaire rapprochement des granits contraint à passer avec toute leur fureur dans un lit de 3 mètres de largeur à peine, près d'Arzenc d'Apcher, au Pas de la Nobie, ce qui veut dire au Pas de la Fiancée.

CHAPITRE TROISIÈME

CÉVENNES

XLV. LES CÉVENNES. ‖ XLVI. MONTAGNE NOIRE. ‖ XLVII. ESPINOUSE ET MONTS DE LACAUNE. ‖ XLVIII. AGOUT. ‖ XLIX. ORB. ‖ L. MONTS DU MINERVOIS. ‖ LI. ESCANDOLGUE. ‖ LII. SÉRANNE. ‖ LIII. MONTS DU VIGAN, AIGOUAL. ‖ LIV. HÉRAULT. ‖ LV. CÉVENNES DE LA GARDONNENQUE. ‖ LVI. GARD OU GARDON. ‖ LVII. GARRIGUES DE MONTPELLIER. ‖ LVIII. VIDOURLE. ‖ LIX. GARRIGUES DE NÎMES. ‖ LX. GARRIGUES DE LUSSAN. ‖ LXI. CÈZE. ‖ LXII. LOZÈRE.

XLV
LES
CÉVENNES

CEBENNA —, *Cevenna, Gebenna, Gebennæ* des Latins, qui sans doute avaient pris ce mot aux Celtes, le mot de « Cévenne » a disparu des patois cévenols, mais il vit toujours dans le pays cadurque, où il signifie colline, montagne abrupte.

Escarpées, en effet, sont les *Cévennes*, même très raides, et partout déchirées.

Elles ne s'appellent vraiment ainsi que dans la Lozère, le Gard, l'Hérault, du mont Lozère au mont Aigoual, là où les servants de la religion prétendue réformée se fusillèrent avec les soldats de la religion prétendue catholique ou universelle; partout ailleurs, du col de Naurouze jusqu'au Pilat, jusqu'au col de Longpendu, elles changent incessamment de nom, de formes et d'allures.

Elles ont ceci d'admirable qu'elles séparent deux natures : au nord et à l'ouest, c'est la pluie, la neige, toutes les offenses de l'hiver, le léger brouillard argenté par la lune ou l'épaisse brume que ne perce pas le soleil, et des ruisseaux jasent dans la prairie; au midi, c'est le grand soleil, la chaleur, l'éclat, la sécheresse, l'aridité, la poussière, la vigne, l'olivier, les fontaines rares mais grandes et claires, les chocs de couleur, les horizons crus, plus beaux pourtant qu'au septentrion.

Quel contraste à quelques heures de marche entre la verdure de Mazamet et les marbres diversicolores de Caunes, entre la rivière du Sidobre, l'Agout en amont de Castres, et le Jaur en aval de Saint-Pons, entre la vallée de la Dourbie à Nant et celle de l'Hérault à Ganges, entre le Tarn à Pont-de-Montvert et les gorges ensoleillées des Gardons, entre le jeune Allier de la Bastide et les ravins où descend la Cèze, entre la Loire naissante ou le Lignon Vellave et les terribles torrents de l'Ardèche qui roulent convulsivement des feuilles tombées de l'arbre de Minerve !

D'un côté c'est la Sibérie française, de l'autre une Afrique où le sirocco ne brûle pas de moissons, mais le mistral y souffle, qui vaut à lui seul un petit hiver.

Entre Carcassonne et la « Rome de la Garonne », qui est Toulouse, à 189 mètres, le *Col de Naurouze* donne passage à une grand'route, au chemin de fer de Bordeaux à Marseille, au canal du Midi : au sud le pays se relève vers les Pyrénées, au nord commencent les Cévennes.

189 mètres seulement, c'est là le faîte entre la grande et la petite mer, entre la mer extérieure et la mer intérieure, entre la mer internationale et la mer latine, entre l'Atlantique et la Méditerranée! Parmi ses supériorités manifestes la France a celle de la facilité de passage entre ses grands bassins.

Le long de la ligne de Paris à Bordeaux, la Seine se sépare de la Loire en Beauce sur des plateaux de moins de 150 mètres, et qui dit Beauce dit platitude; la Loire se divise de la Charente sur une table d'oolithe d'environ 150 mètres, champs, noyers, que continuent d'autres champs, d'autres noyers; le massif entre Charente et Gironde, que perce le tunnel de Livernan, ne monte pas à plus de 198 mètres.

Sur la voie de Paris à Marseille, le long souterrain de Blaisy, qui mène les trains du bassin de la Seine dans celui du Rhône à travers l'opacité de montagnettes dépassant à peine 600 mètres, a son faîte à 405 mètres et demi.

Ces deux lignes de fer et celle de Bordeaux à Marseille, qui a son culmen à Naurouze, contournent, tantôt de loin, tantôt de près, le Massif Central, qui est la clef de voûte de la France.

Ainsi l'on va sans monter bien haut de l'un quelconque de nos versants dans l'autre, comme de Manche ou d'Atlantique à Méditerranée.

TROISIÈME — *Monts Intérieurs.*

XLVI
MON-
TAGNE
NOIRE

Au-dessus du passage de Naurouze, une colline de 215 mètres, dite les Pierres de Naurouze, porte un obélisque en mémoire de Riquet, le créateur du canal qui passe ici de la Garonne à l'Aude. De ces Pierres on voit les Pyrénées et là même est le principe des Cévennes.

Au nord-est de Naurouze, les premières Cévennes, simples coteaux tertiaires, secs, terreux, dignes du fangeux Lauragais dont ils dépendent, les commençantes Cévennes s'appellent *Monts de Saint-Félix*, d'après Saint-Félix-de-Caraman, ville située sur une de leurs premières collines; elles n'ont que 500 mètres d'altitude jusqu'à Revel et à Sorèze, cités près desquelles Riquet prit aux Cévennes les eaux indispensables aux écluses du canal des Deux-Mers : empruntant à la fois des torrents au versant du Tarn et au versant de l'Aude, séparés ici par la montagne cévenole, il versa leurs flots dans une rigole qui les mena au point de partage des Pierres de Naurouze; pour que ces torrents fissent en tout temps leur devoir, il barra des vallons par des digues cyclopéennes, et ces vaux devinrent des lacs; le *Lampy-Neuf* contient 1 672 000 mètres cubes, en 23 hectares et demi; le *Bassin de Saint-Ferréol*, vaste de 67 hectares, renferme en son plein 6 374 000 mètres cubes, soutenus par un mur de 32 mètres d'élévation sur 70 d'épaisseur et de près de 800 de longueur.

Montagne Noire, ainsi se nomment les hauteurs où Riquet trouva de quoi pourvoir son canal d'Atlantique à Méditerranée : les coteaux de Saint-Félix, fort dépourvus de fontaines, n'auraient pu le lui fournir, tandis que la Montagne Noire, gneiss, granits, vieux schistes atteignant ou dépassant 1 000 mètres, sont ruisselants éternellement.

Montagne Noire : soit de la couleur sombre de ses roches, soit des forêts qui en ombraient le penchant septentrional, qui l'ombrent encore, bien que très diminuées. Le penchant du Midi, sous un soleil qui mûrit l'olive, fut sans doute boisé, mais ne l'est guère, et c'est pourquoi les habitants du val d'Aude le nomment la Montagne Blanche. Un mont peut avoir deux, trois, jusqu'à quatre noms, suivant le précipice dont on le contemple : ici vert, là rouge ou jaune ou gris ou noir; ici droit, nu, sec, terrible, là mollement arrondi, paisible, ombreux, aquatique, prairial, bocager; et ces divers aspects vont parfois de l'horrible, ou du laid banal au « splendidissime ». Si l'homme n'a qu'un visage, la montagne en a plus d'un suivant vêture ou nudité, soleil ou pluie, nature intime des roches. Dans les grandes chaînes, les versants diffèrent surtout lorsque, allant de l'est à l'ouest, elles séparent le nord du sud, ou lorsque, allant du sud au nord, elles se lèvent entre un pays de vents de mer et une région de vents continentaux.

Montagne Blanche, Montagne Noire, ce n'est pas ici la nature des roches qui différencie les deux versants contraires, puisque le massif a parfaite homogénéité ; la dissemblance, plus exactement le contraste criant entre le penchant méridional et le septentrional n'a d'autre cause que la très inégale répartition des nuées.

Peu de pluies au sud de la Montagne Blanche, sur le *Cabardès* ajusté, par son extrémité sud, aux très lumineuses plaines du *Carcassés* ou pays de Carcassonne, qui n'est qu'un vignoble immense où le vert des pampres attendrit une terre grise : à Caunes, rien que 732 millimètres d'humidité par an, et 732 millimètres mal distribués, en 69 jours seulement, avec terribles intermèdes, jours, semaines, mois où l'air, du sol à l'éther, n'est qu'un fluide embrasement; aussi connaît-il trop, ce Cabardès, les longues soifs de l'arbre, de l'herbe et des grains, les sols nus, blancs, arides, incendiés de lumière, cuits et recuits de chaleur, les routes aveuglantes, les nuées et tourbillons de poussière, les siroccos après cers ou mistral, demi-Sahara qui n'étonnerait qu'à demi l'Africain.

Mais à Ramondens, au milieu des hêtres vénérables, — sur le versant méridional, mais près du faîte, à 831 mètres au-dessus des mers, — le ciel épanche 1667 millimètres de pluie dans l'année : aussi toute la crête du mont, ses premières pentes vers la soulane ou côté du soleil et toute la pente de l'ubac, de l' « opaque », ou côté de l'ombre, bref, la Montagne « Noire » par opposition à la « Blanche » s'embellit d'une verdure qui aurait pu lui valoir le nom de Montagne Verte, si commun sur terre ainsi que les deux autres; ces herbages se cachent de l'astre trop rayonnant, en haut sous les hêtres ou près des hêtres, en bas sous les châtaigniers ou près des châtaigniers; tout ce versant exprime à profusion des eaux de torrents rapides, car la pente septentrionale est très dure, tandis que le versant opposé manque de flots pérannuellement abondants sur une déclivité beaucoup moindre.

Le *Pic de Nore* (1 210 mètres), au sud-est de *Mazamet*, fileuse, tisseuse et drapière, commande à cette chaîne de 62 kilomètres de longueur, de 85 500 hectares de surface, dont on étend souventefois le nom à maints monts et plateaux du voisinage, sur un vaste domaine jusqu'au val du Tarn, en tirant vers le septentrion, par delà les monts de Lacaune. Mais la vraie Montagne Noire est bien celle de Mazamet, du Lampy, de Saint-Ferréol.

TROISIÈME — *Monts Intérieurs.*

XLVII
ESPINOUSE
ET MONT
DE LACAUNE

La Montagne Noire se lève sur la grande ligne de faîte européenne entre Atlantique et Méditerranée, et c'est là sur la majeure partie de leur long déroulement une fonction essentielle des Cévennes. Cette ligne de divorce se continue par le Saumail et l'Espinouse au delà de la haute vallée du Thoré, qui est la rivière du bassin de Mazamet et par delà le *Col de la Feuille*, qu'emploie la route de Mazamet à Saint-Pons : à 467 mètres seulement d'altitude, ledit col est un de ceux qui échancrent le plus profondément le toit des eaux européennes sur la longue sinuosité de monts, coteaux et plateaux qui commence au passage de Naurouze et finit à la trouée de Belfort; entre Jura et Vosges, à côté de l'Helvète et du Teuton.

Le *Saumail* ou *Somail* (1 093 mètres) se continue au nord-est par l'*Espinouse* (1 126 mètres), ainsi désignée d'après les buissons, ronces, épines qui masquent çà et là l'horreur de ses précipices.

Ces deux monts, gneiss et granits, tombent avec une raideur extraordinaire sur les vallées-gorges du Jaur et de l'Orb : des créneaux du Saumail le Bureau s'abat dans la vallée de Saint-Pons, où bondit le susnommé Jaur, par les six chutes vertigineuses du *Saut de Vézoles*. Entre l'Espinouse et le *Caroux* (1 093 mètres), son prolongement vers l'orient, l'*Héric* ou Verdier, né du Plo de Brus (1 100 mètres), bastion détaché du Caroux au nord, se démène en cabrioles fantastiques dans une longue et terrible fissure qui le mène à la rive gauche de l'Orb par une dégringolade éparpillée de près de mille mètres de précipice pour 9 kilomètres à peine en ligne droite. Du Caroux plonge le *Torrent d'Arles*, cassé par trois superbes cataractes.

Au delà de la Croix de Mounis, le *Marcou* (1 094 mètres), fait de schistes antiques, sépare aussi les deux mers européennes, ainsi que Saumail et qu'Espinouse; il fait partie de l'axe divisoire des Cévennes, et non pas le Caroux dont tous les flots s'écroulent dans l'Orb; ce Marcou, puissamment raviné, se distingue par ses houillères de *Graissessac*, et ses *rochers de l'Olme* d'où le typhon des hauteurs verse en grande pluie d'impétueuses cascades au fond d'un cirque dont les châtaigniers ne sont pas moins beaux que ceux de la fameuse Castagniccia des Corses.

Vus du midi, Caroux, Espinouse et Saumail, mis à vif par les siècles, semblent extraordinairement hauts, ils sont tout en parois droites et lumineuses, en montées de « Crèvecœur », en anfractuosités, en brèches, en rugosités, en bouts du monde; c'est l'astre du ciel grec et latin, le soleil méditerranéen, l'étoile incomparable qui les dore et redore, et si durs soient-ils, qui les pulvérise à sa chaleur de fournaise trop rarement tempérée par l'ondée rafraîchissante ; tandis que sur le versant d'occident, le long de l'Agout et de ses tributaires, les *Monts de la Salvetat* et les *Monts de Lacaune* se bombent moins en dômes de gneiss, de schiste ou de granit qu'ils ne s'allongent en plateaux où l'hiver est rude, la neige drue et persistante, la pluie surabondante, l'eau partout ruisselante, qui tantôt filtre obscurément dans les sagnes ou prairies marécageuses, tantôt brille en mille filets sur la pente herbeuse inclinée vers la lointaine Garonne. Cette exubérance du plus précieux des éléments de vie (avec le soleil, s'entend) a pour cause une extrême humidité de climat, à quelques petites lieues des cieux d'airain du Bas-Languedoc. Agde, riveraine de la Mer entre terres, non très loin de ces plateaux, ne recueille annuellement que 499 millimètres de pluies et sur les hautes plaines où serpente l'Agout, le Salvetat d'Anglès en voit tomber 1 511, et Fraïsse 1 667 : au delà de trois fois plus, et bien assez pour instaurer, à portée des oliviers, des maquis odorants, des pierrailles calcinées de la « Grèce » ou de la « Judée », une sorte de Limousin plus élevé de 200 à 300 mètres que celui des *Lemovices*, plus mouillé et, s'il est possible, plus pastoral encore. Compris entre 700 et 1 000 mètres d'altitude, au pied de monts de 1 100, 1 200, 1 250, même un peu plus, le plateau d'arrière Espinouse et Saumail est avant tout une herbière assidument tondue par le mouton ; en contraste avec le versant de la mer intérieure, brouté à mort au-dessus des olivettes, plus haut encore au-dessus des châtaigneraies, par l'animal de malfaisance extrême, la chèvre, qui détruit d'une dent cruelle, parmi les rocs, entre deux ou trois abîmes, les chênes verts, les arbousiers, les capriers, les noisetiers sauvages, les fougères, les brandes, les épiniers, les arbustes du maquis et, si l'on n'y veillait, les pousses de la jeune sylve que les forestiers créent, dans le haut des ravins du Jaur, sur 3 000 hectares de Casse-cou.

Herbière en tant que pâture substantielle du lanigère, çà et là sylvestre, par endroits bocagère avec belles frênaies, superbes hêtraies pour le sommeil plutôt que pour la rêverie musicale de ses Tityres, le plateau de Salvetat-Lacaune a droit également au nom de « ségalas » ; impropre au blé faute d'éléments calcaires, il ne se refuse pas au seigle, maigre chevance ; au contraire, la nature de ses terres, délitescence du schiste, du granit, s'y prête ; mais rien ici ne vient mieux que les arbres, et certes, ces plaines et leurs monts, sous tant de pluies, sous tant de brumes du soir et du matin, pourront devenir une forêt merveilleuse.

Le dominateur des monts de Lacaune, au sud-est de la

ville dont ils ont pris le nom, le *Roc de Montalet* (1 260 mètres) porte à sa cime depuis 1873 une Vierge de bronze souvent glacée sur son piédestal neigeux; par les jours d'air translucide on y soupçonne, au midi la Méditerrannée, au nord les monts d'Aubrac.

Les riviérettes « infaillibles » du Plan de Lacaune forment l'Agout; les torrents à moitié défaillants des cassures de rebord du Saumail, de l'Espinouse, du Marcou, s'enfuient éperdument vers le fleuve de l'Orb.

XLVIII
AGOUT

Sa première lueur d'eau est par près de 1100 mètres d'altitude, en Espinouse, à 6 lieues au nord-est de Saint-Pons. Tant de pluie sur roche dure arrive en ruisseaux à son lit dur qu'il devient très vite rivière, dans sa descente vers l'ouest. En aval de Brassac, il s'abat par le *Saut de Luzières*; puis il s'enfonce, en énormes méandres, dans une entaille très creuse où il gronde et « cascade » ou dort dans des gours ou disparaît presque sous des blocs entassés; le plateau qu'il éventre ici continue à l'ouest ceux de Salvetat-Lacaune; c'est, dominant les mers de 500 à 700 mètres, le *Sidobre*, très puissante masse de granit avec formidables écroulements de roches sur le penchant des ravines, surtout à la descente de l'Agout. Celui-ci se tord tellement qu'un de ses replis, le méandre de Roquecourbe, a trois bonnes lieues de boucle pour moins d'une demi-lieue d'isthme. Au-dessous de Burlats, en amont de Castres, fin de la montagne, des vieux schistes comme des granits, et commencement des terres tertiaires, des alluvions, de la campagne riche mais banale, banale mais riche, en une vallée de quatre à cinq kilomètres de large; il sert aux industries de *Castres*; il absorbe à gauche le Thoré, à droite le Dadou.

Le *Thoré* descend entre la Montagne Noire au midi, le plateau de la Salvetat au septentrion; sa maîtresse ville est Mazamet, sa grande curiosité les Gaunios, son notable affluent l'Arn.

On nomme, en patois languedocien, Gaunios ou Gaurrios, des trous, ou, comme on dirait dans l'Ouest, des « Soucis » où les eaux fuient dans le sol; quatre de ces creux l'avalent entièrement en saison sèche, mais en temps humide, point de lacune, le Thoré coulant également sur la roche et sous la roche; cet accident interrompt le cours du torrent pendant 800 mètres, près du bourg de Caucalières.

L'*Arn*, long de douze lieues, draine 18 000 hectares; c'est un homonyme de l'Arno florentin; il a droit à un rang d'honneur

Le Plus Beau Royaume Sous le Ciel.

parmi les torrents les plus encaissés du gneiss ou du granit; dans sa gorge austère il ne reflète ni villages, ni hameaux; à peine çà et là quelque moulin, quelque maison. On n'y noiera que des lambeaux de prairie quand on lui opposera des digues, et que de la sorte on réservera des eaux pour l'arrosage des vallées du Thoré, de l'Agout, et le service de leurs industries. Mais, ces barrages, on redoute de les entreprendre dans les défilés scabreux, longue thébaïde peu éclairée du soleil, point égayée de cultures; ces couloirs écartent si peu leur double paroi d'encastrement, ils offrent si peu d'espace au déploiement des gours de retenue, qu'il faudrait lever très haut les digues d'obstacle pour obtenir un « léman d'arrosage » capable de centaines de milliers ou de millions de mètres cubes; or, les levées trop « altières » menacent infiniment et indéfiniment les gens d'aval; plus elles ont duré, preuve de construction solide, plus on doit croire qu'elles vont crouler. A quoi l'on peut répondre que le crèvement des murs de contrariété des cours d'eau a toujours pour cause (si la muraille est loyalement cimentée) l'inconsistance du sol où l'empierrement a ses fondations, et sa double emboiture dans les parois riveraines; et qu'ici dans une masse compacte de roches archi-dures, l'enracinement du barrage est d'avance garanti pour l'avenir. Donc, pas de doute, il y aura quelque jour sur l'Arn, l'Agout, le Dadou, d'autres courants encore de cette « Cévenne » de trame très solide, des réserves, ou rares mais puissantes, ou faibles mais nombreuses, pour accumuler des dizaines de millions de mètres cubes, à l'inestimable avantage des plaines inférieures. Le Thoré, long de 55 kilomètres, égoutte 62 000 hectares dont il reçoit, suivant les libéralités d'en haut, de 1 950 à 9 500 litres, tous excès à part.

Le *Dadou* ressemble en son val supérieur, au sein de plateaux d'un schiste cristallin, à toute autre rivière de ce genre de roches, par sa prodigieuse tortuosité dans un couloir presque sans vie, car l'homme n'a point trouvé place pour des bourgs dans cet étranglement apte à peine à des moulins. Au-dessus de Réalmont, la nature change, le Dadou se prélasse en une vallée tertiaire ample, fertile, bien peuplée, où l'eau des gorges d'en haut se souille par son mariage avec des ruisseaux impurs. Il baigne Graulhet et s'unit à l'Agout à 5 kilomètres au nord-ouest de Lavaur, à la fin d'un vagabondage de vingt-cinq lieues en un « royaume » de 85 000 hectares qui lui constitue un douaire de 4 mètres cubes en temps normal.

Fortifié de Thoré, de Dadou, l'Agout passe pour augmenter d'un tiers le Tarn quand il le rencontre à 88 mètres près de

Saint-Sulpice-la-Pointe, en une vaste campagne que des coteaux secs séparent du champ, plus vaste encore et non moins sec, de Toulouse la Garonnaise. Les documents officiels lui font présent de 25 mètres cubes en portée ordinaire, de 7 en étiage, de 1 500, voire 1 800 en grande crue, fournis par un « empire » de 346 500 hectares où son cours approche de 190 kilomètres.

XLIX
ORB

On peut dire que tous les terrains ou bien peu s'en faut, des roches les plus primitives aux alluvions les plus modernes, se partagent les 150 000 hectares « épongés » par ce fleuve tortueux de 145 kilomètres dont les grande crues centuplent dix fois l'étiage, — s'il roule bien 2 500 mètres cubes en extrême expansion, contre 2 500 litres en bas étiage, avec module de 25 mètres cubes.

Il part des lias, à 600 mètres d'altitude, au rebord méridional du grand causse du Larzac, à trois ou quatre lieues de Lodève; d'abord très rapide en sa descente, il court de cascade en cascade, dans des gorges de granit chaotiques; l'un de ses sauts, le *Canellon*, plonge de 10 à 12 mètres près des bains d'Avène.

A Bédarieux, qui tissait pour l'Orient et ne tisse plus de laines aux couleurs voyantes, à Bédarieux le traverse un viaduc de chemin de fer auquel 37 arches concourent. Puis il boit la *Mare*[1], torrent du bassin houiller de Graissessac; ensuite le Bitoulet qui vient de serpenter dans le vallon de *Lamalou*, célèbre lieu de bains; puis des torrents que la paroi vive de la Cévenne lance à sa rive droite par des bonds dans des gouffres : tels, tombant du Caroux, le torrent d'Arles; et un peu plus bas l'Héric, entre le Caroux et l'Espinouse; après quoi il emporte, à droite également, la rivière de Saint-Pons et d'Olargues, le *Jaur*[2] qui sort d'une grotte, dans la ville sous-préfectorale de Saint-Pons aux platanes splendides. On n'a pas encore reconnu toutes les obscurités, tous les gouffres, les couloirs, les culs-de-sac, les roches, les siphons de cette *Caverne du Jaur*; mais on tient le fil d'Ariane, qui est la rivière cryptique elle-même, endormie dans des gours dont l'un n'a pas moins de 19 mètres de profondeur : on l'a remontée jusqu'à 700 mètres de l'arche d'expansion du Jaur, qui s'échappe de l'antre à raison de plusieurs centaines de litres par seconde (tous étiages à part) et parfois de plusieurs milliers.

Un autre affluent de l'Orb, le *Vernazoubre*, né de la source de Candure, souvent puissante, a montré, le 12 septembre 1875,

---

1. 28 kilomètres, 11 646 hectares. — 2. 30 kilomètres, 21 500 hectares.

Le Plus Beau Royaume Sous le Ciel.

ce que peut faire un torrent de notre Midi méditerranéen ; gonflé par une tornade, il monta soudain, de 7 mètres 80 centimètres en quinze minutes, il devint mille fois lui-même, il noya 105 personnes, il creva et balaya 100 maisons, dans la ville de Saint-Chénian qui, bien que languedocienne, est dans un véritable jardin provençal où l'oranger vient en pleine terre ; puis le torrent rentra dans son repos.

Avant le phylloxera, quand la vigne inondée de soleil puisait la fraîcheur sous le sol par de saines racines, nul pays n'était plus orgueilleusement riche que le Bas-Languedoc, et les collines, les plaines de l'Orb inférieur avaient part à cette richesse ; alors triomphait *Béziers*, d'où l'on voit la mer, et les Biterrois nageaient dans l'opulence.

La contrée alla s'appauvrissant en même temps que se flétrissait le vignoble ; puis, le phylloxera vaincu, l'opulence revint ; Béziers prospère plus que jamais. Au pied de son coteau dentelé de vieilles églises, l'Orb coule sous un pont de 17 arches datant du XIIIe siècle, et sous un bel aqueduc du canal du Midi qu'abaisse de 25 mètres l'escalier des huit écluses de Fonserannes.

A douze kilomètres sous Béziers l'Orb s'achève au grau de Sérignan, dans la mer sans marée et sans profondeur, sur une côte de sable sans caps.

L
MONTS
DU
MINERVOIS

Au midi du maître affluent de l'Orb, au-dessus de la rive droite de ce Jaur commandé à gauche par les roides élancements de l'Espinouse, s'élèvent, non moins roides, les *Monts du Minervois* ou monts de Pardailhan, prolongement oriental de la Montagne Noire et spécialement du Cabardès, versant méridional de ladite Montagne.

Bien sauvages, bien déchirés, très franchement méditerranéens, les monts du Minervois partagent leurs eaux entre le fleuve de l'Orb et le fleuve de l'Aude ; ils vont de Saint-Pons (au nord) aux alluvions narbonnaises (au sud). Des schistes antiques, surtout siluriens, en forment la principale masse, et la plus haute crête, qui reconnaît pour pics supérieurs : le *Marcory* (800 mètres) à 6 ou 7 kilomètres de Saint-Pons ; le *Montahuc* (658 mètres), qui est le « pic du Nord » de Saint-Chinian ; le *Mont d'Olargues* (753 mètres) autour duquel tournoient, dans la profondeur, le Jaur au septentrion, et l'Orb à l'orient.

Par ici finit au nord-est cette chaîne, qui est une avant-montagne des Cévennes méridionales plutôt que des Cévennes véritables; mais elle se continue au delà des gorges de l'Orb, avec même contexture et nature, même orientation, jusqu'à l'Ergue ou Lergue, tributaire droit de l'Hérault; elle se poursuit dans ce sens par une autre avant-chaîne de la Cévenne où culmine un dôme de 782 mètres, mais où l'on distingue surtout, bien que beaucoup moins hauts, le *Tantajo*, « pic du Midi » de Bédarieux, fort dégagé, très pittoresque; le *pic de Vissous* (482 mètres), lui aussi de fort belle allure, au sud de la célèbre Mourèze; et la *Crête de Saint-Jean d'Aureillan*, au nord de ce même village blotti sur un affluent droit du fleuve Hérault, dans le *Cirque de Mourèze*, en une sorte de fin du monde ayant 1 200 mètres de long et de large : là, en chaude lumière, se dressent les soubassements, ruines, tronçons et piliers d'une gigantesque Babel; mais elle n'a presque rien d'humain, cette cité cyclopéenne, rien que les maisons grises d'un humble bourg adossées à des masses grises, et tout en haut, sur un grand roc, des débris du moyen âge; tout le reste de son architecture à grands blocs est une œuvre, voire un chef-d'œuvre de la nature; elle seule a levé ces mégalithes, ces menhirs, ces pyramides et pyramidions, ces pans, ces châteaux, dans un auguste silence, sans autre ouvrier que le temps, par amenuisement et amincissement de la dolomie.

Au midi des monts du Minervois, tout à leur pied, s'étend le *Causse de Minerve*, qui se butte, au sud-est, à des collines basses, de singulière importance puisqu'elles relient en réalité les Pyrénées aux Cévennes ou, plus exactement, les Avant-Pyrénées des Corbières et du mont d'Alaric aux Avant-Cévennes des bassins de l'Orb et de l'Hérault, au-dessus de la plaine littorale du Bas-Languedoc.

Causse véritablement causse avec tous les attributs de ces blocs fissurés, de ces plans altérés, de ces rocailles grises, de ces terres presque sans terre, sans gazon, sans arbres; partout des puits naturels, avaloirs des rares eaux de surface, qui sont eaux d'orage et non pas eaux de fontaine; partout des grottes, des cagnons, et çà et là quelque petite « vaucluse » où sort des rochers un flot vif; ou dans le lit même d'un torrent, quelque gour, quelque bouillonnement où réapparaît l'onde absorbée en amont jusqu'à la dernière goutte, par les sables, les graviers, les entonnoirs, les fissures : tel le principal courant du Minervois, la plus qu'inconstante *Cesse*, feudataire de l'Aude; absolument sèche, pendant des mois et des mois consécutifs, devant Minerve, devant la Caunette, elle rejaillit en abondance au bourg que ce renouveau d'onde a fait nommer Aigues Vives.

Le Plus Beau Royaume Sous le Ciel. CHAPITRE

Cette Cesse[1] passe au bas de la rocheuse et pierreuse *Minerve* dont le Minervois tira son nom : Minerve, ruines tragiques dorées par le Midi flamboyant, sur une falaise, au-dessus du torrent presque toujours vide auquel accourt, ici même, le Brian, plus vide encore, et huit mois sur douze. Site extraordinaire, et d'une rare grandeur, si petite soit ici la montagne, disons le coteau.

Quand les orages ont grondé, la Cesse est magnifique ; elle s'engouffre dans les entrailles d'une colline dont presque aussitôt elle s'échappe pour rentrer bientôt, à toucher Minerve, sous une autre et plus longue voûte où elle pénètre par une grande ouverture ; quelque puissantes et tourbillonnantes que soient les crues du torrent, elles ont place dans cette caverne d'outre en outre du mont, longue de 150 mètres, haute de 15 ; la sortie, large mais basse, est à Minerve même, devant le roc où Simon de Montfort brûla pieusement 160 Albigeois.

LI
ESCAN-
DOLGUE

Des Avant-Cévennes de Bédarieux, entre Orb, Lergue, Hérault, l'arête de l'*Escandolgue* ou Escandorgue se détache et s'en va droit vers le nord jusqu'à son aplatissement sur le Causse du Larzac. Elle part du *Mont de Brenas* (633 mètres), qui a grande allure, en vertu des 300 mètres de hauteur dont il contemple, de l'Orb à l'Hérault, un singulier pays rouge fait de roches permiennes dont la couleur quelque peu sanglante contraste doublement : avec le lias terne ou gris qui compose la masse de l'Escandolgue, et avec le basalte noir qui en est le couronnement — basalte relativement récent puisqu'il date de l'ère pliocène, quand l'homme allait apparaître, ou même avait déjà paru sur le Globe.

Le revêtement volcanique de l'Escandolgue, tout en longueur, les largeurs étant de 1 000 à 2 000 mètres seulement, ressemble à une épine dorsale avec nœud de vertèbres ; il est nu, conséquemment plus que sombre en vertu de sa volcanicité ; il s'élève à mesure qu'il s'avance au septentrion, en son profil de 25 kilomètres, jusqu'à sa cime suprême de 866 mètres ; puis il s'achève près de là, par 780 mètres au-dessus des mers, tout à côté des sources de l'Orb, sur la vague expansion du Larzac, qui est un causse, ce qui revient à dire un plateau d'oolithe.

Ce Larzac, si grand d'horizons, si dur de climat, si beau de lumière, interrompt nettement la Cévenne : plateaux de Lacaune et de la Salvetat Marcou et l'Escandolgue et les monts permiens de Lodève, tous ces reliefs viennent mourir

---

1. 50 kilomètres, 33 600 hectares.

sur le causse qui continue la fonction qu'avaient jusque-là les Cévennes de séparer le versant de l'Atlantique de celui de la Méditerranée ; mais on ne sait trop comment ces deux pentes y divorcent, car le réseau des rivières larzacoises se cache dans les profondes entrailles du causse et il se peut qu'il ne concorde nullement avec les apparences de la surface, avec les penchants et contre-penchants visibles du demi-désert oolithique.

Il y a donc ici, dans toute la traversée du centre de ce causse, une large cassure de la Cévenne, qui renaît à l'autre bord du plateau par le massif du Vigan ; au midi, l'interruption a beaucoup moins d'ampleur, et la montagne de la Séranne, parfaitement dégagée du Larzac, va presque des monts de Lodève aux monts du Vigan avec lesquels elle se confondrait s'il n'y avait, le long de la rivière Vis, puis du fleuve Hérault, la profonde coupure de Ganges.

LII
SÉRANNE

Entre l'Hérault et deux de ses affluents, la Vis et la Buèges, la *Séranne* ou Serranne est une crête oolithique très hardie et très architecturale ; presque en tous lieux noire ou sombre, parce que forestière, sur son double penchant ou double écroulement en précipices, elle est ailleurs scintillante au soleil, éclatante, marmoréenne en ses cassures, en tant que calcaire ayant pour pierre dominatrice, le *Roc Blanc* (943 mètres).

Elle cache en ses flancs diaclasés le plus creux des abîmes de France où l'on soit encore descendu, le *Rabanel*, dont on ne piétine le fond qu'à 212 mètres sous roche ; entre des mâchoires de pierre vive cette bouche formidable s'ouvre dans les bois par un bâillement de 40 mètres sur 25 ; à 1 600 mètres au sud-est, à 220 mètres en contre-bas, à l'enracinement de la Séranne, une fontaine éternelle sort à Brissac, des entrailles de la montagne, source dont l'onde épurée par le filtre du calcaire doit une partie de son flot aux orages avalés par le Rabanel.

A ses caps septentrionaux la Séranne plonge sur le riant bassin de Ganges, au-dessus de la rencontre de l'Hérault et de la Vis. Elle forme, à cette fin d'elle-même, le pilier droit des « Portes de la Vis » ; le pilier gauche est un bastion méridional des monts du Vigan, au nord-est de la belle crête des *Rochers de la Tude* que termine, juste vis-à-vis du Roc Blanc, la noble pyramide du *Pic d'Anjeau* (865 mètres).

Pic d'Anjeau et Rochers de la Tude sont l'extrême-orient du Causse de Blandas ou de Montdardier, et ce causse ne fait qu'un avec le Larzac « immense ».

Le Plus Beau Royaume Sous le Ciel.

LIII
MONTS
DU VIGAN,
AIGOUAL

Des granits, des gneiss et les plus antiques de toutes les masses schisteuses, des schistes cambriens composent la roche sévère de l'Aigoual et des monts du Vigan qui lui font cortège.

L'*Aigoual* lève sa roche suprême (1 567 mètres) au-dessus du cirque de la Hort-Dieu, c'est-à-dire Jardin de Dieu, Jardin céleste.

Si, comme on croit, son nom est le latin *aqualis*, l'aqueux, on l'a traité suivant ses mérites : il se dresse au milieu d'une lutte de vents humides soufflant en tout jour, presque à toute heure, et si furieux que les forestiers qui veillent sur ses bois jadis hantés par l'ours, aujourd'hui par le loup, ont ancré leur cabane au rocher par six chaînes de fer : les pluies y tombent très dru, jusqu'à plus de 2 mètres de hauteur en douze mois; l'observatoire météorologique et forestier construit à côté de sa cime, avec tour ronde de 17 mètres, y raconte les batailles « célestes » de l'année, entre les ouragans arrivés des quatre coins de l'espace.

De ce promontoire campé sur la borne des Grands Causses, au-dessus des plaines enflammées jusqu'à la frange de la mer, on voit ou l'on soupçonne (suivant le temps) la Méditerranée, les Pyrénées du Canigou, le Pelvoux de Vallouise, bastion des Alpes, le Ventoux, la Lozère, des collines, des vallons, des « campos », des plateaux, tout un monde.

De l'Aigoual descend l'Hérault, tombant avec une terrible brusquerie, presque à pic, tellement qu'à Valleraugues, à moins de 10 kilomètres de son premier murmure, son eau n'est même plus à 350 mètres au-dessus des mers; et déjà la lumière méridionale donne beauté pure et grandeur sereine aux roches nues; sur le versant contraire, à des hauteurs de 1 000 mètres ou plus, le long d'affluents et sous-affluents du Tarn qui s'écartent comme les doigts d'une main grand'ouverte, on se croirait aussi loin du petit fleuve qui court à la Méditerranée qu'un vallon des Vosges l'est d'un cirque de l'Atlas; un climat « d'Hyperborée » y règne en longues neiges hivernales qui courbent la branche du hêtre, du châtaignier et blanchissent les aiguilles du pin sylvestre; mais en chaude saison ces torrents sont gais, ces forêts ombreuses, ces prairies émaillées de fleurs.

Le val naissant de l'Hérault creuse son précipice entre l'Aigoual au nord et la montagne de l'Espérou au midi; entre l'Espérou au septentrion, le Lingas au sud-ouest, la Dourbie cherche et trouve péniblement un passage dans la roche dure; cette Dourbie se glissant comme un serpent sur le sentier de l'Atlantique alors que l'Hérault est attiré par la Méditerranée, il s'ensuit qu'Espérou et Lingas font partie du toit des eaux de l'Europe.

L'*Espérou* tend à redevenir la forêt d'autrefois — et autrefois veut ici dire : il y a deux cents ans à peine, puisque vers la fin du règne de Louis XIV on y chassait encore la grosse bête dans les futaies. — On commence à resylvestrer sur 2 000 hectares, ses plateaux où le vent siffle en tempête sur la neige de six mois de « Sibérie », sur les herbes de l'été, sur les hêtres malingres de toute l'année. Sa plus haute protubérance, le *Pic d'Aulas* (1 422 mètres) pointe au-dessus de la source de la Dourbie, à 10 kilomètres au nord-ouest du Vigan, pas loin du chaos de granit où la *Cascade d'Orgon* se précipite de près de 200 mètres de hauteur dans un abîme boisé qui mène les ondes brisées au Coudouloux, sous-affluent de l'Hérault par l'Arre.

Le *Lingas*, lui aussi, renaît à l'espérance. Ce chaînon de 1 440 mètres d'extrême surrection s'achève grandement, au nord d'Alzon, par le piton du *Saint-Guiral* (1 365 mètres), que couronne une chapelle de pèlerinage au-dessus d'empilements de roches granitiques. Pas un village, pas même un hameau, et quatre fermes, sans plus ; désertes sont les pelouses du froid, venteux, neigeux et désolé Lingas. De ses forêts passées il ne lui reste rien.

Mais voici qu'on y reboise 5 000 hectares et qu'y frémissent déjà le mélèze et les pins.

LIV
HÉRAULT

Le fleuve de l'*Hérault* descend de l'Aigoual et boit les fontaines du versant méridional des monts du Vigan, il coule au pied de la Séranne et puise quelques flots au fin fond du Rabanel.

Courant étrangement pittoresque : petit sans doute, car que dire de 40 lieues de voyage en un pays de 290 000 hectares, et d'un étiage de 6 mètres cubes, que compensent, il est vrai, des crues de 3 700 ? Mais à le suivre de son originaire fontaine à son entrée dans la grande plaine du Bas-Languedoc, c'est un perpétuel enchantement.

Dans l'Hérault supérieur, tel qu'il arrive au bassin de Ganges, il y a trois torrents : l'Hérault, des trois le moindre, l'Arre, la Vis, des trois la plus grande.

L'Hérault, parti du versant sud de l'Aigoual, est d'abord de course si prompte qu'à quatre ou cinq kilomètres de sa cascatelle de naissance, il ne « brame » plus guère qu'à 600 mètres d'altitude au hameau de Mallet, d'où monte droit au nord vers le piton de l'Aigoual, « l'escalier des quatre mille marches »

Le Plus Beau Royaume Sous le Ciel.

casse-cou taillé dans le schiste et, à mesure qu'on s'élève, de plus en plus déplorablement vertigineux.

Si l' « escalier » a quatre mille degrés, l'Hérault a bien quatre cents ratchs, quatre cents cascatelles. Comme les orages qui crèvent sur les épaules de l'Aigoual tombent dans le jeune fleuve raboteux par énormes flots, en écroulements « fantastiques » sur une pente qui est une chute, il arrive parfois que l'Hérault passe un peu plus loin devant le bourg de Valleraugues avec une puissance terrible; mais, en temps ordinaire, ce n'est encore ici qu'un pur et tout petit torrent.

Augmenté de plus longue et plus grande que lui, de l'*Arre* [1] qui rassemble les torrents du délicieux pays du Vigan, l'Hérault s'avance à la rencontre de la Vis par de beaux défilés profonds où il dort entre les roches, se brise aux blocs, glisse mutinement sur les cailloux. Le confluent est dans la banlieue d'amont de Ganges, par environ 150 mètres; là, sauf après telle des tornades diluviennes qui ravagent notre Midi, le torrent de l'Aigoual roule deux à trois fois moins d'eau, et une eau moins vierge que le flot puisé par la Vis aux couloirs souterrains du Larzac, et son cours est deux fois plus bref; mais il impose son horizon, et la nature, l'aspect, l'illumination du pays rattachent l'Hérault supérieur à l'inférieur bien plus que la Vis, dont le val est d'apparence moins méditerranéenne.

La *Vis* commence par la Vis Sèche ou Virenque et finit par la Vis Courante ou Vis de la Foux.

La *Vis Sèche* ou Virenque naît au flanc du Saint-Guiral et coule au sud-ouest, au sud, au sud-est. Couler, c'est trop dire, car, à peine hors du mont, elle perd ses eaux, et il n'y a pas une goutte, pas même d'humidité dans son large lit, grève incendiée par le soleil, sinon quand un torrent, fils d'un typhon, mugit sur ses pierres; enfoncée dans une faille du Larzac, tantôt entre rocs vifs, tantôt entre talus avec oliviers, elle n'y rencontre pas même de moulins, puisqu'elle ne pourrait en animer les meules; le nom de son seul village, Vissec, traduit évidemment l' « aridité » de la rivière.

Puis ce lit où courraient sans peine une Marne, une Oise, presque une Dordogne, se resserre; il se creuse, il s'encombre de rochers; et toujours pas d'eau, jusqu'à la *Foux de la Vis* : là, d'une gueule de caverne, une transparente rivière tombe en cascade; 400 mètres, c'est l'altitude de cette sonore « Vaucluse » perdue dans une anfractuosité du Larzac, à 250 ou 300 mètres au-dessous des créneaux de rebord.

On conte qu'après éboulements dans les couloirs de la rivière

---

1. 25 kilomètres, 16 580 hectares.

souterraine qui quitte l'ombre à la Foux, la fontaine cessa de couler; mais au bout d'un court néant, la Vis ressuscitée roula des eaux rouges ; puis l'onde redevint l'honneur des blanches Cévennes, le frais et clair épanchement des ruisseaux caverneux de la grande oolithe.

Ce flot s'en va vers le nord-est, il tombe de quinze mètres par la *Cascade de Navacelles*, il réfléchit des moulins, des hameaux, de beaux arbres et la pierre vive des monts de sa cassure, signalée de loin, quand on vient de l'est, par la pyramide du Pic d'Anjau.

On estime à 2 000, sinon 2 500 litres le flot d'étiage de la Foux, à 5 bons mètres cubes son expansion durant les mois de ce climat méditerranéen moins secs que les autres; le développement de la Vis, tout encagnonnée, est de 35 kilomètres, de 65 jusqu'à la source de la Virenque, et l'aire qu'elle « exprime » comprend une quarantaine de milliers d'hectares.

L'Hérault quitte le soleilleux bassin de Ganges pour des corridors de la roche oolithique, où il entre en frôlant la montagne de Taurac, criblée d'avens, de grottes dont une, la Baume des Demoiselles est universellement célèbre. Il en sort par les *Gorges de Saint-Guilhem-le-Désert*, au loin fameuses quoique n'étant point les plus belles de la Cévenne : superbes d'ailleurs, et l'on y admire un de ces sites méridionaux où l'herbe, le gazon, les bosquets, les forêts, la verdure ne sont rien; où la pierre, l'eau vive et le soleil sont tout; où l'homme aussi n'est rien ou peu de chose, par des jardins arides, des murs d'enclos, des moulins, des maisons que le temps a dorées ou brunies et qui sont de loin semblables au roc; le fleuve y descend de rapide en rapide, entre deux parois à pic ou de surplomb, pur, et parfois si serré qu'au-dessus de certains gouffres muets un vigoureux sauteur essayerait de le franchir. La fin de ce pas est au Gouffre-Noir, sous le Pont-du-Diable, en aval de la cascade de Clamouse qui jette sur son onde immobile une fontaine du rocher; il passe alors dans une large vallée, domaine de la vigne et du poudreux olivier.

Cette vallée fabuleusement prospère qui a vu ses bourgs devenir villes, et ses villages bourgs, ce pressoir, ce cellier attend avidement le bienfait que lui promet l'Hérault, le canal qui partira d'un barrage de 14 mètres de hauteur en amont de Saint-Guilhem et arrosera 4 000 hectares sur les deux rives.

En cette plaine, des « oueds » accourent en foule à l'Hérault, mais peu l'augmentent, car ici le ciel est sec, le mont sec, large la grève pour le filtrement des eaux, puissant le soleil pour boire le cristal des fontaines.

Le Plus Beau Royaume Sous le Ciel.

Un seul, l'*Ergue*[1] ou Lergue a quelque grandeur ; ce torrent boit des sources claires au bas de gigantesques escarpements du Larzac, il baigne Lodève, il s'ouvre à des lits de cailloux, jadis rivières.

L'Hérault passe tout près de Pézenas, spéculatrice en eaux-de-vie et dont on se moque universellement en France, comme de Quimper, de Landerneau, de Brive, de Carpentras, sans aucune raison, par imbécillité pure. A Saint-Thibéry, près d'un antique volcan, il coule sous les quatre arches ruinées d'un pont romain ; de là jusqu'à la Méditerranée il a ravi 15 kilomètres à la mer, et dès lors il se répand sur les graviers, les alluvions dont il a comblé le golfe au bord duquel un mont flambant, notre *Saint-Loup*, crachait des laves.

Ce mont, à vrai dire colline de 115 mètres, domine Agde, dernière ville du cours de l'Hérault, et l'embouchure du fleuve, qui est un chenal artificiel entre deux digues, avec barre sur laquelle il y a souvent moins de 3 mètres d'eau.

LV
CÉVENNES
DE LA GAR-
DONNENQUE

Du mont Aigoual, de ce pilier des tempêtes qui n'atteint pas 1 600 mètres jusqu'à la montagnes de la Lozère, qui dépasse un peu 1 700, s'étalent en nombreux chaînons les seules Cévennes réellement nommées ainsi dans le langage courant, les Cévennes de la Gardonnenque, c'est-à-dire du pays où court le Gard ou Gardon.

Car c'est ici le filtre d'où sourdent les capricieux Gardons, souvent presque taris, et parfois tonnerres d'eau quand le ciel d'airain, s'encombrant soudain de nuages, se déchire en trombe sur la montagne raide : à peine l'orage a-t-il éclaté sur la cime, que déjà le torrent mugit au bas de la « cévenne » schisteuse, brillante au soleil qui, partout où il luit, tire une étincelle des paillettes du mica.

Le plus haut de ces monts ne se lève pas sur le toit des eaux d'Europe, mais à l'occident du faîte de partage, sur le *Bougès* (1 424 mètres), qui domine au midi la vallée du Tarn, commandée au nord par la Lozère : Bougès, parce qu'il était couvert de buis, et ici le buis est un arbre ; mais l'homme a pris sa hache et il y a désormais plus de nudités, ou plus d'herbes que de buis et de hêtres et de sapins sur cette montagne, la plus septentrionale des chaînes de la Gardonnenque. Il va, ce Bougès sous plus d'un nom, de Florac, la rurale, pastorale et paisible, à Bessèges, l'ouvrière, l'enfumée, la bruyante : au-dessus de Florac, vis-à-vis des sublimes élancements du Causse Méjan, on l'appelle la *Ram-*

---

1. 42 500 mètres, 37 844 hectares.

ponnenche, mais il n'a pas ici les caractères du Bougès, et en général, des Cévennes de la Gardonnenque ; ses schistes cristallins ont pour couronnement une calotte d'un calcaire oolithique pareil à celui du Grand Causse d'à côté, et ce calcaire n'est pas moins dépouillé de la sylve antérieure que le Bougès proprement dit, qui fait suite à la Ramponnenche sur le chemin de l'est.

En tirant vers l'orient, aux herbes du Bougès abrouties par la gent sottement et plaintivement bêlante, aux brandes et bruyères, à la centaine d'arbres qui sont le triste débris des vieilles sapinières, et à ce qui peut rester d'une admirable parure de hêtres, succède la crête du *Ventalon* ; et au Ventalon, le *Rouvergue*, ramifié autour de Portes, en petits monts veinés de houille.

Tout comme l'arête du nord, la crête centrale a son principe en contre-haut du val de Florac, face à face avec la paroi de rebord du Causse Méjan, et par un pic oolithique pointu, la *Tardonnenche* (1 056 mètres), que sépare de la Ramponnenche au nord, le val d'Arpaon où dégringole un tributaire droit du Tarnon, le Mimente ; elle se lève à 1 166 mètres au *Cabanis*, piton sans arbres qu'on peut regarder comme marquant à peu près le milieu de la Gardonnenque et qui peut-être est le beauvoir d'où l'on embrasse le mieux dans son ensemble la houle pétrifiée, les vagues ou parallèles ou obliques ou perpendiculaires entre elles de la mer des Cévennes « cévenoles », tempête sauvage de 110 000 hectares figée dans une impassibilité cosmique ; diversement épanouie, cette seconde arête finit aux environs d'Alais.

La troisième arête, la *Chaîne Française* (ou Francesque) porte un nom qui aura tantôt douze cents ans de durée, depuis que l'imagination des Méridionaux de la Cévenne fut si vivement frappée du triomphe des hommes du Nord, dans la personne des Francs, sur les hommes de l'Orient dans la personne des Arabes. Elle se déroule entre le Gardon de la Vallée Française ou Gardon de Mialet au septentrion et le Gardon de la Vallée de Saint-Jean au sud.

Son origine est à la *Can* ou *Causse de l'Hospitalet* : Causse en effet, mais tout petit (1 500 hectares), qui fut avec Ramponnenche et Tardonnenche l'extrême poussée du Causse Méjan vers l'est, avant que l'en séparât la faille, de plus en plus creusée par les eaux, où coule la rivière du Tarnon ; de ce plateau dolomitique de 1 050 mètres de surrection moyenne, la Francesque s'allonge à l'est-sud-est jusqu'au-dessus d'Anduze.

La quatrième, arête méridionale, divorce de l'Aigoual lui-même, se gonfle autour de Lasable en un massif de granit, le

Le Plus Beau Royaume Sous le Ciel.

Liron (1 180 mètres), et se termine au-dessus d'Anduze et de Saint-Hippolyte-du-Fort; ce Liron partage le sort de presque tous nos monts du Midi; si touffu de hêtres qu'on le surnomma le Fageas (ou la Hêtraie), que même on le surnomme encore ainsi, de routine invétérée, il fut à la longue déboisé, voire débroussaillé sur ses sommets, sur ses plateaux, par les moutons qui passaient et repassaient pendant leur double voyage de transhumance, de la plaine en Aigoual à l'entrée de l'été, de l'Aigoual en plaine à la fin de l'automne.

Mais si le Liron d'en haut s'est dénudé, si l'intempérie des airs tend à muer, comme de tout mont sans sylve, son corps en squelette, encore que lentement vu la dureté des granits, le Liron d'en bas, Arcadie de la Gardonnenque, est cultivé en terrasses que soutiennent des murs de pierre sèche; il est gai, diapré de verdure, argenté de ruisseaux, paré de châtaigniers, opulent en mûriers, avec beaux hameaux et moulins à soie.

Dans les Cévennes de la Gardonnenque vivent les fils des Camisards qui firent la guerre à Louis XIV après la révocation de l'édit de Nantes, et fusillèrent les soldats de la persécution dans les cirques, les défilés, les coupe-gorge qu'ils savaient par cœur, que le persécuteur ignorait; et si les noms ne mentent pas, ils précipitèrent prêtres et gens de moutier de plus d'une roche sur torrent qui s'appelle encore le « Saut du moine ». La troupe du Grand Roi les envoyait dans l'outre-monde ou les réservait, qui pour la geôle ou la galère, qui pour le supplice, quand il lui arrivait de les surprendre.

Pendant qu'on les tuait et qu'ils tuaient, beaucoup des leurs, échappant aux dragons royaux, gagnèrent la frontière des nations protestantes; par dizaines, voire par centaines de milliers, ils secouèrent la poussière de leurs pieds sur le sol qui les avait nourris. En Allemagne, en Prusse, en Hollande, en Angleterre, on les reçut à bras ouverts parce qu'ils étaient Huguenots et parce qu'on savait qu'ils haïraient passionnément la France; des centaines d'entre eux franchirent la grande mer: les uns vers l'Afrique Australe, où ils prirent leur demi-part à la création du peuple des Boers; les autres vers l'Amérique du Sud, où ils furent les vrais fondateurs de Surinam.

LVI
GARD
OU GARDON

Ce torrent ressemble aux autres affluents du Bas-Rhône par sa promptitude à rouler un fleuve; un orage, une fonte de neige peuvent lui verser tout à coup des milliers de mètres par seconde; quelques jours, quelques heures après, il n'y passe que des filets d'eau verte.

En sa Gardonnenque ou Cévenne essentielle il unit une

foule de torrents nés de la roche sombre ou pailletée de mica et qui ont bondi sur les hautes pâtures et sous les châtaigneraies où tant d'arbres énormes sont des patriarches robustes encore sous l'injure des ans; ces torrents descendent précipitamment par des gorges sauvages, étranglées, raboteuses, et tombent de la région des neiges, des pluies, des vents, du froid dans le pays de la chaleur sèche, irradiante, aride, dans la terre de l'olivier, du mûrier, des vignes. Ils se nomment tous, ou presque tous, grands et petits, des Gardons, comme ailleurs des Dranses ou des Nants ou des Gaves ou des Nestes; ceux du nord forment le Gardon d'Alais, ceux du centre le Gardon de Maliet, ceux du sud le Gardon de Saint-Jean; et les deux torrents de Mialet et de Saint-Jean s'unissent en Gardon d'Anduze.

Le *Gardon d'Anduze*[1], plus fort que celui d'Alais dans le rapport de cinq à trois, tient son nom de la ville d'Anduze; le *Gardon d'Alais*[2] prête ses défilés, ses évasements, ses contournements de mont au chemin de fer de Paris à Nîmes, tout le long de la noire ville houillère, minière, usinière, que forment la Levade, la Pise et la *Grand'Combe*; il court devant Alais.

Gardon d'Anduze et Gardon d'Alais se rencontrent par moins de 100 mètres d'altitude.

Ces deux branches mères unies, le Gard s'épanche en un large lit dans la *Plaine de la Gardonnenque* : « Gardonnenque d'en bas », par contraste avec la « Gardonnenque d'en haut », c'est-à-dire la montagne; il y ronge ses berges, il y change de lit, souvent et délibérément, dans les grandes crues, quand il envahit au loin la vallée. Cela jusqu'à Dions, où commencent de solitaires défilés dans la craie, entre roches caverneuses.

Ces couloirs de solennel silence, il les anime parfois du tonnerre de ses crues; mais parfois aussi nulle eau n'y murmure, le Gard s'anéantissant par infiltration dans la Gardonnenque au cours de la saison sèche, surtout dans les environs de Moussac.

Il arrive donc que le voyageur ne voit au-dessous de lui qu'un lit aride quand il traverse le Gard au pont de Saint-Nicolas de Campagnac, sur la route d'Uzès à Nîmes. Mais en aval de ce pont les eaux infiltrées reparaissent dans de nouvelles gorges, en fontaines jaillissant dans le lit même ou coulant du pied des roches : toutes sources fournissant ensemble, même en saison très sèche, 2 000 à 3 000 litres d'une onde superbement verte.

---

1. 68 kilomètres, 58 700 hectares. — 2. 56 kilomètres, 50 500 hectares.

Le Plus Beau Royaume Sous le Ciel.

Splendides, ces défilés du Gard inférieur, entre leurs rochers blancs ou colorés; c'est une de ces clus du lumineux Midi plus belles avec leur pierre vive, leurs flots transparents, leurs arbustes, que les vallées du Nord avec tout leur luxe de prairies, de forêts, de sapins, de cascades.

A Collias tombe l'*Alzon*, rivière intarissable faite des fontaines vives d'Uzès, qu'avait confisquées le Romain; au Pont du Gard finissent les gorges, et le torrent serpente en une plaine qui le conduit jusqu'au Rhône.

Le *Pont du Gard* n'est pas un pont, mais un aqueduc romain cimenté pour les siècles, au long d'une conduite de 41 kilomètres qui portait au château d'eau diviseur de Nemausus (Nîmes) les flots purs de la *Font d'Eure* ou d'Ure, née près des rochers que couronne Uzès, et ceux des fontaines d'Airan, point éloignées du surgeon d'Eure; ce faux pont, triple rang d'arcades superposées, domine le torrent de 48 à 49 mètres; il a 269 mètres de long.

En plaine, le Gard baigne Remoulins et Montfrin : par ici quelques castors nagent encore à la faveur des nuits dans son eau.

Il amène à la rive droite du Rhône l'excès d'eau de 222 000 hectares, après une excursion de 113 kilomètres à partir de la fontaine la plus reculée ; soit en extrême expansion 4 000 mètres cubes : s'il peut diminuer jusqu'à 3, peut-être 2 mètres cubes pendant les plus implacables sécheresses, et à 5, à 4 dans les « aridités » ordinaires, il en roule le plus souvent 10, 20, 30 et 40.

LVII
GARRIGUES
DE
MONTPELLIER

Au sud, au sud-est, à l'est des Cévennes, du pied des avant-monts à la lisière des alluvions littorales et au voisinage de la vallée du Rhône, s'étendent des « Garrigues » sauvages ainsi désignées du kermès ou garrus, chêne rabougri qui voile mal leur nudité. Les Garrigues de Montpellier vont du fleuve Hérault au fleuve Vidourle, les Garrigues de Nîmes commencent au Vidourle et finissent au Gardon ; les Garrigues de Lussan commandent les gorges de la Cèze ; les Garrigues de Montpellier sont fières de leur Saint-Loup, celles de Nîmes de leurs mazets, de leur Tour Magne, celle de Lussan de leur Guidon du Bouquet — Bouquet et Saint-Loup, deux de nos plus basses montagnes, mais aussi de nos plus « grandes ».

Les *Garrigues de Montpellier* réclament 50 000 hectares dont la stérile pierre, à force de tomber par blocs ou de s'élimer à la longue, a perdu sa primitive égalité de platine déposée dans

TROISIÈME — *Monts Intérieurs.*

un fond de mer, pour devenir un petit monde çà et là tranchant ou pointu, et presque partout raboteux, un chaos de pans droits, de talus roides au-dessus de *vallats* ou torrents que le réseau caverneux des ondes intérieures avale à chaque caillou du lit, à chaque fêlure de la roche, à chaque banc de sable. Sur ce qui est resté du plateau, sur les versants, les cimes, dans une pincée de terre, dans une caillasse, dans un trou de roc, au hasard des glands tombés (ou « soufflés » par le mistral), des chênes kermès, soit isolés, soit par bosquets, jamais par forêt drue, verdissent ou rouillent suivant la saison la blancheur grise de la Garrigue. Comme dirait Virgile, au matin les cigales y paissent la rosée ; puis la chaleur les éveille et les enthousiasme ; quand tout le reste de la nature dort accablé elles crient en grincement et en assourdissement, ivres de lumière, et souvent le mistral hurle désespérément jusque dans les fonds de gorge qui pourraient se croire abrités par leurs monts : à part quoi c'est le silence dans le désert ; il n'y a par ici que de menus villages parmi lesquels un chef-lieu de canton dont le surnom ferait illusion si l'on était en Angleterre, car on le croirait voisin de la métropole insigne où grouillent cinq millions d'hommes ; c'est Saint-Martin de Londres.

Au-dessus de la Garrigue de Montpellier, haute en moyenne de 200 mètres au-dessus des mers, s'élance d'un jet splendide, éthéré, sublime, le pic de 633 mètres auprès duquel sont petits tant de géants des Alpes, le *Saint-Loup* ; et à toucher ce pic, au nord, la *Montagne d'Hortus* (512 mètres) tombe en paroi vive, de 300 à 400 mètres sur les collines du vignoble. De ces deux monts, de nombreux torrenticules (mais de rares eaux) descendent au Lamalou, tributaire droit de l'Hérault qui commence à ne plus être un vain nom sur la carte : beaucoup le visitent et vont s'extasier, de bonne conscience s'ils aiment le grand et le beau, par commande s'ils sont de la race « ovine », devant ses cirques de roches, ses cascades bues par l'été au creux des précipices, ses gours, et ses ponts naturels assez nombreux pour que le Lamalou leur doive son second nom de *Rivière des Arcs*.

Une autre et bien différente rivière, de grande abondance tandis que le Lamalou contient plus de cailloux que d'eau, le *Lez* continue des ruisseaux cachés aux flancs de l'oolithe sous la garrigue aride, lumineuse, parfumée, avec monts francs de cassure. Les torrents courts et fantasques attirés par les avens, les eaux sauvages des typhons languedociens, peut-être des fuites de l'Hérault, composent dans le mystère les 3 000 litres de flot, diminués à 565 par l'extrême étiage, qui sortent à

Le Plus Beau Royaume Sous le Ciel. CHAPITRE

3 lieues au nord de Montpellier, d'un gour de 15 mètres de profondeur.

Le Lez passe au bas du vieux volcan de Montferrier, coule près de Montpellier, qui est ville d'études plus que d'industrie ou de commerce, et s'achève artificiellement par un canal à Palavas-les-flots, bourg de bains de mer sur une plage de sable fin ; il a 7 lieues de long, il draine 47 500 hectares.

LVIII
VIDOURLE

Entre les garrigues de Montpellier à droite, les garrigues nîmoises à gauche, le *Vidourle* a 25 lieues de long et 97 500 hectares de domaine ; il roule 3 mètres cubes en eaux ordinaires, 1 500 en force majeure et rien que 220 litres en saison très sèche.

Il tire quelque célébrité de ses vidourlades, crues subites. Voici le torrent, sillon dans la pierre : son ciel flamboie, son val sommeille ; l'ombre est rare sur les champs et les vignes, sous le mûrier, le micocoulier dont on fait des fourches, l'olivier qu'on taille à l'extrême et que d'arbre on étrique en arbuste ; la colline est aromatique, la montagne blanche, décharnée ; à l'horizon le Saint-Loup darde son pyramidion dans un azur chaud de lumière : c'est l'Attique et c'est la Judée, et le Vidourle un Cédron, un Arnon, un torrent de Jaboc où le troupeau tond l'herbe sèche entre des cailloux qui brûlent.

L'astre brille en sa force et sa sérénité sur la plaine ; or, il y a plu « tropicalement » sur le mont. Tout à coup un bruit sourd résonne, l'air de la gorge ou du vallon s'ébranle, et la vidourlade arrive, prompte comme le mascaret, mais elle ne rencontre point de bateaux ; sur la grève où s'égarait un ruisseau, ce fleuve passe avec la puissance de 10, 20, 30 et 40 fois la Seine d'été dans Paris, mais les trombes ne durant que quelques heures en pays de Cévenne, le Vidourle retourne bientôt à sa tranquillité, qui parfois est presque la mort.

Le Vidourle naît au nord-est de Ganges, dans les granits du Liron ; il se pourvoit aux calcaires de la *Montagne de Lafage* (931 mètres), qui fut une hêtraie — son nom le prouve — et qui ne l'est plus guère sur les blanches roches dont elle commande brusquement, au nord, la vallée de cassure qui réunit le Vidourle de Saint-Hippolyte à l'Hérault de Ganges, entre Cévennes et Garrigues.

Il passe à Saint-Hippolyte-du-Fort, à Sauve où jaillit une fontaine puissante, bouche commune des avens d'un pays aridement crayeux qui est l'une des patries du micocoulier ; quand dure longtemps la saison sèche, cette source n'est plus que « l'ombre d'elle-même », mais le torrent diminue encore plus qu'elle et il y a des semaines où la *Font de Sauve* ranime un Vidourle tari.

Viennent ensuite Quissac, Sommières ; puis il entre dans la plaine du Bas-Languedoc au défilé d'Aubais, passage majestueusement régulier qu'on n'a pas manqué d'attribuer aux Romains, comme si la nature n'était pas capable de tailler à grands pans la craie avec autant de maîtrise que les conquérants du vieux monde classique. En aval et non loin, le peuple-roi jeta sur le torrent capricieux qui lui rappelait ses petits fleuves d'Italie, un pont d'Ambrussum (aujourd'hui Pont Ambroix, sur la route de *Nemausus* (Nîmes) à *Substantio* ou *Sextantio* (Montpellier) : il en reste quatre piles et deux arches. Ayant parcouru la plaine que glorifiaient les vins muscats de Lunel, il coule avec langueur et lourdeur dans la maremme du littoral languedocien.

LIX
GARRIGUES
DE
NIMES

30 000 hectares de craie néocomienne aussi dure, aussi sèche et assoiffée que celle de Montpellier, avec torrents non moins altérés, et en tout semblables, sinon qu'ils s'appellent ici des *cadereaux* et là-bas des *vallats* ; point de pic aérien comme le Saint-Loup, et le mont qu'elle a pour dominateur, son lumineux Olympe, un peu bleui par la distance, le Guidon du Bouquet ne lui appartient pas ; il se lève sur la Garrigue de Lussan.

La garrigue nîmoise, moins élevée que la montpelliéraine, avec 217 mètres seulement de plus haute ambition, partage ses cadereaux entre la rive droite du Gard et la rive gauche du Vistre ; mais ici aussi plus d'eau ruisselle dessous que dessus ; les torrenticules ne coulent presque jamais, ni toutes les semaines, ni tous les mois ; et tel d'entre eux peut-être pas tous les ans : ainsi le Cadereau de Nîmes, assez bien décrit dans ses relations avec l'espèce humaine par le vieux nom bas-latin de *Cagantiolus*.

Le *Vistre* [1], fils de très humbles coteaux, boit la fontaine de *Nîmes*, ville qui est la Rome française par ses Arènes, sa Maison Carrée, son Temple de Diane et sa Tour Magne.

Au pied de collines arides, loin du Rhône, loin du Gard, loin de la mer, Nîmes dut l'existence à sa source, et sa source est encore sa gloire, sa beauté, sa richesse.

La *Font de Nîmes* est un gour pur, profond de 15 mètres,

---

1. 65 kilomètres, 36 000 hectares.

Le Plus Beau Royaume Sous le Ciel.   CHAPITRE

à côté du Temple de Diane, au pied du mont Cavalier, coteau verdi par les pins et couronné par la Tour Magne, qui signale Nîmes de tous les coins de l'horizon. Elle est remplie, au bout de canaux invisibles, par les orages qui tombent sur les cailloux rougeâtres, la brousse des petits chênes, les herbes sèches de rare odorance, les cyprès, les pins d'Alep, les oliviers étriqués, déformés, quelque peu tortillards de l'Arabie Pétrée des Garrigues; orages rares sous un ciel où brûle tout le jour le grand flambeau d'incandescence.

C'est là que les Nîmois ont bâti leurs mazets, villas et jardins de plaisance entre quatre murs de pierre sèche, sur la rocaille altérée, sous des ombres rares violemment, éperdument déplacées de çà, de là, quand le mistral passe avec de longs sanglots. Pays d'ailleurs superbe par la franchise des lignes, la magie des couleurs, et c'est avec enthousiasme qu'on peut célébrer la pure splendeur des Garrigues.

Si peu que la torridité dure, et c'est très souvent que la voûte est sans nue, pour peu que la chaleur absorbe les nuages ou que le mistral les chasse au loin, la fontaine, au lieu d'unir des ruisseaux sous la pierre des Garrigues, finit souvent par ne rassembler que des gouttes d'eau; elle peut n'offrir que 7 litres par seconde à la ville altérée; mais, dès qu'une lourde averse tombe sur les coteaux, Nîmes retentit brusquement du courant d'un fleuve qui roule 10, 15, jusqu'à 20 mètres cubes par seconde; et, pluie cessante, ce fleuve diminue en riviérette, puis en ruisseau transparent que l'industrie s'empresse de ternir; elle en fait un bourbier cynique, presque un rival du *Cagantiolus* entre les murailles des quais.

Le Vistre finit dans les palus littoraux d'Aigues-Mortes, ville solitaire dont six siècles de soleil ont doré l'enceinte.

LX
GARRIGUES
DE
LUSSAN

18 000 hectares, à 300 mètres de moyenne, surrection sur la même craie néocomienne, c'est ici, à la fois la plus élevée, la plus petite des trois Sous-Cévennes, et aussi celle où le chêne qui a valu leur nom à ces blocs de pierre s'étend uniformément sur la plus vaste étendue; il est partout, en bois, surtout en taillis, sur les collines qui sont roides, dans les ravines qui sont très creuses, sur les plateaux qui sont déserts, autour des avens qui sont profonds et qui mènent les eaux de surface à de grandes sources de la rive droite de la Cèze.

Ces solitudes s'appellent ainsi d'un lieu cantonal, Lussan, pauvre petit village sur la plate-forme d'une roche isolée qui porta son temple gallo-romain, son *fanum Jovis*, à 7 kilomètres du *Guidon du Bouquet*, dont les 631 mètres ne le cèdent que de la taille d'un superbe cuirassier aux 633 du Pic Saint-Loup : merveilleux observatoire pour contempler la Cévenne, la Garrigue, le val du Rhône, l'outre-Rhône, il voit autour de lui tout ce qui ne se cache pas dans les extrêmes profondeurs, et de partout à la ronde, sauf de ces mêmes profondeurs sevrées du monde, on l'admire dans sa majesté sereine de prince de l'espace.

LXI
CÈZE

La *Cèze* à la rive droite de laquelle la Garrigue de Lussan tombe en promontoires boisés, sur des gorges, a droit au renom d'affluent notable du Rhône, et il lui arrive souvent de trop contribuer aux fureurs du fleuve orageux, quand elle roule 1 000, 1 500, peut-être 2 000 mètres cubes, à elle fournis par 118 200 hectares, au cours d'un voyage de vingt-neuf lieues; on lui accorde 15 mètres de volume normal, avec étiage de plus de 2 500 litres.

Elle déroule son bassin sur les terrains les plus divers, granits et gneiss, roches carbonifères, oolithe, craies. Elle a ses naissants près de Villefort, sur des monts de 1 000 mètres qui se rattachent à la Lozère; du chemin de fer de Paris à Nîmes, qui se développe en longs replis sur la montagne, avec embrassements d'horizon brusquement interrompus par des obscurités de tunnel, on entrevoit un moment des ravines profondes ombragées de grands châtaigniers; de ces ravines-là procède la Cèze, qui descend très vite : au confluent du Luech de Chamborigaud, c'est-à-dire à quatre lieues de la source, l'altitude ne dépasse pas 180 mètres.

Entrée dans un des bassins houillers du Midi, la Cèze traverse la ville enfumée de Bessèges, puis Robias, Molières, Saint-Ambroix, non moins noires.

De Saint-Ambroix à Rochegude elle erre dans ce qui fut un grand lac, dans ce qui est une plaine dominée à l'orient par les escarpements du Bouquet; puis de Rochegude à Montclus c'est une torsion de gorges sylvestres par où se vida ce lac; dans ces défilés, qui sont fort beaux, une fissure de son lit l'avale, tout entière en eaux rares, pour une part en portée normale, pour très peu quand le flot surabonde, la lacune de la roche ne pouvant engouffrer que quelques milliers de litres; ensuite la Cèze reparaît dans toute sa puissance, et dès lors s'augmente de nobles fontaines aménagées par antres, couloirs, gours et siphons sous le couvercle des Garrigues de Lussan; sources que l'été, même violent, respecte d'outre en outre : ainsi s'accroît-elle du surgeon d'Ussel, de la *Font de Goudargues* (300 litres), de la source de la Bastide d'Orniol.

Le Plus Beau Royaume Sous le Ciel.

Ces flots lucides la transforment, elle se purifie des souillures du pays de la houille et c'est clairement verte qu'elle tombe de 8 à 10 mètres en deux gouffres, par deux cascades sœurs et une infinité de cascatelles qui la brisent en onde, en poussière, au-dessous et près des douze arches du pont roman de la Roque : c'est là le *Sautadet* et, conformément à ce nom, un leste jouvenceau pourrait bondir par-dessus l'une ou l'autre des deux anfractuosités parallèles où plongent côte à côte les deux cascades.

La Cèze baigne Bagnols; elle s'engloutit dans le Rhône, rive droite, à une petite lieue en amont de Caderousse.

LXII
LOZÈRE

Au-dessus des sources de la Cèze, à l'extrémité nord-est des Cévennes « cévenoles », la *Lozère* dresse une masse de granits, de schistes et micaschistes, de sables provenus de la délitescence des quartz. Elle lève sa chaîne pelée, croupe uniforme, sur le faîte européen, entre le Rhône par 'Ardèche, la Gironde par le Tarn et le Lot.

Quand les Gallo-Romains traversaient la Lozère, qu'ils appelaient *Lesora*, ou *Lesura* — elle n'a donc point changé de nom, la sauvage montagne, — ils y marchaient ou chevauchaient entre des rumeurs de cascades, de source en source, dans la haute prairie où chaque herbe scintille de l'eau du ruisseau ou de la goutte de rosée, et surtout ils y suivaient les sentiers de l'ombrage, dans l'horreur sacrée des bois, hêtraie, verte ou noire sapinière. Telle elle fut alors, telle elle demeura pendant tout le moyen âge, et jusqu'assez avant dans les siècles modernes, bien qu'avec quelques dégradations de sa forêt : jusqu'à la ruine amenée par la convulsion de 1789, lorsque les paysans, ivres d'une sorte de fureur, couchèrent par terre les vieux patriarches de cette « Ardenne » du Languedoc et presque tous leurs innombrables rejetons. Ce qui cessa d'être la sylve avec herbages et sonnettes de troupeaux, devint ainsi le désert, et un désert si vide que moins de 1 300 hommes y vivent, sur 30 700 hectares : ainsi peuplée, ou dépeuplée, la France n'aurait pas 2 300 000 habitants, au lieu des 38 500 000 qui, certes, ne la surchargent point.

Et comment y vivent-ils, ces 1 300 « Louzérots »? Aux vents qu'on ne peut apaiser, sous sept mois de neige, de l'entrée d'octobre à l'entrée, au milieu ou à la fin de mai, quelquefois plus tard encore; dans vingt hameaux; et quels hameaux? Des cabanes de pierres de granit avec toit de chaume, de terre, de gazon, où le montagnard dort avec ses bêtes, à côté du suint de ses béliards ou moutons, dans une pauvreté froide et lugubre. Il en reste vingt, de ces hameaux, desquels le plus élevé, Salarials, disperse ses chaumières à 1 412 mètres; mais il en manque cinquante, desquels dix-neuf sur le seul territoire de Saint-Julien de Tournel, au versant nord du mont, qui tombe sur la rive gauche du Lot naissant.

Donc il y a cent ans, cent cinquante, deux cents, la montagne de la Lozère avait plus de villages, des villages plus grands, et des hameaux y sont devenus ruine, ou maison seule, ou simple souvenir, et même oubli, près de la source morte.

Jadis elles bramaient, les sources; toute l'année elles chantaient ou du moins murmuraient sous un dais de feuillage; maintenant elles sont taries, dans son pli chauve et fauve, au pied d'un talus désossé, d'un éboulis, d'un roc que le soleil écaille dès que la neige ne le glace plus *intus ad ossa*.

Les troupeaux de transhumance empêchent ici l'effort de la sève de restaurer la sylve en son ancienne ampleur et verdeur. Le peuple débonnaire des moutons du Bas-Languedoc envoie chaque été une part de son armée, environ 200 000 bêtes, dans la chaîne de la Lozère, et plus loin encore au nord, dans celle de la Margeride, par un large sentier tondu, la *Grande Draille*, — car il y a plusieurs drailles, en Cévennes comme en Alpes, et de tout temps elles furent les mêmes. — La Grande Draille part de la Basse Gardonnenque, de la « Porte des Cévennes », d'Anduze; elle gravit la montagne vraiment cévenole, elle en suit diverses crêtes et sous-crêtes et descend du Bougès sur le Tarn, qui n'est encore qu'une goutte d'eau sur de larges dalles; elle le franchit près de Bellecoste, non loin de ses sources, et gravit ardûment la pente méridionale de la Lozère, pour en descendre ensuite le talus septentrional, franchir le ruisseau de l'Olt, qui sera plus bas la rivière du Lot, ascendre le Goulet et dévaler de ce mont chauve sur les hautes pelouses de la Margeride.

Ainsi, la Lozère est déchirée, éraillée, écaillée, détériorée, malade; mais ce n'est qu'une maladie de peau, nullement mortelle dans un organisme aussi résistant que celui de la génératrice du Tarn, de la Cèze, des premiers affluents gauches du Lot. Ce ne sont que gerçures, squames, durillons et sécheresses, venus de la dénudation des roches, et qui disparaîtront, sauf la substance perdue, quand on rhabillera la Lozère, ce qu'on tente, sur 3 000 hectares depuis l'an 1864.

Du dos de la Lozère, ligne presque inflexible, montent quelques « trucs », humbles mamelons qui n'en sont pas moins les Olympes de cette Thessalie sans vallée de Tempé. Pas un seul pic parmi ces collines, simples exostoses d'un hivernal plateau.

Le *Truc de Finiels* ou de Crucinas (1 702 mètres) s'élève droit au nord de la ville de Pont-de-Montvert, traversée par le Tarn commençant; ce mont de granit abreuve donc le Tarn, il envoie un torrent au Lot, il donne naissance à l'Altier, rivière du versant du Rhône; de son sommet on aperçoit les causses du Gévaudan, la Margeride, les délinéaments de l'Aubrac, les cimes du Vivarais, du Velay, la plaine du Rhône, les Alpes dauphinoises, le Bas-Languedoc, la Méditerranée, et même, dit-on, les Pyrénées franco-catalanes. Les bergers du voisinage le nomment tout simplement truc de la Régalisse, d'une sorte de réglisse qui croît sur ses pentes.

Le granitique *Malpertus* (1 683 mètres), plus avancé vers l'est, au-dessus de la source du Tarn, voit mieux que le Finiels les ravinements de l'Altier, du Chassezac, de la haute Cèze et des petits torrents que leur sillon dirige vers les robustes châtaigniers de Vialas.

Le *Truc des Laubies* (1 660 mètres), plus avancé vers l'ouest, voit mieux les roches rouges des Grands Causses qui s'enlèvent en vigueur sur le vert et le gris de la « Cévenne ».

Le *Truc de l'Aire* (1 486 mètres), vers l'extrême occident de la chaîne, est un belvédère d'avant-scène, qui contemple, à ses pieds, le Causse de Mende, l'une des petites tables d'oolithe que le temps a séparées, par longue usure, des grandes tables calcaires du Sauveterre et du Méjan, si célèbres avec le Causse Noir et le Larzac, sous le nom de Grands Causses, ou Hauts Causses, ou Causses d'Orient, ou Causses de Languedoc.

CHAPITRE QUATRIÈME

CAUSSES

LXIII. LES CAUSSES. ‖ LXIV. CAUSSE MÉJAN. ‖ LXV. CAUSSE DE SAUVETERRE. ‖ LXVI. LE GRAND CAGNON DU TARN. ‖ LXVII. LÉVEZOU. MONTAGNE DES PALANGES. ‖ LXVIII. LE TARN D'EN BAS. ‖ LXIX. CAUSSE NOIR. ‖ LXX. LA DOURBIE. LE MARTEL. ‖ LXXI. LARZAC. ‖ LXXII. SÉGALAS DU ROUERGUE. ‖ LXXIII. VIAUR. ‖ LXXIV. CAUSSE DE RODEZ. ‖ LXXV. AVEYRON. ‖ LXXVI. CAUSSE DE LIMOGNE. ‖ LXXVII. LOT. ‖ LXXVIII. CAUSSE DE GRAMAT. ‖ LXXIX. OUYSSE. ‖ LXXX. CAUSSE DE MARTEL.

LXIII
LES
CAUSSES

DES promontoires occidentaux de la Cévenne, de ceux du mont Lozère, des monts d'Aubrac, du Lévezou et de la montagne des Palanges, on voit fuir, soit à l'ouest, soit au sud, soit à l'est, soit au nord, suivant le lieu du beauvoir, de vastes plateaux qui sont les Causses du Languedoc et du Rouergue. Puis, au bout du dernier de ces Causses sur la route du soleil couchant — c'est le Causse de Rodez, — au delà de hautes collines de gneiss, de granit, de micaschiste, et autres roches plus ou moins vertigineusement archaïques, nouveaux et moindres Causses, dits Causses Cadurques ou Causses du Quercy.

Nous avons là deux grandes îles d'oolithes : la première entre les pierres plus qu'antiques du noyau résistant de la France de centre, sud et sud-est ; la seconde, à l'ouest de ce noyau de résistance, sur le chemin des craies et des dépôts tertiaires du grand bassin d'Aquitaine, lequel est ici, comme au nord le bassin de Paris, le lieu d'élection, le pôle d'attraction, et avec bien plus d'opulence naturelle, le verger des fruits et le parterre des fleurs.

Le Plus Beau Royaume Sous le Ciel.

Les Causses, ainsi nommés d'un radical latin, *calx*, la chaux, empruntent au delà de 500 000 hectares à la France d'entre Mende, Montpellier, Rodez, et d'entre Montauban et Brive. Très froids, froids, tempérés ou chauds, suivant le plus ou moins de surrection au-dessus du niveau vacillant des mers, car ils s'abaissent de 1 278 mètres à 200 dans la direction de l'occident, ils varient de climat presque du tout au tout, mais ils diffèrent peu de sécheresse et d'aridité.

Ces blocs de calcaire, parfois épais de plus de 500 mètres, se déposèrent dans la mer jurassique, bordée de caps « primitifs » ou « paléozoïques », ceux-ci consolidés après, et ceux-là fort avant l'apparition de la vie rudimentaire sur la petite planète qui tourne autour du soleil.

Tout comme le Sahara de Transatlas ils sont un « pays de la soif », depuis que l'homme y a coupé toute forêt.

L'orage aux larges gouttes, la pluie fine, les neiges fondues, les sources joyeuses, ces inestimables dons du ciel ne sont point pour le Causse, qui est fissuré, criblé, cassé, craquelé, qui ne retient point les eaux. Tout ce que lui confient les fontaines, tout ce que lui verse la nue entre dans la rocaille, ici par d'invisibles fissures, là par des gouffres, des portes de cavernes, presque toujours par de petites lucarnes plongeant sur un réseau confus de couloirs souterrains.

Que le torrent des orages, la source, la fontanette, le flot de neige fondue saute dans l'aven à pic ou s'aventure dans la bouche de caverne, dans la « goule » qui le mène à quelque puits de précipice; ou que l'eau de surface filtre gouttelette à gouttelette en une fissure microscopique, l'onde « supérieure » finit toujours par atteindre, de demi-jour en obscurité, puis en ténèbres effroyables, par antres, couloirs, siphons, n'importe, un plancher d'argile à laquelle s'entremêlent des cailloux, des sables, des feuilles et rameaux entraînés dans les corridors cryptiques; et des débris, des carcasses, voire de l'ossature humaine.

Car, partout où peut passer une brebis, une vache, un désespéré qui saute dans le noir, une victime qu'on y précipite, les avens à gueule distendue sont comme un « charnier des Innocents », un pourrissoir central dont s'empoisonnent les sources nées de l'eau qui filtre dans la terre humide au fond des puits naturels.

C'est toujours bien loin, bien bas que l'onde engloutie se décide à reparaître; elle sort d'une grotte, au fond des gorges, au pied de ces roches droites, symétriques, monumentales qui portent le terre-plein du Causse; mais ce que le plateau n'a bu qu'en mille gorgées, la caverne le rend par un seul flot, les gouttes qui tombent du filtre s'unissant dans l'ombre en ruisseaux, en rivières : aussi les sources du pied du Causse sont-elles doublement des fontaines de Vaucluse, par l'abondance des eaux, par la hauteur et la sublimité des rocs de leur « bout du monde ».

Mais il y a un mais : ces Vaucluses diminuent de jour en jour, ces rivières s'enfoncent. Partout les eaux ont tendance manifeste à s'enfouir quand elles passent sur des terres ou sur les roches tendres. Dans les plaines tertiaires elles filtrent sous sables, limons et graviers : d'où tant de rus de Picardie, d'Ile de France, d'Orléanais, de Normandie, dont le vallon supérieur, devenu ravine sèche, n'a plus de filet d'onde pérenne, mais seulement un torrent louche, et rarement tout à fait par hasard, après les pluies qui n'en finissent pas, après les grandes fusions de neige sous des ondées tièdes, ou du fait des trombes subitement déchaînées avec déchirure des nuages.

Dans les pays d'oolithe, de craie, elles rongent toujours et de plus en plus, par la puissance infinie des gouttes qui tombent éternellement des voûtes, par celle des rus qui rôdent dans les couloirs ; elles agrandissent le réseau de leurs cavernes, et c'est au plus bas qu'elles tendent, tout le long du dédale de leurs corridors.

Les lois de la pesanteur sont inexorables, et si partout au monde la porosité succédait à la dureté de la matière, de partout les rivières tomberaient en Styx, puis, au fond du fond, s'évaporeraient en sifflements sur les brasiers inférieurs.

Sur le socle des Causses les craquelures de la pierre ont avalé tous les ruisseaux ; dans les cagnons, sur la même nature de roche, fontaines et rus, torrents et rivières, cherchent passionnément, de rainure en rainure, à s'évader dans la profondeur.

Ainsi, moins d'eau dans les cagnons ; point d'eau sur le Causse où le Caussenard est réduit à celle qu'il confisque aux pluies, et qu'il enlève de la sorte, et bien petitement, aux bouches d'aven, aux rus hypogées, aux Vaucluses de pourtour ; il boit à des citernes, et son bétail à des lavagnes ou lavognes, mares verdâtres retenues sur un fond d'argile, quelquefois sur un plancher de ciment.

Pour peu que dure trop la saison des soleils, il arrive que les citernes se vident, que les lavognes se boivent jusqu'à la dernière humidité de leur vase. Alors le Caussenard descend du Causse, par la route, quand il y a route ; et quand il n'y a ni chemin, ni cheminet, pas même de réel sentier, il dévale sur des éboulis en casse-cou, des traînées et cascades de cailloutis, des escaliers de roches, des cassures d'escarpement : ravines

Le Plus Beau Royaume Sous le Ciel.

où nul ru ne murmure, sauf et par hasard tout au bas de la table de pierre : alors dès la source le bousculis de blocs, de cailloux et cailloutis s'ombrage de buissons et broussailles, d'arbustes, d'arbres, surtout de noyers, au bas de la cheminée d'écroulement. Arrivé à l'eau joyeuse, le troupeau beuglant se précipite dans le courant des ondes, il boit à perdre haleine, l'homme remplit son tonnelet, et l'on remonte la terrible dégringolade plaquée contre la falaise. Ainsi, dans une tout autre et bien moins grandiose nature, mais également au pied d'un plateau sans fonts, sans rus et rivières, quand le trop long été caniculaire a consommé les puits à des profondeurs de cent et deux cents pieds, les paysans du Gâtinais vont en charrette par des routes commodes, remplir d'eau leurs barriques aux sources du val d'Essonne ou du val de Loing, notamment à cette font de Chaintreauville que Paris est à la veille de leur enlever à jamais; seulement, comme les Gâtinaisans ont plus d'eau que les Caussenards, dans des puits nombreux, des mares moins tarissantes que les lavagnes, et que leur plaine ne domine les vallées que de quelques dizaines de mètres, leurs promenades à l'eau, d'ailleurs rares, ne sont pas de durs voyages ainsi que pour l'homme des Grands Causses qui demeure à 300, 400, 500 mètres au-dessus des rivières, et d'un élan si raide que tel « Caussatier » de la lèvre du plateau pourrait presque, semble-t-il, lancer un caillou dans l'eau transparente.

Trop de soleil si le Causse est bas, trop de neige s'il est élevé; toujours et partout le vent qui tord des bois chétifs; pour lac une mare et pour rivière un casse-cou; de rocheuses prairies tondues par des moutons et des brebis à laine fine; des champs caillouteux d'orge, d'avoine, de pommes de terre, rarement de blé, dans des *sotchs* ou bas-fonds, soit ronds, soit ovales, bassins fermés (en dessus, pas en dessous) dont les plus longs ont mille à douze cents mètres; en commandement de ces sotchs, des trucs, des couronnes, des puechs, autrement dit des mamelons ou collines, desquelles aucune de fière dominance; des vignes si l'altitude ne le défend pas; un sol rouge ou blanc que le laboureur, qui par ici ne laboure pas, mais pioche et défonce, a cessé d'épierrer, de peur que le vent n'enlève la semence; une « campagne » que les chasse-neige couvrent d'un manteau polaire, que les soleils pulvérisent, que les pluies écaillent, que les brises écornent presque; une terre, si c'est là de la terre, qui part de roches, qui finit à des roches, et que la roche transperce; des pierres ramassées une à une depuis des siècles pour débarrasser ou pour enclore les domaines, pierres rangées en murs secs ou amoncelées en tas, presque en coteaux, comme des cairns, des monticules de témoignage où des millions de passants auraient jeté leur caillou en souvenir d'une victime; des buis, des pins, des chênes, quelques arbustes, débris isolés de l'antique forêt; de nombreux dolmens qui rappellent des races disparues; des grottes que de lointains ancêtres habitaient quand il y avait plus de forêts, plus de gazon, et sans doute plus d'eau sur la dalle de pierre, et aussi, même surtout, une entière sécurité, si loin, et si haut au-dessus des soudards, des rôdeurs et malandrins du plat pays; des maisons voûtées en résistance au poids des neiges, aux poussées du vent, devant des « planées » pierreuses où le mouton trouve ses brins d'herbe, funeste animal qui empêche, en broutant l'arbuste autant que le gazon, la reforestation des tables oolithiques; toutes les sauvageries, les indigences, les mélancolies du désert, le Caussenard seul peut aimer le Causse — encore l'abandonne-t-il de jour en jour pour le val, les collines la plaine; mais tout citoyen du monde admire les précipices qui coupent ou contournent la gigantesque acropole.

En descendant, par des sentiers de chèvres, du plateau dans les gouffres de rebord, on quitte la blocaille altérée pour les prairies, les eaux murmurantes, les horizons vastes, vagues et tristes pour de joyeux petits paradis : en haut, sur le bloc, c'était le vent, le froid, la nudité, la pauvreté, la morosité, la laideur, le vide, car très peu de villages animent ces plateaux; en bas, dans les vergers, c'est la tiédeur, la gaieté, l'abondance. Le contraste inouï que les cagnons font avec leurs Causses est une des plus rares beautés de la belle France.

Causse Méjan, Causse de Sauveterre, Causse Noir, Larzac, s'étendent à l'orient, appuyés à Cévenne et Lozère, trois d'entre eux au sud du Tarn, et le quatrième, celui du Sauveterre, au nord de l'illustre rivière; au centre s'étale, au-dessus de la rive gauche du Lot, le Causse du Comtal ou Causse de Rodez; à l'ouest, le Causse de Limogne ou Causse de Cahors commande cette même rive gauche du Lot, tandis qu'au delà de la rive droite le Causse de Gramat s'en va jusqu'au-dessus du val de Dordogne; enfin, au nord de cette Dordogne, face à face avec la table de Gramat, c'est la table de Martel.

LXIV
CAUSSE
MÉJAN

C'est bien là l' « île escarpée et sans bords », qu'on peut quitter d'un plongeon dans le vide affreux mais où l'on ne vient ou ne revient que par une sorte d'escalade du ciel, par l'ascension de quatre, de cinq, de six cents mètres de talus et de falaise.

Causse Méjan, c'est Causse médian, Causse du milieu,

Le Plus Beau Royaume Sous le Ciel.

Causse entre le Tarnon de Florac, le Tarn de Sainte-Enimie, la Jonte de Meyrueis.

On traduisait à tort ce nom patois par Causse Majeur, mais ce bloc d'oolithe n'en est pas moins le premier des quatre Grands Causses. Inférieur en étendue au Larzac et au plateau de Sauveterre, il est plus haut, son altitude moyenne dépassant 1 000 mètres; il est plus accidenté, plus puissamment raviné, puisque, s'il ne commande à l'ouest la mer que de moins de 900 mètres, il la domine de 1 278 à l'est; il est plus froid, plus tourmenté par les chasse-neige, plus assailli de vents glacés, plus intimement terrible; et aucun n'est isolé par d'aussi creux précipices.

Il ne tient au monde, entre Frayssinet de Fourques et Gatuzières, que par un isthme dont le suprême amincissement n'est que de 10 mètres, pas même le bond d'un cheval de course; par ce dos de roche, qui part du col de Perjuret et longe le val supérieur de la Jonte, le Méjan s'attache à l'Aigoual; partout ailleurs il se casse en falaise blanche ou grise ou rouge ou jaune ou dorée, quelquefois avec veines noirâtres, et ses vertigineux abîmes de pourtour ont 400, 500, 600 mètres de profondeur. A l'orient il s'abat sur le Tarnon, vis-à-vis des Cévennes et du Bougès. Au nord, au nord-ouest, à l'occident, il finit soudain sur le cagnon du Tarn, en face des parois du Causse de Sauveterre, aussi hautes, aussi droites, aussi brillamment colorées que les siennes, et si proches, Sauveterre et Méjan à travers l'effroyable gouffre longitudinal, que si s'avançaient chacun, tantôt de 500, tantôt de 1 000 mètres, à la rencontre l'un de l'autre, ils ne feraient plus qu'un seul et même bloc de roche. Au sud, le creux de la Jonte, presque aussi profond que celui du Tarn et plus étroit encore, le sépare du Causse Noir, rarement éloigné de 1 000 à 1 200 mètres pour l'oiseau, non pour l'homme, qui dégringole d'un demi-kilomètre par des sentiers on ne sait comment accrochés à la roche, puis remonte en soufflant à la hauteur dont il vient de descendre.

Sur ces trois rivières le Méjan développe trente lieues de falaise. Long de presque 30 kilomètres, large de 10 ou 12 à 20, vaste de 32 300 hectares, à peine si 1 600 Caussenards s'y raidissent contre le vent de bise, en trois pauvres villages, Hures, la Parade, Saint-Pierre-des-Tripieds, et en misérables hameaux, que les chênes, les hêtres, les pins ont cessé de protéger du flux et reflux des aures.

Car ils sont loin les temps où le Méjan se déployait en forêt jusqu'aux extrêmes rebords de son triple précipice; depuis trop d'incendies criminels durant les guerres féodales, puis pendant la guerre religieuse, aussi frivole et plus cruelle que les autres, depuis l'abandon du pays par les nobles et « noblaillons » attirés à la cour des rois, enfin depuis la révolution de 1789, funeste à tant de sylves, ce qui reste de la parure d'autrefois consiste en bouquets d'arbres disséminés çà et là, soit dans les fonds, soit sur la pente des trucs ou puechs dont plusieurs s'élèvent presque à 100 mètres au-dessus du socle méjanais, en petits bois voisins du Mas Saint-Chély, en pins frissonnants et murmurants autour du mont Buisson, tout au sud-ouest du Causse, au-dessus du cagnon du Tarn.

En même temps que la forêt les hommes se sont enfuis de ces hauteurs barbares; bloqués par la neige, harassés du vent, dégoûtés de leurs pierres, de leurs lavagnes, de leurs moutons, de leur orge, de leur avoine, et de tout, et d'eux-mêmes, ils ont fini par mépriser le Causse et, famille à famille, par en descendre pour n'y plus remonter. 1 600 Caussenards sur 32 000 hectares, cela fait 5 personnes au kilomètre carré, contre les 72 qui sont la moyenne de la France.

Depuis l'ère inaugurée par Martel, on ne se borne plus à redouter l'horreur des avens, à se pencher en reculant à demi sur leurs ténèbres et à y jeter en tremblant un caillou, non pour en mesurer, mais pour en soupçonner sept et sept fois inexactement la profondeur; on scrute maintenant les abîmes jusqu'au creux du creux, à la splendide lueur du magnésium; on navigue sur les ruisseaux cryptiques et l'on connaît à un mètre près quelle est la longueur de la descente en Averne. La terreur des « noirs trous du Diable » les avait faits, non pas plus noirs, mais plus profonds qu'ils ne sont, jusqu'à 300, 400, 500 mètres, alors qu'ils en ont rarement plus de 100, très rarement au delà de 150 ou 200.

Ces avens s'ouvrent dans un repli du sol, dans un entonnoir de la roche; on y arrive par une coulière, une rigole, une gouttière sèche reconnaissable à l'usure de la pierre et qui mène jusqu'à la porte d'une grotte d'engouffrement, d'une goule, ou jusqu'à un orifice à ras du sol; à ces trous accourt l'orage tombé sur la carapace bosselée du Causse et peu retenu par l'herbe sèche où de çà de là se lève, de loin confondu avec la roche, quelqu'un de ces dolmens que le Caussenard appelle les Tombeaux des géants.

Parmi les puits naturels qui perforent obliquement ou perpendiculairement la masse du Méjan, l'on redoutait surtout l'*Aven de la Picouse*; il faisait peur aux Caussenards eux-mêmes; il avait ses légendes : un soir, au crépuscule, un jeune

Le Plus Beau Royaume Sous le Ciel.

cavalier y précipita sa dame, belle et suppliante ; un berger y tomba dont le fouet reparut à la source de Florac. Sa gueule était béante près d'une des routes les plus suivies du Causse, et les passants craignaient d'y rouler, plus encore d'y sauter par force du fait de quelque bandit d'occasion ; il passait pour ne s'arrêter qu'à mille ou quinze cents pieds dans sa pénétration vers le centre de la terre ; or, il n'a que 74 mètres d'abîme.

Dans la même région du Causse, c'est-à-dire à son orient, en communication probable avec la célèbre source de Florac, l'*Aven de Deïdou*, gueule ovale de 56 mètres de tour, bâille dans un des sotchs du Causse ; son fond, si c'est bien son plancher naturel (tant d'avens étant comblés des débris mêmes des puits, des terres, des pierres amenées par les orages, et des cadavres qui en font des ossuaires), son fond ne dépasse pas 90 mètres.

L'*Aven de la Bastide*, à 1 600 mètres à vol d'oiseau de cette même font de Florac, bée à 425 mètres plus haut qu'elle par son orifice, à 322 par son plancher de pierres, de carcasses, de sables, d'argiles : il a donc seulement 103 mètres de précipice, et l'on disait de lui que le caillou jeté d'en haut ne retentissait en bas qu'au bout de vingt secondes : assez pour tomber au dernier creux des enfers !

L'*Aven de Hures* est bouché par un tronc d'arbre à 150 mètres sous terre.

Au midi de la Parade, à demi-lieue du rebord de fissure de la Jonte, l'*Aven Armand* s'ouvre à 960 mètres d'altitude, et se ferme à 753 : d'où 207 mètres d'affalement ; en quoi c'est le second abîme de France, inférieur au seul Rabanel, et de quinze pieds seulement ; même il lui est supérieur si l'on veut bien commencer son gouffre au bord le plus élevé de son entonnoir d'orifice et le doter ainsi de 214 mètres. Il bâille par un puits de 12 à 15 mètres de tour, de 75 de profondeur ; il se continue au fond de ce gouffre par une galerie de 100 mètres de long, de 50 de large, de 40 de haut, nef égale à celle de la cathédrale d'Amiens avec forêt de deux cents stalagmites dont l'une, haute de 30 mètres, la Grande Stalagmite, est la plus élevée qu'on connaisse encore ; il se termine par un second puits à pic, cylindre de 18 mètres de circonférence, de 87 mètres d'abat, jusqu'à son bout d'argile et de pierre.

Parmi les avens causse-méjanais qui n'ont encore été ni descendus et parcourus, ni sondés tout au moins, le paysan raconte que l'aven des Quiaoules ou des Corneilles atteint 200 mètres, que celui des Trois Gorges approche de 300, que quatre puits au nord du Socle, à l'est de Saint-Chély, dépassent 300, que tel ou tel autre arrive au niveau du Tarn, soit 500 mètres de chute. — Sans doute autant de fables.

Les eaux que ce désert sans cohésion ne peut retenir rejaillissent, fonts superbes, sur le Tarn, le Tarnon, la Jonte, au pied des escarpements qui, d'en bas, sont comme l'escalade du ciel : parmi les plus belles, la fontaine du Pesquier descend en cascades au Tarnon de Florac ; celles de Montbrun, de Castelbouc, de Saint-Chély, des Ardennes, de la Galène, du Meynial, de l'Ironselle se versent dans le Tarn, au fond de son cagnon d'entre deux Causses.

LXV
CAUSSE
DE SAUVE-
TERRE

Moins élevé, moins malcommode et renfrogné que le Méjan, le *Causse de Sauveterre* va de la rive droite du Tarn à la rive gauche du Lot ; au sud-ouest, sous le nom de *Causse de Massegros*, il se poursuit jusqu'à toucher les monts du Lévezou ; à l'ouest, il se prolonge, sous le nom de *Causse de Sévérac*, jusqu'au nord-ouest de la ville de Sévérac-le-Château, vis-à-vis des croupes sombres de la montagne des Palanges ; au nord, le val du Bramont le divise du tout petit Causse de Balduc et du Causse de Mende ; et le val du Lot le divertit des Causses de Changefège, de la Roche, de Rocherousse, dont il n'était pas séparé jadis.

Du col de Montmirat, sur la route de Florac à Mende, jusqu'à son terme occidental, le Causse de Sauveterre a 9 lieues de long sur 10 à 18 kilomètres de large ; son aire est de 55 000 hectares, par des altitudes de 785 à 1 181 mètres ; la hauteur de sa falaise n'est que de 250 à 300 mètres au-dessus du Lot, mais au-dessus du Tarn elle monte à 500 et 600 mètres comme celle du Méjan.

Moins désolé vers l'occident que vers l'orient, il ressemble en tout aux trois autres grands blocs d'oolithe ; il a, lui aussi, ses puechs, ses couronnes que le pin sylvestre n'ombrage plus comme antan, ses sotchs mieux garantis du vent que les croupes et où le Sauveterrois cultive le peu de terre rougeâtre amenée par la pluie dans les bas-fonds ; le mouton paît l'herbe près des mégalithes ; des poteaux marquent les routes pour que le passant retrouve son chemin sous l'amas des neiges ; les maisons sont voûtées pour supporter le poids de l'hiver, mais, à vrai dire, les mois où sévissent neiges et chasse-neiges, froids sibériens, vents polaires sont bien moins durs ici que sur le Causse d'en face, et la bise moins glaciale, à l'abri de bois, moins chétifs. Les Caussenards du Sauveterre ont mieux respecté la sylve que les Méjannais, il y a chez eux plus de bois dispersés, presque tous bois de pins, et une véritable forêt de deux lieues

Le Plus Beau Royaume Sous le Ciel.

de long, d'une à deux lieues de large, qui va de Soulages à la Tieule, soit les deux tiers de la distance entre la falaise du Tarn et la falaise du Lot.

Bien plus vaste que le Méjan, moins grande que le Larzac, moins pluvieux qu'icelui Larzac, plus humide qu'icelui Méjan, il a moins de grandes fontaines que le Causse larzacois, mais il envoie au Tarn plus de sources que le Causse « terrible ». On connaît encore très peu les avens où ces fonts se pourvoient, et il ne semble pas qu'il y ait sur son socle des puits, fentes, diaclases, défaillances de roche aussi effroyables que dans les autres grands blocs de haute oolithe.

Ce qu'on y a exploré de plus curieux, jusqu'à ce jour, c'est la *Grotte des Baumes Chaudes*, ouverte dans l'escarpement sauveterrois du Cagnon du Tarn, à 370 mètres au-dessus de la rivière, à 100 mètres au-dessous de la table du plateau, à 800 mètres d'altitude, non loin du *Point sublime* (861 mètres), ainsi qu'on nomme le belvédère d'où l'on admire tout à la fois les merveilles les plus merveilleuses du Cagnon, le Détroit, le cirque des Baumes, le Pas de Souci. Cette caverne de 400 mètres de longueur, tous embranchements compris, de 90 mètres d'extrême profondeur, fut creusée ou plutôt fut empruntée et agrandie par une riviérette souterraine, quand il tombait infiniment plus de pluie et qu'il coulait infiniment plus d'eau qu'aujourd'hui, à l'époque, de nous si éloignée, qu'on pourrait rétrospectivement nommer l'ère du ruissellement; elle se compose, en ses complications, de puits, couloirs et galeries, celles-ci, plus ou moins horizontales, au nombre de quatre, et les puits, creux de 8 à 30 mètres, au nombre de neuf; au creux du plus hypogée de ces puits, à près de 200 mètres sous le plafond sauveterrois dort l'eau d'une obscure citerne qui s'écoule en siphons, antres et corridors vers quelque surgeon de la rive droite de Tarn, dans son mémorable défilé.

Entre les fontaines du pourtour du Sauveterre, les plus abondantes sont, sur le versant du Lot, celles qui concourent à former l'Urugne, notamment celle de Saint-Frézal, en amont et tout près de la Canourgue; et sur le versant du Tarn, la fontaine de Vigos, les deux rivières jumelles de Burle et de Coussac à Sainte-Énimie, la Tieure, la font de l'Angle, Fontmaure, les sources des Soucis, de Bouldoire, des Parayres.

Il convient de décrire ici le Tarn, au plus superbe de son cours, dans le cagnon grandiose, couloir auquel succède le beau passage entre la montagne du Lévezou à droite, le Causse

Noir et le Larzac à gauche; avec le Lot, plus que le Lot, le Tarn est la plus sous-caussenarde de toutes nos rivières.

**LXVI
LE GRAND
CAGNON
DU TARN**

Très noble courant, le *Tarn* parcourt 375 kilomètres au long de son voyage en Languedoc, puis en Aquitaine; il draine 1 485 230 hectares, le trente-sixième de la France ; il amène à la Garonne, en module ou moyen volume, 120 mètres cubes (?) à la seconde, 20 (?) en eaux très basses, 6 500 (?) en crues extrêmes.

Les riverains et autres gens du pays « tarnois » se gardent bien de faire sonner le *n*, qui est pourtant part intégrante du radical et y représente *on* ou *eau* : ils disent tous le *Tar*.

Son plus haut « surgeon », par 1 550 mètres, jaillit au pied du Roc de l'Aigle et du Malpertus (1 683 mètres), dans le chaînon de la Lozère, d'où coulent aussi des affluents du Lot et divers torrents du bassin du Rhône; son premier bourg, le Pont-de-Montvert, vit commencer la guerre des Camisards ; à trois ou quatre lieues de son premier flot, le Tarn n'y domine même plus de 900 mètres le niveau général des mers.

Le granit, le gneiss, le schiste, Lozère au nord, Bougès au sud, l'emprisonnent longtemps dans une gorge terne, aride, trop étroite, même pour des hameaux, si ce n'est dans la conque de Florac, vallée où dormit jadis un lac entre le Bougès, le Méjan, la Lozère.

Il laisse à 1 500 mètres à gauche cette ville dont il reçoit, à 525 mètres d'altitude, le *Tarnon*, c'est-à-dire le Petit Tarn : mais quand Tarn et Tarnon s'unissent, il ne semble pas que le fils de la Lozère, venu droit de l'orient, ait plus d'eau que le fils de l'Aigoual, venu droit du sud; comme cours, le Tarnon dépasse le Tarn : 36 kilomètres contre 30 ; et aussi comme aire, 25 500 hectares contre 20 000.

Le *Tarnon* est au levant ce qu'est le Tarn au nord et à l'ouest, et la Jonte au sud, le fossé de circonvallation du Méjan, dont la falaise, de plus en plus haute à mesure que le torrent descend, finit par le dominer de 400 et 500 mètres; du Bougès il reçoit le *Mimente*, qui arrose le val d'Arpaon; du pied du Méjan lui vient en cascades, à Florac, la *Source du Pesquier* ou de Vibron, naïade fantasque : son urne, le plus souvent, n'épanche qu'un ru, mais parfois il en croule un torrent jaillissant par fissures, craquelures, trous, corridors de roche, en un lit hérissé de blocs ; sortant à près de 600 mètres d'altitude, elle filtre moins de pluie, moins de neige causse-méjannaise que les fonts surgissant à 500, à 400 mètres dans le corridor du Tarn; moins « profonde », elle est moins fidèle.

Tarn et Tarnon réunis, les gorges recommencent, sombres, presque noires, jusqu'à Ispagnac : ici le roc change de couleur, on entre, par 500 mètres d'altitude, dans l'illustre anfractuosité du Tarn.

Le *Cagnon du Tarn* s'ouvre entre la Serre de Pailhos à gauche et la Boissière de Molines à droite : la Serre de Pailhos (1 056 mètres) est un bastion du Méjan (ou, comme dit le paysan, du Medjié), la Boissière de Molines ou Chaumette (1 046 mètres) un promontoire du causse de Sauveterre ; la teinte de ces roches annonce qu'on a quitté le schiste lozérien, parfois noir jusqu'au lugubre, pour l'oolithe et la dolomie, pierres éclatantes, diversicolores, reposant ici sur les lias.

Entre parois de 400, 500, 600 mètres, qui tantôt montent de la rivière même, tantôt de talus d'éboulement dont la vigne ou le jardin s'empare au détriment du maquis, lequel fut jadis forêt de pins sylvestres, de chênes, de buis, de hêtres, le Tarn se plie et replie, merveilleusement pur, merveilleusement vert. Entré petit, presque intermittent, à demi mort pendant quatre ou six mois sur douze, dans le profond couloir d'entre Causses, comme un torrent de large espace dont le gravier brille au soleil, il en sort grand et vivant toute l'année sans avoir bu le moindre torrenticule ; mais des sources de fond l'avivent, et trente fontaines mèlent à son flot clair leur transparent cristal : à droite elles s'échappent des entrailles du Causse de Sauveterre, à gauche elles fuient du Méjan transpercé de cavernes.

D'un Causse à l'autre, de lèvre à lèvre par-dessus les 1 200, les 1 500, les 1 800 pieds de profondeur d'abîme, il y a rarement 2 500 mètres, rarement aussi 2 000 ; 1 500 mètres c'est presque partout la largeur du précipice entre les deux rebords de plateau, la largeur à fleur de Tarn n'étant parfois que l'étroite ampleur du Tarn lui-même.

En deux ou trois lieux l'écart est moindre encore, et l'on peut imaginer un pont dont la travée, certes la plus hardie du monde, amènerait en mille mètres du fronton du Sauveterre au fronton du Méjan.

Du pont ogival d'Ispagnac au pont du Rozier, le cagnon du Tarn a treize lieues de longueur.

Ce serait la caverne la plus grandiose d'Europe si quelque voûte, franchissant la fêlure, allait d'une roche à l'autre, de la dolomie de droite à la dolomie de gauche, et faisait des deux Causses une seule et même neige en hiver.

Mais, la voûte manquant, c'est, sous le soleil, un lumineux passage.

On n'y frissonne pas aux vents aigus du Causse ; on y vit

loin du Nord, éternellement abrité de lui, en serre chaude, avec le noyer, l'amandier, le figuier, le châtaignier, la vigne ; les rochers du Sauveterre toujours debout, si ceux du Méjan chaviraient et que la mer montât jusque-là, Ispagnac, Prades, Sainte-Énimie, la Malène, seraient des villes tièdes comme celle de la Corniche, au pied de la montagne ardente.

Cette chaleur, cette lumière, la joyeuse diversicolorité des roches, le Tarn si beau, les chastes fontaines, ainsi sourit cette gorge qui, de granit ou de schiste, serait sinistre, effroyable ; alors qu'au contraire elle est gaie, même dans les ruines titaniques de ses dolomies, murs, tours et clochers de deux cités surhumaines, comme si les causses dont elles sont le rebord étaient deux Babylones près de crouler de 500 à 600 mètres de haut.

La première grande source que le Tarn y rencontre, la *Font de Castelbouc* le fait accessible aux barques pendant les deux tiers de l'année ; elle sort des cavernes du Méjan par un portail de rocher ; faible en été, c'est en hiver un torrent qui ne sait comment s'enfuir assez vite par la haute ogive de sa grotte ; tout près, d'un antique hameau pierreux s'élance un pic de 60 mètres où veillait une tour qui n'est plus qu'un décombre.

A 7 kilomètres en aval, dans un court vallonnement de la rive droite, au pied du Sauveterre, une superbe font jaillit : c'est la *Font de Burle*, à laquelle accourut (instruite, dit-on, par un songe) une princesse lépreuse de la race de Mérovée, au commencement du VIIe siècle ; l'eau de Burle la guérit de sa lèpre, et la Mérovingienne reconnaissante bâtit une abbaye qui fut le germe de *Sainte-Énimie*, le bourg majeur du cagnon du Tarn.

Les conventionnels de 1793 débaptisèrent Sainte-Énimie en Puits-Roc, et qui descend à ce fond de gouffre, du Sauveterre ou du Méjan, peut regretter qu'on ne l'appelle pas ainsi. Trop nombreux sont les noms de saints en France, les Saint-Martin, les Saint-Pierre, les Saint-Jean, les Saint-André, etc., qu'il faut distinguer les uns des autres par des allonges encombrantes — ici par la mention du pays : Saint-André-de-Double, Saint-André-en-Morvan, Saint-André-en-Bresse ; là, par la situation du lieu : Saint-André-Capcèze ; ou par la nature des environs : Saint-André-du-Bois, Saint-André-des-Eaux ; ou par la rivière qui y passe : Saint-André-sur-Sèvre ; ou par un accident de la nature, roche, gorge, précipice, falaise, etc. : Saint-André-de-Roquelongue, Saint-André-de-Roquepertuis ; ou par le voisinage d'une ville : Saint-André-de-Messei ; ou par l'antique sujétion à quelque puissant château : Saint-André-de-Chalencon. Si tous

Le Plus Beau Royaume Sous le Ciel.

les noms donnés en 1793 avaient valu celui de Puits-Roc, et s'ils avaient duré, chez un peuple qui détruit à midi ce qu'il fit le matin, il y aurait plus de puissance pittoresque dans l'onomastique française.

Tout près de la font de Burle, en cette ville de Sainte-Énimie, la *Source de Coussac* donne presque autant d'eau : toutes deux sont l'expansion d'une même rivière de sous-causse ; elles arrivent au Tarn près d'un haut pont à vastes arches qui lutte souvent contre des flots très élevés, très violents, car ici la rivière, serrée en étroitesse, monte en hauteur et gagne en rapidité.

Saint-Chély, qui suit Sainte-Énimie, est un bout du monde adorable, à la racine du Méjan, parmi les arbres, avec fraîcheur et chaleur, harmonie des ruisseaux, mélopée de rivière ; deux cavernes lui donnent deux sources qui sautent de dix-huit à vingt pieds dans le Tarn, clair et courant, et là même le beau torrent se courbe : il s'en va vers Pougnadoires, hameau pareil à d'autres hameaux du cagnon en ce que des familles y vivent dans les cavernes de la falaise, plus haut que la plus haute montée des eaux sauvages.

C'est aussi le flanc du Méjan qui verse au Tarn la *Font des Ardennes*, jamais unique, toujours au moins double, et parfois triple, ou quintuple, ou décuple : double parce qu'en temps normal elle entre en rivière à la fois comme source de fond et comme source de bord ; triple, décuple, même duodécuple quand longue fut la pluie ou féconde en averses la brève tempête autour des avens du Méjan méridional ; alors un, deux, cinq, huit, et jusqu'à dix antres voisins jettent par la gueule les torrents que la double fontaine d'en bas est impuissante à regurgiter ; plus le nuage a crevé noir et lourd sur le plateau, plus la fontaine se disperse en hauteur, de trou de caverne en trou de caverne.

Il en est ainsi tout le long du cagnon ; à la grande fusion des neiges caussenardes, l'eau est partout : elle jaillit en bouillons du pied des roches ; elle tombe des basses baumes habitables ; elle s'abat de la corniche où croissent le buis, le pin droit ou penché sur l'abîme ; elle saute des grottes élevées où corbeaux, corneilles, freux, chocards, peuple noir, ont leur asile ; elle se précipite éperdue, « à la Gavarnie », des entablements aériens où niche le vautour.

Au-dessous de la Malène, la grandeur des roches est plus grande encore, la pierre dolomitique est plus vive et variée de couleurs, et plus touffus les pins, débris de la forêt des causses. Là le Tarn a ses « *Étroits* », puis son *Cirque des Baumes*, la merveille de ses merveilles, la Thébaïde rougeâtre — mais si le rouge y domine, d'autres couleurs, le blanc, le noir, le bleu, le gris y nuancent les parois, et des bouquets d'arbres y mêlent des tons verts et des tons sombres; dans cet hémicycle qui a 5 000 mètres de rebord au fronton du Causse, 3 000 au bas de la paroi riveraine, la rivière se tord, ici rapides transparents, bruyants et gais, là-bas gouffres muets que le pêcheur appelle des mers de poissons.

Au *Pas des Soucis*, le Tarn disparaît; non sous terre comme une Tardoire, ou sous roche comme une Arize; il se cache, écrasé sous un chaos de blocs écroulés qui fut dans le principe une digue au torrent : le Tarn refluait alors en lac tordu dans le cirque de Baumes; la dilution des plus mous, des plus menus parmi ces blocs, ayant fait de la digue un crible entre pierres énormes, le Tarn passa par travers, puis par-dessous. En réalité il y a deux chaos, le torrent ne s'engouffre pas tout à fait sous le premier, dominé à droite par *Roche Aiguille*, qui est bien une aiguille, un peu penchée, de 80 mètres de haut; le second, beaucoup plus grand, couvre toute la rivière, au pied de *Roche Rouge*, paroi d'éboulement de la rive gauche ou rive causse-méjannaise; sa plus vaste pierre est *Roche Sourde*. En grand' crue le Tarn monte par-dessus les blocs les moins hauts de sa perte, et dès lors il ne se perd plus, il devient un torrent grondant d'où sortent des pointes rougeâtres.

Au delà du Pas des Soucis, le Tarn renouvelé reçoit de droite, côté du Sauveterre, les grandes sources de Fontmaure, des Soucis, de Bouldoire; et de gauche, le Maynial; cet ensemble de jaillissements accroît visiblement la rivière; comme on dit, il semble avec exagération, que Burle et Coussac doublent le Tarn de Castelbouc, et que la fontaine des Ardennes double le Tarn de Saint-Chély, on prétend que les *Fontaines du Pas* doublent le Tarn de la Malène.

De la Malène au Pas des Soucis, c'est le plus grand du cagnon; du Pas des Soucis au Rozier, c'est le plus lumineux : la gorge va droit au sud, en plein soleil du Midi; le Tarn est plus rapide; en 10 kilomètres il bouillonne vingt-cinq fois sur de petits barrages de rochers, et deux de ces rebouilles sont presque des cascades qu'on descend en barque, à la canadienne, non sans un tout petit danger. *Les Parayres*, au pied du Sauveterre, *l'Ironselle*, au pied du Méjan, sont les deux dernières belles fonts du cagnon, qui s'ouvre enfin (sans beaucoup s'ouvrir) au Rozier près Peyreleau, au bas du piton causse-méjannais qui porta le château féodal de Capluc; l'altitude du lieu est de 375 à 380 mètres.

Le Tarn, aussitôt, confisque la Jonte; puis il serpente en

Le Plus Beau Royaume Sous le Ciel.

une étroite vallée, passage soleilleux entre les créneaux du Causse Noir (rive gauche) et des collines et petits monts de lias qui se rattachent au Lévezou : de ces petits monts l'un se dresse isolé, fort beau : c'est le *Puech d'Ondon* (885 mètres).

LXVII
LÉVEZOU;
MONTAGNE
DES PALANGES

Si le Puech d'Ondon et autres monts liasiques de la rive droite du Tarn se lèvent noblement, de bonne allure, bien dégagés, vis-à-vis des falaises du Causse Noir et du Causse du Larzac, le *Lévezou*, singulièrement stérile, déroule ses gneiss, ses micaschistes, sa froide lande, ses brandes, ses fougères, ses tourbes entre torrents entraînés au sud vers le Tarn, et au nord vers le Viaur, l'une des deux branches mères de l'Aveyron.

Si la France était l'Espagne, on dirait que cet empâtement cristallin, ce morne ondulement de mille mètres d'altitude, cette bruyère avec quelques bois mérite éminemment le nom de *despoblado*, c'est-à-dire de désert.

Il ne voit point de villes, ni de bourgs, à peine des hameaux, le passant qui gravit l'un de ses mamelons maigrement gazonnés, sans la moindre fatigue puisque c'est tout au plus un commandement de cinquante, cent, cent cinquante mètres qu'ils ont sur leur plateau fuyant, au centre d'un horizon de tristesse infinie.

Autour des hameaux, çà et là quelques dolmens, du seigle sans hauteur et vigueur, des pommes de terre, des taillis, des brins de forêt avec arbres dont la franche venue prédit au Lévezou son meilleur avenir : redevenir ce qu'il fut antan, une épaisse forêt plutôt qu'une vaine pâture.

Le *Mont Seigné*, sans aucune prééminence orgueilleuse sur les bombements écrasés du plateau, n'atteint que 1 128 mètres, au nord-nord-ouest de Saint-Beauzély, au sud de Vézins. — Ce sont là deux modestes bourgades.

A deux lieues au nord-est du Seigné, au sud-ouest de Séverac-le-Château, le *Pal* (1 157 mètres) a quelque indépendance, et il voit très loin, haussé comme il est au-dessus de la source même du Viaur, en face et tout près de la borne occidentale du Causse de Sauveterre, avec dominance sur les trois bassins de sa base, Viaur, Tarn, Aveyron. Il plane à la cime des *Landes de la Tousque*, gazons mornes, aux commencements la Montagne des Palanges, dite aussi forêt des Palanges d'après une sylve de 5 000 hectares où le hêtre est souverain.

Longue de cinq lieues, large d'une lieue et demie, la *Montagne des Palanges* ondule en croupes herbeuses ou forestières et en bruyères non moins monotones que les brandes du

Lévezou ; elle accompagne la rive gauche du naissant Aveyron jusqu'au delà des houillères enflammées de Sévérac-l'Église. A l'occident de la crête des Palanges et du Lévezou s'en vont, vers l'horizon reculé les longues ondulations du *Ségala*, plateau sur vieille roche à l'exact midi du Causse de Rodez ou Causse du Comtal ; et c'est ce Ségala qui longe la rive droite du Tarn, au delà du Lévezou.

LXVIII
TARN
D'EN BAS

En arrivant à Millau le Tarn accueille une rivière d'entre causses, la transparente Dourbie ; en aval, à Creissels, lui vient le ru d'un superbe bout du monde ; puis arrive le Cernon, et les gorges recommencent, qui ne sont plus un cagnon dans le calcaire, mais une longue contorsion dans les schistes, les granits, les gneiss vêtus d'herbes courtes, de bruyères et de fougères.

La rivière y redevient torrent, mais ce n'est plus une onde joyeuse, les ruisseaux du schiste, les torrenticules des campagnes permiennes en font une eau rouge ; tordu comme un serpent et violent en son cours, il s'irrite contre la pierre de son lit, entre les roches de son précipice : tels le *Saut de Picheron* et les *Rapides des Raspes*.

De ses replis, le plus fameux, c'est la *Boucle d'Ambialet*, contour de plus de 3 kilomètres, l'isthme ayant 12 mètres seulement ; tout au long de ce méandre embrassant un haut promontoire couronné par un prieuré, le Tarn, sur des grèves, sur des rochers, glisse impur ou clair, suivant que le ciel pleure ou rit sur les ravins de fangeuses rivières aveyronaises ; au bout du détour, une onde impétueuse entrechoque le Tarn, et cette onde c'est le Tarn lui-même, ou du moins ce qu'une coupure de l'isthme enlève au grand circuit d'Ambialet par une ample prise d'eau ; c'est de là, ou de tout près, que partira le canal d'arrosage de la plaine d'Albi.

Il y a, sur des rivières de France, des cingles plus longs que celui d'Ambialet ; mais aucun n'a d'isthme si court, aucun n'est plus magnifique, soit qu'on suive le fil de son eau, soit que du plateau de Villefranche, campagne banale avec des échappées d'horizon, on descende à grands lacets dans l'anfractuosité du Tarn, monde profond qui doit tout à lui-même, rien à l'espace, c'est-à-dire à ce qui fuit et décroît.

Le serpentement du Tarn dans la pierre sombre ne finit qu'au *Saut de Sabo*, cascade qui fut plus belle quand elle était plus libre, lorsque Sabo sautait la nuit par-dessus la retentissante et soufflante obscurité de l'abîme ; cet autre Léandre courait éperdument chez une autre Héro. La tombée de Sabo fut un terrible tumulte ; des eaux folles, cascades massives ou légères cascatelles, tombaient de tous côtés dans le gouffre pour y devenir aussitôt l'onde sournoise du pied des cataractes ; une digue impie a discipliné ce chaos et le flot descend par deux chemins d'usines, un sur chaque rivage, jusqu'au couloir de roche vive où il se repose de ses travaux.

Au bout de ce très court corridor, au pont de cinq arches unissant Arthez à Saint-Juéry, les gorges cessent.

Le Tarn, large de 120 à 150 mètres, est désormais en plaine entre berges terreuses, comme il ne messied pas à une rivière rarement limpide ; ces berges sont élevées ; elles sauvent des inondations les champs plantureux d'Albi, de Gaillac, de Rabastens, de Montauban, de Moissac.

Le confluent avec la Garonne est par 55 mètres au-dessus des mers, à deux lieues au nord-ouest de Castelsarrasin, à une lieue en aval de Moissac, la dernière ville que traverse le Tarn.

LXIX
CAUSSE
NOIR

Entre le Causse Méjan au nord et le Causse Noir au midi, la *Jonte* serpente au fond d'un abîme, torrent de dix lieues de long dans un bassin de 37500 hectares. Comme le Tarnon, elle descend du granitique Aigoual. Vers Meyrueis elle s'enfonce dans les anfractuosités du lias et sur ce lias, repose la dolomie déchiquetée, escarpements droits fendus en pans, en tours, en pointes, avec avancements de bastion et reculs de cassure ; à droite la paroi est de Causse Méjan, à gauche elle est de Causse Noir. Au-dessous de Meyrueis le torrent s'engouffre, et ne reparaît qu'assez loin de là, près du moulin des Sourbettes, par des fonts sous-caussenardes ; puis, épurée par ce sommeil sous terre, la Jonte entre dans le Tarn au bas de Peyreleau, par 375 mètres, à l'issue même du Grand Cagnon.

Pourquoi *Causse Noir*? Ce serait plutôt Causse Rouge, ou Causse Omnicolore, ses roches ayant toutes les teintes ; on le nomma Causse Nègre, de la sombre forêt de pins que ses paysans ont fini par extirper ; ce bloc d'oolithe a néanmoins plus d'arbres, d'arbustes, de verdure que ses trois grands compagnons, tant sur ses monticules que dans ses ravines et autour des gueules d'avens formidables dont quelques-uns ont plus de 100 mètres d'affalement.

Si ces deux mots ne juraient pas entre eux, c'est presque un Causse aimable, avec hameaux ombragés, maquis sur roche, ravins de pourtour dont tel et tel autre encore sont des fouillis de verdure, à la descente des escaliers de pierre d'où tombent des cascades après les éventrements de la nue d'orage.

Vers l'est il s'adosse aux granits d'Aigoual, près de l'enfouissement, puis de l'exhumation du Bramabiau. De tout sur des autre côté son roc se déchire et tombe en apics, en surplombs, gouffres de 400 à 500 mètres; au midi, son escarpement plonge sur la Dourbie, qui le sépare du Larzac; au nord, il s'abat sur la Jonte, qui le sépare du Causse Méjan; à l'ouest, il s'avance en hauts créneaux sur le val du Tarn en amont de Millau.

Ainsi limité par un mont et trois précipices, à l'altitude moyenne de 850 mètres, il a 20 kilomètres de l'est à l'ouest, et 7 à 28 du nord au sud en lui ajoutant un bastion détaché, le Causse Bégon qui monte de Nant à Trèves entre la Dourbie et son affluent le Trévezel.

Il n'a guère que 15 000 hectares; c'est donc le moindre des Grands Causses, mais non le moins célèbre, grâce à sa « merveille du monde », à sa plus que cyclopéenne cité de Montpellier le Vieux et à son magnifique antre de Dargilan.

De ses abîmes, le plus profond qu'on connaisse encore, l'*Aven de Tabourel* descend jusqu'à 133 mètres, de puits en galeries et de galeries en puits.

L'*Aven de Trouchiols* plonge de 130 mètres à pic; au fond, le sable, et dans ce sable un jeune sapin qui pousse à l'ombre vers la lumière distribuée d'en haut par la gueule du précipice.

L'*Aven de la Bresse* s'abat à 120 mètres sous Causse.

L'*Aven de l'Egue*, c'est-à-dire de l'eau, finit à 90 mètres.

L'*Aven de Combelongue* ou de Marlavagne se termine à 85 mètres, mais le caillou qu'on laisse choir dans l'une des fissures terminales roule encore d'au moins 30 mètres en profondeur.

L'*Aven d'Altayrac* finit à 70 mètres sur un lit de ruisseau desséché.

Montpellier le Vieux couvre 125 hectares environ (600 au moins avec ses dépendances naturelles) sur un promontoire en fer de lance, entre la Dourbie et le Riou Sec dont le confluent est à la Roque Sainte-Marguerite.

Il n'a point été bâti comme fait l'homme, pierre sur pierre, par ajustement de blocs; mais comme le statuaire fait la statue par enlèvement de substance. Le gel et dégel, la foudre, le soleil, le vent, les pluies ont taillé, vidé, limé la dolomie, par l'emport de ce que cette roche avait de plus mou; les sels de fer ont coloré la masse résistante.

Les âges ont ainsi sculpté cette ville sans hommes dans une solitude sans arbres, sinon quelques pins, des arbousiers,

Le Plus Beau Royaume Sous le Ciel.

des églantiers, des buissons et festons de verdure. Ils ont entassé là toutes les architectures, dolmens, menhirs, avenues, obélisques, pylônes, cirques et colisées, maisons carrées, dédales et labyrinthes, arches triomphales, et surtout des châteaux militaires, des « Cités de Carcassonne » avec murs d'enceinte, tours et tourelles, donjons, créneaux, préaux, poternes, meurtrières et mâchicoulis : tout cela rugueux, raboteux, monstrueux, et pourtant régulier dans son dispersement et son irrégularité, car le même ouvrier y travaille la même pierre.

L'*Antre de Dargilan* n'existe pour le monde extérieur que depuis 1880 : avant cette année-là les Caussenards passaient indifférents devant un trou sans grandeur, semblable à tant d'autres sur leur Causse Noir, à 860 mètres d'altitude, soit à plus de 350 au-dessus de la Jonte, vis-à-vis de la falaise du Causse Méjan; mais, un beau jour, un renard ayant disparu dans ce trou, le berger qui lui courait après s'insinua dans la fente, non sans l'avoir agrandie (tant elle était petite), puis, presque aussitôt il recula devant l'intensité du noir, la profondeur du vide; il avait devant lui, et ne le soupçonnait point, 1 500 mètres de galeries, de puits, de salles enchantées, de palais de cristal, passage souterrain d'un antique torrent descendant à quelque source de la rive gauche de la Jonte.

LXX
LA
DOURBIE
LE MARTEL

Entre Causse Noir au nord, et Larzac au sud, coule dans une très creuse anfractuosité, la belle *Dourbie*, torrent fort varié, fort clair, sauf le roulement des débris d'orage, et fort grand pour l'aire de son bassin de 58 000 hectares où il se déroule pendant 70 kilomètres.

La Dourbie naît de la montagne d'Aulas (1 422 mètres), culmen de l'Espérou. Son val supérieur étant de granit, de vieux schiste, de lias, devant Dourbies, Saint-Jean-de-Bruel, et jusqu'à Nant, elle y double par des replis la longueur de son fil d'eau; puis elle pénètre dans l'oolithe, et dès lors elle devient tout autre.

Et d'abord elle s'ouvre au *Durzon*, rivièrette versée par une doux profonde, au sud-ouest de Nant, au fond d'un cirque dont les parois, qui sont de Larzac, commandent le puits de la source de plus de 300 mètres : là s'arrondit un grand gour, un dormant, qui ne dort pas toujours; la petite pluie sur le Larzac l'émeut, et alors il bout légèrement au centre de son gouffre; la longue pluie, l'orage, la fonte des neiges, le soulèvent en flots heurtés, comme une cascade renversée, et ce n'est plus un ruisseau murmurant, c'est un torrent grondeur dans le silence du cirque.

A partir de Nant la Dourbie encagnonnée a sur sa gauche la falaise du Larzac, sur sa droite la falaise du Causse Noir, qui se découpe à Saint-Véran en rochers admirables; tandis que plus bas ses promontoires avancés portent au-dessus de la Roque Sainte-Marguerite les mille et une Babels de Montpellier le Vieux; dans ce long passage, obscur d'en bas, vertigineux d'en haut, elle s'ouvre au rocheux Trévezel, qui a bu le Martel; à l'Espérelle, source du pied du Larzac; à l'Aunet, autre fontaine sous-larzacoise ; son embouchure est par 350 mètres dans la plaine de Millau, en amont et tout près de cette ville joyeuse.

Le plus aventureux des torrents nés de l'Aigoual, le Bonheur serpente innocemment sur une haute pelouse, entre les hêtres, et des torrenticules de la forêt l'avivent. Près de Camprieux il heurte un mur calcaire, jadis digue d'un lac où s'endormaient ses eaux froides.

Cette roche, il l'a percée à force d'ans amoncelés en siècles d'abord par un tunnel merveilleusement régulier, long de 80 mètres, large de 20, haut de 12; puis par des avens d'engouffrement; enfin par un couloir dans les ténèbres de la pierre vive.

Dans le corridor central auquel d'autres cavernes accourent en labyrinthe, il tombe par six cascades et reçoit de grandes sources; un septième saut le ramène à la lumière après 700 mètres d'ombre au fond d'un précipice entre immenses roches droites, cataracte sourdement tonnante : d'où son nom homérique de *Bramabiau*, Bramebœuf.

Le joyeux torrent des prairies et des sylves d'en haut, c'est le Bonheur; l'onde encavernée, c'est le Ru Nocturne; la cascade, c'est le Bramabiau; le torrent renouvelé, c'est le *Martel* : qui pourrait l'appeler autrement que du nom de l'explorateur des abîmes, maître des avens, des puits, des igues, et premier navigateur sur ce Ru de la Nuit?

Le Martel court au Trévezel, et le Trévezel effleure de sa rive gauche l'assise du *Causse Bégon*, lequel, haut de 850 à 900 mètres, domine de 400 à 450 mètres son cours enténébré d'entre Causses — car vis-à-vis du Bégon se dresse au nord la falaise du « Noir ». — Enténébré, et qui de plus en plus s'enténèbre, le Trévezel descendant incessamment sous terre par érosion et fissuration de son lit pierreux. Quant à l'*Espérelle* (621 mètres), elle surgit du roc vis-à-vis des escarpements du plateau de Montpellier-le-Vieux.

Le Plus Beau Royaume Sous le Ciel.

LXXI
LARZAC

Sous différents noms, Causse de Montdardier ou Causse de Blandas, Causse de Campestre, etc., Larzac, ce plus grand des hauts Causses va des falaises que Millau contemple au-dessus de la rive gauche du Tarn, jusqu'aux fières parois du pas de l'Escalette où bondissent les cascades de l'Ergue, tributaire de l'Hérault. Donc, puisqu'il commence au Tarn, courant du versant d'Atlantique, et s'achève sur un torrent du versant méditerranée, il fait partie de la ligne de faîte européenne entre l'Océan et la Mer intérieure sur près de sept lieues de long.

Dans l'autre sens il s'étale des lias de Saint-Affrique, et des gorges de Roquefort la fromagère, empruntées par le chemin de fer d'Arvant à Béziers, jusqu'aux Cévennes de Ganges, à la Séranne aux blancs escarpements, au pic pointu du sombre roc d'Anjeau, et aux Rochers de la Tude. La portion de Larzac qui s'adosse à ces monts, le *Causse de Montdardier*, nettement séparé du reste par le cagnon de la Vis, contribue pour 13 300 hectares aux 79 200 du plateau d'oolithe ; restent pour le Larzac essentiel 65 900 hectares entre 246 kilomètres de talus et de falaises profondément entaillées en golfes par les gorges de la Sorgue et du Cernon (sur le penchant du Tarn), de l'Orb et de l'Ergue (sur le penchant de la mer entre terres).

Le plus vaste, en réalité le moins beau des Grands Causses, encore que le plus soleilleux, c'est aussi le moins haut ; telle de ses dépressions ou, pour parler à la caussetière, tel de ses sotchs s'abaisse à 700, 650, 600 mètres, tandis que tels de ses trucs ou puechs, la *Cougouille*, la *Liquisse* dépassent 900 ; mais 'altitude générale se maintient entre 750 et 800.

Par cela même qu'il domine moins le niveau des mers, c'est le plus mouillé des quatre Causses Majeurs. Nul n'offre une brèche de si basse échancrure aux vents qui veulent passer sur notre ligne des deux mers, les uns de Méditerranée à Océan, les autres d'Atlantique à Méditerranée ; sorties tièdes ou chaudes de la vague marine, ces aures se refroidissent en montant sur le Larzac ou sur les monts qui l'environnent, Aigoual, Espinouze, Lévezou, et c'est une bise glacée, ou, comme disent les Larzacois, une aure noire, une rouderge qui siffle en hiver sur le plateau, quand la neige couvre la montagne du pourtour et qu'elle ensevelit le Larzac lui-même en un linceul de mort.

Sous le climat languedocien, Causse souvent mouillé ne veut pas dire Causse humide ; il descend beaucoup plus de pluie sur le Larzac que sur la moyenne de la France, mais ces pluies ne flottent pas dans le ciel en ondée fine, tamisée, longuement durante; elles s'affalent brusquement, après un roulement de tonnerre, en cascade à peine éparpillée tombant des nues livides; et presque aussitôt tout ce flot disparaît, entraîné par la pente ou absorbé par le sol sans cohésion. Quelques heures après, c'est comme s'il n'y avait jamais plu sur la table de pierre, roche aussi sèche que possible encore qu'elle soit deux et trois fois plus lubréfiée que la très aqueuse Normandie : telle année verse sur le Caylar près d'un mètre d'humidité en une cinquantaine de jours, telle autre près de 2 mètres en un peu moins de 120 journées. Aucun ruisseau constant ne mène aux rivières d'en bas les averses qui s'abattent sur le Larzac, l'eau fuit sous roche, la goutte par la fissure invisible, le torrent par la gueule d'aven, entraînant dans l'abîme la terre rouge et le cailloutage dont il se charge en râpant la carapace de son bassin.

Le plus fameux de ces gouffres, l'*Abîme du Mas Raynal*, bée en précipice horrible, périlleux à contempler, à 2 400 mètres de distance et à 125 mètres au-dessus du pied de roche où la *Sorgue*, onde superbe, sort triomphalement de la nuit du Larzac. Puits de 106 mètres, il plonge sur la Sorgue souterraine, et même, d'en haut, l'on entend l'eau murmurer dans le noir. A sa sortie des courants obscurs, des corridors aveugles, des lacs ensiphonnés, la rivièrette est magnifique, l'onde est bruyante, de partout jaillissante, divinement pure, puissamment abondante (rarement moins de 2 000 à 2 500 litres par seconde), les arbres sont beaux, la fraîcheur délicieuse : site digne d'un nom qui rappelle la Vaucluse du pays avignonnais. Cette Sorgue, surnommée naturellement la larzacoise, s'unit au *Dourdou de Vabres*, tributaire de gauche du Tarn. En dehors de sa part de l'oolithique Larzac, le Dourdou est fils des schistes archaïques, du lias, surtout des roches permiennes; né des mêmes monts que l'Agout, dans les Cévennes de l'Espinouse, hautes ici d'un millier de mètres, il baigne Camarès, Vabres, qui fut ville épiscopale. Quand il arrive au Tarn, dans un noir couloir de 150 à 250 mètres de profondeur, il lui apporte tantôt 3 500 litres d'eaux pures où la Sorgue entre pour 2 500, tantôt jusqu'à 4 100 mètres cubes (?) où n'est presque pour rien cette même Sorgue, alors violemment submergée par la « tempête » du Dourdou vabrais, déluge rouge, qui, s'aidant des eaux sanglantes du Rancé, tourne en boue le cristal merveilleux du Tarn d'entre Causses. Long de 75 kilomètres, le Dourdou draine 81 000 hectares; donc bien plus grand que le *Rancé*[1] : celui-ci, torrent de Belmont et de Saint-Cernin, va sombrement, de cap

---

1. 60 kilomètres, 42 500 hectares.

Le Plus Beau Royaume Sous le Ciel.

à cap, en une gorge fort creuse comprimée dans les schistes et le permien ; très faible à l'étiage, faible à l'ordinaire, il s'enfle parfois prodigieusement, jusqu'à 500 mètres cubes, pour la pollution de la chaste rivière du Grand Cagnon. Quand ils voient leur Tarn passer au carmin les gens d'Albi, ceux de Montauban savent que le Dourdou et le Rancé, les « Nils aveyronnais », débordent ; de même, quand les riverains de la basse Dordogne voient rougir leur fleuve, ils en accusent aussitôt l'affluent limousin, la Vézère.

Un autre abîme aussi terrible que celui de Mas Raynal, le presque homonyme *Aven de Mas Razals*, puits de 107 mètres, communiquerait, prétendent les paysans, avec la fontaine de l'Espérelle.

L'Espérelle, la Sorgue, le Durzon, ces fontaines-rivières nées des ruisseaux de l'ombre ne sont pas les seules qui sortent de la racine du Causse, les unes en retentissantes cascades, les autres silencieusement d'un gour, par la poussée d'en bas. Plus grande encore que le Durzon, que l'Espérelle, que la Sorgue, mère du Dourdou, jaillit la Vis, mère du fleuve Hérault. Et parmi les fonts moindres, que de vallées au monde seraient fières des *Sources de l'Escalette*, descendant en cascatelles à l'Ergue ; des *Fontaines de Gourgas*, issues d'une « fin du monde » en un superbe cirque, et qui vont à cette même Ergue ; des *Sources du Cernon*, tributaire du Tarn ; des *Fonts de Creyssels*, près Millau, aussi dans un « bout du monde » ! Et que le Caussenard sans une goutte d'eau sur son Causse, envie ceux qu'il surnomme les gens de rivière !

Le gazon, sec, aromatique, entretient ici les moutons frisés qu'on appelle brebis du Larzac, bien que ces ouailles paissent également sur d'autres déserts calcaires de ce coin de France ; son vrai nom serait donc brebis du Causse. Ces bêtes-là, qui sont par centaines de mille, boivent peu ou point et ne s'en trouvent pas mal, ayant fini par s'adapter à l'Arabie Pétrée, qu'elles broutent de lèvres écourtées, presque usées, à force d'extirper du sol une herbe tenace. Elles donnent leur lait aux fromageries de Roquefort ; leurs crottes, excellent engrais, aux vignes à grand rendement de Montpellier, de Béziers, de Nîmes.

Le berger qu'elles suivent s'abrite comme il peut, tantôt du vent, tantôt du soleil, dans quelque pli de la terre rouge, derrière un arbre de hasard, une haie de buis au long du sentier, un mur de pierres sèches, un tas de blocaille, un tumulus de l'ère barbare, un menhir, un dolmen ; ou bien il se blottit au bas d'un de ces coteaux de roche dont on prétendait que le Larzac tire son nom (*larga saxa*) ; mais ce nom vient de bien plus loin dans le recul des âges, de l'ère des Ligures et des Celtes, ou de l'époque antéceltique, ou même d'un temps plus antérieur encore : en tout cas la lettre initiale d'aujourd'hui n'est plus celle d'il y a deux siècles, car alors le plateau se nommait Arzat, mais à tort puisque des documents du xie siècle ne connaissent que le *Larzacum*.

Le lait de ces brebis, leur chair, leur fromage, entretiennent le Larzacois qui, faute de moutons, mourrait de misère devant des sillons sans épis. C'est le Larzac qui se meurt, et du fait même de ces laineux : leur abroutissement, compliqué d'arrachage, empêche toute restauration de la primévale forêt dont il ne reste plus que quelques bouquets d'arbres.

Avec ces 7 700 Larzacois tout au plus, le Larzac n'est pas réellement soumis à l'homme ; or, si le mouvement de descente de ces Caussatiers continue longtemps comme il a commencé, ils finiront par devenir tous des « gens de rivière » et surtout, par malheur, des gens de la ville, à jamais enlevés, eux et les leurs, à la libre nature, si généreuse, même quand elle paraît avare, comme ici avec ses chasse-neige, ses froids, ses vents hurleurs, sa bise hargneuse, ses ouragans, ses sécheresses, son implacable soleil, son impitoyable caillou ; toutes ces rigueurs sont des bontés, puisque l'homme du Causse est moins esclave des autres hommes que le planicole ou l'urbain ; et puisqu'il est plus sain, plus fort, plus aguerri, et de fait dur comme ses pierres, qui furent au moyen âge un domaine des chevaliers du Temple, puis des chevaliers de Malte : d'où les murs de défense de la Couvertoirade, de la Cavalerie, de Sainte-Eulalie.

Par delà le bas-fond où la vive riviérette du Cernon mène au Tarn des eaux de sources, donc à l'ouest du chemin de fer d'Arvant à Béziers, l'oolithe du Larzac se prolonge vers l'occident par le lias du *Causse de Roquefort*, lui-même continué au nord-ouest par les 7 000 hectares du *Causse d'Olonzac* ; et ces deux Causses peuvent prendre ensemble sans inconvénient le nom uni de *Causse de Saint-Affrique*, d'après la ville riveraine de la Sorgue dont ils commandent la vallée de 350 mètres : comprise entre Cernon, Sorgue et Tarn, cette dalle de haute aridité fut la première à entretenir de son herbe sèche entre cailloutis les brebis passagères du Larzac, à l'ombre des arbres malingres, des buissons et des brousses qui tigrent d'un maquis sans couleurs vives et sans exubérance la carcasse osseuse des Causses ; ce fut grâce à la présence de *Roquefort*, la très rocheuse bourgade où l'on imagina tout d'abord d'évaporer le lait au frais des cavernes.

LXXII
SÉGALAS DU ROUERGUE

Lévezou et montagne des Palanges s'aplatissent à l'ouest sur les Ségalas du Rouergue.

Ségalas par opposition à fromentals ou fromentaux, ceux-ci donnant du blé, ceux-là portant du seigle sur un sol provenu de la décomposition des roches anciennes, gneiss, granits, schistes cristallins.

Les *Ségalas* ne brillent ni par fertilité, ni par diversité; terre froide, absolument dénuée de calcaires, où rien ne pousse avec vigueur que les arbres, terre plate uniformément inclinée dans la direction de l'ouest, avec des altitudes de 1 000 mètres à la tombée occidentale du Lévezou, de 800 vers le milieu de sa longueur, c'est-à-dire au sud de Rodez, de 600, 500, moins encore, à son couchant.

Des mamelons qui s'y bombent, on voit très loin, quelquefois jusqu'à la rondeur de l'horizon, et c'est une surprise : comment se douter, par exemple au bas du *Puy de la Garde* (811 mètres), voisin de la route et du chemin de fer de Rodez à Carmaux, qu'en montant de quelques mètres, on embrassera de la cime de ce bas coteau chauve tout le pays du Ségala, et au-delà, « jusqu'au bout du monde » : panoramas qui n'ont d'autre grandeur que leur grandeur même à travers une contrée de plus en plus bleue d'éloignement, lande et brande plutôt que vraie campagne docile au laboureur : le paysan s'y contente de sillons à seigle, de champs de pommes de terre, de prairies et de pâtures autour de ses hameaux dominant, de leur socle de plateau, des vallons déserts taillés en gorges tortueuses, à mesure de leur descente vers la rive droite du Tarn, la rive gauche de l'Aveyron et les deux rives du Viaur, rivière médiane du Ségala ruthène.

LXXIII
VIAUR

Ce courant commence au sud-ouest et près de Sévérac-le-Château, sur les brandes de Tousque, aux flancs du Pal, culmen en même temps que bastion initial de la chaîne des Palanges.

Ce n'est pas un cours d'eau vulgaire, indigne d'être nommé, appris et retenu ; il erre sur une route de 153 300 mètres, il draine 155 000 hectares, il porte à l'Aveyron, moindre que lui, 6 000 litres par seconde réduits à 1 700 par l'étiage ; et surtout c'est la rivière enfouie, isolée, silencieuse et solitaire.

Il n'est pas en France d'eau plus fidèle aux gneiss et aux micaschistes ; le Viaur tourne autour des promontoires de roches dures, caps hautains, mais jamais aussi droits que les falaises du calcaire ou de la craie ; vallon par l'étroitesse, gorge par la profondeur et souvent par la sauvagerie, sa vallée est partout à l'abri des vents, arrêtés à la fois à la rive droite, à la rive gauche, au repli d'amont, au contour d'aval, par la paroi des escarpements qui se renvoient sans cesse le cours de son eau limpide et le tordent comme un serpent; au bas des chemins à grands lacets, des sentiers de chèvre, des escaliers de roche où, l'hiver, grondent des torrents, quand on est descendu jusqu'au bord de ce méandre du Rouergue, on est comme au fond du monde, et dans cette calme retraite on oublie la bise et la brise du Causse inclément de Rodez.

Le Viaur n'arrose point de villes, il ne dévore point d'égouts; le chemin de fer d'Albi à Rodez le franchit à 114 mètres au-dessus de ses eaux, mais il ne fait que le traverser à hauteur de vertige et ne l'accompagne point dans les caprices de son pèlerinage; sauf quelques moulins, l'heureuse rivière restera longtemps, sinon toujours à la nature.

LXXIV
CAUSSE
DE
RODEZ

Au nord du Ségala, de l'autre côté du terne Aveyron, s'étend un Causse qu'on désigne sous le nom de *Causse de Rodez* d'après la froide cité dont la tour de cathédrale s'aperçoit de tous les mamelons de la haute plaine. Causse de Rodez ou Causse de Comtal, ou encore Causse de Concourès, d'après un bourg qui a son site à 610 mètres.

Ce Causse ne se distingue des autres que par le plus ou moins de surrection, le plus ou moins d'étendue; comparé aux Causses majeurs, il est petit, de par ses 25 kilomètres à peine de longueur sur 10 à 15 de largeur seulement; comparé aux Causses supérieurs, il est bas, de par ses 550 à 650 mètres d'altitude, pas plus. On y voit vallons secs, côtes arides, plaines maigres, taillis malvenus, et de tous côtés les trous, les cassures, les gouffres ou, comme on dit ici, les tindouls au fond desquels s'ouvrent des grottes parcourues par les eaux dans la route obscure qui les mène des suçoirs du Causse aux fontaines de la vallée.

Tel, parmi les plus connus, le *Tindoul de la Veyssière*, gueule triangulaire de 93 mètres de tour, profonde de 38 à 67 mètres suivant qu'on descend sur le talus de débris ou au plus creux de l'abîme; il casse le Causse à 10 kilomètres au nord de Rodez. A 23 kilomètres au nord-est de cette capitale des Ruthènes, le célèbre Enfer de Bozouls, dont une petite ville borde le précipice, n'est pas ou n'est plus un tindoul; il ne s'y engouffre aucun ruisseau; un torrent, le Dourdou de Conques le traverse avant de passer dans la gorge rougeâtre de Villecomtal, puis dans le défilé schisteux de Conques.

Et comme toujours on trouve dans les vallées ce qui manque au Causse : claires vaucluses, eaux sinueuses, cascades, prés, bocages.

Un des plus merveilleux bassins de la France est englouti dans le Causse du Rodez. C'est le *Cirque de Salles-la-Source*, où bondit le *Craynaux*, qui serait un cristal transparent si l'homme le laissait à ses libres allures, mais à peine a-t-il jailli, bouillonnant et clair, à des fentes de rochers, qu'on l'enlève à son destin naturel de ruisseler dans la prairie ; le manufacturier l'usurpe, il le mène à des usines accrochées au versant du mont, du premier ressaut dont il aimerait à diaprer les gazons, jusqu'au fond de la vallée, dans l'espèce de gouffre d'où l'on voit comme dans le ciel les poteaux du chemin de fer de Capdenac à Rodez plantés sur l'extrême rebord du Causse.

De ces poteaux que la locomotive partie des bords du Lot n'atteint qu'en s'époumonant, on admire l'entonnoir du Craynaux, Salles, ses trois villages, la raideur de ses roches et les cascades que l'industriel n'a pas enfouies dans l'obscurité des usines. Au bas de cet échafaudage de moulins et de manufactures, le Craynaux a perdu sa transparence comme tant de rus lucidissimes dont l'homme a fait des convoyeurs d'immondices ; parmi les cataractes qui lui restent, il en est de charmantes, une surtout qui saute du fronton d'une caverne, tandis que des perles brillantes filtrent dans un tissu de mousse et tombent goutte à goutte à l'entrée de la grotte.

D'où viennent ces eaux, superbes à Salles d'en haut, laides à Salles d'en bas, ce Craynaux qu'attire le Dourdou, et au bout du Dourdou le Lot ? C'est du Causse effroyablement altéré, prodigieusement sec et vibrant de soleil, qu'elles descendent sous roche, dans l'ombre humide, par mille et une aspirations de goules et succions de fissures ; puisque, devenues riviérettes sous la table du Comtal, elles s'en vont, par lacs, gours, courants, cascades, en grands couloirs, en corridors surbaissés, de siphon en siphon, jusqu'aux fontaines de Salles-la-Source, tout au long de l'obscurité brusquement interrompue par le puits de lueur du Tindoul.

La riviérette ne coule pas dans le Tindoul même ; du fin fond du puits naturel on y arrive par une galerie sèche, puis on la remonte l'espace de 500 à 600 mètres jusqu'à un grand dormant enroché de tous côtés, gour rempli en dessous par siphonement. Ailleurs, assez loin, l'on retrouve aussi le Styx du Rouergue, le Craynaux des ténèbres : sur le plateau de tuf de Salles-la-Source, dont l'autre nom, Salles-Comtaux, rappelle justement celui de Comtal, au pied d'un roc en falaise de 100 mètres d'élévation, à côté même des grandes fontaines, brillante origine du Craynaux extérieur, on entre dans la masse du Causse par une lucarne de grotte et de là un couloir sec, ancien lit du torrent cryptique, mène aux eaux intra-caussenardes, infra-caussatières : on les suit à contre-courant pendant 350 mètres, jusqu'à un lac charmant, onde diaphane qui s'arrête à une draperie de rochers; de ce gour extrême au plancher du Tindoul, il y a plus ou moins une petite lieue d'inconnu.

Jadis on n'osait descendre dans l'aven de la Veyssière, à peine si l'on osait le contempler du haut de sa défaillance à pic; mais aujourd'hui 103 marches d'un escalier de fer mènent aisément sur le talus de débris qui comble presque de pierres, terres et sable les dernières profondeurs de l'abîme; on passe ainsi du royaume de la lumière au royaume de l'ombre, de la plaine où la route d'Aurillac à Rodez fuit du nord au sud sous l'aveuglant soleil à l'avenue noire sur laquelle pèsent 150 à 200 pieds d'épaisseur de Causse.

LXXV
AVEYRON

La rivière qui sépare plus ou moins, dans les environs de Rodez, le Causse du Comtal des Ségalas ruthènes, l'*Aveyron* prend rang parmi les longs cours d'eau de France, mais non parmi les abondants ; ses 272 kilomètres en un pays de 537 500 hectares ne lui valent guère que 5 mètres cubes en eaux basses, étiage compensé par des crues de 1 500 (?) avec un module de 25 peut-être : c'est qu'il a bien plus de part aux Ségalas qu'aux Causses riverains, aux gneiss, au micaschiste, au lias qu'aux oolithes. Il commence à demi-lieue de Sévérac-le-Château, au pied de montagnes de 800 à 900 mètres qui sont un rebord du Sauveterre; mais contre l'habitude des fontaines du pourtour des causses, faits de roches oolithiques, la fontaine de l'Aveyron, sortant du lias, a fort peu d'abondance.

Jusqu'aux approches de Rodez sa rive gauche côtoie, tantôt de loin, tantôt de près, la montagne des Palanges; puis il se tord, lent, lourd, sombre, taciturne, au bas de la noire colline de Rodez, qui le domine de plus de 100 mètres.

En aval de Villefranche-de-Rouergue, à Monteils il entre dans de splendides étroits suivis par le chemin de fer de Capdenac à Toulouse et où les trains n'avancent que par ponts et tunnels, tellement la rivière s'y recroqueville de colline à colline au pied de hautes roches, à l'ombre des châtaigniers, dormante ou rapide : on la traverse douze fois de Monteils à la Guêpie, et le nombre des tunnels est pareillement de douze; après le neuvième pont

Le Plus Beau Royaume Sous le Ciel.

un cingle embrasse le très haut et très puissant éperon qui porte *Najac* et son grand château du XIIIe siècle.

Au pied des ruines du château de la Guêpie, par 125 mètres, lui arrive le Viaur, quelque peu plus court, mais d'égal bassin, de volume supérieur en débit normal comme en étiage ; et surtout plus beau, comme roulant des eaux de cristal, tandis que l'Aveyron traîne souvent des flots laids, quand de gros orages ont délité ses lias.

Puis la vallée garde sa magnificence, mais elle est autrement magnifique, et pour ainsi dire plus architecturale, au bas de très fiers calcaires ; superbes y sont les sites : rochers d'Anglars dominant l'Aveyron de 250 mètres ; Saint-Antonin ; Penne, sa falaise et son château ruiné ; Bruniquel, sa roche et son vieux manoir. A Montricoux les coteaux s'écartent et la rivière s'avance dans une ample vallée qui finit par se confondre avec celle du Tarn et de la Garonne ; elle passe à 6 kilomètres au nord de Montauban et s'achève dans le Tarn par 68 mètres.

LXXVI
CAUSSE
DE
LIMOGNE

Le Causse du Comtal butte à l'ouest contre des terrains permiens qui buttent à leur tour contre les petits monts houillers de Firmi, Cransac, Aubin, Decazeville : à ceux-ci s'adosse au midi le petit *Causse de Montbazens* (7 000 hectares), fromental encastré dans un ségala ; après quoi recommencent les roches anciennes, qui sont ici des granits, et l'on finit, en avançant toujours vers l'ouest, par tomber sur un nouveau Causse, au delà du chemin de fer de Paris à Toulouse par Capdenac.

Ce Causse, dit *Causse de Villefranche*, d'après Villefranche-de-Rouergue ou Villefranche-d'Aveyron, se rattache au Causse de Limogne ou Causse de Cahors, dont il est le bastion d'orient.

Le *Causse de Limogne* ne domine pas la vallée de la rivière Aveyron, mais il s'approche fort de la rive droite de ce courant et il commande la rive gauche du Lot par des escarpements hautains. Par contraste aux quatre Causses hauts, qui sont ceux d'orient, et au Causse moyen, qui est celui du Comtal, il fait partie des Causses bas, ses altitudes ne dépassant guère 400 mètres, et souvent n'atteignant pas 300. Ayant légère avancée sur le Rouergue (là où il s'appelle spécialement Causse de Villefranche), c'est l'un des trois Causses du Quercy, avec ceux de Gramat et de Martel. Quadruple de nom, en tant que Causse de Saint-Antonin au sud, Causse de Villefranche à l'est, Causse de Limogne au centre, Causse de Cahors à l'ouest, il accompagne de promontoire en promontoire la rive gauche du Lot, rivière ici très belle, avec incroyables méandres ; de ces caps du

Plan de Limogne on la voit fuir vers l'occident, à 150, à 200 mètres en contre-bas.

Il ne faut pas se figurer le bloc de Limogne sous l'aspect plat d'une sorte de Beauce, de Brie, de Sologne ; des puechs s'en dégagent, des vallons profonds s'y déroulent, voire des ravins, et d'innombrables avens qu'on nomme ici des igues, des dépressions appelées cloups : puits, trous, effondrements encore peu connus ou point explorés ; le plus creux où l'on soit descendu jusqu'à ce jour, l'*Aven de Carteyreux* n'ayant que 55 mètres.

Six sources de pied de Causse, plus ou moins « vauclusiennes », sans parler d'une infinité de surgeons moindres, correspondent aux avaloirs du plateau, dont un grand nombre se cachent dans les bois, le Limogne ayant conservé beaucoup de l'ancienne sylve, beaucoup aussi des mégalithes de l'histoire ou de la préhistoire : peu de cantons de France montrent encore autant de dolmens.

Trois de ces fontaines vont à la rive droite de l'Aveyron, par la Bonnette, laquelle finit à Saint-Antonin ; la *Source de la Bonnette*, dans le beau cirque de Saint-Géry ; la *Font de Livron*, issue d'un antre à côté du pèlerinage fort connu de Notre-Dame de Livron ; la *Font de Gourgas*. Trois, Lantouy, Divonne, Eygue s'effacent dans le Lot.

Le *Lantouy*, peut-être Antouy, s'il y a dans ce nom une agglomération de l'article, est un gouffre bleu de la banlieue de Cajarc ; gouffre, c'est beaucoup dire : on le traitait d'insondable ; bien qu'immobile, et en cela même sinistre, il attirait dans une gourgue invisible, à son centre, puis aspirait tout ce qui flottait sur son eau perfide ; et du fond de son abîme, à certains minuits, montait lugubrement le tintement des cloches du couvent de Saint-Nauphase, englouti en punition des crimes de ses cénobites ; or il n'a que 8 mètres de creux. Les orages lui amènent le torrent sorti de l'Oule, « marmite » rocheuse dont la gueule noire dégorge, en cas d'excès de flots, le réseau de cavernes du bassin de 12 000 hectares qui a pour échappement pérenne le gour arrondi du Lantouy.

La fontaine de *Divonne* jaillit à Cahors en amont des six arches du pont de Valentré, qui, datant de 1308, porte trois tours élevées : en son genre, c'est le plus beau des ponts français.

En temps sec, Divonne, au pied d'un grand roc en surplomb, est un ru clair sortant d'un gouffre immobile accaparé par un moulin ; après les violents orages, c'est un torrent furibond qui, par un escalier de trois cascades, se jette, éperdu,

Le Plus Beau Royaume Sous le Ciel.

dans le Lot, parfois moins abondant que lui, dit-on : et pourtant le Lot arrive, à longues journées, des distantes Cévennes ; tandis que Divonne a 20 mètres à peine au soleil et peut-être une ou deux lieues obscures dans le ventre des coteaux de Cahors.

Un vers latin précieux, parlant d'une autre et bien moindre Divonne, celle de Bordeaux :

Divona, Celtarum lingua, fons addite divis,

nous apprend que ce nom celtique signifiait la Fontaine des Dieux.

L'*Eygue* (et non pas Leygue, par agglomération de l'article), l'Eygue, autrement dit l'Eau, l'Eau par excellence, la Grande Eau, sort d'un gour profond où nulle roche n'assombrit l'onde, derrière un moulin, au bourg de Touzac.

Le gouffre s'épanche en une rivière dont le volume presque immobile varierait le plus souvent entre 1 000 et 1 500 litres à la seconde (?); cette rivière le moulin la paralyse pour la jeter aussitôt en retentissante cascade à la rive gauche du Lot, qui coule ici largement, majestueusement.

La puissance de la fontaine et sa quasi-invariabilité prouvent que les cavernes dont elle est issue s'étendent fort au loin sous le Causse.

LXXVII
LOT

La rivière où vont Lantouy, Divonne, Eygue, qui se pourvoit plus haut aux fonts du Causse du Comtal, plus haut encore à celles du Causse de Sauveterre, et qui coule entre Causse de Limogne au midi, Causse de Gramat au nord, le Lot, ainsi très caussenard de sa nature, fait un très long, très accidenté voyage de 466 kilomètres en un bassin de 1 126 430 hectares ; il finit par rouler moyennement 100 mètres cubes à la seconde, avec crues de 3 000, 4 000, 5 000, trois, quatre, cinq cents fois plus que l'étiage, lequel ne dépasse pas 10 mètres cubes.

Nul de ses riverains ne manque de faire sentir le *t* de ce nom ; tous prononcent : *Lott*, et non pas, à la française : *Lo*.

Plus réellement, il s'appelle Olt, comme une belle rivière de l'Orient, l'Olt des Roumains, affluent du Danube ; des surnoms de bourgs et villages le prouvent : Saint-Laurent d'Olt, Saint-Geniez d'Olt, Sainte-Eulalie de Rive d'Olt, Castelnau de Rive d'Olt, Calmont d'Olt et Saint-Vincent Rive d'Olt.

De même que le Tarn assemble les torrents d'un cirque ayant pour parois Lozère et Bougès, le Lot allie ceux d'un cirque ayant pour murs cette même Lozère et le Goulet (1 499 mètres), qui est le chaînon de sa source.

Faite de schistes très « antérieurs » buttant contre de petits Causses, la crête du Goulet s'allonge de l'est-sud-est à l'ouest-nord-ouest : sur sa cime se déroule, entre landes, bois, bruyères, avec le plus mélancolique des horizons, le sentier de la Serre ou sentier des Mulets qui fut sans doute un routin des « Préhistoriques », puis une humble voie gauloise, puis, et très longtemps, jusque vers le milieu du xixe siècle, une piste des caravanes de muletiers portant, dans des outres, le vin du Languedoc aux Auvergnats par delà les monts et plateaux de la Margeride.

Né près du Chassezac, terrible torrent du bassin du Rhône, à deux lieues des fontaines de l'Allier, le Lot n'est plus qu'à 900 mètres au-dessus des mers devant Bagnols-les-Bains, qui a des sources thermales à un peu plus de 700 devant Mende. A peine a-t-il effleuré Bagnols que sa rive gauche se cogne à de bas talus surmontés d'escarpements : c'est là le Causse de Mende qu'il accompagne pendant quatre lieues.

Les 2 700 hectares du *Causse de Mende* s'ajouteraient aux cinq à six fois 10 000 hectares du Causse de Sauveterre n'était la cassure où court le Bramont avant de s'abîmer dans le Lot à Balsièges. 27 kilomètres carrés seulement, c'est un fort petit Causse, mais aussi un Causse fort élevé, puisqu'il s'abaisse peu au-dessous de 1 000 mètres, et qu'à son extrême orient le *Nid de l'Aigle* monte à 1 358. Pas d'arbres autour des hameaux dans cette Sibérie; presque pas de hameaux non plus, même de l'espèce des plus humbles et misérables; rien que des rocailles, de chétives herbes à l'usage du mouton, des avaloirs creusés dans la table de pierre, des tumulis, des dolmens, des abris sous roche; et sur les versants du Causse rien non plus que des traînées de calcaire, des éventrements, ravinements, éboulis qui seront bientôt une des laideurs du passé — car depuis 1887, heureuse année pour ce Causse, on reboise en pins noirs d'Autriche 2 300 hectares sur le flanc des 45 kilomètres de rebord, au bas des créneaux de la corniche de couronnement.

Au-dessus de Mende, le Lot s'encaisse entre Causse de Mende, puis Causse de Sauveterre à gauche, Causse de Changefège à droite, dans une suite de défilés où les roches de support desdits Causses commandent de 300 à 350 mètres l'antique Olt qui, fort tordu, s'ouvre à la Colagne, rivière de Marvejols, et à l'Urugne, riviérette de la Canourgue.

La *Colagne* ou Coulagne équilibre presque le Lot qu'elle

atteint après une cinquantaine de kilomètres, le Lot en ayant déjà parcouru 75; mais l'aire drainée par la Colagne, 55 000 hectares, ne le cède guère à celle du cours d'eau de Mende, et il se peut que le module de la Colagne vaille presque celui du courant rival : 4 mètres cubes contre 5. Ces 4 000 litres elle les tire des granits, des schistes, des lias, nullement de l'oolithe, d'où moins de constance que le Lot. Fille de la Margeride, elle se promène avec quelque indolence sur son plateau natal, entre prairies, puis descend de saut en saut, dans des gorges où lui viennent, à droite, des torrents de l'Aubrac.

L'*Urugne* [1], eau pure, sort de fontaines vives que les étés les plus chauds ne peuvent entièrement boire, dans un des plissements de pourtour du Causse de Sauveterre; le hameau de Toutes-Aures, au-dessus du vallon de Saint-Saturnin de Tartaronne, le village de la Chapelle-Toutes-Aures, au-dessus de la vallée de la Canourgue, disent assez par leurs noms à quelle bataille des vents sont en proie ces déserts d'en haut. Un flot de toute transparence l'accroît, la *Font de Saint-Frézal*, qui jaillit à côté d'une vieille chapelle où l'on vient en pèlerinage de tout le Gévaudan; puis elle traverse la Canourgue et boit le ru que vient de composer le *Cirque de Saint-Saturnin de Tartaronne*, si grandiose quand on l'admire en descendant du Causse de Sauveterre, par les hauts lacets de la route de Mende à Sévérac le Château.

Ce sont ensuite, le long du Lot errant, des gorges très étroites, tours et retours dans des roches antérieures à l'oolithe, même au trias, principalement entre schistes et micaschistes; à droite les coupures déchirées du massif d'Aubrac lui décochent des torrents très inconstants, très profondément ensevelis et rapides en leur dévalement.

Il entoure, en un brusque repli, le rocher qui porte Saint-Laurent d'Olt, il anime les industries de Saint-Geniez d'Olt, traverse Espalion, frôle Estaing et se heurte à plus forte que lui, à la grande rivière margeridienne, à la Truyère, qui le triple presque, par 240 mètres au-dessus des mers devant une des « Entraigues » ou « Entraygues », ainsi nommées de la fourche de deux courants, de deux eaux, de deux Aygues, comme on dit dans les vieux patois d'oc.

En réalité vaincu, mais vainqueur en apparence, le Lot garde le nom; il continue sa route sombre en couloirs étranglés, tordus, de grand caractère, profonds, boisés des arbres aimant la roche « primitive », sauvages, sans bourgs, sans villages.

---

1. 10 kilomètres, 1 mètre cube(?)

Navigable, non de lui-même mais au moyen d'écluses, il absorbe le *Dourdou*[1], pauvre et banal ruisseau dans le haut de son cours, puis torrent heurté, pittoresque, étranglé dès qu'il descend du Causse du Comtal dans l'Enfer de Bozouls. Ce qui lui manque à ce Dourdou, dit Dourdou de Conques, en différenciation du Dourdou de Vabres, c'est l'onde largement courante, et presque tout le long de l'année il ne brise dans ses gorges qu'un étroit filet d'eau.

L'*Enfer de Bozouls* est un profond passage du Dourdou, entre créneaux de roches dont le rebord porte une bourgade du Causse ; le torrent y tombe en cascade au Gour d'Enfer ; il s'en échappe pour d'autres embrassements de parois, car, terre ou pierre, ses deux rives ne cessent de l'opprimer ; c'est ainsi qu'il coule dans la gorge de Rodelle, dans les rouges défilés de Villecomtal, si beaux quand les vergers sont en fleur, puis (passé du lias au schiste) sous les arches ogivales du pont de Conques, site sauvage et noir. Parmi les eaux qu'il amène au Lot il y a le flot des cascades du cirque de Salles-la-Source, magique apparition des courants hypogées du Tindoul de la Veyssière.

L « Olt » effleure ensuite et même traverse un peu le bassin houiller de l'Aveyron où se sont élevés dans des ravins latéraux, à quelque distance de la rive gauche, deux grands ateliers de métallurgie, *Aubin* et *Decazeville*. Les houilles qu'ils consomment, celles qui se vendent au près ou au loin, ne sont pas les seules qui disparaissent du pays ; des incendies, visibles la nuit en lueurs, dévorent depuis des centaines d'années telle et telle de ces collines, aux alentours de Cransac. Le Riou Mort, l'indigent ruisseau qui draine la plupart des vallons « charbonniers » de la contrée, a son embouchure en amont de la Roche-Bouillac, parmi des rochers rougeâtres.

Enfin, les défilés s'ouvrent, les vieilles pierres font place à l'oolithe où le Lot coule, extraordinairement sinueux et toujours profond parce que des barrages le retiennent. Il n'a jamais la vraie transparence ; même après des semaines sans pluie, son onde, bien que verte, est sombre : trop de ruisseaux du lias et du schiste se mêlent dans son lit aux fontaines du Causse ; mais à mesure qu'on descend la rivière dans le calcaire, que suit la craie, on la voit de plus en plus lucide parce que les sources vives la clarifient.

Qui a vu le nid d'aigle de Capdenac près d'une grande gare connaît le profil saisissant des côtes du Lot ; il le connaît mieux encore, celui qui, dans un beau voyage de ce Capdenac à Cahors, a contemplé les escarpements qu'entaille la grand'route en aval

---

1. 82 500 mètres, 56 200 hectares.

Le Plus Beau Royaume Sous le Ciel.

de Carjac; et les hautes parois de Calvignac; et *Saint-Cirq-Lapopie*, jadis ville murée, aujourd'hui bourgade avec ruines et décombres, tronçons de château, grande église; et, des deux côtés du confluent du Célé, les collines de pierre de Bouziès, que route de terre et chemin de fer traversent en souterrains.

Dans son contour de rivière, sur son roc élevé, *Capdenac* a peut-être raison de se croire l'héritière de l'antique *Uxellodunum*, la dernière forteresse qui brava les légions du « divin » conquérant. Mais pas plus que sur Alésia les érudits ne s'accordent sur Uxellodunum : les uns fixent cette acropole cadurque à Cahors, qui est aussi une presqu'île du Lot; d'autres à Luzech, que tourne également cette rivière; d'autres essayent de la camper sur le plateau de Mursens, au nord-est de Cahors, au-dessus du vallon du Vers, affluent de droite du Lot, à côté de l'oppidum gaulois le mieux conservé de France avec 6 200 mètres de murailles barbares, non cimentées; la plupart l'installent sur le Puy d'Issolu, près du confluent de la Dordogne et de la Tourmente; d'autres enfin vont la chercher jusqu'à Ussel, en Limousin, et non plus chez les Cadurques.

Ces Cadurques avaient pour ville *Cahors*, qu'enferme un cingle harmonieux, anneau de 5 000 mètres dont l'isthme n'en a même pas 700; le Lot reçoit, en ce détour, la fameuse Divonne.

Plus sinueux que jamais au-dessous de Cahors, allant toujours à l'ouest, mais par de très grands contours qui sont parfois presque fermés en boucle, il décrit, entre autres méandres, celui de Luzech long d'environ 5 000 mètres, l'isthme n'en ayant que 100 à 150, et celui de Puy-l'Évêque, cingle de près de 7 000 mètres pour moins de 700 mètres de cou; il boit l'eau du gouffre de l'Eygue, passe à Villeneuve et dans une large vallée qui est, certes, une des plus opulentes en France, il baigne Sainte-Livrade, Castelmoron, l'ardu coteau de la Parade, la riche Clairac et la riche Aiguillon. Il s'unit enfin à la Garonne au bas de la fière colline de Nicole, dominant de près de 150 mètres le confluent des deux rivières, lequel est à 20 mètres au-dessus des mers.

L'Olt n'aspire qu'une grande rivière, l'aubracoise et margeridienne Truyère, une riviérette, le Célé : tout le reste est torrents, ruisseaux ou fontaines.

Le susnommé *Célé* sépare du Causse de Gramat un plateau secondaire, le *Causse de Cajarc*, qui plonge au midi sur la rive droite du Lot. Il peut avoir 100 kilomètres de déroulement en une conque de 104 500 hectares; ses belles eaux vont à 8 mètres cubes, avec étiage de 1 000 litres seulement. Donc, petite rivière, mais d'une extraordinaire variété.

Le Célé concentre les torrents de montagnes rougeâtres, hautes de 700 à 800 mètres, ici vêtues de châtaigniers, là de gazons, de brandes, de fougères. De ces gneiss, granits, micaschistes voisins d'Aurillac, il passe au lias et bruit en plusieurs rivières dans de pittoresques quartiers de la vieille Figeac; peu après il abandonne le lias pour l'oolithe cadurque.

Dès lors ses gorges sont d'une splendeur rare et ses cassures immenses; des bouts du monde, replis de rebord du Causse, lui envoient des fontaines qui ne tarissent jamais; il coule, tordu, retordu, rapide, comme un petit Lot, par de petits cingles. Il rencontre *Corn*, village escarpé dont la source, les rochers, les grottes sont une merveille; Brengues, Marcillac, privé tous les jours d'un peu de son soleil par la haute paroi blanche qui se dresse au levant; *Sauliac* dont la roche rougeâtre est terrible; la Pescalerie dont la fontaine dégorge parfois un gros torrent; Cabrerets, où, par une sombre demi-voûte, Rochecourbe domine en surplomb son eau froide : le Célé, minant les rocs où quelque détour porte l'effort de son courant, a creusé sous le calcaire, ici et ailleurs, des vides obscurs à demi qui sont pour les poissons un merveilleux palais.

Nature hardie, richement colorée, du blanc au rouge, avec bourgs accrochés à flanc de précipice et ruines de loin pareilles à des excroissances de la pierre vive.

LXXVIII
CAUSSE DE GRAMAT

Ce plus grand de beaucoup, ce plus célèbre des Causses cadurques se nomme aussi Causse de Rocamadour, d'après son très rocailleux, très aride et très illustre pèlerinage de *Rocamadour*, bourg étrange, passage livide, chaos de pierre sur un torrent sans eau. Il va du Célé et du Lot, au sud, à la Dordogne au septentrion, à l'ouest des *Monts de la Tronquière* (781 mètres), qui sont le terme sud-occidental du pays de roches primitives sur lesquelles vomissait spasmodiquement l'immense cratère du Cantal.

Depuis qu'un des grands chemins de fer de France, celui de Paris à Toulouse par Capdenac le traverse d'outre en outre, bien des Français connaissent ce désert de rocaille, entrevu des fenêtres du vagon; beaucoup aussi pour y avoir cheminé, puis être descendu dans le cagnon de Rocamadour, si profond qu'on l'appelait au moyen âge la vallée ténébreuse. Mais pour les croyants c'était plutôt une « vallée de lumière » où l'on allait vénérer une Vierge miraculeuse ici apportée de Jérusalem, Jésus-Christ à peine mort, par le publicain Zachée, et d'où l'on revenait chargé de bénédictions.

Après Brive, la cité joyeuse, après Turenne, le nid d'aigle,

Le Plus Beau Royaume Sous le Ciel.

ce chemin de fer arrive au Puy d'Issolu qui porta ou ne porta point l'*Uxellodunum* des Cadurques : là on traverse la Dordogne, puis on gravit à flanc de côte la **Rampe de Montvalent**, avec la vue, plus belle à chaque détour, d'une vallée verdoyante, cirque entre roches rouges qui vaut à lui seul toute la molle Touraine ; enfin, une courbe, trois tours de roue, et l'on entre dans le pays de la sécheresse et de la soif.

Le **Causse de Gramat** n'a pas moins de 50 kilomètres du nord au sud, de la Dordogne au Lot, en lui ajoutant le Causse de Cajarc, son annexe méridional d'entre Lot et Célé, dans l'autre sens, de Figeac au delà de la Bastide-Murat, chemin de l'ouest, il s'élargit sur dix lieues environ. C'est donc un Grand Causse, voire le plus grand de tous, et en même temps un Causse bas, avec 350 mètres seulement de surrection moyenne au-dessus des mers, au lieu de 700, 800, 1 000, 1 200 ; et en tant que fort inférieur en altitude aux socles de Lozère, d'Aveyron, d'Hérault, il est bien moins rébarbatif, beaucoup plus lumineux et chaud.

Bloc énorme de rochers, mais non pas monolithe compact, des igues, comme on dit ici, des avens, comme on dirait ailleurs, le criblent de noirs abîmes ; et à côté des igues, des cloups, comme on appelle en Quercy les sotchs des Causses Majeurs, entament plus ou moins profondément sa masse ; de ces cloups, les uns ont une igue au fond, ou à l'un des bouts une goule avalant un ruisseau, quand ce ruisseau coule — or, les rus ne roulent un peu d'eau qu'à l'orient du Causse, là où il ne se nomme plus Causse, n'étant pas en réalité plan d'oolithe, mais plan de lias : c'est ici la *Limargue*, collines et plateaux appuyés à l'orient contre la montagne gneissique.

Limargue à l'orient, Causse au milieu, *Braunhie* à l'occident, en tirant sur Montfaucon et la Bastide-Murat où le plateau atteint son culmen, au Pech Cendrié (465 mètres). On écrit Braunhie, mais on prononce Brogne, de même qu'on prononce Bégognès quand on parle de Bégonhès, bourgade aveyronaise du Ségala ruthène.

Comme tout bon Causse, celui de Gramat montre partout ses os, ses nodosités, ses vertèbres ; quand il les cache, c'est sous des traînées de cailloux, des terres blanches ou rouges, champs de rocaille divisés en enclos par des murs de pierre sèche ; dans ce singulier humus on sème pourtant des grains, du blé noir, on y plante la pomme de terre ; les arbres y vivent, ils deviendraient forêt si on les laissait faire, et la vigne y croît avec vigueur, par la lumière et par la rosée d'un ciel serein.

Ce fut jadis un plateau normal, mais les météores l'ont tellement usé, il s'est tellement effondré sur ses cavernes, qu'il a perdu toute régularité ; ses pentes se contrarient à l'infini, et souvent un petit domaine s'y compose de vallonnets microscopiques communiquant ensemble sous terre, ou plutôt sous roche, par la lâcheté du sol ; sur des pierres plus dures, ces fondrières altérées seraient un chapelet d'étangs.

Effondrements ou craquelures, bouches de caverne, trous sans profondeur, noirs abîmes où l'on n'ose descendre ou sur lesquels on ose à peine se pencher, c'est par centaines que les puits naturels bâillent sur le plateau, surtout dans la Braunhie ; encore ne les connaît-on pas tous, et même ne les connaîtra-t-on jamais du premier au dernier : il y en a tant qui sont perdus dans les bois, sous les arbrisseaux et les ronces, ou dissimulés sous du cailloutis ou bouchés à l'orifice par des pierres, graviers, troncs et branches d'arbre, limons qu'ont apportés de soudains torrents, fils de l'orage.

L'*Igue de Viazac*, en Braunhie, est jusqu'à ce jour la plus profonde dont on ait violé le secret ; elle a 155 mètres d'abîme.

La plus célèbre est au septentrion, le *Puits de Padirac*, devenu fameux moins par sa splendide ouverture de 110 mètres de tour, ou par l'effroi de son précipice de 75 mètres que par les merveilles du ruisseau qu'on atteint à 105 mètres sous terre par ce bâillement de l'Averne : elle se brise, elle gazouille ou s'endort, cette eau des ténèbres, de gour en gour, sous des dômes immenses ou dans d'étroits corridors, pendant des mille et mille mètres, puis elle fuit par siphonnement et l'on ignore ce qu'elle devient derrière le rocher surbaissé jusqu'à retour au monde extérieur par une source de fond dans la rivière Dordogne, à côté du pont de Carennac.

Parmi les ruisseaux nés à l'est sur le lias de la Limargue, puis attirés par des goules, on nomme le ru de Rignac, le ru de Salgue, la Cazelle.

Le ru de Rignac entre sous roche par la goule du *Saut de la Pucelle*, à toucher le chemin de fer de Paris à Capdenac, et on le suit sous terre durant 210 mètres jusqu'à parfait embrassement de la voûte de l'antre et de l'eau du torrenticule ; puis voyage obscur jusqu'à la source de Tournefeuille, dans le cagnon de l'Alzou, qui est le torrent inconstant de Rocamadour.

Le ru de Salgues descend en cascade (quand il a la force de descendre) dans la caverne du *Réveillon*, haute et superbe comme une cathédrale, de par ses 30 mètres de hauteur sur 30 de largeur dans une falaise de 53 mètres d'escarpement ; on y longe l'eau du ru, presque toujours très rare, pendant

Le Plus Beau Royaume Sous le Ciel.

340 mètres, puis le flot s'ensevelit sous voûte comme ses pareils pour ressusciter près de la rive gauche de la Dordogne, aux deux gouffres superposés du *Limon*, longtemps fameux à tort pour leur profondeur : on racontait qu'une corde de 166 brasses n'en avait pas trouvé le fond ; sondés récemment, ils ont, le plus bas des deux 10 mètres de creux, le plus haut 20 mètres.

La Cazelle se jette en cascatelles dans la **Roque de Corn**, cirque de 220 mètres de tour, de 38 de profondeur, entre rocs sauvages, arides, qui sont l'asile des renards ; elle s'enfouit dans un couloir où on la suit durant 400 mètres. Où va-t-elle ressortir ? Évidemment à la rive gauche de la Dordogne, à l'une des fontaines de Montvalent.

Cinq autres courants de la Limargue, rus de l'Hôpital, d'Issendolus, de Themines, de Théminettes, d'Assier, s'engloutissent de même, à la rencontre du lias et de l'oolithe, à la marge du Causse ; et d'eux on ignore ce qu'ils deviennent, mais tous ou presque tous vont certainement aux fontaines de l'Ouysse : petits tous les cinq et humés jusqu'à la dernière goutte par l'été cadurque, saison très comburante sur ce chaos de pierres chaudes ; mais, que crèvent les nues cuivrées poussées par le vent d'orage, les torrents se raniment et courent à leur perte obscure.

LXXIX
OUYSSE

La Touvre cadurque, si fraîche en sa saison d'expansion à côté des roches ardentes de Rocamadour, l'*Ouysse* révèle soudain les rus sans nombre avalés par igues, effondrements, et trous sur de vastes espaces du plateau de Gramat.

Aucune expérience n'en ayant été faite par matières colorantes, sciure de bois, paille ou autres objets flottants jetés dans les avens, puis reparaissant aux sources, on ne sait pas à quels gouffres correspondent les fontaines de l'Ouysse ; mais il est sûr que ses deux gours attirent, à travers les flancs ténébreux de Causse et Braunhie, le flot que les noirs couloirs, les dormants, les cascades, les siphons sous roche du monde obscur des spélonques ne dirigent ni vers Dordogne, ni vers Célé, ni vers Lot.

L'Ouysse naît de deux abîmes bleus, à une lieue vers l'ouest de Rocamadour.

Le plus puissant des deux, le *Saint-Sauveur*, est un tout petit lac circulaire, profond de 25, 30, 35 mètres, suivant les dires, non suivant les sondages, devant les flancs boisés de Bonnecoste (296 mètres). Pendant la saison pluvieuse, une rivière s'en épanche, et en temps sec une riviérette à laquelle accourt presque aussitôt le Cabouy.

QUATRIÈME   *Monts Intérieurs.*

Le *Cabouy* sommeille dans un aride ravin qui se prolonge au loin vers le sud-est et se ramifie en ravinots secondaires, tous secs au sein du Causse. C'est un gouffre qu'on dit profond de 19 à 20 mètres, un gour de 100 mètres de rondeur, un grand puits sombre au pied d'un rocher bas couronné d'arbres; très abondante en hiver, au printemps, et en tout temps après les tempêtes, la rivière qu'il émet baisse rapidement dans la saison brûlante, puis cesse d'atteindre la lèvre de l'abîme et de faire tourner son moulin; mais l'eau, filtrant par-dessous, forme à un niveau plus bas, et tout près, un Cabouy estival très inférieur à celui d'hiver, une onde creuse et lente qui s'allie au Saint-Sauveur.

Aux jets de Saint-Sauveur et Cabouy se mêlent, sous l'onde, des sources de fond; l'Ouysse, arrêtée par des moulins, s'embarrasse d'herbes feutrantes, traînantes, serpentantes; elle boit l'Alzou, torrent pierreux de Gramat, de Rocamadour, et s'en va par un val solitaire, entre côtes hautes, escarpées. Elle s'insinue en Dordogne à trois lieues en amont du pont de Souillac. Elle baisse à 500 litres par seconde, voire moins encore, mais peut rouler jusqu'à 65 mètres cubes(?). On lui attribue 8 mètres cubes en belles eaux ordinaires, tribut d'un bassin qu'on suppose de 33 000 hectares : mais il y a là, vraiment, une grande exagération, encore que le document soit officiel.

LXXX
CAUSSE DE
MARTEL

Singulièrement inférieur en étendue au Causse de Rocamadour, le plus septentrional des trois grands blocs oolithiques du Quercy plonge sur la rive droite de la Dordogne par des falaises de toute magnificence, ou par de hauts talus escarpés; il va de cette grande rivière claire à la bruyante Vézère teintée de rouge, sur une longueur de sept lieues, une largeur de cinq : ce qui lui fait une aire à peu près quatre fois moindre que la surface du Causse rocamadourien.

Parmi tous nos hauts plans d'oolithe, c'est celui de Martel qui domine le moins le niveau des mers, entre 200 mètres environ au plus bas, 365 au plus haut; aucun, semble-t-il, n'a d'avens si peu profonds, aucun ne jouit d'un climat si doux, si constamment tiède et lumineux, nul n'habille sa carcasse d'autant de noyers, de chênes, de bouquets de bois, nul ne dresse autant d'épis de blé, de tiges de maïs, aucun ne faisait d'aussi grandes et joyeuses vendanges au joyeux temps d'avant oïdium et phylloxéra; et si la vigne a perdu, le chêne y a gagné, le Causse de Martel étant devenu l'un des maîtres producteurs de la truffe, qui préfère à tous autres arbres pour sa naissance cachée, son existence obscure, le pied des chênes à cause de cela surnommés truffiers. Causse clément, à demi fertile, en même temps que Causse pittoresque par la profonde entaille de mainte ravine, par la hauteur de maint « puech » au-dessus de maint « cloup »; et surtout, du haut des falaises de rebord çà et là couronnées de vieilles ruines qui ressemblent à un jet terminal, désordonné, de la pierre vive, par des échappées de toute beauté sur le majestueux déroulement de la Dordogne, de l'autre côté de laquelle monte l'entablement du Causse de Gramat.

Pour cette Dordogne il aménage des fontaines charmantes : l'*Œil de la Doux*, dont on a suivi pendant 500 mètres la caverne originaire et qui se verse à la Tourmente, l'un des trois courants du pied du Puy d'Issolu; la Briance qui, selon le temps, tombe d'une gueule de caverne en cascatelle pure ou en cascade rouge; la fontaine de Gluge au bas de splendides falaises; la font de Cacrey; la font de Boutières; la fontaine des Monges, près Saint-Sozy; surtout le célèbre *Blagour*, gouffre bleu du voisinage de Souillac, par où sortent pérennement (et généralement à raison de centaines de litres à la seconde) les flots rassemblés dans un vaste réseau de couloirs ensevelis sous roche; quand il ne peut tout vomir, un terrible torrent s'enfuit, à 2 500 mètres de là, par le *Boulet*, gueule d'un antre remonté pendant 320 mètres. Dans la Vézère s'épanchent les fontaines du nord : Blagour, Sorps et Doux dont naît la Couze de Larche; *Doux du Coly*, gouffre très profond d'où montent 300 litres à la seconde (200 en étiage); et le Bleu Fond de Montignac.

A l'ouest, au nord-ouest du bloc de Martel, s'étendent divers petits Causses : tels les *Causses du Périgord*, également caractérisés par l'aridité des roches et par la perte des eaux de surface qui vont rejaillir en belles « doux » au pied de quelque sèche colline ou dans les prairies spongieuses; ces gours accroissent la Dordogne, la basse Vézère, l'Isle, l'Auvézère, la très gracieuse Dronne.

CHAPITRE CINQUIÈME

DES CÉVENNES AUX VOSGES

LXXXI. DE LA LOZÈRE AU PILAT. ‖ LXXXII. GOULET. ‖ LXXXIII. CAUSSE DE MONTBEL. ‖ LXXXIV. MERCOIRE. ‖ LXXXV. MONTS DE PEYREBEILLE. ‖ LXXXVI. LE MÉZENC ET LES SUCS D'ALENTOUR. ‖ LXXXVII. BOUTIÈRES. ‖ LXXXVIII. ÉRIEUX. DOUX ET CANCE. ‖ LXXXIX. LIGNON VELLAVE ET SEMÈNE. ‖ XC. PILAT. ‖ XCI. GIER. ‖ XCII. MÉGAL. ‖ XCIII. MONTS ET VOLCANS DU VIVARAIS. ‖ XCIV. ARDÈCHE ET CHASSEZAC. ‖ XCV. LES GRAS. ‖ XCVI. COIRON. ‖ XCVII. GARRIGUES DU VIVARAIS. ‖ XCVIII. DEVÈS. ‖ XCIX. MONT DELORE. ‖ C. DORE. ‖ CI. MONTS DU FOREZ. ‖ CII. VOLCANS DE MONTBRISON. ‖ CIII. ANCE ET LIGNON FORÉZIENS. ‖ CIV. BOIS NOIRS. ‖ CV. BÈBRE, SICHON. ‖ CVI. MONTS DE LA MADELEINE. ‖ CVII. MONTS DU LYONNAIS. ‖ CVIII. MONTS DU BEAUJOLAIS. ‖ CIX. GROSNE, ARDIÈRE, AZERGUES. ‖ CX. MONTS DE TARARE : RHIN ET SORNIN. ‖ CXI. MONTS DU CHAROLAIS. ‖ CXII. MORVAN. ‖ CXIII. YONNE ET CURE SUPÉRIEURE, ARROUX. ‖ CXIV. AUXOIS. ‖ CXV. SEREIN, ARMANÇON. ‖ CXVI. CÔTE D'OR. ‖ CXVII. PLATEAU DE LANGRES : TILLE, BÈZE. ‖ CXVIII. CHÂTILLONNAIS : LAIGNE; OURCE. ‖ CXIX. BASSIGNY. ‖ CXX. OOLITHES DE BOURGOGNE : YONNE ET CURE INFÉRIEURES. ‖ CXXI. MONTS FAUCILLES, MADON.

LXXXI
DE LA
LOZÈRE
AU PILAT

SUR ce trajet la Cévenne monte à son culmen (1 754 mètres), puis redescend à 1 434.

En vue de la Lozère, plus bas qu'elle, à son horizon du nord, c'est d'abord un remous de gneiss et micaschistes et d'oolithes, un morne kaléidoscope de monts, d'ondulations, de Causses plats, tout petits : Goulet, Palais du Roi, plaine de Montbel, Forêt de Mercoire, monts de Peyrebeille.

Du Palais du Roi part la Margeride, qui plonge sur la rive gauche de l'Allier.

Le Plus Beau Royaume Sous le Ciel.   CHAPITRE

chaînes se séparent, roches primitives en dessous et pour presque toute leur masse, roches volcaniques en dessus, avec grands espaces où gneiss, granits, schistes cristallins n'ont jamais eu ou n'ont plus de couvercle basaltique : à l'ouest, c'est la tranche des eaux entre Loire et Allier, le Devès au loin continué vers le septentrion par les monts Dolore, le Forez, les Bois Noirs et la Madeleine; à l'est, c'est la Cévenne, sur le grand toit de partage, entre Loire et Rhône.

LXXXII
GOULET

La *Montagne du Goulet* pointe à 1 499 mètres si l'on peut dire qu'elle pointe, car nulle part son schiste ne s'affine en pics indépendants; ses têtes sont des mamelons solitaires; la bruyère, l'herbe de vaine pâture et quelques arbres y frissonnent au vent des seize horizons et sur ces hauteurs d'acropole à peine si le souffle du sud est moins froid que Borée. Du Goulet s'en va vers l'ouest le Lot, de l'autre côté duquel, au sud, monte rigidement la Lozère; l'Altier en procède aussi, qui, d'un cours contraire, d'occident en orient, se précipite vers le Rhône; au nord, à ses pieds, s'enfuient de menus Causses, dont l'un, le *Causse de Larzalier* l'emporte en altitude moyenne sur tous ceux de la France du Centre, à 1 250 mètres au-dessus des océans : d'où, sur les douze mois de l'an, quarante semaines pour les déchaînements d'Ahrimane, le génie de la nature cruelle, le dieu des vents sans arrêt, des froids sans pitié, des dunes de neige.

LXXXIII
CAUSSE
DE
MONTBEL

Le Goulet divise deux bassins; le *Causse de Montbel*, au nord et en bas du Larzalier, en divise trois, et les intempéries qui pleuvent ou neigent sur ses 2 700 hectares pourvoient à la fois le Rhône par le Chassezac et l'Ardèche, la Gironde par le Lot, la Loire par l'Allier et le Chapeauroux. Plaine horrible et terrible, jour et nuit, été comme hiver attristante jusqu'au désespoir, ce *Paramo,* comme on dirait en Espagne, cette *Puna brava,* comme on dirait en Pérou, ce *Pamir,* comme on dirait en Asie centrale, ce Causse minuscule s'étend à 1 200 mètres au-dessus de l'ourlet de la vague contre les rives de France. Il mérite le dicton de « petit, mais rageur » par les intempérances de son ciel, par ses aures qui sont toutes de violence et de froidure, par ses flocons hivernaux; et aussi celui de « pauvre, mais laid » par sa stérilité, sa tristesse rechignée, son morne abandon, sa nudité en dehors de 98 hectares de pins et d'épicéas. Il butte à l'est contre la forêt de Mercoire.

CINQUIÈME   *Monts Intérieurs.*

                 Mercoire, c'est Mercure : au dieu topique entré sous ce nom latin dans le panthéon de la Gaule romaine succéda le Christ, qui eut ici son abbaye cistercienne (xiiie siècle) dans les bois les plus amples du Gévaudan, réduits maintenant à 263 hectares. Et si Mercoire est Mercure, Luc, village riverain du jeune Allier, qui gazouille sur les cailloux au bas des roches orientales du massif, Luc c'est *lucus* ou le bois sacré.

LXXXIV
MERCOIRE

    263 hectares : la *Forêt de Mercoire* n'est donc plus une sylve, même très enclairiérée, mais simplement une brande, un gazon rèche, une solitude de gneiss, de schistes cristallins, bref 13 000 hectares d'une sorte de mort désolée, qui vivait encore largement de la vie touffue des arbres avant la fin du xixe siècle, avant la sécularisation des biens du clergé. Mais quand le domaine de l'abbaye de Mercoire devint terre de la nation, les Gavauds ou Gavaches, c'est-à-dire les Gévaudanais d'alentour accoururent, qui de deux lieues, qui de cinq ou de dix, pour y bûcheronner les 8 000 hectares de forêt qui couvraient encore ce grand mamelonnement; et ils les bûcheronnèrent si vivement que bientôt il n'en resta rien, pas même les racines; et l'Allier, au lieu de naître sous les profonds ombrages, surgit en plein soleil, au bas de la plus haute protubérance du massif, le Mourre, c'est-à-dire le Morne, et non pas la Maure de la *Gardille* (1 504 mètres).

LXXXV
MONTS
DE
PEYREBEILLE

                A l'est, au nord-est de la forêt de Mercoire, de l'autre côté de l'Allier, entre de capricieux torrents où puisent cet Allier, la Loire, l'Ardèche, des bombements, des plateaux, des crêtes et pics continuent l'une des essentielles fonctions de la Cévenne, qui est de s'interposer entre le penchant de l'Atlantique et celui de la Méditerranée. On peut les appeler dans l'ensemble, les *Monts de Peyrebeille*, d'après la plus sanglante auberge de France.

    L'hôtellerie de Peyrebeille a son site à 1 278 mètres d'altitude, sur la route d'Aubenas à Pradelles, au-dessus de ravins qui descendent à l'Espézonnette, tributaire droit de l'Allier. Pendant près de vingt-cinq ans, de 1807 à 1831, le misérable hôtelier Pierre Leblanc, sa digne épouse (peut-être leurs deux filles) et un mulâtre brésilien du nom, ou plutôt du surnom de Fétiche, dépêchèrent ici vers l'autre monde les voyageurs qu'une sinistre étoile guidait vers leur gargote.

    Enterrés dans quelque recoin de la forêt de Mazan, jetés dans des gouffres de l'Espézonnette ou brûlés au four de la

‹ 183 ›

maison, les cadavres disparaissaient et nul ne s'en souciait dans le pays, car les aubergistes ne tuaient que les passants de hasard, jamais les gens du proche voisinage; et quand on s'inquiétait des longues absences, c'était au loin; encore disait-on : « Il est mort au passage des montagnes, il a glissé dans un précipice, les neiges l'ont enseveli ». Enfin, un beau matin, les deux gargotiers et le Néo-Lusitanien d'Amérique furent guillotinés à côté de l'auberge, qui existe encore telle qu'elle fut, en sombre pierre, noire sur l'hivernale blancheur, trapue et construite intentionnellement en traquenard, avec très peu d'ouvertures.

La route où l'assommoir de Peyrebeille fut pour tant d'assassinés l'avenue du tombeau, traverse l'une des Sibéries altitudinaires de la France, le *Plateau de la Narce*, ainsi nommé d'un de ses villages, riverain de l'Espézonnette; et la Narce, cela veut dire ici la prairie tourbeuse, mouillée, quelque chose comme les « nauves » de l'Ouest ou les « noues » du Centre et du Nord. A l'élévation moyenne de 1 300 mètres, sur un pavé de gneiss, les vents de l'hiver y brassent la neige comme ailleurs ils fouettent la mer ou le sable; ils la disposent en vagues, c'est-à-dire en dunes qui ont jusqu'à trois ou quatre mètres de hauteur. Qui suivit ce chemin sur le morne plateau, dans la solitude terrible, en décembre, en janvier et jusqu'au renouveau en mai, avant qu'on y eût dressé des maisons de refuge, y vit parfois la mort de près, et quelquefois ne la vit pas consciemment, endormi dans la neige, en son dernier sommeil. Pour peu qu'on y ait subi la brusque tempête ou la lente et silencieuse tombée des flocons, dans l'abandon de toutes choses, on comprend que les contemporains de l' « auberge rouge », dite aussi l' « auberge noire », aient accusé le ciel et la terre plus que l'homme, le désert de la Narce plus que les monstres de Peyrebeille.

Autour de ce plateau de 9 000 hectares, les roches volcaniques commencent à recouvrir çà et là le socle primordial. Dans le remous des sommets du voisinage, on nomme les *Monts du Lugdarès*, cimes aplaties; les *Monts de Pradelles* ainsi désignés d'après une ville à 1 149 mètres entre buttes basaltiques; le *Tanargue* (1 519 mètres), dans un « maëlstrom » des airs, parmi de terribles orages dont ruisselle toute la montagne, rocs, herbes, arbres, châtaigniers géants; les *Monts de Bauzon* (1 540 mètres), vêtus de sapins; les *Monts de Mazan* (1 551 mètres) avec la sombre tenture des sapins et des pins qui frémissent autour des ruines de l'abbaye cistercienne de Mazan; les *Monts de la Champ-Raphaël*, nommés de la sorte d'après un village à 1 330 mètres perdu pendant l'hiver dans des tourmentes de neige, non loin du Montivernoux (1 466 mètres), c'est-à-dire du Mont-Hivernal, etc.

LXXXVI
LE MÉZENC
ET LES SUCS
D'ALENTOUR

En leur épanouissement vers l'est, le sud-est, ces boursouflures, ces arêtes, ces plateaux deviennent les monts du Vivarais ; et dans leur prolongement vers le nord, en tant que maillons de la grande « aigueverse » européenne entre Atlantique et Méditerranée, ils deviennent le Mézenc et son épaisse carapace de phonolithes, de labradorites et basaltes de l'ère pliocène.

Avant d'arriver à la puissante nappe de laves continues dont ce Mézenc est la suprême extumescence, vingt-cinq à trente sucs, cônes ou dômes volcaniques, se lèvent en sentinelles d'avant-garde, à jamais séparées de la poreuse et raboteuse cheire dont ils firent partie — car on doit considérer ces sucs comme des débris disséminés de la coulée sortie du volcan du Mézenc, lequel fut une cheminée éteinte dès la plus obscure antiquité, effondrée, comblée et dont on distingue peu ou point le cratère ou les cratères.

On dirait pourtant, semble-t-il, que l'homme a conservé quelque souvenir du flamboiement comme de l'épanchement de lave ardente : il y a par ici, dispersés sur l'ensemble du plateau, des *Usclades* ou villages brûlés, des *Montusclals* ou Monts brûlés, des *Infernets*, des *Gueules d'Enfer*, des *Chauds Coulants*, des *Fours Magnes* ou Grands fours et le *Coiron*, c'est-à-dire le Cuisant.

Le premier de ces « fils de la Terre », sortis avec déchirement de ses entrailles, premier par la taille, premier par la célébrité, le *Gerbier de Jonc*, ou peut-être Gerbier de Jouc, monte à 1 554 mètres ; pyramide nue, quille phonolitique, montagne semblable à la Dent de Jaman du pays vaudois, il domine de 179 mètres la source officielle de la Loire, qui jaillit d'un plissement du plateau de la base : la source réelle, du moins celle du plus long des torrentelets qui composent le fleuve initial, murmure à une lieue au nord-ouest du Gerbier, à 5 kilomètres au midi du Mézenc.

Cette Loire commençante est certes un des moindres ruisseaux du pays, et plus bas c'est tout au plus une rivièrette quand, à trois lieues ouest-sud-ouest du « grand phonolithe », elle passe devant le lac majeur de la France centrale. Devant, on devrait presque dire : dessous : car le *Lac d'Issarlès* pend sur Loire et Veyradeyre comme le Pavin sur la Couze d'Issoire, à 967 mètres au-dessus des mers, à près de 100 mètres en contre-haut du jeune fleuve. Il repose dans une « vasque d'effondrement » dont les talus ardus s'élèvent à 50, 100, même 150 mètres; plus de deux fois supérieur au Pavin, il est aussi plus profond, et la sonde y descend à 108 ou 109 mètres près de sa rive orientale, qui est seule sylvestre, à travers une onde froide où passent des truites géantes. Ce bel ovale a 1 296 mètres de long, 1 007 de large, 91 à 92 hectares, et contient 59 986 000 mètres cubes d'eau.

A deux lieues au nord-nord-ouest du Gerbier de Jonc, le *Mézenc* aux deux têtes (1 754 mètres) est le prince de toute la Cévenne sur la ligne d'entre deux mers. Mézenc serait-il le même mot que Méjan, et voudrait-il dire médian, moyen, mitoyen, de ce qu'il se lève entre la Vellavie et le Vivarais, au milieu d'un chaos de croupes, d'aiguilles, de plateaux, d'abîmes, dans le petit univers boursouflé, scié, fendu, qui va de la Loire, faible encore et très éloignée de l'Atlantique, au Rhône tout-puissant et voisin de la Méditerranée?

Il s'avance impérialement sur un vide subit, sur un gouffre immense qui est le val du Rhône entre les Alpes et les Cévennes : en cela pareil au Pic du Midi de Bagnères qui plonge sur la plaine du Bigorre, l'Armagnac et la Lande ; à l'Aigoual qui plane sur le Bas-Languedoc; au Ventoux qui s'abat sur le comtat d'Avignon. Voyant tant de terre et de ciel, tant de nuages effarés qui s'appellent et se fuient, il mérite un observatoire autant que Ventoux, Aigoual, Pic de Bagnères ; et bientôt il l'aura.

D'aucun des belvédères de Cévenne ou d'Auvergne le regard ne s'empare d'un plus vaste tronçon de France, du Cantal au Mont-Blanc, du Jura de la Bresse à la mer d'Aigues-Mortes; dans les journées de transparence, quand le soleil n'attire pas de vapeur dans l'air, on y contemple les glaciers des Grandes Alpes, depuis la Dent du Midi de Valais, que le Rhône frôle avant d'entrer en Léman, jusqu'à la neige éternelle du Pelvoux ; on admire leur froide, leur blanche, leur sereine splendeur, de la roche même qui vit des noirceurs de fumée, des rougeurs de flamme, des jets de soufre, des fleuves de pierre fondue descendant à chaque crise sur les granits, les gneiss, ou les laves déjà répandues sur le sol antique. Alors la mer elle-même reflétait l'obscure illumination des volcans : le Mézenc et ses satellites, s'il en avait, pointaient en l'air au-dessus de la Méditerranée, qui s'avançait vers le nord en un long golfe non encore comblé par les torrents équarrisseurs de la montagne.

Le Mézenc, en tant que Mézenc seulement, sans ses déroulements à l'orient vers le Rhône, à l'occident vers la Loire, fut un petit Etna, ou un grand Vésuve de plus de vingt, de près de vingt-cinq lieues de tour, et sans doute bien supérieur aux 1 754 mètres d'aujourd'hui. Comme les érosions l'ont beaucoup plus sculpté, démembré, diminué à l'est qu'à l'ouest, sous un climat bien plus ardent, c'est du versant de la Loire, d'un village à 1 344 mètres qu'on en fait l'ascension, bien à l'aise, dans de belles prairies animées en été par les moutons voyageurs que mène le pâtre languedocien.

Ce village des *Estables*, nos livres et nos cartes devraient l'appeler à la française les Étables, sans qu'il en souffre auprès des délicats : à une telle hauteur, sous un pareil climat, dans de si longues neiges, l'écurie, en sa douce chaleur, est le palais des montagnards.

LXXXVII
BOUTIÈRES

Du Mézenc au Pilat, la chaîne de grand divorce a pour nom les *Boutières,* ou Bouttières ; elle s'en va vers le nord-est, entre la Haute-Loire (à l'occident) et l'Ardèche (à l'orient). Au delà de Fay-le-Froid, dont le nom dit le climat, vers Saint-Agrève, s'arrête définitivement le couvercle de basalte, et des lors rien que granits et gneiss bombés en chaînons tordus, abrupts, entre des gorges dont les versants ont, bien heureusement, conservé beaucoup de la primitive forêt, grands bois de sapins, de pins, de hêtres, de chênes. Pays d'une grande mélancolie sur ses hautes roches, ses hautes pelouses, autour de bourgades sévèrement traitées par l'hiver, à des altitudes supérieures à 1 000 mètres : Saint-Agrève, à 1 120, Saint-Bonnet-le-Froid, à 1 126, *Lalouvesc* (dont le pèlerinage à Saint-François-Régis est très fréquenté), à 1 050 : ce dernier nom rappelle que des bandes de loups rôdaient ici dans les monts.

Les Boutières ont des torrents innombrables, sortes de radicelles apportant chacune son tribut de vie à quelque tronc commun, rivière ou riviérette impétueuse — Érieux, Doux, Ay, Cance, tous courants du bassin du Rhône ; Lignon Vellave et Semène, qui se précipitent vers la Loire.

La plus haute cime des Boutières, le *Grand Felletin*, au sud-ouest d'Annonay, offre un repos à l'aigle par 1 390 mètres au-dessus des mers ; son voisn au nord, le *Pyfara*, n'a que 7 mètres de moins.

Les torrents que les Boutières dépêchent au Rhône sont de plus en plus courts dans la direction du nord : l'Érieux l'emporte sur le Doux, le Doux sur la Cance, par la raison que l'axe de la chaîne incline vers le nord-est jusqu'à plonger dans le

Le Plus Beau Royaume Sous le Ciel. CHAPITRE

fleuve grondant par ses contreforts orientaux, là où la chaîne ne s'appelle plus Boutières, mais Pilat ; la distance entre la crête du mont et la rive droite du courant de Genève et d'Avignon diminue donc constamment, jusqu'à ne permettre à la Cévenne que de très courtes et brusques ravines, à mesure qu'on s'approche de Lyon, la ville aux deux fleuves.

LXXXVIII
ERIEUX,
DOUX
ET CANCE

Souvent très faible (jusqu'à 600 litres seulement) et souvent effroyablement fort, l'*Érieux* ne relève pas entièrement des roches primordiales qui disaient jadis au golfe de la Méditerranée dont les plaines du Rhône inférieur ont pris la place : « Tu viens jusqu'ici, tu n'iras pas plus loin ! » Il a aussi quelque part aux phonolites, aux basaltes du Mézenc.

On peut très bien supposer que l'Érieux est tout simplement le Rieux, soit en français classique, la Rivière, ou mieux le Torrent ; les étymologistes durent se sentir violemment enclins à tirer ce nom d'*Aureus*, le Doré, parce qu'il roule des paillettes d'or, suivant la coutume des courants qui raclent la pierre « primitive ».

Il commence dans les Boutières de Saint-Agrève et s'achève à côté de la Voulte, par 90 mètres d'altitude. A cette fin de son cours se montrent quelques oliviers, premiers témoins du climat méditerranéen : c'est ainsi que se termine sous un ciel déjà méridional un torrent né dans un pays de froids durs, de vents âpres et rétifs, de longues neiges. Sinueuse est sa course, déserte sa gorge, où le 10 septembre 1857 vit courir un fleuve égal à huit étiages du Rhône : ce jour-là l'Érieux, montant à 17 ou 18 mètres en tel de ses étranglements, roula 4 674 mètres cubes par seconde ; or il n'est guère plus long que mainte riviérette des environs de Paris, comme, par exemple, l'Yères de Villeneuve-Saint-Georges, et dans un bassin de 87 500 hectares seulement.

Un de ses affluents, la *Dorne*, descendue des plateaux de la Champ-Raphaël, est jusqu'ici la rivière de France reconnue la plus pure par les expériences des chimistes : qui la franchit, traverse un torrent de cristal.

Des gours où le pur Érieux sommeille, pur, dans des vasques de pierre, des cascades, des ratchs, d'incroyables méandres au creux des précipices, à l'ombre des châtaigniers géants, des noyers, des mûriers, des figuiers, des pêchers ; ici des vergers touffus, des vignes, et plus haut, sur le talus très ardu de rives montagneuses, des champs accrochés à la pente et que maintiennent des murs en pierre sèche où le Cévenol trime au soleil, la pioche au poing ; ailleurs des bois sauvages, des roches nues, ardentes et la profonde paix du désert séparé du monde, la vallée de l'Érieux vaut des vallées plus célèbres, fussent-elles alpestres ou pyrénéennes.

La vallée du *Doux*, mieux vaut dire la gorge, ne le cède aucunement à celle de l'Érieux en beautés grandioses, en charmes solitaires, en spectacles imprévus à chaque détour du torrent. Le Doux à l'eau claire, rare en été, jusqu'à 500 litres au plus, devient assaillant, tumultueux et rapide comme un galop de cheval après les grands orages dans la Cévenne des Boutières. On a vu ce courant de 66 500 mètres de voyage en ronds et en zigzags (pour 30 kilomètres seulement à vol d'oiseau, de la fontaine initiale à la rencontre du Rhône), on l'a vu, lui qui ne draine que 62 830 hectares, rouler en un jour de fureur, jusqu'à 1430 mètres cubes d'eau sauvage par seconde : autant que la Seine à Paris en belle crue.

Il ne quitte pas la roche primitive, et tout son cours est en corridors sinueux, sans une seule plaine, sans une seule petite conque d'épanouissement. Né aux environs de Saint-Bonnet-le-Froid, il décrit une sorte de demi-cercle bossu dont le point le plus méridional est vers Lamastre, et se perd dans le Rhône par 115 mètres d'altitude, à Tournon. Doux c'est le celtique *dour*, l'eau; et l'on peut dire ici l'eau par excellence, transparente sur ses graviers ou dans ses cuves de gneiss.

Deux torrents s'unissent dans une gorge, au bas des rues escarpées d'Annonay, l'un et l'autre ayant tout leur cours dans les roches primitives : la *Cance* vient des Boutières, de Saint-Bonnet-le-Froid; la *Déôme* unit dans son lit des ravins des Boutières et des ravins du Pilat.

Les orages sont terribles par ici, car, si près de Lyon, froide et brumeuse, le climat de ces ravines participe déjà du Midi, de ses tornades comme de ses aridités. Donc, Cance et Déôme descendent quelquefois sur *Annonay* avec vitesse d'avalanche, mais aussi elles manquent trop souvent aux industries de la ville, qui est la plus active et la plus diversement occupée en Ardèche. Depuis 1866 les 2 800 000 mètres cubes du *Réservoir du Ternay*, dans le bassin de la Déôme, remédient petitement à cette inconstance, en versant quelques centaines de litres d'eau par seconde aux usines annonaisiennes pendant les semaines les plus sèches de l'année.

La Cance ne sort des gorges qu'au moment même de se perdre dans le Rhône à 2 kilomètres en amont du pont de Saint-Vallier; elle lui arrive au bout d'un pèlerinage de 41 500 mètres en un bassin de 37 500 hectares.

Le Plus Beau Royaume Sous le Ciel.

LXXXIX
LIGNON
VELLAVE
ET SEMÈNE

Sur le versant de la Loire, deux torrents très inégaux partent des Boutières, le Lignon Vellave et la Semène.

Le *Lignon Vellave* se distingue par son surnom, de maint autre homonyme, spécialement du Lignon Forézien, son voisin dans cette même conque de la Loire supérieure. Parti du mont Mézenc, il se déroule longtemps sur les basaltes et labradorites dont ce volcan, qui fut si expansif, couvrit la pierre antérieure; voyageant vers le nord-est, il semble destiné à mêler à la puissante vie du Rhône sa jeune et timide existence et s'il continuait à cheminer vers cet horizon, il arriverait à la Cance, dont le cours continue très exactement le Lignon d'en haut; mais les Boutières s'interposant, le fils du Mézenc tourne au nord, ensuite au nord-ouest, sur de hautes pelouses. Dans son domaine basaltique il coule devant Fay-le-Froid; dans son domaine granitique, çà et là varié par des îlots, des pointements de lave, de phonolite, il serpente devant Tence et s'enfonce à chaque détour dans la masse du plateau d'Yssingeaux, purement « primitif ». En cette percée, il devient torrent tragique, et à force de râper et racler la roche de fond, il s'enténèbre : ce ne sont que pierres hautaines, soucieux promontoires, coudes brusques, ratchs suivis de planiols; la vue est arrêtée partout : à gauche et à droite par les rocailleuses parois, en amont et en aval par les détours du défilé; c'est comme une prison, comme une oubliette où certains remous du torrent n'ont jamais vu le soleil. Le Lignon de Vellavie se verse en Loire à Confolent (c'est-à-dire confluent), par environ 450 mètres, dans la contrée de Monistrol, à l'issue d'un bassin de 72 500 hectares, après une pérégrination de 96 400 mètres, corde aussi peu droite que possible de l'arc de cercle décrit par le fleuve, de sa source dans les mêmes monts que le Lignon à sa rencontre avec cette seconde branche mère; il se peut que le Lignon Vellave accroisse la Loire d'un tiers, comme étiage, comme crues, comme module; et fleuve et torrent ont le même défaut d'extraordinaire inconstance : tantôt gaves tonnants, flots de boue, tantôt petite onde qui jase et laisse transparaître ses cailloux et son sable.

Les Stéphanois ont la prétention de confisquer le Lignon des Vellaves pour le service des industries de leur Saint-Étienne. Encore une rivière qui sera détournée de sa destinée « rurale » !

La très industrielle *Semène*[1], qui anime une centaine d'en-

---

1. 42 kilomètres, 14 000 hectares.

gins, a conservé le nom de la nation gauloise des *Semènes* ou Cemènes qui vécut en ces montagnes, d'abord dans son intégrité celtique, puis dans son alliage gallo-romain. Elle s'évanouit en Loire par 415 mètres au-dessus des mers, près de l'entrée du fleuve dans les gorges de Saint-Victor. Elle a cru perdre au commencement du xixe siècle les fontaines de son val supérieur au profit du Furens, qui est le torrent de Saint-Étienne ; il s'en est même fallu de bien peu, car les travaux, projetés en 1790, approchaient de leur terme en 1813 quand ils furent bouleversés par les habitants du pays, justement indignés qu'on leur enlevât la plus précieuse de leurs richesses naturelles. C'eût été l'éternelle histoire de l'accaparement des eaux, des bois, des grains, des fruits, de tout et autres choses encore par les villes insatiables : à Rome, les ondes vives de l'Albanie, du Latium, des sources nées sous la cheire, au pied des volcans de noble profil ; à Paris, les fontaines d'Ile de France, de Champagne, de Normandie, de Bourgogne ; à Saint-Etienne tous les surgeons du Pilat, du Mézenc, des Boutières.

XC
PILAT

Les Boutières se terminent par le *Pilat*, massif où le Crêt de la Perdrix atteint 1434 mètres. Deux fois plus près du Rhône que de la Loire, le Pilat irrite le fleuve lyonnais par la roche de quelques avant-monts ; en bas forêt, en haut pâturage, sources cristallines et bonds de torrents, ce belvédère de granit, de gneiss, de quartz, de micaschiste, regarde à la fois le Cantal et le Mont-Blanc. Les Cévennes y finissent en même temps que les Boutières ; ou pour parler plus serré, là se terminent les Cévennes méridionales et centrales, par opposition aux Cévennes septentrionales, qui vont du Mont Pilat au col de Longpendu.

Malgré l'humilité de sa taille, le Pilat, dont le nom réel est probablement le « Pélat », le pelé, le nu, n'a point de rival au nord sur le toit d'entre les deux mers ; et jusqu'aux Vosges il n'a pas d'égal.

Plus haut dans le ciel que tous ses voisins, c'est un vrai « pilier des tempêtes » ; il appelle et concentre les flocons de l'air ; quand la brume cache son front, c'est qu'il va pleuvoir : « Pilat prend son chapeau, prends ton manteau », dit le peuple des vallées où il est le roi de l'horizon. — Ainsi, dans l'autre France, « quand le Tessala met son bonnet de nuit, Sidi-Bel-Abbès est dans la joie ».

Ses bois, sa calme pelouse, envoient leur eau claire à des villes qui les corrompent de leurs industries, à d'énormes assemblées d'usines qui crachent des fumées noires : au nord-ouest, c'est la cité de la houille, du fer et des rubans, Saint-Étienne, et les grands bourgs d'industrie qui la continuent jusqu'à la Loire le long du Furens ; au nord, c'est le val du Gier, qui n'est jusqu'au Rhône qu'une longue rue sous différents noms, une avenue noirâtre de houillères, de cheminées, de fourneaux, de forges, d'ateliers ; au sud-est, c'est Annonay, la mère du papier, l'ouvrière en cuirs.

Comme toutes ses fontaines ensemble ne donnent en minimum que 451 litres par seconde, elles ne peuvent suffire à toutes les roues, cuves et fosses de ces ateliers sans nombre. On a donc barré ses gorges.

Sur le versant de la Loire, le réservoir de Rochetaillée au *Gouffre d'Enfer* suspend le cours du Furens par une digue de 40 mètres de hauteur, et aussi de 40 mètres d'épaisseur à la base : ainsi refluent 1 600 000 mètres cubes ; le réservoir du *Pas de Riot*, dans le proche voisinage d'amont sur ce même Furens, en arrête net 1 350 000 ; le réservoir de Firminy économise sur les crues du torrent de l'Echarpe ou de Saint-Just de Malmont, tributaire de l'Ondaine, un million de mètres cubes par une levée de 37 mètres d'élévation : soit, les trois réunis, bien près de quatre milliards de litres à l'usage de Saint-Étienne.

Sur le versant du Rhône, le *Réservoir du Ban* retient 1 800 000 mètres cubes par un mur de 47 mètres de jet : il pourvoit Saint-Chamond-sur-Gier ; le *Réservoir du Couzon*, gour de 1 300 000 mètres cubes, s'allonge derrière une muraille de 30 mètres de hauteur avec 60 d'épaisseur à l'enracinement ; ses eaux, qui sortent de leur sommeil par une cascade de 25 mètres, servent aux éclusées du canal de Givors ; enfin le *Réservoir du Ternay*, « dormant » de 23 hectares d'aire, de 2 800 000 mètres cubes de consistance, pèse contre une digue de 28 mètres d'épaisseur à la base, et domine, du couronnement de sa chaussée, le lit de la Déôme d'environ 35 mètres : il aide aux industries d'Annonay.

Ensemble, ces réserves comprennent près de 10 millions de mètres cubes. On devait en créer d'autres, et peut-être les créera-t-on : on en avait projeté huit dans le bassin du Furens, et l'on s'est contenté de trois jusqu'à ce jour.

XCI
GIER

Enfant du Pilat, le *Gier* naît à 1 300 mètres au-dessus des mers ; il tombe par deux cascades et dont une de 30 mètres en un paysage de sapins et de pierres ; il serait pur si des collines à l'orient de Saint-Étienne, il ne lui venait des ruisseaux de la houille, et si son cours rapide ne l'amenait dans ces villes d'industrie qui prennent de l'onde et rejettent de l'ordure, qui boivent des fonts de Blandusie et vomissent de l'encre : Izieux, Saint-Chamond, Saint-Julien, la Grand-Croix, Lorette, Rive-de-Gier, longue rue de manufactures enfumées sous un ciel horrible. Il se perd dans le Rhône, à Givors, par un peu plus de 150 mètres, non comme une rivière, un cristal, une Aréthuse, une Callirhoé, mais comme l'égout collecteur d'une usine étirée à l'infini sous une suie de houille, et qui ne cesse d'engorger des teintures, des souillures et des puanteurs. Il se promène ainsi, le « premier-né des sources », dans l'air balsamique, puis dans l'atmosphère industrielle, le long de 44 kilomètres; il recueille les torrents de 69000 hectares.

Vers l'occident, vers le nord-ouest, sur le versant de la Loire, la région basaltique et phonolithique du Mézenc se continue par le Mégal; tandis qu'à l'est, au sud-est, sur le versant du Rhône, l'admirable houle des monts du Vivarais dresse des crêtes de vagues rocheuses, image d'un océan figé dans un transport de colère; au bas de ces monts, les Gras, Causses calcaires, témoins d'une mer jurassique, vont des roches primitives du noyau de la Cévenne à des plateaux, coteaux et petits monts de l'ère de la craie (grès verts); enfin, tout à l'orient, au pied de ces craies, gronde en passant, en fuyant, le fleuve fort et très fort, le Rhône. Les Gras sont interrompus dans leur cheminement vers le nord-est par les basaltes du Coiron.

XCII
MÉGAL

Vu des mamelons du Puy-en-Velay, des ampoules du Devès, le *Mégal* ou Meygal a quelque chose de la dentelure des Pyrénées. Ses « sucs » de phonolithe projetés par de très archaïques éruptions hors de la masse granitique du plateau d'Yssingeaux, ses cônes de basalte, de trachyte, se dressent, pour peu qu'on les contemple d'assez loin, en une sorte de sierra, c'est-à-dire de scie avec force dents pointues; de près on voit qu'on n'a point sous les yeux une arête continue avec pics aigus et cols entre ces pics, mais des protubérances plus ou moins arrondies ou plus ou moins coniques, égrenées sans ordre, comme à la volée, sur un socle de hauts pacages interrompus de forêts noires, pins ou sapins, de forêts vertes, et tristement égayés par des champs de pommes de terre aussi peu plantureux que le comportent des altitudes tout à fait supérieures de 800, 1 000, 1 200 mètres.

On ignore comment naquirent ces sucs, les uns blanchâtres ou grisâtres, quand ils sont nus, les autres verts de leurs herbes, sombres de leurs arbres. D'aucuns les attribuent à la dégrada-

Le Plus Beau Royaume Sous le Ciel.

tion d'une coulée prodigieuse, qui partant du Mézenc, aurait dépassé les gorges de la Loire et se serait enfin buttée, en même temps que les laves du Devès, contre le granit des monts de la Chaise-Dieu.

Soit qu'un fleuve de pierre fondue ait voyagé de ce volcan à ces granits, soit que les cratères de l'ouest ou cratères du Devès aient eu part, comme ceux de l'est, Mézenc ou Mégal, à la formation des levées volcaniques en avant du Puy, toujours est-il que la Loire perce deux fois la pierre d'éruption par de superbes défilés : d'abord de Peyredeyre à la Voûte ; puis à Chamalières, entre le *Miaune* (1069 mètres) et le *Gerbizon* (1 049 mètres) ; ici, à Chamalières, les gorges du fleuve, qui n'est en été qu'un clair torrent, ont été sciées à 500 mètres de profondeur dans la lave et les roches plus dures que cette lave cachait à la lumière du jour.

Autant que les orgues, les dykes et les roches sombres-rouges du Velay, les épanchements du Mégal, tels que le temps les a faits, contribuent à la beauté singulière du bassin du Puy-en-Velay. Le principal pic est le *Mégal* ou Testevoire (1 438 mètres), à gauche de la route du Puy à Yssingeaux, au nord du village de Montusclat ; il dévisage un immense panorama de sucs, de grands monts, de plateaux, de défilés et une foule de hameaux où les femmes font de la dentelle à l'abri du froid, du vent, dans leur pauvre chaumière, ou babillant dans la rue, sur le pas des portes, durant la saison tiède ou chaude, bien moins longue ici que la saison contraire.

A moins de deux lieues au nord très peu ouest du Mézenc, non loin de la pastorale Fay-le-Froid, le *Lac de Saint-Front* ou d'Arcône dort à 1 232 mètres dans une coupe phonolithique ; se comblant peu à peu, il fut plus grand ; il n'a plus guère maintenant, dans sa forme intermédiaire entre le rond et l'ellipse, qu'une aire de 40 hectares, avec creux extrême de 8 à 10 mètres, creux moyen de 6 ; la Gagne transmet ses eaux pures à la Loire.

XCIII
MONTS
ET VOLCANS
DU VIVARAIS

Les volcans qu'une poussée intérieure dispersa sans aucun ordre sur les gneiss de la montagne vivaraise, sont bien moins vieux que ceux de la région du Mézenc et des monts de Peyrebeille : ceux-ci flambèrent dans un monde pliocène, ceux-là se sont allumés dans un monde quaternaire, à l'aurore de l'homme ; et du temps de nos antécesseurs extrêmes, quand nous étions déjà dégagés quelque peu de l'animalité, déjà possesseurs du langage, avec outils rudimentaires à la main, il se peut que nos ancêtres reculés aient vu, de leurs yeux vu, les cimes des cônes ardre et fumer en torches fuligineuses.

Pliocènes donc sur les plateaux et sierras de Peyrabeille, le *Cherchemus* (1 344 mètres) aux flancs rouges, au-dessus du lac d'Issarlès; le mont de Banne qui domine le cirque originaire de l'Ardèche, les pins, les hêtres, les pâturages de Mazan; le Sauvageon; les « chapeaux volcaniques », les chapelas de Montalafiat, de Mas Vedran, du Plagnial (1 404 mètres), qui bavèrent sur cette Espézonnette dont l'eau, rare en été, s'en va vers l'Allier supérieur et surtout disparaît dans les rigoles d'arrosage de la prairie; les volcans de Saint-Étienne-de-Lugdarès qui vomirent sur le Masméjan, frère de l'Espézonnette.

A l'orient de ces ampoules pliocènes se bombent, tantôt faiblement, tantôt puissamment, les « cônes », les « coupes », les « gravennes » du flamboiement quaternaire. Et tout d'abord les sept ou huit *Volcans de Coucouron*, qui couvrirent de leurs laves, saupoudrèrent de leurs cendres des monts inclinés avec leurs plateaux, vers la Loire, ici babillante à peine au voisinage de ses sources; le *Suc de Bauzon* (1 474 mètres), avec parure de sapins et de hêtres à la moitié de sa coupe encore intacte, l'autre détruite; ce n'est plus qu'un demi-cratère; il ferme le chemin du sud à la Loire naissante emportée par sa pente première vers le vallon supérieur de l'Ardèche.

Puis ce sont les larges, les épaisses coulées qui couvrirent en la longueur, ou barrèrent en la largeur, des vallées du gneiss ou autre roche dure, le long de l'Ardèche et de ses affluents ou sous-affluents.

Ces coulées, ces prismes de 20 mètres et plus de hauteur, le temps les a désagrégés, le flot les a rongés, et les gorges que le volcan prétendait combler à jamais sont aujourd'hui plus profondes que lorsqu'il y versait ses lents et lourds fleuves.

Telle est l'œuvre du temps, « ce grand sculpteur! »

Et maintenant les vallées du Vivarais sont au loin célèbres par leurs colonnades basaltiques, orgues, chaussées et pavés des géants, les unes droites, intactes, architecturales, les autres ébréchées, disloquées, renversées, usées par les siècles, le froid, la chaleur, les orages, les torrents, les cascades.

De tous les cratères du sévère, noirâtre et rougeâtre Vivarais, si fier dans sa nudité, si beau dans sa rudesse, le plus vaste serait le *Suc du Pal* ou Vestide du Pal (1 405 mètres), si ce cirque n'avait pas pour probable origine un effondrement du sol; il s'ouvre aux sources de la Fontaulière, eau véhémente comme tous les torrents qui vont à la verte Ardèche et comme

Le Plus Beau Royaume Sous le Ciel.

l'Ardèche elle-même. Dans son creux de 300 mètres, avec 4 000 mètres de pourtour au fond, un lac brilla, qu'on vida durant le moyen âge et que maintenant on se propose de remplir; cet évasement stérile redeviendra coupe d'eau vive où des champs altérés boiront.

Le *Ray-Pic* a rejeté les laves qui descendent jusqu'au pont de la Baume sur l'Ardèche, le long du Burzet, puis de la Fontaulière; sa coulée a donc huit lieues de longueur; le torrent qui la scie, le Burzet saute de 30 à 35 mètres au pied du vieux volcan par les cascades du Ray-Pic; plus bas il court sur un superbe pavé des géants.

La *Coupe d'Aizac* (814 mètres), bien ronde, embrassait un lac qu'elle a perdu; des châtaigniers énormes ombragent ce cône qui rejeta les basaltes où se démène la *Volane*, rivière toute en cascades blanches entre des roches noires.

La *Gravenne de Montpezat* (845 mètres) s'élève entre l'Ardèche et la Fontaulière qu'elle inonda toutes deux de ses pâtes fluides. Aidée de son voisin le *Volcan de Thueyts*, elle jeta sur la Fontaulière un basalte où le torrent, mordant toujours, a dévoré tant de roche poreuse qu'il a même dépassé la lave, et c'est à présent le granit primordial qu'il use, sous un pont suspendu dont la travée le domine de 42 mètres; plus bas, des prismes croulants portent ce qui reste du château fort de Pourcheyrolles, et devant ce château, la Pourseille se précipite vers la Fontaulière du haut d'un mur basaltique. Dans l'autre vallée remplie par cette « gravenne », l'Ardèche a puissamment érodé les laves à leur contact avec le granit, et taillé dans la masse un long sillon d'abîme; elle coule devant les prismes noirs d'un pavé des géants qu'on monte ou descend par l' « Échelle du roi », rampe faite de la main du temps dans une brisure de la colonnade; cette paroi de basalte, la plus grandiose en Vivarais, a 65 mètres de moyenne élévation, çà et là plus de 80, et le torrent de Thueyts, qui porte un nom déshonnête, le Médéric, pour Merderic, s'abat sur l'Ardèche par la double cascade de la *Gueule d'Enfer*, dont la hauteur dépasse 100 mètres.

La *Gravenne de Soulhiols* ou volcan de Neyrac ou encore volcan de Saint-Léger est un cône rougeâtre entre Ardèche et Lignon; elle versa ses entrailles sur cette rivière et sur ce torrent. A ses pieds, près de Neyrac-les-Bains, s'ouvrent trois trous d'exhalaison, trois mofettes remplies d'un gaz asphyxiant, plus lourd que l'air vital; la poule y meurt en une minute, le chien en deux ou trois. Ce volcan n'est donc pas tout à fait mort, non plus que la coupe d'Aizac, près de laquelle des mofettes également mortelles aux animaux creusent aussi le sol du Vivarais. Qui d'ailleurs oserait prédire que l'incendie ne se rallumera pas en France, dans ces vieux pays d'ignition? Ce serait alors autour des sucs, des cônes, des puys, des dômes, un feu d'angoisse au-dessus des villages où flambe encore tous les ans le « feu de joie » du 24 juin, qui depuis maint millénaire célèbre le Dieu de la clarté par une explosion de lumière.

La *Coupe de Jaujac*, rouge au milieu de monts gris, est un cône peu dégradé par les météores, avec forêt de châtaigniers sur ses pentes et dans son cratère; à ses pieds le Lignon coule, à 50 mètres de profondeur entre un mur de granit et un mur de basalte.

Rien n'est beau comme les torrents du Vivarais quand ils passent entre ces pierres noires, verts dans leurs gours, blancs dans leurs cascades; rien n'est terrible comme eux quand des fleuves y mugissent et rugissent, nés brusquement d'un sanglot des nuées dans le cirque des monts, et qu'ils descendent avec fracas sur le granit et la lave des pentes, par les ravins nus, les maquis, les châtaigneraies. Sur ce versant l'Ardèche, grandie d'affluents qui lui ressemblent, a des crues comparables à celles des fleuves les plus excessifs du Tropique.

On visite ces coupes et ces gravennes bien plus souvent que les autres volcans du Vivarais, parce qu'elles sont plus près des villes de la plaine, moins empâtées dans la masse, et qu'elles opposent de plus hautes coulées à de plus vigoureux torrents, ondes retentissantes, « clamouses » que guette et que dévore une plus grande « clamouse », l'Ardèche.

XCIV
ARDÈCHE
ET
CHASSEZAC

Presque tous les terrains se sont donné rendez-vous dans le bassin de cette rivière extraordinaire, longue de 28 lieues et qui boit les eaux de 238 700 hectares : gneiss, schistes cristallins, roches volcaniques, roches houillères, trias, lias, oolithe, assises crétacées.

Elle part des mêmes monts que des affluents de Loire et d'Allier, dans le massif qu'échancre le col de la Chevade (1 271 mètres), emprunté par la route d'Aubenas au Puy. Et d'abord elle bondit dans les gorges habillées jadis de laves par les soupiraux des volcans. Elle mord au pied le pavé des géants et les autres pierres qu'épanchèrent Gravenne de Montpezat, volcan de Thueyts, Gravenne de Souillols et qui, d'abord inconsistantes, lorsqu'elles fumaient encore, se rétractèrent ensuite en prismes carrés, pentagonaux, octogonaux ; ses hauts affluents, Lignon, Fontaulière, Volane de Vals et les affluents de ces affluents rongent aussi des basaltes rangés en colonnes.

L'Ardèche erre à plus de 100 mètres en contre-bas d'Aubenas, le grand marché des soies brutes ; elle pourvoit des béalières, c'est-à-dire des canaux, elle anime des moulins, des usines, des ouvraisons de soie, elle passe devant des champs où le mûrier croît en lignes régulières. Bientôt il n'y a plus de laves sur sa route, et c'est entre les calcaires qu'elle a creusé son majestueux cagnon de Ruoms, profond de 100 à 120 mètres.

A l'issue de ce cagnon, deux torrents, Baume et Chassezac, la doublent. La *Baume* [1] descend du Tanargue méridional, l'un des versants de France où les orages sont le plus furieux : ainsi, à Joyeuse, ville riveraine, la hauteur annuelle des pluies atteint ou dépasse 2 mètres ; c'est pourquoi les crues de ce raboteux courant sont immenses.

Immenses aussi celles du *Chassezac,* qui naît près de la source de l'Allier et se creuse des défilés qui ont jusqu'à 500 et 600 mètres de profondeur dans la cassure de Sainte-Marguerite-la-Figère où lui arrivent ses maîtres affluents, la Borne et l'Altier.

L'*Altier* [2] court en avant de Villefort à 72 mètres au-dessous d'un viaduc du chemin de fer de Paris à Nîmes. La *Borne* [3], fille du Tanargue, passe près de Saint-Laurent-les-Bains, eau thermale, et donne son nom à la région des *Bornes,* ainsi qu'on nomme la partie la plus déchirée du bassin supérieur du Chassezac, celle aussi peut-être où le Cévenol dompte le mieux l'âpre talus, le rocher sec, le sol sans terre : le talus, il l'étage en terrasses ; le rocher, il lui amène l'eau par des canalicules ; le sol, il lui porte, la hotte au dos, l'humus nourricier ; cet humus, cette eau, vivifient le pêcher, l'amandier, la vigne, et le grand châtaignier verse fraîcheur aux parois ardentes ; ce que fait ici le Cévenol, il le fait partout, race héroïque, de celles que le Midi trempe et qu'il aiguise.

En amont des Vans, le Chassezac quitte les couloirs d'incarcération où luit son flot d'un beau vert ; le voici dans la vallée soleilleuse, sauf en un court passage, là où il baigne la falaise d'Endieu, puis tourne le promontoire de Casteljau et longe le chaos des roches de Paolive.

Quand se troublent ses flots on peut tout redouter : la Seine

---

1. 40 kilomètres, 25 737 hectares. — 2. 36 kilomètres, 17 000 hectares. — 3. 32 kilomètres, 11 000 hectares.

à Rouen, tous grands tributaires admis, n'a jamais roulé tant de milliers de mètres cubes par seconde que ce vertigineux ravin de moins de vingt lieues de longueur perdu dans une fissure de la montagne; la crue de 1827, qui fit monter l'Ardèche de 21 mètres au pont de Gournier, venait pour moitié du Chassezac. A part cet accès d'extrême frénésie, on la voit de temps en temps tirer de ses 70 000 hectares de conque 2 500 mètres cubes à la seconde, contre un étiage de 1 500 litres, le volume normal étant de 8 mètres cubes.

Le Chassezac reçu, l'Ardèche entre dans le bassin de Vallon; elle passe près de cette ville sous un pont suspendu dont elle rasa presque le tablier dans son exondance de 1827 : cette année-là elle s'éleva sous ce pont à près de 18 mètres au-dessus de l'étiage, bien qu'ayant ici 140 mètres de large. Peu après, elle s'engage dans des gorges dont elle ne sort qu'à son entrée dans la vallée du Rhone.

Tout d'abord elle y coule sous le *Pont d'Arc*.

Jadis ses eaux vertes suivaient, à gauche, un lit d'entre-pierre, encore reconnaissable à une grande hauteur au-dessus du torrent; c'était un harmonieux détour ovale, au pied de la paroi des rochers d'Estre.

Dans le roc néocomien, percé de cavernes, qui forçait l'Ardèche à tourner en cingle, le torrent, profitant sans doute d'une grotte dont il força la paroi, s'ouvrit un triomphal passage, soit qu'il eût traîtreusement rongé ce marbre gris, soit après l'avoir renversé d'un bloc, en quelque jour de haute exaspération.

Maintenant le Pont d'Arc, soit le Pont en arc, l'Arche de pont, est un cintre de 66 mètres d'élévation, de 59 mètres de portée, de 32 mètres de flèche livrant passage à l'Ardèche, mais à l'Ardèche seule; ni prairie, ni cailloux, ni sentier entre le roc et l'eau; sans l'ancien canal que la rivière peut encore emprunter, dit-on, quand elle gonfle immensément, elle serait presque capable de monter jusqu'à la clef de voûte de ce pont prodigieux de la nature; chênes verts, buis, genévriers, micocouliers, arbousiers, térébinthes, et des plantes odoriférantes, lavande, thym, serpolet, s'accrochent aux saillies de la roche ou se blottissent dans ses trous et ses fentes.

Du Pont d'Arc à l'issue dans la plaine du Rhône, les défilés de l'Ardèche sont une entaille dans la craie, au bas des roches de support du *Causse de Sainte-Remèze*, criblé d'abîmes correspondant à des fontaines de la rive gauche du torrent : parmi ces puits naturels l'*Aven de Vigne Close*, fait de cinq gouffres superposés, descend à 190 mètres : donc, jusqu'à ce jour, le plus terrible en France après le Rabanel et l'Aven Armand.

Parmi les fontaines pérennes qui découlent de ce Causse, non sur roche, mais sous roc, la source de Rochemale émet la rivière souterraine qui évida les *Antres de Midroï*. Ainsi désigne-t-on de longs, de vastes couloirs que stalactites et stalagmites ont ornés de merveilleuses draperies. A force de creuser son tombeau sans lumière (ou sans autre lueur que, peut-être, quelque œil d'aven, aujourd'hui fermé) l'antique torrent s'enfonça toujours plus dans la pierre, il finit par abandonner les corridors de Midroï et descendre dans les cryptes inconnues qui le mènent au surgeon de Rochemale.

Presque vis-à-vis, sur la rive opposée de l'Eau du Pont d'Arc, autre merveille du monde ignorée du soleil : sous le poids de 250 mètres d'oolithe, dans les entrailles du *Causse de Ronze*, qui s'interpose entre l'Ardèche et la Cèze, un gros torrent, la *Dragonnière* court dans une ténébreuse horreur d'*in-pace*; on l'a surprise par hasard, en explorant une grotte, on l'a suivie; on l'a perdue derrière un rocher. Où va-t-elle? Évidemment à la rive droite de l'Ardèche, par une source de fond dont l'exact lieu reste à découvrir, à 1 500 ou 2 000 mètres du siphon de disparition.

Dans la thébaïde solennelle, l'Ardèche s'ébranle aux rapides et rebouilles du Rocher d'Aiguille, de l'Olivier, de la Dent Noire, de Tempesta, de Figueras; les parois du cagnon montent à 200, 250 mètres, elles contractent le torrent à 20, 15, 10 mètres, et même il arrive que la barque n'y vire pas avec aisance.

A certaines de ces étroitesses, on se demande comment y passe en ses grandes crues le torrent alors presque égal au Danube en vertu de l'imperméabilité de sa conque supérieure, de la rapidité des versants déboisés, et surtout de la puissance des orages, telle dans ces monts qu'une seule tempête a pu verser ici plus d'eau qu'il n'en tombe à Paris dans toute l'année; on ne connaît pas le débit de la crue d'octobre 1827, quand le torrent monta de 19 m. 25 au Pont d'Arc, de 21 m. 40 à l'étranglement de Gournier, dans les gorges inférieures; celle de 1857 aurait donné 3 000 mètres cubes par seconde au pied d'Aubenas, 7 900 au Pont d'Arc. Les grands épanchements ordinaires sont, à l'entrée en Rhône d'un peu plus de 5 000 mètres cubes, l'étiage de 5, le débit coutumier de 25.

On pourrait régulariser l'Ardèche, enlever quelque puissance à ses montées de septembre ou d'octobre, quand souffle le sud-est, enfin augmenter l'étiage en arrêtant son cours par des levées « magistrales », celui de maints affluents par des digues moindres. Les deux lieux les mieux désignés par la nature sont le *Cagnon de Ruoms* et le *Rocher Pointu*, à 6 lieues au-dessous du Pont d'Arc. Ces deux barrages retiendraient 57 millions de mètres cubes, un peu plus du septième des flots qui passèrent sous le pont à la fois naturel et surnaturel en moins d'une journée, du 10 septembre 1857, midi, au 11 septembre, dix heures du matin, soit 351 936 000 mètres cubes. D'autres digues sont possibles, en amont de Mayres, à Thueyts, à Montpezat, etc. On peut aussi refaire l'antique lac qui remplissait, à la source de la Fontaulière, le volcan (ou l'effondrement) de la Vestide du Pal.

En quittant ces gorges, le plus noble passage des eaux qui tombent du Tanargue, l'Ardèche s'ouvre sur la vallée du Rhône, elle atteint le fleuve près du Pont-Saint-Esprit, par environ 40 mètres au-dessus des mers.

XCV
LES GRAS

L'Ardèche, ses affluents la Ligne, la Baume, d'autres torrents encore, traversent en défilés la longue mais étroite barrière des *Gras*, causses de l'oolithe.

Les Gras séparent les collines crétacées de la rive droite du Rhône vivaraisan (à l'est) de la masse plus qu'antédiluvienne : on peut dire primordiale sans trop d'exagération, que composent les granits, gneiss, micaschistes de la France centrale.

Qu'y a-t-il sous ce nom trompeur de Gras? Point de grasse campagne, d'herbes mouillées et touffues comme en Auge, d'arbres puissants comme en Bray, point de plaine plantureuse comme en Limagne.

Les Gras sont maigres : terre caussenarde, ils sont presque en tous lieux veufs d'humus, ils sont altérés, comme tout bon causse, ils n'ont qu'herbes courtes, sèches, aromatiques, comme toute bonne garrigue, que des maquis comme toute bonne montagne du Midi méditerranéen.

Des avens percent leur oolithe, sorte de marbre gris ou de blancheur éclatante; les orages humés par ces avens coulent en torrents passagers dans le dédale des antres calcaires, plusieurs de ces torrents s'unissent, ils remplissent des laquets de réserve, et de jour en jour, assez de flot s'assemble pour créer dans l'embrouillamini des longs corridors un ruisseau parfois fort abondant qu'une suite de siphons finit par transmettre à quelque source des ravins.

Peu de Caussatiers sur ces Causses; beaucoup moins qu'il y a cinquante ans quand le mûrier, la vigne y verdissaient, l'un et l'autre morts de maladie et peu remplacés encore; peut-être

Le Plus Beau Royaume Sous le Ciel.

même moins qu'au temps de la préhistoire, dans l'ère des dolmens, très nombreux sur les Gras puisqu'on en compte des centaines, dont 160 sur le seul Gras de Chandolas.

Là où l'oolithe, lentement rongée dans ses parties molles, a résisté dans ses parties dures, dans les roches dolomitiques, se renouvellent sur ces tout petits causses les merveilles immenses, frustes, informes, désordonnées du Causse Noir; les Gras ont leurs « Montpellier-le-Vieux » — tel le bois de Païolive sur le Gras des Vans — et les chaos du Gras de Chandolas.

Ainsi se montre uniformément la surface des Gras, sur 5 kilomètres seulement de moyenne largeur, mais sur 75 kilomètres de longueur du sud-ouest au nord-est, de la Cèze à sa sortie des houilles de Bessèges jusque près de l'embouchure de l'Erieux dans le Rhône aux environs de Lavoulte. Vus d'en bas, leur aspect donne la raison de leur nom : ils se présentent sous la forme d'assises superposées en retrait l'une sur l'autre, avec talus ou escarpements entre chaque assise, jusqu'à la table supérieure; ces apics, ces versants roides sont comme les degrés, les gradins (*grassatus* en latin populaire, pour *gradus*), les marches d'une pyramide si tronquée qu'il n'en resterait guère que le bas : du *grassatus* des Gallo-Romains, le paysan du Vivarais a fait Gras, qu'il faut prononcer Grass, en exprimant vigoureusement la sifflante.

Le premier des huit Gras, en partant du sud-ouest, le *Gras de Saint-Paul*[1], à l'altitude moyenne de 250 mètres, s'appuie à la *Montagne d'Uzège*, haute de 454 mètres; son torrent, la *Claisse*, tributaire gauche de la Cèze, a dans son bassin des pertes et renaissances d'eau, des lits de roches sèches, des cavernes, de souterrains dédales.

Le *Gras des Vans*, au sud-est de la ville des Vans, se recommande par son *Bois de Païolive*, moins grand que le chaos titanique de Montpellier-le-Vieux — car il n'a que 300 hectares de grandes roches sur environ 1 500 de stérile pierraille, — mais il n'est pas moins cyclopéen, pas moins semblable à la ruine indéchiffrable d'une Tirynthe surhumaine : Tirynthe plus méridionale et plus orientale, avec plus de soleil, plus de joyeuseté lumineuse, plus d'arbres et d'arbustes, plus d'herbe, d'odeur; ce n'est plus ici le versant de l'Atlantique, à 800 mètres d'altitude, c'est le versant méditerranéen, à 250 mètres seulement au-dessus des mers. Le cagnon du Chassezac sépare le Gras des Vans du Gras de Chandolas.

---

1. Tout au long : Saint-Paul-le-Jeune.

CINQUIÈME   *Monts Intérieurs.*

Le *Gras de Chandolas*, entre le Chassezac, l'Ardèche, la Baume, est le plus grand des huit, il se contente pourtant de 6 000 hectares ; c'est aussi le plus semé de mégalithes, le plus caverneux peut-être avec le plus de puits naturels, de rus cryptiques, de fonts à pied de causse ; et il a, lui aussi, des Tirynthes plus que pélasgiques. Il culmine à 326 mètres, au-dessus de Joyeuse et du cagnon de la Baume, vis-à-vis du *Gras de Ruoms*, petite thébaïde pierreuse de 268 mètres de surrection entre Baume, Ardèche et Ligne. Après quoi, le *Gras de Balazuc*, autre solitude « pétrée » de 10 kilomètres de longueur sur 4 d'ampleur, accompagne la rive droite de l'Ardèche en remontant de Ruoms à Vogüé ; et au delà de Vogüé, sur la rive opposée de la verte rivière, le *Gras de la Villedieu* s'allonge sur 9 kilomètres, entre l'Ardèche et l'Auzon jusqu'au pied des basaltes épanchés en deux ères différentes par les bouches de feu du Coiron.

Cela fait six Gras sur huit, il en reste deux par delà le dos épais du Coiron : le *Gras de Chomérac* (450 mètres), entre deux affluents droits du Rhône, le Payré et l'Ouvèze, qui est le torrent de Privas ; et le *Gras de Rompon* (416 mètres), entre Ouvèze, Rhône, Erieux. Entre ces deux derniers Causses du Vivarais, le premier signalé par ses belles carrières de marbre gris et ses truffes — il ne l'est plus pour ses vins, — l'Ouvèze court terriblement ou bien, et plus souvent, murmure à peine, au lieu de rugir, sur les dalles, dans le cagnon du Pouzin, entre des brèches marmoréennes, à plus de 100 mètres en contre-sous de l'un et l'autre Gras.

Cette *Ouvèze* très inconstante descend du plus haut du Coiron ; elle coule, non dans Privas, mais très au bas de cette ville « départementale », elle atteint le Rhône au Pouzin après une toute petite promenade très variée de sept lieues en une conque de 12 123 hectares.

XCVI
COIRON

L' « intercepteur » des Gras, le Coiron continue du nord-ouest au sud-est une éclaboussure volcanique partie du Mézenc, spécialement du Gerbier de Jonc.

Cette éclaboussure se prolonge par les sucs du plateau de la Champ Raphaël, puis s'interrompt plusieurs fois, laissant à découvert la croupe de gneiss qui est la roche essentielle du Vivarais jusqu'aux lieux où commence l'oolithe des Gras.

Là où ledit gneiss fait place au calcaire, que va suivre la craie, commence le *Coiron*, double cuirasse de roches ignées : sur la pierre calcaire ou crétacée, une carapace de labradorites

Le Plus Beau Royaume Sous le Ciel.

et de basaltes miocènes ; et sur celle-ci, un autre et plus jeune bouclier pâteux fait de basalte et de labradorites pliocènes.

Mais cette draperie de laves, ce vêtement qui a parfois jusqu'à 125 mètres d'épaisseur, ce manteau de porosités autant que de matière, le temps, les flots endiablés, les crues tourbillonnantes, les météores l'usent ; quand il a cessé d'habiller les calcaires et les craies, celles-ci, ceux-là tombent en ruines ; quand il les couvre encore, sa lave dégringole à grands pans à mesure que l'eau sournoise amenuise le socle par le délayement, le transport des agiles et des marnes.

Et le Coiron, qui eut de larges épaules, devient de plus en plus une arête étroite, avec des sillons de torrents poussant des eaux rares à l'Ouvèze, au Rhône, à l'Ardèche — sillons très profonds que tout orage creuse, si bien qu'un jour, à force de ronger chacun de son côté le vieux Coiron, les ravins des versants opposés tailleront, puis agrandiront des cols et, de siècle en siècle, feront plusieurs montagnes de ce qui est encore un seul plateau.

Plateau qu'aujourd'hui les neiges encombrent dans la saison des journées courtes, que les vents agacent en tout temps, soit pour y disperser cette neige, soit pour y balancer des épis de seigle et point d'épis de blé, pour y passer en rafales sur des herbes et non sur des arbres ; elle a tout à fait disparu, la vieille forêt, si jamais elle exista.

La cime culminante, le célèbre *Roc de Gourdon* (1 061 mètres), commande un périorama très grandiose, contemple le Mézenc et les Boutières, elle voit les monts et volcans du Vivarais, et par delà le vide lumineux du val du Rhône, elle regarde les Alpes gigantesques. Ce bloc de basalte, assis sur le gneiss, appartient à un bastion détaché du Coiron plutôt qu'au Coiron lui-même, de la masse compacte duquel il est séparé par la baissière du col de l'Escrime (792 mètres) qu'emprunte la route de Privas à Aubenas.

Parmi les volcans qui « cuisirent » cette chaîne, ou plus vraiment, qui la couvrirent de pâtes cuites (car le nom local, véritable, du Coiron, c'est « Couïrou », c'est-à-dire le cuit), on suppose que le plus expansif dut être le *Cratère de Freyssenet*, dont on peut encore deviner le contour antique, lequel fut de 5 à 6 kilomètres, mais la coupe usée, comblée, presque partout effacée, ne se voit plus.

La « merveille des merveilles » de la montagne rôtie n'est pas là, sur le faîte entre Ardèche et Ouvèze, mais à une dizaine de kilomètres au midi, aux *Balmes de Montbrun*, près de Saint-Jean-le-Centenier ou Saint-Jean-le-Noir — dans la roche noire en effet, tout au moins très sombre, ou plus exactement ici rougeâtre, là brune, ailleurs jaune — au-dessus de la Claduègne, aujourd'hui retentissante, et demain muette à l'ombre touffue des noyers : en quoi la Claduègne ressemble à tous les autres torrents ultracapricieux, ultratonnants, ultrasilencieux de la plus que terrible Ardèche. Aux deux côtés de la ravine, dans la double paroi de pouzzolane haute de 150 mètres, avec 100 mètres d'écartement, s'ouvrent à divers étages une trentaine de balmes, autrement dit de grottes, toutes dues à l'industrie de l'homme, aucune aux lois de rétraction, fissuration et diaclase des roches. Ces pierres obscures, le soleil, qui est ici le « soleil d'Homère », ne les dorera jamais, dans cette gorge ardente, comme il dore près delà les pierres d'oolithe et les pierres de craie. Mais la nature a bien voulu sourire dans cette prison tragique, par les noyers de la Claduègne, par les buis, les figuiers, les cerisiers, les feuilles, les fleurs, les puits, les tiges arborescentes qui sont comme des lianes.

Une autre merveille, par la grandeur que lui prête l'isolement, c'est le *Mont de Pampelonne,* basalte de 604 mètres d'altitude que le travail des torrents a démembré du Coiron; acropole vraiment inexpugnable jadis, de l'espèce de celle qu'on ne pouvait réduire sinon par la soif et la faim, elle eut à sa cime un oppidum gaulois, puis un château médiéval et une chapelle.

Le Coiron s'achève superbement au-dessus même de la vallée du Rhône, vis-à-vis de la grande plaine de Montélimar, par les monts de Rochemaure, cité féodale en amphithéâtre sur sa colline brune. Là le Rhône impérieux et impétueux, la nature mouvante, coulante, vivante, heurte la nature morte, le coteau de basalte qui porte le château de la ville, le haut dyke obscur qu'un donjon couronne, et l'immense pavé des géants du volcan de *Chénavari* (508 mètres), dont les prismes basaltiques très durs ont pavé bien des rues ; à 1 500 mètres à son nord-ouest, le *mont Evan* (546 mètres), autre bloc que les météores ont scindé du basalte coironesque ; et à 3 500 mètres au septentrion du mont Evan, la montagne de Pampelonne; le Coiron, certes finit glorieusement à l'orient par des roches « indépendantes »

XCVII
GARRIGUES
DU VIVA-
RAIS

Des Gras au Rhône s'enchevêtrent monts et plateaux : petites montagnes de craie où commande, à 720 mètres dans le ciel, la Dent de Rez, dans la *Chaîne de Berg,* en arrière de Viviers et de Bourg-Saint-Andéol; plateaux de craie qui sont des garrigues assez pareilles à celles du Bas-Languedoc comme sol, sous-sol, climat, herbes arborescences du maquis, puits naturels de la roche, cavernes sans nombre, dont on ne connaît peut-être pas le centième et dont plus belle, la *Grotte de Saint-Marcel*, à la rive gauche de l'Ardèche, est inégale à peu d'autres en France, même en Europe, en vertu de ses 2 260 mètres, au long d'une galerie large et commode, lit antique d'une rivière qui puisait aux avens du plateau craquelé de Saint-Remèze. Et les antres de Midroï, révélés d'hier, brillent en stalactites à la lueur du magnésium.

Comme il ne peut manquer, les averses, les sources, les rus absorbés par les défaillances de la craie des Garrigues retrouvent la divine lumière à des fonts pérennes, quelques-unes de forte abondance. La principale d'entre elles, la *Fontaine de Tourne* ou Grand Goul (c'est-à-dire grand gour, grand gouffre), à côté de la ville de Bourg-Saint-Andéol, sort du rocher avec un flot de 300 litres par seconde; on ignore à quel génie, à quel dieu topique elle fut jadis consacrée comme les autres grandes sources, ses sœurs, mais tout près une légende presque illisible est tracée sur la roche à côté d'une image fruste représentant le dieu Mithra.

XCVIII
DEVÈS

En revenant au remous des monts de Peyrebeille, on saisit les commencements du Devès, chaîne volcanique entre la Loire naissante à l'orient, l'Allier naissant à l'occident.

Là où commence la nappe continue des labradorites et basaltes pliocènes, au nord des volcans éteints qui pointent comme des îlots sur les gneiss de Saint-Étienne-de-Lugdarès, là sont les premiers linéaments du Devès, tout près de Peyrebeille, au sud-est de *Pradelles*, petite ville qu'on regarde ici comme la cité la plus élevée de France : elle n'est pourtant qu'à quelque peu plus de 1 100 mètres; mais, chez un peuple ignorant comme les Français de ce pays, on ne se soucie guère que du prochain voisinage. Récemment encore, beaucoup d'hommes du Centre ne connaissaient peut-être même pas de nom les Alpes; comment auraient-ils entendu parler de Briançon (1 321 mètres), de Montlouis (1 513 mètres) et de cent villages de Savoie, de Dauphiné, de Capcir, de Cerdagne, bien plus rapprochés des nues que Pradelles?

D'ailleurs, toute infériorité ou supériorité d'altitude à part, Pradelles et les autres bourgs épars sur le Devès ont un hiver qu'on peut appeler à son gré scandinave, russe, sibérien, canadien, polaire. Sur les grandes routes, par exemple du Puy à Pradelles, des bornes, des poteaux, de dix, douze pieds de hauteur sont plantés aux deux côtés du chemin; ce que les bouées sont pour les marins à l'approche du rivage, ces pieux le sont ici pour les voyageurs sur l'océan des neiges ; mais parfois il arrive dans les creux des vallons qu'ils disparaissent, enfouis dans le désert blanc : ces amas de frimas, on les appelle des congères ici comme sur d'autres plateaux du centre.

Parmi les anciens volcans du Devès on en reconnaît encore de 150 à 200, la plupart détériorés, et si on les devine ce n'est plus guère à leur forme (tellement le temps les a usés), c'est à leur couleur rougeâtre avec tendance au noir ; et aussi à leurs bois de pins, car on restaure ces vieux cratères et les scories incohérentes dont ils sont faits auront désormais plus de consistance, dans l'entrelac des racines ; ils cesseront de s'effondrer sur la pente jusqu'à s'égaliser avec le plateau nu, triste, maussade, osseux, table de 800 à 1 000, à 1 100, 1 200 mètres d'altitude suréminencée de 50, de 100, 200 mètres par les débris des ampoules, puys et boursouflures pliocènes.

Ces champs marâtres où le paysan vellave, dur à la fatigue, vit à la dure, n'ont pour toute beauté que le spectacle de l'horizon : à l'orient le Mézenc et le Mégal, à l'occident le dos noir de la Margeride, et bien au loin dans le nord-ouest la frêle et fugitive et souvent douteuse image du Puy de Sancy. Les ruisseaux coulent paisiblement, dans leurs humbles vallons, sur la table des laves, des trachytes, des basaltes, puis, devenus tout à coup extravagants, sautent colériquement dans les précipices, en route pour la Loire ou l'Allier : telle est la *Cascade de la Baume*, haute de 27 mètres, et d'autres moins connues, qu'on irait voir si leur torrent était autre chose que le suintement d'une prairie ou la gouttière de deux à trois collines : le Devès a peu d'eau de surface, les pluies filtrant dans la roche poreuse.

En prenant le Devès à son origine au sud-est et en le suivant vers le nord-ouest, sur sa longueur de douze à quinze lieues jusqu'au delà d'Allègre et jusqu'à Paulhaguet et Lavoûte-d'Allier ou Lavoûte-Chilhac, on rencontre d'abord le *Mont Tartas* (1 348 mètres), puis des cônes en foule, dont nul de grande surrection, de noble attitude ; ensuite le *Mont Tarnier* (1 329 mètres) domine de 121 mètres le *Lac du Bouchet* (1 208 mètres), qui est blotti à une demi-lieue à l'est en une vasque de 2 400 mètres de rondeur, de 44 hectares de surface, de 28 mètres d'extrême profondeur ; on n'y voit entrer aucune fontaine, on n'en voit sortir aucun ruisseau pour verser sa surabondance à l'un des fleuves jumeaux du Velay, l'Allier à l'ouest, la Loire à l'est. On en a fait un bleu vivier de poissons, on a reboisé son cirque de laves, de pouzzolanes, de scories, et c'est maintenant dans une petite forêt qu'il dort, à peu près à mi-route entre le Puy et Pradelles. Haut de 1 423 mètres est le *Devès*, qui a donné son nom à l'ensemble de toutes ces buttes et de la froide « planèze » que ces buttes boursouflent ; il le méritait, en tant que culmen de toute cette ossature, assez exactement au milieu de la chaîne ; mais il n'a rien de bien saillant.

La *Durande* (1 300 mètres) regarde, à 1 800 mètres de distance, le marais de Limagne encore honoré du nom de lac par maints livres et maintes cartes : ce n'est réellement qu'un palus elliptique encombré de tourbe.

C'est presque à l'extrémité septentrionale du Devès que son plus beau cône s'élance au-dessus du bourg d'Allègre ; visible de très loin dans sa majesté, le *Cratère de Bar* est un mont isolé de 1 167 mètres, soit 250 mètres d'éminence au-dessus des ravines et ruisseaux de sa base. Ses parois internes enchâssaient jadis un lac d'émeraude ; mais ce lac n'est plus, qui pouvait avoir 1 500 mètres de rivage et 40 de profondeur ; en dedans et en dehors les rocailles et scories de sa coupe se sont revêtues de hêtres qui font un bois sonore, car tous les vents de l'horizon soufflent toute l'année sur la haute forêt du cratère du Bar.

Ainsi le seul volcan de Bar fait grande figure en terre, ou plus exactement en lave de Devès ; ces monts de la Vellavie occidentale n'ont quelque grandeur que pour qui les fixe d'en bas, du gouffre où frémit l'Allier, du précipice où gronde la Loire, et même de ces deux étroits abîmes on n'aperçoit guère que des talus raides cachant la montagne ; mais la beauté des gorges fait oublier la morosité du plateau ; le Puy surtout est un site admirable.

Le *Puy-en-Velay* eut pour commencement : soit un hameau lacustre dans un Léman qui avait la Loire pour Rhône, quand le fleuve de la France centrale n'avait pas encore limé la digue des monts de Peyredeyre ; soit un hameau de refuge sur un rocher de ce lac.

Vint le jour, la minute, la seconde où la Loire commença de faire brèche dans la roche peyredeyroise ; le lac devint au bout de qui sait combien d'années, le bassin du Puy, et la cité s'empara des pentes du rocher, qui est le *Mont Corneille*, brèche volcanique dominant d'environ 140 mètres les ruisseaux du vallon ; la ville s'y accroche avec ses vieilles rues tortes et grimpantes, pavées de pierre volcanique, et sa cathédrale romane où n'entrerait personne s'il fallait obéir aux deux vers léonins gravés dans deux des marches du grand escalier de façade :

> *Ni caveas crimen, caveas contingere limen,*
> *Nam regina poli vult sine sorde coli.*

« Si tu n'as horreur du péché, garde-toi de franchir ce seuil : la reine du ciel veut des adorateurs purs. »

Du bas de ce rocher puissant on sourit de la petitesse du bronze qui le couronne : Notre-Dame-de-France, avec son enfant Jésus dans les bras, a pourtant 23 mètres de hauteur, elle pèse 100 000 kilogrammes, et pour matière elle eut 213 canons pris aux Russes à Sébastopol.

Vis-à-vis et tout près du Corneille s'élance, plus bas, mais plus effilé, plus pointu, bien plus beau, le *Rocher d'Aiguilhe* ou Saint-Michel, dyke volcanique rouge qui luit comme de la braise à certaines heures du soleil montant ou déclinant; il jaillit brusquement des prairies de la Borne, à 85 mètres, et l'on y monte par un escalier de 249 marches; une église de neuf cents ans forme le pyramidion de l'obélisque.

Hors de la ville, dans tous ses environs à plusieurs lieues à l'entour, c'est la même nature heurtée, très diverse et grandiose. On y admire tout d'abord, dans la plus proche banlieue du Puy, les Orgues de la Croix de la Paille et d'Espaly, issues de la *Denise* (890 mètres), qui est un volcan fameux par son homme de préhistoire, débris de carcasse humaine : on l'a trouvé dans la coulée basaltique à côté des ossements du grand ours des cavernes et autres contemporains de l'éruption des volcans quaternaires; si donc ces quelques os moisis sont bien du même « bon vieux temps » que ceux du mammouth ou éléphant géant et du « magnanime » ours des antres, l'être pensant dont ils furent la charpente vit l'horizon des nuits se teindre de flammes, puis s'obscurcir de fumée, de cendres, quand la Denise haletait en hoquets.

On y visite les « Estreys » ou les Étroits, défilés de la Borne; les vaux de Ceyssac et de Vourzac; la gorge du Dolezon et sa charmante *Cascade de la Roche*; le couloir granitique où se tord la Sumène; le roc de Bouzols qu'une ruine de château couronne; la Roche Rouge et le cône de Servissas, qui sont pâte volcanique au sein du granit pur; et des décombres de cratères, des pavés des géants, des grottes qu'habitèrent ou n'habitèrent pas les préancêtres; enfin et surtout, au pied de la Denise, l'immense bloc de *Polignac*, grand débris sur un socle rougeâtre : à 10 lieues à la ronde, les mamelons du Velay contemplent cette assise d'un château qu'on redoutait au loin, dont il reste encore un donjon, des tours, des pans de mur et un puits si profond qu'on le nomme l'Abîme.

De ces ruines le panorama est grand, mais triste : on contemple les bosses qui furent des volcans, les champs bruns ou rouges qui furent des épanchements de basalte ; on voit des bois, des sapins, et l'on ne voit pas les vallons profonds, si beaux par le contraste de leur verdure avec la nudité des pierres « arses ».

Si haut que soit le piédestal de Polignac, les vieux barons juchèrent mainte aire féodale sur des cimes d'où l'on maîtrise plus d'abîme ; ainsi *Rochegude*, sur un pic de granit, au rebord occidental du Dèves ; sur une colline de gneiss, sa tour ronde ne domine pas aériennement les horizons du plateau bossu ; mais, contemplée du fond des étroits de l'Allier en aval de Monistrol, elle plane dans le plus haut du ciel.

La *Borne* est par excellence le torrent du Devès, avec les deux grands aspects de ce grand lambeau du pays des Vellaves.

Sur le plateau de ses sources, autour du cratère de Bar, sont les volcans usés d'où l'on voit la Margeride par delà l'Allier, le Mégal par delà la Loire ; pays de terres rouges, de bois de pins, de neige en hiver, de vent tout l'an.

Puis, dans le val profond, les basaltes, les étroits, les prairies ruisselantes, la tremblante écharpe des cascatelles, les châteaux et vieilles pierres et les merveilles du Puy-en-Velay.

Elle fait un très court voyage, à peine une promenade, 10 à 11 lieues, elle rassemble les eaux de 43 700 hectares et s'achève en Loire, rive gauche, par 592 mètres, dans la banlieue d'aval du Puy.

XCIX
MONTS
DOLORE

D'entre les hêtres du cratère de Bar on aperçoit au nord des monts, assez vagues, et seulement dans les beaux jours ; la creuse vallée d'un affluent de l'Allier, la Dore, les sépare en monts Dolore à l'ouest et en monts du Forez à l'est, ceux-ci plus hauts de 400 mètres que ceux-là. De la froide Allègre, on arrive à la première de ces deux chaînes par la froide *Chaise-Dieu* (1 100 mètres) dont l'abbaye fut très puissante ; on arrive à la seconde par la froide Craponne (950 mètres).

Les *Monts Dolore* ou *Monts du Livradois*, gneiss, granits, schistes cristallins, se répandent en chaînons arrondis, aplatis, d'abord dans le pays des origines de la Senouire et de la Dore, puis, à l'occident de ladite Dore, sur son faîte avec l'Allier. Massif ayant presque partout l'ondulation, rarement la grande raideur, presque nulle part l'apic, ils se ramifient de çà, de là, entre ravines creuses.

Mais si, par trop d'empâtement, ils manquent de « royale » désinvolture, ils sont longuement et largement sylvestres.

De vastes pâturages s'y déroulent, et des landes et brandes sans aucune plasticité de sol, avec champs d'un maigre seigle, carrés de chanvre, sillons de pommes de terre; encore y a-t-il peu de chanvrières et, pour ainsi dire, point de blé. C'est dans le fond des vallées que le bétail trouve une herbe ravigotante et l'homme une terre de générosité.

Les forêts des Dolore, celles du moins qui montent des fonds de vallées aux cimes du massif, débutent par de magnifiques châtaigniers dont les châtaignes font les délices des paysans du Livradois; à leur ombrage succède l'ombre des chênes, à l'ombre des chênes celle des hêtres; on entre ensuite dans la zone supérieure, plus sombre et moins silencieuse que l'autre, le hêtre fait place aux pins; enfin les mélèzes, les sapins couronnent la montagne et les aiguilles des mélèzes, des sapins, des pins gémissent à des souffles si faibles que plus bas les feuilles des arbres n'en sont même pas agitées : c'est pourquoi les pentes inférieures sont plus souvent muettes que les supérieures.

A 1 210 mètres s'est arrêté l'effort des roches doloriennes, à la cime de *Notre-Dame-des-Monts*, ainsi nommée de sa statue de la vierge dans une chapelle antique où les pèlerins, très nombreux encore, admirent, leurs dévotions faites, des forêts voisines, des nudités, des plateaux, tous les monts de la France du centre, des gorges, de grandes vallées; bref, l'Auvergne, le Forez, une part des Cévennes et du Limousin. 1 210 mètres, c'est exactement l'altitude d'une autre chaîne française, la Montagne Noire, en son pic de Nore.

A 6 kilomètres seulement à vol d'oiseau de Notre-Dame-des-Monts, et presque à 700 mètres en contre-bas, coule, en sa vallée du Livradois la Dore commencée par les monts Dolore, achevée par les monts du Forez.

C
DORE

Verte rivière ou plutôt torrent, qu'on prendrait parfois pour un gave, la *Dore*[1] unit Dore et *Dolore*, celle-ci plus longue que celle-là, sinon plus forte, et si pittoresque sous ses sapins centenaires qu'on a cru bon d'appeler d'après elle les monts qu'on désignait jusqu'alors sous le nom de monts du Livradois, ou qui, réellement, n'avaient pas

---

1. 135 kilomètres.

Le Plus Beau Royaume Sous le Ciel.

encore de nom général accepté de tous. Ces deux ravissants torrents, clairs, écumants, grondants ou babillants et perpétuellement déchirés de cascades, s'unissent dans la *Plaine du Livradois*, longue de 25 kilomètres, large de 3, où la Dore, si franche et si vive aujourd'hui, dormait autrefois, il y a mille ans, plus ou moins, dans un lac festonné de promontoires. De cette plaine ou vallée elle sort en aval et près d'Ambert, puis elle use des roches dans la gorge d'Ollières ; elle se verse dans la rive droite de l'Allier à raison de 5 mètres cubes en étiage ordinaire, de 15 en débit coutumier, beau flot que lui confient les 163 500 hectares de son bassin de monts et forêts. Entre le bourg de Courpière et l'embouchure, laquelle est à 268 mètres d'altitude, lui arrive la variable, pétulante et pittoresque Durolle.

La *Durolle*[1], autrement dit la Petite Dore, court dans une ville en casse-cou escaladant abruptement les talus du mont Besset. Elle y bondit d'usine en usine, entre des porphyres étreints par le lierre et autres plantes grimpantes ou descendantes ; cette ville de rochers, d'ombrages, de festons et guirlandes au bord de l'eau brisée par les écluses, est un amphithéâtre de maisons noires en bois, en brique, en pierre, un dédale d'escaliers tournants, une ruche, un immense atelier. On la nomme *Thiers*. C'est la cité des couteaux.

Son Besset, contrefort des monts du Forez, se lève tout près de la coupure où cette chaîne, perdant son nom, devient Bois Noirs et Montagne de la Madeleine.

CI
MONTS
DU FOREZ

Ce n'est pas seulement dans le Livradois que les monts de roche archaïque ont conservé leur jeunesse, leur ruisselance d'eau, leur fraîcheur primévale, leur parure, et que l'ombre est opaque et les torrents immortels.

C'est également dans le Forez, sur granits et granulites, sur porphyres, sur gneiss, sur schistes pailletés de mica. Ici aussi, les pins et les sapins, les hêtres, les bouleaux, à peu près tous les arbres dont nos forêts sont faites jettent un manteau sur la pierre à la lisière de la prairie verte, et mille « gouttes » ou ruisseaux fuient en cascatelles vers l'Allier ou vers la Loire, que l'échine forézienne sépare l'un de l'autre, aussi bien que plus au sud l'échine du Devès.

A 13 kilomètres au nord-nord-est d'Ambert-sur-Dore, la chaîne et les chaînons du Forez reconnaissent pour sommet majeur le front chauve de *Pierre-sur-Haute* ou Pierre-sur-

---

1. 30 kilomètres, 22 000 hectares.

Autre (1 640 mètres), qui plane sur un vaste horizon; de sa cime on voit fuir autour les monts foréziens eux-mêmes, dont beaucoup consacrés jadis par d'énormes pierres sacrées; puis, en tendant à l'horizon, c'est la plaine du Forez, qui fut un lac de la Loire, la plaine de la Limagne, qui fut un lac de l'Allier, le Puy de Dôme, le Cantal, le Jura, les Alpes, et le Mont-Blanc.

Conformément au culte des « hauts lieux », qui semble avoir régné sur toute la Terre, Pierre-sur-Haute fut vénérée par nos arrière-pères les Celtes : vénérée, parce que redoutée; redoutée, parce que hautaine, parce que suprême, comme le château des eaux et des neiges, la bouche des vents, l'arsenal de la foudre, le palais nuageux des Génies, le séjour des puissances de l'air. Encore aujourd'hui, souvenir inconscient des idolâtries d'antan, les Foréziens d'en bas montent un jour par année, le dimanche qui suit le 15 août, jusqu'aux roches terminales de la voussure de Pierre-sur-Haute; leurs vaches les suivent en beuglant, et, tous troupeaux réunis, un curé de l'une des deux provinces qui grimpent, chacune de son côté, les versants de la chaîne du Forez, un Auvergnat, le desservant de la paroisse de Saint-Pierre-la-Bourlhonne bénit l'assistance humaine et bovine au nom du Très-Haut.

Ce que les burons sont à l'Auvergne, les marcaireries aux Vosges, les loges le sont au Forez; devant ces cabanes de bergers, devant les jasseries ou hameaux de loges, passent les eaux de cristal des gouttes nées dans la pelouse, et ces gouttes font des torrents trop occupés à scier la forêt qui garde aux monts leur adolescence.

CII
VOLCANS
DE
MONTBRISON

Le Lignon, son affluent le Vizezy, et mainte riviérette issue de la sylve forézienne, baignent à l'orient de la chaîne, jusqu'à la rive gauche de la Loire, une plaine encore embrumée par les étangs. C'est, à 350 mètres de moyenne altitude, la plaine du Forez tranchée du sud au nord par le fleuve de la Loire et où s'élèvent les *Volcans de Montbrison*, d'ère pliocène; ils s'élancent, hauts de 100 mètres, plus ou moins, plutôt moins que plus, au-dessus des bas-fonds, étangs et marais de ladite plaine, tout à fait à son occident, près de la base orientale des monts, lesquels, sur ce versant d'est, portent çà et là des îlots de basalte. La ville de Montbrison borde au pied et couvre sur la pente méridionale un de ces volcanets; Saint-Romain-le-Puy s'est blotti au bas d'un autre, sous un prieuré; le mont Uzore se lève à 540 mètres, soit 179 mètres de domination sur l'étang du Roi; le Mont Verdun porte un

Le Plus Beau Royaume Sous le Ciel.

village voisin du Lignon; telle autre butte est couronnée par un château.

De tous ces petits Vésuves qui tonnèrent à la rive d'un grand lac d'eau douce, et quelques-uns dans ce lac lui-même, le *Mont d'Uzore* est à la fois le plus haut et le plus curieux; une tranche de basalte de 3 kilomètres le continue au sud, aux pentes de laquelle deux villages, Saint-Paul et Chalain, portent le beau surnom d'Uzore; lui-même il recélait dans les basaltes de son couronnement, et sans doute il couvre encore des débris de la poterie et de la statuaire antique; sous les Romains Mercure, Hercule, Isis, déesse dont le nom d'Uzore serait la corruption, consacrèrent ce mont qui dans ses éruptions avait lui précédemment comme un phare à feu rouge et noir sur le lac dont il émergeait. On peut croire que par la vertu même de son insularité il eut des habitants bien avant les Gallo-Romains dont on y a retrouvé des traces : isolé dans les eaux, c'était par cela même le support naturel d'une cité « lacustre » défendue à la fois par l'onde environnante, par la hauteur, et la rudesse des talus.

CIII
ANCE
ET LIGNON
FORÉZIENS

Du penchant occidental des monts du Forez la Dore reçoit de courts torrents forestiers aux cascatelles sans nombre; du penchant oriental découlent Ance et Lignon.

L'*Ance Forézienne*, par distinction avec l'Ance Margeridienne qui est un affluent gauche de l'Allier, naît par 1 400 mètres au-dessus des mers, et, longue de 64 kilomètres, fuit longtemps vers le midi comme un jeune fleuve expansif, audacieux, bruyant, qui serait destiné à la maturité dans les Cévennes, à la vieillesse dans les Garrigues de l'Hérault, à la mort sur le lido de Palavas-les-Flots près Montpellier. Mais de très tortueux défilés la rejettent au nord-est, vers la rive gauche de la Loire. Elle se déroule beaucoup plus paisiblement dans son haut pays, là où les prairies de Saint Anthème sont le fond d'un lac aboli, que dans sa vallée basse en amont de l'entrée en Loire, dans les gorges de *Chalancon* nommées ainsi d'un vieux château croulant qui regarde soucieusement un des plus grandioses passages de torrent qu'il y ait en France du Centre ; deux ponts y traversent l'Ance, ponts du moyen âge, et comme tels, fort étroits, mais aussi fort hauts, et il est bon qu'il en soit ainsi, car la rivière de Saint Anthème n'a d'autre règle qu'un caprice effréné : lorsqu'elle rencontre la Loire à 440 mètres au-dessus des mers, à 7 kilomètres en aval de l'embouchure du Lignon de Vellavie, à l'issue d'un bassin de 50 000 hectares, elle peut ne lui amener que de centaines de litres d'une eau muette, noire (mais tout de même transparente), comme aussi elle peut lui arriver avec un fracas de tonnerre et puissante de plusieurs centaines de mètres cubes à la seconde.

Le *Lignon Forézien*, par distinction avec le Vellave, plus fort, plus brusque et violent que lui, dut il y a deux cent cinquante ans une renommée mondiale à l'*Astrée*, longue pastorale qui fut en son temps le plus célèbre des livres de France: même cette gloire du Lignon dure encore, mais c'est un renom vague, comme celui d'un fleuve de la mythologie ou d'un château des quatre fils Aymon.

Lignon, nom de rivière assez répandu en France, dans les formes de Lignon, Alignon, Oignon, etc., c'est ici une désignation générique des torrents, torrentelets et beaucoup de « Lignons » ou plutôt de « Lignonnets » composent le Lignon : ils partent des forêts, des broussailles, des pâtis étagés sur les monts du Forez jusque dans la froide région où Pierre-sur-Haute déchire des nuages indécis entre le versant de la Loire et celui de l'Allier. Torrent dans les gorges, il devient rivière dans la plaine du Forez, à Boën; en quoi il diffère essentiellement du Lignon des Vellaves : c'est dans sa moitié d'en haut que celui-ci coule sans fureur, dans sa moitié d'en bas qu'il rugit et qu'il gronde, tandis que le Lignon de l'*Astrée* folâtre et bondit en amont de Boën et s'apaise en aval. Il serpente dans le joli vallon de Sail-sous-Couzan, à plus de 200 mètres en contre-bas des ruines formidables de *Couzan*, forteresse des XIIe, XIIIe et XIVe siècles, et il finit en Loire en aval et près de Feurs, par 325 mètres au-dessus des mers. Non moins inconstante que l'Ance, cette rivière de 15 lieues, drainant 71 500 hectares, se contente souvent de confier moins de 1 000 litres par seconde au fleuve, et se passe quelquefois la fantaisie de lui dégorger plus de 300 mètres cubes.

CIV
BOIS-NOIRS

L'Auzon, affluent major du Lignon Forézien (en réalité sa seconde branche mère) et la riviérette de Thiers, la Durolle, ajustent leurs versants au col de Noirétable (754 mètres); leurs défilés séparent les monts du Forez, au sud, des Bois-Noirs, au nord.

Granits et porphyres qui ne se laissent pas volontiers entamer par les lubies des météores, ces monts ont bien conservé l'intégrité de leurs roches, celles aussi des forêts qui leur ont valu ce nom de Bois-Noirs; hêtres, chênes, sapins, pressés en sylves sombres, n'y laissent que fort peu de place aux cultures et aux « incultures » habituelles en montagnes de Dolore, de Forez, Bois-Noirs et Madeleine : chanvrières, et patatières, seiglières, pâcages, étendues vagues, bonnes à tout vent.

Là se lève, borne entre les trois départements du Puy-de-Dôme, de la Loire, de l'Allier, jadis entre les trois provinces d'Auvergne, de Forez et de Bourbonnais, là monte à 1 292 mètres le *Puy de Montoncel*, pyramide triangulaire d'où l'on voit à la fois plaines du Bourbonnais et du Berry, monts d'Auvergne et de Marche, Cévennes, Alpes, voire le Mont-Blanc, mais très rarement, aux froides clartés du mois de novembre.

Du Puy de Montoncel s'épanche la Bèbre, le torrent-rivière qui sépare les Bois-Noirs (à l'ouest) de la Madeleine (à l'est); tout près naît dans l'ombre des bois le Sichon, qui est la riviérette de Vichy.

CV
BÈBRE
SICHON

La *Bèbre* ou Besbre [1] reste longtemps torrent montagnard entre le plus haut des Bois-Noirs à l'occident et le plus haut de la Madeleine à l'orient; dès son arrivée au bas de la Prugne, à trois lieues de sa source, elle n'est qu'à 600 mètres au-dessus de l'Atlantique, mais si le lit s'abaisse très vite, les monts ne s'écartent pas et la Bèbre coule en défilés très « stricts », fort creux, sylvestres et sombres jusque près de la Palisse.

A partir de cette ville sous-préfectorale c'est, entre coteaux, une rivière de 16 mètres de moyenne ampleur; la Loire, qu'elle atteint à moins de 10 kilomètres au sud-sud-ouest de Bourbon-Luncy, reçoit d'elle, en hommages de 88 700 hectares, 3 à 12 mètres cubes par seconde, suivant le décours de l'année, avec crues extrêmes approchant de 400.

Sichon. — On ne peut guère passer sous silence l'eau qui frôle Vichy, la ville de bains, de boissons, de plaisirs, où accourent plus de 50 000 dolents, demi-dolents, simples curieux, triples fêtards, et une foule de joueurs et de « décavés ». D'ailleurs le Sichon, presque tout en gours et en ratchs dans des gorges boisées, est un vif, un gracieux, un sémillant compagnon de voyage pour qui le suit sur ses 35 kilomètres de course; il dégage de leurs eaux supplémentaires 21 900 hectares qui lui préparent un flot de 500 à 1 700 litres par seconde, grandes sécheresses à part, grands orages aussi.

1. 100 kilomètres.

CVI
MONTS DE LA MADELEINE

La **Madeleine** pourrait tout aussi bien que son vis-à-vis d'ouest se nommer les Bois-Noirs, au moins les Bois-Sombres, tant sont profondes ses forêts de jeunes, de vieux hêtres et de quelques autres essences soit à feuilles caduques, soit à sève résineuse, à tenaces aiguilles.

La *Pierre du Jour* y règne, qui n'a pourtant que 1 165 mètres, au voisinage du haut lieu qu'occupait la chapelle de la Madeleine dont le nom devint celui de toute la chaîne ; ainsi que tant d'autres oratoires solitaires dans la région des vents, des neiges, de la foudre, cet édicule chrétien avait confisqué le culte antérieur d'un dieu général ou d'un génie local.

D'un dôme un peu moins haut, à 3 lieues au nord de la *Pierre du Charbonnier* (1 031 mètres), la vue, vraiment superbe, s'empare mieux qu'à la Pierre du Jour, du morceau de France compris entre le Puy de Dôme et les cimes du Beaujolais.

Donc, la Madeleine demeure partout au-dessous de 1 200 mètres : ainsi de Pierre-sur-Haute au Montoncel, du Montoncel à la Pierre-du-Charbonnier, le dos forézien s'abaisse, et quand la chaîne arrive dans le pays de la Palisse, les porphyres que troue le long tunnel de Saint-Martin-d'Estréaux, sur le chemin de fer de Paris à Lyon par Roanne, n'ont plus guère que 500 mètres de surrection.

La Madeleine s'épanche en torrents à cascatelles vers la rive droite de la Bèbre et dépêche à la rive gauche de la Loire d'assez gros torrents dont le plus long et fort, le mieux muni d'affluents, l'*Aix* gagne le fleuve à 315 mètres d'altitude, au moment où celui-ci s'apprête à passer de son grand plan de Forez dans le grand plan de Roanne par les couloirs du Saut de Pinay et du Saut du Perron. A l'exemple de l'Ance et du Lignon, non moins que de toute autre coulière du granit, du porphyre, ce courant de 14 lieues de vire-voltes, de 43 200 hectares de domaine dans les monts de Saint-Just en Chevalet et les collines de Saint-Germain-Laval, se résume par un étiage officiel de 800 litres (l'étiage réel bien moindre) et des crues de 200 à 300 mètres cubes (les expansions extrêmes bien plus puissantes) ; les belles eaux ordinaires vont à 4 ou à 5 mètres cubes.

CVII
MONTS DU LYONNAIS

Au nord du Pilat, la Cévenne, si l'on veut continuer de nommer ainsi le dos d'entre Atlantique et Mer Intérieure, la Cévenne perd tout caractère méridional ; ce n'est plus la montagne sèche, ardente, éclairée jusqu'à l'incendie, avec garrigues odorantes ; elle devient septentrionale, avec prairies au lieu de maquis, elle s'abaisse, et jusqu'aux Vosges trois seulement de ses sommets atteignent 1 000 mètres.

Les *Monts du Lyonnais* interposent leur masse entre le Rhône et la Loire, dans l'ancien département qu'on avait appelé Rhône-et-Loire et qui continuait Saône-et-Loire au midi; ces deux noms voisins étaient en parfaite harmonie, s'appliquant l'un et l'autre à deux pays de grand faîte, mais on partagea le Rhône-et-Loire en deux.

Mainte forêt a disparu des monts du Lyonnais, maint village pastoral y est devenu bourg industriel associé à la fortune de Lyon. Mais l'ossature de ces roches est solide; en tant que gneiss, schistes cristallins, granits; elles ne sont point avachies; seulement la lente désagrégation de diverses sortes de granit, de gneiss plus faciles à dissocier que les autres, y a soit éparpillé, soit concentré des « chirats », ce qu'on appellerait ailleurs des chaos, des entassements de pierres de loin semblables à quelque forteresse, à quelque ville de Titans, effondrée sur son acropole; les chirats sont comme des Montpellier-le-Vieux ou des Bois de Païolive bien moins vastes, beaucoup plus mélancoliques, sans fouillis de buissons, d'arbres et d'arbrisseaux, sans herbes parfumées dont le soleil tire pour le passant une sorte d'ivresse.

Les monts lyonnais s'étendent en plateaux à larges vallons, en croupes herbeuses, en « gores », terres peu ou point perméables, donc tendant à la tourbe, au marais, dès que la pente leur manque; et ces terres nées de la délitescence des roches anciennes n'ont guère de vertus fécondantes, comme il appert en temps de moisson, devant la pauvre récolte du seigle, de l'avoine, comme le montrent encore mieux les vastes bruyères, les genêts, les taillis et les brousses, les bois de hêtres, de pins sans sauvage vigueur. Ceci pour le haut du Lyonnais, au-dessus de 600 mètres, là où la pomme de terre et le seigle plus que le blé sustentent le rural peu consolé de sa pauvreté, à l'ouest par le grand spectacle des monts du Forez où se couche leur soleil, à l'orient par l'amphithéâtre des Alpes et la blanche souveraineté du Mont-Blanc. Ce haut du Lyonnais est comme un Limousin avec moins de pluies et sans étangs.

Au-dessous de 600 mètres, les versants s'inclinent, les torrents ne dorment plus dans le vallon mouillé, ils sautent en cascades dans les défilés, le chêne est dru, le châtaignier, le noyer également, le blé croît, aussi la vigne, les arbres à fruits. Et plus on descend, plus belle est la contrée, l'infertilité passe à la fertilité, puis tout en bas à la luxuriance le long de la Saône et du Rhône quand le Rhône a bu la Saône ; au bord de ces deux fleuves, le mûrier annonce l'approche du Midi.

A leur tombée sur Saône et Rhône les monts du Lyonnais ne se contentent plus de leurs assises primitives, ils se revêtent des boues glaciaires, des blocs erratiques ici déposés par la moraine frontale de ce grand glacier du Rhône qui, partant des Hautes Alpes du Saint-Gothard, débordait par-dessus le Jura et ne s'arrêtait qu'au delà, au-dessus de la future Lyon après s'être lourdement appesanti sur la future Dombes. Fourvières, Saint-Irénée, Sainte-Foy (320 mètres) chargent de maisons, d'usines, de palais, d'églises l'escarpement et la cime de ces collines terminales, au bas desquelles se déroule, dans Lyon même, la rivière calme que le fleuve inquiet va dévorer. Au nord et tout près, au-dessus de cette même Saône, le *Mont-d'Or* (625 mètres), dont les forts défendent Lyon, est sans doute ainsi appelé du blanc jaune des calcaires qui le couronnent ; il lève de hautes pointes d'où l'on contemple une campagne d'admirable opulence, des vallons gracieux, la Saône ondoyante, le plateau de la Dombes et, par delà plus de cent étangs, la ligne droite tracée dans le ciel par le fronton du Jura, enfin, derrière le Jura, les Alpes, souvent presque effacées, parfois très visibles avec neiges éclatantes allumées par le Dieu du jour.

Le culmen des monts du Lyonnais, butte sans nom sur les cartes, à 30 kilomètres au sud-ouest de Lyon, s'élève à 950 mètres ; il avoisine Riverie, village à 800 mètres d'altitude qui contemple de près le Pilat dans toute sa gloire, d'un peu plus loin les croupes du Forez, de très loin la Cévenne, l'Auvergne, d'encore plus loin le Mont-Blanc.

Les torrents que les monts du Lyonnais partagent entre Rhône et Loire se ressemblent tous, sauf grandeurs inégales, par leur faiblesse débonnaire en saison sèche, leur intolérance en grandes pluies ; on a profité de leurs brusques dénivellations dès qu'ils ont quitté le plateau, pour leur imposer les métiers de fileurs, tisseurs, minotiers, scieurs, batteurs de chanvre, etc.

De ceux qui vont vers le Rhône, le plus fort, la *Brévenne* parcourt 40 kilomètres et 46 000 hectares ; elle coule dans le bassin houiller de Sainte-Foy-l'Argentière et se verse indirectement dans le fleuve par Turdine, Azergues, et Saône.

La *Coise*, le principal des tributaires « lyonnais » de la Loire passe devant l'amphithéâtre escarpé de Saint-Galmier, la ville si renommée pour ses eaux gazeuses ; elle serpente pendant 12 lieues, elle épanche 38 500 hectares.

Le Plus Beau Royaume Sous le Ciel.

CVIII
MONTS
DU
BEAUJOLAIS

Ainsi nommés de ce qu'ils couvrent la contrée dont la capitale était Beaujeu, les *Monts du Beaujolais* sont des porphyres, des granits, des schistes.

Ils entrent dans la haute région de l'air par le Saint-Rigaud, le Monné, la Roche d'Ajoux, le Tourvéon.

Le *Saint-Rigaud*, trop bas pour être un roi de l'espace, mais assez haut pour en être un prince, domine tous les monts d'Ajoux, vieux nom des « Alpes beaujolaises ». De ses 1 012 mètres, il entrevoit dans le lointain le casque d'argent du grand suzerain de toutes nos montagnes, le Mont-Blanc; à l'autre bout de l'horizon, il contemple les ondulations du Forez, en une sorte d'azur sombre, une image flottante, indistincte, estompée. Souvent on y grimpe par les obscurités, les ombres et demi-lumières du bois d'Ajoux, qui associe les sapins étroits aux chênes arrondis et aux hêtres. Par ses sentiers d'escalade montent, puis descendent une fois par an, le 15 août, quelques pèlerins (race de moins en moins assidue et nombreuse), braves gens qui sans le savoir sont des ultra-conservateurs révérant l'un quelconque des dieux du premier panthéon de l'humanité, un génie local, ou une puissance des airs, ouragans, éclairs ou tonnerres, ou peut-être le père universel des hommes, le divin soleil. Les pierres, débris de murs, épaulements de sol qu'on y distingue encore, ne témoignent point de l'ère aujourd'hui confusément reculée dans le plus noir passé, ni même d'un culte celtique ou d'un oratoire romain; elles sont la dernière survivance d'un prieuré d'il y a mille ans construit à cette froide hauteur par les moines de Cluny, puis déserté pour la difficulté d'y vivre entre les vents et les neiges.

Le *Monné*, voisin du Saint-Rigaud, de l'autre côté d'un col de 945 mètres, voit le même « tour du monde », du Forez au Mont-Blanc, et il le voit presque d'aussi haut, car il a 1 000 mètres juste.

La *Roche d'Ajoux*, en communauté de nom avec Bois d'Ajoux et Monts d'Ajoux, arrête à 973 mètres son ascension dans l'éther, comme Saint-Rigaud et Monné; elle plane sur un infini fini, sur Loire et Saône, sur Bresse et Dombes, sur Jura et sur Alpes, sur Madeleine, Bois-Noirs et Forez.

Aux flancs du *Tourvéon* (819 mètres) roula jadis en bondissant un tonneau d'où sortaient des cris de rage étouffée : le bon peuple « amphitourvéonnais » croit encore (ou du moins il raconte) que l'empereur à la barbe fleurie condamna le traître de Roncevaux, l'homme de l'embûche, Ganelon, seigneur du noble château de Tourvéon, à dégringoler de la tête au pied du mont dans une barrique intérieurement hérissée de clous; et que la barrique, arrivée en coup de foudre au bas de la pente, remonta plus vite encore la pente contraire; cette forteresse a disparu du sommet du Tourvéon, moins des trous, des reliefs, des fossés, des citernes.

Des prairies supérieures de ce massif du Beaujolais, devenus pastoraux après avoir été du haut en bas sylvestres, ruissellent partout des eaux pures : Grosne de Cluny; Ardière de Beaujeu, et la très charmante Azergues : ces trois courants courent, on peut le dire, vers la rive droite de la Saône.

CIX
GROSNE, ARDIÈRE, AZERGUES

La *Grosne*, faite de plusieurs petites « Grosnes », descend du massif du Saint-Rigaud et gagne la Saône à 13 kilomètres sous Châlon, forte, à l'ordinaire, de 6 600 litres, que l'étiage réduit à 2 500 au bout d'un pèlerinage de 90 kilomètres en une conque de 120 000 hectares. Elle égoutte les terrains les plus divers, des plus vieux aux plus jeunes: granits, gneiss, schistes, lias, calcaires, dépôts tertiaires, détritus modernes.

Sa ville est *Cluny*, puissance déchue, qui fut souveraine au moyen âge; aucune abbaye mère ne commanda tant de couvents que son abbaye des Bénédictins, dont deux mille moûtiers dépendirent; « capitale intellectuelle de l'Europe », ce monastère exubérant versait la doctrine, la science, l'art, les métiers aux quatre coins du monde catholique; il dressait une église romane qui resta la plus grande en chrétienté jusqu'au jour où l'on bâtit Saint-Pierre de Rome.

L'*Ardière*[1] a pour principaux mérites de couler, moins à l'air libre que sous une voûte, dans la ville de Beaujeu, puis de passer entre des collines d'où des vins généreux descendent.

L'*Azergues* part du même massif culminant que la Grosne, mais celle-ci se déroulant vers le nord (un peu est) et celle-là vers le sud (un peu est également), le val d'Azergues est, en même temps qu'aussi vert, bien plus lumineux que celui de Grosne, et par conséquent bien plus beau. C'est un enchantement de suivre les mille et un replis de cette eau pure, vagabonde, incessamment brisée, qui sépare la chaîne proprement dite du Beaujolais (à l'orient), du *Chaînon des Mollières* (à l'occident), ce dernier formant toit des eaux sur le parcours de la

1. 25 400 mètres, 13 500 hectares.

Le Plus Beau Royaume Sous le Ciel.

grande ligne européenne entre la Méditerranée (par Saône et Rhône) et l'Atlantique (par Loire). Riviérette de prairies entre peupliers, saules et vernes, avec bois plus durs et plus « sérieux » sur le double talus de Beaujolais et Mollières, elle emporte avec elle une riviérette égale, la Brévenne, fille des monts du Lyonnais, augmentée de la Turdine, fille des monts de Tarare ; et ainsi amenée à 25, 30 mètres et plus de largeur, elle verse dans la Saône le tribut de 90 000 hectares d'un bassin point homogène, tant s'en faut, puisque les roches et dépôts de presque toute la longue histoire de la Planète s'y rencontrent, des vieux granits et porphyres à l'alluvion quaternaire, voire à l'alluvion moderne, en passant par schistes cambriens, terrains houillers, schistes lustrés du trias, lias, oolithe, tertiaire pliocène — région bigarrée qui pourvoit de peut-être 5 mètres cubes à la seconde ce torrent-rivière de 18 lieues de serpentaison.

La *Turdine*, qui est le vif torrent de l'industrieuse et industrielle Tarare, découle des monts de Tarare, et ces monts sont, au vrai, le prolongement méridional du chaînon des Mollières : ainsi se rattachent-ils à la masse beaujolaise.

CX
MONTS
DE TARARE :
RHIN
ET SORNIN

Les *Monts de Tarare* tirent leur nom d'une ville qu'ils resserrent dans une vallée profonde, et qui doit tout aux machines et métiers modernes ; car, avant qu'elle tissât velours, peluches et mousselines, *Tarare* était un pauvre bourg et ses voisines, Amplepuis, Thizy, Cours, qui ont grandi avec elle et par elle, n'étaient que des villages. Au nord-ouest de cette ruche d'ouvriers, le tunnel des Sauvages (2 926 mètres) perce en plein porphyre l'obstacle d'entre Rhône et Loire, et de là le chemin de fer de Paris descend à Roanne par le beau vallon du Rhin ; au sud-ouest, le *Boussièvre* ou Boucivre ou Tour de Matagrin rivalise en hauteur et en puissance de panorama, près de ce terme méridional des monts du Beaujolais, avec les cimes de leur massif septentrional ; ayant 1 004 mètres, il dépasse le Monné et ne s'humilie que de 8 mètres devant le Saint-Rigaud.

Les deux torrents que dépêchent à la rive droite de la Loire les monts de Tarare et les monts des Mollières, le Rhin et le Sornin ont tout à fait les mêmes allures ; seulement le Rhin [1] ou Rhins, long de près de 15 lieues en un bassin de 50 000 hectares, l'emporte en développement, conque et volume sur le Sornin

---

1. 52 kilomètres, 43 000 hectares.

et tous deux, fils des roches anciennes très peu ou point perméables à l'eau de ciel dont se font obscurément les sources, diminuent si fort de la saison des pluies drues à la saison des longs soleils, que leur lit, dont l'onde bruyante extravague en automne, en hiver, au printemps, devient en été presque muet, presque réverbérant, presque vide.

Le *Rhin* se démène en une vallée où de gros bourgs dépendants d'Amplepuis et de Thizy retentissent du bruit des fabriques, dans une ravine étroite, creusée, souvent trop nue, souvent aussi magnifiquement gracieuse ou gracieusement magnifique, avec arbres, rochers, prairies, rapides du torrent, écluses d'usine où blanchit l'eau bleue; il s'abîme dans le fleuve à l'aval de Roanne.

Le *Sornin*, réunion de « Sornins » plus petits, contourne le massif de Dun-le-Roi (732 mètres) qui porta sur sa cime l'oppidum gaulois de *Dunum*, puis la ville forte de Dun-le-Roi; et celle-ci donna son nom au Dunois — au Petit Dunois, pourrait-on dire : le Grand Dunois, le vrai Dunois est ailleurs, en Beauce, autour de Châteaudun.

Il fut un temps où le porphyre du Beaujolais se continuait jusqu'au porphyre des monts de la Madeleine ; derrière ces pierres dures dormait un grand lac de la Loire; sournois, comme toute onde immobile, ce lac lima la roche, et la Loire prit le chemin de la mer.

Ainsi dissociés de la Madeleine, les monts du Beaujolais se prolongent au nord par les monts du Charolais.

CXI
MONTS
DU
CHAROLAIS

Considérés habituellement comme terme septentrional de la Cévenne, ces monts prolongent au nord-ouest ceux du Beaujolais, et par les mêmes roches anciennes, sinon qu'autour de Charolles, ville dont elles tiennent leur nom, ces roches sont surmontées de trias, de lias, d'oolithe.

D'un quart moins élevés que les monts du Beaujolais, leur soulèvement majeur, 775 mètres, le *Mont Crozan*, dôme sylvestre, porte à sa cime la Chapelle de Saint-Cyr, d'où son second nom de montagne de Saint-Cyr; tout près les *Grandes Roches* atteignent 772 mètres; ces deux suprêmes extumescences de la chaîne se bombent à une vingtaine de kilomètres au sud-est de Charolles, au faîte entre Loire et Rhône; l'une et l'autre empâtées dans le plateau, ce sont en apparence deux collines bien moins majestueuses que le *Mont Saint-Vincent*, à 10 lieues au nord : ce « mont » de 603 mètres, jadis couronné d'une puissante forteresse et portant aujourd'hui presque à son faîte un chef-lieu de canton, marque superbement, de très loin, par sa

Le Plus Beau Royaume Sous le Ciel. CHAPITRE

pyramide orgueilleuse, isolée, le centre du grand département de Saône-et-Loire ; aperçu, reconnu de très loin, il regarde un tour d'horizon qui ne s'arrête qu'au Mont-Blanc et, dit-on, au Puy de Dôme, tous les deux, cela va sans dire, extrêmement peu indistincts.

Les régions supérieures du massif charolais se déroulent en bruyères, brandes et landes froides, mornes, infécondes, mais les pentes inférieures, les vallées, les bas vallons sont gazonnés d'une herbe dont vivent, même trop bien, puisqu'ils s'engraissent, des bœufs dont la race est très renommée.

Le mont Saint-Vincent se dégage de son plateau d'alentour à 15 kilomètres au midi de l'*Étang de Longpendu*, où l'on est convenu d'arrêter à la fois Cévenne et monts du Charolais en face du Morvan.

Cet étang, à 301 mètres d'altitude, occupe exactement le faîte entre Loire et Rhône, et l'on en a profité pour y établir le bief de partage du *Canal du Centre,* au lieu de divorce de la Bourbince et de la Dheune, riviérettes qui s'ajustent si exactement bout à bout, c'est-à-dire source à source, qu'elles suivent un seul et même sillon droit malgré leur pente contraire dans la dépression dont Montchanin, Blanzy, Montceau, et près d'elles Epinac, Montcenis, et surtout le Creusot, tirent des « immensités » de houille.

La *Bourbince* descend au sud-ouest ; c'est la riviérette de Paray-le-Monial, sanctuaire si fréquenté que tel mois de juin y a vu plus de cent mille pèlerins ; longue de 18 lieues, elle porte à l'Arroux, tributaire droit de la Loire, les ruisseaux de 46 636 hectares.

Dans le sens contraire, soit vers le nord-est, la *Dheune*, riviérette de Chagny, parcourt 15 lieues et transmet à la rive droite de la Saône les rus de 105 000 hectares.

L'*Arconce*, riviérette de Charolles, et courant central du Charolais, se promène pendant 70 kilomètres dans la prairie, au milieu des bœufs gras, et s'épanche en Loire à 4 500 mètres au-dessus de Digoin, par 225 mètres d'altitude ; elle lui amène la surabondance de 64 880 hectares.

CXII
MORVAN

Le massif du *Morvan* ou Morvand, rejeté à l'ouest, n'a point de part au grand toit des eaux européennes ; il se borne à séparer deux fleuves du versant de l'Océan, la Seine à laquelle il dépêche l'Yonne augmentée de la Cure, la Loire à laquelle il envoie l'Arroux, rivière essentielle de l'Autunois.

C'est cet Autunois qui relie le Charolais au Morvan propre

ment dit, dont le nom nous rappelle une des origines de notre peuple, l'antique nation des Celtes qui foula notre sol avant le Romain et le Germain, après les ancêtres ténébreux. Morven, ainsi s'appelle encore un mont de la Haute Écosse chanté jadis par les bardes en un dialecte celtique toujours vivant, mais mort à demi.

Des gneiss dont la dureté semble éternelle, des granits qui, très durs aussi, se laissent plus aisément raboter, élimer, enlever, arrondir par le froid et le chaud, la langue rugueuse de la pluie, les neiges, intempéries et frimas; des granulites, des filons, tufs et coulées de porphyre, toutes traces d'une antiquissime volcanicité, et, dans l'Autunois, des schistes permiens entamables où l'Arroux n'a pas eu grand'peine à se frayer passage, tels sont les maîtres éléments de ce massif qui se dresse à l'une des deux grandes origines de la Seine comme un pilier des tempêtes recevant annuellement 1 548 millimètres de pluie au réservoir des Settons, 1 505 au Bois du Roi.

Une pareille avalanche d'eau d'en haut, de neiges à flocons pressés descendues d'un ciel cotonneux, un tel déluge tamisé sur les hauteurs évoque dans les fonds, par milliers, des sources vives; et cela malgré la nature compacte des roches morvandelles: d'abord à cause des failles et cassures qui disloquent çà et là les granits bien plus que les gneiss; ensuite parce que les molécules granitiques, les débris amenuisés du mont, les feuilles des bois, les végétations spongieuses, les tourbes, ont fini par amasser dans les bassins, vallons, remous de collines, un filtre perméable sur la pierre qui ne l'est pas. Petites, mais jamais défaillantes, ces fontaines vont à des étangs; et, des étangs, faits tantôt par la nature, tantôt et plus souvent par l'homme, sort la multitude des ruisseaux ombragés, ici par le hêtre, plus commun en Morvan que tout autre arbre de haute futaie, là par le chêne, le châtaignier, le bouleau, l'acacia; au-dessus des eaux rapides, les talus montent à 200-250 mètres, et leur hauteur, quelquefois leur raideur, et l'étroitesse du val donnent, entre ces collines, l'impression de la montagne. Dans le bas comme dans le haut, autour des étangs comme au versant des coteaux, l'humidité des cieux entretient la saveur des herbes et le suc des forêts.

Ainsi le Morvan s'honore de ses torrents, de ses bois qui couvrent le tiers de son domaine, de ses prairies qui en couvrent le dixième. Ses ruisseaux, qui çà et là se déchirent en cascades, font un double travail: ils arrosent les herbes, ils portent les ramures que le bûcheron enlève tous les ans aux sylves morvandelles et qui, dès que le courant des eaux les a descendues dans le bas pays, s'en vont à Paris par chemin de

Le Plus Beau Royaume Sous le Ciel.

fer ou par bateau : bûches, cotrets, fagots et charbons, la grande ville, se chauffe surtout et houille à part, aux dépens du Morvan.

Dans l'ellipse allongée que ces monts froids embrassent, il ne se dresse pas un seul dôme de 1 000 mètres; le *Bois du Roi*, culmen du massif, et cime suprême du bassin de la Seine, n'a que 902 mètres, et point de panorama grandiose, non plus qu'aux sources mêmes de l'Yonne, le *Prénelay* (850 mètres) : de ces deux « phares de l'espace », la vue, contrariée par les branches des hêtres, s'arrête au prochain horizon.

Le *Beuvray* (810 mètres), mieux « espacé », plus beau de loin, supérieur de 400 mètres aux bas-fonds de son pourtour, contemple « l'univers », et par les heures les plus claires des jours transparents, il voit vaguement le Puy de Dôme à l'extrême midi. Il porte sur les 135 hectares de son plateau terminal, encore entouré de retranchements, des ruines confuses, des bosses de terre, des levées, des apparences de rues et de maisons, des fondations de ce qui fut la *Biffractum* du moyen âge, l'illustre *Bibracte* d'avant les Romains; et Bibracte fut à la fois sanctuaire, forteresse, refuge, ville et marché des Celtes Éduens : ce dont témoignent, trouvées dans ce sol sacré, plus de deux mille médailles, toutes gauloises, et pas une seule latine. Nos arrière-pères y fondaient et y forgeaient le fer, ils y composaient du bronze, ils y ciselaient des bijoux barbares, ils s'y livraient à l'émaillerie dans des ateliers et maisons de pierre sèche et de terre battue; ils y tenaient des foires qui ont traversé le moyen âge et sont arrivées jusqu'à nous sous forme d'un marché du premier mercredi de mai, de plus en plus désert, car à quoi bon, venu de si loin, monter si haut des pentes si ardues pour trafiquer si petitement ? On y adorait une divinité, la déesse Bibracte des Celtes, qui devint la *dea Bibracta* des Romains, puis à partir de la mort lente du paganisme, se transforma en un messager de la bonne nouvelle, le plus illustre de tous, l'apôtre des Gaules, Saint Martin, dont on y invoque toujours l'intercession : mais de moins en moins nombreux y grimpent les pèlerins, depuis que peu à peu s'effacent, reculant dans la pénombre, toutes les légendes, les croyances, les vénérations du jeune âge de l'humanité. Il semble que c'est sous le règne d'Auguste, premier empereur, que les Gaulois, déjà quelque peu romanisés, descendirent de leur vieux, sauvage, solitaire oppidum pour aller vivre plus loin des aïeux, dans le pays bas, en vallée, à *Augustodunum*, notre Autun. D'autres monuments de nos ancêtres se dressaient, croyait-on, dans la montagne morvandelle, sous forme de mégalithes, dolmens ou menhirs; on en avait compté soixante-huit — vaine imagination, ce n'étaient que des jeux de la nature, simples effets de l'érosion du granit.

Si forestier qu'il soit encore, le Morvan n'a point gardé tous les arbres du temps jadis; de longues échines que les bois habillaient montrent aujourd'hui les rugosités, creux et bosses de leurs ossements, sans autre parure que les herbes du pâturage; des bûcherons y cognaient, qui n'y cognent plus, moins de charbonniers y vivent dans des huttes à côté de leur foyer étouffé; moins sylvestre, la montagne est devenue plus pastorale, et l'on y engraisse plus de bœufs au gazon savoureux des prés et des ouches ou bassins. Maintenant, tel de ses sites au bord des étangs ou sur la croupe est dévêtu et pareil à ceux du Limousin dénudé.

Morvan et Limousin ont d'ailleurs même nature, même substance, même histoire « cosmique »: l'un et l'autre appartiennent au Massif Central, mais le Limousin s'y noue toujours et le Morvan s'en dénoua quand la Loire scia le porphyre en aval de Roanne.

Ce mont qu'habitent des hommes solides et d'où l'on peut dire qu'il en descend un fleuve de lait, tant il fournit de nourrices aux familles où l'on n'allaite pas, ce massif soit vert, soit sombre (et blanc en hiver), ce « mauvais pays », comme le nomment avec dédain les hommes des contrées basses d'alentour, de la région des froments et du vin, bref ce Morvan, ce pilier d'angle a pour maîtres courants l'Yonne, la Cure, l'Arroux, rivières grandes en saison de pluie et pendant les neiges fondantes, mais très fort diminuées par la sécheresse : ainsi se comportent partout les eaux venues des terres fortes, des structures compactes.

CXIII
YONNE ET CURE SUPÉRIEURES.
ARROUX

L'*Yonne* sort d'un petit bassin de prairies environnées de bois, à 726 mètres au-dessus des mers, et n'est encore qu'un ruisseau rapide en un ravin profond quand elle passe au pied de la colline de Château-Chinon, qu'on pourrait appeler ironiquement une « ville d'hiver », parce que l'hiver y est long, dur, chargé de neiges; cette colline de 609 mètres, le Guet de Château-Chinon plonge abruptement de 800 pieds sur la rive gauche du torrent qui n'est guère ici qu'à 350 mètres d'altitude, ayant ainsi racheté plus de la moitié de sa pente en 15 à 18 kilomètres seulement, tous recroquevillements compris, sur un cours total de bien près de 300. Quand elle quitte les roches et sylves morvandelles, par environ

Le Plus Beau Royaume Sous le Ciel.

230 mètres, en aval de Montreuillon, l'Yonne n'est encore qu'une humble riviérette de 700 litres en portée normale, mais une eau très gaie, très vive et courante, qui s'engage dans le lias pour passer ensuite à l'oolithe et à la craie.

L'*Altera ego* de l'Yonne, la *Cure*, son affluent de droite, très forte ou très faible suivant la saison, part de la région la plus humide en Morvan. Encore ruisseau, mais de grande abondance en vertu de la libéralité du climat en pluie, elle remplit le réservoir des Settons, à une lieue de Montsauche, par 580 mètres d'altitude.

Le *Lac des Settons* — vraiment, c'est un lac que ce réservoir — reflue contre une digue cyclopéenne de 267 mètres de long, sur 20 de haut, plus de 11 d'épaisseur à la base, près de 5 au couronnement ; derrière ce mur, qu'on ne saurait trop louer s'il était romain, l'eau fournie par les 6 000 à 7 000 hectares du bassin supérieur de la Cure s'amortit en une nappe de 16 500 mètres de contour, de 18 de profondeur à pleine coupe : en tout 23 millions de mètres cubes en 403 hectares. L'étang des Settons a été instauré de 1855 à 1858 pour aider au flottage estival de la Cure, à la navigation de l'Yonne, aux éclusées du canal du Nivernais et du canal de Bourgogne. — Avec de semblables retenues, nous grandirions toutes nos rivières ; sans même sortir du pays de la Cure, on pourrait arrêter 10 500 000 mètres cubes dans la gorge de Bussières, sur le Tournesac, tributaire du Cousin.

Régularisée par cette réserve qui lui assure 2 500 litres de plus par seconde pendant les trois ou quatre mois torrides de l'année, la Cure, qui est comme l'Yonne une grande flotteuse de bois, se tord dans les granits et sur les granits, au fond de gorges qui ne sont nulle part plus belles qu'à *Chastellux*, où les commande un antique château. Des roches anciennes elle passe au lias, et du lias elle entre dans le calcaire oolithique à Pierre Pertuis qui, le nom l'indique, est un passage, un défilé, le dernier de la rivière, à la fin de la montagne. Le tributaire majeur de la Cure, le *Cousin*[1], autre rivière morvandelle, lui ressemble par ses sinuosités dans le granit, son passage dans le lias, puis le calcaire, l'énorme écart entre le plus bas étiage et la plus haute crue ; une ville fièrement campée sur un roc de granulite, la très pittoresque *Avallon*, est la riveraine du Cousin, mais elle l'est de plus de 100 mètres de haut.

L'*Arroux* court devant Autun, qui n'est plus que l'ombre

---

1. 65 kilomètres, 45 000 hectares.

CINQUIÈME — *Monts Intérieurs.*

d'elle-même ; cette *Augustodunum*, héritière de Bibracte, n'occupe plus que cent des deux cents hectares qu'enfermait sa muraille romaine de 6 kilomètres où veillaient 53 tours. Capitale des Éduens, Gaulois qui furent traîtres à la Gaule, elle devint une cité gallo-romaine dont sont encore debout deux portes, un poste hors murs dit Temple de Janus, et partout de menus débris ; mais rien n'y parle de l'amphithéâtre dont on dit qu'un seul cirque du monde romain, celui de Rome le dépassait en amplitude.

Grossi sur sa droite par des torrents issus du plus haut Morvan, l'Arroux reçoit sur sa gauche des ruisseaux d'étangs venus des collines houillères où grandit le *Creusot*, l'immense usine à fer et fabrique de machines. Il atteint la rive droite de la Loire en aval de Digoin, par 224 mètres au-dessus des mers.

Au nord de l'Autunois, à l'est du Morvan, s'étend l'Auxois, et cet Auxois confronte à l'orient avec la Côte d'Or, au nord avec le plateau de Langres et les coteaux du Châtillonnais. Auxois, plateau de Langres, Châtillonnais, monts Faucilles, lias et calcaires, tout cela se déposa dans une mer jurassique séparant jadis deux massifs de bien plus vieille surrection, le Morvan et les Vosges.

CXIV
AUXOIS

Tranché par le Serein, l'Armançon, la Brenne, l'Ozerain, l'Oze, l'*Auxois* donne à ces courants la naissance, mais leur refuse l'accroissement ; ses lias, à pentes soit molles, soit dures, ses calcaires de couronnement, créneaux à cassure vive, à chute à pic, sont assez chiches en fonts pérennes, et toutes ces riviérettes vont des crues grondantes dues aux grandes pluies, des passages orageux d'eau trouble à l'écoulement silencieux d'un menu flot d'étiage, eau trouble aussi, en des vaux étroits, de 150, parfois 200 mètres d'entaille dans la masse du plateau. D'affouillement en affouillement, et les marnes du lias ne cessant de s'écrouler tandis que l'oolithe des sommets tenait bon, l'Auxois a fini par se diviser en une foule de plates-formes aux talus très inclinés ayant prairies et forêts.

Par la vertu de ces creusements et ravinements, lesdites plates-formes sont devenues, quelques-unes du moins, des acropoles de la nature. Tel au nord du pays, le mémorable *Mont Auxois*, haut de 418 mètres au-dessus du miroir des mers, de 170 mètres au-dessus de la *Plaine des Laumes* où se réunissent la Brenne, l'Ozerain, l'Oze. Sur son plateau de 2 000 mètres de long sur 800 de large, espace d'environ 100 hectares, à côté du village d'Alise-Sainte-Reine, un Vercingétorix de 6 mètres de taille, statue de cuivre, regarde tristement l'horizon triste. Ce

Le Plus Beau Royaume Sous le Ciel.

colosse est-il bien à sa place? Le héros gaulois, l'Auvergnat supérieur contemple-t-il ici le vrai lieu de sa défaite, *Alesia*, proie de César implacable? D'aucuns en doutaient, qui plaçaient bien loin de là le champ fatal, notamment en Franche-Comté, à Alaise, au-dessus des précipices du Lison. Mais on n'en doute plus guère, tant le Mont Auxois a pour lui les meilleures vraisemblances, encore qu'on se figure difficilement sur cette cime étroite 90 000 guerriers, 10 000 chevaux et tous les attirails d'une grande armée; sans doute que César, à la fois juge et partie, a menti dans son livre, et que les champions des dernières batailles de la guerre d'Indépendance n'approchaient pas de cent mille, contre les soixante mille de l'homme de fortune qui hacha les Gaulois comme chair à pâté; il y avait là pourtant bien des nations celtiques, comme en font foi cinq cents monnaies gauloises trouvées dans ce sol funeste et funèbre : des Arvernes, des Séquanes, des Volces, des Bituriges, des Carnutes, des Santons, sous des chefs tels qu'Epasnact, Litavet, Tasget, et avant tous Vercingétorix lui-même. Du Rhin à l'estuaire de la Gironde, la force de la patrie était là, devant le « paillard chauve ».

CXV
SEREIN.
ARMAN-
ÇON

Les courants si peu coureurs, sauf en cas d'orages, qui sinuent au fond des creuses vallées de l'Auxois ne deviennent rivières véritables qu'après leur passage du lias dans le jurassique. Tels le Serein en aval de l'Isle, l'Armançon en aval de Semur.

Le *Serein* d'en haut se partage entre l'Auxois à l'est et les granits du Morvan à l'ouest. Tout ce qu'ont pu lui verser d'eau les roches imperméables à partir de la première gouttelette sur les froids plateaux de Saulieu, il le perd dans la pierre craquelée dès qu'il est arrivé sur la grande oolithe, et il n'y a pas du tout de Serein dans le Serein d'été, quand il passe à Noyers.

Dans son cours supérieur il laisse à droite, et fort haut, l'antique église (XIe, XIIe s.) et l'antique château de Thil (XIIe s.), aujourd'hui vaste ruine sur un coteau chauve de 476 mètres; puis il frôle le bas de la colline isolée que coiffe Montréal, bourgade fort archaïque, avec église du XIIe siècle, portes du XIIIe, maisons du XIVe, du XVe, du XVIe. Ce « Mont Royal » est un des joyaux de la Bourgogne.

Ainsi vide absolument quand il arrive à Noyers, le Serein y renaît soudain par des fontaines vives donnant, dans les années les plus arides, 200, 500, 600 litres par seconde, et certainement jusqu'à 1 000 en temps favorable. Dès lors il est incapable de tarir, mais il diminue extrêmement en été, tandis qu'en hiver il déborde souvent et ensable au loin ses prairies, semblables alors à un lac d'où se lèveraient des peupliers sans nombre au pied de coteaux chargés de vignes; puis il passe à Chablis; c'est-à-dire qu'un bon vin blanc descend de ses collines : si l'Yonne a sa « côte » d'Auxerre, l'Armançon sa « côte » de Tonnerre, le Serein a sa « côte » de Chablis. Il s'épanche dans l'Yonne, rive droite, après un déploiement de 186 kilomètres en un domaine de 145 800 hectares dont il tire à l'ordinaire 6 à 7 mètres cubes.

L'*Armançon*[1] sort bien pauvre, on peut dire bien laid, de l'Auxois, et il faut des semaines de pluies pour qu'il veuille bien courir et non dormir autour du promontoire de Semur, ville escarpée, digne d'une rivière, même d'un fleuve, et qui n'a qu'un fossé.

En amont et près de Semur il s'arrête contre une digue de 23 mètres de hauteur, en un étang de cinq millions de mètres cubes pour les éclusées du canal de Bourgogne; c'est là le *Réservoir du Pont*.

En aval, la roche change; l'Armançon aussi, que le calcaire, puis la craie pourvoient de magnifiques eaux de source, telles que la Font d'Arlot près Cry, la Font de Saint-Jean près Tonnerre et, à Tonnerre même, la Dionne ou Divonne. Dans la prairie de Saint-Florentin lui arrive une presque homonyme rivière, la limoneuse *Armance*[2], remarquable par la force et la pérennité des fonts de son bassin oolithique ou crayeux, entre autres celles de Chaource, lieu de son origine.

De tout autre nature est le plus long tributaire de l'Armançon[3], la riviérette de Montbard, la *Brenne*, qui sèche fort en été, mais dont les orages font un fleuve parce qu'elle est presque exclusivement un courant du lias.

L'Armançon se perd dans la rive droite de l'Yonne à une lieue en aval de l'embouchure du Serein, près de la Roche, qui est un nœud de voies ferrées dont l'une, des plus capitales en France, longe longtemps la rivière en même temps que le *Canal de Bourgogne* : celui-ci a pour fonction d'unir la Seine par l'Yonne à la Saône, et par la Saône, au Rhin. On attribue au fils rachitique de l'Auxois puissamment révigoré par le jura de Bourgogne un volume coutumier de 24 mètres cubes, contre des crues de 253, et un étiage de 1 500 litres.

D'autres ruisseaux de l'Auxois descendent à la rive gauche de l'Ouche, dont la gorge sépare l'Auxois de la Côte d'Or.

---

1. 174 kilomètres, 295 000 hectares. — 2. 45 kilomètres, 53 406 hectares. — 3. 60 kilomètres, 75 000 hectares.

Le Plus Beau Royaume Sous le Ciel.

**CHAPITRE CXVI
COTE D'OR**

L'*Ouche*[1] a deux natures, deux aspects, deux orientations qui se coudent vers *Dijon*, jadis le Paris de la Bourgogne, aujourd'hui simple ville de province.

En amont de Dijon, elle est serrée dans le calcaire, au fond d'une combe de la Côte d'Or; elle marche au nord-est, ayant à son côté le canal de Bourgogne, qui descend d'écluse en écluse; en aval, c'est une rivière presque à sec en été, qui s'égare, vers le sud-est, dans l'immense plaine bourguignonne, avec une foule de ruisseaux, de rivières que l'été ne respecte pas non plus.

La *Côte d'Or* est une chaîne basse, non sans beautés : forêts, gorges dans l'oolithe avec escarpement de fronton et, sur ce fronton, des plateaux qui sont de petits causses aussi secs que ceux de Gévaudan, de Rouergue et de Quercy; d'où, dans la profondeur des ravins, en des « bouts du monde », les sources lucides, les fraîches eaux de cascatelles; sur leur penchant d'orient, à la lisière de la grande plaine de la Saône, la vigne donne un vin puissant, gloire de la Bourgogne.

Son soulèvement le plus élevé, le *Bois-Janson* n'a que 636 mètres; il bombe, à l'ouest-nord-ouest de Nuits, l'un des plateaux forestiers entre lesquels les fentes et diaclases de la roche, aidées du travail de l'érosion, ont fini par diviser l'antique plateau jurassique.

Plus au sud, à proximité de Beaune, les *Chaumes d'Auvenay* ne lèvent qu'à 571 mètres des steppes mamelonnés où nul arbre n'ombrage les gazons secs; cependant, si formidables d'aridité désolée parurent-ils à nos arrière-grands-pères, que ces bonnes gens crurent de tout cœur que leurs Chaumes égalaient les Grandes Alpes, même celles du Mont-Blanc, en ascension « astrale ».

Quand on a dépassé l'entaille de l'Ouche, au nord, au nord-ouest de Dijon, la Côte d'Or continue d'allonger ses plissements calcaires, ses chaumes sans rus murmurants, ses bois et forêts, ses vallons secs à leur origine, puis qui voient naître, au pied des talus rocailleux des sources de grand jet; fontaines qui ont leurs commencements réels fort loin en amont, dans les couloirs internes de l'oolithe éclairés d'avens dont le plus célèbre est le *Creux de Souci*, à 5 lieues nord-nord-ouest de Dijon; on a muré le trou de cet abîme, qui invitait au crime, à la mort volontaire, qui était dangereux aux animaux et aux passants étrangers; or, on ne l'avait pas encore exploré, pas même sondé : on le disait profond de 300 mètres, et il n'en

---

1. 85 kilomètres, 92 500 hectares.

avait probablement que 75 ou 80 au plus, étant donnée la superposition des diverses assises calcaires en cet endroit du pays. Il communique avec une source riveraine de l'*Ignon* [1], la plus longue et la plus abondante des riviérettes dont se compose la Tille, courant fait de plusieurs Tilles, au versant méridional du plateau de Langres.

CXVII
PLATEAU
DE LANGRES :
TILLE ET BÈZE

En approchant de Langres, la Côte d'Or change de nom et devient le *Plateau de Langres*, mais elle ne change guère de nature, sinon que le lias, au lieu de l'oolithe proprement dite, y domine grandement autour de la ville venteuse, et, de par son altitude de 473 mètres, parfois glaciale qui a donné son nom au prolongement nord-oriental de la Côte d'Or ; ce triste séjour, Langres est le centre d'un camp retranché de 13 lieues de pourtour.

500 mètres au *Mont Aigu* commandant les premières fontaines de l'Ource et couronné des débris d'un camp romain ; 512 au *Mont Saule*, voisin des sources de l'Aube ; 516 au *Haut du Sec*, proche des origines de l'Aujon, voilà les humbles « supériorités » de ce tronçon d'arête entre le Morvan et les Vosges ; et pourtant Buffon disait du plateau de Langres que c'est la plus haute montagne calcaire de « l'Europe », ce que prétendant, le grand savant n'était pas moins ignorant que près de là, dans la montagne dijonnaise, les rustres des Chaumes d'Auvenay.

Sans avoir ici puissance diluvienne, la pluie fouette le plateau de Langres, surtout son versant méridional, deux fois plus dru que non loin de là, vers le nord-ouest, les plaines de la Champagne Pouilleuse ; Langres en reçoit de 650 à 900 millimètres suivant les années, et Chalindrey de 850 à plus de 1 000. Aussi a-t-elle fortement sculpté en creux le bloc des Lingons, tant son jura que son lias, couverts l'un et l'autre de terres cailloutéuses rougies par l'oxyde de fer. C'est donc dans de puissantes entailles que les rus dévalent ici du faîte européen, ceux-ci vers le fleuve de Lutèce par l'Aube et la Marne, ceux-là vers la naissante Meuse qui est le fleuve franco-wallon de Liège, d'autres vers le fleuve de Lyon par d'assez modestes tributaires de la Saône :

Par l'*Amance* [2], riviérette de 1 200 litres dispersée en bras dans de larges prairies et qui a son terme près de Jussey ;

Par le *Saôlon* [3], qui est le cours d'eau de Champlitte, de

---

1. 52 300 mètres, 37 400 hectares. — 2. 40 kilomètres, 45 000 hectares. — 3. 72 800 mètres, 41 034 hectares, 1 mètre cube.

Dampierre, et dont sinueuse est la course, belles les prairies avec sources dont la plus forte, le *Jaleux*, près de Champlitte, est un dormant de 25 mètres de fond ;

Par la *Vingeanne*[1], courant onduleux qui arrose le pays de Fontaine-Française et qui, en cela pareil au Saôlon, passe du lias à l'oolithe; par la Tille, par la Bèze.

La *Tille*[2] divise son voyage entre des gorges oolithiques et la plaine de Bourgogne, immense campagne où elle coule sur des alluvions anciennes, bien moins en rivière qu'en fossé, par la raison qu'avant son arrivée en plaine, elle s'enfouit, partiellement en hiver, entièrement en été, dans les graviers d'un lit de roches cassées. Près de là s'engouffre un autre ru du plateau de Langres, la Venelle. Sous terre, cette Venelle absorbée et ce que la Tille perd entre Thil-Châtel et Lux s'en vont de çà, de là, en ruisseaux des cavernes, en courants aveugles et sourds, puis ressortent par la source de la *Bèze*.

La *Bèze* naît au bourg de Bèze, d'un bouillant, en riviérette de 1 200 à 1 500 litres que de très longues sécheresses peuvent abaisser à 368 ; et cette riviérette, accrue plus bas d'autres belles fontaines, baigne Mirebeau, s'anastomose en bras sinueux dans la prée marécageuse et va s'abîmer dans la Saône au bout de 30 400 mètres en un bassin de 23 400 hectares.

Le plateau de Langres se poursuit à l'occident, moins élevé, sans lias ou à peu près, et tout oolithe, sous le nom de Châtillonnais; tandis qu'au nord-est, au delà des sources de la Meuse, et sans changer d'abord de nature, il prend la dénomination de Monts Faucilles.

CXVIII
CHATIL-
LONNAIS :
LAIGNE, OURCE

Sur la Seine initiale et ses affluents, l'Ource et la Laigne, le plateau très bosselé, très fissuré, très sylvestre du *Châtillonnais* s'étend aridement, avec pente générale vers l'ouest-nord-ouest. Il entoure la ville de Châtillon-sur-Seine où dort, au moment de s'épancher, la Douix, la fontaine la plus abondante du pays, lequel a justement pour caractéristiques, corollairement à la lâcheté de ses calcaires, le passage de la pluie à travers la terre poreuse du plateau blanchâtre, puis, sous ce filtre, la chute des gouttes dans les antres et la naissance de rus de nuit noire égarés de caverne en caverne jusqu'à « l'œil » brillant de la source.

1. 86 200 mètres, 70 539 hectares; 4 500 litres, avec étiage de 330 litres seulement. — 2. 88 kilomètres, 126 200 hectares, 3 à 5 mètres cubes, avec étiage de seulement 270 litres.

CINQUIÈME *Monts Intérieurs.*

La *Douix de Châtillon* sort des entrailles du Châtillonnais au bas d'un rocher de 30 mètres d'élévation et se verse en une riviérette de 600 litres qui s'unit au bout de 200 mètres à la rive droite de la Seine; ces 600 litres de volume normal se réduisent à 50 au fort de l'été, même elle a tari une fois, une seule, dans l'hiver de 1788, et c'est en raison de cette inconstance saisonnière, de cette défaillance possible, que Paris a renoncé à s'en emparer par un aqueduc.

Le nom de *Lassois*, qui précéda celui de Châtillonnais, *latiscencis pagus*, était venu de *Latiscum*, bourgade gallo-romaine; il est tombé dans l'oubli, ou du moins il ne distingue plus une région, mais un mont, en réalité simple colline, le mont Lassois (307 mètres), grand de sa solitude, et qui s'élance à 110 mètres au-dessus de la rive gauche de la Seine, à une lieue et demie au nord-ouest de Châtillon; l'ère où Rome latinisa les Gaulois quant à la langue ne s'y manifeste plus par de grandes ruines visibles, mais du sol de *Latiscum* on a maintes fois exhumé des débris du temps « impérial ».

Lassois ou Châtillonnais, les villages non blottis dans les creux y souffrent hivernalement du froid, moins par l'effet de l'altitude, qui ne dépasse pas 250 mètres en moyenne, que par le conflit des vents qui vont de l'aurore au couchant et du couchant à l'aurore. Les ruraux n'y sauraient engranger de belles moissons, car le sol n'y vaut guère, mais ils coupent des trèfles, sainfoins et luzernes, ils élèvent des moutons de bonne laine, ils plantent des sapins au plus mauvais de leurs terres, et surtout ils bûcheronnent dans plus de 50 000 hectares de sylves non résineuses, domaniales ou non, desquelles la plus ample, la *Forêt de Châtillon* réclame 8 721 hectares à elle seule.

Le pays de *Duesmois* et le pays de *la Montagne* font partie du Châtillonnais, celui-ci le long de l'Ource, celui-là le long de la Laigne, premiers affluents notables de la Seine supérieure.

La *Laigne* est triple : Laigne d'en haut, Laigne « enfouie », Laigne d'en bas. Un ruisseau naît près de Baigneux-les-Juifs et s'engouffre en un puits de l'oolithe, dans l'aride contrée qui justifie le nom de Coulmier-le-Sec; c'est la Laigne supérieure, longue de 4 lieues.

A 5 lieues au nord-ouest de la perte, à 120 mètres plus bas, la Laigne enfouie revient à la lumière dans le bourg de Laigne, par une font puissante.

La Laigne inférieure roule 2 mètres cubes en bonnes eaux, 387 litres en étiage ordinaire. Elle atteint la rive gauche de la Seine, par 150 mètres d'altitude, à 6 kilomètres au sud de Bar,

Le Plus Beau Royaume Sous le Ciel.

au bout d'un cours de plus de 65 kilomètres jusqu'à l'origine de la Laigne d'en haut, en un « ressort » de 51 779 hectares.

L'*Ource* naît du plateau de Langres, au pied du Mont Aigu ; belles, nombreuses sont les fontaines dont la dote d'oolithe, à l'ombre des grandes forêts, mais telle est la discontinuité des roches de son lit, si fréquentes ses lacunes, qu'elle laisse filtrer ou tomber et fuir presque autant d'eau qu'elle en reçoit. N'ayant frôlé que deux bourgs cantonaux, Recey, Essoyes, elle s'unit à la rive droite de la Seine à 1 800 mètres en amont de Bar, par un peu plus de 140 mètres. Le fleuve en retire 727 litres en étiage, 3 500 en débit coutumier recueillis en un voyage de 25 lieues, en un domaine de 79 746 hectares.

CXIX
BASSIGNY

Au nord-est le Châtillonnais devient le *Bassigny*, qui lui ressemble exactement en tout, aux deux rives de la Meuse chaumontoise. De l'un à l'autre, dans l'un et dans l'autre, car il n'y a pas de limite naturelle entre ces deux contrées, de grandes forêts ondulent au-dessus de l'Aubette, de l'Aube, de l'Aujon : telles les deux *Sylves d'Arc et de Châteauvillain*, qui se touchent, vastes ensemble de 17 000 hectares, autant que l'océan d'arbres ondulant sur les grès autour de Fontainebleau.

CXX
OOLITHES DE
BOURGOGNE :
YONNE
ET CURE
INFÉRIEURES

A l'ouest, au sud-ouest, d'autres oolithes montent ou descendent ou se déroulent platement ; région très sèche, comme il en est plus d'une en cette Bourgogne qu'il a plu à Shakespeare de traiter d' « aquatique ». Ces calcaires se poursuivent, par delà l'Armançon, le Serein, jusqu'à la rencontre des deux rivières morvandelles Yonne et Cure.

Sortie des lias couchés en avant des dômes primitifs du Morvan, l'*Yonne*, forte de 1 700 litres, se double presque à Clamecy, du fait du *Beuvron*[1] qui en apporte 1 400. Rivièrette de l'oolithe, onde tranquille, constante, le Beuvron de Clamecy (il y a nombre d'autres Beuvrons en France) ne se confond pas tout de suite dans le lit commun, avec l'eau moins pure du torrent « morvandiau ».

En aval de Clamecy, les roches jurassiques font rapidement de l'Yonne une belle rivière, tant elles épanchent de

---

1. 40 kilomètres, 50 660 hectares.

grandes sources ; puis la Cure fait comme le Beuvron, elle double l'Yonne, ou peu s'en faut.

De la Cure à la Seine, l'Yonne baigne Auxerre où elle passe du calcaire à la craie ; elle boit le Serein et l'Armançon, coule devant Joigny, Villeneuve et Sens, lieu du confluent de la charmante Vanne appauvrie par la soif de Lutèce, et enfin elle se heurte à la rive gauche de la Seine, par 46 mètres d'altitude, à Montereau-faut-Yonne, la bien nommée.

Avant d'unir sa destinée à celle de la Seine elle coule sous un pont célèbre par un crime et par une bataille. Une plaque remémore le crime ; elle porte quatre vers :

> En l'an mil quatre cent dix-neuf,
> Sur ce pont agencé de neuf,
> Fut meurtri Jehan de Bourgogne,
> A Montereau y fault l'Yonne.

Une statue équestre de Napoléon, avec ses mots : « Mes amis, le boulet qui doit me tuer n'est pas encore fondu », rappelle une victoire inutile en 1814 ; elle s'élève sur un terre-plein, entre le pont de l'Yonne et celui de la Seine, qui étaient l'enjeu du combat.

Quand ces deux rivières, Yonne et Seine, se choquent, celle des deux qui garde le nom jusqu'à la mer est plus courte en un bassin plus petit, moins visité des pluies ; elle est moins large, moins abondante : car l'Yonne, lorsqu'elle arrive au rendez-vous de Montereau, peut rouler dans son lit de 80 à 100 mètres de largeur, jusqu'à 800, 1 000, 1 200 mètres cubes contre les 400, 500, 600 peut-être qui passent dans la Seine, large moyennement de 70 mètres ; les eaux ordinaires de l'Yonne (75 mètres cubes) dépassent de 15 mètres cubes (?) celles de la Seine ; et les 17 mètres cubes (?) de l'étiage icaunien sont très supérieurs aux 10 mètres (?) de l'étiage séquanien.

Ainsi le fleuve que pressent les quais parisiens devrait se nommer Yonne plutôt que Seine : mais celle-ci, sortie des terrains poreux plus que des imperméables, est plus vive, moins irrégulière que la fantasque *Icauna*. L'avantage éminent de la Seine, cours d'eau tranquille issu des terrains perméables, c'est la modération, l'égalité d'humeur, la transparence des eaux fournies par les calcaires, les craies de Bourgogne et de Champagne ; si l'Yonne est plus grande, la Seine est plus belle : exactement, plus jolie.

L'Yonne absorbe l'excès d'eau de 1 088 730 hectares, elle évolue pendant 73 lieues.

Le Plus Beau Royaume Sous le Ciel.

A peine dégagée du Morvan, la *Cure* effleure de sa rive gauche la colline très haute, très dure à gravir et de tous côtés isolée dont la plate-forme porte la vieille et fort historique *Vézelay*; c'est dans la basilique de cette ville déchue que vers le milieu du xiie siècle saint Bernard prêcha la deuxième croisade; et, avant que le siècle fût achevé, Philippe Auguste et Richard Cœur de Lion, suivis de hauts seigneurs, y juraient de délivrer par une troisième croisade le tombeau du Christ qui venait de tomber au pouvoir des « felons » Sarrasins.

La Cure frôle des coteaux à vignobles; elle se cogne à la côte de Chaux, cap calcaire qu'elle contourne; cette « côte » est percée par les *Grottes d'Arcy* : dans la plus basse d'entre elles, l'antre des Goulettes, la rivière s'engouffre en partie quand ses eaux sont très hautes, puis reparaît de l'autre côté du promontoire.

Elle atteint l'Yonne au-dessous de Vermenton, à Cravant, par 115 mètres, ayant erré pendant 109 kilomètres, en 127 500 hectares. On lui attribue 1 000 litres « au plus bas du plus bas », 2 500 en maigre ordinaire, 16 à 17 mètres cubes en belles eaux.

CXXI
MONTS
FAUCILLES.
MADON

Au bout septentrional en même temps qu'oriental du trait d'union jurassique d'entre Morvan et Vosges, les *Faucilles* ne se différencient pas du plateau de Langres, du côté où elles s'ajustent avec lui, car là elles se composent aussi de lias; tandis que du côté contraire, elles appartiennent à diverses roches du trias jusqu'à leur fin contre le grès des Vosges.

Les Faucilles ne sont point des monts, mais un plateau monotone, de peu de pente, déchiré sur ses rebords — obstacle très facile à franchir, et le nom de Faucilles signifie probablement : les passages, les cols. De vastes bois les couvrent, surtout des sapinières, mais la plus ample d'entre elles, la *Forêt de Darney* (5 282 hectares) ne comprend guère que hêtres, chênes et charmes.

Les Faucilles donnent à la Saône, au midi, ses premières eaux, alors que sur le versant contraire les ruisseaux coulent vers la Meuse par le Mouzon, ou vers la Moselle par le Madon. Elles séparent donc les deux grands versants d'Atlantique et Méditerranée, et c'est même là leur seule grandeur, tant elles sont, par ailleurs, très mesquines. Un de leurs coteaux, le *Ménamont*, a 472 mètres, à Vioménil : il domine de 76 mètres, si c'est là dominer, la source de la molle rivière bourguignonne, aussi bien que les premières fontaines du Madon. Le

Mont des Fourches (504 mètres) et le *Haut-Mont* (501 mètres), dans le voisinage de Lamarche, en sont les deux têtes les plus hautes.

Le *Madon* [1] commence sur l'un des penchants de cette colline de Vioménil dont un autre versant voit jaillir la Saône. Coulant en moyenne exactement vers le nord, avec replis dont l'un n'a pas moins de 6 kilomètres pour moins de 500 mètres d'isthme, il s'en va lent et bourbeux, sur les argiles, les marnes du trias et du lias, dans le vieux pays de *Xaintois*; fertile est son val, parfois gracieux, jamais beau. Ayant passé devant une trentaine de bourgs et villages et devant une ville, Mirecourt, il se confond avec la Moselle à Pont-Saint-Vincent; quand les pluies l'ont accru, il est là comme une petite Arve en face d'un petit Rhône, et son flot terreux lutte longtemps de couleur avec la Moselle, eau non fangeuse. Il apporte ordinairement, suivant la siccité ou l'humidité des cieux, de 1 à 4 mètres cubes à la seconde.

Dans ledit Xantois se dresse d'un grand élan sur le plateau, et à près de 250 mètres au-dessus des terres boueuses, une de ces collines isolées qui ont majesté de montagne et qui, naturelles acropoles, furent dès les époques les plus reculées, des lieux de refuge en même temps que de dévotion. Le *Coteau de Vaudémont* (545 mètres), à deux lieues de la rive gauche du Madon, rappelle les vieux siècles, les vieilles guerres, les vieilles idolâtries; et aussi Rome et le moyen âge : par ses vestiges d'une voie romaine, d'un camp romain, par les formidables débris de la tour romaine de Brunehaut dont un pan de mur a conservé 17 mètres d'élévation; par les ruines du château fort des comtes de Vaudémont; enfin par son pèlerinage de Sion, fréquenté depuis neuf cent ans et qui succéda sans doute en ère chrétienne à quelque sanctuaire de l'ère gauloise ou de l'ère gallo-romaine.

Au bout des Faucilles, les Vosges et la frontière irréparable, ou tout au moins jusqu'à ce jour et pour longtemps peut-être irréparée.

A chaque heure suffit sa peine; or, nos peines et les peines de tous sont terribles, devant l'énigme des problèmes : l'Asie, les Jaunes, les Noirs, l'empire d'Afrique, l'hégémonie russe, les prétentions avouées des Anglo-Saxons au gouvernement intégral du monde, la lutte sans fin possible des misères contre l'opulence.

---

1. 90 kilomètres, 105 500 hectares.

En face de tant de Sphinx qu'est-ce aujourd'hui que l'équilibre européen, les guerres entre Occidentaux, et même l'amputation de la chair de notre chair, et la plaie saignante, l'orgueil blessé, le vainqueur arrogant ?

Ministres d'État, professeurs, historiens, savants, aucun des hommes dits ou crus supérieurs n'avait prévu l'imminent avenir ; et pourtant ils disaient tous : « gouverner, c'est prévoir. »

Aussi, de leur flux de livres, de paroles, de prophéties, d'éloquence, de tout le remous d'alliances, d'intrigues, de batailles, il n'est sorti que du néant sanglant, des haines, la paralysie de l'Europe, et l'humanité plus aveugle que jamais.

En allant des Faucilles aux Vosges, on passe des monts intérieurs aux monts extérieurs, de ce qui est exclusivement français à ce que nous partageons avec les Allemands, les Italiens et les Espagnols.

TROISIÈME PARTIE

MONTS EXTÉRIEURS

CHAPITRE PREMIER

VOSGES ET MOSELLE

I. DE LUTÈCE AUX VOSGES : LE BASSIN DE PARIS. ‖ II. LES VOSGES, LEURS FORÊTS. ‖ III. LACS DES VOSGES. ‖ IV. MAITRE MONT DES VOSGES. ‖ V. MOSELLE ET MEURTHE. ‖ VI. LANTERNE. ‖ VII. OGNON. ‖ VIII. TROUÉE DE BELFORT.

I
DE LUTÈCE
AUX VOSGES :
LE BASSIN
DE PARIS

SUR un globe réduit au millième le Parisien tourné vers le soleil levant verrait monter en degrés inégaux de longueur, inégaux d'élévation, les marches d'un pan d'amphithéâtre dont le dernier gradin, le seul haut, le seul roide et difficile, est précisément la montagne des Vosges. Ce lambeau de cirque c'est le *Bassin de Paris*.

Non point le bassin d'écoulement, puisque les eaux s'y partagent entre la Seine, la Meuse et le Rhin; mais le bassin géologique caractérisé par un même déploiement de roches, chaque étage étant de plus haute antiquité d'origine à mesure qu'on s'avance vers l'orient en montant insensiblement la pente des rivières.

Autour de la ville reine qui eut pour premiers monuments des cabanes de nautoniers et pêcheurs, ce sont tout d'abord les alluvions quaternaires, et bientôt les terrains tertiaires de l'Ile de France; puis, à l'est de ces remblais tout à fait modernes, les craies supérieures de Champagne Pouilleuse et de Bourgogne, ensuite les craies inférieures de la Champagne et de la Bourgogne « humides » (c'est l'étage qui, plongeant sous Paris, en abreuve les puits artésiens); après quoi, c'est la roche oolithique de Bourgogne, de Champagne, de Lorraine; puis les divers étages du trias lorrain; enfin, tout au bout, fermant l'horizon du Rhin, et de 1 000 à 1 200 mètres plus élevés que les assises occidentales, le grès et le granit des Vosges, la dure écorce, la pierre fondamentale, ici visible, ailleurs cachée à profondeurs différentes sous les terrains déposés par des mers ultérieures.

<small>II
LES VOSGES,
LEURS
FORÊTS</small>
On s'accorde sur la celticité de leur nom, mais on ne sait ce que ce nom signifie; celtique aussi, à moins qu'il ne soit allemand, le mot de bâlon, ballon, qui désigne leurs cimes, que ces cimes se terminent en rondeur par des dômes, cas général, ou qu'elles finissent en table et, ce qui est rare, en pointe.

La trace des prédécesseurs de Rome, Celtes ou non, s'y montre en bien des endroits, principalement sur les cimes : menhirs, cromlechs, dolmens, pierres indistinctes, semblables à des ruines d'âge indéfinissable et dont beaucoup ne sont peut-être que des hasards de la nature.

Leur dieu topique, d'ailleurs un grand « démon », puisqu'il régnait sur une contrée de 70 lieues de long, c'était le dieu *Vogesus*, parfaitement homonyme à sa montagne; on l'honora principalement sur les hauts lieux, comme les autres génies et protecteurs; on sait que les Gallo-Romains l'identifièrent au dieu latin Mercure, et lui vouèrent un sanctuaire sur le Donon, si bien qu'il y eut un Mercure du Donon, un alipède en bronze, en argent ou en or planant au-dessus des Celtes et des Germains sur le faîte entre Moselle et Rhin, tout comme un Mercure du Puy de Dôme, planant au-dessus des seuls Arvernes, sur l'arête entre l'Allier et la Sioule.

Si la mer haussait son niveau de 400 mètres, pas plus, la Vosge deviendrait une île; plus exactement, un archipel de l'Océan; telle quelle, sa crête sinueuse sépare des bassins contraires. Presque tous ses torrents courent vers le Rhin ou vers la Moselle, affluent du Rhin, et ce Rhin les emmène avec lui vers la mer du Nord, dans le domaine de l'Atlantique; mais, tout au sud, et là même où la chaîne a le plus d'ampleur, des rivières s'inclinent aussi vers la Méditerranée par la Saône, puis le Rhône. Et c'est pourquoi les Vosges s'élèvent sur la grande ligne de divorce européenne.

Avant l'an 1870, elles nous appartenaient par leurs deux versants et de l'est à l'ouest on était frères; bien que parlant des patois du deutsch, les Alsaciens, les Lorrains de la Sarre, de la Nied orientale, de la basse Moselle, se sentaient et se disaient Français et même les hommes de l'Ouest, les vrais Français, étaient moins épris de la France que les hommes de l'Est, les ex-Allemands.

Alors leur plus haute cime, le Ballon de Soultz ou de Guebwiller (1 426 mètres), qui n'est plus nôtre, ne regardait que des vallons français; c'est à moitié chemin de l'horizon qu'elle voyait la borne fluide de notre héritage, le flot inconstant du Rhin; de l'Allemage elle n'apercevait qu'une plaine confuse, et par delà cette plaine les Dômes bleuâtres de la Forêt-Noire, montagne très semblable aux Vosges, qui envoie des eaux jusqu'à la Mer Noire — car elle ombrage les sources du Danube.

Le Ballon de Soultz est le « roi des Hautes Vosges ». Le « roi des Basses Vosges » a passé comme lui de la France à l'Allemagne; on surnomme ainsi le Donon qui n'a que 1 008 mètres, mais, isolé dans sa majesté, on le crut longtemps le géant de la chaîne.

Les Vosges avaient alors chez nous plus de 150 kilomètres de longueur, au delà de la moitié de leurs 70 lieues entre Belfort et le Rhin vers Mayence ; leur plus grande largeur, 75 kilomètres, était en France, de Luxeuil à Colmar. Elles étaient plaquées sur six départements, Haut-Rhin, Bas-Rhin, Moselle, Meurthe, Vosges, Haute-Saône; tandis qu'aujourd'hui trois seulement, Meurthe-et-Moselle, Vosges, Haute-Saône, et le Territoire de Belfort, ont part à leurs dômes et à leurs forêts.

Ces massifs de granit, de schiste, de grès rouge, de grès rose appelé grès des Vosges, étaient les plus boisés de nos monts, et dans ce qui nous en reste, ils le sont encore. Sur leurs sommets, ballons et hautes chaumes, la sylve disparaît devant les gazons broutés des vaches laitières, devant les bruyères, les mousses et même la stérile nudité des roches supérieures dont l'hiver défend de tirer une pousse, une ronce, un brin d'herbe ; car les hautes Vosges connaissent toutes les rigueurs du climat continental : au-dessus de 600 mètres d'altitude ce n'est plus le ciel de « Douce France », où même le ciel d'Allemagne qui règne sur la montagne, mais celui de la Scandinavie ou du Canada. Plus de vigne après 500 mètres de hauteur, pas de châtaigniers après 650, point de noyers après 700, de chênes après 800, aucuns sapins et pas de hêtres après 1 200 — sinon des hêtreaux et des sapineaux nains comme ceux des pays mi-polaires.

Hors ces cimes suprêmes, tout ce qui n'est pas hameau, village, usine, scierie, prairie, culture, chemin, revêt un manteau sylvestre, plus ou moins sombre selon la prédominance, la minorité, l'absence des sapins, des pins, des épicéas, des mélèzes; le hêtre, le chêne, le châtaignier n'y manquent point, mais n'y font pas de forêts aussi vastes que celles des acicu-

Le Plus Beau Royaume Sous le Ciel. CHAPITRE

laires, qui souvent gravissent tous les penchants, mamelons, dômes, et descendent dans tous les ravins jusqu'à la borne de l'horizon. Le calme des vallons, où chuchotent plus qu'ils ne grondent les clairs ruisseaux des scieries, n'a d'égal dans les Vosges que le silence de la forêt quand le vent n'en fait pas vibrer les aiguilles; sur les hautes chaumes, la paix est plus profonde encore.

Si nous avons perdu le dôme culminant des Vosges et de vastes forêts, au moins nous reste-t-il leur versant pluvieux, celui qui épanche les plus belles rivières et qui jadis inclina vers le nord-ouest des glaciers deux fois plus longs qu'aujourd'hui les mers de glace des Alpes — ainsi fut le glacier de Moselle et Moselotte dont les deux branches s'unissaient au-dessus de Remiremont et qui finissait vers Éloyes, en amont du confluent de la Moselle et de la Vologne; une moraine de 60 mètres de hauteur où la rivière a forcé son passage, marque la fin de ce fleuve cristallisé qui avait sa source dans les névés des monts appelés maintenant Ballon d'Alsace, Gresson, Drumont, Ventron, Rothenbach, Haut d'Honeck.

III
LACS
DES
VOSGES

A des pierres morainiques déposées par ces glaciers disparus les Vosges doivent leurs petits ou très petits lacs, qui ont le Gérardmer pour maître et seigneur.

Le *Lac de Gérardmer* est le réservoir commun de ruisseaux à cascatelles fort courts qui descendent de hautes sapinières tendues comme un voile sur des Vosges de 800 à 929 mètres d'altitude. Bien que le premier dans toute la montagne d'entre Rhin et Moselle, à peine a-t-il 2 000 mètres de long, 500 à 800 de large, un peu plus d'une lieue de tour et 122 hectars d'une eau de 36 mètres de profondeur extrême, tellement pure qu'elle ne le cède guère à l'eau distillée. A 631 mètres d'altitude, il reflète des forêts, des prairies, des villas, gracieux paysage : « Sans Gérardmer et un peu Nancy, que serait la Lorraine ? » dit le Lorrain. La moraine de retenue, haute de 70 à 80 mètres, se dressant à l'ouest, là justement où le [...] avait sa pente naturelle, le Gérardmer s'écoule à contre-na[ture] vers l'est par la Jamagne, tributaire de la Vologne : celle[-ci] est un beau torrent le long duquel on rencontre vers l'am[ont] le Longemer et le Retournemer.

Le *Longemer* sommeille à 716 mètres, long de 1[...] mètres, étroit de 300 à 500, profond de 30; tant en amont [qu']en aval, au bas de sapinières qui le dominent de 200 à 350 [m]ètres, les alluvions de la Vologne l'ont diminué de plus de [moi]tié : il lui reste 75 hectares.

La troisième « mer » de cette vallée, le *Retournemer*, à 780 mètres en contre-haut des océans, n'a que 8 hectares et 13 mètres de plus grand creux; mer qui n'est plus qu'un étang d'entre-monts, dans la pelouse, entre splendides hêtraies et non moins belles sapinières.

Ces trois lacs, on voulait en faire trois bassins pour le service des écluses du canal de l'Est; Retournemer aurait tenu 1 450 000 mètres cubes en réserve, Longemer 5 250 500, Gérardmer 3 400 000; mais on a préféré puiser l'eau dans la Moselle près de Remiremont et l'amener par une rigole de 43 kilomètres au lac artificiel de Bouzey dont la contenance était de 7 100 000 mètres cubes avant la catastrophe récente qui l'a vidé en déluge sur sa vallée de l'Avière.

Une quatrième mer, à 1 050 mètres du haut, c'est *Blanchemer*, que la tourbe envahit, devant les sapins et les hêtres du Rothenbach; on en a fait ce qu'on n'a pas fait de Retournemer, Longemer et Gérardmer, une réserve, non pour un canal, mais pour les prairies et les engins de la Moselotte supérieure. Le *Lac du Corbeau*, soumis au même sort que Blanchemer par les usiniers de la Moselotte, dort à 900 mètres entre des monts d'un granit porphyroïde rougeâtre vertement assombri par des sapins.

Comme, d'une part, les Vosges reçoivent beaucoup d'eau de ciel, en certains endroits 2 mètres ou plus par an, le minimum étant d'un mètre, la moyenne de 1 500 millimètres; comme, d'autre part, la pierre substantielle de ces montagnes a texture serrée, sans disjoints pour la fuite souterraine des eaux, on y pourra relever de niveau tous les lacs présents, refaire les lacs anciens qu'ont oblitérés les alluvions, les tourbes, les mousses, le magma des feuilles et des branches d'arbre, enfin en créer d'artificiels à maints étranglements des vallons et vallées. Avec tant de pluies d'en haut, tant d'étroits de la roche pour surprendre et mettre en prison l'onde au passage, tant de forêts, couvrant le tiers du sol, pour aménager les pluies en fontaines, les Vosges ruisselleront un jour de filets d'argent dans toutes leurs ravines jusqu'aux grandes plaines.

IV
MAÎTRE
MONT DES
VOSGES

Le *Haut d'Honeck* ou Hoheneck est le monarque des Vosges françaises. De par ses 1 366 mètres, il n'est inférieur au Ballon de Soultz que de 60 mètres, pas même la hauteur des tours de Notre-Dame, et c'est le second sommet de toute la chaîne. Moselotte, Vologne, Meurthe, et des torrents du versant rhénan, naissent aux pieds de ce château d'eau qui a droit au surnom de Saint-Gothard des

Le Plus Beau Royaume Sous le Ciel.

montagnes consacrées jadis au dieu Vogesus. Le Haut d'Honeck commande la fameuse *Schlucht* dont la route (d'Épinal à Colmar) est si belle au-dessus du Longemer et du Retournemer, jusqu'au col où l'on arrive soudain sur les horizons de l'Alsace.

De ce *Haut des Chaumes*, nom que les paysans lorrains donnent au Haut d'Honeck, de préférence au mot allemand qui leur écorche le gosier, le regard se perd sur les monts, collines et plaines de Lorraine, sur le grand val d'Alsace, le ruban du Rhin, les lointains profils de la Forêt-Noire et du Jura.

D'une dizaine ou douzaine d'autres pointes ou dômes supérieurs à 1 000 mètres : du *Ventron* (1 209 mètres); du *Ballon d'Alsace* (1 256 mètres) qu'on pourrait appeler aussi bien Ballon de Lorraine ou Ballon de Franche-Comté, car il se lève à la borne de Franche-Comté, de Lorraine, aussi bien que d'Alsace; du *Ballon de Servance* (1 210 mètres), coiffé d'un fort de défense; du Ballon de Lure ou *Planche des Belles Filles* (1 151 mètres); de toutes ces cimes, comme aussi de beaucoup d'autres moins élevées mais portées en avant du massif, on a des vues non moins immenses, non moins prestigieuses, çà et là gênées par la forêt quand elle monte jusqu'au sommet, et parfois le recouvre à moitié ou même tout à fait. Au-dessus du Bærenkopf ou *Tête d'Ours* (1 077 mètres) les Vosges tombent précipitamment sur la trouée de Belfort.

La Moselle, tributaire du Rhin, la Lanterne et l'Ognon, rivières du versant du Rhône, emportent vers la mer toutes les eaux des Vosges françaises.

V
MOSELLE
ET
MEURTHE

On rencontre au long de cette *Moselle* ou dans son bassin, des terrains de tout âge. Tellement qu'on peut lire sur le sol presque toute l'histoire antérieure de la Planète sans sortir des versants de la « Petite Meuse » — que la Moselle soit moindre que la Meuse ou plus grande, Moselle veut dire évidemment : Meuse mineure.

Elle sort des Vosges occidentales, près du col de Bussang (734 mètres), ouvert sur le chemin d'Épinal à Mulhouse; naissance officielle, car le torrenticule majeur parmi tous ceux dont elle procède a ses origines dans le Drumont — il arrive souvent dans la montagne que le montagnard honore du rang de « tête des eaux » le courant né sur la pente du col le plus facile, ce courant fût-il de tous le plus petit : ainsi en est-il du Rhône, de l'Arve, de la Garonne.

Devant son premier village, Bussang, célèbre par des eaux gazeuses, elle est emportée au sud-ouest, vers l'Ognon, sous-affluent du Rhône par la Saône, mais bientôt elle prend le chemin du nord-ouest.

Quelle joie vivifiante que de la descendre depuis ses sources jusqu'à Épinal, en toute sa vallée supérieure, tant qu'elle reste dans les roches primitives autrefois ensevelies sous une immense dalle de grès vosgien, puis lentement exhumées par la raclure et brisure de ce grès! Devant ses eaux vagabondes, et si pures, entre prairies, rochers et sapins, on serait dans un temple de la nature si de grands filateurs et tisseurs n'avaient commandé à la Moselle d'animer des engins d'industrie dans d'énormes bâtisses qui n'ont rien de la grâce et de la sérénité grecques ou de la puissance romaine.

Au-dessus et près de Remiremont, par 385 mètres d'altitude, lui arrive la *Moselotte* [1] : Moselotte, c'est-à-dire Petite Moselle, mais de fait la Petite n'est guère inférieure à la Grande; elle la dépasse de 5 kilomètres, et toutes deux, au bout des bassins à peu près égaux, roulent 4 à 5 mètres cubes en volume normal, 1 500 litres en étiage.

A peine Moselle et Moselotte ont-elles uni leurs eaux qu'on enlève 2 000 litres par seconde à la rivière qui les continue toutes deux, et qu'on les confie au canal de Bouzey (43 kilomètres); celui-ci les conduit au *Réservoir de Bouzey* (7 100 000 mètres cubes) pour le service des éclusées du canal de l'Est; mais, ces 2 000 litres, on ne les prend à la Moselle que pendant les 160 jours de l'année où elle peut les fournir sans dommage pour les usiniers de son cours, pour les arroseurs de ses prairies. — On confisque ces 2 000 litres; disons : on les confisquera peut-être puisqu'en attendant qu'on en reconstruise la digue, crevée en 1895 en une matinée d'avril, le réservoir de Bouzey n'existe plus; que même on ignore s'il convient de le restaurer ou de pourvoir autrement le canal de l'Est.

A Jarménil la Moselle s'accroît de la Vologne, par 350 mètres au-dessus des mers.

La *Vologne* se nommait auparavant la Volange.

Torrent qui ne sort pas des roches anciennes, ses sources avoisinent celles de la Meurthe, près du col de la Schlucht; commencée non loin du Haut des Chaumes, c'est elle qui remplit Retournemer et Longemer; puis elle se déchire au *Saut des Cuves*, l'une de ces belles cascades où le granit sombre et le sapin presque noir donnent plus de blancheur encore à l'écume des eaux; elle reçoit la Jamagne, effluent du lac de Gérardmer, à l'entrée de défilés étroits, creux, presque ténébreux entre des

---

[1]. 45 kilomètres, 28 000 hectares.

rocs à pic amenant l'obscure forêt jusqu'au-dessus du gouffre.

Quand, en aval, ces gorges s'ouvrent, la rivière entreprend une foule de travaux; presque indomptable en son lit penché, pierreux, on l'a domptée, dans des biefs d'usine, moulins, scieries, papeteries, féculeries, filatures, tissages, blanchissages, dont elle s'échappe furieuse, pour être presque aussitôt remise à la chaîne; et d'industrie en industrie, la pure naïade, chaste fille des lacs dans le secret des forêts, devient une laide et livide empoisonneuse.

La Vologne, qu'on doit regarder comme une des trois branches mères de la Moselle, avec Moselle supérieure et Moselotte, parcourt 13 lieues, draine 35 000 hectares; elle contribue à la rivière d'Épinal pour 1 250 litres en eaux basses, 4 000 en eaux ordinaires.

Vologne reçue, la Moselle tombe presque aussitôt par le *Saut du Broc*, du fronton d'un barrage de grès vosgien; elle baigne, par un tout petit peu plus de 300 mètres, la ville d'Épinal où son moyen volume, péréquation des hauts et des bas, est de 28 500 litres à la seconde fournis par 101 500 hectares. Au delà de cette place centrale d'un vaste camp retranché, de 42 kilomètres de tour, elle entre dans une vallée d'alluvions anciennes entre collines du trias, auxquelles succèdent celles du lias, et elle rencontre le *Canal de l'Est* qui la suit ou l'emprunte longtemps et lui dérobe en trois endroits, par pompes élévatoires, des eaux pour le bief de partage de Pagny, commun aux deux canaux de l'Est et de la Marne au Rhin. A Pont-Saint-Vincent, qui fut auparavant Conflans, par un peu moins de 220 mètres, le Madon mêle une veine impure à sa veine transparente; il vient des monts Faucilles par les coteaux du Xaintois.

A Toul, grande place forte et camp retranché, la Moselle se débarrasse du canal de l'Est, pour s'embarrasser aussitôt du *Canal de la Marne au Rhin*, qui l'accompagne jusqu'à Liverdun : là un pont-aqueduc de douze arches porte cette voie navigable de la rive gauche à la rive droite de la rivière.

Sous Frouard, son plus grand affluent sur la terre de France, la Meurthe l'augmente d'un tiers, par environ 190 mètres.

La *Meurthe*, belle rivière, commence par les granits, les gneiss, le permien, puis se poursuit entre grès vosgiens, entre trias et lias. Étant fille des Vosges, c'est longtemps la compagne des hauts sapins aromatiques.

Grande Meurthe ou Meurthe du Valtin, Petite Meurthe ou Meurthe de Clefcy, *Fave* dont le confluent précède peu Saint-

Dié, *Rabodeau* et *Plaine*, tels sont les torrents qui concourent à la Meurthe supérieure; tous se ressemblent par la serpentaison dans les roches, l'ombrage de la sapinière, la turbulence du flot que des scieries déchirent, que l'industrie déshonore par ses rebuts, ses puanteurs, ses chimies abhorrées du poisson qui ne reconnaît plus ses palais d'antan sous la roche, car ils étaient discrètement éclairés à travers l'onde, et voici qu'ils sont obscurs dans une eau lourde et métallique.

La Meurthe moyenne, qui est celle de Baccarat la verrière et de Lunéville la guerrière, reçoit la Vezouze et la Mortagne.

La *Vezouze*, née du grès des Vosges, est flotteuse de sapins, scieuse de bois, animeuse d'usines; elle a sa fin par 221 mètres dans la banlieue de Lunéville, après 20 lieues de virevoltes dans de larges prairies dont fait son profit la cavalerie des nombreux escadrons lunévillois; ses 52 500 hectares lui valent une portée coutumière de 5 mètres cubes, mais l'étiage est faible.

La *Mortagne*[1] arrose Rambervillers, dans une plaine où le houblon monte aux perches; elle verse 2 500 litres en bonne veine, cinq fois moins en étiage.

La Meurthe inférieure baigne la vieille capitale de la Lorraine, la ville aujourd'hui très grandissante qui hérite d'une bonne part de nos industries d'Alsace; chaque année des rues s'y ajoutent aux rues, tracé géométrique, autour de la cité régulière, pompeuse, un peu vide qu'agrandit que créa presque au siècle dernier Stanislas, le dernier duc de l'antique Lotharingie.

Large moyennement de 80 mètres, la Meurthe confie à la Moselle, qui a 100 mètres d'ampleur ordinaire, le tribut de 291 000 hectares, la Moselle en ayant déjà drainé 365 000; ce tribut va d'un étiage de 5 mètres cubes à des crues de 600, avec volume ordinaire de 20, contre les 30 environ de la rivière d'Épinal; elle a voyagé pendant 165 kilomètres, et le cours d'eau rival pendant 200.

En aval de Pont-à-Mousson, la souveraineté de la France fait place à celle de l'Allemagne.

En ce lieu, l'altitude est de 175 mètres et la Moselle a parcouru 240 kilomètres.

Elle en parcourt encore 60 dans ce qui fut territoire français et qui est « province d'Empire ».

Là, dans le gouvernement d'Alsace-Lorraine, elle baigne *Metz* où lui porte son onde endormie la très sinueuse rivière de Château-Salins, la *Seille*[2] qui, d'entièrement française, est

---

1. 70 kilomètres, 58 700 hectares. — 2. 128 kilomètres, 126 000 hectares.

devenue presque tout à fait allemande; elle boit l'*Orne de Woëvre* [1] au bassin en éventail, rivière restée pour la plus grande part eau de France et où s'absorbent des ruisseaux boueux, déversoirs d'étangs innombrables; elle passe à Thionville et sort enfin de l'ancienne France par 142 à 143 mètres.

On estime que son pèlerinage est jusque-là de 300 kilomètres; il lui en reste encore plus de 250 avant d'atteindre le Rhin, puisque son cours est de 570 kilomètres. Elle sépare d'abord la Prusse rhénane (à droite) du grand-duché de Luxembourg (à gauche); puis, tout entière en Allemagne à partir du confluent de la Sure, rivière luxembourgeoise, elle reçoit la Sarre, dont le cours supérieur était français, passe devant l'antique Trèves et se tord convulsivement entre les schistes d'une vallée dont les Germains célèbrent bruyamment les « vins de feu ». Son embouchure est à Coblence.

Nous ignorons ce que la Moselle verse officiellement au Rhin; nous savons seulement que c'est une belle, une abondante rivière. Quand elle quitte l'ancien territoire français en aval de Sierck, avant d'avoir recueilli Sure, Sarre, Kyll, son débit d'étiage est de 24 500 litres, volume que de longues sécheresses ont pu réduire à 16 500; il se peut que Sure, Sarre et autres tributaires fassent de la Moselle un courant de 25 à 30 mètres cubes aux eaux très basses, de 40 en étiage normal, de 150 en tenue ordinaire, avec module de 250. Elle écoule 2 803 300 hectares, dont 908 700 en France.

VI
LANTERNE

La Lanterne s'appelle ainsi fort disgracieusement depuis une centaine d'années, par corruption de Lantenne, nom qu'a conservé Lantenot, l'un de ses premiers villages; et Lantenne, c'est également un mensonge, par intégration de l'article; en réalité cette rivière comtoise est une Antenne, tout comme l'Antenne de Saintonge, affluent de la Charente.

La *Lanterne* sort d'un étang par un peu plus de 400 mètres, au pied de collines de moins de 500 qui sont les derniers contreforts des Vosges, à trois ou quatre lieues au nord de Lure. Recevant des émissaires d'étangs, des ruisseaux de forêts, elle coule dans les prairies, sans grande pente. Ayant à peine parcouru 30 kilomètres, et déjà passée du grès des Vosges aux alluvions quaternaires, elle rencontre un torrent de 800 à 1 600 litres qui l'emporte sur elle de 15 kilomètres : c'est le *Breuchin*, qui bondit dans les Vaux de Faucogney, puis coule

---

1. 80 kilomètres, dont 63 en France, 116 000 hectares, 6 200 litres.

plus indolemment devant une ville de bains renommée, *Luxeuil*, jadis *Lixovium* — même nom que Lisieux (*Lexovium*) en Normandie.

A Conflans, rencontre d'un autre courant égal ou supérieur : la *Semouse*[1] qui a ses naissants près de Remiremont et de la rive gauche de la Moselle et qui hume Augronne, Combeauté, Planey.

L'*Augronne* (ou Eaugrogne, et qui grogne en effet, sur une forte pente, en val encaissé) court dans le val de *Plombières*, fameuse bourgade thermale et minérale ; elle ne bondit que pendant 27 kilomètres.

La *Combeauté*[2], torrent de 400 à 1 200 litres, babille dans la vallée des Roches ; c'est l'eau vive qui se déchire au *Saut de Faymont*, celle qui serpente dans le *Val d'Ajol*, puis devant Fougerolles où tant de cerisiers fleurissent.

Le *Planey*, qui n'a rien de vosgien, doit sa belle onde à des infiltrations de l'oolithe du pied de la montagne. Il sort, à 3 kilomètres de Saint-Loup, d'un profond gour de 30 mètres de diamètre, et dès lors il a sa largeur de 10 mètres et tout son flot bleu (1 300 litres?), qui fait aussitôt tourner les meules d'un grand moulin.

C'est à Conflans que l' « Antenne » se double, à Conflandey que cette héritière de torrents des grès vosgiens s'achève dans la Saône, par 215 mètres. Elle n'a que 50 kilomètres, mais les 106 000 hectares de son bassin en éventail la pourvoient de 3 200 litres en étiage, de 6 mètres cubes en volume ordinaire, ce qui la fait égale à la Saône, ou bien peu s'en faut.

VII
OGNON

Autre nom fâcheux, par corruption du nom vrai : l'Ognon s'appelait réellement le Lignon : on a coagulé le mot avec son article.

Il ne relève de la Vosge, de ses granits et grès, puis des roches du trias que jusque vers Villersexel ; ensuite il se déroule sur des oolithes se rattachant à l'énorme masse calcaire ou crayeuse du Jura, et c'est à celui-ci qu'il doit surtout ses eaux constantes, les flots orageux, colériques, passagers lui venant principalement des Vosges.

Il tire ses courants de fontaines en forêt, sur les croupes que couronne le Ballon de Servance ; il tombe de 13 ou 14 mètres de hauteur au voisinage de Servance ; puis une course rapide l'amène sur l'oolithe, qui n'a nulle part plus de craquelures, d'entonnoirs de succion, de naissants d'eau vive que la roche

---

1. 45 kilomètres, 45 000 hectares, 3 mètres cubes. — 2. 40 kilomètres.

prend, rend, reprend, redégorge ; maint ruisseau y coule autant sous terre que sur terre.

L'Ognon lui-même a sa part de ces défaillances, morts et résurrections : vers Froideterre il filtre en partie dans le sol; l'eau qu'il perd ainsi reparaît, du moins on l'imagine, à Lure par la *Font de Lure,* gour dont émane un ruisseau que la canicule ne tarit jamais.

Au-dessous de Villersexel, incroyablement errant, les Grecs l'auraient nommé Méandre; en détours brusques, en retours aigus, il serpente devant Montbozon, Marnay, Pesmes et s'unit à la Saône par deux bras, près de Pontailler, par 185 mètres d'altitude. C'est 10 mètres cubes d'eau pure, 4 en étiage, que ses 185 kilomètres de déroulement, ses 225 000 hectares dans une conque allongée, lui permettent de verser à la rive gauche de la Saône « supérieure », qui, à partir de ce confluent, devient la Saône « moyenne ».

VIII
TROUÉE
DE
BELFORT

Une ville en grande partie peuplée d'Alsaciens ayant fui l'Alsace devenue prussienne, borde la *Savoureuse,* riviérette de 10 lieues de course, de 22 528 hectares de conque descendue des Vosges les plus méridionales; cette ville, adossée à des collines couronnées de batteries, de forteresses, c'est *Belfort*, qui commande à l'ouest la fameuse Trouée.

La *Trouée de Belfort*, plan d'alluvions anciennes accru d'alluvions modernes, continue et termine au-sud-ouest les longs, larges, féconds dépôts de la plaine d'Alsace, riveraine du Rhin. Elle sépare les vieilles roches des Vosges, au nord, des roches beaucoup plus jeunes du Jura, au sud, par une lacune de 6 lieues, passage des plus commodes pour les armées, les voies de fer, de terre et d'eau entre Rhône et Rhin. Le *Canal du Rhône au Rhin* en profite pour troquer le bassin du Doubs, rivière suisse et comtoise, contre le bassin de l'Ill, rivière alsacienne longtemps parallèle au Rhin qui finit par la boire; le chemin de fer de Bâle emprunte également ce large sillon.

Entre ces deux versants du Rhône et du Rhin, au village de Valdieu, le seuil, n'est qu'à 344 mètres au-dessus des mers, la Vosge en ayant 1 000 à 1 200, et le Jura 600-900. Immédiatement au delà du lieu de partage, le canal descend par une dizaine d'écluses dans le pays du Rhin sur une pente fort visible, vers la Largue, affluent de l'Ill; sur le versant opposé, dans la plaine de la Trouée, la pente, au contraire, est presque insensible, le long d'une riviérette à quatre noms dont l'un traduit la nature intime de la contrée — rivière Saint-Nicolas, rivière des Montreux, Aine, Bourbeuse.

La *Bourbeuse*[1] part des Vosges et n'y reste guère que l'espace d'une lieue; aussi le peu d'eau vive et limpide qu'elle tire du mont ne tarde-t-il pas à se salir en plaine, entre berges d'alluvions, et les ruisseaux qui lui arrivent de droite, de gauche, sont également souillés par leur passage sur les terres meubles; le Saint-Nicolas s'enfange, et devenu la Bourbeuse, il se perd dans l'*Allaine*[2], rivière franco-suisse, ou dans l'ordre de son cours, helvéto-française, qui part du Jura bernois, absorbe chez nous la Savoureuse à Montbéliard et se verse dans la rive droite du Doubs, à raison de 7 à 8 mètres cubes en portée ordinaire, de 1 000 litres en eaux très basses.

On ne peut traiter équitablement de banal, de monotone et laid, le plan terreux de la Trouée : d'abord il est en vue des montagnes; puis de grands bois y ondulent, de nombreux étangs y miroitent; des collines isolées s'y dressent entre le double massif dont elles tirent leur être intime : car, suivant qu'elles furent détachées, par usure, par arasement tout autour, soit de la Vosge, soit du Jura, elles consistent soit en grès rouge, soit en oolithe; chacune d'elles raconte ainsi l'histoire de son origine. Les plus « stratégiques » se sont transformées à partir de l'an de malheur en forteresses qui croisent en tous sens leurs canonades sur le grand entre-bâillement de Belfort.

1. 40 kilomètres, 30 000 hectares. — 2. 60 kilomètres, 115 000 hectares.

CHAPITRE DEUXIÈME

JURA ET SAONE

IX. LE JURA, SES DISLOCATIONS, SES PLATEAUX. ‖ X. ENFOUISSEMENT ET RÉSURRECTION DES EAUX. ‖ XI. LACS DU JURA. ‖ XII. MONTS ET COLS DU JURA. ‖ XIII. RIVIÈRES DU JURA. ‖ XIV. VERSOIX, VALSERINE. ‖ XV. AIN. ‖ XVI. SAÔNE : DE LA SOURCE AU DOUBS. ‖ XVII. DOUBS. ‖ XVIII. LOUE ET LISON. ‖ XIX. DU DOUBS AU RHÔNE. ‖ XX. ORBE. ‖ XXI. DOMBES. ‖ XXII. BRESSE. ‖ XXIII. SEILLE, REYSSOUZE, VEYLE. ‖ XXIV. JURA D'OUTRE-RHÔNE.

IX
LE JURA :
SES DISLO-
CATIONS,
SES PLATEAUX

PRESQUE toutes les Vosges furent nôtres, mais nous n'avons jamais possédé que la moindre partie du Jura.

Hors de France, à l'est, cette montagne charge la Suisse occidentale, franchit le Rhin à la cascade de Schaffhouse et, passant en Allemagne, y traverse le Danube ; puis ses plateaux, se prolongeant au loin sur « l'empire des bonnes mœurs et de la crainte de Dieu », vont former la Rude Alpe, montagne de Souabe à laquelle succède le Jura de Franconie, montagne de Bavière ; et ce Jura-là ne s'arrête qu'en pleine Europe centrale, contre les monts de la Bohême, à 160 lieues au nord-est de la première élancée du massif au-dessus des plaines de Bourgogne et de Franche-Comté.

Dans le « pays de la frivolité », c'est-à-dire chez nous, il couvre en tout ou en partie le Doubs, le Jura, l'Ain, avec un lambeau de Saône-et-Loire, et sa longueur y est d'un peu plus de 250 kilomètres, sur une largeur variant entre 35 et un peu plus de 80. Si l'on ajoute au Jura français le Jura suisse, qui le continue exactement comme nature de roches, et aussi comme nature d'hommes — car tout ceci est un pays de Celtes et de

Burgondes « romanisés » — on donne au massif une ampleur de 30 lieues, entre les plaines de l'Arar et les plaines de l'Aar, deux rivières dont les noms sont peut-être identiques, sauf un peu de corruption ; mais au nom d'Arar nous avons substitué le nom de Saône. Si le Jura, montagne fort étalée, avait une hauteur digne de sa largeur la Gaule eût été séparée de l'Helvétie par une sorte d'Himalaya deux fois moins élevé, mais tout aussi glacial, voire plus, que la crête supérieure du monde, et l'on ne verrait ni lacs, ni bois, ni gazons, rien que neige cristallisée sur cette amplitude que tendait jadis de vert, de sombre, de noir, et d'outre en outre, la très profonde forêt des Séquanes.

Le Jura se compose essentiellement des calcaires qui ont pris de lui le nom de jurasiques ; mais on y trouve aussi des roches plus anciennes, lias et trias, des roches plus modernes, notamment le néocomien, craie qui doit justement son nom à *Neocomia*, hui Neuchâtel, ville assise à l'orient du massif, au pied du Jura d'Helvétie, au bord d'un lac d'où déflue un sous-tributaire du Rhin par l'Aar ; tandis qu'à l'occident et au sud les torrents se hâtent vers le Rhône : le Jura fait donc partie de la grande crête européenne.

Malgré sa presque parfaite homogénéité, l'on peut à la rigueur le diviser en deux, Jura d'occident et Jura d'orient. Le Jura d'occident tombe de beaucoup plus bas sur le plat pays ; il monte bien moins haut dans le ciel ; ce n'est pas en vraie montagne qu'il commande le plateau-plaine qui fuit de sa base vers le soleil couchant, jusqu'à la Saône ; plateau-plaine soit de Dombes, soit de Bresse, auquel il amène, par des combes, de beaux petits torrents nés de fontaines superbes, dans de superbes « bouts du monde ».

Le Jura d'orient, beaucoup plus élevé, s'abat magnifiquement de 1 000 mètres sur le plateau de la Suisse française, dans les cantons de Neuchâtel, de Vaud, de Genève ; il est plus jeune que l'autre et consiste surtout en néocomies.

Moins boisé que les Vosges, le Jura a bien plus de masse ; au lieu de cimes arrondies on trouve ici de longues arêtes parallèles, sur des plateaux tantôt nus, tantôt voilés de forêts où les sapins et les épicéas dominent.

Le retrait des roches, les secousses et poussées intérieures, les météores, les glaciers préhistoriques, tant ceux du Jura même que les grandes mers de glace des Alpes, qui furent assez longues pour passer par-dessus les cols jurassiens, enfin l'eau libre, extérieure, des torrents, et l'eau captive, intérieure, qui use les chambres de pierre et les prépare à l'effondrement ; ces causes de tout temps franchement ou sournoisement agissantes ont tellement coupé ces plateaux que, sans parler du Jura d'Allemagne, le Jura franco-suisse se partage en cent soixante chaînons.

Ainsi que l'ont travaillé, diaclasé, divisé les météores, le Jura n'a donc plus sa continuité de roches; il est fait de plateaux entre monts, ou de plateaux entre abîmes où gronde sourdement l'eau des torrents froids, ou de plateaux entre montagne et gorge. Tels, du sud-ouest au nord-est :

Le *Plateau de l'Heute*, ou plateau de Lons, ou encore plateau Lédonien, d'après le nom latin (*Ledo*) de Lons-le-Saunier, la ville capitale du département du Jura. D'une altitude moyenne de 600 mètres seulement, donc l'une des moins « sublimes » du massif, il s'étend de la falaise d'occident, borne de la Bresse, aux couloirs profonds incessamment creusés plus encore par le flot tumultueux de l'Ain. Son fronton sur la plaine et sa chute en talus, en cirques, en précipices, c'est, riche auparavant, pauvre à présent et de plus en plus vide, le *Vignoble* ou Bon-Pays : Vignoble de par ses vins de paille, son champagne de Comté; bon pays par ses ceps, ses fruits, sa modeste opulence, son climat doux en comparaison des brusqueries, neiges et froidures du « mauvais pays » d'en haut; mais le phylloxéra, survenu comme le larron dans la nuit, a presque tari la source de la fortune, et peu à peu les « Bons Vignerons » s'en vont du « Bon Vignoble ».

Le Vignoble s'étalant en parois, en brisures, à 300-400 mètres d'altitude, et le plateau de Lons se déroulant à 600, le *Plateau de Champagnole*, au delà des corridors de l'Ain, a son socle à 750 en moyenne. En deux points il excelle : par des lacs charmants, qui ne sont pas des mares, mais des eaux bleues, profondes; et par la merveille de ses sapinières, si belles qu'on n'en voit guère de plus magnifiques entre l'Oural et les caps européens de l'Atlantique. A son midi, et séparé de lui par un seul chaînon de Jura, se développe le plateau de Grandvaux; au nord-est il se poursuit par le plateau de Nozeroy.

Le *Grandvaux* remplit de ses 12 000 hectares, à 900 mètres au-dessus des mers, entre deux chaînons, une froide étendue de sapins et d'épicéas, de nudités stériles, d'herbes de pacage, de tourbes, de lacs et marais. Terre d'église, comme le remémore le nom de sa principale nappe d'eau, le lac de l'Abbaye, l'onction ecclésiastique n'avait pas amolli ses « Grandvilliers », dont on ne compte guère plus de 3 000; ni moines ou moinillons, ni chantres, ni clercs, ils préféraient le roulage au plain-chant; on les voyait, aux siècles passés et jusque vers la moitié de ce siècle-ci, conduire au loin, charroyeurs incomparables, leurs attelages de chevaux sur les routes de France.

Le *Plateau de Nozeroy* a pour vrai nom dans le pays : *Val de Mièges*, d'après un vieux village qui fait face au bourg de Nozeroy par delà le vallon creux de la Serpentine. Vaste de plus de 30 000 hectares, il occupe la région des origines de l'Ain; situé par conséquent sur un faîte, il souffre de ses altitudes de 700, 800, 900 mètres, un peu excessives sous la latitude de 47°; on s'y plaint aussi de la fougue de tous les vents du cadran; les villages et hameaux y sont gélides, les pâtures froides, les ondulations mornes, les horizons tristes, la tourbe l'encombre autour d'étangs sans gaieté.

La *Chaux d'Arlier*, lit d'un lac écoulé, se déroule en toute mélancolie au nord-est et tout près du Val de Mièges, à l'ouest et sud-ouest de Pontarlier à partir de la rive gauche du Doubs supérieur, à plus de 800 mètres en contre-haut des océans. Ce plateau de 32 000 hectares ne sourit même pas en été : qu'il fut donc dur dans la neige de février, sous des vents qu'on aurait dits soufflés par les glacières du Pôle, quand y passa l'armée désespérée qui avait failli dégager Belfort et qui eut à peine le temps de se sauver en Suisse!

Le *Plateau d'Ornans*, très disloqué, déchiré, fait de fragments va, du Doubs d'en haut au Doubs de Besançon, sur les deux rives de la Loue et du Dessoubre. Plusieurs plateaux moindres, des sous-plateaux le composent, à des altitudes très variables, entre 600 et 900 mètres : plateau d'Ornans, où la Loue supérieure a tracé son sillon; plateau bisontin, à l'est et au-dessus de Besançon; plateaux de Vercel, de Pierrefontaine, de Maîche, du Russey, etc. Ce piédestal chargé de chaînons, d'arêtes, creusé de gorges, moucheté de bois, se heurte au nord contre la chaîne du *Lomont*, que la rivière de Pontarlier éventre en aval de Saint-Hippolyte; au nord-est, il s'achève en France et en Suisse par les montagnes du Clos du Doubs.

Le *Clos du Doubs*, c'est la presqu'île très effilée, longue de 5 lieues, que coupe nettement du reste du monde une extraordinaire tranchée du cours d'eau de Besançon qui, coudant à angle aigu deux de ses horizons dans la vallée de Saint-Ursanne, s'enfonce au sud, à l'est, au nord, dans un précipice d'isolement.

Le Plus Beau Royaume Sous le Ciel.

x
ENFOUISSE-
MENT ET
RÉSURRECTION
DES EAUX

Dans les grandes ou petites failles de l'oolithe les torrents issus en bouillonnant de quelque source expansive ou tombés d'une gueule de caverne ou sortis d'un dormant muet, courent, très frais, très clairs, très animés, sur des dalles de fond d'abîme, entre de gigantesques rochers droits barrant le soleil, et l'onde en est encore plus froide qu'au départ des antres sourds, là où le gour immobile et traître, la fontaine brillante, la cascade retentissante épanchent au jour tant de ruisseaux voyageurs de l'ombre.

Ces torrents dans ces cluses ou couloirs sont les fils joyeux du plateau morne, criblé d'emposieux — ce nom lourd, où l'on reconnaît aussitôt le mot de puits accommodé à la comtoise, désigne ici les avens, qui sont le tombeau des eaux d'occasion, des ruisseaux, voire de petites riviérettes.

Beaucoup de ces emposieux sont grands et beaux à voir, la plupart n'ont rien de magnifique; l'un n'est qu'un cailloutage où filtre le rivulet, l'autre une fuite dans un antre, ou un entonnoir encombré de blocs, ou une cascade de pierres, de ronces, d'arbustes, avec la rumeur de l'eau quand la pluie ou la neige fondante suscitent un trouble torrent passager.

D'une foule des avens du plateau du Jura l'on ignore à quels surgeons des cluses descend leur flot d'ingurgitation ; de même en est-il des entonnoirs où l'eau de maint lac s'absorbe ; on le saura dès qu'on aura versé dans ces entonnoirs, ces emposieux, lorsqu'y accourent les pluies, quelques gouttes de la substance souverainement colorante, la fluorescine capable de teindre deux cents millions de fois l'équivalent de son volume: le torrent de sortie ainsi peint en vert, correspondra au torrent d'entrée coloré de même, et la source dénoncera son aven ou ses avens.

Loue, Lison, Dessoubre, Cusancin, Seille, Orbe, les fontaines initiales de ces rivières sont des merveilles de la nature. Cette dernière, fraîche Vaucluse, n'est pas à nous, mais naît tout près de nous, en Suisse, assez semblable à notre Sorgue du Larzac par le site, le jaillissement, l'abondance.

C'est au fond d'un cirque barré par des parois immenses que ces sources et cent autres saluent la splendeur des astres; aussi, quand on remonte, en sa cluse, un des courants du Jura, faut-il toujours butter, à la naissance même de ces eaux exubérantes contre quelque colossale escarpe de pierre vive.

Ainsi, des plateaux durs, maussades, battus des vents contraires, effacés en hiver sous la neige ; des trous, des abîmes engouffreurs de torrents; et, tout autour du terre-plein, des falaises tombant sur des talus raides ou, d'un seul apic, jusqu'à la transparente rivière d'en bas : en cela le Jura est très pareil aux Grands Causses méridionaux.

Il s'en distingue, en beauté moindre, par l'absence de dolomies délitables; ses parois de rebord sont moins colorées, surtout moins sculptées en tours, en pignons, en obélisques, en donjons, forts, palais et cathédrales, cités aériennes d'une miraculeuse grandeur.

Inférieur donc aux Causses pour la découpure fantastique des rebords, il leur est cent fois supérieur par la parure des arbres : le Causse n'a que bois chétifs, là seulement où la malignité des hommes lui a laissé quelques pins, des buis, des chênes rabougris; tandis que le Jura s'honore de livrer aux vents des hauteurs et de faire triompher des neiges de l'hiver mainte vaste sapinière presque sans rivale en Europe. Aucune de ses sylves n'a les 20 000 hectares de la *Forêt de Chaux*, chênes, hêtres et charmes qui couvrent, à l'occident et au pied même du massif, presque toute la presqu'île d'entre Doubs et Loue en amont de leur confluent, mais il n'y a guère de sapins plus élancés, plus élevés, nerveux, souples et forts que ceux de la plupart des triages de la montagne, sur les plateaux de l'Heute et de Champagnole.

Il l'emporte aussi par la parure des eaux; non pas des eaux d'en bas, car qui pourrait imaginer un plus beau cristal que le Tarn d'entre les Grands Causses, la Dourbie, la Vis, la Sorgue larzacoise. Mais en haut, les surgeons, les rus, les coupes d'onde bleue manquent absolument aux Causses, réduits à d'affreuses mares, tandis que fonts, ruisseaux, lacs, dont beaucoup de gracieux, embellissent les plaines supérieures du Jura.

XI
LACS
DU JURA

Aucun de grand : de tous le plus épandu, le *Lac de Saint-Point*, élargissement de la rivière du Doubs, à 850 mètres d'altitude, n'est comparé aux lacs du pied du Jura suisse, aux eaux de Bienne, de Neuchâtel, de Genève, qu'un fossé de 6 500 mètres de long sur 1 000 d'ampleur extrême, avec 23 kilomètres de pourtour. Si le Doubs élevait tant soit peu le seuil de son déversoir (pas même de quatre pieds) cette vasque allongée s'unirait au sud-ouest, par-dessus des prées humides, au *Lac de Remoray*, bel ovale de 95 hectares, coupe de 27 à 28 mètres de creux; et alors le Saint-Point n'aurait pas moins de 10 kilomètres. Tel quel, il miroite sur 398 hectares, avec 34 mètres de « trou », et contient 81 614 000 mètres cubes, soit presque sept fois la capacité du Remoray

Le Plus Beau Royaume Sous le Ciel.

(12 057 000 mètres cubes). Il est d'un beau bleu; des fontaines du roc accroissent l'hommage qu'il reçoit de ce Doubs dont il fait momentanément un puissant fleuve inerte au lieu d'un étroit torrent sur la pierre; des monts le commandent, des sapins l'ombragent, des villages l'égaient. Le nom de Saint-Point remplace depuis quatre ou cinq cents ans celui de Damvautier, dû à une ville détruite en punition de ses méfaits, par expresse volonté d'en haut. Autrefois, dit-on (ou disait-on), il n'y avait pas ici de lac; le Doubs coulait, joyeux, rapide, au pied de Damvautier, qui fut un jour, ou plutôt une nuit, brusquement envahie par la rivière gonflée en lac — tradition à peu près ubiquiste : une ville expiant ses forfaits, dans une tempête de soufre et de feu, comme Sodome et Gomorrhe, ou dans une exaspération de la mer, comme Is en Bretagne, ou dans un abîme subitement entr'ouvert; mêmes crimes d'orgueil, d'avarice, d'impiété, de luxure; châtiments divers, et comme preuves encore visibles de la vengeance céleste, des restes de tours, de murs, de palais, d'églises, des apparences de forêts couchées, verdies ou bleues sous la transparence des ondes, et tout au fond, de sourdes cloches sonnant lugubrement à l'heure de minuit. Ici, au Saint-Point, et pour nombre d'autres vasques, il se peut que les légendes contées par les riverains, les troncs qu'ils voient ou croient voir à travers les eaux, ne soient qu'un souvenir confus d'antiques cités lacustres.

Cette belle expansion du Doubs est un « lac de vallée ».

Ce qu'est aussi le *Lac des Rousses*, qui remplit, entre prairies et tourbières, à 1 075 mètres au-dessus du niveau général, tout à côté de la frontière helvétique, une cavité de 2 100 mètres sur 400 ou 500; grand de 89 hectares, creux de 17 mètres, il émet la riviérette Orbe.

A côté des lacs de vallée il y a les « lacs de cluse » — tel celui de Nantua — et les « lacs de combe » — tel celui de Châlin.

Le *Lac de Nantua* serait sévère s'il n'avait à l'un de ses bouts la petite ville qui l'a baptisé, et à l'autre une plaine de quelque ampleur. Des monts dominent de 250 à 550 mètres son miroir, parois vives ou talus escarpés avec sapins, buis et hêtres. Ayant 2 500 mètres sur 400 à 700, son eau très pure, profonde de 43 mètres, sommeille en un bassin de 141 hectares, à 475 mètres d'altitude, et son volume est de 40 078 000 mètres cubes. Une riviérette le verse dans l'Oignin, tributaire de l'Ain. Le chemin de fer de Bourg à Bellegarde, qui longe le lac de Nantua, en remonte ensuite le maître affluent, puis descend au delà d'un col de 623 mètres sur un autre et plus petit lac de cluse, le *Lac de Silan* ; celui-ci n'a qu'une largeur de fleuve, 250 mètres, avec une demi-lieue de longueur, 50 hectares d'étendue, 22 mètres de creux, 4 772 000 mètres cubes de capacité ; solitaire, il dort au pied des rocs hautains de Champbraillard, à 585 mètres d'altitude ; son onde s'en va vers la Valserine, tributaire du Rhône — nappe de Silan, eau de Nantua, plaine de l'Oignin furent jadis un seul et même léman.

Le plus grand des lacs de combe, le *Lac de Châlin*, reçoit son cristal de trois ruisseaux sortis d'un fond de roche entre de grands blocs couverts de mousse humide, et de ces ruisseaux le plus fort a pour origine une source « vauclusienne » où reparaît le flot du lac de Narlay.

Le *Lac de Narlay*, coupe de 40 hectares où luit une eau verte de 39 mètres d'abîme, occupe, lui aussi, dit la vieille « sagesse » du pays, la place d'une bourgade noyée pour ses péchés, et ici ce n'est pas la cloche qui tinte la nuit, du fond du gouffre, c'est le coq qui chante, à Noël, quand sonnent les douze heures nocturnes à l'instant précis de la naissance du Christ. Des entonnoirs latéraux engloutissent l'excès du Narlay et le mènent par un torrent cryptique d'une dizaine de kilomètres de longueur probable, à 7 500 mètres à vol d'oiseau vers l'ouest-nord-ouest, jusqu'à la font du moulin de Châlin.

2 500 mètres sur 500 à 1 000, 232 hectares à moins de 500 mètres au-dessus des mers, 34 mètres de profondeur, telle est la grandeur ou la petitesse du lac de Châlin, qu'encadrent prairies, roches moussues, hêtres, sapins, et dont un court torrent, le Bief d'Œuf, transmet les eaux à la rive gauche de l'Ain.

Au sud-ouest et fort près du lac de Narlay, le *Lac de la Motte* ou lac d'Ilay rassemble ses eaux, creuses de 30 mètres, dans une vasque de 73 hectares, à 777 mètres d'altitude ; il se verse également dans l'Ain par un affluent de gauche.

Les lacs de combe sont moins profonds, moins sombres que les lacs de cluse ; il en est de même des lacs de vallée.

Le lac de Narlay n'est point le seul qui enfouisse latéralement ou autrement ses eaux dans des entonnoirs en tout semblables aux Katavothra du Péloponèse. Très au contraire, beaucoup en font autant, desquels les plus notables s'appellent lac de l'Abbaye et lac d'Antre.

Le *Lac de l'Abbaye*, sur le plateau de Grandvaux — d'où son autre nom de lac de Grandvaux — dort à 879 mètres d'altitude, plus souvent maussade que joyeux, du fait même de cette élévation et de la froide morosité de la haute vallée. L'émissaire de ses 90 hectares de flots longtemps gelés chaque

Le Plus Beau Royaume Sous le Ciel.

année s'abîme en cascades; on ne le revoit plus, à moins que cette onde égarée dans la nuit ne soit l'origine de l'*Enragé*, grande source de la rive droite de la Bienne, près Molinges, à 5 lieues au sud-sud-ouest de l'engouffrement.

Le *Lac d'Antre* se blottit à 824 mètres, entre de grandes roches. Son eau de 1 400 mètres de tour, rarement tiède — il faut pour cela les mois les plus soleilleux de l'été — descend souterrainement vers un tributaire de cette même Bienne, vers l'Héria dans le vallon duquel elle bouillonne en fontaines près des ruines de la ville d'Antre, cité gallo-romaine fondée, dit-on, sous Auguste.

XII
MONTS
ET COLS
DU JURA

Sur les plateaux, entre les plateaux, s'escarpent des arêtes, crêtes, pics plus ou moins dégagés de la masse. Ces « majorités », ces protubérances, ces crêts, suivant le mot jurassien, ont pour supérieur le Crêt de la Neige.

Le *Crêt de la Neige* se lève entre Rhône et Valserine, près des défilés où le beau fleuve perce la montagne, en aval du lac de Genève, pour descendre de coude en coude aux plaines du Lyonnais et du Dauphiné; il n'est point éloigné de la petite ville française de Gex, il regarde la grande ville cosmopolite de Genève, le lac Léman, le Mont-Blanc, frontière d'Italie, et l'entassement des monts helvétiques. Belvédère pour admirer les Alpes, il humilie ses 1 724 mètres devant leurs 4 808 mètres, ses crêtes devant leurs pointes, leurs cornes et leurs pyramides, ses neiges d'une saison devant leurs glaciers éternels.

Nulle part on ne voit mieux la majesté des « Montagnes Blanches ». Mais si du haut d'un pic aventureux des Alpes on peut mépriser les lignes droites du Jura, dans les cluses, thébaïde profonde, on peut oublier les Alpes. Où vivre plus loin du monde? Et quel pays a des eaux plus transparentes, des rochers plus nobles et plus symétriques?

Le plus grand parmi ses frères, ce Crêt de la Neige ne les regarde pas de bien haut, car près de lui le *Reculet de Thoiry* monte à 1 720 mètres, et sur le même chaînon se dressent aussi le *Colombier-de-Gex* (1 691 mètres), le *Montoissey* (1 671 mètres), le *Montrond* (1 650 mètres) et le Grand-Crédo.

Le *Grand-Crédo* (1 624 mètres), qui a pour vrai nom le Crêt-d'Eau, n'est pas le premier venu : à ses pieds, le Rhône, qu'il serre contre le Vuache, mord la pierre du lit profond qui le dégage peu à peu de l'étreinte des deux montagnes; à son flanc s'accroche le fort de l'Écluse; dans ses entrailles un tunnel de 3 900 mètres livre passage au chemin de fer de Paris à Genève;

DEUXIÈME — *Monts Extérieurs.*

de sa cime on voit le Léman, le lac du Bourget, le lac d'Annecy.

Ces monts majeurs sont tous les six dans l'Ain, près de la frontière suisse ; dans le Doubs, le *Noirmont* (1 550 mètres) et dans le Jura, le *Mont-Dore* (1 463 mètres), avoisinent aussi l'Helvétie ; ils la touchent même.

Quand de cette arête supérieure, la plus orientale en France, on marche vers l'occident, et qu'on franchit l'un après l'autre les chaînons, c'est comme si l'on descendait les degrés d'un escalier dont la dernière marche tomberait sur les terres plates de la Bresse et de la Dombes.

Si massif que soit le Jura, avec dures ascensions depuis les plaines de sa base, on l'a suffisamment sillonné de routes qui n'ont pas opposé trop de difficultés topiques.

C'est que fort heureusement les cirques appelés combes entaillent çà et là le mur des rocs et montent jusqu'à l'entablement des hautes plaines ; heureusement aussi que des brèches sabrent les chaînons parallèles et mènent les chariots, les convois d'une cluse à l'autre sans trop harasser les attelages, sans trop essouffler les locomotives. Telles, entre autres, les deux brisures de Silan et des Hôpitaux.

Entre le lac de Nantua et celui de Silan, la *Brèche de Silan* laisse passer, à 623 mètres d'altitude, le chemin de fer de Bourg à Bellegarde.

Entre la cluse de l'Albarine, affluent de l'Ain, et le vallon du Furand, feudataire du Rhône, la *Brèche des Hôpitaux* conduit la voie de Paris à Genève et à Turin par un col qui n'a que 370 mètres au-dessus des océans.

XIII
RIVIÈRES
DU
JURA

Les rivières du Jura, passant de faille en faille, brisent à chaque instant leur direction. Ainsi, par exemple, le Doubs prend d'abord le chemin du Rhin de Bâle, et l'on peut croire qu'il l'atteignit autrefois par les défilés où courent maintenant la Sorne et la Birse ; puis, de cassure en cassure, qu'il ait ou non taillé sa route lui-même, une autre pente le roule au sud-ouest vers la Saône phlegmatique.

Ce Doubs et la Saône dont il fait au moins la moitié, ces deux grands courants ont plus de part que tout autre (sauf l'Ain, tributaire du Rhône) aux épanchements des oolithes et des craies du Jura. Mais l'eau la plus puissante qui le frôle ou le tranche, c'est ce Rhône lui-même que le Léman tempère : terrible pourtant, en guerre éternelle contre sa montagne et sa plaine ; la montagne le serre de toutes ses forces, mais il lui échappe comme un serpent glissant qu'on voudrait étreindre des deux mains ; la plaine, faite des boues qu'il apporta dans

Le Plus Beau Royaume Sous le Ciel.

les lacs, il la fouille et fend, il la déplace et dévore. Et comme lui deux de ses affluents combattent contre le mont, la Valserine et l'Ain, rivière magnifique allant de cluse en cluse, qu'accroissent la Bienne translucide et l'Albarine aux hautes cascades.

Enfin l'Orbe, qui a son penchant vers le Rhin, descend d'un plateau du Jura.

XIV
VERSOIX,
VAL-
SERINE

La première rivière qui ait contact avec notre Jura, la *Versoix* n'est qu'en partie française, et son contact n'est pas immédiat ; elle ne coule pas dans cette montagne, mais elle y pourvoit ses sources magnifiques, appelées par nos ancêtres Divonne, l'Eau divine. Les trois *Fontaines de Divonne* jaillissent à deux lieues au nord-est de Gex, à une lieue et demie de la rive du Léman ; elles montent du sable qu'elles soulèvent incessamment en ombelles et qui retombe et se soulève encore ; elles donnent par seconde près de 1 000 litres d'une eau très froide, à 6 degrés 1/2, onde idéalement pure, descendue, dit-on, par une route souterraine, du lointain lac des Rousses ; mais ce dit-on n'a rien de vrai, et il suffit à l'abondance de ces surgeons que le Jura soit proche avec ses emposieux, ses cavernes et couloirs. La Versoix, longue de 17 kilomètres, s'abîme, non dans le Rhône, mais dans le lac de Genève, qui est le bassin de réserve où le fleuve s'endort, à peine échappé de l'embrassement des Alpes.

Moins rivière que torrent, la *Valserine* longe à l'occident le plus haut chaînon du Jura, celui où se bombent Montrond, Colombier de Gex, Montoisset, Reculet de Thoiry, Grand Crédo. Dans son sillon creux, ainsi commandé par le fronton suprême de toute l'architecture du Jura, elle tombe d'écroulement en écroulement, entre hautes roches, sapins, prairies, ayant à l'orient le Jura gessien ou de Gex, à l'occident le Jura bugiste ou du Bugey ; et de la montagne lui déboulent des cascades éperdues. Accrue de sources de « piémont » à la base des escarpements, elle arrive à sa fameuse perte, qui n'est qu'une demi-perte où elle ne s'engouffre point : elle bouillonne, elle tournoie, elle gronde en une rainure à laquelle il manque une voûte, mais il s'en faut de peu, tant la fêlure est étroite, qu'on saute aisément en maints endroits. C'est non loin de là qu'elle tombe dans le Rhône par une cascade, au lieu précis où ce grand fleuve, enfoui sous terre un instant, vient de reparaître en un gour sinistre, dans un défilé d'extraordinaire sauvagerie. Toute sa longueur, c'est 12 lieues et demie, tout son héritage, 37 000 hectares, mais elle boit assez de fonts transparentes pour verser au Rhône 9 à 10 mètres cubes par seconde en veine ordinaire, 1 200 litres en étiage extrême.

XV
AIN

Admirable rivière de 190 kilomètres où accourent les eaux de 418 000 hectares, l'*Ain* draine un des pays les plus mouillés de France, puisqu'il y tombe annuellement 1 250 millimètres de pluie : de là son débit « seigneurial » de 15 mètres cubes en étiage, 50 en belles eaux ordinaires, 1 500, 2 000, 2 500 en très grandes crues.

Il naît et grandit dans l'oolithe; il va de corridor en corridor par longues lignes droites et subits détours, d'un cours cassé; sur ses deux rives la roche s'ouvre en cavernes pour verser de claires fontaines, en gorges pour amener des rivières pures.

Il commence à 780 mètres au-dessus des mers sur le plateau de Champagnole, là où ce plan confronte avec le val de Mièges, à trois lieues de la source du Doubs. Sorti du froid cristal, d'un gouffre et beau dès son origine, il impose aussitôt son nom à une riviérette de plateau douze fois plus longue que lui, puis il s'engage dans une sorte de tunnel de 100 mètres de long, voûte « désordonnée », assemblage décousu de blocs écroulés des parois.

Au sortir de cet obscur passage, cascade de 17 mètres; ensuite, à dix lieues en aval, *Saut de la Saisse*, haut de 12 mètres, large de 132.

Le Saut du Mortier, périlleux rapide, précède de 5 kilomètres l'embouchure de la Bienne, semblable à l'Ain par ses défilés, ses fonts du roc, ses claires eaux promptes, ses soudains crochets de vallée.

La *Bienne* est le torrent des entailles où il n'y a que pierre, eau, cascades et « doyes », grands surgeons sortant des cavernes. Elle traverse la très active Morez, puis Saint-Claude, où lui arrivent une grande source et un torrent tapageur; la grande fontaine se nomme l'*Abîme*, de ce qu'elle s'épanche de deux gouffres, ou *Vaucluse*, de ce qu'elle jaillit dans un bout du monde; le torrent retentissant, sourd tonnerre de la nuit, c'est le *Tacon* brisé de cascades. La Bienne roule 12 mètres cubes en volume coutumier, 3 en étiage, à l'issue de 75 500 hectares où elle « s'aligne », se coude et recoude pendant 17 lieues.

Un autre grand et très pittoresque tributaire, l'*Oignin* parcourt 45 kilomètres et draine 36 000 hectares; grossi des eaux du lac de Nantua, il passe devant une des villes galloromaines qui ont le moins altéré leur nom depuis tantôt deux mille ans, devant Izernore, qui fut *Izarnodurum*; après quoi, tout proche de sa fin, il se brise au fond d'une cluse par la *Cascade d'Arfontaine*, haute de 10 mètres, la *Cascade de Thorey*, haute de 30, et le *Saut de Charmine*, suite des marches de tuf ayant une quinzaine de mètres d'élévation totale. A ces chutes, éparpillements et poussières de flot ne manque jamais le flot, contrairement à tant d'autres bonds des torrents de France, car l'Oignin roule, toutes crues à part, de 3 à 6 mètres cubes par seconde.

Les gorges de l'Ain finissent à Neuville, et la superbe rivière, verte à l'étiage, rouge en crue, entre dans une vaste plaine, ancien lac du Rhône comblé par le Rhône et, moindrement, par l'Ain lui-même; sa rive gauche frôle la plaine de la *Valbonne*, sa rive droite baigne le talus ou côtière du plateau de la Dombes. Valbonne, terme de dérision, cela veut dire, non pas la bonne, mais la mauvaise vallée; bordée au midi par le Rhône, de l'autre côté duquel montent les Balmes viennoises, collines morainiques, cette grande plaine est nue, elle est inféconde, presque vide; les rus descendus de la côtière y filtrent dans les cailloux roulés; au-dessus du fleuve, des avenues de baraques forment le camp de la Valbonne, installé pour les exercices de la garnison de Lyon.

Le dernier grand affluent, l'*Albarine*[1], 400 mètres de cascades interrompues de rapides la jettent de monts et plateaux du Jura bugésien dans les gorges de Tenay, de Saint-Rambert, si belles au long du chemin de fer de Paris à Genève par Bellegarde.

L'Ain se noie dans le Rhône par environ 180 mètres.

XVI
SAÔNE : DE LA SOURCE AU DOUBS

La Saône semblerait plus grande si son cours ne se terminait au Rhône, qui, en France, est incomparable.

Quand cette fille silencieuse des collines rencontre à Lyon, par 162 mètres, le fils bruyant des montagnes, elle est trois à quatre fois plus faible que ce vaillant compagnon, sauf en grandes crues.

Mais le Rhône vient de travers, d'une longue fissure des monts.

C'est un vainqueur, mais c'est un intrus qui malgré sa puissance et sa rudesse fléchit devant la Saône, dans le bassin dont il s'empare : celle-ci vient du nord, même elle est presque un méridien visible à partir du confluent du Doubs; elle incline droit au sud l'immense torrent qui jusqu'alors cherchait le

---

1. 58 kilomètres, 43 760 hectares.

sud-ouest, avec tel grand détour qui le rejetait au nord-ouest, comme pour aller s'unir à la Loire, la dévorer plutôt en amont d'Orléans.

Ainsi la « tranquille » impose au « fougueux » sa marche du septentrion au midi. Qui vient de la mer et remonte le val, entre naturellement à Lyon dans le sillon de la Saône qui continue droit le sillon du Rhône inférieur.

Elle est molle autant que le Rhône est héroïque, elle ne perce pas de montagnes, elle n'a point son berceau dans la neige éternelle; elle arrive au jour par une petite source des Faucilles, à 396 mètres d'altitude, à Vioménil, au pied du Ménamont (472 mètres), à huit lieues au sud-ouest d'Épinal.

Faucilles, Vosges, plateau de Langres, de ces monts et coteaux, vieux grès, trias et lias, lui viennent ses premiers affluents, forts en crue mais d'étiage très faible, quoique la forêt, vaste encore, préserve ici les ruisseaux : ainsi l'*Apance*[1] descend à 139 litres; c'est la rivière de *Bourbonne-les-Bains*, ville thermale ayant des « eaux d'arquebusades », aux températures de 50° à 58°75.

Bien plus abondant est le *Coney*, qui est, au vrai, le rival de la Saône et bien évidemment sa seconde branche mère. Fils du grès des Vosges et du trias, il débute à 6 kilomètres au midi d'Épinal, à une lieue seulement de la rive gauche de la Moselle, vers l'extrémité orientale des monts Faucilles, là où ces collines de 400 à 500 mètres sans rudesse et raideur se buttent contre les dernières roches occidentales des Vosges.

Étant si près de la grande rivière lorraine, le Coney offrait au *Canal de l'Est* une voie facile entre le bassin du Rhin et le bassin du Rhône.

Et le canal en a profité : il arrive sur le Coney et le suit jusqu'à son embouchure dans la Saône, au fond d'une vallée presque solitaire sur laquelle expirent des forêts.

Le Coney ne s'endort guère; eau pure et rapide, il va de forge en forge, d'usine en usine, moins puissant qu'antan dans son lit étroit, dans son val étroit, depuis que ce canal de l'Est le détourne en partie, lui et divers affluents, pour le service de ses éclusées. Saône et Coney se confondent par 230 mètres, celui-ci n'ayant parcouru que 52 kilomètres, 5 de moins que sa rivale, et drainé que 50 000 hectares, contre les 64 000 de la haute « Arar »; mais les volumes des deux courants se valent à peu près et le Coney, amenant à la Saône 3 mètres cubes en portée ordinaire, 1 500 litres en étiage, la transforme de riviérette en rivière.

---

1. 36 kilomètres, 22 000 hectares.

Le Plus Beau Royaume Sous le Ciel.

Puis une fille du plateau de Langres, l'Amance [1], apporte l'hommage de 45 000 hectares.

Saône tout à fait supérieure, Apance, Coney, Amance, unies en un même lit équilibrent à peine la Lanterne, beau tributaire qui boit maint torrent des Vosges.

Doublée de cette rivière dont le nom baroque est tel par corruption du vieux nom celtique, la Saône ne tarde guère à devenir navigable pour bateaux et batelets. Elle a déjà quitté le trias originaire, puis le lias subséquent et, coulant dans un pays oolithique, elle en reçoit de belles fontaines, des riviérettes vives dont la plus forte, le *Durgeon* [2] a dans son bassin le célèbre Frais-Puits; et celui-ci lui verse de temps en temps ses eaux par l'entremise de la Colombine.

De temps en temps seulement, car le *Frais-Puits* ne dégorge pas une rivière constante; au contraire, il est presque toujours à sec.

Ce gouffre est à 6 kilomètres au sud-est de Vesoul, à côté du chemin de fer de Besançon, au pied de collines de 300 à 400 mètres essentiellement calcaires avec entonnoirs d'absorption des eaux, à l'origine d'une ravine où débouche la puissante Font de Champdanois.

Dans un petit cirque boisé, une eau transparente emplit le fond d'un entonnoir de 17 mètres de creux, de 60 mètres de tour.

Cette eau dort; il faut des orages puissants pour l'émouvoir : alors elle bouillonne, elle monte à ses parois, elle vomit un torrent; et les deux rivières de Vesoul, Colombine et Durgeon sortent de leurs rives, grâce au Frais-Puits, grâce à lui seul. Heureusement sa fureur est courte; il est rare aussi qu'il en sorte plus de 15 mètres cubes par seconde.

Ce vaste trou de la roche, lucarne dans l'oolithe, est une fenêtre de dégagement : quand les eaux souterraines amenées par les emposieux encombrent les cavernes du plateau de Noroy, quand leur obscur réseau n'a plus assez de l'issue que lui donne en tout temps la Font de Champdamois, l'onde supplémentaire s'épanche orageusement par l'ouverture du Frais-Puits.

La *Font de Champdamois*, profond gour, fait tourner les cinq meules d'un moulin; elle se perd dans la Colombine au bout de 500 mètres; aux eaux ordinaires elle verse 600 litres, à l'étiage 200, en crue 15 000, alors que le Frais-Puits se débonde.

1. 40 kilomètres. — 2. 46 kilomètres, 40 000 hectares.

Le Durgeon arrose les prairies de Vesoul; c'est un flot de 1 500 litres en eaux « rondes », avec étiage de 300.

La Saône s'empare ensuite du Saôlon, qui a ses origines dans les déchirures méridionales du plateau lingon, elle baigne Gray, sa première grande ville, d'ailleurs petite; elle se renforce de la Vingeanne, semblable au Saôlon par ses commencements sur le plateau de Langres. Et si elle reçoit peu d'eau de cette Vingeanne, qui n'arrose pas moins de trente villages, il lui en vient beaucoup de l'Ognon, rivière arrivée des Vosges par une longue et très errante vallée creusée dans les roches calcaires.

A la rencontre de l'Ognon la Saône ne domine plus les mers que de 185 mètres; il ne lui reste donc plus que 23 mètres de chute jusqu'à la rencontre du Rhône (162 mètres); or de l'Ognon au Rhône, en suivant la paisible « Arar », il y a 63 lieues de voyage — ainsi la rivière bourguignonne descend très lentement, poussée par les eaux d'amont plus que par la pente vers l'aval.

Vers Auxonne elle pénètre dans la *Plaine de Bourgogne*, l'un des plus grands lacs abolis qu'il y ait sur le cours des rivières françaises.

De même que la Loire ne frôle point Saint-Étienne, la ville majeure du Centre, de même que l'Allier n'effleure pas Clermont, la métropole auvergnate, la Saône, ici, n'arrose point Dijon, la capitale bourguignonne; elle la laisse bien loin sur la droite, au pied de ses petits monts calcaires.

Elle erre à grands replis dans de très larges prées humides où maint étang allongé, mainte mare, maint ruisseau stagnant, oblitéré, témoigne des grandes crues de la rivière, ou de l'existence d'anciens lits qui ont disparu dans cette plaine alluvionnaire si facile à manier et à remanier. Pas de villages au bord de l'onde; ils y reposeraient sur un sol mou, et l'inondation, couvrant au loin la plaine, les environnerait d'un lac sans profondeur; quand une bourgade, une ville borde la Saône, c'est qu'une colline de la rive droite ou de la rive gauche s'avance en éperon jusqu'à la rivière.

Bèze née d'une grande fontaine due en partie aux pertes de la Tille; Tille filtrant dans les graviers; Ouche empruntée par le canal de Bourgogne; Dheune, confisquée, à partir de Chagny, par le canal du Centre, ces faibles rivières ne sont rien au prix du Doubs, que la Saône heurte à Verdun, par 176 mètres.

Ici, même bataille qu'à Lyon : la Saône, qui marque l'axe général de la vallée, lutte à Verdun contre une rivière aussi puissante ou plus puissante qu'elle, en tout cas plus longue de

Le Plus Beau Royaume Sous le Ciel.

40 lieues, venue d'une fente de la montagne, comme le fleuve lugdunien.

Mais la montagne originaire du Doubs, le Jura, n'ayant point de neiges éternelles comme l'Alpe natale du Rhône, n'en fait pas une rivière tellement supérieure à la Saône que celle-ci doive abdiquer à Verdun comme à Lyon. Elle garde le nom : il faut dire aussi qu'elle a plus d'apparence au confluent, qu'elle y est plus large, en une seule rivière, tandis que le Doubs arrive par trois bras écartés comme sont trois doigts d'une main.

XVII
DOUBS

Dubius, le douteux, l'incertain, l'errant, disaient nos latinistes, et, en effet, le Doubs est presque unique au monde pour le vagabondage : 23 lieues à peine séparent sa naissance de son décès, sur son axe idéal du sud-est au nord-ouest, tandis qu'en suivant la coulière, la route est de 108 lieues; si bien que l'« Incertain », qui brusque ses directions plus qu'il ne les arrondit (car il est fort saccadé), arrive à la Saône après un voyage dépassant de 165 kilomètres le chemin de la très placide rivière de Bourgogne.

Le « Dubius » prétendu ne porta jamais ce nom : Doubs, radical celtique, est une forme de Doux, Douix, Dhuis, Douze, Doye, etc.

Il reste longtemps prisonnier de ce Jura qui l'a vu sourdre à 937 mètres, près de Mouthe, dans une caverne du Noirmont. De sa première fontaine jusqu'à l'endroit du Rhône le plus rapproché, il n'y a pas 14 lieues à vol d'oiseau, et l'eau de ce surgeon n'atteint le fleuve qu'après 155 lieues d'odyssée!

Sur son plateau natal il ne croît guère; c'est en humble rivière qu'il arrive à Pontarlier après s'être une fois répandu en lac, au Saint-Point.

Non seulement il y demeure faible, mais, coulant sur l'oolithe, son lit fêlé laisse fuir tant d'eau qu'au fort de la saison sèche il diminue, et même cesse d'être en aval d'Arçon.

Ou plutôt il cessait d'être; mais beaucoup des fissures, des ouillettes ou entonnoirs qui buvaient son onde estivale, ne la boivent plus depuis qu'on les a séparées du courant de la rivière par des murs supérieurs au niveau coutumier, inférieurs aux crues; en eaux sauvages, le flot surabondant continue d'entrer sous terre pour aller reparaître on ne sait par quelles sources ou disparaître à jamais on ne sait dans quels abîmes.

Par l'obstacle de ces murailles, une moyenne de 4 mètres cubes par seconde échappe aux gouffres avides, et il n'y a plus de déchirure dans le ruban bleu du Doubs.

On trouve de par le monde bien des rivières qu'on pourra renouer comme le Doubs ou prolonger vers l'aval bien au delà des lieux qui les dévorent aujourd'hui. Les plaines d'en haut s'en réjouiront, mais les vallons d'en bas pleureront la Douix ou la Doux, le Bouillant ou le Dormant, le Bouillidour ou la Foux qui fait leur orgueil.

Au-dessous de Morteau, dans un trajet où il sépare la France de la Suisse française, il s'amortit dans le lac allongé de Chaillexon ou *Lac des Brenets*, grand de 58 hectares, profond de 31 à 32 mètres avec capacité de 5 651 000 mètres cubes, et immobile entre les hautes roches droites; mais bientôt l'onde s'irrite contre les écueils du Tracoulot, puis tombe de 27 mètres dans un gour par le célèbre *Saut du Doubs*.

Il arrive souvent que le « saut mortel » d'une rivière marque la fin de ses gorges; ce n'est certes pas le cas du Doubs, longtemps encore étreint par la pierre, enfoui à 200, 300, 400 mètres au-dessous du plateau sévère, froid, neigeux, sapinier, et cependant peuplé, tandis qu'il n'y a que des scieries, des moulins dans l'anfractuosité du torrent, qui est bruyant, sauf aux silences de gouffre et d'abîme. Le Doubs divise ici la France de la Suisse, et va même faire un grand détour dans la « libre Helvétie » par le repli de Saint-Ursanne, autour de la presqu'île montagneuse du Clos du Doubs.

De sa source à Saint-Ursanne, pendant au moins 130 kilomètres, le Doubs a marché droit vers le Rhin de Bâle; près de ce bourg « confédéré » il se jette à l'ouest, rentre en France et, coupant ou côtoyant des chaînons du Jura, va boire le Dessoubre à Saint-Hippolyte.

Ce *Dessoubre*, belle eau dans une belle cluse, jaillit à flots pressés en un bout du monde, près de la vieille abbaye de Notre-Dame de Consolation, au pied de rochers de 300 mètres de hauteur. Grâce à la puissance de ce surgeon et de tant d'autres arrivant en cascade à la gueule d'une caverne ou ruisselant en silence à l'orée du bois, de la prairie, à la racine du mont, ce torrent de 33 300 mètres en un bassin de 23 227 hectares, mène en eaux ordinaires 3 500 litres par seconde.

Le Doubs traverse le Lomont par la gorge de Pont-de-Roide; il court ici droit au nord, mais bientôt il prend la route du sud-ouest, c'est-à-dire que désormais il coule jusqu'à la Saône en un sens contraire à sa première direction, et qu'entraîné d'abord vers le fleuve des Allemands, il est ensuite attiré par le fleuve des Français.

Laissant Montbéliard à une demi-lieue, il en reçoit à la fois le canal du Rhin-au-Rhône et l'Allaine, rivière qui a baigné

Le Plus Beau Royaume Sous le Ciel.

Porrentruy, ville suisse, et reçu la Savoureuse de Belfort ; puis il s'augmente, près de Baume-les-Dames, d'un courant semblable au Dessoubre par sa limpidité vive : c'est le *Cusancin*, dont la source énorme bouillonne en un « creux » magnifique, tel que peu le valent en Jura pour la grandeur vertigineuse, la sonorité des eaux et le silence du précipice ; cette riviérette de 12 440 mètres seulement, dans une conque de 24 088 hectares presque toute en bassins fermés, porte au Doubs 3 250 litres d'un pur cristal.

Cusancin, Dessoubre, et l'on peut dire presque tous les tributaires du Doubs, naissent des antres de l'oolithe ; c'est donc une eau limpide, celle qui boucle *Besançon* au bas d'une citadelle assise à 125 mètres au-dessus de la rivière sur le plan d'une colline ardue.

Cet escarpement fit la force d'un oppidum celtique, puis de la *Vesontio* gallo-romaine dont Besançon a si fidèlement gardé le nom ; mais à présent qu'on se bat aux armes discourtoises et que la victoire est aux canons qui lancent le plus loin leur boulet, la puissance de Besançon n'est plus dans son acropole ; elle est dans les forts détachés sur de lointains coteaux ; l'un d'eux, Chailluz, tire à la fois sur la vallée du Doubs et sur celle de l'Ognon, ici rapprochées l'une de l'autre.

A Besançon même s'échappe de sous terre une des grandes fonts du domaine du Doubs, la *Mouillère*, forte de 500 litres par seconde en étiage, de 900 en volume ordinaire.

La colline où tantôt l'on marche, tantôt l'on rampe dans les grottes d'Osselle, est l'une des dernières à resserrer le val du Doubs ; la rivière entre en plaine, côtoie l'immense forêt de Chaux, baigne Dôle et prend en passant la Loue.

XVIII
LOUE
ET
LISON

La superbe Loue, qui finit en une vaste plaine, commence dans un très strict bout du monde, creuse Thébaïde, à 4 lieues au nord-ouest de Pontarlier, à 544 mètres au-dessus d'« Amphitrite ».

Un roc monte droit au ciel ; il a 106 mètres de hauteur ; du pied de ce roc, de la gueule d'une caverne, la Loue tombe de 10 mètres, déjà rivière, et rivière de cristal, qui descend par les combes de Nouailles.

Devant la claire et fraîche abondance des flots qu'amène au jour l'antre originaire, on s'est demandé d'où tant d'eau peut provenir, si ce n'est des pertes du Doubs en aval d'Arçon ; mais la Loue est évidemment la renaissance des ruisseaux bus par les plateaux fermés qui dominent près ou loin le cirque de la source : c'est le Creux de Renale, le Creux de Passegros, ce sont des emposieux sans nombre sur les hauts plans de Goux, de Sept Fontaines, de Levier, de Chaffois, etc., qui réunissent dans l'ombre leurs mille ruisseaux pour composer cette maîtresse fontaine de tout le Jura, cette eau bondissante, écumante, étourdissante.

Loue, disaient les « abstracteurs de quintessence », émerveillés de la force de la fontaine, de la sauvagerie de la rivière en sa combe, Loue c'est Louve — étymologie enfantine, et la France a justement, en son Sud-Ouest, en Limousin, dans le pays de la terre à porcelaine, une autre Loue qui est calme, uniforme en ses flexions, morte en ses étangs, endormie derrière ses chaussées de moulin.

La Loue va de cluse en cluse, d'un cours crispé, moyennement vers l'ouest; elle glisse dans les cagnons du pays d'Ornans, recevant des torrents, de hautes cascades et des fontaines d'une eau « divine »; elle dévore le fameux Lison.

Icelui *Lison* naît comme la Loue de la bouche d'un antre par un flot de cascade, dans le cirque de Nans-sous-Sainte-Anne que commandent des roches de 200 à 300 mètres; derrière la source et en communication avec elle un ruisseau intermittent plonge de 120 mètres dans l'aven du *Puits Billard*; c'est le ruisseau de l'Oursière, au bord duquel on ne rencontre plus depuis longtemps l'animal velu, sensé, rangé, familial qui lui valut son nom. Presque dès son origine la Lison reçoit le *Bief Sarrasin*, autre fontaine du rocher qui tombe de la grotte Sarrasine ou Manteau de Saint-Christophe, merveilleuse porte cintrée de 30 mètres de large, de 90 mètres de haut. Il coule dans le précipice que domine Alaise, jadis oppidum gaulois dont les Francs-Comtois ont prétendu faire l'antique *Alesia*, tombeau de la nationalité gauloise, non comme race, mais comme verbe, idées et coutumes. C'est un torrent de 25 460 mètres de sombre voyage entre pierres vives, en une conque de 14 400 hectares d'où lui surgissent 2 800 litres (600 en temps d'étiage).

Ainsi grandie du Lison, la Loue s'approche de la rive gauche du Doubs jusqu'à 2 500 mètres, puis s'en éloigne par un violent crochet vers le sud-ouest et va s'épanouir en plusieurs bras dans le fertile « val d'Amour » que longe au nord la forêt de Chaux, dont le Doubs côtoie l'autre lisière. Elle contribue à ce Doubs pour 15 mètres cubes en portée ordinaire, après une pérégrination de 125 kilomètres en un pays de 178 500 hectares.

Et le Doubs, qui dès lors ne s'ouvre qu'à de pauvres rus de plaine, contribue à la Saône pour 21 mètres cubes en étiage, 52 en portée ordinaire, 150 en module annuel ; il

Le Plus Beau Royaume Sous le Ciel.

vagabonde pendant 108 lieues, il recueille l'excès d'humidité de 782 600 hectares.

**XIX
DU DOUBS
AU
RHÔNE**

Désormais dans toute sa force et largeur, ou bien près, la Saône, ayant gardé le nom avec raison ou contre justice (il n'est pas facile d'en décider), frôle de sa rive gauche le talus de la Bresse ; elle baigne Châlon, que suit l'embouchure de la Grosne, rivière des monts de Lyonnais, Beaujolais, Mâconnais ; elle sort, en amont de Tournus, de l'immense plaine bourguignonne, et sa vallée, large encore, s'étrécit cependant peu à peu entre la côtière de Bresse à gauche et le pied des monts de la grande ligne de faîte européenne à droite ; elle hume la traînante Seille, rivière de Jura et Bresse, puis la Reyssouze, riviérette bressane, et dans la plaine de Mâcon, la Veyle, également bressane ; après quoi elle engloutit la Chalaronne, qui est le grand fossé de la Dombes, et elle pare de ses larges eaux calmes :

La plus belle lieue de France
Entre Villefranche et Anse.

Anse est le lieu du confluent de l'Azergues.

Au delà de l'amphithéâtre de Trévoux, la vallée — on dit ici la « Prairie » — qui a s ccédé à l'immense plaine, devient un val, presque une gorge où la rivière coule entre le rebord du plateau de Dombes à gauche et les éperons du Mont d'Or à droite.

Bordée de parcs, de châteaux, de cités, la Saône est plus vive, étant moins épandue : on dirait un grand torrent qui ne se hâte pas encore, mais qui va se hâter.

Le plus étroit du couloir est vers Rochetaillée ; Roche-rompue plutôt, car c'est l'effort subit ou la longue patience de la nature, et non le travail de l'homme qui a livré passage au fleuve — toutefois on prétend qu'un général romain y débarrassa la Saône d'un rocher quelconque, sinon d'un encombrement d'écueils.

Mais la rivière approche de sa fin ; elle entoure de ses deux bras la gracieuse Ile Barbe, entre à Lyon, où des quais l'enchaînent au pied de collines devenues urbaines, amphithéâtre ardu. Sur la rive gauche s'élève le coteau qui porte la Croix-Rousse, grosse ville ouvrière ; sur la rive droite montent ceux de Fourvière, de Saint-Irénée, de Saint-Just, où fut le *Lugdunum* gallo-romain.

Cette métropole de la Gaule celtique, les Romains ne la

bâtirent point dans la vallée ; étant avant tout conquérants parmi des conquis, ils l'installèrent en acropole sur la hauteur, ainsi que le montrerait à lui seul le radical celte que nous retrouvons ailleurs, dans Dun, Issoudun, Exoudun, Châteaudun, Verdun, etc. « Lugdunum », qui dominait deux vastes courants, prenait son eau bien loin, dans le Mont Pilat, par un aqueduc de 48 kilomètres dont il reste de beaux arceaux.

Le bourg de plaine, au confluent des rivières, s'appelait, à la celtique lui aussi, *Condate*; il n'était point concentré (ou dispersé) sur la pointe au bout de laquelle Rhône et Saône s'unissent aujourd'hui, mais là où ils s'emboîtaient alors, à 2500 mètres environ en amont de la fourche contemporaine.

Enfin la Saône ayant passé sous douze ou quinze ponts lyonnais touche le Rhône et disparaît. Quand cette humble fille des collines rencontre le fils orgueilleux des montagnes, elle est presque toujours bien plus faible que lui.

On l'a vu descendre à 22 mètres cubes par seconde à Lyon, mais c'est là une de ces sécheresses « absurdes », dites séculaires, dont on est très rarement témoin ; ses maigres coutumiers sont de 55 à 60, ses eaux normales de 250, ses grandes expansions de 4 000, son module de 440, tandis que celui du Rhône irait à 425 seulement ; cette supériorité de la Saône, au cas où elle ne serait pas un leurre, viendrait de la force, de la durée, du nombre de ses crues dans le décours de l'année ; elles finiraient ainsi par équilibrer, et au delà, l'extraordinaire infériorité de la Saône estivale.

On évalue son « royaume » à 2 958 020 hectares ; la série de ses lits droits et de ses torsions donne une « continuité » de 482 kilomètres, 646 jusqu'à la source du Doubs : soit 12 lieues de plus que le Rhône, et 53 si l'on attribue au Doubs le rang de branche mère. Sa largeur est de 10 à 15 mètres en amont du Coney ; de 25 à 30, 40, 50, du Coney à la Lanterne ; de 50 à 80 entre la Lanterne et l'Ognon ; de 80, 100, 120, entre Ognon et Doubs ; de 150, 200, voire 300 ou plus encore, à l'aval du Doubs.

xx
ORBE

Le Jura helvétique, et aussi le Jura d'Allemagne, ont grande part à la force du Rhin, mais le Jura français très peu : rien que par l'Orbe qui porte au Rhin supérieur quelques gouttes d'eau franc-comtoise.

Car l'Aar reçoit la Thielle, rivière de 62 mètres cubes qui est le déversoir du lac de Neuchâtel ; et ce grand lac a pour principale fontaine l'Orbe, dont les plus hauts ruisseaux sont en France.

Le Plus Beau Royaume Sous le Ciel.

Sur un plateau du Jura, des plus froids parce qu'il est un des plus « aériens », tout près de la frontière du canton de Vaud (Suisse), le lac des Rousses reçoit de petits ruisseaux des monts, des bois, des prairies, et il renvoie l'*Orbe*, laquelle Orbe est comtoise, ce qui revient à dire française, pendant 9 kilomètres.

Quand elle nous quitte par 1 042 mètres, ruisseau de 6 mètres de large, elle roule 742 litres, avec étiage de 114.

En Helvétie elle remplit, à 1 000 mètres environ, le lac de Joux, exactement orienté comme en amont celui des Rousses et comme en aval la petite « mer de Neuchâtel ».

De cet étroit bassin de 800 hectares, dont l'onde a 33 à 34 mètres de creux, elle entre dans le petit lac de Brenet (79 hectares), qu'entoure un calcaire lâche.

Dans les fentes de cette oolithe, l'eau fuit par des puits, les uns artificiels, les autres naturels, desquels le plus grand ne doit rien à l'homme, mais le courant qui s'y engouffre a été confisqué par les usiniers des moulins de Bon-Port.

On croirait l'Orbe perdue ; elle n'est que cachée : au nord-est de cet évanouissement, à une altitude inférieure de 224 mètres aux entonnoirs qui l'ont dévorée, elle ressuscite là où elle semble naître, à la grande source de Vallorbe, au bas de rocs couronnés de sapins.

XXI
DOMBES

Du haut des arêtes intérieures du Jura commandées par d'autres arêtes, la vue est courte et triste, excepté du front des rochers qui regardent le précipice des cluses, l'effondrement des cirques et l'argent des rivières ; fût-il circulaire, le panorama n'y embrasse qu'étangs, sapins et prairies, avec quelques champs ; de par la hauteur de leur socle les monts les plus hauts ne sont ici que des collines.

Mais des arêtes extérieures le spectacle est immense : des créneaux du talus d'orient on voit le Léman, le Jorat, la Suisse de l'Aar, les Grandes Alpes, les névés éclatants, le Mont-Blanc, notre Gaourisankar ; des créneaux du talus d'occident, une plaine fuit jusqu'à des montagnes bleues où sombre le soleil.

Cette plaine, entre Saône et Jura, s'appelle de deux noms : au sud la Dombes, au nord la Bresse.

La *Dombes* s'étend sur 112 725 hectares, à 250-337 mètres au-dessus des mers, entre trois talus plongeant sur trois vallées de rivières : à l'est, au plus haut, sur le val d'Ain ; au sud sur le val de Rhône ; à l'ouest sur le val de Saône ; ces talus se nomment, dans le langage du pays, les *Côtières de la Dombes* ; ils sont insensibles, presque invisibles du plateau lui-même, qu'on pourrait presque appeler la cuvette; mais ils ne manquent pas de majesté, vu leur hauteur et raideur, quand on les contemple du plus bas, du bord de l'une quelconque des trois rivières. Au-dessus de la Saône la ville de Trévoux gravit en amphithéâtre une colline de la côtière occidentale, et le haut de cette colline (281 mètres) commande l'eau « bourguignonne » de plus de 110 mètres. Au-dessus de la Valbonne, c'est-à-dire au-dessus de l'Ain comme du Rhône qui y marient leurs destinées, la supériorité du plateau sur le val atteint 120 mètres. — Valbonne, on le sait, c'est comme Pont-Euxin, un nom de dérision, et cette plaine de graviers, nue, mémorablement stérile, où les torrents filtrent sous les pierres, ne sera jamais une Limagne. — A son angle sud-ouest, la côtière, devenue part intégrante de Lyon, la cité toujours grandissante, tombe par la colline de la *Croix Rousse* (251 mètres), cap entre Rhône et Saône, au-dessus de leur ancien confluent lentement poussé vers le sud par le dépôt des alluvions au bec des deux rivières. Ces 251 mètres le cèdent de 86 au culmen du plateau (337 mètres), qui se trouve dans la côtière de l'Ain, au sud-ouest de Pont-d'Ain, pas très loin du mont de Margueron (377) : celui-ci, pointement d'oolithe et bastion du Jura, s'accole à la Dombes, mais il n'est point la Dombes, la plaine des glaises, des bois et boqueteaux, des étangs, des blocs morainiques portés, poussés jusqu'ici par le colossal glacier d'antan, la mer de glace du Rhône qui débordait par-dessus le Jura. Inclinée, mais faiblement, au nord-ouest, dans le sens de ses ruisseaux louches, elle se déposa dans un lac de la Saône, quand icelle n'avait pas encore déroché son barrage du pied du Mont-d'Or en amont de Lyon; puis cet immense glacier préhistorique mania et remania l'argile; il se sillonna de faibles replis parallèles, Haute Dombes au midi, Basse Dombes au septentrion, contrairement à la pente de la rivière longitudinale, la Saône, qui chemine du nord au sud.

Quand les forêts l'habillaient, la Dombes était salubre, et depuis 1853 elle le redevient; mais pendant des siècles près de 20 000 hectares d'étangs en firent un hôpital caché dans les brouillards; il y a quatre décades à peine on n'y « durait » que vingt-cinq ans en moyenne, et moins de vingt-un dans seize communes du milieu du pays; c'était une patrie de fébricitants, de scrofuleux, de rachitiques, et l'homme de la Dombes, « laid, lourd, long, lent, lâche », méritait mieux que son voisin du nord les cinq *l* infligées au Bressan.

Les plus anciens de ces étangs, la plupart faits de main d'homme, et çà et là ombragés par les arbres de buttes qu'on nomme des « poipes », datent des siècles les plus religieux du moyen âge, de l'époque des couvents nombreux, des jeûnes stricts qui faisaient le poisson presque aussi indispensable que le blé, mais on en a créé jusque dans notre siècle. Beaucoup furent aussi l'œuvre de la guerre; elle dépeuplait ce sol d'argile, il n'avait plus assez d'hommes pour libérer ses traînants ruisseaux de leurs joncs, de leurs herbes, et peu à peu ces rus s'amortissaient en étangs; alors on aida la nature dans cette œuvre de mort, les gens de la Dombes barrèrent tout ce qu'on pouvait barrer; ce fut leur manière de féconder ces terres froides : deux ans ou plus sous l'eau; puis, l'étang vidé pour le poisson, un an de culture sur le sol exondé — en moyenne, sur 19 215 hectares d'étangs, 12 000 étaient couverts d'eau, plus de 7 000 découverts.

Il y avait, il y a toujours trois sortes d'étangs dans la Dombes : les étangs blancs, ou plutôt les étangs ternes, les étangs neutres, sans autre couleur que la vague lueur du ciel sur les eaux intransparentes, sans aucun avivement de teinte par des herbes rouges ou vertes poussant du fond vaseux sur l'argile glaciaire; les étangs rouges peints en dessous par des algues rutilantes; les étangs brouilleux, ainsi désignés d'après leurs brouilles, herbe lacustre et palustre qui les encombre et dont bœuf, vache et cheval aiment à brouter les tiges mouillées; ces brouilleux, on les appelle aussi les grenouillards, d'après le peuple coassant des filles du limon; ce sont également des étangs très crapaudiers, et souvent, parmi les couac-couac, s'élève de leurs rives, comme un son de flûte, le chant plaintif, craintif, et doucement modulé du botrel — nos ancêtres nommaient ainsi l'être pustuleux; — ces batraciens à vie double ont pour compagnons : sur terre les oiseaux amis de l'eau, les barboteurs et les pêcheurs, les canards, les oies, les cygnes neigeux, les hérons; et dans l'eau la tanche, la commère carpe et le compère brochet. Mais c'est ici l'homme plus que le martin-pêcheur ou le héron qui dépeuple la grenouillère : de grenouilles peu, de poissons extrêmement, quand il vide l'étang pour le remettre en assec, afin d'y semer des blés et des avoines.

Depuis 1853 on a tracé des centaines de kilomètres de routes et des chemins de fer dans la Dombes; on y a mêlé du calcaire au sol, curé des mares malsaines, exondé plus ou moins 7 000 hectares d'eau croupie. Et la Dombes a refleuri, la fièvre en a disparu, la vie moyenne y a augmenté de dix années.

Voici déjà qu'on ne s'occupe plus autant du dessèchement des cuvettes, que même on tend à les remettre en eau pour empoissonnement, par la raison que l'étang plein, surtout l'étang grenouillard, donne un bien plus grand profit que l'étang cultivé. Ce n'est pas à dire que la fièvre, née des miasmes, des putréfactions d'herbes, de brouilles, de joncs, rameaux et feuilles, va rouvrir aux riverains la porte du pays des ombres noires; on peut vivre, et bien vivre, auprès des eaux stagnantes pourvu qu'on les tienne à niveau constant, sans estran de vase, sans queue d'étang, sans plantes corrompues, sans déversoir obstrué d'herbes maremmatiques.

La *Chalaronne*, rivière centrale de la Dombes, est celle de toutes qui reçoit le plus de déversoirs d'étangs, dans un bassin de 65 000 hectares, presque égal aux trois cinquièmes du plateau; elle traîne ses eaux terreuses, lentes et lourdes pendant 12 à 15 lieues jusqu'à la rive gauche de Saône, à 17 kilomètres sous Mâcon. Les plus vastes des nappes dont elle confisque le trop-plein en son cours supérieur sont aussi les plus étendues de tout ce plateau nivelé, avec rayures, par le glacier du Rhône; elles ont toutes deux le même qualificatif de Grand; toutes deux eurent le même créateur : le *Grand-Birieux* (316 hectares) date de 1388, le *Grand-Glareins* (237 hectares) de 1407.

XXII
BRESSE

La *Bresse*, au nord de la Dombes, est plus grande qu'elle et plus basse (200 à 250 mètres). Longue de 20 à 25 lieues du sud au nord, large de 7 à 8 ou 10 de l'est à l'ouest, elle part du Revermont au midi, et du Vignoble au septentrion — au-dessus de Treffort, de Coligny, de Saint-Amour, de Cuiseaux, de Beaufort, le *Revermont* est le talus occidental du Jura, le *Vignoble*, au-dessus de Lons-le-Saunier, de Poligny, d'Arbois, étant, son nom le dit, un pays de vignes, une « collinière » en avant-mont du Jura, avec superbes vues sur la plaine, et par delà, sur des monts « transarariens » —. Elle finit au nord sur la rive gauche du Doubs inférieur, et vers l'occident elle s'arrête à la rivière souverainement indolente, à la Saône presque stagnante dont le moindre zéphyr du sud, soufflant à peine à contre-courant, semble faire d'un fleuve qui descend au midi vers la Méditerranée, une onde entraînée par sa pente vers le septentrion, vers la mer d'entre Grande-Bretagne et Scandinavie. La plaine bressane prolonge même en certain travers ses sables, argiles, graviers du temps pliocène par delà l'eau tranquille qui sépara longtemps la Franche-Comté, pays de l'empire allemand (à l'est), de la Bourgogne, pays du royaume français (à l'ouest) — fonction historique et politique dont la langue populaire a gardé souvenance confuse :

Le Plus Beau Royaume Sous le Ciel.

les mariniers de la Saône crient encore : *réaume* (royaume) quand ils ordonnent au pilote d'incliner vers la rive droite; *empire*, quand il faut obliquer vers la rive gauche; et en aval de Lyon, il en est longtemps de même sur le Rhône, qui fut, comme la Saône, le fossé divisoire entre les « Impériaux » et les « Royalistes ».

Dans le détail on distingue trois Bresses en cette campagne « infinie » qui nous montre le plancher cailloteux, aréneux, vaseux, d'un grand lac où sommeilla la Saône, du pays de Dijon au pays de Bourg, car, au temps « antérieur », elle n'avait pas encore usé la roche qui soutenait ce grand léman d'avant l'histoire en amont de la solitude devenue par la suite un obscur village de pêcheurs, puis *Lugdunum*, métropole des Gaules, enfin Lyon, la ville aux 500 000 âmes. Il y a la *Bresse Bressane*, dans le midi, à côté de Bourg, sur la Reyssouze et la Veyle, elle-même partagée par ses habitants en Bonne Bresse et en Mauvaise Bresse (celle-ci au sud de la Veyle); la *Bresse Louhannaise*, au centre, autour de Louhans, sur la Seille et au septentrion, en tirant sur le Doubs et la Saône, vers l'orient de Châlon-sur-Saône, la *Bresse Châlonnaise*.

Ces trois Bresses ont ressemblance intime, avec plus ou moins de bois et bosquets, plus ou moins de landes, brandes et bruyères, plus ou moins de marais et d'étangs à l'eau compacte, au poisson laissant un goût de vase à la bouche ; çà et là des mamelons, mais en somme rien de brusque, pas d'ondulations puissantes, très peu d'inclinaison du sol ; et de partout où le rideau des arbres n'obstrue pas l'horizon, la vue du Revermont, du Vignoble, du Jura d'arrière Vignoble au delà duquel se lève le soleil ; et vers l'autre fond d'horizon, après la rivière incomparable en bonhomie, les monts du Mâconnais et du Charolais derrière lesquels l'astre se couche. Encore que le sol y soit froid par trop d'argile, la richesse habite en beaucoup des villages bressans, et dans toute cette contrée, ici suffisamment, là pas assez drainée, avec excès d'étangs dans le nord, il y a des fermes opulentes où picorent de célèbres volailles, des champs bien travaillés, de belles prairies avec gras bétail. Elle eut, elle a toujours des marais, mais bien moins que la Dombes, et jamais la fièvre n'y brûla, puis n'y glaça pour toujours autant d'enfants, d'adolescents et d'hommes. Néanmoins tel de ses étangs devrait être séché, telle de ses prairies spongieuses « exprimée » par des canaux, tel de ses ruisseaux hâté par des sections d'isthme ; si platement qu'elle s'étale, la Bresse descend assez du Jura vers la Saône pour qu'on n'y souffre aucune stagnance des eaux.

DEUXIÈME *Monts Extérieurs.*

XXIII
SEILLE,
REYSSOUZE
ET VEYLE

Des rivières bressanes, Seille, Reyssouze et Veyle, toutes trois feudataires de la Saône, la *Seille* seule a vraiment droit à ce nom de rivière, en vertu des 235 000 hectares qui lui valent, au bout d'un voyage de trente lieues, une largeur de 40 à 60 mètres, un volume ordinaire de 5 à 6 mètres cubes.

Des environs de Bourg-en-Bresse à ceux de Poligny, des combes entamant le chaînon le plus occidental du Jura, dressant leur fronton à 500, 600, 700, presque 800 mètres, c'est selon; combes qui se ressemblent toutes, ayant créneaux de roches, bouts du monde ou vaucluses en fer à cheval, et dans ces fonds de ravine, une source brillante, pure, souvent capable d'animer incontinent une usine; toutes s'ouvrent bientôt sur la plate expansion de la Bresse, où le ruisseau bondissant s'attarde désormais dans la paresse et presque l'immobilité. Seille, née des belles fonts du *cirque de Baume*, en amont de la haute Château-Châlon dont on dit que son vin est le madère de France; *Brenne*[1] lente, entortillée, soutenue par d'innombrables étangs; *Vallière*, qui baigne Lons-le-Saunier; *Solnan*[2] qui s'achève à Louhans : ces quatre rivières reçoivent toutes ces eaux de combes. Elles ont pour commun continuateur la tournoyante Seille, qui arrose la Bresse louhannaise; elle fait plus que l'arroser : de Louhans jusqu'à la Saône elle l'impalude.

La *Reyssouze*, rivière de Bourg, a comme la Seille sa part du Jura, mais extrêmement petite, deux ou trois combes, et c'est tout. Née à peine depuis 200 ou 300 mètres, elle entre en Bresse pour y errer sur un sentier de 76 kilomètres, et 51 200 hectares lui confient leurs ruisselets sommeillants.

La *Veyle*, longue de 17 lieues, accueille la surabondance d'eau de 65 000 hectares; elle ne doit rien au Jura, elle vient de la Dombes, elle s'égare dans la Bresse, elle finit en face de Mâcon, au sein de prairies immenses.

XXIV
JURA
D'OUTRE-
RHÔNE

Au nord du cours fantasque du Rhône entre Genève et l'embouchure de l'Ain, toutes les chaînes parallèles s'appellent Jura.

Au sud du fleuve, elles cessent de porter ce nom; on les comprend dans les Alpes, mais leur nature et leurs directions les rattachent au Jura, dont elles firent partie. Tout montre que le fleuve ne courut

---

1. 56 kilomètres, 47 000 hectares. — 2. 52 kilomètres, 79 000 hectares.

Le Plus Beau Royaume Sous le Ciel.

pas toujours dans son lit contemporain; il fut un temps où il n'avait pas, soit trouvé, soit forcé son passage dans la montagne d'entre Genève et les plaines lyonnaises; l'entaille de Pierre-Châtel n'existait pas encore, que le Rhône creusa, ou dont il profita pour l'approfondir toujours plus; et alors, retenu derrière ce bloc vif, il refluait en lac et se frayait vers la Méditerranée d'autres chemins, dans d'autres failles qu'ensuite il abandonna; il s'achemina peut-être par le lac d'Annecy et Albertville; puis, à une autre période, par le lac du Bourget, Chambéry et le lac d'Aiguebelette ou le val que suit l'Isère.

Ces mutations de vallée semblent impossibles à l'homme qui voit toute sa vie durant la rivière tomber du même moulin sur les mêmes pierres, entre mêmes arbres et mêmes prairies; mais le temps peut tout.

S'il est vrai que le Rhône coula où coule de nos jours l'Isère, dans ces temps reculés la Grande-Chartreuse et divers massifs calcaires de la Savoie tenaient au Jura; et sous nos yeux, au delà même de l'Isère, c'est encore le Jura qui, sous le nom d'Alpes, dresse au midi des montagnes de très noble architecture.

CHAPITRE TROISIÈME

LES ALPES ET LE RHONE

XXV. LES ALPES EN EUROPE ET EN FRANCE. || XXVI. LE MONT-BLANC. || XXVII. GLACIERS DU MONT-BLANC. || XXVIII. ARVE. || XXIX. PETITES ALPES DE SAVOIE, CHABLAIS ET LÉMAN. || XXX. DRANSE DE SAVOIE. || XXXI. LÉMAN. || XXXII. MONTS D'ENTRE ARVE, ISÈRE ET RHÔNE. || XXXIII. LAC D'ANNECY; LE FIER. || XXXIV. LAC DU BOURGET; LES BAUGES. || XXXV. GRANDE-CHARTREUSE; GUIERS. || XXXVI. TERRES FROIDES, TERRES BASSES, ILES DE CRÉMIEU. || XXXVII. BALMES VIENNOISES. || XXXVIII. BIÈVRE ET VALLOIRE. || XXXIX. DU MONT-BLANC AU MONT CENIS. || XL. GRANDS COLS, GRANDES ROUTES DES ALPES. || XLI. DU MONT CENIS AUX ALPES MARITIMES. || XLII. VANOISE. || XLIII. ISÈRE SUPÉRIEURE. || XLIV. TARENTAISE. || XLV. ARC; MAURIENNE. || XLVI. GRAISIVAUDAN; BELLEDONNE. || XLVII. GRANDES ROUSSES. || XLVIII. MONTS D'OISANS; PELVOUX. || XLIX. CHAMPSAUR; DRAC, ROMANCHE, VÉNÉON. || L. MONTS DU LANS, DU VERCORS, DU ROYANNAIS. || LI. BOURNE. || LII. ISÈRE INFÉRIEURE. || LIII. PETITES ALPES MÉRIDIONALES; MONTS DE LA DRÔME. || LIV. DRÔME, ROUBION, EYGUES, OUVÈZE. || LV. DÉVOLUY; SOULOISE. || LVI. BUECH. || LVII. VENTOUX ET MONTS DE LURE. || LVIII. PLATEAUX DE VAUCLUSE. || LIX. VAUCLUSE : LA SORGUE. || LX. LUBÉRON. || LXI. MONTS DE LA DURANCE. || LXII. DÉFORESTATION ET REFORESTATION DES ALPES FRANÇAISES. || LXIII. DURANCE. || LXIV. VERDON. || LXV. GRANDS CANAUX D'ARROSAGE. || LXVI. BASSE DURANCE. || LXVII. ALPINES. || LXVIII. LA CRAU. || LXIX. PETITS MONTS DE PROVENCE. || LXX. ARGENS. || LXXI. MONTAGNES DES MAURES. || LXXII. ESTÉREL. || LXXIII. SIAGNE ET LOUP. || LXXIV. ALPES MARITIMES. || LXXV. LE VAR. || LXXVI. LA ROYA. || LXXVII. EN AVANT DES ALPES : NOS PLUS BEAUX RIVAGES. || LXXVIII. MARSEILLE. || LXXIX. DE MARSEILLE A TOULON. || LXXX. TOULON. || LXXXI. ILES D'HYÈRES. || LXXXII. AU PIED DES MAURES. || LXXXIII. AU PIED DE L'ESTÉREL. || LXXXIV. DE NICE A L'ITALIE : LA CORNICHE. || LXXXV. RHÔNE SUPÉRIEUR : DE LA SOURCE AU JURA. || LXXXVI. PERCÉE DU JURA. || LXXXVII. LYON : LA SAÔNE. || LXXXVIII. DE LYON A ARLES. || LXXXIX. D'ARLES A LA MER : GRAND RHÔNE, PETIT RHÔNE. || XC. LA CAMARGUE. || XCI. PUISSANCE DU RHÔNE. || XCII. GRAND PLAN DU BOURG. || XCIII. ÉTANG DE BERRE. || XCIV. CAMARGUE LANGUEDOCIENNE : DU RHÔNE A CETTE. || XCV. ÉTANG DE THAU.

XXV
*LES ALPES
EN EUROPE
ET EN FRANCE*

IL y a dans le monde, en Asie, en Amérique, en Afrique, des monts plus élevés que les Alpes, mais il n'en est pas de plus beaux.

Le « Palais des neiges », l'Himalaya, lève dans le ciel un pic double du Mont-Blanc, le Gaourisankar, haut de 8 840 mètres ; les Andes ont des pics de 7 000 mètres, et en Afrique une montagne se dresse à 1 200 mètres au-dessus du monarque des Alpes ; mais l'Hima-

Le Plus Beau Royaume Sous le Ciel.

laya est sinistre, les Andes très sèches et les Monts Africains n'offrent pas au soleil tropical d'aussi vastes champs d'éclatante froidure que la frissonnante épaule des Alpes.

Leur nom vient-il d'un radical *alb*, signifiant blanc? Il serait vrai, tant il y a de névés et de glaciers poudrés de neige sur le torse de leurs géants. L'hiver éternel y luit sur des centaines de milliers d'hectares, quand dans nos Monts Français, en pleine Auvergne, au vent du nord, à l'ombre des rocs et des sapins, c'est à peine si durant l'été, dans quelque fondrière où le soleil ne descend jamais, il reste encore assez de frimas pour dresser un homme de neige.

Ces glaciers, ces névés font des torrents louches qui s'écroulent de roc en roc jusqu'au lac dont ils sortent purs. Ainsi naissent, ainsi grandissent les plus nobles rivières de l'Europe, le Rhône, l'Aar, le Rhin, l'Inn, le Tessin; et trois mers, l'Atlantique, la Méditerranée, le Pont-Euxin, boivent aux lacs de la Blanche Montagne.

Si trois mers se disputent l'éternel hiver des Alpes, cinq langues sonnent dans leurs vallées : l'allemand, de Bâle jusqu'aux portes de Vienne en Autriche; le slave, en plusieurs dialectes, dans les Alpes orientales du bassin de la Drave et de la Save; le français, de Fribourg à Nice; l'italien, sur presque tout le versant du Pô et sur celui de l'Adige; le romanche, dans les gorges supérieures du Rhin et de l'Inn.

Ces langues luttent entre elles, et l'allemand contre toutes : contre le français en Suisse, contre l'italien dans le Tirol méridional, contre le romanche dans les Grisons, contre les langues slaves dans les Alpes autrichiennes; l'italien est aux prises avec le français dans les montagnes italiennes qui se relèvent vers le Viso, le Mont-Blanc, le Mont-Rose, avec l'allemand sur le haut Adige, avec le slave aux horizons de l'Adriatique.

Dans cette guerre, le français gagne sur l'allemand en Suisse et perd contre l'italien en Italie; l'italien empiète sur le français et l'allemand, mais n'empiète plus sur le slave; le germain, qui recule lentement devant le français et l'italien, avançait rapidement sur le slave, mais ce temps n'est plus, et le slave avance à son tour sur le deutsch. Quant au romanche et à son frère le ladin, ces deux patois issus du latin sont condamnés à mort, et c'est l'allemand qui va les exécuter.

Cinq pays, la France, la Suisse, l'Allemagne, l'Autriche, l'Italie, ont leur part de ce suprême château d'eau de l'Europe dont les rocs, les pics, les gorges, les cirques, les chaos, les glaciers, les névés, les lacs, les forêts font ensemble un monde qu'il faudrait dix vies d'homme pour connaître.

La part de la France est grande et belle; quatre de nos vieilles provinces appartiennent aux Alpes : Savoie, Dauphiné, Comtat, Provence, et elles accaparent plus ou moins dix de nos départements, Haute-Savoie, Savoie, Isère, Drôme, Hautes-Alpes, Basses-Alpes, Vaucluse, Bouches-du-Rhône, Var, Alpes-Maritimes. Elles couvrent chez nous cinq millions d'hectares, soit le cinquième de l'entier massif, qu'il est assez difficile de limiter exactement, mais qu'on estime à 250 000 kilomètres carrés.

C'est près du dixième de la France, et le dixième le plus grandiose, avec cimes suprêmes, neiges sans fin, et des torrents immenses.

XXVI
LE MONT-BLANC

Il y a quarante ans, la tête de nos Alpes, en même temps que de la France, était la Barre-des-Écrins dans le Pelvoux de Vallouise, en Dauphiné; l'accession de la Savoie nous a valu nombre de pics supérieurs à 4 000 mètres, et parmi eux le *Mont-Blanc*, qui dépasse le Pelvoux de 705 mètres.

Le Mont-Blanc s'élève sur les frontières de la Suisse et de l'Italie, dans les Alpes dites Pennines, et spécialement dans le massif nommé la Glacière par les Savoyards; et certes on ne pouvait guère l'appeler mieux; les Genevois le traitaient de Montagne Maudite. C'est le prince des Alpes, le pic majeur de l'Europe; pour monter plus sidéralement il faut aller jusqu'au Caucase. Inférieur de 854 mètres à l'Elbrous caucasique, il dépasse de 1 404 mètres la plus haute des Pyrénées, de 2 922 le Puy de Sancy, de 3 084 le crêt suprême du Jura, de 3 382 le plus fier ballon des Vosges.

Il fut gravi pour la première fois il y a cent douze ans, en 1786, par Jacques Balmat, pâtre du val de Chamonix; il passait auparavant pour inaccessible.

Aujourd'hui des gens de tout peuple en font l'ascension, hommes, femmes, enfants, même en hiver, avec quelque danger, et beaucoup de peine à cause du mal de montagne, le *soroche* des Andes, qui fait siffler les tempes, bourdonner les oreilles, qui casse bras et jambes, sèche la gorge, livre au lourd, au traître sommeil, suivi de la mort chez ceux qu'on n'a pas réveillés.

Arrivé sur une arête de 200 mètres de long, avec un mètre seulement de largeur à l'endroit le plus haut, on est au sommet de l'Occident, en un climat d'une moyenne annuelle d'au-dessous de 17°, de moins 5° à moins 10° en été, et jusqu'à moins 40° en hiver; à 3 758 mètres au-dessus de Chamonix, bourg de la

Le Plus Beau Royaume Sous le Ciel.

base du mont, à 4 430 mètres au-dessus du lac de Genève, à 4 808 mètres au-dessus de la mer — 2 mètres plus bas que les 4 810 admis jusqu'à ces dernières années.

De ce beauregard suprême, qui fut plus haut encore, mais, lui aussi, les siècles l'usent, on voit nettement ou confusément, suivant la pénétrabilité de l'air, une part de Suisse, de Savoie, de France, d'Italie.

On contemple des monts géants et des demi-colosses, des névés et glaciers sans nombre plus visibles que les pics ou les croupes dès que le soleil étincelle sur leur blancheur; et des cols, des vallées, des lacs qui brillent, des noirceurs de forêts : le monde qu'on admire va des Vosges aux Apennins et des créneaux de la Cévenne aux neiges du Tirol.

Étant donnée la courbure de la Terre, donnée aussi l'élévation de la cime, il plonge, en mathématique, sur le chaos des choses jusqu'à 265 kilomètres autour de « Sa Hautesse »; et lui, par l'incendie que le soleil allume à son front, on le distingue d'au-delà de 300 kilomètres, depuis l'observatoire du Puy de Dôme, du milieu de la France.

Mais tout ce qui dépasse le tiers de ces 265 kilomètres, entre dans l'indistinct, sauf les masses puissantes, quelques pics souverains et les grandes mers de glace accrochant la lumière au passage.

Vît-on d'ailleurs en perfection tout l'intérieur du cercle, plus de 60 lieues, la rondeur du globe défend d'apercevoir ce que maints graviseurs ont aperçu de la coupole du Mont-Blanc : le Canigou des Pyrénées, la mer de Marseille et de Gênes, l'Adriatique, Venise et « l'affreux Lido ».

Toutefois, bâti dans la perdurante neige au voisinage de la cime, à 4 400 mètres d'altitude, sur le rocher des Bosses, le jeune observatoire du Mont-Blanc voit suffisamment du monde, et du ciel, pour juger « souverainement » des vents, des nues, des batailles d'en haut, défaites ou victoires de météores qui font la vie d'en bas.

XXVII
GLACIERS
DU
MONT-BLANC

Le massif du Mont-Blanc, s'il est le plus élevé des Alpes, n'est pas, tant s'en faut, le plus long et large, le mieux cintré de puissants contreforts. Il n'a guère que 45 kilomètres du nord-est au sud-ouest, avec 13 d'ampleur extrême, et pas tout à fait 40 000 hectares, dont 28 243 sont aux Français, 4 180 aux Suisses, le reste aux Italiens.

Autour de son dôme suprême, et courbés devant ce maître des maîtres, six autres monts seulement parviennent au-dessus de 4 000 mètres, tandis qu'autour du Mont-Rose, inférieur de

168 mètres au Mont-Blanc, une quarantaine de géants dépassent cette prodigieuse taille d'une lieue de poste.

Mais aussi ce colosse de protogine, de granit, de gneiss, de talc, de micaschiste, d'amphibole, épanche d'admirables glaciers dominés par des ruines de montagne inouïes, par des aiguilles terribles qu'on ne gravira jamais qu'au péril de la vie : *Aiguille de Rochefort* (4 003 mètres) ; *Aiguille du Géant* (4 014 mètres), flanquée de roches verticales ; *Grande Jorasse*, dont la plus haute a 4 206 mètres ; *Aiguille du Dru*, des plus difficiles, encore que n'ayant pas plus de 3 815 mètres ; *Aiguille du Midi* (3 843 mètres), fameuse pour son panorama de glaces éternelles ; *Aiguille de Bionnassay* (4 061 mètres) ; *Aiguille Verte* (4 127 mètres) ; *Aiguille des Droites* (4 030 mètres), etc. Ces Aiguilles, présentement pointues, furent des coupoles, comme l'est resté jusqu'à ce jour le Mont-Blanc, que sa profonde neige glacée a mieux garanti de la décadence.

Des névés énormes, des glaciers immensément lourds pèsent sur les épaules du Goliath de l'Occident : tel le *Glacier de l'Argentière*, long de 9 kilomètres, grand de 2 600 hectares ; tel surtout, derrière la caverne d'où l'Arvéron fuit avec colère, les 6 000 hectares (ou presque) de la *Mer de Glace*, longue de 14 kilomètres jusqu'à l'origine du plus étendu des sous-glaciers qui la composent.

Avec leurs 7 milliards 580 millions de mètres cubes, les glaciers pendus sur le seul val de Chamonix abreuveraient pendant cinquante jours le Rhône, tel qu'il passe devant Beaucaire ; et, à leur supposer une épaisseur moyenne de 50 mètres — or certains pans de glace ont de 400 à 500 mètres de puissance — les 28 250 hectares de frimats de la montagne suffiraient pendant douze à quinze années au courant de la Seine à son étiage extrême sous les ponts de Paris.

De ces 28 250 hectares, près de 17 000 confient à la France les eaux qui coulent dans les chambres de cristal du glacier ; c'est à l'Arve, affluent du Rhône, qu'ils les envoient ; à l'Arvéron et au Bon Nant, tributaires de l'Arve ; à l'Isère, qui court vers le même fleuve que le torrent de Chamonix ; 7 000 hectares se versent en Italie dans la Doire Baltée, affluent du Pô ; plus de 4 000 s'inclinent vers la Dranse valaisane et le Trient, courants suisses du bassin du Rhône.

L'un de ces blocs d'eau compacte, le glacier des Bossons, s'abaisse jusqu'à 1 099 mètres par une cascade immobile de 1 400 mètres de hauteur ; il s'abat sur la vallée de Chamonix, dont la bourgade est à 1 050 mètres d'altitude. Vallée qui n'était point visible dans les temps reculés : alors les « mers » de glace du Mont-Blanc étaient vraiment grandes comme de

Le Plus Beau Royaume Sous le Ciel.

petites mers : l'une descendait en Piémont jusque vers les lieux où le Pô, vieil Éridan, apporte et emporte des alluvions ; une autre ne s'arrêtait qu'à la rive gauche du Rhône en aval de Lyon ; une autre atteignait le Rhin en amont de Bâle ; et ces glaciers s'unissaient à ceux du Haut Rhône, du Jura, de la Forêt-Noire.

Dans l'ère actuelle, les glaces du Mont-Blanc avancent ou reculent, par périodes ; en ce moment elles recommencent à marcher en avant après avoir marché pendant plus de vingt ans en arrière.

En même temps que l'extrémité d'en bas des glaciers, monte ou descend aussi la frontière inférieure des neiges persévérantes, qui est pour l'instant à 2 700 mètres environ.

Tel est le géant des monts d'Europe, si beau dans sa blancheur immaculée, quand venant de Genève, on l'aperçoit tout à coup du fond de la vallée de Sallanches.

Supérieur à « Pélion sur Ossa » pour monter avec les Titans aux portes des palais célestes, plus fier que le Parnasse aimé d'Apollon, que le Rhodope qui vit errer Orphée, que l'Ida où l'on vénéra Cybèle, que les monts de Jupiter, les Olympes ou « rayonnants », et plus rayonnant qu'eux tous, comment se peut-il que le Mont-Blanc n'ait jamais été nommé dans les chants populaires, les légendes, les dictons et proverbes des nations qui l'entourent : ni chez les Français qui peuplent toutes ses vallées divergentes, ni chez les Italiens au sud, ni chez les Allemands au nord-est?

C'est qu'il ne s'élance pas en avant-mont hardiment impérieux, commandant le regard, enchaînant l'admiration, comme le Viso, la Rochemelon, et vingt autres ; c'est qu'il se dresse, en des Alpes enchevêtrées, dans un massif auquel d'autres disputent la prééminence en grandeur, en beauté, en escarpement farouche, en cascades de glace éternelle, autour du Mont-Rose et du Cervin, de la Vierge, de la Bernina, etc. ; c'est enfin parce qu'on ne voit pas sa supériorité de près, mais de loin ou de très loin, de mille belvédères, à 30, 50, 75 lieues ; et que de ces beauvoirs, surtout des plus éloignés, on ne lui connaissait pas de nom avant l'ère toute récente des ascensions et des ascensionnistes, des touristes, des clubs alpins, des cartes, des plans, des reliefs et des guides : c'était alors, vaguement, une montagne, ou même seulement une lueur de neige dans le ciel de l'Europe occidentale.

Dans sa *Légende des Siècles*, le poète géant a vengé de ce long et profond silence le mont géant qui « tresse le bleu Rhône aux cheveux d'or de l'Arve » :

> Le Mont-Blanc que cent monts entourent de leur chaîne,
> Comme dans les bouleaux le formidable chêne,
> Comme Samson parmi les enfants d'Amalec,
> Comme la grande pierre au centre du cromlech,
> Apparaît au milieu des Alpes qu'il encombre.

Donc le Mont-Blanc, comme dit le poète souverain, tresse au Rhône bleu les cheveux d'or de l'Arve.

XXVIII
ARVE

Près de 20 000 hectares de glaciers s'inclinent vers ce turbulent torrent dont la source officielle jaillit sur le penchant du fameux *Col de Balme*, ouvert à 2 202 mètres entre Savoie et Suisse, sur le chemin de Chamonix à Martigny; mais le ruisseau de la Balme n'est qu'un filet d'eau que dévorent bientôt, par environ 1 400 mètres, les flots troubles du torrent qu'émet le glacier du Tour (1 059 hectares).

Cette eau grise de boue, l'*Arvéron du Tour* part d'en dessous de son « palais » de glace, avec une puissance de 5 200 litres par seconde, abaissés à 350 au plus fort de l'hiver. Non loin en aval, par 1 200 mètres, les 2 600 hectares du glacier de l'Argentière versent à l'*Arvéron de l'Argentière* 9 mètres cubes à la seconde, avec minimum de 500 litres. Puis arrive l'*Arvéron* tout court ou Petite Arve sortant de son cintre natal, sous la glace vitreuse, avec le formidable flot de 22 800 litres, en portée normale (1 400 au plus bas) : c'est qu'il puise à la Mer de Glace, au fleuve rigide pressé en amont par trois glaciers en éventail, que pressent eux-mêmes et poussent une foule de sous-glaciers ; de ces trois frimas éternels, le *Glacier du Géant* ou de Tacul couvre 2 989 hectares; le *Glacier de Leschaux*, 1 409 ; le *Glacier de Talèfre*, 1 379.

Ainsi faite, l'Arve baigne Chamonix, le bourg cosmopolite où l'on vient de toute France, de toute Europe, voire du monde entier pour admirer Goliath, et quelques-uns pour le vaincre; il hume les petits « Arvérons » de petits glaciers et deux grands Arvérons descendus directement du Mont-Blanc lui-même, l'*Arvéron des Bossons* et l'*Arvéron de Taconnaz*, qui se pourvoit aux 1 880 hectares du glacier de Taconnaz et qui est la dernière des « petites Arves » sorties des veines gelées du colosse. Après quoi, elle engloutit la *Diosaz*, une fille des glaciers du Buet, et l'un de ces célèbres torrents tellement écrasés entre parois vertigineuses qu'on ne peut les visiter que sur des galeries : c'est en 1875 qu'on a scellé dans sa fissure à demi ténébreuse, contre des parois de schiste talqueux, un long pont de bois en zigzags, au-dessus du flot dormant ou des cascades massives, au fond de la tragique entaille où la Diosaz n'a parfois que 2 mètres entre monts pour le passage de ses 14 mètres cubes (850 litres en étiage).

L'Arve passe de ses gorges supérieures au bassin verdoyant de Sallanches ; elle conquiert le *Bonnant*, autrement dit le Bon-Nant, soit le Bon Torrent. Bon, pas toujours, puisqu'en juillet 1892, ce « débonnaire » a détruit Saint-Gervais-les-Bains ou, pour mieux dire, les bains de Saint-Gervais, le *Glacier de Tête Rousse* ayant laissé s'échapper soudain dans la nuit noire, par une crevasse de sa glace frontale, un lac temporaire, interne, environ 100 000 mètres cubes, pas plus : mais ce fut assez pour que, sur une pente vertigineuse, l'eau et la glace pussent arracher des forêts de sapins, décrocher et transporter des roches de 250 mètres cubes, et, tombées sur le Bonnant par les gorges du torrent qui épanche le glacier de Bionassay, raser les hameaux dormant paisiblement sur la foi des heures nocturnes, déblayer les bains de Saint-Gervais et cacher sous un, deux, trois mètres de boues, de limons, de rocs, les 75 hectares de la riche campagne du Fayet ; ici, au confluent de l'Arve et du Bonnant, s'arrêta la subite trahison du glacier de Tête Rousse, le lit du torrent étant capable d'étendre en largeur le flot que les étroits à l'amont de Saint-Gervais avaient levé à 25, 30, 35 mètres de hauteur ; plus peut-être et jusqu'à 100 mètres, a-t-on dit. Le Bonnant se fournit à de grands glaciers du versant occidental du Mont-Blanc, notamment au *Glacier de Trélatête* (1 526 hectares), long de 8 kilomètres entre gigantesques parois, au pied d'aiguilles magnifiques. S'il faut en croire aveuglément les calculs des ingénieurs, tels qu'ils sont monumentés dans la Statistique officielle des cours d'eau, le torrent de Saint-Gervais apporterait à l'Arve 21 mètres cubes, avec étiage de 2 500 litres.

Et le *Giffre*, atteignant l'Arve après que celle-ci a baigné Sallanches et Cluses, ne lui verserait pas moins de 8 500 litres en eau basse, de 77 000 en portée normale, avec 500 000 en grande crue, au bout d'un cours de 42 kilomètres drainant 44 295 hectares de montagnes. Tout cela semble fort excessif, mais pourtant, ce torrent de Sixt, de Samoens, et Tanninges, est une rivière superbe, puissante, volontaire, qui vaut un grand gave pyrénéen et commence, comme à Gavarnie le Gave Béarnais, dans un des cirques les plus grandioses du monde : le *Fer à Cheval* où s'affalent des cascades si hautes que le vent les balance en écharpe de poussière d'eau ; comparé au Cirque de Gavarnie, le Fer à Cheval, au pied de la *Pointe de Tenneverge* (2 939 mètres), est plus profond de 300 mètres et plus étroit ; il est moins cirque, il est plus abîme.

Le Giffre se heurte à l'Arve dans la plaine en aval de Cluses, l'un des anciens lacs qui suspendaient le cours arrogant des eaux de la grande montagne : le val de Chamonix est le premier et le moindre des lacs écoulés de l'Arve ; le val de Sallanches, le second ; le val de Bonneville, à partir de Cluses, le troisième et le plus grand. L'Arve y baigne Bonneville, puis coule au pied de la roche de Faucigny, château fort qui donna son nom à l'une des provinces de la Savoie, celle précisément que traverse le torrent, et qu'il ravage, bien qu'on ait prétendu le discipliner par des digues.

Passée de France en Suisse, l'Arve y court entre Genève et le faubourg de Carouge. Par 370 mètres, elle s'y cogne, terreuse, au Rhône encore incontaminé, puis se confond avec lui.

Ce torrent forcené d'une largeur de 80 à 120 mètres ne met que douze à quatorze heures pour descendre de sa source au fleuve, qu'il augmente de moitié à l'étiage, de plus de moitié dans la moyenne de l'année, et qu'il dépasse très grandement en crues extrêmes.

Son étiage, 35 mètres cubes, égale à peu près celui de la Seine à Paris ; or la Seine « métropolitaine » écoule un bassin vingt fois plus vaste que celui de l'Arve.

Comme nul n'en ignore, le mot d'étiage ne répond à rien d'absolu ; il désigne un niveau d'eau basse, fort basse, au-dessous duquel il arrive très souvent que la rivière descende indéfiniment encore, quand la sécheresse s'allonge ou — c'est ici le cas — lorsque dure trop longtemps la saison des froids qui aveuglent les fontaines et empêchent toute fusion de neige ou de glace en même temps qu'ils interdisent toute pluie. L'Arve s'abaisse donc, quand névés et glaciers ne « pleurent » plus, au-dessous de 35 mètres cubes, et de 30, et quelquefois au-dessous de 25, de 20, jusqu'à 17. Son volume ordinaire est officiellement de 220 mètres cubes ; son module, 160 mètres cubes, est supérieur à celui de rivières de 400 à 500 kilomètres dans des bassins de plus d'un million d'hectares comme le Lot ; voire de 1 500 000, comme l'Allier ; or l'Arve ne parcourt que 100 kilomètres et ne dégorge que 206 000 hectares. Telle est la vertu des neiges persévérantes!

Ses crues vont à 700 mètres, et peuvent même dépasser 1 000, sinon 1 500. Si l'on versait Arve en Léman, l'on diminuerait d'autant les expansions du Rhône en France ; la difficulté de l'entreprise serait, non d'atteindre le Léman, mais de pousser le canal jusqu'au Grand Lac ou Lac supérieur : à le verser dans le Petit Lac ou Lac inférieur, qui manque d'ampleur et de creux, on risquerait d'encombrer les abords de Genève.

Sous l'œil du Mont-Blanc, et deux, trois, quatre fois moins

Le Plus Beau Royaume Sous le Ciel.

haute que ce Titan, s'étend au loin, houle solidifiée, l'ondulation des Petites Alpes ou Alpes calcaires de la Savoie : au nord, les Alpes du Chablais vont mourir à la rive méridionale du lac de Genève; à l'ouest, au sud-ouest, jusqu'aux étroits du Rhône à la percée du Jura, jusqu'aux étranglements du Guiers, jusqu'à la rive droite de l'Isère dans le bassin de Chambéry, se déchirent des Alpes tributaires du grand fleuve par les Usses, le Fier et le canal de Savières.

C'est justement l'Arve, en son val du Faucigny, qui sépare ces Petites Alpes de Savoie en deux portions très inégales, la moindre étant le Chablais.

XXIX
PETITES ALPES
DE SAVOIE.
CHABLAIS
ET LÉMAN

Les plus hauts créneaux du Chablais arrivent à peine à la moitié du Mont-Blanc dont les neiges et les aiguilles sont la grande gloire de tous les panoramas de la Savoie calcaire et crayeuse.

Par delà la rive droite de l'Arve, du Mont-Blanc au Rhône supérieur et au Léman, les plus hautes roches que fouette le vent, que déchire la foudre, que mouille glacialement la neige, se nomment le Buet, la Tour Sallière, la Dent du Midi. Mais, bien qu'Alpe calcaire, la montagne qui regarde de près le Fer à Cheval et les premières glaces fondues du Giffre, le belvédère dont le périorama surpasse en beauté celui du Mont-Blanc lui-même par moins de confusion au centre d'un horizon moindre, le *Buet*, en un mot, confronte à la protogine du maître massif de l'Europe, et l'on doit le considérer comme faisant partie du surhaussement suprême de la partie du monde. La Tour Sallière (3 227 mètres) et la Dent du Midi (3 285 mètres), si belle de sa neige rose aux derniers rayons du soleil, culminent sur le territoire de la Confédération; le *Chablais* (82 000 hectares) ne darde donc que peu de pics au-dessus de 2 500 mètres. La *Dent d'Oche*, si fort admirée des heureuses villas de Lausanne, s'élève presque exactement, de par ses 2 434 mètres, à mi-corps du Mont-Blanc, à petite distance de la rive méridionale du Léman; et les célèbres *Voirons*, qui cachent à Genève le lever du soleil, ne montent qu'à 1 486 mètres.

XXX
DRANSE
DE
SAVOIE

Le torrent central du Chablais, la Dranse s'appelle d'un nom générique en ce petit coin des Alpes, en Valais, en Savoie, à l'ombre gigantesque du Mont-Blanc. Ces diverses Dranses (ou Drances) ont dans leur radical le *dr* d'une foule de rivières de l'Occident, Doire, Durance, Dordogne, Dronne, Drôme, Tarn, Tardoire, etc., à l'infini. Elles s'unissent en deux courants différents : la Dranse du Valais, eau louche prise aux grands glaciers de la chaîne italo-suisse; la Dranse de Savoie, belle eau verte faite de fontaines de l'oolithe et de la craie.

La *Dranse de Savoie* [1] réunit trois Dranses : la Dranse de Biot, la Dranse d'Abondance, la Dranse d'Enfer.

La *Dranse de Biot* ou Grande Dranse se forme de petits torrents descendus de montagnes de 2 000 à 2 411 mètres, entre le bassin du Léman et celui du Giffre; elle coule dans l'axe général de la vallée, du sud-est au nord-ouest; c'est elle qui a foré la gorge du *Pont du Diable*, extraordinaire passage récemment encore inconnu de tous, sauf de quelques hardis compagnons, accessible aujourd'hui qu'on peut se hasarder sur des échelles, des ponts, des galeries, au-dessus de ses précipices : la Dranse y a creusé en long « Pont d'Arc », un vaste rocher; et dans ce tunnel, çà et là percé de trous de lumière, elle passe dans l'ombre ou les demi-ténèbres, elle gronde ou elle se tait, elle se brise à des cascades ou se concentre dans des gours noirs.

La *Dranse d'Abondance*, dans le val d'Abondance, est en réalité plus longue que la Grande Dranse en un bassin plus étendu, et elle roule plus de flots; au contraire, la *Dranse d'Enfer* ou Dranse de Bellevaux ou Brévon mérite fort bien son quatrième nom de Petite Dranse.

Ces trois branches réunies par 600 mètres environ, la Dranse, beau torrent d'eau verte presque toujours pur et abondant, court impétueusement dans un corridor de l'oolithe; mais tous les rocs qu'assaillent ses flots ne sont point de calcaire ou de craie, elle bouillonne souvent autour de granits, blocs erratiques amenés là, sans doute, des « protogines » du Mont-Blanc par le lent déroulement des glaciers démesurés de l'ère très froide où il semblait que les frimas allaient enchâsser à jamais notre Europe occidentale, comme ils enchâssent aujourd'hui les terres polaires.

Ainsi arrive-t-elle à la campagne ouverte, sur la rive méridionale du lac de Genève, à l'est et près de Thonon; elle est alors forte de 12 mètres cubes en étiage, de 30 en portée normale, de 28 en module.

Dans cette campagne elle s'épanche sur de larges grèves en lits irréguliers, changeants; après quoi elle se divise en petits torrents indisciplinés qui tombent entre Thonon et Évian dans le Léman, sur lequel la Dranse a conquis plus de 1 000 hectares de delta.

1. 41 kilomètres, 54 300 hectares.

Le Plus Beau Royaume Sous le Ciel.

XXXI
LÉMAN

L'engloutisseur de la Dranse, et du Rhône, le *Léman* ou *lac de Genève* est la plus vaste coupe d'eau douce de l'Europe occidentale, et aussi la plus riante et gracieuse ; c'est donc le plus beau des lacs qui voit le plus haut des monts, et il n'y a guère que 16 lieues de la grande montagne blanche à la petite mer indigo.

Lac bien plus suisse que français : dans un cirque de monts et collines d'une rare magnificence, Alpes, Jorat, Jura, sur un pourtour de 175 kilomètres, l'Helvétie possède 120 kilomètres de ses rivages, tout le littoral du nord, en partie celui du sud ; tandis que la France n'en détient que 55 ; et sur ses 58 236 hectares, nous n'en avons que 24 000, soit un tout petit peu plus des deux cinquièmes.

Il ressemble de très près à un croissant de 72 300 mètres de développement en suivant le milieu des eaux le long de leur courbure, de 63 400 seulement à vol d'oiseau d'un bout à l'autre, de l'entrée à la sortie du Rhône, par une ligne droite réunissant les deux cornes du croissant à travers les basses vallées du Chablais. Quant à ses largeurs elles varient beaucoup : 5, 4, 3 kilomètres en approchant de Genève, 13 800 mètres au plus ample, d'Amphion (France) à Préveranges (Suisse), et en moyenne 8 100. Enfin, sa profondeur extrême est de 309 à 310 mètres, exactement à son milieu, sur le trajet d'Evian (France) à Ouchy (Suisse). Or, le Léman miroite à 372 mètres au-dessus des Océans : d'où il suit que le fond des fonds du lac, plaine très régulière de 500 hectares, sans rugosités, sans hauts ni bas, ne domine la mer que de 62 mètres. On évalue la profondeur moyenne à 152-153 mètres, le Grand Lac descendant moyennement à 172, et le Petit Lac à 41.

Car le Léman cache sous un même miroir deux bassins distincts, le plus vaste et le plus profond à l'est et au centre, le moins ample et le moins creux à l'ouest. Au premier, que commandent les Alpes, on peut donner les noms de lac de Lausanne, de Vevey, de Montreux ; au second, voisin du Jura, le nom de lac de Genève ; le seuil sous-lacustre qui les divise, long de 3 400 mètres, va de la pointe de Nernier (France) à la pointe de Promenthoux (Suisse). Le Grand Lac comprend à lui seul 50 356 hectares ou les 86 centièmes de la nappe d'eau ; le Petit Lac, 7 880 seulement, avec profondeur maxima de 76 à 77 mètres, et sur les 88 920 000 000 de mètres cubes que contient la conque, il n'y en a, vu cette surface bien moins vaste et ce creux beaucoup moindre, qu'un vingt-huitième pour le « lac genevois ».

Ces 88 920 000 000 mètres cubes d'eau abreuveraient pendant

plus de 30 000 jours, soit plus de quatre-vingts ans, une rivière égale à la Seine de Paris lors de ses eaux les plus basses. Au Rhône, qui sort du lac à raison de 55 mètres cubes par seconde en étiage, de 575 en crue, de 262 dans la moyenne de l'année, il faudrait plus ou moins quatre mille journées pour vider entièrement la coupe en supposant que durant ces onze années le Léman ne reçût ni flot de torrent, ni goutte de pluie, ni flocon de neige, ni cristal de grésil. A ce même Rhône, qui entre si boueux dans ce vaste bassin de mélange et de décantation et qui s'épanche si pur en onde merveilleusement bleue, idéal d'un rivière limpide et rapide, à ce Rhône, à la Dranse, aux autres torrents et riviérettes qui descendent au lac et lui versent la bourbe de 800 000 hectares, de 260 glaciers, de névés sans nombre, il faudra, calcule-t-on, soixante-quatre mille ans pour combler l'eau de Montreux et Genève, comme elle a été déjà comblée dans toute la plaine inférieure du Valais, à partir de Saint-Maurice, peut-être même à partir de Conthey, soit à 55 kilomètres en amont de l'embouchure actuelle. Dans le moment présent l'atterrissement n'avance qu'avec une grande lenteur sur la plage d'entrée du Rhône, entre Villeneuve et Saint-Gingolph; le Léman ne se raccourcit guère, il ne se rétrécit pas, mais il se comble; c'est moins en surface qu'en cube qu'il diminue, à peu près invisiblement, sur sa molle couche d'alluvions, au fond de ses eaux, par la descente des milliards et milliards de grains de sable, des particules infinitésimales qui se déposent dans le silence obscur après avoir vogué des jours, des semaines sous onde, si légères qu'elles ne se décidaient jamais à toucher le sol mouillé de l'abîme. Dans soixante-quatre mille ans les Suisses Français auront donc à leur usage un nouveau canton aujourd'hui noyé sous les flots, comme les Hollandais espèrent posséder bientôt une nouvelle province encore cachée sous le golfe de Zuiderzée. Mais y aura-t-il alors des Helvètes, des Français, des hommes?

Il arrive que le vent, soufflant d'Alpe, de Jorat, de Jura, tombe furieusement des sommets glacés dans la conque tiède, abritée; il soulève alors le Léman en tempête, et la vague du lac est comme la vague de la mer.

Mais, en dehors de ces heures affreuses, tout est doux et charmant : l'onde bleue, la rive, le coteau, la montagne; même l'Alpe soucieuse, rauque, heurtée, terrible, dont l'éloignement tourne la puissance en sérénité.

Au nord, les avant-coteaux du Jorat portent les meilleurs vignobles de la Suisse; sur le rivage français, qui est plus haut, moins soleilleux, plus rude, plus froid, qui regarde le plein nord, des châtaigniers centenaires, des noyers magni-

Le Plus Beau Royaume Sous le Ciel.

fiques, des forêts de cerisiers, de hautes vignes, des prairies font la parure des villages du Chablais ; Évian, ville de bains, et Thonon, ses deux seules cités, n'ont point la gaieté de Lausanne, de Vevey, de Montreux, de Clarens, qui brillent vis-à-vis, à l'abri des vents du nord, étalées au soleil du midi, sur les rivages du canton de Vaud.

XXXII
MONTS
D'ENTRE ARVE,
ISÈRE
ET RHÔNE

Du grand torrent de Savoie, l'Arve, à la grande rivière du Dauphiné, l'Isère, et au grand fleuve de France, le Rhône, de Genève à Grenoble, c'est un extraordinaire hérissement et cassement de roches de craie, d'oolithe ; puis, de Grenoble ou, plus exactement, du Bec de l'Echaillon, promontoire contourné par l'Isère, jusqu'à Lyon, à Vienne et au Rhône d'entre Vienne et Valence, c'est une ondulation de petits monts, de plateaux, de coteaux, de plaines, de talus morainiques, de lapiaz ou déserts de pierres brisées.

Aucun des monts ne se lève par ici jusqu'à 3 000 mètres, hauteur d'Alpes moyennes ; le plus élevé de tous, le *Mont Fleuri* (2 752 mètres) s'incline rapidement vers l'Arve, là où elle sort du bassin de Sallanches pour s'enfoncer dans les longues gorges de Cluses ; ce sont ses promontoires à la rive gauche du torrent et ceux de l'Aiguille de Varens sur la rive droite qui contractent la vallée en défilé.

L'Aiguille de Varans commande un des plus vastes lapiaz des Alpes, le *Désert de Platey*, Causse effroyable hanté par la neige autant qu'ars de soleil ; les hamadas d'Afrique, plateaux de roches, ne sont pas plus allumés d'incendie astral que les platitudes, crêtes, arêtes, parois, crevasses de cette pierre inexorable d'entre l'Arve et le Giffre.

Le *Salève* (1 380 mètres) tombe sur la banlieue de Genève par de terribles escarpements calcaires ; un chemin de fer à pente insensée le gravit pourtant, à l'usage des touristes économes de leurs jambes mais désireux d'admirer à la fois ville et lac, Alpes et Jura, Suisse et Savoie.

Le *Parmélan* (1 885 mètres) regarde Annecy et son lac, les Alpes jusque dans le Valais, et l'infinie désolation de ses propres lapiaz, déserts stériles, trous et fêlures où les neiges s'entassent, crêtes tranchantes dont elles s'écroulent en petites avalanches et, de çà, de là, des pins chétifs.

La *Tournette* (2 357 mètres) contemple de l'orient ce même lac d'Annecy, que voit d'occident le « Rigi de la Savoie », le *Semnoz* (1 704 mètres), souvent gravi pour son superbe horizon d'Alpes calcaires et de Grandes Alpes éblouissantes de glace :

TROISIÈME — *Monts Extérieurs.*

de sa cime on aperçoit nos trois Lémans, les lacs de Genève, du Bourget, d'Annecy.

XXXIII
LAC
D'ANNECY
LE FIER

A 447-448 mètres au-dessus des mers brille le *Lac d'Annecy*, entre 34 500 mètres de rivages dévisagés par des montagnes de craie. Long de 15 kilomètres, large de 800 à 3 350 mètres, grand de 2 704 hectares, profond de 40, 50, 60 et jusqu'à 80 mètres dans le cratère de vase du Boubioz, il contient 1 123 500 000 mètres cubes d'eau; cela veut dire qu'un fleuve comme le Rhône ou le Rhin ne le viderait qu'en six ou sept jours. Cette onde très froide, entre 4 et 5 degrés seulement, ne gèle jamais de bord à bord, de bout en bout, assez solidement pour porter hommes et chariots, sinon dans les « grands hivers » tels que celui de 1829-1830.

C'est le reste d'un lac autrement vaste qui s'étendit vers l'est-sud-est jusqu'aux lieux où l'Arly perce les monts entre Ugines et Albertville; la vallée palustre de l'Eau Morte jusqu'à Faverges et la vallée de la Chaise, que rien ne sépare de celle de l'Eau Morte, pas même une taupinière, sont la preuve de son antique expansion, et le seuil de Faverges n'étant qu'à 500 mètres d'altitude, il suffirait au lac d'Annecy de monter de 52 à 53 mètres pour se déverser par l'Arly dans l'Isère, comme il se déverse par le Fier dans le Rhône.

Ses rives sont bordées de prairies, de vignes, de noyers, sous un climat à demi maritime (en qualité de climat lacustre), monumenté par des arbres à demi frileux, par des lauriers, des grenadiers, des figuiers, dans un air peu troublé de tempêtes grâce au paravent des monts : en quoi les journées et les nuits des bourgs riverains de l'Annecy ressemblent aux « soleils » et aux « lunes » des villes de la célèbre Montreux sur Léman que des parois de garantie abritent aussi du nord. De ses bourgs, de ses châteaux on a le spectacle, changeant à toute heure, à toute lumière, des montagnes nues ou drapées de hêtres, de sapins encore habités par l'ours. A la fois petit et grandiose, il a ses fanatiques; d'aucuns le préfèrent au lac du Bourget et au magnifique lac de Genève.

Depuis des années on se demandait comment il se fait qu'une conque si étroite au bout d'un si mince bassin (26 500 hectares) épanche le beau flot de 8 mètres cubes en portée normale, 4 à l'étiage, 40 en crues. On en sait maintenant la raison : autant, sinon plus qu'à des torrents visibles, il se pourvoit à des sources de fond, notamment au *Puits de Boubioz*, fontaine énorme qui jaillit à 80 mètres de profondeur, au plus creux des abîmes. Ce surgeon, qui ne surgit pas en plein ciel, mais sous la sombrement glauque et vitreuse transparence de 250 pieds d'onde sans impureté, ce Boubioz avive l'Annecy non loin de la ville homonyme, la belle Annecy qui se reflète dans le lac et dans le Thiou, pur déversoir dont les 4 mètres cubes de moindre abondance valent la moitié de la consistance normale et le dixième de la puissance extrême — ce qui est une bien rare merveille.

Le *Thiou* n'a pas une lieue de long, tous serpentements compris ; il se verse dans la rive gauche du *Fier*, rivière d'Alpes ou crayeuses ou calcaires, torrent plutôt et l'un des plus fiers, suivant son nom, qu'il y ait en terre de France ou d'Europe. Fils du *Charvin* (2 414 mètres), dans le massif des Aravis, c'est lui qui disparaît à demi dans les célèbres Abîmes, en aval et près de la rencontre du Thiou.

Les *Abîmes du Fier*, ainsi se nomme un couloir tordu dans le calcaire, une entaille de 90 mètres de profondeur, longue de moins de 300, mais tellement étroite, inaccessible, impraticable qu'elle était comme un monde obscur, inconnu de la foule des pâles humains. En 1869 on y accrocha par des crampons à la paroi du roc vif une galerie ou pont latéral de 256 mètres, pendue à 27 mètres au-dessus de gouffres bleu verdâtre ; or des crues élèvent en quelques heures les eaux du torrent jusqu'à ce frêle balcon, tant la gorge est serrée, tant prompte et haute est la montée du Fier orageux ; même il y eut une nuit d'octobre où la galerie fut noyée sous plus de 10 mètres de flot d'orage, la rivière ayant subitement gonflé de 117 pieds ! En maints passages de la gorge on touche sans peine, d'une main la roche de droite, de l'autre main la roche de gauche : c'est que les parois d'encastrement surplombent le Fier, large de 4 à 10 mètres. Puis, tout au bas de sa course et grossi de l'aurifère *Chéran*, le torrent visite d'autres gorges, les *Bagnes du Fier*, longues de 3 kilomètres et où il se comprime à 2 mètres sous le *Pont Navet*, arche naturelle irrégulière, faite de deux pierres qui s'équilibrent. Et des Bagnes il sort, par un majestueux portail de rochers, coupure de 500 à 600 mètres de profondeur dans un mur d'Alpe qui, par delà le Rhône, regarde le mur parallèle du Grand Colombier, chaînon du Jura dominant Culoz.

A peine dégagé de l'étreinte, de ces « *Portes du Fier* », il entre en Rhône par un peu moins de 250 mètres au-dessus des mers, à 3 kilomètres sous Seyssel. Il porte au maître fleuve, en hommage d'un cours de moins de 70 kilomètres à l'issue d'une conque de 138 000 hectares, un tribut de 29 à 30 mètres cubes d'eau d'un bleu verdâtre tellement respecté par l'étiage que le Fier verse rarement moins de 15 000 litres à la seconde.

Au nord du Fier, et près de lui, parmi d'humbles montagnes où règne le Vuache (1 111 mètres), qui fait face au Jura par-dessus la perte du Rhône, le torrent des *Usses* a ses naissants au penchant oriental du Salève, moins rapide et cassé que le versant qui regarde Genève; il court et saute dans l'ancien pays des *Bornes*; il passe à 147 mètres au-dessous du *Pont de la Caille*, tendu sur un des plus profonds abîmes que l'homme ait encore essayé de franchir, il s'engloutit dans le fleuve après 42 300 mètres au creux des gorges; ses 4 mètres cubes, diminués à 2 par l'étiage, proviennent de 30 050 hectares.

XXXIV
LACS
DU BOURGET;
LES BAUGES

Une longue arête de 1497 mètres d'altitude, le *Mont du Chat* trempe sa roche d'en bas dans le *Lac du Bourget*, immortellement chanté par Lamartine en strophes magiques; les vers du *Lac* dureront autant que le français, ou lui survivront, comme Virgile au latin. A 231 mètres d'altitude, il a 13 kilomètres de long sur 1 500 ou 1 800 à 3 500 mètres de large et 4 462 hectares, avec des profondeurs qui descendent à 140-146 mètres au sud-est de l'abbaye de Hautecombe; le creux du creux est dans une sorte de plaine de 431 hectares en tout semblable au palier du fond du lac de Genève; la profondeur moyenne est de 81 mètres. Rhône ou Rhin n'épuiseraient qu'en vingt jours au moins ses 3 620 300 000 mètres cubes d'eau.

4 462 hectares, c'est beaucoup pour un lac français; ce n'est rien au prix de son antique étendue, quand le Bec de l'Échaillon tenait toujours aux roches qui lui font face de l'autre côté de l'Isère en aval de Grenoble — alors le Rhône, qui n'avait pas encore troué le Jura vers Pierre-Châtel, s'étendait en une immense nappe où tombaient l'Isère et, près du Bec de l'Échaillon, le Drac et la Romanche.

Son eau frappe à l'occident contre une rive raide, froide à l'ombre du mont, tandis qu'à l'orient elle pénètre en baies dans un rivage plus chaud, moins haut, moins accore : là s'élève avec jardins, parcs, casinos, villas, la reine du Bourget *Aix-les-Bains*, l'une des villes thermales les plus fréquentées d'Europe. Comme au Salève un chemin de fer audacieux s'accroche aux aspérités de la montagne qui dérobe le soleil du matin; il escalade périlleusement le *Revard*, haut de 1 468 mètres et qui, de même que le *Nivolet* (1 558 mètres), au-dessus du bassin de Chambéry, est un bastion des Bauges.

On nomme *Bauges* un plateau d'un peu moins de 1 000 mètres, qui, dit la tradition, servit longtemps de retraite aux Sarrasins; mais si cette haute plaine, cette espèce de Causse infiniment moins sec que Méjan, Sauveterre et Larzac, ne fut point l'acropole de ces mécréants, elle aurait certes pu l'être : d'où qu'on vienne on y monte par de très hauts rocs escarpés ou à pic. Dix mille hommes y demeurent, ayant bois de sapins et bois de hêtres, champs de pommes de terre, prairies admirables avec bœufs et vaches dont cette forteresse de la Savoie calcaire et crétacée aurait tiré son nom, corruption du latin *boviliar*, le pays du bétail. Au delà des abîmes où rugit le Chéran, cette citadelle, cette « Laconie des Savoyards », longue de 5 lieues, large de 3, se continue normalement par le Semnoz jusqu'à la rive occidentale du lac d'Annecy.

Des Bauges descend le maître remplisseur du lac du Bourget, le torrent de la *Laisse*, qui traverse l'ancienne capitale du duché de Savoie, l'aimable Chambéry. Et la Laisse, et les eaux tombées des escarpements orientaux grimpés par le chemin de fer du Revard et celles des escarpements occidentaux, tout cela ressort par le canal de Savières, à 6 kilomètres au nord de l'abbaye de *Hautecombe*, monument célèbre qui se peint dans le froid cristal du lac, château sépulcral au-dessus d'une onde immobile : là dorment du dernier sommeil, dans ce Saint-Denis de la Savoie, les princes de la vieille famille guerrière dont sont issus les rois d'Italie.

Le *Canal de Savières* est une onde sans véhémence, une rivière très courte (3 375 mètres), étroite (23 mètres), navigable aux bateaux à vapeur. Il gagne le Rhône en contournant de sa rive gauche un promontoire de 602 mètres par où la dernière roche septentrionale du mont du Chat s'abat avec brusquerie sur les palus du fleuve ; tandis que de sa rive droite, il borde les terres noyées, les prairies tremblantes, les joncs, les roseaux du *Marais de Chautagne*, dont on fait venir le nom de *calida stagna*, les chauds étangs.

Pourquoi chauds? L'homme botté, guêtré, qui y chasse le canard sauvage, les dirait plutôt froids ; pourtant, vu la nature calcaire des parois qui les abritent en serre chaude, c'est bien une « petite Provence de Savoie », avec vignes, châtaigniers, arbres quelque peu frileux comme figuiers, amandiers, abricotiers et pêchers.

Aussi bien que les jonchères et roselières de la Chautagne, celles du *Marais de Lavours* faisaient partie d'un lac dont le flot réfléchissait alors aussi le Jura ; mais le traîneur de débris, le Rhône éleva des digues de sable, de galets, et sépara sa « mer » en deux parties : l'une devenue, sur la rive droite du fleuve, le marais de Lavours, traversé par le Séran ; l'autre, sur la rive gauche, devenue le marais de la Chautagne ; plus ce qui reste encore de l'antique bassin lacustre, c'est-à-dire l'eau du

Bourget. Entre l'un et l'autre palus, la colline de Vions (321 mètres), au-dessus même du Rhône, fut une île de cette « Caspienne ».

Quelque espace que la terre ait déjà gagné sur le lac, l'œuvre n'est pas terminée, elle ne peut l'être que par l'effacement du Bourget tout entier sur la rive nord duquel empiète incessamment la Chautagne.

Le canal de Savières a quelque ressemblance avec ces rivières du pays tropical qui, sur un sol sans pente, vont tantôt d'un lac à un fleuve, tantôt d'un fleuve à un lac : telles les immenses coulées du Niger d'avant Tombouctou. Dès que le Rhône monte de dix à douze pieds, soit en moyenne soixante jours par an, il envahit le marais, il force l'eau de Savières à rebrousser chemin, il va brouiller de ses flots jaunes la transparence du lac du Bourget dont il peut élever le niveau de 3 mètres et qui devient alors, comme le Léman, mais à un degré moindre, un modérateur des crues rhodaniennes. En temps ordinaire, ce « canal », en réalité beau courant pur où accourent les fontaines de 55 000 hectares, verse au Rhône 9 à 10 mètres cubes par seconde ; 5 à 6 en étiage.

XXXV
GRANDE CHARTREUSE;
GUIERS

Au midi de Chambéry, vis-à-vis du Nivolet, le *Granier* (1 938 mètres) menace le val d'Isère au-dessus de Fort-Barreaux ; sur son flanc des rochers pendent, qui tomberont, en renouvellement de la tragédie de 1248 : cette année-là, un pan du Granier s'écrasa sur la ville de Saint-André et sur cinq villages ; de petits lacs, les *Abîmes de Myans* reposent dans des creux de ce colossal éboulis, séparés par des monticules qui sont comme les tertres funéraires des 5 000 hommes subitement ensevelis.

Ce Granier est un redan de la Grande-Chartreuse.

Le massif de la *Grande-Chartreuse* tire son nom d'un monastère fondé en 1084 dans une gorge sauvage, à 975 mètres d'altitude. Il a 10 lieues de longueur entre Grenoble et Chambéry, sur 3, 4 ou 5 de largeur et 30 de tour ou un peu plus. Il est parfaitement délimité : à l'est et au sud par le val du Graisivaudan, que descend la rapide Isère ; à l'ouest par des défilés où fuient des torrents du bassin du Rhône ; au nord par la dépression de Chambéry, seuil bas entre hauts monts qui fut évidemment l'un des passages du grand Rhône préhistorique.

Le pilier le plus haut des cathédrales du Nord, le sapin murmurant au-dessus de l'eau qui gronde, a gardé la dominance en ces bienheureuses montagnes ; d'année en année, sous la sombre nef et sous les bas côtés des sapineaux, il feutre la roche par la chute de ses aiguilles qui font un sol élastique.

Aussi, bien que crayeuse et calcaire, la Grande-Chartreuse n'est-elle point décadente.

Comme on doit l'attendre de sa texture, elle n'est que bastions, fentes, anfractuosités, brèches, blocs écroulés, escarpements d'où l'on admire le val de l'Isère et, de l'autre côté de la rivière trouble, les granits de la soi-disant « Belle Dame », de Belledonne (2 981 mètres), très belle en effet quand sa robe d'hiver la pare; mais les gazons et les bois voilent presque partout la carcasse de pierre de la Grande-Chartreuse.

Chamechauve est sa tête la plus haute, le Casque de Néron son mont le moins accessible, le Guiers son maître torrent.

Chamechauve, c'est-à-dire Cime chauve, et non pas Chamechaude, monte à 2 087 mètres, sur la route idéale qui joindrait Grenoble à Chambéry, loin de la capitale de la Savoie, près de celle du Dauphiné.

Le *Casque de Néron* (1 305 mètres), extrêmement dur à gravir, fut séparé du massif par le travail des torrents qui continua sans doute un antique retrait de la roche; il jaillit pyramidalement sur la rive droite de l'Isère, qui reçoit ici même le terrible Drac. Il n'eut rien de commun avec l'empereur de Rome, accusé de tant de crimes, qui mourut en disant : « Quel grand artiste perd le monde ! » Néron, c'est tout simplement Nez Rond.

Le *Guiers*[1], rivière admirable, est digne de sa montagne. On ne saurait trop louer son eau splendide filtrée dans les obscurités de la craie, aux entrailles du massif de la Grande-Chartreuse.

Deux Guiers le font : Guiers Vif, le plus abondant des deux; Guiers Mort, le plus long; et très vivants tous les deux.

Le Vif commence grandiosement par une cascade qui tombe d'une caverne de l'Anche du Guiers, rocher puissant de la montagne du Haut du Seuil; il baigne la double bourgade des Échelles et d'Entre-deux-Guiers.

Le Mort se nomme ainsi de ce qu'il est plus sensible à la longueur de l'été que le Vif : on l'aurait même vu sans un fil d'onde; il reçoit le ruisseau de la Grande-Chartreuse et passe à Saint-Laurent-du-Pont.

Vif et Mort s'unissent à l'aval et près d'Entre-deux-Guiers en une rivière bleue qui creuse, polit les rochers, et reçoit le *Tier*, déversoir d'un lac.

Le *Lac d'Aiguebelette* (545 hectares), le plus grand de nos

---

1. 48 kilomètres, 55 500 hectares.

Alpes parmi ceux qui sont petits, s'est immobilisé à 375 mètres au-dessus des mers ; à son orient se lève en escarpements le *Mont de l'Épine*, prolongement méridional du mont du Chat ; à son occident il a des collines. Il se peut que cette coupe creuse de 71 mètres et d'une contenance de 166 555 000 mètres cubes, marque un des anciens passages du Rhône, quand ce fleuve errait deçà delà dans les sillons de la craie avant d'avoir entaillé la roche de Pierre-Châtel.

C'est par un peu plus de 200 mètres que le Guiers disparaît dans le Rhône, à l'un des grands coudes brusques de ce fleuve : il lui fait présent de 10 mètres cubes en portée normale, de 4 en étiage, de 150 en crues.

XXXVI
TERRES
FROIDES,
TERRES BASSES,
ILE
DE CRÉMIEU

Il convient de ne pas prendre au tragique le nom de *Terres Froides* imposé, tout près de la Grande-Chartreuse et au couchant d'icelle, à un bombement de l'époque miocène, collines et petits monts de 500 à 964 mètres. Froides en effet sur leurs cailloux roulés, non de leurs neiges, comme à l'orient les grands monts, mais par leurs prées humides, leurs lacs et mares, les brouillards, brumes et pluies qui leur montent, au nord, d'innombrables canaux dormant dans les Terres Basses. Mais elles se déroulent à souhait pour le plaisir des yeux, elles regorgent de rus charmants, elles ne comptent pas les sites gracieux pour bourgs et villages, elles ont abondance, opulence d'arbres. Leur beau lac est le Paladru ; leur rivière la Bourbre.

Quand la Savoie nous manquait encore, le *Lac de Paladru* était le troisième de France, après le plat Grandlieu et le lac de Saint-Point.

Il n'a pourtant que 390 hectares, et 97 197 000 mètres cubes de contenance, à 501 mètres d'altitude, entre collines de 700 à 800 qui l'étirent en longueur sur près d'une lieue et demie.

Mais, s'il est petit, il est beau, gracieux surtout, au milieu de sa verdoyante bordure de Terres Froides. On vient en été se plonger dans ses eaux, profondes de 36 mètres au plus creux, pour le plaisir de l'onde ou pour la santé, le Paladru ayant renom de guérir du rhumatisme et des maladies de peau.

Il durera longtemps encore, ses tributaires, très courts et très minces, lui amenant extrêmement peu de bourbe. Il s'écoule par la Fure, rivière de 6 lieues.

Réglée à sa sortie du lac, la *Fure* ne roule, d'ailleurs constamment, que 1 200 litres par seconde, mais ces 1 200 litres font un travail inimaginable. Cette riviérette ne se repose jamais ;

Le Plus Beau Royaume Sous le Ciel.

elle ne tombe d'une usine, forge, aciérie, taillanderie, papeterie, moulin, tissage, que pour se verser aussitôt à l'écluse d'une autre usine ; et cela du seuil du lac jusqu'à l'embouchure dans l'Isère, par moins de 190 mètres.

La *Bourbre*, à peine moins industrielle que la Fure, du moins dans son val inférieur, pérégrine durant 65 kilomètres ; elle exprime 79 600 hectares, ou collines des Terres Froides ou palus des Terres Basses ; elle accroît le Rhône de 5 mètres cubes en saison favorable, de 3 en saison sèche (son débit étant alors soutenu par les marais), et de 110 en crue : elle lui a même transmis violemment jusqu'à 400 mètres cubes à la seconde le 31 mars 1886. Elle baigne la Tour-du-Pin, la double ville de Bourgoin-Jallieu et disparaît dans le fleuve par 180 mètres d'altitude, à 2 kilomètres en amont de l'Ain.

Les Terres Froides s'aplatissent au nord sur les *Terres Basses*, on peut dire très basses puisqu'elles s'étendent à 210-220 mètres seulement, entre colllines de 400, 500, 600. Elles vont de la rive gauche du Rhône, qui vient de s'adjoindre le Guiers, à la rive droite de la Bourbre inférieure par le lit d'un Rhône préhistorique probablement fort supérieur en force au Rhône de nos jours ; car alors, avant que le fleuve se fût glissé, d'abord sournoisement, puis triomphalement dans la cassure du Jura devenue sa coulière présente, les monts étaient plus altiers, les mers de glace plus longues, plus larges et massives. A la place du Rhône si vivant d'antan, des ruisseaux aux trois quarts morts se traînent, au levant vers le Rhône, au couchant vers la Bourbre ; et comme ils ne suffiraient pas à désonder la Terre Basse, des fossés et contrefossés saignent la plaine de son excès de lymphe ; même ils ne l'ont pas assez phlébotomisée, mais partout où ce val de fleuve sans fleuve est bien desséché, sa richesse est grande, son peuple aisé, ses prairies superbes à l'ombre rare des raides peupliers.

Au septentrion des Terres Basses, on monte à l'*Ile de Crémieu*.

Du Rhône mort de ces Terres Basses au Rhône extraordinaire, inquiet, turbulent qui se faufile dans le Jura bugésien, puis tourne du nord-ouest au sud-ouest devant Lagnieu et s'avance, dans une largeur magnifique, à la rencontre de la Bourbre et de l'Ain, de ce « mort » à ce « vif » et à la Bourbre, l'île de Crémieu est bien une île continentale dont on ne peut sortir sans passer sur un pont de fleuve ou un pont de rivière ou un ponceau de ruisseau, de canal.

C'est un bloc d'oolithe de 444 mètres de surrection, un lambeau méridional du Jura séparé de la masse jurassienne quand le Rhône s'immisça dans les défilés où il gronde aujourd'hui. Et il a justement les beautés du Jura, dans une grandeur réduite, les rocs hautains, les cassures à vif, les jets de fontaines, les clus, les cascatelles, les balmes ou cavernes, quelques-unes vastes et curieuses (d'où l'île a tiré son autre nom de *Balmes de Crémieu*). Si gracieux ou si grandioses dans leur petitesse sont les paysages du Jura de Crémieu qu'une colonie de peintres s'y est fixée à Optevoz, comme ailleurs à Marlotte et à Barbizon en Ile-de-France, et sur les rives bretonnes où siffle l'ouragan du large.

XXXVII
BALMES
VIENNOISES

Au centre d'un vaste horizon de coteaux, de montagnes, Ile de Crémieu, Alpes lointaines, côtière de la Dombes, monts du Lyonnais, Pilat, les *Balmes Viennoises* (ainsi nommées de cette ville de Vienne) déploient du Rhône et de la Bourbre à Lyon et à Vienne, les longues ondulations d'un plateau filtrant où les puits vont chercher l'eau à 30 ou 40 mètres sous terre.

Les Balmes sont stériles ou fécondes suivant ce que déposèrent de limons, de sables, de graviers, les rivières miocènes, pliocènes ou quaternaires apportant la matière du pays, et selon que les glaciers préhistoriques écrasèrent, nivelèrent, disposèrent ces premières alluvions. De grandes bourgades y vivent, moins de la terre que de la part qu'elles prennent aux industries sans nombre de la métropole voisine, Lyon. Les riviérettes et les rus s'y enfoncent sous le sol, ils remontent en surgeons abondants, ils dévalent ensuite rapidement la côtière du plateau et meurent dans le Rhône d'avant ou d'après *Lugdunum*. Parmi lesquelles riviérettes la *Gère* n'a guère de rivales : où voit-on courir en laborieuse France une rivière plus travailleuse que ce courant de 8 lieues de longueur, de 37 000 hectares de domaine, versant 1 500 litres en étiage, 2 500 en tenue coutumière ?

Travail industriel et non point œuvre géologique, car à part le hasard d'énormes crues la Gère est une eau constante et pure, faite de sources claires où renaissent les ruisseaux perdus en amont dans le pays de Saint-Jean-de-Bournay ; entre autres la Gervonde.

Arrivée à Vienne, l'homme l'y enchaîne, et c'est alors qu'elle se démène dans ses prisons et que ses fuites animent une infinité d'industries ; on dit qu'elle y a fait tourner jusqu'à 500 roues — beaucoup moins aujourd'hui.

Le Plus Beau Royaume Sous le Ciel.   CHAPITRE

    XXXVIII
    BIÈVRE
ET VALLOIRE

Au midi des Terres Froides et des Balmes Viennoises, la Bièvre et la Valloire mènent de la rivière Isère au fleuve Rhône par une bande, une nappe de graviers et limons, fille d'un diluvium du temps quaternaire. Cette nappe a plus de 50 kilomètres de longueur.

Rives est une ville d'industrie, sur la Fure. En montant ses collines de l'ouest on atteint une vallée assez ample pour le passage d'une grande rivière telle que l'Isère, qui est voisine; mais il n'y coule que des ruisseaux.

Ces ruisseaux fuient bien le sol perméable de cette plaine de la *Bièvre*, qui a bien 30 kilomètres sur 4 à 10; sylvestre de jadis, nue aujourd'hui, dure au colon qui ne la saupoudre point de plâtre, les Terres Froides la bornent au nord, les *Collines de Chambaran* (787 mètres) au sud; entre ces massifs de 500 à près de 800 mètres, son altitude est de 450 mètres au levant, de 350 au couchant.

Là où elle finit commence la *Valloire*, également perméable, mais plus basse, moins froide, bien plus féconde : *Vallis aurea* ou Val d'or, disait hier encore l'étymologiste, qui voyait partout du latin sur la terre des Celtes; elle a de long 20 kilomètres, de large 4 à 7.

Que deviennent les engouffrements de la Bièvre ? Ils revoient la lumière aux sources de l'*Auron*, beau courant de 2 600 litres, avec étiage de 1 300. Aussitôt né, l'Auron ou Oron s'ébranche en ruisseaux dans un marais; il passe devant Beaurepaire, disparaît sous le sol, reparaît, disparaît encore.

Que devient cet Auron ? Il remonte au jour près de Moras dans un parc de château, en une rivière de 20 mètres de large, la *Veuze*, qui, presque immuable à 1 850 litres, se divise et subdivise en des prairies mouillées, puis filtre et l'on ne la voit plus. Rejaillit-elle dans le Rhône par une source de fond ou des suintements du gravier ? La seule eau vive qui atteigne le fleuve à l'issue de Bièvre et de Valloire, près de Saint-Rambert, c'est le ruisseau des Claires ou Colières, filet d'eau de 87 litres en temps ordinaires, et nul à l'étiage bien qu'ayant derrière lui soixante mille hectares de bassin.

    XXXIX
  DU MONT-
 BLANC AU
MONT CENIS

Au midi du Mont-Blanc, l'Alpe internationale entre France à l'ouest, Italie à l'est, s'en va vers le sud, en séparant le versant du Rhône par l'Isère, du versant du Pô par la Doire Baltée, l'Orco, la Stura. Des pics de 3 500 mètres, donc supérieurs à la corniche la plus hautaine des Pyrénées, s'élancent de la glace pérannuelle, perséculaire, le long de ces Alpes de faîte, qui sont gneissiques ou micaschisteuses.

Ce sont là les *Alpes Graies* des anciens, ce qui veut probablement dire les Alpes Blanches. Elles dressent des aiguilles, des becs, des pareis (parois), des cimes, des roches, des dents, des pics, des pointes dardant avec magnificence.

La *Grande Sassière* (3 756 mètres) incline ses glaciers occidentaux vers la rive droite de la naissante Isère ; aucun des massifs des Alpes occidentales ne lui échappe : de son arête suprême on voit le Mont-Rose, les cimes Bernoises, le Mont-Blanc, les entassements dauphinois, le Pelvoux, le Viso — des sources du Rhin aux sources du Pô. — A 3 lieues à l'ouest-nord-ouest (3 lieues pour l'oiseau, mais l'homme n'y arrive que fourbu, après avoir dégringolé de plus de 2 000 mètres jusqu'à l'eau trouble de l'Isère, puis remonté d'autant), à 3 lieues trône en gloire le *Thuria* (3 788 mètres), sur un faîte secondaire, entre ladite Isère et un affluent de gauche ; à ses gneiss et micaschistes prompts à la désagrégation, cette noble pyramide a dû son autre nom de mont Pourri ; de tous côtés des glaciers l'entourent.

La *Lévanna*, dite aussi les Trois Becs, haute de 3 607 mètres, commande le vaste glacier de la source de l'Arc.

La *Pointe de Charbonnel* (3 760 mètres), en avant de l'arête divisoire, entre deux tributaires gauches de l'Arc, au sud-est de Bessans, est un schiste calcaire, une montagne noirâtre avec glace étincelante à ses flancs. Plus loin vers le sud, le glacier de Rochemelon est presque tout entier français, mais par une des aberrations de frontière qui ne sont pas assez rares le long des crêtes internationales, la cime de *Rochemelon* (3 537 mètres), d'où la vue sur l'Italie est prodigieuse, se lève en terre d'Ausonie ; elle est inférieure de 1271 mètres au Mont-Blanc, et cependant, ainsi que le Viso, elle passa longtemps pour la souveraine des Alpes, tant elle a de majesté quand on la contemple des plaines du Piémont.

A partir de cette pointe, la ligne de divorce franco-italienne incline vers le nord-ouest, entre la Maurienne ou val de l'Arc, au nord, chez les Français, et le val de la Doire Ripaire, au midi, chez les Italiens ; elle se dirige vers le fameux col du Mont Cenis, l'un des quatre grands passages internationaux des Alpes Occidentales.

Ces quatre passages sont ceux du Mont-Cenis, du Simplon, du Grand Saint-Bernard et du Mont Genèvre ; leurs routes de terre ont déjà fait ou feront bientôt place à des voies ferrées sous tunnel : il n'y avait plus de Pyrénées, suivant le mot de Louis XIV ; il n'y a plus d'Alpes aujourd'hui.

Le Plus Beau Royaume Sous le Ciel.

XL
GRANDS COLS,
GRANDES
ROUTES
DES ALPES

Le col du **Mont Cenis** s'ouvre à 2 101 mètres d'altitude, près d'un lac italien de 180 à 200 hectares dont les glaces de six mois sur douze témoignent de la hauteur du passage ; les cimes prochaines commandent le col de 500 à 600 mètres, les cimes éloignées de 1 000 à plus de 1 200. La montée commence en Maurienne, sur l'Arc, à Lans-le-Bourg, par 1 400 mètres ; la descente finit en Piémont par environ 500 mètres, à Suse, au bord de la Doire Ripaire, laquelle est un grand torrent qui s'unit au Pô devant Turin. Entre la bourgade française et la ville italienne, vingt-trois refuges sauvent de la mort par le froid dans la neige ce chemin si terrible en hiver que tant d'hommes ont suivi, voire les hommes d'armes, tant les troupes légères des anciens que les lourdes armées modernes.

La route du *Simplon*, également pourvue de maisons de refuge, part d'un fleuve français, mais hors de France ; elle commence en Valais, sur le Rhône, à Brigue, par 750 mètres ; elle atteint son col à 2 020 mètres, au bas de pics de 4 000 mètres qui se rattachent au Mont-Rose (4 638 mètres), puis elle descend sur Domodossola (278 mètres), ville italienne à la rive de la Toce, torrent qui court au lac Majeur.

La route du *Grand Saint-Bernard* part aussi de l'étranger, mais d'un pays de langue française, à Martigny sur Rhône, dans le canton du Valais (Suisse), par 480 mètres ; elle remonte, le long de la Dranse valaisane, jusqu'à un col de 2 472 mètres ouvert dans la chaîne qui réunit les deux colosses des Alpes, le Blanc et le Rose ; ce col, le Grand Saint-Bernard est fameux par son hospice et ses chiens sauveurs, belles bêtes qui vont flairant dans la neige le malheureux qu'elle vient d'ensevelir ; la pente contraire, vers l'Italie, aboutit à la ville d'Aoste (680 mètres), sur la Doire Baltée, tributaire du Pô.

La route du *Mont Genèvre*, des quatre la plus facile, ne monte qu'à 1 854 mètres, dans les Alpes de Briançon, entre le versant où naît la Durance et celui d'où se précipite la Doire Ripaire, qui n'est encore ici que l'étroit torrent de Césanne.

L'utilité de ces passages diminue ; le vingtième siècle verra des routes dompter tous les cols, et, comme le fait déjà le tunnel des Alpes, des souterrains percer tout mont qui barre un grand chemin des peuples.

Le *Tunnel des Alpes*, foré d'outre en outre dans les entrailles d'un pic de la Maurienne, était le premier du monde avant que celui du Saint-Gothard, plus long de près de 2 700 mètres, en eût effacé la gloire.

Du côté de la France il s'ouvre à 1 159 mètres ; du côté de l'Italie il a sa bouche à 1 292 ; d'une gueule à l'autre il y a 13 052 mètres ; il mène les convois du bas-fond de Modane, où gronde l'Arc, au bas-fond de Bardonnèche, où mugit un affluent de la Doire Ripaire ; la différence de 133 mètres de niveau entre l'entrée et la sortie fait que le train met 45 minutes de France en Italie, et seulement 25 d'Italie en France.

Supérieure au tunnel du Saint-Gothard comme celui-ci au souterrain de Modane, la percée qu'on veut faire du Mont-Blanc lui-même aura, suivant les trois plans proposés, 16 000, 18 000, ou même 19 500 mètres de longueur.

Quant au tunnel du *Simplon*, sa longueur approchera de cinq lieues : 19 731 mètres à travers gneiss et micaschistes, en deux souterrains parallèles, très voisins (17 mètres d'axe en axe), l'un pour les trains, l'autre pour la ventilation ; il aura son entrée en Valais, près Brigue, à 687 mètres d'altitude, sa sortie en Italie, près Domodossola, par 634 mètres.

XLI
DU MONT CENIS
AUX ALPES
MARITIMES

De la route du Mont Cenis au tunnel des Alpes, fort inconsidérément nommé tunnel du Mont-Cenis puisqu'il y a 27 kilomètres du col du Cenis au grand souterrain, un seul pic atteint l'altitude ultra-pyrénéenne de 3 500 mètres ; c'est *Pierre Menue* ou l'aiguille de Scolette (3 505 mètres), au midi de Bramans-sur-l'Arc, à 2 lieues au nord-est de la longue percée des Alpes, qui s'appelle exactement le tunnel du Fréjus, d'après le mont de 2 944 mètres sous lequel on l'a foré dans les entrailles de la sierra.

Au *Mont Thabor* (3 182 mètres) la chaîne italo-française, où le nom d'*Alpes Cottiennes* a succédé à celui d'Alpes Graies, se coude brusquement au sud-est, et ce n'est plus le grand torrent savoisien-dauphinois, l'Isère qu'elle, sépare des tributaires piémontais du Pô, c'est le grand torrent moitié dauphinois et moitié provençal, la Durance effroyable en ses colères. Pas une crête, pas un pic, pas une aiguille de 3 500 mètres n'y brille de sa neige, de sa glace ou de l'éclat du soleil sur la roche humide ; mais une infinité de monts y dépassent 3 000 mètres. Pour un peu, le célèbre *Viso* (3 843 mètres) nous appartiendrait, mais cette pyramide voisine de la source du Pô, ce beauvoir du genre de ceux qu'on dit sans rival, s'élance à 2 500 mètres de la frontière en ligne droite. La montagne la plus rapprochée ici de la taille des Pyrénées, qui est celle des Alpes moyennes, l'*Aiguille de Chambeyron*, tout à côté de la frontière, culmine à 3 400 mètres — 4 mètres de moins que la cime souveraine de la chaîne hispano-française.

Le Plus Beau Royaume Sous le Ciel.   CHAPITRE

A une vingtaine de kilomètres à vol d'oiseau vers le midi de l'Aiguille de Chambeyron le *Pic de l'Enchastraye* (2 955 mètres) marque la fin des Alpes dauphinoises, le commencement des Alpes maritimes, à l'origine du bassin du Var, qui est un feudataire immédiat de la Méditerranée.

Les monts seigneuriaux de notre Dauphiné ne se lèvent pas sur le faîte des Alpes soit Graies, soit Cottiennes, mais à l'occident de ce faîte, dans la Vanoise, dans le Pelvoux, dignes rivaux du Mont-Blanc. Et à vrai dire, le *Dauphiné*, à la fois nord et midi, terres froides et terres chaudes, roches antiques et roches nouvelles, Alpes et Jura d'outre-Rhône, la province incomparable n'est pas le « pays des Sept Merveilles », ainsi que les Dauphinois avaient la modestie de le dire ; c'est le pays des Mille et un Miracles, splendide partout : de la Savoie et de l'Italie au grand fleuve de Lyon, des mousses polaires à l'olivier, dans sa Grande-Chartreuse, dans sa Belledonne et ses Grandes Rousses, ses monts du Lans et du Vercors, dans son Oisans, son Pelvoux, son Champsaur.

XLII
VANOISE

A une douzaine de lieues au sud-sud-ouest du Mont-Blanc (par la route de l'aigle et de l'hirondelle), parmi des pics frontières, naissent dans la neige immortelle deux torrents plus terribles qu'on ne saurait dire, l'Isère et l'Arc ; entre ces deux râpeurs de la grande montagne s'élance la magnifique *Vanoise*, avec vingt et quelques pics supérieurs à 3 000 mètres ; dans une de ses vallées le bourg naguère ignoré de *Pralognan* devient un célèbre rendez-vous des touristes.

L'*Aiguille de la Vanoise* (3 861 mètres) commande à ce peuple de cimes enfouies dans les mélèzes, les sapins et les neiges, cimes diverses de formes, de brèches, de cassures, d'aspects, car la Vanoise appartient à presque toutes les espèces de roches et les assises sédimentaires, plus ou moins redressées (jusqu'à la verticale), s'y associent aux pierres « primévales ».

Le col de la Vanoise (2 527 mètres), entre le versant de l'Isère au septentrion et celui de l'Arc au midi, est un passage encombré par la neige d'hiver ; il coupe nettement en deux ces déserts blancs, livides ou noirs : à l'est-nord-est c'est la Vanoise proprement dite ; au sud et sud-ouest, le massif où se lèvent la *Dent Parrachée* (3 712 mètres), le *Dôme de l'Arpont* (3 619 mètres) et le *Dôme de Chasseforêt* (3 597 mètres), celui-ci au centre du *Glacier de la Vanoise* qui, sous différents noms, est l'un des plus compacts et des plus vastes des Alpes : long de 12 kilomètres, large de 3 à 6, des tranches noires de schiste y pointent sur l'immensité, tantôt étincelante et tantôt blafarde, qu'allume de rose le dernier déclin du soleil. Par les belles clartés de l'aurore, comme au soir et comme à midi, c'est avec un inexprimable ravissement, en même temps avec une sorte de stupeur religieuse, que l'on contemple, de ces trois miradors, en un « fabuleux » rond d'horizon, les dômes, les tours, les clochers des Alpes, dans la « symphonie en blanc majeur » des neiges altitudinaires — car, par une grâce spéciale, les colosses de la Vanoise montent au ciel entre les géants de la Savoie et du Dauphiné.

A son sud-ouest la Vanoise propre est séparée, par une baissière, du massif du *Peclet* (3566 mètres), non moins cuirassé de neige pressée en glace ; et tout au nord du massif, par delà l'aiguille de 3861 mètres, une crête hautaine, longeant la rive gauche de l'Isère, se lève à 3788 mètres, par le mont Thuria qu'on peut associer à la Vanoise, surtout s'il plaît d'étendre ce nom à tout l' « aiguillement » et hérissement d'entre l'Isère et l'Arc.

Les plaines et les escaliers de glace de ce massif grandiose envoient le Doron de Bozel à l'Isère, qui est en Savoie la rivière de la Tarentaise, et le Doron de Villard à l'Arc, qui est la rivière de la Maurienne, également chez les Savoyards.

XLIII
ISÈRE
SUPÉRIEURE

C'est une des grandes rivières de l'Europe occidentale, cette Isère à laquelle accourent des torrents mêlant un peu de l'onde épurée par les lacs au flot bourbeux des glaciers de la Tarentaise, de la Maurienne, de la Vanoise, des Grandes Rousses, du Pelvoux, du Champsaur.

Au-dessous de Grenoble, en aval du confluent du Drac, elle roule 105 mètres cubes par seconde aux eaux les plus basses : trois fois l'étiage de la Garonne à Tonneins, plus de trois fois celui de la Seine à Paris, et cinq fois le moindre volume de la Loire orléanaise.

Par malheur aucun Léman ne clarifie ce courant grisâtre qui se mêle difficilement au Rhône, tellement que sous le pont de Valence, à une lieue et demie en aval du confluent, on reconnaît encore le fleuve et la rivière.

Il faudrait à l'Isère un lac de Grenoble, comme le fleuve de Valais et Savoie a son lac de Genève ; une immense conque profonde qui aurait son seuil au Bec de l'Échaillon, quand la rivière de la Tarentaise a déjà reçu l'Arc et le Drac, les deux énormes rouleurs de débris schisteux. Cette eau de Grenoble aurait sur l'eau de Genève la supériorité d'engloutir le Drac, tandis que le Léman n'engloutit pas l'Arve.

Le Plus Beau Royaume Sous le Ciel.

Elle est savoisienne, puis dauphinoise.

Les monts de 3 000 à 4 000 mètres qui se pressent autour du *Col d'Iseran* sont panachés de glaciers descendant jusqu'à 1 900 mètres; aux eaux laiteuses de ces longs frimas commence la rapide Isère.

Sortie de l'arche du *Glacier de la Galise*, dans le même massif que son affluent l'Arc et que l'Orco, tributaire du Pô, son premier village, à 1 849 mètres, est Val-d'Isère, tout récemment encore appelé Val-de-Tignes, et lieu d'un atroce hiver; le villageois y passe la moitié de l'année dans une cave-écurie, à côté du bœuf et de la vache, respirant leur souffle, sentant leurs exhalaisons, et leur purin qui suffoquerait tout autre que lui; au dehors, la neige immense ploie la forêt; elle couvre la prairie, et le seigle ou l'orge qu'on a semé pendant l'été, qu'on ne moissonnera que quartorze mois après avoir confié la graine au sol du « val » d'Isère; puis la neige fond, la verdure éclate, la prairie pousse, la sylve embaume et de partout les torrents tombent; c'est un brusque avatar, mais la splendeur ne dure que quelques semaines et la neige recommence. Tel est le décours de l'année pour les Valdisérans et leurs frères en très haute altitude. — Devant Tignes on n'est plus qu'à 1659 mètres; à 1 050 mètres devant Sainte-Foy, à 810 devant Bourg-Saint-Maurice.

XLIV
TARENTAISE

Recevant des « nants », autrement dit des torrents, et des « dorons », c'est-à-dire encore des torrents, l'Isère coule dans la principale vallée de la *Tarentaise*, région extraordinairement accidentée, de roches très diverses, du granit au lias et même au tertiaire éocène. La Tarentaise est un formidable entassement de montagnes où règne la Vanoise, et contrairement à la Maurienne, qui lui est contiguë au sud, la nature y sourit gracieusement dans une infinité de bassins, de vallées, de défilés; malheureusement il y a là plus de goitreux qu'en tout autre pays de Savoie. Comme par une ironie du sort, ces derniers des derniers vivent dans les vallons les plus beaux, mais ces vallons sont froids dans un air peu vivant : par l'ombre excessive des hautes montagnes, le soleil, père des hommes, n'y regarde pas assez les humains.

En l'année 1866 les crétins formaient en France une imbécile armée de 59 000 hommes et femmes, à divers degrés d'innocence ou de méchanceté bestiales; et parmi ces 59 000 les départements de la Savoie en renfermaient 11 372, c'est-à-dire près du cinquième. Mais ces infortunés presque absents du monde et d'eux-mêmes diminuent tous les jours, non pas seulement en Tarentaise, mais aussi en Maurienne, sur l'Arve, dans toutes nos Alpes, et partout en France.

Moutiers où déjà son lit ne domine la mer que de 460 mètres avoisine le site antique de la gallo-romaine *Tarentasia*, dont la Tarentaise a pris son nom. L'Isère y mêle à ses flots turbulents les eaux violentes d'un de ces « dorons » qui n'ont garde de jamais tarir, le *Doron de Bozel*, moins long que la tant misérable Bièvre qui verse quelques glouglous d'ordure dans la Seine de Paris. Le long de ses 9 lieues de voyage, la Vanoise l'honore de tant de dorons et nants partis comme la flèche de l'arche vitreuse des glaciers, qu'il finit par jeter à l'Isère 28 mètres cubes à la seconde, en tribut de 70 000 hectares. C'est l'eau de Pralognan (1 424 mètres), celle aussi qui rugit désespérément dans les *Abîmes de Ballende* ou Ballendaz, gouffres presque impénétrés auxquels il faudra, comme à la Diosaz, à la Dranse, au Fier de Savoie, ou au Trient du Valais, une galerie agriffée à la roche, sur le vide horrible où il plonge en sept ou huit cascades. Échappé de cet obscur chaos et comme réveillé d'un cauchemar, il passe devant Villard-le-Goitreux, de moins en moins peuplé d'hommes à goitre, devant Bozel, devant Brides-les-Bains, lieu d'eaux thermales, devant Salins, lieu d'eaux salines, thermales aussi.

Six lieues plus loin, l'*Arly* [1] contribue à l'Isère pour 25 mètres cubes, avec étiage de 7 800 litres; superbe épanchement pour une conque de seulement 63 500 hectares où ne luit pas un glacier; mais de magnifiques fontaines l'avivent à tout bout de champ, ou plutôt à tout bout de roche, lui et ses affluents et les affluents de ses affluents. Partagé entre gneiss, micaschistes, lias, oolithe et craie, il naît du mont Joli (2 527 mètres), reçoit le *Doron de Beaufort* [2] près d'Albertville et s'achève par 325 mètres : au confluent, c'est lui qui semble entraîner l'Isère, et il se peut qu'il l'ait dévorée dans une ère antérieure, quand il continuait une rivière énorme, le Rhône d'alors qui lui arrivait par le val de Faverges, sillon manifestement ouvert dans la montagne pour le passage de larges eaux.

Mais le Doron de Bozel ou Doron de Vanoise et l'Arly ne sont que de petits compagnons à côté des deux torrents que l'Isère boit en aval, l'un savoisien, l'autre dauphinois, l'Arc et le Drac; celui-ci complète l'Isère dans la banlieue d'aval de Grenoble, celui-là s'embrouille avec l'eau de la Tarentaise, flot gris avec flot gris, à 18 kilomètres seulement au sud-ouest de l'Arly à l'issue de la Maurienne.

1. 40 kilomètres. — 2. 30 kilomètres, 24 400 hectares, 5 à 6 mètres cubes.

Le Plus Beau Royaume Sous le Ciel.

**XLV
ARC
MAURIENNE**

C'est un indomptable torrent que l'*Arc*, dans la courbure de sa vallée de Maurienne qui lutterait de grandeur avec les plus grandioses, de beautés avec les plus belles, si ses pans avaient des forêts, et si chaque orage ne déchirait ses pelouses, qui prennent le chemin du lointain delta du Rhône.

Son harmonieux demi-cercle contourne la Vanoise, d'où lui tombent ses plus forts torrents.

Ce long, ce puissant, ce terrible a son bassin dans des roches très variées, gneiss, schistes, terrains houillers, trias, lias, oolithe.

La *Maurienne* abondait en crétins comme la Tarentaise; du moins la Basse Maurienne où, dit-on, trente personnes sur cent avaient le cou difforme il y a peu d'années encore.

Telle que l'a faite la ruine de ses bois, c'est une très âpre contrée, tantôt blanche de ses calcaires, tantôt noire de ses schistes, ou jaune par les gerçures de ses éboulis que l'ocre de fer colore en orange. Le haut de la vallée nourrit des montagnards vigoureux, mais sous un ciel si froid qu'à part quelques cirques gardés du vent mauvais par des falaises l'année n'y suffit pas à l'évolution du grain. Le seigle, l'orge, l'avoine y demandent plus de quinze mois pour croître jusqu'à maturité d'épi dans des champs suspendus en terrasse au flanc des précipices. La Basse Maurienne, en aval de Saint-Jean, a des sillons meilleurs, du blé sous un climat moins barbare, de la vigne jusqu'à 1 000 mètres d'altitude en bonne roche, en belle exposition; mais la vallée de l'Arc y est de-ci de-là palustre dans les bassins plats qu'elle forme lorsqu'elle écarte ses deux parois de montagnes minérales.

Du côté du soleil tombe sur la Maurienne une énorme chaîne en plein cintre dont la convexité regarde l'Italie. L'ombrage malévole de cet hémicycle est la raison du froid terrible qui glace toute chose en Haute Maurienne pendant les trois quarts de la révolution de la terre autour du soleil : tout, le sol, les rocs, les plantes, l'homme aussi, faute de forêts à émonder puisqu'il les a soit détruites entièrement, soit délabrées à l'extrême. C'est ici qu'éclate la vérité de la devise : *Viribus unitis!* Des souches et troncs séculaires dont la vie s'est retirée, peut-être çà et là quelques arbres isolés déclarent que la sylve montait autrefois plus haut sur les pentes de neige temporaire, jusqu'à la lisière des neiges permanentes; l'un protégeant l'autre contre la froidure, et tous ensemble empêchant l'écroulement des avalanches, la forêt tenait tête à l'inclémence — on peut dire, en Haute Maurienne surtout, à la cruauté des météores; mais dès les vides faits par l'homme, non par la nature, à l'assemblée des arbres, la résistance acharnée des sapins, des épicéas, des mélèzes, quelquefois leur triomphe sur la brutalité de la saison contraire, se sont aussitôt changés en déroute, et les bois ont descendu leurs versants.

Et le Mauriennais tend ses mains rigides sur un feu sans flamme, brasier de crottes de moutons dans la chaumière où il respire l'haleine des bêtes qui sont en hiver ses cohabitantes et presque ses commensales; tandis que dehors la neige inéclairée est blême, la roche sombre, le jour lugubre. Ces Mauriennais d'en haut, chasseurs de chamois, guides, contrebandiers, bergers, moissonneurs dans les maigres champs, ces hommes grands, solides, sérieux, ne craignent rien au monde; non plus que leurs voisins au nord, les Tarentais, plus petits, plus bruns et plus émoustillés qu'eux.

Ces montagnards trop ombragés par la montagne ont pourtant dans les veines quelques restes d'un sang bien chaud, bien méridional, puisqu'il y a raison de penser que la Maurienne a pris son nom des Maures. Qui croirait que les Arabes, les Syriens, les Sahariens, les Berbères ont entraîné leurs cavales jusqu'aux gués turbulents de l'Arc, eux maintenant absents de l'Europe et cernés de si près par cette même Europe en Asie, plus encore en Afrique?

L'Arc sort, à 2 188 mètres, du vaste *Glacier de l'Arc*, commandé par les « becs » de la Lévanna. Aux chalets de l'Écot, soit à 2 046 mètres, il y a déjà quelques pauvres petits seigles dans la conque étroite.

Son premier village, à 1 835 mètres, est Bonneval, nom qui semble ironique pour des maisons neigeuses dans un vallon de froidure et d'engourdissement; l'homme amolli de la plaine l'appellerait plutôt Malval, mais c'est vraiment Bonneval pour qui descend des glaciers, des débris, des chaos supérieurs. Lans-le-Bourg, sur la route du mont Cenis, est à 1 390 mètres; Modane, au-dessous du formidable rocher calcaire de l'Esseillon, ancienne forteresse, tout près d'une bouche du tunnel des Alpes, n'est plus qu'à 1 078; la seule ville de la vallée, Saint-Jean-de-Maurienne, est à 519; le confluent avec l'Isère à 285, entre des montagnes armées de forts et batteries, car la vallée de l'Arc est une des routes vers l'Italie et le lieu de passage d'un grand chemin de fer international.

Des deux torrents qui s'entremêlent ici l'on ne sait quel est le plus fougueux. L'Arc, moyennement large de 80 mètres (il ne se contenterait pas de si peu sans les levées qui l'incar-

Le Plus Beau Royaume Sous le Ciel.   CHAPITRE

cèrent), écoule 200 000 hectares environ de monts neigeux en un cours de 150 kilomètres ; il roule 1 200 mètres cubes en crue, 100 en volume ordinaire, 20 en étiage. Il est formidable, mais cependant inférieur à la puissance de l'Isère, parce que celle-ci, quoique un peu moins longue, dégorge plus de glaciers, et des glaciers plus grands, dans une conque plus étendue.

<small>XLVI
GRAISIVAUDAN;
BELLEDONNE</small>
 Contenue ainsi que l'Arc par des digues, l'Isère descend dans le bassin lacustre de Montmélian et quitte la Savoie pour le Dauphiné, province qui nous appartient depuis beaucoup plus longtemps que le « pays des sapins », la *Sapaudia* (Savoie), sans être plus intimement française.

Du bassin lacustre de Montmélian, l'Isère passe dans la vallée, lacustre aussi, du *Graisivaudan* ou Grésivaudan, dont le nom trahit l'approche de Grenoble.

Quand la *Cularo* des Allobroges fut descendue d'un ressaut de la rive droite de l'Isère dans la plaine d'Isère et Drac, elle devint, en 379, d'après l'empereur Gratien, *Gratianopolis* (d'où Grenoble), et les Gallo-Romains appelèrent le pays environnant *Gratianopolitanus pagus* : d'où Graisivaudan.

Les terres uberrimes du Graisivaudan eurent sans aucun doute pour origine première, dans le plus noir lointain des âges reculés, le flottement et le mélange des débris de la montagne alpestre dans les eaux d'un lac où mouraient Isère, Arc et Drac, et aussi le Rhône ; puis le dépôt des terres au fond de ce Léman de bien avant les Allobroges, Léman rétrospectivement savoisien et dauphinois à la fois : car, le Jura n'étant pas encore fendu, cette petite mer couvrait toute la vallée qui va du Rhône de Seyssel à Grenoble par le lac du Bourget, la conque de Chambéry, les champs de Montmélian et le val de l'Isère, jusqu'à des craies très hautes et très épaisses, digue dont on eût cru que des « éternités » ne la renverseraient pas. Furent-elles renversées, ces craies, ou écartées en deux par un cataclysme ou par une œuvre lente de la nature? Ou furent-elles simplement usées? Elles disparurent, la mer d'eau douce s'enfuit par l'Isère inférieure, et les Alpes de la Chartreuse furent dissociées de celles du Lans, là où la rivière du Graisivaudan embrasse et dévore le Drac.

Il se peut qu'il n'y ait pas de vallée française plus opulente que ces deux rives de l'Isère avec leurs moissons, leurs mûriers, leurs noyers géants, leurs vignes enlacées à l'arbre, et d'un bon vin, car le val, ouvert au sud-ouest, est bien une vallée, fort ample même, non pas une gorge, et il a sa part légitime des effluves chauds et lumineux. Il n'en est certainement pas d'aussi grandiosement belle entre sa Grande-Chartreuse au couchant, sa montagne de Belledonne au levant, et avec le merveilleux contraste de l'une à l'autre.

La Grande-Chartreuse, plus basse de 1 000 mètres, est cependant la plus monumentale des deux, par ses parois verticales sur terrasses horizontales, ses corniches, ses tours, ses bastions de plus rigide architecture. Tandis que *Belledonne*, étant de granits, de gneiss, de schistes cristallins bordés à l'ouest d'un liseré de lias, ne surgit nulle part en effroyables apics; elle recule de dôme en dôme, de prairies en forêts, de lacs en lacs longtemps gelés, enfin de neige et glace en névés et glaciers jusqu'à sa suprême ascension de 2 981 mètres. Ses frimas de toute durée, ses pluies, ses fontaines, ses lacs, se résolvent en torrents dont les usiniers transforment les bonds insensés en sources d'électricité, de lumière et d'énergie.

Pourquoi ce nom de Belledonne, c'est-à-dire Belle-Dame, pour une montagne très belle sans doute, mais hautaine, sérieuse et glacée? On a lieu de croire qu'elle s'appelle plutôt Beldonne, *bel* étant un radical celtique signifiant le mont, et que les gens des vallées vaudoises ont conservé dans leur patois sous les formes de *bal, ballo, bar*.

Dans ce val « magnificentissime », des levées arrachent la campagne plantureuse à la voracité du torrent en le maintenant de force dans un lit de 112 mètres de largeur moyenne.

L'Isère s'y achemine au sud-ouest, vers Grenoble, suivant l'une de ses deux directions; car elle oscille toujours entre deux horizons contraires; son cours est fait de six tronçons alternativement inclinés vers le nord-ouest et le sud-ouest : le premier, de la source à Bourg-Saint-Maurice (vers le nord-ouest), mènerait l'Isère à Genève; le second (vers le sud-ouest), de Bourg-Saint-Maurice à Moutiers, la conduirait au Rhône vers Valence ou Montélimar; le troisième (nord-ouest), de Moutiers à la conque d'Albertville, la ramène vers Genève; le quatrième (sud-ouest), d'Albertville à Grenoble, la reporte vers Valence; le cinquième (nord-ouest), qui est court, de Grenoble au Bec de l'Échaillon, l'enverrait droit à Lyon, qui aurait alors trois grandes rivières au lieu de deux; mais soudain elle reprend la route du sud-ouest pour ne plus la quitter. Tous ces brusques changements d'orientation forment, deux par deux, des angles droits.

Elle hume à gauche la rivière d'Allevard, beau lieu de villégiature, d'excursions, de bains dans des eaux minérales : cette

Le Plus Beau Royaume Sous le Ciel.

rivière, le **Bréda**[1] verse 4 mètres cubes, avec étiage de 1 600 litres; elle descend du plateau des *Sept Laux* ou des sept lacs; on devrait dire : des onze lacs, puisque c'est leur nombre exact, entre 2 100-2 277 mètres, dans onze creux des « montagnes abîmées ». Par delà les Sept Laux, qui se versent soit dans l'Isère par le Bréda, soit dans le Drac par la Romanche, le massif des Grandes Rousses divise sa glace entre la même puissante rivière et le même puissant torrent.

XLVII
GRANDES
ROUSSES

Le plateau des *Grandes Rousses* ondule, étincelant de frimas, autour de deux pics de dominance très voisins l'un de l'autre, les *Pics de l'Étendard*, qu'on a crus longtemps exactement égaux dans leur ascension des nues; et de fait, ils le sont à 3 mètres près : celui du sud, la Scie atteint 3 473 mètres; celui du nord, le Costa Blanc, ainsi nommé par les Savoyards, de l'immaculéité de son glacier de Saint-Sorlin, en a 3 470.

Du septentrion au midi il y a dix kilomètres de neige cristallisée sur la double épaule des Grandes Rousses, et de l'est à l'ouest 1 500 à 4 000 mètres, au-dessus d'un gneiss dont l'ocre a relevé la couleur; d'où sans aucun doute le nom de ces montagnes : elles sont rousses, elles sont grandes. C'est pour la moindre part que leurs eaux laiteuses vont en Maurienne, à l'Arc la majeure part s'écroule en Oisans vers la Romanche, furieuse comme l'Arc, et comme le Drac auquel la Romanche apporte ce qu'elle rogne incessamment dans les Rousses.

A quatre lieues vers l'est, sur cette même crête d'entre Arc et Romanche, les trois *Aiguilles d'Arve*, dites aussi les Trois Ellions, dépassent en fierté les pics de l'Étendard; longtemps elles ont passé pour inaccessibles; la plus haute monte à 3 514 mètres; le peuple de leur base les appelle familièrement Jean-Jean, Gros-Jean et Petit-Jean.

XVLIII
MONTS
D'OISANS :
PELVOUX

Les Grandes Rousses dressent leurs rocs au nord de la Romanche; au sud de ce torrent, des rocs plus hauts, des champs hivernaux plus vastes, des cirques plus sinistres, des aiguilles plus glissantes forment un monde éclatant, terrible, granits et glaciers entre Romanche, Drac et Durance, celle-ci froide, violente et louche comme les deux autres. C'est le sublime *Pelvoux*, l'orgueilleux massif, la plus audacieuse des Alpes relativement voisines de la Méditerranée;

---

1. 31 200 mètres, 19 900 hectares.

le Pelvoux qui triomphe de ses 4103 mètres, de ses nombreux pics supérieurs à 3500 mètres, de ses 150 pointes, sinon plus encore, dépassant 2000, de ses 42 glaciers (sans compter les « glaciérots », de ses 12 vallées en étoilement — un Mont-Blanc des frontières de la Provence et non des marches de la Suisse.

Et tout d'abord au sud de la Grave, une des grandioses montagnes de l'Europe, la *Meije* ou Aiguille du Midi lève à 3987 mètres la plus haute de ses presque inaccessibles falaises dont une, la Meije centrale ou Doigt de Dieu se penche, comme près de tomber, ainsi qu'une surnaturelle Tour de Pise.

Ce Cervin des Alpes françaises s'élance dans le fantastiquement beau pays de l'*Oisans* qui, s'il avait plus de forêts, vaudrait n'importe quelles autres Alpes sublimes. Sur 50000 hectares, il en a 16000 ou 17000 voués à la neige, à la glace éternelle, chaos de granits, de roches, de clapiers, d'éboulis, de moraines, de séracs, de crevasses, d'abîmes, de cascades, de ponts de neige, et de pans de glace aussi prodigieux que le sont en Suisse les champs cristallisés où naissent l'Aar, les deux Lutchines et la Kander; on peut y faire plus de 15 lieues sans quitter glace et névé (sauf de temps en temps quelque rocher, quelque taillante), du glacier du mont de Lans à celui de la Muzelle, en tournant autour du cirque gigantesque dont le Vénéon sort en aval de Saint-Christophe-en-Oisans. Parmi ces champs de cristal, le *Glacier du mont de Lans* n'a pas de rival en Dauphiné, et les Alpes, quelques noms qu'elles portent et quelque contrée qu'elles hérissent, n'en montrent guère de plus superbe; il a 8 kilomètres sur 3 à 4, avec deux inclinaisons : vers la rive gauche de la Romanche et vers la rive droite du Vénéon.

La Meije n'est pas la pointe souveraine des monts de l'Oisans, non plus que le *Pelvoux de Vallouise* (3954 mètres), qui pourtant a donné son nom à tout le bloc, à cause de la noblesse de sa double pyramide, ou parce que d'en bas, du val de la Gyronde, il cache le pic suprême la *Barre des Écrins* (4103 mètres), géant détrôné de la France. — Barre n'est point ici notre mot français barre, barrière, mais le *bar* ou *bal* ou *bel* des Celtes, c'est-à-dire le mont, le pic.

Ici, dans le Dauphiné méridional, près de la lumineuse, de la chaleureuse et sèche Provence, les horizons ne sont plus les mêmes que des belvédères de la Vanoise, à 50 kilomètres au septentrion; ou, à 100 kilomètres, des dômes, des aiguilles du Mont-Blanc : on voit bien encore d'ici le « roi des rois » trônant dans l'azur, et les Alpes bernoises et toutes les dauphinoises, mais surtout on contemple au sud un autre monde très différent, des crêtes aiguës, des arêtes déchirées, des chaînons

Le Plus Beau Royaume Sous le Ciel.   CHAPITRE

ravinés, des montagnes torturées, dépouillées, déséquilibrées, cassées, une plus fluide lumière et de plus fauves couleurs; on ne voit pourtant pas, peut-être même ne soupçonne-t-on pas, malgré son approche, la « mer entre les terres », distante de 40 à 50 lieues.

A deux pas du contemplateur ébloui de ces pics, de ces parois, de ces dentelures, de ces neiges, de toute cette fête de l'espace et de la lumière, le roc se dérobe soudain, et la Barre tombe à vertigineuse profondeur sur deux mers de glace à nom contraire, très vastes et surtout très longues toutes deux.

Elles se réunissent à leur extrémité d'en bas, après leur moraine, à 1 851 mètres au-dessus des mers, par les flots de leurs deux torrents d'où naît la Gyronde, l'une des branches mères de la Durance. Le *Glacier Blanc* et le *Glacier Noir* contrastent autant par leur aspect que par leur adjectif : du Glacier Blanc, éblouissant de candeur et d'une chute splendide, sort un torrent laiteux; du Glacier Noir, dont la moraine est affreuse, boueuse, désordonnée, sordide, partent des eaux fangeuses.

Une arête étroite se détache au midi du massif, à son bout extrême, aux monts qui surveillent soucieusement deux fort beaux glaciers, le *Glacier de la Pilatte*, l'une des origines du Vénéon, et le *Glacier du Sélé*, tributaire de la Gyronde : elle relie le Pelvoux aux chaînons du Champsaur, dont plusieurs n'atteignent pas et peu dépassent 3 000 mètres.

Des monts du Champsaur descend le grand complément de l'Isère, le Drac, qui reçoit la Romanche; et par la Romanche, le Vénéon.

XLIX
CHAMPSAUR
DRAC
ROMANCHE,
VÉNÉON

Le Drac est un Arc plus grand, plus varié, dans un bassin plus vaste d'un tiers, qui relève de terrains très divers, granits, gneiss, schistes cristallins, lias, calcaire oolithique, craies, tertiaire éocène, alluvions. Il agrandit l'Isère de près de deux cinquièmes, au-dessous de cette Grenoble que lui promet le dicton prophétisant qu'un jour « le Dragon mettra Grenoble en savon »; mais pas à lui tout seul, aidé qu'il sera dans cette œuvre de fureur par l'autre rivière grenobloise, par le « Serpent », c'est-à-dire l'Isère.

Il se forme dans le *Champsaur*, froide vallée de 41 500 hectares dont les vingt-trois communes ont leurs principaux hameaux entre 1 000 et 1 500 mètres au-dessus des mers. Il s'ensuit que les Romains n'ont certainement pas nommé *Campus Aureus* ou Champ d'Or ce fond d'un lac antique, bien que le sol n'y manque pas de fertilité. C'était plutôt leur *Campus Saurus*, leur Champ Jaune, sinon peut-être leur Champ Aigre — aigre

(322)

dans le sens de désagréable, du fait des gels, des bises, des avalanches, celles-ci sans doute plus rares et moins puissantes qu'aujourd'hui, la montagne étant alors bien moins dénudée.

En ce pays où l'on a trop abattu les chênes et mélèzes, protecteurs des pentes, pourvoyeurs et conservateurs des ruisseaux, le « Dragon » naît par plus de 1 150 mètres, de l'union du Drac Blanc ou Drac de Champoléon et du Drac Noir ou Drac d'Orcières.

Il tend d'abord vers la Durance, il y va même en partie maintenant par l'effort des ingénieurs : une rivière artificielle de 50 kilomètres, le *Canal de Gap*, auquel il verse 4 000 litres d'eau par seconde, perce la montagne en un tunnel de 3 581 mètres et, pénétrant dans le bassin de la Luye, tributaire de la Durance, s'en va vivifier 1 700 hectares des environs de Gap, sur un périmètre arrosable de 6 700.

Mais il tourne au nord-ouest, passe devant Saint-Bonnet et reçoit une grande fille du Pelvoux, un torrent de peut-être 18 à 20 mètres cubes, la bruyante Séveraisse.

La *Séveraisse*[1], presque égale au Drac lui-même, commence contre des pics et des glaciers brillants, en des monts de 3 500 mètres ou plus et finit par 750 mètres après avoir rugi dans les engoulures du *Valgodemar*, entre monts décharnés, stériles, quelquefois lugubres : et pourtant son nom rappelle sans doute (tout comme en Maurienne) les fils des plus radieux soleils, les hommes d'outre-Méditerranée, les Maures, qui rôdèrent et pillèrent par ici lors des temps « expansifs » de l'Islam, quand on pouvait craindre qu'il avalât la Chrétienté.

Quittant ici la conque du Champsaur, le Drac précipite sa course, il s'enfouit dans des gorges. En amont du *Pont du Sautel*, haut de près de 100 mètres, il entraîne une rivière du Dévoluy, qui est une des montagnes les plus ruinées de France; cette rivière « infiniment » torrentielle, la Souloise, ne serait qu'un ruisseau sans deux urnes de la craie fissurée, les Fonts Gillardes, fortes ensemble de 2 500 litres, avec étiage de 2 mètres cubes.

Après la Souloise arrive un courant louche qui s'entretient aux glaciers du Pelvoux et qui, né du *Pic d'Olan* (3 578 mètres), se brise dans le val Jouffrey, puis dans le *Valbonnais*; c'est la *Bonne*[2], qui roule 7 500 litres, avec étiage de moitié; son confluent est dans un abîme. Dans un abîme aussi l'embouchure de l'*Ebron*[3], torrent des craies et calcaires du pays extraordi-

---

1. 35 kilomètres, 25 000 hectares. — 2. 37 200 mètres, 39 680 hectares. — 3. 26 500 mètres, 34 100 hectares.

Le Plus Beau Royaume Sous le Ciel.

nairement déchiré de *Trièves*; dans un abîme encore les sources très thermales de la Motte-les-Bains; le précipice ne cesse que là où le « Dragon » pénètre dans le bassin de Grenoble pour y recevoir la fougueuse Romanche.

Torrent immense en regard de la petitesse de son bassin[1] la *Romanche*[2] roule 45 mètres cubes en volume normal, 12 en étiage; c'est un Drac moindre, tantôt plus étroit qu'un saut de chamois, tantôt éparpillé sur de larges grèves.

Elle puise au Pelvoux et aux Grandes-Rousses; de là sa force terrible.

Elle naît au bas d'un cirque muet sauf les cassements, crépitements et palpitations de la glace, désert rigide et tristement grandiose : des glaciers buttant contre des roches immenses et, sur le fronton de ces roches, d'autres glaciers et des névés reculant jusqu'au faîte déchiqueté d'une arête du Pelvoux. Tout aussitôt forte et rebelle, son premier et misérable lieu d'habitation, Villard-d'Arène est à 1 651 mètres; à 1 526, sa première bourgade, *la Grave*, récemment encore très pauvre mais qui devient une sorte de Chamonix dont la Meije, le Pelvoux, les Aiguilles d'Arve sont la raison d'être.

Elle tonne dans la combe de Malaval, au bas des gneiss dont le glacier du mont de Lans argente le frontail; elle crie sourdement dans la gorge de l'Infernet, puis, dégagée soudain, se répand dans le bassin du *Bourg-d'Oisans*, long de 3 lieues, large de 1 500 à 1 800 mètres, entre 725 et 680 d'altitude.

A peine entrée dans ce vieux fond de lac, elle rencontre le Vénéon, son égal.

Encore un « géant », ce *Vénéon* qui tire d'un bassin grand comme quatre fois Paris entre murs un flot supérieur d'un tiers à l'étiage de la Marne.

Peu de torrents sont cerclés autant que lui par l'immortel nivôse; au nord de sa conque, à l'est, au sud, au sud-ouest, des mers de glace pendent à sa montagne.

Il s'échappe d'un des glaciers majeurs du Pelvoux; son premier hameau, *la Bérarde*, à 1 738 mètres, ne restera plus longtemps ce qu'il est encore, un groupe de cabanes indigentes; au centre d'un des étoilements les plus grandioses de vallées neigeuses qu'il y ait dans toutes les Alpes, il a devant lui l'avenir d'un Chamonix ou d'un Pralognan.

Le torrent descend par des gorges sinistrement nues, désertes entre des rocs, des blocs, des éboulis, nature sauvage, infiniment morne; on y croise à chaque pas des torrents, fils

1. 124 000 hectares. — 2. 78 kilomètres.

des glaces, chacun augmentant pour sa part le bruyant Vénéon; et c'est pourquoi après s'être frayé péniblement un passage dans le *Clapier de Saint-Christophe*, chaos de roches rougeâtres tombées en écroulement subit, puis après avoir arrosé la vallée de Vénose à l'ombre des noyers, c'est pourquoi il épanche dans la Romanche 18 mètres cubes, 6 à l'étiage; et cependant il n'a bondi que sur 30 kilomètres en une déchirure de 30 600 hectares!

Un autre et bien court, mais superbe tributaire de la Romanche, c'est la *Rive*, l'eau pure qui reflète les maisons du Bourg-d'Oisans; née en plaine au pied de falaises calcaires de 300 mètres de hauteur, ses presque immuables fontaines épanchent 2 000 litres en étiage, 2 500 à l'ordinaire.

Autre et très honorable contribution à la Romanche, l'*Eau d'Olle*, fille des glaciers des Grandes-Rousses, apporte 6 mètres cubes avec étiage de 3, tout près de la fin d'aval du vieux lac d'Oisans.

Et alors recommencent les engoulures, où la chaîne de Belledonne verse à droite une ombre livide; dominant de très près, de très haut le torrent, elle y jeta, vers les dernières années du XIIe siècle, un versant de la montagne de Voudène.

Telles furent la masse, la cohérence de l'éboulis que le torrent s'arrêta contre pendant un quart de siècle et reforma l'antique lac de l'Oisans, qui s'appela le lac Saint-Laurent; l'eau noya les villages et tout autour les bergers devinrent des pêcheurs en eau profonde.

Cela dura jusqu'en 1219 : alors dans l'obscurité d'une nuit de septembre, le lac creva sa digue de retenue, il s'élança sur la basse Romanche, la Romanche s'effondra sur le Drac, le Drac sur l'Isère, et Grenoble faillit périr dans des tourbillons et des remous plus hauts que les parapets de ses ponts.

Longues sont ces étroitures, elles finissent à Séchilienne. Puis la Romanche effleure de sa rive gauche le bas de la *Matheysine*, plateau « frissonnant » qui tombe de tous côtés sur des précipices de torrent. Sa froideur lui vient de ses 900 à 1 000 mètres d'altitude, de ses vents du nord, de ses longues neiges, de l'imperméabilité de son sol, de la buée nocturne et matinale de ses lacs : *Lac de Pierre-Châtel* (160 hectares) dont la Jonche emporte au sud les eaux vers le Drac; *Lac de Petit Chat* (près de 100 hectares), long de 1 500 mètres, profond de 19 à 20 et qui envoie son onde au *Grand lac de Laffrey* : celui-ci est vaste de 175 hectares, profond de 39 mètres; le torrent de son déversoir, descendant de 620 mètres en une lieue seulement, arrive à la Romanche dans le bassin de Vizille — et la

Le Plus Beau Royaume Sous le Ciel.

Romanche arrive à la rive droite du Drac, par 250 mètres au bout de ce même bassin.

Après absorption de la Romanche, le Drac borde de sa rive gauche une ravissante plaine étroite d'où surgissent, cachant l'occident du soleil, les roches verticales des monts du Lans; il frôle à droite les faubourgs d'aval de Grenoble et s'unit à l'Isère à 3 500 mètres au-dessous de cette maîtresse ville dauphinoise, par 200 mètres d'altitude. Son cours fantasque ne dépasse pas 125 kilomètres, au long desquels il recueille les eaux agitées de 360 000 hectares — assez pour un étiage de 40 mètres cubes, un volume ordinaire de 150, des crues de 1 800, un module de 95!

L MONTS DU LANS, DU VERCORS, DU ROYANNAIS

Errer dans la Grande-Chartreuse ou, plus au sud, sur le massif des Quatre Montagnes, puis entre les rangées parallèles de Lans et Vercors, c'est voyager dans un même pays, entre mêmes roches de craie, mêmes sapins, avec les mêmes échappées d'horizon dès qu'on monte au sommet de l'un quelconque des grands miradors — échappées d'horizon, ces mots ne valent ici, puisque de ces cimes rien ne se cache aux regards sur toute la rondeur de la Terre, des Alpes souveraines de Dauphiné, de Savoie aux protubérances de la France Centrale; rien que ce que les monts dissimulent dans la profondeur des abîmes. En vain le val d'Isère sépare la Grande-Chartreuse du Lans par toute la largeur d'un très ample et très lumineux précipice (peut-être le plus beau bassin de toute la France), d'un côté comme de l'autre, c'est le même bloc résistant, coupé jadis en deux par l'emport des assises qui retenaient le lac du Graisivaudan.

Ainsi distrait du massif chartreusin par l'entaille de l'Isère, le promontoire des *Quatre Montagnes* « manque » brusquement; il tombe sur ladite Isère par le *Bec de l'Echaillon*, cap de vallée monumental, à la coudée de la rivière qui pour la sixième et dernière fois passe ici du nord-ouest au sud-ouest.

Les Quatre Montagnes et, à leur midi, le Lans et le Vercors continuent exactement les chaînons de la Grande-Chartreuse par des parois, des crêtes, des pics, des bois immenses où l'ours habite encore. Le culmen, dans le *Lans*, sur le formidable escarpement de gauche de la vallée du Drac, c'est le *Grand Veymont* (2 346 mètres), mais il n'a pas l'élancement, la fierté frontale et l'apparente inaccessibilité de son voisin le

Mont Aiguille (2 097 mètres), dressé dans le ciel dauphinois comme un défi d'escalade. Qui le contemple (et l'admire), ce Mont Aiguille, des environs de Clelles ou du chemin de fer de Grenoble à Gap, croirait qu'on n'y peut monter sans les ailes de l'oiseau; pourtant on l'a gravi plus d'une fois depuis qu'un capitaine de Charles VIII y mit le pied le premier, en 1492, cent quatre jours avant qu'un autre et plus grand pionnier, Christophe Colomb foulât le sol de l'Amérique.

Le grand chaînon du Lans finit au-dessus de Die la drômoise, et à son orient, par les parois du *Glandaz*, craie reboisée de pins jusqu'au bas de ses prodigieuses escarpes terminales : vu de Die sur Drôme, on dirait les murs, les redans, les tours, les retraits d'un fort sans pareil, et cette aérienne architecture est chaudement colorée. Ce Glandaz « triomphe » à 2 025 mètres.

A l'ouest du Lans, le *Vercors* serre un plateau central, sylve et pâture, entre deux crêtes exactement parallèles; sur ce plateau ruisselle mollement la Vernaison, la célèbre héroïne des Grands et des Petits Goulets.

Tributaire gauche de la Bourne, la *Vernaison*, torrent pur de 2 100 litres, avec étiage de 800, ouvre son lit de pierre à la magnifique *Fontaine d'Adouin*, qui doit ses 500 litres d'étiage et ses 850 litres de portée normale au puits d'Arbounouse, au précipice du Trison et autres gouffres d'absorption du plateau néocomien. Quadruplée soudain par ce jet de rivière, elle entreprend une course folle à travers les *Grands Goulets*, en un couloir de roches ou grises ou jaunâtres; une route longe à 80-150 mètres d'élévation ce précipice où le torrent s'agite en rapidité, puis se brise par une cascade de 80 mètres ; mais on perd souvent le spectacle de la Vernaison, tant ce chemin héroïque perce de souterrains. Viennent ensuite les Petits Goulets. Les deux couloirs ont ensemble deux lieues et le limpide courant du Vercors s'y abat de 400 mètres, la cascade y suivant le rapide, et le rapide la cascade; après quoi, la Vernaison plus calme va s'unir à la belle Bourne dans le bourg de Pont-en-Royans.

A l'occident du Vercors les *Monts du Royannais* (800-1710 mètres) sont déchirés par la *Lionne*, qui est comme la Vernaison un affluent gauche de la Bourne. Ce qu'ils ont de magnifique, c'est leur fontaine du Cholet, c'est leur retombée au couchant.

A leur midi, là où ils se cassent brusquement à l'origine de torrents entraînés vers la rive droite de la Drôme, la *Porte* d'*Urle*, « autre brèche de Roland », bien moins polaire en son altitude, mais non moins belle en lumière et magnificence, s'ouvre à grands battants à 1 523 mètres au-dessus des mers, entre parois de 1 653 à 1 703. Vertigineusement rapide au sud, la pente l'est beaucoup moins au nord : de ce côté c'est, au lieu d'un gouffre, un plateau pastoral et surtout sylvestre, la *Forêt de Lente*.

Icelle forêt est criblée de scialets, avens où les eaux s'engouffrent, et de pots, défaillances du sol où elles filtrent entre la terre et les cailloux; ces pots, scialets ou cialers concentrent sous terre leurs rus, leurs gouttes et gouttelettes en un torrenticule du nom de *Brudoux*, et ce Brudoux s'épanche en lacs, en gours, en courants, en siphons, dans une superbe grotte qu'on a reconnue pendant 400 mètres environ; il en sort à 1 220 mètres, parmi roches, sapins, hêtres, buissons, herbes folles, par une gueule d'une quinzaine de mètres d'élévation; puis, né d'infiltrations, le voici qui s'infiltre à son tour dans des pots.

Dès lors il coule sous mont, passe près du scialet Félix, aven de 110 mètres, et après une bonne lieue d'obscurité « diabolique », il reparaît dans la combe de Laval, à 770 mètres d'altitude en un site inimaginablement beau de grandeur et de sauvagerie, comme une autre Vaucluse, au bas de rochers de 230 mètres d'essor; une onde glaciale (6°,5), gour d'un vert tirant sur le bleu, dégage le torrent de ses prisons.

Et le Brudoux, joyeux de sa nouvelle vie, sous son nouveau nom de *Cholet*, se précipite en tonnerre, écroulement de cascade en cascade. Ses 950 litres de volume ordinaire, ses 360 litres d'étiage roulent vers le torrent mutin de la Lionne.

Le Royannais s'abat brusquement au couchant sur la plaine de Valence, qui est un immense dépôt de cailloux roulés ainsi nommé de la ville capitale de la Drôme. Dans cette cité, riveraine du Rhône, on le nomme les Monts du Matin : si le soleil de l'après-midi le dore, le soleil levant surgit derrière ses crêtes.

Au midi les monts du Royannais prennent le nom de *Monts d'Ambel*, de *Plateaux de Chaffal* : là sur une pente contraire à celle de la Lionne, la Gervanne, qui est le courant des gorges d'Omblèze, s'élance de 40 mètres par la gracieuse *Cascade de la Druise*, puis court à la Drôme, torrent dont la grève ensoleillée embrasserait sans peine un grand fleuve.

TROISIÈME — *Monts Extérieurs.*

LI
BOURNE

La rivière qu'abreuvent à la fois le Lans, le Vercors et le Royannais, la *Bourne* est un admirable courant de la craie, une onde abondante, un flot clair, très beau dans la montagne, très utile en plaine. Longue de 9 lieues à peine en moins de 80 000 hectares, elle roule autant d'eau que l'Eure, qui fait 225 kilomètres en un pays de 550 000 hectares : à surfaces égales, c'est un flot sextuple.

Du plateau pastoral des Quatre-Montagnes, lieu de son origine, elle descend dans des étroitures où des « goules », antres de la pierre, lui jettent des torrents de cristal. La Vernaison lui arrive dans l'étrange Pont-en-Royans, ville assise ou conquise sur le roc et pendant en saillie sur des poutres, aux deux flancs d'un abîme où Bourne et Vernaison étaient auparavant turbulentes; mais relevées aujourd'hui de 10 mètres par un barrage, ces eaux de toute transparence sont devenues un gour immobile : la truite y joue, et l'aigle pêcheur la guette.

Le barrage qui amortit ainsi la Bourne de Pont-en-Royans, arrête la rivière à 1 800 mètres en aval de la ville, et l'eau de tant de rocs et montagnes, ainsi prise au traquenard, se verse à raison de 7 mètres cubes à la seconde dans le *Canal de la Bourne*, l'une des belles œuvres de la technique moderne. Tunnels, aqueducs, tranchées, remblais mènent cette artère d'irrigation à la plaine de Valence, par 30 700 mètres de développement, dont 4 192 sous terre; là, dans la campagne aride, il apporte la fraîcheur, la fertilité par une foule de branches et sous-branches; il domine 22 000 hectares, mais n'en arrose encore utilement que 1 114.

La Bourne, engloutie dans l'Isère par 150 mètres, la dote de 12 mètres cubes en volume coutumier, de 8 en étiage : 5 500 litres seulement quand la digue de Pont-en-Royans n'avait pas encore équilibré ses débits.

LII
ISÈRE
INFÉ-
RIEURE

Ayant donc contourné le Bec de l'Échaillon, l'Isère fuit au sud-ouest, d'abord au revers occidental des Quatre Montagnes, ensuite au bas des falaises du Royannais. Jusqu'au devant de Vinay, la campagne qu'elle sillonne le dispute à n'importe quelle autre au monde en splendeur d'entourage, et aussi en magnificence propre, en ce sens que ses dons sont seigneuriaux, que le colon ne la sollicite jamais en vain, qu'elle ne comble pas seulement de ses bienfaits l'habitant, mais qu'elle l'en accable, et qu'aussi plantureuse que le Graisivaudan d'avant Grenoble, c'est, au vrai, un second Grasivaudan plus ample et plus soleilleux, mais malheureusement moins long.

Le Plus Beau Royaume Sous le Ciel.

Après quoi, ayant humé la Bourne, l'Isère s'avance dans une vallée sans ardeur évocatrice, dans la **Bayane** aux cailloux roulés, qui se confond au sud avec la plaine de Valence. Elle passe devant Romans-Bourg et atteint la rive gauche du Rhône à 6 kilomètres en amont de Valence, par 105 mètres d'altitude.

Après 72 lieues parcourues en un bassin de 1 213 990 hectares, qu'apporte-t-elle au Rhône, déjà si grand qu'il ne semble pas augmenté? Jusqu'à plus ample informé, l'on peut admettre une portée ordinaire de 425 mètres cubes, un étiage de 115, des crues de 5 000.

LIII
PETITES ALPES
MÉRIDIONALES.
MONTS
DE LA DRÔME

Quelques oliviers frileux se cachent de-ci, de-là, dans des cassures soleilleuses de la rive droite du Rhône d'en bas de Valence, à l'abri des monts du Vivarais, et s'ils ne se montrent pas aussi sur la rive gauche vers l'embouchure de la Drôme, le bassin de ce torrent n'en est pas moins une contrée vraiment méridionale avec Alpes déjà « méditerranéennes » de nature, d'allures, de couleurs, même en son lieu le plus boréal, qui est l'escarpe de Vercors et de Royannais tournée vers l'heure de midi.

Les *Monts de la Drôme* varient entre 1 000 à 2 000 mètres, en parois imitant monuments, obélisques, bastions, citadelles, en gorges pierreuses, le plus souvent stériles, par instants touffues, et déjà fluidement lumineuses sous un astre presque provençal qui console des lugubres déchirements de l'air où le mistral passe en ouragan.

On y voit des torrents à cascade, des scialets, entonnoirs où tombent les eaux des forêts, des ravins, des plateaux supérieurs; et, dans les ravins passent des flots que les sources dégorgent en jets imprévus, comme ceux que les Romains d'Italie, d'Espagne, des Gaules aimaient à conduire triomphalement dans leurs villes par des aqueducs monumentaux.

De telle cime, de telle autre, on dirait un pays boisé. Illusion à distance; on s'aperçoit, à la traversée, qu'il n'y a guère de verdure que dans la plaine, les vallées, le bas des talus; que cette vaine forêt est moins une concentration qu'une dispersion d'arbres : noyers innombrables (et **nul** territoire en France ne donne autant de noix), chênes truffiers clairsemés, mûriers alignés; encore ces derniers ne sont-ils, pendant des mois, que de durs et raides fantômes, puisque en pleine frondaison le sériciculteur leur arrache les feuilles pour le dîner des vers à soie. La montagne, elle, est nue et malade, avec plaies non cicatrisées, marnes ravinées, argiles glissantes, pierres de couronnement « dilapidées » sur les talus, roches « démanchées » et qui menacent; sur ces ruines passées ou futures, des pâturages pour le mouton, des herbes de vif parfum récoltées pour les distillateurs d'essences. — Et ces odeurs subtiles dénoncent le Midi.

Si la reforestation n'y pourvoit, dix, cent montagnes écraseront un jour leurs hameaux. Le passé garantit l'avenir. En 1442 un grand pan calcaire s'abattit sur le val de la Drôme au-dessus de Luc-en-Diois et, barrant le torrent rapide, suspendit deux lacs dangereux dont on devait craindre la débâcle subite : aussi les a-t-on vidés. Bien plus près de nous, en ce siècle-ci, le village de Bézaudun s'est bousculé par glissement, et tout récemment, dans leurs tranchées, leurs remblais, leurs 8 279 mètres de souterrain (en dix-huit tunnels) entre Luc et le col de Cabre, les ingénieurs du chemin de fer de Livron à Veynes ont lutté désespérément contre la coulure des argiles, la poussée des terres, les dilatations lentes, le décollement des roches, l'éboulement des schistes; bref contre toutes les sourdes rébellions du sol.

De la Drôme au delà de l'Ouvèze par-dessus l'Eygues, et de Montélimar au Buech de Sisteron, quelques pics, quelques frontons se dégagent du menu peuple des monts blancs, gris ou fauves, soit comme plus hauts, soit comme plus fiers, soit simplement comme plus célèbres à raison ou à tort.

Vis-à-vis des promontoires terminaux des monts du Matin, au delà de la Drôme, ce grand torrent élastique, aujourd'hui minime, immense demain, car quelques heures le resserrent ou l'épanchent, *Rochecourbe* « aux trois Becs » (1 592 mètres) s'avance sur la *Forêt de Saou* par son apic méridional. Dans notre Sud-Est forêt veut dire souvent ex-forêt, et par conséquent nudité; le cirque allongé de Saou tient sa beauté du roc vif plus que de la sylve opaque; c'est un monde à part du monde, exactement ceinturé de montagnes en lame de couteau; et l'on en sort par un passage étranglé, en même temps que la Vèbre, tributaire droite du Roubion. C'est une solitude de 12 500 mètres du levant au couchant, de 2 000 à 2 500 mètres de largeur entre la double taillante des crêtes, avec autant d'aigles dans les aires du roc que d'hommes dans les hameaux de la Thébaïde. Le lynx, visible encore il y a moins de cent ans, en a disparu; et depuis plus longtemps les ours, jadis nombreux dans ce sanctuaire d'auguste silence troublé çà et là, tout au fond, par les cascatelles de la Vèbre : mais ce transparent torrent n'est qu'un torrenticule, et sa voix est à peine une rumeur.

Le Plus Beau Royaume Sous le Ciel.

Autre lame de couteau, le *Couspeau* (1518 mètres) s'affile sur 14 kilomètres de longueur entre Rochecourbe au nord, la montagne d'Angèle au midi ; il garde du soleil du matin les gorges natales du Roubion, du soleil du soir il garantit le *Désert,* pays de déchirures où se démène la Roanne, affluent gauche de la Drôme.

La *Montagne d'Angèle* (1608 mètres), sur le triple faîte entre Drôme, Roubion, Eygues, sépare un Midi sans oliviers (sur le versant de la Drôme) d'un Midi avec oliviers (sur le versant de l'Eygues).

Grand de 1759 mètres, l'*Aup Duffre,* au nom d'apparence barbare, monte au-dessus d'un cirque grandiose, roches d'oolithe, d'où les premiers filets d'eau de la Drôme croulent en cascatelles ; à ces roches on grimpe par des « sentiers de chèvres », et de fait la chèvre gambade autour de l'Aup Duffre et sur les vertigineux rochers et talus de trop de versants drômois : en broutant les jeunes pousses elle prépare ou accélère la ruine des « sierras » ou elle en empêche la restauration.

La *Montagne de Toussière* (1919 mètres) se dresse, décharnée, cadavérique, entre Drôme et Buech, à l'occident du Dévoluy, dont elle n'est séparée que par l'entaille de Lus-la-Croix-Haute.

Du chaos des monts de la Drôme se dépêtrent finalement quatre torrents majeurs Drôme, Roubion, Eygues, Ouvèze.

LIV
DROME,
ROUBION,
EYGUES,
OUVÈZE

Des monts de calcaire et des monts de craie s'inclinent vers le vaste torrent de la *Drôme.*

Vaste par l'ampleur de la grève, partout où le rapprochement des rives n'étrangle pas la rivière de Luc, de Die, de Saillans, de Crest et de Livron.

Vaste aussi quand la Drôme, centuplée par une trombe, noie tous ses cailloux, monte à sa roche et s'écroule dans la campagne, non comme un Nil dont on bénit l'ascension régulière, mais comme un flot dont la menace épouvante.

Puis, lorsque le ciel s'est rasséréné, chaque heure de soleil augmente la plage de graviers ; et le fleuve décroissant redevient le torrent auquel on ne peut plus demander que la moindre partie de l'eau d'arrosage réclamée par les terres dans la vallée pulvérulente.

Elle unit dans le cirque de Valdrôme sept torrents dont le moins capricieux part de la Bâtie des Fonds.

Coulant dans le vieux pays du Diois, elle se heurte en amont de Luc aux deux barrages de débris tombés de la montagne en l'an 1442 et que le torrent n'a pas eu la force de déblayer en entier : elle s'arrête donc derrière ces deux obstacles de roches énormes, de terres, de graviers, dans deux lacs qu'on a diminués par ouvertures de tranchées, mais qui subsistent encore, en eaux transparentes au-dessus de ces « Rochers du Claps », de ce « Clapier du Luc ». Du lac d'en haut, l'eau s'abat de 40 mètres ou plus par un escalier de cascades; au-dessous du lac d'aval le chemin de fer de Livron à Veynes franchit la Drôme sur les quatre travées, hautes de 44 mètres, d'un pont qui s'appuie à une aiguille de roche plantée dans le lit même du torrent par l'éboulis de 1442 : rare assemblage des merveilles de la nature et de l'art.

Puis la Drôme boit l'onde bleue du *Bès*[1], aux gorges grandiosement déchirées, elle reçoit du Glandaz et autres roches caverneuses des torrents intarissables, conçus dans des défilés, sylvestres encore, où l'ours fut longtemps un seigneur redouté des bergers. Elle passe devant une ville des plus modestes, fondée pourtant, dit-on, comme la somptueuse Marseille, par les Phocéens, bien avant les Romains; c'est la cité dont le Diois tire son nom, *Die*, qui ne nous rappelle plus, contre l'usage presque constant, la nation gauloise fixée dans la région, mais nous remémore les conquérants romains qui l'appelèrent *Dea Augusta Vocontiorum*; Dea devint Die, et les Voconces laissèrent leur nom à Vaison, autre cité qu'ils possédaient là où les monts s'abattent sur la grande vallée du Rhône. Die n'a pas perdu toute trace du peuple-maître; il lui reste, notamment, trois autels tauroboliques.

A Pontaix, à l'issue d'une gorge qu'on peut dire sans exagération merveilleusement belle (mais il en est tant d'admirables dans ces monts soleilleux, marmoréens, taillés à vif), la Drôme élargit son sillon; elle coule devant Aouste dont le nom fait souvenir qu'elle fut l'*Augusta* des Voconces, et devant Crest, l'antique dominatrice de la Drôme inférieure, de par un donjon formidable haut d'une cinquantaine de mètres.

Ni navigable, ni réellement flottable, cela s'entend sur de telles pentes, entre de tels monts, sous un tel climat voué à tous les extrêmes et à tous les contraires, elle lance au Rhône, après 102 kilomètres de ratchs plus que de planiols, les eaux tumultueuses de 173 500 hectares, soit 3 500 mètres cubes dans ses éjaculations les plus formidables; elle lui en apporte 3 peut-être à son moindre étiage, et le plus habituellement 15, en un lit large en moyenne de 130 mètres à partir de Crest.

Pour berceau le *Miélandre* (1 450 mètres), puis de longues

---

1. 25 kilomètres, 23 000 hectares.

Le Plus Beau Royaume Sous le Ciel.

engoulures, ensuite un grand recul d'horizon dans une campagne plate, lit d'un vieux lac évaporé; deux villes, une dans le mont, la déjà presque violemment méridionale Bourdeaux, cité rocheuse, raboteuse, emmêlée, ramassée, tortueuse, montante, malaisée, avec trois ruines de trois châteaux qui gardaient le défilé; l'autre dans la plaine, et qui a nom Montélimar : voilà le *Roubion*, le premier affluent gauche du Rhône au bord duquel croisse un peu dru l'ovier.

Les canaux qu'on en dérive, ceux de son tributaire le *Jabron*, rivière de Dieulefit, doublent la fécondité innée de la plaine qui succède à ces étranglements et qui s'appelle la *Valdaine*; en cette heureuse conque où se concentre un soleil dardant à pic et réfléchi par de petites montagnes, tout vient à souhait, blés valant ceux de Beauce et Brie, trèfles, sainfoins et luzernes, vignes irriguées, l'olive, l'amande, les fruits; après quoi la rivière passe du plan de la Valdaine au plan du val de Rhône, frôle Montélimar et s'évanouit dans le fleuve au bout de 65 kilomètres, en un flot de 6 mètres cubes réduit par l'étiage au sixième et 250 fois amplifié par les crues extrêmes; cette immense expansion, cette portée normale, ce moindre volume résultent de 60 325 hectares.

L' « Eau », ou plutôt « les Eaux », c'est ce que signifie ce nom occitanien d'*Eygues* ou *Aygues*, qui durant trois mois de l'année n'est qu'une antiphrase, au moins dans la basse plaine du torrent, car l'Eygues tarit en saison sèche dès sa sortie du mont : il y a bien toujours de l'onde sous le gravier, mais il n'y en a plus alors sur la grève, dans le lit de 250 à 300 mètres de largeur.

1 200, 1 300 mètres, c'est l'altitude des pics hachés qui voient sourdre ses premiers ruisseaux; des forêts tigrent leur calcaire, leur craie, mais pas autant que jadis; c'est pourquoi l'Eygues roule, de gorge en gorge tantôt moins, tantôt plus de flots qu'antan; souvent elle emporte les champs qu'elle longe, les routes qui la suivent, et aussi les ponts qui la traversent; mais elle en respecte un depuis tantôt 600 ans, celui de Nyons, arche en dos d'âne de 18 à 20 mètres de hauteur, de 40 mètres d'ouverture.

Nyons est sa seule cité riveraine, à peu près à l'endroit où la craie, l'oolithe de l'Eygues supérieure font place aux terrains tertiaires de l'Eygues inférieure. *Orange*, ville plus grande et plus illustre, reçoit de la rivière un canal, mais elle ne la borde point : il y a presque 2 kilomètres entre la rive gauche de l' « Eau » et l'arc de triomphe qui, datant probablement de Tibère, ouvre ses trois portes devant la vieille Arausio.

TROISIÈME   *Monts Extérieurs.*

L'Eygues se perd dans un bras du Rhône à 6 kilomètres au couchant d'Orange ; elle a 25 lieues de long, 110 000 hectares de domaine et peut rouler jusqu'à 1 860 mètres cubes, mais le plus souvent elle se borne à 9 sous le pont de Nyons.

Autre rivière qui perd ses eaux en chemin par l'attraction du soleil, la fuite sous les graviers, l'aspiration du sol, l'*Ouvèze*[1] part de montagnes calcaires de 1 500 mètres d'élévation et court de roche en roche dans le vieux pays des *Baronnies*, qui est un chaos de chaînons désarbrés, striés de neige en hiver.

A *Vaison*, vieille cité des Voconces de Die et d'Aouste, elle coule tumultueusement, ou ne coule guère, ou ne coule pas, sous une arche romaine ; et c'est là tout le pont, sur ce torrent parfois si terrible qui peu après sort de la montagne et déroule ses graviers dans l'immense plaine du Comtat.

Aux serres chaudes des clus où le soleil se multiplie, où l'on ignore les vents, où chaque ravine est un monde inconnu du monde, succède la campagne dilatée jusqu'à l'horizon, avec tant de lignes de cyprès pour casser l'aile infatigable du mistral, qu'on dirait, vue de haut, de loin, que c'est un champ sépulcral. Là, dans sa largeur moyenne de 125 mètres, lit d'un fleuve, passage d'un ruisseau, elle s'avance entre des villages d'où l'on admire, à l'orient, des craies merveilleuses, jadis bloc compact dont le ciseau du temps a fait la fantastique découpure des *Dentelles de Gigondas*. L'Ouvèze inconstante, même si souvent absente, finit dans la rivière de Vaucluse, dans la Sorgue dont la présence, la constance sont éternelles.

Les monts de la Drôme ne sont divisés du Dévoluy, à l'est, que par les gorges du Buech supérieur ; ils ne sont séparés des escarpements du Ventoux, au midi, que par la profonde clus du Thoulourenc, affluent gauche de l'Ouvèze.

LV
DÉVOLUY ;
SOULOISE

On a prétendu que le nom de ces monts vient du mot *devolutum* (roulé, entraîné), mais il faut se défier, comme du feu, des étymologies latines, même de celles qui paraissent le plus simples ; d'ailleurs au vieux temps gallo-romain cette montagne, alors bien plus boisée qu'à présent, n'était pas comme aujourd'hui croulante en avalanches de pierres. Il y a lieu de penser que ce nom tient à de plus vieilles racines sur le sol de la Provence, qui connut bien des peuples avant les Grecs de Marseille et les Romains d'*Aquæ Sextiæ* (Aix).

---

1. 85 kilomètres, 76 500 hectares.

Le Plus Beau Royaume Sous le Ciel.

N'empêche que le Dévoluy est aussi « roulé » que si son nom descendait en droite ligne de *devolutum* ; tout au moins le Dévoluy supérieur, sur 1 000 à 1 200 mètres en hauteur, de 1 600 ou 1 800 à près de 2 800 d'altitude.

Et cela depuis que plus de 50 000 moutons y arrivent chaque année, en transhumance, de la Provence d'en bas ; armée dévorante qui, pareille aux hordes d'Attila, de Gengiskhan, de Tamerlan, ne laisse rien après elle. Ayant tondu et retondu le sol tout un été, elle le tond et retond l'été suivant ; elle arrache l'humus en même temps que l'herbe ; et dès qu'humus et gazon ne gardent plus la roche contre les intempéries, les froids extrêmes, les soleils de fournaise, les déluges tièdes, violents, électriques, cette roche, trop tendre, calcaire ou craie, s'éboule en blocs ; puis peu à peu ces blocs s'émiettent en cailloutis, en lapiaz ou traînées blanchâtres, grisâtres, « spectrales » ; la roche, la gorge, la pente, la terre en s'écroulant emportent avec elles, souche par souche, l'ancestrale forêt : ce qui fut en vieux français « Pleineselve » est devenu « Montusclat » et « Mont Hiverneresse ».

Montusclat, parce que le soleil y brûle comme chez le Touareg Hoggarien, dans des cirques de pierre sans une herbe, sans un arbre et sans un buisson, le long des larges « casses » ou coulées de débris, au bord de la source éteinte ; Mont Hiverneresse, parce que la neige y gît cinq, six et jusqu'à sept ou huit mois par an, suivant les hauteurs ; comme dit le Dauphinois du sud, en parlant de l'homme qui n'en finit jamais : « Il est long comme l'hiver en Dévoluy ».

Quand de gros nuages crèvent sur le Dévoluy qui, comme toute haute montagne, est un susciteur de tempêtes, la pluie fuit sous la pierraille, rocaille et blocaille, ou bien elle tombe sourdement dans les « chourins » ou « chouriens », c'est-à-dire dans les avens, et se remontre au jour en fontaines durables ou en jets intermittents selon la disposition du réseau des creux, boyaux et cavernes.

La *Souloise*, reine des eaux du Dévoluy, doit tout aux chourins : ces abîmes, tantôt encombrés de neige (à de si hautes altitudes), tantôt envahis en cascade par les flots des averses, pourvoient, dans la longue nuit, de siphon en siphon, de gour en gour, les grandes fontaines des Gillardes, et celles-ci, brusquement, dégorgent une rivière. Dans un pays de loups attentifs aux moutons, ce torrent court dans les étroits de Saint-Étienne-en-Dévoluy, tellement étroits en effet que, creux de 50 à 80 mètres, ils n'en ont qu'*un* de roche à roche ; il coule près du *Puits des Bancs*, grotte souvent sèche et muette, mais il lui arrive parfois de recevoir de son monde souterrain une telle avalanche qu'on l'a vu bouillonner en font jaillissante jusqu'à 30 pieds de hauteur (?) : c'est qu'alors les fonts des Gillardes ne peuvent suffire à l'éruption du fleuve cryptique furieux, qui court et qui tourbillonne, pressé de partout, sur la pierre, sous la pierre, entre les pierres, dans les ténèbres de ses antres ; et partout où la roche ouvre une fissure, il se précipite ; de ces fissures, les unes le ramènent à son cours « stygien » ; d'autres le conduisent à la lumière par le soupirail du Puits des Bancs.

Quant aux *Fonts des Gillardes*, éternellement renouvelées par les chouruns, elles se versent, en aval de Saint-Disdier, chacune sur sa rive de Souloise, à raison de 2 000 litres en étiage, de 2 500 en volume ordinaire.

La Souloise, claire, enjouée, rapide, reflète peu de soleil, engloutie comme elle est dans la cluse de la Baume, qui est un cagnon de profondeur horrible, d'étroitesse inouïe, ouvert sur la rive gauche du Drac précipitiel.

Sur le versant contraire du Dévoluy, les eaux descendent au Petit Buech, vers Montmaur, bourg dont le nom rappelle, avec plusieurs autres, Pontmaure, Puymaure, Rochemaure, le long séjour des Sarrasins dans les « Montagnes de l'écroulement ».

Donc le Dévoluy s'éboule sur ses pentes, et si vite là où dégazonnement et déforestation, aidés de la tempête, contribuent à la ruine des pierres, que quelques ans suffisent pour entraîner vers Drac, et surtout vers Durance, au versant méridional, les derniers champs de pommes de terre, de seigle, d'avoine ; là une commune, *Chaudun* a renoncé d'elle-même à l'existence : pris de désespoir devant le cadavre de leur montagne, n'ayant plus ni bois, ni sillons, ni prairies, les 112 Chaudunois ont supplié la France d'acheter leurs 2 026 hectares de pierres et de cailloutis ; c'était en 1891, et maintenant les roches ruiniformes de cette riveraine du Petit Buech, près des sources du torrent, appartiennent à l'État, qui les a payés 180 000 francs et voués à la reforestation, au salut du Dévoluy. Avec les autres périmètres de reboisement, il y a d'ores et déjà plus de 7 000 hectares de cimes et ravines qui ne tarderont pas à joindre leurs épicéas, leurs mélèzes, leurs pins divers, leurs hêtres à ceux des forêts encore vivantes dans le massif en ses moyennes et basses assises, là où les herbes de pâture et les arbres touffus composent des paysages « terrestres » en plein contraste avec les paysages « lunaires », désolés et sans vie des assises supérieures et des sommets suprêmes, parmi lesquels commandent l'Obiou, le Grand-Ferrand, le pic de Bure.

Le Plus Beau Royaume Sous le Ciel.

L'*Obiou* ou Aubiou monte à 2 793 mètres ; les marins, paraît-il, le reconnaissent à sa tête, quand ils arrivent vers Toulon, vers Marseille.

Le *Grand-Ferrand* (2 761 mètres) est tellement cassé en petites pierres, tellement écaillé en lapiaz, qu'on peut le comparer, comme le Ventoux, à une montagne de macadam, à un pilot de caillasse brisée par des milliers de cantonniers.

Le *Pic de Bure* (2 712 mètres) culmine dans le *Mont Orouze* (ou Aurouze), c'est-à-dire le mont Orageux.

Ces pics, et d'autres moindres, voient un remous infini de chaînes, de chaînons, de massifs, avec cassures intermédiaires, sur plus de 50 lieues de tour d'horizon, des Cévennes aux Alpes du Viso, de la périlleuse Meije dauphinoise à la Sainte-Baume provençale et à l'indistinct vaporeux de la mer Méditerranée.

Tel est, désormais contrarié dans sa ruine, ce Dévoluy qui, tout petit qu'il est, porte sur trois départements, les Hautes-Alpes, l'Isère, la Drôme ; des montagnes de celle-ci le sépare le *Col de la Croix-Haute* (1 176 mètres), qu'emprunte le chemin de fer de Grenoble à Marseille, au moment de descendre dans la vallée du Buech.

LVI
BUECH

Les décarcassements du Dévoluy font du *Buech* un torrent redoutable, auquel suffit à peine, lorsqu'il s'irrite, le lit de 150 mètres de largeur taillé par ses colères dans la vallée qu'il laboure, entre les rocs qu'il désosse. Presque constamment accompagné de près ou de loin par le chemin de fer de Grenoble à Marseille, il accueille des torrents sans nombre que le moindre orage exaspère ; puis un Buech presque égal à lui, le *Petit Buech* ou Buech de Veynes, qui concentre les ravins méridionaux du Dévoluy, notamment la conque où fut Chaudun. Aspres-lès-Veynes, Serres, Laragne, ses trois villes sont trois bourgades, en un val méridional par son climat, ses oliviers, ses plantes, ses couleurs, sa « noble » sécheresse.

Le Buech tombe dans la Durance à Sisteron par environ 450 mètres d'altitude, et lui amène, en hommage de 149 000 hectares, les plus déhanchés de France, une eau violente qui ne descend jamais au-dessous de 3 mètres cubes, qui varie le plus souvent entre 7 et 20, et qui peut arriver parfois à 1 000, voire à 1 500. Il se démène pendant 20 lieues, et lorsque par hasard, il s'endort dans un gour, au-dessous d'un rapide, c'est pour se réveiller aussitôt et se briser encore, dans un nouvel accès de fureur et d'orgueil.

TROISIÈME — *Monts Extérieurs.*

LVII
VENTOUX ET
MONTS DE
LURE

Montagne des plus majestueuses en France, le *Ventoux* (et peut-être plus exactement le Ventour) se nomme ainsi parce que le vent rage sur son dos crayeux, qu'il bougonne et bourdonne dans ses vallons, que même au versant méridional il secoue le vol des abeilles autour des ruches apportées au printemps et remportées en automne par les paysans du pied du mont ; pour nous servir d'un mot biblique, c'est du Ventoux que « découle » en partie l'illustre miel de Narbonne.

On reboise le Ventoux à raison de plusieurs milliers d'hectares, en bas et au milieu, non vers le sommet auquel on n'ose pas encore imposer de sylve, tant le mistral y souffle avec fureur, jusqu'à écailler la montagne par fragmenticules, et, pour ainsi dire, jusqu'à la pulvériser. Cette reforestation consiste en chênes, en pins sylvestres ou maritimes, en cèdres, et surtout en chênes-truffiers faisant naître on ne sait comment, on ne sait pourquoi, la truffe dans le sol qu'ils ombragent.

Avant qu'on eût ainsi commencé de le revêtir, le Ventoux était si nu, si rocheux et sans verdure qu'on l'avait comparé à une montagne de macadam.

Il ne jette à la plaine aucun ruisseau constant, ses torrents ne coulent qu'aux pluies ou à la fonte des neiges, et presque toutes les eaux qu'aspirent ses pierres arides se rassemblent en sources rares dont deux ayant puissance, au pied du versant septentrional : la font de Notre-Dame des Anges, qui sort des rochers de la rive du Toulourenc, et le *Groseau*; celui-ci fuit, bouillonnant et libre, de la roche escarpée, en un cirque dont les parois ont plus de 100 mètres d'élan ; son eau immuablement fraîche, entre 10 et 11 degrés, baigne des cressons, les herbes ondulent dans son cristal comme des queues de couleuvre, puis il précipite sa pente vers la ville de Malaucène et le torrent de l'Ouvèze. Les Romains s'étaient emparés de ses 173 litres qu'ils amenaient à Vaison des Voconces, peut-être même à l'élégante *Arausio*.

Le Ventoux (1 912 mètres) a pour grands traits : sa chute brusque en précipice, du côté du nord, sur le versant qu'on peut qualifier de dauphinois, avec tombée bien moins rude sur le côté du sud, sur le versant qu'on peut traiter de provençal ; son avancement sur la plaine du Rhône ; son panorama qui va des Pyrénées au Mont-Blanc, du Mézenc et de la Lozère aux Alpes du Viso ; ses étages de climats et de plantes, comme en a chaque montagne en proportion de sa hauteur ; mais, le Ventoux s'élançant d'une plaine très chaude et très colorée, le contraste entre ses pieds et sa tête est plus éclatant : en bas,

Le Plus Beau Royaume Sous le Ciel.

c'est la Toscane pendant toute l'année ; en haut, c'est la Suède et presque la Laponie durant les cent jours de l'hiver.

A l'avant-garde des Alpes, en face des Cévennes, au-dessus des grandes plaines à demi torrides pendant six ou huit mois sur douze, le Ventoux appelait un observatoire des vents, des pluies, des tempêtes, sur son sommet dont l'azur trompe : où le passant d'en bas, où l'homme des vallées voit un éther dormant, il se livre au contraire un éternel combat des puissances du ciel ; cet observatoire, il l'a maintenant, et l'on essaie d'y dégager les lois qui président aux passages des nues, aux mêlées des souffles de l'air.

Par des craies arides, des croupes ou nues ou boisées, des apics du côté du nord, des plateaux du côté du sud (tout comme le Ventoux), les *Monts de Lure* continuent exactement ledit Ventoux vers l'orient jusqu'à la vallée de la Durance en aval de Sisteron. Ils ne composent pas de belles rivières à pleins bords, mais de très capricieux torrents où tantôt l'on ne voit pas d'eau, tantôt pas de pierre quand la crue remplit le défilé. Les uns, Ouvèze, Nesque, vont au Rhône ; les autres, Jabron des Omergues, Largue, Laye et Coulon d'Apt, vont à la Durance.

L'un de ces torrents, sous l'apic du nord, le *Jabron des Omergues* qui peut ne mener qu'un filet d'eau, étend par endroits sa roche et sa grève sur 300 mètres de largeur ; un autre, le Coulon, n'a guère moins de 100 kilomètres à partir du fin fond de sa coulière, ne tire de ses 84 503 hectares, de monts, plateaux, clus et combes que 230 litres en portée normale, avec minimum de zéro, maximum de 740 mètres cubes — encore n'y a-t-il vraiment pas de maximum sous ce climat, et n'importe quelle crue de n'importe quelle grande ou petite ravine peut-elle toujours, si terriblement qu'elle s'écroule, être dépassée par une autre. Cette mesquinerie de flot ne vient pas de ce que la montagne de Lure est très basse — elle monte à 1 827 mètres — ou nue absolument : elle possède de fort beaux bois, surtout au versant septentrional, et de vastes taillis, des chênes, des hêtres, des sapins, des pins que l'ours n'habite plus depuis tantôt des siècles, que même le loup finira par déserter. Mais le ciel y est très sec presque tout l'an ; quand il se condense en pluie, c'est pour des orages très tonitruants et très diluviens, mais aussi fort courts, et la roche craquelée, le sol très lâche boivent avec avidité la moitié du cataclysme : quelques heures après, parfois quelques minutes seulement, le torrent cesse de gronder, l'aven d'engloutir de turbides cascades, l'arbre a séché ses feuilles et le soleil luit en joyeuse ardeur sur le thym, le romarin, la sarriette, l'aspic, la lavande et toutes herbes odoriférantes, la plupart destinées aux alambics de Grasse.

Leur culmen, le *Mont de Lure* (1 827 mètres) se termine par une roche de 600 mètres d'élévation à qui rien n'échappe, des Cévennes et du val embrasé du Rhône aux glaces du Viso, des resplendissements de la Vanoise à l'azur du golfe de Fréjus; à ses pieds, juste au midi, les plateaux de Vaucluse.

LVIII
PLATEAUX
DE VAUCLUSE

Ils se nomment ainsi de ce qu'à l'occident leur talus s'abat sur la plaine de Rhône et Durance par l'escarpe des monts de Vaucluse; et aussi parce que la fontaine par excellence, « Vaucluse » tire de cette haute plaine le flot vert qui fait sa gloire; ils ont pour tête suprême le mamelon de *Saint-Pierre de la Garde* (1 242 mètres).

Nul causse oolithique n'a plus d'avens que le socle de Vaucluse, sur 140 000 hectares environ : sur le plateau proprement dit et dans les replis des monts d'alentour, du Ventoux jusqu'au Lubéron, des hauteurs de la vallée de la Durance au-dessous de Sisteron jusqu'à toucher le front des roches qui s'affalent sur la plaine du Comtat.

Autant que partout ailleurs sur le Causse ou la Cévenne les paysans ont conté de tout temps et racontent encore au passant, à l'étranger, au touriste qui les croit à demi, des histoires terribles sur les avens de leurs taillis, bois, ravins, coteaux et plateaux.

Ces gouffres, disaient-ils, ou disent-ils encore, tombent à d'abominables profondeurs. Ainsi l'*Aven de Coutelle*, au voisinage de Lardiers : le caillou qu'on y lance est muet pendant sept secondes, jusqu'à ce qu'il heurte une protubérance du roc; puis pendant six ou sept autres secondes c'est un écho sourd qui va s'affaiblissant; ensuite, enfin, le silence ; mais rien ne prouve que la pierre ne roule pas encore dans la gangue ténébreuse.

Et l'*Aven de Cruis*, disaient-ils aussi : ce trou du noir le plus noir, large de 8 à 10 mètres avec 30 de tour, on ne l'a descendu qu'à deux cents pieds de profondeur, mais dans le fond, des creux y sont des bouches d'abîme; un berger y disparut avec ses moutons par une nuit sans lune, le vent soufflant en tempête, et rien ne reparut du troupeau, ni de l'homme sinon son bâton, qui ressortit au Gour de Vaucluse; sauf la différence du bâton au fouet, c'est ce qui se conte en Causse Méjan sur l'aven de la Picouse, dans le Causse de Gramat et la Braunhie sur mainte igue béante, dans les monts calcaires ou

Le Plus Beau Royaume Sous le Ciel.

crayeux de Provence sur maint ragagé, sur maint garagaï, et jusqu'en Grèce à propos de maint katavothre.

Or, exploration faite, l'aven de Coutelle n'a que 46 mètres de défaillance, et l'aven de Cruis n'en a que 12; il est vrai qu'on l'a bouché en y jetant des arbres, des rocs et en y détournant un torrent porteur de pierres, de branches, d'herbes et d'éboulis; on ignore donc à quelle assise, à quelle argile, à quel cône de détritus s'arrête réellement ce puits où, dit l'habitant, on précipitait les femmes adultères, comme à Constantine on les lançait du roc de la Casba dans l'abîme du Roumel.

On n'a pas oblitéré seulement l'aven de Cruis, on en a fermé beaucoup d'autres par des troncs d'arbres, des madriers, des pierres; on en a même voûté quelques-uns pour le plus grand bien de la contrée d'alentour; les enfants n'y tombent plus, ni les imprudents, ni le voyageur errant dans la nuit, ni le mouton, ni la vache; on n'y jette plus les chiens galeux, les cadavres et carcasses d'animaux. Or, c'est ce magma d'homme et de bête qui contamine les sources; tel fond d'aven où la charogne se décompose fit de la fontaine qui lui correspond la mère et nourrice d'une épidémie; la divine Vaucluse elle-même pourrait rouler dans ses flots une peste livide.

A côté de tel aven qui se ferme, tel nouvel aven s'ouvre quand fléchit la voûte de pierre; là où l'on croit marcher sur la roche pleine, on se hasarde sur l'arche d'un pont dont la clef peut s'écrouler. On n'est point ici dans les porphyres, les granits, les pierres non pas incassables, mais peu cassantes; la craie vauclusienne se contracte au passage glacé du mistral et surtout au froid des nuits sereines, elle se dilate au soleil; ici elle se fend en long, là elle se creuse, ailleurs elle se pulvérise et l'air ou l'eau l'emporte; si bien que les puits d'abîme d'un millénaire, d'un centenaire, ne sont pas exactement les avens de mille ans, de cent ans avant ou après.

L'*Aven du Cervi* ou de la Selve, le plus beau gouffre du plateau, dessine un ovale de 50 mètres sur 25, mais il ne se creuse qu'à 64 mètres, au lieu des 119 qu'on lui attribuait; l'*Abîme de Jean Nouveau*, à près de deux lieues au sud-sud-ouest de Sault, tombe à 163 mètres, absolument à pic.

Tels avens se comblant d'argiles, de sables, de rochers, de branches et feuilles, tels autres se creusant ou se prolongeant de çà, de là, sous roche par de nouvelles galeries, ces craies néocomiennes sont donc vouées à l'éternelle usure. Et de siècle en siècle, par la constante préoccupation qu'a l'eau de ronger sous elle, et s'il se peut de s'enfouir, par suite aussi de la déforestation, il arrive que les plateaux vauclusiens sont de moins en moins avivés de ruisseaux. Ce *Coulon*, Caulon, Calavon, cette riviérette d'Apt, devenue à peine un ruisseau, en est un exemple. Qu'il n'abreuve pas, ou qu'il abreuve, ce qu'il convient de croire, la fontaine de Vaucluse par des canaux cryptiques où le flot méconnaît Phébus-Apollon, toujours est-il qu'il ne roule plus une seule goutte pendant trois grands mois de l'année, tandis qu'autrefois son épanchement ne cessait jamais, voire en séculaire sécheresse. Bien fou qui affermerait la pêche d'Apt, comme il était d'usage il y a quelques siècles, alors qu'il y avait en tout temps de l'onde sur les cailloux du torrent et des poissons dans cette onde! Né du sud de la montagne de Lure, il croule en cascatelles au fond de la gorge d'Oppedette, si serrée qu'elle ne voit guère le soleil ; puis, ayant à gauche le Lubéron, à droite les plateaux de Vaucluse, il passe devant Apt et s'engage dans un cagnon de 5 kilomètres, fort grandement taillé, qui s'achève aux trois arches romaines du *Pont Julien*, pieusement respecté par bientôt vingt siècles.

Il n'y a même pas deux lieues, du sud au nord, entre la misère du Coulon et les splendeurs de la Sorgue.

LIX
VAUCLUSE ;
LA
SORGUE

A une vingtaine de kilomètres à l'orient d'Avignon, l'Isle est la ville des platanes aux rameaux étalés ; une eau merveilleuse y court, vivante, brillante, juvénile, purement et magnifiquement verte sous le ciel éclatant, toujours fraîche dans l'air embrasé du grand val de Rhône.

Cette jeunesse et cette franchise de flot, cette onde qu'on apaise un moment, mais qu'on n'arrête jamais, ces cascades, ces fuyants d'usine, cette rivière en riviérettes, cette vie ondoyante et prodigue, c'est la Sorgue ou, pour vrai dire, la moitié de la Sorgue, la branche de l'Isle ou de Thor, l'autre étant celle de Velleron.

En remontant le courant du bras de l'Isle, on atteint bientôt la fourche des deux Sorgues, puis, longeant la rivière indivisée, telle qu'elle sort de son gouffre, on arrive sous l'aqueduc de Galas au *Canal de Carpentras*, qui porte aux plaines du Comtat 6 mètres cubes par seconde pris à la Durance alluvionigère ; l'onde si claire de Vaucluse rafraîchit plus qu'elle ne féconde, et les riverains des Sorgues et Sous-Sorgues lui préfèrent le flot trouble que la « Grande Bourbeuse » emporte près de là vers le Rhône.

Puis le val tourne : on est à *Vaucluse*.

Un rocher monte ; il est droit, peut-être surplombe-t-il, de 200 mètres de haut ; il est de couleur ardente, avec plaques sombres ; à gauche se lèvent des pointes blanchâtres ; à droite un bloc, blanchâtre aussi, continue sa pierre par une ruine de château.

Devant le roc, dans une fin du monde, une rondeur d'eau s'épanche en hiver, au printemps, ou quand les orages d'été, d'automne, ont eu puissance de déluge ; du seuil elle s'incline en cascade sur un chaos de blocs brunis par la mousse.

C'est la *Sorgue*.

Quand elle tombe du seuil de la Fontaine, à 105-106 mètres au-dessus des mers, c'est que le gouffre, onde immobile qui s'ébranle aussitôt en écroulement, verse 22 mètres cubes par seconde ; mais souvent il en vomit colériquement quatre, six et jusqu'à sept fois plus : notamment en 1887, quand la rivière couvrit d'un mètre d'eau la place du bourg de Vaucluse. Lorsque sa force expansive est ainsi de 50, de 80, de 100, de 150 mètres cubes, le flot montant avec rumeur de l'abîme en bouillons heurtés puissamment s'élève contre le rocher en arrière de la cascade jusqu'à toucher un vieux figuier incrusté dans la pierre. Inversement, à la suite des longues sécheresses, il arrive que la force ascensionnelle des eaux n'atteint plus le déversoir ; alors le petit lac de la source diminue de contour en même temps qu'il s'abaisse à 5, 10, 15, 20 mètres et plus ; il se retire lentement, dans une grotte du rocher, sous voûte, non plus à la lumière libre, et la Fontaine devient un entonnoir d'un peu plus de 30 mètres de tour où sommeille une eau d'un vert terne qui serait lugubre sans son admirable transparence : malgré la profondeur rien n'est caché des parois du puits et l'on voit la gueule noire qui verse la rivière souterraine au gour de l'abîme.

En mars 1878, les eaux étant extraordinairement basses, un plongeur, homme éprouvé respirant par le tuyau d'un scaphandre, explora le puits de Vaucluse ; il descendit à 23 mètres au-dessous du sorguomètre et il calcula qu'il avait encore 7 mètres d'eau sous lui : d'où 30 mètres au-dessous de la ligne d'étiage, et plus de 50 au-dessous du seuil de la chute.

Mais l'incompressible Sorgue qui ne saurait tarir, s'échappe alors de son abîme par les fissures de la roche et vient jaillir sur le penchant de la cascade du déversoir, à des niveaux de plus en plus bas suivant la longueur du temps sans pluie ; et c'est par de nombreux jets qu'elle sort de son gour, entre des blocs moussus ; les pierres qu'elle mouille au pied, durant les jours de moindre expansion, elle les heurte, elle les ébranle, elle les couvre de son flot, de son écume durant les hautes eaux, le long des 200 mètres de rapides et cascades ; soit 30 mètres de chute, qui mènent la Sorgue du seuil de son épanchement jusqu'au lieu de peu de pente où, cessant d'être un torrent, elle devient une rivière vive aussitôt accaparée par l'impatiente industrie.

On observe depuis plus de deux cents ans l'abaissement de l'eau dans le puits et sa surgescence hors du puits : le 28 mars 1683, l'eau descendit à 19 m. 54 au-dessous du seuil ; d'un peu plus de 20 mètres, le 17 janvier 1833 ; de 21 m. 10 le 17 décembre 1869 : c'est à ces 21 m. 10 qu'on fixa le sorguomètre, étiage officiel de la fontaine, et celle-ci ne descend plus bas que fort rarement — ce qu'elle a fait le 15 décembre 1884, jour de moindre niveau depuis au delà de deux siècles ; Vaucluse ne versa ce jour-là que 4500 litres par seconde, contre les 150 000 d'extrême volume et les 16, 17, 18 mètres cubes de portée moyenne.

D'où vient cette eau miraculeuse ?

De mille et mille ravins d'en haut, sur 140 000 hectares de craie néocomienne, pays compris à peu près entre le Ventoux et le Lubéron, de Banon jusqu'à Bedoin ; et de millions de fissures et des grands avens du plateau fauve ; sans doute aussi des pertes de la Nesque et du Coulon.

La Sorgue n'a qu'une demi-lieue en vallon ; dès l'aqueduc de Galas, elle entre dans une plaine, qui, après avoir été lac, resta longtemps marais : là elle coule en deux branches, Sorgue de l'Isle et Sorgue de Velleron, arrosant de leurs canaux et sous-canaux des terres dont la vigne, le mûrier, la garance, faisaient la fortune ; c'était alors le pays des récoltes opimes.

La vigne y est morte du phylloxera : le mûrier y entretient moins de vers à soie depuis que le bombyx est malade ; la garance a été tuée par la chimie, qui tire d'ailleurs la couleur rouge ; ce sont trois grandes ruines à la fois, mais là où l'eau répond au soleil, le soleil à l'eau, tous les désastres se réparent ; déjà la vigne est replantée.

La Sorgue de Velleron reçoit la *Nesque*[1] ; qui n'est le plus souvent qu'un gravier sec. Puis les deux branches ayant rassemblé leurs sous-branches, s'unissent en amont de Bédarrides. La Sorgue redevenue une boit l'Ouvèze et disparaît dans l'un des deux bras rhodaniens qui étreignent l'île de la Barthelasse.

Elle arrose plus de 2000 hectares, elle anime plus de 200 usines en un cours de 36 kilomètres et son bassin probable approche de 300 000 hectares.

---

1. 70 kilomètres, 48 000 hectares.

Le Plus Beau Royaume Sous le Ciel.   CHAPITRE

LX
LUBÉRON

De Lure à Lubéron, on traverse, droit au sud, les plateaux de Vaucluse, dits aussi plateaux de Saint-Christol (d'après un village central entouré d'avens), et connus autrefois sous le nom de pays de *Valmasque*. Le Coulon franchi, l'on se cogne aussitôt aux avant-coteaux septentrionaux de Lubéron.

Lubéron, nom sonore qui ferait si bien vis-à-vis dans une strophe au Cithéron des Hellènes. Il est presque inutile de dire que nos pères, latinistes en tout et toujours, prétendirent tirer Lubéron de *lupus*, le loup, sinon de *lepus*, le lièvre, *lèbre* en patois du pays. Or le vrai nom n'est ni Lubéron, ni Léberon comme l'indiquent les cartes, les livres, mais Libéron, et c'est probablement dans le celte qu'il en faut chercher l'origine.

Montagne surtout crayeuse, avec peu d'apics et peu d'avifs, le Lubéron culmine en dômes. Il n'a rien de haché, de puissant et téméraire, rien de désordonné; mais des gorges pittoresques, des vallons charmants, lumineux, s'y déroulent dans une forêt presque continue qui, sur le versant du sud, est essentiellement méridionale et assez pareille par certaines essences aux sylves du littoral méditerranéen d'entre Toulon et Menton. Sa cime supérieure, 1 125 mètres seulement, le *Lubéron* monte au sud-est d'*Apta Julia* (Apt), dans le Lubéron oriental, par opposition à l'occidental — car il y a deux Lubérons, dissociés l'un de l'autre par la profonde combe de Lourmarin; il y en a même trois, puisque les Alpines sont un Lubéron du midi séparé des Lubérons du nord par la vallée de la Durance.

LXI
MONTS
DE LA
DURANCE

Rien qu'à voir passer la Durance en grande crue, l'on comprend tout ce qu'il lui faut racler de montagnes pour rouler tant d'eaux noires, grises, rouges, blanches suivant la région saucée par la pluie, pour briser en les entre-choquant tant de rochers, pour fournir tant de galets, de sables, de terreaux à tant de lieues de coulière, enfin pour verser tant d'alluvions sur tant de campagnes, le long de tant de canaux d'arrosage.

La Durance résume en effet les nuées, les neiges, les fontaines d'une immense pierrière chaotique, monts de toute roche, de toute exposition, vers l'ubac ou nord, la soulane ou midi, le levant de l'astre ou son couchant, et de toute vêture ou toute nudité (de celle-ci surtout); enfin de toute élévation, sinon que les pics supérieurs à 3 500 mètres, même à 4 000, ne lèvent leur pierre noire au-dessus des névés que dans la seule montagne du Pelvoux; partout ailleurs ils n'ont qu'altitudes de

Pyrénées, et, au sud d'une ligne latitudinaire qui passerait à peu près par Digne, altitudes d'Auvergne ou de Cévenne.

Au faîte entre le val de Briançon ou de la Durance au nord et le val de Queyras ou du Guil au midi, dans le massif si justement nommé les *Eaux Pendantes* (et mille cascades en tombent), *Rochebrune* projette sa pyramide à 3 324 mètres : cassée sur trois de ses côtés en apics qui ont jusqu'à 800 mètres de plongeon, elle devine à peine le Mont-Blanc, et peut-être la Méditerranée, mais de l'un à l'autre elle surveille une cohue de rocs d'où s'élancent, au levant de la chaîne internationale, le Viso, et au couchant, le Pelvoux. A son sud-sud-est, dans une entaille dont les cols mènent en Italie, exactement à l'occident du Viso, Saint-Véran est le plus haut, non pas de tous les hameaux de France, mais de tous les villages ayant maire, adjoint, conseillers municipaux.

Saint-Véran domine les gorges de l'Aigue Blanche, torrent qui court au Guil. A demi vide en hiver et n'ayant alors pour habitants que des pâtres dans de neigeuses cabanes, il a son site à 2 009 mètres au-dessus des mers, au flanc de la montagne de Beauregard (3 003 mètres). Comme disent les bergers de ces lieux, « c'est la plus haute montagne où se mange du pain » ; et ce pain, on le croque sous terre durant la moitié de l'année, aussi dur que la pierre, dans des taudis qui sont à la fois maison, cave, étable, écurie. Quand les iconoclastes de 1793 proscrivirent tous les noms rappelant religion, royauté, féodalité, noblesse, Saint-Véran fut plus heureux que tant de lieux grotesquement baptisés par leurs parrains les « Sans-Culottes » : on l'appela Blanchefroide.

Un peu plus élevée que Rochebrune, la *Pointe de Font Sancte* (3 370 mètres), sur la tranche entre Guil et Ubaye, incline des glaciers vers ledit Guil ; elle centralise à peu près les mêmes horizons que Rochebrune, sinon que pointant à 6 lieues de plus droit au sud, elle plane sur autant de montagnes franco-italiennes, mais sur moins de Dauphiné et sur plus de Provence.

Le *Pelat* (3 053 mètres), dernière cime française d'au-delà de 3 000 mètres dans la direction du midi, avoisine de près la frontière ; et de là jusqu'aux approches de la Méditerranée c'est un fabuleux clapotis de pierres ou calcaires ou crayeuses, incroyablement déchirées, plus que nulle part en France. Mais de cette incohérence tumultueuse, parmi ces mille et trois écueils, de grandes îles s'allongent, blanches ou plus souvent

Le Plus Beau Royaume Sous le Ciel.

grisâtres, et baignées de lumière immortelle, qui se prolongent au delà de gigantesques cassures par d'autres îles de même couleur, de même orientation, dans le même océan de sérénité : ces îles sur terre entourées d'azur, l'une continuant l'autre, furent jadis des chaînes continues, plissements parallèles de la terrestre écorce. Mais le Grand Exterminateur qui se rit de nos songes a sabré toutes ces sierras.

Il les sabre moins depuis qu'on leur ajuste une nouvelle armure, et que, de très follement déboisées, très sagement on les reboise.

LXII
DÉFORESTATION
ET
REFORESTATION
DES ALPES
FRANÇAISES

Nos Alpes vaudraient Suisse et Tirol, et plus encore, par supérieure incandescence du soleil, si tant de forêts n'y avaient roulé sur leurs pentes, chaque arbre de moins condamnant à la stérilité le pan de terre dont on l'extirpe. En Savoie, en Dauphiné, en Provence, l'usinier, le marchand de bois, le colon, le bûcheron, le pâtre, ont fait du cirque de verdure un ossuaire de rochers, de la source un puits sec, de la rivière un ardent caillou, et la voix de la cascade à poussière irisée se tait dans la vallée morte.

En Savoie et dans le Dauphiné septentrional, de vastes bois verdissent encore, mais la déforestation ronge le Dauphiné méridional, le Comtat Venaissin, la Provence.

A mesure que dans son imbécillité l'homme dépouille la montagne de sa parure, ces Alpes-là deviennent un éboulis sans ruisseaux pour mouiller la pierre aux heures du grand soleil d'été; mais parfois une trombe crève sur ce chaos, et alors de partout, des ravines, plis, coutures du sol, des entailles et sillons de la roche, des torrents niagaresques descendent.

Des pays qui furent verts, boisés, gazonnés, ruisselants, arrivent sous nos yeux à la dernière limite du décarcassement, dans les Basses-Alpes, dans le Var, dans l'Embrunois, dans le val du Queyras où nombre de monts s'appellent aujourd'hui du nom commun de « ruines ».

Tout concourt à ce désastre :

La montagne, par ses roches friables, servant souvent d'assise à des roches plus dures : le soubassement s'effrite, l'entablement tombe;

La pente, qui met les torrents à l'allure de 14 mètres par seconde, rapidité du cheval de course, vitesse de la locomotive quand elle emporte son train à 50 kilomètres par heure;

Le ciel, par les noirs orages qui raclent le penchant des côtes et jettent le mont dans la ravine;

Les moutons, en arrachant l'herbe au lieu de la tondre comme la vache aux grands yeux ;

La chèvre, en broutant les arbustes que le temps aurait consolidés en arbres aux agrafes profondes ;

L'homme enfin, plus agissant que tous, en tirant des lias, des calcaires, des craies, des grès mous, le chevelu de racines qui maintient les escarpements.

Sauf exceptions, la montagne est plus dégradée à l'adret qu'à l'avers, à la soulane qu'à l'ubac : ici l'adret ou endroit désigne la pente frappée du soleil, ce qu'en Pyrénées on nomme la soulane ; l'avers ou envers, ou encore ubac, désigne la pente relativement ténébreuse, ce que le vieux français nommait si bien « l'ombre ».

La ruine majeure des versants méridionaux tient moins au soleil qui pulvérise qu'au plus long séjour que les troupeaux y font parce que l'hiver quitte plus tôt cette pente et qu'il y revient plus tard.

Le spectacle des inondations qui passent comme l'éclair en déchirant les derniers débris du sol ne décourage pas nos Alpins, race entêtée.

La trombe écoulée, le montagnard relève sa digue, il recherche les miettes de son domaine et se confie encore à ses sillons indigents, à sa prairie ensablée, ravinée, caillouteuse ; puis le mouton, la chèvre, les grands troupeaux transhumants du Piémont et de la Basse Provence remontent de pâture en pâture aux herbes suprêmes des pics, l'homme arrache les dernières souches, et le mont s'éboule, et l'orage s'écroule, et le torrent repasse avec sa fureur.

Voilà comment la Provence a vu fuir en trois siècles la moitié de son sol ; comment, dans les Hautes-Alpes et les Basses-Alpes, ce qui reste de terre descend par lambeaux vers la mer : pelouses des pentes, prés des fonds, bosquets des hauteurs, arbres des jardins ; comment les villes tombent en bourgs, les bourgs en villages, les villages en hameaux, les hameaux en ruines. Hautes-Alpes et Basses-Alpes, ces deux départements sont de plus de 150 000 habitants moins peuplés que ne l'étaient au moyen âge les cantons dauphinois et provençaux dont ils ont pris la place. Déjà presque déserts, ils perdent en moyenne 1 000 hommes par an malgré leur forte natalité. Ainsi que leur contrée, ces gens descendent la Durance ; les uns vont à Marseille, d'autres à Lyon, et surtout à Paris ; il en est qui traversent la Méditerranée et s'établissent en Algérie ; d'autres vont au Mexique et dans l'Amérique latine.

Mais un aussi beau pays ne pouvait s'écrouler jusqu'à son

dernier caillou, sa dernière argile, pour aller combler obscurément la Méditerranée.

A la France revient l'illustre honneur d'avoir, première entre toutes les nations, tenté de reforester la montagne, et aussi la gloire d'avoir réussi dans cette tentative désespérée.

Comment même concevoir l'idée d'arrêter ce perpétuel éboulement des roches qui semblait devenu l'une des lois essentielles de la nature? Puisque d'orage en orage la sierra tombait et se délayait dans le fleuve, comment arrêter cette chute et ce délaiement? Pouvait-on commander au ciel de renoncer, lui, souverain juge et souverain maître, aux nuées livides, aux ouragans, aux pluies torrentielles?

Et pourtant, on eut l'audace d'espérer, de réussir.

D'ores et déjà l'on est parvenu à raccrocher de naissantes forêts de pins, de sapins, de mélèzes, d'épicéas à des pans ardus de l'Alpe haute ou basse, et là où l'on n'a pas voulu reboiser, l'on a regazonné; or, les mille radicelles de l'herbe maintiennent la terre comme les mille racines de l'arbre. En affermissant la pente, en la gardant de l'effritement, puis de la descente effrénée, l'on a fait du torrent ce qu'il doit être : une onde pure, durable, bienfaisante, au lieu d'une avalanche de rochers dans un océan de dévastation.

Déjà bien des torrents sont « éteints »; or, pour suivre la métaphore, veut-on savoir ce que sont les torrents « allumés »?

C'est l'orage qui les « allume », fils de la nue obscure ou blafarde ou cuivrée rampant au flanc de la montagne; ou c'est le vent printanier, chaud, enveloppant, caressant, qui fait de la neige un flot subit, et comme une source universelle, tombant de partout, des talus, des frontons, des corniches. Alors les sierras vont à la débandade, l'eau s'abat, les rochers chancellent et culbutent, les pierrailles glissent, les marnes s'éboulent, les terres s'émiettent, les rares herbes et les rares buissons tournoient avec le fleuve noir si vite surgi de la neige blanche et de la pluie diaphane.

Tous les torrents du « bassin de réception » unissent leurs très courtes et d'autant plus terribles fureurs, et le « Rioumaou » ou Méchant Ru, le « Rabious » ou Rageur, le Merderet ou Merdaric qui se qualifie tout seul, bref l'avalanche qui a tout déchaussé, tout sillonné, tout rasé, tout détruit sur les pentes, entre dans les anfractuosités du « goulet », rocheuse profondeur où sa démence n'est plus dangereuse, les hameaux, s'il y en a, s'étant scellés dans la pierre au-dessus de ses plus extrêmes arrogances; enfin, arrivé dans la grande vallée, Durance, Guil, Ubaye, Bléone, Asse, Verdon, le goulet s'évase : le torrent, souvent assez fort pour arrêter net la rivière à laquelle souvent aussi il n'apporte pas même une goutte, le Niagara s'apaise, par moins de pente sur plus d'espace; il dépose ses alluvions, qui certes ne sont pas les heureux dons d'un Niger, mais de stériles présents, des blocs, des galets, de gros sables inféconds, des troncs d'arbre, des branches, toute la ruine du bassin de réception. Ces deltas malencontreux, en bombement sur l'une et l'autre vallée, se nomment les « cônes de déjection »; ils affligent par leur nudité, mais ils se réparent d'eux-mêmes dès que le torrent s'éteint, soit qu'il n'y ait plus dans sa conque supérieure que la roche pure, polie, luisante, impossible à conquérir autrement qu'avec les siècles, soit parce que les jeunes sylves et les jeunes gazons en ont calmé « l'incandescence »; la verdure alors a bien vite caché les ossements, muscles et téguments de ce qui fut un lambeau de la sierra.

Dans les seules Hautes-Alpes et Basses-Alpes, 100 000 hectares ont été reboisés ou voués au reboisement : une vie nouvelle commence dans la patrie de la Durance dauphinoise et provençale.

LXIII
DURANCE

Cet énorme torrent ne fut pas à l'origine un simple affluent du Rhône; il eut dignité de fleuve. Dans l'ère où les Alpines tenaient au Lubéron, il se perdait dans la mer aux parages du golfe de Fos; en relevant son niveau de 20 à 25 mètres, on pourrait lui rendre son antique embouchure.

Granits, porphyres, schistes, pierres du trias, du lias, oolithe, craie inférieure, craie supérieure, terrains miocènes, terrains pliocènes, transports modernes, presque toutes les roches se rencontrent dans son bassin.

La Durance naît, ou plutôt elle est censée naître à moins de 2 lieues à l'est de Briançon, près de la frontière d'Italie, dans un cirque contemplé par des monts de plus de 2 500 mètres : l'un d'eux, le *Mont Janus* ou Château-Jouan (2 514 mètres), porta jadis, regardant à la fois la France et l'Italie, un temple de Janus aux deux visages; il porte aujourd'hui l'un des forts détachés de Briançon. De là s'échappe un ruisseau qui passe au pied du col du mont Genèvre.

C'est à ce col que ce ruisseau doit sa fausse prééminence sur le torrent de la Clairée qu'il rencontre à 3 kilomètres en aval : la Clairée mène dans un cul-de-sac des monts tandis que le torrenticule issu du cirque a de tout temps conduit pasteurs, marchands, voyageurs, grandes armées, de France en Italie ou d'Italie en France, par un passage très facile, échancrure de 1 854 mètres seulement d'altitude. Quand la Durance rencontre la *Clairée* ou Clarée, elle n'a pas parcouru 8 kilomètres, tandis que le torrent de la vallée de Névache, qui naît de monts plus hauts et roule de cascade en cascade une eau plus pure, a fait un voyage de six bonnes lieues, dans un bassin de 19 500 hectares, contre 1 500.

A une lieue en aval de la Clairée, la Durance court dans la fissure de *Briançon*, place murée à 1 321 mètres d'altitude; le pont qui réunit ici les deux rives, arche de 40 mètres d'ouverture, est à 56 mètres au-dessus du torrent.

Puis il lui arrive des rivières très violentes :

La *Guisane* [1], qui est le torrent du beau val de Saint-Chaffrey et qui a sa part des glaces éternelles du Pelvoux;

La *Cerveyrette* [2], qui, non loin de Briançon, rugit à 85 mètres au-dessous du Pont de la Mort;

La *Gyronde* ou Gironde [3], qui rassemble une foule de torrents colériques issus des arches de glace du Pelvoux et court dans la charmante *Vallouise* entre monts titaniques;

La *Biaisse* [4], qui, des gorges du Pelvoux, passe au val de Durance par le *Gouffourent*, abîme de près d'un quart de lieue de longueur, qui ne craint pas d'être comparé aux galeries de la Dranse, de la Diosaz, du Fier, du Trient : le torrent vert y glisse, de rapide ou cascade en dormant, dans un fond de couloir à demi ténébreux, parce que les roches se touchent presque, qu'elles ont de 60 à 100 mètres d'élan, que des tilleuls, des érables, des arbustes se penchent et s'entremêlent en voûte aux parois du précipice, qui est comme une très étroite caverne à laquelle manquerait une voûte;

Le Guil [5], dont le moindre flot est de 5 mètres cubes, le volume normal étant compris entre 14 et 37; il s'échappe du massif où brille la pointe souverainement majestueuse du Viso, court dans les sombres combes du *Queyras*, ce qui veut dire le Pays des Pierres, avec Ristolas pour premier village riverain, à 1 633 mètres au-dessus des mers, Aiguilles pour maître bourg, Château-Queyras pour forteresse, sur une roche pyramidale : mais, en réalité, cette forteresse est plus décorative qu'utile dans le cas d'une guerre avec l'Italie; ce sont des citadelles autrement aériennes, inaccessibles et méprisantes, avec canons d'extrême portée, qui se chargent aujourd'hui de nous défendre contre le peuple ultramontain.

Supérieur à Clairée, Guisane, Cerveyrette, Gironde, Biaisse

---

1. 30 kilomètres, 24 500 hectares. — 2. 24 kilomètres, 11 000 hectares. — 3. 20 kilomètres, 27 000 hectares. — 4. 20 kilomètres, 5 850 hectares. — 5. 50 kilomètres, 72 500 hectares.

TROISIÈME   *Monts Extérieurs.*

et Guil est le grand courant qui rejoint la Durance à 5 lieues en aval d'Embrun, ville pas tout à fait riveraine dominant la vallée du haut d'un escarpement de conglomérats. L'*Ubaye*, longue de 20 lieues, en un sauvage bassin de 101 000 hectares, peut ne rouler que 7 mètres cubes à la seconde, mais, crues à part, son débit varie le plus habituellement entre 20 et 53. Quelques-unes des montagnes de sa conque furent parmi les plus nues et ravinées de toutes les Alpes et par conséquent plusieurs de ses torrents comptaient parmi les plus forcenés du Sud-Est, mais nulle part on n'a mieux reboisé; les sierras s'y restaurent, les sources y renaissent, les vallons reverdissent. Elle frôle au pied le promontoire ardu portant le fort de *Tournoux*, si haut juché que du plus bas au plus haut des batteries, fortifications et casernes, l'escalier n'a pas moins de 2 000 marches d'ascension. C'est la rivière de Barcelonnette, l'une de nos moindres sous-préfectures, et simple campement de fonctionnaires. Si pénible est le cheminement de l'Ubaye dans le mont que telle de ses étroitesses se réduit à 8, à 5, à 3 mètres; si droites et hautes les parois qu'un de ses malheureux villages, Méolans reste quatre mois sans voir le soleil.

On peut dire que dès la rencontre de l'Ubaye la Durance est déjà la Durance, maître torrent qui, par infortune, détruit ici plus qu'il ne féconde. Elle va d'un excès à l'autre comme largeur, profondeur, concentrement ou éparpillement des flots. C'est essentiellement une « détraquée ».

S'il lui arrive souvent, creuse et dormante, d'être serrée par des roches au point de n'avoir pas dix mètres entre bords, il est des élargissements de val où elle court sur des grèves d'un quart de lieue, d'une demi-lieue de large, nouant et renouant ses torrents rapides autour des iscles, îles et îlots, les uns nus, les autres arbrés, surtout de saules.

De l'Ubaye au Buech, la Durance change de climat; entre Tallard et Sisteron, son eau née dans les neiges pérannuelles, les décombres, les éboulis, les pâturages alpestres, commence à refléter l'arbre caractéristique du Midi méditerranéen, l'olivier; ou plutôt elle réfléchirait ce pâle feuillage si son courant n'était si gris, opaque, rayé de débris, de bourbe. Un autre arbre, presque aussi familier au paysage provençal, et bien plus beau, du moins en sa fleur, l'amandier croît dans les sols de la plaine et sur le bas penchant des coteaux.

La Durance aspire le Buech au pied d'un immense rocher feuilleté, devant la sommeillante Sisteron : là, au plus étroit du passage, une arche d'ample ouverture lie la ville à son faubourg par-dessus un gour profond. Ce Buech arrive, féroce,

Le Plus Beau Royaume Sous le Ciel.

farouche, outrecuidant, implacable, du chauve Dévoluy qui va perdant sa calvitie.

A 18 kilomètres plus bas, la *Bléone* entre en Durance en amont des Mées, ville commandée par les « Pénitents ».

Pénitents des Mées, ou Pénitentes, suivant qu'on pense à rocs ou roches : ce sont des obélisques de 100, et jusqu'à 150 mètres de haut, sculptés dans la pierre par les orages; quindécuples menhirs, ils se suivent processionnellement (d'où leur nom), sur 1 000 ou 1 200 mètres de longueur, en avant des falaises d'une montagne rabotée.

Cette rivière de Digne conserve le nom des *Bledontici*, peuple qui vivait dans ces montagnes lors de l'arrivée des Romains; elle part du chaînon de la Blanche (blanche par décharnement, depuis la mort des sylves) et, née ainsi dans le haut mont (car le *Pic des Trois Évêchés* s'élance à 2 927 mètres), elle dégringole sur un escalier tournant, dans un large lit de roche, le long de seize lieues, en une pierrière de 91 600 hectares; on lui attribue 4 mètres cubes en étiage, 10 à 11 en ordinaire volume, 1 400 en extrême expansion. La cité maîtresse de la Bléone, Digne, a 4 000 âmes de moins qu'en l'an de grâce 1629; et durant ces deux siècles et demi, le pays a diminué plus encore que la ville. C'est une peste qui ruina l'humble capitale des Basses-Alpes en y consommant, dit-on, six personnes sur sept et en alignant jusqu'à cent cercueils par jour dans la rue du cimetière; c'est la déforestation, fléau plus terrible, qui a dépeuplé la campagne : une peste est une visite passagère, elle peut se réparer plus vite que le chêne, le hêtre, le pin, le sapin, l'épicéa, le mélèze aux flancs de la pierre calcaire.

Après la Bléone, l'*Asse* qui tantôt coule à peine et ne s'entend pas, et qui tantôt répand la terreur par ses rugissements. Longue de 65 kilomètres en un bassin de 64 215 hectares, et oscillant, dit-on, entre 769 litres et 717 mètres cubes, c'est encore un de ces torrents parfois presque vides, en un lit qui brûle au lieu de rafraîchir, et parfois immenses, extravagants, ensauvagés, monstrueux. Cela depuis que fut sapée la forêt, du plus bas au plus haut du mont. Dans les cluses, les conques, les bouts du monde dont le bûcheron, le mouton, la chèvre ont consommé la ruine, on dit, en pensant à ses crues : « L'Asse, fou qui la passe ! »

Après l'Asse, le *Largue*[1] a dans son bassin[2] la ville de

---

1. 53 kilomètres. — 2. 37 744 hectares.

Forcalquier; il part du revers méridional de la montagne de Lure et se verse en Durance à raison de 4 800 litres en bonnes eaux, avec étiage de 1 000, crues de 200 mètres cubes.

LXIV
VERDON

Après le Largue, le **Verdon**, ainsi nommé d'après la couleur verte des ondes que lui versent des sources composées sous l'oolithe ou la craie — car il reçoit peu d'eau de ses longs affluents, bus à mesure par la roche craquelée.

Formé comme la Bléone parmi les monts où commande le pic des Trois Évêchés, il s'ouvre, au pied d'Allos, à un torrent né du *Lac d'Allos*, qui sommeille à 2 237 mètres en un bassin fermé tout autour par des élancées ou des éboulées de roches noirâtres striées de neige éclatante : mais l'eau descend par un souterrain naturel, sous l'amoncellement des blocs, jusqu'aux sources-cascades du Chadoulin.

Le Verdon passe devant Castellane, ville que domine un roc blanc de 180 mètres de hauteur ; de larges grèves en étroits, d'étroits en larges grèves, il arrive dans la *Clus du Verdon*, l'une des plus formidables des Alpes, soit françaises, soit étrangères ; cagnon d'au delà de cinq lieues de longueur taillé dans la craie avec une régularité architecturale, à 300, 400, 500, 700 mètres d'abîme. De cette fêlure de la Terre, il sort au pont d'Aiguines, au confluent de la Maïre. La Maïre est le torrent de *Moustiers-Sainte-Marie*, cité très étrange, très rocheuse et très scabreuse, près de laquelle est tendue à grande hauteur, de roc à roc, une chaîne de fer de 227 mètres de longueur qui serait l'ex-voto d'un chevalier du temps où l'on faisait, d'un cœur sincère, des vœux à la Vierge, aux saints, au doux et benoît Jésus ; une étoile à cinq pointes, en fer doré, pend du milieu — d'où le nom de chaîne de l'Étoile.

A 10 kilomètres en aval du pont d'Aiguines, en arrivant aux ruines du pont romain de Bauduen, le Verdon rencontre *Font-l'Évêque*, appelée aussi la source de Sorps ; ce qui est une tautologie, puisque Sorps, comme Sorgue et surgeon, veut dire la source.

Les escarpements au bas desquels naît ce « sorps » portent les vastes plateaux crayeux d'Aups et de Tavernes : notamment le *Plan de Canjuers*, roches ultraperméables dont les infiltrations expliquent l'abondance de ce jet, qui est, en temps d'étiage, une demi-Vaucluse.

3 500 litres par seconde aux eaux ordinaires, 3 000 aux eaux basses, c'est ce que verse Font-l'Évêque ; encore ne peut-elle délivrer en grande pluie toutes les eaux prisonnières dans les

geôles du sol; elles cherchent alors une autre issue, et près de là, du Garaby, roche droite, s'enfuit un torrent rapide. La rivière de Sorps, que trois moulins arrètent, est belle autant qu'elle est courte, entre peupliers, trembles, vignes vierges, calme sur fond de cailloux et de sable; elle marie au bout de quelques centaines de pas, son eau limpidissime au Verdon souvent louche du fait des orages.

Font-l'Évêque n'est presque pour rien dans les crues du Verdon, puisqu'elle n'épanche jamais plus de 14 mètres cubes, mais elle fait la moitié de son étiage; c'est grâce à elle, à elle seule, que le Verdon confie 6 000 litres d'eau par seconde au Canal d'Aix.

6 000 en théorie, mais en réalité pas beaucoup plus de 3 000 jusqu'à ce jour. Le *Canal d'Aix*, de son nom complet canal du Verdon à Aix, commence au bourg de Quinson, derrière un barrage, à l'entrée même d'une autre et fort belle cluse de la rivière appelée les *Barres du Verdon*. C'est par 82 kilomètres de vagabondage en tout sens, par un chemin de tunnels, de siphons, d'aqueducs, qu'il arrive dans les campagnes, jadis très sèches, de la vieille capitale de la Provence; et le long de ce voyage, l'artère de vie se cache dans des souterrains pendant près de 5 lieues, dont 5 080 mètres pour le tunnel de Ginasservis, 4 136 pour celui des Maures, 3 029 pour celui de Pierrefiche; elle domine un périmètre arrosable de 17 945 hectares où le réseau de ses rigoles et rigolettes dépasse déjà 150 lieues; elle développe en ses chutes une puissance de 1 900 chevaux-vapeur, dont plus du tiers dans la ville d'Aix.

Ayant reçu le Colostre, torrent de Riez, qui fut l'*Albece Reiorum* et jusqu'en 1790 une ville épiscopale, le Verdon passe devant *Gréoulx*, ville thermale où, quand la Provence était la « Province », les Romains venaient demander réconfort ou plaisir aux bienfaisantes Nymphes; et enfin il entre en Durance par 250 mètres, après une course de 175 kilomètres en un bassin de 227 000 hectares; dans son lit, parfois si resserré que le nageur craint presque de toucher des épaules la roche des deux rives, et parfois large de 250, 300, 350 mètres, il passe 1 429 mètres cubes en extrême expansion, 25 en portée normale, 10 en étiage, 6 aux eaux les plus réduites. On compte relever son moindre volume à 25 mètres cubes, c'est-à-dire à la hauteur du débit coutumier, par l'exhaussement et la décantation des eaux du lac d'Allos, par la construction de digues d'amortissement et de réserve dans certains étranglements de la rivière : par malheur, plus une gorge est étroite, plus il faut que la digue de « contrariété » soit épaisse et haute.

LXV
GRANDS
CANAUX
D'ARROSAGE

Monts Extérieurs.

Aucune vraie rivière n'augmente la Durance au-dessous du Verdon.

Elle arrive, plus large que jamais dans un val élargi, au niveau d'où son onde peut ruisseler sur les plaines du Comtat et de la Provence. Dès lors on saigne aux quatre veines ce torrent dont les eaux transportent par année 18 millions de mètres cubes de matières terreuses, avec minimums tels que 4 158 000 mètres cubes en 1869 et maximums de 20 à 25 millions. Par grand malheur la Durance verse au delta du Rhône et à la mer la plus grande part de ces limons régénérateurs capables de déposer en une trentaine d'années assez de terre arable pour en vêtir tout un département.

Déjà diminuée par une foule de petites saignées dans la vallée d'amont, puis privée des eaux qui permettent au *Canal de la Brillanne* d'arroser les campagnes de Manosque, elle atteint le pied du rocher de Mérindol, par 108 mètres d'altitude. Là commence, à sa rive droite, un canal terminé en 1857, qui ne s'arrête qu'à la rivière d'Eygues, après avoir franchi Nesque, Auzon, Ouvèze ; c'est, en ligne très serpentante, une longueur de 122 600 mètres, suivant assez exactement la lisière de la plaine du Comtat, à la base occidentale du Lubéron, des monts de Vaucluse et du Ventoux. De la ville principale qu'il frôle il tire le nom de *Canal de Carpentras*. Doté en théorie de 10 mètres cubes par seconde, dont 4 distraits au profit de deux autres canaux de la plaine « comtale » : il lui en reste donc, et non moins théoriquement 6, pour 16 600 hectares de périmètre arrosable, dont il vivifie 3 000 environ ; et il pourrait en irriguer utilement 3 000 autres encore.

Les autres grands canaux partent de la rive gauche. Le *Canal de Marseille* est doté de 9 à 10 mètres cubes par seconde en été, de 5 à 6 seulement en hiver quand les champs marseillais ne réclament pas d'eau de rafraîchissement et de fécondation. Il a son origine en amont du pont de Pertuis, par 187 mètres ; il longe d'abord assez longtemps la Durance, au pied du versant septentrional de la Trévaresse, puis, virant au midi, descend de souterrains en aqueducs, d'aqueducs en siphons, de siphons en tunnels.

Autant que le canal d'Aix, il lui faut percer ou contourner les basses, Trévaresse, chaîne d'Éguilles, monts de Vitrolles, chaînon de l'Estaque, monts de l'Étoile ; si bien qu'il passe dans l'ombre durant 4 lieues, sur les 84 300 mètres qu'il y a de la prise en Durance à l'arrivée sur le territoire de Marseille, là où la branche mère se divise en rameaux dont le plus

Le Plus Beau Royaume Sous le Ciel.

long s'en va finir dans les champs d'Aubagne. Les trois maîtres tunnels ont chacun 3 500 mètres environ.

La grande œuvre de ce canal entrepris en 1838 et que 1848 vit terminer, c'est l'*Aqueduc de Roquefavour* au-dessus de la vallée de l'Arc.

Le pont de Roquefavour n'a pas de rival au monde ; il brave tout ce qu'ont fait les anciens ; monument plus « romain » que ceux de Rome elle-même, il a trois rangs superposés d'arcades, 82 m. 50 de haut, 400 mètres de long ; à son côté le Pont du Gard serait petit, mais il est doré par dix-neuf cents ans de soleil.

La Durance étant impure, le canal de Marseille la filtre par décantation dans des bassins et notre grande ville méditerranéenne la peut boire.

Cette onde étrangère arrose 3 000 hectares ; elle a changé les rochers marseillais en jardins de plaisance, en villas quelque peu théâtrales avec jets d'eau, ruisseaux et cascades ; elle a vêtu d'arbres les blanches collines de la fille de Phocée, collines que le soleil seul faisait belles, et qui le sont doublement aujourd'hui, car, dit le poète, c'est un bonheur de voir ondoyer les buis du Citore :

Et juvat undantem buxo spectare Citorum.

La Provence doit le *Canal de Crappone,* le premier en date de ses grands canaux (1559), au génie et à l'énergie d'un de ses enfants, Adam de Crappone.

Il commence à 150 mètres, près du pont de Cadenet ; arrivé au pertuis de Lamanon, très précieux passage entre les Alpines à l'ouest et les monts de Vernègues à l'est, entre le val de Durance au nord et la Crau caillouteuse au sud, il s'y divise en deux grandes branches, en deux « œuvres », arrosant l'une et l'autre cette Crau qu'elles ont transformée ; l'œuvre de Salon finit par deux sous-branches dans la rivière de Touloubre et dans l'étang de Berre ; l'œuvre d'Arles s'achève dans le Rhône, et par un sous-canal dans ce même étang de Berre, à Istres.

Donc, un tronc commun de près de 23 kilomètres, deux œuvres, des sous-canaux, des sous-canalicules, d'innombrables rigoles, c'est un réseau compliqué disposant d'environ 16 mètres cubes par seconde et irriguant dans l'instant présent une dizaine de milliers d'hectares.

Encore plus compliqué que le réseau de Crappone est le dédale du *Canal des Alpines,* voté en 1772 par le parlement de Provence.

Son départ de Durance est à 100 mètres d'altitude, en amont

du pont de Mallemort. Le tronc commun se bifurque au bout de 1 700 mètres à peine : la branche d'Orgon et Saint-Remy longe le pied septentrional des Alpines; elle étend ses anastomoses sur tout le plat pays compris entre les « Petites Alpes », la Durance en aval d'Orgon, le Rhône en amont d'Arles. L'autre branche, imitant le canal de Crappone, gagne le pertuis de Lamanon et se dissémine dans la Crau, où ses rigoles se croisent et recroisent avec celles de l'eau amenée il y a plus de trois siècles dans le « Champ des pierres » par la volonté d'un seul homme, haï des uns, moqué des autres.

Non amené encore à sa perfection, le canal des Alpines arrose une dizaine de milliers d'hectares au moyen des 22 mètres cubes qu'il dérobe théoriquement à la « Bourbeuse ».

Autres et bien moindres canaux compris, la Durance donne vie et richesse à une quarantaine de milliers d'hectares. Encore plus utile sera-t-elle quand on lui prendra vers Mallemort presque tout le reste de ses eaux, 80 mètres cubes par seconde — on en a du moins la prétention — et qu'on les conduira au pertuis de Lamanon, passage essentiel des « Nils de la Crau ».

LXVI
BASSE
DURANCE

Du Verdon au Rhône, la Durance, toute saignée et ressaignée qu'elle est, coule dans un lit aussi large, plus large même que celui du fleuve d'Avignon; au nord, ses terres soleilleuses tendent vers les escarpements du Lubéron; au sud se lèvent, non moins escarpés, le Grand-Sambuc, la Trévaresse et les Alpines. Pertuis, Orgon, l'opulente Cavaillon sont les villes de cette plaine lumineuse presque parfaitement arrosée, où la Durance tantôt se contracte et tantôt s'épanche à l'infini sur les grèves, en une foule de bras que chaque grande crue modifie ou déplace, ouvre ou oblitère, comble ou approfondit, taille en ligne droite ou courbe et recourbe. Sa fin est à 5 kilomètres en val d'Avignon, à 13 mètres seulement au-dessus de la Méditerranée, après 350 kilomètres d'emprisonnement en gorges ou de divagations en val; large de 120 mètres à sa rencontre avec le fleuve, tandis qu'elle en a, par exemple, 1 070 à Cheval Blanc, et que parfois l'ensemble de ses lits, de ses grèves, de ses saligues atteint près d'une demi-lieue, elle roule en chenal unique ou dans sa foule de chenaux 9 000 à 10 000 mètres cubes en très grande crue, 72 dans l'étiage ordinaire d'été, 44 aux eaux les plus basses, mais elle descend rarement à ce minimum : à l'étiage de 1876, tous ses canaux d'arrosage étaient pourvus suivant la normale, ils fournissaient donc 54 450 litres par seconde aux « campos » des Bouches-du-Rhône

Le Plus Beau Royaume Sous le Ciel.

et 27 750 à ceux de Vaucluse : en tout, 82 200 ; et cependant le torrent portait encore au fleuve quelque 10 mètres cubes ; l'année d'après, toutes artères d'irrigation remplies selon la formule, elle lui en amenait 32 ; d'où résulte une portée minima de 92 mètres cubes en 1876, de 114 en 1877. La Durance est par ailleurs si capricieuse que son module annuel varie presque du simple au triple : telle année sèche ne lui fournit en moyenne que 225 mètres cubes à la seconde, telle année humide lui en verse 350 : elle suffit alors amplement à toutes les dérivations qui d'ores et déjà lui enlèvent normalement une centaine de mètres cubes par seconde, y compris le canal du Verdon à Aix. On lui prendra plus encore quand on lui aura opposé, à elle et à ses affluents et sous-affluents, assez de digues de retenue pour mettre en réserve les eaux des pluies drues et des grandes fontes de neiges.

LXVII
ALPINES

Alors que la Durance n'avait pas encore diverti les *Alpines* d'avec le Lubéron, quand elle apportait sa part de cailloux au golfe dont sortit la Crau, son flot bourbeux, bien plus puissant, tombait entre monts dans ce golfe à l'endroit qu'occupe Lamanon.

Le *Pertuis de Lamanon* s'est admirablement conservé : porte ouverte entre Nord et Sud, entre val de Durance et plaine du Littoral, il donne passage à la route d'Avignon à Marseille, au chemin de fer de Cavaillon à Miramas, au canal de Crappone, au canal des Alpines, et le futur grand canal de Mallemort à la Crau trouvera là, comme jadis le torrent, son issue dans le *Campus lapideus* des Latins.

A l'occident du Pas de Lamanon s'escarpent de petits monts roides, cassés, inondés de lumière ; à l'orient aussi. Et ces monts sont les petits monts de Provence.

Des cimes du Lubéron d'occident, au-dessus de Ménerbes, d'Oppèdes, de Mérindol, on voit au couchant, par delà l'embrasement lumineux du val de Durance, un troisième Lubéron, que le redoutable torrent sépara de la masse de la montagne et dont il fit une citadelle isolée sur les plaines. La Durance, aujourd'hui, passe au nord de ces petits monts, qu'autrefois elle frôlait au sud.

Ils se nomment les *Alpines* ou les *Alpilles*. Ils n'ont que 492 mètres de culminance, aux Houpies, roches voisines d'Eyguières, sur un bastion détaché ; et 386 seulement dans le bloc même du massif au-dessus de Saint-Remy.

Les Alpines sont richement colorées par les rayons du

Midi. Les carriers les ont un peu partout éventrées en cavernes d'où sort depuis des siècles la belle pierre à bâtir au loin transportée, sous le nom de pierre d'Arles, jusqu'au delà des mers. Au moyen âge, dans un de leurs rocs de craie tendre, on tailla des maisons sculptées, un vaste château, une enceinte, toute une cité, les *Baux*, qui eurent 4 000 âmes. Effrité, rongé, menaçant, tout cela dure encore; mais aucun homme n'habite la Pompéi provençale : l'ennemi ne l'a point détruite, le sol ne s'est pas cabré sous elle, nul volcan ne l'a saisie; son peuple l'a quittée; le paysan des environs brise à son gré ce fantôme de ville, qui pourtant, tout entier est, « monument historique », et le temps, dans le vide et le silence, use les chambres de pierre de la forteresse d'où sortirent des empereurs latins de Constantinople.

Près des Baux, le *Val d'Enfer*, autre ville de roches, en un désordre inexprimablement supérieur à tous les « effets de l'art »; chaos superbe, désert de pierres dressées, cassées, tombées, effritées, avec arbustes, buissons et ronces; château naturel, ou plutôt cent et mille châteaux démantelés; et sur leurs décombres, dans les jours sans nuages, plus de soleil que n'en consommeraient béatement en une année tous les lézards du monde.

Si petites qu'elles soient, les Alpines paraissent grandes, tellement tout est bas et plat autour de leurs craies, de leurs calcaires pelés. Elles s'élèvent du sein de la Crau, plaine qui fut d'une stérilité mémorable, mais que les eaux d'arrosage et les alluvions que ces eaux transportent font de plus en plus féconde.

Ces eaux ce n'est point l'Alpine qui les verse à la Crau, c'est la Durance : l'Alpine a pour toutes rivières des « gaudres », ce qui veut dire des ondes ou très rares, ou toujours absentes sauf après orages, sur des traînées de blocs, des cailloux, des lits de sable, entre roches embrasées, embrasantes.

LXVIII
LA CRAU

Cette plaine de la *Crau* était un plan de poudingues ou pierres cimentées reposant sur une épaisse couche de cailloux d'origine marine non agglutinés entre eux.

Vint une époque où Rhône et Durance y déposèrent, non pas des alluvions, mais des galets, non point à force de temps, mais par poussée soudaine, immense, irrésistible, en un cataclysme diluvien. Des savants ont calculé que le Rhône apporta les six septièmes de ces galets, la Durance à peine un septième, ou même moins d'un septième; mais des savants contraires attribuent à la seule Durance le

Le Plus Beau Royaume Sous le Ciel.

transport de ces pierres si brusquement arrachées des Alpes. Ainsi, cailloux sur cailloux et « recailloux », elle mérite bien son nom de Crau, mot celtique, c'est-à-dire de Pierre. Si les rocs lui manquent, sauf les parois vives de ces Alpines dont elle borne la première assise, les galets en font, ou plutôt en faisaient tout le sol avant l'arrivée des canaux tirés de la gris-noirâtre Durance.

Ces pierres sans herbe, ou parfois avec des brins maigres, courts et rôtis, ce plancher raboteux avait étonné les anciens, comme aujourd'hui les voyageurs que le chemin de fer mène d'Arles, ville morte, à Marseille, cité vivante. Dans son *Prométhée enchaîné*, le poète aux vers d'airain, le tragique Eschyle, nous raconte comment Hercule rencontra dans les vastes champs du Πεδίον λιθῶδες l'armée de Ligys, père des Ligures ; il n'avait pas ce jour-là l'arc et les flèches infaillibles ; il succombait quand le maître des dieux, son divin père, lança du ciel une pluie de cailloux dont Hercule aussitôt tua ses ennemis : ce sont ces cailloux célestes qui couvrent la Crau. Une autre légende met le héros aux prises, non plus avec l'arrière-père des Ligures, mais avec deux fils de Neptune, avec Albion et Bergion — car les poètes, les conteurs (et les historiens) s'accordent encore moins que les savants.

Les pierres de la Crau n'ont rien de massif ; le déluge qui les roulait brisa les roches en une infinité de menus débris ; il y en a de grosses comme un œuf ou moindres encore, de grandes comme le poing, comme la tête, et rarement beaucoup plus. Sol « monumentalement » stérile ; cet épanchement de graviers ne retient nulle part l'eau du ciel en rivière, sous un ciel très avare de pluies tombant à propos.

En hiver, au printemps, s'il tombe un peu de neige, la plaine des pierres peut un instant ressembler à la Sibérie ; mais en été c'est un Sahara qui dévore ; le véridique soleil y devient le père du mensonge, et, dans l'air embrasé qui vibre, le mirage fait flotter des lacs transparents. En cette saison, les troupeaux qui ont brouté, l'hiver, entre les galets, quittent la Crau sous la conduite de leurs bayles ou bergers et s'en vont dans les pâtis élevés des Alpes.

Mais le grand quart des 53 000 hectares de la Crau n'est déjà plus la Crau ; portés par les canaux de la Durance, les limons ont empâté les graviers et fait du désert un jardin ; des « coussous », c'est-à-dire des oasis, grandissent en tout sens avec le damier d'arrosage, chaque canal détachant des canaux moindres, et ceux-ci des canalicules — damier tracé dans l'air comme il est dessiné sur le sol, car les fossés et fossicules dont il se compose, longues lignes droites ou courbes, sont accompagnés d'arbres élevés, peupliers, ormeaux, cyprès rageusement balancés par le mistral.

Des prairies, des oliviers, des mûriers, des amandiers, des vergers et jardins, des cultures, la verdure s'empare du Sahara provençal, grâce à l'inestimable Durance, dont les « dérivées » et « sous-dérivées » sont capables, toutes ensemble, de couvrir ici 163 hectares par an d'un humus de 25 centimètres de puissance : soit deux cents années encore d'épanchement d'eau pour « humifier » ce qui reste de désertique en Crau. Mais on a renoncé à y colmater à la fois 20 000 hectares au moyen du nouvel et très abondant canal qu'on se propose d'emprunter à la rive gauche de la Durance; au lieu de se fier pendant deux siècles à la nature, on s'est imaginé de demander à l'industrie un changement à vue et de vaincre à force d'engrais l'infertilité congénitale du « Champ de pierres », tout juste capable, quand on le laisse à lui-même, d'entretenir un mouton par hectare, deux dans le meilleur de son herbage.

Ainsi la Crau tend à disparaître en tant que plaine de cailloux, telle qu'elle fut avant qu'Adam de Crappone y dirigeât la « plastique » Durance, alors qu'elle avait pour tout rafraîchissement les torrents des Alpines. La culture s'en saisit, comme aussi elle s'empare tout près de là d'un vaste delta, de la Camargue qui fait vis-à-vis à la Crau par delà le Grand Rhône, lequel est la principale embouchure du jaune fleuve dans la mer d'azur.

LXIX
PETITS MONTS
DE
PROVENCE

A l'orient du pertuis de Lamanon surgissent les *Monts de Provence*, commençant par la Trévaresse.

Tous ils sont nus, secs, hachés, beaux de formes et de couleur, beaux surtout du climat qui les illumine.

Courts chaînons, petits massifs, crêtes, plateaux, bastions plus divers de noms que d'aspect, ils ont tous plus ou moins même orientation, même texture calcaire ou crayeuse, mêmes « embues », mêmes « foux » constantes au bord des torrents inconstants et même soleil magique.

Au-dessus de la rive gauche de la Durance, la *Trévaresse* fait face au Lubéron de la rive droite, mais elle ne rivalise point avec lui et n'atteint même pas moitié de sa hauteur ; son maître sommet, la *Fin de Trévaresse*, près du petit volcan éteint de Beaulieu, a tout juste 500 mètres d'altitude : pas beaucoup plus de 200 au-dessus de la Touloubre naissante, rivière aussi modeste comme fleuve que la Trévaresse comme montagne.

Le Plus Beau Royaume Sous le Ciel.

La *Touloubre* [1] sépare la Trévaresse, au nord-ouest, de la Sainte-Victoire au sud-est ; elle boit peu d'eau de source et ne serait qu'un ruisseau, si elle ne servait d'exutoire à des sous-branches du canal du Verdon à Aix et du canal de Crapponne. Elle serpente durant une dizaine de kilomètres dans la Crau, au midi et non loin de l'opulente Salon, grande marchande d'huile, puis se recroqueville en défilés, pendant trois lieues, et va se perdre dans l'étang de Berre, si supérieur à ce nom d'étang, et qui est vraiment un beau lac dans la pierre à quelques pas de la mer. Avant de s'y abîmer la Touloubre coule aux environs de Saint-Chamas sous un beau viaduc courbe du chemin de fer de Paris à Marseille, et sous le *Pont Flavien* : celui-ci, pierres romaines d'admirable conservation, n'a qu'une arche avec porte triomphale à chaque bout. On attribue suivant l'usage au peuple-roi la régularité de la basse Touloubre, dont les conquérants du monde auraient taillé le lit dans le roc.

La *Sainte-Victoire* s'appellerait ainsi du triomphe du capitaine romain Marius sur les hordes du Nord à la bataille de Pourrières, et l'on dit que jusqu'à ces dernières années les gens du pays célébraient inconsciemment l'anniversaire de l'extermination des Teutons et des Ambrons par des feux de joie allumés sur la montagne.

La plus haute cime, le *Roc Sainte-Victoire* (1 011 mètres) contemple de 750 mètres l'ex-golfe de mer devenu la plaine presque circulaire où les Romains détruisirent les Germains, leurs femmes et filles, leurs chevaux et leurs chiens, derniers défenseurs du chariot de famille. Des avens — on dit ici des *garagaïs* — percent en tous sens la Sainte-Victoire, le *Grand Sambuc*, son contrefort du nord, le *Cengle*, son contrefort du midi : abîmes dont l'un servit, si la légende est vraie, aux basses œuvres de Marius, qui y précipita cent des vaincus de Pourrières. A quelles foux s'échappent les orages engloutis par les « garagaïs » ? On l'ignore encore de presque tous. La plus belle des fontaines du pays, l'Eau de Traconnade jaillit dans le vallon de Jouques, à la racine du Grand Sambuc ; son nom, les *Bouillidous*, suffit à la décrire ; les Romains menèrent par un aqueduc à Aix, leur joyeuse *Aquæ Sextiæ*, cette onde fidèle qui n'a jamais tari ; rarement elle descend au-dessous de 300 litres et à l'ordinaire elle en roule 2 000 ; quant à ses expansions, elles sont terribles, jusqu'à 200 mètres cubes, lorsque le Gougoublaou, gouffre des environs, vomit deux torrents par la gueule de deux cavernes.

---

1. 65 kilomètres, 47 000 hectares.

TROISIÈME *Monts Extérieurs.*

C'est l'*Arc* qui divise, en sa large vallée, la montagne de Sainte-Victoire, au septentrion, de la chaîne de l'Étoile, au midi : l'Arc, si tranquille, quand on le compare à son tumultueux homonyme de Savoie, et relativement si petit qu'au bout de ses 70 kilomètres en une conque de 77 500 hectares, il ne roule pas autant d'eau d'étiage que la plupart des affluents du grand torrent de la Maurienne.

L'Arc de Provence finit comme la Touloubre dans l'étang de Berre dont il est le principal combleur. En son cours supérieur il se tourne et détourne dans la plaine où Marius détruisit les Ambrons, les Teutons, et Pourrières, bourgade voisine de son cours, serait les « Champs Pourris », *Campi Putridi,* de ce que cent mille cadavres s'y décomposèrent. Dans son cours moyen il laisse à droite sur un plateau la vieille ville romaine d'*Aix,* jadis métropole de la Provence, et maintenant si vide, humble, et silencieuse près de l'arrogante et débordante et rumoreuse Marseille. Dans son cours inférieur il passe sous l'une des arches du pont de Roquefavour, ce plus monumental de tous les aqueducs présents et passés ; on n'ose pas dire : futurs, car la technique moderne devient capable de tous les prodiges.

Au midi des champs « osseux » de Pourrières montent les rochers de l'Étoile.

La *Chaîne de l'Étoile* dresse comme la Sainte-Victoire son escarpement suprême au-dessus de la conque de l'Arc, entre Trets et Saint-Maximin ; là son sommet (893 mètres), le *Mont Aurélien* se lève dans un massif qui porte un grand nom classique, l'*Olympe,* dit aussi l'Ouripe. A l'occident de cet Olympe sans Jupiter, sans Junon, sans dieux mineurs, le *Pilon du Roi* (710 mètres) lance au-dessus de la banlieue septentrionale de Marseille une roche droite, isolée, dure à gravir. A l'ouest du Pilon du Roi, entre l'étang de Berre et la Méditerranée, un prolongement de l'Étoile, la *Chaîne de l'Estaque* s'opposait au passage turbulent des convois, mais le chemin de fer de Paris à Marseille a transpercé sa craie par le *Tunnel de la Nerte* (4 638 mètres), resté longtemps le premier de toute la France en longueur.

La *Sainte-Baume* se répand en roches éclatantes, très belles et très nettes dans la lumière diaphane, sur le littoral de Marseille, de Cassis, de la Ciotat, de Toulon ; elle lance en Méditerranée les caps de la Gardiole, le cap Canaille, le Bec de l'Aigle et tant d'autres, jusqu'à la côte plane qui sépare du massif des Maures les monts calcaires de la Provence.

Sainte-Baume, c'est-à-dire sainte-caverne, on appelle ainsi

Le Plus Beau Royaume Sous le Ciel.

ce massif d'après une grotte où Marie-Madeleine aurait pleuré ses péchés ; des pèlerins en grand nombre y montent, aussi pécheurs et moins repentants.

Au-dessus de la Baume et du couvent qui l'avoisine, le Saint-Pilon porte son roc à 994 mètres ; non loin vers l'est, le Joug de l'Aigle atteint 1 125 mètres, la pointe des Béguines 1 154.

De ce massif sanctifié, dit la tradition, par la grande pécheresse, partent des affluents du fleuve Argens, deux fleuves côtiers, Huveaune et Gapeau, et des eaux qui vont se perdre sur le *Plan de Cuges*, bassin fermé de toutes parts où les torrents trouvent leur mort apparente dans des trous de la carapace rocheuse, puis vont, croit-on, rejaillir dans la mer même, sous le formidable poids des flots de la baie de la Ciotat.

L *Huveaune* passe maintes fois de bassins arrondis, jadis lacs, dans des couloirs de la pierre ; il arrose Aubagne, ou plus exactement il essayait en vain d'en rafraîchir les plaines brûlantes quand, ce qu'il ne pouvait faire, une dérivation du canal de la Durance à Marseille réussit à l'accomplir. Il se verse dans la Méditerranée en égout plutôt qu'en rivière, au pied de la célèbre colline de Notre-Dame de la Garde, dans la « ville des Phocéens », l'opulente Marseille, à l'issue d'un bassin de 42 500 hectares où sa course est de 12 à 13 lieues.

Le *Gapeau*, lui, ne finit pas en égout suburbain, mais en arroseur de campagnes, dans une France qui a des palmiers comme Palerme ou comme Tripoli. Sorti de claires fontaines, il effleure les quatre bourgs de Solliès, il reçoit à gauche un long torrent descendu des Maures, il sillonne la riche vallée d'Hyères et il s'achève après 40 kilomètres, au terme de 60 650 hectares.

A ces arêtes plus ou moins « marseillaises » s'unissent diversement à l'est, par arêtes ou plateaux, des chaînes crayeuses qui s'en vont à l'orient jusqu'à la rencontre des Alpes maritimes.

Parmi ces chaînons de craie, généralement parallèles entre eux, la prééminence revient au *Cheiron* (1 778 mètres), croupe aride, informe, inondulée, à six ou sept lieues à vol d'oiseau vers le nord-ouest de Nice, entre les terribles clus du Loup et de l'Estéron ; de sa cime maîtresse, qui a nom Jérusalem, on voit autant de mer que de terre. La *Pyramide de l'Achens* ou la Chens monte à 1 713 mètres, sur la tranche entre le Verdon et la Siagne, au-dessus de plans stériles.

Il y a tantôt beaucoup de forêts, tantôt nudité complète sur ces roches sabrées par des clus d'immense profondeur où

TROISIÈME *Monts Extérieurs.*

jaillit le cristal des « foux », les sources les plus belles qu'on puisse rêver; par les chemins de l'ombre, leurs eaux d'argent viennent des « Causses » d'en haut dont la craie tendre laisse tomber les torrents goutte à goutte ou flot par flot dans les alvéoles de la montagne; elles vont à des fleuves côtiers, à l'Argens, à la Siagne, au Loup, à la Cagne, au Var; et au Verdon, feudataire de la Durance. De ces foux, la plus exubérante, Font l'Évêque, appartient à ce Verdon, mais le plus grand nombre arrive à la mer par l'Argens, fleuve majeur entre Rhône et Var.

LXX
ARGENS

Rivière de foux en un bassin où les craies et calcaires l'emportent sur les autres roches, l'Argens pérégrine au sein d'une vallée lumineuse, et comme on dit, « italienne » par la noblesse des sites, la beauté des roches, les teintes du ciel.

Ici c'est un peu comme en Algérie : l'Argens doit plus aux ruisseaux dont la source est voisine qu'à ceux dont la source est lointaine; quand la foux jaillit à grande distance, les champs la boivent en route, les riverains la détournent, ou le soleil la pompe ou le lit l'absorbe.

Il commence par 270 mètres, à 7 kilomètres de la ville de Saint-Maximin, au pied d'un massif de 400 à 624 mètres; il a plus de la moitié de sa course de 29 lieues dans les « bagarèdes », gorges dont le seul peuple est celui de quatre villages.

Successivement il reçoit l'Eau Salée de Barjols, amère en effet, qui serpente en un charmant vallon dit le Tivoli de la Provence; la Cassole de Cotignac, ville qui craint les écroulements du tuf à pic de 82 mètres au bas duquel elle est assise; le gracieux Carami ou Calami, rivière de Brignoles; la Bresque de Sillans et de Salernes. — Ces quatre torrents n'augmentent l'Argens que de la moindre partie de l'onde glissant de leurs innombrables « foux »; l'arrosage prend presque tout, il ne rend presque rien.

Il s'achemine ainsi vers la célèbre *Perte de l'Argens,* en amont de Vidauban, dans le défilé solitaire de Saint-Michel : plongeant dans un gouffre sur lequel se penchent des genêts et des figuiers sauvages, il passe sous deux ponts naturels qui n'en faisaient qu'un seul avant l'écoulement d'une partie de la voûte; ce plongeon, c'est le Saut de Saint-Michel; ce passage obscur sous deux arceaux, cette perte de l'Argens avait 60 mètres de longueur avant l'effondrement du cintre.

Là finissent les couloirs du fleuve aux eaux pures; sauf de dernières « bagarèdes » entre éboulis et assises de grès rouges, en amont de Muy; il coule désormais dans une

Le Plus Beau Royaume Sous le Ciel.

ample vallée, où il rencontre le torrent de Draguignan, la *Narturby*[1]; celle-ci, née de foux dans des gorges aux parois monumentales, hume la *Font de Trans*, forte de 1 000 litres en débit coutumier, de 600 en étiage, puis s'abat par les cascades de Trans et par celles de la Motte ou Saut du Prêtre.

Enfin, très apaisé, bien différent de l'eau qui gronde à Châteauvert, à Correns, à Carcès et dans les couloirs de Saint-Michel, il s'engage dans les alluvions dont il remblaya le golfe d'entre les Maures et l'Estérel, et s'engloutit en Méditerranée sur la plage maremmatique du golfe de Fréjus où maintes lagunes sont les restes de lits oblitérés de l'Argens. Ayant donc serpenté pendant 29 lieues, en un bassin de 267 822 hectares, il mêle au flot des mers 10 mètres cubes par seconde en saison normale, 600 en grande expansion, et 3 310 litres en étiage. Ses crues lui sont surtout fournies par les roches non caverneuses du pays, pierres primitives, pierres houillères, pierres rouges du permien, grès du trias, et ses eaux d'été par les craies et les oolithes.

LXXI
MONTAGNES
DES
MAURES

Entre les Maures et l'Estérel, massifs littoraux de Provence, et la Corse hérissée de sierras, il y a 50 lieues de mer profonde, et cependant ces monts riverains ressemblent bien plus à ces monts insulaires qu'aux chaînons calcaires et crayeux d'entre Var et Crau dont ils ne sont séparés que par d'étroites plaines de torrents.

Au-dessous même de 1 000 mètres, à peine si les Maures méritent le nom de monticules dans le sens exact du mot; mais les géologues admettent, sinon comme entièrement démontré, tout au moins comme très probable que, malgré la dureté de leur matière, le puissant parmi les puissants, Chronos les a réduites au tiers, peut-être même au quart de leur taille primitive. Ils professent (et rien n'autorise à les traiter de rêveurs) qu'elles eurent 2 000, voire 3 000 mètres, et qu'au lieu de plaquer un littoral elles s'avançaient à 150 lieues dans la mer, vers le sud-est, en longue presqu'île alpestre, jusque vis-à-vis de l'Afrique, aux plages de Bizerte : de cette « Italie Mineure » il reste l'archipel d'Hyères, la Corse, la Sardaigne, toutes îles dont les roches ont le même âge, et la même essence que les Maures.

118 000 hectares, c'est tout le lot du massif, qu'isole des monts de Toulon, de Brignoles, de Draguignan, la baissière où coulent, sur un versant, le fleuve Gapeau et son affluent le

---

1. 32 kilomètres, 21 485 hectares.

Réal Martin, et, sur l'autre versant, l'Aille, qui court à l'Argens lui-même.

Au sud et à l'ouest l'essence des roches rattache aux Maures des collines insulaires ou péninsulaires, jadis des îles, quand le travail d'union ou désunion dont la Terre n'est jamais lasse ne les avait pas encore séparées de leur montagne.

Les collines restées îles, c'est l'archipel d'Hyères, baigné de lueurs « orientales ». Les îles devenues presqu'îles sont, au sud d'Hyères, la péninsule de Giens, cousue au continent par deux flèches de sable qu'apporta la mer; et, au sud-ouest de Toulon, la péninsule du cap Sicié.

Granits, gneiss, schistes cambriens, micaschistes, roches rutilantes du permien, quelque peu de basalte, voilà ce que sont les Maures, en avant des oolithes et des craies de Provence; comme formes, elles sont rondes et serpentines, en vif contraste avec les assises régulières, les cassures rigides, les flanquements droits de Sainte-Baume ou Sainte-Victoire; comme couleurs, elles sont d'un vert sombre, de par leurs sylves, ou d'une sorte de violet, de par leurs pierres, vis-à-vis de la blancheur grise ou jaune des bastions, redans, acropoles des monts, relativement modernes, qui se profilent en plein continent à leur couchant et à leur septentrion. A cette teinte un peu obscure elles devraient leur nom, contemporain de l'arrivée des Grecs phocéens sur ce rivage de la mer commune aux Hellènes alors dans leur fleur et aux Latins alors à peine éclos — car on préfère tirer Maures de Μαυρος, *sombre*, plutôt que de la domination des Maures ou Sarrasins qui en firent avant l'an mil un de leurs repaires en Méditerranée.

Des bois de châtaigniers, de pins d'Alep, de chênes-liège, couvrent uniformément leurs rocs durs, point féconds, faute d'humus, et à cause de cela peu habités ; 22 500 Mauriens seulement, soit 18 à 19 par kilomètre carré. A côté de ces bois, ou parmi eux, des arbres, des arbustes, rappellent l'Italie, l'Espagne, l'Afrique, la Syrie, la Judée : pins parasols, aloès agaves, myrtes, lauriers-roses, et des palmiers, des herbes odorantes.

Deux de leurs cimes, la *Sauvette* et *Notre-Dame-des-Anges*, point éloignées l'une de l'autre, atteignent toutes deux 779 mètres ; elles commandent le col de Gonfaron, par lequel le chemin de fer de Marseille à la frontière d'Italie, qui ne peut longer le littoral hérissé par les Maures, passe du versant du Gapeau à celui de l'Argens à 200 mètres d'altitude à peine.

Les Maures sont la Provence de la Provence, a dit Élie de Beaumont en parlant de la vallée de Cogolin, dont le plus qu'humble fleuve a son terme dans le golfe de Saint-Tropez.

Le Plus Beau Royaume Sous le Ciel.

Elles sont aussi l'Afrique de la France, et ce fut il y a mille ans la France de l'Afrique : nous foulons delà les flots, vis-à-vis des Maures, un long rivage arabo-berbère ; mais il y eut un temps où, de ce rivage maintenant humilié, des Berbères et des Arabes venaient injurier la blanche Provence. Nulle part chez nous ces mécréants ne bravèrent plus longtemps qu'ici les chrétiens dont la djéhad ou guerre sainte leur faisait un devoir de rougir de sang les villages ; ils y régnèrent au IXe et au Xe siècle, et ce n'est qu'en 973, après plus de quatre-vingts ans de séjour, qu'on les chassa du roc de Fraxinet, maintenant nommé la Garde-Freinet, d'où ils dominaient la montagne aromatique, au milieu de forêts plus grandes qu'aujourd'hui ; toutefois les Maures sont avec l'Estérel le massif le plus bocager de la Provence ; la Gueuse parfumée, comme on l'a surnommée, est peu vêtue. C'est du XVIe siècle que date surtout la décadence forestière des Maures, de l'incendie « intégral » allumé par une armée d'invasion qui « travaillait » pour le compte du très puissant empereur Charles-Quint.

**LXXII
ESTÉREL**

Trois à quatre fois plus petit que les Maures, l'Estérel (30 000 hectares) est un bloc de porphyres, de gneiss, de schistes de l'ère permienne. Il s'étend des maremmes du bas Argens jusqu'à la petite plaine du fleuve Siagne. Il a comme les Maures un passé classique, grec, puis latin ; peut-être son nom lui vient-il d'une tribu ligure, les *Sueltri* ou *Suelteri* ; les Hellènes en doublèrent les caps couleur de braise, des corsaires usèrent de ses calanques pour se dérober à la poursuite des galères romaines, qui n'en vinrent jamais entièrement à bout, et ils abusèrent de sa mer pour courir sus aux navires marchands.

Il charma ces hommes du vieux monde par son extraordinaire beauté ; s'il est d'architecture moins noble que tels monts de Sicile, d'Attique, des Cyclades ou des Sporades, s'il se déchire en fragments plus qu'il ne s'aligne en frontons, s'il est heurté, pittoresque, fantastique plus que tranquille et majestueux, ses couleurs sont magnifiques de contraste et de puissance : rouge sanglant des rochers, vert des pins, sombre azur des cieux, flot bleu de la mer des sirènes ; et partout, fluide, une blancheur éparse.

La forêt véritable, la sylve obscure et profonde, y manque, mais le maquis y règne, et la garrigue, et les chênes-liège, les chênes verts, les pins d'Alep, les arbousiers, les bruyères arborescentes. Dans les ravins raboteux, encombrés de roches, les palmiers, l'oranger, les herbes de suave odeur sont la parure de ce massif, l'un de ces pays méridionaux qui se sentent autant qu'ils se voient.

Désert à son centre et sur ses sommets, moins quelques hameaux de bergers avec leurs moutons, l'Estérel a des villas au bord de la Méditerranée ; il y plonge par de merveilleux caps de grès rouge et de porphyre, entre Fréjus où les Romains avaient des palais et Cannes où nous bâtissons des châteaux.

Sur ces porphyres trois à quatre fois indestructibles, le vent des mers lance un flot sauvage, mais la vague, même éternellement renouvelée, ne peut rien contre cette pierre presque métallique ; depuis des milliers d'années les mêmes rochers protègent contre la même insurrection des eaux bleues de l'abîme le même Estérel aux sanglantes couleurs ; et de siècle en siècle la montagne demeure, cédant à peine un arbre, une pointe, un écueil, un caillou.

Les Maures, petites et basses, l'Estérel, plus bas et plus petit encore, prouvent souverainement que la beauté n'est pas seulement dans la masse et dans l'altitude.

Son Mont-Blanc, le *Vinaigre*, disparaît dans les nues inférieures, il n'atteint que 616 mètres.

LXXIII
SIAGNE
ET
LOUP

L'Estérel s'achève du côté de l'orient, sur le rivage, à la basse vallée de la Siagne, conquise par ce fleuve sur le golfe de la Napoule.

Aucune rivière française, voire provençale, n'a de plus belles foux que la *Siagne*.

Et nulle aussi n'a de plus belles clus.

Foux dont le trésor, patiemment recueilli, s'amasse dans la tortuosité des cavernes, sous des plateaux de craies ou calcaires, gercés d'entonnoirs ; clus où peu de maisons des hommes profanent le désert au bord de l'eau transparente et rapide.

On attribue le flot de la grande foux originaire de la Siagne aux embues du *Plan de la Caille*, bassin fermé qui n'est pas le seul dans le remous de ces montagnes cassées, les plus hautes de la Provence en dehors des Alpes maritimes.

A une lieue de sa naissance, elle coule sous un pont naturel, conforme à l'étroitesse du courant, car il n'a que 5 mètres d'ouverture au niveau de l'eau : cette arcade jetée par la nature d'une rive à l'autre du jeune torrent dans une gorge puissamment taillée, ce *Pont ná Dieu* ou Pont né de Dieu, fait par Dieu, la Siagne l'a foré dans un banc de tuf qui avait barré la libre course des ondes.

Plus loin lui arrive la *Foux de Saint-Cézaire* ou Grande

Le Plus Beau Royaume Sous le Ciel.

Foux : très grande en effet, qui sort impétueuse d'un antre, avec 800 litres à la seconde. Puis elle verse 1 000 litres de son vivant cristal au canal qui pourvoit d'eau pure Cannes, Vallauris, le pourtour du golfe Jouan, Antibes, et elle conquiert la *Siagnole* ou Petite Siagne (536 litres), que les Romains avaient détournée sur *Forum Julii* (Fréjus).

Saint-Césaire, d'aspect très féodal, comme maintes bourgades accrochées ici sur le penchant des rocs ou plantées sur leur pointe, est le principal dominateur des gorges de la rivière, franchie en face de l'Estérel par un pont de chemin de fer de 77 mètres de haut.

Quand le fleuve entre en mer après avoir reçu le ruisseau de *Grasse*, qui est la ville des fleurs, des parfums, des essences, il n'a parcouru que 9 lieues, en un bassin de 65 500 hectares, mais il ne roule pas moins de 4 500 litres, avec étiage de 1 500.

De la Siagne au Var, les roches, oolithiques ou crétacées, n'ont aucun rapport d'âge avec celles des Maures ou de l'Estérel ; elles se rattachent aux autres monts de Provence par leur nature caverneuse, et le Loup, la Cagne en tirent des eaux de toute pureté.

Le *Loup* est une Siagne moindre, plus longue[1], mais en un bassin bien plus menu[2] dont il reçoit pourtant 3 mètres cubes par seconde, avec 1 000 litres d'étiage, flot de rare transparence grâce auquel les cascades du torrent sont vraiment des cascades, et non pas seulement, comme à tant de « Niagaras », une roche à pic soleilleuse et silencieuse. Il gronde en tonnerre d'eau ou bien s'anesthésie, muet, sournois et profond comme un abîme, dans les gours de la *Clus de Courmes* ou cagnon de Saint-Arnoux, l'une de nos grandes merveilles méridionales : là, entre parois de 400 mètres d'enlèvement, ce ne sont que ratchs et planiols, belles sources au pied des rocs ou sur leurs flancs, et partout hautes ou basses cascatelles dans le double mur d'encastrement ; en temps de grosses pluies, d'orages déchaînés, l'eau tombe de tous côtés, de toutes cavernes, de tous ressauts, même des corniches suprêmes du défilé. Vers la fin d'aval de l'entaille, un viaduc de chemin de fer domine le Loup de 52 mètres.

Quant à la Cagne, partie du Chéiron, c'est un petit Loup de 25 900 mètres accueillant les foux de 12 284 hectares et roulant dans des clus 600 litres d'argent.

---

1. 48 kilomètres. — 2. 28 557 hectares.

TROISIÈME — *Monts Extérieurs.*

LXXIV
ALPES
MARI-
TIMES

De l'Enchastraye à la mer niçoise, les Alpes franco-italiennes ne sont point de petites Alpes, de mesquins avant-monts s'abaissant en collines au moment de mourir sur la plaine littorale. Elles sont grande montagne, et montagne d'audacieuse ascension, très roide, très cassée, mêlant la forêt au maquis, les pins et les sapins aux bruyères arborescentes, les hautes pâtures mouillées de neige aux herbes aromatiques dont un soleil sans nues volatilise les parfums : ici Savoie, Suisse ou Tirol, là gorges d'Apennins, de Corse, de Grèce, entre monts marmoréens cassés en promontoires sur le plus beau des lacs de profond azur.

Au faîte international, quelques têtes de roche regardent de plus de 3 000 mètres; mais trois seulement, le *Tinibras* (3 032 mètres), le *Chignon de Rabuons* (3 008) et le *Cialancias* (3 011), appartiennent à la France par un de leurs versants, l'occidental qui se verse dans le Var, l'oriental s'inclinant vers le Pô; toutes trois penchent leurs neiges et lancent leurs éboulis vers le lac de Rabuons, qui sommeille à plus de 2 000 mètres d'altitude. Les autres cimes supérieures à 3 000 mètres le long de la chaîne de divorce ont été laissées en 1860 aux Italiens, qu'on croyait des frères.

Dans l'intérieur, tout à fait en France, le *Mounier* ou Monnier (2 818 mètres), presque exactement au nord de Puget-Théniers, ville qui a grand'peine à être seulement bourgade, porte près de son sommet un observatoire des astres, pluies, vents et tempêtes; tout à l'entour, immense est son cortège de monts, son lumineux espace de terre et de mer; rien de grand ne lui échappe, du Viso à la Corse, à l'île d'Elbe, même à Caprera, l'îlette « garibaldienne » qui se lève devant le littoral de la Sardaigne, à côté des formidables batteries francophobes de la Maddalena. La sierra maritime hérisse encore des pics de 2 000 mètres et plus à moins de 10 lieues au nord de Nice, et des monts de 1 000, 1 200, 1 500 mètres s'élancent dans la banlieue de la fastueuse ville franco-russo-anglo-cosmopolite, quelques-uns au-dessus même de la Méditerranée, derrière Monaco et derrière Menton.

LXXV
LE
VAR

Comme l'a dit Vauban, c'est un gueux et un fou que le *Var*, un extraordinaire écorcheur et équarrisseur de montagnes; à chaque crue il emporte à la mer des débris dispersés des Alpes maritimes. D'année en année il fait de son lambeau de Sud-Est, vaste de 274 197 hectares, une terre plus ardue, plus rugueuse et raboteuse, mais c'est pour l'aplanir ultimément. Puissant d'ailleurs, car au bout de 28 lieues seulement, il roule 50 mètres cubes en ordinaire portée, près de 18 en étiage, et en crue 5 000 : soit pour les hautes eaux 282 fois le volume des eaux basses.

Tantôt ses rives sont arides, inhumaines, terribles, tantôt gracieuses, avec bois et vergers.

Il voyage de clus en clus, parfois dans le demi-jour ou presque dans les ténèbres.

Entre ces défilés il erre sur les grèves, les alluvions, les sables dont il a fini par emplir les anciens lacs qui retenaient sa course rapide.

Les roches nues d'où ruissellent ses premiers torrents sont de craie inférieure, et craies ou calcaires l'accompagnent jusqu'à l'embouchure, mais ses deux maîtres affluents, Tinée et Vésubie, ont une grande part de leur domaine sur la roche primitive.

Sa fontaine initiale jaillit à 18 kilomètres sud-sud-est de Barcelonnette, à 1 800 mètres au-dessus des mers, en amont d'Entraunes, bourg de froidure hivernale dont le nom (*inter amnes*) veut dire Entre-deux-Eaux.

Descendant très vite, le Var n'est plus qu'à 1 250 mètres devant Entraunes ; à 750 mètres devant Guillaumes où tombe la *Tuébie*, grand torrent schisteux dont les orages font une boue noire ; à 500 mètres au pont du Gueidan où afflue la *Vaire*, eau sauvage en 23 500 hectares de monts arides. Peu à peu climat et flore ont changé ; des oliviers annoncent la Provence dès qu'on entre dans le bassin d'Entrevaux.

A Puget-Théniers, par moins de 400 mètres, il absorbe la Roudole ou Roudoule, que les crues teignent en rouge ; plus bas il accueille un autre dévastateur parfois rouge, parfois jaune, parfois noir, suivant que la trombe s'est déchaînée sur telle ou telle sierra : c'est le Gians, Ciamp ou Champs, à l'issue de gorges terribles ; après quoi, lui arrivent de courts torrents tombés de montagnes presque mortellement blessées, de crue en crue, par la morsure des eaux sauvages ; et puis trois grands tributaires, Tinée, Vésubie, Estéron.

Les clus « horribles » finissent par le *Cagnon de l'Échaudan* ou de Ciaudan, qui l'emporte en formidabilité sur la plupart des entailles de nos Alpes sud-orientales : il a, ce défilé de l'Angoisse, 200 à 400 mètres d'évidement entre roches, en un remous de monts de 775 à 1 551 mètres ; et au fond de l'*in-pace*, là où la longue prison est le plus étroite et le plus obscure, il y a maints dormants, maints rapides que n'a jamais égayés le soleil. La rainure de l'Échaudan finit au confluent de la Vésubie, et le fleuve court dès lors en vallée, entre des collines à vignes et oliviers ; on l'y emploie au colmatage, à l'irrigation, pour une part infime de son volume, capable d'entretenir une ample campagne en splendeur toujours renouvelée; mais par malheur la vaste étendue manque parce que la montagne est trop près.

Il se perd dans la Grande Bleue au sud-ouest et près de Nice, en aval d'un pont du chemin de fer de Marseille à la frontière d'Italie.

Très beau torrent presque égal au Var, la grisâtre *Tinée*[1] lui amène habituellement 16 mètres cubes, avec minimum extrême de 5 et demi, maximum extrême de 1 900. Elle flotte des mélèzes et des sapins coupés dans la forêt de ses sierras de 2 000 à 3 000 mètres.

Partie du même massif que le Var, elle reçoit des eaux italiennes, plusieurs de ses affluents ayant tout ou partie de leurs cours dans l'ultramontain royaume; à 2 500 mètres en aval d'Isola, elle devient elle-même limite entre les deux pays pendant 6 kilomètres, la rive droite étant à la France; sur 75 910 hectares de conque, l'Ausonie en réclame plus de 12 000.

Ce n'est point en pleine lumière, par une de ces vallées où les rivières déroulent de larges anneaux, que la Tinée court au Var; ce torrent de l'incomparablement belle et délicieuse Isola se démène dans des clus solitaires, ici comprimées par des roches résistantes, là par des schistes qui se brisent en éboulis quand la pluie les a pénétrés.

Le confluent, appelé la Mescle, c'est-à-dire le mélange, est par un peu moins de 200 mètres d'altitude, au fond du défilé de l'Échaudan.

La *Vésubie*, en val splendide, sert de plus en plus d'asile à ceux qu'énerve le climat de la côte.

Elle se forme à Saint-Martin-Lantosque, à moins de 950 mètres, de deux torrents nés en Italie, dans des monts lacustres de plus de 3 000 mètres qu'on déboise en toute hâte, pour la ruine du pays.

Son affluent majeur, la *Gordolasque* naît dans ces mêmes monts stellés de lacs et laquets, dans ce massif du Gelas et du Clapier, le seul des Alpes maritimes qu'illumine au soleil couchant un peu de neige éternelle.

Sans ces laquets de haute altitude, la Vésubie, terriblement penchée, s'écroulerait souvent aussi vite que l'éclair, et plus

---

[1]. 72 kilomètres.

Le Plus Beau Royaume Sous le Ciel.

souvent encore manquerait d'eau pour flotter les bois, arroser les prés, jardins et villas; mais ces bassins d'azur ou d'émeraude la font rivière lacustre, non point torrent brutal, et l'on a pu lui demander sans présomption 4 000 litres par seconde pour le *Canal de Nice* ou de la Vésubie.

Icelui, quand son flot sera soutenu par la mise en réserve des lacs de Frema Morta, se versera sur 5 000 à 6 000 hectares dans les ravines soleilleuses, suffoquées, poudreuses du littoral niçois. Pour l'instant il n'en irrigue encore que 1 000 environ; il a sa prise d'eau par 271 mètres, dans un abîme dominé de 530 mètres par le bourg d'Utelle auquel on monte, du fond du cagnon, par 9 kilomètres de lacets extraordinaires.

La Vésubie ne sort guère de l'ombre des fonds de précipice dans la craie ou l'oolithe; presque tout au long de ses 12 lieues et demie, et surtout dans le bas de sa course, elle est enfouie, blottie, écrasée, enténébrée à 1 500, 2 000, presque 2 500 pieds. Elle transmet au Var, à 134 mètres d'altitude, un flot de 800 litres, limpides à l'ordinaire, et soit jaunes, soit rouges en grandes crues, alors qu'elle peut entraîner jusqu'à 1 300 mètres cubes à elle fournis par 37 650 hectares, dont 9 273 chez les Italiens.

L'*Esteron*, lui aussi perpétuellement englouti dans de terribles rainures du mont, varie entre 1 300 et 3 900 litres, avec puissance possible de 880 mètres cubes accueillis de force par sa fissure; or, en un lieu de son presque nocturne voyage de 16 lieues, il n'a que 3 à 4 mètres de roche à roche, à 2 000 pieds au-dessous des lèvres de la fêlure; il contribue à la conque du Var pour 46 000 hectares.

LXXVI
LA
ROYA

Le Var n'est pas notre dernier fleuve méditerranéen sur la route de l'Orient : nous possédons aussi le Paillon et la Roya.

Le *Paillon*[1], le torrent de Nice, le symbole de l'inconstance, peut ne verser à la mer que 150 litres à la seconde (et combien souvent moins encore), à l'issue de 23 634 hectares de monts, roches, débris, éboulis et cluses; mais il peut aussi déchaîner 1 000 mètres cubes.

La *Roya* ne nous appartient pas entièrement; loin de là, puisque sur 60 kilomètres de course bruyante il n'en est que 15 pour la France, dans le milieu du val; mais sur les 56 000 hec-

1. 36 kilomètres.

TROISIÈME — *Monts Extérieurs.*

tares de son aire il y en a plus de 30 000 pour nous. Ce beau torrent de 8 500 litres, avec étiage de 3 300 et crues de 1 130 mètres cubes, prend sa source dans les montagnes coupées par le fameux *Col de Tende* (1 875 mètres), qui mène du versant littoral dans le bassin du Pô.

Grandie de la Miniera, dont les nombreux lacs sont blottis dans des monts de plus de 3 000 mètres cuirassés de glace, la Roya pénètre en France à 500 mètres d'altitude, par une gorge sinistre creusée dans des schistes diversicolores, gorge de Gaudarena, plus bas gorge de Berghé.

Dès avant Saorge, bourg assis sur un roc de 150 mètres de haut, se montrent les oliviers; à Breil on est en plein Midi, et bientôt la rivière nous quitte, accrue de torrents sortis des clus redoutables.

Redevenue italienne, elle descend à la mer par une grève d'ampleur « fluviale » qui a souvent des centaines de mètres de large, lit disproportionné quand il n'y passe que les 8 500 litres ordinaires, mais trop étroit pour le flot des eaux rouges, quand la neige de l'hiver fond aux souffles du printemps.

LXXVII
EN AVANT
DES ALPES :
NOS
PLUS BEAUX
RIVAGES

Nos plus hautes montagnes, les Alpes et aussi les Maures et l'Estérel, finissent sur nos rives les plus éclatantes, là où expire la plus gracieuse des mers.

Des alluvions du Rhône à la borne de l'Ausonie, c'est la merveille des merveilles, c'est la *Côte d'azur*, de plus en plus prestigieuse à mesure que de Marseille on s'avance vers la « terre de Saturne » devenue, très vulgairement, un royaume constitutionnel, avec monarque issu d'une famille guerrière de la Savoie très française.

Fortuné rivage, où la mer entre dans les terres par des anses, des calanques ou calangues, des golfes abrités du nord; et la terre dans la mer par des caps qu'on dirait détachés de la Sicile ou de la claire Ionie; là le plus beau soleil de France attiédit l'air, l'oranger l'embaume, et à l'est de Toulon le palmier balance des palmes.

Sous son ciel gris la verte vague armoricaine tonne avec plus de fureur contre les falaises, mais la vague bleue de Provence murmure sur de plus riants rivages, et les promontoires qu'elle froisse en sa colère s'élancent bien plus haut que les falaises de Bretagne : le cap Roux, roche de porphyre, a 453 mètres; quelle poussière de flot pourrait injurier son sommet, comme l'Océan mouille le front des roches rougeâtres de l'Enfer de Plogoff?

Le Plus Beau Royaume Sous le Ciel.

LXXVIII
MARSEILLE

Des terres molles mouillées d'étangs et des « présents du Rhône », on arrive à Marseille en longeant de calanque en calanque le pied méridional de cette *Chaîne de l'Estaque* tranchée par le grand tunnel de la Nerte.

Marseille, premier port de la France et de la Méditerranée, croyait follement que le canal de Suez ferait d'elle une reine du monde; or elle ne pouvait que perdre à l'ouverture de ce passage qui pousse l'Angleterre et l'Europe centrale sur des chemins situés à l'orient de la route de Paris à Marseille; mais l'Algérie, l'Afrique du Nord, l'Empire d'Afrique, sur lesquels ne comptait point la « fille de Phocée », lui réservent un vaste avenir.

Les jours viendront où le Marseillais verra peut-être de sa colline ardue de Notre-Dame de la Garde (150 mètres) une ville plus grande que Paris, car Lutèce ne peut guère que s'amoindrir, et Marseille que croître au bord de sa mer, au nœud de vibration des deux Frances du vieux continent.

La « fleur de la Méditerranée » naquit avant Rome, on ne sait de qui; dès qu'un sauvage osa lancer un radeau sur les vagues, Marseille eut des Marseillais.

Les Phéniciens, ces Anglais d'avant Jésus-Christ, ces cousins des Juifs par le sang et l'instinct de rapine commerciale, ces possesseurs des Maltes, des Hong-Kongs, des Singapores du monde ancien, les Puniques y eurent un comptoir, comme sur tout le tour de la Méditerranée; des Grecs de Phocée s'y établirent 600 ans avant notre ère, et la bourgade barbare devint une ville grecque où l'hellénisme résista longtemps au latinisme après que Rome eut ajouté Marseille à son empire.

C'est en ce siècle-ci que, reléguant tout à fait dans l'ombre Bordeaux et Nantes, Marseille est devenue premier port de France, même avant le Havre, qui a Paris à ses portes et devant lui l'Angleterre, au bord de la grande mer dont la Méditerranée est un golfe.

Jusqu'en 1853 elle n'avait qu'un port, anse bien abritée qu'entouraient les cabanes de la bourgade antéphénicienne, antéligure; à trois mille années en arrière cette crique s'avançait plus au loin dans les terres, mais, tandis qu'elle se comblait à son bout par le délayement du pays et les saletés du village, puis de la cité, le flot rongeait les roches de l'entrée — de 250 mètres, dit-on, depuis le premier des Césars.

De siècle en siècle ce bassin, essentielle origine de Marseille et sa raison de durer, se réduisit, tandis que les fétidités dont le polluait la ville montaient en miasmes du bourbier et redescendaient en peste malgré le mistral; et pas de flot de rivière pour laver ce flot de mer corrompu ; pas même d'onde à boire, l'Huveaune et le Jarret séchant presque en été et ne roulant alors qu'une ordure chaude et nauséabonde.

Les Marseillais ont changé tout cela depuis l'année de la prise d'Alger, 1830, qui marque la seconde naissance de Marseille, la première étant, pour ainsi dire, antédiluvienne.

1848 vit arriver l'eau de la Durance par l'aqueduc de Roquefavour ; des 9 000 à 10 000 litres par seconde dont ce canal est théoriquement doté, 2 500, fortune princière, coulent aux fontaines de Marseille ; le reste sert aux industries et verdit les coteaux et vallons.

1853 vit l'inauguration du premier des nouveaux ports, auquel maint autre a succédé : à l'heure présente Marseille peut recevoir à la fois mille navires (leur jauge moyenne étant supposée de 300 tonnes), dans 172 hectares de bassin (dont 28 à 29 pour le « Port Vieux »), entre plus de 18 kilomètres de quai.

Aussi depuis la fatidique année 1830 Marseille a-t-elle passé de moins de 75 000 Marseillais à 442 000, croît relativement supérieur à celui du grand Paris.

En même temps la cité méditerranéenne devenait splendide, mais d'une splendeur d'apparat, semblable à celle de Lutèce, sans rien de grand, d'inspiré, comme si la Nouvelle-Phocée n'avait pas son site en un « Orient », devant une campagne marmoréenne.

LXXIX
DE
MARSEILLE
A TOULON

A l'orient de Marseille on longe d'abord les superbes promontoires gris, grisâtres ou blancs de la *Gardiole*, craies ici très escarpées, là tout à fait verticales, qui se relèvent en arrière, au nord, par les *Monts de Saint-Cyr* ou monts de Carpiagne (646 mètres).

De calanque en calanque on arrive à la *Baie de Cassis*, fatiguée par les vents du large, commandée à l'est par les magnifiques apics verts et rouges du Mont Canaille ; elle se termine au promontoire du Bec de l'Aigle : aussitôt après s'amortit la *Baie de la Ciotat*, d'une ouverture de 6 kilomètres et bien garantie du mistral ; la Ciotat construit des navires à vapeur sur la rive occidentale de la baie, tandis que sur la plage orientale les sables de Torento couvrent sous mer et hors mer la ville qui fut la *Tauroentum* des Grecs de Provence ; les débris qu'en ont laissé le temps et le flot sont à peine des vestiges Ensuite deux autres anses charmantes : celle de *Bandol*, celle de Saint-Nazaire, ville qui vient de prendre le nom de *Sanary*

Cette côte serait d'une beauté parfaite s'il ne lui manquait les forêts, les rivières. Les pluies que le ciel verse, quelquefois

Le Plus Beau Royaume Sous le Ciel.

abondamment, sur cette rive altérée, s'absorbent à grande profondeur sous le sol, puis elles fuient du continent pour aller surgir du même fond de la mer, après avoir glissé de caverne en caverne dans les veines de la pierre sous l'ourlet des monts littoraux.

Elles mêlent ainsi leur eau douce à l'immensité du gouffre amer sans avoir égayé les cirques, les ravins, les effondrements du rivage par la fraîcheur de leurs fontaines et le murmure de leurs courants.

On connaît plusieurs de ces « fleuves » perdus pour la sèche Provence : la *Rivière de Port-Miou*, voisine de Cassis et peut-être faite des eaux qu'absorbent, près d'Aubagne, des marais qui furent un des lacs de l'Huveaune; la *Rivière de la Ciotat*, qui vient sans doute des orages bus par les entonnoirs du Plan de Cuges, bassin fermé; la *Rivière de Saint-Nazaire*; la *Rivière de Cannes,* qui naît sous le poids de 162 mètres d'eaux marines.

La schisteuse *Presqu'île de Cicié*, littoral d'une splendeur magique harmonieusement dentelé par les promontoires, sépare les eaux de Sanary (à l'ouest) de celles de la rade de Toulon (à l'est) : elle s'élève à 359 mètres, au-dessus du cap Cicié, à la vieille chapelle de Notre-Dame de la Garde, lieu d'un admirable panorama de terre et de mer, de monts, de rivages, campé au fronton d'un effroyable précipice. A la péninsule de Cicié s'attache par un isthme très étroit la péninsulette du *Cap Cépet*, faite de deux montagnes boisées, elles-mêmes soudées par un isthme étroit qui s'interpose entre la grande mer au sud et les rades de Toulon au nord.

LXXX
TOULON

Ainsi que Marseille, *Toulon* est un site « fatal », c'est-à-dire fixé par le destin dès l'origine des choses. Elle existe depuis bien des siècles, avant même d'avoir obéi aux Romains sous le nom de *Telo Martius*.

Comment des marins, quels qu'ils fussent, Phéniciens, Carthaginois, Hellènes, ou race inconnue, n'auraient-ils pas profité de ces eaux d'une mer qu'on dirait lac, à l'abri de tout vent déloyal?

Du nord, aucun souffle du large, c'est le côté du continent; à l'ouest la rade est gardée par la presqu'île de Cicié, au sud par le pédoncule du cap Cépet, et à l'est par un retour de la côte, d'où part une digue, œuvre récente augmentant la sécurité de ces flots que la nature a faits si tranquilles.

C'est là la Petite Rade ou rade intérieure, par opposition à la Grande Rade ou rade extérieure, qui, protégée du nord, de l'ouest, de l'est, s'ouvre largement au sud.

TROISIÈME — *Monts Extérieurs.*

Aucune anse, aucune baie du Midi ne se prêtait mieux à l'établissement d'un port de guerre que ce lac devant la ville assise près du torrent de Dardenne, au pied du Faron, d'où l'on voit des Alpes, d'où l'on devine la Corse, dans une enceinte de monts continentaux ou péninsulaires faciles à hérisser de batteries : c'est pourquoi l'on a fait de Toulon le Brest de la Méditerranée, défendu par autant de canons qu'on en peut désirer; les arsenaux y couvrent 270 hectares, sur 7 kilomètres de rivage; ils occupent douze à treize mille ouvriers, sans compter les deux mille et plus qui travaillent dans le chantier de constructions navales de *La Seyne*, ville riveraine de la Petite Rade et grand faubourg occidental de Toulon.

A Toulon se forma, voici bientôt soixante-dix ans, l'escadre de six cents navires qui devait prendre Alger et nous ouvrir le continent où nos destins rajeunissent.

La Grande Rade de Toulon se termine aux caps de Carqueyranne, séparés par 5500 mètres des promontoires de la chersonèse du cap Cépet — telle est l'ouverture qui mène aux eaux intérieures du puissant port de guerre.

Des monts superbement colorés, des calcaires et surtout des craies sont dispersés autour de Toulon par le massif de la Sainte-Baume; ils font à la ville maritime et militaire un fort bel amphithéâtre d'où des forts crachent la mitraille sur la mer. Il y a nombre d'avens — on dit ici des *ragages*, ou des *garagaïs* — dans ces monts très caverneux, que tranchent au nord-ouest de Toulon les célèbres *Gorges d'Ollioules*, dominées par le volcan d'Evenos. Parmi les plus voisins de ces monts, le *Faron*, ceinturé de pins d'Alep, n'a que 546 mètres, mais de sa cime chargée de canons la vue est merveilleuse sur les dentelures de la côte, sur les Alpes, la Méditerranée, avec soupçon confus des montagnes de Corse. Plus élevé, le *Coudon* (700 mètres), qui porte également un fort, voit encore plus loin sur la terre et les flots de Provence.

LXXXI
ILES
D'HYÈRES

Quand on a tourné les caps de Carqueyranne, on entre dans le *Golfe de Giens*, qui est très évasé, avec une rive rocheuse à laquelle succède brusquement une rive de sable.

Le sable susdit est l'une des deux flèches aréneuses qui cousirent au continent l'île schisteuse de Giens, la plus occidentale de l'archipel que nous nommons les *Iles d'Hyères*. Entre les deux flèches miroite l'étang salé des Pesquiers, qu'avive incessamment d'eau de mer un grau toujours menacé d'encombrement; aussi le débarrasse-t-on toujours : sans lui sécherait l'étang et périraient les Salins Neufs

Le Plus Beau Royaume Sous le Ciel.

(536 hectares) dont on tire annuellement 10 000 tonnes de sel.

Devenue donc presqu'île, l'antique île de Giens, charmant littoral, termine la borne qui divise le golfe de Giens des eaux nommées rade d'Hyères ou golfe d'Hyères, d'après une ville d'hiver où se balancent des palmes; plus on tend vers l'est à partir de Marseille, plus l'air est clément et plus l'azur est azur: Marseille a des oliviers, Toulon des orangers, Hyères des palmiers.

Hyères est une de ces villes d'hiver qui ne sont pas maritimes; tout au moins n'est-elle pas riveraine des flots : de sa colline ardue au littoral harmonieusement dessiné en arc de cercle il n'y a pas bien loin d'une lieue.

N'ayant pas tout à fait la mer et sujette à quelque mistral, Hyères est de climat chaud, mais avec une certaine brusquerie; il y a là telle journée de froid, de pluie, de vents impérieux où les arbres méridionaux, dont quelques-uns fort exotiques, frissonnent comme sur une terre de septentrional exil : dattiers qui montent à 15 mètres, palmiers nains, orangers et citronniers en cinquante variétés, eucalyptus, cactus de toutes sortes, même goyaviers et cannes à sucre; parmi tous ces étrangers fleurissent en foule, et d'une si belle fleur, les pêchers et les amandiers. A ces magnifiques jardins un béal, c'est-à-dire un canal, apporte des eaux du Gapeau, riviérette vive.

La mer est sans profondeur devant le rivage où Hyères envoie ses baigneurs à la magnifique plage du Ceinturon; mais les fonds de 10 mètres sont à petite distance, puis bientôt ceux de 20, de 30, 40, 50, en des flots abrités au nord par le continent, à l'ouest par la presqu'île de Giens, au sud par les îles d'Hyères; cet espace, mer à demi fermée, c'est la *Rade d'Hyères*, assez vaste pour les manœuvres des escadres toulonnaises, en raison de ses 15 000 hectares d'étendue.

Depuis que Giens est chersonèse par la vertu de ses deux flèches de sable, il n'y a plus que quatre îles d'Hyères : Porquerolles, Bagau, Port-Cros, l'île du Levant; en tout, 2 100 hectares et moins de 800 insulaires.

Quand l'archipel s'appelait les Stœchades, nom qu'il tenait des Grecs, colons du rivage, *Porquerolles* était Protè, c'est-à-dire Première ou Majeure; plus tard les Néo-Latins la désignèrent d'après sa colonie de sangliers. Elle monte à 2 500 mètres seulement du bout de la presqu'île de Giens et cet écart est la petite passe entre la mer libre du dehors et la rade d'Hyères, mer enfermée; la grande passe, de deux lieues et demie au lieu de deux kilomètres et demi, s'ouvre entre Porquerolles à à l'ouest et Port-Cros à l'est. 8 kilomètres de long sur 1 200

Monts Extérieurs.

à 2 500 mètres de large, 150 mètres d'altitude, pas plus de 1 254 hectares et de 560 habitants : c'est tout, mais Porquerolles est une merveille « élyséenne », bien que schiste sombre d'antiquité cambrienne, comme le sont vis-à-vis d'elles, par delà la rade, les Maures d'Hyères et de Pierrefeu, c'est-à-dire les Maures occidentales : les orientales relevant plutôt du micaschiste. Mer bleue, resplendissant soleil ; pins d'Alep, jeunes eucalyptus à taille de géant, lauriers, arbousiers, tamaris, tous les arbustes du maquis, toutes les herbes aromatiques de ce délicieux climat, des ravins merveilleux, des calanques ravissantes, la lumière féerique, les paysages classiques, nobles, sobres, simples, méditerranéens, on peut dire que les lapins, héritiers des sangliers de Porquerolles, folâtrent dans un éden, parmi le thym et la rosée, la lavande, les ajoncs, les bruyères.

Port-Cros, qui a pour annexe la très morne Bagau, est une terre sauvage, partie schiste et partie micaschiste, de 640 hectares de grandeur, avec 162 insulaires. Elle dresse au-dessus de sa côte du sud une falaise droite de 207 mètres de hauteur, culmen de tout l'archipel ; ses ravins entre coteaux couverts de fraisiers, parfumés de lavande, sont animés des oiseaux et des bêtes que l'homme aime à foudroyer d'un « noble » coup de fusil. Bien moins boisée que Porquerolles et que l'île du Levant, cette Messê ou île médiane des Grecs, médiane en effet dans la rangée de ces terres insulaires, a plus de fontaines que ses sœurs « hyériennes » ; et grâce à ses eaux, elle abonde en primeurs qu'elle vend sur le continent, et jusqu'en Angleterre.

A 1 200 mètres à l'est de Port-Cros, l'*Ile du Levant* ou du Titan, l'Hypéa ou Inférieure des Grecs, est aussi longue que Porquerolles, mais d'un tiers moins large, donc d'un tiers moins vaste : 996 hectares ; et presque personne, 26 habitants en tout. Des bois solitaires vêtent ses micaschistes, ses porphyres qui ont pour cime les Pierres Blanches (229 mètres) ; et dans ces forêts mêlées de maquis, il arrive que le bruit des feuilles froissées révèle au promeneur un serpent qui s'enfuit.

LXXXII
AU PIED
DES
MAURES

Au-delà des Vieux-Salins (400 hectares), dont on extrait le sel à milliers de tonnes chaque année, le littoral de la rade n'est plus sable devant terre basse et plate. Un massif de la prime adolescence de notre vieille planète, un clapotis de granits, de micaschistes, de cambrien, de roches permiennes, les Maures, « puisqu'il faut les nommer par leur nom », plongent sur la mer par des caps splendides, entre des anses jusqu'où descend l'odorante forêt.

Ce littoral frangé, très abrité des vents autres que ceux du Grand Gouffre, de la Fontaine de vie et de jeunesse, se développe en harmonie sous toutes les couleurs, splendeurs et sérénités du soleil. Quelle calanque élire ici pour y vivre loin des villes et devant la mer, flot de pied du Liban autant que de Provence?

L'enthousiasme hésite. Que préférer : les criques de la *Rade de Bormes*, qui a pour port le Lavandou, garé du mistral? Les anses du cap Nègre? La plage arrondie de *Cavalaire*? L'estran droit, haut, serré du cap Lardier, du Cartaya, du Camarat? L'anse de Pampelanne ou Pampelune? Partout la mer est belle, et la terre, et le ciel.

Et l'homme en est encore absent, à la veille d'y bâtir ses palais de vanité.

A l'est de l'anse de Pampelanne, en tournant les promontoires orientaux des Maures, on arrive de cap en cap au *Golfe de Saint-Tropez* ou de Grimaud, jadis golfe Sambrachan, l'un des mieux garantis qu'il y ait en Provence : l'entrée étant d'une lieue, il s'avance de 7 kilomètres dans le continent, auquel il ravit 2 000 hectares, avec de grandes profondeurs d'eau. A sa côte du sud s'échancre le port de Saint-Tropez, qui fut peut-être ville grecque, avec le beau nom d'*Athenopolis*; à cette rive comme à la rive contraire, où se déploie l'anse de Saint-Maxime, sur tous ses bords, palmiers, aloès agaves, cactus, lauriers-roses rappelaient aux Musulmans le rivage d'outre-mer, alors que ces Numides islamisés régnaient sur les monts du rivage, quand la Garde-Freinet était leur « casba », et que les ports du golfe étaient leurs ports.

Des eaux de Saint-Tropez à la plage de Saint-Raphaël, c'est aussi la montagne des Maures que caresse la mer onduleuse.

A la morbide plage de Saint-Raphaël la « rivière d'argent », l'Argens arrive en face du flot d'azur, devant un plan maremmatique à la longue conquis par ce fleuve sur le flot du *Golfe de Fréjus*, jadis fort enfoncé dans le continent, aujourd'hui très peu. En réalité, il a presque entièrement disparu, le susdit golfe, dont il ne reste que la concavité bordée par le lido de Saint-Raphaël. *Fréjus* lui dut « la vie, le mouvement et l'être » dès avant l'arrivée des Grecs de Marseille; puis les Romains en firent le *Forum Julii*, dont la muraille enfermerait cinq fois la ville française; cette enceinte est encore en partie debout avec restes de portes et de tours, débris de théâtre, d'arènes, de temple, beaux piliers de l'aqueduc qui menait à la colonie les eaux pures de la Siagnolle.

Fréjus n'est plus rien; les troubles de l'Argens l'ont rejetée à 1500 ou 1600 mètres du rivage; le fleuve s'est incorporé la rivière de *Forum Julii*, le Reyran, jadis ru côtier, et continuant son œuvre au bout de la plaine où son dernier flot passe avec indolence, il éloigne de plus en plus du littoral le vieux port où trafiquèrent le Ligure, le Phénicien, l'Hellène et le peuple de brigandage issu des Sept Collines.

LXXXIII
AU PIED
DE
L'ESTÉREL

Saint-Raphaël, jeune ville de bains, jeune ville d'hiver, a ses chalets, ses « palais » de Boulouris, de Valescure, au bord de la mer ou dans les replis de l'Estérel.

D'abord ces collines sont basses, mais à partir de la rade d'Agay voici qu'elles se lèvent en petites montagnes.

Le *Cap Roux* (453 mètres), qui s'appellerait mieux cap Rouge, tant sa roche de porphyre brille comme braise, et d'autres promontoires porphyriques moins hauts, non moins superbes, ces éperons de l'Estérel brisent l'eau bleue en blanche écume; eux-mêmes, le soleil les empourpre, et sur leur cime ou dans leurs ravins la sylve estérélienne est verte, avec tous les tons du vert tendre et du vert sombre.

En contournant le pied des escarpements de Théoulé, qui sont un bastion de l'Estérel, on entre dans le *Golfe de la Napoule* ou golfe de Cannes, aujourd'hui quart de cercle des plus réguliers, mais antan sa pénétration dans les terres, les pierres plutôt, était bien autrement grande et il s'avançait à 7 kilomètres dans la montagne, jusque vers Auribeau : ces presque deux lieues à lui enlevées sont une conquête que la Siagne, le fleuve aux sources très magnifiques, aux gorges très admirables, a faite sur la mer où surgit l'archipel de Lérins.

L'heureuse *Cannes* borde une anse orientale dudit golfe de la Napoule, eau fort creuse trop ouverte aux vents du grand large pour que les vaisseaux aiment à y ancrer; des navires de 5 mètres de tirant fréquentent le port de l'*Ægytna* des Ligures, du *Castrum Massiliorum* des Romains, Cannes, qui est le Midi par excellence de la France continentale; elle l'emporte sur la « ville du Vésuve » elle-même, sur Naples dont le ciel est toujours en fête et la moyenne de chaleur annuelle y est un peu plus forte, avec meilleur équilibre des saisons; autant que Menton, et plus que Nice, reine officielle de la Ligurie française, elle a le premier rang parmi nos villes d'hiver.

On peut dire que Cannes n'est plus seulement dans Cannes; chaque année l'augmente en dehors d'elle-même par des villas, des châteaux, d'énormes hôtels avec tous les encombrements

Le Plus Beau Royaume Sous le Ciel.

et toutes les puérilités du luxe; le flot étant au-devant, elle s'élargit en arrière dans les vallons, sur les collines, et surtout elle s'étire vers l'orient jusqu'à faire présager qu'un jour elle s'en ira rejoindre Antibes au long de la côte, de chalet en chalet, de palais en palais, en suivant la cambrure du rivage par les villas du Golfe Jouan, de Jouan-les-Pins et en contournant la péninsule de la Garouppe. — Ce sera l'une des « marines » les plus brillantes sous le ciel.

Le divorce du golfe de la Napoule et du golfe Jouan est nettement marqué par la presqu'île basse de la Croisette et par les deux *Iles de Lérins*, exactement parallèles entre elles et dont on dirait deux navires à l'ancre, le flanc vers la côte, la proue vers l'orient; bientôt il le sera mieux encore, quand la plus grande des deux îles, Sainte-Marguerite tiendra par une chaussée au cap de la Croisette, à travers 1 400 mètres seulement d'une mer peu profonde où ne se hasarde aucun vaisseau dépassant 5 mètres de quille.

Sainte-Marguerite, île de 210 hectares, c'est l'antique *Léro* (d'où le nom de Lérins). Elle porte une forêt de pins maritimes; son château fort eut longtemps pour hôte muet le mystérieux « Masque de fer ».

Au sud et tout près de Sainte-Marguerite, **Saint-Honorat**, la *Lerina* ou Petite Lérin du temps gallo-romain, ou encore la *Planasia* (car elle est assez plate), brillait au VIe, et au VIIe siècles, comme le phare le plus éclatant de toute la chrétienté : il y eut jusqu'à 3 700 claustrés dans son abbaye, mais peu à peu cette vive lumière s'obscurcit, puis devint ténèbres.

Le *Golfe Jouan*, où la sonde trouve jusqu'à 50 mètres, n'a pas pour seule protection les îles de Lérins au sud-ouest; il est abrité des vents d'est par la presqu'île en bec d'épervier qui finit au cap de la Garouppe, et de ceux du nord par les bombements de l'Estérel; il ne s'ouvre qu'aux tempêtes du sud-est et pourrait être défendu de ce côté par une digue reposant sur une chaîne d'écueils et de bas-fonds ; il deviendrait alors une rade magnifique pour l'évolution des flottes. C'est là qu'en 1815 aborda Napoléon, dans le court voyage d'Elbe à Waterloo.

Quand on a doublé le cap d'Antibes et tourné la *Presqu'île de la Garouppe*, autre paradis constellé de villas d'hiver, on rencontre *Antibes*, l'une de nos rares villes de nom grec ainsi que, par exemple, Agde et Nice; Antibes, c'est « Antipolis », qui prête à deux sens : petite ville en face ou sentinelle, gardienne : ville en face parce qu'elle regarde Nice ; gardienne parce que c'était un boulevard des Hellènes du littoral contre les Ligures de la montagne.

Lorsque de ce port gracieusement arrondi, profond de 6 mètres, on s'en va vers le nord-est jusqu'à Nice, on rencontre trois embouchures de fleuves inégaux : le Loup, la Cagne, très petits ; le Var, grand et redoutable.

LXXXIV
DE NICE
A L'ITALIE :
LA CORNICHE

A 5 ou 6 kilomètres du large lit inconstant par lequel le Var porte à la Méditerranée les ravages du mont, la fameuse *Nice* est à la bouche du Paillon. Cette belle ville d'hiver ne vaut ni Cannes, ni Monaco, ni Menton, ni tel bourg de l'Estérel ; on y connaît les brusqueries du ciel, la violence des vents, le siroco, l'affreux mistral, les tourbillons de la noire poussière.

Les deux grands vents de Nice, le brusque et sec, l'humide et mou, l'un passant par des écartements de monts, l'autre arrivant par la mer, incommoderont toujours la « ville de la Victoire », que les Marseillais nommèrent ainsi dans leur langue, *Niké*, du temps qu'ils étaient Grecs, en mémoire d'un triomphe sur les Ligures ; mais le canal de la Vésubie réduit la poussière, il tempère le jour ardent, le sol réverbérant, la colline fervide, et des ombres fraîches descendent sur le palais du soleil.

De Nice en Italie, la route se nomme la *Corniche*, de ce qu'elle domine de haut le flot d'azur.

Elle est célèbre dans le monde entier et certes peu de chemins planent sur d'aussi beaux vallons du côté de la terre, sur de tels horizons du côté de la mer.

La route de la Corniche passe à Villefranche, dont la rade harmonieuse luit entre des collines que le reboisement revêt de grâces nouvelles ; elle domine le golfe évasé d'Eze où le rivage se relève en rocs d'une grandeur idéale, et traverse Monaco où le jeu fait tort à la mer.

Monaco, c'est la ridicule enclave.

La France l'environne, ou plutôt l'on ne sort de cet État souverain que pour fouler le sol du canton de Menton.

La terre monégasque longe la mer pendant 3 500 mètres ; c'est sa dimension la plus « impériale », la largeur ne dépassant nulle part 1 500 mètres et se réduisant à 500, 400, 300, même 150 : en tout 216 hectares, avec 13 500 habitants, sur l'admirable rocher de Monaco, et le long de la Méditerranée, autour de la rondeur du Port d'Hercule.

Hercule solitaire, ou mieux n'habitant qu'une seule demeure, comme le dit le nom même de Monaco, qui est grec : Μόνοικος, n'ayant qu'une maison. Cette colonie, la première que hasar-

Le Plus Beau Royaume Sous le Ciel.

dèrent les Hellènes sur le rivage de Provence, fut fondée d'après la légende par Hercule dans son voyage de Grèce jusqu'en cette Espagne où il allait ouvrir, en un effort inouï, la Méditerranée sur l'Océan et séparer l'Europe de l'Afrique.

Ainsi les origines de Monaco sont mythologiques autant que celles de n'importe quelle glorieuse ville antiquissime au bord de la « mer vineuse » d'Homère, et ni la vague, ni la roche, ni les arbres, ni les cieux, ni les rayons, ni les souffles ne démentent ici la Grèce harmonieuse.

A deux lieues au nord-est de Monaco, tout près de la frontière d'Italie, **Menton** l'amphithéâtrale, au bord de son golfe de la Paix, est la princesse de la Ligurie française; aucune de nos villes d'hiver n'a le climat si doux, si brillant; la moyenne de la saison froide y atteint 9°,6, celle de l'année 16°,3, comme à Naples, et sur ses 365 jours il en est 214 pour verser des torrents de lumière sur les bois de citronniers, sans le plus petit nuage qui ternisse la splendeur d'en haut. Menton, Monaco, Nice, Cannes sont de vraies serres chaudes par leur exposition franchement méridionale au pied de monts de 600 à 1 200 mètres et plus, dressées en travers des perfides vents du Nord.

A 3 kilomètres de Menton, fin des Gaules, et ce n'est plus la France, c'est l'Italie.

LXXXV
RHONE
SUPÉRIEUR :
DE LA SOURCE
AU JURA

A part quelques torrents littoraux, ce grand fleuve boit les eaux de toutes nos Alpes, hautes, moyennes ou basses.

Sans doute l'onde si belle qu'épanche le Léman reçoit des rivières du Jura, des Vosges, des Monts Français, des plus fières Cévennes; elle a part aux plus froids comme aux plus chauds de nos climats, aux plus neigeuses comme aux plus sèches de nos montagnes, aux mieux parées comme aux plus nues; mais c'est surtout des Alpes que le Rhône dépend, et des flots qu'il emporte à la mer la grande et très grande masse est née dans les Alpes, de neige, de glace, de pluie ou de sources.

Il n'est pas seulement le courant le plus abondant de France, et même l'un des plus forts d'Europe malgré la brièveté comparative de son cours; on peut le dire aussi l'un des premiers du monde par la splendeur, la variété des pays qu'il traverse, la beauté de ses sierras, l'ampleur de ses glaciers, la profondeur du lac où il s'épure, sa percée du Jura, sa course impétueuse dans une superbe vallée, ses villes antiques ou modernes, ses terribles affluents d'Alpe ou de Cévenne, son delta de la Camargue, son empiètement sur les vagues bleues.

TROISIÈME — *Monts Extérieurs.*

Des 9 888 540 hectares qu'il épanche dans l'Urne, plus de 9 millions appartiennent à la France ; le reste est suisse, par le fleuve lui-même et ses affluents directs, ou par le Doubs, tributaire de la Saône.

C'est en Helvétie qu'il naît, à plus de 1 700 mètres, dans le Valais, près des sources de l'Aar, de la Reuss, du Rhin et du Tessin. Il part d'un grand glacier, dans un massif de 3 000 à 3 600 mètres ; le torrent de ce glacier, digne du fleuve qu'il inaugure, dévore un ruisseau fait de trois sources.

C'est ce ruisseau que les montagnards du Haut-Valais élèvent à la dignité de père du Rhône.

Ainsi commence notre fleuve magnifique.

L'Oberland, le Mont-Rose, inclinent vers lui de vastes champs de froidure ; l'Oberland lui envoie par la Massa le tribut du glacier d'Aletsch, le premier des Alpes, puisqu'il a près de 6 lieues de long, sur 1 800 à 2 000 mètres de large ; ce bloc congelé de 14 000 hectares, de plus de 30 milliards de mètres cubes, abreuverait pendant au moins dix-huit mois la Seine telle qu'elle passe dans Paris quand ses eaux oscillent entre la moyenne et l'étiage.

Le Mont-Rose lui décoche la Viège qui, de par ses 30 225 hectares de glaciers, l'emporte sur le Rhône, vers lequel ne s'inclinent que 28 929 hectares de frimas. La Navisanche, la Borgne, la Dranse du Valais, dont 15 362 hectares de gel plaquent le bassin de moins de 64 000 hectares, ces torrents et d'autres moindres lui amènent les eaux des mers de glace et des névés étincelants accrochés à la chaîne helvéto-italienne, qui va du Cervin au Mont-Blanc.

Vers Sierre, au-dessus de Sion, qui est la capitale des Valaisans, l'allemand, langue du Rhône supérieur, disparaît, et le fleuve est déjà français par l'idiome de ses riverains. Vers Saint-Maurice il quitte le val d'en haut par la Porte du Valais, passage étroit entre la Dent de Morcles à droite et la Dent du Midi à gauche, puis il court vers le lac de Genève à travers une plaine marécageuse qu'il a créée, qu'il augmente.

C'est près du château de Chillon qu'il entre dans le lac de Genève, à 372 mètres, après avoir reçu les eaux de 260 glaciers d'une aire totale de 103 727 hectares. En très grande crue il s'y abîme furieusement en flots laiteux, à raison de 1 700 mètres cubes par seconde ; et à cette avalanche, la Dranse de Savoie et les riviérettes du pourtour ajoutent des centaines d'autres mètres ; or, même alors, quand tous les tributaires ensemble arrivent au comble de l'exaspération, il n'en passe que 575 sur le seuil de Genève. On voit combien le Léman tempère les excès du Rhône valaisan.

Le Plus Beau Royaume Sous le Ciel.

A peine ressuscité de son tombeau du lac, à 2 500 mètres en aval de Genève, il passe, à l'étiage extrême, de 65 ou 70 mètres cubes à près de 100 par la rencontre des flots terreux de l'Arve ; les deux grands courants, l'Arve terne, rouleur de débris, et le Rhône d'azur se frôlent d'abord sans s'unir : quand le mariage est consommé, le fleuve a perdu sa transparence.

LXXXVI
PERCÉE
DU
JURA

Déjà grande rivière, avec 430 mètres cubes de portée ordinaire, le Rhône entre en France et court pendant quelque temps sur ses propres alluvions dans un lit de 330 mètres de moyenne largeur ; puis réduit à 25, à 15 seulement d'ampleur, quelquefois moins, il commence une percée de la montagne aussi inconnue que la percée du Rhin est célèbre : à droite les escarpements du Jura, à gauche les parois des monts de Savoie, le tourmentant par leur rapprochement intime ; longtemps leurs roches l'étranglent à suffocation, et parfois des pans s'écroulent et plongent avec un bruit de tonnerre, puis de sourds échos, dans le flot silencieux, profond, verdâtre ; il advient même que des talus entiers s'éboulent et barrent le fleuve. Ainsi en 1883 près de 500 000 mètres cubes glissèrent d'un flanc du Grand Crédo à côté du Fort de l'Écluse ; brusquement arrêtée, l'eau des glaces de Valais et Savoie recula derrière la digue et s'éleva si haut dans le couloir d'amont qu'elle faillit atteindre, à l'entrée même de la cluse, la voûte du pont de Collonges ; or cette arche se courbe à 120 pieds au-dessus du Rhône.

Puis le fleuve se contracte en ruisseau ; au pont en bois de Grésin il n'a pas plus de 10 mètres, et pourtant il y dort en deux bras autour d'une roche. En arrivant à Bellegarde, il entre dans une fissure de 10 mètres environ de paroi à paroi, de 10 mètres aussi de profondeur. Cette rainure, entaille très régulière, le Rhône la remplit au temps des eaux normales, quand il roule 500 mètres par seconde, soit durant sept à huit mois ; quand le flot est bas, durant quatre ou cinq mois, au bout de l'automne et en hiver, au temps des fonts gelées, des soleils pâles, des glaciers qui ne diminuent plus mais s'accroissent, l'eau descend et descend encore, jusqu'au fond du canal de pierre, à 10 mètres en dessous des lèvres de la cassure ; alors elle passe tout entière dans une rainure inférieure, bien plus étroite que la supérieure, avec 2 ou 3 mètres seulement de corniche à corniche ; à ce saut d'un enfant se réduit le Rhône orgueilleux mêlé de l'orgueilleuse Arve ; puis ce couloir inférieur disparaît lui-même sous un déboulis de rochers, et pendant quarante mètres plus de fleuve, pas même un ru pendant un grand tiers de l'an, tandis que durant les deux autres tiers le Rhône, que les deux corridors d'en haut et d'en bas ne peuvent contenir, passe « supplémentairement » sous l'arche du pont de Lucey.

Et tout à coup, après cette *Perte du Rhône*, tout au long de laquelle l'eau « lémanienne » s'est abaissée de 13 mètres, le fleuve réapparaît dans un gour sinistre, obscur à demi, et reçoit en massive cascade le magnifique torrent de la Valserine.

Comment un flot si puissant peut-il s'enfouir dans une craquelure si mesquine ? Où trouvent passage, non pas les 1 500 mètres cubes par seconde que verse par ici le Rhône en crue extrême, mais ces 1 500 diminués des 500 qui courent à ciel ouvert au-dessus des deux lits superposés dans la pierre sous la courbure du pont de Lucey — soit 1 000 mètres ? Pour résoudre un tel problème, qui semble insoluble à première vue, il suffit d'admettre pour le siphon d'entre perte et renaissance une largeur de 12 mètres, une profondeur de 12 à 15, une vitesse de flot de 6 à 7.

A l'origine même des deux tiroirs superposés, un canal-tunnel ravit au Rhône un minimum de 61 mètres cubes par seconde qui d'ailleurs lui reviennent par une cascade de 13 mètres au bout du souterrain, à l'embouchure de la Valserine, donc à la renaissance du fleuve. Ce canal développe une force de plusieurs milliers de chevaux-vapeur que de longs câbles sur poulies transportent à 130 mètres de haut, sur le plateau de *Bellegarde*, où l'on médite une ville industrielle.

Ce n'est pas encore, ni de sitôt, la fin des cluses du Rhône, souvent contrarié à l'excès ; ainsi, à la *Planche d'Arlod* ou Pas de Malpertus on peut presque le sauter, car il y a 6 mètres seulement entre la rive de Bugey, qu'il frôle à droite, et la rive de Savoie ; ce site n'est pas moins grandiose que celui de l'Abîme de Bellegarde ; du front de roches sauvages, très hautes, avec rameaux penchants d'arbres inclinés qui ont pris racine dans les ressauts, trous et rainures, à peine si l'on distingue dans la profondeur horrible le fleuve vert coulant sous un ponceau métallique ; le fer a remplacé les courts madriers, la « planche » d'Arlod qui joignait ici France et Savoie et qu'on enlevait dès que menaçait la guerre entre les Français et leurs vieux cousins les Allobroges.

Plus bas, au pied du château de Genissiat, le *Défilé de Montoux* le cède à peine en compression au Pas de Malpertus.

Jura sur la rive droite et, sur la rive gauche, des monts qui sont encore Jura sans se nommer ainsi, les deux tenailles du Rhône se desserrent quelquefois, mais pour remordre

Le Plus Beau Royaume Sous le Ciel.

ensuite, et à chaque instant le torrent change de rapidité, de largeur, de profondeur. Il s'empare de deux rivières savoyardes, l'une petite, les Usses, l'autre grande et impérieuse, comme son nom, le Fier ; puis, très large, il s'avance, déjà plein d'îles allongées, dans les plaines de la Chautagne, vaste bas-fond très mouillé, reste d'un vieux léman « rhodanien » non entièrement aboli : il en reste encore l'eau du Bourget, que verse au fleuve le canal de Savières.

Après quoi nouvelles engoulures d'éminent contraste avec les amples terres molles où le fleuve vient de se diviser en canaux sans nombre qui ne cessent de faire, défaire et refaire des îles de cailloux et de sable où brille la verdure discrètement argentée des saules : le Rhône rassemble ses lits, concentre sa puissance et troue la montagne au pied du bloc calcaire isolé qui s'achève à 177 mètres au-dessus des flots par le vieux monastère fortifié de *Pierre-Châtel*.

Puis après les abîmes obscurs reviennent les épanouissements lumineux ; ensuite c'est le confluent du Guiers, fort torrent mi-savoyard, mi-dauphinois, et, à droite, le frôlement des monts bugésiens, tandis qu'à gauche, d'immenses palus, exondés par des canaux, autant que faire s'est pu, témoignent d'un antiquissime lit du fleuve ; car, très évidemment, l'onde « genevoise » coula dans ce qu'on nomme aujourd'hui les Terres Basses, entre les Terres Froides au sud, et au nord, l'île de Crémieu, ce bloc calcaire qu'un éclatement quelconque divisa du Jura, et le Rhône profita de la fissure.

Il coule donc entre le grand Jura à droite, le petit Jura de l'île de Crémieu à gauche, et il a là ses étranglements derniers, l'*Étroit de Malarage* ou du Bois du Mont, redouté des mariniers (sa largeur s'y réduit à 36 mètres, l'eau ayant profondeur de gouffre), et le passage du *Pont du Sault* où, de rivière redevenu torrent, il descend de 3 mètres sur 1500 mètres, en un triple rapide qu'on a rendu moins périlleux par l'ablation d'une partie des roches du seuil et contourné par un canal.

Il en a désormais fini avec le Jura, l'obstacle irritant qu'il ne savait comment tourner et qu'il n'a vaincu, du Fort de l'Ecluse au Pont du Sault, qu'à force d'attaques dans toutes les directions possibles, la résultante étant le sud-ouest. Et le voilà fuyant majestueusement dans une très large plaine.

Il ne suivit pas toujours ces chemins difficiles conquis sur la roche par le plus patient de tous les ouvriers, l'eau de la montagne qui n'a ni sommeil, ni repos, ni chômage.

Il coula vers les lieux qu'arrose aujourd'hui l'Isère, comme le montre l'avenue qui mène de Seyssel à Montmélian par le lac du Bourget et Chambéry; puis il s'égara dans de larges graviers, fils des moraines, où nous voyons à présent des bas-fonds, des tourbes, des marais; il courut alors où serpente la Save, petit ruisseau, et où passe la Bourbre, petite rivière, vers Morestel, Bourgoin, la Verpillière; c'est là son passage d'antan dans la vallée devenue les Terres Basses, alors qu'il ne s'était pas encore introduit entre le Jura et l'île de Crémieu. Cette Bourbre lui transmet les eaux de palus à brouillards, l'Ain un flot d'ondes jurassiennes émises par les antres du calcaire.

LXXXVII
LYON;
LA
SAONE

Alors il s'avance vers Lyon, libre enfin, épandu, très vaste, quelquefois immense, là où, comme devant Miribel, il a 3 kilomètres de large, en bras multiples embrassant des lônes, c'est-à-dire des îles basses, des alluvions sans consistance, où nul ne sème, ni ne moissonne; avec le saule leurs sables et leurs graviers portent l'arbre vert, élancé, flexible au vent, mais sans couronne et sans branches étalées, le peuplier, qu'on trouve partout en France. En approchant de sa grande ville, il se concentre en un seul lit, à sa gauche il a des plaines morainiques, détritiques, galets remaniés souvent; à droite le domine de haut la « côtière », talus méridional du plateau de la Dombes.

A Lyon, par 162 mètres au-dessus des mers, il accueille la Saône. C'est ici le lieu capital de son cours; et ce fut le lieu capital de toutes les Gaules sous les empereurs romains des deux premiers siècles; Lyon aimait à se nommer *Caput Galliarum*, quand Paris n'était encore qu'un hameau de pêcheurs dans une petite île du fleuve qui varie, suivant la saison, entre le quart et le dixième du Rhône.

La Saône rejoint le Rhône à une lieue en aval de l'ancien confluent, signalé jadis par l'autel que les soixante tribus de la Gaule Chevelue avaient élevé à Rome et à l'empereur Auguste, soit par une basse flatterie, soit vraiment par une affection naissante pour la ville d'universelle, et comme on le croyait alors, d'éternelle domination; le progrès des doubles alluvions rhodaniennes et arariennes, surtout le travail de l'homme ont poussé en aval la rencontre des deux courants.

Cette Saône, si importante dans l'économie du fleuve, est comme direction le prolongement du Rhône inférieur vers le nord, vers le « centre des terres », vers l'étoilement de vallées menant aux pays de la Seine comme aux pays du Rhin et de la Meuse; elle s'ajuste si bien à l'eau qui va de Lyon à la mer que, sans le volume presque en tout temps très supérieur du

Le Plus Beau Royaume Sous le Ciel.

courant sorti du lac de Genève, on n'hésiterait pas un seul instant à la prendre pour la branche initiale. La rivière tranquille reçue, la rivière fougueuse s'en va droit au sud, tandis que depuis sa source elle courait du nord-est au sud-ouest, non sans détours extravagants.

Et surtout la Saône contribue singulièrement à régulariser le grand torrent d'Alpes et Jura.

C'est en été que le Rhône a le plus d'abondance, à la fonte des neiges, et précisément alors la Saône arrive à son minimum; mais pendant la saison d'hiver le Rhône est au plus bas, tandis que la Saône verse en moyenne quatre ou cinq fois plus d'eau qu'en été : il résulte de là qu'en aval de Lyon le fleuve

MAIGRES ORDINAIRES	EAUX MOYENNES	GRANDES CRUES
Rhône : 250 m. c.	650 m. c.	6000 m. c.
Saône : 60 —	250 —	4000 —
310 m. c.	900 m. c.	10000 m. c.

fait de la rencontre du Rhône et de la Saône varie peu dans son débit moyen.

A ces nombres, on en oppose d'autres qui donneraient l'avantage à la Saône; celle-ci verserait 440 mètres cubes à la seconde en module, tous débits de l'année compensés; et le Rhône 425 seulement; d'où 865 mètres cubes pour le fleuve d'aval. Il se peut, et la supériorité de la Saône viendrait du nombre, de la persistance de ses crues, mais sauf ces expansions de l' « Arar » le « Rhodanus » ne craint certes pas la comparaison.

Lyon, la cité de la soie, première en France après Paris, et riche de 466 000 Lyonnais, plus de 500 000 avec les faubourgs, Lyon a tout l'aspect d'une capitale, sur son beau fleuve et sa belle rivière, avec des faubourgs escaladant des collines de 100 à 150 mètres de hauteur; une seule chose lui manque et manque encore plus à Paris : les grands navires de Marseille et de Bordeaux, ou même les bricks de Nantes; si le Rhône lyonnais avait porté des vaisseaux comme la Garonne ou la Tamise, Lyon, située sur un des grands chemins du Nord au Midi dans une contrée magnifique, serait devenue l'une des métropoles de l'Europe; elle eût régné sur la France, sans doute aussi sur la Suisse; peut-être par Belfort sur le Rhin moyen et par la Savoie, sur la Haute-Italie.

Les ponts que le fleuve y mord ont de 200 à 350 mètres, portée double de celle des ponts de la Saône.

LXXXVIII DE LYON A ARLES

Courant désormais vers le Midi sans un seul puissant méandre, comme un méridien visible, le Rhône s'en va, large, rapide, impatient, orageux, orgueilleux, grandiose. Il a des monts à droite, des monts à gauche, qui jadis s'embrassaient çà et là et retenaient le fleuve en lacs devenus plaines magnifiques.

Suivant qu'il coule dans des défilés ou dans des plaines, il se contracte en un seul courant d'impérieuse allure ou se disperse en bras entourant des îles basses qu'il noie dans ses crues et dont alors il déracine les saules.

Quand il frôle des collines, on n'aperçoit plus la montagne ; mais quand les coteaux s'écartent au loin, ou quand une rivière arrive au fleuve par un large val, on voit ou l'on entrevoit, à l'orient, des pointes, des créneaux, des glaciers des Alpes ; et, à l'occident, des Cévennes de granit ou des Cévennes de craie ou des Cévennes de lave.

Dans ce val passe un des grands chemins de l'Europe, des mers du Nord à la Méditerranée, du Septentrion pâle au Midi blanc, violet, jaune et rouge.

Les races de tout temps s'y heurtèrent, et les ambitions nobles, les désirs fous, les vœux cyniques, les passions allumées par un soleil qui flambe ; le Rhône inférieur roula longtemps du sang dans son eau ; chaque ville y a ses ruines, chaque tertre ardu, chaque rocher son château qui chancelle ou qui, déjà tombé, cramponne encore quelque tour, quelque tronçon, quelque mur à la pierre de son précipice.

Ayant quitté Lyon, le fleuve rencontre en sa course folle la ville industrielle d'Oullins, à vrai dire simple faubourg lyonnais ; ensuite la non moins industrielle Givors où il « anéantit » le Gier, torrent très irrégulier descendu du Pilat. Ce mont Pilat, fort grandiose vu de loin et d'en bas, le Rhône en côtoie la pierre orientale, et coule devant la ville autrefois épiscopale de Vienne, où Rome est encore debout, visible en quelques monuments, et où lui arrive la Gère qui est, qui était surtout une rivièrette extraordinairement active. C'est ici que l'eau de Genève, de Bellegarde, de Lyon commence vraiment à quitter le Septentrion, ses froids et ses brumes, sans entrer encore tout à fait dans le Midi, sa sérénité, son éclat, sa lumière.

Viennent ensuite, au pied des contreforts du Pilat, les collines généreuses qui distillent le vin de Côte Rôtie, nom déjà « soleilleux », méridional, et des vergers fleuris, au printemps, de la fleur des amandiers, des abricotiers, des cerisiers, des pêchers, des pruniers; Condrieu; Serrières; Saint-Rambert d'Albon et l'embouchure des Claires, ru nul, par cause de filtrations, et il a pourtant derrière lui les vastes plaines de la Valloire et de la Bièvre, qui furent en temps fort préhistorique un passage de la rivière Isère; la bouche de la Cance, torrent d'Annonay, celles de l'Ay, de la Galaure; la ville jumelle de Tain et Tournon, chacune à son bord de fleuve : Tain au bas du coteau de l'Ermitage, premier cru de la « Côte du Rhône » aux ceps venus, dit-on, de l'orientale Chiraz; Tournon au proche voisinage du confluent du Doux; le bec d'Isère où se mêle au fleuve un énorme courant grisâtre, l'Isère des Savoisiens et des Dauphinois, deux peuples fraternellement issus de la tige des Allobroges.

Ayant ensuite effleuré Valence, il s'avance entre les Cévennes de l'Ardèche à droite, les Alpes de la Drôme à gauche; insensiblement le ciel se teint de plus chaudes couleurs; vers Beauchastel et le confluent de l'Érieux paraissent les premiers oliviers, et, comme on sait, l'arbre de la sage Minerve annonce le sec et resplendissant Midi. Après quoi, en aval de Lavoulte, le grand impétueux rencontre une petite impétueuse, souvent même une terrible, la Drôme; puis il confisque l'Ouvèze de Privas, court devant Rochemaure, ville sur basalte ayant derrière elle le volcan de Chenavari; il laisse, à 3 ou 4 kilomètres à gauche, en sa plaine de la Valdaine, la ville de Montélimar d'où lui arrive le Roubion, et mire dans ses eaux l'épiscopale Viviers, qui donna son nom au Vivarais.

En aval de Viviers, un étroit goulot est le dernier défilé du fleuve, en même temps que la fin de son cours antique; à Donzère le fils de froidures alpestres, des fontes de neige, des sources frigides, entre définitivement dans le pays méridional, là même où il s'arrêtait autrefois en face des flots salés, au fond d'un grand golfe entre Alpes et Cévennes : les plaines du Comtat et celles de Tarascon-Beaucaire sont une vieille Camargue. Dès maintenant les roches rhodaniennes, enflammées de lumière, commencent à ressembler intimement aux paysages de l'Italie du Sud, de l'Attique, de la Judée.

Ayant humé la parfois immense Ardèche, il frappe violemment, au Pont-Saint-Esprit, les piles d'un pont de 21 arches (XIIIe siècle) qui a 840 mètres de longueur; il absorbe le Lez, l'Eygues, la Cèze et passe à 5 ou 6 kilomètres à l'ouest d'Orange, la ville gallo-romaine dotée par les maîtres du monde, peuple très bâtisseur, de monuments dont deux encore presque intacts, l'arc de triomphe et le majestueux théâtre. C'est à partir des rivages voisins de cette vieille *Arausio* que les îles du Rhône sont grandes: îles du Colombier, île de la Piboulette (700 hectares), île de Miémar devant Roquemaure, île d'Oiselet, *Ile de la Barthelasse*, de toutes la plus vaste (1 100 hectares), entre les deux bras qui coulent devant Avignon, la « reine de la beauté ».

Avignon voit le Ventoux, les monts de Vaucluse, le Lubéron, les Alpines, les Cévennes; dans sa plaine soleilleuse, que tant de canaux fécondent, elle a devant elle le Rhône, notre fleuve majeur, près d'elle la Durance, notre maître torrent et celui qui fertilise le plus de campagnes; elle boit à la Sorgue, fille pure de cent avens d'immense profondeur.

Du temps celtique elle n'a rien gardé, ni du temps d'*Avenio* la romaine, mais ses murailles du xvie siècle avec leurs trente-neuf tours, son énorme palais, ses églises, rappellent que les papes y résidèrent, de 1305 à 1411.

Ainsi l'humanité catholique eut pour métropole Avignon.

Si le monde néo-latin avait gardé son unité, si l'empire d'Occident, qui était romain, par opposition à l'empire d'Orient, qui était grec, avait mieux cimenté l'Italie, la Gaule, l'Ibérie, l'Afrique, la Numidie, la Mauritanie, aucune de ses villes n'aurait eu plus qu'Avignon les puissances qui font une métropole, la presque centralité, le sol généreux, le vaste fleuve, la mer voisine, la surabondance d'eaux arrosantes, l'onde bonne à boire, la limpidité de l'air; et le climat, moins la fougue des vents: « Si le mistral souffle sur Avignon, on n'y peut vivre; s'il ne souffle pas, on y meurt »; ainsi parle un vieux dicton latin.

Si grand et si beau soit-il devant la « cité des papes », le Rhône n'est pas encore complet; il lui manque l'énorme torrent terreux des Alpes, la Durance, qui conflue dans la banlieue d'aval d'Avignon, et une rivière des Cévennes, le Gardon, qui a son terme au-dessus de la double *Tarascon-Beaucaire* : Tarascon sur la rive gauche; Beaucaire, qui eut une foire universelle (comme aujourd'hui Nijni-Novgorod), sur la rive droite. C'est ici la dernière ville où le fleuve coule dans un seul lit, d'ailleurs tout à fait magnifique : le pont suspendu de cinq travées y a 450 mètres de long; et le pont du chemin de fer de Tarascon à Cette, 597, en huit arches.

LXXXIX
D'ARLES
A LA MER
GRAND RHONE
PETIT RHONE

La tête du delta est à trois lieues en aval de Tarascon-Beaucaire, un peu en amont de Fourques, dont le nom (Fourche) a cessé d'être conforme au fait, le progrès des atterrissements ayant ramené de plus d'un kilomètre en amont le lieu de diramation, très proche d'Arles.

Arles, où les femmes sont moins splendides qu'autrefois, n'est plus la reine des Gaules, comme à la fin de

Le Plus Beau Royaume Sous le Ciel.

l'Empire romain, quand elle assemblait 26 000 spectateurs dans l'amphithéâtre dont elle montre encore les ruines, et qu'elle réunissait dans son port « les trésors de l'Orient, les parfums de l'Arabie, les délicatesses de l'Assyrie, les denrées de l'Afrique, les coursiers de l'Espagne, les armes des Gaules ». Par la faute des embouchures du Rhône, le port est vide, et les rues désertes, qui montent, étroites, pavées de cailloux durs, embrouillées, tordues et retordues, jusqu'aux immenses arènes auxquelles le moyen âge ajouta des tours de guerre.

Il y avait d'autres merveilles dans cette ville, hellène avant d'être latine, et qui doit sans doute au sang grec le profil « impérial » de ses filles blanches de peau, noires de cheveux; mais ces édifices ont presque entièrement disparu, sauf le théâtre, voisin de l'amphithéâtre et capable d'asseoir 16 000 spectateurs; sauf encore un obélisque de 15 à 16 mètres, des restes de l'enceinte romaine et quelques débris du palais de Constantin, l'empereur qui fit d'Arles la capitale des Gaules et médita d'y bâtir une Rome nouvelle, tête de l'Empire.

Des deux bras qui se séparent devant Fourques, l'un, celui de gauche, le bras d'Arles, le *Grand Rhône*, continue le fleuve d'amont en largeur, abondance et magnificence, et aussi en direction méridionale. Il s'empare de 86 pour 100 des eaux rhodaniennes.

Il ne reste donc que 14 pour 100, pas même le septième du flot de Tarascon-Beaucaire, pour le bras dit le *Petit Rhône*. Celui-ci, qu'on appelle aussi le Rhône Oriental, prend d'abord la route de l'ouest, même de l'ouest-nord-ouest, comme s'il devait aller butter contre les collines du Bas-Languedoc; puis il incline au sud-ouest, large de 150, 200, 300, rarement 400 ou 500 mètres, à travers un pays presque désert parce qu'il est maremmatique, avec palus, dont quelques-uns à peu près desséchés auxquels les crues du fleuve rendent parfois leur nature essentielle. Il sépare la Camargue (à gauche) de la Camarguette ou Petite Camargue et détache à droite une coulée qui fut antan l'une des grandes branches du fleuve; coulée encombrée, oblitérée, traînante sous le nom de *Rhône Mort*, et plus loin non moins paresseuse, bien qu'elle s'appelle *Rhône Vif*; elle-même, elle a tendance à se verser sur sa droite en coulées secondaires qui s'en vont indolemment, « platement », en longue hésitation et ne sachant trop où finir, derrière la dune littorale, dans la région d'Aigues-Mortes ou Eaux-Mortes, parmi les étangs, les terres mouillées, les roselières et les jonchères. Quant au Petit Rhône, où plongent de très rares castors, il s'engloutit dans la Méditerranée au bout de 58 kilomètres, près du bourg somnolent des Saintes-Maries de la Mer.

Le *Grand Rhône* ou Rhône Oriental, devenu la maîtresse branche après avoir été sans doute la moindre, quand le fleuve tendait au sud-ouest vers le bout de la Cévenne, reste le plus court des deux Rhônes terminaux malgré le progrès des atterrissements; il n'a que 51 kilomètres, sur une largeur de 400 ou 500 à 800 ou 1 000 mètres. Contenu par une digue, il longe les quais d'Arles; il coule entre la Camargue (à droite) et des terres humides, des étangs du bout de la Crau, des marais, sols mous qui prennent à l'approche de la mer le nom de *Grand Plan du Bourg*. Dans sa tristesse, dans sa solitude, sa « bassesse », la contrée est fort belle. L'eau boueuse, large, rapide, animée de courants, contre-courants, gourgues et tourbillons, s'avance impérialement à la rencontre de la Méditerranée : on dirait la fin d'un des grandissimes rios d'Amérique. Il passe d'abord à l'ombre des saules, des ormeaux blancs, puis il n'y a plus que des arbustes sur sa rive; enfin les broussailles mêmes disparaissent, le vent de la mer n'agite que des joncs, des touffes d'herbes salines, et le roi de nos fleuves s'achève dans une presqu'île de vase; il finit à 10 lieues de Marseille, et à 3 lieues des promontoires qu'oppose à la Méditerranée la chaîne de l'Estaque, roche dure que les chemins de fer ont peine à fendre en tunnel, si près des fanges fluides, des terres tremblantes, des toujours croissantes alluvions où l'on ne sait comment assurer une levée, une maison, et asseoir une chaussée. Ce sont ces fanges, ces sables et roulures du fleuve qui menacent de combler à la longue le *Golfe de Fos*, encore harmonieusement arrondi entre les monts de l'Estaque, les rives du Plan du Bourg et les derniers atterrissements du Rhône.

Dans les vases molles dont il a rempli son ancien golfe, le Rhône a souvent varié de cours et varié d'embouchure.

Il se versa, par exemple, dans l'étang de Mauguio, à l'époque où cet étang, bien plus grand qu'aujourd'hui, car il avait été beaucoup moins comblé, dormait aussi dans les lieux devenus depuis lors la campagne marécageuse d'Aigues-Mortes.

En 1711 la branche qui est aujourd'hui le Grand Rhône passait dans le lit, maintenant délaissé, qu'on appelle *Bras de Fer* ou Canal du Japon; ce chenal s'envasant de plus en plus, l'eau prit une autre route, celle du Bras des Lônes, et, profitant d'une tranchée de dessèchement qu'elle élargit à sa taille, ouvrit en treize années le passage qu'elle suit à l'heure présente jusqu'aux graus de son embouchure.

Le Plus Beau Royaume Sous le Ciel.

XC
LA CAMARGUE

Ἄριστον μὲν ὕδωρ, a dit Pindare : « Rien ne vaut l'eau ». Souverainement belle, elle est aussi souverainement victorieuse, bien que toujours fuyante.

Rien qu'en glissant elle arrache et transporte la matière des continents; quand elle tourne ou s'arrête, dans les replis, les dormants, les planiols, les lacs ou la mer, elle dépose la roche des terres futures.

Goutte, ruisseau, rivière, fleuve, torrent, trombe, voyage calme ou course effrénée, elle fait, défait, refait le lieu de notre court passage, et chaque heure du temps donne à l'eau des monts comme à l'eau des mers le temps de changer un peu les formes de la Terre.

Le Rhône, fils impatient des Alpes, travaille plus que tout autre courant de France à ce cycle éternel.

Jadis, quand les monts étaient plus hauts, il combla près de son lieu de naissance une grande part du lac dont le reste se nomme Léman, lac qu'il continue à diminuer, que même il effacera tout à fait, du Bouveret à Genève; en bas il créa la plaine du Comtat, la Crau, et le littoral du Languedoc jusqu'à Cette au pied du Saint-Clair.

Il fit aussi la Camargue et l'agrandit sous nos yeux par les 21 millions de mètres cubes de limon qu'il traîne annuellement à sa suite, boue capable de déposer 100 hectares de terre dans 21 mètres de mer. Depuis les empereurs romains, le Rhône a gagné 16 mètres par an sur la Méditerranée, et toujours il forme de nouveaux teys ou theys, îlots d'alluvions autour du moindre point d'attache, sous-roche, piquet, tronc d'arbre, épave ou carcasse de navire.

La *Camargue* ou delta du Rhône, entre Grand Rhône, Petit Rhône et Méditerranée, ne porte aucune colline sur les 75 000 hectares dont elle a diminué les eaux bleues et auxquels n'ont part que deux communes, deux seulement : Arles, la plus grande en France, pour 52 000 hectares, les Saintes-Maries de la Mer pour 23 000. Où le flot n'entourait pas d'îles, l'alluvion n'embrasse pas de coteaux; 5 mètres près d'Arles, à l'origine du delta, 10 sur la dune la plus haute, ce sont là les suprêmes élancements du soi-disant Champ de Marius (*Campus Marianus*) — encore une des frivoles étymologies des latinisants, et le mot de Camargue procède certainement de la langue de quelque vieux peuple du bas fleuve, bien avant l'exterminateur des Teutons non moins que des Romains, car Marius fut un de ces capitaines qui massacrent autant dans la guerre civile que dans la guerre étrangère.

Les berges et les levées du double fleuve, les talus des canaux, fossés et tranchées, les rives des étangs sont les seuls ressauts de ce marais mélancolique où le mistral secoue des arbres verruqueux et des plantes amères, filles d'un limon salé; le mistral s'appelle ici populairement le *mange-fange*, parce qu'il dévore, pour ainsi dire, la boue; à force de passer en trombes furieuses sur les palus, mares, fondrières, il les dessèche et de terre humide il en fait la terre qui se fendille au soleil de Provence.

La France commence à peine à profiter de ce cadeau fait par le Rhône au nom des Alpes, du Jura, des Cévennes. A cette Hollande quelque peu méridionale, et par cela même plus féconde mais aussi plus malsalubre que la vraie Néerlande, il manque les Néerlandais, ces hommes castors qui ont retiré des eaux deux pays : en Europe leur propre Hollande, et, sous un ciel plus chaud, dans l'Amérique du Sud, la Guyane vaseuse où dorment les criques du Surinam. Nous possédons ici plus de terreau que dans tel de nos grands départements, mais ces terres sont presque toutes salées depuis que les Rhônes, incarcérés entre digues, n'inondent plus, comme jadis, la Camargue une ou plusieurs fois par an et ne lavent plus le marais provençal. Quant aux étangs, ils pourrissent, ayant cessé d'être avivés par l'eau qui en renouvelait les flots, les comblait peu à peu. Et, pour ne rien céler des malheurs de ce delta, certaines ruines prouveraient qu'il fut plus habité, quand on n'avait pas encore enchaîné les branches du Rhône inférieur.

Il fut aussi de climat plus modéré. Les grandes inondations annuelles du Rhône (et souvent plusieurs par an) modéraient pendant des semaines la brûlure de l'astre caniculaire. Aujourd'hui, sur la terre ardente, sous le ciel ardent, près de la lagune miroitante, en vue de la mer étincelante, à côté de la *sansouire*, bas-fond salé dont les cristaux scintillent, terrible est la chaleur estivale, « effroyable » la lumière; tandis qu'en hiver, au printemps, le froid est dur, le mistral cinglant, devant une Méditerranée démontée que les vents du sud soulèvent à trois, quatre et presque cinq pieds, comme si le plus beau des lacs avait par ici de véritables marées.

Contre ces invasions d'une mer gonflée on a protégé la Camargue par une levée de 45 kilomètres de longueur, de 2 mètres 20 centimètres de hauteur. Donc, si l'on a malheureusement privé le delta de ses lessivages annuels par 150 kilomètres de digues, si par cela même on lui a défendu de se colmater, de s'exhausser, de s'assainir, on l'a aussi garanti des flots salés, stérilisateurs; tout ce qu'on y laisse arriver d'eau de mer c'est pour la pêche dans les étangs, c'est pour les compar-

Le Plus Beau Royaume Sous le Ciel.

timents où la vague bleue devient du sel éblouissant. Et ce qu'on y élève d'eau du fleuve par des engins, des norias, des pompes c'est pour la submersion des vignes, l'arrosement, le dessalement, la fécondation des terres.

Dans la Camargue ainsi mise à point, le vignoble donne jusqu'au delà de cinquante barriques à l'hectare, les froments sont magnifiques, les oliviers prodigues en huile et de superbes arbres croissent, saules, ormeaux, peupliers, aubes pareils aux trembles et dont le nom dit la feuille argentée.

D'ores et déjà 15 000 à 20 000 hectares du grand palus rhodanien ont passé de l'état de terres vagues au rang d'honneur de terres déjà riches. Le reste consiste en bas-fonds où bourdonne le moustique altéré de sang ; en sansouires, dépressions salées avec buissons de salicornes ; en dunes que des vents de terre ou de mer écrètent et dont aucune encore n'a dépassé la triomphale hauteur de trente pieds ; en maquis embrouillés où le genévrier de Phénicie, géant de la broussaille, peut atteindre 8 mètres d'élévation ; en pâtures améliorées par l'acclimatation d'une herbe australienne amie des terrains salins, et où paissent de petits chevaux blancs, des taureaux noirs, et 200 000 moutons de transhumance qui montent en été les gradins des Alpes ; enfin et surtout en étangs, roselières, jonchères sur vases putrides couvant la fièvre pour l'homme, mais non pour l'animal, tant bête à laine ou taureau, vache et cheval à demi sauvages, que « théories » de flamants aux plumes roses, vols de mouettes blanches, d'outardes, de perdrix.

La fièvre, heureusement, y heurte à peu de portes, car le delta du Rhône est désert ; sa seule et triste bourgade des Saintes-Maries-de-la-Mer n'a que 700 habitants, marins, douaniers, fonctionnaires que séparent du monde la mer, deux fleuves sans ponts, et la Camargue elle-même à ses divers degrés d'inconsistance. Elle donne son nom au *Golfe des Saintes-Maries*, dit aussi le golfe de Beauduc, harmonieuse courbure d'une rive de sable que fouettent tous les vents de l'est à l'ouest par le sud.

Le plus vaste des étangs de la Camargue, le *Valcarès* ou Vaccarès, c'est-à-dire l'étang des Vaches, avait 12 000 hectares, 21 000 y compris les lagunes sans nombre qui communiquaient avec lui. C'était un Morbihan provençal sans roches, sans mégalithes, sans verdure entretenue par les brumes du puissant Atlantique ; de fait, les Provençaux le nomment la *Petite Mer* (Pichoto Mar), justement ce que signifie le mot breton de Morbihan : mais il ne doit plus être comparé en grandeur au golfe armoricain depuis que l'évaporation l'a réduit à 4 000 hectares, quelquefois même, après longue évaporation, à 2 500 seulement ; d'ailleurs la Petite Mer de Vannes est profonde, et celle de la Camargue ne l'est pas ; des « afoux », passages à travers le cordon des dunes et la « digue à la mer » l'unissent à la Méditerranée.

Tel est, à demi régénéré bientôt, ce delta d'un fleuve qui, s'il avait voix humaine, pourrait parler plus fièrement que ce Duero auquel les Espagnols prêtent la déclaration suivante :

Soy Duero, que todas las aguas bebo. — Je suis Douro, je bois toutes les eaux.

XCI
PUISSANCE
DU
RHONE

Le Rhône est long de 812 kilomètres seulement : mais de la fin du Grand Rhône à la source de la Saône il y a 860 kilomètres ; et 1 025 jusqu'à la source du Doubs, ce qui est à peu près la longueur de la Loire.

Il tombe sur son bassin 950 millimètres de pluie, la moyenne de la France n'étant que de 770, et il reçoit tant d'eau qu'il a droit au nom de grand fleuve malgré la petitesse de sa conque ; pour lui la neige des Alpes croule en avalanche, ou fond en pluie, ou, de névé, se contracte en glaciers ; pour lui le Jura caverneux distille un flot sans souillure ; pour lui, quand la trombe éclate, un Mississippi descend des Cévennes.

Au plus bas niveau de l'année, en hiver, quand les sources de la montagne sont glacées et qu'un faible soleil tire peu d'eau laiteuse de la neige éternelle, il confie encore à la mer 550 mètres cubes par seconde, autant que l'étiage réuni de tous nos autres fleuves.

En grande crue il ne balance plus le reste de la France ; à peine s'il est alors supérieur à la Garonne-Dordogne, cela surtout parce que la Saône et les affluents d'en bas, émus par un autre climat que les affluents d'en haut, ne s'irritent pas en même temps que les torrents des Grandes Alpes ; ceux-ci ont leur extrême puissance à la fonte des neiges, au printemps et en été, tandis que c'est en automne, en hiver que s'insurge la Saône et presque toujours en automne, par d'énormes ouragans, que les torrents cévénols montent, Doux, Érieux, Ardèche, Cèze, Gard, capables ensemble de pousser au Rhône des plus hautes crues un autre Rhône, et même plus qu'un Rhône, 12 000, 15 000, peut-être 18 000 à 20 000 mètres cubes par seconde. Et les autres torrents méditerranéens du bassin — méditerranéens quant au climat — Drôme, Eygues, Ouvèze, etc., s'épanchent également en automne, par la vertu des grands orages ; la Durance aussi, méditerranéenne par ses affluents d'en bas autant qu'alpestre par ses affluents d'en haut.

Tous ces fantasques oueds de la Cévenne ou de l'Alpe méridionale pourraient être brisés dans leur fureur folle par des digues d'en travers retenant les eaux sauvages en réservoirs semblables, en très petit, et bien qu'artificiels, à ceux qui modèrent le Rhône supérieur, à l'Annecy, au Bourget, au Léman surtout.

On estime diversement le module du fleuve entre 1 718 et 2 603 mètres cubes par seconde; 2 000 à 2 200, c'est sa force probable, et d'après d'autres calculs, 1 900.

Il engloutit donc annuellement dans le flot bleu trois fois autant d'eau que la Seine, presque deux fois autant que la Garonne-Dordogne, plus de deux fois autant que la Loire.

Or son bassin ne dépasse celui de la Seine que de 2 112 000 hectares, celui de la Garonne que de 1 407 000 hectares, et il a 2 221 000 hectares de moins que celui de la Loire.

Malgré ce flot d'eau, et quoique sa tenue ait été fort améliorée dans ces derniers temps, le Rhône porte peu de bateaux, peu de navires. En amont de Lyon, le lit est trop raboteux, le fleuve ou plutôt le torrent trop âpre, trop brusque et sauvage; de Lyon à Arles le courant est trop rapide, et il fallait autrefois, avant les bateaux à vapeur, près d'un mois pour remonter d'Avignon à Lyon, tandis que deux jours suffisaient pour la descente. Au-dessous d'Arles le Grand Rhône a des vases mouvantes et, pour entrer en mer, des boues capricieuses, difficiles aux vaisseaux, qui trouvent rarement 3 mètres 1/2 d'eau sur la barre, et souvent rien que 2 mètres ou moins.

Si le travail des alluvions n'engorgeait tellement le bas de la rivière, Arles serait un Bordeaux, un Anvers; sous les Romains, quand les galères les plus lourdes pesaient à peine autant sur le flot que nos bricks les plus légers, elles descendaient aisément du Rhône à la mer, alors deux fois plus voisine; et Arles devint *Gallula Roma*, la Petite Rome gauloise.

On a voulu, sinon rendre à cette cité le rang qu'elle a perdu, la mettre au moins en relations commodes avec la mer et, s'il est possible, avec Lyon, et par cela même avec la Saône jusqu'aux canaux qui lient celle-ci à la Loire, à la Seine, au Rhin, à la Meuse : canal du Centre entre la Saône et la Loire; canal de Bourgogne entre la Saône et la Seine; canal du Rhône au Rhin; canal de la Saône à la Marne; canal de l'Est ou de la Saône à la Moselle et à la Meuse.

On a donc taillé en terre molle dans le Grand Plan du Bourg, qui est une Camargue extérieure, à la rive gauche du Grand Rhône, un canal de 6 mètres de profondeur, long de 3 300, le *Canal Saint-Louis*, ainsi désigné d'après une tour construite il y a cent cinquante ans au bord même des vagues et qui de nos jours se dresse à deux lieues du rivage.

Cette voie, qu'on peut approfondir jusqu'à l'excès d'exigence des plus lourds navires, s'ouvre sur le mouillage du Repos, dans le golfe de Fos, qui est bien abrité, creux encore, mais que les alluvions du fleuve menacent d'encombrement. Si la ville embryonnaire de ce canal, *Saint-Louis* devenait ce qu'on attendait d'elle, un grand port, il faudrait préserver d'envasement ledit golfe en jetant le Rhône dans le grau de Rostan, barré depuis trente à quarante années : on donnerait ainsi à l'eau d'Arles une embouchure plus lointaine, bien moins préjudiciable au mouillage du Repos.

Mais il est probable que Saint-Louis avortera, du fait du futur *Canal du Rhône à Marseille* : celui-ci fera de la ville phocéenne le port naturel du fleuve, en même temps que de l'étang de Berre, que ce canal longera.

Si le Rhône ne se navigue guère, il pourrait muer tout son val en jardin de verdure, comme le fait la Durance, et plus qu'elle, puisqu'il est plus puissant. On ne l'utilise encore que fort peu, quoique son flot soit passionnément désiré par les riverains de son cours inférieur, dans les pays brûlés, en Comtat, en Bas-Languedoc ; là il verserait l'eau de plaisance et l'eau de pureté chez les citadins, l'eau d'arrosement chez les paysans, l'eau de mise en branle chez les usiniers : ce qui sèche, il le reverdirait ; ce qui a soif, il le rafraîchirait ; ce qui meurt, il le rajeunirait.

Le *Grand Canal du Rhône* devait prendre et ne prendra point 60 mètres cubes aux Roches de Condrieu, en aval de Vienne ; il devait arroser les plaines de la rive gauche autour de Valence et de Montélimar, franchir le fleuve en siphon à Mornas, puis, s'éloignant du Rhône, s'en aller vers Narbonne par Uzès, Nîmes, Sommières, Montpellier, Béziers ; 200 000 hectares auraient reçu de lui les plus riches présents.

Au lieu de 60 000 litres par seconde, on n'en puisera que 47 000, en trois endroits, pour trois canaux : le plus grand, doté de 23 mètres cubes, partira de Cornas, sur la rive droite ; le second, riche de 12 mètres cubes, sortira du Rhône à Saint-Vallier ou de l'Isère à Romans ; ce sera le canal de la rive gauche ; le troisième, dit canal de la Cèze, aura sa prise d'eau dans la droite du fleuve, au voisinage de l'embouchure de la Cèze et filera sur Nîmes.

Ce n'est pas là tout ce qu'on a l'intention de demander au grand fleuve ; on peut exiger beaucoup plus de lui, tout au long de son cours, partout où il s'épand dans les vastes plaines ; on compte notamment sur ses eaux pour rafraîchir, aux portes de Lyon, les campagnes pierreuses des Balmes Viennoises. Dans une France normale il convient que le plus grand fleuve transforme en « vergers d'Armide » les plaines qu'il embellit.

La Camargue n'est pas l'unique don des Alpes à la France. A l'est du Grand Rhône, une sorte de Camargue de rhodanienne origine prolonge le delta jusqu'à la lisière caillouteuse de la Crau ; et la bordure littorale qui va du fleuve, plus exactement : du Petit Rhône au Saint-Clair de Cette, n'est autre chose qu'un antique delta fluvial plus ou moins mêlé de Crau, avec dunes et salines, le long de lagunes qui se comblent avec lenteur : du golfe de Fos à Cette, des Cévennes et des Garrigues à la Méditerranée, il est des plaines, filles du Rhône, çà et là fiévreuses, qui continuent les boues modernes par des boues antiques.

XCII
GRAND PLAN
DU
BOURG

La campagne à l'orient du Rhône ne diffère en rien de la Camargue, elle n'est qu'alluvions, palus, étangs. On la nomme le *Grand Plan du Bourg* (18 700 hectares). Plane elle est en effet, derrière le golfe de Fos, où ses étangs s'ouvrent par des graus.

C'est un palus submersible ; peut-être, comme la Camargue, un vignoble de l'avenir, au lieu d'une rizière ou d'un champ de culture comme on le présumait de lui. Traversé par le canal d'Arles à Bouc, il n'a qu'une bourgade à cette heure, Saint-Louis sur Rhône, à l'origine du canal de ce nom ; Fos, autre bourg, ne porte pas sur le Plan même, il couronne une colline, au bord du canal d'Arles à Bouc près de l'étang de l'Estomac.

Étang de l'Estomac, nom purement grec : c'est la corruption de Στόμα, la Bouche, et cette nappe d'eau, longue de près d'une demi-lieue, fut le Stoma Limnè, l'étang de la Bouche. A l'époque où ses voisins, l'étang d'Engrenier, l'étang de Lavalduc et autres moindres, communiquaient avec lui, il leur servait d'ouverture sur le flot ; il était golfe, ou plutôt un grau praticable l'unissait aux eaux du golfe de Fos.

Tandis que, grâce à des filtrations, le Stoma Limnè restait de niveau avec la mer malgré la porte de son grau, l'*Engrenier* (107 hectares) et le *Lavalduc* (380 hectares), n'étant plus ravivés, s'évaporaient lentement : ils ont aujourd'hui leur miroir à 14 mètres en contre-bas de la Méditerranée.

A la rive orientale du Lavalduc, on distingue encore quelques débris ou vestiges de la romaine *Maritima*, qui fut port au temps où cette coupe d'eau était sous-golfe d'un golfe. Des salines riveraines tirent parti des eaux des trois étangs, sursaturées de sel.

Ces « Caspiennes » provençales s'effaceraient d'elles-mêmes; devançant l'arrêt de la nature, l'homme les dessèche en ce moment, comme il a desséché tout près l'étang du Pourra et changé ceux de Citis et de Rassuen en salines.

Estomac, Engrenier, Lavalduc ont des rives basses, mais aussi des rives rocheuses; Fos marque la fin de la côte plate. On arrive aux roches âpres, à la côte soleilleuse, espalier, serre chaude, ville d'hiver, lieu de guérison, de convalescence ou d'agonie plus douce et moins prématurée.

XCIII
ÉTANG
DE
BERRE

Les alluvions du Rhône, qui se proposent d'effacer le golfe de Fos, s'approchent des collines séparant de la mer l'*Étang de Berre*, et du chenal versant à la Méditerranée cet étang.

Bien qu'entourée de coteaux, presque de petits monts, on doit regarder cette menue mer intérieure comme étant avec Marseille la véritable embouchure du fleuve auquel ne tardera guère sans doute à l'unir un canal de profonde navigation.

Fermé comme ce Stoma, devenu si ridiculement l'Estomac, serait peut-être aujourd'hui l'étang de Berre si de son onde « continentale » au flot méditerranéen du golfe de Fos, les bordiguiers ou gens des bordigues, c'est-à-dire des pêcheries n'avaient maintenu dans son intégrité le grau de Bouc ou étang de Caronte, déversoir qui a tendance à se combler d'alluvions, rhodaniennes ou autres.

Le flot surabondant du lac de Berre s'échappe entre îlots dans la ville de Martigues, par les chenaux du goulot, long de 5 kilomètres 1/2, qui se nomme *Étang de Caronte*; ces chenaux divisent en trois quartiers la « Venise provençale », ainsi qu'on aime à sobriqueter Martigues, laquelle est aussi la « Béotie de Provence », en ce que les Marseillais attribuent aux pauvres Martigaux une infinité d'âneries, mots innocents, pensers saugrenus dont ces « Vénitiens » ne furent jamais coupables.

L'étang de Caronte, approfondi de 1 à 6 mètres, a des salines à sa rive droite et des collines crayeuses, de 80 à 120 mètres, au-dessus des deux estrans; il s'ouvre sur la Méditerranée à Bouc, port de 4 à 6 mètres de profondeur en abri sûr.

L'étang de Berre a pour entour les premiers coteaux qui rompent l'uniformité du rivage méditerranéen à partir des Albères (sauf les rares massifs isolés qui furent des îles : monts de la Clape, volcan d'Agde, Pilier de Saint-Clair, etc.). De ces

Le Plus Beau Royaume Sous le Ciel. CHAPITRE

coteaux, ceux du sud (214 mètres), qui le séparent de la mer, appartiennent au chaînon de l'Estaque, franchi non loin de là par le tunnel de la Nerte; ceux de l'est (274 mètres), chaîne ardente, se nomment les *Monts de Vitrolles*; ceux de l'ouest, qui ne dépassent guère 100 mètres, ont à leur autre revers les grèves de la Crau; au nord l'étang a été vastement diminué, de tout un grand golfe, par les alluvions, les sables, les pierres qu'amena le torrent de l'Arc.

Sur ces monts « inférieurs », qui sont calcaire et craie, la nudité règne : les oliviers de petite taille et les arbustes du maquis n'y font point de forêt; à leur pied, autour de l'étang souvent bordé de salines en damier, s'étendent champs et vergers, jardins d'amandiers, olivettes : sur tout cela le Midi brille; les 15 530 hectares de la mer de Berre, ses 18 lieues de pourtour, ses plaines, ses rocs sont merveilleusement colorés.

Ce grand lac amer a 3 à 10 mètres de creux; la profondeur diminue par suite des apports de l'Arc et de la Touloubre, ses maîtres affluents naturels avec la *Duransole*, source de 1 000 litres en temps ordinaire, de 500 en étiage; par suite aussi des limons que lui versent les eaux de trois sous-branches des canaux dérivés de la Durance.

De 1724 à 1820 son fond s'est exhaussé moyennement de près de 90 centimètres; depuis lors le remblaiement se continue sous l'onde; principalement au pourtour, et spécialement au nord, dans le golfe de Saint-Chamas fourré d'herbes nées de la vase; à l'est dans le golfe de Vaine, bordé par les salines et le port de la ville dont l'étang tira son nom; au sud dans l'*Étang de Bolmon*, nappe de 750 hectares déjà séparée du reste de la conque par l'étroite levée de sable du Jaï ou Chaussée de Marius, haute de 2 à 3 mètres et coupée de deux graus.

Mais bien des siècles s'écouleront avant que cette autre rade de Brest qui offre encore aux vaisseaux 5 000 à 6 000 hectares de grands fonds, devienne incapable de donner asile à un grand port, soit de paix, soit de guerre.

XCIV
CAMARGUE
LANGUEDO-
CIENNE :
DU RHONE
A CETTE

Par delà le grau d'Orgon, embouchure du Petit Rhône, on suit, au long de la mer, vers l'ouest, puis le nord-ouest, puis le franc sud-ouest, une côte très basse, très monotone, mélancolique et solitaire à laquelle manquent la vie du flux et du reflux, les puissantes aspirations de l'Atlantique, et, pour tout homme bien né, l'indéfinissable sentiment de la grandeur cosmique devant la houle balancée de l'orageux océan. Du grau d'Orgon au grau Neuf, du Petit Rhône au Rhône Mort, puis Vif, on longe l'ourlet de la *Camarguette* ou petite Camargue, palus, vasières, sansouires, étangs, garantis de la Méditerranée par un liseré de sable si bas qu'il dépasse à peine le miroir méditerranéen.

On tourne la *Pointe de l'Espiguette*, qui n'est pas une pointe, mais un sommet de courbure, un sable arrondi dont les dunes les plus hautes ont 7 à 8 mètres et que signale un phare; et en la tournant on entre dans le *Golfe d'Aigues-Mortes*, ouvert droit au sud, le long d'une rive aréneuse, harmonieusement cintrée.

Aigues-Mortes ne borde point son golfe, elle en est à une lieue et demie, au nord et au bord d'une ribambelle d'étangs également livrés aux sauniers et aux pêcheurs. Cette cité vaut le voyage. Bâtie en 1272 par Philippe le Hardi, sur le modèle de Damiette en Égypte, elle porte sur d'anciennes alluvions du Rhône, et, si ce fleuve passe loin d'elle, il peut, quand il rompt certaines de ses digues, envahir encore ce sol lentement déposé par sa bourbe jaune ou grise dans la bleue transparence de la Méditerranée : c'est ce qu'il fit en 1840; mais les gens d'Aigues-Mortes, n'ayant point abattu l'enceinte dont les entoura le fils de saint Louis, bravèrent le fleuve « extravagant » en fermant les portes de leur ville.

Un ennemi plus pressant que ce Rhône lointain, c'est la fièvre, toujours présente, comme l'annonce le seul nom d'Aigues-Mortes, en français Mortes-Eaux. Tout ce littoral souffre de l'exhalaison des marais : la cité de Philippe le Hardi eut d'abord 10 000 habitants, 15 000 peut-être; elle descendit à 1500, et n'est remontée qu'à 3 900.

Mais une fortune imprévue lui sourit; si ses étangs salés ne sont bons qu'à donner du sel, et ses marais de la rouche et du jonc, en attendant qu'ils se tassent, la dune arrêtée par de grands pins maritimes, des tamaris et des ailantes, est propice à la vigne, parce qu'impropice aux cheminements du phylloxera; le sable, s'éboulant toujours sur lui-même, n'offre aucune galerie au puceron des racines. Et la sylve sur marais, la « pinède » perd ses pins et devient vignoble.

Aigues-Mortes communique avec la mer par la *Grande Roubine*, canal de 3 mètres de profondeur qui finit au Grau du Roi, vers le sommet de l'infléchissement sablonneux du golfe, et qui passe dans la triste maremme, entre palus et salins, puis s'avance entre deux levées, dans l'étang du Repausset, tombeau du fameux Vidourle.

Le *Grau du Roi* est le Trouville des Nîmois, qui s'y baignent sur un sable fin, devant les dunes; sur une plage

Le Plus Beau Royaume Sous le Ciel.

remaniée par Rhône, Vistre et Vidourle, son nom remémore le juste et le vaillant roi qui partit de là deux fois, ayant fait vœu de croisade : en 1248, sur des vaisseaux italiens, pour l'Égypte où il allait être vaincu et pris ; en 1270 pour Tunis où il devait mourir.

Les étangs d'Aigues-Mortes avoisinent de près, à travers sables, marais et pinèdes, l'*Étang de Mauguio* ou étang de l'Or, le premier, au nord-est, de la longue ligne de lagunes littorales du Bas-Languedoc, qui ne s'arrête qu'au delà du Pilier de Saint-Clair, presque au pied du Saint-Loup d'Agde, volcan refroidi. Le Mauguio, très diminué par les atterrissements, s'épand en longueur sur 3 600 hectares ; à sa rive méridionale des dunes de quelque largeur, de peu de hauteur, s'arrondissent en arc de cercle autour du golfe d'Aigues-Mortes ; bordé du côté continental par des terres encore fébrigènes et par des salines, il perd lentement de son peu de profondeur et, de faux lac, tend à devenir terre ferme.

Puis c'est l'*Étang de Pérols*, couvrant 1 200 hectares et se buttant à l'occident contre une levée qui le sépare de l'étang de Maguelonne, et sur laquelle arrive en mer un petit fleuve bleu, le Lez de Montpellier.

Après quoi, l'*Étang de Maguelonne*, fait de quatre sous-étangs, baigne de ses flots amers une roche volcanique, île jadis et présentement littoral, depuis qu'elle est collée aux sables du rivage ; ladite roche était Maguelonne, port de Montpellier et ville épiscopale. Du port il ne reste rien, puisque, de cité sur mer, Maguelonne est devenue hameau sur étang ; la cathédrale est encore debout ; on l'avait fortifiée contre les pirates sarrasins ; mais la roue de la fortune a tourné : c'est le Languedoc et la Provence qui débordent en Afrique.

L'*Étang de Vic* a 1 200 hectares ; l'*Étang d'Ingril*, moins vaste, luit au soleil devant la ville antan si fameuse par ses vins liquoreux de *Frontignan*, et où la fièvre paludéenne sévit moins que jadis : les miasmes s'en vont.

Au nord immédiat de Frontignan, des calcaires nus en dehors des bas chênes et kermès de leurs garrigues, les *Monts de la Gardiole*, éclatants de blancheur, parfumés de thym, s'enlèvent abruptement à 236 mètres au-dessus des palus, des salins, des vignobles du muscat de Frontignan, des étangs littoraux, enfin de la « mer entre terres ». Pas de courants dans les déchirures pierreuses, sinon les brusques torrents engendrés d'un orage, mais beaucoup d'eaux caverneuses qui vont rejaillir au pourtour d'en bas : notamment à la source d'Enversac; à celle de l'Issanca, très abondante, dont Cette s'est emparée; et probablement à l'Avisse du Thau, qui tient son origine des couloirs ténébreux de la Gardiole plutôt que des engouffrements de l'Hérault auxquels on les attribue.

Au delà de l'Ingril, au terme de ces lagunes étirées dans le sens du nord-est au sud-ouest, l'étang de Thau, qui est le plus beau de tous, a Cette pour ville; il a pour mont le Pilier de Saint-Clair.

Cette, où les vents font rage, est notre port de Méditerranée le plus commerçant après Marseille sur la rive de France, Afrique à part; elle a dû sa célébrité grande à l'industrie cynique de la fabrication des vins, français ou exotiques, fins ou extrafins, vendus comme fils légitimes des ceps les plus généreux du monde. Cette industrie est dans le marasme; mais à la cité dont la grandeur, presque l'existence, datent de Riquet, qui y fit aboutir son canal des Deux-Mers, à la doublement riveraine en tant que longeant la mer et le Thau, il reste son commerce, 400 à 500 familles de pêcheurs, les salines bordant sur 40 kilomètres le rivage oriental de l'étang, à l'abri de la dune et leurs 12 à 14 millions de tonnes de sel par an.

A vrai dire, le port de Cette est mauvais, même exécrable, d'un abord dangereux en tempête, surtout par les vents d'est, alors que la mer soulève et balance des blocs de 40 tonnes. Profond de 5 à 6 mètres, on voudrait le creuser à 8, et le compléter hors de l'atteinte du flot par des établissements dans l'étang de Thau, lequel est à l'abri des courants qui encombrent chaque année les bassins du port de Cette de près de 100 000 mètres cubes de sable.

Au-dessus de la ville, plongeant sur ses deux eaux salées, sur la grande Méditerranée d'entre trois continents et sur la petite Méditerranée de Thau, bordée de plages basses, la colline jurassique du *Pilier de Saint-Clair* s'élance à 188 mètres : c'est le bastion méridional de ce petit massif littoral des monts de la Gardiole dont la suite des temps l'a dissociée et qui, jadis îlette, s'est renouée au continent par les dépôts terrestres et le rejet des sables de la mer latine.

De sa cime on voit les étangs du littoral, la Méditerranée, les collines de l'Hérault, les Garrigues, les Cévennes, les Albères, qui sont monts pyrénéens, les embouchures du Rhône, et, à l'orient du grand fleuve, la plaine de la Crau, les Alpines et des Avant-Alpes.

Le Plus Beau Royaume Sous le Ciel.

XCV
ÉTANG
DE
THAU

La Méditerranée avalerait immédiatement l'*Étang de Thau* sans une levée de sable, intérieurement bordée de salines, lisière de 800 à 1 800 mètres de large, de 5 à 10 de haut, qui assure l'existence de la lagune, soit jusqu'à rupture de la digue, soit jusqu'à comblement du bassin : double occurrence réservée à de très arrière-neveux.

Sur la levée, solitaire sauf quelques douaniers, mélancolique entre ses eaux lacustres et ses eaux marines, silencieuse quand dort Amphitrite, des trains passent et repassent, sur la ligne de Bordeaux à Cette; et de Cette à Frontignan, puis dans les étangs littoraux jusque vers Aigues-Mortes passe entre digues le canal de Cette au Rhône.

L'étang de Thau est une eau salée, bleue, brassée par les vents, navigable, et fort naviguée par les barques de pêcheurs. Comme longueur cinq lieues, comme largeur, 2 500 à 5 000 mètres, comme pourtour 55 kilomètres entre des rives peu flexibles, — comme profondeur 10 mètres et plus, comme surface 7 500 hectares en eaux basses : 15 590 si l'on lui ajoute les étangs qui le prolongent au delà de Cette jusqu'aux palus et nappes d'Aigues-Mortes, ville à partir de laquelle les « mares » côtières sont plutôt des palus du Rhône que des étangs littoraux. Le Thau verse en Méditerranée la surabondance de son onde amère par le Grau de Cette, régularisé en canal navigable, et par des graus temporaires tantôt avivés par la poussée des eaux de l'étang, tantôt obstrués par le sable que les vents soufflent ou que la Méditerranée dépose.

Il reçoit des « Oueds Secos », presque toujours arides, et croit-on, à tort il semble, des eaux perdues par le fleuve Hérault et venues cryptiquement, par-dessous les collines de Montagnac, à la source sous-lacustre d'*Avisse*, ou Abisse, c'est-à-dire de l'Abîme, qui jaillit de l'entonnoir le plus creux de l'étang et, souvent très puissante, arrive en bouillonnant à la surface des ondes.

Si curieuse que soit la font d'Avisse, plus curieuse encore est celle d'Enversac, soit *Inversæ Aquæ*, les Eaux renversées, alternées. La *Font d'Enversac* sort d'un rocher riverain, à une lieue à l'ouest de Frontignan, au hameau d'Alezieu. En hiver elle est source, mais à partir d'avril, et jusqu'au début des pluies automnales, elle ne verse plus d'eau douce à l'étang : devenue gouffre, elle boit l'eau salée du Thau — d'où ce nom d' « Ondes alternées ». — L'étang de Thau ayant même niveau que la mer, il s'ensuit qu'il y a ici un phénomène pareil à celui d'Argostoli dans l'île de Céphallénie, où un flot de mer entre dans un chenal du rocher, met des moulins en branle et se perd avec fracas dans un entonnoir sous-marin.

Du bout méridional du Thau, terme du long miroitement des lagunes côtières, il y a une lieue jusqu'au *Saint-Loup*, petit mont noir de 115 mètres, très proche voisin de la mer comme du fleuve Hérault. De ce Saint-Loup sortirent les laves dont on a construit Agde, la « ville Noire ». Ce fut là notre volcan le plus méridional, comme le plus septentrional était, au nord des Dômes, le cratère où sommeille le Gour de Tazana.

Ce fut peut-être aussi l'un des plus modernes : il flamba durant l'ère quaternaire, tandis que les volcans de l'Escandolgue, auxquels on prétendait le rattacher, toussèrent, fumèrent et crachèrent en temps pliocène. Il écoula des laves au sud par-dessous le flot de la mer, et ces laves reparurent près du rivage par les roches sombres de l'îlot de Brescou.

Quant à *Agde*, la ville fluviale traversée par l'Hérault, elle reçoit des navires de seulement 400 tonnes, et encore fort peu : c'est pourtant Ἀγάθη Τύχη la Bonne Fortune : ainsi l'appelèrent des marins grecs ravis de trouver un port tranquille entre la terre ferme et le Saint-Loup.

Mais depuis lors la côte a changé, le fleuve a comblé le calme azur que les Hellènes avaient joyeusement salué du nom d'Heureuse Rencontre.

Au delà de *Frontignan* l'on n'est plus dans les alluvions du Rhône ; à Agde on est dans les dépôts de l'Hérault. Le rivage reste sablonneux, avec dunes des moins altières, et le plus souvent sans dunes, simple liséré de 2, 3, 4 mètres d'élévation ; il laisse passer le *Libron*, fleuve d'éminente petitesse[1], et peu après, au grau de Sérignan, l'Orb, qui vient de baigner les bas quartiers de Béziers la joyeuse. Hérault, Libron, Orb, ces torrents viennent des Cévennes à travers des avant-Cévennes, mais déjà l'on entrevoit au loin le glorieux Canigou, que des neiges éclairent ; or, le Canigou, c'est une Pyrénée.

---

1. 41 500 mètres, 16 600 hectares.

CHAPITRE QUATRIÈME

PYRÉNÉES, ADOUR ET GARONNE

XCVI. LES PYRÉNÉES. ‖ XCVII. VERSANT DE FRANCE, VERSANT D'ESPAGNE. ‖ XCVIII. CLIMAT, PLUIES; GLACIERS, LACS PYRÉNÉENS. ‖ XCIX. GRANDS BÉLVÉDÈRES. ‖ C. GRANDS CIRQUES. ‖ CI. LE VIGNEMALE. ‖ CII. DE LA RHUNE AU BALAITOUS. ‖ CIII. DU BALAITOUS A LA MUNIA. ‖ CIV. NÉOUVIELLE ET SES LACS. ‖ CV. PLATEAU DE GER; CHALOSSE. ‖ CVI. GABAS ET LUY. ‖ CVII. GAVES DES BÉARNAIS, RIVIÈRES DES BASQUES. ‖ CVIII. GAVE DE PAU. ‖ CIX. GAVE D'OLORON. ‖ CX. GAVE DE MAULÉON. ‖ CXI. BIDOUZE ET NIVE. ‖ CXII. ADOUR. ‖ CXIII. MIDOUZE. ‖ CXIV. LANDES. ‖ CXV. BEAUTÉ DES LANDES. ‖ CXVI. DUNES LANDAISES. ‖ CXVII. RIVAGE DES LANDES. ‖ CXVIII. D'HENDAYE A CAP BRETON. ‖ CXIX. CAP BRETON ET SON GOUF. ‖ CXX. COURANT DE SOUSTONS. ‖ CXXI. COURANT DE LÉON. ‖ CXXII. COURANT DE CONTIS. ‖ CXXIII. COURANT DE MIMIZAN. ‖ CXXIV. BASSIN D'ARCACHON. ‖ CXXV. LA LEYRE. ‖ CXXVI. LA LÈGE. ‖ CXXVII. DU BASSIN D'ARCACHON A LA GIRONDE. ‖ CXXVIII. LA PRESQU'ÎLE DE GRAVE. ‖ CXXIX. AVANCE ET CIRON. ‖ CXXX. DU PIC DE TROUMOUSE AU PORT DE VÉNASQUE. ‖ CXXXI. DU PORT DE VÉNASQUE AU PUY DE CARLITTE. ‖ CXXXII. PYRÉNÉES ARIÉGEOISES ‖ CXXXIII. GARONNE SUPÉRIEURE. ‖ CXXXIV. NESTE. ‖ CXXXV. PLATEAU DE LANNEMEZAN. ‖ CXXXVI. RIVIÈRES DU LANNEMEZAN. ‖ CXXXVII. CANAL DE LA NESTE. ‖ CXXXVIII. DE LA NESTE A L'ARIÈGE : SALAT. ‖ CXXXIX. PLAINE DE TOULOUSE. ‖ CXL. ARIÈGE. ‖ CXLI. TOULOUSE. ‖ CXLII. DE TOULOUSE A BORDEAUX. ‖ CXLIII. DROT. ‖ CXLIV. BORDEAUX. ‖ CXLV. PUISSANCE DE LA GARONNE. ‖ CXLVI. GIRONDE. ‖ CXLVII. DU PUY DE CARLITTE A LA MER BLEUE. ‖ CXLVIII. CERDAGNE FRANÇAISE. ‖ CXLIX. CORBIÈRES. ‖ CL. AUDE. ‖ CLI. AGLY. ‖ CLII. ALBÈRES. ‖ CLIII. LITTORAL DU ROUSSILLON. ‖ CLIV. TECH. ‖ CLV. ÉTANG DE SAINT-NAZAIRE. ‖ CLVI. TÊT. ‖ CLVII. ÉTANG DE LEUCATE : FONT-DAME, FONT-ESTRAMER. ‖ CLVIII. ÉTANGS DE SIGEAN ET DE GRUISSAN.

XCVI
LES
PYRÉNÉES

ON ne va pas comme on veut de France en Espagne, sauf aux deux extrémités d'une roche formidable dressée sur 435 kilomètres de longueur, de mer à mer, entre deux grands peuples novo latins : au nord les Français, plus puissants, au midi les Espagnols, plus fiers et plus passionnés. Au bord de l'une et de l'autre mer, les routes n'ont

CHAPITRE QUATRIÈME — *Monts Extérieurs.*

rien d'héroïque : du côté de l'Atlantique elles serpentent sur des flancs de collines; du côté de la Méditerranée, elles gravissent de tout petits monts abrupts; mais d'un littoral à l'autre un mur titanique de 1 000, 2 000, 3 000 et jusqu'à 3 404 mètres se lève entre l'Espagne, qui est africaine à demi par son climat, sa nature, les origines de sa race, et la France, qui est purement européenne et « occidentale », la terre des Ibères étant vraiment « méridionale ».

D'où vient le nom sonore de ces Pyrénées que l'Espagne appelle « Pirineos », et au singulier, « El Pirineo » ?

On ne sait. Il ne dérive certainement pas de πῦρ, le feu, comme l'enseignaient les étymologistes de jadis.

Eussent-elles un volcan fumant comme « l'Ile triangulaire », des Champs Phlégréens comme Naples, des jets de flamme comme le pied du Caucase, elles ne furent point parées d'un nom grec par les premiers Hellènes qui visitèrent ces monts supérieurs à leur Olympe; aventuriers, marchands, voyageurs de commerce, chercheurs de mines, touristes venus de Marseille ou des ports méditerranéens de l'Espagne, ils les appelèrent comme ils les entendirent désigner dans la langue du pays par un peuple qui sans doute avait hérité ou sous-hérité de ce nom — car il arrive que les mots restent quand les nations passent; — ce nom indigène, déjà vieux peut-être comme dix ou vingt générations de chênes, les Grecs nous le transmirent suivant les lois d'euphonie de leur beau langage.

Le terme de Pyrénées ne serait-il pas le frère du mot immémorialement ancien de *biren* ou *piren* qui, dans la bouche des paysans de l'Ariège, signalait autrefois les pâtures des cimes, par opposition aux prairies des vallées? Et ce mot *biren* n'est-il pas le *ber* ou *bir* ou *pir* des Celtes, qui a pour pluriel *birennou*, c'est-à-dire les pics, les cimes?

Les Pyrénées, à peine moins hautes en moyenne que les Alpes, couvrent beaucoup moins d'Europe : cinq fois moins quand on ne considère que la chaîne hispano-française, vaste d'à peu près 5 500 000 hectares, en vertu d'une longueur de 435 kilomètres que les sinuosités de la chaîne internationale portent à 600, et d'une largeur qui varie à peu près du simple au double, de quinze lieues à plus de trente : de quinze dans les deux Navarres, de Saint-Jean-Pied-de-Port en Navarre française à Pampelune en Navarre espagnole; de trente vers les deux tiers de la distance d'Atlantique à Méditerranée, sous le méridien de Pamiers, de Foix, de la république d'Andorre.

De ces 5 500 000 hectares, un tiers seulement revient à la France, les deux autres à la Navarre méridionale, à l'Aragon, à la Catalogne, terres espagnoles : c'est que sur le versant du midi la Pyrénée s'étend deux fois plus loin de son axe central, de plissement à plissement, de plateau à plateau, avec effroyables coupures de *barrancos* et de *gargantas* ou clus, avec lacs solitaires, forêts, maquis et grands « despoblados », mot qu'un Français devine sans savoir un mot de castillan, car les deux langues sont une même langue : seulement l'espagnol a moins usé les voyelles et les consonnes du latin.

Les Pyrénées ne se bornent pas à la montagne franco-espagnole; à l'ouest de la chaîne commune aux deux nations une sierra dentelée s'élève en terre castillane qui, sous des noms pompeux, continue la chaîne hispano-française jusqu'au Portugal, donnant de la sorte aux « Montes Pirineos » une longueur de 1 400 à 1 500 kilomètres — 1 018 à vol d'oiseau — sur près de 12 millions d'hectares.

Dans cette étendue ultérieure, la Pyrénée couvre le Guipúzcoa, la Biscaye et l'Alava, terres où la langue des Escualdunacs vibre encore, l'Asturie de Santander, l'Asturie d'Oviédo, « berceau de la triomphante Espagne », et la Galice dont elle embrasse les « rias », qui sont des estuaires, des fjords, avec des ports tels que l'Europe n'en a pas de meilleurs. C'est elle que le chemin de fer d'Hendaye à Madrid franchit entre Saint-Sébastien et Vitoria, par déblais, remblais et tunnels, au-dessus de torrents teints de sang espagnol et basque par les cuchilladas ou coups de couteau de la guerre civile. Ces Pyrénées cantabres, asturiennes, galiciennes divisent l'Ibérie en deux versants inégaux extraordinairement différents : au nord, une bande maritime étroite, très pluvieuse, très fraîche, très pastorale et bocagère, un Eden humide; au sud, des plateaux anhydres, tantôt glacés, tantôt incandescents.

Les 12 millions d'hectares auxquels ces monts portent l'aire de la « Pyrénée », ne sont même pas la moitié de « l'Alpe ».

XCVII
VERSANT DE FRANCE, VERSANT D'ESPAGNE

Les Pyrénées hispano-françaises, les Pyrénées isthmiques, les montagnes d'Hendaye à Port-Bou, le long de l'isthme entre Atlantique et Méditerranée, reçoivent chez nous un flot de pluies qu'on peut presque dire éternelles, car elles ne s'arrêtent chaque année que pendant de bien courtes semaines.

Quand la pluie cesse, c'est la neige, autre forme de la pluie, qui descend, et toujours l'eau tombe, elle humecte la roche, elle ruisselle dans la prairie, elle s'abat en cascades, elle tournoie dans les gaves et les nestes, et de partout elle monte en brouillards.

Mais cet élément de vie est surtout pour la France et le versant d'Espagne, beaucoup plus embrasé de soleil, reçoit trop peu souvent la visite des nues, et il y descend deux à trois fois moins de pluies dans le décours de l'an.

C'est pourquoi, bien moins entamé que le versant français, moins « élimé », moins éliminé, le penchant d'Espagne s'étend surtout en larges blocs, en dos monstrueux, en causses, en *páramos* ou hauts plateaux, soit parallèles, soit obliques à l'axe idéal des Pyrénées ; tandis que chez nous il y a plus de gorges et de vallées séparées par de moins épaisses montagnes, plus de pics, de pyramides et de nobles élancées.

Chez les Espagnols la cassure brute ; et chez les Français, la sculpture.

XCVIII
CLIMAT,
PLUIES,
GLACIERS,
LACS PYRÉ-
NÉENS

Plus méridionales que les Alpes, les Pyrénées vont à peu près du 42° au 43° de latitude, tandis que le grandissime bloc alpestre va du 44° au 48° ; elles sont en moyenne plus chaudes de trois degrés à hauteurs égales. Plus simples même en Espagne que les Alpes, qui sont un remous infini de massifs, leur plus haute crête voit de très près la plaine ; elle n'en est point séparée par d'autres crêtes gigantesques, et la place y est trop petite, la pente trop dure, du moins en France, pour l'amoncellement des neiges.

Un climat plus tiède, une moindre ampleur, un apic plus grand, voilà trois raisons suffisantes pour les 4 000 hectares seulement de glace éternelle accrochée aux Pyrénées, alors qu'il y en a près de 210 000 dans les seules Alpes de la Suisse.

Dans les Grandes Alpes ayant plus ou moins 4 000 mètres et jusqu'à 4 808, du Viso italo-français au Gros Glockner ou Grand Sonneur tirolien, 7 hectares sur 100 ont glace ou blanc névé ; dans les Grandes Pyrénées ayant plus ou moins 3 000 mètres, et jusqu'à 3 404, du Balaïtous aux glaciers orientaux de la Maladetta, il n'y a d' « immaculé » qu'un hectare sur 200 : c'est quatorze fois moins d' « hiver ».

4 000 hectares d'eau cristallisée ; et seulement 2 300 inclinés vers la France, sur le versant septentrional d'une chaîne qui a plus de 100 lieues de long et de 30 lieues de large, quel recul depuis l'ère, antérieure à toute histoire, dont nous entretiennent les moraines, les roches striées, les blocs erratiques!

Alors, des crêtes bien plus hautes que de nos jours où nous voyons le Mont-Perdu dans son calme silence, où nous entendons la cascade du Marboré dans sa plainte éternelle, un glacier descendait au loin vers le nord ; il ne s'arrêtait qu'à 72 ou

75 kilomètres, en plaine, entre Tarbes et Vic-de-Bigorre ; aux lieux où fument aujourd'hui les cheminées du bourg d'Andrest, liant sa froidure à celle de Campan, il couvrait 140 000 à 150 000 hectares de gorges, de vallées où passent, en cette ère chrétienne, des gaves aussi rapides qu'il était lent, aussi joyeux qu'il était morne, aussi clairs que furent louches les torrents sortis de ses arches terminales après avoir rassemblé leurs gouttes sur un sol écorché par le rampement de ses écailles massives : car il devait labourer profondément la roche, ce *Glacier d'Argelès* dont on croit que la puissance était de 360 mètres à l'endroit que nous nommons Lourdes, de 790 au lieu que nous appelons Argelès, de 1 350 à celui qui a nom Gavarnie ; une de ses vieilles moraines retient à 150 mètres au-dessus de la rive droite du Gave de Pau, entre des collines semées de blocs erratiques, une eau mélancolique entourée de bruyères ; c'est le *Lac de Lourdes* : une lieue de tour, 48 hectares, 12 mètres de creux.

A l'orient de cette mer de glace, de l'autre côté des monts de Néouvieille, une autre mer figée, le *Glacier d'Aure* pesait sur les vallées où se déroulent maintenant les branches de la Neste.

Vastes étaient aussi les mers de glace de la haute Ariège, du val d'Ossau, du val d'Aspe, d'autres encore.

Les champs de glace des Pyrénées viennent de traverser une période fâcheuse, une longue suite d'années sans prodigalité de neige les a raccourcis et surtout diminués d'épaisseur.

Voici qu'une période inverse commence où ils vont gagner vers l'aval comme vers l'amont et tendre à leur cube ancien, peut-être le surpasser. Que de fois encore ces glaciers croîtront et décroîtront, suivant les cycles et sous-cycles de la nature pyrénéenne !

Si dans les immensités de l'espace un soleil n'est pas même un grain de sable, dans l'immensité du temps deux périodes, si longues soient-elles, l'une travaillant à l'encontre de l'autre, sont à peine un fugitif instant, bien qu'elles dépassent mille fois notre néant passager ; les glaciers qui grandissent ou diminuent, les roches qui se soulèvent ou s'abaissent, les continents qui naissent ou meurent, la mer qui s'avance ou recule, ce qui se cimente ou se disloque, les cycles terrestres ou cosmiques, tout cela, c'est ce qu'on nommerait les jeux de la nature, s'il pouvait entrer quelque idée de caprice dans un travail infini de durée, infini d'espace et réglé par des lois augustes.

Dans l'instant présent, le glacier pyrénéen qui descend le plus bas c'est le frimas septentrional du Vignemale, qui s'abaisse jusqu'à 2 200 mètres; les moins petits, tous deux en Espagne, ont : le Grand Glacier du Mont-Perdu, 388 hectares; le glacier septentrional d'Aneto, dans la Maladetta, 228; quoique espagnols, c'est à l'Aran, à la Garonne, donc à la France qu'ils envoient leurs eaux.

Il tombe en moyenne plus de pluies, plus de neiges sur le revers septentrional des Pyrénées que sur les Alpes, même sur les plus blanches de frimas; cela grâce au voisinage de l'Atlantique, et, à un moindre degré, de la Méditerranée. Mais les eaux de ces pluies, de ces neiges, de leurs névés, de leurs glaciers ne s'arrêtent nulle part dans des Lémans ou des Majeurs, voire dans des lacs de moindre capacité, comme ceux des Quatre-Cantons, de Thoune, de Brienz : la Pyrénée est trop tirée en longueur, pas assez trapue, il ne s'y croise et recroise pas assez de chaînes et contrechaînes.

A peine ose-t-on nommer les lacs pyrénéens à côté des alpestres. Les plus nombreux, les plus vastes ou, pour parler congrûment, les moins menus d'entre eux miroitent en Espagne, dans le massif suprême des *Monts Maudits*, comme nous appelons les roches brûlées, gelées, désolées de la *Maladetta*[1], qui se hérisse autour de l'*Aneto* (3 404 mètres).

En France, le maître laquet des Pyrénées, le Lanoux n'a que 84 hectares, et c'est à peine le six-cent-quatre-vingt-treizième du Léman!

Quant à notre Adour, à notre Garonne, aucun de ces deux fleuves n'a la puissance, violence et majesté des grands courants alpins tels que le Rhône, le Tessin, l'Inn, le Rhin.

Enfin, plus que les Alpes, les Pyrénées mènent le deuil de leurs forêts; sans doute elles n'ont pas de régions aussi nues que les montagnes de Provence, et il leur reste, en profonds massifs, des pins, des sapins, des hêtres, mais en moyenne elles sont moins parées de sylves sombres ou vertes que le prestigieux massif central d'entre la France, l'Allemagne, l'Italie, la Suisse, l'Autriche.

Telles sont leurs infériorités, mais (toute magnificence de lumière à part, et en cela elles l'emportent incomparablement sur les Alpes, qui ne sont ni les Maritimes ni les Italiennes) elles luttent d'égales à égales en trois choses avec les « Montagnes blanches » : pour la hauteur apparente, la noblesse de profil, l'altitude des cols jaillissant brusquement de la plaine; elles ont, vues d'en bas, toute la grâce de leur élan subit, toute la majesté de leur taille.

---

1. C'est-à-dire *maudite*.

Le Plus Beau Royaume Sous le Ciel.   CHAPITRE

XCIX
GRANDS
BELVÉ-
DÈRES

Des monts qui semblent les rois de la chaîne trônent en avant de leurs frères, sur vallées, plaines, bas plateaux ; sauf peu ou point de glace on les croirait égaux aux colosses des Alpes ; encore y a-t-il des années très hivernales qui les parent jusqu'aux pieds de la robe d'hermine.

Tels le Pic du Midi de Bigorre, l'Arbizon, le Mont Vallier, le Pic de Tabe, le Canigou.

Du *Pic du Midi de Bigorre*, ou de Bagnères (2 877 mètres), on peut dire qu'il « s'élance » : point de sommet voisin qui l'offusque ; il est libre, aux sources de l'Adour, et si fier dans son ascension de l'azur, quand on le fixe de la vallée du fleuve, continuée par la plaine des Landes comme un golfe l'est par la mer, qu'on saluait autrefois en lui le maître des Pyrénées.

C'est en 1787 que Ramond, le premier explorateur de ces montagnes, lui ravit cet imaginaire honneur.

De la mer de Biarritz à la fin de la Neste sous Montrejeau, des vignes de l'Armagnac et des pins de la Lande au sévère Posets et à la Maladetta, sa cime règne sur un monde ; s'il voit beaucoup de montagne, il voit aussi beaucoup de plaine, et ce contraste est une beauté.

Ce cône de gneiss, ce pilier des vents prévoit maintenant les tempêtes, d'un observatoire construit à 7 mètres de son sommet.

Bien qu'entrant dans la neige éternelle, la candeur de ce mont ne dure que de l'automne au début de l'été ; trop dure est la pente de sa pyramide, trop droite son escarpe du nord, et les frimas glissent en bas du pic, qui n'a pas conservé son vrai nom : on l'appelle Pic du Midi de Bigorre ou de Bagnères, de ce qu'il monte exactement au midi de la charmante Bagnères de Bigorre, mais c'était auparavant le Pic d'Arize ou d'Arizès, nom que portent encore un de ses lacs, une de ses gorges.

De sa cime il semble presque qu'on pourrait sauter au midi dans le rond verdâtre du petit lac d'Oncet, et au nord dans le lac de Peyrelade ; à l'ouest un lac plus utile, le *Lac Bleu*, est très profond pour son peu d'étendue : grand seulement de 49 hectares, le plomb de sonde y descend à 116 mètres. Un canal de 200 mètres de longueur foré dans la roche, avec prise d'eau à 20 mètres au-dessous du miroir de l'onde, y puise pour le fleuve de l'Adour, qui certes en a besoin, deux à dix millions de mètres cubes suivant l'humidité de l'année : à deux millions de mètres, c'est 1 000 litres par seconde pendant 23 journées de 24 heures ; à dix millions, c'est 2 000 litres pendant près de deux mois. Le lac Bleu n'a plus ses courtines de forêt; des pierres et des pâtis s'y mirent, à 1 968 mètres au-dessus des mers.

L'*Arbizon*, d'ascension malaisée, presque périlleuse sur le versant septentrional, se gravit sans peine sur le versant contraire : ainsi en est-il d'une multitude de montagnes humaines ou inhumaines suivant le côté dont on les tente. Il s'élance à 2831 mètres, au-dessus de la route qui relie les deux Bagnères, Bagnères de Bigorre et Bagnères de Luchon, par les cols d'Aspin et de Peyresourde.

Pic du Midi comme tout autre pic ayant ville à son septentrion, il se dresse au sud de *Capvern*, dont les eaux attirent beaucoup de dolents.

Peut-être contemple-t-il moins de bas pays que son voisin le « père de l'Adour », mais il regarde plus de montagnes au loin vers l'orient, et il voit le Lannemezan et les plissements étoilés qui se dégagent de ce plateau.

Le peuple lannemezanien dont il coupe superbement l'horizon l'a cru longtemps plus élevé qu'aucune autre Pyrénée.

Le *Mont Vallier* (2 839 mètres) lève au sud de Saint-Girons, à l'ouest d'Aulus, sa pyramide abrupte dont les écharpes de neige font des torrents qui s'abattent sur le Salat.

Il touche presque à l'Espagne; comme il n'a devant lui du côté de la France que des pics inférieurs, c'est un beauregard d'où l'on plane à la fois sur le tohu-bohu des sierras et sur la « simplicité » de la grande plaine de Garonne qui, vue de si haut, s'uniformise avec ses collines; de cette plaine même, le Vallier est le « miracle » de l'horizon.

Pic du Midi de Bigorre, Arbizon, Vallier, tous trois entre 2 800 et 2 900 mètres, dépassent de 500 mètres le *Pic de Tabe* ou de Saint-Barthélemy (2 349 mètres), lequel dresse la tête au sud-est de Foix, à l'origine de l'Hers Vif, grand affluent de l'Ariège.

C'est le roi d'une avant-Pyrénée parallèle à la fois à la Grande Chaîne, qui scintille au sud, et au Plantaurel, qui s'allonge humblement au nord.

Il admire au midi la dentelure et démantelure septentrionale de l'arête hispano-française; au nord, le Plantaurel, plus colline que mont, ne peut lui cacher les massifs, les coteaux, les plaines qui fuient vers Toulouse, Castelnaudary, Carcassonne et Narbonne.

> Pic chargé de forêts
> Que blanchit du matin la clarté baptismale,

Le Plus Beau Royaume Sous le Ciel.

le *Canigou* (2 785 mètres) est plus majestueux qu'aucun des colosses pyrénéens d'avant-mont ; aussi fut-il de tout temps (et peut-être est-il encore) le monarque de la chaîne pour les gens du Roussillon et du Languedoc : il a pourtant 619 mètres de moins que le pic d'Aneto.

Il monte entre Tet et Tech, au midi de Prades. On le voit de très loin dans la plaine ; et lui, il contemple la mer, du Saint-Clair de Cette au Jouich de Barcelone ; on le voit même à la rigueur, de Marseille, à 300 kilomètres de lointain, dans les jours étincelants et quand il cache le coucher du soleil.

Il règne sur la Catalogne littorale et, dans notre Roussillon, sur des gorges profondes, des roches à l'infini, des plaines fauves, sèches, ardentes : car si la tête de sa pyramide pointe en un climat d'une moyenne annuelle d'un degré sous zéro, son assise inférieure baigne dans l'air chaud qui fait le tour de la Méditerranée.

Ces cinq monts, et certes beaucoup d'autres, ont l'espace libre autour d'eux ; ils ont quatre côtés, tantôt pour l'ombre ou le soleil, tantôt pour la neige, la pluie, les fureurs du vent ; mais tout le long de la Grande Chaîne, la plupart des montagnes ont à leur droite et à leur gauche une Pyrénée dont elles ne se dégagent ni par le flanc, ni même par l'épaule.

Aussi les cols sont-ils très hauts, rarement au-dessous de 2 400 mètres, dans la part de la sierra qui en a près ou plus de 3 000 ; un grand nombre s'ouvrent entre 2 500 et 3 000 mètres, même encore au-dessus. Ce sont moins des cols que des créneaux au fronton d'une immense forteresse de la nature.

<small>C
GRANDS
CIRQUES</small>
Il est, au centre de la chaîne, des Pyrénées plus fières, taillées à plus grands coups de hache, et plus belles en ce présent et court moment des avatars de la nature.

C'est le *Massif du Mont-Perdu*, bloc calcaire ; ce sont ses cirques, ses oules ou marmites, comme disent les pâtres de la montagne : Troumouse, Estaubé, Gavarnie, Bielsa, Barrosa : ces deux derniers en Espagne.

Les cirques français, Troumouse ou Trumouse, Estaubé, Gavarnie, qu'on peut admirer tous les trois à la hâte en une journée, voient les premiers ébats de trois des torrents qui font le Grand Gave, tête de la rivière de Pau.

Colisées calcaires, leurs gradins passeraient ailleurs pour des monts, mais ils ne sont ici que les étages d'un monument, les marches d'un amphithéâtre aussi supérieur aux œuvres de la grandeur romaine, aux Arènes de Nîmes, à El-Djem de

Tunisie, au Colosseum de Rome, que le chêne peut l'être au brin d'herbe.

Sur leurs degrés supérieurs, dans les champs polaires, luit nuit et jour la froide splendeur des neiges, et, suivant la saison, l'eau de ce monde engourdi s'écroule en cascades, ou suinte en gouttelettes, ou pend en cristaux de glace; il n'y a point d'arbres, point de bruits humains dans ces larges gouffres contemplés par les aigles; rien que la mélopée des cascades, la chanson du ruisseau sur les pierres, la roche, la mousse, les torrents, les ponts de neige, et, sous le vent des cataractes, la brume ou l'arc-en-ciel de la poussière d'eau.

Le plus beau, non le plus grand des trois colisées, le *Cirque de Gavarnie* ou cirque du Marboré a 3 600 mètres d'enceinte au sommet du plus haut de ses trois gradins. Casque du Marboré, Tours du Marboré, Épaule du Marboré, Pic du Marboré, Astazou, le dominent de 1 200 à 1 700 mètres, le cirque ayant 1 640 mètres de moyen niveau.

Le Gave né du glacier du Marboré, par 2 231 mètres, sur une marche de l'amphithéâtre, arrive au bord de la corniche; tout petit le matin, le soir, la nuit, quand neige et glace ne fondent guère; moins faible de dix heures à quatre heures de l'après-midi; grand lorsque le soleil d'été luit, qu'une pluie tiède lèche le glacier ou qu'un vent chaud le caresse; et là, tout à coup, ce Gave, origine de la verte rivière d'Orthez et vraie source de l'Adour, plonge de 422 mètres, six à sept fois Notre-Dame, par la *Cascade de Gavarnie* : en haut c'est un torrent; en bas c'est une pluie sur des rocs éboulés; de loin c'est une écharpe balancée par le vent, peinte par le soleil; soutenu dans l'air et comme hésitant, le Gave flotte plus qu'il ne tombe et il lui faut dix-neuf secondes pour ses treize cents pieds d'affalement. En mai, au commencement de juin, à la grande fonte des frimas, d'autres cascades tombent des degrés de l'amphithéâtre et vont unir leurs flots au torrent de la Grande Chute, qui coule sous des ponts de neige; vingt gaves quelquefois, le plus souvent treize, soudain réveillés du rigide hiver, sautent alors dans le cirque dont le soleil hispano-français fait un gouffre de chaleur; puis quand revient la saison des blancheurs glacées, les torrents meurent, et raidis, changés en une pierre d'eau dont le moindre rayon tire d'humides étincelles, ils montent du fond du cirque en colonnes marmoréennes.

Sur les marches de son enceinte, le *Cirque de Troumouse* assiérait commodément des millions d'hommes. Il n'a pas moins de deux lieues de tour. Un pic de 3 450 mètres, la *Munia*,

Le Plus Beau Royaume Sous le Ciel.

que la neige n'abandonne jamais, voit de 1 350 mètres de haut, tapi à 1 800 mètres, ce cirque où tiendrait un grand peuple, mais où ne passent que des isards, des aigles, des vautours, peut-être mais rarement un ours, de temps en temps un chasseur et dans la saison brillante, dès que mai fond l'hiver, des troupeaux, des bergers, et les touristes qui viennent admirer l'immensité de ces froides arènes.

Le torrent ici précipité de son couronnement de glace et qui se vaporise en cascades, c'est le Gave de Héas, ainsi nommé d'un hameau à 1 480 mètres d'altitude; en quittant le cirque, il serpente dans les prairies qui remplacent le lac temporaire formé en 1650 par un amas de rocs, de blocaille et de terre tombé par décollement du Pic des Agudes après une pluie torrentielle de trois jours; c'est aussi une pluie d'orage qui creva la digue et supprima le lac cent trente-huit ans après; mais les blocs sont toujours là, champ de débris chaotique appelé la Peyrade, c'est-à-dire la Pierrière.

Entre le cirque de Gavarnie à l'ouest et le cirque de Troumouse à l'est, la droite et sombre paroi de l'Astazou, continuée par un mur de plus de 2 800 mètres au-dessus des mers, commande le *Cirque d'Estaubé*, le moindre des trois; et ces murailles de roches sont elles-mêmes dominées au sud par le Mont-Perdu et le Cylindre du Marboré, qu'on aperçoit, grands, rigides et glacés, dans le ciel espagnol, au-delà du couronnement des roches françaises. De petits gaves sortis des neiges éternelles s'y unissent en un plus grand, le Gave d'Estaubé, que le Gave de Héas boit dans son chaos de la Pierrière au bas d'un long ressaut de cascades.

CI
LE
VIGNE-
MALE

C'est en Espagne, tout près de France, sur le versant de l'Ebre, non plus de la Garonne, que le Cirque de Bielsa, régenté par le mont Perdu, verse de 800 mètres de hauteur, en blanche écume, l'eau d'un lac glacé qui est l'origine de la belle rivière Cinca; en Espagne aussi que le cirque de Barrosa, régenté par la Munia, enfante un torrent qui saute de 300 mètres; en Espagne enfin que montent les trois Goliaths des Pyrénées : le Mont-Perdu (3 352 mètres), « roi des calcaires »; le Posets (3 367 mètres), que nulle pointe franco-espagnole, si ce n'est le Pic du Marboré, n'égale en ampleur de panorama; le pic d'Aneto (3 404 mètres), parmi les lacs, dans les neiges désolées de la Maladetta.

Notre plus fière Pyrénée, le *Vignemale* courbe à peine la tête devant les trois géants du Pirineo espagnol : si elle a

1 510 mètres de moins que le Mont-Blanc, elle n'est inférieure que de 106 au pic d'Aneto.

Fait de huit pointes respectueusement rangées autour de la Pique Longue, le Vignemale perce l'azur franco-espagnol à trois lieues au midi de *Cauterets*, ville de bains dont les fontaines de santé sont l'espoir d'innombrables mal-en-train qui viennent demander la guérison à des eaux de températures très différentes, les unes froides, les autres chaudes : d'où, prétend-on, le nom du lieu; car le mot béarnais *caut*, c'est chaud; et *ret*, c'est froid.

Peu de sources des Pyrénées ont la célébrité de celles de Cauterets; peu naissent près des cascades d'un si beau gave, à la rencontre de deux gorges aussi grandioses; mais tout le long de la chaîne, ces eaux de la santé, ces fontaines de Jouvence sont aussi nombreuses que variées d'éléments et diverses de température; combien d'entre elles n'ont peut-être pas encore de nom dans la bouche des pasteurs, et pourtant on en connaît déjà plus de 550 dans les six départements du pied des Pyrénées françaises. De l'occident à l'orient, d'Atlantique à Méditerranée, elles attirent une foule où les amis du jeu, du plaisir, de la vanité, des fêtes, et les plats courtisans de la mode tiennent encore plus de place que les endoloris.

Le granitique et schisteux Vignemale dresse sa Pique Longue à 3 298 mètres; à ses flancs pendent 240 hectares de glaces, dont 142 pour le *Grand Glacier du Vignemale* ou Glacier oriental ou glacier d'Ossoue, superbement crevassé, comme pas un dans nos Pyrénées; et 72 pour le Glacier septentrional : de celui-ci s'échappe un torrent qui, de cascade en cascade, va se reposer un instant, à 1 727 mètres au-dessus des mers, dans les 20 hectares du *Lac de Gaube*.

Vingt hectares, pas plus, et ici éclate l'infériorité inouïe des lacs pyrénéens comparés aux lacs des Alpes : si fièrement que son nom résonne dans les plus altières des montagnes de la chaîne hispano-française, le lac de Gaube n'est qu'un étang de 720 mètres sur 320, eau bleue entre monts escarpés, nus, sauvages, dans une gorge qui remonte vers le Vignemale dont la neige étincelle à l'horizon du midi. Mérite-t-il seulement qu'on le nomme après le sombre Wallensee, qui reçut jadis et renvoya le Rhin; après le lac des Quatre-Cantons Forestiers, fait de golfes reflétant des roches et des bois, après l'harmonieux Léman, qui est une mer d'eau douce?

Encore ces pauvres petits 20 hectares ne dureront-ils guère si l'on ne remet en forêt le cirque de Gaube. Il ne faudra pas des millénaires pour les combler; des centaines d'années y suffiront, et la coupe aux ondes transparentes deviendra plaine

Le Plus Beau Royaume Sous le Ciel.

humide hérissée de blocs, comme tel chaos, telle pierrière du voisinage.

Si ce lac n'eut jamais les 220 mètres de creux dont chuchotait la légende, ou les 123 dont parlaient les bergers, toujours est-il qu'il n'y a pas bien longtemps le plomb de la sonde y trouvait 53 mètres, et que présentement il s'y arrête à 51.

A le rayer de la liste des lacs pyrénéens le gave du Vignemale contribue moins que l'aride montagne de pourtour dont trop souvent il tombe une roche de granit précipitée par le poids énorme qu'accélèrent la longueur et la raideur de la pente ; elle plonge de bond en bond dans le lac ; quelquefois ce n'est pas une pierre qui se détache, c'est tout un pan de mont qui craque, roule, se brise en dix, vingt, cent blocs et s'engloutit sourdement ; l'onde rejaillit « jusqu'au ciel » ; puis c'est le silence : les rocs décrochés sont allés rejoindre au fond des eaux les rocs antérieurs et les innombrables pins des antiques forêts de rebord, troncs couchés, inclinés, quelques-uns debout encore, qui font au Gaube comme une sylve sous-lacustre déracinée par un cataclysme.

CII
DE LA RHUNE
AU BALAI-
TOUS

On estime à 66 000 kilomètres cubes, sans prétention aucune à la précision mathématique, la masse des Pyrénées, de toutes les Pyrénées, espagnoles comme françaises : volume hypothétique obtenu en estimant leur altitude moyenne à 1 195 mètres, contre les 1 500 auparavant admis. Si ce cube est exact, la Pyrénée uniformément répandue sur la France en élèverait le niveau de 102 mètres.

Cette altitude compensée de 1 195 mètres dépasse la hauteur des premières Pyrénées, riveraines de l'Océan.

Près d'une plage de sable fin qu'apporte et qu'emporte l'orageux Atlantique, *Hendaye* est un bourg des Basses-Pyrénées, sur la Bidassoa, vis-à-vis de l'Espagne, en face de la noble Fontarabie, ville aux châteaux déserts, aux maisons à miradores, espèces de balcons vitrés qui en font une cité merveilleusement espagnole d'apparence ; et pourtant elle est basquaise.

Les montagnes les plus belles de son horizon sont des Pyrénées d'Espagne, mais tout près d'elle commencent les Pyrénées françaises, au Choldocogagna (498 mètres) que des conglomérats couronnent.

Le premier mont qui ne soit plus réellement colline, c'est la *Rhune*, qui lève son échine au-dessus de Saint-Jean-de-Luz, conque où l'Océan phosphorescent tonne. Elle n'a que 900 mètres, mais son panorama vaut celui de bien des pics deux, trois, quatre fois plus hauts : il embrasse le pays Basque, le Béarn, des montagnes sans nombre en Espagne et en France; et la mer, des caps de la Biscaye aux dunes du Marensin.

De la Rhune au pic d'Orhy, hameaux, villages, torrents, ports ou cols, forêts d'où la Nive découle, portent des noms retentissants qui ne sont pas plus français qu'espagnols ou béarnais : on est dans le pays Basque, dont la langue aime les longs mots, comme Choldocogagna, Orbaïceta, Estérençuby, Arimaluchénéa, Bastangoerrech, Errémondébéhère, Armendarits, Immelestéguy, Larratécohéguya, Leiçar-Athéca, Altabiscar, qui domine le val espagnol de Roncevaux, où Roland souffla vainement dans son cor. Un mot encore plus disproportionné, c'est celui de Azpilcuétagaraycosaroyarenbérécolarréa (?) : ce qui veut dire les Bas champs du haut coteau d'Azpilcuéta (?).

A partir d'Hendaye, le *Pic d'Orhy* (2 017 mètres), mont rond, est le premier sommet de 2 000 mètres; le premier qui monte à 2 500 est le *Pic d'Anie*, pyramide élégante de 2 504 mètres appuyée sur des contreforts pastoraux ou boisés, au faîte entre l'Adour et l'Èbre.

Jusqu'au Pic d'Anie on est en pays Basque, et l'Anie lui-même a des gorges où l'on parle toujours la langue des Escualdunacs, devant laquelle notre français n'est qu'un jargon né d'hier.

Les gorges basquaises à l'occident du pic sont sur le penchant du Gave de Mauléon; dans celles de l'orient, tournées vers le Gave d'Aspe, on ne parle plus que le béarnais, qui est un patois d'oc, mais il semble que ce versant fut aussi jadis le domaine des hommes qui nomment encore le pic d'Anie Ahugnemendi ou Mont du Chevreau, et dont beaucoup peut-être croient toujours au « Seigneur sauvage », Dieu ou Démon de cet Olympe.

L'Anie voit tout le pays Béarnais, tout le pays Basque, l'Aragon, la Mer, la Lande; il contemple les Pyrénées de France les plus idylliques : ailleurs il tombe plus de neige sur la chaîne plus haute, mais ici, dans le prochain voisinage d'un grand océan pluviogène, il vient du ciel plus d'eau douce et tiède sur des gazons plus verts, des bruyères de plus de sève et des arbres plus juvéniles : la terre des Basques est une Arcadie; et aussi la terre des Béarnais.

Au delà du Somport, c'est-à-dire du Haut Col, du Col suprême, ouvert à 1 640 mètres entre le penchant du Gave d'Aspe et celui de l'Aragon, on se heurte au *Pic du Midi de*

Le Plus Beau Royaume Sous le Ciel.

Pau (2 885 mètres) ou Pic du Midi d'Ossau, premier granit des Pyrénées pour qui part de l'Atlantique, et très noble montagne à deux pointes qui s'élance au-dessus de gorges dont les torrents composent le Gave d'Ossau; il faut courir le monde au loin pour trouver une pyramide plus libre, plus aérienne que ce pic vu de Pau, la ville enchanteresse. Sa cime se cassant presque à pic, il a peu de neiges au front; vaste est son périorama, mais triste, sur des précipices, sur des croupes qui furent et ne sont plus des forêts, des séoubes (*sylvæ*).

Au moment de quitter les Basses-Pyrénées pour les Hautes-Pyrénées, la chaîne internationale commande le premier lac de quelque grandeur à partir de l'Océan, et aussi l'un des plus beaux, des mieux entourés : le *Lac d'Artouste*, gracieusement ovale entre grands rochers droits, dépasse à peine 50 hectares, mais il n'a pas moins de 85 mètres de creux, d'où un cube considérable qui lui vaudra quelque jour de contribuer à la tenue estivale du Gave d'Oloron (auquel il accourt par Soussouéou et Gave d'Aspe) et à l'irrigation des plaines de cailloux et d'alluvions du Béarn — il suffira de relever son niveau par une digue et de décanter ses eaux par un siphon. — A 1 950 mètres d'altitude, ses monts varient entre 2 800 et 2 976.

CIII
DU
BALAÏTOUS
A LA MUNIA

A peine arrivé dans les Hautes-Pyrénées, on se cogne à des pics de 3 000 mètres, et d'abord au seul mont tout à fait dangereux des Pyrénées, au *Balaïtous* ou Bat-Laétouse ou Marmuré (3 175 ou 3 146 mètres); de cette aiguille environnée d'abîmes descend, long de 3 kilomètres, le *Glacier des Neiges*, le premier des Pyrénées du côté de l'Atlantique; avec deux autres moindres blocs cristallisés le Balaïtous porte 144 hectares de glaces presque tous au profit de la France. L'une des têtes du gave d'Azun, et non l'une des moindres à la fin de l'été, le torrent à longues cascades qui tombe de l'hiver sempiternel du Balaïtous, a sans doute valu à cette montagne son nom d'apparence si peu française, et qui est pourtant béarnais (et latin) : Bat-Laétouse, la Descente laiteuse.

Après le Balaïtous on suit la crête du port de Marcadau (2 556 mètres) par où passe le sentier de Cauterets aux bains espagnols de Panticosa; puis on rencontre le Vignemale et les montagnes espagnoles ou françaises entaillées par les grands cirques dans le massif du Mont-Perdu ou des *Monts de Gavarnie*, où s'agrafent 348 hectares de glace, dont quelques hectares seulement penchés sur le royaume de toutes les Espagnes. Sur cette crête formidable se suivent du couchant au levant : le

Gabiétou (3 033 mètres) avec un glacier de 52 hectares dont les aiguilles ou séracs, Babel à tout instant croulante, ont de 50 à 60 mètres d'élévation à la fin des périodes humides et neigeuses, et bien moins de grandeur « boréale » au terme des périodes sèches qui, naturellement, amènent amoindrissement et recul des fleuves congelés; le *Taillon* (3 146 mètres), qui retient sur sa pente du nord un « hiver » de 60 hectares et d'où l'on admire dans toute leur magnificence le Mont-Perdu, drapé de neiges étincelantes au soleil, pâles et livides à la lune, et le gouffre du cirque de Gavarnie, avec ses assises, ses parois droites, ses retraits, sa crête de la Cascade où s'accrochent on ne sait comment, à la grande dégringolade vers l'abîme, 152 hectares de glace pérannuelle, dont 72 pour le glacier de la Cascade; le *Casque du Marboré* (3 006 mètres); les *Tours du Marboré* (3 018 mètres); le *Pic du Marboré* (3 253 mètres), qui ne le cède au Vignemale que de 45 mètres : d'où le deuxième rang dans toutes nos Pyrénées; enfin l'*Astazou* (3 080 mètres). Les têtes suprêmes, le Cylindre du Marboré (3 327 mètres) et le Mont-Perdu (3 352 mètres) sont du domaine espagnol; et aussi le glacier du Mont-Perdu, le plus grand de toute la chaîne.

De l'Astazou, qui porte 84 hectares de glace, jusqu'à la Munia, la crête du cirque d'Estaubé, puis celle du cirque de Troumouse, se tiennent un peu au-dessous de 3 000 mètres; mais la *Munia* se lève à 3 150; elle soutient de ses épaules 88 hectares de frimas, dont 48 à la France. Tout près d'elle, à son nord-est, au pic de Troumouse, haut de 3 086 mètres, les torrents cessent de se verser dans le Grand Gave béarnais, et par lui dans l'Adour; ils deviennent des Nestes, tributaires de la Garonne.

CIV
NÉOUVIEILLE
ET SES LACS

Au nord des colisées de Gavarnie, d'Estaubé, de Troumouse, en avant de la Grande Chaîne, les *Monts de Néouvieille*, c'est-à-dire de Neige Vieille, qui sont de granit, suspendent sur des lacs nombreux leur neige, tantôt fondant sous la pluie, sous l'air chaud, tantôt se cimentant en glace; sauf au Puy de Carlitte (à l'orient de la chaîne), nulle part les barrages de rochers ne réservent plus d'eau de montagne. Ces lacs de Néouvieille se divisent, comme les torrents, entre le versant d'Adour et Gave et le penchant de la Neste d'Aure, incliné vers la Garonne supérieure.

240 hectares de glace constante cuirassent ici des torses de montagne, autour du Pic d'Aubert ou *Pic de Néouvieille* (3 092 mètres), qui nomme sans en être le roi ce remous de montagnes, et autour du périlleux *Pic Long* (3 194 mètres) aux

Le Plus Beau Royaume Sous le Ciel.

effrayants abîmes. Le *Campbiel* a 3175 mètres, le *Badet*, pointe presque inaccessible, s'élance à 3161. Ainsi les altitudes de ce massif ne sont inférieures que de 100 à 200 mètres à celles des géants espagnols de la chaîne.

Des observatoires du Néouvieille, situés en avant de la grande chaîne, on admire mieux les pointes, les tours, les brèches, les névés, la glace de la paroi de frontière, que de ces tours elles-mêmes, qu'on voit d'ici se dérouler au midi, au-dessus de l'effondrement de Gavarnie, sous l'œil du Mont-Perdu, dans toute la majesté de leurs tiares de neige; mais aussi la Grande Crête contemple ce que ne voit point Néouvieille, tout le monde étrange du versant de la Soulane, c'est-à-dire du Sud : des pics, des dos fauves, des déserts de pierre cachant des cirques et des abîmes où les cascades tombent de mille à deux mille pieds.

Presque pas de forêts sur les roches vives, les escarpements, les pointes, les dentelures, les taillantes, sauf en quelques gorges, surtout au versant d'orient où de superbes sapinières accompagnent les branches mères de la Neste; partout ailleurs, et principalement dans ses « hauts », rien ne protège Néouvieille qui a vu déjà mainte arête s'écrouler malgré la dureté de son granit, maint piton s'abaisser, mainte roche se fendre, dont sont témoins de nombreuses ruines, éboulis au flanc du mont ou dans le creux des ravines. La grandeur plus que la grâce, et l'austérité triste caractérisent ce sublime amoncellement de granits clairs écartelés en nombreuses vallées très profondes. Et la plupart de ces lacs sont soucieux, tragiques, froids, longtemps glacés dans leur combe ou sur leur plateau.

Parmi ces lacs, le plus ample dort sur le versant de Garonne par Neste; c'est le lac de *Cap de Long* (50 hectares), à l'altitude de 2230 mètres, et par cela même scellé pendant le plus long de l'année, au pied de parois qui le dominent d'une immense hauteur et dont la corniche porte des neiges à peu près sans fin de durée; il recueille des torrents éperdus qui ne sont qu'une longue cascade, les uns s'affalant du pic de Néouvieille, les autres du pic Long, du Badet, du Campbieil; ces nestes l'effaceront un jour à force de débris, mais dans l'instant présent il est profond de 56 mètres; ses eaux, « scandinavement » froides descendent rapides, frémissantes, au *Lac d'Oredon* ou d'Orredon qu'entourent des forêts de sapins. Cet Oredon (pour Aourédoun, le Rond) peut avoir 40 hectares, avec 48 à 49 mètres d'extrême profondeur. Au lieu de ses 1869 mètres d'altitude actuels, il avait autrefois son niveau à

25 mètres plus bas, mais on l'a relevé d'autant par une digue : ainsi a-t-on créé une réserve de 12 338 200 mètres cubes où l'on puise par un siphon pour le plus grand bénéfice de la Neste ; or, ce précieux torrent, seconde branche mère de la Garonne, n'aura jamais trop d'eau, malgré son abondance : il soutient le fleuve de Toulouse, il abreuve le plateau de Lannemezan, il apporte des flots aux fossés injustement nommés rivières qui traversent le Lannemezan, la Lomagne et l'Armagnac du sud au nord, au nord-est, au nord-ouest, avec peu ou point d'onde en saison caniculaire.

CV
PLATEAU
DE GER;
CHALOSSE

En avant de ces Pyrénées occidentales le pays Basque dispose des collines verdoyantes ; de même le pays Béarnais ; et là où confrontent Béarn et Bigorre, au nord de Lourdes, au nord-est de Pau, s'avance le plateau de Ger.

Le *Plateau de Ger* a son origine aux collines de Lourdes.

Au-dessus du sanctuaire très vénéré, sur la rive droite du Grand Gave, montent des collines ayant dans leurs replis le bassin morainique du lac de Lourdes. Ces coteaux se développent dans la direction du nord, du nord-ouest, en s'écartant toujours plus, comme les rayons d'un éventail ; ils sont composés d'alluvions quaternaires, de graviers stériles, d'argiles imperméables dont il ne sort pas de fontaines vives : aussi ne passe-t-il au fond de leurs plissements que des rus opaques, bourbeux, impuissants contre la sécheresse, et la plupart incapables de mettre en tic-tac le moindre moulin.

Vers 400-450 mètres d'altitude, soit à 100 mètres au-dessus de la plaine de Tarbes, qu'il domine directement, commence l'écartement de ses principaux ruisseaux, longs autant qu'indigents, et tous affluents ou sous-affluents de l'Adour ; l'un d'eux, qui n'atteint le fleuve qu'au bout de 25 lieues, le Gabas se traîne près de Ger dont la lande, étant presque déserte, est devenue un champ de tir pour l'artillerie ; de ce village ont pris leur nom ce champ de tir et le plateau.

Il lui manque, à ce haut plan, un canal du Gave pareil à celui de la Neste qui se développe à quelques lieues à l'orient : ce canal prendrait quelques mètres cubes au torrent vert du Lavedan en amont de Lourdes, pour les distribuer sur la lande élevée et confier ensuite leur surabondance aux riviérettes du Ger, aussi mortes pendant la moitié sèche de l'année que le furent jamais celles du plateau de Lannemezan.

Entre ces ruisseaux le plateau de Ger s'épanouit avec leur écartement ; il devient la *Chalosse*, longues lignes de hautes

Le Plus Beau Royaume Sous le Ciel.

collines tertiaires ou quaternaires dont les villages voient les Pyrénées dans leur gloire, par delà d'autres collines, à la distance d'où l'on admire le mieux leur grandeur.

Nombreux sont ces villages au panorama lumineux, et fluide comme sa lumière, de la place de l'église, de la ruine du castel, et souvent de toute fenêtre au midi ; tandis que de beaucoup d'entre eux, de ceux qui couronnent les dernières rangées de collines du côté du nord, le regard flotte à l'infini sur la sombre forêt des Landes que n'arrête aucun coteau visible. Des bourgs d'en haut à la rivière trouble d'en bas la terre, argile et sable, est verte de milloc ou maïs, de vignes, de prairies, et les rus s'en vont, à demi ténébreux, sous l'ombre des châtaigniers et des chênes. Ce riant pays de Chalosse comprend 126 567 hectares. Son orient, au-dessus d'Aire, se nommait le *Tursan*.

Ses maîtres cours d'eau sont le susdit Gabas et le Luy.

CVI
GABAS
ET
LUY

La rivière qui a ses sources sur le plateau de Ger, le *Gabas* est, au plus long de son cours, un ru sec ou peu s'en faut en été, trouble quand l'eau des pluies délaye ses collines ; ni moins beau, ni moins laid que ses voisins et frères issus du même plateau, le Lées, le Bahus, le Louts, le Luy ; mais son vallon a de la fraîcheur, de petits recoins d'Arcadie. N'ayant arrosé que des villages, il passe près de Saint-Sever, au pied méridional de cette ville fièrement assise au-dessus de l'Adour, en face de l'immense horizon et de la forêt des pins, immense aussi. C'est alors, vers la fin de son voyage, qu'il lui arrive de belles fontaines montées des assises de la craie et qui, parties de grande profondeur, ont une température de plusieurs degrés supérieure à celle des sources du pays ; telle entre autres la *Font de Marseillon* qui anime l'un des plus grands moulins de la contrée. Le Gabas s'achève dans l'Adour, à la rive gauche du fleuve, à trois lieues à l'ouest de Saint-Sever, à la basse altitude de 15 mètres, au bout de 100 kilomètres en un bassin de 46 000 hectares.

Le *Luy*, long de 130 kilomètres, en un bassin de 126 500 hectares, réunit deux Luys : le *Luy de France*, fait de sources inconstantes et qui passe près de Morlaas ; le *Luy de Béarn*, qui, né près de Pau, n'a, lui aussi, rien de « fluvial », mais qui coule en une très ample vallée de fleuve dans la Lande quaternaire du *Pont Long*, encore pleine de touyas, c'est-à-dire de genêts, d'ajoncs et de brandes servant de litière ; dans ce grand val il s'est creusé une ravine où il serpente entre des berges de terre. Comme au long de l'autre Luy, presque tous ses bourgs et villages ont pour piédestal la colline gravie par des champs, des vergers, des vignobles; sauf la mer, son infini, son vert sombre et sa frange d'écume, sauf encore le serpentement d'argent des rivières (car les Luys sont trop étroits pour briller au loin dans la plaine), l'homme de ces bourgades voit tout ce qu'il y a de beau dans ce monde : la vallée, les bocages, la fuite des collines, les reculs d'horizon, l'espace et les Pyrénées.

Le Luy sinue au midi de Dax et s'unit à la rive gauche de l'Adour, à peu près à l'extrême limite du flot de marée sur le fleuve landais.

S'il lui verse peu d'onde fontainière, les longues pluies poussent dans son lit des torrents bourbeux amenant à l'Adour des débris de collines, des lambeaux de berges, des lavages de fossés, des argiles, des sables dont ce fleuve, gêné par une mer colérique, ne compose point un delta pour l'agrandissement de la France.

CVII
GAVES
DES BÉARNAIS
RIVIÉRETTES
DES BASQUES

De la plage d'Hendaye à la Munia, la Pyrénée verse ses courants dans deux torrents franco-espagnols, la Bidassoa, la Nivelle; et dans l'Adour par le Gave de Pau, la Bidouze, la Nive.

Beaucoup plus espagnole que française, la *Bidassoa*[1] ne nous appartient que pendant trois lieues et demie, et seulement par la rive droite; ses 74 000 hectares de conque lui valent 8 mètres cubes par seconde. Formée dans la Navarre, province hispano-basque, elle y boit des torrents à des monts de 1 000 mètres encore fort boisés, elle y baigne le val de Baztan, gracieux et frais. Torrent pur sur la roche, elle rencontre la marée en amont de Béhobie et dès lors change de nature; elle s'élargit, laisse à gauche la guipuzcoanne Irun, coupe le chemin de fer de Paris à Madrid et devient un estuaire de 600 à 1 600 mètres d'ampleur, entre la française Hendaye et Fontarabie, décombres espagnols presque autant que bourg d'Espagne.

Le nom basque de Fontarabie, le vrai nom, Ondarrabia ou le Fleuve ensablé, dit bien ce qu'est l'estuaire du fleuve, tout de sable à marée basse.

La *Nivelle*, ou Petite Nive, par contraste avec la Grande Nive de Bayonne, la Nivelle a peu de rapports avec la France.

Venue de la Navarre espagnole, d'humbles mais tout à fait charmants monts de 1 000 mètres, elle a chez nous ses

---

1. 70 kilomètres.

Le Plus Beau Royaume Sous le Ciel.

six dernières lieues et son bassin français s'étend sur 21 652 hectares; l'embouchure est dans la baie de Saint-Jean-de-Luz, souvent retentissante.

CVIII
GAVE
DE
PAU

Le *Gave de Pau* ou Grand Gave ou encore Gave Béarnais (par excellence) rencontre l'Adour à la marche du Béarn et des Landes. Il arrive de plus loin que le fleuve qui lui dérobe son nom, mais par une route plus droite; il ne suit pas le chemin des écoliers, comme la rivière de Tarbes, qui marche d'abord et longtemps vers la Garonne bordelaise.

Il naît parmi les plus belles des Pyrénées françaises, sur la glace éternelle, derrière la corniche du cirque de Gavarnie, dans la région sublime des monts de plus de 3 000 mètres. Sa première lueur d'eau, fusion de frimas, est à 2 406 mètres d'altitude, au pied du glacier de la Cascade, mais ce n'est pas, semble-t-il, ce seul champ de froidure qui fournit à la grande chute de 422 mètres dans le grand colisée le flot de son éternel renouvellement; en toute probabilité les « hivers » espagnols du plateau de Marboré, du Mont-Perdu doivent y contribuer aussi.

Tombé donc de 1 300 pieds dans le plus beau cirque par la plus belle cascade, il reçoit tous les Gaves possibles — le *Gave d'Ossoue* lui mène des eaux descendues du grand glacier du Vignemale, — le *Gave de Héas* lui conduit les cascades solitaires du cirque de Troumouse et du cirque d'Estaubé. — Le *Gave de Bastan* (nom basque, s'il en est) lui arrive dans le ravissant bassin de Luz et Saint-Sauveur, où la terre tremble souvent : il descend, en eau claire, de la trop froide Barèges, ville thermale à 1 232 mètres. — Flot vert du Vignemale, le *Gave de Cauterets* a son terme dans la vallée de Pierrefitte, ruisselante d'eaux vives. — Le *Gave d'Argelès* ou Gave d'Azun, qu'accroît le Gave de Bun, part des monts où règne le Balaïtous et verse un flot gris bleu près de la charmante Argelès.

On peut dire que dès lors le Grand Gave est fait; il ne reçoit plus qu'un affluent puissant, le plus fort de tous à vrai dire, et comme son frère jumeau; mais ce maître tributaire, le Gave d'Oloron, il ne le rencontre qu'à la fin de son voyage.

Tous ces Gaves grondants, tonnants, tapageants, sautants, tournoyants, insensés, éperdus, n'ont de repos que dans les lacs, et çà et là dans de petits abîmes; ils brillent rarement en argent sur l'herbe des prairies, car ils sortent peu des défilés obscurs. Tous ont de pures eaux, surtout celui de Cauterets, plus clair que les flots un peu « savonneux » du Grand Gave.

De sa vallée natale, dite *Val du Lavedan*, le Grand Gave sort à *Lourdes*, petite ville, vieux château, grotte prodigieusement célèbre dans les deux mondes, d'où les pèlerins lui viennent par multitudes; son altitude n'y est déjà plus que de 380 mètres.

Brusquement, il y abandonne sa direction du sud au nord; il déserte l'antique vallée qui l'épanchait autrefois dans les immenses plaines de Tarbes que l'Adour, moins grand, bien moins créateur, n'était point capable de combler d'alluvions; cette vallée, suivie par le chemin de fer de Lourdes à Tarbes, est très facile à reconnaître, et si le Gave montait d'une trentaine de mètres, il reprendrait son ancien cours : par là passera quelque jour le canal qui doit verser dans les champs tarbésans une moitié des eaux du torrent lavedanais.

C'est la moraine frontale du glacier préhistorique d'Argelès, qui a fini par arrêter ici, à peu près où est aujourd'hui le village d'Adé, la course du Gave vers le septentrion; quand le torrent, plus faible à mesure que les Pyrénées diminuaient d'altitude, et que leurs glaciers devenaient médiocres, puis petits, enfin minuscules, quand le Gave du Lavedan ne put plus se verser par-dessus la moraine, il fouilla latéralement et, trouvant à l'ouest un point faible dans la digue, il dériva vers l'occident.

Tournant donc au couchant, le Gave passe devant la grotte miraculeuse, au pied de la basilique où l'on vient en dévotion de tout pays sous le soleil.

Fidèlement longé dans ses détours par le chemin de fer de Toulouse à Bayonne, il se tord en un défilé superbe ayant à gauche la montagne forestière qui est le premier gradin des Pyrénées, à droite la haute colline.

Eau verte, rapide, incessamment brisée sur la roche, tourbillon de courants, de contre-courants, et parfois gouffre qui dort, il passe sous l'arche lierrée du pont de Betharram, au pied d'un calvaire très célèbre avant que Lourdes devînt la célébrité même. Peu après, vers Coarraze, il entre dans une large vallée où les grands villages se pressent à se toucher.

Il arrive à *Pau*, l'un des paradis de l'Europe; il court sur de larges grèves devant cette ville d'hiver, séjour de poitrinaires attirés par la douceur du climat, la moiteur d'un air calme, la splendeur du site, la vue et le voisinage des Pyrénées; il y mêle à sa vague impétueuse l'eau du *Néez* qui sort du *Goueil de Rébénacq*, font bouillonnante d'où « surgeonnent » à chaque seconde 500, 1 000, 2 000 litres de cristal.

De Pau à Orthez le Gave gronde en plaine, très violent,

Le Plus Beau Royaume Sous le Ciel.

fantasque sur des lits de graviers, creusant ou comblant des coulées ; entre ces lits changeants, eaux courantes et bruyantes ou longues flaques mortes, des îles s'allongent avec de grands arbres, et les saules frémissants d'où leur vient le nom de saligues. Il laisse à demi-lieue à droite *Lescar*, qui fut, croit-on, l'antique *Beneharnum*, nom survivant, deux fois plus court, dans celui de Béarn.

A *Orthez* cesse la plaine commencée vers Betharram, et durant deux lieues le Gave est un traître et mauvais torrent dans une gaine de rochers, avec courants forcenés, rebouilles terribles, gours endormis, remous mortels aux faibles nageurs, roches pointues ou tranchantes qui ouvrent le ventre à l'imprudent, cavernes latérales, ténébreusement ouvertes, où le flot vert, rayé de blanche écume, engouffre et noie celui qu'il entraîne. Passage splendide ; mais des carriers sont à l'œuvre sur les bords du torrent ; bloc à bloc ils font de ces rochers des moellons, et des charrettes emportent loin du Gave la magnificence de ses rives de pierre.

Le Gave sommeille à Orthez sous un pont du XIII° et du XIV° siècle avec tour guerrière à son milieu et, dans cette tour, la « frineste dous Caperas », la fenêtre des Chapelains, c'est-à-dire des Prêtres : quand les protestants s'emparèrent de la ville, au beau temps des guerres de religion, ils jetèrent de là prêtres ou moines dans le gouffre du Gave ; ainsi dit la légende, qui peut-être est l'histoire.

En aval de l' « étroit » d'extrême profondeur sur lequel est jeté le pont de Berenx, au-dessous du château de Bellocq, antiques tours ruinées qui furent un palais des comtes de Béarn, le Gave s'apaise ; il n'est plus torrent dans le roc, mais puissante rivière sur le gravier, entre des rives heureuses.

A 1 500 mètres en amont de Peyrehorade il se choque à une rivière presque rivale en flots, au second de tous les Gaves, au Gave d'Oloron ; et presque doublé, c'est dès lors un fleuve large, calme, reposé, qui porte des bateaux à vapeur, un indolent flot bleu-vert où l'on ne devinerait jamais le fils turbulent des sierras. Il frôle Peyrehorade et, devenu sensible à la marée, mêle son eau de montagne à l'eau de plaine et de coteau de l'Adour.

Le Gave apporte l'eau, l'Adour garde le nom : cette injustice est commune.

Au zéro d'étiage du pont de Peyrehorade, le Gave Béarnais roule 92 mètres cubes par seconde, tandis que l'Adour, au zéro du pont de Dax, atteint 45 seulement : d'où il suit que ledit Adour vaut à peine alors une moitié du Gave. Comme eaux vraiment basses, on admet 45 mètres cubes, comme maigre absolu, 30, comme crue extrême, 1 200.

L'Adour, réduit par la sécheresse à 20, à 18, voire, à l'extrême, à 15 mètres cubes, ne dépasse le Gave qu'en grande inondation, en vertu de 267 kilomètres de cours, contre les 180 de la rivière d'Orthez, et d'un bassin près de trois fois supérieur à celui de l'eau qui commence à Gavarnie.

CIX
GAVE
D'OLORON

Le *Gave d'Oloron*, à peine moins beau, moins puissant que celui de Pau, se forme à Oloron, par 200 mètres, de la rencontre des Gaves d'Aspe et d'Ossau.

Oloron, c'est la ville de beauté : elle a les splendeurs de la montagne à son horizon du sud, autour d'elle une campagne admirable, et chez elle ses deux torrents, qui sont sonores.

Le *Gave d'Aspe* [1], plus abondant que le Gave d'Ossau, roule en étiage 7 à 8 mètres cubes. Né dans l'Aragon (Espagne), par une « canaillerie » de la frontière, il bruit dans la gorge d'*Urdos*, au pied d'un fort de défense dont on n'atteint le surplomb de roc, haut de 150 mètres, que par un escalier de 506 marches ; il baigne le bassin de *Bedous*, l'un des lieux de France où il tombe du ciel le plus d'eau, et quitte la montagne pour la riche campagne d'Oloron près des bains de Saint-Christau.

Le *Gave d'Ossau* [2], plus long que celui d'Aspe dans une conque un peu moindre, a pour étiage normal 4 à 5 mètres cubes. Français tout du long, il bondit au pied du Pic du Midi de Pau, écume dans l'âpre défilé des *Eaux-Chaudes*, et sort des monts à Arudy ; puis, se courbant soudain, comme le Grand Gave à Lourdes, il roule de vertes eaux dans une ravine solitaire, ayant à gauche la Pyrénée, à droite les collines.

Ainsi composé de deux vraiment superbes torrents, le Gave d'Oloron roule dès lors au moins 30 mètres cubes en portée normale, dont 18 pour le Gave d'Ossau ; il se promène de çà de là, tantôt gai, tantôt majestueux, dans une large vallée, la plus fertile du Béarn, avec riches villages si rapprochés qu'on ne sort de l'un que pour entrer dans l'autre ; mais il n'arrose pas cette plaine, il ne fait que la sillonner, fort au-dessous de son niveau, entre talus ombragés de grands arbres, si bien qu'à deux pas des bourgs on se croirait devant un courant vierge du Nouveau Monde. Il reçoit le *Vert*, torrent de la vallée d'Aramits, et le Saleïs de *Salies de Béarn*, ville dont la source est sept fois plus salée que les eaux de la mer ; il rencontre Navarrenx, Sauveterre et boit le Gave de Mauléon, qui est bien tout ce qu'il y a de plus gracieux.

---

1. 55 kilomètres, 56 900 hectares. — 2. 65 kilomètres, 52 300 hectares.

Le Plus Beau Royaume Sous le Ciel.

CX
GAVE
DE
MAULÉON

Le *Gave de Mauléon*, dit aussi le Saison, se forme de torrents qui ne s'appellent point des gaves; comme il descend du pays Basque, ses branches ont des noms escualdunacs; les monts aussi, dont l'un s'appelle l'Otxogorrigagna, terme aussi peu français que possible; et lui-même se nomme, à la basquaise, Uhaïtz Handia, la Grande Eau.

L'une de ses rivières originaires, l'Olhadu vient justement du massif dont le maître mont se réjouit du nom compliqué d'Otxogorrigagna; il unit ses deux branches·mères dans la *Fissure d'Holçarté*, entre pierres schisteuses de 150 à 200 mètres de haut, nues ou ayant sapins, hêtres et chênes; les deux torrents et celui qui naît de leur rencontre, c'est une terrible trifurcation de précipices.

Sorti des gorges en amont de Tardets, le Saison serpente en une très jolie vallée où les villages bien ombragés succèdent aux villages; Mauléon non plus, la ville de ce gave, n'est guère qu'un petit bourg au pont pittoresque où grimpe le lierre et d'où pend la ronce.

Le Saison s'achève en pays de langue française, aux environs de Sauveterre de Béarn. 74 kilomètres c'est sa longueur, 51 227 hectares sa conque, 12 mètres cubes sa portée habituelle, 5 son étiage.

Tous affluents reçus, le Gave d'Oloron, long de 140 kilomètres en un bassin de 258 000 hectares, amène à son rival de Pau un minimum de 12 mètres cubes, un volume d'étiage de 18, un volume normal de 32.

CXI
BIDOUZE
ET NIVES

Ces deux affluents de gauche de l'Adour sont deux rivières basquaises; tout comme le Saison la Bidouze finit en terre de langue française; la Nive est basquaise d'un bout à l'autre, sauf à son embouchure dans Bayonne.

La *Bidouze*, qui a 20 lieues au plus, dans une contrée de 67 500 hectares, part de Pyrénées basses, presque d'avant-Pyrénées de 1 000 à 1 200 mètres seulement; elle baigne la Dona Paleora des Escualdunacs, notre Saint-Palais, auparavant nommé Montbidouze, et passe devant Bidache.

La *Nive* se forme en Navarre, dans la conque de Donajouna, de la rencontre de trois torrents — Donajouna, c'est le nom basque de Saint-Jean-Pied-de-Port.

Ces trois torrents s'appellent tous trois la Nive, nom générique dans ces montagnes; deux de ces Nives, la Nive de Béhérobie ou Grande Nive et la Nive d'Arnéguy ou Petite Nive, naissent en Espagne, la sierra s'y levant jusqu'à 1 500 mètres.

Le long des Nives, la nature est belle ; surtout elle est charmante en ce Pays Basque, tandis qu'elle est grandiose sur les Gaves et les Nestes; on n'a pas ici neiges et névés, glaciers, cascades éperdues, mais tout, jusqu'à la roche, verdoie sous le ciel humide; amples y sont les châtaigniers, beaux les chênes, gaies les prairies, odorante la bruyère.

Plus loin arrive une autre Nive, celle des Aldudes ou de Baïgorry, née de torrents espagnols qui portent les charmants noms basques de Sabiondo et d'Immilestégui; ses eaux sont rougeâtres, l'oxyde de fer les teinte, et il se peut bien que le nom de la vallée vienne de là : Baïgorry, pour Ibaïgorry — la Rivière Rouge.

Le flot transparent fait de tous ces flots tranche un chaînon des Pyrénées par la noirâtre gorge du Pas de Roland, près d'Itsatsou aux jardins pleins de cerisiers; il effleure la colline de la délicieuse *Cambo*, puis subit l'influence de la marée à partir d'Ustaritz.

Ayant divisé en deux sous-villes, Grand-Bayonne et Petit-Bayonne, la ravissante ville que l'Adour sépare en Bayonne et en Saint-Esprit, elle se perd dans le fleuve à côté du pont de 200 mètres qui relie ledit Saint-Esprit ou Bayonne de rive droite à la place murée qui est Bayonne de rive gauche.

Ses 100 000 hectares lui composent ordinairement 10 mètres cubes, 3 et même quelquefois 2 seulement au plus sec; sa longueur, à partir de la source de sa branche la plus étirée, n'arrive pas même à 20 lieues.

CXII
ADOUR

Le fleuve auquel accourent tous ces Gaves, cette Bidouze, cette Nive, l'*Adour* est fort peu pyrénéen, à l'inverse de son grand affluent le Gave de Pau.

L'Adour, c'est, de toute évidence, la *Dour*, l'*Eau*, nom identique à Doire et à vingt autres.

A 4 kilomètres seulement des lieux où la rive de l'Atlantique perd ses dunes et ses pins pour les rochers que taille la mer de Biarritz, à 8 lieues de l'Espagne, une barre qui brave les ingénieurs marque l'embouchure de l'Adour, au bout d'une des régions de France où la plaine reçoit le plus d'ondées et la montagne le plus de neige. Chez les Bigordans, les Béarnais, les Basques, lui naissent les beaux torrents de la sierra; chez les Gascons de la Lande, les rivières nées du sable et presque insensibles à l'été; sa part de ruisseaux presque morts

Le Plus Beau Royaume Sous le Ciel.

en canicule lui vient du plateau de Ger et, pour un très peu, du plateau de Lannemezan.

A 30 kilomètres de l'Océan, à la lisière des Landes, au pied de collines béarnaises et basquaises au sud, landaises au nord, deux rivières se rencontrent, égales pour le regard, l'Adour et le Gave : l'Adour vient de plus loin ; le Gave apporte en été du moins, une eau bien plus abondante, plus pure, plus vive, plus « fluviale ».

Le lieu de cette rencontre se nomme le *Bec du Gave* : ainsi le confluent de l'Allier et de la Loire s'appelle Bec d'Allier ; celui de la Garonne et de la Dordogne, Bec d'Ambès.

L'Adour naît à 1 931 mètres, sur le Tourmalet, mont de près de 2 500 mètres, non loin du Pic du Midi de Bigorre, qui en a près de 2 900, à 5 lieues au sud de Bagnères. Il reste peu dans la montagne ; après avoir arrosé la vallée de Campan et mu les scies à marbre de *Bagnères-de-Bigorre*, ville thermale, il entre en plaine pour y rester jusqu'à la mer. Déjà son altitude n'est plus que de 550 mètres à Bagnères ; de 300 à *Tarbes*, où le jeune fleuve, où l'Echez, où le Canal d'Alaric, dispersés en brillants ruisseaux, irriguent une vallée de très grande ampleur qui nourrit des chevaux à jarrets d'acier.

Par ces canaux sans nombre, la richesse, la grandeur de ses villages, le spectacle des montagnes, courtines bleues ou draperies de neige, la *Plaine de Tarbes* est le Piémont du Sud-Ouest ; elle prolonge au loin ses prairies, ses gigantesques maïs vers le nord, sur l'un et l'autre bord de l'Adour, par Vic-de-Bigorre, Maubourguet, Castelnau-Rivière-Basse et Riscle. — Cette campagne ample et féconde n'est pas seulement l'œuvre de l'Adour ; c'est le Grand Gave qui l'a surtout créée quand il s'épanchait vers Tarbes, en aval de Lourdes, par le val de Bénac, puis par celui d'Ossun : route qu'il sera facile de lui frayer à nouveau, quand on jugera bon de tripler les irrigations du pays tarbésan.

Il se grandit de l'*Arros* [1], rivière également peu pyrénéenne qui baigne les riches campagnes de Plaisance ; après quoi il effleure de sa rive droite les sables et les pignadars des Landes, qui l'accompagnent jusqu'à la mer.

Il passe au pied de Saint-Sever, jadis appelé Cap de Gascogne : et, de fait, sa colline s'avance en promontoire sur une plaine gasconne que les pins se disputent jusqu'à l'horizon le plus reculé du nord.

Extrêmement consommé presque dès sa source par les arrosages, ce ne sont pas les pauvres longs rus du Ger et de la

---

1. 100 kilomètres, 90 000 hectares.

QUATRIÈME   *Monts Extérieurs.*

Chalosse, l'Arcis, le Bahus, le Gabas, le Louts (et plus bas le Luy), qui peuvent lui rendre ampleur et vigueur ; mais il ouvre son lit à la très intarissable Midouze.

CXIII
MIDOUZE

Rivière de 18 mètres cubes à la seconde, avec étiage de 12, la Midouze hume les eaux de 307 000 hectares en un cours de 155 kilomètres jusqu'au fond de la plus reculée de ses ravines. Elle se forme à 25 mètres seulement, à Mont-de-Marsan, par l'union de deux rivières nées sur les collines terreuses de l'Armagnac : la Douze et le Midou.

La *Douze* n'est rien tant qu'elle serpente entre coteaux boueux, mais dès qu'elle arrive sur la Lande, vers Cazaubon, elle s'accroît de rus jamais secs, et lorsqu'elle entre dans la pittoresque Roquefort, elle rencontre l'Estampon.

Cet *Estampon* naît sur un plateau de peu de pente, ancien marais resté demi-palus avec joncs, rouches, lagunes plus ou moins sèches en été. La première ville qu'il rencontre est aussi la dernière ; c'est Roquefort : là, au pied d'un rocher, dans un site encaissé, sous un grand moulin, son eau noirâtre heurte impétueusement l'eau blanc-jaunâtre de l'argileuse Douze : à puissance égale, ces deux flots auraient peine à se mêler, mais l'Estampon est si supérieur à la Douze qu'il la dévore incontinent.

De là jusqu'à Mont-de-Marsan la Douze coule en une ravine étroite, profonde, entre rocs, talus, escarpements, et souvent de hauts et beaux arbres ; elle ne boit désormais que des affluents « landais », ondes aussi durables que sont passagers les rus des collines du haut de la rivière.

Le *Midou* ou Midour reproduit la Douze en ce qu'il procède aussi de l'Armagnac, dont il tire ses crues, et de la Lande, dont il tient ses sources ; mais plus court en moins d'espace, il ne reçoit aucun Estampon : aussi roule-t-il moins de flot malgré les belles fontaines qui lui viennent en amont de Mont-de-Marsan (ainsi que d'ailleurs à la Douze), dans la région des sables fauves. Bien qu'inférieur, il garde la direction et le nom ; ou plutôt il contribue plus que la Douze au nom commun de Midouze.

Ainsi faite, la Midouze ne cesse de humer de vifs ruisseaux landais, voire des riviérettes qui ne se lassent jamais de couler à profusion et dont la plus abondante est le *Bez* [1]. Le confluent avec l'Adour est à deux lieues en aval de la charmante ville « midouzienne » de Tartas.

L'Adour baigne ensuite la ville des plus merveilleux pla-

---

1. 40 kilomètres, 41 200 hectares.

Le Plus Beau Royaume Sous le Ciel.

tanes, **Dax**, l'antique *Aquæ Tarbellicæ*, qui est bien une cité des eaux : des eaux fraîches ou tépides par son fleuve qui s'épanche souvent en crues sur la campagne; des eaux chaudes par ses sources à 60-63 degrés jaillissant du sol avec tant d'abondance qu'on peut croire qu'elle est assise sur une espèce de lac plus près du bouillant que du glacé; de ces fontaines, la plus grande, fumant dans la cité même, verse 18 à 20 litres à la seconde par 21 robinets. De toutes ensemble monte une buée et nuée; dans ce Sud-Ouest tiède, Dax est la plus tiède, la plus molle, et il se peut que l'avenir en fasse une ville d'hiver pour phtisiques et rhumatisants.

De Dax à Bayonne le fleuve absorbe le Luy, il se heurte au Gave, son maître naturel, auquel il réussit à imposer son nom, il engloutit la Bidouze et maintes riviérettes basquaises; enfin, gonflé par le flux, à demi vidé par le reflux, d'ailleurs ample par lui-même depuis qu'il a rencontré la rivière béarnaise, il arrive à *Bayonne*, y confisque la Nive et meurt à 6 kilomètres en aval de cette gracieuse ville, l'antique *Lapurdum* dont tira son nom le Labourd, l'un de nos trois petits pays Basques; les deux autres étaient la Soule de Mauléon, et la Navarre de Saint-Jean-Pied-de-Port.

Pendant deux cents ans, de la fin du XIVe siècle à la fin du XVIe, il s'achevait plus loin : obstrué par des sables, il tournait au nord et, silencieux tout près du rumoreux Océan, coulait derrière la dune par un lit que marquent des étangs, des prairies, des joncs, des roseaux, des ruisseaux; il allait se perdre dans la mer au Vieux-Boucau, à 7 ou 8 lieues au nord de la plage où le dévore présentement l'Atlantique. Il y eut un temps où, remontant moins haut, il finissait moins loin, au Gouf de Cap-Breton, par une embouchure capable d'un grand fleuve.

L'Adour est un courant de 300 kilomètres auquel aboutissent 1 702 080 hectares, un peu moins du 31e de la France. On estime ses bonnes eaux ordinaires à 150 mètres cubes, son étiage habituel à 60, ses eaux les plus basses à 35, ses grandes crues à 1 500 ou 1 800.

CXIV
LANDES

Les sables sur alios dont l'Adour tire tant d'eau vive, les *Landes* vont des collines à la mer : ces collines sont celles de la Chalosse, déploiement nord-occidental du plateau de Ger, et celles de l'Armagnac, développement du plateau de Lannemezan, plus grand, plus haut, plus stérile que celui de Ger; cette mer est la sourdement grondante Atlantique.

De ces collines on voit une plaine fuir au loin, vers le nord, vers le nord-ouest, dans le bleu, sans que le regard s'y heurte à d'autres aspérités que des mamelons de sable, à d'autres obstacles que des forêts de pins, ou plutôt que la forêt des pins, qui est indéfinie, et comme infinie.

C'est la plaine des Landes; jusqu'à presque toucher la Garonne, puis la Gironde, elle étale 1 400 000 hectares sans descentes et sans montées visibles, sauf à l'ouest dans les dunes que récemment encore, il n'y a pas cent ans, le vent de mer lançait de 20 à 25 mètres par an à la conquête de la France.

Ces 1 400 000 hectares, on a proposé de les fertiliser avec les limons que des rivières en éventail leur apporteraient du sud-est.

Accrues dans leur force par des canaux de la Nesle et du Gave, on emploierait ces rivières à ronger sur une pente rapide les collines d'Armagnac, de Chalosse; on amènerait ainsi des boues qu'un entrelacs de canaux, canalicules et fossés déposerait sur le tapis des sables landais, au près, au loin, jusqu'aux dunes de la mer occidentale.

Dans ce plat pays, réservoir des « courants », des « crastes » et des « jalles », pins et chênes-lièges se plaisent à merveille dans des sables de la fin de l'ère pliocène et du commencement de la quaternaire : arènes quelque peu mêlées d'argile, avec énorme puissance, parfois jusqu'à 250 pieds de profondeur. Des pins couvrent la contrée, hormis la grande aire nue, la lande rase, la bruyère que l'hiver inonde, que l'été brûle, que chaque année diminue : car ce n'est plus le temps où la campagne était sans valeur. Il y a quatre-vingts ou cent ans, tout un « espace » s'y vendait quelques louis à peine; l'hectare ne valait en moyenne que 9 francs, et tout ce qu'il pouvait faire c'était de nourrir un mouton. Mares temporaires, brandes, bruyères, lits de tourbe, çà et là des pins, point de routes entre les hameaux assiégés par la fièvre et par la pellagre, comment n'aurait-on pas vendu pour quelques francs, loué pour quelques sous l'insalubre désert? Mais aujourd'hui qu'on a routes et chemins de fer pour emporter planches et résine, on sème des pins, partout où l'on en peut semer dans ce sol de sable porté par l'alios.

Sous une arène de 2 pieds d'épaisseur, plus ou moins, l'alios est une sorte de grès, une espèce de tuf quartzeux, un sable agglutiné par le tannin provenant de la décomposition des végétaux. Ce tannin est mêlé de fer; et de ce fer l'alios tire sa couleur noirâtre, jaunâtre ou rutilante. A peu près imperméable (pas absolument toutefois), il s'étend vers l'ouest, sous la Lande, sous les étangs allongés du pied des dunes, sous les dunes du littoral, et même assez loin sous mer, entre deux arènes : entre les sablons de surface au-dessus de lui, et au-dessous, d'autres sablons de 20, de 40 mètres, voire de 80 de profondeur au centre du pays, là où le chemin de fer de Bordeaux à Hendaye a ses gares de Solférino et de Morcenx. C'est sous ce sable inférieur, donc très bas, que les puits trouvent une eau saine, incontaminée de pourriture végétale.

Cet alios à peu près imperméable, sinon absolument et partout, retient les eaux de surface ; il empêche les racines de s'enfouir dans le sein de la terre, ou pour parler net, du sable ; cette imperméabilité de la Lande étendrait au loin l'eau des pluies en marais sur le sol plat sans les fossés qui la versent, souvent par un long voyage, soit dans un ru, soit dans un étang.

D'ores et déjà le soleil d'Occitanie incline sur 650 000 hectares des Landes l'ombre légère du pin maritime, jeune forêt qui remplace la forêt antique après des siècles d'outrage à la nature.

Car la Lande fut sans aucun doute une sylve, mais le berger la dépouilla pour la pâture de ses moutons ; alors l'arène du sous-bois, dégagée du filet des racines, devint mobile à tout vent, fluide, et la dune marcha vers l'orient : assez vite pour se promettre d'engloutir Bordeaux entre l'an 3500 et l'an 4000.

En même temps que le pin reconquérait et reconquiert la lande rase, 2 500 kilomètres de « crastes » et de fossés ont desséché quelques centaines de milliers d'hectares de marais et demi-palus.

CXV
BEAUTÉ
DES LANDES

Tel homme qui traverse les Landes par un jour de cuisants rayons, sous un vent qui cingle du sable, devient aussitôt leur calomniateur ; brûlé de soleil, énervé de chaleur, fouetté de poussière, étourdi par la turbulence du vagon qui l'entraîne à toute vapeur sur les plus longues lignes droites des chemins de fer français, il n'y voit qu'une plaine vide ou des pins, et des tranchées dans la dune avec le cordon brunâtre tracé par la ligne de l'alios.

Mais celui qui connaît les Landes les admire ; il les aime : pour lui leur monotonie est espace et grandeur. Devant leur « indéfinité » lumineuse, il comprend pourquoi les poètes ont souvent chanté la plaine ; même il y peut oublier la montagne si belle, mais froide et hautaine, où l'on ne se sent libre que sur les sommets supérieurs ; la montagne où la gorge étreint où l'abîme oppresse, où le torrent coasse, où le roc et la forêt cachent le divin soleil aux fontaines.

La joie sérieuse qu'éprouve l'homme assis au rivage devant le vide bruyant de la mer, le voyageur la retrouve devant le vide silencieux de la Lande ; elle semble infinie quand le regard ne s'y heurte pas aux dunes, aux pignadars qu'on n'a pas encore éclaircis, au rideau des pins arrivés à toute leur taille, et qui, selon que leurs troncs sont distants ou serrés, laissent passer avec éclat ou filtrer obscurément l'horizon.

Ces grands pins sont ébranchés ; de longues blessures d'un blanc jaune, taillées dans leur chair, des « quarres » en expriment la résine ; et malgré ces plaies coulantes d'où sort incessamment sa vie, cet arbre héroïque met cent ans à mourir : on dit de ces pins qu'ils sont gemmés. Sous leurs rameaux d'un vert noir, le sable est blanc, la fougère est verte, la rivière est sombre, la bruyère a des fleurs rouges et le genêt des boutons d'or.

Des moutons paissent, gardés par des bergers qui ont abandonné leurs échasses, jambes de géant d'où le pasteur suivait de l'œil son troupeau dans les brandes ; balançant le long bâton sur lequel il pouvait s'asseoir, il marchait à pas énormes, dominant les bruyères, les fougères, les genêts ; les jeunes pins n'arrêtaient pas sa vue, il commandait le sous-bois, il traversait à sec les lagunes dont la saison des pluies recouvre le désert, et sans ponts il passait à son gré les beaux ruisseaux rassemblés sous le sable, sur l'alios, toujours abondants, vifs, clairs malgré le rouge dont les teint le fer que contient le sol de la Lande.

Vers Biscarosse et autres villages à l'orient et en avant des dunes, là où les grands étangs sont entourés de rives incertaines, on voit encore, et là seulement, des pâtres, même vieux, des femmes, des enfants presque doublés de hauteur par leurs « chanques ».

Mais si les pasteurs landais ont quitté presque tous leurs « bottes à sept lieues », ils ont transformé en une infatigable cavalerie rustique les chevaux aux trois quarts sauvages qui jadis vagabondaient librement sur la plaine rase, tantôt piétinant avec effort sur la prairie spongieuse des vallons, tantôt reculant presque autant qu'avançant dans le sable qui cédait sous leurs pas. A cette continuelle tension du jarret, à ces coups brusques du sabot sur un sol qui fuit, aux courses folles entre pins et bruyères dans la rosée du matin, aux vents de la mer prochaine qui leur frappait les naseaux, ces chevaux devaient des jambes sûres, jamais lasses, des poumons d'acier, une sorte d'enthousiasme ; et tels sont aujourd'hui leurs petits-fils, race des plus réduites, presque minuscule, mais forte, nerveuse, délibérée, rapide, endurante, élastique.

Au bord de ces gais ruisseaux colorés qui sont les sujets de l'Adour, des Courants, de la Leyre, du Ciron, à la rive des étangs où l'on ne navigue qu'en bateaux plats vu la faible profondeur de l'eau, les hameaux de bois aux tuiles rouges se montrent dans la clairière à côté de leurs champs de blé, de maïs, parfois mais rarement à côté de leur vigne ; ou ils se cachent à demi entre les pins et les chênes-lièges, dans un air embaumé des « parfums résineux, atomes ravivants qui s'exhalent des pins secoués par les vents ». Pour arrêter la course des incendies que le hasard, souvent le crime, allument dans ces bois combustibles, on a taillé des avenues de 10, de 20 mètres de largeur, des « garde-feu » que les langues de flamme ne sauraient franchir ; mais il arrive que des flammèches vont porter au delà des coupées le flamboiement qu'on espérait cerner.

Ces avenues et les chemins fuient droit jusqu'à l'horizon comme une étroite allée qui n'atteindrait jamais son château ; puis, tout à coup, la forêt s'ouvre et la plaine est comme un golfe entre des caps et des falaises d'arbres, ou comme une mer dont on verrait indistinctement le lointain rivage.

Les Lanusquets, on dit aussi les Landescots, ne marchaient pas partout sur deux jambes de bois démesurées dans une plaine unie comme la mer au repos. Ce peuple d'échassiers qui perdra ses dernières échasses avant que toute la Lande rase, terre de parcours, soit devenue forêt, ces pâtres nourris de maïs ont chez eux des collines autrefois errantes, arrêtées aujourd'hui. De la Gironde à l'Adour, sur 60 lieues de long, avec largeurs très diverses (de 300 mètres au moins à 8 000 au plus), 90 000 hectares sont faits du sable que la vague de l'Atlantique pousse contre le littoral et que le vent d'ouest range en bataille contre le continent de France.

CXVI
DUNES
LANDAISES

C'est un bien beau pays que ces dunes landaises où l'Océan sonne, où le pin murmure, où le vent qui jadis éparpillait les collines, trace à peine des raies dans le sable fin des lèdes.

Les lèdes ou lètes sont les vallons sans ombre que les souffles de l'air ont creusés dans la dune avant qu'on la fixât ; les crastes sont les fossés d'écoulement ou les ruisseaux naturels qui courent aux étangs dont la dune est bordée ; les courants ou fuyants sont les rivières, tordues vers le sud-ouest, qui portent à la mer le tribut de ces étangs.

Au sud du bassin d'Arcachon, ces dunes se nomment le *Marensin* : de *Maris sinus*, a dit maint savant.

Au midi du Marensin elles s'achèvent par la *Maremne*, pays de beaux chênes-lièges, et contrée palustre de par ses étangs, ses ruisseaux traînants attirés de courbe en courbe par l'Adour qui mêle à ses eaux leurs eaux.

Le nom de Maremne, s'il vient de *Maritima*, rappelle que la mer Atlantique est aux portes, derrière la courtine des dunes.

CXVII
RIVAGE
DES LANDES

Comme il est naturel, la Lande qui est plaine de sable, continuée par la dune qui est montagne de sable, s'achève sur la mer par des plages de sable.

Sur 57 lieues de longueur, de l'Adour à la Gironde, pas un rocher tombant sur l'Atlantique, pas un seul; ni sous l'Atlantique non plus; et de cet Océan le littoral landais reçoit annuellement cinq à six millions de mètres cubes de sablon râpé par la vague sur le plateau qui prolonge sous-marinement la Lande.

Rivage presque invariablement droit : hors l'échancrure du Bassin d'Arcachon, il n'a ni baies, ni bouches de grande rivière, ni ports.

Les navires fuient ce rivage sans abri, blanc d'arène au pied des dunes, noir de pins sur leurs versants.

Avant qu'on arrêtât leur procession vers l'est, ces dunes barrèrent les ruisseaux de l'intérieur; elles en refoulèrent les eaux, qui, montant peu à peu sur le plateau, devinrent des étangs côtiers séparés de l'Atlantique.

Les étangs littoraux des Landes valent, de loin, les flots bleus des lacs de montagne; ils étalent des eaux sombres amenées par des ruisseaux que le fer de l'alios a rougis, que le tannin des brandes a noircis, et qui pourtant sont purs.

Sur ces ruisseaux, près de ces étangs, on voit des villages, des hameaux, des bergeries, à l'ombre des pins, autant que les aiguilles du père de la résine arrêtent le soleil (elles ne peuvent que le tamiser).

Mais au bord de l'Atlantique, devant la ligne noire des rameaux où passent en chanson les vents sourds de la mer, près de l'Océan qui gémit ou qui tonne, il n'y a ni bourgs, ni hameaux : rien que quelques phares, des cabanes de pêcheurs, des corps de garde de douaniers qui vivent seuls devant les souffles salés, avec le flux et le reflux, la brise ou la tempête, le sable, les gourbets, les gramens, les chênes-lièges et les mille et mille colonnes du péristyle infini de la forêt des pins maritimes.

Depuis quelques années la solitude y est moindre : profitant des plages de sable fin, maints hameaux s'y sont établis, baraques, chalets, villas, hôtels, qui sans doute deviendront çà et là des villes; car où cherchera-t-on la santé si le salut n'est pas dans la dune, sous les pins, contre la mer Atlantique? Où mieux trouver ailleurs ce que la nature peut nous conserver ou nous rendre, la jeunesse?

CXVIII D'HENDAYE A CAP BRETON — Les sables riverains dépassent même un peu l'embouchure de l'Adour; de plus de 3 kilomètres, presque à toucher Biarritz; alors l'arène landaise fait place à la roche pyrénéenne, jusqu'à Hendaye, à la frontière d'Espagne : soit du « Royaume très chrétien » jusqu'à l'estuaire de la Gironde, environ sept lieues de rive pierreuse contre près de soixante lieues de rive sableuse avec dunes noires de pins ou blanches de nudité — surtout noires.

Hendaye est notre dernier bourg sur le rivage de l'Atlantique; il commande le petit golfe de la Bidassoa, en vue de la Rhune, du Choldocogagna, des Trois Couronnes et du Jaïzquibel, ces deux derniers en Espagne, dans la province de Guipúzcoa, les deux autres en France.

A deux ou trois lieues à l'est-nord-est d'Hendaye *Saint-Jean-de-Luz* reçoit dans sa baie la Nivelle. Par ici l'Océan fut clément, non sans quelques lubies, jusque vers la fin des belles années du règne de Louis XIV; la vague du large n'entrait pas alors dans l'anse arrondie du port par une ouverture aussi large qu'aujourd'hui, et Donajouna — c'est son nom basque — Saint-Jean, la pêcheuse de morues, et aussi de baleines, bordait une eau tranquille derrière un abri de roches : aussi put-elle lancer en mer jusqu'à 80 navires et 3 000 Basques dessus. Mais quand le flot eut trituré ces rochers, de gigantesques tempêtes démantelèrent la plage quai par quai; et rue par rue la ville reculait toujours, elle aurait disparu si l'on n'avait réparé ce que détruisait la nature.

Une digue part maintenant du cap de Sainte-Barbe, une autre de la pointe schisteuse du Socoa, une troisième s'appuie au roc d'Arta; ces trois brise-lames assurent aux navires un port calme en eau profonde en ce bout de la France, devant une plage aimée des baigneurs.

Puis à ceux qu'effarouchent la bruyante Biarritz ou même Saint-Jean-de-Luz, moins vaine et cosmopolite, à ceux qui redoutent les forains opulents, le luxe, la mode, les hôtels fastueux, le tohu-bohu, le casino, les jeux, les fêtes, à ces simples et modestes, ou à ces pauvres, Bidart et Guétary, villages voisins, offrent encore, pour peu de temps sans doute, la simplicité de la vie et le silence de l'homme en face de la mer éloquente.

Biarritz (les Deux Rochers?), nom basque, et le dernier au septentrion : mais cette ville a cessé d'appartenir à la langue antiquissime; elle est française, et en même temps espagnole, anglaise, mondiale; des milliers et milliers d'étrangers y passent des mois d'été (et des mois d'hiver, tant le climat est doux), à la vague, au grand vent du large.

Ici la côte rocheuse fait place à l'aréneuse; au rivage frangé succède la rive droite, plate, hargneuse, hostile.

Mais, à vrai dire, d'Hendaye à l'Adour, les baies, les pointes, avancées du littoral basque ne protègent point contre le flot grondant, sauf à « Donajouna », des ports faits pour le commerce des nations; elles ne dominent que des criques fouaillées par les vents; ici la mer est sujette aux spasmes, aux transports, aux colères, et ce bout de l'Occitanie a des tempêtes aussi noires que celles qui font trembler l'Armorique.

Si du haut de ces promontoires l'horizon est toujours magique, s'il est grand et vaporeux sur les flots, diaphane sur les pics pyrénéens de France et d'Espagne, les Basques de cette rive ont cessé d'être les découvreurs d'îles, de continents que d'autres ont découverts après eux, si bien que Portugais, Espagnols, Normands, Hollandais, Anglais, Saintongeais, ont dans l'injuste histoire une gloire d'avant-garde qui n'est peut-être qu'un vol fait aux vieux Escualdunacs. Biarritz, Bidart, Guétary, Saint-Jean-de-Luz, Hendaye, n'aventurent plus que des bateaux de pêche sur la terrible eau glauque.

CXIX
CAP-BRETON
ET
SON GOUF

Quatre lieues d'un sable parfois hautain, jusqu'à 60 mètres, dune forestière devant la mer blanchissante, mènent de la bouche de l'Adour au havre de Cap-Breton (en réalité cap gascon), qui fut en son temps la fin de ce même fleuve des Pyrénées et des Landes, tantôt poussée au nord, tantôt ramenée au midi par le concours des éléments.

A la place de l'Adour n'arrive plus à l'océan dans le havre de *Cap-Breton* qu'un fort menu fleuve, une eau brune fille du sable, des palus, des dunes anciennes sous bois de pins ou bois de chênes-lièges : c'est l'enfant de la Maremne, le **Boudigau**, draineur de 28 000 hectares.

En perdant l'embouchure de l'Adour Cap-Breton perdit le principe même de son existence, tout au moins de son commerce et de sa richesse. Que faire, qu'être, que devenir, quand un fleuve mobile vous abandonne pour chercher l'une des trois ou quatre ouvertures en mer qu'il a successivement conquises au long du cordon littoral : au Boucau-Neuf, à Cap-Breton, au Vieux-Boucau, peut-être au Cap-Moïsan? Comment rester port de navigation hauturière, ou simplement port de cabotage, quand au lieu de l'Adour on ne voit plus passer que l'eau

Le Plus Beau Royaume Sous le Ciel.

palustre du Boudigau? Pourtant le courant de Cap-Breton s'engloutit en mer devant un des gouffres de l'Océan.

La grande fosse de l'Océan qu'on nomme *Gouf de Cap-Breton* (gouf et gouffre, c'est tout un) commence à 400 mètres de la laisse de basse marée par des fonds de plus de 30 mètres; à 5 kilomètres seulement du rivage, la sonde y descend à 375 mètres; et alors l'abîme se confond avec la grande mer. Celle-ci n'a pas moins de 1 000 à 1 500 mètres de creux à 50 kilomètres en face de Cap-Breton, tandis qu'au nord du Gouf il n'y a que 200 mètres d'eau à cette même distance de douze lieues et demie. Des vases, des sables descendent dans la fosse cap-bretonnaise, qui marque en réalité la fin septentrionale des Pyrénées par un long abîme vis-à-vis de la « platitude » landaise; sans cesse nettoyé par des courants inconnus, le Gouf a toujours les mêmes profondeurs, tout au moins les sondages de 1860 ont-ils retrouvé les fonds de 1826; et, par surcroît, l'onde est calme sur tout l'abîme, fût-elle terrible à l'entour.

Donc Cap-Breton n'est plus marinier; il a des pins, des chênes-lièges; il fait des « vins de sable », sur sa dune, dans des enclos protégés du vent par des palissades.

Une des grandes îles de l'Amérique du Nord porte son nom, peut-être parce qu'elle fut découverte par des Cap-Bretonnais. C'est un bloc de plus d'un million d'hectares, granits et schistes qu'un détroit sans largeur sépare de la Nouvelle-Écosse. Sur les 88 600 habitants du recensement de 1891, près de 15 000 hommes de langue française, de foi catholique, s'y font gloire du nom d'Acadiens.

On croit que ces Acadiens eurent parmi leurs ancêtres, pères et fondateurs de leur nation, des hommes venus de Cap-Breton, quand Cap-Breton naviguait et pêchait encore.

Les « vaillants », restés fidèles à leurs origines, sont un petit peuple français d'au delà de 150 000 âmes, concentré ou dispersé en divers pays : Nouveau-Brunswick, Nouvelle-Écosse, îles du Cap-Breton et du Prince-Édouard, Labrador, Canada, États-Unis; chaque année, leur part au soleil est plus grande.

CXX
COURANT
DE
SOUSTONS

Du Boudigau jusqu'au courant de Soustons, à peu près 15 kilomètres sur sable devant dune, littoral si droit qu'on le dirait tiré au cordeau. Si le havre de Cap-Breton ne possède plus au lieu de l'Adour que le Boudigau, de même le *Vieux-Boucau* a vu le courant de Soustons, ru de la Lande, remplacer ledit Adour qui porta jadis jusque-là son embouchure, sinon même un peu plus encore au nord ; le nom du bourg vient même de là : Vieux-Boucau, vieille bouche, par opposition au Boucau-Neuf qui, voisin de Bayonne, est devenu définitivement le lieu de la fin du fleuve.

Le *Courant de Soustons* ou chenal du Vieux-Boucau sort de l'étang de Soustons.

L'*Étang de Soustons* doit son nom à sa jolie petite ville riveraine, à Soustons, mêlée de grands arbres en longues avenues. Flamboyant au soleil des Landes, il réfléchit la course des nues dans son flot, rarement creux de six pieds, sur une aire de 739 hectares, à 2 mètres ou un peu moins d'altitude ; ses rives plates prolongent le miroir des eaux, et ce n'est qu'à l'endroit où l'étang se contracte pour devenir peu à peu le courant que se lèvent d'abrupts sables couronnés de pins. Autour le sol s'étend en prairies, en cultures, en pignadars, en landes rases. Le fond du bassin est tapissé d'une plante aquatique, qui fait sous l'onde une « forêt » continue, asile des poissons.

Le *Courant de Soustons*, déversoir de 42 000 hectares, a tout au plus une lieue et demie, gracieuse riviérette serrée par des dunes où frémissent pins et chênes-lièges. L'onde est claire malgré son teint rougeâtre ; tantôt rapide, tantôt indolente, c'est un plaisir de la descendre en barque.

Au Vieux-Boucau il rencontre à gauche, au pied de la dune, l'ancien lit de l'Adour, puis il entre en Atlantique près des cabines de bains du Vieux-Boucau, sur une plage très dangereuse aux nageurs.

Quand l'Adour avait son terme au Vieux-Boucau, il y eut ici une ville de mer accueillant les grands vaisseaux, là où il n'y a plus que des barques de pêche et où l'on s'entretient surtout par les industries du liège.

CXXI
COURANT
DE
LÉON

La côte monte ensuite uniformément vers le nord-nord-est, toujours rigide, autant que jamais pareille à elle-même : la mer retentissante, la plage blanche, le rivage sans estran et tout aussitôt la dune et ses pins musicaux. Elle s'ouvre pour donner passage au courant de Léon, au courant de Contis, au courant de Mimizan ; celui-ci, le plus grand de tous ces fluviots draine deux fois plus de sables landais que l'eau de Contis, et l'eau de Contis deux fois plus que l'eau de Léon.

Le *Courant de Léon* ou Courant de Huchet déverse une

Le Plus Beau Royaume Sous le Ciel.

trentaine de milliers d'hectares; il évacue l'*Étang de Léon* diminué, par desséchement, de 970 à 600 hectares.

Dune au couchant, lande au levant, les rives du « lac » de Léon contrastent entre elles : à l'orient, plates, basses, avec tourbes et fondrières, et de ce côté-là les pluies submergent les « barthes » où croît l'aune; à l'ouest les sables, et sur le sable les pins, excepté dans la petite maremme créée par les alluvions de sortie.

Le courant de Léon se tire comme il peut de sa percée du cordon des dunes, sinueux dans une prairie palustre : en quoi le « fleuve » de Léon ressemble au maître affluent de l'étang, à la rivière de Castets, si bien nommée la *Palud*.

CXXII
COURANT
DE
CONTIS

Les veines et veinules d'eau de 63 000 hectares dotent de 2, 3, 4 mètres cubes par seconde le *Courant de Contis*, qui sépare le Marensin (au sud) du *Pays de Born* (au nord).

Le courant de Contis sort de l'*Étang de Saint-Julien*, nappe d'eau qui tend à s'effacer depuis qu'on a désobstrué le courant de ses seuils d'alios, et des troncs d'arbres qui le barraient comme tels *rios* des Tropiques; le courant fuyant plus vite à travers la dune jadis errante, maintenant fixée, l'étang a baissé; de plus en plus reculant devant des plages encore mal assurées, il s'est réfugié dans deux cuvettes, l'*Étang de Lit* (250 hectares) et l'étang de Saint-Julien (200 hectares) : même ces deux nappes d'eaux n'existent plus guère que comme palus dans la saison des averses.

Le courant de Contis est une eau vive d'une limpidité rougeâtre ou dorée, suivant l'alios ou le sable du fond.

CXXIII
COURANT
DE
MIMIZAN

Le plus abondant des fleuves littoraux de la Lande, le *Courant de Mimizan*[1] déverse trois étangs, Cazau, Biscarosse, Aureilhan.

Il a pour principe à 20 ou 21 mètres d'altitude un lac de huit lieues de tour, de 5 970 (ou 5 608) hectares, dont la pointe septentrionale n'est qu'à quatre lieues au midi du Bassin d'Arcachon.

L'étang, disons : le *Lac de Cazau* s'appelle aussi l'étang de Sanguinet, et, en réunissant les deux noms, l'étang de Cazau et de Sanguinet. De très hautes dunes le séparent de l'Océan, dont il est probablement un vieux lambeau lentement hissé sur le continent par la poussée des sables — et il n'y a pas

---

1. 55 kilomètres, 132 000 hectares.

même cinq cents ans qu'il communiquait encore, ce dit-on, avec l'Atlantique par un chenal débouchant aux environs de la pointe de Maubruc. De l'immobile étang à la mer toujours inquiète, assaillante ou fuyante, et qui sourdement gronde, il n'y a que 3 500 à 7 000 mètres à travers sables et pignadars.

Eau d'une transparence dont le vert tend au noir, le Cazau n'a de profondeur, jusqu'à 22 mètres, qu'à l'ouest, au pied de la dune. Sur cette rive d'occident, le désert sans un hameau, une cabane, avec pins et chênes géants; et les autres rives cessent de plus en plus d'appartenir à la lande rase.

Deux canaux épanchent sa surabondance vers deux versants opposés : celui du nord, le canal de Cazau descend vers le Bassin d'Arcachon; celui du sud, le canal de Sanguinet ou canal de Navarosse mène l'eau brune au Petit étang de Biscarosse.

Du Petit étang de Biscarosse le canal de Biscarosse conduit en 800 mètres au Grand *Étang de Biscarosse*, lequel miroite à 19 ou 20 mètres au-dessus de l'Océan.

L'étang de Biscarosse s'appelle aussi l'étang de Parentis, et en rapprochant les deux noms, étang de Biscarosse et Parentis, ou inversement, de Parentis et Biscarosse. Il a 7 lieues de tour et 3 540 hectares; donc moins vaste que l'eau de Cazau, et plus sombre parce qu'il hume plus de ruisseaux de la Lande teintés par l'oxyde de fer, le tannin, la décomposition des rameaux, des aiguilles et des feuilles qui suivent le courant ou dorment dans les gours. Comme le Cazau, il n'a de profondeur, jusqu'à 20 mètres, qu'à son occident, devant la dune que les pins ont immobilisée.

Le Biscarosse émet le *Courant de Sainte-Eulalie*, torrent écumant sur les seuils d'alios ou passant en silence à l'ombre du chêne, de l'ormeau, du pin, sur la couche moelleuse des sables; onde vive, bordée de dunes sur sa rive droite, de dunes encore et aussi de landes sur sa rive gauche, il s'amortit au bout de 2 lieues dans l'étang d'Aureilhan.

L'*Aureilhan* (663 hectares) n'est même pas à 2 mètres d'altitude, le Courant de Sainte-Eulalie ayant racheté 17 à 18 mètres de hauteur; point profond, il dort au pied de quelques pointes de dunes, sur le rivage de l'ouest seulement; partout ailleurs lande ou marécage.

Il verse le *Courant de Mimizan*, flot sombre de 20 mètres de largeur ainsi nommé du bourg de Mimizan, près duquel il serpente.

Mimizan, nom tragique, car, s'il est un Mimizan vivant, il y en a de morts, ensevelis sous la dune.

Cette bourgade a fui devant le sable, et chaque bouffée du vent de mer avançait l'heure de sa ruine; son port, dont on dit qu'il fut plein de navires, porte aujourd'hui le poids de la dune d'Udos, et le Mimizan qui survit aux autres allait périr aussi : quand, grâce aux pins, l'arène cessa de poursuivre le bourg, elle allait crouler sur l'église.

Ce courant de Mimizan « court » en effet, d'un élan rapide, qui le trouble en soulevant les sables du fond.

Il se perd dans l'Atlantique sur la côte inhospitalière, près des chalets de Mimizan, embryon d'une petite ville de bains menacée par le courant lui-même, qui attaque la dune de son embouchure, de toute la force de 4, 6, 8 mètres cubes par seconde.

CXXIV
BASSIN
D'ARCACHON

Du courant de Mimizan au Goulet du Bassin d'Arcachon 12 lieues vers le nord, avec rive plus droite et dune plus sombre que jamais : dune ou plutôt forêt immense et magnifique séparant du flot les trois étangs d'Aureilhan, de Biscarosse, de Cazau, tous les trois dans l'ancien pays de Born.

Nulle part en sable de France, la dune ne lève de si hautes crêtes séparées par les sillons parallèles des lèdes; nulle part aussi les pins ne sont aussi beaux; entre Arcachon et la pointe du Sud un mamelon se dresse à plus de 90 mètres, dans le bourrelet littoral du Sablonney.

C'est dans l'instant présent — car la dune, instable amoncellement de sables ténus, est, même fixée, essentiellement variable et fragile, — c'est là le Mont-Blanc de toutes nos dunes : Mont-Blanc par son sable, et Mont-Noir par ses pins maritimes.

Le *Bassin d'Arcachon*, tombeau du fleuve de la Leyre, est un étang littoral, presque aussi grand que tous les autres ensemble; il a vu grandir sur sa plage méridionale une très charmante ville de bains, ville d'hiver, ville de santé, tout à l'orée des dunes où frémissent les plus grands pins de France.

Il serait semblable, sauf bien plus d'expansion, à ces autres lagunes du littoral si la rivière qu'il reçoit, ladite Leyre n'avait assez de puissance pour tenir ouverte une embouchure de 2 960 mètres d'ampleur : ce passage étant resté libre, la marche processionnelle (et triomphale) des sables marins n'a pu repousser les eaux du Bassin vers l'est en leur faisant gravir la pente du continent.

Resté baie, mais devenant de plus en plus lagune grâce aux atterrissements de la Leyre, le Bassin d'Arcachon est séparé de l'Atlantique par une langue de sable qui a 4 lieues de longueur, de sa racine jusqu'au cap Ferret qu'éclaire un grand phare.

Toutes sinuosités non infinitésimales comprises, il a de 80 à 85 kilomètres de contour, et sa surface varie du simple au triple : 4 900 hectares en mer très basse; 15 500 à marée très haute, et alors pour le comparer à une surface des environs de Paris, il est à peine inégal à la forêt de Fontainebleau.

On a donc sous les yeux tantôt un golfe à pleins bords, tantôt une vasière et sablière avec dix ou douze chenaux tordus qui sont comme les fouets de la pieuvre, et une île nue de 225 hectares, dite l'île des Oiseaux. — Mais, tel quel, le Bassin peut abriter en toute sûreté 20 grands navires de guerre et 7 500 navires de commerce.

Ses plages sont belles dans la région des dunes; mais, quand les pins s'éloignent, elles sont monotones avec leurs marais salants, marais à sangsues, réservoirs de poissons et surtout huîtrières; près de 4 500 parcs sur bien près de 5 000 hectares y sont la résidence très fixe de plus d'un demi-milliard d'huîtres, soit le sixième seulement des 3 milliards que chaque année y amène à l'existence — car les cinq sixièmes meurent, — et 20 000 Arcachonnais vivent, au pourtour du golfe, de l'ostréiculture et de la pêche.

Ses villes, dont il ne faut retenir qu'Arcachon et la Teste de Buch, ses bourgs, ses villages bordent ou avoisinent la rive du nord-est ou la rive du sud; solitaire est la rive de l'ouest, près de l'Océan.

Le Goulet d'Arcachon, très embarrassé de sables, donne carrière aux navires, à l'entrée, à la sortie, par un passage de 520 mètres de large, soit environ le sixième du bâillement, avec 5 à 8 mètres de profondeur sur fine arène; par-dessus ce sable, la marée engorge à chaque fois 336 millions de mètres cubes dans la baie; puis, à la mer descendante, le Bassin se vide à raison de plus de 15 000 mètres cubes par seconde.

C'est une rude et presque vaine entreprise de lutter à la fois contre le sable et contre la vague : on n'a donc pas encore tenté de rétrécir la passe par des digues, et, ce faisant, de l'approfondir et de la régulariser.

Arcachon, villas et châteaux mêlés de pins, est très recherchée des Girondins et autres Français. Ses bains ne sont pas tout à fait des bains de mer à lame franche, et il faut sortir du Bassin, puis du Goulet, pour se tremper dans la grande vague. A la pointe du Sud, protubérance arrondie peu avancée en Atlantique, on est vis-à-vis de l'immensité.

Le Bassin d'Arcachon s'ouvre à Leyre et Lège.

Le Plus Beau Royaume Sous le Ciel.

CXXV
LA LEYRE

Le fleuve de *Leyre* amène à chaque seconde au Bassin d'Arcachon 8 à 10 mètres cubes d'onde octroyée par 202 000 hectares de Landes en un décours de 25 lieues.

Elle unit la Grande Leyre et la Petite Leyre, eaux brunes, jamais taries, sur fond de sable, entre talus où s'accrochent des bruyères, où pointent des racines d'arbres ; ces eaux où pourrissent des aiguilles de pins, des genêts, des brandes, sont fraîches, bien vivantes et courantes, mais point bonnes à boire — ainsi en est-il de tous les ruisseaux de la Lande gasconne.

La *Grande Leyre* doit naissance et première croissance à d'innombrables lagunes dispersées sur le plateau de Morcenx ; elle reçoit les eaux de Sabres et passe devant Pissos.

La *Petite Leyre*, également née de lagunes, entre Labrit et Captieux, coule devant le bourg de Sore.

Flottable en trains — et, de fait, elle emporte vers la Mothe des troncs de pins assemblés en radeaux, — la Leyre arrose le vallon de Salles, « Paradis des Landes » ; elle coupe le chemin de fer de Bordeaux à Hendaye, puis, formant delta, se perd peu après à la pointe orientale du Bassin.

CXXVI
LA LÈGE

Le canal de la *Lège*, creusé de 1860 à 1873, s'appelle ainsi d'un village longtemps menacé d'ensevelissement par la dune : et deux fois, en 1480, puis en 1660, les Légeois rebâtirent leurs cabanes loin du sable qui roulait sur elles.

La Lège part de l'*Étang d'Hourtin*, dit aussi l'étang de Carcans, ou même, en assemblant les deux noms, qui sont ceux de deux bourgades voisines, l'étang d'Hourtin et Carcans.

L'étang d'Hourtin est un lac jaunâtre de 17 500 mètres de long, de 5 923 hectares d'étendue, séparé de la mer par 4 à 5 kilomètres de dunes boisées, rangées en sillons parallèles ayant jusqu'à 80 mètres de haut ; guéable jusqu'à mi-largeur en partant de l'est, il n'a que 10 mètres de creux à l'ouest, aux racines mêmes de la dune. Son lit est sable, vase, tourbe. Jadis il se versait droit dans la mer, souvenirs et documents en font foi ; aujourd'hui un canal de moins de 2 lieues, à travers les palus de Talaris, le verse dans l'*Étang de la Canau* (1 920 hectares), semblable à celui d'Hourtin par mêmes dunes noires de pins au-dessus de la rive occidentale, par même fond de tourbe, vase et sable, par à peu près même profondeur au couchant, le long de la « butte » aréneuse, même improfondeur, mêmes joncs et roseaux sur le littoral opposé, mêmes anguilles, tanches et brochets pêchés pour les Bordelais, même recul de l'eau sur le fond plat quand darde le soleil, même empiétement quand la pluie tombe à seaux du ciel de la maritime Gascogne.

De l'étang de la Canau sort la Lège, large de 10 mètres et régularisée par des écluses à travers les marais du Porge, qui sont un bas-fond indécis entre la terre et l'eau, celle-ci représentée par les étangs, celle-là par des vases palustres et des sables. Dans cette bataille de deux éléments, l'eau semble triompher encore, grâce aux sablons qui comblent les canaux et fossés : aussi la Lège ne rend-elle pas les services qu'on en attendait; la solitude qu'elle devait peupler est restée solitude, et les marais, un moment dégagés, redeviennent un palus.

CXXVII
DU BASSIN
D'ARCACHON
A LA GIRONDE

Le *Cap Ferret* termine au midi la presqu'île fragile sans laquelle tout le bassin d'Arcachon ne serait qu'un rentrant de la mer. Au départir de ce cap, arène si déliée, si dispersable à tout souffle de l'air qu'on ne sait comment la fixer, la côte où le Goulet d'Arcachon est le seul accident grandiose recommence vers le nord sa route inflexible, plage de sable, estran de sable, forêt sur le sable; en arrière le sillon de la Lège, les palus du Porge, l'étang de la Canau, le marais de Talaris et l'étang d'Hourtin. Ainsi l'on arrive, par la solitude et le silence — le silence de l'homme et non celui de la nature, qui parle par ses vagues, ses marées, ses pins, ses bruyères, — on arrive aux lieux où le rivage restant fidèle au nord et l'estuaire de la Gironde inclinant au nord-ouest, le plateau de la Lande s'effile en péninsule. On dépasse les bains de Montalivet et l'on atteint ceux de Soulac, au rivage occidental de la presqu'île de Grave : là on voit surgir au nord-ouest, à moins de deux lieues en mer, le phare de Cordouan, qui brille, étoile nocturne, sur les flots où la Gironde s'évanouit dans l'Atlantique.

L'îlot de *Cordouan*, que l'Océan travaille à détruire après l'avoir diminué, fut en son temps une roche continentale; l'Atlantique soulève ici sa houle verte sur l'emplacement de la ville gallo-romaine de *Noviomagus* et, quand il gonfle, il frappe à la porte du phare, jadis monument magnifique, dont on a détruit l'harmonie pour élever à 65 mètres son feu rouge et blanc.

Cet îlot condamné voit passer et repasser les navires sans nombre qui mettent Bordeaux, la reine du Sud-Ouest, en relation avec tout l'univers.

Au témoignage de Strabon il y avait à la bouche de la

Le Plus Beau Royaume Sous le Ciel.

Gironde une île d'*Antros*, qui se reformerait bien vite pour peu que l'homme laissât la mer et la terre à leur duel. Si l'on n'avait pas juré de sauver la pointe de Grave, et si l'on n'y travaillait toujours et toujours, la presqu'île deviendrait un bloc insulaire, puis sans doute un écueil, un banc, enfin un éclat de la vague sur les hauts fonds.

CXXVIII
LA
PRESQU'ILE
DE GRAVE

Fin ou commencement de la côte des Landes, la **Péninsule de Grave** s'interpose en dunes étroites entre l'Atlantique et des terres basses, alluvions qui meurent à la rive gauche de l'estuaire girondin, sur la courbe élégante dessinée par l'anse du Verdon.

Ces alluvions desséchées au XVIIe siècle par des Hollandais sont hui des marais salants et des polders malheureusement trop salés dans leur « entre deux mers », entre le flot de l'Atlantique et celui de la Gironde finissante ; avec un canal de désalaison, tiré de l'un des grands étangs voisins de la Lande littorale on fera, ou l'on ferait de ces relais de Soulac et du Verdon une lisière de wateringues méridionales plus fécondes que celles du pays de Saint-Omer et Dunkerque, par la vertu de bien plus de soleil.

Or, l'Océan, laissé à lui même, crèverait sans peine (ce qu'il a manifestement l'intention de faire) ladite presqu'île de Grave, sables blancs verdis de pins et immobiles, de par ces pins, après avoir longtemps erré. Dans l'ère historique, presque de notre temps peut-on dire, ils ont couvert le Vieux-Soulac, port de Gironde très fréquenté des Anglais lorsqu'ils étaient suzerains de l'Aquitaine ; et tandis que la dune ensevelissait ville et port, le progrès des boues éloignait le fleuve de Gironde. Puis le vent, déplaçant l'arène, a dégagé la belle église ogivale de **Soulac,** Notre-Dame de Fin des Terres ; mais à présent que le voici solidement fixé le sable cache à jamais les villages et hameaux, les églises, les prieurés, les châteaux engloutis par lui sur ce rivage, à moins que la mer ne les montre encore quelque jour avant de les rayer du continent — car dès qu'on cesse de lui résister elle ronge ici le littoral de 2 à 7 mètres par année, entre l'anse des Huttes et la pointe de la Négade.

Le salut de la presqu'île de Grave a déjà coûté des millions à la France. Lorsqu'on entreprit de la garantir des morsures du flot, qui avait fini par dévorer la plage à la vitesse de 48 mètres par an, l'isthme sablonneux des Huttes, jeté entre la péninsule et le continent des Landes, n'avait plus que 200 mètres de largeur : il en a 500 aujourd'hui.

Maintenant 3 500 mètres séparent de la Gironde le site du Vieux-Soulac et à toucher ce port aboli, le Nouveau-Soulac, Soulac-les-Bains, est très visité par les Bordelais.

CXXIX
AVANCE
ET
CIRON

Outre les rivières du versant de l'Adour, les « courants » côtiers et le fleuve de la Leyre, la Lande envoie à la rive gauche de la Garonne les riviérettes de l'Avance et du Ciron, et à la rive gauche de la Gironde les ruisseaux qu'on nomme les Jalles.

Des rus de la Lande, dont l'*Avance* dite supérieure est le principal, s'engouffrent, sans aucune grandeur pittoresque, ou plutôt s'insinuent goutte à goutte sous le sol lâche : rus qui ne disparaissent entièrement qu'en flot bas; quand sont hautes les eaux, l'Avance a deux cours, l'un sur terre et l'autre sous terre, dans le sauvage vallon du Riou Rouge.

La rivière souterraine a demi-lieue de long; avec les autres rus perdus elle reparaît aux *Sources de Neuffons*, en un bel étang que de grands arbres ombragent et dont elle s'échappe en ébranlant des forges. L'Avance [1] baigne Casteljaloux et se perd dans la Garonne à 4 500 mètres au-dessous de Marmande; elle lui amène un flot constant tiré d'un pays où de splendides chênes-lièges s'entremêlent aux pins de la Lande.

Rivière très éveillée le *Ciron*[2] hanta sans doute l'esprit enfantin de nos étymologistes classiques; ils durent être fortement tentés de tirer son nom de l'exiguïté de son bassin, de l'étroitesse de son lit :

Dame Fourmi trouvait le Ciron trop petit.

Or le Ciron, point si petit, roule de 5 à 9 mètres cubes. Cette rivière part d'un des plus haut reliefs (150 mètres) du plateau des Landes; elle court, fraîche, presque froide, rapide, sinueuse, sur un joli fond de sable fin, dans une ravine ombreuse où s'ouvrent des ravins également ombragés : car la forêt des pins est immense.

Son sillon n'est pas un vallon, mais une gorge entre rocs, une gracieuse « Via Mala », avec brusques détours, sites imprévus, vieilles ruines, arbres aux grands rameaux. Le Ciron n'arrose qu'un bourg, Villandraut; il passe près de Sauternes aux vins fameux et s'abîme entre Cadillac et Langon.

1. 54 kilomètres, 35 700 hectares. — 2. 85 kilomètres, 125 000 hectares.

Le Plus Beau Royaume Sous le Ciel.

CXXX
DU PIC
DE TROU-
MOUSE
AU PORT
DE VÉNASQUE

A l'orient de la Munia neigeuse et du pic de Troumouse l'arête entre les deux nations s'abaisse à 2 500-2 800 mètres, échancrée à peine par les cols qui amènent des affluents à la Neste (en France) et des tributaires au Rio Cinca (en Espagne). Ces passages ne sont pas des entailles profondes entre de hauts pics, mais de simples fléchissements d'une crête onduleuse, et la neige les encombre pendant les trois quarts de l'année.

La chaîne se relève à 3 000 mètres au *Pic de Batoa* (3 035 mètres) et au *Pic de Lustou* (3 025 mètres), beauvoir splendide lorsque, des Monts-Maudits au Balaïtous, le soleil tire de la pâleur les glaciers et névés du fronton des Pyrénées supérieures; un de ses apics schisteux s'abat de près de 1 000 mètres.

Au delà du port de Clarabide la glace éternelle recommence par 124 hectares de blancheur vitrée, dont 28 pour le *Glacier de Clarabide* et 76 pour le *Glacier des Gourgs Blancs*: ce dernier s'incline vers les sources d'une eau laiteuse, turbulente, qui va s'endormir un instant dans le lac de Caillaouas.

Le *Lac de Caillaouas*, à 2 165 mètres d'altitude, soit de 700 à près de 1 000 au-dessous des monts de son alentour, atteint à peine 40 hectares, mais c'est un vrai gouffre par sa profondeur de 101 mètres; son onde bleue reflète des granits, des glaces, pas de forêts. On lui a fait subir un décantement estival, par un tunnel et des vannes dans la pierre vive; les 18 mètres de hauteur d'eau qu'on peut lui ravir chaque année se résument en six à sept millions de mètres cubes emportés par la Neste de Caillaouas, qui les verse à la Neste de Louron; celle-ci les mène à la Grande Neste, et finalement le flot pur arrive, ainsi que celui de l'Oredon, à l' « inestimable » canal de la Neste.

Des pointes de granit où la neige n'a pas de prise regardent soucieusement ce glacier des Gourgs Blancs, ce lambeau du Pôle touchant à l'Espagne qui est terre brûlée, parfois saharienne menant à la dévorante Afrique.

Et de nouveau des frimas sans fin, neige glacée ou glace neigeuse, s'épaulent à une sierra dépassant 3 000 mètres, aux magnifiques *Monts d'Oo*, fendus (mais si peu) en étroite échancrure, par les deux cols les plus hauts des Pyrénées, par le *Port d'Oo* et le *Col du Portillon*. A cette crête pendent les 268 hectares des *Glaciers d'Oo*, presque tous à la France, qui en tire deux torrents lancés sur une pente folle vers deux lacs enchaînés par un long hiver : l'un, dit justement *Lac glacé d'Oo*, a son miroir à 2 670 mètres; l'autre, non moins justement dénommé *Lac glacé du Portillon*, s'est recueilli à 2 650; et sur tous deux, jamais entièrement dépris, des glaçons et des glaçonnets flottent, même au plus caniculaire de l'été, comme sur une mer polaire. Unies en un seul courant, les eaux échappées des deux lacs descendent à d'autres laquets, bondissent de 273 mètres de haut sur un chaos de blocs écroulés et trouvent un très court mais absolu repos à 1 497 mètres d'altitude, dans le *Lac d'Oo* ou *Lac de Séculéjo*.

On prétendait tout récemment encore qu'il y a cent ans la cascade de 273 mètres, le *Saut de Séculéjo* plongeait dans le lac même, et l'on en tirait de belles conclusions sur le rapide effacement du « boum » — comme les montagnards du pays désignent les lacs. — C'est une erreur manifeste : bien que le Séculéjo diminue, qu'il ait été plus vaste (il fut surtout plus profond), 357 mètres séparent le pied de la chute du rivage du boum, et il y a des siècles que n'a guère varié la distance de la cascade furieuse à la conque endormie; des milliers d'années qu'elle ne s'abat plus dans le lac, si jamais elle s'y est abattue. Il reste au Séculéjo 67 mètres d'extrême creux, 38 hectares d'aire et 12 647 848 mètres cubes de volume; un tunnel de 300 mètres, foré dans la pierre à 41-42 mètres sous eau, permettra bientôt de mettre en réserve dans le lac, relevé de 7 mètres, 14 millions de mètres cubes pour les usines et irrigations de la vallée supérieure du fleuve de la Garonne.

Immédiatement après les glaciers d'Oo dans les monts d'Oo, les *Glaciers du Lis*, neiges raidies de Crabioules, de Maupas, des Graouès ou graviers, en tout 188 hectares, suspendent, dans les *Monts de Luchon*, au nord d'une arête de 3 110 mètres (au *Tuc de Maupas*), un faix immense d'eau cristallisée au-dessus des eaux libres, folles, exubérantes du *Cirque du Lis*, quelquefois aussi nommé Cirque de Crabioules. Cet amphithéâtre merveilleux, non plus dans le calcaire comme les Colisées du Mont-Perdu, mais dans les roches anciennes, réunit toutes les grandeurs, toutes les couleurs, le vert, le sombre, l'éclatant, les prairies, les glaces. Derrière la sierra de frontière, et plus haut qu'elle, trônent le Posets, qui rayonne de neige en Espagne, et la Maladetta qui, bien qu'espagnole, verse dans l'abîme du Toro, puis par un couloir cryptique, enfin par de grandes fontaines, un tribut d'onde éternelle à la France. — Ainsi nous reviennent les 228 hectares du *Glacier d'Aneto* et ceux de moindres champs d'eau « pierreuse » : au total 396 hectares de frimas sans fin de durée.

Les glaciers d'Oo et du Lis, ces commencements figés d'un grand fleuve, sont un faible reste de l'antique mer de glace qui couvrit toute la vallée de la Neste d'Oo, devenue dans la suite

Le Plus Beau Royaume Sous le Ciel.

une ravine de lacs unis par des cascades. La *Moraine de Garin* marque l'endroit où cet immense glacier s'arrêtait devant l'obstacle des monts que fend non loin de là le col de Peyresourde, sur la route de Bagnères à Luchon par Arreau; levée colossale, cette moraine d'une lieue de long, de 1 500 mètres de large, a 240 mètres d'élévation : tel entre Montmartre et le Panthéon un mur d'extraordinaire épaisseur, quatre fois plus haut que les tours de Notre-Dame.

CXXXI
DU PORT
DE VÉNASQUE
AU PIC
DE CARLITTE

A l'est et près du célèbre port de Vénasque (2 417 mètres), la grande crête européenne d'entre Atlantique et Méditerranée abandonne le sol français pour aller circonscrire le val d'Aran, dévolu par contresens à l'Espagne, bien qu'y naisse et y commence de grandir notre fleuve de Bordeaux.

Et longtemps il n'y a plus de monts de 3 000 mètres, même de 2 500 sur l'arête secondaire qui nous sépare des « Ibériens ». Au delà du passage de la Garonne en France, la chaîne se relève à 2 500-2 800 entre la presqu'île très catholique et notre pays du *Couserans*, dont les innombrables torrents sont comme les nervures d'une feuille; la nervure centrale, c'est le val du Salat, belle rivière qui sort de la montagne à Saint-Girons. Vers les sources de cette eau turbulente, le *Port de Salau* (2 052 mètres), l'un des vingt-deux pas entre le Couserans et l'Espagne, marque le lieu où l'on pourra percer à la moindre altitude et avec le plus d'avantages le tunnel du chemin de fer des Pyrénées centrales, entre Toulouse et Lérida.

CXXXII
PYRÉNÉES
ARIÉ-
GEOISES

Passé le Salat, aux deux côtés de la rivière Ariège, les Pyrénées de l'ancien pays de Foix prennent une grande largeur, de par leurs trois rangées parallèles : la *Grande-Chaîne*, régulière et fort élevée, sur la frontière d'Espagne; la *Chaîne de Tabe* ou de Saint-Barthélemy, usée par l'Ariège en aval de Tarascon; le *Plantaurel* ou Petite Pyrénée, que l'Hers coupe à Fontcirgue, l'Ariège audessous de Foix, l'Arize au Mas-d'Azil par un antre sublime.

Les Pyrénées d'Ariège, la plupart faites de craie facile à limer, à vider, sont pleines de grottes « sans fin, sans fond », allant jusqu'à franchir les monts d'outre en outre, parfois avec un torrent qui les accompagne : l'Antre de Bédeillac, dans le pays de Tarascon sur Ariège et d'Ussat, courbe, dit-on, des voûtes à 70 et 80 mètres de hauteur; deux lacs dorment dans la Caverne de Niaux; la Spélonque de Lombrive s'étirerait en couloirs sur une lieue de longueur et s'unirait (peut-être) à travers monts à la Caverne de Niaux.

Certes, l'antre de Bédeillac n'est point le tombeau de Roland, comme affirme la légende; mais la plupart de ces cavernes sont remplies d'ossements.

On y lit obscurément l'histoire des climats, des bêtes et des hommes; on y trouve les restes d'animaux qui depuis longtemps ne vivent plus en Europe, et dont plusieurs étaient autrement terribles que le loup ou l'ours qu'on peut encore rencontrer par grand hasard dans les monts ariégeois.

A ces os de bêtes sont mêlés des os de l'homme préhistorique, sans parler de ce qu'ont laissé de débris les persécutés, les proscrits, les fugitifs, les criminels, tous les malheureux et les « hors loi » qui vinrent de tout temps demander asile à ces cavernes où vivent des êtres sans yeux qu'on n'ose dire aveugles tant ils marchent délibérément dans leur obscurité; sans doute l'odorat ou le toucher, ou peut-être un sens inconnu, les dirigent.

Si solides que soient les piliers, les voûtes de ces prisons ténébreuses, cette architecture s'effondre le jour venu sur telle ou telle crypte, ou bien les roches descendent peu à peu avec le sol qu'elles portent; il arrive alors que des sommets cachés l'un à l'autre se contemplent de mieux en mieux à mesure que baisse une cime intermédiaire : ainsi la Bastide-de-Sérou, bourg escaladant un coteau de l'Arize, n'apercevait point Montagagne; ce village a d'abord montré la pointe de son clocher, puis il s'est dégagé tout entier; on eût dit qu'il montait, mais c'était une colline d'entre deux qui descendait; il voit aujourd'hui la Bastide et la Bastide le voit, à la distance de 7 kilomètres; ainsi encore, on aperçoit de la vallée de Tarascon, le village de Génat, invisible autrefois derrière une échine de montagne.

Une grotte sublime, c'est l'antre où passe l'*Arize*, courant qui verse 4 mètres cubes dans la Garonne mais dont l'étiage est fort menu, encore que la riviérette chemine pendant 87 kilomètres en une conque de plus de 50 000 hectares : ce n'est donc qu'un gros ruisseau quand elle arrive à la *Grotte du Mas d'Azil*, en amont et tout près de la ville homonyme.

Au-dessous d'un moulin, au bout d'une impasse, elle rencontre une haute roche calcaire : au lieu de la contourner, comme elle le faisait, comme elle peut encore le faire, dit-on, dans les crues inouïes, telles que celle de 1875, elle s'enfonce dans ce bloc immense.

L'entrée est grandiose; au lieu de corbeaux on lui voudrait

des aigles, et au lieu d'un maigre torrent on lui souhaiterait une puissante et mugissante rivière.

Que fonde au printemps la neige de l'hiver, ou qu'un furieux orage change en niagaras les rivulets des monts de la Bastide de Sérou, alors un fleuve s'engouffre dans l'antre, 150, 200 mètres cubes par seconde, et l'Arize tonne sourdement dans son lit de rochers, d'abord en lumière, puis dans le clair-obscur, puis dans les ténèbres, car la paroi tourne et la voûte s'abaisse : on dirait la Porte des Enfers si ces ténèbres étaient nuit noire, mais des lanternes jettent leurs lueurs sur la route de Saint-Girons à Pamiers qui pendant 410 mètres d'un bout à l'autre de la caverne, suit l'Arize d'assez haut pour ne plus la craindre. A droite, près d'un pilier colossal soutenant le poids de la voûte, s'ouvre une grotte latérale, celle-ci sans rivière ; avec d'autres cryptes, c'est un asile des chauves-souris, qui trouvent trop lumineux le couloir où le torrent passe avec le chemin. La sortie est basse, étroite, obscure, écrasée par 140 mètres de roche.

Une autre et très célèbre grotte de la montagne ariégeoise, celle de *Fontestorbes* s'ouvre au voisinage du bourg de Bélesta, au pied d'un roc à pic où s'accrochent des pousses d'ormeau, des touffes de buis, des herbes et des ronces.

Claire-obscure à l'entrée, elle serait ténébreuse au fond sans un puits de lumière ; au delà de ce trou de la voûte, c'est la demi-nuit : on se trouve en face d'une onde immobile qu'on ne saurait franchir ; une barque n'y glisserait pas, un homme n'y pourrait étendre les bras pour nager. En avant du couloir, d'un roc éclairé par la bouche de la grotte et la lucarne d'en haut, on admire comment la source naît et meurt.

Rien n'annonce qu'elle va jaillir, ni souffle d'air, ni secousse, ni rumeurs souterraines : l'instant venu, d'entre les cailloux il monte un peu d'eau, et lentement, sans efforts, sans saccades, sans fracas et presque sans murmure, l'eau monte, en même temps qu'au delà du puits de lumière, dans le couloir ténébreux, monte aussi l'onde auparavant morte qui est le réservoir de la fontaine. Bientôt cette onde sort en torrent de son couloir, elle se mêle aux flots nés entre les pierres de l'antre, et dès lors Fontestorbes est une rivière divinement pure, telle qu'elle doit couler d'une pierre sans roseaux, sans joncs, sans herbes, sans limons et sans nénuphars.

Quand la grotte est pleine, jusqu'aux pieds du visiteur debout sur la roche, Fontestorbes descend à l'Hers par le canal d'une scierie et par une cascade qui tombe d'un barrage de pierres moussues.

Après avoir monté pendant 36 minutes 36 secondes, l'eau baisse, et de rivière devient ruisseau, puis disparaît pour reparaître après une absence de 32 minutes 30 secondes.

Cette intermittence ne dure point tout l'an; il y a des semaines, des mois où, par la vertu des fortes pluies, Fontestorbes émet une rivière sans lacune; et dans la saison de cours interrompu il suffit d'un orage fécond pour ramener à l'expansion continue cette source merveilleuse qui donne 564 litres à l'étiage, 1 800 litres en volume ordinaire et 3 100 litres en crue.

Le vaste rocher d'où sort la « reine des fonts intermittentes » borde une grande forêt que les paysans nomment la « Draperie » de Bélesta, parce que ses sapins fournissent les planches de cercueil qui sont notre dernier habit.

Les deux seuls pics ariégeois supérieurs à 3 000 mètres, les derniers vers l'orient qui aient cette grandeur presque alpestre, pointent au sud-est d'Aulus, à côté l'un de l'autre.

Le *Montcalm* (3 080 mètres), schiste antique au flanc nu, au vaste sommet arrondi, contemple, ou distinctement ou confusément, au moins mille écueils de la mer pétrifiée des sierras, de la Maladetta jusqu'au Canigou; un col le sépare de la *Pique d'Estats* (3 141 mètres), mont de vieux schiste dressé comme une grandissime borne de partage sur la frontière même des deux nations.

L'une et l'autre cime regardent au midi le *Val d'Andorre*, pays de 55 000 hectares qui a rang de république autonome; en réalité il relève d'Espagne, ou plutôt de Catalogne, tant par la nationalité de ses 7 000 habitants, qui sont Catalans, que par l'exposition méridionale de ses monts nus d'où coule un beau torrent, l'Embalire, tributaire de la Sègre. Les Andorrans payent à la France un tribut annuel de 960 francs, et 450 francs à l'évêque espagnol d'Urgel.

Il n'y a point de névés sur les épaules du Montcalm et de la Pique d'Estats, et cependant on fixe à 2 800, ou même à 2 730 mètres seulement, la hauteur des neiges éternelles dans les Pyrénées françaises; la ligne de divorce des frimas passagers et des frimas durables passerait donc à 300 ou 400 mètres au-dessous du front des deux géants de l'Ariège.

Mais c'est parce que tout varie à l'infini qu'on calcule des moyennes : pour ne pas sortir des Pyrénées, tels pics de 3 000 mètres y sont libres de neige en été, tandis qu'un glacier du Vignemale descend à 2 197 mètres.

La nature a fait les monts, les glaciers, les plaines et les sillons de neige; l'homme a créé les lignes inférieures des neiges persévérantes, mais les barres inflexibles qu'il a déco-

Le Plus Beau Royaume Sous le Ciel.

rées de ce grand nom n'existent que dans nos livres, dans nos cartes, dans nos calculs, sur nos lèvres fragiles ; nulle part elles ne sont tracées sur le flanc des montagnes en lignes architecturales, et depuis qu'il y a des Pyrénées la frontière du « poudrin » perpétuel ressemble au profil ondoyant des mers ; elle monte ou descend incessamment, comme par un flux ou un reflux, dans tous les lieux, à tous les instants, suivant la forme des pics, la nature des roches, les souffles du vent, la température des heures, des jours, des mois, des saisons, des années et des siècles.

Il ne reste plus aux Pyrénées ariégeoises, entre leurs chaînes parallèles, aucun des grands lacs du passé ; le détritus de la montagne les avait déjà fort diminués quand les torrents, alors plus puissants dans des sierras plus hautes, vainquirent la roche d'obstacle : Ariège, Salat, Arize, Lèze, Douctouyre, Touyre, Grand Hers, vidèrent le résidu des lémans. — A l'est du Grand Hers, les eaux du *Plateau de Belcaire* ne s'assemblent point en lacs, le sol étant de craie non compacte ; elles descendent dans des puits d'abîme et courent jusqu'à des sources de ravin dont la plus belle est Fontestorbes.

Parmi les vasques d'immobilisation d'onde encore existantes au creux des Pyrénées d'Ariège, il en est une dont on attend de grands services : le lac ou l'étang de Naguille.

L'*Étang de Naguille* a concentré ses eaux à l'altitude d'à peu près 1 850 mètres, sur le cours tumultueux d'un tributaire de gauche de l'Ariège. Grand de 47 hectares, avec 72 mètres de creux, donc magnifique réserve pour un prochain avenir, on veut le hausser de niveau, puis le verser en siphon pour le renforcement estival de la rivière Ariège et l'arrosage des campagnes de Pamiers et de Saverdun, plantureusement fécondes comme sol, mais de nature sèche sous de durs soleils.

Donc aucun pic de 3 000 mètres ne jaillit de la sierra d'Espagne et France à l'orient du Montcalm, dans les Pyrénées centrales ou garonnaises ; mais la chaîne entre les deux nations n'en reste pas moins longtemps encore fort élevée avec pointes, serres, taillantes très supérieures à 2 500 : *Pic de Rialp* (2 903 mètres), au-dessus du port de Siguer (2 594 mètres); *Pic de Serrère* (2 911 mètres); *Monts des sources de l'Ariège* (2 852 mètres), qui dominent le col de Puymorens; *Pic Pédroux* ou Pic Pierreux (2 831 mètres).

Par des couleurs plus vives qu'à l'ouest, par moins de verdure sur la roche, et par moins d'eau dans les torrents, ces monts et leurs inférieurs montrent qu'on s'approche des flots brillants que le soleil d'Orient illumine.

‹ 466 ›

CXXXIII GARONNE SUPÉRIEURE

Ce sont les Pyrénées centrales, du pic de Troumouse au massif du Carlitte, qui donnent l'être au fleuve de la Garonne et à ses grands affluents anté-toulousains.

Des Catalans de la province de Lérida, les Aranais possèdent contre toute justice et toute vraisemblance les sources de la *Garonne*, fleuve très français. Ils lui donnent pour origine deux petites fontaines dites les Yeux de la Garonne, à 1 872 mètres d'altitude, au pied du col de Béret qui mène dans le val de la Noguera Pallaresa, notable sous-affluent de l'Èbre. Garonne et Noguera, il semble bien que ce soit le même nom sous deux formes. — Le col de Béret s'échancre au sud-ouest du Mont-Vallier, dans des Pyrénées schisteuses de 2 000 à près de 3 000 mètres.

Mais le ru du col de Béret est très inférieur au premier tributaire de gauche de cette Garonne officielle, au Rio Ruda, venu des lacs du cirque de Sabourède et grossi du Rio Malo, torrent lacustre aussi, pareil au Roumel des Constantinois en ce qu'il coule sous quatre hauts ponts naturels qui furent une seule et même voûte, une caverne dont le cintre a fléchi sur quatre points faibles.

Encore plus le cède-t-il à l'Aiguamoch, accru des laquets du cirque de Colomès et qui a son confluent en amont de Tredos, premier village de la vallée. Aiguamoch, c'est-à-dire : Beaucoup d'eau ; et en effet ce torrent est bien le courant majeur.

En donnant aux deux fontanelles du col de Béret le rang de tête de la Garonne, de préférence au Ruda, à l'Aiguamoch, les pasteurs aranais ont fait comme les Valaisans pour le Rhône, comme les Savoisiens pour l'Arve : seulement le torrent du glacier du Rhône, qui boit d'un trait le ru des trois fonts que l'homme du Haut-Valais vénère comme l'origine du grand fleuve, est une onde trouble ; trouble également l'eau du glacier du Tour qui hume le ru du col de la Balme élevé à la dignité de source de l'Arve ; tandis que le Ruda et l'Aiguamoch, épurés par cent lacs de haute montagne, sont des eaux chastes, folles et rapides pourtant.

Devant les ruines de Castelléon, par environ 800 mètres, la Garonne rencontre une autre Garonne plus courte de six lieues, mais à peine inférieure grâce à sa naissance magnifique : ce très beau torrent, c'est le Jouéou ou Garonne Occidentale, la Garonne Orientale étant la fille du Ruda et de l'Aiguamoch.

Le *Jouéou* commence par 1 430 mètres, à quatre ou cinq lieues au sud-est de Luchon. En été dix fontaines, les unes

Le Plus Beau Royaume Sous le Ciel.

dormantes, les autres pressées de monter au jour ; au printemps, quand fond la neige, deux sources énormes épanchées en un double torrent par une double cascade de 30 mètres : ce grand site, ces monts, ces roches, ces sapins, ces eaux calmes ou bouillonnantes, ces deux « naïades » éperdues plongeant dans le même précipice, tout cela c'est le *Goueil de Jouéou*, en français l'OEil de Jupiter, la Source divine, Divonne, la fille des eaux englouties par l'abîme du Taureau.

L'abîme, le *Trou du Taureau* (del Toro) interrompt brusquement à 2 025 mètres un fort torrent qui puise à 396 hectares de glaciers du massif de la Maladetta ; gouffre ouvert au milieu des prairies, dans le plan des Ayguallués, il arrête net un flot que la pente et la direction de la vallée entraîneraient vers la belle rivière Essera dont ces 4 kilomètres carrés de frimas devraient être la véritable origine ; mais le gave d'Aneto plonge en cascade dans ce puits naturel dont des arbres à grandes branches couronnent les roches droites et versent l'ombre sur le creux de l'aven, laquet immobile comme une eau de citerne : pourtant cette onde ne sommeille qu'en apparence, à la seule surface ; entonnée par-dessous, des avaloirs la transmettent à un canal cryptique qui transperce la Tusse de Bargas, mont de 2 582 mètres ; et le gave revient au jour à une lieue vers l'est de l'abîme, à 595 mètres de moindre altitude, à la Font Divine, en amont du misérable hospice d'Artigue de Lin.

A 50 kilomètres des Yeux de la Garonne, le jeune fleuve entre en France par 590 mètres, à la déchirure du Pont du Roi. Les villages qu'il va frôler ressemblent à ceux qu'il vient de rencontrer depuis Tredos, les Aranais ayant mêmes coutumes, même figure, mêmes contenances, même idiome que les gens d'aval — même face et mêmes allures, pas toujours, puisque le goitre est encore commun dans l'Aran et ne l'est pas sur notre Garonne supérieure.

Passant des roches primitives de sa conque natale dans la région de l'oolithe, que suivra celle de la craie, le fleuve rencontre Saint-Béat, puis s'accroît de la rivière de Bagnères-de-Luchon, de la *Pique* [1], laquelle réunit trois torrents : la Pique, le Lis, l'Onne. La Pique naît des monts du col de Vénasque, au midi desquels monte en splendeur l'entassement de roches et de neiges de la Maladetta ; le *Lis* a pour nom probable le Lids, ou l'avalanche — et vraiment il tombe comme une avalanche, par de très creuses cascades, en son magnifique cirque du Lis; l'*Onne* est le torrent qui s'abat de plus de 800 pieds par le saut

---

1. 30 kilomètres, 36 499 hectares.

de Séculéjo. La Pique arrose Bagnères-de-Luchon ; elle accroît la Garonne de près d'un tiers, à l'altitude d'un peu plus de 480 mètres.

La Garonne coule au pied du rocher qui porte Saint-Bertrand de Comminges, l'antique *Lugdunum Convenarum*, jadis capitale de la vallée ; puis, à l'issue du défilé de Jaunac, reste d'un des seuils de rochers qui suspendaient son cours en lacs étagés, elle s'unit à la Neste, seconde branche mère, par 400 mètres, au pied de la haute colline de Montrejeau : si la Garonne a 85 kilomètres contre les 65 de la Neste, et 127 700 hectares contre 90 750, il ne semble pas qu'elle roule beaucoup plus d'eau.

Ici même, la Garonne change de route. Sa direction première, vers le nord-ouest, l'amènerait à Bordeaux par l'Armagnac et les Landes, par Mirande, Eauze, Bazas et Langon, mais elle tourne à l'est pour revenir ensuite au nord-ouest par le nord-est et par le nord, et arriver ainsi devant cette même Langon après avoir tracé, de Montrejeau à Port-Sainte-Marie par Toulouse, un harmonieux demi-cercle allongeant son cours de 125 kilomètres : c'est l'immense entassement de cailloux déposés par les anciens glaciers au pied des Pyrénées, c'est le plateau de Lannemezan qui oblige le fleuve à ce détour de 31 lieues.

CXXXIV
NESTE

La presque rivale de la Garonne, la *Neste* est devenue plus précieuse que l'or depuis qu'on l'a forcée à vivifier les argiles, sables et galets du Plan de Lannemezan.

Le nom de Neste, générique dans l'orient des Hautes-Pyrénées et dans un coin de la Haute-Garonne, désigne un torrent rapide ou, comme on dit à l'occident des Nestes et jusqu'en pays basque, un « gave ». Sauf la Neste d'Oo ou Neste de l'Arbouст et la Neste d'Oueil (deux torrents du bassin de la Pique), toutes les Nestes coulent dans le bassin de la Grande Neste ou Neste tout simplement.

La Grande Neste a pour maîtresse origine la Neste de Couplan, qui descend des neiges de Néouvieille en une pente terrible brisée par deux lacs sombres, le Cap de Long et l'Orédon.

Épurée par ces conques lacustres, elle se précipite à la rencontre des autres Nestes, qui lui ressemblent par la fureur de leur course, leur déchirement en cascades entre sapins, leur sommeil dans des lacs dont on hausse le niveau pour la soutenir, elle, Grande Neste, au temps où elle a besoin d'être soutenue. De ces Nestes, les trois plus grandes sont la Neste d'Aragnouet, qui s'abreuve aux 36 hectares du *Glacier de la*

Le Plus Beau Royaume Sous le Ciel.

Barroude, appuyé contre le pic de Troumouse; la Neste de Moudang; le Rioumajou. A toutes trois l'ours vient boire encore, très rarement.

Sous le nom de Neste d'Aure, la Neste coule dans la *Vallée d'Aure*, gracieuse et lumineuse comme il en est peu dans les Pyrénées, fort peuplée et de toutes la plus riche en thermes; mais ce val, lac antique, n'a guère que deux lieues et demie de long et sa largeur dépasse peu 1 000 à 1 200 mètres.

Une dernière Neste complète le torrent au bout d'Arreau, par moins de 700 mètres. C'est la *Neste de Louron*, pure comme l'air; elle arrose le val de Louron, qui a conservé le nom d'une divinité topique, *Iluro*, jadis adorée dans le pays et dont on a retrouvé des autels votifs; en Béarn, Oloron rappelle encore mieux ce dieu de nos pères. L'eau de Louron, bue comme les autres par l'ours dans la haute montagne, unit des nestes d'un vert admirable; elle concentre les flots descendus avec une terrible véhémence des glaces de Clarabide et des Gourgs Blancs, puis amortis dans des lacs de très « sibérienne » altitude, desquels le plus grand a nom lac de Caillaouas.

Neste d'Aure et Neste de Louron réunies, c'est la Grande Neste, qui ne rencontrant plus désormais que des torrents sans force, tourne soudain du nord à l'est, dans le sens contraire du Grand Gave, lequel à Lourdes vire du nord à l'ouest. De sa torsion à l'orient jusqu'à son heurt avec la Garonne au bas de Montrejeau, sa rive gauche frôle le talus méridional du plateau de Lannemezan.

CXXXV
PLATEAU
DE
LANNEMEZAN

Ainsi que le plateau de Ger au nord du grand coude de Pau, le *Plateau de Lannemezan* s'épanouit au nord du grand coude de la Neste. Il est terriblement monotone, beau pourtant dans sa tristesse par l'apparition violette, blanche et bleue des Pyrénées, qui se lèvent au sud, avec une prodigieuse grandeur, au-dessus de Lannemezan et des bains salutaires de *Capvern*.

Lannemezan veut dire : au milieu des landes — et en effet ce plateau est un steppe.

Steppe très sec de nature malgré son altitude, au pied des Pyrénées neigeuses et nuageuses : l'orage glisse incontinent sur son argile, et ce qui peut entrer ici, là, sous le sol, se perd sans retour dans la profondeur, aucun niveau d'eau n'arrêtant les rus souterrains pour les verser en sources dans le vallon.

C'est que le Lannemezan n'est que terre et graviers sans roches de support à faible profondeur. Cône de déjection fait de débris de la Pyrénée aux temps tertiaires et quaternaires, il a pour première origine, à 600-679 mètres, un très étroit pédoncule entre les gorges de la Neste et les défilés de l'Arros, près de Capvern, au midi de la ville de Lannemezan, qui a donné son nom au steppe. Aussitôt ce pédoncule s'élargit vers le nord-est et le nord-ouest, en déroulement d'éventail, le long de rides qui sont d'abord des ravines, puis des vallons de ruisseau, ensuite des vallées de rivière, dont neuf dirigées vers la Garonne, une seule, le Bouès, vers l'Adour : de la source de Bouès à celle de la Louge, le plus « levantin » des affluents lannemezannais de la Garonne, il n'y a que quatre lieues, et il y en a bien vingt-huit ou sept fois autant entre leurs embouchures.

Elles s'en vont, ces rivières, qui n'avaient de la rivière que le nom avant que la Neste les secourût dans leur détresse, elles s'en vont, ou plutôt elles s'en allaient sans joie et sans gloire sur le morne plateau de glaise durement sabré par les vents qui accourent du nord ou refluent du pied des monts du midi, et souvent visité par la neige qui ploie des arbres souffreteux jetant çà et là quelque ombre timide sur des herbes sans puissance de suc; puis elles dévalaient du pays des pâtures sur argile au pays des coteaux vinicoles, eaux lourdes qui n'avaient connu ni les neiges cristallisées, ni les lacs transparents, ni les fontaines du rocher, ni les cascades d'eau verte ou bleue et d'écume blanche; celles de l'est descendent vers la terreuse *Lomagne*, aux collines de 200 à 300 mètres, celles de l'ouest traversent l'également terreux *Armagnac*, l'une des patries de la meilleure eau-de-vie.

CXXXVI
RIVIÈRES
DU
LANNEMEZAN

Ces fausses rivières dont l'indigence estivale ne laissait rien à désirer puisque leur étiage était pour presque toutes égal à zéro, se nomment Louge, Save, Gimone, Arrats, Baïse, Bouès : six seulement, mais avec quatre affluents cela fait la dizaine des cours d'eau lannemezannais qui ont part aux libéralités de la Neste.

La première en amont, la *Louge* [1] est avant-toulousaine; elle se verse dans la Garonne à Muret.

La *Save* de Lombez [2] a son terme dans le fleuve tout près de Grenade; cette ville s'éleva au XIIIe siècle sur un plan régulier, en même temps que nombre de cités du Sud-Ouest qu'on appelle des bastides.

Les bastides sont faites de rues toutes parallèles ou perpendiculaires entre elles, avec une place carrée, entourée de

---

1. 104 kilomètres, 48 370 hectares. — 2. 150 kilomètres, 115 196 hectares.

Le Plus Beau Royaume Sous le Ciel.

couverts (arcades) sur laquelle se dresse la mairie. Beaucoup portent des noms qui se retrouvent en Espagne, Égypte, Italie, Allemagne, Angleterre, ou France : telles, par exemple, et tout d'abord, Grenade, puis Fleurance (Florence), Plaisance, Pavie, Cordes (Cordoue?), Cadix, Damiatte (Damiette), Hastingues, Miélan (Milan), Verdun, Cologne, Pampelonne (Pampelune), Viterbe, Modène, Beauvais, Vianne (Vienne); etc.

La *Gimone* de Gimont et de Beaumont de Lomagne se déroule sur 135 kilomètres et draine 82 000 hectares : drainage qui durant l'été ne lui rapportait rien.

L'*Arrats* [1] est la rivière, disons : le fossé de Mauvezin.

Le *Gers* sépare plus ou moins la Lomagne à droite, de l'Armagnac à gauche; il coule au pic d'Auch, ville amphithéâtrale, devant Fleurance, ville de plaine, au bas de la pittoresque Lectoure, et s'achève en amont d'Agen. Nulle autre rivière lannemezannaise ne démontre mieux l'impuissance de certains terrains tertiaires à créer des courants qui ne soient pas seulement des gouttières de hasard : avant l'arrivée des eaux de la Neste, cet émissaire de 123 500 hectares, long de 45 lieues, roulait en étiage officiel 38 litres par seconde, et en réalité rien du tout.

La *Baïse* [2] a plus de consistance; il y a dans son bassin de 291 000 hectares quelques abondantes fontaines du calcaire. Et surtout la *Gélise* [3], rivière des Landes, lui amène des eaux constantes comme le sont toutes celles qui naissent sous les sables de ce grand plateau. Elle traverse Condom, Nérac, Lavardac où tombe ladite Gélise; elle passe à Vianne, bastide qui a conservé son enceinte, et s'engloutit dans le fleuve à 3 kilomètres en amont de l'embouchure du Lot.

Le *Bouès*, ruisseau de 65 kilomètres supérieurement anhydre, sert d'irrégulier émissaire à 25 500 hectares et se verse dans l'Arros, tributaire de droite de l'Adour.

Voilà suivant leurs noms, mœurs et qualités, les pauvres, arides et stériles naïades de Lannemezan, dont l'urne tarie recommence à s'épancher grâce aux générosités de la Neste.

CXXXVII
CANAL
DE
LA NESTE

Là où s'abaissent les monts qui contiennent la rive gauche de la Neste, là est la prise d'eau du grand *Canal de la Neste*, en amont du Sarrancolin, par 650 mètres d'altitude; large de 10 mètres, il se déroule à flanc de colline à de plus en plus grandes hauteurs au-dessus de la Neste, livrée à sa pente naturelle, tandis que le canal ménage

---

1. 130 kilomètres, 60 000 hectares. — 2. 185 à 190 kilomètres. — 3. 92 kilomètres, 148 500 hectares.

sa descente, de manière à arriver par 630 mètres sur le plateau de Lannemezan, non loin de Capvern, après un développement de 28 608 mètres; et alors dix rigoles versent son flot dans dix rivières :

La Louge reçoit 275 litres par seconde; la Save, 465; la Gesse, 465; la Gimone, 465; l'Arrats, 465; le Gers, 930; la Baïse-Devant, 375; la Baïsolle, 375; la Baïse-Derrière, 375; le Bouès, 275 : soit 4 465 litres pour les dix courants qui ne couraient pas; — le reste irrigue le plateau. — La Gesse étant un affluent de la Save, il s'ensuit que cette Save hérite de 930 litres; les deux Baïses et la Baïsolle se réunissant en une Baïse définitive, il en résulte que celle-ci prélève 1 125 litres.

Une trentaine d'années de jaugeage ont montré que la Neste a trois régimes : pendant quatre mois, novembre, décembre, janvier, février, lorsque l'hiver contrarie sources, lacs et cascades, son volume peut s'abaisser à 5 mètres cubes; durant quatre autres, mars, avril, septembre, octobre, le débit varie entre 13 et 33; pendant quatre, mai, juin, juillet, août, le torrent en roule de 33 à 138 : puissance de flot merveilleuse pour une rivière dont le bassin n'a pas même 91 000 hectares. Le canal soustrait au torrent 7 mètres cubes par seconde quand le torrent en fournit 13; or la Neste ne descend au-dessous de 13 qu'au cours de l'hiver; elle peut donc suffire amplement au canal durant printemps, été, automne, quand le plateau lannemezannais et les vallées de Lomagne et d'Armagnac ont tant besoin d'onde vivifiante.

Le bloc de Lannemezan, sol froid, demande surtout des mélanges de calcaire; quant aux dix rivières en étoilement, à leurs arbres, à leurs prairies, à leurs moulins, c'est après le courant des eaux qu'elles « brament ».

Nul doute que l'exhaussement, mise en réserve et décantation de lacs de Pyrénée autres que l'Orédon et le Caillaouas ne permette un jour à la Neste de verser encore plus de vie sur Lannemezan, Astarac, Fézensaguet, Condomois, Lomagne, Armagnac; bref, sur tout l'éventail lannemezannais qui récemment encore soupirait à mourir après « les puits des jardins, les fontaines d'eau vive, les ruisseaux découlant du Liban ».

CXXXVIII
DE LA NESTE
A L'ARIÈGE :
SALAT

Neste reçue, Garonne doublée. Le jeune fleuve court dans une plaine où jadis il dormit longtemps, quand il s'attardait ici dans un des lacs qui le modéraient et lui gardaient sa grandeur en été, sa transparence en tout temps.

Ayant passé en vue de Saint-Gaudens, il remplit le *Canal de Saint-Martory*, doté de 10 mètres cubes par

Le Plus Beau Royaume Sous le Ciel.

seconde pour l'arrosage de 13 000 hectares sur un périmètre irrigable d'environ 40 000. Ledit canal a sa prise d'eau à 275 mètres et, serpentant à flanc de coteaux, gagne la hauteur des terres entre la Garonne et son affluent le Touch, puis descend de ce faîte dans la plaine du fleuve par 26 mètres de plongeon. 70 kilomètres l'amènent à Toulouse : c'est là sa fin, après qu'il a sillonné les alluvions par 250 kilomètres de rigoles.

Les milliers de litres par seconde que lui enlève le canal de Saint-Martory, la Garonne les récupère à Boussens en conquérant le turbulent *Salat*, la belle eau verte qui roule joyeusement entre les rochers, sur un lit de grèves, en perpétuels détours.

L'aurigère Salat[1] (qui d'ailleurs l'est fort peu) descend de la chaîne franco-espagnole qu'échancre le col de Salau, entre monts de 2 500 à plus de 2 800 mètres, au sud-est et pas bien loin du majestueux Vallier ; il se saisit : de l'*Alet*, fils des monts forestiers d'Ustou, val où quelques ours isolés habitent ; du *Garbet*, qui coule sur des galets, des rocs, des dalles de marbre dans le vallon de la guérissante *Aulus* ; de l'*Arac*, qui est la rivière de Massat ; du *Lez*[2], qui arrive à Saint-Girons, plus sombre que le Salat, du fait des particules de schiste suspendues dans son eau.

Saint-Lizier est la haute ville de Saint-Girons, qui est ville basse : cet antique *Lugdunum Consoranorum* montre encore des remparts romains, flanqués de tours. Au pied de sa colline, le Salat court sur la roche ; il tombe en cascade aux écluses, il fuit, blanc d'écume, du chenal des moulins, il ruisselle à des roues d'usine, puis, rassemblant ses flots redevenus verts, il passe sous l'arche d'un pont du XIIe ou XIIIe siècle.

Ce site admirable est la fin du Salat de montagne ; désormais le torrent s'égare en plaine sur un large gravier, en un lit peu profond, entre des rives basses. Cette artère du Couserans emporte à l'ordinaire 17 mètres cubes, réduits à 7 ou 8 par l'étiage, majorés à 800 par les grandes crues.

CXXXIX
PLAINE
DE
TOULOUSE

Vers le confluent du Salat, la Garonne quitte sa vallée supérieure, Eden de grâce et de fraîcheur, pour une plaine extrêmement vaste.
La *Plaine de Toulouse*, sur la Garonne et la basse Ariège, se compose de profondes alluvions dont accroissent la fécondité naturelle les 10 mètres cubes du canal de Saint-Martory, qu'on se propose de

---

1. 75 kilomètres, 136 293 hectares. — 2. 37 785 mètres, 38 200 hectares, 5 à 6 mètres cubes, avec étiage de 2 à 3.

porter à 15 quand des retenues de lacs auront accru la puissance du fleuve.

Plaine très fertile, mais aussi très monotone. Pour toute verdure estivale elle a ses vignes, les arbres de ses jardins, et des peupliers le long des rus qui sont des fossés secs pendant huit mois et pendant les quatre autres des passages d'eau jaune; ses maisons sont en cailloux de rivière ou en briques plaquées d'une chaux qui s'écaille et tombe; au lieu de haies vives, les champs sont bordés de talus, et souvent de murs de terre avec chapiteaux de brande.

Des nuages de poussière volent sur cette campagne où la chaleur est lourde, où le sol réverbère, sur ces chemins droits, ces bourgs, ces fermes, ces tuileries qui sont l'officine de la seule pierre à bâtir qu'on puisse extraire de l'alluvion toulousaine. Des coteaux serrent la rive droite du fleuve, mais n'y mirent point de rocs, point d'escarpements; ils sont bas, écrasés, nus, jaunâtres.

Éclatant contraste avec ces champs poudreux, les pics des Pyrénées, que le Vallier commande, scient l'horizon d'entre Espagne et France; dans les jours de soleil torride, qui ne sont point rares au pays de Toulouse, leurs neiges sublimes parlent de fraîcheur, d'air pur, d'eau ruisselante aux habitants de la plaine enflammée.

La Garonne y touche Muret, elle y recueille l'Ariège, elle y traverse Toulouse, ville de briques.

CXL
ARIÈGE

Presque digne du rang de seconde branche du fleuve, l'*Ariège* dont les latinistes tiraient le nom d'*Aurigera* (porte or), n'est pas plus aurifère que tant d'autres courants nés comme elle sur des roches de très haute antiquité géologique; des granits, des schistes anciens, elle passe dans les craies, les oolithes et s'épanche enfin dans une vallée immense, au sein de ses propres alluvions. Ses 385 900 hectares de conque lui font de fort honorables présents : crues de 1800, 2 000 (?) mètres cubes, eaux ordinaires de 40, étiage de 15, flot le plus bas de 10; elle court durant 163 kilomètres.

Partie du pic Nègre (2 812 mètres), elle n'est d'abord française qu'à demi, en vertu d'une des absurdités « magnifiques » du tracé de la frontière, et pendant quelque temps sa rive gauche relève de la minuscule république d'Andorre.

Très rapide est sa descente : *Ax-les-Thermes* la voit passer 700 mètres seulement au-dessus des mers; une autre cité thermale sise plus bas à son bord, c'est *Ussat*.

Le Plus Beau Royaume Sous le Ciel.

A Tarascon, par moins de 480 mètres, conflue le *Vicdessos* [1], qui rassemble les bondissantes eaux des crêtes pyrénéennes où trône le Montcalm, sur le versant opposé à la conque de l'Andorre. Le Vicdessos est une demi-Ariège, dans une région plus que raboteuse; ses 5 à 6 mètres cubes, avec étiage de 2 à 3, répondent à 35 600 hectares de sierras de 2 000 à plus de 3 000 mètres.

L'Ariège, aux beaux flots de transparence verte, baigne la pittoresque *Foix*, d'où jaillit un rocher de 58 mètres couronné par un vieux château comtal; elle effleure la fertile Pamiers, la riche Saverdun; elle associe l'Hers à ses destinées et va s'unir au fleuve par 138 mètres d'altitude, à 2 lieues en amont de Toulouse.

Pour distinguer le maître affluent de l'Ariège, l'*Hers*, toujours bien coulant, d'un long fossé du Lauragais qui prête son val d'alluvions quaternaires au canal du Midi en amont de Toulouse, on le nomme Grand Hers ou Hers Vif, tandis que le ru lauragaisan, trouble ou sec, s'appelle Petit Hers ou Hers Mort. — L'un et l'autre ont leur nom populairement vicié par l'agglutination de l'article; il faut se garder de dire d'eux : le Lhers.

Le Grand Hers ou Hers par excellence naît dans les monts d'Ax, qui n'ont pas 2 000 mètres; par une longue fissure il coupe la chaîne de Tabe en avant des Grandes Pyrénées, en arrière des Petites, et il n'est rien ou tout comme, à peine un torrent à scieries, quand il passe devant l'antre de Fontestorbes dont il reçoit, avec les intermittences extraordinairement régulières qui ont fait l'universelle célébrité de cette fontaine, un volume variant de 564 à 3 100 litres par seconde. Dès lors notable riviérette, il coupe aux bains de Fontcirgue les blancs rochers du Plantaurel; puis il serpente en rivière herbeuse dans la large vallée de Mirepoix, qu'un torrent subit laboura, quand en 1279 le lac de Puyvert s'effondra vers l'aval. — Si pas un lac ne s'écroule sur nos vallées, c'est que presque tous se sont écroulés ou comblés déjà : plus d'un toutefois pourrait encore effacer des villes et combler de cadavres une rivière soudaine.

Lorsqu'il se marie à la Garonne devant les ruines de l'abbaye de Boulbonne, l'Hers lui transmet 13 à 14 mètres par seconde (3 à 4 seulement en étiage, avec crues de 665) : c'est le « résumé » d'un bassin de 142 000 hectares où ses virées et dévirées sont de 33 lieues.

---

[1]. 37 kilomètres.

CXLI
TOULOUSE

L'Ariège amène à la Garonne ses dernières eaux pyrénéennes, et le fleuve ne croît plus que du fait des monts du Massif Central, des Causses cadurques et périgourdins et du sable des Landes. On doit donc arrêter son cours supérieur à *Toulouse*, ville peu éloignée du confluent « ariégeois » : là son altitude n'est plus que de 120 mètres, sa portée moyenne y atteint quelque 240 mètres cubes grâce à des crues énormes, maintes fois tragiques, jusqu'à 7 000 mètres par seconde à la très désastreuse inondation de 1875.

En ce lieu qui est, avec Bordeaux, le plus important de son cours, il y a l'un des principaux nœuds de vibration de la France, sur la meilleure route entre l'Atlantique et la Méditerranée, et jusqu'à un certain point au centre du monde latin.

Elle y fait tourner les 34 paires de meules de l'immense moulin du Bazacle et elle y communique avec son canal latéral, dont le commencement est à Toulouse, et avec le canal du Midi, qui part de cette ville de plaisirs et d'études.

Le *Canal du Midi*, dit aussi canal du Languedoc, ou des Deux=Mers, remonte la vallée de l'*Hers Mort* [1], ruisseau drainant, mais très peu, très mal, un bassin de plus de 150 000 hectares ; il accompagne les longues lignes droites disciplinant ce méchant fossé que les collines fangeuses du Lauragais emplissent d'eau jaune quand il pleut, mais non d'eau de source lorsqu'il ne pleut pas. Il arrive de la sorte par 180 mètres d'altitude au col de Naurouze, puis descend vers la Méditerranée le long du Fresquel, ensuite de l'Aude, enfin à l'ourlet du littoral, jusque dans l'étang de Thau, lequel s'ouvre à Cette sur la mer intérieure. Villefranche-de-Lauragais, Castelnaudary, Carcassonne, Béziers, Agde, sont ses cités riveraines, dans un parcours de 242 kilomètres. De Naurouze à la Méditerranée, les plaines qu'il traverse par de longs biefs droits sont une province de ciers et mistral ; le cyprès, qui a des branches presque dès le sol, brise à demi ces vents terribles : aussi le canal est-il bordé, sur ce versant, par d'épais rideaux de l'arbre funéraire.

CXLII
DE TOULOUSE
A
BORDEAUX

En aval de Toulouse la Garonne ne reçoit donc plus d'eau pyrénéenne, car il ne faut pas regarder comme filles des Pyrénées, encore qu'elles naissent à leurs pieds, les lamentables « naïades » du Lannemezan, dont l'urne d'ailleurs n'épanche guère que de la boue. Mais il lui arrive des flots de la Cévenne, des Grands Causses, de l'Auvergne,

---

1. 90 kilomètres.

Le Plus Beau Royaume Sous le Ciel.

du Limousin, des Landes. Et d'abord, en aval de Castelsarrasin, non loin de Moissac, la rivière des Grands Cagnons, le Tarn, rouge tributaire.

Les 1 485 000 hectares du bassin de ce Tarn lui confient des eaux boueuses qu'elle mêle à ses flots limoneux : car, dans ses vastes plaines, la Garonne a déjà grandement adultéré son cristal des Pyrénées ; ainsi le fleuve perd de plus en plus sa noble transparence de Montrejeau, de Boussens, de Toulouse. Mais sa vallée, entre collines assez humbles, gagne encore en fertilité ; sur ces coteaux, dans la vigne qui est vraiment ubiquiste, fleurissent pruniers et pêchers ; opulence du sol, gaîté du ciel, c'est un jardin où les Gascons exubérants succèdent aux Languedociens le long du fleuve en aval de Toulouse — exubérants s'entend ici du caractère et non point de la race : les paysans et les citadins garonnais, peuplade heureuse, ont du rire à revendre, et de l'esprit, de la malice, de la joyeuseté, voire de la gaminerie, mais par absence d'enfants voici que leur extinction s'approche, sauf retour à une vie de moindre égoïsme.

Après avoir passé devant *Agen* et reçu jusqu'au dernier les longs rus lannemezannais dont elle tire autant de terre que d'eau, elle rencontre le Lot, qui lui arrive au bout de 1 125 430 hectares, bien moins impur que le Tarn, moins puissant aussi en temps d'étiage et dans la moyenne de l'année ; autour de ce confluent la plaine est superbement créatrice, on n'en trouverait guère pour mieux répondre aux soins de l' « avide colon » ; puis le fleuve coule devant Tonneins, l'une des métropoles du tabac, devant Marmande et la Réole ; il absorbe le Drot, dernier grand affluent de droite avant la Dordogne, et le Ciron, dernier bon tributaire de gauche.

CXLIII
DROT

Ce *Drot* [1], rivière des terrains tertiaires, ne court pas joyeusement dans sa vallée, en flots vivants, gazouillants et clairs. Faute de calcaires, de craies, de grès perméables, ses ruisseaux lui versent peu d'onde cristalline ; il s'attarde en eau profonde au-dessus des chaussées de moulin, puis, à partir d'Eymet, il dort d'un lourd sommeil derrière les barrages qui le font navigable jusqu'à son entrée en Garonne.

Tout étroit qu'il est, ce grand ruisseau louche déploie ses nénuphars sur trois départements : il naît dans la Dordogne près de l'illustre château de Biron, il serpente en Lot-et-Garonne, il se termine en Gironde, à l'aval de la Réole.

1. 125 kilomètres, 134 700 hectares.

Nous n'avons pas de rivière dont les deux bouts soient mieux marqués par leur nom : il commence dans les collines de Capdrot ou Tête du Drot, il finit à Caudrot, « lieu où tombe le Drot », « fin du Drot ».

Monpazier, Villeréal, Castillonès, Eymet, Monségur, etc., la plupart des villes que le Drot baigne ou dont il effleure la colline, sont des bastides du XIIe siècle. Aucune de ces cités uniformes du Sud-Ouest n'a mieux conservé que *Monpazier* son plan inflexible, son damier de rues droites, ses maisons datant de la naissance même de la bourgade, sa place carrée entre quatre « couverts ».

Vers Cadillac, les coteaux de gauche s'effacent, ceux de droite restant debout, et les Landes pressent le val de la Garonne ; Landes mêlées de « Graves » qui donnent le sauterne, premier des vins blancs.

CXLIV
BORDEAUX

Bordeaux la magnifique a des quartiers bâtis sur la Lande ; les ruisseaux vifs qui l'arrosaient jadis et qui sont devenus des fossés orduriers, égouts voûtés du sous-sol, ont leurs sources dans des mamelons de sable, à l'ombre diffuse des pins maritimes.

Ville splendide, elle arrondit pendant 7 kilomètres ses quais en croissant sur la rive gauche du fleuve, large de 500 à 700 mètres et coupé par deux ponts : le pont de pierre, long de 487 mètres, enjambe en 17 arches la vase diluée, profonde, animée, rapide ; le pont de la ligne de Paris, fer et fonte, la franchit par sept travées.

Ce « port de la Lune », cette « cité du Croissant », trafique avec tout l'univers, surtout avec l'Angleterre, l'Europe du Nord, le Sénégal, les États-Unis et l'Amérique dite latine ; partout elle envoie les vins fameux qui ont pris son nom et qui viennent du Médoc, de l'Entre-deux-Mers, des côtes de la Garonne et de la Dordogne.

Une prochaine décadence menace cette ville opulente, joyeuse, orgueilleuse, un peu vaine. La Garonne s'envase de 2 500 mètres cubes par jour sur les 25 kilomètres qu'il y a du pont de Bordeaux à la corne du Bec d'Ambès. Les ingénieurs ont resserré son lit ; ils ont concentré son flot pour que, fouillant la boue, il s'y creusât un lit plus profond ; mais le contraire est advenu : le flot n'arrive plus avec autant de puissance ; il monte moins d'eau dans la Garonne avec le flux, il en descend moins avec le jusant, la marée bouleverse moins de fange, le fleuve s'atterrit partout où les remous déposent, et sur plusieurs seuils les grands navires ne passent qu'avec

Le Plus Beau Royaume Sous le Ciel.

défiance, ou même ne passent pas. Aucun vaisseau calant plus de 5 mètres 30 centimètres ne se hasarde jusqu'à Bordeaux: on s'allège à Pauillac, qui est à la ville de la Garonne ce que Paimbœuf fut et n'est plus à la ville de la Loire, à Nantes.

Si l'art ne triomphe ici de la nature, si le Bordelais n'approfondit pas sa Garonne ou s'il ne creuse à travers la « Palud », terre basse qui accompagne la rive gauche du fleuve, un canal pour les plus exigeants des transatlantiques, ce troisième port de France, jadis le premier, au xviii° siècle, deviendra ville continentale ayant des bateaux, mais n'ayant plus de navires.

CXLV
PUISSANCE
DE LA
GARONNE

Devant Bordeaux la Garonne obéit depuis longtemps à la marée, qui commence à se faire sentir à 53 kilomètres en amont; au-dessus des lieux où le frottement de la mer montante ne mélange plus les eaux du fleuve avec les vases de son fond, elle roule des flots bien moins troubles que devant la capitale des Girondins, mais elle n'en est pas moins en aval de Toulouse une des rivières françaises les plus opaques.

C'est que pour elle une foule de torrents liment calcaire et craie des Pyrénées, des Causses, qu'une infinité de ruisseaux râpent les terres du plateau de Lannemezan et que des ravins sans nombre éraillent sur ses affluents un vaste réseau de collines tertiaires.

Elle descend devant Tonneins à 37 mètres cubes par seconde; et là même son module est de 659, soit près de dix-huit fois l'étiage; grâce à des crues formidables de 8, 10, 12, 13 mètres et plus elle entraîne alors 8 000, 10 000, 12 000 mètres cubes par seconde.

Dans l'été de 1875, la Garonne, devenant immense par des trombes de pluie chaude sur la neige des Pyrénées, a brisé ses ponts, menacé de malemort Toulouse, détruit un grand faubourg de cette ville, assiégé vingt cités, couru librement dans les rues d'Agen à la hauteur d'un premier étage; des hommes ont péri par centaines dans les tournoiements de ce déluge : en tout 540, dont 209 à Toulouse; 1 140 maisons ont été crevées, 3 250 hectares couverts par les eaux.

C'est une singulière surprise que de rencontrer sur le mur d'une maison quelconque, dans la plaine de Marmande (ou toute autre plaine riveraine), la ligne noire qui marque sur une muraille blanche la hauteur de la crue de 1875 : on est à plusieurs kilomètres du fleuve qu'on a franchi sur un pont très élevé, et l'on voit avec une terreur rétrospective qu'en rase campagne, à une demi-lieue de la Garonne, sur le terre-plein de la vallée, à trente et presque quarante pieds de hauteur, on aurait été balayé comme un fétu là où l'on passe, de talons sûrs, de pieds allègres, en loyale terre ferme, sur une grande route qui semble n'avoir rien à craindre des exaspérations de la rivière de Toulouse.

Si Garonne, Tarn, Lot, Dordogne, avaient des berges aussi basses que celles de la Loire, il leur arriverait de répandre sur leur vallée des mers telles que l'Orléanais, la Touraine, l'Anjou n'en ont jamais vu de pareilles.

Par bonheur, ces rivières d'expansion terrible coulent dans des lits profonds, à 12, à 15, à 20 mètres au-dessous de leurs jardins — car leurs vallées sont des jardins de richesse et de plaisance.

CXLVI
LA GIRONDE

A 6 lieues sous Bordeaux, à 10 ou 12 kilomètres en amont de Blaye, la Garonne se confond avec la Dordogne, à la célèbre pointe d'entre deux eaux dite le *Bec d'Ambès*; et c'est là que commence l'estuaire de la Gironde : Ambès (*Ambo*) veut dire : les deux; Bec d'Ambès, c'est le « Cap des deux ».

Des deux rivières, s'entend; ou, comme on dit dans le pays, des deux mers : on appelle ici mers les deux vastes fleuves, et la contrée riante, riche aussi, qui les sépare, s'appelle *Entre-deux-Mers*.

A ce confluent, la Dordogne arrive au bout de 472 kilomètres et de 2 387 020 hectares, avec un étiage de 50 mètres cubes, un module de 350, des crues extrêmes de 7 200.

Tandis que la Garonne a parcouru 575 kilomètres en un bassin de 5 718 520 hectares, et, si son étiage descend à 40 mètres cubes, son module dépasse 700, ses crues 12 000.

Ainsi, malgré leur égal déploiement de majesté, quand les deux fleuves, s'embrassant au terme de l'Entre-deux-Mers, mêlent leurs flots salis par les vases que remue la marée, la Dordogne est plus courte, et deux fois plus faible.

Et conformément à la vérité des choses la Garonne garde le nom.

Quand on tirait Loire de *Lignum gerens* on attribuait aussi à deux mots latins, *Girus undæ*, tournoiement d'eau, la paternité du nom de Gironde, lorsqu'en réalité Gironde est tout simplement une forme de Garonne; même une forme pas éloignée.

Au moyen âge ce nom ne s'arrêtait pas comme de nos jours au Bec d'Ambès en partant de l'Atlantique; il remontait la rivière bordelaise jusqu'à la Réole, et c'est seulement à partir de là qu'on l'appelait Garonne et non plus Gironde. A une lieue

Le Plus Beau Royaume Sous le Ciel.

en aval de ladite la Réole, à l'endroit où le Drot se laisse dévorer par le fleuve, Gironde est le nom d'un bourg de la plantureuse vallée.

L'estuaire de la Gironde, incomparable en France, mène à l'Atlantique les eaux unies de Garonne et Dordogne par un chemin de 72 kilomètres, avec largeur de 3 à 10 ou 11, brusquement rétrécie à 4 500 mètres là où le fleuve, déjà dès longtemps réellement eau de mer, s'ouvre sur l'Océan d'entre l'Europe et l'Amérique. Avec une pareille ampleur et ce flot vivant qui monte vers le Bec, et bien plus en amont dans les deux rivières, il offre un spectacle grandiose, car nulle part en terre française le soleil de l'Occident ne luit sur d'aussi vastes eaux; mais, tandis qu'il émeut jusqu'au fond le cristal des ruisseaux clairs, il n'éclaire ici que la face des eaux.

La Gironde est impure. Elle n'a ni la beauté verte, ni la beauté bleue. Le vent de mer, le vent de terre, le vent du Médoc et des Landes ou celui de Saintonge n'y impatientent que des vagues boueuses, et ces vagues ne frappent ni monts, ni caps vêtus de forêts.

Elles meurent sur la vase, contre des bords plats, des polders, des falaises basses, sauf pourtant chez les Saintongeais, en approchant de l'Océan, à Talmont, à Meschers, à la pointe de Suzac.

Là les roches sont droites, hautes, blanchâtres, comme il convient à des parois de craie. Le flot les ébranle, et beaucoup sont déjà tombées, sur cette rive que la mer diminue, tandis que s'accroît la rive opposée; car, sur la côte médocaine, des alluvions se déposent, dont on tire des polders dominés par le mamelon de Jau, lequel, en pleine terre aujourd'hui, baignait il y a deux cents ans dans l'estuaire.

D'ailleurs toute la muraille crayeuse de la Gironde saintongeaise n'est pas minée par la vague : de Blaye à Port-Maubert l'antique falaise est maintenant dans les terres, au-dessus de marais modernes qu'on traite à la hollandaise par digues et par canaux; mais ils ne sont pas encore bien affermis, et la fièvre du miasme y rôde — aussi n'a-t-on point bâti les bourgs dans la maremme, mais sur la cime du talus, devant un immense horizon : le Palus, la Gironde jaune, le Médoc, la Lande, la Dune et, derrière la Dune, la Mer.

On estime à 1 100 mètres cubes par seconde le tribut que la mer Atlantique reçoit de la Gironde, en hommage d'un bassin de 8 481 000 hectares où la hauteur annuelle des pluies atteint, sinon dépasse 900 millimètres par an. Tout ce flot d'eau douce, fait de la compensation de très grandes crues et de maigres de longue durée empiétant souvent de l'été sur l'automne, ces 1100 mètres cubes sont absolument perdus dans le magnifique flot de marée qui, deux fois par jour, monte et descend l'estuaire. La Gironde engorge à chaque flux et dégorge à chaque jusant au moins 300 000 mètres cubes par seconde, qui d'une part déposent annuellement 3 300 000 mètres cubes de boue dans l'estuaire pour y créer ou y accroître des îles allongées, et d'autre part assaillent latéralement les îles déjà créées et les disperseraient en fange si l'on ne les avait garanties par des digues de 6 mètres 40 de hauteur.

Ces îles s'augmentent très vite, elles se soudent les unes aux autres par leurs pointes, dans le sens du courant, donc longitudinalement, et tendent à diviser la Gironde, du Bec d'Ambès à Pauillac, en deux grandes rivières, l'une à droite continuant la Dordogne, l'autre à gauche continuant la Garonne.

La principale et la première en amont, l'*Ile de Cazeau* (267 hectares) fait presque corps avec la suivante, l'île du Nord (149 hectares). Exactement située devant le Bec d'Ambès, elle y coupe en deux chenaux le lit de la Garonne et, diminuant ainsi l'ampleur du fleuve, elle lui enlève en apparence sa supériorité sur la Dordogne : les deux courants ont, à leur rencontre, la Dordogne 1 200 mètres de largeur, la Garonne 1 200 mètres également entre l'île de Cazeau et le Bec, mais au-delà de 2 000 entre le Bec et le continent; l'interposition de Cazeau fait croire au passant que la rivière libournaise ne le cède pas à la bordelaise.

Toutes ces langues d'alluvions, riches, peuplées, pourvues d'eau douce par des puits artésiens, sont des jardins mêlés de prés, de vignes, d'aubarèdes — nom gascon qui répond à nos oseraies et saussaies. — En même temps qu'elles se levaient de crue en crue, de marée en marée dans le fleuve, d'autres vases bouchaient à la longue les anses de la rive du Médoc, non très loin de la Lande, devant des vignobles partout célébrés.

La Gironde passe devant Blaye, et, creuse de 7 mètres à basse mer, elle s'étale devant *Pauillac* : grâce à cette profondeur les plus lourds navires remontent jusqu'ici, et c'est d'ici que Bordeaux, si Bordeaux ne veut périr, doit faire partir son canal de grande navigation.

Les deux rives contrastent fort : la rive de gauche ou de Médoc est un vignoble aux crus vénérables dont un commerce excessif en fraudes a malheureusement flétri la renommée; si bien que « clos » et « châteaux » n'ont plus autant d'admirateurs fervents qu'autrefois; des eaux brunes, les *Jalles*, venues du sable des Landes, s'y mêlent aux flots de l'estuaire; la rive

Le Plus Beau Royaume Sous le Ciel.

droite, plus accore, s'ouvre à de fort beaux rus de sources issus des craies de Saintonge.

Au delà de Pauillac l'onde devient décidément salée; il n'y a plus d'îles dans l'estuaire; rien que vastes bancs couverts, sables, vases ténues, conques et coquillages, qui se tassent en piédestal des terres futures; et enfin la Gironde s'ouvre entre Royan et la pointe de Grave, sur le *Golfe de Gironde*, qui a 25 kilomètres d'ouverture, de la pointe de la Coubre, terme de la presqu'île d'Arvert au septentrion, à la pointe de la Négade, au midi; trois passes sillonnent le lit de l'embouchure; celle du nord, la plus creuse, convient mieux pour la sortie des navires, celle du sud pour leur entrée dans l'estuaire. A cette fin finale de la Garonne, 161 journées claires, souvent brillantes, sur les 365 de l'année, facilitent la manœuvre des marins; 112 jours de pluie, et surtout 31 jours de brume, la rendent plus ou moins malaisée ou même dangereuse; le superbe phare de Cordouan éclaire ces sillons orageux de la mer.

L'embouchure a varié dans la suite des siècles; entre autres lits, la Gironde passa manifestement dans celui que signalent, entre le fleuve et l'Atlantique, les terres basses au sud de Saint-Vivien et une coupure dans la dune près de Montalivet.

Ainsi disparaît le fleuve du Sud-Ouest, qui participe à la fois aux plus hautes Pyrénées et à l'infinie diversité des Cévennes et du Massif Central. A son terme il frôle de sa rive gauche les sables « sans bornes » de ces Landes qui, d'horizons en horizons, ne s'arrêtent qu'à des collines dominées et comme surplombées par la chaîne aux pics argentés où le Basque, le Béarnais, le Bigordan se séparent de l'Aragonais prompt aux coups de couteau.

CXLVII
DU PUY
DE CARLITTE
A LA MER
BLEUE

Les Pyrénées d'Orient commencent par le puissant massif du Puy de Carlitte ou, à la catalane, Puig de Carlitte.

Rejeté quelque peu au midi du toit des eaux entre Atlantique et Méditerranée, le *Puy de Carlitte* regarde ses propres ruines sur un plateau trop élevé pour que la nature le pare avec luxuriance; il domine un royaume froid, des blocs de granit, des éboulis, l'herbe rare, la mousse et des lacs sans sourire : ce plateau c'est le *Désert de Carlitte*, étoilé d'étangs.

Émerveillés de tant d'eaux blotties dans tant de creux de leur « Désert », les montagnards de la « Montagne des pierres »[1] croyaient innocemment que leurs « laquets », leurs « étangs »

---

1. C'est ce que veut probablement dire le nom de Carlitte.

sont le reste d'une mer; que cette mer est celle du déluge; et que le second père des humains, Noé débarqua de son arche au Puy de Prigue, à deux lieues au nord-est du Puy de Carlitte (2 810 mètres).

Le premier en grandeur parmi la soixantaine de lacs de ce pierreux plateau, le *Lanoux* s'allonge étroitement sur 2 500 mètres, à 2 150 mètres au-dessus des mers, altitude plus que neigeuse, glaciaire. Il arrive à 84 hectares, avec profondeur moyenne de près de 45 mètres, profondeur maxima de près de 54 : d'où un cube considérable; il pourra donc fournir par décantement, surélevé ou non derrière une digue, un flot constant pour l'irrigation de la Cerdagne française vers laquelle il dirige son torrent.

CXLVIII
CERDAGNE FRANÇAISE.

Le Puy de Carlitte ne plane pas seulement sur des plateaux, lacs, torrents, défilés naturellement français par leur situation au septentrion de la grande chaîne; il règne aussi sur des eaux mortes et des eaux très vives, sur des gorges, des roches, des plaines naturellement espagnoles, étant situées au midi de la sierra, mais les hasards de la guerre et des traités en ont fait un domaine de France — contre-partie du val d'Aran, qui possède les origines d'un fleuve français, comme la Cerdagne possède celles d'une rivière espagnole.

La Cerdagne, trente-trois villages sur 50 000 hectares, nous appartient donc contre nature si l'on ne considère que la plastique du sol et la contrariété des pentes; mais comme mœurs et langage des habitants, elle ne se différencie point de notre Roussillon.

Des granits, des gneiss, des quartz, de vieux schistes dressés à 2 500-2 921 mètres, l'environnent en rond, escarpements farouches, talus de rude ascension, versants arides : d'où le nom de Montagnes Mauvaises, que leur donnent les Cerdagnols; et le *Puigmal*, qui commande la conque au sud-est sur la frontière commune aux deux nations, porte un nom conforme; Puigmal, mot catalan, c'est en français : Maupuy.

Dans cette enceinte grandiose, et tristement sévère sauf quelques parures de forêt et l'éclatante draperie des neiges d'automne, d'hiver et printemps, les villages de Cerdagne se sont assis, accrochés ou blottis à des altitudes à demi polaires, jusqu'à plus de 1 500, de 1 600 mètres, et le lieu le plus bas de tout le pays, là où la Sègre passe dans la Cerdagne espagnole, se trouve à la hauteur, considérable encore, de 1 130 mètres. De quoi il appert que, malgré son exposition méridionale, la con-

Le Plus Beau Royaume Sous le Ciel.

trée des Cerdagnols français se range parmi les régions de pâture plus que de culture ; des chevaux vifs, ardents, endurants y broutent des gazons savoureux, non sans écarter du sabot la neige durant la moitié de l'année.

La *Sègre*, née chez nous, n'est encore qu'un torrent rapide quand elle nous quitte à cinq ou six lieues seulement de son origine par 2 250 mètres au-dessus des mers. Mais chez les Espagnols elle devient une rivière très puissante, à vrai dire extraordinairement capricieuse, tantôt immense, jusqu'à près de 4 000 mètres cubes, tantôt fort au-dessous des 34 mètres cubes de son étiage officiel.

Les Cerdagnols ont conservé leur nom antique. Au temps romain ils s'appelaient les *Ceretani*, et justement il y a sur le versant septentrional de la Pyrénée une ville de Céret, en latin *Ceredisium* ; ville et nation ont le même radical ; la peuplade possédait ou avait possédé les deux penchants de la sierra : c'est que le *Col de la Perche* (1 622 mètres), où commence la Cerdagne à toucher la ville forte de Montlouis, offre des facilités rares en montagne pour passer de l'horizon du sud à l'horizon du nord ; il mène sans aucune fatigue sur un talus qui commande immédiatement la Têt, fleuve du côté français.

CXLIX
CORBIÈRES

Au-dessus du pays des *Cerdagnols* le *Puigmal* (2 909 mètres), mont sans harmonie, est le dernier pic égal ou supérieur à 2 900 mètres. Après lui, la « serre » entre les deux nations ne monte plus qu'à 2 500 mètres, là où se détache le chaînon du Canigou (2 785 mètres), d'où l'on voit si bien à l'est la Mer Intérieure, au nord les Corbières, qui sont le dernier épanouissement septentrional des Pyrénées, et au midi les Albères, qui en sont le dernier effort oriental.

Les *Corbières* sont des monts dépouillés, arides, brûlés, fendus en gorges de très vaillante allure, des paysages de pierre vive, d'onde rare et claire, de parois colorées, de soleil éclatant.

Elles ont pour pointe extrême un puy sauvage isolé, grandiose autant que mainte cime perdue dans le nuage aux plus hautes altitudes, le *Puy de Bugarach*, qui n'a pourtant que 1 231 mètres ; il voit tout ce qui se lève ou qui s'abaisse et finit à quarante lieues de distance autour de son pic où passe, à quelques mètres près, le méridien de Paris : c'est donc, à 670 kilomètres d'éloignement vers le sud, hors de la vue de l'homme et du lynx et d'Argus, le Pic du Midi des Métropolitains.

Le site qu'on prétend le plus parfaitement beau dans ces montagnes c'est l'ermitage de *Saint-Antoine de Galamus*, thébaïde cachée au monde par des rochers lumineux, craie blanche ou dorée au-dessus du grisâtre précipice où gronde l'Agly, qui a là sa vraie fontaine, au gouffre de la Dalle.

Ces monts âprement disputés entre la France et l'Espagne jusqu'au jour où la France, devenue maîtresse du Roussillon, mit la main sur tout ce qui lui revenait de droit, voire saisit dans l'outre-mont la Cerdagne supérieure, qui ne lui revenait point, ces monts n'ont pas d'unité « antérieure »; ils ne se composent pas d'une seule et même roche : au sud, des craies adossées aux granits de la Pyrénée; au centre, les vieux schistes bruns, gris, noirs, durs, disloqués du *Milobre de Massac* (908 mètres); au septentrion, des oolithes, des craies qui vont s'abattre sur le val d'Aude par les escarpements du Mont d'Alaric.

Quand le voyageur qui va de Toulouse à Cette a dépassé Carcassonne, il voit à gauche un fleuve, l'Aude, et à droite, des monticules pierreux, de pâles oliviers courbés par la bise des Pyrénées ou des Cévennes. Au-dessus de ce paysage déjà méditerranéen (si près qu'on soit des herbes mouillées de la Montagne Noire), se dresse une longue et fauve paroi, le *Mont d'Alaric* (600 mètres). C'est là le dernier bastion des Corbières, mais l'Aude inférieure n'a pas toujours existé : ce qui, du Mont d'Alaric aux monts de Saint-Chinian, est de nos jours vide immense avec air, vents et soleil, fut autrefois un immense bloc, roc, terre et métal; alors les Pyrénées tenaient aux Cévennes, ou plutôt la Corbière adhérait à la Cévenne et au Massif Central de ce qui devait être Gaule, puis France. Derrière ce grand barrage le torrent qui est maintenant l'Aude refluait en lac dans la plaine carcassonnaise, puis courait sans doute vers l'Atlantique : il passait alors soit par la dépression que suit la rigole de la Plaine entre le Sor et le Fresquel, soit par tel ou tel col de ce terreux Lauragais où s'ouvre, par 189 mètres, le passage le plus bas entre l'Océan et la mer Méditerranée.

Les Corbières ont l'Aude de Carcassonne et l'Agly de Rivesaltes pour rivières essentielles.

CL
AUDE

Ce fleuve [1] est un parangon d'inconstance.
Son module, supposé de 62 mètres cubes à la seconde, résulte d'un étiage de 5 pauvres mètres compensé par des crues de plus de 3 000. Elle commence dans les roches « premières », se continue sur les roches crétacées, ensuite sur le tertiaire, et s'achève dans les terrains modernes : à ces

---

1. 223 kilomètres, 608 200 hectares.

Le Plus Beau Royaume Sous le Ciel.

diverses substances de sa conque elle enlève annuellement 1 700 000 à 1 800 000 mètres cubes de débris.

Elle naît dans une région des Pyrénées où d'admirables sapins vibrent ; pas dans la chaîne frontière, et sur un contrefort de 2 377 mètres. Issue du lac d'Aude, qui n'est ni tiède ni gai, non plus que les monts qui l'environnent, elle serpente dans le *Capsir* ou Capcir, fond d'un lac écoulé devenu l'une de nos vallées les plus hautes, avec villages à 1 400, 1 500 mètres où les soirées sont froides dès qu'août se rapproche de septembre. Les Capciriens disent : « Nous avons dans l'année huit mois d'hiver et quatre de méchant temps ».

Elle sort du Capcir pour s'engouffrer dans des gorges terribles dont les anciens auraient fait l'entrée du Tartare, en un des cagnons les plus sinistres qui se puissent voir : sous un ciel moins lumineux ce serait un « Styx » effroyable ; la roche d'une rive y touchant presque la roche opposée, il n'y a que pierre ici, et dans cette pierre un peu d'eau ; point de prés, de bosquets, de champs ; pas de hameaux, sinon dans quelque furtif écartement des deux parois.

Dans ce noir couloir, qui parfois se desserre un tantinet, dans ce *Défilé de Carcanières*, se suivent les bains de Carcanières, de la Garrigue, d'Usson, d'Escouloubres, et le bourg d'Axat où l'altitude du torrent n'est même plus de 400 mètres.

Au-dessous d'Axat le *Défilé de Pierre-Lys* marque la fin des étroits grandioses ; l'Aude coule encore dans des gorges, mais ces gorges ne sont plus un cagnon. Elle passe devant Quillan, Couiza, Alet, Limoux ; après quoi, dès son arrivé dans la plaine très ample d'entre Corbières au midi, Montagne Noire au nord, le « torrent des fissures » s'étale désormais sur de larges graviers. Il sépare Carcassonne de son faubourg de *la Cité*, legs merveilleux du moyen âge, dédale de ruelles tournantes sur une colline ardue, entre les deux murs et les cinquante tours d'une enceinte qui protège un donjon et que ce donjon protège.

Jusque-là l'Aude coule au nord ; les Corbières, contenant sa rive droite, l'empêchent d'incliner à l'orient vers la Méditerranée voisine, et longtemps elle semble destinée à grandir la Garonne par l'entremise de l'Agout et du Tarn, car sa haute vallée la dirige vers Castres. Mais après Carcassonne les Corbières se cassent et finissent ; le vieil *Atax* fléchit vers l'est, lui qui tournait sans doute à l'ouest quand les Pyrénées tenaient aux Cévennes : alors le bassin de Carcassonne était un lac ayant son issue vers l'Atlantique par l'un quelconque des cols du Lauragais, probablement par celui de Naurouze. Où fut ce lac descendent côte à côte le Fresquel, tributaire de l'Aude, et le canal du Midi.

En même temps qu'il passe du nord à l'est, le fleuve quitte la zone sans oliviers pour la zone où l'olivier est l'arbre roi. Il longe le pied du Mont d'Alaric et tantôt boit les déluges que lui amènent les torrents de la Montagne Noire et des Corbières, tantôt ne reçoit rien d'eux, ou quelques gouttes à peine, la terre aidée du soleil ayant humé l'eau des sources. De ces torrents les plus grands, non les moins excessifs, sont l'*Orbieu*[1], fils des Corbières, et la Cesse, fille de la Montagne Noire.

En aval et près du confluent de la Cesse, l'Aude se divise.

La branche de gauche, le vrai fleuve, va se perdre en mer au grau de Vendres par deux bras, dont l'un presque mort.

Vendres, c'est le latin *Veneris*; il y avait ici, sur le bord même de la Méditerranée, quand les alluvions n'avaient pas rempli le golfe narbonnais, un temple de Vénus dont on voit quelques vestiges au bord de l'étang de Vendres. Un autre reste de la mer qui flottait au nord comme au sud de Narbonne entre Corbières et Cévennes, c'est, au nord de Coursan, l'étang de Capestang, en partie desséché, qui même aurait tout à fait disparu si telles crues de l'Aude ne le ravivaient.

La branche de droite, la *Roubine de Narbonne* emprunte en moyenne à l'Aude 7 mètres cubes par seconde. N'ayant que 1 mètre 10 de fond, elle n'amène à la riche Narbonne que des bateaux de 80 tonnes, puis elle descend au misérable port de la Nouvelle, à l'embouchure de l'étang de Sigean.

Les Romains ayant barré le fleuve à Sallèles par une digue, il coulait tout entier vers Narbonne, et de cette ville au golfe qu'il a fini par effacer de la mer; mais une crue emporta le mur en 1320, et l'Aude marcha désormais droit à la Méditerranée. *Narbonne* alors, près des lagunes, loin du cours des eaux vives, devint si fiévreuse que les Narbonnais méditèrent un moment d'aller s'installer à Leucate; le comblement des étangs, le tassement des terres, la culture du sol, les rangs de vignes plantureuses lui ont rendu la salubrité, mais son commerce maritime est mort.

CLI
AGLY

A tort nomme-t-on quelquefois Gly le fleuve de l'*Agly*, torrent des moins ordonnés dont le bassin est pour la plus grande part crayeux, pour la moindre part granitique; le plus vieux document, antérieur à l'an mille, l'appelle *Flumen Aquilinum*, la rivière de l'Aigle.

Il naît du Puy de Bugarach, dans des schistes secs, cassés en plus de rocs inaccessibles, foudroyés par le tonnerre, qu'il

---

1. 80 kilomètres, 72 162 hectares.

n'en faudrait à tout le peuple « aquilin » dont il porte le nom, qui sait pourquoi ?

D'un cours très rapide il arrive dans la superbe cluse crayeuse de Galamus, fameuse en Roussillon par son ermitage de Saint-Antoine ; il y arrive, mais pas toujours, car les pluies sont très irrégulières, et par suite l'Agly supérieur oscille entre le néant et l'immensité.

Mais à partir de cette cluse il coule en tout temps, car ici, dans son lit même, sort d'une vaste roche le *Gorch de la Llause,* c'est-à-dire le gouffre, le bouillidour de la Dalle, la source de la Grande-Pierre.

A ce gorch, à ce jet violent, font constante dans l'inconstant torrent, l'Agly doit de l'emporter sur la deux fois plus longue Boulzane, qu'il trouve en route au-dessous de Saint-Paul-de-Fenouillet, à l'issue des *Gorges de Caudiès,* célébrées pour leur beauté sereine, harmonieuse, hardie, colorée, qui fait songer à la Grèce, à l'Ionie.

Presque toujours emprisonné, l'Agly, gonflé (souvent fort peu) par la Boulzane, passe dans le défilé de la Fou ; il contourne le mamelon de marbre de Saint-Arnac, où il se peut qu'on régularise un jour son débit par une digue ; puis il entre au pays de la vigne, effleure la Tour de France, Estagel, et délivré de la pression des roches, s'épand dans la plaine du Roussillon sur des grèves de 200 mètres d'ampleur.

Plaine malmenée par cers et mistral, avare sous le dardant soleil, mais généreuse partout où murmure un filet d'irrigation ; malheureusement l'Agly, altéré comme sa campagne, n'y peut arroser que la moindre partie des champs. Rivesaltes, qui a des vins de feu, y est sa seule cité.

Il se perd en mer au Barcarès, sur le lido sans ports, à l'issue d'un bassin de 110 500 hectares où ses tours, détours, trajets droits, crochets brusques font vingt lieues de longueur ; vingt-cinq jusqu'aux naissants de la Boulzane.

CLII
ALBÈRES

De la bifurcation du chaînon du Canigou jusqu'au plongeon des Pyrénées dans la mer latine, il n'est qu'une cime approchant de 2 500 mètres, *Costabonne* (2 464 mètres) ; puis pas un seul pic montant à 2 000, puis pas une roche qui atteigne 1 500 ; la chute de la crête est brusque ; on arrive aux Albères.

Les *Albères,* cela veut dire sans doute les Blanches. Toutefois l'éclat de la roche y est souvent bruni par des bois, et par maquis.

Très raides sur le versant français, ces monts illuminés

sont bien des Pyrénées « orientales », dans le sens grec ou syrien du mot : oliviers, chênes-lièges, la Méditerranée bleue, le soleil de Damas, qui dirait qu'il n'y a guère que cent lieues entre leurs ravins et les vallons des Basques?

Rarement hautes de 1 000 à 1 200 mètres, les Albères entourent de leurs derniers rocs, en s'abîmant dans la mer, les charmantes criques du Roussillon méridional.

Dressées sur un passage des peuples, ces pierres ont vu couler des rivières de sang; elles étaient hérissées de châteaux forts et de tours de guet. Les derniers monts de plus de 1 000 mètres couronnent, au midi, de leurs abrupts frontons, la vaste forêt de chênes-lièges de Sorède; puis la serre aiguë, ardue, tombe à 500, à 250, et s'abîme enfin dans l'eau céruléenne au Cap Cerbère; un tunnel international la fore à la dernière vertèbre de son échine : le souterrain des Balistres, long de 1 071 mètres, sur le chemin de fer de Narbonne à Barcelone, entre les stations de Cerbère en France, de Port-Bou en Espagne.

Les eaux septentrionales des Albères descendent à la rive droite du Tech, les eaux méridionales des monts du Canigou vont à sa rive gauche. Ce fleuve du Tech entre en mer sur le lido du Roussillon, à moins de deux lieues au nord des derniers rochers tombant des Albères sur la mer bleue où nous possédons 645 kilomètres de plage, le long de sept départements : Pyrénées-Orientales, Aude, Hérault, Gard, Bouches-du-Rhône, Var, Alpes-Maritimes.

CLIII
LITTORAL
DU ROUS-
SILLON

Une côte très dentelée, qui ne reste pas longtemps pierreuse et devient un lido sablonneux avec étangs derrière le cordon aréneux, donne au rivage méditerranéen des Pyrénées-Orientales une grande ressemblance avec le rivage océanien des Basses-Pyrénées, puis des Landes. De Banyuls, de Port-Vendres, de Collioure, d'Argelès, anses rocheuses, on voit la sierra des Albères escalader l'horizon entre la France et l'Espagne, comme de Biarritz ou de Saint-Jean-de-Luz ou d'Hendaye on voit monter au ciel la sierra basque entre deux azurs, l'un qui nous appartient, l'autre qui dépend de Madrid, si toutefois l'azur n'est pas aux seuls oiseaux en attendant que l'homme commande aux aéronefs.

Mais la ressemblance n'est que dans la plastique du sol et les broderies de la mer, bleue ici, verte là-bas; le vrai, l'aride soleil du Midi luit sur les rochers, la vigne et l'olivier des Albères, tandis que le soleil de l'Ouest, frère de la pluie, sourit aux maïs, aux chênes de l'Adour et de la Bidassoa.

Chez les Basques et les Béarnais, c'est l'Europe; chez les

Roussillonnais, et plus loin chez les Bas-Languedociens et les Provençaux, c'est l'Afrique.

Comme le rocheux littoral des Basques, la côte montueuse du Roussillon est fort courte; elle est schisteuse, celle des Escualdunacs de France étant crayeuse. La première de ses villes se nomme Banyuls, la seconde Port-Vendres, la troisième Collioure, toutes trois au bord d'anses pierreuses où l'onde perfide, souvent endormie, se réveille, et tout à coup s'insurge au souffle de l'Est.

De très roides Albères, cassées, déchirées, soleilleuses, commandent *Banyuls*, lumineuse ville qui n'arrache plus le corail des fonds de la Méditerranée, mais elle pêche la sardine, et ses vins liquoreux sont un délice : avec la chaleur on boit la force en buvant le grenache de Banyuls. Ses vallons merveilleusement abrités des vents, et d'ailleurs les plus méridionaux en France, la Corse à part, rivaliseront un jour comme séjour d'hiver avec ceux de Cannes, de Menton, et un sanatoire pour les enfants rachitiques ou scrofuleux montre l'excellence du climat par de nombreuses guérisons.

Port-Vendres avoisine un cap Béar ou Béarn, qui n'a rien de commun avec la patrie des Gascons Béarnais : le vrai nom serait Biar ou les Puits, mot de la langue de Mahomet; et de fait, les Berbères convertis à l'Islam fréquentèrent longtemps ce bout de France où même ils dominèrent quelques années. Port-Vendres fut *Portus Veneris*, le Port de Vénus, sur une rade sûre, plus rapprochée d'Alger, d'Oran qu'aucune autre en France, et déjà reliée à ces deux villes par des bateaux à vapeur.

Après un nom peut-être arabe qui rappelle les Béarnais, voici qu'un autre est la corruption de deux mots de l'idiome de leurs amis et voisins co-départementaux, les Basques. *Collioure* s'appelle *Cauco-Illiberri*, terme essentiellement escualdunac, soit que le peuple énigmatique ait eu par ici des colonies, soit qu'il y ait eu réellement une « Vasconie » compacte, presque immense en regard de celle de nos jours, du Roussillon jusqu'en Galice, c'est-à-dire beaucoup plus encore que l'espace réclamé par le dicton d'Espagne : « Desde Bayona á Bayona », de la Bayonne française à la Bayonne galicienne. Collioure est semblable à Banyuls, ses bateaux vont à la sardine, ses coteaux donnent des vins liquoreux.

Ici les rochers, les anses, les lignes à chaque instant brisées font place à des sables, littoral droit qu'ouvrent de petits fleuves pyrénéens précieux pour l'irrigation des plaines par eux conquises en alluvions sur la Méditerranée.

Dans ces plaines la première ville qu'on rencontre au pied des Albères, Argelès-sur-Mer ne borde plus le flot, les apports de la Massanne, torrent bref, rapide, inconstant, l'en ayant fort éloignée. Le premier fleuve qui y coupe la route au voyageur descendu de la Pyrénée, c'est le Tech, qui arrive tout efflanqué devant la mer, sur une côte droite fort redoutée des bateaux poussés en droiture ou obliquement sur la plage par les vents du nord-nord-est au sud-sud-est.

<small>CLIV
TECH</small> Le Tech [1] a la part supérieure de son bassin, jusque vers Céret, dans les granits et les schistes, l'inférieure dans les terrains modernes. Ses inondations redoutables l'ont fait surnommer le Justicier de la contrée.

Né dans de rudes montagnes de 2 000 à 2 500 mètres qui vont se relevant vers le Canigou, il descend bruyamment par la gorge centrale du *Vallespire* ou Vallspire, dont le nom ferait image, si ce nom venait, comme on le croyait à tort, de *Vallis aspera*, l'Apre val : âpre par ses rocs, mais le châtaignier, le hêtre, le chêne vert, le frêne l'ombragent, et les Catalans français, hommes hâlés qui ne craignent pas leur peine, en cultivent amoureusement les conques, bassins qui furent des lacs étagés suspendus sur l'aval.

Le Justicier de la contrée bondit longtemps de ressaut en ressaut, en cascatelle infinie; c'est un perpétuel écroulement; puis, quelque peu apaisé, il passe devant *Amélie-les-Bains*, ville d'hiver, devant Céret où le franchit une arche romane de 29 mètres de haut bâtie par le Diable en une seule nuit.

Là s'écartent monts et collines : le Tech entre dans une large vallée de jardins que le soleil accable de chaleur, mais que l'eau des canaux rafraîchit; pas assez cependant, car le val est ample, l'astre terrible, et le Tech aux trois quarts bu pendant l'été par le jour torride; les gens d'amont le détournent en ruissellements et il en arrive bien peu chez les gens d'aval, dans la plaine languissante où la plante se sent mourir.

On ne sait comment remédier à la pénurie du Tech : le réservoir projeté du Pas du Loup, en amont d'Arles, aurait contenu 12 millions de mètres cubes, mais derrière une digue de 60 mètres de haut, trop menaçante pour le bas du val. Le barrage de la Fou ne retiendrait que 5 millions de mètres

---

1. 79 kilomètres, 93 700 hectares.

Le Plus Beau Royaume Sous le Ciel.

cubes derrière un mur de 65 mètres, à 2 500 mètres en amont d'Arles, en un fantastique abîme.

Cet abîme, sur un affluent de gauche du fleuve, c'est la *Fissure de la Fou*, entre une paroi de granit et une paroi de calcaire séparées de 15 à 20 mètres à leur cime, de 5, de 3, de 2, même de 1 mètre seulement au niveau du torrent, dans une profondeur de 400 mètres ; à 500 ou 600 pieds au-dessus de la Fou un arbre désaccroché de la roche n'est point tombé dans le précipice : retenu par la paroi contraire, c'est un pont, ou ce serait un pont si l'on pouvait l'atteindre et si l'on osait passer.

Entré en vallée par sa rive droite, le Tech frôle de sa gauche les *Aspres*, région de collines en effet très âpres, sèches, raboteuses, mais très vinifères, et d'un vin de feu grâce au soleil catalan ; puis tout à fait en plaine, il coule à 1 500 mètres au sud d'Elne, qui se nomma du nom essentiellement basque d'*Illiberri* ou la Ville Neuve.

Qu'engloutit le Tech en Méditerranée, à son embouchure à quatre lieues au sud-est de Perpignan, sur une plage sablonneuse ? Tantôt presque rien, quand le fleuve est consommé par la terre, consumé par le soleil ; tantôt un flot immense, quand le fils du Canigou et des Albères « juge la contrée » : alors le Tech n'a pas assez de ses 100 mètres de grèves. Vraiment saigné à outrance, il entre dans le flot, non comme un fleuve, ni même comme une rivière, mais comme un « oued » arabe ; pas comme une eau, mais comme un sable.

CLV
ÉTANG
DE SAINT-
NAZAIRE

A moins de 7 kilomètres au nord de l'embouchure de l' « Oued Tech » et avant d'arriver à celle de l' « Oued Têt », que suit « l'Oued-Agly », un grau verse à la « Grande Tasse » un étang littoral, qui est, en partant d'Espagne, la première des grandes nappes non creuses qui accompagnent notre rivage de Roussillon, puis de Languedoc.

Cet étang où s'épancha peut-être autrefois le Tech, c'est l'*Étang de Saint-Nazaire*, dit aussi l'étang du Canet. Qu'il ait jadis ou non confisqué le Tech, il eut certainement une étendue supérieure aux 1 190 hectares que lui font sa longueur de 4 500 mètres, son ampleur de 1 500 à 2 500. Parallèle à la Méditerranée, séparé d'elle par un cordon de sable de 200 à 600 mètres de large, il n'a point de profondeur ; palustre, insalubre sous un soleil évocateur de miasmes, il serait bon de le dessécher. Entreprise compliquée, vu que l'étang reçoit un torrent de 7 à 8 lieues venu des Aspres, région quelque peu anhydre, étant l'une de celles dont les herbes aromatiques dénoncent la siccité de climat.

Ce torrent est le *Réart*, dont on peut dire que tout son bassin de 16 000 hectares ne renferme pas autant de gazon qu'un seul courtil normand. Dans les Aspres une vraie prairie serait un scandale.

Il n'est point et il ne sera jamais démontré que le nom de Réart répond aux mots latins *rivus aridus*, ruisseau sec, torrent aride; mais il arrive souvent qu'il n'y a pas une goutte d'eau dans son lit de 60 mètres de grève : alors l'étang de Saint-Nazaire a tendance à devenir terre palustre en attendant d'être terre ferme; le « soleil de Perpignan » aurait bientôt fait d'en pomper toute la substance; que tout au contraire, des flots sauvages couvrent en un clin d'œil les 180 pieds de cailloux du Réart, l'étang a tendance à devenir un grand lac jaune : alors le grau jette un petit fleuve en mer, parfois même plusieurs graus s'ouvrent dans le lido, tandis qu'en notable sécheresse, quand l'étang baisse et baisse toujours, la Méditerranée perce l'arène et ravive à son tour le Saint-Nazaire.

A une lieue au nord-nord-est de l'étang de Saint-Nazaire, près des bains du Canet, la Tèt s'évanouit en mer à travers sables et galets, sur une plage déserte.

CLVI
TÈT

Dans le bassin de la *Tèt*, vaste de 155 000 hectares, le granit et autres roches primitives où trône le géant Canigou, dominent par tout le haut pays, alors que le bas de la vallée appartient aux terrains modernes et à des alluvions très plantureuses dès qu'on les arrose.

Elle commence en un cirque de montagnes où l'empire est au Puy de Prigue, sur le très lacustre plateau du Carlitte.

Elle y unit les émissaires de laquets qui se comblent lentement, non pareils à l'un d'entre eux, au lac des Barres, qui se vida par soudaine rupture au ixe siècle et lança dans la vallée, jusqu'à la mer, un torrent mortel.

Son cours supérieur est une suite de « Plans » marécageux, lits d'anciens lacs; des ressauts séparent ces Plans : de l'un d'eux le torrent tombe en un bond de 25 mètres; d'un autre il descend dans le *Plan de la Bouillouse*, froid palus, eaux verdâtres, joncs, roseaux, plantes lacustres sur plus de 100 hectares où l'on projette d'arrêter 20 390 000 mètres cubes pour les irrigations de la Tèt inférieure. Plus bas, au-dessous de la cascade du Trou de la Cheminée, le Pla des Abellans ou Plan des Noisetiers pourrait retenir 3 150 000 mètres. Un autre vieux lac, celui qui s'écroula sur le val après avoir forcé la digue d'une antique moraine, c'est le Plan des Barres, cirque de prairies : là, par 1 660 mètres, premiers champs de la vallée.

Le Plus Beau Royaume Sous le Ciel.

Ayant passé au pied de Montlouis, place murée à 1 600 mètres d'altitude, la Têt descend si vite en étroitures qu'à 5 ou 6 kilomètres en aval, à Fontpédrouse, elle n'est plus qu'à 960 mètres. Elle coule devant les bains des Graus d'Olette, devant Olette, devant Villefranche de Conflent, ville de marbre rouge.

Les montagnes étant fort déchiquetées, les vallons sont innombrables, les rus aussi, et le fleuve en reçoit à chaque pas.

A Prades on n'est plus qu'à 315 mètres. Prades, c'est « prairies », et en effet cette conque jadis lacustre est « prairiale » parce que merveilleusement arrosée ; et riante, féconde, au pied du Canigou colossal.

A la conque de Prades succède celle de Vinça ; après quoi la Têt arrive dans la plaine du Roussillon, sillonnée par ses canaux et canalicules, sans lesquels ce jardin serait un steppe, par le trop d'ardeur du soleil ; nombreux y sont les bourgs, les uns au bord du fleuve, les autres sur tel ou tel canal. Par grand malheur, la Têt n'a pas assez d'onde en été pour toutes ses « huertas » et « vegas », et souvent le colon de plus d'un territoire soupire après l'eau vivifiante.

A sa sortie de la montagne, elle ne transmet à la plaine, ou pour parler comme les gens du Perpignannais, au *Riveral*, que 7 500 litres en volume normal et 1 490 en étiage : minimum affligeant quand on le compare au non moins affligeant maximum de crues subites.

Au-dessous de la vieille *Perpignan*, place de guerre, elle s'avance vers la mer en longeant de sa rive gauche la plaine de la Salanque, distraite de la Méditerranée par de longs siècles de colmatage. Avant de s'engloutir, elle coule au pied de Castel-Rossello ou Castel-Roussillon où une tour de 20 mètres et une église romane marquent l'emplacement de l'antique *Ruscino* dont le Roussillon tira son nom ; là aussi s'arrêtait l'ancien rivage ; l'embouchure, qu'obstruent en été cailloux et sables, est voisine des bains du Canet, sur la plage déserte, funeste aux navires.

CLVII
ÉTANG
DE LEUCATE :
FONT DAME
ET
FONT ESTRAMER

A 7 kilomètres au nord de la Têt finit le fleuve Agly, sur la rive importueuse de Saint-Laurent du Barcarès ; après quoi le lido sépare de la mer le vaste étang de Leucate ou étang de Salses ; ce lido n'a rien de très antique, géologiquement parlant : avant que la Méditerranée, se diminuant elle-même, l'eût formé des sables qu'elle jetait contre le continent elle se brisait ici contre un îlot ; et au sud-ouest de cet îlot, contre la Pyrénée des Corbières.

C'est donc elle qui a réuni à la terre ferme cet îlot, devenu le promontoire de Leucate (72 mètres); elle qui a séparé de son îlot l'étang que nous appelons *Etang de Leucate*; et cet étang autrefois creux n'est plus qu'une mare de nulle profondeur avec feutrage d'herbes entrelacées, sorte de prairie flottante, infinitésimale « mer de sargasses »; sous ce « feutre » vivent, innombrablement, des poissons qu'on pêche dans des bateaux plats.

Des graus vont de l'étang à la mer, ou de la mer à l'étang, suivant caprices de vague ou vent, à travers le bourrelet des sables, qui est long de 3 lieues, large de 300 ou 400 mètres à 1 500 ou 2 000. Le plus souvent ils sont obstrués, et alors le Leucate se dessèche à son aise : à cette évaporation et aux sources salées de Font Dame et de Font Estramer, il doit d'être plus chargé d'amertume que la Méditerranée même.

Font Dame et Font Estramer jaillissent de falaises crayeuses qui se rattachent aux Corbières. Ce ne sont pas des sources banales, mais bien deux des grand'fonts de France.

Font Dame, gour profond ceinturé d'herbes palustres, de roseaux, de joncs, émet un torrent de 1 500 litres d'ordinaire portée, de 500 aux eaux les plus basses, de 9 mètres cubes en forte expansion.

Font Estramer jaillit en mille surgeons parmi les roseaux par 6 mètres cubes en crue, 1 000 litres en volume normal, 300 au plus bas étiage : d'où, pour les deux, un flot minimum de 800 litres, un flot coutumier de 2 500, un flot extraordinaire de 15 000.

D'où viennent ces jets puissants, eaux salées qui valurent à la ville de Salses, leur voisine au sud-ouest, son nom de *Salsulæ* ? Des rus qui s'engouffrent dans les fissures du bassin fermé d'Opoul; et sans doute et surtout des pertes du fleuve Agly et de son affluent le Verdouble : car le bassin d'Opoul ne saurait suffire à l'éternité des vaucluses de l'étang de Leucate.

Ces deux fonts quelque peu thermales naissent et meurent inutiles; limpides, mais chargées de sel, elles n'irriguent pas, et tout ce qu'elles irrigueraient périrait, flétri par l'âcreté minérale. Il faut réprouver comme insensé le projet qu'on avait conçu de les élever assez haut pour arroser au sud, en avant de l'Agly et au delà de l'Agly, les vastes campagnes de la *Salanque*, cette plaine roussillonnaise, naturellement très féconde, mais naturellement aussi très sèche, qui s'étend au nord du fleuve de la Têt derrière le lido méditerranéen. D'ailleurs, en les haussant par une digue, on les aurait diminuées; peut-être même les aurait-on perdues : car dans un pays fêluré,

Le Plus Beau Royaume Sous le Ciel.

dès que l'on contrarie l'écoulement d'une onde, elle prend souvent et parfois tout entière un nouveau chemin dans la roche.

Dans le moment présent l'étang de Leucate a 8 000 hectares, dont 5 540 toujours sous l'eau.

A l'abri de la falaise de Leucate, nom grec qui signifie le Blanc (promontoire), le *Golfe de la Franqui*, garé des vents du sud, est une espèce d' « anse du Repos » sur le littoral agité; Riquet avait projeté d'y finir son canal des Deux Mers et sans trop de peine, par des fonds de 6 à 10 mètres, on y créerait un port, le meilleur possible entre les criques des Albères et les calanques des monts de Marseille — meilleur qu'Agde, meilleur que la Nouvelle, meilleur que Cette, si coûteux pour la France.

Le golfe de la Franqui reçoit le déversoir de l'*Etang de la Palme*, mare sans profondeur de 1 000 à 1 200 hectares née de la mer comme le Leucate, par l'effort de la Méditerranée qui, laissant au pied des Corbières une petite partie d'elle-même, s'en divisa par un cordon de sables.

CLVIII
ÉTANGS
DE SIGEAN
ET DE
GRUISSAN

L'étang de Sigean, l'étang de Gruissan, son voisin, et d'autres plus petits, voilà ce qui reste d'un golfe comblé par l'Aude.

Ce golfe, le *Rubresus* ou *Rubrensis* des Romains bordait Narbonne, la fière *Narbo Martius Decumanorum*, qui devait la fin de son nom sonore à ses colons, les vétérans de la dixième légion, phalange aimée de César dont elle fut, pour ainsi dire, la trente-deuxième demi-brigade. De ses eaux s'élançaient des îles devenues les monts de la Clape, depuis que le vieux Narbôn, appelé plus tard Atax, puis Aude, souda ces roches au continent par 20 000 hectares d'alluvions.

Les *Monts de la Clape*, faits de craie, se nomment ainsi du mot méridional *clapaz* ou « traînée de pierres ». Ils ne dépassent pas 214 mètres, mais d'allure hardie, taillés, bouleversés, déchiquetés, ils ont la majesté de l'isolement, entre la mer, une plaine et le fleuve de l'Aude : icelui, après avoir comblé les flots au sud-ouest du massif, coule maintenant au nord, et n'ayant plus de golfe à remblayer, commence à s'épanouir en delta.

L'*Etang de Sigean* ou étang de Bages dort au pied des Corbières.

Une étroite langue de terre le divise de l'étang de Gruissan; sur cette terre, ce sable, courent les trains du chemin de fer de Narbonne en Espagne et naviguent les quelques bateaux du canal de la Roubine, dérivation narbonnaise de l'Aude.

4 350 hectares en 15 kilomètres de long, 1 200 à 5 500 mètres de large, c'est l'étendue de ce lac dont on extrait du sel.

A son flot amer se mêlent entre temps les eaux d'un torrent des Corbières, la *Berre* [1].

L'étang de Sigean s'ouvre en mer par le grau de la Nouvelle, régularisé en un chenal navigable de 4 mètres de profondeur; ce canal aide la Nouvelle en son humble commerce, surtout avec l'Algérie et termine la Roubine de Narbonne, venue de la ville romaine qui eut 60 000 âmes, sinon 100 000, quand elle régnait en Narbonnaise.

L'*Etang de Gruissan*, 2 500 hectares qu'on parle de dessécher, communique avec le flot vivant par deux passages, le grau de la Vieille Nouvelle au midi et le grau du Grazel au nord, divertis l'un de l'autre par l'île de Saint-Martin; celle-ci, moitié roche de craie (70 mètres), moitié sables plats, fut jadis, en tant que roche, part intégrale du massif de la Clape; quant au sable il lui vint de la mer.

Du Grau du Grazel à la bouche de l'Aude, c'est une plage aréneuse imperceptiblement cintrée, tout au pied des monts de la Clape; entre roc et mer, des sables, des lagunes, des restes d'étangs devenus palus; pas une crique; au large, des barques de pêcheurs; la solitude, sans autres humains que des douaniers, et, dans la saison, quelques baigneurs sur une plage indulgente aux enfants, aux femmes, à tous ceux qui nagent « comme du plomb » : on y va loin sans perdre pied.

Au delà de l'Aude, fleuve pyrénéen, c'est l'Orb, fleuve cévenol que suivent Hérault et Vidourle. Ainsi l'on arrive au Rhône, fleuve alpin : sur ce lido lagunier, à la racine des Cévennes, la mer brasse les eaux des Alpes avec celles des Pyrénées.

De l'une à l'autre montagne, de celle que le soleil hispano-français illumine de Fontarabie à Port-Vendres à celle que les neiges encombrent de Bâle à Venise, la courbe du golfe du Lion fut suivie de tout temps, à quelque distance à l'intérieur, sur le sol ferme de la plaine ou du coteau, près de la lisière des marais littoraux, jadis immenses au gré du Rhône. Par là passèrent les aventuriers, les voyageurs, les armées, les hordes, en route de la presqu'île ausonienne à l'ibérienne, ou de celle-ci à celle-là, ou de l'Ibérie vers le centre de l'Europe, ou de ce centre à l'Ibérie. Ces hommes d'autrefois marchèrent d'abord sur les sentiers embrouillés de l'ère « effroyablement » archaïque, puis sur des chemins très avares en ponts, ensuite sur les grandes voies dallées dont Rome sillonna son empire qui, à la différence de celui des Espagnols et des Anglais, voyait se coucher le

---

1. 32 kilomètres, 23 549 hectares.

Le Plus Beau Royaume Sous le Ciel. CHAPITRE QUATRIÈM

soleil, mais n'en était pas moins, en tant que Méditerranéen, le plus merveilleux des domaines. C'est par ce rivage ardent des Celtes et des Ligures que les Africains, les Ibériens, les Gaulois du « chef borgne monté sur l'éléphant gétule » marchèrent d'Espagne en Italie; par là que les Romains envoyèrent infatigablement des légions pour briser l'orgueil espagnol et, de guerre en guerre, faire des peuples péninsulaires une grande nation latine; par là que grondent aujourd'hui les trains de la grande ligne de Toulouse à Marseille.

QUATRIÈME PARTIE

PETITS MONTS
BAS PLATEAUX
PLAINES

CHAPITRE PREMIER

ARGONNE, ARDENNE, MEUSE, CHAMPAGNE

I. LA FRANCE INFÉRIEURE. ‖ II. MEUSE SUPÉRIEURE; ARGONNE ORIENTALE. ‖ III. WOËVRE. ‖ IV. ARGONNE OCCIDENTALE. ‖ V. ARDENNE : MEUSE INFÉRIEURE. ‖ VI. CHAMPAGNE HUMIDE. ‖ VII. CHAMPAGNE POUILLEUSE. ‖ VIII. PAYS D'OTHE. ‖ IX. AUBE, MARNE, AISNE.

I
LA FRANCE INFÉRIEURE

ALPES et Pyrénées, Vosges et Jura sur nos frontières, Monts français et Cévennes dans l'intérieur du pays, voilà nos hautes sierras, nos hauts plateaux.

Tout le reste n'est que collines, plateaux bas et plaines.

Chez nous le Centre, l'Est, le Sud, sont à la montagne, à l'orient d'une ligne très sinueuse qu'on tracerait d'Avricourt près Lunéville à Bayonne, avec un fort détour vers l'ouest pour englober toutes les dépendances du Massif Central.

Le Nord, le Nord-Ouest, l'Ouest sont au coteau ou à la plaine et le divorce des eaux y suit la tranche de collines de 100 à 200 mètres, rarement de 200 à 300. Même le faîte est souvent invisible, sur des plaines vagues : telle, entre Loire et Seine, cette Beauce qui obsède par son égalité de niveau et par sa nudité verte ou jaune selon que le blé croît ou que la moisson s'approche.

De tous ces petits monts ou plateaux, il n'en est qu'un pour dépasser 500 mètres, encore de très peu, l'Ardenne que nous partageons avec nos frères les Belges Wallons. En partant de notre frontière la plus menacée (là où l'Europe centrale pèse sur nous de tout son poids), on y arrive par des collines

Le Plus Beau Royaume Sous le Ciel.

sans hauteur, sans puissance et complication, incapables par elles-mêmes, sans l'aide des forts, batteries, camps retranchés, d'arrêter les ennemis pendant vingt-quatre heures. On les nomme les Argonnes ou l'Argonne.

II
MEUSE SUPÉRIEURE,
ARGONNE ORIENTALE

Il est un fleuve indépendant jadis, la Meuse; mais le dépôt des alluvions dans un golfe de la mer a fini par marier son onde au flot du Rhin. Elle passe pour recevoir les branches terminales du Rhin; en réalité c'est un assez humble affluent du magnifique fleuve de Suisse, d'Allemagne et de Hollande, né d'un chaos de neiges éternelles, alors que la Meuse n'a pas un seul glacier dans son bassin.

La *Meuse* débute en France, dans le lias, se continue dans l'oolithe, se termine dans le schiste.

Elle a sa source première à 409 mètres, au pied de collines reliant les Faucilles à ce plateau de Langres qui, tout bas qu'il est, voit cependant douze rivières sortir de ses roches.

Inaugurée à six lieues au nord-est de Langres, l'une des trois hautes villes froides du bassin de la Seine [1], elle coule, très petitement, dans un val qui fut à lui seul le *Bassigny* : puis l'usage étendit aussi ce nom sur la vallée supérieure de la Marne jusqu'en aval de la ville de Chaumont.

Longtemps étroite en étroit vallon, elle va vers le nord, entre talus d'oolithe de 350 à 400 mètres; ces talus relient les lias et les calcaires de Langres aux schistes des Ardennes, portent le nom commun d'Argonne.

Bien qu'ayant déjà fait quinze lieues en un bassin d'une cinquantaine de milliers d'hectares, c'est à peine un gros ru de 500 litres par seconde quand elle arrive au moulin de Bazoilles.

En aval et tout près de ce moulin, elle se perd dans les fêlures de l'oolithe : perte invisible quand les eaux sont hautes, car les fentes du sol ne boivent alors qu'une moitié de la Meuse et le reste coule à ciel ouvert; mais, quand les eaux sont basses la Meuse périt en entier, puis renaît à 3 kilomètres plus loin par les fontaines de Noncourt : celles-ci ne rendent pas tout ce qu'ont aspiré les failles de Bazoilles; une part du flot ressort dans le lit du Mouzon ou Petite Meuse.

Le *Mouzon* [2] vient du plus haut des Faucilles; il roule des eaux du lias grandement diminuées par les infiltrations au passage sur l'oolithe; aussi, le volume ordinaire approchant de

---

1. Avec Laon et Château-Chinon. — 2. 61 kilomètres, 42 400 hectares.

4 mètres cubes, l'étiage se borne à 57 misérables litres. Vers le milieu de sa route, il coule à près de 200 mètres au-dessous d'une colline isolée près de la rive droite, vraie montagne par la majesté : haute de 506 mètres, la plate-forme aujourd'hui déserte du coteau de *Lamothe* fut coiffée d'un oppidum gaulois, puis d'une bourgade romaine, puis, sous le nom d'Hilairemont ou d'Aillermont, d'une ville médiévale qui compta, pense-t-on, jusqu'à plus de 6 000 âmes; place redoutable par ses murailles, bastions, tours et l'escarpement de sa cime; sa force causa sa ruine : on craignait trop la forteresse de Lamothe pour ne pas la raser après l'avoir prise.

La Meuse ne baigne en France que des bourgs, des villes sans grandeur, mais elle passe devant le lieu des visions et des voix, Domrémy la Pucelle où naquit Jeanne d'Arc.

Elle rencontre à Troussey le *Canal de l'Est*, qui d'abord la suit, puis dont elle devient part intégrante jusqu'à l'entrée en Belgique; elle coule, étroite, en val étroit, en étroit bassin, par Commercy, Saint-Mihiel, Verdun, Dun, Stenay, Mouzon.

Une rivière souvent divisée d'où partent, où rentrent à chaque instant des bras latéraux; une onde pure, lente, sinueuse en la prairie; pas d'affluent qui soit plus qu'un ruisseau; de beaux flots de fontaine, la roche étant calcaire ou crayeuse; de hautes collines d'Argonne, crêtes boisées avec les forts détachés du camp militaire de *Verdun* : telle est la Meuse, argonnaise avant d'être ardennaise, de la maison rustique où la libératrice vit le jour jusqu'à Sedan francovore.

Cette *Argonne*, la Meuse la divise en deux Argonnes : celle de l'Est, purement jurassique; celle de l'Ouest, faite d'oolithe et de craie inférieure.

Argonne orientale, c'est un nom savant, mis en parallèle avec Argonne occidentale; le peuple de la vallée mosienne l'appelle tout simplement les *Côtes de la Meuse* ou les *Hauts de la Meuse*; et sur le versant opposé, à l'est, les habitants de la plaine woëvroise au-dessus de laquelle elle se profile en dentelures, la nomment non moins simplement les *Côtes de Woëvre*.

Côtes en effet, et souvent même très dures et très hautes, jusqu'à 412 mètres au-dessus des mers, à la butte d'Hattonchâtel : soit 200 mètres de dominance pour qui regarde des bords du fleuve errant. Elles barrent carrément l'horizon du levant en séparant le val de Meuse du val de Moselle, mais elles ont peu de largeur. Des prairies de Commercy, de Saint-Mihiel, de Verdun, l'Argonne monte en quelques milliers de mètres, à travers bois et forêts, jusqu'à son faîte, qui d'habitude est

Le Plus Beau Royaume Sous le Ciel.

nu; puis à travers d'autres forêts, d'autres bois, la voilà qui s'écroule brusquement sur la vaste plaine de la Woëvre où ses villages voient des clochers en foule, des bois, des lueurs d'étangs et des coteaux à l'horizon.

Cette lente ascension de l'Argonne orientale, suivie d'une chute rapide, c'est comme la dernière lame qu'un Océan lance contre un rivage : du pied de retombée de l'avant-dernière vague, la dernière s'élève mollement, puis retombe soudain.

Argonne, évidemment nom celtique, avec l'article *ar* en syllabe initiale. Que veut-il dire? La *blanche*, à cause des escarpements de roches de Sorcy, d'Euville, d'où l'on tire de magnifiques pierres, statuaires ou monumentales? Ce serait aussi bien la noire, au moins la brune ou la sombre, en vertu des chênes et des hêtres, des frênes, des tilleuls, des érables, alisiers et sorbiers de ses deux penchants de Meuse et de Woëvre. Cette double sylve presque indiscontinue, et à son culmen, le long de la crête, les terres découvertes, le sol aride, absorbateur d'eau par les fentes et les trous de surface, toute cette Argonne est quasi déserte en son ensemble, mais avec beaux bourgs, riches villages sur les basses pentes, au-dessus des sillons, des vignes, des étangs de la Woëvre.

III
LA WOEVRE

La grande plaine de la *Woëvre* étend ses nappes d'argile compacte, du pied oriental des côtes de la Meuse, qui sont ici les côtes de Woëvre, jusqu'aux lignes de coteaux qui accompagnent la rive gauche de la Moselle. Dans son extrême longueur, elle a plus ou moins trente-cinq lieues, de la rencontre de Meuse et Vair à celle de Meuse et Chiers : mais la Woëvre spécialement « woëvroise », le grand lit d'argile avec stellation d'étangs, le long du Terrouin, de l'Esse, du Mad, de l'Yron, de l'Orne, dépasse à peine quinze lieues avec largeur de cinq.

Elle se déroule, ancien lac avec anciens îlots devenus collines isolées, avec baies de rebord devenues entrées de vallon, à part cela plate, à l'altitude de 200-250 mètres, avec buttes calcaires parfois majestueuses — tel le Montsec (380 mètres) qui commande de 140 mètres le socle de sa base. Près ou loin de sylves malingres, de taillis, de bois de charmes, de trembles, d'aunes, de saules, les étangs sans nombre versent des rus lourds, vaseux, languissants, laids dans des rainures d'argile, entre étroites prairies, à la lisière de « fromentaux » où, même traîné par quatre à cinq chevaux, l'araire trace difficilement des sillons dans un sol humide et collant : aussi les paysans ont-ils donné le nom de « malpeine » aux parages les plus « gluants » de ces espaces faits pour le choc des grandes armées modernes avec leur déploiement de chevaux, leurs galops tonnants d'artillerie. Les champs les plus tragiques de la guerre infortunée, Mars-la-Tour, Vionville, Rezonville, Gravelotte, Saint-Privat, appartiennent à la Woëvre française ou à la zone frontière de Woëvre que les Prussiens ont annexée.

IV
ARGONNE OCCIDENTALE

L'*Argonne Occidentale* a bien plus de largeur que l'orientale; elle ne domine pas seulement une rive de la Meuse, elle remplit le pays entre la Meuse et l'Aire, la contrée entre l'Aire et l'Aisne et dépasse même un peu cette dernière rivière au sud de Sainte-Menehould pour dresser quelques collines à la lisière de la Champagne Pouilleuse dans l'ancien pays de *Dormois*.

Magnifiques y sont les forêts, surtout entre l'Oise et l'Aisne; nombreux les étangs sur l'Aisne supérieure; sans nombre les petites sources où viennent boire sangliers, cerfs et chevreuils : moins qu'antan lorsque les bois de l'Argonne, des Ardennes, de la Germanie contiguë n'étaient qu'une même sylve; et l'ours a cessé d'y humer les fontaines.

Là où le plus vaste des bois debout encore, la forêt d'Argonne couvre toutes les collines de Sainte-Menehould à Grand-Pré, à Varennes, à Clermont, à Beaulieu, des défilés entament l'Argonne occidentale, passages faciles entre coteaux bas.

On les vantait pourtant comme les « Thermopyles de la France » depuis qu'ils avaient retardé l'invasion prussienne en 1792; or ce n'est pas l'Argonne qui sauva les Français; ce fut la sottise de l'ennemi.

En 1814, en 1815, en 1870, ces « Thermopyles » ne nous garantirent pas; elles nous garantiront de moins en moins.

Au temps jadis un peuple se défendait par l'immensité des forêts, des marais, l'embourbement dans la glaise, par les champs sans routes, les rivières sans ponts, les petites places fortes dont des canons inertes bombardaient en vain les murs, l'intendant ennemi qui sortait monstrueusement riche de la guerre où les soldats étaient morts de faim et par typhus, variole, fièvres, dysenterie, les envahisseurs fondaient comme la neige au grand soleil.

Aujourd'hui deux millions d'hommes (et bientôt dix millions) amenés en quelques jours dans les plaines de l'assassinat, se heurtent dans une tempête de feu, de fer, de bronze et d'acier; ils se tuent à trois pas ou à trois lieues, et des deux nations l'une tombe et ne se relève plus. Les historiens de l'avenir raconteront comment le *Cunctator* ne détourne plus le

Le Plus Beau Royaume Sous le Ciel.

destin de Rome, ni Pélage celui de l'Espagne ; mieux encore que nous ils nommeront le chemin de fer ce qu'il est réellement : le Premier ministre de la servitude.

Maintenant la défense de la frontière, « l'obstacle continu », le mur de pierre et d'airain avec coupoles blindées a passé de l'Argonne occidentale à l'Argonne orientale. Du camp retranché de Toul au camp retranché de Verdun, des forts couronnent la crête des côtes de Meuse et Woëvre, des batteries sournoises se cachent dans les bois : tout le sombre appareil de la mort « mécanique ».

V
MEUSE
INFÉRIEURE :
ARDENNES

Le massif schisteux des *Ardennes* monte à peu près à 700 mètres au-dessus des mers, non pas chez nous, mais en Belgique. En France, au nord-est de Monthermé, sur la frontière belge, leur lieu culminant, la *Croix Scaille* n'a que 504 mètres d'altitude.

Ardennes est évidemment un nom celtique, débutant par l'article, *ar*. On le retrouve encore, ce nom, dans un canton d'Angleterre, dans une *Arden* jadis celtisante, hui « saxonisante », canton sinon montagneux, du moins collinier, à la rive gauche de l'inquiète Severn qui devient plus bas un large estuaire à marées extraordinaires.

Pour les uns, Ardenne signifie « le Pays élevé » ; pour les autres, c'est la « Profonde » ; pour d'autres enfin la « Forêt », et en effet, les bois de ce massif, si vastes soient-ils en divers cantons français, belges, luxembourgeois, allemands, ne nous montrent qu'un faible débris de l'immense nation d'arbres qui couvrit jadis au loin Gaule et Germanie, et partant du pays de Paris, de la Seine et de l'Oise, ne s'arrêtait qu'au Rhin pour recommencer de l'autre côté du fleuve sous le nom de forêt d'Hercynie — nom gardé dans l'Allemagne centrale par le Hartz, lequel infiniment réduit en comparaison d'antan, est une montagne sylvestre entre l'Elbe et la Weser.

Rien n'empêche de voir dans le nom d' « Arminots » une autre imperceptible épave du naufrage mortel de ce qui fut la Celtic, et spécialement de l'idiome antérieur de l'Europe occidentale, dans les pays celtophones devenus par la suite germanophones ou romanophones. On désigne sous ce nom d'Arminots les habitants des hautes côtes et hauts plateaux de l'Ardenne ; or, *ar menez* veut dire en breton loyal : la montagne.

Les Romains, les Germains, les Celtes entamèrent peu ou pas cette futaie sans bornes ; le moyen âge la peupla de légendes, il la surnomma la « sylve enchantée », la « forêt surnaturelle », les « sept forêts de l'Ardenne », car elle resta longtemps si grande que l'imagination du peuple pouvait y trouver aisément sept sylves au lieu d'une. On la redoutait, mais on finit par y porter la cognée; l'âge moderne tend à la détruire, comme tout ce qu'il touche des œuvres du temps accessibles à sa petitesse.

Triste en dehors des vallées et vallons est cette « sombre et formidable Ardenne » que la nature du sol, la langue des hommes font France, mais dont l'incohérence des événements nous a ravi les trois quarts au profit du Belge; sans rien dire de la part qui revient à l'empire berlinois entre Malmédy et Coblence, en vertu de l'adage : « Aussi loin que l'allemand résonne, là est l'Allemagne ».

Triste, et plus froide que l'exigeraient altitude et latitude, surtout autour des *Fagnes* d'où monte un brouillard glacé, le passant y frissonne de tous ses membres, même au plus chaud de l'été, quand il arrive, la nuit, dans les bas-fonds.

Fagne est un mot du vieux français; on le retrouve dans toutes les provinces d'oïl, même dans la plus éloignée de l'Ardenne, dans la Saintonge, autour de la Roche-Chalais où un hameau se nomme la Fagnouse et où le rural appelle toujours fagne ce que le citadin appelle déjà de la boue : c'est la fange du langage classique, c'est la hangue des Béarnais.

Les cuvettes boueuses des Fagnes, ont à leur plus bas un étang sans profondeur sur schiste ou quartz imperméable; autour de cette mare, les mousses, joncs et roseaux s'étendent, et dans les eaux sombres la tourbe croît, qui finira par les effacer toutes de la terre d'Ardenne, comme elle y en a déjà comblé des centaines. Avec le temps le bourbier, devenu prairie, augmente le domaine des Ardennais, qui est fort court, car trop peu l'humus masque ces roches sans chaleur, où rares sont les villages, rares les hameaux, misérables les maisons dans la lande froide ou devant la forêt profonde. La lande a ses pâtures, sès « rièzes », plaines qui ne dressent pas un arbre, ses fagnes, ses pierres gerçant la terre, ses pins et genévriers, ses genêts, bruyères et fougères, et les mélancolies de toutes les landes.

La forêt a les beautés de toute forêt, des chênes, des hêtres, des bouleaux, des sycomores, des pins; mais par suite d'impuissance de sol il y a maints cantons où ses chênes sont rabougris, où ses arbres tendent à l'arbuste, à la broussaille. L'ours en a disparu, non le cerf, ni le loup et le sanglier, qui sont les grosses bêtes de ce pays natal de saint Hubert, patron des chasseurs.

L'ours fut évidemment le roi des animaux qui rôdèrent

dans l'Ardenne depuis que l'homme écrit l'histoire, mais quand les chevaliers eux-mêmes n'entraient pas sans frémir dans la forêt « surhumaine », nos ancêtres la peuplèrent de bêtes apocalyptiques.

Toutes se sont évanouies comme songe et mensonge : ni dragons cuirassés, ni monstres volants n'y veillent à la porte des palais enchantés ; la guivre n'y garde pas les avenues, les gués, les cavernes, et l'Ardennais n'a d'autre ennemi que son schiste à complexion froide.

En grand contraste avec la morosité du plateau, les vallées sont belles ; elles seraient splendides avec des roches plus éclatantes, dans une moindre parcimonie de soleil ; les talus de la coulière montent si haut que la magie des rayons ne colore le bas du val que tard dans la journée.

Ainsi descend la *Meuse*, avec ses villes tordues comme elle, car la brusquerie du schiste, si proche du fleuve que souvent il s'y mire, les force à suivre le méandre de l'onde ; les bourgs y sont longs, sinueux, très animés par leurs ferronneries, leurs engins, leurs usines, leurs carrières d'ardoises. Au-dessus d'eux la roche sombre se dresse à 200, même 270 mètres, concave ou convexe en sa ligne, comme le courant qu'elle accompagne. A Lavaldieu, près de Monthermé, l'un des grands sites sévères du val de Meuse, une rivière arrive au fleuve entre schistes dominant le confluent de plus de 250 mètres : c'est la *Semoy* qui, semblable à la Meuse, réfléchit dans son eau de noires ardoises et de sombres ou blanches ou vertes forêts : blanches de bouleaux, vertes de chênes, de sycomores, de hêtres, sombres de pins et de sapins ; — et toutes « candides » sous la neige de l'hiver.

A la Semoy ou Semois il manque pour être parfaitement harmonieuse un ciel plus doux que le ciel des Ardennes, et des couleurs plus vives que celles du lias, voire de l'oolithe du Luxembourg belge : encore faut-il dire que le profond encaissement de son val en fait une serre chaude en terre froide, et qu'il y a ici comme une Italie du Nord, si ce n'est là où la rivière, obscurcie par de très hautaines parois, ne voit la lumière qu'aux heures « méridionales » quand le soleil luit haut dans l'azur ; aussi les paysages, toujours beaux, y sont blêmes.

Hors cela c'est une merveille d'onde claire et fuyante ; et aussi d'onde muette, immobile, obscure en sa profondeur, si transparente soit-elle, car on ne voit pas tous ses flots à travers les flots ; de hautes pierres dominent le gouffre, et au rocher pend la forêt d'Ardenne.

Extraordinaire en détours, elle coule au midi parce qu'elle

vient de couler au septentrion, puis elle se retourne vers le nord, ensuite le sud, et toujours ainsi ; mais à chaque promontoire qu'elle entoure de son argent bruni, elle se rapproche de l'occident, qui pour elle est le chemin de la Meuse. Il se peut qu'il n'y ait pas au monde une rivière méprisant autant la ligne droite ; pourtant, comme ses détours ne sont pas des contours, mais de brusques retours sans ampleur de courbure, sans déploiement de rondeur, elle ne triple même pas sa route directe ; il y a 19 lieues à vol d'oiseau de sa source à son embouchure, et c'est à peine si elle en parcourt 50, dont 6 ou 7 en France, en un pays de 135 000 hectares qui lui vaut une portée de 20 mètres cubes réduits au cinquième par la sécheresse ; moins encore quand à l'août sans pluie succèdent un septembre, un octobre anhydres.

Née à 380 mètres, tout près d'Arlon, capitale du Luxembourg belge, elle finit chez nous à l'abbaye de Lavaldieu, tout près de Monthermé, l'un de ces bourgs tellement enfoncés dans le val qu'il leur manque une partie du soleil de la journée. Quand elle a pénétré dans le fleuve, elle mêle à regret son flot aux eaux de la Meuse, qu'ont ternies des débris d'ardoise, mais peu à peu la grande rivière domine la petite, et l'onde claire versée par les naïades luxembourgeoises disparaît.

Quand elle a quitté l'Argonne, la Meuse entre dans l'Ardenne, avec plus de flots qu'elle n'en roule à Verdun, car elle a confisqué sur sa rive droite une notable rivière pourvue par l'oolithe, le lias et un peu les vieux schistes : cette rivière participe, en effet, dans le bas de sa conque, à la roche des Ardennes. On l'appelle *Chiers*, d'un nom désagréable, presque malhonnête, qui est en réalité le même que celui du Cher, puisque les anciens titres nomment la Chiers : Carus, Charus, Cara, Chara, etc.

La Chiers a son berceau dans le grand-duché de Luxembourg : en ce pays, qui est de patois allemand, on la nomme Korn.

N'ayant encore erré que pendant trois lieues, elle pénètre en France pour y serpenter à 100, 150 mètres au-dessous du plateau d'oolithe où elle a tracé son sillon. Dans un cours des plus biscornus où tel cingle a 6 kilomètres pour 1 500 à 1 600 mètres d'isthme, où même 5 000 mètres pour 250, elle rencontre Longwy ; Longuyon, lieu du confluent de la *Crune*[1], tranquille riviérette du calcaire ; Montmédy qui est voisine de la confiscation de l'*Othain*[2], autre paisible courant de l'oolithe

---

1. 41 485 mètres, 24 867 hectares. — 2. 70 kilomètres, 30 000 hectares.

Le Plus Beau Royaume Sous le Ciel.   CHAPITRE

suivi de l'*Oison*[1], dont la roche oolithique avive également les eaux. Il baigne Carignan et s'unit à la Meuse au terme de 143 kilomètres ; de ses 227 500 hectares, dont 166 200 en France, lui viennent 9 mètres cubes à la seconde en débit normal, 3 en étiage : rivière modérée qui n'est point traîtresse à ses moulins, à ses forges et laminoirs, à ses filatures et foulons.

Elle atteint la Meuse à 5 kilomètres en amont de Sedan, où le fleuve commence son détour d'Iges : 12 000 mètres de boucle, 2 500 mètres d'isthme.

C'est à Mézières même que la Meuse passe dans les terrains schisteux, en même temps qu'augmente sa tortuosité. Le cingle qu'elle décrit de Mézières à Charleville — deux cités qui n'en font qu'une — n'a pas moins de 2 lieues, l'isthme n'étant que de quelques centaines de mètres.

De Mézières-Charleville, où son altitude est de 140 mètres, à l'entrée en Belgique par environ 100 mètres, la Meuse erre à grands replis, entre les schistes à pente raide où descend çà et là, jusqu'au bord des eaux, l'immense forêt, l'Ardenne, qui gravit toutes les crêtes, qui frissonne à tout vent sur le plateau, la « rièze », la « fagne », et qui s'abrite en tout vallon.

Où elle manque, la nudité du val est noire et triste; encore plus celle de la haute plaine, neigeuse en hiver, humide au printemps, presque froide en été ; mais les clairières sont rares sur la table de l'Ardenne là où ses roches pressent l'une et l'autre rive de la basse Meuse française et, contemplée d'un des mamelons supérieurs du schiste, la profonde sylve ondule en calme magnificence ou frémit et gémit jusqu'à l'horizon, comme la mer.

A Monthermé débouche la Semoy ; à Laifour se dressent les plus hauts rocs de la gorge, les *Dames de Laifour*, — dames fières et de peu de sourire ; — Revin va de rivière à rivière, sur un étranglement de 400 mètres qui est le cou d'une boucle harmonieuse, ovale presque parfait de 5 kilomètres; Fumay, ville ardoisière, est également le lieu de contraction d'un cingle régulier ; enfin un détour de 9 000 mètres, l'isthme n'en ayant pas 1 000, précède Givet, place forte, et le fleuve passe en Belgique.

Il y prend une largeur de 100 à 150 mètres et, continuant à réfléchir des parois rocheuses, il y reçoit la Lesse, fameuse par son long voyage dans la caverne de Han, la Sambre à Namur et devant la grande ville française de Liège, la belle Ourthe, rocheuse rivière du Luxembourg belge.

---

1. 56 kilomètres, 33 205 hectares.

Petits Monts, Bas Plateaux, Plaines.

De ces trois rivières, la seconde, la *Sambre* nous appartient presque à moitié, belge en bas, française en haut, tandis que la Semoy est belge en haut, un peu française en bas.

Rivière du schiste, de la houille et des sables, des grès, des calcaires éocènes et miocènes, la Sambre part de la craie de la Thiérache, sur des plateaux de 200 à 232 mètres d'altitude.

Elle baigne Landrecies et reçoit les deux Helpes, jadis gracieuses riviérettes de plus en plus souillées par les crachats des usines. Sans parler d'autres industries, la *Petite Helpe*, qui passe à Fourmies, descend de filature en filature; de filature en filature aussi la *Grande Helpe*, qui baigne Avesnes; l'une et l'autre égayent la « Suisse du Nord », comme les gens du plus long, du plus bas, du plus plat des départements aiment à nommer ce « haut » territoire, pays d'Ardenne, et non pays de Flandre.

Haumont, Maubeuge et Jeumont, elle arrose ces trois villes françaises avant de passer en Belgique par 120 mètres au-dessus des mers. Arrivée dans le royaume bilingue, elle y coule dans deux provinces, Hainaut et Namur; elle y traverse un des grands bassins houillers de l'Europe, coule dans Charleroi, cité de noires et bruyantes industries, et se confond avec la Meuse à Namur, par 75 mètres, après avoir « vironné » pendant 190 kilomètres, dont 85 chez nous, dans un pays de 266 200 hectares dont 107 500 en France; elle nous quitte avec un flot d'étiage de 3 500 litres.

Enfin, de Belgique passée en Hollande, la Meuse baigne Maestricht; elle s'unit au Wahal, branche du Rhin, puis la Meuse-Wahal, qui est au vrai une moitié du Rhin, rencontre l'autre moitié, qui se nomme le Leck.

Et Meuse mêlée à Rhin ou Rhin mêlé à Meuse s'en vont à la mer, en s'anastomosant autour d'îles jonqueuses, marais alluvionnaire qu'a tant bien que mal exondé le Néerlandais.

La célèbre Rotterdam borde l'un des bras de cette Meuse qui usurpe le nom et la gloire du fleuve de Bâle et de Cologne.

Meuse des Français, Mouse des Belges Wallons, Maes des Flamands, Maas des Néderlandais, le fleuve a 950 kilomètres d'existence dont 300 chez le Hollandais, 200 chez le Belge, 450 en domaine français; sur ses 3 300 000 hectares, 775 000 nous appartiennent; quand elle nous abandonne, c'est avec une portée d'environ 100 mètres cubes, contre 80 à Mézières, 60 à Sedan, un étiage de 25, un minimum de 19, 18, ou moins encore, et des crues de 700.

L'Argonne confronte à l'ouest avec la Champagne humide,

Le Plus Beau Royaume Sous le Ciel.

suivie dans la direction de Paris par la Champagne Pouilleuse ; l'Ardenne domine à leur nord-ouest, les plaines de la Flandre ; et à leur ouest-nord-ouest les coteaux et plateaux de l'Artois et de la Picardie.

VI
CHAM-
PAGNE
HUMIDE

Bordure orientale de la Champagne sèche ou blanche ou Pouilleuse, la *Champagne humide* ou Champagne Verte s'allonge en une bande d'environ 20 kilomètres de moyenne largeur. Du nord au sud, puis au sud-ouest elle enveloppe en demi-cercle la craie « pouilleuse » de ses collines et plateaux de grès verts ou craie inférieure. L'Aisne y coule de presque à sa source jusqu'en aval de Vouziers ; la Marne la traverse dans le pays de Saint-Dizier ; l'Aube y serpente dans le pays de Brienne ; la Seine, en sa large vallée d'alluvions quaternaires, se promène de Bar à Troyes entre plateaux de Champagne Verte ; puis, icelle Champagne Verte étant devenue Bourgogne Verte ou Bourgogne humide, l'Armançon, le Serein, l'Yonne en aval d'Auxerre, la tranchent aussi, et la bordure de grès verts arrive enfin jusqu'à presque toucher la rive droite de la Loire de Cosne ; et son nom spécial, c'est ici la Puisaye, autour des sources de l'Ouanne et du Loing.

Champagne verte parce qu'elle est humide ; Champagne humide parce que sa craie très serrée retient l'eau à la surface en des vallons aux prairies mouillées qu'on appelle ici des noues : d'où de longs chapelets d'étangs, des ruisseaux très sinueux sur lesquels de grandes forêts versent une ombre diffuse mais éternelle sous les sapins et pins, une ombre épaisse mais non tout l'an durable sous les chênes et autres arbres à feuillage éphémère.

Cette Champagne mouillée, jadis en violent contraste avec sa voisine la sèche, lui est aujourd'hui moins contraire d'aspect, depuis que la Pouilleuse tend à devenir « sapinière » ; mais la craie blanche des Champenois se couvrît-elle de résineux de son commencement à sa fin, les deux « campagnes » contiguës ne se ressembleront jamais, et l'homme qui passera des laricios, des pins d'Autriche de la plaine châlonnaise ou troyenne aux vigoureuses forêts du Der, comparera toujours ou plutôt n'essaiera pas de comparer la sylve pénible, artificielle, étriquée des « Pouilleux » au sanctuaire des chênes vainqueurs du temps. Le Der, c'est le pays des chênes : du celtique Derf ou Derv, homonyme au δρῦς des Grecs.

Le *Der*, au sommet de l'hémicycle par lequel le grès vert entoure à demi la craie blanche, étend ses sombres voûtes à presque égale distance des deux extrémités de l'arc de cercle, toutefois un peu plus loin des coteaux de la Puisaye que des collines dominant au nord la Champagne sèche de Rethel. A sa maîtresse riviérette, à la *Voise*[1], tributaire droit de l'Aube, tendent des ruisseaux presque stagnants quand ils s'écoulent sans mouvement visible, sous les nénuphars et les lentilles d'eau, entre des herbes flottantes et traînantes, et stagnants tout à fait lorsqu'ils s'arrêtent dans de longs et larges étangs, longs surtout, dans la *Forêt du Der* (12 000 hectares) et tels autres bois qui firent antan corps avec elle, quand elle était, elle aussi, une sorte de terrible et miraculeuse Ardenne.

Le Der et, au septentrion du Der, le *Bocage Champenois*, qui longe la rive gauche de la Marne en amont de Saint-Dizier, sont des sous-cantons du *Valage* ou pays des Vallées dont les sépare un affluent de ladite Marne appelé la Blaise[2]. La *Forêt du Val* s'étend presque de Vassy à Saint-Dizier, de cette plaine à cette Marne. Au nord de la Marne, le *Perthois* est double : à l'ouest c'est l'ample plaine d'alluvions où se promènent indifféremment, nonchalamment, en perpétuels retours sur eux-mêmes, en continuelle érosion de berges molles, les rivières et riviérettes des environs de Vitry-le-François : Ornain, Saulx, Bruxenelle, Chée, Vière ; à l'est ce sont les grès verts où monte et descend, où descend et monte, de val en plateau, de plateau en val la longue *Sylve de Trois Fontaines*. Passé la Saulx, on dévale sur l'Ornain, et au delà de l'Ornain, près de Revigny, l'on se butte aux talus méridionaux de l'Argonne occidentale.

Au sud-ouest, puis au sud du Der, et non plus à son nord, par delà la grande *Forêt de Soulaines*, le ruban des grès verts se continue jusqu'à la Loire, d'abord en Champagne, puis en Bourgogne, jusqu'en Orléanais, par le plateau du Grand Orient, le plateau de Chaource, les plateaux d'Auxerre, la Puisaye.

Le *Plateau du Grand Orient*, de l'Aube de Brienne à la Seine entre Bar et Troyes, ne se désigne ainsi ni officiellement, ni populairement, mais il n'y a nulle inconvenance à l'appeler de la sorte, d'après la sylve qui couronne le faîte du pays à 219 mètres, la *Forêt du Grand Orient*, ou simplement Forêt d'Orient. 15 000 hectares reviennent à cette solennelle assemblée d'arbres où les feuilles mortes tombent, emportées par le vent, dans de vastes étangs dont le plus long (au delà de 3 kilomètres) offenserait les Muses, s'il y avait des Muses encore, par

---

1. 50 kilomètres, 83 230 hectares. — 2. 52 kilomètres, 44 982 hectares, 1 300 litres.

Le Plus Beau Royaume Sous le Ciel.

son nom de Parc aux Pourceaux! il se verse dans la Barse[1], riviérette de 1 200 litres qui meurt dans la Seine à Troyes.

Le *Plateau de Chaource*, à l'exact midi de Troyes, de la gauche de la Seine à l'Armançon, réunit en majestueux massif ses trois *Forêts d'Aumont, de Chaource, de Rumilly* où maints étangs se blottissent en des creux de vallons, en halte de repos sur le chemin de la Seine ou la route de l'Yonne par l'Armançon. Au pied du chêne, au pied des charmes, des sources silencieuses pleurent lentement leurs gouttelettes : simples fontanettes où l'oiseau boit sans épuiser la coupe. Le plateau de Chaource, ainsi désigné du bourg où l'Armance part d'une font puissante, a 210 mètres de suprême altitude.

Les deux *Plateaux d'Auxerre* se déroulent, l'un à droite, l'autre à gauche, au-dessus de l'Yonne auxerroise qui s'avance entre alluvions antiques à la rencontre du Serein et de l'Armançon; ils ont perdu beaucoup des bois antérieurs, et pas une forêt n'y ondule de celles qu'on aimait autrefois à traiter de royales, soit pour leur étendue, soit pour leur magnificence; aussi n'y trouve-t-on plus d'étangs, ou du moins il n'en est plus que de petits ; et, que leurs rus cherchent l'Yonne ou l'Ouanne, ils sont plus rares qu'en pays de Chaource, de Grand Orient, de Der, dans des vaux bien plus secs, quoique les collines qu'ils séparent montent, ici à plus de 250 mètres, là à plus de 300.

La *Puisaye*, tout au contraire, reste fidèle à l'idéal des grès verts. Comme Der, comme Argonne occidentale, elle endort des étangs dans les bois; on en a desséché plus d'un, comme dans le Gâtinais, pays du voisinage, mais beaucoup sommeillent encore qui, s'échappant à la bonde, vont composer le Loing de Nemours, ou contribuer aux éclusées du canal de Briare.

Donc, la Champagne et la Bourgogne humides enveloppent à l'orient, au midi, la Champagne sèche et pouilleuse.

VII
CHAM-
PAGNE
POUILLEUSE

Parmi les régions planes de France qui ont une continuité visible, la *Champagne Pouilleuse* ne le cède en aire qu'aux Landes de Gascogne : du nord au sud on fait environ 150 kilomètres sur son plancher de craie dure, du bas des coteaux ardennais jusqu'au midi de Troyes, à la base des escarpements du plateau d'Othe. Dans l'autre sens, on frappe

1. 44 kilomètres, 36 655 hectares.

du pied ses « crayons » marâtres et sa groise ou cailloutis blanc pendant une quinzaine de lieues de l'est à l'ouest, du ruban des grès verts ou « falaise de Champagne » à la « falaise de l'Ile de France » : celle-ci plus ou moins signalée par les villes de Reims, Vertus, Sézanne en Traconne, Villenauxe ; celle-là marquée par celles de Rethel, Vouziers, Sainte-Menehould, Vitry-le-François, Troyes. Entre les deux « falaises » le « Camp » des craies couvre 860 000 hectares, plus du soixante-troisième de la France.

De beaucoup de nos bonnes ou mauvaises plaines, de Beauce comme de Sologne ou de Brenne ou de Dombes, nous savons qu'elles ondulèrent de forêts, que même elles furent peut-être entre leurs quatre coins d'interminables bois vierges. De la Champagne Pouilleuse, on sait ou l'on soupçonne tout le contraire : aucun texte de la vieille France ne nous parle de futaies en craie blanche de Champagne, et il semble bien que la nature ne s'est jamais souciée d'y verdir et reverdir à chaque printemps par la frondaison des branches.

Il a fallu l'intervention de l'homme en notre XIXe siècle.

Si sèche la dalle crayeuse de surface par excès de porosité, dislocations et fêlures, si perméable la groise, si extraordinairement puissante la craie de dessous, assise non étanche qui a quelquefois jusqu'à 400 mètres d'épaisseur, comment y aurait-il eu dans la terre de Champagne assez d'eau de sol et sous-sol pour la grande et haute venue des forêts ?

Tout ce qu'elle pouvait donner d'elle-même, c'était un seigle court, quand partout ailleurs il est long, une avoine sur tige basse, le blé noir ou sarrasin ; c'était surtout une herbe sans suc et saveur pour les célèbres moutons champenois, dont quatre-vingt-dix-neuf, augmentés du berger ou de tout autre homme du pays, faisaient, ni plus ni moins, cent bêtes ; c'était enfin la presque absolue nudité des *savarts*, des landes sans arbustes, sans gazons, pierre sur pierre, qui valent, d'après le dicton : « deux francs, l'arpent, pas plus, quand on y récolte un lièvre » ; là le sabot du paysan craque en été sur la groise ; il s'y englue, l'hiver, ou après toute pluie, jusqu'à se coller à la « Champagne ».

Le surnom de la plaine, à laquelle trois départements ont part, Marne, Aube, Ardennes, la décrit suffisamment. Pouilleuse ne signifiait pas seulement couverte de poux, rongée de vermine ; il voulait aussi dire pauvre, misérable, nue, ni belle, ni gracieuse, ni bocagère, avec tristes chaumières et vilaines bourgades.

La rareté des fontaines capables d'abreuver beaucoup d'hommes, de bêtes, et de fournir aux mille et une nécessité de

Le Plus Beau Royaume Sous le Ciel.

la vie du maître, de ses valets, de ses animaux, de ses plantes, explique la rareté des villages. Et en général, plus abondante est la source, plus grosse est la bourgade qui puise à ses eaux, chaudes en hiver, fraîches en été ; encore leur température ne varie guère qu'entre 12 et 16 degrés ; en réalité elles sont presque toujours fidèles à elles-mêmes ; mais en temps froid, elles fument en buée et semblent tièdes ; en temps torride on les dirait glacées. Leur supériorité thermale prouve qu'elles viennent d'une grande profondeur, leur constance de débit montre qu'elles rassemblent sous terre les gouttes d'un vaste bassin, comme elles les rassemblent sur terre, quand les ravines, les sillons du réseau de vallées sèches sont accaparés par le déluge de quelque orage et que parfois, de l'ancienne à la nouvelle source court un impétueux torrent passager.

Telle était la Pouilleuse en l'an 1800 : une craie blanche, des champs altérés ; des herbes courtes et sèches ; pas de forêts, pas même de bois ; et de loin en loin comme un charmant sourire de la nature, des vallées, des vallons parés d'un luxe de prairies, d'arbres, de sources vives, de ruisseaux bleus. Parmi les flots qui reflètent les ponts de Paris, beaucoup sont sortis des fontaines de la plaine autrefois dépenaillée, mais qui aura bientôt cessé de l'être.

La rénovation de la Champagne date à peu près de la fin du premier Empire, soit à quatre-vingts ans derrière nous. Elle n'eut rien de commandé, de réglementaire ; si la contrée « naquit de nouveau », ce fut très lentement, par l'exemple de quelques-uns, par l'imitation de beaucoup. D'aucuns plantèrent en pins sylvestres un coin de leur domaine, là où ils n'avaient ni l'herbe à mouton, ni les pitoyables avoines ou le seigle nain. « A la Bonne aventure », dirent-ils, et l'aventure fut bonne : les pins sylvestres poussèrent peu à peu ; ils tendent à couvrir la contrée de bosquets, voire de petites forêts ; non pas eux seulement, mais aussi le pin larix de Corse et le pin d'Autriche, qui sont ici de venue plus facile que le pin sylvestre, et de sève plus riche, de durée supérieure.

Aussi ne peut-on plus traiter la Champagne de blanchâtre, aveuglante et pulvérulente au soleil. Des mamelons dominants (si peu quelquefois), des faîtes, du haut des clochers, on la voit plutôt verte, d'un vert sombre, parce que les arbres du plateau sont pins ou sapins plus que hêtres ou chênes, tandis qu'au long des riviérettes se balancent, généralement nés de la tourbe, le peuplier, ubiquiste en France, l'aune, le saule, le tremble, le frêne, le bouleau. Les bosquets, les jeunes forêts menues qui tendent à se réunir en une sorte de sylve générale par l'ense-

Petits Monts, Bas Plateaux, Plaines.

mencement des clairières, ont amené dans la Champagne une vie nouvelle sur terre et dans l'air, des lièvres, des faisans, des perdrix, maintes autres nations d'oiseaux; la plaine ressemble maintenant aux pays forestiers d'autour de Paris en ce que les nobles exterminateurs du gibier y ont installé de grandes chasses. De pauvrement pastorale devenant de jour en jour sylvestre, agricole aussi, elle perd graduellement ses moutons, mais elle les compense, et au delà, par le bœuf et la vache autour de villages régénérés.

Souvenirs immémoriaux du passé d'avant l'homme et ses vanités d'un jour, quelques collines — on dit ici des monts, et ce sont des monts par leur dominance, — quelques coteaux s'élancent du plan de craie champenois, à l'ouest, tout près de la falaise de l'Ile de France. Étant de l'âge tertiaire, infiniment postérieur à celui de la craie blanche, elles racontent que cette craie se couvrit lentement de dépôts, sables, graviers, limons, et que lentement aussi les météores déblayèrent le remblai.

A deux lieues droit au nord de Reims, le *Mont de Brimont* n'a que 151 mètres, soit 72 seulement au-dessus du canal de l'Aisne à la Marne, son proche voisin; mais à 5 kilomètres de cette même ville d'industrie, le *Mont de Berru* est un gros massif boisé de 267 mètres ayant 180 mètres de commandement au-dessus du val rémois. Grâce à son isolement, il voit plus d'espace que tel pic des Alpes coupé du cercle de l'horizon par des pics égaux ou supérieurs. De même à trois lieues à l'est-sud-est du Mont de Berru, le *Mont Haut* ou Point de Vue (257 mètres) contemple Mourmelon-le-Grand et les 12 000 hectares de ce *Camp de Châlons* qui fut jusqu'en 1870 le champ de manœuvres de l'armée française dont rien ne gênait ici les évolutions; rien non plus n'y contrarie la brigade de cavalerie, le champ d'expériences et l'école de tir qui conservent à cette ville militaire un peu de son ancienne animation.

A 10 kilomètres au sud-sud-est de Reims, la *Montagne de Reims*, couverte de forêts, serait un de ces témoins muets, mais éloquents, une de ces îles terreuses sur un socle de craie, si les éléments, air et eau, avaient achevé l'œuvre dès longtemps commencée, toujours continuée, de l'émiettement, déblaiement et transport des matériaux; mais elle est restée presqu'île, et l'isthme tranché sous terre par le chemin de fer de Paris à Reims, au tunnel de Rilly (3 250 mètres), la rattache encore à la grande plaine tertiaire du Bassin de Paris : péninsule gracieusement découpée où les vallons de la craie entrent en baies, sous-baies, anses et criques, elle tient encore à la « falaise de

France »; ses promontoires méridionaux se mirent presque dans la rivière de la Marne.

Au midi de la susnommée Marne, la sylvestre **Montagne de Vertus**, dépassant un peu 250 mètres, a failli devenir une île, elle aussi; mais elle est demeurée presqu'île, en vertu du pédoncule qui la relie toujours au plateau tertiaire « français ». Vis-à-vis d'elle, à 5 kilomètres au sud de Vertus, le *Mont Aimé* (240 mètres), où l'on soupçonne un très antique oppidum, est et reste séparé, tertiaire lui-même, du tertiaire de Paris, par une gorge dont ont profité grand'route et chemin de fer. Pourquoi Mont Aimé? Maudit plutôt, en un jour de honte, en 1233, par 183 misérables, des hérétiques et relaps, des Manichéens brûlés à sa cime à côté du château de Blanche de Navarre, maintenant disparu, en vue du plateau, de la plaine, devant le comte de Champagne, ses hobereaux, et son bon peuple, hommes, femmes, enfants, au nombre de presque cent mille. A 13 kilomètres au sud-ouest du Mont Aimé, le *Mont Août* (221 mètres) pointe au midi des marais de Saint-Gond traversés entre digues par le Petit-Morin; il regarde ce palus et, au sud, à infini, la plaine pouilleuse jusqu'à l'Aube, et par delà l'Aube jusqu'à la Seine.

VIII
PAYS
D'OTHE

La Champagne se termine au midi par le *Pays d'Othe*, dit aussi la forêt d'Othe, en raison des sylves, vastes encore, dont les principales occupent, sur une ligne qui joindrait à peu près Troyes sur Seine à Joigny sur Yonne, le faîte de 250 à 300 mètres interposé entre la Vanne au septentrion, l'Armance et l'Armançon au sud, l'Yonne à l'occident.

Il y a là 20 000 hectares de bois d'un seul tenant, sur une bonne douzaine de lieues de long, sans compter une foule de sylves, sylvettes et boqueteaux dispersés sur plateaux et collines des deux rives de la Vanne, rivière centrale de l'Othe, jusque vers Marcilly-le-Hayer et les lieux où le massif othien s'aplatit sur le Champ pouilleux.

Non moins « pouilleuse » serait peut-être devenue l'Othe sans ce manteau protecteur : les pluies, plus drues ici qu'alentour, 700 millimètres par an au lieu de 500 ou 600, n'auraient pas manqué de raviner le sol, craies entamables, tertiaires délitables; ce ravinement eût amené la décadence du massif, et sans doute la perte de tant de fontaines précieuses dont Paris a revendiqué les plus belles, dans le vallon de la Vanne. Les **arbres sauvés dans l'Othe, les sources le furent aussi; mais où la sylve manque, au nord, en tirant sur la rive gauche de la**

Seine, le pays est sec, pauvre en surgeons, autant que riche en déploiements de vallées anhydres.

IX
AUBE,
MARNE,
AISNE,
VANNE

Aube, Marne, Aisne, ainsi se nomment les trois maîtresses rivières qui s'attardent dans la Champagne Pouilleuse après avoir franchi la bordure de la Champagne humide. Tous les courants qu'elles y hument se ressemblent par le manque d'affluents, et leur force réside en quelques fontaines de beau débit.

Fontaines qui, suivant les années, descendent ou remontent le val de leur naissance; il y a par ici nombre de lieux dont le nom commence par Somme, c'est-à-dire Tête; et ces lieux marquent la prime fontaine d'une rivière — Somme-Sois ou Somsois, Somme-Puy ou Sompuis, Somme-Soude, Somme-Sous, Somme-Aisne, Somme-Yèvre, Somme-Bionne, Somme-Tourbe, Somme-Suippe, Somme-Py, Somme-Vesle, etc.

Mais cette source habituelle, ancienne, historique, diminue par la sécheresse; un cycle d'années ardentes peut même la tarir, alors elle va jaillir plus bas, à tel niveau inférieur qui reçoit les eaux cachées d'un plus vaste pays, au-dessous d'un confluent souterrain de ces siphons invisibles qui sont l'origine des ruisseaux.

L'*Aube*, l'une des branches mères de la Seine, décrit en Bourgogne et Champagne un quart de cercle de 62 lieues, toutes « promenades » comprises; elle accueille les eaux de 461 500 hectares et finit par rouler de 10 à 25 mètres, avec étiage extrême de 3 à 4. A l'oolithe bourguignonne, puis à la craie champenoise, elle est redevable des claires fonts qui lui donnent une eau claire. Aube est un radical celtique, en même temps que latin, *alb*, qui veut dire blanc; elle est en effet blanche, transparente; quand elle rencontre la Seine à Marcilly, par 70 mètres, à peu près à distance égale entre la source du fleuve et Paris, elle amène des ondes moins foncées que celles qui lui font perdre assez injustement son nom.

Elle naît sur le plateau de Langres, à 5 lieues au sud-est de la ville forte qui nomme ledit plateau, entre deux des coteaux « langrais » de la ligne de faîte européenne, le Haut du Sec et le Mont Saule; c'est la rivière d'Auberive, de Montigny, de Bar, Brienne, Arcis, Anglure. Ainsi que l'*Aujon*, son maître affluent [1], elle diminue à son passage sur la grande oolithe à des trous et fentes de la roche. Après avoir embelli de ses eaux,

---

1. 70 kilomètres, 48 790 hectares.

Le Plus Beau Royaume Sous le Ciel.

de sa prée, des arbres de sa rive, son canton de Champagne Pouilleuse où elle se divise en une infinité de bras, ruisseaux, coulées, fossés, elle se heurte au fleuve, dont elle dépasse la longueur, dont elle équilibre le volume, car si la verte Seine a plus de profondeur, la rivière « blanche » a plus de largeur et plus de courant.

La *Marne* est l'une des deux rivières de Paris, non pas seulement de Paris-banlieue, mais aussi de Paris-ville, puisque, bien que contenue dans le même lit que la Seine à son passage dans la capitale, ses eaux n'y sont pas encore entièrement mélangées avec celles du fleuve et qu'on les y distingue à une teinte différente, une transparence moindre.

Du plateau de Langres aux portes de Lutèce, elle trace un arc de cercle harmonieux dont la convexité regarde le nord, et cet arc enveloppe le cours de la Seine, celle-ci inférieure de 25 lieues en longueur quand fleuve et rivière se présentent ensemble au rendez-vous de Charenton.

Elle commence à 5 kilomètres de Langres, par 384 mètres, en un pays de lias très avare en fonts vives, entre montagnettes de 450 à 474 mètres, simples buttes du plateau. Ses origines sont sous le canon de forts et de batteries, dans le formidable polygone de défense de la cité des Lingons.

Petit ru au bas de Langres, ville à 473 mètres, elle quitte le lias en avant de Chaumont-en-Bassigny, mais longtemps encore elle reste ruisseau : si l'oolithe lui distille des sources dans la vallée, elle les lui soutire, aux fêlures de son lit.

En aval de Chaumont les fontaines sont belles, nombreuses; la Marne garde ses eaux dans une roche compacte, elle augmente, et de ru se fait rivière, mais son onde, occupée à laver dans les patouillets les minerais de cette région très ferrifère, devient rougeâtre, opaque; d'ailleurs beaucoup moins qu'autrefois, par la diminution du nombre des lavages. Au-dessous de Donjeux, le *Rognon*[1] lui ajoute 908 litres en étiage (elle-même en roulant 992) et 3 320 en volume coutumier : désormais la Marne est faite.

Elle effleure Joinville, elle entre à Saint-Dizier dans les alluvions du Perthois, très large campagne alluvionnaire où lui arrivent la Blaise, rivière à forges venue de Vassy, et la Saulx.

Si la Blaise est courte et modeste, à peine une rivièrette, le courant qui débouche à la fin du plan d'alluvions, dans la banlieue d'aval de Vitry-le-François, la *Saulx*[2] roule ordinairement 5 mètres, souvent 8, rarement moins de 3.

---

1. 60 kilomètres, 65 000 hectares. — 2. 126 kilomètres, 239 000 hectares.

Petits Monts, Bas Plateaux, Plaines.

Elle rassemble deux rivières de l'oolithe et des grès verts : la Saulx d'amont et le cours d'eau du Barrois, l'*Ornain*[1] qui passe à Bar-le-Duc.

Vient alors, dès le bout d'aval de l'aire terreuse du Perthois, la Champagne Pouilleuse, où la Marne se déroule en ruban vert dans la plaine, si blanche il y a cent ans, des « champs catalauniens ». Les *Catalauni*, tribu celtique, ont laissé à Châlons, ville riveraine, leur nom, corrompu, romanisé, réduit, qui signifiait les « Prompts au combat », les « Joyeux à la bataille ».

Au delà de Châlons la Marne conquiert la *Somme-Soude*[2], riviérette oscillant entre 300 et 2 000 litres, aux sources de laquelle on pensa d'abord pour étancher la soif de Paris, mais leur étiage est bien trop faible dans les sécheresses prolongées et l'on préféra confisquer la Vanne, la Dhuis, puis l'Avre normande et le surgeon de Chaintreauville.

Où cesse l'expansion des Champs catalauniens, commence un val charmant, entre coteaux d'où coule un vin pétillant : on est devant les vignes d'Ay, d'Épernay, dans le pays de France le plus révéré des francophiles comme des francophobes avec le Bordelais et la Bourgogne.

La Marne accueille ensuite le clair *Surmelin*[3], diminué de ce que Lutèce a pris à son affluent la Dhuis ; elle frôle Château-Thierry, hume le Petit-Morin, rivière de Brie, boit d'un trait le filet d'eau laissé dans l'*Ourcq*[4] par l'insatiable Paris, traverse Meaux et se courbe et recourbe en détours fantastiques : l'un, en amont de Meaux, a 25 kilomètres d'anneau pour 4 500 mètres d'isthme ; un autre, à partir de l'embouchure du Grand-Morin, cours d'eau briéron, a 17 500 mètres de contour, le cou de la boucle n'en ayant pas 3 500 ; un troisième, celui de Joinville, long de 13 kilomètres, duodécuple presque son isthme, qui dépasse à peine 1 100 mètres. Joinville, c'est déjà Paris, où la Marne meurt dans la Seine, deux fois plus grande et beaucoup plus claire. En développant le cours de cette rivière on lui trouve 131 lieues, plus que de Paris au Rhin ou de Paris à Lyon ; elle épanche 1 267 960 hectares ; son étiage extrême est de 11 mètres, son module de 60 (?), ses plus fortes crues de 708 à 800.

L'*Aisne*, l'antique *Axona*, fille de l'Argonne, est, par sa rive gauche, dès avant Sainte-Menehould, la proche voisine de la Champagne Pouilleuse dont elle reçoit des riviérettes nées

---

1. 115 kilomètres, 88 000 hectares. — 2. 80 kilomètres, 70 500 hectares. — 3. 38 500 mètres, 44 680 hectares. — 4. 78 kilomètres, 108 700 hectares.

Le Plus Beau Royaume Sous le Ciel.

des jaillissements de Somme-Yèvre, Somme-Bionne, Somme-Tourbe, etc. Au-dessous de Vouziers, sa rive droite cesse également de longer l'Argonne, et, désormais champenoise, l'Aisne grandit par des fontaines, par de courts ruisseaux préparés sous la craie. Ces jets imprévus, clairs, abondants, font plus que la doubler entre Sainte-Menehould et Vouziers; elle double encore entre Vouziers et Rethel, puis entre Rethel et Soissons.

A son mariage avec l'Oise elle la dépasse de 25 lieues et son bassin l'emporte d'un grand tiers sur celui de la rivière dont le nom triomphe et à laquelle elle apporte en dot l'Aire, la Suippe, la Vesle. — L'*Aire* [1], parallèle à la Meuse en une étroite vallée, est par excellence la rivière de l'Argonne occidentale. — La *Suippe* [2], courant tranquille, a des eaux vives, elle sort peu de son lit ombragé d'aunes et de frênes; jamais elle ne fouille sa vallée, jamais non plus elle ne lui manque. — La *Vesle* ou *Vêle* [3] a le cours supérieur dans la plaine « pouilleuse », l'inférieur entre des collines du bassin de Paris. Pure en amont de Reims, elle est sordide en aval, tant y verse de « chimies », cette grande ville de fabriques, orgueilleuse de sa cathédrale.

L'Aisne, rivière de 300 kilomètres, draine 775 230 hectares; son bas étiage c'est 9 mètres cubes, son volume normal irait à 45 (?), sa crue excessive à 550.

A la Champagne Pouilleuse se rattache aussi par son bassin d'en haut une rivière du versant de l'Yonne, la *Vanne*, cours d'eau de moins de 15 lieues, que 94 652 hectares dotent d'un étiage de 2 500 litres doublés par le volume ordinaire.

Au premier coup d'œil on reconnaît dans ce nom de Vanne, qui est identique à ceux d'Ouanne, d'Onne, etc., l'*On* celtique, autrement dit l'Eau.

Eau par excellence, comme Paris l'a prouvé quand il a pris treize des sources de la vallée.

La Vanne commence à Fontvanne par des fontaines de 100 à 300 litres à la seconde; elle est courte, mais ses 947 kilomètres carrés, tous perméables, étant faits pour deux tiers de craie blanche, pour un tiers de cailloux dispersés dans un limon rouge, regorgent de sources limpides comme l'air; les plus puissantes sont la *Font d'Armentières* près de Saint-Benoît, dont l'étiage est de 235 litres, et la *Bime de Cérilly*, dont la

---

1. 130 kilomètres, 195 419 hectares, 1 500 à 3 000 litres. — 2. 83 kilomètres, 95 000 hectares, 1 500 à 3 500 litres, avec 300 à 700 pour extrêmes étiages. — 3. 135 kilomètres, 155 000 hectares, 1 à 3 mètres cubes, avec 250 litres de maigreur extrême.

puissance varie entre 72 et 310 de moyenne mensuelle. L'ensemble des jets achetés par la grand'ville épanche un volume d'onde fort variable : le mois le plus indigent, octobre 1870, donna 717 litres à la seconde; le plus abondant, mars 1879, en fournit 2225.

La Vanne est lente en val marécageux, sur lit de tourbe, entre roseaux; elle rencontre la rive droite de l'Yonne dans la ville bourguignonne de Sens.

CHAPITRE DEUXIÈME

PLAINES, RIVAGES,
FLEUVES DU NORD

X. PLAINES DE FLANDRE. ‖ XI. LES WATERINGUES. L'AA. ‖ XII. ESCAUT. ‖ XIII. PLATEAUX D'ARTOIS ET DE PICARDIE. ‖ XIV. MER DU NORD ET PAS DE CALAIS. ‖ XV. MANCHE, SABLES PICARDS, CANCHE, AUTHIE. ‖ XVI. MARQUENTERRE. ‖ XVII. SOMME. ‖ XVIII. OISE.

X
PLAINES
DE
FLANDRE

Le bloc schisteux des Ardennes ne dépasse la Sambre que par une faible bande, en amont de Maubeuge; et aussitôt commencent les tertiaires éocènes, les craies du *Cambrésis*, qui est le relief supérieur de la Plaine flamande et le lieu de passage de l'Escaut, maître courant de cette plaine.

En France la *Plaine flamande* est surtout une plaine « wallonne » puisqu'on n'y parle que le wallon, dialecte français, sauf dans les bas-fonds du littoral. C'est le pays sinon le plus fertile, du moins le mieux cultivé, le mieux soigné, le mieux produisant de France; en même temps le plus voué à l'industrie, tellement, peut-on dire, qu'il en est accablé. Tristement banale, hors en quelques vallons, et de longue, d'écœurante platitude, la nature s'y cache, l'homme s'y fait trop voir : on l'y trouve partout avec ses grandes villes et ses bourgs étirés jusqu'à d'autres bourgs, avec ses puits de houille, ses canaux, ses chemins de fer, ses outils, ses engins, sa vapeur, sa fumée de locomotive ou d'usine, et toutes ces baraques infinies que nous appelons béatement les palais de l'industrie moderne.

CHAPITRE DEUXIÈME *Petits Monts, Bas Plateaux, Plaines.*

Elle est là, dans tout le grinçant déploiement des forces confisquées, l'image de l'avenir prédit par les prophètes de l'humanité nouvelle; machines qui tournent ou roulent, qui bourdonnent ou sifflent; tuyaux qui crachent; cheminées aux poumons rauques; nuages industriels qui cachent le soleil du jour, la lune de la nuit et qui, sous la pluie, retombent en chimie noire; lignes ou courbes de fer sur le sol aplani; vagons et vagonnets; rivières puantes, qui pourrissent; plus de sylve au vent murmurante, et la ville infinie étouffant la campagne.

Et quelle ville! 500 000 habitants ou plus à Lille-Roubaix-Tourcoing qui, toutes trois, avec les faubourgs, annexes, villasses intermédiaires, font une seule et même énorme cité, supérieure peut-être à Lyon; donc la seconde en France. Et partout ailleurs des bourgades hypertrophiées collées à d'autres bourgades : si bien qu'on ne se voit jamais ou presque jamais en vrais champs, loin des gares et garages, des fabriques et des hangars, des puits de houille par où l'on extrait peu à peu le noir trésor profusément répandu dans 60 000 hectares de sous-sol; loin des canaux rectilignes ou des rivières curvilignes, qui parfois sont comme une longue ville de bateaux chargés à plein ventre sur des eaux souillées de poussière de charbon, de détritus, de déchets d'industrie; loin des maisons-casernes et des maisonnettes en brique rouge à toit de tuiles rouges qui ont pour tout horizon des champs de blé, des betteravières, et d'autres maisonnettes et d'autres usines et d'autres fumées!

Une seule « montagne » de quelque hauteur, qui serait ailleurs une taupinière, le Mont Pévèle, parle ici de sublimité : encore n'a-t-elle que 107 mètres, butte de sable au-dessus des origines de la Marcq, laquelle Marcq ou Marque devient plus bas une rivièrette canalisée qui convoie des marchandises dans l'espèce de ville-campagne ou de campagne-ville où Lille et Roubaix-Tourcoing s'ajustent par une série presque indiscontinue de hameaux et villages.

Ce *Mont Pévèle*, dans l'ancien pays de Pévèle, vit aux bords de cette même Marcq le triomphe « essentiel » de Bouvines; il se dresse au sud de Lille, sur une ligne droite menant de la métropole du Nord à la ville de Douai. Au nord-ouest de ladite métropole, en une campagne verte où se confondent vers l'est et tout près la France et la Belgique, montent des « Himalayas » plus hauts que le Pévèle et au bas de ces « géants » la plaine de Flandre, descendant jusqu'au niveau de la mer, devient la région des Wateringues et des Moures.

Le *Mont des Cats* ou des Kats (158 mètres) se prolonge au loin chez les Belges au nord de la ville d'Ypres; le *Mont de*

Le Plus Beau Royaume Sous le Ciel.

Cassel, plus haut que la flèche de Strasbourg, mais moins que celles de Cologne, s'élance magnifiquement, souverainement, comme un dominateur, et pourtant il n'y a que 157 mètres : tel est le mensonge et la magie de l'isolement dans la plaine! Il porte une ville que sa haute assise dans un pays si bas recommandait aux conquérants des Gaules; les Romains y bâtirent un castellum : d'où Cassel. De la terrasse qui couronna ce castellum, remplacé plus tard par un château fort, on voit cent trente villes, bourgs et villages, en France, en Belgique, et à l'horizon la mer de Dunkerque.

XI
LES WATERINGUES. L'AA

La montagne de Cassel tombe au septentrion sur l'*Yser*, fleuve franco-belge très mesquin qui nous abandonne au bout de 9 lieues (contre 12 ou 13 en Belgique), à l'issue d'un domaine fort plat de 39 350 hectares.

Au delà de l'Yser, à moins de 20 kilomètres de Cassel, s'étendent jusqu'au pied du bourrelet des dunes de Dunkerque les 80 000 hectares des *Wateringues*. Ce nom flamand désigne un plan marécageux en bien des endroits inférieur à la haute mer et qui doit en partie son origine au ravinement des « monts » de la Flandre.

Ces « monts » ne sont pas à proprement parler des monts, sortis de terre par plissement de l'écorce globale ou par surrection, mais simplement des débris ou, comme on dit fort bien, des témoins d'un antique plateau. Le golfe de mer qu'ils commandaient se combla lentement à l'abri des dunes littorales par la décadence même du plateau, par les apports du petit fleuve Aa, par les sables de la mer, par la croissance de la tourbe; peut-être aussi qu'un soulèvement du sol contribua pour quelque chose à l'effacement des eaux marines.

Aujourd'hui que ce golfe a cessé d'être on peut lui donner le nom rétrospectif de baie de Flandre, ou golfe de Saint-Omer, d'après la ville qui fut bâtie à 30 kilomètres du présent rivage, au bord d'un lac salé communiquant avec ledit golfe par le détroit de Watten; c'est à partir du viie siècle que l'on commença d'exonder le pays, autour de quelques îles basses.

Le petit fleuve de Saint-Omer, l'un des créateurs de la terre molle des Wateringues, l'*Aa*, long de 20 lieues juste, draine 100 000 hectares et roule de 1 000 à 3 000 litres selon l'époque, et crues à part. Ce n'est pas le seul de son nom en Europe. Diverses rivières s'appellent ainsi en Belgique, en Hollande, en Allemagne, en Suisse, en Scandinavie, en Lithuanie.

Aa, vieux mot « aryen », c'était l'eau, comme l'*apa* sanscrit, l'*ahva* gothique, l'*abh* celtique, l'*aqua* latin, devenu en français l'*eau*, l'*ève* de nos paysans de la langue d'oïl.

Semblables aux Basques chez lesquels on appelle indifféremment tous les torrents l'Eau, la Grande Eau (ce que font aussi d'autres peuples), nos ancêtres n'eurent aucun souci de varier les noms des courants. N'était-ce pas assez de les suivre sans routes, de les traverser sans ponts, d'en conquérir les gués? Ils les appelèrent simplement Eau : la Grande Eau, l'Eau noire, l'Eau blanche, l'Eau rouge, l'Eau bleue, l'Eau verte, l'Eau claire, l'Eau lente, l'Eau rapide; ou bien encore l'Eau du mont, l'Eau du roc, l'Eau des bois, l'Eau des sources.

En scrutant les noms de nos rivières, on trouve que la plupart ont à leur origine un radical qui voulait dire onde. Déjà l'on connaît plusieurs de ces racines : *av*; *ant*; *car*; et *on*, qui termine chez nous des milliers de ruisseaux; et *dour* sous la forme simple comme *Dore*, *Doire*, ou avec redoublement comme *Tardoire*, ou combiné avec *on* comme *Dronne*.

Le temps, faisant son œuvre obscure chez des hommes qui n'écrivaient pas, a mêlé, tordu, broyé, mangé ces syllabes; cette corruption nous cache l'extrême simplicité de l'onomastique des ancêtres.

Aucune difficulté pour des mots comme Dronne, Dronnejou, Drôme, Dromme, Drot, Daronne, Déron, Héronne (pour Déronne), Dorme, Dorne, Doron, Dorinet, Drouance, Tarn, Tarnon, Tarun, Tharonne, Thérouanne, Thironne, Tronne, Tourne, etc. : ces courants ont de toute évidence un seul et même radical.

Mais qui croira que l'Allier et l'Hérault sont homonymes? Rien pourtant n'est plus vrai, puisque les textes appellent l'Allier, *Elaver*; et l'Hérault, *Elavris* — textes latins, sans doute, mais les Romains n'inventaient pas les noms; ils les écoutaient de la bouche du « barbare » et les écrivaient comme les entendait leur oreille « latine ».

De la source au sein de collines de 200 mètres jusqu'à la ville de Saint-Omer la vallée de l'Aa n'est qu'une longue rue où la campagne s'entremêle à la ville; c'est à Watten que le fleuve entre dans le golfe antique devenu le palus presque inexondable, semblait-il, puisque les eaux salées et les eaux douces l'assiégeaient à la fois.

Mais les Flamands sont, comme les Hollandais, leurs cousins germains, des endigueurs, des pompeurs et dessécheurs, ils ne souffrent pas que le marais, que la mer même leur résiste; dès qu'ils peuvent cerner un flot d'Océan tout de suite ils l'épuisent.

Ils ont donc creusé par ici des centaines de *watergangs*, c'est-à-dire de fossés parallèles ou perpendiculaires entre eux; mené ces fossés aux canaux, spécialement à l'Aa d'entre digues; muni tous ces canaux, tous ces fossés, de portes qui se ferment contre la marée haute et s'ouvrent sur la marée basse. Ainsi ces hydrauliciens émules du castor presque disparu de notre Europe, si dure à l'animal qui n'accepte ni le chenil, ni l'écurie, ni l'étable, ces descendants des anciens Morins, c'est-à-dire des « Maritimes », des hommes du littoral, ont retiré leur pays de l'eau croupissante.

Point tout à fait cependant : quand l'Aa gonfle outre mesure en même temps que les autres fossés et ruisseaux de la « Morinie », l'ancien golfe redevient çà et là plaine d'eau, lac doux au lieu de baie salée, et il faut ouvrir à deux battants pendant des semaines, des mois, toutes les portes d'écluse jusqu'à Gravelines, Dunkerque, Calais, qui sont en France les trois bouts du réseau des canaux compliqués de l'Aa. Six mois après, il arrive parfois qu'il faut au contraire fermer les issues pour rendre aux watergangs à demi secs l'eau sans laquelle ils sont inutiles et dangereux : inutiles parce qu'ils n'arrosent plus la terre et ne portent plus les bateaux, dangereux parce que la fièvre sort de leurs limons ; toutes portes barrées, l'Aa reflue de canal en canal, de watergang en watergang.

Ainsi que dans la plaine non mouillée de Flandre, on cultive avant tout la betterave et les céréales dans les Wateringues. Au palus, aux joncs et roseaux, aux herbes de fond flottant dans l'onde ou rampant sur la glaise ont succédé des champs artistement cultivés, avec fermes bien bâties, blanches de murs, vertes de fenêtres, rouges de toit.

Le plus déprimé de tous les Wateringues, la cuvette où les pluies, les crues, les fuites à travers digues amènent constamment le plus d'eau, la région des *Moures* (3 278 hectares, dont 1 192 en Belgique) est aussi devenue une campagne d'abondance, avec fermes luisantes et fermiers riches. Trop en contre-bas pour se vider naturellement de son flot stagnant, même à la mer basse, des pompes que meuvent soit la vapeur, soit les ailes du moulin à vent, en versent la surabondance dans une grande « ceinture », fossé qui la mène au canal des Moures, et celui-ci s'en va vers Dunkerque. Moures, cela signifie les boues, les marais; les Flamands écrivent Moeres, mais trop d'hommes ignorent et ignoreront toujours les patois bas-allemands pour qu'il soit sage de conserver ici l'*oe* qui se prononce *ou* en flamand et en hollandais : ainsi avons-nous tort d'écrire, à la « nederduitsch », Boers, le nom de la vaillante nation sud-africaine des Bours.

DEUXIÈME

Petits Monts, Bas Plateaux, Plaines.

XII
ESCAUT

Si les rivières du Cambrésis coulaient comme autrefois, et aussi celles de l'*Arrouaise*, ancienne et très longue sylve défrichée devenue plateau nu sur le faîte entre Escaut et Somme, s'il n'y avait eu ni déforestation, ni diminution des pluies, ni tendance des cours d'eau à descendre de sol en sous-sol, en deux mots, si ce qui fut subsistait encore, l'*Escaut* débuterait à une dizaine de kilomètres au nord-ouest de Guise sur Oise, parmi des collines de 180 mètres, à une trentaine de kilomètres en amont de sa présente naissance. Mais les eaux courantes ont tari, l'ancien lit supérieur du fleuve franco-belge a fait place : d'abord à un riot, c'est-à-dire à une ravine presque toujours sans onde, qui roule un torrent temporaire, aux jours de grande pluie, de grand orage; puis au canal des Torrents, creusé en deux fois (1746-1748 et 1807) pour régulariser la coulière oblitérée, assurer un épanchement aux crues, exonder des fonds impaludés à côté d'autres fonds sèchement arides. Quand ce canal des Torrents n'est pas vide, il rejoint la source du fleuve en 7 ou 8 lieues d'un voyage entre levées de terre.

Pendant un temps le surgeon initial jaillissait dans le cimetière de Beaurevoir, près de la ferme de Somescaut, pour Sommescaut, c'est-à-dire Tête de l'Escaut; il y a des siècles que n'existe plus cette ferme, témoin de l'ancienne origine, et le fleuve part aujourd'hui des environs d'Estrées en Arrouaise, à 3 500 mètres en aval de Beaurevoir, en amont et tout près du Catelet par 87 mètres seulement au-dessus des mers.

Encore tout menu, il rencontre un canal unissant l'Oise à la Somme, la Somme à l'Escaut : c'est le *Canal de Saint-Quentin*, qu'il heurte près de la sortie du souterrain du Tronquoy, tunnel de 5 677 mètres menant les bateaux du bassin de ladite Somme dans celui du fleuve naissant.

Le canal de Saint-Quentin suit l'Escaut jusqu'à Cambrai, puis se confond avec lui, suivant la coutume des rivières de la plaine flamande, toutes canalisées et dirigées au plus court dans la vallée où elles étaient palustres, mais claires et libres.

Cette liberté n'est plus, ni cette clarté, car l'industrie s'est emparée du fleuve et de tous ses affluents et sous-affluents.

A Bouchain tombe la *Sensée*, rivière sur tourbe et marais doublée d'un canal encombré de bateaux; ce cours d'eau de la craie supérieure commençait jadis en plein Artois, sur le plateau de Bapaume, mais il a reporté à une fort grande distance en aval ses sources, qui sont de grande abondance; il circule durant 15 lieues, il égoutte 67 500 hectares, il roule de 1 400 à 3 000 litres, les crues à part, qui sont fort modérées.

L'Escaut entre alors dans le noir pays du charbon de terre,

Le Plus Beau Royaume Sous le Ciel. CHAPITRE

il rencontre en chemin Denain la forgeronne, Valenciennes, Anzin, la grande piocheuse de houille ; puis ce sont d'immenses palus desséchés, qui ne seront jamais assez secs. A Condé lui vient la *Haine*, rivière bien plus belge que française qui a donné son nom au Hainaut, province de Belgique ; tandis que plus bas la Scarpe est entièrement chose de France.

Artésienne avant d'être flamande est la *Scarpe*, cours d'eau de 25 lieues auquel un bassin de 121 200 hectares procure un étiage de 3 mètres cubes, un volume normal de 5.

Elle a ses naissants sur des plateaux déboisés de 100 à 140 mètres, pays de craie qui verse des sources murmurantes ; elle y baigne Arras, où vit encore le nom des *Atrébates*.

Mais à la contrée des hautes plaines, collines, vallées et vallons, succèdent la plaine de Flandre, la fange et la tourbe ; la craie fait place à la terre bourrée de houille, et la rivière qui descendait à sa fantaisie devient le canal où passe, bateau par bateau, la flottille sans fin du charbon minéral. Les villes de la Scarpe sont Douai, cité de quelque science dans une région de beaucoup d'industrie, Marchiennes, Saint-Armand-les-Eaux, lieu de boues thermales.

A 1 500 mètres en aval de la Scarpe, par 16 mètres, l'Escaut passe en Belgique, sous forme d'une rivière raide, parce que canalisée, qui n'a que 20 à 25 mètres de large et ne roule que 7 à 8 mètres cubes en étiage, 12 en débit normal, 40 en grande crue : donc courant très régulier, fort pacifique.

Dans le royaume wallon-flamand, c'est la rivière flamande, par opposition à la Meuse, rivière wallonne.

Les Flamands l'appellent Schelde. Chez eux il a 40 mètres de large en arrivant à Gand, ville où il reçoit la Lys, qui est mi-française ; il en a 100 à Termonde, 350 à 700 devant Anvers, devenue grâce à lui l'un des premiers ports du monde. Peu après, salé comme la mer, il passe en Hollande et s'achève par deux grands estuaires, deux Escauts.

En y comprenant la partie française de la *Lys* (213 kilomètres), le bassin de l'Escaut en France atteint presque 700 000 hectares, sur 2 070 000 d'aire totale. La Lys est pareille à Sensée et Scarpe en ce qu'elle part de la craie d'Artois, au sein de plateaux de 150 à 200 mètres, pour se continuer sur la tourbe de Flandre ; elle draine chez nous 275 000 hectares, sur 389 000, et en nous quittant elle verse 7 mètres par seconde, 2 500 litres en basses eaux.

Son val d'amont est gracieux, frais avec belles fontaines et villages nombreux : où l'un commence l'autre s'achève.

DEUXIÈME   *Petits Monts, Bas Plateaux, Plaines.*

Une bourgade qui n'est plus ville depuis que la saccagea Charles Quint, l'empereur de l'empire où le soleil ne se couchait jamais, Thérouanne est la fin des gloires naturelles de la rivière et le commencement de ses gloires industrielles; la Lys coule désormais sur une terre glaiseuse, dans la plaine de Flandre, plus basse que partout ailleurs, sauf dans les fonds à peine exondés du pays de Dunkerque; à droite, à gauche, l'immensité banale, les villasses de fabriques, la tourbière, le marécage; elle est navigable à partir d'Aire, elle rouit des lins qui la corrompent, elle boit des fuyants d'industrie qui l'empoisonnent.

Ainsi va-t-elle, vaseuse, large de 15 à 25 mètres, uniformément profonde, vu sa canalisation, par Merville, Estaires, Armentières, Houplines, Deulémont où tombe la *Deule* [1]. Celle-ci fut jadis une sorte de marais; hui c'est un égout depuis que Lille, la cité de mille industries, y jette les ordures de ses usines et de ses hommes.

Française à ses deux bords pendant 99 kilomètres, puis franco-belge, pendant 27, dans le pays de Warnèton et de Wervicq, la Lys relève de la seule Belgique pendant 22 lieues.

C'est dans ce pays qu'ayant baigné Courtrai elle a sa fin dans l'Escaut, à Gand, ville de fabriques où le flot de marée la soulève de trois pieds et demi.

XIII
PLATEAUX
DE L'ARTOIS
ET DE PICARDIE

Il y a certes bien plus de vraie, vive et franche nature en Artois et en Picardie, qu'au pays plat de la Flandre française; l'industrie n'y opprime pas autant la terre et les hommes. Mais leur craie, leur tertiaire éocène, leurs alluvions quaternaires manquent presque partout de « plastique », et l'on ne trouve de grâces « infinies » que dans maints vallons qui ont luxe d'eaux et d'arbres.

Il faudrait replanter pendant cent ans, et dix fois plus qu'on ne le fera sans doute jamais, pour rendre aux plateaux artésiens et picards l'ancienne cohérence de leur forêt, alors que leur sylve unissait la sylve normande à l'implacable Hercynie.

Sur le *Vermandois*, que s'attribuent l'Oise déjà forte et la Somme naissante; sur le *Plan de Bapaume*, socle de départ de tant de rus tributaires ou d'Escaut ou de Somme, et surtout tertre d'origine de tant de ravins et ravinots secs pendant des lieues et des lieues; sur le *Ternois* aux alentours de Saint-Pol de Ternoise; sur la *Campagne d'Artois*, craie étroite, allongée, entre les fleuves de Canche et d'Authie; sur le *Ponthieu*, qui est double, au septentrion de la Somme abbevilloise, puis à

---

1. 68 kilomètres, 77 000 hectares.

Le Plus Beau Royaume Sous le Ciel.

son midi ; sur le *Santerre*, riche en moissons, au-dessus de la Somme de Péronne ; sur le *Plateau de Breteuil*, à l'ouest du Santerre et de la ville de Montdidier ; sur toutes ces tables plus ou moins aplanies, partout la nudité prévaut.

Par suite de la déforestation à outrance, plus encore par l'habitude qu'ont en tout lieu d'oolithe ou de craie les rivières, riviérettes et rus à s'enfouir sous terre par les fissures de lits cassés, et sans doute ou peut-être parce que les nuées ne pleurent plus si souvent ou si fort sur l'antique Artois et la vieille Picardie, le réseau jadis très compliqué des eaux courantes a vu diminuer singulièrement le nombre, non pas de ses grandes artères, mais de ses artérioles ; presque tous les ruisseaux d'en haut, sur le plateau même, aux origines des versants, ont cessé de couler ; telle source fort abondante en toute saison surgit à l'improviste au bas d'un talus sec, à l'issue d'un bassin de 5 000, 10 000, 12 000 hectares de ravins anhydres, et à 8, 10, 15, 20 kilomètres même en aval du cul-de-sac terminal de la conque.

Aucun de ces plateaux ne s'élève aux grandes altitudes : les uns n'atteignent pas 120, 150 mètres, quelques-uns arrivent à 200 par leurs mamelons « altissimes ».

Tout au nord-ouest de ces plans attristés de calvitie un bloc d'oolithe et de craie mérite presque son nom de *Monts du Boulonnais* par contraste avec la platitude voisine et parce qu'il domine assez grandement les dunes et la mer.

Pourtant sa plus fière protubérance n'est que de 202 mètres : mais de belles cassures, des vallons creux, des prairies veloutées, des forêts, des eaux vives accidentent ce massif qui tombe sur le Pas-de-Calais par les célèbres caps de Blanc-Nez et de Gris-Nez et par maints promontoires entre lesquels des « crans » ou des brèches de la falaise amènent à la vague des ruisselets intarissables. Cette chute des monts du Boulonnais dans le grand détroit d'entre mer du Nord et Manche n'est point la vraie fin de ces petites montagnes : elles se prolongent en réalité sous les eaux salées sans profondeur jusque dans la voisine Angleterre où elles reparaissent, identiques à elles-mêmes, dans la région littorale appelée le Weald.

XIV
MER DU NORD
ET
PAS DE CALAIS

Cette *Mer du Nord* est peu creuse excepté dans le voisinage de la Norvège, que longe une fosse ayant 800 mètres de sonde.

Cette Norvège, terre des fjords étroits, profonds, solennels, le plat Danemark, le marécageux Holstein, l'Allemagne de l'Elbe et de la Weser inférieures, la Hollande, pays des tourbes, des sables et des alluvions, enfin la Belgique et la Flandre française bordent la mer du Nord à l'est et au sud ; à l'ouest la Grande-Bretagne dresse un brise-lames contre la houle de l'Atlantique.

Ainsi contenue, la mer du Nord communique à l'est, par les détroits d'entre Norvège et Danemark, avec la Baltique, mer fermée, lac futur ; à l'ouest, avec l'Atlantique par le Pas de Calais et la Manche ; au nord, avec des flots où l'Atlantique se mêle à l'océan Glacial — de ce côté, large est l'ouverture, entre Écosse et Norvège, autour des Shetland mélancoliques.

C'est à 13 kilomètres à l'orient de Dunkerque que son rivage méridional cesse d'être belge pour devenir français.

Ce changement de souveraineté laisse intacts la nature et l'homme : dans les deux pays, à l'est comme à l'ouest, chez le Belge comme chez le Français, c'est toujours la Flandre ; et, derrière les sables littoraux, la plaine basse, lit d'un ancien golfe.

Sous la même pâleur de ciel, ce sont les mêmes villages dont les villageois parlent flamand et parleront français, au moins dans notre Flandre à nous, qui renonce à son vieux nederduitsch. A trois cornes de la France, trois verbes meurent : le flamand à Dunkerque ; le breton en Armorique ; le basque dans les Pyrénées bayonnaises ; et au quatrième coin, un patois expire, le provençal, que ses poètes ne ranimeront point.

Notre littoral de la mer du Nord a 72 kilomètres, de la frontière belge à Calais, ville devant laquelle cette eau s'étrangle et prend le nom de Pas de Calais.

Il est fait de dunes qui valurent à Dunkerque son nom, légère altération de deux mots flamands signifiant l'Église des dunes ; ce sable issu de la mer où d'autres sables fins, immergés encore, s'étendent en bancs parallèles au rivage, est la levée naturelle derrière laquelle on a pu dessécher le marais de Flandre.

Levée sans grande largeur et n'allant jamais à 2 000 mètres, sans grande hauteur et ne dépassant nulle part 60 pieds, ces dunes suffisent à sauver des irruptions de la pleine mer (et, pour le plus bas pays, de l'étale de la basse mer) les 80 000 hectares des Wateringues et la dépression sous-marine des Moures. Mobiles jadis et chassant les bourgs devant eux, les engloutissant même, comme ils le firent de Zuydcoote en un fatal premier janvier (1777), les sables dunkerquois sont à cette heure solidement fixés à leur poste d'entre mer et marais par les racines de l'oyat ou jonc des arènes ; les brebis broutent dans les vallons d'entre rides parallèles un gazon salé par l'embrun de la mer et, en dessous, par l'imbibition de son eau; on les cultive, il s'y trouve même de magnifiques jardins.

La côte est droite, ouverte au plein nord jusqu'à la glace du Pôle, mais les Bancs de Flandre, que baignent à peine 4 mètres d'eau, par endroits 2 seulement, brisent la vague du large en avant de la fosse de Dunkerque, transformée de la sorte en une rade assez propice aux navires : même à marée basse ils ont là 10 mètres d'eau, sur une largeur d'un kilomètre, sur une longueur de vingt.

« L'Église des Dunes », *Dunkerque*, devenue le troisième port de France, après Marseille, et après le Havre, a son assise sur un terrain bas, plat, coupé de canaux qui font sa force comme place de guerre : en ouvrant leurs portes d'écluses, on noierait tout le pays, jusque vers Bergues. Le Dunkerquois pêche la morue dans l'océan d'Islande, marin digne, en temps de paix, du vaillant écumeur de mer qui brûla 80 navires anglais dans la seule année 1691; Jean Bart, le fils glorieux de cette mère des corsaires, a sa statue sur la place de la ville; son épée menace l'Angleterre.

A 5 lieues à l'ouest de Dunkerque tombe en mer l'Aa, le petit fleuve qui coupe en deux le marais des Wateringues; la dune continue, plus basse et mince que jamais, et l'on arrive à la ville de *Calais* et aux parages où la mer du Nord s'étrécit en un détroit, le *Pas de Calais* — « engoulure » ainsi nommée d'icelle Calais, qui est un port d'où les bateaux à vapeur vont à Douvres, lieu d'Angleterre, en une heure et demie, quelquefois en une heure et quart. Chaque année 200 000 à 250 000 passagers s'embarquent à Calais pour Douvres (ou à Douvres pour Calais) et tentent sans aucun danger le bras de mer où voguent par an 200 000 à 300 000 navires.

Contenu dans un lit de craie d'une moindre largeur de 33 kilomètres, le Pas de Calais fut un isthme quand Albion n'était pas une île : sur ses deux rives, en France, en Angleterre, mêmes nature, disposition, inclinaison des roches; cet isthme sans doute ne fut pas haut, comme aussi le détroit est peu profond, la sonde n'y trouvant nulle part plus de 70 mètres.

A 20 kilomètres de France, à 15 d'Angleterre, deux bancs de craie, le *Varne* et le *Colbart*, se lèvent dans son flot, mais n'arrivent pas à fleur d'eau, double écueil où la mer se brise; de collines de l'isthme antique devenus récifs de l'onde, ils partagent le Pas de Calais en deux sillons d'eau : l'un du côté des Anglais, et l'autre du côté des Français; celui-ci plus large, mais plus tourmenté de rocs, plus impatienté par les vents d'ouest.

Ces rafales, ces dangers, les heurts en temps de nuit, en

jour de brouillard, sur cette mer plus parcourue de bateaux qu'aucune autre au monde, ont fait concevoir le projet le plus audacieux qui ait encore hanté l'esprit de l'homme : un pont s'appuyant sur l'écueil de Varne et Colbart; ou bien, de Sangatte à Douvres, un tunnel de douze lieues sous la craie de ce fameux détroit.

Sur les 48 kilomètres, 11 du côté français, 11 également du côté anglais, descendraient en rampe dans ce nouveau Tartare; ici la mer n'a que 54 mètres de plus grande profondeur, mais on irait jusqu'à 127 mètres au-dessous du niveau des eaux : il faut à tout prix forer le souterrain dans la craie grise, la craie blanche qui domine la grise étant une roche fissurée.

Le tunnel nocturne éclairé par la flamme électrique, avec ses trains descendant chez Pluton et passant sous Neptune, l'emportait sur le pont sublime fuyant dans les airs par-dessus la mer en d'immenses travées. On était à la veille de creuser le souterrain : *Facilis descensus Averni*.

Mais la vieille Angleterre a refusé sa demi-part de l'œuvre; elle craint une invasion des Français, dit-elle. C'est plutôt la France que les Anglais auraient envahie en pleine paix, après avoir noué contre nous dans l'ombre quelque coalition de l'Europe, pour une querelle de finance, de commerce, de colonies, de douanes, au nom du monopole comme au nom du libre-échange.

A deux lieues à l'ouest un peu sud de Calais, à Sangatte finit le marais flamand, qui, de ce côté, n'est plus en communauté d'idiome populaire avec le pays des Wateringues et des Moures, car bien que probablement d'origine nederduitsch, les campagnards du Calaisis, à plus forte raison les urbains de Calais, ne connaissent que la langue de France.

Aux basses plaines égouttées par le damier des canaux succède le bloc du Boulonnais, qui s'abat sur la mer, d'abord par de blanches falaises de craie, puis par des promontoires de calcaire, roches continues, sauf les petites entailles des crans ou crens. Leur plus haut promontoire, voisin de Sangatte, est le *Blanc-Nez* (134 mètres); Blanc-Nez, c'est-à-dire le Cap luisant, le Cap blanc des anciens flibustiers scandinaves qui furent en leur temps aussi coureurs des mers, aussi cruels, aussi libres de vertus et préjugés que plus tard les boucaniers des Antilles.

Sur cette côte de coupure abrupte il y eut de bons petits ports dans les rentrants de la roche, mais la mer y a poussé son sable.

Ainsi a disparu le havre de Wissant, dont tels archéologues ont démontré que c'est le *Portus Itius* d'où fit voile vers la

Le Plus Beau Royaume Sous le Ciel.

Grande-Bretagne la flotte qui portait « César et sa fortune »; tandis que tels autres ont prouvé que *Portus Itius* est Mardick, ou Calais, ou Ambleteuse, ou Boulogne, ou même Isques, village riverain de la Liane en amont de Boulogne. N'étant pas ou n'étant plus arrêtée par les racines de l'oyat (*arundo arenaria*), la dune de Wissant marche : en 1777 les Wissantois durent s'enfuir devant elle.

Au delà de ce faux ou vrai « Port de César », le *Gris-Nez* ne s'appelle point ainsi de la couleur de son roc, mais par corruption des mots scandinaves Craig Ness, le Cap des falaises; c'est la terre française la plus rapprochée de l'Angleterre : il n'y a que 18 milles marins, 33 kilomètres, entre ce promontoire artésien et la ville anglaise de Douvres, ou le cap anglais de South Foreland, ce qui veut dire la Pointe méridionale.

Le Gris-Nez s'éloigne à tout petits pas de la fière Albion, car en moyenne il recule de 25 mètres par siècle devant la mer, et la fière Albion s'éloigne aussi de lui par l'érosion des falaises de Douvres et de Folkestone. Si ce retrait de 250 mètres par mille ans, d'un kilomètre en quatre millénaires, est bien réel, et si la défaillance de la roche anglaise d'en face égale celle de la roche française, il y aurait 66 000 ans qu'a commencé le divorce, toujours agrandi, entre le continent d'Europe et l'île de la Grande-Bretagne.

Au Gris-Nez le Pas de Calais finit; le rivage vire droit au midi; le détroit s'élargit, il devient la Manche.

XV
MANCHE;
SABLES
PICARDS:
CANCHE,
AUTHIE

La *Manche* est l'eau salée la plus naviguée de la terre; nulle part autant de milliers de vaisseaux, vaisselets et barques; et il en sera de même jusqu'aux jours, évidemment prochains, où Londres aura cessé de régner sur le commerce du Globe.

Mais ce grand chemin des nations, simple détroit entre Angleterre au septentrion, Picardie, Normandie, Bretagne au midi, n'a ni grande longueur, ni grande largeur, ni grand creux. 550 kilomètres la mènent de la houle de la mer du Nord à la houle de l'Atlantique, avec 100 kilomètres d'ampleur devant les falaises du pays de Caux, 95 devant les promontoires septentrionaux du Cotentin, 260 devant les grèves du Mont Saint-Michel, à la marche de Normandie et Bretagne, enfin 150 à l'ouverture sur l'Océan entre les caps au nord de Brest et les promontoires de la Cornouaille anglaise. Quant à la profondeur extrême, 172 mètres, au nord-ouest d'Aurigny, l'une des îles Normandes, elle engloutirait à peine les pyramides d'Égypte et nos plus hautes cathédrales; on estime son creux moyen à 88 mètres sur son rivage du midi. La France lui oppose 1 120 kilomètres de côtes, soit presque exactement le double de la longueur du « canal » par le plus court chemin d'un point à un autre.

Le premier port qu'on y rencontre après avoir doublé le Gris-Nez, Ambleteuse, à l'embouchure de la Slack, a perdu son ancienne prospérité; les navires n'entrent plus dans son petit estuaire sur le littoral ourlé de dunes. Wimereux, port d'égale décadence, aussi dans les sables, borde l'entrée en mer d'un tout menu fleuve homonyme. Boulogne est au bout de la *Liane*, fille des monts du Boulonnais comme Wimereux et comme Slack. La *Liane*, longue de 10 lieues et drainant 29 870 hectares, ne s'enfouit ici dans le flot « général » qu'après avoir formé le bassin de retenue, l'arrière-port et le port de cette ville marine.

Boulogne était sous le nom de *Gesoriacum* le principal port des Morins ou Maritimes, au pied d'un oppidum de *Bononia* : d'où Boulogne. Elle envoie des centaines de navires à la pêche du hareng, de la morue, et fait un grand échange de marchandises et d'hommes avec l'Angleterre; la seule Calais et la seule Dieppe embarquent plus de continentaux pour la Grande-Bretagne et débarquent plus d'Anglais sur le continent : en tout 80 000 à 100 000 « faisant la navette » entre Boulogne et Folkestone. A son port de l'embouchure de la Liane on vient d'en ajouter un autre et très vaste en eau profonde, par un rapt de 137 hectares sur la Manche, entre deux jetées vigoureuses.

Peu après Boulogne s'achèvent les mamelons du Boulonnais. Aussitôt commence une dune qui ne s'achève que bien loin, au pied des falaises normandes; dune ébréchée par trois golfes où tombent deux petits fleuves, la Canche, l'Authie, et un fleuve moins rudimentaire, la Somme. Récemment encore ce sable, roulant son tapis stérile, couvrait chaque année 20, 25, 30 mètres de continent : à cette vitesse, mille ans l'auraient étendu sur une partie de l'Artois et de la Picardie. Mais le roseau d'un vert pâle, non le roseau des eaux, des marais, mais le roseau des arènes, l'oyat l'arrête aujourd'hui dans les mailles de ses racines, et peut-être qu'un jour le pin s'y fera partout forêt sonnante; déjà plusieurs de ces dunes ont été fixées par l'arbre aux sombres aiguilles.

Du bout de la falaise du Boulonnais à la baie de la Canche, sur 3 lieues d'une côte allant droit au sud comme le littoral des Landes, c'est la dune basse, large de 2, de 3 kilomètres, humblement couchée avec ses mamelons, ses rides, ses ravins,

Le Plus Beau Royaume Sous le Ciel.

au bas des abrupts coteaux de rebord du plateau d'Artois. Ceux-ci, sous le nom de *Terres de Tourmont*, se lèvent d'un seul élan à des altitudes de 150 à 179 mètres avec superbes regards sur la rive et sur la Manche, de l'autre côté de laquelle s'estompent vaguement (et certes pas à toute heure, en tout jour) les collines de l'Angleterre arrogante.

La *Baie de la Canche*, ample ouverture du petit autant que charmant fleuve du même nom, se nomme aussi la baie d'Étaples, d'après une ville riveraine où le chemin de fer de Paris à Boulogne franchit l'estuaire, vers son commencement, par un pont de 500 mètres, soit le tiers de la distension ultérieure de la Canche : celle-ci, malgré son déploiement, malgré des marées de 6 mètres et demi à 10 mètres, ne porte aucun grand navire; même les bateaux de pêche n'atteignent pas toujours le port d'Étaples, tant l'arène mêlée de coquilles contrarie la mer, tant il y a de bancs, de « basses », d'écueils de sable aussi meurtriers que les écueils de roc; l'œil fixé sur les deux phares d'au delà de 10 lieues de portée qui signalent l'entrée de la Canche, les capitaines de vaisseau fuient cette baie de malheur comme sur d'autres mers on se sauve, s'il en est temps encore, des aspirations d'un cyclone. Par surcroît de péril, en avant de l'estuaire, les vagues sont irritées par la *Bassure de Baas*, hauts fonds areneux où les navires talonnent, car s'il y a parfois 8 mètres d'eau sur leurs crêtes, parfois aussi n'y en a-t-il que 5 ou même 3; cette Bassure accompagne notre côte pendant 70 kilomètres, du cap Gris-Nez à la baie de l'Authie.

Dans la baie de la Canche se termine un fleuve homonyme, la Canche, sœur de l'Authie.

Fleuves moins élémentaires que la Liane, cette Canche, cette Authie et la Somme amènent à la mer les eaux des coteaux et plateaux des Artésiens et des Picards.

La Canche et l'Authie se ressemblent extraordinairement.

Séparées par un plateau de 10 kilomètres de large, elles sont parallèles, de leur source dans les collines de l'Artois jusqu'à leur embouchure dans les estuaires incommodés de sable; en leur chemin vers le nord-ouest, elles se suivent fidèlement, comme les accompagne au sud la Somme en aval d'Amiens; claires toutes les deux, elles se ploient et reploient dans des vallons gracieux, si peuplés que villes, bourgs, villages, hameaux, moulins, usines, sont comme un faubourg sans fin varié de prairies, de champs, de vergers, de bosquets; les deux sillons qui les contiennent sont également creusés dans des plateaux de craie sèche où presque tous les ruisseaux, ondes transparentes, jaillissent bien plus bas qu'autrefois dans le vallon natal.

La *Canche* n'arrive pas tout à fait à 100 kilomètres ; elle n'en a pas moins grande consistance, près de 15 mètres cubes à la seconde, au terme d'un bassin de 138 450 hectares. Elle commence à l'ouest d'Arras, sur le plateau du Ternois, pays d'où descend aussi son maître affluent, la *Ternoise* [1], qui est la rivière de Saint-Pol. Elle baigne la colline de Montreuil, ville dite Montreuil-sur-Mer, ce qui ne l'empêche pas d'être à près de 5 lieues de la Manche par le fil du fleuve, à plus de 3 à vol d'oiseau : mais il est probable que l'antique baie de Quentovic (*Quentovicensus sinus*) remontait jusqu'au pied de ce coteau, et c'est jusqu'en ce lieu que la marée pousse aujourd'hui les bateaux calant 1 mètre 30. A Étaples, que pourraient visiter les navires de 150 tonnes, mais qui ne reçoit guère que des barques de pêcheurs, elle est déjà fort large à mer haute, puis immédiatement après elle devient un estuaire de 1 000 à 1 500 mètres d'expansion au bord duquel on défouit les troncs noirs d'une forêt fossile enfouie dans la vase et le sable.

La grève de sable, et en arrière la dune, recommencent au delà de la pointe du Touquet, borne de gauche entre le golfe de la Canche et la rive maritime : borne qui n'est point un dieu terme immuable, mais qui tout au contraire s'est avancée de plusieurs centaines de mètres vers le nord, par l'apport des sablons, à mesure que par érosion diminuait la pointe opposée. A côté de ce cap inconstant, la forêt du Touquet offre ombre, promenade et loisir aux baigneurs d'une petite, encore toute jeune cité de bains, hôtels, cabines, villas, qu'on a nommée Paris-Plage, en un français qui singe l'anglais.

Elles ont leurs beautés comme toute autre dune littorale; les rives d'entre baie de Canche et baie d'Authie; mais ce sont des beautés tristes devant une mer qui sanglote, des sables pâles, une mer terne, un ciel gris, des vents qui faisaient « fumer » la dune en l'écrétant à chaque rafale, alors que l'*arundo arenaria* ne l'avait pas encore cimentée autant que peut l'être la fluidité des sablonnières; ici, là, de jeunes bois de pins, si bien qu'un jour des forêts de grande et bonne odeur mêleront leur arome aux saines senteurs de la mer, près de l'hôpital de *Berck* que Paris a bâti pour ses enfants scrofuleux. Beaucoup de ces innocents tiennent leur mal de pères hébétés par le cabaret et la tabagie; c'est à la nature libre, à ses vertus, à son baume, à ses brises, de reverdir ce

---

1. 40 kilomètres, 32 800 hectares, 3 738 litres.

Le Plus Beau Royaume Sous le Ciel.

que la ville dorée a flétri. Sur la Manche, des voiles des bateaux de pêche ; point de villages, pas de hameaux, de maisons sur la plage droite, sur les mamelons aréneux ; rien jusqu'à ladite Berck, bourg voisin du rivage septentrional de la baie d'Authie.

Si la Canche et l'Authie sont sœurs, en tant que rivières parallèles, également pures, fraîches, gracieuses, la baie de la Canche et la *Baie d'Authie* sont sœurs par leur déplorable tenue, leur abondance et surabondance de bancs sablonneux et coquilliers ; l'effroi qu'elles inspirent aux pilotes dont aucun n'ignore que la mort est là : mort du navire, mort des marins et des passagers, pour peu qu'on s'y laisse pousser sous le vent, sur la vague ; leur impuissance d'accueillir autre chose que des bateaux de pêche, encore que dans le golfe d'Authie comme dans celui de Canche le flot s'élève de 5 à 10 mètres selon la marée ; enfin par le travail de la Manche qui allonge leur pointe du sud cependant que leur pointe du nord recule ; seulement la baie d'Authie est un peu plus grande, avec ouverture de 4 bons kilomètres, et moins sablonneuse en ce sens que sa rive méridionale participe des palus du Marquenterre dont c'est la fin septentrionale, tandis que le golfe de Canche se heurte de tous côtés à l'arène. Mais les marais marquenterrois étant protégés d'Authie, à Somme, par une large dune, le littoral de la Manche ne se continue pas entre les deux fleuves par une maremme ; c'est le sable, encore le sable, la Grande Dune, la dune de Saint-Quentin en Tourmont, ou encore les Garennes de Saint-Quentin, riches en effet de lapins foisonnants, qui bordent la Manche sur une dizaine de kilomètres de plages droites battues par une houle hargneuse, inexorable.

Rivière sans aucun long tributaire, l'*Authie* [1], presque deux fois moindre que la Canche, oscille d'habitude entre 5 ou 6 et 8 mètres cubes. Elle traverse Doullens et s'unit à la mer par un golfe de 4 500 mètres d'ouverture, entre les dunes de Berck au nord et les dunes de Saint-Quentin en Tourmont au sud, au bout des alluvions du Marquenterre.

XVI
MAR-
QUEN-
TERRE

On nomme de ce nom de *Marquenterre* (du latin *Mare in terra*, la Mer en terre?) une vingtaine de milliers d'hectares garantis de la Manche par des dunes de sable fin.

Il y a dix siècles, la haute mer y flottait autour des îles de craie d'un golfe qui recevait la Somme et l'Authie ; alors Rue était un port de la côte, et non pas une

---

1. 100 kilomètres, 103 700 hectares.

DEUXIÈME *Petits Monts, Bas Plateaux, Plaines.*

riveraine du gros ruisseau de la **Maye**[1], à 10 kilomètres du littoral. Grâce aux canaux, aux digues cimentant îlots avec îlots, la boue liquide, indécise d'abord, se tassa en sol ferme. Des atterrissements nouveaux augmentent tous les jours ces tourbeux polders, qui n'ont ni l'étendue ni la complication du Grand Marais de Flandre.

Le Marquenterre étant plus petit n'a pas exigé tant de travaux, et, s'il y a là des Wateringues, on n'y voit pas de Moures si basses qu'il en faille éternellement pomper les eaux pour les verser dans un bief de ceinture. Ici quelques canaux suffisent à vider le marais de la Mer en terre dans la Canche, l'Authie, la Somme.

Mais pourquoi donc aurait-on desséché le palus après l'avoir garanti des expansions de la haute mer, si la dune littorale, continuant de marcher vers l'est, ne cessait de cerner d'abord, ensuite de couvrir les villages, comme Rombly, conquis par le sable au xve siècle dans les environs d'Étaples? On a donc arrêté net les sables roulants par la blême et lilliputienne armée des oyats.

XVII
LA
SOMME

La *Baie de la Somme* l'emporte autant sur celles de Canche et d'Authie que son fleuve sur leurs rivières : bien que les atterrissements l'aient singulièrement rétrécie, d'Abbeville à la présente embouchure, son étendue dépasse 100 kilomètres carrés, eaux, bancs, sables, vases où la marée montante épand par millions de mètres cubes les rouleaux écumeux dont aucun n'attend l'autre.

Saint-Valery-sur-Somme, principal port de la baie comme de toute la Picardie, ne verra plus sortir de flotte comparable à celle qui porta Guillaume le Conquérant et ses barons en Angleterre il y a huit cent trente ans ; mais il fait encore quelque pêche, quelque commerce avec les navires de 5 mètres, 5 mètres et demi de tirant, les seuls qu'il puisse recevoir — encore ne leur est-il accessible qu'aux plus hautes marées, dix ou douze jours par mois, en attendant peut-être que le progrès des alluvions le ruine à jamais en l'incorporant au sol ferme.

La *Somme*, telle que l'ont diminuée les dépôts de terre et de mer, s'achève à quelques kilomètres en amont de Saint-Valery, qui, malgré son titre de : *sur Somme*, ne borde pas le fleuve, mais bien la rive méridionale de la baie. L'expansion de ce courant d'eau très vive, fort étroit de son naturel au-dessus

---

1. 33 615 mètres, 21 500 hectares.

de la rencontre du flot de mer, est déjà de près de 1 500 mètres aux lieux plats où le traversent la chaussée et le pont de bois qui relient Saint-Valery au chemin de fer de Paris à Boulogne. La marée, qui ne remonte guère que jusqu'à Port-le-Grand, s'en allait jadis bien plus loin, jusqu'au delà d'Abbeville. Il est possible que le continent se soit ici quelque peu relevé, comme ailleurs il s'abaisse — car partout et toujours se tend ou détend la peau de la Planète, — possible aussi que l'atténuation du flot de mer vienne de l'atterrissement seul, qui continue plus que jamais du fait de la nature et du fait de l'homme. Entre Noyelles et Port-le-Grand, tout le long de la rive droite, les « renclôtures » empiètent journellement sur l'espace libre, et l'estuaire diminue.

Le roi des fleuves picards, la Somme, jadis *Samara*, n'a pas aussi bien conservé son nom qu'une autre rivière, qui est la Sambre. Il arrive parfois que la chute d'une seule lettre détruit l'air de parenté de deux noms, ou même, comme dans le cas de Sambre et Somme, leur identité parfaite.

Elle expire dans les sables gris, les prés salés, les vastes grèves, les vases, les mollières de la baie de la Somme : on appelle mollières des terres molles avec tendance au marécage et de plus en plus sillonnées par les digues, les canaux, les rigoles des pays bas encore inconsistants.

La « Samara » n'est pas l'une de ces rivières qui se mutinent contre leurs rochers, leurs dalles, leurs berges pierreuses, dans les demi-ténèbres d'un défilé; tout contrairement on la doit citer comme un modèle de mansuétude : son étiage excessif, on peut presque dire absolu, étant de 20 mètres cubes, ses basses eaux normales vont à 35, son volume coutumier à 42 ou 43, et ses crues ne dépassent pas 88; ses expansions extraordinaires ne quintuplent même pas ses maigres « séculaires », c'est vraiment merveilleux. Or, en France également, mais sur un autre sol, sous un autre climat, le Vidourle mène à la Méditerranée cinq mille, dix mille fois son moindre débit. Tel est le privilège des régions où la roche, aspirant les eaux en dessous, les rassemble en un réseau de ruisseaux souterrains mis à l'abri de l'évaporation estivale et dispensés de nourrir les plantes, d'arroser les prairies, d'étancher la soif des animaux, de se disperser, de se diminuer, de se perdre, ainsi que le font invinciblement les ruisseaux serpentant sur le sol.

La Somme erre pendant 245 kilomètres, elle concentre les rus de 553 000 hectares, un petit peu plus du centième de la France.

DEUXIÈME *Petits Monts, Bas Plateaux, Plaines.*

Presque dès sa naissance et jusqu'à sa mort, elle sinue entre des collines de craie, à l'ombre des saules, des peupliers, des trembles, dans un val plein de flaques d'eau, entre les lèvres noires des trous laissés par l'emport de la tourbe, cette terre qui brûle : aussi n'est-ce point de la terre, mais une espèce de houille humide, qui se consume en fumée lourde et mal odorante.

Elle a sa source constante, sa font réelle à une demi-lieue de l'origine antique, à 80 mètres seulement d'altitude, près du village qui lui doit son nom de Fontsomme.

Elle passe à Saint-Quentin, puis coule dans des prés marécageux où elle se sépare en bras et s'épanouit en étangs devant des collines qui sont un rebord des plaines de l'ancien pays de Santerre. Doublée jusqu'à la Manche, sur 156 kilomètres, par un canal de navigation dont 25 écluses soutiennent les plans d'eau, elle passe devant Ham au donjon célèbre, devant Péronne dont le château est plus illustre encore, devant Bray et une foule de villages, de bourgades au penchant des coteaux bas, avec confluents nombreux de riviérettes sortant de vallons aussi mouillés que la vallée de la Somme elle-même.

Dans les prairies de Corbie, ville qui pareille à tant de cités de notre vieille France, se cristallisa autour d'un couvent, elle conquiert l'*Ancre*[1], la rivière des deux cascades d'Albert, moitié naturelles, moitié artificielles, l'une de 18, l'autre de 26 mètres de hauteur.

Entrée dans Amiens, elle y roule en une quinzaine de bras; plus une branche tirée de son meilleur affluent, l'*Avre Picarde*[2], rivière d'une singulière égalité d'humeur versant au fleuve 5 230 litres en crue, 4 260 en volume coutumier, 3 200 à l'étiage : il n'y a pas dans le monde beaucoup de courants également fidèles; elle a dans son bassin les villes de Roye, de Montdidier, de Rosières en Santerre, de Moreuil, de Breteuil.

A *Amiens*, près de la rive gauche du bras principal de la Somme, une cathédrale s'élève, qui est l'un des grands monuments de l'art, le chef-d'œuvre de l'ogive religieuse.

L'église parfaite, c'est :

Clocher de Chartres, nef d'Amiens,
Chœur de Beauvais, portail de Reims.

Aucune basilique de France ne peut recevoir tant de fidèles, debout en révérence, ou courbés, ou agenouillés. Trois églises d'Europe sont plus grandes Saint-Pierre à Rome, Sainte-Sophie

---

1. 35 kilomètres, 38 200 hectares, 2 700 litres. — 2. 65 kilomètres, 115 000 hectares.

Le Plus Beau Royaume Sous le Ciel.

à Stamboul, et la plus haute des cathédrales, à Cologne ; mais ni l'allemande, ni la grecque, ni l'italienne ne sont aussi belles.

Dans la banlieue d'aval arrive un courant comparable à l'Avre Picarde pour la constance du flot, la *Selle* ou Celle [1] qui épanche 1 630 litres en basses eaux, 3 mètres à l'ordinaire, 5 en grande inondation : mais, pourquoi parler d'inondation, plus exactement d'exondance à propos de rivières qui ne sortent pas de leur lit ?

D'Amiens à Abbeville la Somme boit des rus d'un flot très vif et des fontaines-rivières qui seraient de petites Vaucluses s'il ne leur manquait le cirque des roches farouches. Arrivée à Abbeville après avoir coupé en deux le plateau du Ponthieu, elle s'y absorbe dans un canal de 50 mètres de largeur, de 3 mètres 60 de profondeur, portant des navires de 250 tonnes.

Ce canal bordé de peupliers mène sans courbes, en 13 à 14 kilomètres, d'Abbeville à Saint-Valery, dans un val effacé que bordent à droite, d'abord les hauteurs du Ponthieu, puis le basfond du Marquenterre, et à gauche, les coteaux du Vimeu.

Le *Vimeu* lève son dos plat de 100 à 150 mètres d'altitude entre la Somme et la Bresle ; du côté de la mer il se casse en falaises qui sont le bout nord-oriental des escarpements littoraux de la Normandie.

C'est un pays de belle et bonne culture, de belle et bonne pâture, avec bœufs, chevaux et moutons. Grands y sont les villages, peuplés de laboureurs et de serruriers, mais on ne les voit pas de loin, pas même leurs clochers, si ce n'est la pointe des plus hauts d'entre eux : des arbres superbes cachent ces bourgades. Vimeu, ce nom veut dire évidemment le pays des osiers, des vimes, comme on les appelle encore en plus d'une contrée d'oïl, notamment en Saintonge. — Ainsi, cette région de Picardie touchant à Normandie est en communauté de nom avec le Viminal, l'une des sept collines de la Ville Eternelle.

Vis-à-vis des talus du Vimeu, à l'occident, les plateaux de la rive gauche de la Bresle ne sont plus terre picarde, mais terre normande.

Il n'y a pas que sables, talus bas et grèves au pourtour de la baie de la Somme, asile d'une multitude d'oiseaux de mer, et aussi lieu d'ébat des phoques ; le marais y confronte également : au nord, à côté du Crotoy, le Marquenterre ; au sud, à côté du Hourdel, les *Bas Champs de Cayeux*, 5 000 hectares d'alluvions qui se sont coagulées au bas des antiques talus marins du

---

1. 40 kilomètres, 57 843 hectares.

Vimeu, à l'abri d'une digue naturelle de galets poussés par la mer en avant de ce plateau.

A l'instar du Marquenterre, des canaux exondent ce palus qui, de terre imbibée, est devenu grâce à eux terre molle ou, pour parler comme ici, une mollière.

Vauban voulait faire au fleuve de Somme une embouchure normale en eau profonde; il l'aurait versé tout entier, à Saint-Valery, dans un canal suivant le bas de la falaise, au pied du Vimeu, à la lisière interne des Bas-Champs; ce canal devait atteindre la mer auprès du bourg d'Ault.

Maint ingénieur a pensé à ce canal facile : mais comment lui faire un port sûr, commode, et surtout durable, sur un rivage encombré par la procession des galets, marche éternelle, vers le nord-est, de la falaise normande éternellement sapée?

XVIII

OISE

A la contre-pente des plateaux artésiens et picards, c'est-à-dire au sud d'Escaut, de Somme, les eaux s'inclinent vers l'Oise, affluent de la Seine. Cette rivière du penchant méridional d'Artois et de Picardie, l'*Oise*, belge à sa source, ardennaise en son haut pays, est presque parisienne à son embouchure à 23 kilomètres sous Lutèce, par 15 mètres d'altitude. Si par bonne fortune elle avait eu son terme dans la banlieue d'amont de Paris, au lieu de la banlieue d'aval, les quais de la « cité mère » auraient pressé une Seine plus puissante de 30 mètres cubes en étiage, de 55 en portée ordinaire, de 650 en grande expansion : volumes que confèrent à l'Oise un bassin de 1 667 680 hectares, une longueur d'au delà de 300 kilomètres, qui serait de 400 si l'on prenait l'Aisne pour branche initiale (ce qu'elle est en effet), de 420 si l'Aire avait le rang et les honneurs de reine mère.

N'étaient vieux livres, chartes, pouillés des abbayes, qui se douterait que l'Oise a le même nom que l'Isère? Tel est pourtant le cas : le torrent schisteux qui roule vers le Rhône à travers Savoie et Dauphiné, l'Isère, a conservé le *r* d'*Isara*; la claire et tranquille rivière de la Thiérache et du Valois l'a perdu.

Son voyage, conforme à celui des grands cours d'eau du bassin de Paris, la mène successivement de l'antique roche aux jeunes terrains, des schistes anciens aux alluvions quaternaires par lias, oolithe, assises crétacées, dépôts tertiaires.

Elle part de la province wallonne de Namur, en Belgique, dans de vastes forêts, au sud-est de la ville de Chimay, par un peu plus de 300 mètres au-dessus des mers.

Le Plus Beau Royaume Sous le Ciel.

Froide, souvent même glaciale, du fait de ses roches plutôt que de son altitude, de sa latitude, est la contrée de ses premières heures de balbutiement, plan de 350 mètres de surrection terminant à l'ouest le plateau des Ardennes, qui, lui aussi, est humide et froid sur ses argiles boueuses autour des étangs de la forêt sombre. Après 12 ou 15 kilomètres, petit ru qu'économisent des étangs dont le déservoir anime des forges, elle quitte la Belgique pour la terre de France, pour la *Thiérache*, l'antique *Theorascia*.

Celle-ci, coteaux et surtout plateaux de tertiaire éocène, d'oolithe, et bien plus encore de craie, s'étend presque partout au-dessus de 100, 150 mètres, rarement au-dessus de 200. Elle conserve de magnifiques restes de la quasi indiscontinue forêt qui voila sa carcasse : telles les sylves de Saint-Michel, du Nouvion, de Wassigny ; mais en dehors de ces parures de chênes, de hêtres, de sapins, d'arbres à feuillage caduc ou à brindilles aiguës, grande est la nudité de certains cantons, grande aussi leur sécheresse, commune la disparition d'anciens rus, et point rare le déplacement des fontaines à des niveaux beaucoup plus bas, à des distances de parfois plusieurs lieues.

L'Oise descend très vite, et ne tarde guère à couler aux basses altitudes, dans des prées très mouillées ; elle est à moins de 50 mètres dès le confluent de la *Serre*, qui est au vrai, de par la constance des sources de sa conque crayeuse et de par la supériorité de ses 185 000 hectares sur les 120 000 de l'Oise d'en haut, la rivière prépondérante pendant une grande partie du décours de l'année. La Serre, longue de 28 lieues, avec 2 500 à 6 650 litres de portée, toutes crues à part, passe devant Marle, qu'entoure le *Marlois*, et devant Crécy ; elle s'accroît du *Vilpion*[1], qui vient du pays de Vervins, et de la *Souche*[2] marécageuse, prise presque dès sa source, à Sissonne, par un canal à lignes inflexibles auquel d'autres canaux de desséchement versent une eau palustre ; puis, unie en un seul courant, tandis que l'Oise est divisée en plusieurs larges ruisseaux dans de très vastes prairies, elle confond sa destinée, près de la Fère, avec le destin de la compagne arrivée d'un coin de la Belgique.

Donc, unie à la Serre, à dots égales, ou il ne s'en faut guère, elle se fait extrêmement sinueuse, par petits replis, dans une vallée encore plus mouillée qu'en amont, et même par endroits marécageuse : c'est pourquoi les bourgs ne bordent pas la rivière, on les a bâtis sur le talus, point élevé d'ailleurs.

---

1. 46 423 mètres, 31 000 hectares, 2 284 litres. — 2. 36 550 mètres, 37 115 hectares, 1 860 litres.

DEUXIÈME *Petits Monts, Bas Plateaux, Plaines.*

Elle serpente devant Chauny et, accompagnée d'un canal latéral, s'empare de l'*Ailette*, assez pauvre riviérette de 63 kilomètres en 60 000 hectares : mais cette Ailette ou Lette a pour gloire de couler dans le vallon que commande Coucy, la voisine de l'ample et pittoresque sylve que composent ensemble la Haute Forêt de Coucy, la forêt de Saint-Gobain, la Basse Forêt de Coucy, reste des antiques, des immenses bois de Voëse ou Vosage : et Coucy c'est la latinisation du gaulois *coat*, la forêt.

Coucy, c'est la ville des Enguerrands qui disaient : « Ne suis ne roi, ne prince, ne duc, ne comte aussi; je suis le sire de Coucy ». De ces seigneurs puissants en France, le plus redoutable, celui qui pouvait détrôner saint Louis enfant et qui ne le fit point, bâtit sur un promontoire de l'Ailette un château dont il reste des murs, des tours et un donjon qui n'a point de rivaux au monde : haut de 55 mètres, avec plus de 30 mètres de diamètre et des murailles de 7 à 8 mètres d'épaisseur, le donjon de Coucy, fait de 1225 à 1230, est un de ces monuments dont on dit qu'ils sont bâtis pour l'éternité; contemporain des cathédrales, il témoigne avec elles pour la gloire de nos ancêtres.

Dans le même pays que Coucy, dans ce bassin de l'Ailette, une de ces vieilles basiliques signalerait de loin une ville « historique ou monumentale », si cette cité, jadis guerrière, hui paisible, Laon ne s'imposait d'elle-même aux regards par son site à hauteur de domination, à 100 mètres au-dessus du val de l'Ardon; son fier coteau, nommé « mont », fut longtemps avant l'histoire un refuge, une forteresse commandant des forêts mouillées et les marais de la Souche et de la Serre.

Devant les coteaux de la forêt de Compiègne, à une demi-lieue en amont de la ville homonyme, l'Oise rencontre l'Aisne au pied du *Mont Ganelon* (152 mètres), qui est l'une des cimes où l'errante légende place le supplice du mauvais traître exécuté par l'ordre du grand empereur Charlemagne: Plus sûr est-il que cette colline fut un oppidum de nos ancêtres antéromains.

De ces deux courants, celui qui garde le nom, l'Oise est le plus faible de par ses 200 kilomètres seulement contre 300, et du fait de 500 000 hectares contre 778 230; mais l'Oise entraîne l'Aisne avec elle vers le sud-ouest : la plus forte cède à la plus faible, qui coule dans l'axe général du bassin.

La *Forêt de Compiègne*, que l'Oise longe ensuite de près par sa rive gauche, occupe autour du splendide château de Pierrefonds (1393-1406), trop restauré de nos jours, 14 441 hec-

Le Plus Beau Royaume Sous le Ciel.

tares où les hêtres, les chênes, les charmes se rangent sur 1 350 kilomètres d'avenues et d'allées, mur vivant, bruissant, ondoyant, frémissant dont chaque renouveau paré de feuilles lève plus haut le glorieux faîte.

Ce coin du vieux pays gaulois est parmi ceux où la main profane a le moins profané; beaucoup de grands bois y sont debout, qui tiendraient les uns aux autres sans les lacunes de quelques clairières.

Au septentrion la forêt de Compiègne se continue sur l'autre rive de l'Aisne par les 3 865 hectares de la forêt de Laigue, enracinée sur le calcaire; à l'est de la sylve où l'on admire Pierrefonds, tant d'arbres superbes, des ravins, de grands étangs (et presque en contiguïté avec elle), la *Forêt de Villers-Cotterets* couvre 12 500 hectares : donc, elle aussi, l'une des plus étendues de France. Par delà le val de l'Automne à la rive gauche de l'Oise, la forêt d'Halatte réclame 4 990 hectares, de Pont-Saint-Maxence à Senlis; et par delà le val de la Nonette la *Forêt de Chantilly* revendique avec ses annexes 7 122 hectares ayant à leur lisière du nord, et au bord de cette même Nonette, un de nos plus immenses châteaux modernes; enfin, à l'orient des bois de Chantilly, ceux d'Ermenonville (2 973 hectares) cachent des lacs, des roches, des déserts de sable admirés des Parisiens, soit spontanément, soit sur la foi des guides.

Automne et Nonette, deux affluents de gauche de l'Oise, coulent sur le plateau du *Valois* où ondulent, à 100-200 mètres d'altitude, les halliers, bois et bruyères de Villers-Cotterets, d'Ermenonville, de Chantilly, d'Halatte, et d'autres encore. Le Valois fut un des pays essentiels de la « province parisienne », et par cela même un de ceux qui modelèrent la France.

L'*Automne* a peu de rivales pour la presque immuabilité des fontaines; ses grandes crues triplent à peine son débit normal et ne quadruplent pas son étiage; jusqu'à ses « fureurs » tout est paisible en elle : 32 kilomètres, 30 000 hectares, crues de 6 mètres cubes, eaux ordinaires de 2, étiage de 1 600 litres, c'est ainsi qu'« elle se poursuit et comporte ».

La *Nonette* ne se poursuit pas et ne se comporte point autrement : non moins tranquille, constante et charmante, cette riviérette de Senlis et de Chantilly n'a jamais ou presque jamais descendu au-dessous de 700 litres; son étiage habituel est de 1 000, son courant normal de 1 500, ses grandissimes expansions de 6 000; elle s'amuse à tourner et virer pendant 10 lieues dans un pays de 35 100 hectares.

DEUXIÈME   *Petits Monts, Bas Plateaux, Plaines.*

Entre Automne et Nonette aboutissent à la rive contraire, celle de droite, la Brèche, fille des plateaux de Breteuil, et le Thérain, fils du pays de Bray et de ces mêmes plateaux; la première débouche en amont de Creil, ville d'industrie, nœud de chemins de fer, et la seconde en aval.

La *Brèche* [1] de Clermont d'Oise et de Liancourt est forte en sa faiblesse : ses 54 000 hectares seulement la favorisent de 2 900 litres, avec maigres de 1 500, minimum absolu de 800.

Le *Thérain* [2] est la riviérette de Beauvais, de Mouy, de Montataire; souvent répandu sur ses prairies, il varie entre 2 000 litres de bassesse extrême et 11 000 d'expansion « furibonde », avec moyenne coutumière de 4 800 : encore une bienfaisante et bienveillante rivière, dernière grande pourvoyeuse de l'Oise.

Et l'Oise, tirant à sa fin, va couler devant Pontoise, ville d'agréable séjour et de charmants environs, qui fut quelque chose quand l'Ile de France était presque tout le royaume très chrétien, et qui n'est plus rien depuis que Paris est Paris.

1. 52 kilomètres. — 2. 86 kilomètres, 115 000 hectares.

CHAPITRE TROISIÈME

DE SANCERRE AU HAVRE;
AUTOUR DE PARIS; LA SEINE

XIX. MONTS DE SANCERRE. ‖ XX. SOLOGNE : COSSON, BEUVRON, SAULDRE. ‖ XXI. CHER. ‖ XXII. CHAMPAGNE BERRICHONNE. ‖ XXIII. BOISCHAUT. ‖ XXIV. INDRE. FALUN DE SAINT-MAUR ; CHAMPAGNE TOURANGELLE. ‖ XXV. BRENNE ET CLAISE. ‖ XXVI. PERCHE. ‖ XXVII. BEAUCE : LOIR ; LA DESSICCATION. ‖ XXVIII. GÂTINAIS : ESSONNE ET LOING. ‖ XXIX. FORÊTS D'ORLÉANS ET DE FONTAINEBLEAU. ‖ XXX. BRIE : LES DEUX MORINS. ‖ XXXI. SEINE SUPÉRIEURE. ‖ XXXII. PARIS. ‖ XXXIII. DE PARIS A LA MER. ‖ XXXIV. LES DEUX VEXINS : EPTE, ANDELLE. ‖ XXXV. PAYS DE CAUX, RIVIÉRETTES CAUCHOISES. ‖ XXXVI. FALAISES NORMANDES, FLEUVES CAUCHOIS, PAYS DE BRAY.

XIX
MONTS
DE
SANCERRE

APRÈS l'Ardenne le plus haut de nos petits monts culmine dans le *Massif de Sancerre*, longue protubérance, tirant son nom d'une ville du centre qui fut une « Petite Rochelle », une place d'armes des gens de la religion réformée : Sancerre occupe, à 300 mètres d'altitude, le sommet d'un coteau conique isolé regardant de plus de 150 mètres de haut le lit de l'inconstante Loire.

Dans ce bloc la *Motte d'Humbligny*, qui commande le vallon natal de la Petite Sauldre, atteint 431 mètres ; et cela suffit pour que ce massif de roches crétacées n'ait pas d'égal sur le chemin du droit Nord et sur le chemin de l'Ouest, dans tout le quart de la France qui est le Nord-Ouest.

Beau pays, beaux coteaux, belles ravines, belles eaux, belles forêts, bonnes vignes, le Sancerrois est charmant dans sa petitesse, avec horizons infinis, du haut des cimes, sur le grand fleuve de la Loire, les monts et collines d'outre-Loire, et sur

CHAPITRE TROISIÈME *Petits Monts, Bas Plateaux, Plaines.*

deux vastes plateaux : au midi la *Champagne de Bourges*, oolithe très sèche et très monotone, sur le chemin de Bourges à la rivière Allier ; et à l'ouest la Sologne où mène le cours de la Sauldre, principale rivière issue des monts de Sancerre.

XX
SOLOGNE :
COSSON,
BEUVRON,
SAULDRE

Il n'est point défendu de croire que le nom de Sologne a le même radical que celui de ségalas. Non pas qu'une plaine à pinières avec étangs d'eau rousse verdis par le nénuphar ressemble à nos plateaux granitiques, gneissiques ou schisteux du Midi ; mais ces plateaux et cette plaine ont de tout temps dressé beaucoup plus d'épis de seigle que d'épis de froment ; or, seigle se dit en latin *secale* : d'où, d'une part, dans la France de Guyenne, de Languedoc, les hautes plaines des Ségalas ; et, d'autre part, dans la France d'Orléanais et Berry, les basses plaines de la Sologne, corruption de *Secalaunia* ; d'autres disent de *Sabulonia*, la Sablière.

Elle partage ses 450 000 à 500 000 hectares, exactement 469 000, et ses 100 000 habitants à peine entre trois départements, le Loiret, le Loir-et-Cher, le Cher. A la Ferté-Saint-Aubin, à la Motte-Beuvron, à Salbris, le chemin de fer d'Orléans à Vierzon la traverse à peu près par le milieu.

Elle s'étend du Cher à la Loire sur le Cosson et le Beuvron, tributaires de la Loire, et sur la Sauldre, affluent du Cher ; dans l'autre sens, d'est en ouest, elle part de la racine des monts de Sancerre et s'achève à la presqu'île d'entre le Cher et la Loire de Blois et d'Amboise.

Ici, à d'humbles altitudes, entre 125 mètres de surrection à l'orient, 75 à l'occident, s'élevait une sylve compacte sur une terre apte à la forêt, inapte aux céréales faute d'éléments calcaires ; car l'humus naturel à la Sologne est une argile siliceuse à la fois froide, pauvre et de faible pente : d'où l'excès d'humidité ; et l'homme, intervenant, fit la plaine plus humide encore, et par surcroît malsaine.

Il fendit en tous sens la forêt vénérable ; de déchirure en déchirure il ne resta plus à la Sologne que des lambeaux de sa parure, çà et là des bosquets et, vers l'ouest, des sylves encore grandes avec chênes dominateurs : forêt de Bruadan, près Romorantin, forêt de Boulogne, contiguë au parc de Chambord, forêt de Russy, vis-à-vis de Blois ; il y eut dès lors moins de loups dans la Sologne, et sans doute aussi moins d'eau, jusqu'au jour où l'on imagina d'arrêter les ruisseaux en étangs, qui, d'âge en âge, augmentèrent. La plaine miocène devint par endroits moins terrestre qu'aquatique ; récemment encore, dans le seul arrondissement de Romorantin, près de mille eaux croupies reflétaient chichement le ciel et distribuaient libéralement la mort.

Ces lagunes firent la misère du peuple solognot ; moitié lacs et moitié marais sur fond d'argile et de mâchefer, elles abandonnaient en été leurs rives : alors la fièvre, née des limons fervescents, frappait à la porte des cabanes, et l'homme de la chaumière, hâve colon, pêcheur des étangs, braconnier, et sa femme ou ses fils, sortaient de la cahute, avant l'âge, « les pieds les premiers », suivant que l'infaillible sort en avait décidé.

En moins de cinquante ans, à partir d'après 1850, tout a changé, dès l'instant qu'on a vidé les étangs, séché les palus, planté des arbres, réchauffé avec les marnes voisines les terres désormais moins trempées. — La Sologne, argiles et sables, a des oolithes, des craies sur tout son pourtour : à l'orient, les craies sancerroises ; au nord, par delà le Val de Loire, les calcaires beauceronnes ; au midi l'oolithe du Berry, et cette craie tuffeau des rives du Cher d'où les carriers de Bourré détachèrent la belle pierre de tant de grands châteaux, de tant de villas ou simples maisons le long de la Loire, en Orléanais et en Touraine. C'est à l'est qu'on a pris le calcaire, aux marnes crétacées de Blancafort amenées à la Motte-Beuvron par le canal de la Sauldre, et l'on espère qu'un jour ou l'autre un « canal de la Sologne », partant de la Loire à Châtillon, gagnera le Cher à Monthou par un voyage de 148 kilomètres au long duquel il épanchera les flots fécondants de la Loire et de la Sauldre.

Malgré l'inclémence de certains hivers, et avant tous celui de 1879, et son funeste verglas, des pins maritimes, des pins de Riga, des chênes, des bouleaux, jeune forêt, poussent en Sologne, et l'on espère qu'ils finiront par y vêtir près de 300 000 hectares. Ainsi retourne à la sylve un pays de sables nus ; ainsi revient à la saine exhalaison des bois un air aux miasmes méphitiques ; ainsi la Sologne passe de la mort à la vie et l'on n'y accusera plus à tort, comme antan, l'ancien village de Tremblevif (aujourd'hui Saint-Viâtre) de tirer son nom des frissons de la fièvre.

On l'y craint si peu maintenant, la fièvre, que la Sologne se couvre de châteaux de plaisance, de villas, de pavillons et rendez-vous de chasse. Il est de bon ton parmi les Parisiens huppés d'aller chasser en « ségalas » ou « sablonnière », et s'il se peut, sur son propre domaine, dans ses bois à soi, autour de sa faisanderie.

TROISIÈME — *Petits Monts, Bas Plateaux, Plaines.*

Cosson, Beuvron, Sauldre, ainsi se nomment les maîtres courants solognots ; aucun n'a de grandeur.

Le *Cosson*, rivièrette de peu de force, avec misérable étiage, reçoit, en 25 lieues de lente promenade, les rus louches et lourds de 72 500 hectares. C'est à sa rive qu'à 4 lieues à l'est de Blois, un ami de la joie et du luxe, François Ier bâtit son château de *Chambord* ; Henri II finit ce que François Ier avait commencé ; ce palais de 156 mètres de façade sur 117 de profondeur, avec 440 chambres, est donc une œuvre de la pure Renaissance, avec tours et tourelles, clochers et clochetons, fenêtres ouvragées, profusion de sculptures.

Renaissance si l'on veut, mais combien plus beau l'art austère qui se mourait quand vint au monde cet art charmant et touffu ! Qui n'oublie tous ces brillants châteaux sous la nef de la cathédrale ou romane, ou gothique avant la flamboyance de l'ogive, dans le silence où chaque pas est sonore ?

Après avoir passé devant le parc de Chambord, qui, malgré sa présence, manque d'eau vive, comme en manquait le Versailles du Roi-Soleil, le Cosson coule derrière Vienne, faubourg de Blois ; puis il se déchire en deux : le Vieux Cosson, branche la plus faible, s'évanouit dans la Loire ; le Jeune Cosson s'unit au Beuvron.

Le *Beuvron*, c'est un Cosson plus grand, ayant 125 kilomètres d'ébats, 145 000 hectares d'aire et peut-être 5 mètres de portée. Rivière centrale de la Sologne, qu'il tranche de l'est à l'ouest, tout comme au nord le Cosson, comme au sud la Sauldre, il s'ouvre aux eaux rousses des rus nonchalants ; eaux qui ne traînent plus seulement la pourriture de la rouche, du jonc, du glaïeul, des bruyères, mais aussi les aiguilles des pins et sapins dont s'est ombragée la lande. Il n'y a d'autres villes à son bord que la Motte-Beuvron, Neung et Bracieux ; encore ne sont-elles que des bourgs. Il entre en Loire à Candé (c'est-à-dire confluent), entre Blois et Amboise.

Parmi ses affluents il en est un qui s'appelle *Bièvre*. Beuvron, Bièvre surtout, ces mots nous reportent à l'époque où la France avait comme le Canada sa nation de bièvres ou de castors, aujourd'hui réduite à quelques familles introuvables, peureuses par défiance des arts et traquenards de l'homme. Et ce n'est pas en Sologne qu'habitent les quelques castors de France ; le petit coupeur de bois, constructeur de levées, créateur d'étangs, a ses dernières cachettes dans les marais du Rhône inférieur ; il couvrit pourtant tout notre pays, comme en témoignent encore les noms de maint courant d'eau : la

Le Plus Beau Royaume Sous le Ciel.

Bièvre de Paris ; la Bièvre de l'Aisne, sous-tributaire de l'Oise par l'Ailette ; la Bièvre d'Argonne, affluent de l'Aisne ; la Bièvre d'Isère ou Bièvre d'Aoste, qui se verse dans le Rhône ; la Bièvre des Ardennes, sous-affluent de la Meuse par la Bar ; le Beuvron de Saint-James, absorbé par le fleuve normand Sélune ; le Beuvron de Clamecy, qui se perd dans l'Yonne supérieure ; la Beuvronne, qui tend à la Marne, et la Biberonne, qui tend à la Beuvronne, en Seine-et-Marne ; les cinq Beuvronnes du bassin de l'Isle, dont trois vont à l'Isle et deux à la Dronne, etc.

De la craie du Sancerrois sort la *Sauldre* ou Saudre. Née de fonts claires, très vives et à jamais inépuisables, elle arrive en Sologne au-dessous de Vailly, et dans la plaine de l'eau morte, la fille des eaux courantes continue de courir assez vite ; elle s'accroît de longs ruisseaux partis de fontaines tamisées sous le sable. Dans une campagne qui eut de si vastes horizons incessamment rétrécis par la sylve nouvelle, la rivière trace un grand demi-cercle ; elle y baigne Salbris (même nom que Sauldre), Romorantin, et s'allie au Cher en aval et non loin de Selles.

Son pèlerinage de 166 kilomètres en un domaine de 217 000 hectares lui assure un volume habituel de 9 mètres, avec étiage de 3.

C'est un trésor inappréciable pour la rivière la plus centrale de France, le Cher que les longues sécheresses d'une de nos régions les moins humides réduisent trop souvent, en tout cas chaque année, à la portion congrue.

XXI
CHER

A qui s'en va de la Sologne dans la Champagne du Berry, il faut cheminer vers le midi, franchir le Cher en son agréable val et remonter l'une quelconque des trois gentilles riviérettes qui forment le charmant *Fouzon* : soit Fouzon, soit Renon, soit Nahon ; le Fouzon, méandre de 15 lieues, concentre les fontaines de 98 107 hectares.

La rivière qui coule au pied du rempart méridional de la Sologne sur près de 20 lieues de longueur, de Vierzon jusque vers Montrichard, et qui recueille la Sauldre, maître courant solognot, le *Cher* est par excellence notre cours d'eau central.

C'est ici, devant le plateau des sablons, des étangs et des sylves, qu'il a toute sa grandeur, entre 80, 100, 120 mètres d'espacement de rives : car il a jà reçu l'hommage de tous ses grands vassaux, Tardes, Aumance, Yèvre, Arnon, Sauldre, Fouzon.

TROISIÈME *Petits Monts, Bas Plateaux, Plaines.*

Il naît à six lieues au nord-est d'Aubusson, dans un pays de roches primitives ayant des suintements de prairie, des étangs, d'épaisses brumes le soir et le matin, des ruisselets sans nombre, mais pas de vraies sources venant de la profondeur : aussi reste-t-il longtemps très faible, et quand il abandonne ses gorges supérieures, gaines étroites, creuses, tournoyantes, il en sort comme un ruisseau-torrent ; il est souvent presque à sec devant *Montluçon*, qui brûle la houille de Commentry, sa voisine : fumeux le jour, ce « petit Manchester », fondant du fer, coulant du verre et des glaces, brille la nuit comme un incendie.

Mais il quitte sous Saint-Amant-Mont-Rond les terrains imperméables pour l'oolithe, puis la craie, il change de nature et prend de la consistance ; il côtoie *Vierzon*, ville d'industrie, il baigne les piles de pierre qui portent le château de Chenonceaux, aimé de Catherine de Médicis, puis il coule dans la plaine de la Loire.

Tours serait le lieu normal de son embouchure, mais la rivière s'obstine à ne pas atteindre le fleuve, qu'elle suit de très près, sans rien de dur et d'élevé qui l'en sépare, à seulement 2 000, 1 500, 1 000, 800 mètres de distance ; laissant à droite la ville tourangelle dans la campagne où les deux cours d'eau mêlent leurs débordements, le Cher ne finit en Loire qu'à 5 lieues en aval, par moins de 40 mètres, au Bec du Cher, entre Luynes et Langeais, vis-à-vis de Cinq-Mars et de sa « pile », qui est une pyramide romaine de 29 mètres de hauteur — pour quelle raison dressa-t-on cette tour carrée en briques avec quatre petits pyramidions au faîte? Porta-t-elle un fanal pour guider la nuit les voyageurs?

Le Cher verse dans la Loire ce que lui ont versé à lui-même des ruisseaux innombrables et quelques rivières, le long de ses 350 kilomètres, en un « empire » de 1 340 970 hectares, soit un volume moyen de 45 mètres cubes, avec étiage de 16, 15, 12, voire 10, et crues extrêmes de plus de 1 500 : crues auxquelles contribuent surtout la Tardes et l'Aumance, torrents des roches compactes ; tandis que l'Yèvre, l'Arnon, la Sauldre, rivières tranquilles, soutiennent le débit estival.

La *Tardes*[1], plus longue de 17 kilomètres que le Cher (74 contre 57), est le torrent des pays de Marche et de Combrailles ; elle baigne Chambon et passe près d'Évaux, ville de bains, dont les sources thermales varient entre 28° et 57° ; c'est par des gorges magnifiques, par un défilé digne de la grande

1. 97 500 hectares.

Le Plus Beau Royaume Sous le Ciel.

montagne, qu'elle s'avance vers le Cher : le pont du chemin de fer de Montluçon à Eygurande l'y domine de 92 mètres.

L'*Aumance*[1] assemble de longs rus dispersés en éventail dans le pays que traverse, à partir de **Commentry**, cité de houille et d'industrie, le sinueux chemin de fer de Montluçon à Moulins; elle aussi serpente au fond de gorges encaissées, en amont et en aval d'Hérisson.

L'*Yèvre*[2] prouve l'éclatante supériorité des rivières de sources sur les torrents nés des soudains orages : quand le soleil a longtemps dardé sur la France centrale, son étiage de 3 600 litres égale ou dépasse celui du Cher, et l'on peut imaginer telle sécheresse « séculaire » qui tarirait tout à fait la rivière de Montluçon et de Saint-Amand, quand celle de Bourges roulerait encore un flot d'eau vive; or le Cher est long, dans un grand bassin, l'Yèvre courte, en une conque bien moindre. Elle longe le **Camp d'Avord**, grand champ de manœuvres; elle frôle en des prés humides, entre jardins maraîchers, à l'ombre des peupliers, le pied de la colline où règne la majestueuse cathédrale de la ville des « rois du monde »; c'est probablement là ce que voulait dire le nom des *Bituriges*, dont **Bourges** est devenue l'héritière : là elle se mêle à la riviérette de Dun-le-Roi, à l'*Auron*[3], près de deux fois plus long qu'elle, mais moindre de volume. Elle meurt à Vierzon.

L'*Arnon*[4], qui finit par rouler 4 à 5 mètres à la seconde, part du bastion septentrional du Massif central; il ne baigne que de menues villes, Lignières, Charost, Reuilly; il boit la rivière modérée d'Issoudun, la transparente *Théols*[5], qui ne participe guère à ses crues, mais est pour près de moitié dans son étiage.

Quant à la Sauldre, elle apporte au Cher des eaux alourdies par leur passage en Sologne.

XXII
CHAMPAGNE BERRICHONNE

Cette Théols inoffensive, sauf qu'elle s'extravase sur ses prairies, tire ses meilleurs ruisseaux de la **Champagne Berrichonne**, plaine décrite suffisammment par son seul nom de Champagne, qui évoque à l'esprit un sol nu sur calcaire ou sur craie. Ici en Champagne de Berry, c'est l'oolithe, que recouvre une terre blanchâtre où le

---

1. 58 kilomètres, 100 425 hectares. — 2. 67 400 mètres, 223 000 hectares. — 3. 84 kilomètres, 87 651 hectares. — 4. 140 kilomètres, 202 600 hectares. — 5. 41 kilomètres, 77 475 hectares.

TROISIÈME *Petits Monts, Bas Plateaux, Plaines.*

Petit Poucet aurait trouvé par milliards de milliards des cailloux blancs pour traverser la forêt sans s'y perdre : mais de forêts il n'y en eut peut-être jamais, et il n'y en a pas dans la patrie des Champignous, sorte de Beauce de 81 000 hectares sise entre 150 et 200 mètres au-dessus des mers, avec culmen à 223. Elle est traversée par le chemin de fer de Paris à Toulouse entre les villes d'Issoudun et de Châteauroux; de l'une à l'autre le voyageur n'y maudit pas la rapidité du train; rien n'y charme, ni vallons et vallées, ni bois, ni prairies, ni lignes fières à l'un des quatre horizons.

Cette Champagne vaut en uniformité les autres Champagnes de France, mais elle a bon sol, salubrité d'air et moutons très bien lainés paissant des herbes sèches, parfois très loin du plus voisin clocher : les bourgs du peuple champignou sont rares, sans hameaux intermédiaires, mais routes et routins passent devant les lourds bâtiments des grands domaines. Au midi la plaine confronte au Boischaut, pays des Boischautins sillonné d'outre en outre par la jolie rivière de l'Indre.

XXIII
BOIS-
CHAUT

Le *Boischaut*, autant dire le Bocage du Berry, c'est le *Boschetum*, le Bosquet, le Bois; et de fait les arbres n'y manquent pas comme en Champagne berrichonne, et des forêts y vibrent aux vents de la France du Centre; malgré quoi le pays manque de beauté, non de tristesse, par trop de landes et brandes, sur une terre où sables et graviers recouvrent la même substance qu'en Champagne : l'oolithe.

Région médiocrement fertile, elle ne flatte pas beaucoup plus que la plaine d'entre Châteauroux et Issoudun, les regards du voyageur d'entre Paris et Toulouse, encore qu'elle cache, de çà de là, de charmants recoins dans les replis de ses sylves, à quelques tournants de rivière, à la rive d'étangs dont les brumes glacent les passants la nuit, sous la lune voilée.

Ces bruyères, ces brouillards, ces bosquets sous l'embrun lacustre, donnent tort à ceux qui, préférant ici le *d* au *t*, prétendent que le pays se nomme Boischaud, et non Boischaut; et cela par contraste avec les bois froids qui couvrent au sud et non loin du moyen val de l'Indre les avant-monts « primitifs » du Massif central, au delà des lias du pays de la Châtre.

A vrai dire, il y a Boischaut et Boischaut : si le Boischaut d'en bas, dans l'orbite de Châteauroux, n'a ni grandeur, ni beauté, le Boischaut d'en haut, dans l'orbite de la Châtre, a droit à un modeste renom d'Arcadie; on y monte et descend de belles collines, on y franchit des ruisseaux vifs, on y passe des riviérettes, on s'y perd dans les bois, on y foule dans la rosée l'herbe des

Le Plus Beau Royaume Sous le Ciel.

prairies : ainsi l'on gravit, dans une campagne agreste, fraîche plutôt que froide, les premiers gradins du Plateau central. Etendu de la sorte jusqu'aux naissants de l'Indre, le Boischaut dépasse 500 000 hectares.

XXIV
INDRE :
FALUNS
DE SAINT-MAUR
CHAMPAGNE
TOURANGELLE

De ces avant-monts de micaschiste procède l'*Indre*[1] des Boischautins, la rivière qui dort plus qu'elle ne court, la profonde, la paisible, qui ne ravage point sa prairie.

A 30 kilomètres à vol d'aigle au nord-ouest de Montluçon, elle part d'une fontanelle du *Massif de Saint-Marien* (508 mètres), et ne reste pas longtemps dans les terrains compacts ; elle s'en dégage en aval et près de la Châtre ; puis, sans grands détours elle cherche le nord-ouest, en Boischaut entre Champagne à droite, Brenne à gauche, par Ardentes, Châteauroux, Buzançais, Châtillon, Loches où déjà elle est tourangelle.

Bijou rare, cette *Loches* qui grimpe ici le coteau de l'Indre. Le vieux Loches escalade un rocher tendre où les gens d'un faubourg se sont creusé des chambres, des caves dans le tuf ; l'ami des pierres qui ont une beauté, des murailles qui ont une histoire, le visite avec ferveur.

Sur cette pente il y a murs d'enceinte et portes fortifiées ; hôtels de la Renaissance ; palais où des rois habitèrent, du « Victorieux » jusqu'au « Père du peuple », quand la Touraine était « française » plus que l'Ile-de-France ; château fort de plus de 2 000 mètres d'ellipse, avec énorme donjon carré de 40 mètres de hauteur et donjon rond où Louis XI avait des « cages » pour « oiseaux politiques » ; partout des tours, tourelles, clochetons de la Renaissance ; et, d'un âge plus vénérable que tous ces édifices militaires ou civils, l'église romane de Saint-Ours dont on a dit qu'elle est « unique au monde et d'une étrange et sauvage beauté ». En aval de Loches l'Indre serpente entre deux plateaux bas : à gauche monte le talus du socle de Sainte-Maure, à droite celui de la Champagne Tourangelle.

Le *Plateau de Sainte-Maure* ou plateau des Falunières, c'est, de 100 à 150 mètres, un dos plat entre l'Indre au nord, la Creuse, puis la Vienne au sud, un peu à l'ouest et beaucoup à l'est du chemin de fer de Paris à Bordeaux dans son trajet de Tours à Châtellerault. Plateau de Sainte-Maure d'après sa maîtresse ville ; plateau des Falunières en vertu des 25 000 hectares de faluns ou coquilles marines répandues en saupoudrement de

---

1. 265 kilomètres.

Petits Monts, Bas Plateaux, Plaines.

5 à 25 centimètres d'épaisseur sur les silices et les argiles éocènes d'un plan de près de 10 lieues d'orient en occident, sur 5 à 8 du nord au midi. Plus triste encore à traverser que la Champagne de Berry, il est plus blanchâtre qu'elle par sa « neige » de coquilles, et plus sec encore, plus stérile avec presque égale nudité, tout au moins dans la zone des faluns. Il se prolonge à l'ouest entre Indre et Vienne par les *Landes du Ruchard*, devenues camp d'armée avec école de tir ; et ces Landes tombent en promontoire sur le Véron, campagne merveilleusement plantureuse qui s'allonge en pointe entre la Loire et la Vienne au-dessus de leur commun confluent.

Sur un espace de plus de 50 kilomètres de l'est à l'ouest avec 8 à 15 seulement du nord au midi la *Champagne Tourangelle* ou Champeigne interpose son plateau de 100 à 125 mètres d'altitude entre le Cher au nord, l'Indre au sud, et, en amont de l'Indre, son affluent l'Indrois. Le chemin de fer de Paris à Bordeaux la coupe au plus étroit, entre Tours et Montbazon, station précédée par le viaduc de 21 mètres de haut, de 751 mètres de long, en 59 arches, où ladite ligne franchit le val de l'Indre. Point variée, des sables, des argiles, des pierres meulières du tertiaire éocène y revêtent un sous-sol de craie tuffeau.

Ainsi l'Indre frôle deux Champagnes. Après avoir embrassé l'île que pare le joli château d'Azay-le-Rideau, bâti sous François Ier, elle aboutit à la rive gauche de la Loire, par environ 30 mètres au bout d'une lente promenade, en un pays de 364 200 hectares. Ses grandes crues dépassent peu 300 mètres cubes et elle roule en moyenne 16 mètres à la seconde, avec étiage de 5 à 6.

XXV
BRENNE
ET
CLAISE

Entre l'Indre au septentrion et la Creuse au midi la *Brenne*, que rien d'éminent ne sépare du Boischaut, lui ressemble comme sous-sol d'oolithe et sol d'argiles éocènes bariolées à peu près pareilles aux argiles miocènes de la Sologne : d'où maints rapports intimes entre l'aspect de ces deux plaines fort inégales en aire, la Brenne, dite aussi Sologne de Berry, n'ayant pas beaucoup plus de 100 000 hectares, soit du cinquième au quart de la Sologne solognote.

Ici comme entre Cher et Loire à 50 ou 60 kilomètres au nord-nord-est, l'argile de surface ne vaut guère, non plus que le sable ; aucune fertilité naturelle ; et, par malheur, le sous-sol est une sorte de carapace imperméable.

Le Plus Beau Royaume Sous le Ciel.

Cette étanchéité du dessous a suscité sur le plateau, qui a 100 à 173 mètres d'altitude, une infinité d'étangs parfois rassemblés en sortes de grands lacs interrompus par des passages de route, des rideaux d'arbres, des levées de terre.

Çà et là des buttes arrondies ou pointues, la plupart boisées, dominent ces « mers mortes » dont la plus célèbre, longue de 2 500 mètres, l'étang de la Mer Rouge, entoure l'îlot de la chapelle de Notre-Dame, ou de Bonne Dame, très vénérée parmi les Brennous : ce sanctuaire attire jusqu'à trois mille pèlerins par an.

La Brenne eut 8 000 hectares d'eau stagnante, moins du crime de la nature, que par la malfaisance de l'homme.

Il paraît qu'une longue et large sylve ombrageait la contrée aux temps antiques et que les pullulantes racines de la forêt, appelant l'eau en sève, suffisaient à débarrasser l'argile de son excès d'humidité; puis, les bois ayant été abattus, et le pays devenu malsain par l'immobilité des flaques, on aida la pluie du ciel, la glaise du sol dans leur œuvre néfaste, en barrant les vallons par des bondes ou digues et en retenant en étangs ce qu'il était possible d'épancher en onde vive. Ce méfait date du XIIIe siècle. Alors d'année en année la Brenne, de plus en plus empoisonnée, devint un séjour maudit, une « ambulance » sédentaire (deux mots qui jurent entre eux), une immense « fiévrerie » où la vie moyenne finit par descendre à vingt-deux ans dans les plus maremmatiques des vingt-trois communes brennouses.

Mais, dans ces dernières décades, l'effort continu vers un meilleur avenir a rapidement restauré la Brenne, comme ses pareilles la Dombes et la Sologne.

Ce qu'il y reste d'étangs est maintenu scrupuleusement à son niveau normal, sans abandon des rives d'hiver au cours de l'été, donc sans exhalaisons, sans miasmes, sans paludisme; les cuvettes desséchées ont fait place à des prairies, à des champs, des jardins, des vergers et des vignes. La Brenne n'est plus Brenne; pas plus que Dombes n'est Dombes; ou Sologne, Sologne.

Si l'on y chasse moins, à bottes embourbées, le canard sauvage, la poule d'eau et autres volatiles amis des étangs et des marais, si le brouillard s'y coupe encore au couteau, une vie bien plus touffue et bien moins mélancolique anime aujourd'hui la Sologne des Berrichons, qui a pour rivière centrale un affluent droit de la Creuse, la *Claise* [1] indolente. Depuis

---

1. 87 kilomètres, 108 790 hectares.

qu'il y a moins d'étangs en Brenne, ce grand ru traîne une eau moins louche qu'autrefois, telle que la faisait la pourriture du jonc, du roseau, des herbes aquatiques, dans la stagnance des marécages.

Tous ces plateaux, Brenne, Champagne de Châteauroux, Champagne de Bourges, Sologne, tendent vers la Loire de Gien, d'Orléans, de Blois, de Tours. Au nord du fleuve de ces trois villes, par delà le fécond, l'ample val de Loire, des talus sans aucune grandeur, sans aucune beauté, plantés de vignes basses ou labourés de sillons, se relèvent à quelques mètres de hauteur; et dès la cime atteinte, on se trouve sur un plateau très vaste et fort riche, mais d'une banalité stupide : c'est la Beauce, fameuse à cause du voisinage de Paris.

Ainsi que la Sologne se cogne à l'est au massif de Sancerre, ainsi la Beauce se heurte à l'ouest au Perche, lequel est un bastion des Monts Normands. Et ces Monts Normands tiennent, de par leur altitude, le troisième rang parmi nos montagnettes, avec 14 mètres de moins que le relief sancerrois.

XXVI
PERCHE

Donc, les collines auxquelles la Beauce confronte vers le couchant — car on ne saurait ici parler décemment de montagnes — sont les collines du *Perche*, à l'occidental horizon de Chartres, autour de Nogent-le-Rotrou, de Bellême, de Mortagne.

Roches de craie, et parmi ces assises crétacées, des tertiaires éocènes, terres compactes d'argile à silex, le Perche est la célèbre patrie de grands, gros, forts et superbes chevaux.

Partout au monde ce serait un gracieux pays : à côté de la Beauce, il est sublime; moins la vigne il a surabondance de tout ce dont la Beauce a disette, notamment de bois et ruisseaux; de ruisseaux surtout.

Peu perméable ou point sur de vastes espaces, il ne confisque pas les eaux de surface pour le trésor caché des Vaucluses, mais chaque entre-deux-talus possède son ru, sa riviérette, et plus de quinze courants sortent du Perche, en un tour complet d'horizon : Eure, Blaise, Avre normande, Iton, Rille; les fleuves de Touques, de Dive et d'Orne; puis la Sarthe, l'Orne saosnoise, l'Huisne, plus percheronne qu'aucune autre en ses détours au centre du pays; la Braye, l'Yères, l'Ozanne, le Foussard, la Thironne, affluents du Loir — ainsi ce château d'eau se distribue entre Seine, Loire et fleuves côtiers.

La sylve, interrompue d'étangs, qui voila jadis tout le Perche a diminué tandis que des étangs s'effaçaient; les forêts

Le Plus Beau Royaume Sous le Ciel.

de maintenant, avec leurs futaies de chênes et de hêtres, leurs pins, leurs bouleaux, les grands bois de Senonches, de la Ferté-Vidame, de Longny, de Reno, de Bellême où le chêne est géant, ceux de Bonnétable, de Vibraye ne sauvent du jour éclatant que la moindre part du massif; mais, la terre percheronne est verte même au milieu des clairières, chaque route, sentier, grand domaine ou petit enclos étant bordés de haies vives et chaque courtil ombrageant d'arbres la maison rustique dont il est la gaieté.

Pas une cime n'arrive à 300 mètres dans le Perche d'au-dessus de la Beauce et des environs de Nogent-le-Rotrou, dans le Perche oriental ou *Petit-Perche* et le Perche méridional ou *Perche-Gouet*; 250, 275, 285 mètres, la « montagne » borne là ses plus hautes aspirations et il faut suivre tout le massif, par Longny, Tourouvre, Moulins-la-Marche, jusqu'au pays des sources de la Sarthe, pour atteindre enfin, dans les *Monts d'Amain*, des altitudes plus que tricentuples, jusqu'à 321 mètres, et ce n'est même pas le dixième des Pyrénées, et ce n'est que le quinzième des Alpes.

Humbles belvédères sans doute, mais la Beauce est si bien étalée sans le moindre obstacle, que de la cime des mamelons du Perche on l'aperçoit aussi loin que porte le regard.

XXVII
BEAUCE :
LE LOIR ;
LA
DESSICCATION

Cette plaine des plaines se déroule à peu près sans ondulations sur quatre territoires, Loiret, Seine-et-Oise, Eure-et-Loir, Loir-et-Cher, et sur deux versants presque sans pente, celui de la Loire au midi, celui de la Seine au nord. C'est un plan d'environ 735 000 hectares, le soixante-douzième de la France, et ce qu'elle a de moins varié comme sol, sous-sol, aspect, apparence et réalité.

A grandes lignes elle va de l'Essonne, rivière qui la sépare des plateaux du Gâtinais, à la Brenne, riviérette baignant Châteaurenault, la ville des tanneurs ; et, dans l'autre sens, elle se poursuit de l'Eure et du Loir à la Loire.

Du clocher de Chartres, de Châteaudun, des hauteurs de Vendôme, de Blois, d'Orléans, de Pithiviers, d'Étampes, on voit également se perdre à l'horizon son plateau sans collines, sans halliers, sans rivières.

Belsia, triste solum, cui desunt bis tria solum :
Fontes, prata, nemus, lapides, arbusta, racemus.

Ainsi disait, en vers léonins, Venantius Fortunatus, évêque de Poitiers.

Petits Monts, Bas Plateaux, Plaines.

> Beauce, triste pays, six choses te manquent, pas plus :
> Fonts, prés, bois, rocs, arbres et vignes.

Et pourtant la Beauce avait alors plus de bois qu'aujourd'hui ; même elle fut forêt, comme son seul nom le ferait croire, à supposer que Belsia vienne bien de *bleiz*, mot gaulois qui signifiait loup.

Une région si peu tourmentée et brisée, si peu montante et descendante, n'a pu naître que par dépôts dans une eau dormante ; et en effet son élément essentiel, son calcaire, dit justement calcaire de la Beauce, s'est lentement assemblé, lentement durci en roche sous les eaux d'un lac de l'ère oligocène et miocène ; puis le dispensateur souverain, le Temps a caché la pierre sous les terreaux, les sables et limons.

Le divorce des eaux entre Seine et Loire ne s'y manifeste aucunement à des obstacles visibles : la ligne de faîte existe, mais on ne l'aperçoit pas, même quand il pleut à torrents, car alors les fossés, on n'oserait dire les ruisseaux, absorbent le déluge plutôt qu'ils ne le conduisent vers un horizon déterminé, soit Paris ou Chartres, soit Orléans, ou Vendôme, ou Blois, ville homonyme à Beauce, si Beauce est bien *Belsia*. Ni la surface perméable, ni la sous-surface fissurée, ni le terreau, ni le calcaire beauceron n'ont la continuité de substance, et l'onde, au lieu de couler, s'imbibe ; elle descend aux grandes profondeurs, jusqu'à l'argile intransitable.

Aussi, ni rivières, ruisseaux et ruisselets, pas d'étangs ; rien que mares artificielles çà et là dans les villages et les domaines, pour la soif du bétail, qui n'y hume en été qu'une boue pourrie, et parfois n'y trouve qu'une terre fendue par le soleil ; rien que citernes où convergent les toits des maisons et des granges ; ou des puits qui sont des abîmes noirs, jusqu'à 150, 200, même près de 300 pieds, et dont on ne voit même pas luire au fond l'onde obscurément.

Cette sécheresse, avec poussière à tous les vents, la platitude, les champs de blé ondulant comme un Océan, voilà les caractères de la Beauce. L'herbe n'y verdoie, le soleil y poudroie, terrible faute d'ombre et faute d'eau, sans un vallon, sans un coteau pour cacher la lumière, sans un bois, sans un arbre pour la tamiser, le long des routes blanches qui vont droit devant elles sans jamais varier d'horizon : un clocher qui pointe d'un bourg désert dans la journée, parce que tous les « bourgeois », simples rustiques, sont à travailler aux champs ; des paillers, dont beaucoup de grands en raison du domaine dont ils sont la « quintessence » annuelle ; des moulins à vent en bois surélevés par un appentis; çà et là, très rarement, quelques arbres misérablement étriqués, ébranchés, tordus, ce sont là tous les accidents, toutes les raretés et variétés du plateau, et le passant les voit s'effacer derrière lui, tandis que grandissent devant lui d'autres ailes de moulin, d'autres meules de paille, d'autres arbres souffrants, d'autres clochers d'église. Ces chemins ne passent guère devant des jardins et des fermes : sauf dans les « meuneries » qui profitent du moindre mamelon pour livrer leur toile à la brise, sauf aussi dans les grandes fermes, les Beaucerons vivent loin des champs qui font leur richesse, en des villes sans monuments et dans des villages aux maisons toitées de chaume.

Partout des blés, avec tréfleries et luzernières, sans haies séparatrices des champs, sans une prairie, sans une eau courante, sans un buisson de ronce.

Et quand les aoûterons, c'est-à-dire les moissonneurs ont passé la faucille dans ces fromenteries, sous la torridité d'août (de là le nom de ces coupeurs, en grand nombre Belges ou Bretons), quand la récolte s'est dispersée à Paris, et dans les moulins à vent beaucerons, et dans les moulins à eau des vallées de sous-Beauce, le plateau perd sa seule beauté, son frissonnement et sa houle d'épis; il devient un chaume infini, toujours conforme à lui-même, avec grands troupeaux de moutons broutant les pieds de paille, à la garde des chiens, sous la maîtrise d'un berger qui vit dans une roulotte, philosophe pareil à Bias et transportant de « parc » en « parc » toute sa fortune avec lui.

Aller en été, dans un jour sans brise, d'un bourg de Beauce à l'autre, par un sentier d'épis, haie jaune et qui réverbère, c'est voyager dans un sahara, lourd, orageux, « crevant ». Heureusement, sur ce plateau faîtier haut de 100, 150 mètres, même plus, il souffle très souvent, de tout horizon, des vents incoercibles agitant furieusement les ailes des moulins, courbant les blés en vagues et contre-vagues et donnant une vie, une voix aux arbres réfugiés sur des îlots siliceux.

Rares sont les restes de la sylve qui peupla jadis la Beauce; et petits, à l'exception de la forêt de Marchenoir, jadis Forêt Longue, quand elle allait de la Loire de Beaugency au Loir de Morée : aujourd'hui loin de Beaugency plus que de Morée, elle comprend encore 5 400 hectares, au parage de séparation de la *Grande Beauce*, au nord et nord-est, et de la Basse Beauce ou *Queue de Beauce*, à l'ouest et au sud, en tirant sur Blois et Vendôme. Les bois de Marchenoir et autres débris des bois antiques sont l'asile de corbeaux sans nombre, citoyens croassants de la Beauce où la vie leur est plantureuse : on les voit

Petits Monts, Bas Plateaux, Plaines.

l'hiver, à milliers et milliers, noirs sur la plaine et la forêt blanches de neige.

Au delà du vallon de l'Eure d'avant Chartres, au nord de cette rivière et jusqu'au val de l'Avre, la Beauce prolonge ses plaines par d'autres plaines qui durent leur nom de *Thimerais* au village de Thimert; et Thimert, c'est le *Theodomarum* de jadis, qui s'appela sans doute ainsi d'après un Franc quelconque du temps mérovingien, un guerrier, roi, prince ou principicule.

Si le Thimerais continue la Beauce, c'est sous d'autres aspects. Sans doute c'est bien toujours le tertiaire éocène, le limon jaune, la terre apte aux céréales; mais le Thimerais, moins froissé, moins élevé, moins ruisselant que le Perche auquel il s'appuie vers le sud-ouest, a plus d'eau courante, plus d'arbres que la Beauce à laquelle il confronte au sud.

Non qu'il ne perde, comme le plateau beauceron, maints et maints ruisseaux qui s'infusent dans le sol avant d'atteindre soit l'Eure d'au-dessous de Chartres, soit la Blaise, soit l'Avre à laquelle tendent des eaux absorbées en route et reparaissant glorieusement aux fontaines de la Vigne que Paris a bien voulu « escamoter ». Mais, tout compté, le Thimeraisan voit couler plus d'onde que le Beauceron, il goûte l'ombre dans plus de sylves, de bosquets, et chez lui les pommiers à cidre présagent la Normandie cidrogène.

C'est que ce plateau mène de la plaine à grains orléanaise aux plaines normandes, qui sont également granifères, mais plus caressées de pluie, bien plus sillonnées de vallées heureuses à fontaines pures, à prairies sans pareilles, avec jardins, vergers, pommiers à cidre. Dès l'Avre franchie, à la demi-Beauce du Thimerais succède la plaine de Saint-André, l'une de ces plantureuses campagnes de Normandie.

La déforestation n'a pas manqué de contribuer au mémorable desséchement de la Beauce, mais elle n'en est certainement pas la cause unique. A mesure que sol et sous-sol s'éraillent, qu'ils s'usent et se ravinent sous la morsure fluide des eaux, celles-ci vont s'enterrant dans le royaume des profondeurs : d'où la dessiccation progressive, laquelle est ici vraiment extraordinaire, comme le montrent Loir, Conie et tous les autres rus beaucerons.

Le *Loir* commençait au temps jadis en toute saison par des sources du Perche, en un petit pays appelé comme tant d'autres la *Gâtine* : ces sources se perdaient dans l'étang de la Gâtine et de ce bassin tranquille sortait le courant vif du Loir,

Le Plus Beau Royaume Sous le Ciel.

qui maintenant ne s'en échappe plus qu'à la suite des longues tombées d'eau ; sa source constante jaillit à un niveau plus bas de 50 mètres, par 160 mètres d'altitude, à six lieues en descendant la coulière, à 3 500 mètres en amont d'Illiers. — Fontaine abondante qu'a célébrée le grand poète né sur les rives du Loir, dans le pays de Vendôme ; Ronsard l'apostrophe ainsi :

> Source d'argent toute pleine
> Dont le beau cours éternel
> Fuit pour enrichir la plaine
> De mon pays paternel,
>
> Sois hardiment brave et fière
> De le baigner de ton eau :
> Nulle française rivière
> N'en peut laver un plus beau.

Ce Loir, qui ne devient rivière qu'en aval de la Beauce, a pour maîtresses villes Châteaudun la Beauceronne, Vendôme qu'on peut regarder comme Beauceronne aussi, et la Flèche. Quand il atteint Châteaudun, il a drainé 180 000 hectares, et pourtant c'est à peine s'il conduit 1 000 litres à la seconde, avec étiage de 600 ou 500 ; et, de ce mètre cube, 387 litres seulement lui viennent de la Conie.

La très mémorablement indigente rivière de la *Conie*[1] est le parangon des ruisseaux incessamment avalés par un lit incohérent.

C'est sous le nom de Nan qu'elle part de fontaines minuscules, dans un coin de la forêt d'Orléans ; puis, soutirée par trois petits gouffres, ce n'est plus qu'un fossé si peu aquatique, même après des averses diluviennes, que le pont par lequel la franchit le chemin de fer de Paris à Bordeaux, près d'Artenay, mérite à peine le nom de ponceau ; c'est un voûteron sur un fossé. Ruisseau théorique, cet échappé de la forêt d'Orléans s'appelle pourtant comme les écroulements de cascades de la Savoie, comme les nants orageux, fils des glaciers, fils des névés, fils des fontaines. Théoriques aussi ses affluents, le Levrain et le Ravin du Gouffre, sous des ponceaux de la même voie ferrée, près de Chevilly et de Cercottes : ravins, gouffres, mots audacieux dans la plaine débonnaire, et comme si l'on y parlait d'Andes, ou d'Himalayas. Pendant sept longues lieues le fossé sans eau du Nan, large comme un saut de garçonnet, profond d'un mètre ou deux, se tord et détord, sous la dési-

---

1. 70 kilomètres, 80 000 hectares.

gnation de fond de la Retrève ou des Retrèves. Enfin l'onde indiscontinue jaillit, par la source de la Conie-Palue, qui s'unit à une autre Conie prolongeant, elle aussi, un long sillon anhydre effacé ; les deux Conies, marécageuses toutes deux, comme l'indique le nom de l'une d'elles, se rencontrent dans un étang de 6 mètres de profondeur, le gour de Spoy dont il sort un ruisseau tandis qu'il devrait en partir une rivière.

Le Loir, qui n'a qu'un mètre cube de consistance normale devant Châteaudun, finit par en rouler 25 à l'ordinaire, 8 en étiage, 400 en crues, quand il unit son destin à celui de la Sarthe, après un cours de 312 kilomètres en une région de 727 500 hectares. C'est une eau pure, profonde, tranquille, lente en sa prairie, à l'ombre des peupliers, des saules, des vergnes, amis de la fraîcheur humide. Il est aussi fort sinueux, surtout vers son terme quand de superbes courbes dignes d'un fleuve l'amènent à la rivière de son engloutissement, après qu'il a frôlé mainte ville ou bourgade en partie taillée dans le roc tendre, aux Roches, à Trôo, à la Chartre, à Mathefelon. C'est essentiellement une eau de sources, surtout de sources de fond, sans autre tributaire que la Braye, tous ruisseaux à part.

Cette **Braye** [1] lui arrive à droite, des petits monts du Perche, et lui fait hommage des eaux de 87 270 hectares ; les deux rivières s'entremêlent près de la colline où le manoir de la Poisonnière vit naître le barde du Loir, Ronsard, qui avait choisi, poétiquement parlant, son dernier lieu de repos à la fourche de la Braye.

> Quand le ciel et mon heure
> Jugeront que je meure,
> Ravi du beau séjour
>   Du commun jour,
>
> Je veuil, j'entend, j'ordonne
> Qu'un sépulcre on me donne
> Non près des rois levé,
>   N'y d'or gravé,
>
> Mais en cette isle verte
> Où la course entrouverte
> Du Loir autour coulant
>   Est accolant,
>
> Là où Braye s'amie,
> D'une eau non endormie,
> Murmure à l'environ
>   De son giron.

1. 72 kilomètres, 1 500 litres.

Le Plus Beau Royaume Sous le Ciel.

La seconde rivière ayant part à la Beauce, l'*Eure*, la côtoie plus qu'elle ne la traverse, mais elle en reçoit quelques eaux, surtout par la Voise, l'une des deux rivières de Maintenon.

Nous disons l'Eure, mais nos grands-pères disaient l'Ure, tout en écrivant Eure comme nous : la *Henriade* en fait foi, qui lui donne pour rime nature et structure.

L'Eure commence en Perche, sur des argiles où les eaux s'amassent en étangs, au pied de collines où ondulent les forêts de Longny, de la Ferté-Vidame, de Senonches. De ce Perche elle tire peu d'eau, et là où le roi « sans égal » essaya de la confisquer pour Versailles, son jardin, ses étangs, ses cascades, ses nymphes et ses dauphins vomissant à plein jet, ce n'est encore qu'un ruisseau très faible en temps caniculaire. La digue de refoulement, œuvre de Vauban, calculée comme calculait ce grand homme, bâtie comme il bâtissait, arrêtait l'Eure au Boizard, en amont de Pontgouin, et le ru refluait jusqu'à Belhommert.

Au bout du Perche, à l'orient, c'est la Beauce : l'Eure entre dans la plaine des blés, elle se courbe au nord, passe devant Chartres dont la cathédrale montre avec orgueil le plus parfait des clochers, puis elle s'égare dans la vallée de Maintenon, où le temps ronge les tronçons de l'aqueduc des eaux de Versailles. Si les 30 000 hommes qui construisaient ce pont l'avaient achevé, il serait d'une grandeur plus que « romaine », long de 4 600 mètres, avec triple rang d'arcades superposées ; le rang d'en bas, qu'on termina, aligne quarante-sept arches, à 30 mètres au-dessus de la rivière, sur 975 mètres de longueur.

Amplitude et platitude, voilà ce qu'il faut aux chocs des armées de l'Europe régénérée par la science : en quoi la Beauce est comme une autre Woëvre, bien plus loin de la frontière que la plaine d'au delà des côtes de la Meuse.

Mais l'année terrible ne l'a pas plus épargnée que le grand champ des batailles messines ; à fortunes diverses, et pour nous plus souvent contraires, la France et l'Allemagne s'y sont heurtées en 1870-1871, tout au long de la patrie des Beaucerons, à Patay, à Coulmiers, autour des bois de Marchenoir et jusqu'à Vendôme.

Parmi les scandales de l'incurie et de la paresse dans un pays dont la dette oscille entre trente et quarante milliards, la non-irrigation de la Beauce occupe un rang des plus distingués : car enfin ce plateau de 100 à 150 mètres d'altitude, rarement plus, domine de près un grand fleuve qu'on peut facilement mettre en dérivation à 175, à 200 mètres au-dessus des mers, à des distances qui n'étonnaient pas les Romains et qui nous

TROISIÈME — *Petits Monts, Bas Plateaux, Plaines.*

effraient moins encore. Il y a mille et un détournements possibles de ce fleuve de la Loire, en mille et un endroit faciles.

Quant à la Seine, d'ailleurs indispensable à Lutèce, et même inégale à sa tâche parisienne, elle coule beaucoup trop bas : là où l'on pourrait la saigner pour le bien-être des Beaucerons (et des Briérons et Gâtinaisans), elle n'est encore, entre Châtillon et Bar, qu'une riviérette impuissante.

Le val d'Essonne sépare deux régions ayant d'intimes ressemblances : à l'occident, la Beauce ; à l'orient, le Gâtinais.

XXVIII
GÂTINAIS
ESSONNE
ET LOING

A l'est la Beauce devient insensiblement le Gâtinais, nom qu'on ne peut pas ne pas égaliser à celui de Gâtine, c'est-à-dire de solitude — du latin vulgaire *Vastina*; mais Gâtinais ne viendrait qu'indirectement de *Vastina*, par l'entremise de *Vastincum*, ville gallo-romaine qui n'a rien laissé d'elle et dont même on ignore le site.

Le *Gâtinais*, en Loiret, en Seine-et-Marne, en Yonne, continue donc la Beauce vers l'orient et, au vrai, celle-ci reste longtemps Beauce sous le vain nom de Gâtinais.

De Nemours, ville gâtinaisane, celui qui gravit le talus du val du Loing arrive en moins d'une lieue sur une haute plaine éminemment pareille à la Beauce la plus essentielle, telle qu'elle fuit, inondulée, aux deux côtés du chemin de fer de Paris à Bordeaux.

De la rivière de Nemours, qui est ce Loing, à la rivière de Malesherbes, qui est l'Essonne, on revoit le pays qui n'enthousiasme guère, avec les épis ou les chaumes, les gros bourgs ruraux, les meules à paille, l'horizon rond comme sur l'Océan, les presque imperceptibles faîtes derrière lesquels, si soufflait un air plus humide, on soupçonnerait invinciblement la mer. La Chapelle-la-Reine et Pithiviers sont en réalité beaucerons et non pas gâtinaisans, mais on s'est habitué à terminer la Beauce au val de l'Essonne.

L'*Essonne*, qui s'achève à Corbeil, amène à la rive gauche de la Seine les fonts, les pluies, les orages, parfois les neiges de 185 000 hectares, après 90 kilomètres de virements.

C'est la rivière modèle, utile à l'industrie, propice aux prairies, inoffensive aux riverains, faite de sources continuant des ruisseaux cachés sous le filtre beauceron : jamais son onde pure ne sèche beaucoup, jamais non plus elle n'endommage la vallée par endroits tourbeuse; il y a des années où son niveau reste le même à 30 centimètre près, et il a fallu des sécheresses séculaires pour la réduire à 2 800 litres, son étiage ordinaire étant de 5 mètres, son volume normal de 8, ses crues de 30 — merveilleuse égalité d'humeur.

Composée de deux gros ruisseaux nés à la lisière septentrionale de la forêt d'Orléans, la Rimarde, et l'OEuf, qui passe à Pithiviers, la sage Essonne coule, rarement en un seul bras, dans la vallée de Malesherbes où des roches de grès s'avancent au-dessus des larges prairies.

Son maître tributaire, la *Juine*, rivière d'Étampes, est également un courant des mieux ordonnés, qui a ses réserves sous la Beauce ; longue de 50 kilomètres, drainant 65 500 hectares, elle oscille entre 1800 et 6 500 litres : pas même du simple au quadruple, ce qui est un heureux miracle.

Le Gâtinais s'étend des talus de la rive droite de l'Essonne à ceux de la rive gauche de l'Yonne, de l'Orléanais jusque dans la Bourgogne, la grande province clef de voûte qui participe à la fois de la Seine, de la Saône et de la Loire. En son milieu dévale du sud au nord, le Loing, qui la divise en deux sous-Gâtinais : le Gâtinais d'Ouest ou Beauce Orientale et le Gâtinais d'Est.

Le *Gâtinais d'Ouest* est absolument Beauce au nord, donc sans arbres, sans rus, voire sans ruisselets ; sur son plateau de 120 à 150 mètres d'altitude, les animaux boivent à la mare verdâtre que l'été fait d'abord puante, puis qu'il tarit jusqu'à la dernière goutte de sa boue ; l'homme alors tire l'eau du fond de puits qui sont des avens de 50, 60 et 70 mètres de profondeur. Peu de fermes, peu de hameaux ; presque tout le monde habite de longs villages à demi vides le jour au temps agricole, quand les paysans sont aux champs, à leur blé, leur safran, leurs fourrages ; seuls les enfants, les vieillards, les infirmes, les malades, les « propres à rien » restent à la maison. Le soleil et le vent, celui-ci souvent aigre, froid, violent, hargneux, incoercible, celui-là parfois très chaud, le soleil et le vent n'y font rien : tous les valides aux champs ! Mais qu'il pleuve à seaux ou qu'il neige, tous les villageois demeurent au village, sans qu'il y paraisse beaucoup, parce qu'ils s'occupent dans leur cour, grange et hangar, aux mille et une futilités de la vie rurale — futilités qui ne sont point frivoles comme celles du train-train des cités toujours en rumeur.

Tel est le Gâtinais Occidental à l'ouest de Nemours, sur un calcaire analogue à celui de la Beauce ; mais tel n'est pas ce même Gâtinais à l'ouest de Montargis, en vertu d'un terroir plus humide, tigré de bois qui jadis joignaient intégralement la forêt de Fontainebleau à la sylve que Montargis honore de son nom. Parcouru par de longs ruisseaux pauvres descendant presque sans pente à la rive gauche du Loing, il avait des étangs en foule, qu'on a vidés à l'envi, tellement qu'il ne restera bientôt plus que ceux dont le Canal d'Orléans tire ses eaux d'éclusée. Ce Gâtinais-là manque de fécondité, mais ses bois, ses bosquets, devenus à cause de la proximité relative de Paris l'une des grandes chasses de France, abritent des châteaux, des rendez-vous, des villas, des retraites, des asiles de peintres, de rentiers, et de quelques misanthropes cherchant (et trouvant), comme l'homme de Molière, des endroits écartés où l'on ait licence de suivre tout au long ses pensées.

Le séparateur des deux Gâtinais, le *Loing* se promène à pas lents pendant 40 lieues dans une terre de 415 000 hectares, et il finit par rouler en temps coutumier 15 mètres cubes, avec minimum de 4, maximum de 300. Il réunit deux branches mères, le Loing et l'Ouanne, rivières qui portent en réalité le même nom : car Loing c'est Ouanne avec incorporation de l'article et addition d'un *g* nasal; et Loing et Ouanne, c'est encore, c'est toujours On, l'Eau.

Le Loing garde le nom, mais il ne vaut pas l'Ouanne. Un petit pays au sous-sol de craie dure, la bocagère Puisaye, pauvre en sources, est sa terre natale et celle de ses hauts affluents, sortis comme lui d'étangs ombragés de forêts.

Descendu d'un massif de 330 mètres, c'est le ruisseau de Saint-Fargeau, de Bléneau, de Châtillon, et il y a peu d'eau courante en été dans son lit quand il passe près de Montbouy devant la Fosse aux Lions de Chennevières, charmant petit amphithéâtre romain.

L'*Ouanne* [1] a aussi ses ruines romaines, à Triguères. Parmi les premiers rus dont elle hume les eaux, celui de Fontenoy sinue au bas du coteau de 264 mètres où une colonne remémore la terrible bataille de 841, du fait de laquelle l'empire de Charlemagne se démembra par le traité de Verdun en une France à l'occident, une Germanie à l'est, et entre les deux une Lorraine qui allait de la mer du Nord à la Méditerranée provençale et devint pour des siècles une pomme de discorde entre Allemands et Français. L'Ouanne est la riviérette de Château-Renard, la ville aux beaux arbres; elle rencontre son frère le Loing en amont de Montargis, cité dans l'ample bassin de laquelle arrivent aussi quelques méchants ruisseaux du haut Gâtinais.

A ces ruisseaux le Loing doit moins qu'aux sources invisibles de la région des grès de Fontainebleau.

---

1. 65 kilomètres; 91 000 hectares : soit 30 000 de plus que le Loing supérieur.

Le Plus Beau Royaume Sous le Ciel.

Il y a là des ravins qu'on ne peut oublier qui, de détour en détour, sont comme un long bout du monde, un chaos de roches grises montant avec leurs pins à l'assaut des collines.

Extérieurement, ces roches sont ternes; la pluie les a brunies, la mousse les a verdies, mais intimement elles sont blanches, comme le prouve, à leurs pieds, le sable fin qui s'en détache, et des blancheurs éclatantes montrent de loin les grès où le carrier travaille. A l'origine des ravins l'horizon s'ouvre tout à coup et le sentier s'aplanit sur la table du Gâtinais.

A ces ravines il manque l'eau qui mordait leur pierre de sable, sur une rive, puis sur l'autre, à chaque inflexion de la coulière; de mémoire d'homme, elles sont sèches; nulle part le lit du ruisseau n'est visible, il s'est comblé, on le cultive comme tout le fond du val.

Elle est là pourtant, l'onde gâtinaisanne, profondément sous terre sauf à de rares fontaines, dont la plus puissante est la *Source de Chaintreauville*[1]; seulement elle ne jaillit plus dans sa vallée, pas même au plus bas, mais dans le Loing même, ou sous le Loing : le débit des affluents apparents, fontaines ou ruisseaux, ne saurait expliquer à lui seul la grande croissance de la rivière entre Montargis et la gracieuse Nemours, entre Nemours et Moret la charmante, ville auprès de laquelle le Loing rencontre la Seine par 41 mètres.

La fonction de la vallée du Loing, c'est d'unir par une route aisée le bassin de la Seine à celui de la Loire; ce val est comme une baissière entre les deux fleuves : de grandes voies en profitent, routes, chemin de fer et l'un des canaux les plus navigués, le *Canal du Loing*, qui se divise près de Montargis en deux sous-canaux : le *Canal de Briare* et le *Canal d'Orléans*.

Le *Gâtinais Oriental*, du Loing à l'Yonne, de Nemours à Sens, a, lui aussi, exondé ses mares pour en faire des prairies.

Dans son ensemble, le Gâtinais va de la plus grande forêt de France à l'une des plus belles.

XXIX
FORÊTS
D'ORLÉANS
ET DE FON-
TAINEBLEAU

Chênes, charmes, bouleaux, pins sylvestres, taillis plutôt que grands et hauts arbres, la *Forêt d'Orléans* est un débris de l'antique dôme d'obscurcissement qui cacha tous ces laids plateaux, Sologne, Beauce, les deux Gâtinais, la Brie, quand ils étaient un seul, un immense bois vierge. Vaste encore, elle a 34 246 hectares en tant que bois domanial, sans compter bois privés ou bois communaux ajou-

---

1. 218 litres par seconde, accaparés par la grand'ville.

tant des milliers d'autres hectares à ces 342 kilomètres carrés. A cheval sur Beauce, Gâtinais, val de Loire, à 119-182 mètres au-dessus des mers, ses arbres croissent sur un sol de sables, d'argiles qui ne continue la Beauce que comme contiguïté, non comme nature de roche, et la *Sylva Leodia* (ce fut son nom gallo-romain) prolonge réellement, au lieu de cette Beauce adjacente, la Sologne outre-ligérienne. Faute de fontaines vives (sa glaise étant imperméable, et créatrice de mares, d'étangs, non de sources), il ne sort de son ombre que de paresseux rus dont les uns aboutissent à la Loire voisine, les autres à la Seine lointaine par le Loing et par l'Essonne ; et le canal d'Orléans, qui mène de la Loire à la Seine par le Loing, la descend (ou la remonte) d'écluse en écluse.

La *Forêt de Fontainebleau* se nomma la forêt de Bière. Contenue par la Seine entre Moret et Melun, elle longe la rive gauche de ce fleuve et, en amont de Moret, la rive gauche du Loing, son translucide affluent. Percée de tant de routes que ses chemins et sentiers mis bout à bout feraient 500 lieues ou le vingtième du tour de la Terre, elle a 30 kilomètres d'extrême longueur, sur 25 de largeur extrême, 90 kilomètres d'enceinte et 16 880 hectares, sans préjudice des bois non domaniaux qui la distendent jusque vers Melun sur Seine, Milly-sur-École et Nemours-sur-Loing : là-dessus, un quart fait de superbes empilements de rochers alignés en une dizaine de chaînes parallèles, à peu près orientées de l'est à l'ouest.

Bois magnifiques, avec chênes de sept mètres de tour, hêtres de grande allure, charmes, bouleaux, pins divers ; mais toutes les eaux de surface s'y enfouissent sous les sables de désagrégation de la roche : aussi pas un torrent n'y gronde, pas un ruisseau n'y murmure ; ses « mares » si vantées ne sont que de légères érosions dans la table de grès avec quelques gouttes d'eau pour la soif de l'oiseau, du cerf, du chevreuil et du sanglier.

Il y passe bien une rivière, fraîche, pure, toujours égale, mais qui la traverse sans la toucher, et qu'on ne voit jamais, car elle coule tantôt sous terre dans des tubes, tantôt en l'air sur un rang d'arcades : c'est le *Siphon de la Vanne*, qui verse aux Parisiens de claires fontaines de la Bourgogne.

Les peintres fixés en colonie à Barbizon (au nord-ouest de la forêt) et à Marlotte (à la lisière d'orient, près du Loing) ont fait à cette sylve un renom célèbre que ses « mares » ne méritent pas ; mais rien n'est plus sauvage que ses lignes et ses entassements de grès ; rien ne semblerait plus désertique, plus éloigné de l'homme, de ses rumeurs, de ses arts, si justement

Le Plus Beau Royaume Sous le Ciel.

l'homme n'y coupait la pierre de sable que les verriers achètent à beaux deniers comme étant la matière de la verrerie, de la vitrerie, des miroirs.

Le verglas du 23 janvier 1879 y a changé l'aspect d'une foule de triages. Il a fallu la coalition de deux des puissances d'en haut, l'humidité, le froid, et de rares circonstances du ciel pour évoquer ce jour, cette nuit désastreuse à tant de forêts, surtout aux bois de Fontainebleau et aux sylves de la Sologne. L'air de ces vingt-quatre heures n'eut rien de glacial; plutôt fut-il d'une sorte de tiédeur humide, en même temps qu'à demi brumeux et immobile en un terrible repos, comme si la nature était morte, sauf une lueur blafarde entre le ciel et la terre. L' « aquosité » céleste devenant frimas à quelques mètres du sol, finit par envelopper chaque aiguille, chaque brindille, chaque ramille des arbres d'un fourreau de glace terne soixante fois plus pesant que ces ramilles, aiguilles et brindilles : l'arbre perdait son équilibre par son côté le plus branchu, il s'inclinait d'abord très lentement, puis plus vite et, déraciné, tombait en dix, douze ou quinze secondes, ou il craquait et cassait; la nuit, ces éclatements résonnaient tantôt comme des coups de canon, tantôt comme un tonnerre lointain. Ainsi périrent des millions et millions d'arbres; le hêtre, le charme, le chêne résistèrent, mais le bouleau, le pin maritime et autres essences moururent.

XXX
BRIE
LES DEUX MORINS

La Seine coule à grands replis entre la forêt de Fontainebleau et la haute plaine de la Brie, longue de 125 kilomètres, large de 60.

La *Brie*, reine des blés, princesse des fromages, s'étend jusqu'aux portes de Paris entre la Seine tortueuse et la Marne, plus errante encore, dont certains cingles sont presque des anneaux; un village qui n'est, qu'à cinq lieues de la place de la Bastille par un chemin de fer très sinueux, Sucy-en-Brie lui doit son surnom.

Donc, si près de Lutèce, des millions d'hommes connaissent cette plaine de 622 000 hectares, pour l'avoir traversée en vagon, de Paris à Melun, de Paris à Brie-Comte-Robert, de Paris à Provins, de Paris à Coulommiers, et pour avoir fugitivement entrevu ses champs labourés par des attelages de forts chevaux, ses châteaux, ses grosses fermes, ses grands domaines, ses épis et sa nudité plus souvent que ses forêts, dont cependant plusieurs sont restées vastes et belles.

Telle est la forêt de Sénart : elle va de la Seine à la rivière centrale de la Brie, à la ravissante Yères, au petit Méandre de

TROISIÈME — *Petits Monts, Bas Plateaux, Plaines.*

Brunoy qu'on admire un instant du haut de viaducs du chemin de fer de Paris à Marseille, lent en sa prairie, dans l'ombre de deux rideaux d'arbres. Ainsi encore la forêt de Crécy au-dessus du Grand Morin, autre vagabonde rivière, et la forêt d'Armainvilliers, voisine de gouffres où ruisseaux et ruisselets s'abîment.

Car la Brie a des sols percés, des réseaux souterrains de cavernes et, à leur issue, des fontaines dont la plus exubérante, la *Source de Chailly*, verse 450 litres par seconde à la rive gauche du Grand Morin.

Mais à côté du sol perméable elle a les argiles étanches auxquelles justement elle doit son nom; bray, braye, broye, bric, ce sont les formes d'un mot conservé par les patois d'oïl, perdu par la langue littéraire, grâce à de pauvres sires qu'on nommait les arbitres du goût; il signifie terre boueuse, argileuse, fond marécageux : on le retrouve dans la Normandie où le pays de Bray est une contrée d'argile humide; dans la Suisse romande où la Broye, presque immobile entre joncs et roseaux, arrive au lac de Morat dans un lit de vase; dans l'Aunis et la Saintonge, où les terres fortes s'appellent terres de Brie; et ailleurs encore.

La Brie imperméable, plus vaste que la poreuse, s'étend là où des marnes et glaises couvrent de leur enduit tenace les pierres meulières briéronnes et le calcaire briard, fort semblable au beauceron. Elle manifeste son étanchéité, positivement sur le plateau par des flaques d'eau, des roseaux, des joncs, des prêles, des peupliers, des saules, et négativement, dans les vallons, par l'absence de fonts éternelles. Du fait du sol, l'humidité serait ici bien autrement grande si la Brie n'appartenait à l'une de nos zones de moindre pluie (rien que 500 à 600 millimètres par an) : aussi faut-il en maints parages briérons chercher l'eau à boire à de très grandes profondeurs, jusqu'à 80 mètres, par des puits qui sont de véritables gouffres d'où sans doute, par trop de distance, le basilic des légendes n'aurait pu tuer d'un seul regard de son œil l'homme penché sur la margelle.

A 100-150 mètres d'altitude vers l'ouest, à 150-200 vers l'est, la Brie est dans son ensemble un vaste et beau terroir agricole avec magnifiques champs de blé, prairies naturelles, prées artificielles et d'innombrables vaches.

On la divise en deux : *Brie Française*, autrement dit Brie de l'Ile-de-France à l'occident, à portée de Paris, dans le pays de Melun, et *Brie Champenoise* à l'orient, de Château-Thierry à Provins; celle-ci est morcelée entre une infinité de possesseurs; celle-là consiste surtout en longs et larges domaines.

Le Plus Beau Royaume Sous le Ciel.

Une autre division, spéciale à la Brie Champenoise, c'est **Haute Brie** autour de Meaux, **Basse Brie** autour de Provins, **Brie Pouilleuse** ou Galvèse[1] à l'est, sur le cours supérieur des deux Morins : en tant que « galeuse » et tirant sur la région pouilleuse de la Champagne, la Galvèse ne vaut pas les autres Bries comme sol; ni comme climat, ce qui tient à son altitude supérieure.

La Brie envoie à Paris les belles eaux de la Dhuis, elle a pour cours d'eau notables la Voulzie, les Morins, l'Yères.

La *Dhuis*, c'est-à-dire la Douix, la Doux, la Source, forte moyennement de 232 litres, se versait dans le Surmelin, affluent gauche de la Marne en amont de Château-Thierry; elle se verse maintenant dans un aqueduc de 131 kilomètres qui la conduit à Lutèce, au réservoir de Ménilmontant.

La *Voulzie* est l'un de ces courants inattendus qui, surgissant brusquement de terre, se brisent aussitôt en toute pureté, joie et jeunesse à des roues de moulins, à des écluses, aux pierres de leur lit; elle commence dans la vallée sèche du ru de la Traconne, en continuation visible d'un invisible ruisseau de 9 000 à 10 000 hectares de bassin, et passe devant une ville illustre, *Provins* qui fut un joyau de la Vieille France, une sorte de métropole très animée avant d'être vidée par la Peste noire, par la famine, par la guerre de Cent Ans : il y eut, dit-on, jusqu'à 100 000 hommes dans son enceinte de 5 kilomètres presque partout debout encore, et c'était la gloire de la Champagne; ses murailles, ses tours, son donjon, ses églises, ses restes de palais, ses maisons du XIIIe siècle en font une de nos cités monumentales. La Voulzie n'a rien du Niagara, elle n'arrive à son rendez-vous avec la rive droite de la Seine en aval de Bray, qu'avec 1 000 litres à la seconde, mais aussi son étiage baisse peu au-dessous de 700, jamais au-dessous de 600.

A six ou sept lieues à l'exact midi d'Épernay, le *Petit Morin*[2] s'égare dans les marais de Saint-Gond, plan d'alluvions presque horizontal d'environ 4 000 hectares sur une craie compacte qu'on a desséchée du mieux possible, non sans retours offensifs des eaux. Cette rivièrette de Montmirail a sa fin dans la rive gauche de la Marne, dans la ville de la Ferté-sous-Jouarre qui est restée jusqu'à ces dernières années la grande préparatrice et la grande vendeuse des meilleures pierres à meules qu'on connût à cent lieues à la ronde.

---

1. Ou Gallevèse. — 2. 90 kilomètres, 61 970 hectares.

TROISIÈME *Petits Monts, Bas Plateaux, Plaines.*

Le *Grand Morin* [1] traverse Coulommiers. Comme son homonyme, et avec une largeur définitive double (20 mètres contre 10) c'est un pur, un froid, un tortueux, dans un val profond où descendent jardins, prairies, vergers, forêts. Il accroît la Marne, rive gauche, en aval de Meaux, à raison de 4 000 litres (1 300 en étiage) contre les 3 000 du Petit Morin (900 en eaux basses). Un dédoublement lui vaut sa petite célébrité. Issu de prairies marécageuses, il n'a parcouru que 6 kilomètres quand il se sépare en deux bras, à la lisière de l'ample forêt de la Traconne, au village de Mœurs, à moins d'une lieue de Sézanne. La branche de droite garde le nom de Morin, c'est celle qui va s'unir à la Marne après avoir humé la font de Chailly et baigné la cité des Columériens ; la branche de gauche descend vers Sézanne sous le nom de rivière des Auges et, quittant les collines variées pour la Champagne Pouilleuse, devient la *Superbe*, affluent de l'Aube. Ce sont là, dans notre France minime, en sa Champagne impluvieuse, notre Orénoque, notre Casiquiaré, notre Rio Negro, si l'on peut comparer le ridiculement mince au majestueusement grand, le presque anhydre au démesurément aqueux, le tempéré à l'équatorial, et rien à tout.

L'*Yères* [2], dans la Beauce perméable, meurt à Villeneuve-Saint-Georges, aux portes supérieures de Paris, à la rive droite du fleuve métropolitain ; très peu d'onde six mois sur douze, 2 mètres cubes en belle et bonne allure, elle draine 83 000 hectares.

XXXI
SEINE
SUPÉ-
RIEURE

Tous ces plateaux, cette Brie agricole, ce Gâtinais bocager, cette Beauce en sillons, tout cela c'est, en Ile-de-France, en Orléanais, en Champagne, un facile chemin vers Paris pour qui vient de l'Est ou du Sud ; et la grand'ville est là tout près, mangeant les blés, dévorant les bêtes, brûlant les arbres de cette plane et monotone banlieue ; elle en consomme aussi la race, et la gent paysanne, depuis très longtemps, et de plus en plus, y descend, par une pente naturelle, comme y va la Seine, et très droit, tandis que la rivière parisienne s'avance en serpentant, et comme hésitante, vers la « reine de cités » où elle va refléter trente ponts, pure, jeune encore en cette banlieue d'amont, avant de sortir pourrie de la banlieue d'aval.

Avec ses 776 kilomètres (cent de plus si la Marne avait rang

1. 112 kilomètres, 90 800 hectares. — 2. 87 kilomètres.

de branche mère) la *Seine* est en longueur le troisième fleuve de France, après Loire et Rhône ; avec ses 7 776 920 hectares de domaine, ce n'est que le quatrième après Loire, Rhône et Gironde ; le quatrième aussi seulement pour le flot versé dans la mer ; mais son débit est régulier et son eau passe dans Paris : ce sont là deux supériorités.

Elle est verte, elle est claire, elle est gaie, elle a de charmants détours, elle réfléchit des châteaux, des parcs ; et comme elle passe dans la ville du plaisir, de la jeunesse et des arts, des millions d'hommes l'adorent ou l'ont adorée, car elle a vu couler les plus beaux de leurs jours.

Mais elle est indigne de Paris : à grand'ville on voudrait grand fleuve.

Certes elle a longueur et largeur quand on la compare à son homonyme la Senne de Bruxelles, à la Sprée, grenouillère de Berlin, au Manzanarès de Madrid où le vent ne raye que des sables quand le soleil du printemps a « brûlé » les neiges de la Guadarrama.

Mais, sans même sortir de l'infime Europe, comment nommer la Seine à côté de la Néva, du Danube, du Bosphore et du Tage ?

Devant les palais du tsar, la Néva bleue est comme un Saint-Laurent ; à Vienne le Danube, encore germain et tout près d'être hongrois, a déjà reçu d'énormes torrents des Alpes ; de Stamboul à Scutari, le Bosphore est un détroit d'entre deux mondes ; et devant les soi-disant sept collines qu'escalade la « Ville d'Ulysse » le Tage porterait dix fois tous les navires, tous les canots de pêche du Portugal, tous ceux de l'Espagne, voire toute la batellerie des Néo-Latins.

De la mer il ne monte à Paris que de petits navires, lentement, par les boucles du fleuve, et d'écluse en écluse ; mais le fleuve salé de Byzance et celui qui s'avance vers l'Atlantique au pied de la montagne de Cintra reçoivent sans peine les vaisseaux les plus lourdement cuirassés qu'il plaise à l'homme de lancer dans les flots ; même ils recevront aisément les « Léviathans » de l'avenir.

La Seine devant Paris n'est rien ; la Seine maritime a seule quelque grandeur.

Sur les 7 777 000 hectares de l'empire séquanien (dont très minime part en Belgique, vers les origines de l'Oise), 1 900 000 seulement, soit environ le quart, ont un plancher compact : donc, les trois quarts à peu près sont perméables.

A cette porosité la Seine doit la sagesse et la constance des rivières qu'elle unit dans son lit : leur sagesse, parce que la terre poreuse est comme une éponge pour les pluies et les neiges; leur constance, car l'eau qu'aspire cette éponge s'assemble sous la roche à l'abri des soleils, sur toute couche étanche, dans de longs couloirs tordus où elle descend en cascatelles, se concentre dans des gours et glisse en siphon d'un gour à l'autre gour, d'une flaque à l'autre flaque; ces mares, ces gours sont toujours renouvelés par la filtration des voûtes, la chute des gouttelettes, les flots d'orage tombés en obscurs « sauts de Gavarnie » dans un gosier d'aven, et ils s'expriment en sources fidèles.

Aussi les arches de Paris ne sont-elles jamais remplies jusqu'au cintre par le passage tournoyant des crues, à la différence des torrents de la Cévenne et des Alpes méridionales qui atteignent ou dépassent leurs ponts, sur la grève où l'on voyait hier, où l'on verra demain l'enracinement des piles; pourtant les folles eaux du Midi, souvent plus larges que la Seine à Paris, arrivent à ces ponts au bout de quelques dizaines, rarement de quelques centaines de milliers d'hectares, tandis que le fleuve entre dans Lutèce avec le tribut de l'Aube, de l'Yonne, du Loing, de l'Essonne, de la Marne, et c'est l'épanchement de plus 4 millions d'hectares qui coule sous les arches de la ville magnifique.

La grande montée de 1876, qui donna plus de 4 milliards de mètres cubes en cinquante-cinq jours, ne dépassa pas 1650 mètres à la seconde entre les quais de Paris et l'on a calculé rétrospectivement que, lors de sa plus forte crise, en 1658, le fleuve n'a pu dépasser 2 500 000 litres.

Peut-être la Seine ne porte-t-elle jamais, crues très exceptionnelles à part, 2 500 mètres par seconde à la Manche, environ le cinquième des grandes ires de la Loire, de la Garonne et du Rhône. Son module, qu'on estime à 300 mètres cubes (?) dans la traversée de Paris, est de 600 (?) tous affluents reçus; aux eaux basses elle roule au-dessous du confluent de la Marne 75 mètres, volume qui descend quelquefois à 45, 40, et même 33, à la suite de sécheresses « séculaires »; la portée ordinaire est de 20 à 25 mètres en amont de l'embouchure de l'Aube, de 50 en amont de celle de l'Yonne, de 100 en amont de celle de la Marne, de 150 à Paris, de 253 à Rouen, et peut-être de 275 à l'arrivée en mer.

Ses premières fontaines sourdent à 471 mètres, en un ravin calcaire des monts bas où la Côte d'Or s'ajuste au plateau de Langres, à sept ou huit lieues au nord-ouest de Dijon, près du long tunnel de Blaisy, qui transmet le chemin de fer de Paris à Marseille du bassin natal de la Seine à celui de la Saône.

Jadis les fonts vives étaient des lieux augustes. Un temple

Le Plus Beau Royaume Sous le Ciel.

romain consacrait les premiers murmures de la Seine; hui c'est une statue élevée par la Ville de Paris, une nymphe appuyée sur l'urne qui symbolise l'onde intarissable : mais ici l'urne peut mentir, et parfois il arrive que l'été hume entièrement les six sources du fleuve.

Ce ruisseau a grand'peine à devenir rivière; l'oolithe lui verse des « douix », mais cette roche décousue boit la Seine à mesure, si bien qu'en mainte canicule il n'y a plus d'eau dans son lit aux approches de Châtillon.

Mais, là même, d'une grotte sort une douix supérieure aux autres, onde éternelle, riviérette pure au-dessous de laquelle on n'a jamais vu sécher le fleuve de Paris.

Douix, Douy, Doux, Douze, Douce, Dhuis, Duis, Dhuys, Douée, Douet, Duides, sous ces formes à peine diverses c'est un mot qu'on trouve en toute France, surtout Douix en Bourgogne et Doux dans le Sud-Ouest; on appelle de ce nom les sources « exubérantes », comme précisément la Douix châtillonnaise; et la Dhuis dont Paris reçoit les eaux par un aqueduc; et, à d'autres bouts du pays, la Doux de Coly, mère d'un affluent de la Vézère, et la Doux du Durzon, grand'font du pied des Cévennes, au bas du Larzac.

Près de passer des calcaires de Bourgogne aux craies de Champagne, à Bar, le fleuve n'est plus qu'à 162 mètres d'altitude; à Troyes il est à 100. Il frôle de sa rive droite les campagnes de la « Pouilleuse », il passe devant Romilly, devant Nogent, devant Montereau, puis serpente entre le plateau de la Brie et les grès ombragés par la forêt qui tire son nom de Fontainebleau, ville sise à 3 kilomètres de la rive gauche, à côté d'un des grands châteaux de l'Europe; il effleure ensuite Melun et Corbeil.

Au confluent de la Marne la Seine entre dans Paris.

XXXII
PARIS

La plus gracieuse des villes, **Paris**, a 2 536 834 habitants, soit près du quinzième de la nation française.

Il en a plus de 3 millions, environ le treizième du peuple quand on lui ajoute les villes de ceinture qui continuent ses rues, ses boulevards et ses promenades : Neuilly, Levallois-Perret, Clichy, Saint-Ouen, Saint-Denis, Aubervilliers, Pantin, Montreuil, Vincennes, Saint-Mandé, Charenton, Alfortville, Saint-Maur, Ivry, le Kremlin-Bicêtre, Montrouge, Issy, Malakoff, Meudon, Saint-Cloud, Sèvres, Boulogne, Puteaux, Courbevoie, Asnières, Colombes, Bois-Colombes, pour ne nommer que des cités supérieures à 10 000 âmes.

TROISIÈME — *Petits Monts, Bas Plateaux, Plaines.*

Et ces villes de première ceinture envoient des tentacules vers d'autres villes; des rues de jardins, des hameaux de villas, des avenues de château, des pièces d'eau, des parcs, prolongent au loin Paris dans une campagne frivole qui peut donner de l'ombre et des fleurs, mais qui n'a point l'intimité, la vertu, le calme et la tranquillité des champs : c'est ainsi que, par exemple, Versailles tient réellement à la métropole.

Les Parisiens habitent 2 345 rues, 82 boulevards, 115 avenues, 166 places, 469 passages ou galeries : en tout 965 kilomètres bordés de maisons banalement monumentales.

Ces boulevards, ces rues, ces places s'enchevêtrent ou plutôt — car la ville est de plus en plus régulière — se distribuent sur les rives de la Seine, dans la plaine du fleuve et dans les vallées hui méconnaissables dont les ruisseaux ont disparu; mais sous le luxe et l'apparat de la ville pompeuse, sous les trottoirs, les pavés de bois, les carrés de grès, le bitume ou le macadam, court dans l'ombre, avec des regards sur le jour et de grandes portes sur la rivière, un admirable réseau de canaux immondiciels.

Un autre réseau moins sordide complique sous terre le dédale des conduits d'ordure, des tuyaux de gaz, des fils de télégraphe et de téléphone; c'est celui des eaux de source amenées de la province à Paris : meilleures que les boissons fraudées, que les vins arrivés impurs dans les entrepôts, puis suradultérés par la puissante corporation des débitants, ces eaux viennent de la Bourgogne, de la Champagne, de l'Ile-de-France, de la Normandie.

La Bourgogne envoie par un aqueduc de 173 kilomètres, sur une pente de 25 mètres, 600 à 1 242 litres par seconde (selon les mois, les semaines, les jours), cristal pris à treize fontaines d'extrême limpidité filtrées par la craie : fontaines qui jaillissent dans les prairies de la rive gauche de la Vanne; cette onde arrive au réservoir de Montsouris à l'altitude de 80 mètres.

La Champagne donne moins d'eau, mais cette eau entre à Paris par 108 mètres et monte aux étages supérieurs des maisons, même dans les rues élevées; l'aqueduc, long de 131 kilomètres, puise dans la source de la Dhuis; il apporte 220 litres à son réservoir terminal de Ménilmontant.

L'Ile-de-France ne fournit en eau de source que 15 litres à la seconde; mais elle envoie à flots des ondes bien moins pures : le canal de l'Ourcq amène des rus des pays de Tardenois, d'Orvois, de Valois, de Multien, en tout 1 042 à 1 215 litres suivant le temps, et des pompes puisent 1 018 litres dans la Seine, 1 423 dans la Marne.

Le Plus Beau Royaume Sous le Ciel.

De la Normandie l'aqueduc de l'Avre, long de 102 kilomètres, apporte, à 106 mètres au-dessus des mers, au réservoir de Montretout-Saint-Cloud, plus de 1 150 litres empruntés aux magnifiques fontaines de la Vigne, au voisinage de Verneuil-sur-Avre.

Quant aux ondes les moins fraîches, c'est Paris lui-même qui les donne à Paris par des puits artésiens. Le trou de sonde de Grenelle a 548 mètres de profondeur; l'eau (6 litres) qu'il appelle de l'abîme intérieur est à 27°. Du trou de Passy, profond de 586 mètres, monte un flot onze à douze fois plus abondant, 69 à 70 litres. Le puits de la Chapelle évoque très peu d'onde cryptique, et le puits de la Butte aux Cailles n'est pas encore achevé.

Le cristal des sources étant pour l'usage de l'homme, l'eau souillée pour les rues, les jardins, les égouts, il semble que les sources acquises chez le Bourguignon, chez le Champenois, le Normand et dans la banlieue de Lutèce pourraient étancher la soif la plus ardente des trois millions de Parisiens : dès lors la Seine et la Marne, au besoin l'Oise, et surtout la Loire, amenée de haut, distribueraient avec abondance et surabondance ce qui manque pour la propreté, l'arrosage, le noiement et l'éloignement des vidanges; mais, soit maladministration, soit gaspillage, Paris gémit sur l'insuffisance des eaux qu'on lui donne à boire, et la grand'ville s'est emparée des plus belles fontaines à vingt-cinq lieues à la ronde : sources de Cochepies (315 litres par seconde), près de Villeneuve-sur-Yonne; source de Chaintreauville (248 litres), près de Nemours, admirable de constance, belle par son site au pied de grès escaladés par les pins et sapins; et d'autres moindres.

Elle voulait aussi ravir, et n'a pu le faire, les fontaines de la Voulzie et du Durtein qui font la fraîcheur, l'orgueil et la joie de Provins, la « ville des roses », et les fontaines de la Bonneville, où renaît l'Iton (Eure) : *Summum jus, summa injuria :* excès de droit, c'est injustice.

Non seulement ruisseaux et marais ont disparu du sol de Paris, mais nombre de coteaux n'existent plus : on a fait monter les ravins à leur hauteur ou bien on les a nivelés pour les couvrir de palais. De la plaine, des anciennes vallées, les maisons escaladent au nord les collines des Batignolles, de Montmartre (105 mètres), des Buttes-Chaumont (101 mètres), de Belleville et de Ménilmontant (108 mètres); au sud, le Mont-Parnasse et le Panthéon (60 mètres).

Paris a 7 802 hectares, dont 3 594 en quais, rues, places, boulevards, squares et jardins : trop peu pour 2 537 000 habitants, puisque 325 personnes s'y partagent un hectare; et si l'on distrait des 78 kilomètres carrés de la ville les 36 qui ne sont pas hérissés de maisons, il y a moyennement 604 individus sur chacun des 4 500 hectares couverts de bâtisses.

L'enceinte, murée, de 34 kilomètres, défendue en avant par dix-huit forts, a laissé bombarder la ville en 1870-1871, mais ne l'a pas laissé prendre. Les « héros du Nord » ne sont point entrés ouvertement, délibérément dans le grand Paris, par mines et tranchées, par assauts et batailles, en marchant sur leurs morts et les nôtres; la famine a fait la brèche, et les Allemands ont passé.

Le plus redoutable de ces anciens forts couronne le *Mont-Valérien* (161 mètres), fière colline au-dessus de Suresnes et de la rive gauche du fleuve; ils forment une enceinte de 55 kilomètres, qui ne suffit plus, n'ayant point empêché l'ennemi de tirer à boulets rouges sur Paris du haut des coteaux de Châtillon.

Les forts de l'enceinte nouvelle, également au nombre de dix-huit, entourent l'ancienne enceinte à variables distances, de 6 à 20 kilomètres, suivant une ligne capricante, sur un pourtour de 122 kilomètres embrassant 91 500 hectares.

Londres a presque deux fois autant de Londoniens que Paris de Parisiens, sur une aire quadruple, et d'autres casernements l'emportent sur Lutèce par le tumulte des rues, l'industrie, le commerce, la diversité des monuments, mais nulle cité n'est rivale de Paris pour la variété des plaisirs, la facilité de la vie, les recherches du luxe, le déploiement des richesses, la foule d'hommes d'esprit, de savants, d'artistes, la valeur réunie des académies, écoles et facultés, musées, collections et bibliothèques.

Parmi ces dernières, une seule a tant de rayons pour ses tomes, brochures et manuscrits, pour ses cartes, ses atlas, et ses quinze lieues de rayons portent tant de volumes qu'il y a là 2 500 000 livres, 250 000 cartes, 2 500 000 estampes et gravures; plus une merveilleuse réunion de 250 000 monnaies et médailles, des camées, pierres gravées, bijoux d'art, bronzes, statuettes, vases antiques, etc., etc. Cette bibliothèque est « nationale », « impériale » ou « royale », selon le pouvoir dont il faut flatter l'immortelle splendeur.

Et l'on ne compte pas à Paris les instituts, les écoles, les cours publics ou privés en français ou en tout autre idiome, sur toute chose de savoir et désavoir.

Musées, écoles, bibliothèques, administrations, ministères, hôpitaux, théâtres, les salles du plaisir, celles de la souffrance,

Le Plus Beau Royaume Sous le Ciel.

celles du travail, et la foule sans fin des bureaucrates habitent de vieux ou de jeunes palais dont plus d'un n'a que la grandeur et n'est point monumental. D'humeur iconoclaste, Paris a détruit presque tout ce que les âges abolis lui avaient laissé de grand, d'antique, de vénérable; ses aligneurs de rues, ses perceurs de boulevards ont culbuté les pierres romaines, « basilicales » ou féodales qui osaient se dresser, solides ou caduques, avec la majesté de l'âge, sur le plus court chemin d'un point à un autre, et l'entrepreneur abat des murs de mille années pour construire un monument fait en un jour pour durer un jour. Malgré tout, la grande ville montre encore de superbes architectures, dans tous les styles, de celui de l'an 300 à celui de l'année 1900.

Rome y revit dans d'informes arènes et dans les thermes du palais bâti par Constance Chlore, habité par Julien l'Apostat; le moyen âge triomphe avec Notre-Dame et sa merveilleuse façade, avec la Sainte-Chapelle, qui est le « bijou » de l'art ogival, et dans tous les quartiers anciens de la métropole il dresse çà et là une église, une tour, une tourelle, un débris; la Renaissance a le Louvre et son admirable cour carrée; l'après-Renaissance, le Palais du Luxembourg et le Palais-Royal; le siècle de Louis XIV a donné le palais des Invalides, la Porte Saint-Denis, la Porte Saint-Martin; le XVIIIe siècle, le Panthéon; le XIXe siècle, la Madeleine, grande copie du temple grec, et l'Arc de l'Étoile, la plus haute porte triomphale du monde, au bout de l'avenue des Champs-Élysées, non moins triomphante et faite pour le passage d'un peuple; il a son fastueux Opéra, ses Halles Centrales, fer et verre plus que pierre et marbre, et des hôpitaux, des hôtels et caravansérails, des cafés luisants de glaces et de dorures, des théâtres, des ponts, des viaducs.

Une pierre qui n'est plus énigmatique et dont on sait que ses hiéroglyphes proclament les victoires d'un Pharaon, l'obélisque de Louxor lève son granit rose au bas de l'avenue des Champs-Élysées, à une demi-lieue de l'Arc de triomphe qui célèbre les batailles de la France à l'autre extrémité de l'allée grandiose; sur sa place de la Concorde, magnifiquement décorée, il ne voit que monuments ayant 3 000 à 3 500 ans de moins que lui; mais ce n'est pas un témoin de nos splendeurs ou de nos ruines, il n'a de français que le granit breton de son piédestal; son granit à lui est du granit d'Égypte : pris dans les ruines de Thèbes aux cent portiques, au bord du Nil limoneux, à l'entrée du grand désert fauve, on l'a planté dans le sol de Paris devant le jardin d'un palais des rois, les Tuileries, détruites en 1871.

TROISIÈME   *Petits Monts, Bas Plateaux, Plaines.*

La ville opulente est facile au plaisir, étourdie, joyeuse, mais la corruption qu'on lui reproche, et qui dégrade autant les autres capitales, ne vient pas seulement des Parisiens et des Français; les homme de loisir que nous envoient les nations « vertueuses » apportent et soulèvent plus de fange que nous dans le bourbier de Lutèce. Quand ces Pharisiens partent pour leurs pays hypocrites, ils secouent sur nous la poussière de leurs pieds en criant : « Nous sommes plus justes que ces hommes-là » ; et ils prédisent un dieu vengeur à la Babylone moderne. Ils espèrent que Paris sera brisé comme le château d'Edenhall, dans la célèbre ballade du poète souabe Uhland.

L'avenir exaucera leur vœu ; il n'est que deux sortes de villes : celles qui sont mortes et celles qui mourront.

Pour l'instant, très vivante et fière d'elle-même, elle ignore ses premiers commencements.

Quand les Romains arrivèrent à la Seine parisienne, vers le milieu du siècle qui précéda notre ère, les deux rives, bois et marais, étaient presque désertes.

La Marne bue, le fleuve dévorait deux ruisseaux : sur la rive gauche, la Bièvre, descendue de coteaux bocagers, s'amortissait en palus dans le vallon, derrière les chaussées du castor dont elle a gardé le vrai nom français; un ru venu des collines de Montreuil et Rosny s'épanchait dans la plaine de la rive droite; il s'y divisait en deux bras, dont le plus court joignait la Seine à l'issue des bas-fonds mouillés dont le souvenir vit encore dans le nom que porte le quartier du Marais; l'autre s'en allait, palustre aussi, entre prairies qui furent plus tard des jardins, puis des rues, quand Paris, devenu géant, brisa ses entraves. Ces deux bras sont maintenant invisibles; la voûte de pierre leur fait un cours nocturne, et le plus long des deux transporte autant d'ordures qu'il roula jamais de flots clairs : aujourd'hui sous sa courbure latrinière, tronçon du « Grand collecteur », il concentre des abominations et des fétidités.

Cinq îles éparpillaient la Seine en deux ou trois branches. Sur l'une d'elles, un bourg peuplé de mariniers, Lutèce (ou peut-être Lucète) appartenait aux Parisiens, tribu celtique dont il paraît que le nom voulait dire : les Vaillants.

Nous n'en savons pas plus. Ces « Vaillants » fondèrent-ils leur ville? Ou la prirent-ils à d'autres Celtes qui l'avaient eux-mêmes acquise par la politique du fer et du sang? Et ces autres Celtes la tenaient-ils, par force ou ruse, de Celtes ou d'Antéceltes attirés dans l'archipel de ces îlettes par la richesse de la pêche et la facilité de la défense?

Le Plus Beau Royaume Sous le Ciel.

L'île de Lutèce, qui contint tous les Parisiens, est le lieu de Paris qui en renferme le moins, occupée qu'elle est par ses quais, son boulevard, ses places, ses grands monuments, Notre-Dame, Hôtel-Dieu, Palais de justice, Sainte-Chapelle, Tribunal de commerce. Plus petite alors que de nos jours, elle ne s'était pas encore annexé l'îlot d'aval devenu le terre-plein du Pont-Neuf.

Les « Vaillants », peu à peu romanisés quant à la langue, agrandirent leur ville : très lentement sous les Mérovingiens, petits despotes insensés, pillards et ripailleurs tant qu'ils restèrent guerriers, lâches quand ils devinrent fainéants; plus lentement encore sous les Carolingiens, tant qu'il fallut vaincre avant tout les Normands arrivés de la mer sur des flottilles de cuir. A partir de l'an mille, après l'intronisation des Capétiens, Paris s'accrut vite et lorsque approchait la guerre de Cent Ans, la ville de la Boue (si c'est là ce que signifiait le nom de « Lutèce ») avait 275 000 habitants sur 400 hectares; mais cette guerre inexpiable arrêta net son expansion, même la ville se rapetissa, et deux cent cinquante ans après, quand s'allumait une guerre non moins frivole et meurtrière, lorsque protestants et catholiques se daguaient dans toutes les rues, sur tous les ponts, devant tous les châteaux de France, Paris ne comptait guère plus de 250 000 âmes. Il en avait 720 000 (?) à la fin du règne de Louis XIV; 600 000 (?) en 1762; 720 000 (?) en 1784; 550 000 en 1800; 725 000 en 1820; 925 000 en 1840; près de 1 700 000 en 1860, après annexion de la banlieue d'alors, entre les boulevards extérieurs et le justaucorps de l'enceinte; 2 269 000 en 1881; 2 537 000 en 1890.

Ce prodigieux épanouissement ne durera pas; peut-être même Paris a-t-il fini de grandir. La ville issue des îlots de la Seine n'a rien de ce qui fait les cités souveraines, toujours sûres de revivre après mort violente, de rajeunir après caducité passagère; elle n'a pas la mer, le port profond, ample, abrité que ne comblent ni les galets, ni les vases; elle n'a pas le fleuve de mille à quinze cents lieues portant des vaisseaux de haut bord; il lui manque la centralité dans d'immenses plaines et le commandement d'un long chemin des peuples; l'histoire la fit géante, la nature la rapetissera, ou du moins des rivales croîtront sans qu'elle croisse autant qu'elles.

Sans doute Paris fut central en France lorsque la langue d'oc n'avait pas encore subi le joug de la langue d'oïl : la patrie, c'était alors la Seine, la Saône et moitié de la Loire : en ce temps-là l'Angleterre elle-même, dans ses villes et par ses hautes classes, était plus française que le sud de la France;

Petits Monts, Bas Plateaux, Plaines.

aujourd'hui que la Loire d'en haut, la Garonne, le Rhône, l'Atlas, le Niger, le Congo, portent l'axe de la France au midi (bientôt même au delà des flots céruléens), Lyon, Avignon, Toulouse, Marseille, seraient de meilleures capitales.

Devenu très excentrique, Paris a l'ennemi presque à ses portes ; tandis que Lyon, sur un fleuve supérieur à la Seine, une rivière supérieure à la Marne, a derrière lui les créneaux du Jura ; Avignon, entre l'Espagne et l'Italie, a les Alpes à gauche, les Cévennes à droite, le Rhône devant elle et la mer tout près ; Marseille regarde Alger, au bout d'une France, à portée de l'autre ; Toulouse règne entre l'Ouest et l'Est, entre l'Atlantique et la Méditerranée, non loin des ports où l'on s'embarque pour l'Afrique.

La Seine est fort limpide à l'amont de Paris ; la Marne la décristallise un peu, qui est plus opaque, et trouble cent jours par an, contre les soixante-six jours impurs de la Seine.

Ce fleuve est comme l'axe de Paris, qu'il traverse sur une longueur de 12 300 mètres, avec largeur minima de 125 à 130 mètres, ampleurs ordinaires de 150, 175, 200 ; il entoure l'île Saint-Louis, puis l'île de la Cité, celle-ci très brillante, celle-là sans monuments au milieu de la ville monumentale et pareille à une cité de province endormie à deux pas des tohus-bohus endiablés de Babel.

Des bateaux à vapeur la montent et la descendent, qui convoient par an des millions et millions de voyageurs ; de bateaux de commerce, peu ou pas ; ils suivent, loin de la rive du nord, le canal Saint-Martin et le canal Saint-Denis qui leur évitent les embarras de Paris et l'énorme détour du fleuve par Sèvres, Saint-Cloud, Neuilly. Exactement parlant, ce n'est pas la Seine seule qui coule sous les arches de gauche et sous les arches de droite des ponts parisiens : à gauche s'avance la rivière maîtresse, la Seine, différente en couleur, en pureté, de la rivière moindre, qui est la Marne, et celle-ci heurte un flot moins vert, moins clair contre les quais de la rive droite. En aval de Paris, les deux courants, longtemps brassés ensemble ne sont plus qu'un seul et même fleuve.

XXXIII
DE PARIS
A
LA MER

La Seine d'en bas est incroyablement sinueuse : de Lutèce à la Manche, elle erre pendant exactement autant de kilomètres qu'il y a de jours dans l'année : 365, alors que son droit chemin est de 180 au plus.

D'abord elle baigne le pied de collines chargées de villas qui continuent la vivante splendeur de Paris jusqu'à

Le Plus Beau Royaume Sous le Ciel.

la splendeur morte de *Versailles*, à ces avenues solennelles, à cet énorme château, à ces jardins immenses, pleins de vases de marbre, de statues, de bassins. La rivière de l'Eure, amenée par un aqueduc, devait donner la vie au parc, au château, à la ville, et verser l'onde aux bassins par la bouche de leurs dieux, de leurs déesses, de leurs nymphes de pierre; mais l'Eure n'a point coulé jusqu'à Versailles, l'aqueduc de Maintenon n'est que ruines, et il n'y a plus de glorieuse opulence dans la cité du roi « qui se serait fait adorer par les hommes s'il n'avait eu peur du diable ». Deux siècles à peine se sont écoulés depuis la fleur de jeunesse de cette humanité polie; la cour de Versailles fut la société la plus dorée, la plus élégante, la plus spirituelle sous le soleil; l'Europe en fit son idéal, et la France fut alors le premier des peuples, son roi le premier des rois.

Si Versailles est un faubourg de Paris sur un plateau de la rive gauche de la Seine, Saint-Denis est un faubourg de plaine sur la rive droite. Un autre faubourg, c'est Saint-Germain-en-Laye, sur un plateau de la rivière, au bord d'une forêt de 4 400 hectares. Le fleuve, accru de l'Oise, arrose ensuite Poissy, dont le pont date de saint Louis, et Mantes, surnommée la Jolie; il effleure, de sa droite, des collines qui sont le rebord du Vexin français, puis au delà du confluent de l'Epte, des coteaux qui sont le talus de support du Vexin normand; il serpente dans la plaine de Vernon, et maintenant dégagé du faix des ordures de Lutèce, rencontre successivement : les Andelys, que contemplent, ruines superbes, les trois enceintes du Château-Gaillard, œuvre de Richard Cœur de Lion, prince français dont la gloire est anglaise; Poses, où déjà la marée soulève un peu les eaux que va gonfler le tribut de l'Eure; Elbeuf, riche de ses draps; Rouen, l'ancienne capitale de la Normandie, où le fleuve arrive au sommet de la plus formidable de ses courbes : 35 kilomètres de cingle pour moins de 5 kilomètres d'isthme.

Rouen est chez nous la grande ville cotonnière. Au bord d'un fleuve à marée, au pied de collines altières, ses monuments, ses églises, sont dignes d'une métropole, et puisque le maître lieu de la France n'en devait pas occuper le centre, Rouen eût mérité plus que Paris d'être le site élu; les Français s'y seraient familiarisés avec les choses fluviales et maritimes, et sans doute que sur plus d'un rivage maintenant anglais, espagnol ou portugais résonnerait aujourd'hui la langue de Tours en Touraine.

En aval de Rouen, la Seine reste encore longtemps médiocrement large, de 200 à 250 mètres; mais à partir de Quillebœuf, elle s'amplifie en estuaire entre des rives qui s'écartent jusqu'à près de deux lieues et demie.

TROISIÈME   *Petits Monts, Bas Plateaux, Plaines.*

L'estuaire de la Seine avait son commencement vers Villequiers, tout au moins entre Vieux-Port et Quillebœuf.

C'est chose d'antan, la Seine ayant indéfiniment remblayé ses deux rives, surtout par l'atterrissement du Marais Vernier, jadis vaste golfe en demi-rondeur.

L'estuaire a maintenant son principe en aval de Quillebœuf par l'ouverture d'au delà de 4 000 mètres comprise entre le cap de Tancarville et la pointe de la Rocque ; on dit *cap de Tancarville*, et c'était bien autrefois un promontoire, au long d'une falaise marine, ou plutôt demi-marine à cause des heurts du flux et du reflux dans l'estuaire, à la tombée de rebord du pays de Caux.

Ces roches maintenant fluviales sont dignes de leur solide château de Tancarville, dignes de leur fleuve, comme le sont de leur mer les roches du littoral ; elles ont cependant perdu la moitié de leur beauté depuis qu'elles plongent sur la prairie d'alluvions et non sur l'eau mobile, que les atterrissements ont éloignée d'elles. A la rive opposée, le plateau du Lieuvin monte sur l'estuaire par un escarpement moins blanc que la tranche du pays de Caux.

En même temps qu'ils rétrécissaient le golfe, les envasements enfouissaient des ports : Lillebonne reçut des vaisseaux quand elle était la *Juliobona* gallo-romaine, et plus tard pendant le moyen âge ; de nos jours aucune barque ne remonte son ruisseau, tributaire de l'estuaire. Harfleur, voisine du Havre, offrait aux grands navires l'asile de l'anse abritée où la Lézarde s'évanouissait dans la Seine déjà presque confondue avec la mer ; maintenant l'anse est comblée, la Lézarde fend près d'une lieue d'alluvions avant d'atteindre le flot, et il faut de hautes marées pour mener à Harfleur un modeste navire.

C'est pour la moindre partie que la Seine contribue au comblement de sa baie, déjà diminuée de près de 10 000 hectares ; la masse des alluvions est amenée de loin, des rivages occidentaux de la Normandie, par un courant littoral chargé de débris schisteux ou calcaires.

On a très heureusement approfondi, régularisé la Seine et l'on y a conquis sur l'estuaire des prairies superbes. Rouen, qui ne recevait que des bateaux de 3 mètres et demi de cale, accueille des navires de 6, de 7 mètres, malgré la barre, toujours incommode : cette sœur du mascaret de la Dordogne fait de 5 à 7 mètres 1/2 par seconde, quelquefois 10, 12, 15 ; à contre-courant, car elle vient de la mer ; tenant toute la largeur du fleuve, sa vague, haute de 2 à 3 mètres couronnée d'écume, se cabre et fait danser la Seine ; les bateaux qu'elle saisit par le travers chavirent mais voici qu'elle n'épouvantera plus personne ; elle ne peut mener à mal les grands navires, et les petits se rient de son tumulte : à peine s'ils voient sa blanche écume et s'ils entendent de loin son tonnerre, assurés qu'ils sont d'un calme inaltérable dans un tout nouveau canal de la rive droite de l'estuaire — le canal de Tancarville au Havre, menacé d'avance, dit-on, par l'inconsistance de la vase et les nombreux jets de fontaine du pied de la falaise cauchoise.

La Seine se confond avec la mer devant *le Havre*, belle ville qui commerce avec le monde entier, surtout avec l'Amérique. C'est, on peut dire, le bout de la banlieue d'aval de Paris, ou encore Paris maritime. En couronnant d'une digue, à 2 ou 3 kilomètres en mer, les deux bancs de l'Éclat et des Hauts de la rade, qui sont une assise d'ancien rivage, on lui ferait un avant-port de 700 hectares en eau profonde ; mais on hésite à défier ici la mer, rouleuse infatigable de galets et traîneuse de vases qui ne sauront où se déposer quand elles auront comblé l'estuaire du fleuve parisien.

XXXIV
LES DEUX VEXINS :
EPTE,
ANDELLE

De la banlieue d'aval de Paris jusqu'à la mer, de l'embouchure de l'Oise jusqu'à la fin de l'estuaire séquanien, le Vexin monte par de hauts talus sur la rive droite de la Seine, puis le pays de Caux s'enlève en escarpements ardus, en caps rocheux. Ce même pays de Caux s'abat au nord sur la Manche, en tragiques falaises qui vont de la bouche du fleuve, largement ouverte, à l'étroit ensevelissement de la Bresle, aux lieux où les houles marines cessent de menacer la Normandie pour gronder au devant de la rive des Picards. Au Vexin, au pays de Caux s'ajuste en arrière le pays de Bray ; tandis que vis-à-vis, au-dessus de la rive contraire de la Seine, des coteaux rapides escaladés par de grandes forêts portent les champs féconds de l'Ile de Grâce, de la Campagne de Neubourg et du Roumois, plans d'une altitude sensiblement égale à celle des plateaux d'entre l'Oise et la Manche.

Le Vexin est double : de l'Oise à l'Epte, Vexin français ; de l'Epte à l'Andelle, Vexin normand ; l'un et l'autre disputés avec fureur par l'Anglais au Français, alors que le duché de Normandie, au bord du fleuve « national » de la France, relevait des rois dont le palais bordait la Tamise, le fleuve national des Celtes mâtinés de Saxons, de Danois, de Normands.

Conformément aux nécessités naturelles, les Français triomphèrent enfin des « Grands Bretons » qui nous avaient vaincus dans trois grandes batailles, deux en Picardie, une en

Poitou, avec de vaillantes petites armées où l'Angevin, le Manceau, le Normand, le Saintongeais, le Gascon tenaient autant de place que l'Anglais, et qui avaient pour chefs de guerre des rois, des princes, de hauts et nobles chevaliers de sang français, de langue française.

Entre Paris et Rouen, les paysans vexinois, aussi délurés que n'importe quels autres ruraux d'Ile-de-France et de Normandie, sont, en partie par le sang, tout à fait par le nom, les héritiers des *Véliocasses* dont la capitale fut *Ratuma* ou *Ratumacos*, la *Rotomagus* des Romains, notre Rouen.

Le Vexin français, en amont sur le fleuve, a plus de surrection que le Vexin normand, mais guère : tous deux se tiennent aux altitudes de 100, 120, 150 mètres, avec quelques reliefs d'au delà de 200 sur le premier des deux plateaux qui, tous les deux, sont des tables de craie avec vastes placages de tertiaire sur le « français », aussi de tertiaire, et surtout d'alluvions quaternaires sur le « normand ».

Avec ses terres fertiles, ce Vexin ne pouvait manquer à la destinée de campagne très agricole, sagement cultivée, soignée avec persévérance autour de riches villages.

Mais cette sagesse, persévérance et richesse tendent au néant depuis que les vieux Véliocasses sont en proie à la décimation, du fait du plus cruel des fléaux, la rareté des naissances par intention délibérée, par mépris de la vie générale à force d'estime pour la vie personnelle.

Campagne nue sur de très vastes espaces, même quelquefois jusqu'à l'horizon, mais avec sylves qui ont persisté jusqu'à ce jour, et desquelles nulle ne vaut la *Forêt de Lyons* en étendue, en beauté, en majesté ; cette assemblée d'arbres dresse tout ce qu'on peut voir de plus splendide en fait de hêtres, comme celles de Bellême du Perche et de Tronçais du Cher en fait de chênes ; elle couvre à la rive droite de l'Andelle, 10 608 hectares de ravins, plateaux et collines, à des altitudes variant entre 50 mètres et 210 ; on y admire avec recueillement, dans une demi-obscurité sacrée, des hêtraies de 180 à 200 ans, vieillesse qui pour ces troncs magnifiques est encore une jeunesse.

Au long de l'Epte[1] le Vexin français divorce du normand. L'Epte part du pays de Bray et s'avance entre prairies ombragées, jamais bien large, souvent lente et profonde, toujours fraîche, et forte de 6 à 9 mètres cubes, avec étiage de 4 suivant la pluviosité du temps.

---

1. 100 kilomètres, 87 245 hectares.

Le Plus Beau Royaume Sous le Ciel.

La « reine de l'Epte », c'est Gisors, reine aujourd'hui pacifique à tout prix dans sa riche vallée; mais il y a six cents ans elle entendait souvent le choc des armures, quand Philippe Auguste tenait la rive gauche, et Richard Cœur de Lion la rive droite, Gisors, sa colline et, sur cette colline, un château formidable, place d'armes à double enceinte dont les ruines, devenues jardin public, sont restées grandioses; l'herbe, le lierre, la feuille y mêlent à la mort la vie; dans les fossés, qui n'ont plus d'eau, devant des murs et tours de l'enceinte extérieure, frémissent des arbres de toute magnificence; sur la plus haute butte du jardin aux allées tournantes s'élance la tour octogonale d'un donjon qui plane dans le ciel du Vexin.

Née comme l'Epte au pays de Bray, l'*Andelle*[1] est une très charmante rivière de 5 mètres cubes, avec étiage à peine inférieur. Elle s'en va, claire et froide, en la prairie, d'usine en usine, entre des coteaux presque partout verts de forêts.

Rivière très industrielle, mais ses industries la souillent peu : elle reste digne de la belle nature qui l'entoure, de la sève des arbres qui s'y mirent.

A la rive droite de l'Andelle confronte le pays de Caux.

XXXV
PAYS DE CAUX,
RIVIÉRETTES
CAUCHOISES

Le Vexin s'appelant ainsi de ses antiques *Veliocasses*, le Caux doit par corruption son nom à ses vieux *Caletes*, qui avaient pour cité maîtresse une ville plus ou moins ville, et probablement fort barbare, qui devint la *Juliobona* des Romains, puis la Lillebonne des Normands et des Français. La tentation était grande, et plus d'un savant y succomba, de tirer Caux du même mot latin que causse : de *calx*, la chaux, calcaire ou craie.

Et de fait, le pays de Caux se présente, comme nos Causses de Languedoc ou Guyenne et Gascogne, sous la forme d'un plateau n'ayant de rivières que dans la profondeur des ravines, de fontaines qu'au pied des talus, des falaises : seulement le Caux est une table de craie, non de calcaire; les ravins y pénètrent plus loin vers les lignes de faîte : d'où nombre de belles fonts dans l'intérieur même du plateau, non pas seulement à sa périphérie; enfin, sous un tout autre climat moins rude, moins venteux, moins hargneux, sans aucune sécheresse, voire tout au contraire prodigue en pluies tamisées, le plateau Cauchois est une terre de promission, au lieu d'un demi-désert, assoiffé, affamé, gelé, brûlé.

---

1. 55 kilomètres, 71 000 hectares.

TROISIÈME *Petits Monts, Bas Plateaux, Plaines.*

Dans le Caux, deux sous-pays, de très inégale étendue : le *Grand Caux*, de Rouen et du Havre à la vallée de l'Arques et à Dieppe; le *Petit Caux*, de l'Arques à la Bresle, fleuve de l'autre côté duquel monte un plateau picard, le Vimeu.

Tous deux d'ailleurs, le Grand et le Petit, sont exactement semblables, et d'un bout à l'autre ils se déroulent en une campagne plantureuse dont Yvetot, la ville principale, ne fut jamais qu'un bourg, sans autre potentat que le compère d'une immortelle chanson, Normand ivre de cidre et non de royauté.

Mais si les limons de ce plateau n'ont jamais nourri de monarques, ils ont engraissé des paysans, race matoise qui vit dans de grands villages et dans des « herbages », fermes ombragées d'arbres magnifiques, hêtres, ormes, avec quelques chênes; à l'abri de ces géants, autour de la maison, croît le pommier, cher aux héritiers des pirates : ils en tirent le cidre, qui est leur vin.

Parmi les nombreuses contrées d'orient, de nord, de centre, de sud où se reposèrent enfin les écumeurs de mer dont les paysans cauchois descendent pour un peu (la masse de leur sang étant gallo-romaine), on n'en trouverait pas beaucoup qui vaillent le pays de Caux, surtout les vallées admirables qui l'entament. Sur le plateau, dans des campagnes presque exactement nivelées, avec pente au septentrion vers la mer, pente au midi vers la Seine, les vents soufflent à toute haleine, comme jadis autour de la pirogue allongée des flibustiers scandinaves. Mais la double ou triple rangée de vieux arbres plantés sur des talus de cinq à six pieds de haut à l'entour de la maison, du courtil, de la prée défend, rien qu'en courbant un peu la tête, les pommiers et le jardin et la demeure contre toute fureur d'ouragan; à peine si se ride en léger frisson la mare où les animaux boivent, faute de fontaines vives, une eau morte retenue par l'argile compacte : « ils ne la boivent pas, dit le paysan, ils la mangent », tant elle est opaque, lourde, mêlée de glaise, et traversée de limons.

Vus d'un lieu culminant, en recul fuyant, ces allées et ces quinconces de pommiers à cidre, ces grands arbres d'autour maison ou d'autour village, cachent les fermes, les hameaux, les bourgs dont beaucoup se distendent en longues villes rurales; ils transforment en apparence la campagne herbeuse, céréalière et potagère du Caux en une sorte de forêt : tels, vers ouest et sud-ouest, les Bocages bretons, normands, manceaux et poitevins, changés de loin en sylve par les arbres étêtés de leurs haies d'enclôture.

Mais les forêts, voire les forêts profondes, ne manquent

Le Plus Beau Royaume Sous le Ciel.

pas au plateau cauchois ; la plus ample de toutes, la *Forêt d'Eu* (9 390 hectares), dans le Petit Caux, commande le val de Bresle ; d'autres vêtent le plateau en arrière de la falaise de la Seine.

Quand brusquement, par une des routes droites de la haute plaine, on plonge à grandes courbes, sur une des vallées du Caux, la singulière beauté du pays émerveille les moins émerveillables des hommes. A fraîcheur, fraîcheur et demie ; ou plutôt avec tout leur luxe de prairies, d'arbres, d'épis, de fourrages, les « hauts » du pays cauchois sont, on oserait presque le dire, comme une Arabie Pétrée, comparés aux vallons inclinés vers la Seine ou penchés vers la mer orageuse. Bois, bouts de forêts, prées d'un vert d'émeraude, sources de cristal dont plus d'une épanche une rivière, eaux magnifiques, châteaux et parcs, beaux villages ombreux dont un ne finit pas sans que l'autre commence, écluses de moulins, bruits de cascades, rumeurs de fontaines, et cela du cirque natal à la « valleuse » ou brèche ouvrant le val sur la mer ou sur le fleuve, vraiment on ne saurait trop féliciter les « Vikinger » d'avoir débarqué sur cette rive avec leurs rameurs prompts à brandir la hache. Qui louera jamais assez ces riviérettes, ces fleuves d'eau vive, ces grands arroseurs de prairies, ces tourneurs de roues d'usine (malheureusement pour eux, car trop souvent les « sanctuaires de l'industrie » muent leurs eaux de la limpidité bleue ou blanche aux couleurs cyniques d'un barbouillage empoisonné) ? A la Seine aboutissent Robec, Cailly, Sainte-Austreberte, Rançon, Caux, Bolbec, Lézarde ; à la Manche, l'Yères, l'Arques, la Scie, la Saâne, la Durdent, la rivière de Fécamp.

Toutes ces riviérettes cauchoises, si parfaitement semblables d'un bout à l'autre du Caux par mainte et mainte splendeur, magnificence des surgeons, opulence des prairies, robustesse des arbres, opacité des feuillages, saine rusticité des villages, se ressemblent aussi par la division de leurs conques en deux régions dissemblables : celle de l'eau courante, celle de l'eau cachée. Qu'on remonte l'une quelconque d'entre elles jusqu'à sa première fontaine, on n'arrive pas pour cela dans le cirque originaire du val ; il s'en faut d'une longueur souvent égale, parfois même supérieure au développement total de la rivière entre sa naissance et sa fin. Les jets superbes de l'onde sont l' « éclosion » de la riviérette, mais ils n'en sont pas le germe.

Elle vient de loin, l'eau brillante, jusqu'au fond visible, pressée de sortir des obscurités inférieures et de s'épanouir entre des rives fleuries. Au-dessus de cette première expansion l'on remonte encore et longtemps la coulière, pendant 5, 8, 10, 12, même 15 kilomètres, et de çà, de là, à gauche, à droite, des vallons débouchent dans la vallée mère ; seulement cette coulière, ces vallons, ces ravins sont secs ; nulle part et jamais d'eau courante : le flot coule sous terre, il s'est à la longue enfoncé sous les limons perméables, jusqu'à la couche étanche, dans l'ombre précieuse qui le garantit d'être bu du soleil ; et c'est pourquoi, de suintements en suintements, de gouttelette en gouttelette qui tombe dans les ténèbres sourdes, par la patience infinie de la distillation d'en-dessous, les ravines sèches préparent à la rivière une apparition triomphante.

Le *Robec* porte un nom scandinave dont la seconde syllabe veut dire la rivière ; il a pour yeux, comme disent les Arabes en tout pays soumis à leur langue raboteuse (et comme disent aussi d'après eux les Espagnols), il a pour yeux, pour sources, des fontaines merveilleuses sortant de la craie blanche ; les plus belles se nomment les « Cressonnières », du cresson qui s'y baigne dans l'eau pure et froide. C'est l'âme de Darnétal, ville industrielle qui n'a gardé des Normands que son nom — Darnétal, c'est, avec légère corruption, la « vallée des Danois ». Il s'achève à Rouen, ainsi que l'*Aubette*, son émule pour la force des sources et l'activité des eaux sur un chemin d'usines : ensemble, Aubette et Robec, qu'un bras commun relie dans Darnétal, ces deux courants qui n'ont, le premier que 8 312 mètres de long, et le second que 10 167, versent de 1 000 à 1 960 litres suivant la saison.

Le *Cailly* est un Robec plus grand : fontaines de toute beauté faites par les millions de gouttes qui, passant à travers les limons du Caux, entrent dans les veines de la craie pour en sortir à grands flots au fond de cirques étroits ; eaux admirablement limpides si l'industrie ne les déshonorait ; usines sans nombre ; embouchure à Rouen : non dans la ville, mais dans la banlieue, au-dessous de Maromme, cité de fabriques attachée à « Rotomagus » par de longues rues. Long de 31 kilomètres, il donne 1 727 litres en étiage, 3 405 en eau ordinaire — tel est le tribut d'un bassin qui dans maint pays d'argile entretiendrait à peine un ruisseau vidé par une journée de chaleur.

La *Sainte-Austreberte* ne diffère ni du Cailly, ni du Robec. Ses fonts ont même origine, même surabondance, et ses flots ne sont pas moins actifs ; elle porte au fleuve, à Duclair, au bout de 18 500 mètres de cours, 2 000 litres en temps normal, 1 523 en grand étiage.

Le Plus Beau Royaume Sous le Ciel.

Le *Rançon*, à Caudebéquet, roule 1 150 litres; or il n'a que 3 400 mètres; à une demi-lieue à l'ouest, à Caudebec, le *Caux* n'erre que pendant 3 888 mètres, et sa portée ordinaire est de 1 400 litres, son étiage de 1 043! Courtes sous le soleil, ces riviérettes sont longues sous les plateaux du « royaume d'Yvetot ».

Le *Bolbec* anime les industries de Bolbec et finit à Lillebonne; il a moins de constance : son étiage de 497 litres est trois à quatre fois inférieur aux 1 760 litres du débit normal.

La *Lézarde* vaut les meilleurs courants issus de la craie blanche. Cette rivière de Montivilliers et d'Harfleur ne parcourt même pas quatre lieues; or, elle verse 2 375 litres, que les plus longues sécheresses n'abaissent qu'à 1 500.

Si ces miraculeuses riviérettes jaillissaient en amont de Paris, voire à la même distance qu'elles jaillissent en aval, la fière métropole continuerait à ne savoir comment se débarrasser du fardeau de ses impuretés diurnes et nocturnes, mais elle n'aurait nul besoin de s'adresser à la fois pour boire à l'Ile-de-France, à la Normandie des bords de l'Avre, à la Champagne, à la Bourgogne, et de convoiter le lac de Neuchâtel, ou le Léman, profond de mille pieds.

XXXVI
FALAISES
NORMANDES :
FLEUVES
CAUCHOIS;
PAYS DE BRAY

Non moins extraordinaires les « naïades » des vallées inclinées vers la Manche, de la Somme à la Seine, et qui, nées dans le Caux intérieur, meurent au bas des *Falaises de Normandie*.

On a traversé l'estuaire de la Somme, puis foulé les alluvions des Bas Champs de Cayeux : subitement l'escarpe du plateau du Vimeu s'abat sur la Manche et dès lors commence la falaise de craie, gloire de la Normandie avec les beaux herbages, les ravissants vallons, les sources claires, la Seine sinueuse.

Ce rempart du continent recule devant les flots, à vitesses variables : ici d'un pied par an, là d'un mètre, là de deux. C'est l'élément terrible par sa fluidité, c'est l'onde qui le renverse; non pas seulement le flot salé, la « mer qu'on ne peut apaiser », mais aussi le flot doux.

La Manche, elle, attaque en face; l'eau des fontaines, sournoisement, en arrière et par-dessous. Tombée des filtres du plateau, l'eau « continentale » s'unit en ruisseaux souterrains déblayant sous la roche le sable ferrugineux qui porte la falaise; il se forme ainsi des cavernes, la roche est suspendue,

TROISIÈME *Petits Monts, Bas Plateaux, Plaines.*

les vagues la frappent, elle s'abat, souvent par blocs énormes ; telle tempête a fait crouler des milliers de mètres cubes de paroi. Il semblerait que ces talus de ruines devraient protéger la falaise qui les a laissé choir, mais ce qui tombe ici par pans réguliers n'est ni du granit, ni du porphyre; c'est du roc mou, les flots le diluent, les courants l'emportent.

Haut d'une centaine de mètres, le fronton régulier de la falaise est une ligne si peu « chevauchante » qu'on peut presque la dire architecturale; elle ne s'abaisse guère qu'aux brèches ouvrant la porte de la mer aux petits fleuves cauchois.

Le premier de ces charmants myrmidons hydrographiques n'appartient à la Normandie qu'à demi : d'Ault à la Bresle, courte distance, pas même deux lieues, la falaise relève de la Picardie, comme le plateau du Vimeu dont elle est la retombée. La *Bresle*[1] sépare, à droite, ce Vimeu et le Ponthieu, terres de Picardie, du Petit Caux et du pays de Bray, terres de Normandie.

Elle descend des collines d'Aumale et, gracieuse au possible, s'épanche en sa prairie ou normande ou picarde, à la fois campagne, parc et ville, avec arbres de la plus vigoureuse venue montant à l'assaut du plateau d'occident, le Petit Caux, chargé de forêts; les bourgs s'y touchent : plus de vingt-cinq de la source à l'embouchure sur la plage de galets du Tréport. Ce fleuve bi-provincial roule coutumièrement 8 mètres, 20 seulement en crue, et son étiage n'est pas très inférieur à sa puissance ordinaire.

De la Bresle à Dieppe, la falaise, désormais normande, fuit vers le sud-ouest avec une raideur singulière, sans aucun estran : de sa corniche, qui termine le plateau du Petit Caux par un précipice à pic, on peut cracher à l'heure du haut flux dans la mer houleuse. A moins de 6 kilomètres de la fin de la Bresle, le « fleuve » du Petit Caux, l'*Yères* meurt en Manche au pied du Mont Jolibois : si petite, elle s'efface brusquement; elle est pour la mer d'entre Angleterre et France moins qu'une goutte d'eau pour un Mississippi. Très gracieusement sinueuse, elle exprime d'un bassin de 32 000 hectares 2 600 litres par seconde (1 500 en étiage). D'elle on peut dire que son charmant val, où villages, hameaux, bourgades s'emboîtent, est une rue avec jardins et courtils, qui, de coude en coude, ne s'achève jamais, le long des 41 925 mètres du transparent cours d'eau. Elle a sa brèche de défaillance en mer près de Criel, à une lieue au sud-ouest du Tréport.

A cinq ou six lieues au sud-ouest de l'Yères, à Dieppe,

1. 72 kilomètres, 68 000 hectares.

Le Plus Beau Royaume Sous le Ciel.

arrive un plus grand courant d'eau vive, l'*Arques*, aussi nommée la Dieppette.

Dieppe s'appelle ainsi de la profondeur de son port, par corruption légère d'un mot normand, autrement dit scandinave, puisque les pirates qui conquirent la Neustrie maritime avant de vaincre et de modeler les Saxons de la Grande-Bretagne venaient des pays habités par les Norvégiens et les Danois. Ce mot, *diep*, que reproduisent l'anglais *deep*, et l'allemand *tief*, veut dire profond; et en effet le port de Dieppe est le plus creux de la Manche normande entre la Somme et la Seine : 7 m. 20 à la basse mer, 9 m. 97 en vive eau d'équinoxe; très sûr, il reçoit des navires de 1 200 tonneaux. Ses marins ne courent plus comme autrefois les mers à la trouvaille des pays nouveaux (et d'ailleurs il n'en est plus à découvrir); eux qui abordèrent en même temps que les Portugais, sinon avant eux, sur tel rivage d'Afrique, ils pêchent maintenant pour le dévorant Paris plus de poissons que n'importe quels autres riverains de « Belle France »; et plus de 130 000 hommes par an y traversent la Manche entre Dieppe et l'anglaise Newhaven.

Aucun port de la Manche n'est si voisin de la capitale, et l'on prétend mener de Paris un canal de grande navigation à travers les plateaux normands; la formule de ce rêve, à supposer qu'il y ait des rêves industriellement parlant, c'est : « Paris port de mer ».

A son nom, à son passé germaniques la « Profonde » peut opposer une antériorité gallo-romaine et même celtique. N'a-t-elle pas hérité au moyen âge, de la cité de Limes ou Olyme, oppidum des temps reculés populairement nommé camp de César? En quoi il a partagé le sort d'une foule de camps en réalité très peu « césariens » : mais partout où l'on reconnaissait vaguement des délinéaments, souvent presque effacés, de talus, de fossés, de circonvallations, on s'était habitué à dire sans hésitation : « Ceci est un camp de César! » La cité de Limes, au nord-est de Dieppe, entre la Manche, la « valleuse » ou vallée sèche de Puys et la tranchée qui l'isolait du plateau du Petit Caux, a beaucoup perdu de sa première étendue par éboulement de sa falaise dans la mer. Des tumuli bossellent ses 55 hectares, et l'on y a trouvé des vestiges de l'ère celtique, de l'époque romaine et de la mérovingienne. Dieppe naquit de quelques familles descendues, on ne sait quand, de la bourgade qui avait remplacé l'enclos guerrier d'Olyme.

L'Arques ou Dieppette ne doit pas au seul pays de Caux tout son flot divinement clair de 9 000 litres, avec étiage de 2 068; elle a sa bonne part du pays de Bray par le val supérieur de la Béthune, l'une de ses trois branches mères.

TROISIÈME — *Petits Monts, Bas Plateaux, Plaines.*

Le **Pays de Bray** diffère essentiellement comme nature, comme aspect, des trois plateaux qui le dominent, et qui l'étirent en longueur, — car il a bien une quinzaine de lieues, ce Bray, du nord-ouest au sud-est, de Neufchâtel à presque toucher Beauvais, tandis que nulle part sa largeur ne dépasse 10 kilomètres.

Si le Caux à l'occident, le Vexin au midi, la Thelle au sud-est, sont des plans de craie très perméables que la pluviosité du ciel sauve seule d'une sécheresse « pouilleuse », le Bray, antérieurement créé, est un bas-fond d'oolithe, avec argiles de sous-sol fort peu traversables par les eaux : d'où un excès d'humidité, des plaines un peu palustres, pas beaucoup de grains, d'autant plus d'herbes opulentes, d'autant plus d'arbres d'une superbe venue. Le Bray est une fraîche, et presque une froide Arcadie, dont le nom dit les qualités, puisque, sauf légère adultération, c'est le même que Brie, provenu d'un radical celtique désignant les glaises de difficile travail. On dit pays de Bray, l'on dit également : vallée de Bray, val de Bray, non sans raison, parce que le départ de la carapace de craie qui couvrait son oolithe a rabaissé son niveau de 60 à 80 mètres ; autrefois égal en altitude aux plateaux crétacés de son pourtour, il est commandé à droite, à gauche, depuis que sa craie s'est érodée, par une double falaise, pâture sèche, tant du côté des Picards que du côté des Normands.

On a comparé le pays des « Brayons » aux « Bocages » de Normandie, Bretagne, Maine et Poitou : en effet, dans cette contrée conquise il y a plus de mille ans par des pirates qui furent, en leur temps les dignes précurseurs des corsaires barbaresques, les domaines, les herbages ont aussi des clôtures de haies d'où les arbres s'élancent, et vue, soit de haut, soit de loin, on dirait que cette « herbe » est une forêt.

A l'inverse des gens du Vexin, du Caux, les habitants y vivent moins dans de petites villes, des villasses, qu'en de menus hameaux, des écarts, des fermes éparses, ce qui est une grâce de plus dans le paysage, et surtout un précieux privilège ; la dernière fable du « Bonhomme » n'est pas la moins belle ; elle nous dit de rester au désert, « sous les âpres rochers, près d'une source pure, lieux respectés des vents, ignorés du soleil ».

Le val de Bray donne naissance à l'Epte ; à la Béthune, l'une des trois constituantes de l'Arques ; enfin à des rus qui gagnent le Thérain, rivière du versant de l'Oise. A son sud-est un massif d'origine crétacée, avec placage d'alluvions quaternaires, la *Thelle* a des reliefs de 200 à 235 mètres ; elle s'en va de l'Epte de Gournay à l'Oise de Creil, au sud-ouest, au sud, au sud-est de Beauvais.

Le Plus Beau Royaume Sous le Ciel.

L'Arques se compose de trois riviérettes, dont une, la Béthune l'emporte en longueur, et une autre, la Varennes, en volume. Cette *Varennes*[1] serpente devant Saint-Saens et Bellencombre; la *Béthune*[2] passe à Neufchâtel, qui fut capitale du pays de Bray; l'*Eaulne*[3] (en réalité l'Aune, corruption d'*aven* ou eau) est le cours d'eau de Londinières, dans une vallée touffue de villages, semblable à une rue infinie, irrégulière avec bosquets verdoyants : rue plus curieuse encore, absolument extraordinaire, quatre bourgs hissés sur le faîte de l'Aliermont, entre l'Eaulne et la Béthune, s'étirent sans lacune le long d'une grand'route sur 17 kilomètres de longueur. Au pied du vieux château d'Arques, immortalisé par une victoire du Béarnais, ces trois rivières s'unissent, à 6 kilomètres de Dieppe et de la fin du fleuve, au terme d'une triple conque de 88 500 hectares.

A l'occident de Dieppe, se suivent de près les deux « fleuves » de Scie et de Saâne.

La *Scie* baigne une quinzaine de charmantes bourgades, en un val noyé de verdure constamment suivi par le chemin de Paris à Dieppe; engloutie par le gouffre commun des eaux, à 2 500 mètres de la ville où l'Arques s'achève, elle verse 1 700 litres, en hommage d'un bassin de 24 737 hectares où elle se déroule sur 33 kilomètres.

La *Saâne* ou rivière de Brachy se perd dans la « manche » océanique d'entre Angleterre et France, qui est la Manche tout court, à une dizaine de kilomètres de Dieppe, après un riant pèlerinage de 34 350 mètres, où elle rassemble 3 mètres cubes distillés par 26 359 hectares.

Plus belle encore la falaise à l'ouest d'Arques, Saâne et Scie, que des dunes de Picardie à la bouche de l'Arques. On y admire : Veules, port de pêche et ville de bains où une riviérette de 600 litres jaillit dans une valleuse et au bout de quelques cressonnières, de quelques usines, entre avec humilité dans la mer; — Saint-Valery-en-Caux port obstrué de galets voyageurs qui grée des bateaux pour la pêche dans les rudes mers du Nord, jusqu'à Terre-Neuve : il y a des séries d'années où Saint-Valery perd en mer un marin sur six; — Veulettes où arrive l'un des Amazones du Caux, la Durdent; — Fécamp, lieu terminal d'un fluviot et lieu d'armement pour la pêche aux bancs terre-neuviens : ce port est le premier de France pour la conquête de la morue, du hareng, du maquereau.

---

1. 40 kilomètres, 21 500 hectares, 4 mètres cubes. — 2. 78 kilomètres, 40 000 hectares, 3 mètres cubes. — 3. 550 kilomètres, 27 000 hectares, 2 700 litres.

TROISIÈME *Petits Monts, Bas Plateaux, Plaines.*

La *Durdent* doit l'existence à deux fonts splendides, dans le vallon d'Héricourt en Caux : à la *Fontaine de Saint-Denis* (800 litres) et à la *Fontaine de Saint-Riquier* (700 litres); accrue en descendant de sources presque dignes des deux surgeons originaires, elle arrive à son tombeau vers Veulettes avec 4700 litres, et elle n'a que six lieues et ne boit qu'à 37 565 hectares!

La *Rivière de Fécamp*, ainsi nommée de son lieu d'embouchure, unit les deux rivières de Valmont et de Ganzeville. A peine a-t-elle 13 kilomètres, mais ses 22 836 hectares lui octroient 2 900 litres, avec étiage de 1 317; les *Sources de l'Epinay* dans la coulière du Valmont, en versent à elles seules 800, plus du quart de ce gracieux fleuve.

Après Fécamp, Yport, lieu de bains; après Yport, la fameuse Étretat.

Étretat n'a pas les falaises les plus hautes de la côte normande, mais elle a les plus belles, fiers monuments de l'architecture de la mer sculptés par le départ et le retour des flots.

La Manche y heurte la falaise et la renverse par pans, dont ensuite elle fait des blocs couverts de la luisante humidité salée qui ressemble au verglas; elle y palpite en des cavernes qu'elle a creusées dans la tendrière, portion de la craie plus délitable, plus « tendre » que les autres; elle y clapote sous trois arches qu'elle a percées, Porte d'amont, Porte d'aval et Manneporte; elle y danse orageusement autour de deux obélisques, aiguilles qu'elle a séparées de ce qui fut la paroi de falaise, et, chaque année, elle agrandit l'espace entre le continent et ces deux écueils pointus attaqués en tempête par tout l'air et par toute la mer; il y a déjà plus de 1 000 mètres de la paroi littorale à l'Aiguille de Belval ou de Bénouville; l'Aiguille d'Étretat a 67 mètres de haut : à un mètre près, c'est la grandeur des tours de Notre-Dame.

Tout ce chaos change incessamment, suivant l'heure ou la lumière, ou l'ombre ou le vent, selon que l'Océan dort ou veille, selon qu'il monte ou descend, qu'il attaque ou qu'il fuit, qu'il se concentre ou qu'il se disperse.

Jadis Étretat avait une beauté de plus, une riviérette cauchoise dont on peut suivre le vallon bien au delà de Goderville; elle est aujourd'hui tarie en apparence, mais elle coule invisiblement et jaillit sur la grève même d'Étretat par des eaux vives que noie la marée haute et que la marée basse laisse à leur joyeuse expansion. De même, et bien infortunément pour la grâce de tant de vallées littorales, d'autres « fleuves » de par ici ont disparu (ou jaillissent en val plus bas qu'antan). Ainsi, pour revenir d'Étretat vers Dieppe, la rivière de Ganzeville ne commence plus à Daubeuf, mais à une lieue en aval, au-dessous de l'église du Bec de Mortagne; la rivière de Saint-Valery-en-Caux a tour à tour paru, disparu, reparu; on ne l'a pas revue sous le ciel depuis le xve siècle; enfin Fontaine-le-Dun ne mérite plus son nom, depuis que sort de terre à Antigny la source du Dun, très petit fleuve à l'est de Veules.

Le *Cap d'Antifer* (110 mètres), voisin d'Étretat, divise le courant de la Manche en deux sous-courants côtiers : l'un vogue vers le nord jusqu'en Picardie, comblant en route les ports à l'issue des valleuses — c'est celui qui déposa les Bas-Champs de Cayeux; — l'autre va vers le sud-ouest pour prendre part au remblaiement du golfe de la Seine.

Le *Cap de la Hève* (105 mètres) est à pic sur la mer; dévoré de deux mètres par an, il portait au moyen âge le bourg de Saint-Denis-chef-de-Caux, qui tomba quand s'éboula sa falaise; puis la mer délaya les débris — à 1 400 mètres de l'estran, le banc de l'Éclat indique à peu près le pied de ce qui fut l'escarpement couronné par la bourgade aérienne.

Aérienne au nord seulement, comme tous les villages du bord de la falaise; au sud, ils allongent sur le plateau leurs rues et ruelles, leurs courtils, leurs champs : de ce côté (sauf la fierté des arbres) ils ressemblent à quelque bon bourg beauceron, tandis qu'ils plongent au septentrion sur le vide et sur la mer.

Si Boghar en Afrique est un « Balcon du Sud », ils sont des « Balcons du Nord »; toutefois aucun d'eux, ni le hameau, ni la villa, ni le phare, ne s'avancent jusqu'au bord même du gouffre, de peur d'être prochainement précipités dans l'abîme avec le pan de la roche.

Le cap de la Hève commande la fin de la Seine et le port du Havre, qui serait le premier de France si nous n'avions pas Marseille.

CHAPITRE QUATRIÈME

DU HAVRE A SAINT-NAZAIRE :
LE NORD-OUEST

XXXVII. PLATEAUX NORMANDS. ‖ XXXVIII. ILE DE GRÂCE; EURE, AVRE, ITON. ‖ XXXIX. PLAINE DE SAINT-ANDRÉ. ‖ XL. CAMPAGNE DE NEUBOURG. ‖ XLI. ROUMOIS. ‖ XLII. LA RILLE. ‖ XLIII. PAYS D'OUCHE. ‖ XLIV. LIEUVIN. ‖ XLV. PAYS D'AUGE : TOUQUES. ‖ XLVI. CAMPAGNE DE CAEN : DIVES. ‖ XLVII. LE BESSIN : FOSSES DU SOUCI. ‖ XLVIII. ESTUAIRE DES VEYS. ‖ XLIX. CAMPAGNES D'ARGENTAN, D'ALENÇON, DU SAOSNOIS, DE CONLIE. ‖ L. BOCAGE NORMAND : ORNE, VIRE. ‖ LI. COTENTIN. ‖ LII. BAIE DU MONT SAINT-MICHEL : SÉE, SÉLUNE, COUESNON. ‖ LIII. BOCAGE MANCEAU; LES COEVRONS. ‖ LIV. MAYENNE, SARTHE, MAINE. ‖ LV. LA RANCE ET SAINT-MALO. ‖ LVI. MÉNÉ, PLAINE DE LA BRETAGNE INTÉRIEURE. ‖ LVII. MONTS DE PAIMPONT, LANDES DE LANVAUX. ‖ LVIII. MONTAGNE D'ARRÉE. ‖ LIX. MONTAGNES NOIRES. ‖ LX. BRETAGNE ET BRETONS. ‖ LXI. VILAINE. ‖ LXII. ARGUENON, GOUESSAN, GOUET. ‖ LXIII. TRIEUX, TRÉGUIER, LÉGUER, DOSSEN. ‖ LXIV. ROSCOFF, ILE DE BATZ, FIN DE LA MANCHE. ‖ LXV. EN ATLANTIQUE : OUESSANT. ‖ LXVI. RADE DE BREST : AUNE, ELORN. ‖ LXVII. PRESQU'ILE DE CROZON; BAIE DE DOUARNENEZ. ‖ LXVIII. ILE DE SEIN. ‖ LXIX. BAIE D'AUDIERNE; PENMARCH. ‖ LXX. ODET ET LAITA. ‖ LXXI. ILE DE GROIX. ‖ LXXII. BLAVET. ‖ LXXIII. PRESQU'ILE DE QUIBERON. ‖ LXXIV. BELLE-ISLE. ‖ LXXV. RIVIÈRE D'AURAY; MORBIHAN. ‖ LXXVI. PRESQU'ILE DE RHUIS. ‖ XXVII. PRESQU'ILE DE GUÉRANDE.

XXXVII
PLATEAUX
NOR-
MANDS

DE la vallée de la Seine basse aux Monts Normands qui, tout normands qu'ils sont, appartiennent en réalité aux Monts Armoricains dont ils sont la première extumescence orientale, des plateaux se suivent, de l'est à l'ouest, fort pareils entre eux et faits soit de remblais éocènes sur soubassement de craie, soit d'oolithe non remblayée : Ile de Grâce, Plaine de Saint-André, Campagne du Neubourg, Rou-

Le Plus Beau Royaume Sous le Ciel.

mois, Ouche, Lieuvin, pays d'Auge, Campagne de Caen, Bessin, plaine d'Argentan, Saosnois, Champagne de Conlie.

Entre ces plateaux d'une altitude moyenne de 150 mètres, des rivières s'assemblent en petits fleuves, dans des prées qui seraient dignes de Théocrite si leur soleil était plus illuminant, leur roche plus colorée, comme en ces monts du Midi où la chèvre, ramassant ses quatre pieds sur une aspérité de corniche, broute, la tête en bas, les arbustes du précipice; les gazons normands sont merveilleux de verdure, de saveur, de force, d'expansion; un sol plastique les entretient en sève et en suc, le ciel leur prodigue ses pluies, et leurs rivières ont toute puissance d'arrosement par la vertu d'admirables fontaines nées de l'enfouissement des eaux du plateau.

XXXVIII
ILE DE GRACE;
EURE,
AVRE, ITON

L'*Ile de Grâce* continue et achève au nord-ouest le pays qui s'appela Madrie et qui s'étendait entre Seine à l'est, Eure à l'ouest, des bois de Rambouillet à la fourche dudit fleuve et de la susnommée rivière; depuis bientôt deux cents ans le nom de Madrie a disparu des lèvres du paysan; celui d'Ile de Grâce désigne le plateau dont les falaises, les talus tombent sur la rive gauche de la Seine en aval de Vernon, sur la rive droite de l'Eure en dessous de Pacy. C'est une fort jolie rivière que l'Eure, ainsi que l'Avre et l'Iton, ses tributaires.

L'*Eure* sépare l'Ile de Grâce (à droite) de la plaine de Saint-André (à gauche). Partie des collines du Perche, écornant la Beauce au nord-ouest, elle croît très vite, en aval de ses villes de Chartres, de Maintenon, de Nogent-le-Roi, par la *Blaise* de Dreux[1], courant lucide, par l'Avre, et par des sources de merveilleuse beauté; telles les *Fontaines de Cailly*, à quatre lieues au nord-est d'Evreux, à la basse assise de la plaine de Saint-André : abreuvées par les fissures et fendillements de cette plaine qui boit avidement les eaux tombées du ciel, elles sont au nombre de sept, toutes voisines, et d'une constance incroyable, si bien que leur étiage le cède à peine à leur exubérance normale de 1 250 litres par seconde, dont 530 pour la plus forte, 340 pour la seconde, 200 pour la troisième, 150 pour la quatrième.

A une petite distance de ces fontaines, l'Eure boit l'Iton; elle fournit ensuite la force tournante aux usines de Louviers « la drapière », puis s'engloutit dans la Seine en amont du

---

1. 41 kilomètres, 40 000 hectares, 630 litres.

QUATRIÈME   *Petits Monts, Bas Plateaux, Plaines.*

Pont-de-l'Arche, à raison de 10 à 12 mètres cubes en volume ordinaire, 7 en eaux très basses, 340 en grande crue : voilà ce que lui valent 225 kilomètres de tournoiements, 550 000 hectares de domaine.

    L'*Avre*[1] dite Normande (comme distinction avec l'Avre dite Picarde) est devenue aussi l'Avre Parisienne, depuis que l'égoïste métropole lui a ravi, bon gré mal gré, plutôt mal gré, les meilleures de ses fontaines.
    Fille du Perche, ainsi que l'Eure, elle y a ses naissants dans le pays de Tourouvre, d'où partirent, voici deux cent trente ans, pour Québec, 80 familles de Percherons qui furent la souche de 250 000 à 300 000 Canadiens-Français. Sur toute sa moitié supérieure, jusqu'à Verneuil, c'est un ruisseau qui tarit régulièrement en chaque été sec, par fuite des eaux dans les bétoires ou bois-tout, avaloirs de sol et sous-sol ouverts sur des courants cryptiques. Dans la contrée de Verneuil reparaît l'onde aspirée par ces avale-tout, en fontaines regorgeantes dont Paris a pris les plus amples, celles qui composent un court affluent de droite, la *Vigne*, dans le vallon de Rueil-la-Gadelière ; elle a mis l'embargo sur 800 à 1 200 litres par seconde, que lui amène un aqueduc de plus de 100 kilomètres de lignes droites, lignes infléchies, ponts, ponceaux et siphons. Ainsi a-t-on volé légalement à l'Avre de précieux surgeons, pour ainsi dire, en punition d'un larcin d'il y aura bientôt huit cents ans, alors qu'en 1132 Henri Ier, roi d'Angleterre, duc de Normandie, détourna la moitié de l'Iton supérieur, 250 litres en étiage, 350 en « verve » coutumière, 1 800 en crue, et la conduisit dans l'Avre à Verneuil, par un canal de 16 500 mètres fort bien nommé le Bras Forcé. Plus bas, en amont comme en aval de Nonancourt, tant de fonts vives la pourvoient sur ses deux rivages, qu'elle équilibre presque l'Eure en estivale saison quand elle la rencontre en aval de Dreux pour y confondre ses 4 000 litres en temps normal ses 1 800 à 2 500 en étiage.

    Comme l'Avre, l'*Iton*[2] naît, meurt et renaît. Percheron d'origine, il descend aussi des sylves de Tourouvre et coule dans l'austère vallon de la Trappe, fameux par son couvent ; puis il disparaît, sauf en temps de crue, non du fait de la nature, mais par la « malice » des hommes, depuis que le roi Henri d'Angleterre le versa dans deux canaux s'attribuant chacun par moitié son courant.
    Le *Bras forcé de Verneuil* distrait, et définitivement, l'une

---

1. 72 kilomètres, 98 000 hectares. — 2. 118 kilomètres, 112 500 hectares.

Le Plus Beau Royaume Sous le Ciel.

de ces deux moitiés au profit de l'Avre, et le *Bras forcé de Breteuil* s'empare de la seconde moitié mais la ramène à l'Iton au bout de 13 500 mètres ; il n'y a donc plus, et cela durant 13 500 mètres, dans l'Iton, dit pendant ce trajet l'*Iton Mort*, la *Rivière Morte*, que des flots de crue, et ce que les rus et les sources apportent dans l'intervalle.

La riviérette, ranimée par la réintégration du Bras de Breteuil, traverse ensuite un pays lâche, fendillé, troué de bettoirs; d'avaloir en avaloir elle diminue et finalement disparaît à Villalet; et alors l'Iton, soutiré ici par la nature comme il est décanté plus haut par l'homme, devient le *Fol Iton*, le *Sec Iton*, pour redevenir, l'Iton tout court à 6 ou à 7 kilomètres en aval.

Il reparaît à des surgissements magnifiques, surtout à la *Fosse aux Dames*, jet calme de 500 litres auquel s'unissent bientôt les 900 litres du *Rouloir de Conches*, eau presque invariable où renaît la Lesme, absorbée en amont par des bois-tout.

Ces fonts et la *Source d'Hondouville* (760 litres), issue des cheminements souterrains du plateau du Neubourg, n'ont pas eu de Virgile comme le « divin » Clitumne, mais elles en méritaient un : ce sont elles qui font l'Iton, qui le complètent et le dotent des 3 250 litres qu'il verse dans l'Eure en temps moyen, des 2 500 qu'il roule en temps sec.

Il baigne Évreux, qui tire son nom, comme la lointaine Embrun près de Durance, du celtique *Eburodunum*; sa gracieuse vallée forme fossé entre la Plaine de Saint-André au midi, la Campagne du Neubourg au nord.

XXXIX
PLAINE
DE
SAINT-ANDRÉ

Entre l'Eure à l'est, l'Avre au sud, l'Iton au septentrion, la *Plaine de Saint-André* se rattache vers le sud-ouest aux collines du Perche par le plateau des *Terres françaises* (en opposition historique aux Terres normandes qui se déroulent à quelque distance au nord-est, sur l'autre rive de Seine, entre le Vexin normand et le Vexin français).

Du côté du midi, la Plaine de Saint-André se relie à la vastissime Beauce par le plan du Thimerais qui, tantôt bois et forêts, tantôt campagne nue, donne l'être à la rivière de Dreux, à la Blaise transparente; c'est aussi lui qui, dans les longues ravines du ru de Lamblore et du ru de Buternay, « lampe » d'avaloir en avaloir les eaux qui vont ressortir pour Paris aux glorieux surgeons de la Vigne.

Ce plateau tire son nom de Saint-André, bourgade plus ou moins centrale; sans rus, sans fonts vives (mais on y boit à des puits profonds), très dévêtu en dehors de quelques sylves;

QUATRIÈME *Petits Monts, Bas Plateaux, Plaines.*

c'est, comme disent ici les paysans, une « terre franche », une alluvion jaune, qui, mêlant la craie à la silice et à l'argile, donne des froments en abondance, du seigle, des orges, des avoines. Partout des pommiers à cidre, seul ombrage, et nullement opaque, sur la terre des épis.

XL
CAMPAGNE
DU
NEUBOURG

Entre Iton, Eure, Seine et Rille, la *Campagne du Neubourg* continue exactement la Plaine de Saint-André comme nature de terre, richesse en céréales, aspect des champs, nudité du plan de culture, physionomie des bourgades, parmi lesquelles le Neubourg qui, plus gros, plus au centre que les autres, a transmis son nom à la contrée, dont les paysans sont favorisés à la fois par le sol et le sous-sol : celui-ci donne des craies marneuses qu'on mélange en élément de fertilisation avec l'argile à silex des champs, déjà féconds par eux-mêmes.

Les seules différences — encore sont-elles à peu près nulles — consistent en ce que la campagne neubourgeoise, idéal de platitude, ondule encore moins que celle de Saint-André, et qu'elle domine un peu moins les flots de la mer; Thimerais, Campagne de Saint-André, Plaine du Neubourg et Roumois se suivant du sud au nord, le long d'Eure, puis de Seine, selon la pente de la rivière, puis du fleuve, la hauteur de ces plateaux au-dessus du niveau des flots universels diminue du midi au septentrion : 180, 200 mètres ou plus, ce sont les altitudes du Thimerais; 140, 150, jusqu'à 180, celles de la Campagne de Saint-André; 140, 160, celles de la Campagne de Neubourg; 120, 140, celles du Roumois.

XLI
ROUMOIS

Le plan du *Roumois* tient son nom de la grande ville voisine à l'orient, Rouen, sur l'autre rive de la Seine incessamment tordue en détours soit pleins, soit aigus, pareils à un arc harmonieusement tendu, ou courbé à se rompre par le bras d'un athlétique archer. Les falaises qui de la table du plateau tombent sur l'estran du fleuve, quelquefois presque sur ses flots déjà gonflés par le flux, dégonflés par le jusant, ont une allure très fière, comme de hautes roches océaniennes; et de fait, avec celles du pays de Caux, qui leur font vis-à-vis, elles continrent jadis un golfe allongé de la Manche.

Mais de cette baie où se rencontraient fleuve et mer, la double sédimentation de la Manche, broyeuse de galets littoraux, et de la Seine, déposeuse de sables et de vases, a fait un

Le Plus Beau Royaume Sous le Ciel.

admirable tapis de prairies. Des sylves — telle, et la plus grande (6 758 hectares), la *Forêt de Bretonne* — s'avancent jusqu'au fronton de la falaise, et par endroits jusqu'au rivage même de la rivière rouennaise ; à part quoi, plan dénudé moins les rangées de pommiers, champs de froment sur une terre où les éléments de vie se combinent en sucs favorables, villages bien ordonnés ; et, du pourtour, beaux horizons de mer, de fleuve et de rivière, ces derniers sur la Rille.

XLII
LA RILLE

L'heureuse vallée de la *Rille*[1] ou *Risle* divise les Campagnes de Saint-André, du Neubourg, du Roumois (à l'est) des campagnes de l'Ouche et du Lieuvin (à l'ouest).

Fille des bois du Perche, ainsi que l'Eure, l'Avre et l'Iton, la Rille ressemble à ces deux dernières par ses engouffrements, ses renaissances. Elle a baigné Laigle, ville d'industries, et déjà possède consistance de rivière (plus de 2 mètres cubes par seconde) quand elle commence à s'en aller sous terre à partir de Rugles, par les avale-tout d'un lit crayeux : au Val Gallerand, en amont de Grosley, la disparition est complète en saison sèche : plus de Rille visible fors après grand orage ou pluie durable ; mais un courant hypogé la continue sous val, qui coule pendant trente heures jusqu'à la réapparition, comme l'ont montré les substances colorantes ingurgitées par les entonnoirs d'aspiration, regurgitées par les sources de renaissance. — Pour l'Avre, la durée du cours souterrain, prouvée par ces mêmes substances, est de soixante-quinze heures ; pour l'Iton, de vingt-six.

Fontaine Roger (1 500 litres), *Fontaines de Beaumont-le-Roger* (220 litres), *Sources des Vieilles* (700 litres) et, tout à côté, d'autres moindres surgeons reforment la Rille, qui se double ensuite à peu près par l'annexion de la rivière de Bernay, la *Charentonne*[2].

Ainsi faite, elle devient navigable en vertu des soulèvements de la marée, dans la ville de Pont-Audemer, à 15 kilomètres de la Manche, et dès lors serpente languissamment, moins les spasmes du flux et du reflux, en large vallée basse, entre grandes prairies. Quand elle atteint la rive gauche de la Seine, celle-ci n'est plus un fleuve, mais un trouble bras de mer.

La Rille amène à cette fin de fleuve 10 mètres cubes d'une eau très pure, et les ardeurs du soleil lui en laissent 8 : constance tellement miraculeuse qu'à peine on y peut croire.

---

1. 140 kilomètres, 231 000 hectares. — 2. 58 kilomètres, 47 500 hectares, 2 860 litres.

Petits Monts, Bas Plateaux, Plaines.

QUATRIÈME

**XLIII
PAYS
D'OUCHE**

Cette contrée d'*Ouche* où la Rille se perd et se retrouve, déroule ses plateaux sur le versant septentrional de petits monts percherons dont le penchant contraire verse les urnes initiales de la rivière de la Sarthe.

Ce qu'elle est diffère notablement de ce qu'elle fut, alors que de ses plus hauts reliefs (au delà de 300 mètres au-dessus des mers) à ses plus basses altitudes (160 mètres), elle vibrait uniformément aux vents en un seul et même bois, la forêt d'Utique, *Utiqua Sylva*, d'où vient évidemment le nom de la région.

Mais si la sylve y a singulièrement diminué, il en reste encore de vastes débris, notamment la *Forêt de Breteuil* et la *Forêt de Conches* qui forment ensemble un massif de 26 kilomètres sur 14 ou 16, avec vaste clairière centrale, et plus ou moins 12 000 hectares de couvert.

Par-dessous, de la craie; par-dessus, des argiles empâtant des silex; l'Ouche manque de générosité; si les arbres y croissent dru, les grains et les herbes n'y germent qu'avec parcimonie.

**XLIV
LIEUVIN**

Par delà le val de Charentonne, qu'animent Broglie et Bernay, le *Lieuvin* se poursuit jusqu'aux plages de la Manche, sur laquelle il tombe en falaise ou en demi-falaise; dans le sens contraire, d'orient en occident, il commence au val de Rille et finit au val de Touques. Lieuvin et Lisieux, riveraine de la Touques, c'est le même nom, bien qu'il n'y paraisse, et ce pays fut le *Lixoviensus pagus* dont les Gallo-Romains devenus chrétiens firent leur diocèse de Lisieux.

Moins élevé que l'Ouche dont il continue la pente vers le nord, plus fertile aussi, sa nature normande se montre à ses champs de riche culture, à ses haies d'enclos, à ses pommiers à cidre, aux herbages de ses vallées et vallons où murmure et luit l'eau des sources vives.

De ses beaux rus, quelques-uns gagnent directement la mer, qui se confond ici, de Honfleur à Trouville, avec l'embouchure de la Seine en avant du Havre; beaucoup vont à la rive gauche de la Charentonne, puis de la Rille, mais le plus grand nombre tend à la rive droite de la Touques; et cette Touques sombre en mer à l'entrée méridionale de la baie de la Seine : avec un faible recul de son embouchure du côté de l'orient, elle serait comme la Rille un feudataire du fleuve des Parisiens.

Lorsque du Havre à Honfleur on a traversé la baie où la Seine se mêle à la Manche, on aborde une plage que découvre

Le Plus Beau Royaume Sous le Ciel.

au loin la mer basse; sables et vases travaillent ici à grandir le continent, et déjà les anciennes falaises narguent le flot qui les rongeait : le vieux rivage est dans les terres.

A Honfleur, c'est la vase qu'on redoute; avec la vague flottante elle flotte, dans la vague dormante elle descend, elle se dépose et chaque grain qui s'attache au liseré de la côte augmente infinitésimalement la terre ferme; c'est pourquoi Honfleur, jadis ville marine, est tombée de sa gloire.

Si la rive droite de la Seine triomphe aujourd'hui grâce au Havre, la rive gauche triomphait aux siècles passés grâce à Honfleur, d'où partaient des marins aventureux, pionniers de découverte, de commerce, de colonisation; dans le nom d'Honfleur il y a le mot normand fleur, qui hérita du terme scandinave *fjord*; mais ce fjord, son découpement, sa profondeur ont depuis longtemps disparu; et maintenant on ne s'y occupe guère de l'Amérique ou des îles; on y traverse l'estuaire pour trafiquer avec le Havre, on envoie à Londres, deux fois plus grand que Paris et beaucoup plus gros mangeur, ce que le Bas-Normand tire de son jardin, de son poulailler; et chaque jour la crainte augmente de voir la vase bloquer le port, puis, à la longue, faire de la ville en amphithéâtre sur sa pittoresque Côte de Grâce un « beauregard » d'où l'on dominera plus de prairie que de fleuve.

A l'ouest de Honfleur, ce n'est plus la fange qu'on craint, c'est le sable fait de la trituration des côtes du Calvados : il s'accroche au littoral et se déroule en dunes devant l'antique falaise, devant le rebord cassé, hasardeux, du plateau de Lieuvin; c'est lui qui allonge les petits fleuves et les rend inhabiles aux navires. Le premier de ces fleuves, au delà de Villerville, dont beaucoup de baigneurs font en été leur passager séjour, la Touques, arrive en mer sur la plage de *Trouville-Deauville*, bains à la mode qu'un jour la mode abandonnera pour donner à d'autres lieux ses frivoles faveurs.

Puis entre Touques et Dives les falaises de Bénerville, les « Vaches noires » de Villers, d'Houlgate et Beuzeval, plongent sur les sables qu'amène et qu'emmène la mer : mais elle apporte plus qu'elle n'emporte, et ces infiniment petits, ces débris impalpables des énormes écueils encombrent la côte, bordée de villas, d'hôtels, de casinos, de tripots hardis ou occultes : pour une famille qui vient demander la force à l'écume salée, dix ne cherchent que les plus vaines vanités de Paris.

Parmi les pandémoniums qu'a suscités ici la mode, et que la mode, la vogue, le luxe, les plaisirs entretiennent, il n'en est pas de plus vaste, de plus élégant et brillant que *Cabourg*, à

QUATRIÈME   *Petits Monts, Bas Plateaux, Plaines.*

la rive gauche de la Dives, là où ce fleuve s'efface en Manche.

Après quoi, de l'embouchure de la Dives à l'estuaire de l'Orne, il n'y a que 10 kilomètres sur le sable, à l'orée des plaines banales de la Campagne de Caen.

XLV
PAYS
D'AUGE :
TOUQUES

Ainsi la Touques est presque un tributaire de gauche de l'estuaire séquanien.

Des ruisseaux coulent du versant septentrional des monts d'Amain, terme des collines du Perche ; d'autres partent du Merlerault, pays pastoral ; d'autres encore de l'Hiémois ou Exmois, l'antique *pagus Oximensis* ; ensemble ils suscitent la *Touques*, coulant droit au nord, d'abord sur craie, puis sur oolithe ; ce joli courant reçoit à Lisieux l'*Orbec*[1], né de la *Source de la Folletière*, l'une des plus expansives de la Normandie, et à Pont-l'Évêque la *Calonne*. Tout cela, Touques, Orbec, Calonne est clair et charmant.

La Touques, soulevée par la marée dès Pont-l'Evêque, se perd en Manche dans la double ville de Trouville-Deauville, ce lieu de bains de mer si extraordinairement fréquenté des Parisiens. Sa caractéristique, c'est d'errer dans la vallée d'Auge, au sein du Pays d'Auge, qui est la « Normandie de la Normandie ».

Le **Pays d'Auge** triomphe par ses herbages, ses pommiers, pères du meilleur des cidres, ses haies vives, ses cultures sur le calcaire, surtout la craie, par la pleine venue de ses hêtres, de ses chênes, de ses arbres d'enclôture, chaque ferme aimant à s'entourer d'une ceinture de hauts rameaux qui brisent ici le vent de mer, là le vent des coteaux et plateaux. Si la richesse était la beauté, le pays d'Auge aurait peu de rivaux ; heureusement pour lui qu'à l'inverse de tant de contrées laides et banales parce que riches, sa richesse étant d'arbres, d'herbes et d'eaux contribue à ses charmes, à sa gaieté.

La Touques parcourt 108 kilomètres ; large de 12 à 15 mètres, il y passe jusqu'à 100 mètres cubes à la seconde, mais rarement, en crue exorbitante ; la portée normale n'est que de 5 350 litres, et l'étiage, très soutenu, se maintient à 3 500 ; onde limpide encore, contre l'ordinaire de tant de courants normands, transparents par nature, troubles par destinée, depuis les « crimes » de l'industrie.

Le pays d'Auge confronte vers l'ouest aux alluvions de la basse Dives et à la Campagne de Caen.

---

1. 27 500 mètres, 35 000 hectares, 1 400 litres.

**XLVI
CAMPAGNE
DE CAEN :
DIVES**

Ici pas d'autres arbres que le sempiternel peuplier, l'ormeau, le frêne au bord de quelques rus.

La *Campagne de Caen* est une « Champagne » pareille aux autres, qu'elles soient champenoise, berrichonne, mancelle, tourangelle, angoumoise; et si elle n'a pas de vins ou d'eaux-de-vie comme les unes, elle abonde en blé comme les autres; un océan d'épis s'y courbe aux vents, confusément quand les rafales se combattent, rythmiquement, par vagues immenses, quand elles soufflent d'une même bouche de l'air. Ces céréalières, ces froments, ces orges, ces champs de colza vont de villages à bourgs d'où s'élancent, sur de nobles églises d'antan, de superbes clochers tirés de la « pierre de Caen », laquelle est éminemment sculpturable.

Deux fleuves se déroulent dans cette campagne, la Dives à l'ouest, l'Orne à l'est; celle-ci n'embellit la plaine que dans les dernières lieues de son voyage : elle relève avant tout du Bocage normand.

La *Dives* épanche un pays calcaire, mais la seule cité de son bassin, sur un tributaire de gauche, doit sa beauté soucieuse à des pierres autrement anciennes que l'oolithe, à des grès durs mêlés de quartz, roches sauvages taillées en précipice qui sont, dans la Normandie « essentielle », au sein des campagnes avenantes, un éperon de la sombre Armorique. Un très puissant château militaire ayant seize tours et deux donjons a pris racine au XIIe siècle dans ce cap de la Bretagne, sur ce mont Mirat, aux roches escarpées de Noron dont la ville a reçu son nom de *Falaise*. Là une statue équestre de Guillaume le Conquérant monumente, en sa ville natale, le souvenir du duc normand qui transporta de Normandie en Picardie, de l'estuaire de la Dives à Saint-Valery sur Somme, puis de Saint-Valery en Grande Bretagne, 50 000 « gens d'armes » et 200 000 « varlets »; troupe, non d'hommes de bien, mais d'hommes de flibuste, fidèles à ce qu'il y avait encore dans leurs veines du sang des pirates effrontés, affamés, furieux, arrivés de la Scandinavie deux siècles auparavant. Ils allaient vaincre à Hastings, puis fouler, enfin transformer les Celtes et les Saxons de la plus grande île d'Europe.

On aurait cru qu'ils agrandiraient la France, ils la rapetissèrent dans le monde en créant l'Angleterre où ils ravivèrent l'instinct de pillage sourdement déposé dans l'âme « bretonne » par les corsaires angles, saxons, danois et autres « Northmen » — et depuis lors les Anglais n'ont jamais combattu la plus vigoureuse de ses impulsions ancestrales.

QUATRIÈME *Petits Monts, Bas Plateaux, Plaines.*

La Dives, c'est-à-dire la « Divine », naît dans le Merlerault; comme la Touques, elle serpente dans le vieux pays de l'Hiémois ou Exmois; à Mézidon, elle passe de l'oolithe sèche à des alluvions quaternaires beaucoup trop mouillées, coule dans des prairies, planes comme la mer au repos, qui ont remplacé l'estuaire d'où partirent pour Saint-Valery les 700 vaisseaux qui portaient l'armée du triomphant Bâtard Guillaume, et s'efface dans la Manche entre Dives et Cabourg, qui sont villes de bains sur plages de sable. 185 000 hectares lui doivent leur écoulement vers la mer; longue de 116 kilomètres, elle verse 3 mètres cubes au moins, avec 4 700 litres de moyen volume. C'est une de nos rivières tranquilles, à l'inverse de l'Orne voisine dont le bassin relève presque entièrement de roches imperméables où les pluies glissent en torrents au lieu de se distiller en sources.

La Campagne de Caen se prolonge à l'ouest par le Bessin, au sud-est par la Campagne d'Argentan, le Saosnois, la Champagne de Conlie, toutes terres modernes (relativement), à l'orient d'un ressaut de terres très vieilles.

XLVII
LE BESSIN :
FOSSES DU
SOUCI

Ainsi que la Campagne de Caen, le *Bessin* borde la Manche sur laquelle il s'incline à des plages de sable ou tombe en falaise devant des écueils et des pointes hargneuses.

Tout près de la rive gauche de l'embouchure de l'Orne, fleuve de Caen « la bien bâtie », non loin d'Ouistreham, commence le littoral accompagné par les *Écueils du Calvados*, nom sonore d'apparence castillane, d'origine obscure.

En 1588, l'Invincible Armada perdit un de ses vaisseaux, le *Salvador*, sur un écueil du rivage bas qui continue vers l'ouest-nord-ouest les sables de l'Orne. On appela cet écueil le Salvador : et Salvador serait devenu Calvados, ce dont la preuve est à faire.

Que ce nom soit une corruption de l'espagnol, ou qu'il vienne, plus probablement, d'un radical celtique, il désigne une traînée de roches sous-marines et de têtes d'écueils, ensemble de hauts fonds ayant 26 kilomètres de long sur 3 à 4 de large, et peut-être un mètre de surrection par ses pointes les plus hautes, quand la mer est au plus bas. Ces traîtres rochers de calcaire marquent la ligne de falaises qui croulèrent dans les flots.

Il n'y a pas encore quatre cents ans la Normandie avait ici sa grande forêt de Hautefeuille, vis-à-vis de Bernières et de Langrune, en des lieux où maintenant l'Océan se démène en fureur continue.

Le Plus Beau Royaume Sous le Ciel.

Une plage de sable fin qui va de la rive marine jusqu'à ces rochers où chaque marée, chaque vent exaspère les flots a fait naître de l'Orne à la Seulles une longue ville de bains pareille à celle qui tous les jours augmente entre la Seine et Cabourg : là sont Riva Bella, italienne quant au nom, à côté d'Ouistreham qu'appelèrent ainsi les Scandinaves ; Lion ; Luc ; Langrune, qui a derrière elle et tout près d'elle une église à pèlerinage, Notre-Dame de la Délivrande où concourent chaque année près de 200 000 fidèles ; Saint-Aubin, Bernières, Courseulles. Quand la Terre sera peuplée, toute plage aura, suivant son climat, des villas d'hiver ou des villas d'été : non seulement (pour le répéter encore) parce que la mer restaure, mais surtout parce que les casinos ont des tables de jeu, et que la frivolité, la vanité, le luxe, tout ce qui est petit en face de ce qui est immense, règnent souverainement autour de ces palais du hasard.

De même qu'il y a sur la Méditerranée une « Provence de la Provence », les Maures, il y a sur la Manche des « Normandies de la Normandie ».

Tel le *Bessin*, région de calcaire sec, de polders qui sont des palus transformés en prairies de toute richesse.

Cette contrée ou sèche ou maraîchère, pays de lait et de beurre, reçut plus de Normands que la région rouennaise ; la langue scandinave y régna deux cents ans, ce qu'elle ne fit point en Haute Normandie : et l'on dit que le type du Nord y domine plus qu'ailleurs : ce qui est également le cas dans la presqu'île du Cotentin, très voisine à l'ouest par delà les grèves du golfe des Veys.

Mais, fût-il encore dix fois plus normand, le Bessin ne doit pas son nom à la langue des forbans du Nord ; ce nom est bien antérieur à leur arrivée sur ce rivage des grandes eaux ; il s'apparente étroitement au nom de la maîtresse ville du Bessin, Bayeux : ce fut en effet le *Campus bajocassinus*, la Campagne ou Champagne de Bayeux, domaine où vivait, lors de la conquête romaine une tribu quelconque, celtique ou préceltique, voire antépréceltique, nul ne sait.

Les vaches qui font la principale fortune de la région, par leur beurre d'Isigny, y tondent l'herbe, plus que la largeur de leur langue, dans des prées telles qu'on n'en admire pas de plus vertes dans l'Angleterre, ni même dans l'Irlande, l'île de l'Emeraude, enveloppée de brumes tièdes, caressée de vents tièdes, « ruisselée » de pluies tièdes. De grands ormeaux et surtout des chênes y séparent les herbages, et partout en allées, en quinconces, dans les courtils, l'arbre classique des Normands, le pommier, devant des prés, des colzas et des trèfles.

QUATRIÈME — *Petits Monts, Bas Plateaux, Plaines.*

Les deux rivières du Bessin, Seulles et Aure, arrivent du Bocage Normand. La *Seulles* [1], elle, a part à trois régions naturelles, au lieu de deux : au Bocage, à la Campagne de Caen, au Bessin ; elle entre en mer vis-à-vis d'une lacune dans la digue d'écueils du Calvados. Les rus de « Champagne », tirés de l'oolithe, lui valent des eaux de sources, mais ceux du schiste et du lias, dans la majeure partie de son bassin, contribuent moins à ses 1 500 litres d'étiage, à ses 2 025 d'ordinaire débit, qu'à ses crues de 20 à 25 mètres. Riviérette de Tilly et de Creully, la ville de son embouchure, Courseulles est ostréicole avec un petit port où des bateaux de 350 tonnes pénètrent, entre les rochers de la traînée calvadosienne, par l'étroit passage appelé Fosse de Courseulles.

De la fin de la Seulles jusque vers Arromanches où l'écueil spécialement nommé le *Calvados* termine la longue éclaboussure des roches, la côte est basse ainsi que de Riva Bella à Courseulles ; ensuite au sable succède la grève, en avant de falaises démantelées ; et précisément de cette grève, de cette falaise provient la dune déroulée aux bouches de l'Orne, de la Dives, de la Touques, jusqu'à l'estuaire de la Seine.

Des pointes, des scies, des blocs, tout un chaos irrite deux fois par jour la vague au pied de la falaise dont il est le débris ; comme devant Étretat, l'eau dévore la « tendrière » plus vite que la roche dure, et celle-ci reste en place, debout ; tandis que la pierre molle s'émiette et s'en va, sable futur, avec le courant qui l'emporte. Ainsi se sculptent et, le temps venu, chancellent, puis se renversent des obélisques.

Les *Trois Demoiselles de Fontenailles* étaient les plus hautes de ces pointes obéliscales ; deux sont tombées ; la dernière vacillait déjà sur sa base amincie par la mer ; mais maçonné par en bas ce bloc pointu de 30 mètres de haut est maintenant raffermi ; il survivra longtemps aux deux autres.

La Demoiselle de Fontenailles et ses deux sœurs faisaient encore partie de la falaise vers 1745 ; depuis lors la rive a reculé de soixante mètres.

Le long de cette côte sauvage aucune large brèche n'entr'ouvre la roche pour le passage d'un fleuve, tout au moins d'un gros ruisseau : c'est par des coulées cryptiques, puis par des fonts littorales, les *Droues*, invisibles à mer haute, que se verse à la Manche le plus gros des eaux perdues par l'Aure et la Dromme aux Fosses du Souci : le lieu de jaillissement de ces Droues est au pied de la pierre le plus élevée (67 mètres),

---

1. 60 kilomètres, 44 500 hectares.

Le Plus Beau Royaume Sous le Ciel.

la plus sombre de la falaise, entre Arromanches et les roches de Grand-Camp, les grèves de la Vire.

L'*Aure* (même nom qu'Avre) jouit de quelque renommée pour ses Fosses du Souci ; elle réunit la riviérette de Bayeux, l'Aure, et la *Dromme*, celle-ci plus longue que celle-là de trois lieues dans un bassin supérieur de deux cinquièmes. Elles se rencontrent près de ladite Bayeux, dans une prairie, juste à l'amont des *Fosses du Souci.*

Souci, Soucy, nom générique en France, en ancien pays d'oil comme en ancien pays d'oc ; il désigne les creux où se perdent les eaux : tels, entre autres, le Souci de Cubjac (Dordogne), où s'engouffre la moitié de l'Auvezère, et le Souci de Pierrefiche (Aveyron), qui boit en partie le ruisseau de Serre et le détourne à moitié de son bassin naturel : car la Serre est un affluent de l'Aveyron et la fontaine où reparaît l'onde s'épanche vers le Lot.

Il y a quatre Fosses de Souci, dont aucune de merveilleuse : la Tourneresse, où l'eau tournoie lentement, la Grippesulais, la Grande Fosse, la Petite Fosse.

A peine unie à la Dromme, l'Aure se divise : le bras oriental disparaît dans l'entonnoir de la Tourneresse et dans les fendillements de la marne qui fait le fond inconsistant de la Grippesulais ; ces eaux-là coulent dans les entrailles d'une colline et, plus abondantes que celles du bras occidental, reparaissent au bord de la Manche, à Port-en-Bessin, par les Droues sus-indiquées, qui s'échappent de la roche au pied de falaises noires, en soulevant à mer basse le sable du littoral.

Le bras occidental descend dans la Grande Fosse, qui parfois le boit en entier ; quand il n'est pas humé là jusqu'à sa dernière goutte, il va s'enfouir dans les trous de la Petite Fosse, et l'Aure est consommée. Mais lorsque les pluies ont longuement duré ou que, courtes, elles ont été diluviennes, la rivière n'est pas avalée par le dernier des quatre entonnoirs ; elle se continue suivant la pente du vallon jusqu'à la source de l'Aure Inférieure, soit sur 780 mètres. C'est environ trois mois par an que l'Aure d'en haut se prolonge à ciel ouvert jusqu'à l'Aure d'en bas ; mais pendant les neuf autres mois, quelquefois dix, les Fosses aspirent le bras d'occident sans fracas, sans tragédie, sans cascades, à l'ombre des hauts arbres, par des crevasses cachées dans l'herbe, les buissons et broussailles, les bois morts et les souches, joncs et roseaux.

A 400 mètres de sa renaissance l'Aure Inférieure s'engouffre encore, l'espace de 250 mètres, puis, cessant tout à fait d'être un Styx, un Achéron des « Enfers » normands, elle arrose la

QUATRIÈME *Petits Monts, Bas Plateaux, Plaines.*

campagne de **Formigny** où, 6 000 Anglais tués en avril 1450, une heureuse bataille arracha pour jamais à nos excellents voisins d'outre-Manche ce qui leur restait encore de la France du Nord ; trois ans avant que la bataille de **Castillon**, sur une rive de Dordogne, leur enlevât ce qu'ils possédaient du Sud-Ouest.

L'Aure Inférieure s'avance ensuite à grands replis, large de 12 mètres dans les herbages de Trévières, d'Isigny et va mourir dans l'estuaire de la Vire, qui répand ses grèves, ses sables, ses vases, entre le Bessin à l'orient, le Cotentin à l'occident. Elle résume les fossés, rus, mares, fontaines d'une contrée de 70 000 hectares.

XLVIII
ESTUAIRE
DES VEYS

A l'occident de Port-en-Bessin et de ses Droues, les *Roches de Grandcamp* s'appellent ainsi d'un port de pêche côtière, sur une rive menacée de la mer et qu'il a fallu protéger par des obstacles au pied desquels se sont assemblés en digue de garantie les sables, les rocs, galets et cailloux traînés, roulés, culbutés et de plus brisés par l'Océan ; car les roches de Grandcamp, bien que longues de deux lieues (et quatre fois moins larges), ne défendent pas la côte : le flot, surmontant leurs dalles calcaires, vient défier le continent.

Au bout de ces roches, la *Baie des Veys* interrompt l'armure littorale par une lacune d'eau, de vases, de sables, de coquilles, ouverture d'environ 7 kilomètres où se mêle au « sel marin » l'onde sans amertume d'un fleuve « bocager », la Vire, augmentée de l'Aure, « bocagère » aussi, et de l'Ouve, qui vient des collines du Cotentin. L'estuaire des Veys s'avançait auparavant beaucoup plus dans les terres, mais on l'a diminué, on le diminue par l'endiguement de ses boues ; déjà 450 hectares y ont été mués en prairies, et il en reste 650 à transformer encore en herbages.

L'excellence des vases de la baie vient de la nature du sol traversé par les rivières qui aboutissent à ce bas-fond maritime, et de celle des débris de trituration qu'amènent les flots de la Manche : celle-ci apporte, pour près d'un tiers et dépose, des éléments calcaires amenuisés tout au long des falaises oolithiques ; celles-là lui conviennent, pour près des deux tiers, ce qu'elles ont enlevé par les mille détours de leurs torrenticules au sol du Bocage et du Cotentin, à la corruption des granits, amphiboles, schistes antiques ; le reste, un dixième environ, se compose de pourritures végétales ou animales ; et le tout, c'est la tangue, engrais très précieux qui s'obtient sans autre peine et souci que de fouiller dans l'estuaire ; les riverains des Veys en

Le Plus Beau Royaume Sous le Ciel.　　　　　　　　　　CHAPITRE

recueillent 12 000 à 15 000 tonnes par an. Sous la tangue, épaisse d'une dizaine de pieds, des tourbes commémorent une époque où la terre portait des mousses, des herbes à l'abri de la mer, peut-être derrière un bourrelet de dunes crevé par l'Océan, dans un siècle ignoré, en une soudaine exaspération ou une longue continuité de fureur tranquille.

Sur ces rives s'exerce une industrie qui s'empare toujours plus de nos côtes : on y drague l'huître, on la parque, on l'engraisse, on l'instruit même, en ce sens qu'on l'habitue à fermer strictement ses coquilles pour garder son eau de mer : et tous ces soins hypocrites pour la manger plus vivante!

Avant l'assèchement, endiguement, mise en polders, il y avait dans l'estuaire des Veys une grande anarchie des eaux douces et des eaux salées ; un lacis, un delta confus incessamment brouillé par la marée transvasait ses rivières à la mer. Aujourd'hui, par le travail de l'homme, deux chenaux se chargent ici de la surabondance du continent : à l'est, le *chenal d'Isigny* s'ouvre sur la passe d'Isigny et convoie la Vire, onde bocagère, l'Aure Inférieure, onde bessinoise ; à l'ouest, le *chenal de Carentan*, ouvert sur la passe de Carentan, dégage l'onde cotentinoise par l'Ouve et ses tributaires.

Donc, cet estuaire des Veys participe à la fois de la chersonèse du Cotentin et des « Alpes » de Normandie, de ce Bocage commandant les diverses Champagnes qui vont vers l'est-sud-est, de la rive bessinoise et de la plaine de Caen, jusqu'à la vallée de la Sarthe, rivière ligérienne.

XLIX
CAMPAGNES
D'ARGENTAN,
D'ALENÇON,
DU SAOSNOIS,
DE CONLIE

L'antique *Hiémois* continue au sud-est la Campagne de Caen, mais en juxtaposant la craie à l'oolithe et avec une moindre uniformité, comme avec une plus grande altitude du sol, jusqu'au-dessus de 200 mètres ; de nombreux rus y donnent l'être à la Touques, à la Dives et à son affluent la Vie.

Une longue forêt sur une arête crayeuse de 250 mètres la sépare, au midi, de la Campagne d'Argentan.

Sur l'Orne d'en haut, la *Campagne d'Argentan* prolonge au sud-est la Campagne de Caen jusqu'au contact des craies du Perche, et au sud jusqu'à la rencontre des schistes et des granits où s'ajustent la Normandie et la Bretagne.

Campagne ou Champagne, et c'est tout dire : une terre agricole à sillons, mais non sans prairies, pas de sylves, des ondulations monotones tout au long du naissant fleuve de l'Orne ; et par grande infortune, cette région fertile comme sol est prodigieusement inféconde en hommes; l'adverbe ici n'est pas de trop : depuis le premier dénombrement du siècle la population rurale y a décru si fort que des villages s'y sont réduits à presque rien et qu'une foule de hameaux y ont disparu.

Non moins monotone est la *Campagne d'Alençon*, pas éloignée de la Campagne d'Argentan, entre les monts normands de la forêt d'Ecouves au nord-ouest et le massif de 340 mètres où la forêt de Perseigne ondule, au sud-est — ce sont là deux sylves très réelles, encore qu'elles aient terriblement perdu de leur étendue première : la *Forêt de Perseigne* se dilate sur 5 085 hectares de schistes primordiaux, la *Forêt d'Écouves* sur 7 575.

Lorsque parti d'Alençon par la route de Mamers, on a franchi le massif de la forêt de Perseigne, on s'aperçoit qu'on n'a pas quitté définitivement l'oolithe d'une « Campagne » pour les schistes de haute antiquité d'une grande roche forestière, et l'on repasse aussitôt des pierres anciennes à l'oolithe d'une autre « Campagne », qui a nom *Saosnois* et prouve de trois façons sa fécondité; par les herbages : on y élève d'excellents percherons, aussi prisés, quoique plus petits, que ceux du Perche lui-même; par les chanvrières : et le mois de septembre y voit les ruisseaux du bassin de l'Orne saosnoise, notable affluent gauche de la Sarthe, noircis, empuantis et comme empoisonnés par le rouissage du chanvre; par les céréales : et l'on traite familièrement le Saosnois de « Grenier de la Sarthe ».

Le Saosnois s'étend sur la rive gauche de la Sarthe; au delà de cette rivière, là où elle vient d'échapper aux tenailles du granit et du schiste d'entre Alençon et Fresnay, d'autres oolithes se sont déposées au pied du bloc résistant de Normandie-Bretagne : c'est encore ici une Campagne, la *Campagne de Conlie* ou Champagne Mancelle, dominée par les dômes, roches et forêts des Alpes Mancelles ou Couévrons. Elle peut se vanter de ses grains, de ses chevaux, de ses grands troupeaux d'oies criardes qui courent en sifflant sur l'étranger; mais elle est monotone, triste, très nue au voisinage de grandes sylves; les rus y sont rares, nombreuses les vallées sèches par enfouissement des eaux sous la terre poreuse.

De Bayeux au delà de Conlie, suivant un arc-de-cercle qui a son sommet de courbure vers Sées et la source de l'Orne, ces diverses Champagnes confrontent au Bocage de Normandie et de Maine, ou le contemplent de fort près.

Le Plus Beau Royaume Sous le Ciel.

L
BOCAGE
NORMAND :
ORNE, VIRE

Au-dessus des oolithes, des craies, des plaines et plateaux tertiaires de la région parisienne, à leur occident et leur cachant quelques minutes du soleil du soir, se lèvent en pentes, en talus, en falaises, les collines ou petits monts du *Bocage Normand*.

Monts (si ce sont des monts) dont les plus hauts se dressent au-dessus de la vulgaire Campagne d'Alençon, et, plus à l'ouest, au-dessus des sources de la Mayenne, en deux massifs : Mont d'Ecouves et Mont des Avaloirs ou de Pré-en-Pail, ayant exactement la même dominance de 417 mètres au-dessus des mers.

Le *Mont d'Ecouves*, schiste de fort haute antiquité, se déchire en ravins assombris par les chênes, les hêtres, les pins et sapins de la forêt d'Écouves, au faîte entre l'Orne au nord, la Loire au midi.

Le *Mont des Avaloirs*, vieux schiste, vieux grès, pointe dans la forêt de Multonne, non pas exactement dans le Bocage de Normandie, mais bien dans le Bocage Manceau, qui lui est contigu et qui a même nature, même figure. Comme chacun loue sa chacunière, les riverains de la Sarthe en aval d'Alençon disent en parlant de deux de leurs collines, le Narbonne (119 mètres) et le Haut-Fourché (128 mètres) :

Si Haut-Fourché était sur Narbonne,
On verrait Paris et Rome.

C'est comme le dicton d'Auvergne, qui, lui du moins, parle de monts et non pas de collines :

Si Dôme était sur Dôme,
On verrait les portes de Rome.

Granits, grès rouges, schistes divers, le Bocage Normand enveloppe de ses coteaux de très gentilles, parfois presque grandioses vallées aux torrents desquelles puisent l'Orne, l'Aure et la Dromme, la Vire, la Sienne, la Sée, la Sélune. Contrée qu'on peut dire en maints endroits trop noire et sauvage, bien que Normandie tout de même par la fraîcheur des prés, la beauté des arbres, l'industrie des bourgs.

Mais ses villages d'où l'on émigre comme d'Auvergne; ses hameaux où la vie répare et au delà les brèches de la mort; ses animaux qui n'ont ni la taille, ni l'opulence de chair; ses grandes brandes, ses champs froids qu'il faut réchauffer par des saupoudrements de chaux; ses arêtes de grès parallèles, prolongées au loin par delà gorges et plateaux; ses rocs épars sur de

QUATRIÈME — *Petits Monts, Bas Plateaux, Plaines.*

hautes plaines stériles; l'hiver qui charge de neige ses chaumières en pierre sombre, ses hêtres, ses châtaigniers, au lieu d'y mouiller de pluie, comme, dans le bas pays, des allées de pommiers à cidre, des peupliers, des ormes et des chênes; rien de tout cela ne rappelle la province à la fois fertile de sol et stérile en hommes dont le Tasse eût pu dire autant que de la Touraine qu'elle est agréable, délectable et molle.

A ce pays à moitié sylvestre, les frênes et chênes, les genêts, les houx piquants de ses talus d'enclôture, les pommiers à cidre alignés dans les prées et courtils entre ces talus, ou comme on dit en Normandie, entre ces fossés qui les garent du vent de mer, à ce Bocage tant de haies de verdure, tant de feuillages donnent un aspect encore plus sombre, plus intime aussi.

Il appert à simple vue que les Normands du Bocage, les Bocains, ne descendent pas des mêmes ancêtres que les Normands des plaines entre la Seine et le mont. Dans leur visage, dans leur torse, dans leur taille rien qui rappelle ce qu'il y a de scandinave chez l'habitant des vallées, des bas plateaux, du rivage de mer : ni la stature élevée, ni la figure allongée, ni l'œil bleu, ni la chevelure blonde; mais un ensemble trapu, des yeux noirs, des cheveux noirs sur une ronde « caboche ». Plus que des « hommes du Nord » ce sont des hommes du Centre, des Auvergnats, des Marchois, des Limousins, des héritiers de la Celtie. Des envahisseurs quelconques refoulèrent leurs ancêtres, au temps tout à fait jadis, dans l'inextricable forêt des hauteurs de cet antique pays des Coudriers, de ce *Corilisus Pagus* qui fut une région de dolmens et de menhirs dont beaucoup debout encore jusqu'à l'heure où ils deviendront clôture des champs ou cailloux de macadam.

L'*Orne*, jadis l'Olne, a part au Bocage et à deux Campagnes, celle d'Argentan, celle de Caen. Elle ne descend pas de haut, de moins de 200 mètres en un massif de 243. Ruisseau devant Sées, ville épiscopale, l'une de ces cités mortes où l'on entend pousser l'herbe dans les rues, c'est à peine une riviérette devant Argentan.

Dès son arrivée en Bocage, elle devient vagabonde; non pas vagabonde hors liens, puisqu'elle est captive au tréfond d'une geôle ténébreuse, mais parce que son creux de prison est labyrinthique : ainsi, entre Écouché et Putanges, quatre ou cinq de ses méandres ont à la queue-leu-leu 15 000 mètres de flexions et reflexions pour une distance de 2 500 à vol d'oiseau. Et là ce n'est plus l'Orne du parcours en plaine, dans l'oolithique « Campagne », l'eau dormante, épaisse, noirâtre en un

Le Plus Beau Royaume Sous le Ciel.

lit souillé; c'est le torrent sur le roc, avec ses demi-cascades ou ses sauts à pic, et après ces bonds, ces tourbillons, ces rapides, le repos dans un gour, et l'ébranlement nouveau pour quelque tumultueuse descente.

Cela dure longtemps, jusqu'en aval de Thury-Harcourt ou Harcourt-Thury, et l'Orne s'épanouit dans la Campagne de Caen; elle y traverse une ville où elle subit la première ondulation du flot de marée, *Caen*, noble cité parée par le moyen âge et qui n'a pas détruit comme tant d'autres tous les joyaux de son écrin, vieilles églises, vieilles maisons, vieux hôtels, bâtis d'une pierre superbe.

Ici le fleuve se verse en partie dans un canal de 5 mètres 25 de creux, long de 14 780 mètres; cette Orne artificielle permet à la ville normande de lancer des caboteurs sur la Manche, d'envoyer des navires en Angleterre. Fleuve et canal entrent en mer sur une rive de sable.

L'Orne incline vers la Manche une région de 257 000 hectares en un cours de 152 kilomètres; de ru en ru, elle finit par acquérir un cube normal d'au delà de 13 mètres par seconde.

Si l'Orne n'est bocagère ou bocaine qu'au milieu de son voyage, entre deux Champagnes, la *Vire* l'est presque entièrement, de sa naissance jusqu'à son arrivée dans les alluvions où elle meurt. Vire et Virène, filles des épanchements superficiels du granit, nées sur des collines supérieures à 350 mètres, s'allient devant Vire, à l'issue des très charmants « Vaux de Vire » : ainsi les deux torrents et leur ville commune portent le même nom. Vire, sur son rapide promontoire, est une vieille cité campée hardiment, comme le sont, dans ces monts de Normandie, Domfront, Mortain, et non loin de là Fougères, en Bretagne; elle groupe au-dessus de la riviérette des maisons de granit toitées d'ardoises.

Dans le bas pays, la Vire passe devant Saint-Lô, qui fut pour nos aïeux le Pont de la Vire (Briovira), comme Amiens était le Pont de la Somme (Samarobriva), Chabris et Gièvres le Pont du Cher (Carobriva), et vingt autres « ponts » qu'on pourrait citer; mais quand l'Église eut triomphé des Dieux, beaucoup de ces lieux de passage prirent le nom d'un saint thaumaturge — ainsi fit le Pont de la Vire.

A partir du Porribet la Vire, sensible à la marée, est lente, molle, flasque et vaseuse, dans des terres tendres gagnées sur un fjord allongé; puis elle s'évanouit à mer haute dans ce qui reste du fjord, en un vaste estuaire qui suffirait au plus grand fleuve; à mer basse, elle coule, mais presque imperceptible, entre bancs de vase, bancs de sable, dans cette baie des

QUATRIÈME *Petits Monts, Bas Plateaux, Plaines.*

Veys où, d'année en année, d'excellentes pâtures remplacent les relais de mer. Ce fleuve voyage durant près de 118 kilomètres en un domaine de 117 000 hectares; mais il convient de lui ajouter 71 000 hectares pour le bassin de la riviérette des Fosses du Souci, l'Aure Inférieure, qui aboutit à cette même baie des Veys et s'y confond avec la Vire dans la passe d'Isigny; plus 120 000 pour les riviérettes du Cotentin, presqu'île embrassée par la Manche, et dont les roches, la nature intime, la physionomie sont absolument « bocagères », c'est-à-dire bretonnes plutôt que normandes; comme différences entre les deux régions, plus de pluie douce, plus de bienveillance de climat, plus de fertilité dans le Cotentin, sur des collines moins hautes, moins rudes que dans le Bocage.

L'estuaire des Veys n'est pas seulement rayé durant la basse mer par la passe d'Isigny, commune aux eaux de la Vire et de l'Aure : il reçoit aussi du sud-ouest, par la passe de Carentan, le tribut de trois rivières qui s'unissent dans la *Prairie de Carentan*, excellent herbage : *Ouve*[1] ou Douve, née près de Cherbourg, et serpentant sur des schistes où son onde est vive, *Sève* sans pente qui traverse les bas marais de Gorges; *Taute*[2] qui a ses origines vers Coutances; ces trois « courants » ne courent plus quand ils sont arrivés dans le palus carentanais, marais à peu près exondé, mais que les eaux renoieraient sans la digue dressée contre le flot de mer aux écluses de Carentan.

Ces prairies ne furent pas toujours terre ferme; le marais qu'elles remplacent et qui sans l'endiguement les remplacerait à son tour, fut un fjord de la mer, une eau tranquille où les siècles déposèrent la matière des herbages de Carentan; c'est à travers ces terres molles, entre la Vire et l'Ay, que Napoléon voulut tracer un canal, pour épargner aux navires le pourtour du Cotentin septentrional.

Tout compris la Vire draine donc 308 000 hectares.

LI COTENTIN

A l'ouest des herbes de Carentan le palus de Gorges, environ 1 700 hectares, se cogne contre un « Camp de César », un coteau de vieux grès rouge, le Mont Castre (121 mètres) dont le nom peut bien venir de ce camp (*Castrum*), qu'il soit de César, ou bien plus probablement non.

Au Mont Castre commence l'*Isthme de Portbail*, dos de collines ainsi appelé de ce qu'il tombe en mer aux environs des *mielles* ou dunes du havre de Portbail, à la côte occi-

---

1. 70 kilomètres, 90 000 hectares. — 2. 40 kilomètres, 35 000 hectares.

Le Plus Beau Royaume Sous le Ciel.

dentale du Cotentin; il va de l'ancien golfe de Carentan, plus que mort puisqu'il est enterré, à la vivante mer de Jersey. Il unit le Cotentin méridional et central, qui est en somme le Bocage normand, au Cotentin septentrional, qui est le Cotentin véritable et en réalité le seul Cotentin, la presqu'île de trois côtés assiégée par la Manche, à l'orient, au nord, à l'occident, de l'estuaire des Veys aux havres de Carteret et de Portbail, le pays de Saint-Vaast-la-Hougue, de Valognes, de Cherbourg, de Beaumont, des Pieux. C'est là, et là seulement, la péninsule qui sacrifia son nom celtique, celui de la nation des *Unelles*, sur l'autel du génie de la « Maison Auguste », quand elle accepta de s'appeler *pagus Constantinus*, d'après la ville de *Constancia* (Coutances).

Et justement Coutances, au sud de l'isthme de Portbail, n'a pas son site dans le Cotentin vrai, mais dans ce qu'on peut nommer le demi-Cotentin, qui n'a rien de la chersonèse, vu qu'il confronte du nord à la colline de Portbail et aux plaines de Carentan, du levant à la houle du Bocage, du sud à ce même Bocage, aux lieux où s'unissent trois provinces, Normandie, Maine et Bretagne : il ne lui reste donc qu'un côté marin, pas plus, devant le flot irrésolu qui va, qui vient, qui se contrarie, se heurte et se brise à la fois sur des écueils de France et sur des rochers de l'archipel anglo-normand.

Les coteaux de l'isthme de Portbail s'aplatissent au midi sur les *Landes de Lessay*, qui n'ont qu'un peu plus de 5 000 hectares, mais que complètent ou complétaient jadis des brandes du voisinage, dispersées dans les pays de Saint-Sauveur-Lendelin, Saint-Malo de la Lande, Périers, la Haie-du-Puits.

Solitude bien nue à la lisière de coteaux qui méritèrent le nom de Bocage; stérile à côté de vallées et vallons plantureux; triste près de tant de petites « Arcadies » gaies; silencieuse au-dessus du bruyant Océan; sèche à deux pas de l'urne des pluies. On a pu la surnommer le « Sahara normand ». Mais voici qu'on boise en pins et sapins les brandes de Lessay, que des engrais savants, des cultures perfectionnées y réduisent le désert et que les grands troupeaux d'oies ne sont plus leur seule richesse. Trois jours par an, en septembre, le 12, le 13, le 14, la Lande s'anime incroyablement, à la grande foire de Lessay, d'où l'on vient de très loin, de Cotentin, de Normandie, de Maine, de Bretagne : on y vend ou l'on y achète des chevaux, des moutons, des bœufs, des vaches, des oies, des poissons, des huîtres, des crabes, des homards ; et surtout on s'y divertit dans des baraques aux deux bords de la route de Coutances ; il y avait là une sorte

QUATRIÈME *Petits Monts, Bas Plateaux, Plaines.*

de petite foire de Beaucaire qui vit encore à demi, et celle de Beaucaire est morte.

Sienne, Sée, Sélune partent du Bocage normand et arrivent au littoral occidental de ce *Cotentin*, la péninsule granitique et schisteuse, seule chersonèse un peu grande en France avec la Bretagne; à la rive orientale, à celle du nord, n'arrivent que des ruisseaux.

Le Cotentin meurt sur 330 kilomètres de rivage, et encore bien plus avec les petits retraits, moins nombreux que jadis, car les alluvions y ont effacé des fleurs ou fleurs, c'est-à-dire des fjords.

Par son doux climat, ses pluies menues, ses prées humides, ses « fluviots » que la mer dévore incontinent, ce grand bloc entouré de flots sauvages rappelle plus qu'aucune autre région française l'herbagère et moite Albion.

Falaises, grèves, sables, dunes s'y suivent le long des eaux irritables; mais partout la côte est frangée de criques, et où la nature n'avait point échancré de ports, l'homme en a taillé.

Le rivage oriental du Cotentin va de l'estuaire de la Vire à la pointe de Barfleur. Des grèves le bordent, et c'est un littoral rongé par la mer qui râpe les écueils et qui pourtant n'égalise point l'estran, car à chaque récif amenuisé, puis enfin détruit, succède un autre récif fait de la dissociation des roches du rivage : la vague emporte les éléments mous, le noyau résistant demeure, et c'est un « danger ».

D'abord et longtemps à partir de la baie des Veys, la côte est très basse, avec toutes petites dunes et plages de sable, et en arrière, de menus polders jusqu'à la ligne monotone des collines peu élevées de Sainte-Mère-Église et de Montebourg; aucun écueil en mer jusque vis-à-vis de Saint-Marcouf, qui a donné son nom à trois îlettes, aux *Iles Saint-Marcouf*, archipel à 10 kilomètres au large, armé de canons à grand tir pour la protection de la rade de la Hougue; à part cela désert où la partout terrible engeance des rats a dévoré les lapins.

La *Rade de la Hougue* ou de la Hogue est le seul grand infléchissement de cette rive du Cotentin; elle vit en l'an 1692 notre grand homme de mer, Tourville, perdre douze des quarante-quatre vaisseaux qu'il venait de hasarder dans une bataille au large de la péninsule : la flotte hollando-anglaise était double de la sienne et forte de 41 000 hommes avec 7 000 canons. Journée glorieuse (malgré la défaite), qui eût dû raffermir les Français dans l'amour de la mer. Au contraire, elle les en découragea : or, pour un peuple bloqué par les Vosges, les Alpes,

Le Plus Beau Royaume Sous le Ciel.

les Pyrénées, ayant derrière lui toute l'Europe, à sa droite l'Angleterre, éternellement ennemie, à sa gauche l'Espagne, dont l'empire ne voyait jamais coucher le soleil, perdre l'Océan c'était perdre sa part du monde.

Quand la mer est très basse, en temps d'équinoxe, on voit encore surgir, parmi les algues, d'informes débris incrustés de coquilles marines : ce sont les restes des douze navires de Tourville, échoués, puis brûlés par l'ennemi. Au fond de sa rade maintenant défendue par des batteries à grande portée, Saint-Vaast-la-Hougue élève l'huître sur les vases qui réunissent à marée basse le continent du Cotentin à l'île de Tatihou, récemment encore château fort battant la Manche, et maintenant laboratoire de zoologie pour la faune océanique. Saint-Vaast faillit devenir sous le grand roi ce qu'est aujourd'hui Cherbourg, forteresse, arsenal, avec flotte de guerre à l'encontre des Anglais; mais Vauban préféra ce Cherbourg, alors tout petit port dans une anse schisteuse de la côte septentrionale.

Au nord de Saint-Vaast et de Tatihou, la *Saire*[1], partie des environs de Cherbourg, se perd dans la petite rade de la Hougue, la grande rade étant celle du sud entre le continent, Saint-Vaast et les îles Saint-Marcouf.

Du littoral de l'est on passe au littoral du nord en tournant la *Pointe de Barfleur* ou de Gatteville qu'éclaire une superbe colonne de 71 mètres de haut, phare fait de 11 000 pierres de granit. C'est certainement un des plus surgissants qu'il y ait au monde, mais aussi la borne de continent qu'il éclaire à 90 kilomètres de portée (jusque chez les Anglais) est la proie d'un Océan passionné qui a des colères furibondes et consomme tout ce qu'il peut de vies d'hommes hasardées sur barque ou navire devant des écueils tranchants comme des sabres; c'est là que descendit vers l'Érèbe en 1120 la *Blanche Nef*, avec la famille d'Henri Ier Plantagenet, roi d'Angleterre : naufrage dont le moyen âge s'entretint pendant des siècles parce qu'il était tragique et parce qu'il était royal.

La face septentrionale du Cotentin, granit et schiste, du cap de Barfleur au cap de la Hague, est une côte sauvage. Elle forme le golfe très évasé au fond duquel, à l'embouchure de la Divette, *Cherbourg* a grandi « malgré vents et marées »; or les vents y sont mauvais, et dure y est la mer.

Mais une immense digue en eau profonde lui a fait une rade

Dans la mer lourde, à dix, quinze, jusqu'à vingt mètres de profondeur, on a coulé des quartz, des granits, des gneiss

---

1. 32 kilomètres.

QUATRIÈME — *Petits Monts, Bas Plateaux, Plaines.*

taillés aux promontoires de la côte; et, pour que la vague ne les roule pas comme un fétu, ces pierres sont des blocs énormes amoncelés en une colline de 3 606 mètres de long, de 200 mètres de large là où elle s'appuie sur le sol sous-marin, et de 60 au niveau des basses marées.

Sur ce monstrueux cairn s'enracine un mur de 9 mètres d'épaisseur dominant de plus de 9 mètres la mer basse.

Levée et murailles commencées par Vauban, terminées cent soixante-douze ans après, en 1858, et deux digues nouvelles qui ont diminué la largeur des passes, distraient de l'inconstance du flot un millier d'hectares qui par malheur s'ensablent lentement; 200 hectares y sont aptes à recevoir les navires de haut bord et 40 vaisseaux de guerre y évoluent à grand'aise.

Vauban n'avait pas seulement hésité entre Cherbourg et la rade de la Hougue, près des éperons terminaux de la corne orientale du Cotentin; son regard s'était aussi fixé sur la corne occidentale, sur la presqu'île de la Hague, « Cotentin du Cotentin » que les Normands, d'autres disent les Celtes, isolèrent jadis du reste de la chersonèse par un retranchement de 6 700 mètres de long, de 6 à 7 mètres de haut qui s'est revêtu de buissons et d'arbustes, presque en haie continue; ce *Haguedick* ou Fossé de la Hague, nom de scandinavicité pure, c'était entre Jobourg et Beaumont-Hague, du rivage septentrional de Gréville au rivage occidental d'Herqueville, c'était le troisième front d'un camp de 5 000 hectares encore mieux défendu sur les deux autres fronts par la Manche; asile sûr pour des pirates, la Hague monte magnifiquement du flot houleux et ses collines déchirées se lèvent jusqu'à 180 mètres à la lande de Jobourg.

L'anse de Saint-Martin, sur le littoral nord de la *Presqu'île de la Hague*, se prêtait mieux qu'aucun des autres rentrants de la corne du Cotentin à l'établissement d'un grand port de guerre : la mer y est creuse, la rive haute, et tranquille à tout vent, fors au vent boréal.

A peine l'a-t-on dépassée qu'on arrive au cap de la Hague, roche syénitique. Là le littoral tourne de l'est au sud : on est sur le rivage occidental du Cotentin, le plus terrible des trois, car le vent tragique n'est pas ici celui de l'est, qui souffle de la Manche seulement, ni celui du nord, qui n'a qu'une courte carrière, l'Angleterre étant au plus près, mais celui de l'ouest qui vient du grand large, de l'Atlantique, voire du nouveau monde!

On y admire d'abord les rochers grandioses du *Nez de Jobourg* dominant de 97 mètres le flot du terrible *Raz Blanchart*, à la bordure d'un plateau dont les arbres nains sont tordus par le

Le Plus Beau Royaume Sous le Ciel.

vent du large : plateau qui se continue jusque vers Cherbourg par les *Landes de Beaumont*. Il y a plus de crêtes nues que de boisées dans ce Cotentin d'ouest, qui, de par ses roches ou semi-surplombantes ou droites, ou voûtées et caverneuses, ou noires, ou sombres ou livides, est en réalité Bretagne ; tandis que le Cotentin d'est, ayant lias, calcaires, atterrissements, prairies opulentes, est en réalité Normandie.

Du Nez de Jobourg au cap de Flamanville, l'*Anse de Vauville* est un golfe très évasé, qui ressemble fort à la baie d'Audierne ouverte plus grandement encore sur l'Atlantique, de la pointe du Raz aux roches de Penmarch, devant une mer encore plus orageuse peut-être, certainement plus brumeuse ; elle a 18 kilomètres de spacieuse entrée, une plage de sable blanc, et en arrière, non consolidées encore, les dunes du Pont des Sablons. Le *Cap de Flamanville* est aussi un « nez », sur une face de granit facile à tailler, et qu'on taille en effet le long du rivage ; le petit port de Diélette embarque beaucoup de ces pierres, surtout pour Paris.

Roches blanchâtres ou grisâtres à leur cime, qui souventefois approche de cent mètres, rougeâtres à mi-hauteur, noires en bas, du fait de la vague, de l'embrun, des algues, des mousses, les piliers de mer de la « bosse » de Flamanville opposent au très rapide, très orageux, très périlleux *Passage de la Déroute* leurs quatre à cinq lieues de granits, toutes anses comprises ; puis ce sont des sables qui couvrent l'estran, jusqu'à Granville.

Sablons incessamment amenés des roches triturées de la Bretagne par un courant de l'ouest à l'est, ils ont rempli des anses, oblitéré des havres, roulé sur le continent des mielles, c'est-à-dire des dunes dont le colon, l'horticulteur s'emparent : voilà comment ont diminué dans leur ampleur et profondeur les havres de Carteret, de Portbail, de Surville, de Saint-Germain-sur-Ay, de Regnéville, ce dernier à la rive méridionale de l'estuaire de la Sienne ; sans l'ensablement, ces ports, ces estuaires seraient précieux, car la marée, très haute ici, jette un grand flot dans leurs ruisseaux.

Le long de ces rus, et parfois sur la rive marine elle-même, la douceur singulière du climat saturé d'eau tiède évoque des plantes frileuses, des fleurs ennemies du froid, de grands et beaux figuiers. La dune est majestueuse, haute par endroits jusqu'à 62 mètres dans la montagne de Carteret ; elle n'a pas encore été partout astreinte à la résidence, faute de pins enracinés ; on y engraisse les sables au varech, et d'une arène qui serait infertile on fait des jardins, des melonnières, des tréflières et luzernières, et l'on y donne aux moutons l'embonpoint qui les condamne. A Carteret, port de mer haute, débouche la Gerfleur; à Port-Bail, qui cabote avec les îles normandes, l'Olonde s'achève sur une grève très vaste; sur les sables et grèves de Saint-Germain finit l'*Ay* [1] qui coule au bas des Landes de Lessay; la Sienne se termine dans le havre de Regnéville, qui est sables, vases, tangues, huîtrières.

La *Sienne*, fleuve de Bocage et de Cotentin moins élémentaire qu'Ay, Olonde, Gerfleur, s'ouvre aux rus de 52 500 hectares; elle est serrée pendant vingt-huit lieues au fond des gorges, prison étroite, voire ici, là, ténébreuse; fort errante, à la façon des courants contournant les roches dures malaisées à rogner, elle connaît toutes les orientations, et de ses petits détours on ferait une rose des vents.

Tombée des mêmes monts que la Vire, elle coule devant la « retentissante » Villedieu-les-Poêles, très chaudronnière en effet, plus que ne le fut jamais Saint-Flour, puis devant Gavray. Elle reçoit la *Soulle*, riviérette de Coutances dont on voit de la mer les deux hautes flèches de cathédrale, Coutances, petite ville qui de loin a grand air et se présente largement, monumentalement. L'estuaire où elle mêle son eau douce au flot salé, vaste grève abandonnée par la marée basse, diminue de siècle en siècle par les alluvions de remblayage que le fleuve dépose sournoisement dans le vieux golfe de Regnéville, à l'abri de la presqu'île sablonneuse d'Agon. On en a fait une huîtrière où l'huître prospère en attendant sa mort violente, obscure sensation si ce bivalve est aussi obtus qu'on le suppose.

A quatre lieues à peine au midi de l'embouchure de la Sienne, *Granville* s'avance au-dessus de la Manche par un rocher semblable à celui de Monaco, moins la splendeur du Midi. Ses intrépides corsaires furent de grands pourchasseurs d'Anglais; aujourd'hui ses marins, de non moindre intrépidité, vont à la grande pêche en Islande et aux Bancs de Terre-Neuve. Les Granvilloises sont belles, d'une beauté brune qu'on attribue à des ascendants méridionaux, soit Espagnols, soit Italiens : car il se peut que quelques compagnons de guerre des Tancrède de Hauteville, barons du Cotentin qui conquirent les Deux-Siciles, aient ramené au pays natal quelques Siciliennes dorées de soleil, à la fois grecques, italiennes, arabes et berbères par le sang de leurs veines.

A trois lieues au large de Granville, les *Iles Chausey*, durs granits, occupaient un petit peuple de carriers extrayant blocs

1. 32 kilomètres, 20 000 hectares.

Le Plus Beau Royaume Sous le Ciel. CHAPITRE

et pavés pour la digue de Cherbourg, pour des quais, pour Paris, et elles incinéraient des varechs d'épaisse et malodorante fumée. Solitaires aujourd'hui sauf cent personnes, perdues dans le retentissement de la mer, elles survivent au lambeau de Normandie que les vieux documents nomment la forêt de Scissy, le désert de Scissy, le *Scissiacum nemus*; elles ne se seraient séparées du continent de France qu'il y a mille ans, soit quelque peu plus ou beaucoup plus, quelque peu moins ou beaucoup moins, par rupture, affaissement subit, lente descente du sol, on ignore comment; cependant on admet (sans croyance assurée) que ce fut par cataclysme, en 709, dans un prodigieux raz de marée; l'océan força des dunes, il envahit un ancien golfe devenu marais et sylve où croissaient des arbres amis des terres humides, des saules, des aunes, des peupliers, et aussi des chênes, des bouleaux : c'était la forêt de Scissy.

A marée haute, on voit cinquante îles dans l' « archipel » des Chausey, îles dont quinze, n'étant pas absolument roche pure, ont quelque terre et un peu d'herbe; à marée basse elles sont plus de trois cents : non pas des îles vraiment, mais des îlots, des écueils et des platins, dalles où le flot laisse en s'en allant du fucus.

Les Chausey sont terre de France, ce qui n'est plus l'archipel voisin.

Les îles du Canal, c'est-à-dire de la Manche, les *Iles Anglo-Normandes* obéissent à l'Angleterre malgré leur antique jointure avec le Cotentin, malgré leur proximité présente, malgré l'origine normande et le patois de leurs insulaires ou plutôt de leurs campagnards, car l'anglais l'emporte dans la capitale, dans les villes et leur banlieue.

Ensemble, elles n'ont pas 20 000 hectares, dont 11 600 pour *Jersey*, 6 500 pour *Guernesey*, 800 pour *Aurigny*, 700 pour *Sercq*; mais plus de 90 000 hommes y vivent : l'archipel a presque sept fois la densité moyenne de la population française.

Du continent les séparent le Raz Blanchard, le Passage de la Déroute, l'Entrée de la Déroute, détroits où la coquille de noix que nous nommons navire bataille contre des courants de quatre lieues à l'heure, sur des bancs et roches qui sont l'antique assise d'un sol où des tribus celtes habitèrent.

Jersey n'est qu'à 28 ou 30 kilomètres des dunes cotentinoises de Saint-Germain; il y en a 45 du cap de Flamanville à Guernesey, moins de 15 entre Aurigny et le promontoire de la Hague : la fière Albion nous défie de près.

Ces îles normandes tinrent certainement à la terre ferme, et l'on peut croire qu'Aurigny fit corps avec les syénites de la

QUATRIÈME *Petits Monts, Bas Plateaux, Plaines.*

Hague, que Guernesey continuait Aurigny, que de Guernesey la côte se poursuivait au sud-ouest, là où il y a maintenant 60 à 70 mètres d'eau, jusqu'au pays de Tréguier, aujourd'hui bordé d'îles éparses. Archipel normand, récifs d'Écrehou, îles Chausey, plateau des Minquiers, Roches Douvres, pointes isolées dans le flot, écueils trécoriens, c'est ce qui reste de la terre toujours sapée qui, s'écroulant toujours, devint la conque d'un océan dont les marées sont formidables.

LII
BAIE
DU MONT-
SAINT-MICHEL,
SÉE, SÉLUNE,
COUESNON

Au midi de Granville, grèves et dunes bordent, à la marche de Normandie et de Bretagne, les sables mobiles de la *Baie du Mont-Saint-Michel* où trois fleuves du Bocage normand, la Sée, la Sélune, le Couesnon se perdent, dans le pays de la très charmante Avranches.
Entre ses deux piliers d'entrée, la pointe du Roc de Granville en Cotentin et la pointe du Grouin en Bretagne, la mer pénètre par 22 kilomètres d'amplitude en ce golfe de 80 kilomètres de tour, de 25 kilomètres d'enfoncement dans les terres.

La célèbre baie s'appelle ainsi d'un bloc de granit pyramidal de 74 mètres de haut, de 900 mètres d'enceinte, le *Mont-Saint-Michel*, escaladé par des tours, des remparts, des maisons, avec église et abbaye au sommet. Roche sombre et murs austères, ces remparts, ces tours, ces précipices, ces clochers, ce couvent, cette église, ce granit percé de cryptes autant que couronné de monuments, ce prodigieux amphithéâtre qui fut citadelle, monastère, pèlerinage et prison, qui brava les Anglais et les Calvinistes, ce moutier de Bénédictins, thébaïde entre le ciel et l'eau fondée au vIII^e siècle, refaite au xIII^e, agrandie, reprise, restaurée depuis, cet auguste musée mérite cent fois le nom de *la Merveille* donné aux plus belles salles de son immense architecture. C'est une gloire de la France, un triomphe de l'art, une apparition sublime.

De toutes les îles françaises la plus petite et la plus belle, cette roche est à la veille de perdre ses grèves, ses vagues, ses festons d'écume, ses beautés de la nature autour des miracles de l'art. Le continent reprend et reprendra de plus en plus une grande part des 25 000 à 30 000 hectares qui furent ici son domaine, au temps de la sylve de Scissy, et qui comprenaient d'abord cette forêt, puis des prés, des champs, des bourgs dont tout n'a pas disparu; il en reste le souvenir, les noms, des débris cachés sous l'onde et, très rarement, entrevus à certains reflux, quand la Manche est extraordinairement basse et que l'affouillement de la marée descendante fait visible pour quel-

Le Plus Beau Royaume Sous le Ciel.

ques heures ce qui était occulte depuis des siècles : ainsi put-on revoir, même visiter, en 1735, Saint-Étienne de Paluel, bourg dès longtemps englouti ; ensevelies pareillement dans le sable et la vase mêlée de coquillages cassés et de restes de plantes marines, il y a par ici d'autres demeures de l'homme : Bourgneuf, la Feuillette, Mauny, Porz-Pican, dont le nom est celtique, Saint-Louis, Sainte-Anne, Sainte-Marie, Tommen ; et partout des débris de forêt, troncs, rameaux noirs ayant encore conservé des feuilles.

Mais l'Océan panse les plaies dont il meurtrit la Terre : à peine a-t-il fini d'isoler, il rapproche ; de briser, il soude ; et de creuser, il comble ; ainsi fait-il dans la baie du Mont-Saint-Michel ; de ce qu'il enlève à coups de bélier aux rives de la Bretagne, du Cotentin, des îles, et aux îlots, aux récifs, aux platins, il compose pour la baie une vase plastique, une tanguière curée et recurée par les littoricoles ; peu à peu cette vase, ces bancs s'exhaussent, il y pousse des salicornes, amis des limons amers, des cristes-marines et plus tard des gazons dont les brebis font leurs délices, ce qu'on nomme ailleurs le pré salé, et ici l'herbu ; alors l'homme intervient, il endigue, il exonde par des canaux, il sème, il plante, il récolte ; le palus avait été mer, il devient un polder, une « Hollande » d'autant plus aimée, d'autant plus riche aussi qu'il faut que son « Hollandais » la soigne par crainte d'un désastre « comme la prunelle de ses yeux ».

En attendant l'achèvement des levées qui fermeront tout ou partie de la baie à la poussée des vagues, la mer y monte en moyenne de 12 m. 30, tandis que sa hauteur n'est que de 11 m. 44 à Saint-Malo, de 9 m. 90 à l'île de Bréhat, de 8 m. 22 à Roscoff, de 6 m. 38 à Ouessant, et de 4 m. 50 à 6 m. 50 en Bretagne occidentale, dans les conques de l'Atlantique. On voit même tel flux dépasser 15 mètres, hauteur atteinte en trois parages du monde seulement : dans la baie de la Severn en Angleterre, dans la baie de Fundy en Amérique du Nord, et à l'entrée du détroit de Magellan en Amérique du Sud : à cette puissance de marée, le flot disperse ici 1 345 millions de mètres cubes, et 700 millions en morte eau. — C'est à cette irruption terrible que l'île devait son nom de Saint-Michel-au-Péril-de-la-Mer ; et quand Louis XI fonda l'ordre de Saint-Michel, en mémoire d'une défense du rocher contre les Anglais, cet ordre prit pour devise : IMMENSI TREMOR OCEANI.

L'île de *Tombelaine*, bloc de granit au nord du Mont-Saint-Michel, est moins élevée (40 mètres) ; elle a perdu son château fort, comme avant ce château fort, elle avait perdu son église romane.

QUATRIÈME — *Petits Monts, Bas Plateaux, Plaines.*

La reconquête des terres enlevées par la Manche autour de Saint-Michel et de Tombelaine commença dès le xie siècle, à l'ouest-sud-ouest de ces deux rochers.

Le *Mont Dol*, avoisine Dol-en-Bretagne. C'est une butte granitique de 65 mètres commandant un vaste horizon de terre et de mer. Il y a neuf cents ans, il ressemblait exactement, grands monuments en moins, à ce qu'est le Mont-Saint-Michel dans sa baie tour à tour grève, mer qui vient « au triple galop », mer étalée, mer qui s'enfuit.

Une digue fut entreprise, qui finit par atteindre le Couesnon à Pontorson, puis s'avança jusqu'à la plage où la Sélune s'ouvre sur la baie. Derrière cette levée de 45 kilomètres, haute d'une dizaine de mètres, on cultive les 15 000 hectares du *Marais de Dol*, petite Hollande ayant ses canaux appelés bieds, ses moulins à vent, ses marais, ses brumes grises, son doux soleil; Hollande encore en ce que la grande levée de ceinture pourrait se rompre, au grand effroi des vingt-deux communes qui ont leur part de ce plan d'alluvions littorales.

La tempête qui balaierait le rempart de défense noierait un pays devenu fort riche, le meilleur dans l'horizon du Mont Dol, d'où l'on voit soixante clochers de village. Superbes y sont les blés, les sarrasins, les prairies, les jardins maraîchers, les aspergières, et bien fleurissants les pommiers à cidre — le Marais de Dol n'a guère d'autres arbres, à part quelques saules, des frênes, l'éternel peuplier. L'opulence des champs n'y est pas égale partout : certaines parties basses, encore mal exondées par les bieds, ne donnent que du roseau et de la mauvaise herbe.

Très inégale aussi la répartition des demeures dans le palus depuis longtemps tiré des eaux : il y a des hameaux, des maisons de campagne à ne pas les compter, et surtout, le long du littoral, deux lieues et demie d'une rue presque continue à l'orée méridionale de la baie, de Cherrueix à Saint-Benoît-des-Ondes, tandis que, dans le marais de 2 000 à 3 000 hectares récemment conquis sur les divagations du Couesnon, on ne trouve que peu de monde encore, en d'immenses fermes aménagées « à l'industrielle ». Ici commence la Bretagne, à la rive gauche de ce Couesnon qui est avec Sée et Sélune un des tributaires éminents de la baie du Mont-Saint-Michel.

La *Sée*, longue de vingt lieues, égoutte 42 000 hectares; voisine de la Vire, de la Sienne au pays de ses sources, elle coule en un vallon droit, d'orient en occident, gros ruisseau que des ruisselets entretiennent. Devant Avranches elle devient sou-

Le Plus Beau Royaume Sous le Ciel.

dain un grand fleuve, en apparence et seulement par l'ampleur de son estuaire ; fleuve navigable sans qu'on y navigue, même à la faveur de la marée, car vaisseaux de quille profonde et bateaux plats redoutent les grèves mobiles de l'embouchure.

Par l'effondrement subit de sa cathédrale en 1790, Avranches a perdu ce que le moyen âge lui avait légué de plus précieux, mais il lui reste quelque chose de bien plus antique, son nom, qui vient, presque sans mutilation, de la nation des *Abrincates*. Du haut de leur oppidum ces Celtes voyaient surtout des marais et des forêts planes, l'Océan n'ayant pas alors conquis ce bois et palus, soit que le continent ne fût point aussi bas que de nos jours, soit que les rocs ou les sables du littoral n'eussent pas encore fléchi sous l'effort de la mer. Maintenant, de leur gracieuse Avranches, les Avranchins contemplent au delà de l'estuaire de Sée et de Sélune, au bout de leurs coteaux verdoyants, tantôt la marée folle qui s'empare de la grève autour de Tombelaine et du Mont-Saint-Michel, tantôt, quand la vague d'envahissement est retombée dans l'urne des eaux profondes, cette grève elle-même et ses sables couleur de cendre.

La *Sélune* [1] ou Célune, deux fois plus ample que la Sée, confond son large estuaire avec celui du fleuve-ruisseau ou du ruisseau-fleuve d'Avranches.

Rivière du schiste, elle est toute en circonflexions dans un val de fraîcheur, nature mi-bretonne et mi-normande sous un ciel pluvieux. A chaque pas lui arrivent de courts, de tortueux ruisseaux qui sont de petites Sélunes. — Telle une riviérette à cascatelles, la *Canse* de Mortain.

Mortain est une ville presque alpestre ou pyrénéenne, au penchant des prés, au pied des rochers vêtus de mousse et couronnés de sapins, à l'ombre du mont de la Chapelle Saint-Michel (317 mètres) d'où l'on voit beaucoup de Maine, beaucoup de Bretagne et de la Normandie jusqu'à la mer d'Avranches grondant sur son sable.

La Sélune est classée comme navigable à partir de Ducey, sans que le moindre navire y flotte, vu l'inconstance des grèves de l'estuaire ; elle s'évase en fleuve à Pontaubault, et prenant 500 à 1 200 mètres de largeur, mêle ses marées aux marées de la Sée.

Le *Couesnon* [2] part des monts de Fougères, qui culminent à 248 mètres ; de son premier babillement clair jusqu'aux ton-

---

1. 70 kilomètres, 87 500 hectares. — 2. 85 kilomètres, 97 500 hectares.

QUATRIÈME   *Petits Monts, Bas Plateaux, Plaines.*

nerres des flots, il se replie sans cesse en une vallée d'aspect à la fois normand et armoricain, en terre « bocagère », dans un pays qu'un ciel humide garantit contre toute sécheresse des gazons.

Il ressemble à la Sée, à la Sélune, par l'inanité de sa prétendue navigation à partir d'Antrains : lui aussi, la grève du Mont-Saint-Michel le ferme aux vaisseaux de la mer; enfin, de même que la Sélune a Mortain, il a sa ville charmante, sur un affluent de droite : charmante et imposante, car, pas plus qu'aucune autre ville de l'inquiète Europe, *Fougères* n'a joui paisiblement du calme de sa campagne; jadis batailleuse, soit qu'elle attaquât, soit qu'elle se défendît, elle conserve en partie son armure de guerre, ses remparts du nord et de l'ouest, son château qui dresse treize tours.

Le Couesnon inférieur ne coule pas sur les roches dures du Bocage; il va du sud au nord ou du nord au sud, suivant la marée, dans des terres déposées, de fertilité grande, remblai d'un ancien sous-golfe de la baie du Mont-Saint-Michel : à ce remblai ont participé le sable de la Manche et l'alluvion du fleuve, ici normand par sa rive droite, breton par sa rive gauche — on l'accusait de changer incessamment la limite des deux provinces en divaguant sur la grève, tantôt vers l'est au dam de la Normandie, tantôt vers l'ouest au détriment de la Bretagne : aujourd'hui prisonnier entre digues, il est amené de force, *ne varietur*, jusqu'au delà du Mont-Saint-Michel.

LIII
BOCAGE
MANCEAU :
LES COUÉVRONS

Des premiers promontoires de la forêt d'Écouves au-dessus d'Alençon jusqu'à la Manche en sa grève du Mont-Saint-Michel, une arête de vieux grès chargés de sylves sépare à peu près le Bocage Normand (au nord) du Bocage Manceau et du Bocage Breton (au sud); elle passe par la soucieuse Domfront, la pittoresque Mortain, la charmante Avranches.

Cette crête est régulièrement orientée vers l'ouest-nord-ouest. Il vaudrait certes mieux dire : « occidentée ». On la nomme *Chaînon des Andaines*. Quelques torrents des bassins de Sélune et de Loire par la Mayenne la scindent en tronçons.

De l'est à l'ouest, un modeste tributaire de la haute Mayenne tranche la forêt de Monaye; la Gourbe isole la forêt de la Motte de la forêt de Magny; la Maure, affluent de la Gourbe (c'est la riviérette de l'industrieuse ville de la Ferté-Macé), serpente entre la forêt de Magny et celle de la Ferté; la Vée, entre les sylves de la Ferté et d'Andaine, éviscère les roches, elle les rabote, les polit, les amenuise et finalement les détruit dans le parc du célèbre hameau thermal de Bagnoles; après quoi commence la forêt d'Andaine, qui porte peut-être le même nom que la « Grande forêt terrible », car on suppose dans Andaine une légère corruption d'Ardennes; mais alors ces bois avaient sans doute dix et vingt fois l'étendue de la sylve actuelle, qui ne va que de Bagnoles à presque toucher *Domfront*, cité riveraine de la seconde branche mère de la Mayenne, qui a nom la Varenne — riveraine, c'est mal dire, et il faut créer ici le mot de suréminente, puisque la vallée des Rochers où le noirâtre courant de la Varenne perce la pierre terne en une gorge sombre a son fond de coulière à deux cents pieds au-dessous du donjon roman de la ville, et des pins qui lui font face à l'autre côté de la coupure.

Puis c'est l'Egrenne, feudataire de la Mayenne, qui a usé le grès à l'occident et non loin de Domfront; ensuite la forêt de Lande Pourrie et la forêt de Mortain s'allongent étroitement jusqu'au-dessus de Mortain, et là c'est la Canse, tributaire de la Sélune, qui s'est chargée de varloper le grès d'Armorique: elle tombe d'une vingtaine de mètres, à l'Abbaye Blanche, près des ruines d'un monastère; puis, de cascade en cascade, elle arrive à l'une des très jolies villes normandes, à *Mortain*, qu'embellissent Canse et Canson; leurs eaux courent sur un lit pierreux, entre rocs, en rapides, en chutes dont les plus « niagaresques » sont le Saut du Diable et le Saut du Puits.

Dans le *Bocage Manceau*, nulle cime de 400 mètres au-dessus des mers comme dans le Bocage Normand; le prince de ses monts, simple principicule, le *Gros-Rochard*, au pays d'Évron, au faîte entre Mayenne et Sarthe, borne à 357 mètres son ascension des nues, et la *Pierre des Treize-Églises*, ainsi dite parce que de sa cime on voit treize clochers de cathédrales champêtres, ne commande l'Erve naissante que de 200 mètres, les océans que de 330, à l'extrémité occidentale de la forêt de Sillé-le-Guillaume.

La *Forêt de Sillé* dont les torrents se partagent entre la rivière Sarthe et la rivière Mayenne est le plus vaste débris de la sylve « sans fond ni bord » qui, suivant toute apparence, couvrit jadis obscurément de long en large toute cette traînée de grès armoricains : alors *Jublains* n'existait pas encore, qui fut dans la suite la *Nœdunum* des Gallo-Romains, et plus tard *Diablintes* (d'où Jublains), chez les Aulerques Diablintes.

A l'ère d'avant Jublains, quand régnaient ceux que nous appelons nos ancêtres, les Celtes, remonte le nom réel des fausses Alpes du Bocage Manceau : *Alpes Mancelles*, Suisse Mancelle, disent des patriotes, émus jusqu'à l'ivresse par l'aus-

Petits Monts, Bas Plateaux, Plaines.

térité des quelques gorges, la sombre grandeur de quelques rochers, le panorama circulaire du haut de la Pierre des Treize-Églises ; *Gouévrons*, dit le peuple des vallées, et c'est bien là leur titre, parfaitement expliqué par le breton de nos jours, très proche parent du celte des jours antiques : *Coët*, la forêt, *Vrons*, les mamelons : au total les Collines boisées.

La sylve infinie d'autrefois, on la voit encore, interrompue de grands étangs dont on dirait des lacs, quand on contemple ce Bocage d'une de ses têtes de roche. On la voit continue, mais elle n'existe pas sans discontinuité, ou plutôt elle n'existe pas le moins du monde. Il y a tromperie, du fait de l'éloignement. Le Bocage se divise en une multitude de closeries, autrement dit de champs enclos, de haies — haies d'ajoncs, de genêts épineux, de houx, d'arbustes vifs d'où montent de grands arbres, — à distance arbres et haies cachent aux regards les champs, les prés, les jardins, les cabanes, les fermes qu'ils entourent, et l'on a la sensation de la sylve sans borne où les aïeux n'entraient qu'avec terreur.

Jusqu'à ces dernières années les haies des encloseries firent le Bocage Manceau très difficile au parcours ; plus encore les chemins creux qui longent les haies, sortes de fossés glaiseux que la pluie transforme en sillons d'ornières. Des palissades épineuses ; des sentiers argileux, profonds, cachés ; au bout de ces sentiers, la forêt ou le fourré des brandes et landes ; point de grandes villes, peu de gros bourgs, des hameaux perdus, des chaumières dispersées ; un pareil pays est à souhait pour le brigandage, la guerre civile, la résistance à l'étranger qu'on a loisir d'y fusiller en détail. Le Bocage Manceau a connu ce destin, sauf en cas de guerre nationale, par trop grande distance de la frontière, en arrière de Paris dont la chute est bon gré mal gré la chute de la France. Dans la région méridionale des Couévrons, dans la *Charnie* rôdèrent et maraudèrent longtemps des assassins vêtus de peaux de bêtes, bande toujours recrutée, donc toujours jeune, et difficile à cerner, qu'on appelait la houbille.

Presque de nos jours — puisque cent ans ce n'est rien — en cette même Charnie, et en général dans le Bocage Manceau tout autant que dans les Bocages d'Anjou, de Poitou, de Bretagne, les « Vendéens » soutinrent contre le reste des Français la « guerre des géants », dans les coins, recoins et carrefours : « Blancs » toujours à l'affût des « Bleus » qui passaient dans la clairière.

Ainsi se teignit de sang innocent, ou de sang impur (comme se traitaient les héros de cette chasse à l'homme) la contrée des landes stériles, des roches grises, des porphyres durs comme

Le Plus Beau Royaume Sous le Ciel.

du fer qui vont paver les rues parisiennes, le pays des bois accrochés à la roche grisâtre et reflétés en confuse et ténébreuse image par des rivières incessamment arrondies autour de sombres promontoires. De ces cours d'eau obscurs, la Vègre, l'Erve « qui vaut un voyage », la Vaige, descendent à la Sarthe, mais c'est la Mayenne qui en absorbe le plus.

LIV
MAYENNE,
SARTHE,
MAINE

Trois rivières, Mayenne, Sarthe et Loir, concourent à la Maine d'Angers, grand tributaire droit de la Loire.

De ces rivières, la Mayenne [1] contribue le plus aux crues de la Maine, et le moins à son étiage, parce qu'elle épanche une région granitique et schisteuse sans un seul lambeau perméable.

Le ravin sylvestre où son premier filet d'eau scintille, s'ouvre dans le mont des Avaloirs, sur l'un des deux plus hauts massifs entre la Seine, la Loire, le détroit qui déferle contre la Normandie et l'Océan qui écaille la Bretagne.

Elle a deux branches mères : la Mayenne, rivière de Couptrain, de Couterne, et la *Varenne* [2], rivière du vieux pays du Passais et de la ville de Domfront. Ces deux courants d'eau ont mêmes flots ternes, à peu près même longueur d'environ quinze lieues, même volume de trois, quatre, cinq mètres cubes d'eau fraîche réduits par les longues sécheresses à 300, 200, 100 litres d'eau tiède.

La Mayenne baigne Mayenne, Laval et Château-Gontier; elle confisque l'*Oudon* [3], riviérette de Segré, qui se déroule en beaux replis et elle arrive aux prairies angevines, dans la banlieue d'amont d'Angers, avec un flot de 25 mètres cubes (?) en belles eaux, de 4 en étiage, de 600 en crue. En ces prées elle rencontre par sa rive gauche une rivière supérieure, la Sarthe, grossie du Loir.

La *Sarthe* ressemble à la Mayenne en tant que normande au pays de ses sources, ensuite mancelle dans sa vallée moyenne, angevine enfin dans sa vallée inférieure. Mais, en vérité vraie, la Mayenne, errant dans sa roche ancienne, appartient à la dure péninsule, à la Bretagne, tandis que la Sarthe relève presque toute de l'oolithe et de la craie inférieure, roches bien plus nouvelles : aussi est-elle beaucoup mieux équilibrée.

Elle naît aux monts d'Amain, dans une région de forêts percheronnes et d'herbages qui font partie du *Merlerault*, riche

---

1. 195 kilomètres, 589 000 hectares. — 2. 60 000 hectares. — 3. 90 kilomètres, 150 000 hectares.

QUATRIÈME *Petits Monts, Bas Plateaux, Plaines.*

en « coursiers »; elle serpente dans les plaines banales d'Alençon, puis dans des gorges sauvages où elle perce comme elle peut, entre talus et promontoires, les granits rouges, les grès, les schistes sévères du Bocage normand; après quoi elle confisque l'*Orne Saosnoise*[1], qui a mollement cheminé dans l'ancien pays du Saosnois; elle coule devant la grande ville du Mans et se trouve aussitôt après en face de l'Huîne, son *altera ego*.

La charmante *Huîne* est l'ornement du Perche; ses méandres gracieux sur la craie inférieure reflètent des prairies et des forêts.

Grande est la diversité de ses noms, tels que nous les ont transmis en latin ou en français les scribes du moyen âge : Yrginia, Iogrinia, Yrnia, Hiena, Hyenna, Iona, Yona, Odana, Idonea, Giogina, Eguenia, Ayne, Aigne, Iaigne, Yaygne, Ienne, Uigne, Huigne : exemple, comme on pourrait en donner cinq cents autres, de l'anarchie d'orthographe au temps des cartulaires, pouillés, actes et documents en bas latin, puis en langue d'oïl. La diversité n'est qu'apparente — au fond, tous ces noms sont évidemment l'*on* celtique, allié à un radical difficile à dégager.

Partie de collines de 200 mètres, l'Huîne hésite d'abord entre la Seine et la Loire; mais de boucle en boucle (car elle aime fort à tourner les collines) elle prend le chemin du sud-ouest par Nogent-le-Rotrou, la Ferté-Bernard, Yvré-l'Évêque, et rencontre la Sarthe au bout de 130 kilomètres et de 165 539 hectares, contre les 250 000 hectares et les 150 kilomètres du courant rival : grande disproportion, mais la nature des terrains du bassin de la rivière percheronne, plus favorable dans son ensemble à la surgescence des belles et constantes fontaines, rétablit en partie l'équilibre, et l'Huîne verse normalement 8 mètres cubes par seconde, contre les 10 de la Sarthe; bien mieux, elle l'emporte décidément en étiage (6 000 litres, contre 3 700) et aux eaux très basses (3 000 litres, contre 1 850).

Agrandie plus bas, en belles eaux plutôt qu'à l'étiage, par de longs torrents des Alpes Mancelles, la Sarthe frôle la Suze, Malicorne, Solesmes, Sablé, Châteauneuf; elle impose son nom à une longue rivière qui lui arrive par la gauche, au fils de la Beauce, au Loir, qui la dépasse en déroulement[2], comme en aire drainée[3], et aussi en étiage[4], chacun des deux courants ayant à l'ordinaire une consistance égale de 25 mètres cubes : en

---

1. 50 kilomètres, 42 158 hectares, 1 000 litres. — 2. 312 kilomètres contre 285. — 3. 727 500 hectares contre 589 500. — 4. 8 mètres cubes contre 6.

Le Plus Beau Royaume Sous le Ciel. CHAPITRE

vérité, ces débits n'ont rien de définitivement constaté, de buriné, scellé, paraphé à jamais, et il faudra bien des années encore, bien des jaugeages et des calculs avant d'entrer en possession des certitudes hydrographiques, ici et ailleurs.

A son tour la Sarthe, supérieure à la Mayenne en développement comme en domaine, abdique et perd son nom : elle devient la Maine, forme concentrée de Mayenne.

Ces trois rivières composent donc ensemble la *Maine*, sombre, profond, peu large courant, qui a rarement plus de 100 mètres entre rives, encore qu'il y ait derrière lui 2 189 900 hectares de terrains, et que le volume normal de ses eaux soit de 75 mètres cubes, l'étiage de 18, les crues de 1 500.

La Maine traverse Angers et s'épanche en Loire à 8 kilomètres en aval de cette belle ville, à 13 mètres d'altitude ; or, elle se forme à 15 mètres seulement, dans d'immenses prairies : c'est pourquoi, faute de pente, dès que le fleuve monte et pour peu que les trois rivières composantes ne montent pas, la Loire reflue dans la Maine ; son flot s'avance à contre-courant, blanc ou jaune dans le lit vaseux de la rivière terne, les prairies se transforment en lac, tant sur la Maine que sur la Mayenne, la Sarthe, le Loir ; il arrive que l'eau ligérienne « gravit » ainsi la Mayenne jusqu'à près de 10 kilomètres au-dessus d'Angers, la Sarthe et le Loir jusqu'à 12.

Les Couévrons s'aplatissent au sud et au sud-ouest sur les plaines de l'Anjou ; à l'ouest ils se continuent par les Monts Bretons, auxquels ils s'enlacent dans la région où naissent le Couesnon et la Vilaine.

LV
LA RANCE
ET
SAINT-MALO

Quand on a franchi ce Couesnon qui divise Normandie, à l'est, de Bretagne, à l'ouest, on se trouve au milieu de collines aussi peu himalayennes que possible : pour arriver à des Monts Bretons supérieurs à 300 mètres, donc à peine plus hauts que la tour ferrée et boulonnée du Champ de Mars à Paris, il faut s'acheminer vers l'occident jusqu'à ce qu'on ait traversé la Rance et atteint le massif d'où descend ce tributaire de la Manche.

La *Rance* parcourt vingt-cinq lieues tout juste et draine 119 500 hectares ; c'est l'un des plus amples de ces tout petits « Saints-Laurents » bretons, qui n'ont que l'estuaire, sans les Grands Lacs, les Laurentides infinies, les forêts sans bornes, les « Saults » et le Niagara.

Ce fluviot est un Couesnon plus long, plus large, et c'est un Couesnon retourné : le Couesnon coule au sud-ouest, comme pour aller se verser dans la Vilaine, puis tourne au nord; la Rance coule au sud-est, aussi vers la Vilaine, puis fléchit vers le septentrion.

Elle commence dans les landes du Méné, près de Collinée; ruisseau devant Saint-Jean de l'Isle et devant Évran, elle devient rivière dans les gorges de Dinan, ville austère et riante.

De son granit abrupt *Dinan* domine, de 75 mètres, le fleuve que commence à soutenir la marée; 16 tours, reste de 54, les débris de son enceinte, ce qu'elle conserve de féodal, la pierre sombre de ses vieux édifices, voilà pourquoi elle est austère; les villas, les jardins, les beaux arbres, le gazon, voilà pourquoi elle est riante. Un viaduc de 40 mètres de haut, de 250 mètres de longueur en 10 arches, y franchit le val de la Rance.

En aval de Dinan, qu'atteignent en vive eau les bâtiments calant 3 m. 30, la rivière, plus haut si modeste, s'épanche tellement que son lit, fjord antique, est digne au moins d'un Danube. Sauf un étranglement de 250 à 300 mètres, la Rance a désormais de 500 à 2 000 mètres de largeur, même plus, mais à l'embouchure elle ne dépasse pas 700 mètres.

L'estuaire de la Rance, dit aussi l'estuaire de Saint-Malo, n'est séparé de la baie du Mont-Saint-Michel à l'est que par les granits, les schistes cambriens, les micaschistes de la *Presqu'île de Cancale*, large de moins de trois lieues.

Là où le Marais de Dol s'achève au nord-ouest, là s'élève la pointe de Château Richeux.

Et cette pointe est le premier roc littoral de la côte de Bretagne, que des glaciers façonnèrent, puis que la mer ourla de promontoires, d'anses, d'estuaires dans le granit et dans le schiste, celui-ci plus entamable et se prêtant mieux au creusement de grandes baies, comme sont entre autres la rade de Brest et le golfe de Douarnenez.

Les glaciers ne travaillent plus à strier, user, polir et transporter les roches bretonnes, l'Armorique n'étant plus de climat assez froid; mais la mer est toujours à l'œuvre devant des caps abritant les ports d'où sortent nos plus durs marins; jour et nuit elle cisèle ce rivage.

La première bourgade qu'on y rencontre est Cancale, la première ville Saint-Malo.

Cancale engraisse des huîtres illustres; née sous le nom celte de Concaven près du bourg celtique de Porz-Pican, que la mer effaça de la terre, elle est en ce jour à 85 kilomè-

Le Plus Beau Royaume Sous le Ciel.

tres en droiture à l'est des frontières de la Bretagne encore bretonnante.

Tel fut, dans le premier moyen âge, le recul de la vieille langue, par la poussée des Normands sur les Armoricains.

Saint-Malo, c'est le « vieux rocher », c'est la « cinquième partie du monde », comme disaient les Malouins isolés sur leur granit en la mer enragée, dans des rues sombres de leur étroitesse, comme de la hauteur et de la pierre obscure de leurs maisons : au plus fort des marées d'équinoxe, la grande tumultueuse se soulève ici de 12 à 15 mètres contre le refuge des marins qui l'ont toujours domptée.

Dans la bataille de l'Océan contre le rivage malouin l'élément mouvant, qu'aide l'air, élément subtil, l'emporte sur l'élément inerte ; la vague racle la roche, puis emporte au loin la raclure. Ainsi, parmi cent autres, l'îlot de Cézembre n'est plus qu'un grand écueil à quelques kilomètres au large : du xiie au xve siècle, des prairies marécageuses ont disparu devant le flot, et ce délayement a séparé du continent le fronton de Cézembre.

Ce Cézembre de la côte de Bretagne, c'est exactement le même nom que Cezimbra, port de Lusitanie, sur le littoral d'Estrémadure, au bord de la baie de Sétubal : les peuples « néo-latins » sont frères, non pas seulement par les « Latins », mais aussi par les nations, les sous-nations, les clans qui précédèrent la conquête romaine et la naissance même de Rome.

Si toutes nos villes maritimes avaient valu Saint-Malo, les Français auraient découvert, colonisé tous les rivages, et l'Angleterre ne serait rien, elle qui est tout dans un quart du monde.

Les Malouins eurent pour meilleure fortune la chasse aux navires de l'île que la France doit appeler Albion la triomphante, mais que Saint-Malo pouvait nommer Albion la vaincue : au temps des grandes guerres navales, sur toute mer d'entre les deux Pôles, quand deux navires se rencontraient, l'un anglais, l'autre malouin (en réalité bretons tous les deux), et qu'accrochés, on s'y fendait le crâne à la hache d'abordage, le vaisseau « saxon » était presque toujours perdu d'avance.

Ces guerres finies, Saint-Malo ne fut plus tout à fait Saint-Malo, la ville des loups de mer, des découvreurs, des aventuriers et pionniers, des marchands riches comme des rois et hardis comme des pirates. Un peu repliée sur elle-même après avoir été dispersée sur les océans, elle donne toujours à la France des marins en foule, elle commerce encore, surtout avec sa vieille ennemie, elle navigue, elle pêche à Terre-Neuve, elle accueille des baigneurs à ses bains de plage, notamment à Paramé et à Dinard. Paramé est une espèce de faubourg de la « ville des forbans », sur la côte du nord-est; Dinard regarde la « mère des Corsaires », à l'autre rive de la Rance. Un bassin à flot, sur ladite Rance, sépare Saint-Malo, place murée, de Saint-Servan, sa voisine, son égale en population, mais non pas en gloire.

C'est devant Saint-Malo que la Rance finit par un de ces estuaires bretons aux rives presque partout contrastantes : rive gauche ou d'occident gaie, verte, fleurissante; rive droite ou d'orient nue : c'est que le vent d'ouest, terrible en Armorique, souffle sur celle-ci, mais qu'il épargne celle-là.

LVI
MÉNÉ;
PLAINE
DE LA
BRETAGNE
INTÉRIEURE

C'est donc vers les sources de la rivière malouine, de la Rance, que les coteaux de Bretagne commencent à dépasser 300 mètres.
La Colline des Trois Croix (316 mètres) d'où découle le premier et très menu ruissellement de la Rance appartient à la « montagne du Méné ».

Mont du Méné, nom déplorable, fait de deux mots dont le premier, pour nous Français, traduit le second, qui est breton et veut dire tout uniment la Montagne, sous ses deux formes de Ménez et de Méné, suivant les dialectes; car la sévère Armorique n'a pas, n'a jamais eu, n'aura jamais identité de langage, à part, il s'entend, sa définitive absorption dans le français : pareille à la Grèce rayonnante, elle eut, elle a quatre parlers.

Ici couvert de brandes, là chargé de forêts, partout sillonné de ravins, le *Méné* lève son échine entre la Vilaine, tributaire de l'Atlantique au sud, et des fleuves bien moindres entraînés sur granit et schiste à la Manche vers Saint-Malo et vers Saint-Brieuc. Ce petit « Atlas » ne porterait pas le Globe : le Bélair, son « Œil du Monde », entre Moncontour de Bretagne et Collinée, ne voit que de 340 mètres; mais ce qu'il voit c'est au septentrion l'étincellement glauque de la mer, et vers le midi, surtout le sud-est, le verdoiement d'une plaine immense au bout de laquelle se lèvent indistinctement, entre autres « monts », les sylvestres collines de Paimpont et le dos plat des landes de Lanvaux. Verdoiement partout et peu ou point de poudroiement, même sur les routes : en ces lieux de climat deux fois océanique, entre Atlantique et Manche, les pluies fines mouillent la poussière.

Cette plaine fort basse, assises schisteuses ou dépôts pliocènes, coupe nettement la Bretagne en deux : à l'orient la Bre-

Le Plus Beau Royaume Sous le Ciel.

tagne continentale et de langue française adhérant à Maine et Normandie ; à l'occident la Bretagne péninsulaire et de langue celtique, la plus haute des deux, la plus sombre aussi, la plus tailladée par les flots turbulents. C'est un détroit terrestre qui deviendrait détroit marin si l'Océan daignait s'élever de la hauteur du dôme des Invalides ; quelques îles seulement y joueraient avec les vagues au jeu dangereux où la vague l'emporte toujours. La Vilaine y rassemble de longs tributaires, qui sont comme des fouets de pieuvre, dans le verdoyant bassin de Rennes, ville continentale sise à trente-cinq lieues de l'Atlantique par le fil d'eau de son fleuve, et pourtant ses quais dominent les mers de 25 à 30 mètres à peine.

LVII
MONTS DE PAIMPONT, LANDES DE LANVAUX

Les *Monts de Paimpont*, tertre de dispersion de maints ruisseaux attirés par la rive droite de la Vilaine, furent un saint des saints de l'époque celtique, dans une région où l'on ne connaît plus que le français, même dans des villages portant des noms aussi peu néo-latins que la rocheuse Tréhorenteuc.

La forêt de Paimpont, interrompue de grands étangs, fit partie de la sylve de Brocéliande, si célèbre dans les romans héroïques de la Table Ronde par les enchantements de Merlin, les dits et gestes de la fée Viviane. Ce bois ombrageait tout le milieu de la Bretagne, entre Montfort-sur-Meu, Quintin, Loudéac.

Deux fonts miraculeuses y épanchaient leur onde « celtique », en un repli du massif de Paimpont. La *Fontaine de Jouvence* jaillissait mystérieusement à l'ombre des chênes, aujourd'hui remplacés par des pins dans presque tous les longs et larges halliers de Paimpont. Où donc montait de la nuit au jour divin cette eau lustrale qui faisait du vieillard un « jouvenceau », de la sorcière chauve une vierge aux cheveux flottants ? Le peuple ne le sait plus. D'ailleurs n'est-elle pas allée sous mer, comme une autre Aréthuse, jaillir en Amérique où l'ont passionnément cherchée les Conquistadores !

Mais on se rappelle encore la *Fontaine de Barenton* dont la moindre goutte versée par l'enchanteur Merlin suscitait un soudain ouragan dans un ciel tout à coup chargé de nues ; elle sourd à la bordure septentrionale de la forêt, près du hameau de Folle Pensée, silencieuse auprès des pins sonores, en un bassin de grandes pierres, à côté d'une dalle couchée sur le sol et qui fut table de dolmen. A son sud-est, à mi-chemin de l'étang, de l'abbaye, du bourg de Paimpont, le culmen du massif monte à 255 mètres.

QUATRIÈME   *Petits Monts, Bas Plateaux, Plaines.*

Ces forêts et bien d'autres ondulent sur les granits, sur les bandes schisteuses; et dans leurs vallons errent des « eaux noires », des « eaux sombres », des « eaux creuses », rivières mélancoliques, tout au long de la « Noire Cornouaille », en cette Bretagne intérieure que les Bretons nomment *Argoat*, la Forêt, par contraste avec *Armor*, la Mer, le Rivage.

Des débris de dolmen avoisinent la fontaine de Barenton, des mégalithes sans nombre hérissent la *Lande de Lanvaux*.
S'il est en France une brande, une pelouse morne, c'est bien celle-là, plateaux arides, roches grises, mamelons nus, marais, étangs rouilleux, bruyères, herbes sèches sur schistes cristallins et sur granits. Entre les vallons parallèles de la Claie et de l'Arz, sous-affluents droits de la Vilaine par l'Oust, elle s'allonge sur 12 à 15 lieues, avec 2 à 5 kilomètres au plus de largeur.
Dos dur, stérile, son promontoire oriental s'approche fort de la fluviale, et déjà presque maritime Redon.
Cette lande solennelle par son vide, son silence et ses pierres barbares, est aussi un vieux cimetière, puisque les mégalithes marquent des sépultures. Point de villes sur ce tertre de 80 à 160 mètres de surrection au-dessus du prochain Océan; point de villages non plus; quelques hameaux sur sa brande, près des muets confidents de la race passée, devant les dolmens et les menhirs qui sont surtout nombreux là où la lande se nomme le bois de Brambien, entre Rochefort et Malestroit. Peu de ces pierres plantées sont restées debout; couchées de leur long dans la bruyère, brisées, dispersées sans ordre apparent, aucune d'elles ne borde un ru : car le Lanvaux n'a point de sources, point d'eau courante; les urnes de la pluie s'y versent dans des étangs sans ombrage.

LVIII
MON-
TAGNE
D'ARRÉE

En se rapprochant de l'Atlantique, à l'ouest, dans la région des sources de l'Aune, et point très loin de la borne tempétueuse de la Manche et de l'Océan, le Méné se dédouble : au septentrion la Montagne d'Arrée, au midi les Montagnes Noires, l'un et l'autre chaînon faits des mêmes éléments.
La *Montagne d'Arrée* ou *d'Arhès*, c'est-à-dire le Mont de frontière, possède, à 391 mètres, soit à peu près au douzième de la hauteur du Mont-Blanc, la cime suprême de toute la Bretagne, au centre d'un chaos « armoricain » : rocs de schiste et délitescences de schiste, marais, bruyères, chênes et taillis, entre deux horizons, avec deux lueurs confuses de la mer, au nord la Manche, à l'ouest l'Océan; sombres sont les couleurs,

Le Plus Beau Royaume Sous le Ciel.

entre gris et noir ; et tristes les paysages de landes sur ardoise, même quand le soleil essaie de dorer ce qui ne se dore pas, le schiste obscur; mornes surtout quand la brume aspirée par l'air à la mer se résout en pluie fine, indiscontinue sur la roche et sur l'étang, sur la tourbe et la terre noirâtre née de la corruption des brandes, sur la mousse jaunâtre, sur la bruyère, sur la fondrière et sur l'« ioudic » ou petite bouillie, c'est-à-dire sur le marais, devant la forêt chétive, les genêts et les brousses.

Une chapelle dédiée à saint Michel couronne, sur le territoire de Brasparts, le mamelon de 391 mètres; elle vaut le nom de Mont Saint-Michel de Brasparts à la vertèbre proéminente du *Kin Breis* ou Échine de la Bretagne, ainsi que les Bretons bretonnants appellent volontiers leurs maîtresses « Alpes ». De la porte du sanctuaire on plane à quinze lieues en rond.

Immédiatement au bas du tertre de Saint-Michel le marais de Saint-Michel, palus tristissime, étend la morne fange où se distille péniblement l'eau qui devient plus bas la très vivante Élez, c'est-à-dire l'Onde sombre.

L'*Elez*, quittant tout à coup le plateau supérieur, la brande et bouillie de Saint-Michel, s'emprisonne dans un bousculis de roches granitiques; elle cesse de couler, murmurante à peine, pour bondir en grondant et s'affaler de 70 mètres, tantôt cascade et tantôt rapide, du haut en bas d'une dégringolade de pierres monstrueuses, les unes chauves ou à peine ombrées de mousse, les autres sylvestres ou tout au moins enlierrées et broussailleuses : c'est la *Cascade de Saint-Herbot*; puis l'Eau sombre (d'autant plus sombre qu'elle est maintenant plus calme) descend à la rive droite de l'Aune.

LIX
MON-
TAGNES
NOIRES

Elles s'élèvent au midi de la vallée de l'Aune, comme la chaîne d'Arrée s'élève au nord; seulement elles s'approchent bien plus du fleuve, jusqu'à le commander par des talus hautains.

Elles ne sont pas plus noires que l'Arrée, ces *Montagnes Noires*, mais elles le sont autant, de par leurs schistes; elles dressent leur *Méné Hom* (330 mètres) entre Châteaulin et le rivage de la baie de Douarnenez; trois cimes pierreuses terminent ce sommet; vêtues de bruyères et de genêts épineux, et toutes trois historiques ou préhistoriques, l'une porte un dolmen, l'autre un cromlech et la troisième une levée de terre qui forme enceinte.

Schistes ardoisiers et schistes à minerai de fer, on hésite ici devant des empilements de roches dont on ne voit pas trop s'ils sont un jeu de la nature ou bien des tables de pierre, des menhirs dressés par l'homme. — Comme on sait, que ce soit le temps éternel ou l'homme éphémère qui ait taillé, disposé la roche, ou que ce soit le marteau, le ciseau, ou la pluie, la tempête, la vague, la Bretagne est le premier pays de la France, de l'Europe, pour les chambres de pierre, pour les blocs en rond, les rangées d'obélisque. — Devant et derrière ces schistes du Méné Hom s'en vont au loin les bruyères; au-dessus d'eux, c'est le ciel bas, brumeux, éploré; au-dessous d'eux s'épaississent des brumes, parfois déchirées par les vents, et alors se déploient dans leur gloire les baies de Brest et de Douarnenez.

Les montagnards de ce « Montenegro », hommes durs, entêtés, grossiers jusqu'à ce jour, ne prodiguent ni le rire, ni le sourire. C'est à la rive de Provence, non pas à la rive de Bretagne, qu'on respire la joie avec la vie.

LX
BRETAGNE
ET
BRETONS

Ainsi les Monts Bretons ne sont que des collines, mais la Bretagne a sa grandeur.

C'est le pays des granits et des schistes, des landes solitaires, gaies sous le soleil, plaintives dans le vent, mélancoliques jusqu'à la mort aux approches du soir; c'est la terre des chênes, des haies odorantes, des blés noirs à la tige rouge, à la fleur blanche, des genêts fleuris, des bruyères qu'empourpre le renouveau; la dure Armorique embrassée par l'Océan, comme le dit son nom d'Arvor ou Armor, la Mer.

C'est la presqu'île pâle ou noire, austère, osseuse, intime et calme en ses vallons, bruyante à son rivage parmi souffles et sanglots, dans la bataille des vagues et des vents contre la roche, à l'entrée des fjords où sommeille la vague apaisée.

Dans la lande intérieure comme sur le littoral engraissé de plantes marines, auquel ses jaunes moissons ont mérité le nom de *Ceinture d'or*, c'est la patrie des hommes du devoir tenace, des capitaines qui meurent au feu, des marins qui meurent à la mer.

Tel bourg de cette côte a deux cimetières : l'enclos béni pour les Bretonnes, l'Océan pour les Bretons.

Nulle province n'a tant fait pour notre honneur en France et à tous les carrefours du monde.

O Breiz-izel! O kaéra brô!
Coat enn hé c'hreiz, mór enn he zrô!

O Bretagne! O très beau pays,
Bois au milieu, mer à l'entour!

Le Plus Beau Royaume Sous le Ciel.

Ainsi dit le poète, dans la langue que les deux tiers des Bretons ont perdue pour le français ; et pourtant, cet idiome, vieux de plusieurs mille ans, est plein de chansons d'amour, de ballades, d'épopées sombres, de chants lugubres, de stances naïves où le sourire brille à travers les larmes : poésie où respire l'âme simple, forte, résignée, dévouée, passionnée, de cette première des tribus françaises.

Première parmi toutes nos tribus, soit par les éléments de durée, de force déposés dans son être à l'aurore de la race par les ancêtres d'avant l'écriture, d'avant l'histoire ; soit parce qu'elle est plus qu'aucun peuple de France embrassée par l'Océan, qui est un défieur, un provocateur à la lutte, un conseiller d'héroïsme.

Première aussi par ses liens, solides encore, avec les jours les plus ténébreusement anciens de notre nation, bien avant Romains et Francs, et cette sévère patrie montre dans toutes ses landes, sur toutes ses collines, à tous ses rivages, des monuments de l'ère très ancestrale. Que ce soit dans la Bretagne qui a cessé d'être bretonnante depuis des siècles nombreux, là où le « Gallot » ne comprend pas un traître mot de la vieille langue — et les Gallots sont déjà bien plus nombreux que les Celtisants ; — que ce soit au versant de la Manche, au penchant de l'Atlantique, dans l'Arrée ou les Montagnes Noires, autour de Paimpont, au centre de la presqu'île, ou sur le bord de ses golfes, fjords et sous-fjords, parmi les bruyères, ou sur la plage des étangs glauques, noirs ou rouilleux, partout se lèvent hardiment ou se couchent lourdement les grandes pierres placées par le Celte en commémoration « éternelle » de ce qui disparaît comme un songe, en quelques centaines ou quelques milliers d'années : nos coutumes, nos idées, nos croyances, nos religions et nos races.

Ces cent et ces mille ans, ce n'est rien, et c'est tout : l'histoire ne va pas au delà de ces quelques instants où se mesurent les durées humaines. Et nulle part ces « durées » ne durent plus qu'en Bretagne et chez les Bretons : vieilles pierres, vieilles légendes, vieilles mœurs, l'Armorique « persiste ».

Il n'y a pas longtemps encore, par exemple, que vers les embouchures de l'Aber-Vrach, de l'Aber-Benoît, et autres petits courants du granit, les Bretons littoraux allumaient délibérément des feux, sur leur côte impie, la nuit, pour égarer les vaisseaux, à l'imitation sacrée des « grands ancêtres », puis, assommant les naufragés épargnés par le flot, ils se partageaient les dépouilles des morts sur les épaves du navire en remerciant l'Océan, la Tempête et les Ténèbres. Une part de ce littoral a conservé le nom de Lan-ar-Paganis ou *Terre des*

QUATRIÈME — *Petits Monts, Bas Plateaux, Plaines.*

Païens, non pour ces crimes nocturnes, mais parce que des coutumes de l'ère antéchrétienne y ont subsisté jusque dans l'ère moderne; c'est au xviie siècle seulement que les missionnaires effacèrent ici les dernières traces des rites païens, si même il n'en reste pas encore dans leur pratique du christianisme : fût-elle moins granitiquement têtue que les Armoricains, une race, quelle qu'elle soit, reste longte mps fidèle aux dieux de son enfance.

Les fées, les nains, les géants, les trépassés, les fantômes dansant en rond au clair de lune, les spectres dans l'ombre, tout ce que, la nuit, devant les grandes pierres, le Celte d'il y a deux mille ans voyait passer sur la Lande, le Breton d'aujourd'hui le redoute encore sur la même bruyère, devant les mêmes dolmens, au pied des mêmes menhirs, dans la même enceinte de cromlech.

Quelque ubiquistes que soient en Bretagne ces frustes monuments, bien qu'ils y fassent, on peut dire, part intégrante du paysage, comme ailleurs les rochers « en site », les grès empilés, les moraines, certains parages de la vieille province, du vieux royaume, l'emportent sur d'autres « en mégalithisme »; et avant tous la contrée littorale d'Erdeven, de Plouharnel, Carnac, Locmariaquer, près de la petite mer intérieure du Morbihan : là se lèvent par milliers les blocs barbares : les menhirs ou peulvans, autrement dit, par traduction du breton en français, les pierres longues ou piliers de pierre, qui sont des monolithes isolés ou plantés en avenues; les cromlechs ou croumlechs, c'est-à-dire les lieux courbes, enceintes de menhirs rondes ou demi-circulaires, rarement carrées; les dolmens, ce qui signifie les pierres en table, les tables de pierre; et les allées couvertes, chambres de roches, bloc sur bloc, sans ciment, une dalle énorme ou plusieurs dalles formant toiture sur des piliers bruts; les tumulus, buttes arrondies ou elliptiques recouvrant un dolmen; les galgals, tumulus de petites pierres ou de gros cailloux.

Ces monuments rudimentaires, généralement de granit, on les traitait de druidiques; on croyait que les dolmens, par exemple, étaient des autels de sacrifice; même on cherchait et l'on trouvait sur leur table la rigole où avait coulé le sang des victimes.

On sait aujourd'hui que dolmens, tumulus, galgals furent des tombeaux, et que ces monuments sont de tous les lieux, de tous les siècles : il y en a dans toutes les parties du monde, en Sibérie, en Judée, dans l'Inde, aux îles Mariannes, en Afrique, notamment par dizaines de milliers dans la province

Le Plus Beau Royaume Sous le Ciel.

de Constantine et la Tunisie; on en éleva toujours, et maintenant encore des tribus sauvages marquent par une pierre debout ou par un cercle de blocs la sépulture des chefs, la limite des territoires, le champ d'une bataille ou tel autre lieu consacré pour eux; dans l'île de Pâques, en Océanie, loin de toutes les terres, un peuple disparu tailla des têtes colossales dans la lave, et ces têtes il les planta par le cou dans le sol, en rangs, en groupes, en cercles, comme les Bretons plantaient leurs menhirs.

Les champs de mégalithes étant des cimetières, on peut admettre que les allées couvertes étaient comme les Pyramides la chambre funéraire d'une dynastie de grands personnages; que le petit dolmen et le menhir marquaient la sépulture de personnages moindres; et les assemblements de menhirs, celle de la foule et, pour tout dire, une « fosse commune ».

Carnac, nom ayant la même racine que cairn, semble signifier le Monticule d'os, l'Ossuaire; et son voisin Plouharnel, pour Ploucarnel, serait le village de l'Ossuaire : là sont les témoins les plus monumentaux de ce passé douteux.

Les alignements de Carnac, dirigés vers le nord-ouest, s'ajustent, à travers le territoire de *Plouharnel*, aux onze lignes de pierres d'*Erdeven*, dont la lande montre encore 1 120 menhirs ou débris de menhirs; parmi les piliers debout, beaucoup d'autres sont couchés dans la brande.

Carnac dressait, dit-on, douze à quinze mille pierres plantées droit, en onze lignes, en dix avenues, et il est certain qu'il en avait presque récemment trois ou quatre mille encore. Les alignements du Ménec, partant d'un cromlech, d'une enceinte sacrée faite de menhirs de quatre à cinq mètres de haut, ont conservé 874 peulvans; les avenues de Kermario en dressent 855; les piliers gigantesques, au nombre de 262, qui commencent au tumulus et au cromlech de Kerlescan, forment treize alignements au lieu de onze; et partout des dolmens, des demi-dolmens, des allées couvertes, des galgals, des tertres indécis qui furent des mamelons sépulcraux : tout cela dans la lande mêlée de culture et pâture, sur le sable, entre des bruyères et des genêts, au vent de la mer, qui est un chant grave, au murmure des pins, vague et sérieux aussi comme la voix des eaux.

Chaque année remplace ces genêts, ces bruyères, par des champs sans opulence; chaque année abat quelque sombre bloc rongé par la lèpre du lichen; mais tels quels et malgré les vides, les peulvans de Carnac montrent toujours plus ou moins leurs dix allées, et d'un bout à l'autre on peut suivre leurs onze lignes.

QUATRIÈME *Petits Monts, Bas Plateaux, Plaines.*

L'un des grands dolmens de la Bretagne, la Roche aux Fées de Côrcûno s'élève dans ce champ de pierres que domine la *Butte de Saint-Michel*, le tumulus sans rival en France, haut de 20 mètres, long de 80 ; la chapelle chrétienne de cette butte hérita d'un temple romain bâti sur la tombelle « druidique ».

De cet ossuaire commun peut-être à plusieurs tribus, de ce champ des morts ayant sans doute ses enceintes révérées, ses temples bruts, ses panthéons barbares, des romanomanes avaient fait un camp de César, avec lignes de blocs plantés debout par les légionnaires « pour caler leurs tentes contre les vents furieux ». Non moins stérile est l'exégèse du celtomane et du germanomane.

A *Locmariaquer*, nom très chrétien puisqu'il implique une consécration à la Vierge Marie, le paganisme « mégalithique » florissait autant qu'à Carnac.

Ce bourg fut le *Dariorig* celtique, puis le *Dariorigum* romain, si toutefois Vannes a tort de prétendre à ce vieux nom. De fait, il y a quelques débris romains à Locmariaquer, mais la gloire de cette bourgade est dans ses mégalithes : grotte sépulcrale ou tumulus-domen de Mané-er-Hroek ou Mont de la Fée, devant lequel se levait un peulvan de 16 à 17 mètres, hui cassé en morceaux ; tumulus de Mané-Lud ou Mont des Cendres, long de 78 mètres, large de 50 ; allée couverte et grand dolmen de la Table de la Fée (Dol-er-Hroek) ; allée couverte des Pierres Plates (Men-Platt), qui a 21 mètres de longueur ; dolmen de Mané Rutual, dont la table cassée était énorme ; dolmen colossal de Dol-al-Marchadourien ou Table des Marchands ; et, tout à côté, *Men-ar-Hroek* ou Pierre de la Fée, menhir géant, malheureusement brisé par la foudre au siècle dernier et couché dans l'herbe en quatre tronçons, dont un de 12 mètres ; il avait 23 m. 25 de haut, 4 de large, 3 à 4 d'épais, et son poids était de 400 000 livres.

C'était le plus haut des peulvans, à moins qu'un menhir de la Saintonge qu'on a détruit pour en faire du moellon n'ait eu, comme on prétend, 35 mètres de dominance. Ainsi, nous brisons nos obélisques de France, et nous allons déraciner un monolithe en Égypte pour le planter sur une place de Paris.

On ignore l'âge de ces « fantômes de la Lande », monuments gris sous un ciel gris :

> Immobiles rêveurs, sur vos landes arides
> Vous avez vu passer tous les hommes d'Arvor ;

ainsi dit Brizeux, le poète breton.

Laissés à la seule nature, ils verraient passer aussi les

Le Plus Beau Royaume Sous le Ciel.

Français; mais le peuple, qui jadis les redoutait, cesse un peu de les craindre; il les met en éclats pour en bâtir une grange, enclore un champ, débarrasser un sillon, paver un routin. Carnac aussi s'en va : ce sont là les embellissements de la France.

Mais il s'en va de moins en moins, depuis que la Commission des Monuments historiques achète ses menhirs pour les sauver du marteau.

Telles sont les « pyramides » des *brenns*, des humbles Pharaons de la Bretagne, chefs de clans, princes de confédérations, et les cimetières des foules, et les pierres de long souvenir. A côté de ces mégalithes funéraires, qui rappellent la mort mais ne la montrent pas, les Bretons du moyen âge ont élevé des monuments qui l'étalent aux yeux dans toute son horreur. A toucher l'église, dans maint cimetière, ils ont bâti des ossuaires, des charniers, des galeries parfois très brillamment ouvragées, et l'on peut dire des édifices charmants : là ils ont empilé tous les ossements que la terre ne gardait pas, soit que le champ des morts fût encombré, soit qu'on le vidât pour en remplir un autre autour d'une église nouvelle, ou hors du bourg, en franche campagne : os longs, os courts, osselets, vertèbres, crânes grimaçants s'y mêlent en promiscuité lugubre, la tête à celui-ci, les tibias ou la hanche à celle-là. Au jour de Josaphat, Dieu reconnaîtra les siens.

Ainsi souvent tristissime, éplorée, macabre, morne sur ses coteaux, désolée sur ses landes, souvent aussi très gracieuse dans ses herbages et dans ses bocages, la Bretagne envoie ses eaux à deux mers par un grand fleuve (grand par contraste), qui a quelque chose de continental et parcourt le centre de la presqu'île où il baigne Rennes, l'ancienne capitale de la province. Toutes les sources, tous les suintements de pourtour gagnent soit la Manche, soit l'Atlantique par des fluviots côtiers.

LXI
VILAINE

La *Vilaine*, le plus long de nos petits fleuves après Charente, Adour et Somme, ne draine guère que des schistes de très haute antiquité géologique et des tertiaires de l'ère pliocène; elle évolue sans hâte pendant 230 kilomètres en un pays de 1 088 240 hectares, aire pluvieuse (par pluies fines) qui lui procure de 8 à 800 mètres cubes avec module de 80 peut-être.

Elle apparaît dans nos cartulaires médiévaux, aux IXe, X^e, XIe siècles, sous les noms de *Visnonia*, *Vitisnonia*, *Visiona*, *Viceniona*; elle ne s'appelle donc Vilaine que par une fâcheuse corruption de syllabe, et non pour la laideur de sa vallée ou celle de ses eaux, encore que celles-ci, teintées de particules schisteuses, manquent de loyale et belle transparence; Vilaine a remplacé Visnaine ou Vinaine (comme ailleurs Ognon a remplacé Lignon); et en réalité la Vilaine des Bretons a même nom que la Vienne des Limousins.

Ses premières eaux lui arrivent de quelques étangs, au nord-ouest de Laval, en des collines de 200 à 225 mètres dont le versant contraire se penche vers la Loire par la Mayenne. Encore faible, elle coule devant Vitré, cité qui a gardé les noirs aspects d'autrefois, les rues tortes, les ruelles obscures et biscornues, les impasses, les carrefours, les pavés inégaux, les vieilles maisons sculptées en bois ou en pierre, les murailles avec tours et donjon.

A Cesson, bourg où il lui reste encore 145 kilomètres d'ondoyant voyage avant d'atteindre la mer, elle ne domine plus que de 22 mètres le repos de l'Atlantique; elle y devient navigable pour les bateaux qui n'excèdent pas 70 tonnes. Peu après elle entre à *Rennes*, qui est une ville sévère de par son granit, peu animée, trop grande pour ses 70 000 habitants.

Rennes fut l'un des nombreux *Condate* ou « confluents » de la Celtie; le fleuve y reçoit un gros ru d'à peine dix lieues, l'*Ille*, et cette Ille lui amène un canal reliant la Vilaine à la Rance, l'Atlantique à la Manche : son nom est canal d'Ille-et-Rance, sa longueur de 85 kilomètres, et 48 écluses soutiennent les plans d'eau sur son double versant.

De Rennes à Redon, de petites rivières supérieures à l'Ille entrent dans le fleuve breton sur lequel on ne parle plus la langue de Bretagne, qui même a disparu de presque tout le bassin de la « Visnaine ». Leurs eaux, puisées dans le schiste, sont des eaux sombres.

Le *Meu* [1], issu des landes du Méné, passe à Montfort.

La *Seiche* [2] remplit les deux étangs de Carcraon et de Marcillé-Robert, étroits comme lac, mais larges comme rivière, et qui donnent à la Seiche l'ampleur d'un fleuve dormant. Elle tombe dans la Vilaine là où celle-ci quitte les prairies du bassin de Rennes, ancienne conque lacustre, pour entrer en val étréci, parmi rocs et promontoires, entre les bruyères et les ajoncs sans lesquels il n'est point de Bretagne, emmi les bois, les vieux châteaux, et les jeunes villas.

Le *Samnon* ou *Semnon* [3] s'amortit dans un étang des plus

---

1. 72 kilomètres, 90 000 hectares. — 2. 78 kilomètres, 70 000 hectares. — 3. 62 kilomètres, 46 000 hectares.

Le Plus Beau Royaume Sous le Ciel.

vastes en Armorique : l'étang de la Forge, près du bourg de Martigné-Ferchaud, a une lieue de long en ligne sinueuse, entre collines, comme un fleuve immobile de 150 à 250 mètres de large.

La *Chère* [1] est la rivière de Châteaubriant.

Le *Don* [2] s'unit à la Vilaine dans les prairies de Masserac, dont la pluie d'automne et d'hiver fait un étang tourbeux de 164 hectares, qu'on nomme la mer de Morin ou de Murin; cette « mer morte » est le paradis des oies et des canards sauvages dont les frères avilis peuplent nos basses-cours.

Entre Masserac et Redon la Vilaine a son premier contact avec le flot de marée : aussi peut-elle recevoir plus bas, à Redon en vive eau, les navires d'un tirant de 4 mètres.

Redon s'appelle en somme comme Rennes : car Rennes, après après avoir été le « Condate » des Celtes, prit sous les Romains le nom de la nation des Redones ; ce nom, Rennes l'a diminué, assourdi ; Redon le conserve intact.

Palustres, inondées en crue sont ici les amples prairies, avec quatre rivières, la Vilaine, l'Oult, l'Arz, l'Isac ; plus le canal de Nantes à Brest qui arrive dans la vallée avec le cours de l'*Isac* [3], traverse le fleuve devant Redon, puis remonte l'Oult, maître affluent de la Vilaine.

L'*Oult* est bien l'Oult, et non pas l'Oust, comme presque toujours on le nomme : Ult, Ulto, Ultum, Hult, ainsi l'appellent les plus vieux documents, ceux du ixe au xiie siècle.

Et Oult, c'est Olt, nom véritable de la rivière du Lot; et Oult, Ulto, c'est aussi et très exactement Oudon : d'où il suit qu'Oust, Oudon, Don et Lot sont des noms identiques, en dépit de l'apparence contraire.

L'Oult part d'un coteau de 320 mètres d'où descend aussi le Gouet, petit fleuve de Saint-Brieuc. Il laisse Loudéac à quelque distance à gauche, baigne Rohan, Josselin que pare un des plus grands châteaux de France, et boit le Ninian, la Claie, l'Aff et l'Arz. Le *Ninian* [4] serpente au pied de la lande de Mi-Voie, immortalisée par le combat des Trente (1351), que consacre une pyramide de granit remplaçant un chêne tombé de vieillesse ; près de Ploërmel, un de ses tributaires, l'*Ivel* sort, par une cascade de 7 mètres, de l'*Étang du Duc*, lac de 12 kilomètres de contour avec eaux profondes où se joue la truite.

Grâce à une vaste ramure de tributaires l'Oult a derrière lui 363 000 hectares au bout d'un cours de 155 kilomètres ;

---

1. 80 kilomètres, 43 000 hectares. — 2. 80 kilomètres, 75 000 hectares. — 3. 72 kilomètres, 68 000 hectares. — 4. 52 kilomètres, 65 000 hectares.

son étiage le plus bas serait de 3 mètres cubes, ses eaux ordinaires de 15, son module de 25.

Devenue fleuve de 150 à 200 mètres entre rives, la Vilaine roule par elle-même, en dehors des eaux que la mer lui envoie par le flux et qu'elle lui renvoie par le jusant, une onde trouble à teinte verdâtre dans un lit vaseux, et répand autour d'elle une vague odeur de marécage. Elle passe sous la travée de la Roche-Bernard, longue de 197 mètres, élevée de plus de 30 au-dessus des grandes marées d'équinoxe, puis elle s'épand en estuaire, et c'est par une embouchure de 2 kilomètres qu'elle finit, sur des boues couvertes de 2 à 3 mètres d'onde en mer basse, de 8 en mer haute.

LXII
ARGUENON,
GOUESSAN,
GOUET

La Vilaine confisque près du tiers des eaux bretonnes, le reste descend à la Loire et surtout à des fleuves côtiers, le long d'une rive extraordinairement indentée, qui est la gloire de la Bretagne : autant l'Armorique « terrestre » est « modérée », même et très souvent banale, autant sa mer est exaspérée, autant sa double rive, sur la Manche et l'Atlantique, est bouleversée, détraquée, tragique, avec roches effroyables, et, entre ces roches, des entrées d'estuaire.

Ces estuaires, les navires les remontent, et dans quelques-uns flottent à l'aise les vaisseaux les plus gigantesques : mais bientôt ce qui semblait une immense rivière s'étrangle en un ruisseau. « Plus de marée, plus de fleuve! » c'est la devise de ces faux Saint-Laurents.

Sur la Manche, après la Rance, le premier de ces fluviots, c'est la rivière de Jugon et de Plancoët, l'*Arguenon*[1] qui tombe en mer près des ruines du Guildo, château de sombre et hautaine allure, de rude et sanglante histoire — Arguenon, corruption d'Ar-Gwenn, cela veut dire la Blanche, — encore un nom breton dans la Bretagne francophone.

L'antique fjord, atterri de plus en plus, où son cours s'achève, est une des sous-anses du golfe sans nom, de contour singulièrement déchiré, qu'il convient d'appeler la *Baie de Saint-Malo*; anses tellement encombrées de vases fertilisantes qu'on peut les nommer aussi bien des tanguières : telles les sous-baies de Lancieux et de l'Arguenon, l'anse de Saint-Cast, la baie fort ample de la Frenay, avec son fort de la Latte sur un roc séparé du continent par un précipice de près de trois cents pieds de profondeur que deux ponts franchissent.

Sur une mer très dure où les courants ont une terrible vitesse en tournant les superbes, les vertigineux escarpements

---

1. 50 kilomètres, 65 000 hectares.

du *Cap Fréhel*, on passe des eaux de la baie de Saint-Malo dans les eaux de la *Baie de Saint-Brieuc*, qui est le tombeau du Gouessan et du Gouet.

Le *Gouessan* [1] ne s'élargit pas en estuaire, contrairement à la coutume des fluviots bretons : c'est que cette riviérette du Pays de Penthièvre, cette eau de Lamballe arrive aux abords de la Manche à l'issue d'un lac allongé, mais fort étroit, par une chute d'une quarantaine de pieds, la fort abondante Cascade des Ponts Neufs : les Romains passent pour avoir été les premiers édificateurs de la digue d'où s'abat ici le Gouessan.

Le *Gouet* [2] interrompt le parcours du chemin de fer de Paris à Brest; on a franchi la lacune par le viaduc de la Méaugon, de 59 mètres de hauteur en deux rangs d'arcades; peu après ce fleuve coule à plus de 80 mètres en contre-bas de Saint-Brieuc, et là il forme le port du Légué, à une demi-lieue à peine de l'anse d'Yffiniac, qui est le fin fond triangulaire de la baie de Saint-Brieuc et que la basse mer transforme en une vasière grise, dépôt de tangue inépuisable « dès avant la fondation du monde et jusqu'à la consommation des siècles ». Le Légué, port très étroit avec gare pour tourner, devient à marée basse un canal d'échouage; à marée haute, il y a dans le fleuve 6 mètres d'eau sur 900 mètres de long et 31 de large; on y arme pour la pêche d'Irlande et des bancs de Terre-Neuve.

La baie de Saint-Brieuc est un lieu des « victoires et conquêtes » de la mer : on prétend que l'Océan a mangé ici 31 000 hectares de roc et de terre entre le cap d'Erquy (à l'est) et les îles de Saint-Quay (à l'ouest) pendant les douze à quinze cents ans qui nous séparent de la décadence de Rome. Où ces grèves, ces sables, ces tangues finissent du côté du couchant, après le port suffisamment profond de Binic, la rade de Portrieux doit son calme à ses *Iles de Saint-Quay*, grands granits faisant brise-lames sur deux lieues de longueur, à une lieue et demie du littoral.

C'est de la *Rade de Portrieux* que part tous les ans, à la fin d'avril, au commencement de mai, dans l'après-midi d'un dimanche, la flotte de terre-neuviers que les ports de la baie de Saint-Brieuc expédient à la pêche aux bancs. Il y a là, plus ou moins, 4 000 hommes de mer; l'heure venue, l'ancre levée, le canon tonnant, les navires s'ébranlent; la foule des parents et des amis, pressée sur la rive, envoie ses adieux aux pêcheurs, qui, debout, tête nue, chantent sur le pont le cantique : *Ave, maris stella*.

---

1. 40 kilomètres, 45 000 hectares. — 2. 48 kilomètres, 31 000 hectares.

QUATRIÈME — *Petits Monts, Bas Plateaux, Plaines.*

Vers **Paimpol**, qui par ses corsaires fut un petit Saint-Malo, et qui l'est encore par ses marins, la côte devient plus « bretonne », dans l'acception sinistre de ce mot; au moindre vent la mer s'émeut sur des écueils sans nombre, elle traîne les galets avec un bruit de ferraille, elle entre en tonnant dans les cavernes, et les promontoires tremblent.

Elle est aussi plus bretonne que de la baie du Mont-Saint-Michel à Paimpol, parce que le français, bien qu'il se soit presque emparé des villes, n'a pas encore enlevé au vieux celte la souveraineté du rivage qui va de la rade de Portrieux à l'embouchure de la Vilaine.

L'Océan de Bretagne n'est pas seulement dévoreur d'hommes, démolisseur de rocs, rouleur et traîneur de cailloux, souffleur de vents lugubres et hurleur de sanglots. Sans lui mourraient de faim les Bretons, trop nombreux sur leur sol trop dur; certes ils lui doivent avant tout d'être un peuple de marins, une race de héros; mais c'est aussi lui qui leur fait le doux climat de la côte armoricaine, devenue grâce à son haleine un jardin de primeurs; lui qui les entretient de poissons; lui qui leur apporte pour féconder leurs champs les plantes marines et la tangue, vases calcaires merveilleusement utiles à la presqu'île, où le calcaire manque.

En suivant cette mer effroyablement colérique (mais elle a de charmants sourires), on rencontre en un voyage émouvant, à l'ouïe des fracas éclatants, des rumeurs sourdes, des harmonies confuses : tout d'abord l'île de **Bréhat**, îlette à peine; 309 hectares de roches rouges, syénite et porphyre peuplés de 1 200 hommes, presque tous pêcheurs ou matelots, c'est son entier domaine, y compris des îlots annexes. Bréhat est verte et charmante en un Océan qui s'irrite sournoisement sur la dalle de plateaux sous-marins, puis éclate en transports, en assauts, en écume, en tourbillons, courants et fusées sur des récifs, des aiguilles, des roches aiguës ou trapues; presque vis-à-vis de Bréhat débouche l'estuaire du Trieux.

LXIII
TRIEUX,
TRÉGUIER,
LÉGUER,
DOSSEN

Le *Trieux*[1] serpente en un étroit vallon de grand creux, sombre de cette profondeur et de cette étroitesse, comme de la couleur de ses roches « anciennes »; puis il coule dans la riante vallée de Guingamp, jadis capitale du comté de Goëllo, dont il ne reste plus qu'un seul souvenir, les Mâts de Goëllo, écueil de 50 mètres de haut à la rencontre mouvante de la pleine mer et de l'anse de Paimpol.

---

1. 72 kilomètres, 85 000 hectares.

Le Plus Beau Royaume Sous le Ciel.

Vers Pontrieux le fleuve commence à s'enfler de marée, mais il ne s'élargit qu'à partir du *Leff*, poétique rivière qui lui arrive aux ruines du château de Frinandour, c'est-à-dire Nez dans l'eau : dès lors, entrant dans un ancien fjord, il prend une majestueuse apparence, entre raides talus de 40, 60 et jusqu'à 80 mètres de hauteur, qui sont des supports de plateau ; la vallée y est à peu près réduite au seul lit du Trieux.

A Lézardrieux, dont il serait aisé de faire un port de guerre, il a 100 mètres de largeur, 13 mètres d'eau à marée basse ; et de là jusqu'à la Manche on trouve partout, même en l'absence du flot, 8 m. 50 à 16 mètres de profondeur ; la marine militaire n'a pas profité de ces avantages, et ce sont des bricks de 300 tonneaux seulement qui remontent à Lézardrieux.

Du Trieux à la rivière de Tréguier, la traînée de galets du Sillon de Talbert s'allonge sur 3 kilomètres entre les rochers du littoral et la mer semée de malencontreux récifs, tels que les Épées de Tréguier, pointues en effet : mais le phare des Héaux de Bréhat luit nocturnement sur ces vagues traîtresses.

Le *Tréguier* [1] se forme à Tréguier, vieille ville épiscopale, et qui n'est plus guère que cela, donc ville morte. Il réunit le Jaudy et le Guindy, dans cette Tréguier, et devient là même un fjord de 250 à 500 mètres entre rives austères ; la haute mer y verse un tel flot qu'il porte alors tout navire de guerre ou de commerce. Juste en face de l'ouverture de l'estuaire, où les oiseaux de mer et de terre, mouettes, hérons, cormorans pêchent dans les « herbiers », prairies marines sur des boues de l'océan, de petites îles se lèvent entre les récifs du fjord élargi et ceux du grand large : on les nomme les *Iles d'Err* ; la plus grande a 40 hectares.

Et du Tréguier au Léguer ou rivière de Lannion la côte continue comme ci-devant : armure de rochers, falaises déchiquetées, mer orageuse, îles qui, la plupart, ne sont que pointes, aiguilles, taillantes, et « lames de rasoir ».

Un peu plus grande que le simple écueil, l'île de *Saint-Gildas*, verdoyante, boisée, gracieuse, fertile, est la reine d'un archipel d'îlettes ; sa chapelle conserve le crâne de saint Gildas, thaumaturge envoyé par l'Irlande à la Bretagne.

L'*Ile de Tomé*, longue de 1 500 mètres, monte à 61 mètres en face de l'anse de Perros, qui se vide entièrement à marée basse pour ne laisser à la place du flot vivant que des flaques mortes et des vases luisantes au soleil, noirâtres ou grises en jour sombre.

---

1. 53 kilomètres, 40 000 hectares.

QUATRIÈME — *Petits Monts, Bas Plateaux, Plaines.*

Les *Sept Iles*, archipel sans arbres, sans hommes, rompent la mer à une lieue des rouges *Roches de Ploumanach*, si fantastiquement entassées, si merveilleusement affouillées, corrodées, érodées, si gauchement, mais si puissamment sculptées qu'on dirait une ruine cyclopéenne sans égale, même en Bretagne, sur le littoral des blocs titaniques.

A 10 kilomètres au sud-ouest des Sept Iles, Enez Meur en breton, l'*Ile Grande* en français atteint presque 200 hectares, avec une demi-lieue de long sur 1 200 mètres d'ampleur majeure. 1 200 hommes y vivent sur un bloc de rocher de 34 mètres d'altitude, granit bleu que des centaines de carriers démantibulent; tronçon par tronçon cette pierre très dure et durable est embarquée sur de petits navires, puis les chemins de fer s'en emparent : du Havre à Bayonne elle a bâti des monuments, des digues, des ponts, des trottoirs. Tout près d'Enez Meur, l'*Ilot d'Aval* serait l'Avalon ou l'Agalon des romans de la Table Ronde, le lieu du dernier sommeil du grand roi Artus, retenu sur ce rocher par les incantations de la fée Morgane.

Le *Léguer*[1] naît sur des hauteurs de plus de 300 mètres; il baigne Belle-Isle-en-Terre, coule au bas des ruines du château de Tonquedec, qui est le « Pierrefonds de la Bretagne »; tout à coup, à partir de Lannion, son cours s'élargit sans que son vallon s'étale, fleuve qui porte, la marée l'aidant, des bateaux de 4 mètres de cale.

Du Léguer au Dossen, grèves à varech de Saint-Michel, puis de Loquirec; petites anses sur la rive déchirée du plateau de Lanmeur, c'est-à-dire Grande Lande, près du pèlerinage ou, comme on dit en Bretagne, du pardon de l'église de Saint-Jean-du-Doigt, qui possède un index de saint Jean-Baptiste.

Le *Dossen* apporte à la ville de Morlaix des navires de 400 tonnes. Il se forme, à Morlaix même, de l'union de deux menus torrents, Queffleuth et Jarlot : Morlaix la très charmante, disent ses visiteurs, comme ceux qui n'ont fait que l'entrevoir du haut du viaduc, haut de 58 mètres, qui traverse le val par-dessus maisons et rivière, et plus qu'à l'élévation du clocher de l'église. En aval le profond sillon du Dossen s'élargit en un estuaire qui fut jadis un grand fjord, et ses rives, s'écartant jusqu'à 3 500 mètres, forment la baie de Morlaix, qui ne tire certainement pas son nom du latin *Mons relaxus*, mais bien des deux mots bretons : Mor laës ou le Grand Pertuis.

---

1. 68 kilomètres, 54 000 hectares.

Le Plus Beau Royaume Sous le Ciel.   CHAPITRE

Le Dossen ne draine que 36 000 hectares en un voyage de dix lieues, et pourtant, de sa ville à sa mer, on dirait, à voir sa grandeur à marée haute, qu'il a fouillé tout un demi-continent; à sa gauche, et d'un cours parallèle, à 5 ou 6 kilomètres vers l'ouest, coule un « fleuve » de même allure, moins grand toutefois, un ruisseau de gorge et prairie terminé par un estuaire : c'est la *Penzé* [1] : elle s'achève dans le golfe de Saint-Pol-de-Léon, qui est une sous-baie de la baie de Morlaix, comme elle fut au lointain des âges un sous-fjord du fjord morlaisien.

LXIV
ROSCOFF,
ILE DE BATZ,
FIN DE LA
MANCHE

Saint-Pol, dans le pays du Léonnais, a pris le nom d'un saint d'Angleterre qui fit ici des miracles à ne pas les compter, les uns très utiles comme l'étranglement d'un dragon de cent pieds, les autres assez puérils ou extravagants. Récemment encore menacée par la marche des dunes, cette ville jadis épiscopale montre avec orgueil trois clochers d'aérienne légèreté, deux à sa cathédrale et le troisième à la chapelle du Creizker; celui-ci est des trois, le plus haut (77 mètres), le plus beau, célèbre en toute Bretagne, même en toute France. Saint-Pol, la « cité des clochers à jour », est calme, silencieuse, monacale; elle semble déserte, et les gens de Morlaix, lieu plus vivant, disent avec dédain : « Nous sommes à trois cents lieues et à trois cents ans de Saint-Pol ».

Certes, c'est bien ici le royaume des vents lugubres, qui courent, qui fuient, qui sifflent en laissant d'eux au passage une odeur de sel et sur les lèvres une amertume; c'est aussi le royaume des pluies, des bruines, des hargnes, des nuées basses, des brouillards; le soleil n'y luit pas plus souvent qu'à son tour, au contraire; et pourtant l'extraordinaire bénignité d'un climat marin par excellence a permis à *Roscoff*, proche voisine de Saint-Pol, de devenir une productrice et vendeuse de toutes sortes de primeurs, qui naissent sans jamais se lasser d'une terre incessamment rajeunie dans sa force par les engrais, goémons et varechs. On y paie 12 000, et jusqu'à 16 000 francs l'hectare, des jardinets plantés d'artichauts, d'asperges, d'oignons, de choux, de tout légume qu'achètent Paris, la Hollande, l'Angleterre, et avant tout la Cornouaille, vis-à-vis même de Roscoff. Les jardins dits de Roscoff, enclos que des murs de pierre sèche garantissent des furies du vent de mer, s'étendent le long de la côte sur cinq lieues, jusque vers Plouescat; à Roscoff même un vieux figuier prouve la tiédeur du ciel de l'Armorique septentrionale : il couvre 150 mètres carrés par une telle pro-

---

1. 35 kilomètres, 18 500 hectares.

Petits Monts, Bas Plateaux, Plaines.

jection de branches que ces branches casseraient sans leurs piliers de soutenance.

En face (un peu obliquement) et près de Roscoff, dont la sépare un chenal sans profondeur à mer basse, l'*Ile de Batz* a 1 200 insulaires et ses femmes sont grandes et belles. C'est un granit de 307 hectares de surface, de 35 mètres de surrection, autour duquel l'Océan s'élève de plus de 6 mètres à près de 10 suivant la force de la marée; une terre nue, sauf quelques tamaris; un « Empire d'Éole », ainsi que l'auraient dit « élégamment » nos grands-pères : on y a vu les vents arracher la semence aux sillons; à part quoi fort belle par ses falaises, ses criques, sa mer mugissante, et très capable de devenir, comme le rivage qu'elle regarde, un jardin de primeurs fumées au goémon.

A moins de cinq lieues au sud-ouest de cette « île des grands récifs et des sombres trépas », la très vaste *Grève de Goulven* tient en réserve des terrains de culture dès qu'on voudra les séparer de la Manche par des digues de contre-mer; non loin de là, l'anse de Pontusval est le seul port qui puisse en mauvais temps sauver un navire sur tout le littoral d'entre l'île de Batz et l'embouchure de l'Aber-Vrach : encore n'y entre-t-on pas aisément à travers les écueils, les îlots, les aiguilles innombrables de cette côte plus que sauvage. Dans son voisinage le menhir de Men Marz ou Pierre du Miracle, haut de 10 mètres, a été sanctifié, ou, comme on dit ici, baptisé par une croix chrétienne.

L'*Aber-Vrach* a été chanté par Brizeux.

> C'est l'Élorn que la mer sale de son écume,
> Et le triste Aber-Vrach environné de brume.

Ce « Havre de la Fée », ou « Havre enchanté », à moins que ce ne soit « le havre du bras de mer », agite, dit-on, ses eaux sur une grande ville engloutie, Tolente, riche en navires. C'est un estuaire de 12 kilomètres de long, bien abrité des vents et capable de recevoir les grands vaisseaux presque dès l'instant où il passe brusquement de la fonction de ruisseau à petits moulins, d'étroite eau sombre en un vallon creux, à celle de grand fleuve en grand fjord.

A l'Aber-Vrach succède à faible distance l'*Aber-Benoît*, autre estuaire allongé terminant magnifiquement un ru sans magnificence. C'est le dernier affluent de notre rivage de la Manche, qui est ici souverainement terrible, à la bordure du Lan-ar-Paganis, le coin de Bretagne où le christianisme a si difficilement triomphé des dieux topiques, des esprits du ciel, des bois et des eaux.

On considère que la Manche s'arrête au devant du port

Le Plus Beau Royaume Sous le Ciel.

d'Argenton et de la rive très déchiquetée de Porspoder, au *Rocher du Four*; ce roc est une pierre plate entourée d'une eau clapotante qu'éclaire un phare dont la lame peut fouetter la lanterne, à 28 mètres de haut.

Nous avons vingt-trois départements maritimes; la Manche en baigne huit : le Pas-de-Calais, la Somme, la Seine-Inférieure, le Calvados, la Manche, l'Ille-et-Vilaine, les Côtes-du-Nord et le Finistère — ensemble, 1 120 kilomètres de littoral.

Le département du Finistère tire justement son nom de sa situation à la borne de la Manche et de l'Atlantique, au bout de la Bretagne, à la fin des terres.

Fin des terres : nom sinistre, lieu souvent lugubre, devant la mer effroyable! On se demande comment la Terre existe encore, comment l'Océan ne l'a pas dévorée.

LXV
EN
ATLANTIQUE :
OUESSANT

La France oppose à la mer Atlantique 1 385 kilomètres de rivages, le long de huit départements : Finistère, Morbihan, Loire-Inférieure, Vendée, Charente-Inférieure, Gironde, Landes et Basses-Pyrénées.

Quand on a tourné le dernier promontoire de la Manche on entre dans le *Chenal du Four*, courant de rapides allures, souvent dangereux, qui sépare le continent d'un archipel confus d'îlots, de rochers, de bancs, de traînées; tous écueils qui furent terre ferme, comme ce chenal du Four lui-même.

Il y a là, vis-à-vis du Conquet : *Béniguet* (l'île Bénie), longue de 2 300 mètres, large de 100 à 500, et où l'on brûle en tas le varech pour en tirer la soude; *Quéménès*, dont chaque tempête emporte un morceau; *Molène*, plus vaste que les autres îlots de la sporade, et qui a plus de terre végétale, qui même en exporte vers le continent, comme la Sicile vers Malte; la *Chaussée des Pierres Noires* qui, bordant au nord l'Iroise, où les navires passent à milliers, a vu mille et mille fois, quand souffle l'implacable sud-ouest, des Bretons murmurer la dernière prière et mourir dans la mer de Bretagne : en une vingtaine d'années (1875-1896) cinquante-six grands vaisseaux se sont abolis, corps et biens, sur ses roches funèbres.

Au bout de cet archipel le *Passage de Fromveur*, rapide jusqu'à trois et quatre lieues à l'heure, est heurté, saccadé, fantasque, ayant à droite, à gauche, des pierres pour le brisement et des pointes pour l'éventrement des vaisseaux; il faut le franchir pour aborder à Ouessant, roche qui surgit à 23 kilomètres du littoral.

Fromveur c'est la « Grand'peur »; *Ouessant*, l'Enez Heussa

QUATRIÈME *Petits Monts, Bas Plateaux, Plaines.*

des Celtes, c'est l'île du Terrible, l'île du Dieu redoutable, la terre de l'Épouvante.

Toute cette mer est affreuse; et, comme dit le marin breton :

> Qui voit Belle-Isle
> Voit son île;
> Qui voit Groix
> Voit sa joie;
> Qui voit Ouessant
> Voit son sang!

Irritée par les rochers sous-marins, les îlots, les plateaux, les chaussées, les pointes, elle s'agite avec fureur ou dort avec hypocrisie dans les passages et déferle avec exaspération contre les écueils et les falaises. Elle se démène surtout autour d'Ouessant lambeau qui fut continent, puis péninsule diminuée toujours, puis île condamnée à devenir îlot, brisement et bruissement de récifs, et peut-être, pour finir, mer calme et profonde.

Ouessant, une roche de 65 mètres de suprême hauteur, n'a plus que 1 558 hectares, avec 2 500 habitants, race faite aux plus durs travaux, énergique et vigoureuse par cela même, mais très menacée d'un prochain avachissement par le maudit fléau qui détériore si vite tant les insulaires que les « littoraux » de Bretagne, et l'on peut dire toute la France : l'ivrognerie puisée à des bouteilles d'une eau de vie toxique. Les femmes en boivent plus que les hommes, tout au moins plus souvent, car elles restent dans l'île à cultiver un sol sans autres arbres que des touffes de genêt, qui ne sont même pas des arbustes; elles sèment ou plantent et récoltent des orges, des avoines, des pommes de terre, elles recueillent le goémon sur les grèves, les roches de pourtour, tandis que les hommes, pêchant dans la mer, qui souvent les dévore n'ont pour perdre la raison que le dimanche, les femmes ont toute la semaine : aussi bien que grandes, bien faites, les blondes Ouessantines sont-elles de bonne heure ridées, courbées, vieillies, assommées doublement : par le travail et le casse-poitrine; sans rien dire des chaumières humides, malsaines, de l'excès de pauvreté, de l'anxiété, de la douleur : tant d'entre elles pleurent un mari, des fils, des frères disparus dans une déloyauté de l'Océan! D'Amérique en France, la mer a ramassé des millions de colères : toutes ensemble crèvent sur les granits ouessantins, sur la « Bretagne de la Bretagne » et le « Finistère du Finistère », sur l' « île de mortelle horreur », sur l'*Ultima Thula* où 6 000 petits moutons noirs et des chevaux très menus paissent une herbe entretenue par l'embrun, le brouillard et la pluie. Ce n'est pas là « douce France »,

Le Plus Beau Royaume Sous le Ciel.

mais le français en chasse le breton, qui fut le seul langage de ces prisonniers de la mer.

Le lieu du continent regardant le plus exactement Ouessant, c'est l'estuaire de l'*Aber-Ildut*, au bord duquel on taille des granits pour Paris et pour Londres.

Au delà du petit port du Conquet, la Pen-ar-Bed ou Fin des Terres, notre *Pointe de Saint-Mathieu* combat la mer féroce des Pierres Noires, là où le chenal du Four s'unit au beau golfe de l'Iroise.

Le *Golfe de l'Iroise* ou canal d'Is, en breton Kanol Is, a près de 28 kilomètres d'ouverture entre la chaussée des Pierres Noires, qui continue la presqu'île de Léon au nord et la chaussée de Sein, qui continue la presqu'île de Cornouaille au sud : chaussée, cela veut dire, en mer armoricaine, une traînée d'écueils, une roche continue sous l'eau, fragmentée à fleur d'eau et de plus en plus lacunière à mesure que monte la marée — d'autant plus de flots, autant moins d'écueils.

Sur l'Iroise s'ouvrent la rade de Brest et la baie de Douarnenez, celle-ci bien plus largement que celle-là.

LXVI
RADE DE
BREST :
AUNE, ELORN

Séparée de la baie de Douarnenez par la presqu'île de Crozon, la **Rade de Brest** donne étroitement sur l'ample expansion de l'Iroise par un goulet de 1 600 ou 1 800 à 3 000 mètres d'ampleur, fleuve très court (5 kilomètres), mais très puissant où il n'y a que de l'eau de mer quand le flot monte et, en surplus, quand le flot descend, l'onde brune de l'Aune, de l'Elorn, d'une foule de ruisseaux que la marée haute transforme en estuaires sur les 70 kilomètres du périple de la rade. Le Goulet de Brest est hérissé de batteries, comme il convient au passage qui garde un arsenal immense, une flotte de vaisseaux de guerre et une mer intérieure assez profonde pour les évolutions de 500 navires de haut bord.

A sa rive septentrionale, à l'embouchure de la *Penfeld*, maigre ruisseau dont le flux fait un bras de mer, la ville du granit, la sombre, la très pluvieuse **Brest** borde cette Penfeld par une double longue ligne d'établissements militaires. Ce puissant port de guerre, ce Toulon du Nord, n'a pas conquis l'Amérique, ainsi que le Brest du Sud a mis la main sur l'Afrique, et de plus en plus la force et les intérêts de la France passent de l'Océan à la Méditerranée.

Mais il se peut que l'avenir lui réserve de hautes destinées puisqu'aucun port de la France, même de toute l'Europe continentale ne s'approche autant que lui de l'Amérique du Nord.

QUATRIÈME — *Petits Monts, Bas Plateaux, Plaines.*

On ne trouve pas aisément, même dans la Bretagne déchirée, un golfe aussi fantastiquement découpé que l'est la petite mer de Brest, dans son irrégulière ceinture de vieux schistes. Tout d'abord l'île Longue, qui est une presqu'île, et la pointe de l'Armorique la divisent en deux bassins : au nord la rade proprement dite, qui reçoit l'Elorn et la Penfeld; au sud la baie très allongée, plus vaste que la rade, où débouchent l'Aune ou rivière de Châteaulin, les « rivières » du Faou, de l'Hôpital, du Daoulas, etc., larges estuaires. Sur ses rives sombres, au nord terre de Léon, au midi terre de Cornouaille, la vague a creusé des criques à l'infini au septentrion surtout, devant des falaises de 60, 80, 100 mètres; au sud-est pointe le soucieux Méné Hom.

Monts ternes, gris ou noirs, aux couleurs de l'ardoise; forêts et bruyères où la pluie suspend des larmes, arbres attristés que les vents du large courbent, qu'ils torturent et brûlent; cieux bas, nues errantes; et la vague glauque ou foncée avec blanche écume autour des écueils : ici comme ailleurs la terre et la mer des Armoricains vont du mélancolique au lugubre, avec grandeur souveraine; mais souvent, dès que le soleil étincelle, et le golfe avec lui, c'est, autour des flots apaisés, la douceur d'un printemps idyllique.

L'*Aune*[1] va du penchant méridional des monts d'Arrée à la rade de Brest; et de même l'Elorn.

Son nom n'a rien à démêler avec l'arbre qui croît dans les terres humides, au bord des courants d'eau; Aune est un mot celtique, les Bretons ne l'appellent pas aussi brièvement : son nom complet, c'est Steïr Aoun, ou Profond Ru.

Elle revient constamment sur elle-même, aux environs de Châteauneuf-du-Faou et de Châteaulin, comme la Seine sous Paris, le Tarn en amont d'Albi, le Lot au pays de Cahors : c'est qu'elle coule dans les schistes durs.

Issue du massif de Beffou (326 mètres), elle passe devant peu de bourgs, cas ordinaire en Bretagne où le peuple ne se concentre guère dans les villes; elle unit à son flot le flot de l'Elez, et celui de l'*Hière* ou Aven, qui lui amène le canal de Nantes à Brest. A moins d'une lieue en aval de Châteaulin, l'Aune rencontre la marée et devient un tortueux estuaire qui, plus large à chaque courbe, finit par étaler son flot sur 500 à 600 mètres; à sa gauche se lève la Montagne Noire, schiste dont on peut croire que d'ici à la fin de l'homme les ardoisiers n'en épuiseront pas l'ardoise. Le viaduc qui le franchit au-

---

1. 140 kilomètres, 187 500 hectares.

Le Plus Beau Royaume Sous le Ciel.

dessous de Port-Launay, pour le passage du chemin de fer de Nantes à Brest, a 357 mètres de long, 49 à 50 mètres de haut.

L'*Elorn*, petit frère de l'Aune par sa naissance dans les monts d'Arrée, par sa mort dans l'eau salée de Brest, commence au versant septentrional de ladite montagne; son existence entre ces deux extrêmes se borne à 52 kilomètres en une conque de 38 500 hectares. Très joli ruisseau, puis vraiment très beau fleuve grâce au flot de mer, il s'appela précédemment Dourdoun ou l'Eau Creuse, ou peut-être Dourdu, l'Eau Noire. Elorn, c'est l'Eau de l'Épouvante. Commencé dans les brandes, les roches noires ou grises, les marais, les solitudes, il s'élargit en estuaire à Landerneau, l'une des villes que les vaudevillistes ridiculisent; or elles sont gracieuses en de gais ou beaux pays : Brive-la-Gaillarde, Carpentras, Quimper-Corentin, Pézénas, Landerneau « dont la lune est plus grande que celle de Paris ».

Près de sa rive droite, il reste de *Joyeuse-Garde* un souterrain, une porte et du lierre. Ce château, qu'aujourd'hui tous ignorent, eut une immense popularité chez nos ancêtres, bercés de son nom par les romans de la Table-Ronde : là vécurent ou passèrent Lancelot du Lac, Tristan le Léonnais, la blonde Iseult, Merlin, Viviane, des héros, des enchanteurs, des fées, de belles dames, tout un monde épique et magique, toute une chevalerie qui charma les nations chrétiennes, quand du breton l'on eut traduit ces contes en français et dans les langues du moyen âge. Rien n'est plus oublié que cette fraîche source de poésie où l'Europe se désaltéra.

De Landerneau à la rade de Brest, l'estuaire de l'Elorn porte en haute marée des navires de 4 mètres; sa largeur varie entre 500 et 1 000 mètres.

LXVII
PRESQU'ILE
DE CROZON.
BAIE
DE
DOUARNENEZ

La schisteuse *Presqu'île de Crozon*, nue, stérile, démantelée, rayée de brandes où s'agitent les ailes de moulins à vent sépare la rade de Brest au septentrion de celle de Douarnenez (au midi). Elle a sa racine à la gauche de l'Aune inférieure, au pied du Méné Hom, et s'achève par les promontoires de Roscanvel, par les granits désolés de Toulinguet où s'accrochent des bruyères et par le cap de la Chèvre.

La *Presqu'île de Roscanvel* est formidablement armée : ce n'est point une roche comme le « mont de Tarik », digne de terminer l'Europe, et de contempler l'Afrique, mais ses *Lignes de Quélern* ont mérité le surnom de « Gibraltar de la France ».

QUATRIÈME — *Petits Monts, Bas Plateaux, Plaines.*

Étant bretonne, la péninsule aux deux tiers inculte de Crozon porte sur son plateau des dolmens, des menhirs, alignements de hautes pierres dans la lande sauvage : telles les allées de Kercolléoch ; tel l'alignement de Toulinguet, au-dessus d'une mer hurlante, dans une presqu'île de la presqu'île, entre l'anse de Camaret, tournée vers l'entrée du goulet de Brest, et l'anse de Dinant où le flot a creusé des arches, comme à Étretat.

Aucune côte de la France n'a vu plus de naufrages que ce bout de la chersonèse de Crozon, péril suprême des marins quand le vent d'ouest pousse en hiver contre ses roches les barques hasardées sur les eaux de l'Iroise.

Autre et grande conque de la mer entre la péninsule de Crozon au nord, la chersonèse de Cornouaille au sud, la *Baie de Douarnenez* a de 8 à 9 kilomètres d'entrée : au lieu de projeter une traînée d'écueils, si ce promontoire s'avançait vers le sud par un dos de collines et rétrécissait l'ouverture en goulet, la rade de Douarnenez, avec ses dix-neuf lieues de tour, et ses fonds de 10 à 30 et 40 mètres, vaudrait la rade de Brest elle-même.

Longue de cinq lieues, large de quatre, entre plateaux et coteaux de 50 à plus de 100 mètres et dominée, non sans majesté, par les trois cimes du Méné Hom, elle tient son nom d'une ville de sa côte méridionale qui lance tous les ans à la prise de la sardine 4 000 pêcheurs sur 800 bateaux : les cinq mois de la saison finis, 125 millions de sardines ont été tirées de leur élément vital. Il n'entre que de très petits ruisseaux du schiste et du granit dans cette baie qui serait la fin naturelle de l'Aune si le Méné Hom ne dressait son ardoise entre le val de Châteaulin et les vagues amères du « lac » de Douarnenez, que bordent douze cents hameaux de pêcheurs.

Des eaux enfermées de Douarnenez on passe aux eaux libres d'Audierne par le raz de Sein, entre l'île de Sein et la pointe du Raz ou cap Sizun, promontoire le plus avancé de la Cornouaille.

La *Cornouaille* serait la « pointe de la Gaule », si son nom venait réellement des mots latins *Cornu Galliæ* ; mais il vaut mieux le déduire du celte *Kerné*, la Corne, la Pointe, qui désigne également la Cornouaille anglaise, pays jadis homophone dont la langue bretonne a disparu depuis deux cents ans.

La *Pointe du Raz*, « comble » de l'horreur, de l'épouvante océanique, monte à 72 mètres, et il arrive que la mer l'escalade jusqu'à la cime, en écume, en bruine, en pluie, lors de ses

Le Plus Beau Royaume Sous le Ciel.

heures terribles, qui ne sont pas rares. Là, quand il passe en barque, le Breton s'écrie :

Va, Doué, va sicouret da tremen ar Raz :
Rac valestr a zo bihan ac ar mor a zo braz !

Mon Dieu, secourez-moi dans le passage du Raz :
Ma barque est si petite et la mer est si grande !

Là resplendissait, d'après la tradition, la grande ville d'Is, qui fut criminelle comme Sodome et Gomorrhe et que le ciel détruisit comme elles; Is, si belle, dit la légende, que Paris en prit son nom, des deux mots *par Is*, égal à Is. Son peuple impie et lascif est couché dans les ruines de ses demeures, sous les eaux de l'étang de Laoual, près de la pointe du Raz, au bord de la *Baie des Trépassés* dont l'histoire est aussi lugubre que le nom : c'est là que les remous de l'onde amènent les cadavres des noyés et les épaves des navires.

Toutefois la voix populaire hésite : on place aussi ce tombeau d'une ville près du cap de la Chèvre; ou sous la lame du golfe de Douarnenez; ou ailleurs encore, au bord de l'Iroise, que les Bretons nomment le canal d'Is.

Is ne périt point par le soufre et le feu comme les Villes Maudites, elle disparut sous les vagues, au matin d'une orgie nocturne : Ahès, fille du bon roi Grallon, enleva du cou de son père endormi la clef d'or des écluses de la mer et la tendit en gage d'amour à son danseur de la nuit, au beau prince dont les yeux luisaient comme la braise; c'était Satan, roi des Ténèbres; il ouvrit les écluses, et l'Océan croula sur la ville.

LXVIII
ILE
DE SEIN

A une lieue et demie de la pointe du Raz, 850 marins ont leur demeure à la brise du grand large, sur une île de 2 500 mètres de long, de 56 hectares d'étendue, qui est, dit Brizeux :

..... l'effroi de l'Armorique,
L'île des Sept Sommeils, *Sein*, l'île druidique,
Si basse à l'horizon qu'elle semble un radeau.

Son vrai nom breton, Sizun, veut dire, en effet, les Sept Sommeils, ou la semaine.

Des flots tumultueux, orageux, blanchissants, des écueils, une écume dont l'embrun cache l'île à la mer et la mer à l'île, pas d'arbres, quelques épis d'orge, des landes nues où souffle un vent qui porte avec lui la fraîcheur de l'Océan, l'odeur marine et le fracas des larges eaux vertes, une roche branlante, un dolmen et deux menhirs, voilà Sein dont les pêcheurs et

QUATRIÈME   *Petits Monts, Bas Plateaux, Plaines.*

sauveteurs furent des briseurs de navires, des « démons de la mer », que convertit un missionnaire breton du siècle dernier.

On dit, mais la preuve n'en est pas certaine, qu'avant les Romains, et de leur temps encore, ou même après eux, neuf vierges habitaient cette île ébranlée par l'Océan ; plus qu'ébranlée, couverte par lui lors de ces raz de marée subite où, l'on ne sait pour quelle cause, la mer, sortant brusquement d'elle-même, se gonfle au-dessus des plus hauts niveaux qu'elle a coutume d'atteindre, au delà de la ligne où l'homme écrit : « Tu n'iras pas plus loin ! » Ainsi en 1868 : alors les « Iliens » se sauvèrent sur leurs toits et sur la tour de l'église, dans les ténèbres de la nuit noire. Si la tradition n'a pas menti, ces neuf vierges, prêtresses de la religion des Druides, en célébraient les mystères sous la lune voilée de l'Armorique ou au flambement des torches ; elles disaient l'avenir, elles enchaînaient la tempête ; et Sein était un sanctuaire des Celtes.

L'île des Sept Sommeils n'est pas tout à fait le bout de la Cornouaille, sa Pen-ar-Bed ou Fin des terres ; elle se prolonge de près de quatre lieues vers l'occident par les écueils de la *Chaussée de Sein*, dernière bataille du continent contre l'Océan ; les uns toujours au-dessous de l'onde, même à marée basse ; d'autres toujours au-dessus, même à marée haute ; d'autres encore que cache ou montre l'oscillation de la vague ; tous ces récifs de la chaussée font moins de veuves et d'orphelins depuis qu'ils sont éclairés par le *Phare d'Ar-Men*, c'est-à-dire de la Pierre. Ce phare fut planté là malgré la mer ; les hommes qui l'enracinèrent dans un des rochers les plus aventurés au large, travaillaient crispés à la pierre en attendant la vague de submersion ; presque à chaque minute, en ses retours réguliers, elle les engloutissait, et parfois les mains cramponnées lâchaient prise, mais un canot recueillait le marin, car ces vaillants constructeurs n'étaient pas des maçons « d'eau douce », mais presque tous des pêcheurs de Sizun.

LXIX
BAIE
D'AUDIERNE ;
PENMARCH

Au delà du passage du Raz et des granits grisâtres de l'*Enfer de Plogoff*, la nature terrible de la Cornouaille se continue le long des sables fins de la *Baie d'Audierne*, réellement Oddiern, ou Rivage du roi.

La baie d'Audierne a 25 kilomètres, de la pointe de Lervily jusqu'à l'anse de la Torche de Penmarch ; bordée de sable fin, ce n'est pas une baie, mais une légère courbure en arc de cercle. Il n'y a ni villes, ni hameaux, ni prairies, ni moissons, ni jardins sur sa rive sans arbres ; on y est seul avec les fureurs de l'Atlantique, et peut-être avec ses

Le Plus Beau Royaume Sous le Ciel.

sourires : car là même il arrive que le fleuve Océan se calme et s'endort, par des heures de paix, de joie, de soleil, où les oiseaux de mer cessent de prédire ou de célébrer la tempête.

Elle s'appelle ainsi d'une bourgade presque littorale, d'un port d'échouage sur l'estuaire du *Goayen* ou Goyasen; Audierne fut ville, quand la morue pullulait sur cette côte : la morue partie, la ville décrut en village.

De bourgade tout à fait côtière, il n'y en a pas sur l'estran d'Audierne; tous villages et hameaux sont sur le plateau, loin de la rive nue où croasse l'oiseau pêcheur qui, lui, pêche toujours, tandis que l'homme est soucieux de ne pas affronter sur ces galets et ces sables les tempêtes que la mouette, le goéland et le cormoran méprisent.

Tristes rivages que les rivages du roi!

La baie d'Audierne s'achève aux *Falaises de Penmarch*, « dérochées » par des vagues « fabuleuses ».

Il y a quatre mers implacables devant la Bretagne occidentale : celle d'Ouessant; celle du bout de Crozon; celle de Sein; celle de Penmarch, en avant d'une ville plus déchue qu'Audierne.

Penmarch fut sous les Valois une rivale de Nantes; elle pouvait mettre au service de l'évêque de Quimper 2 500 hommes tirant de l'arc, elle commerçait au loin, elle pêchait la morue.

La morue s'en alla frayer ailleurs, et la ville, aussitôt diminuée, devint ce qu'elle est, des noms de rue, des ruines, des hameaux autour de six églises, au pays de Penmarch, de Kérity, de Saint-Guénolé.

Parmi les rochers noirs de ce rivage, celui dont les cavernes répondent à l'entrée de la mer par le tonnerre le plus éclatant, c'est la *Torche de Penmarch* : quand le vent souffle du sud-ouest, on entend à Quimper, éloignée de 30 kilomètres, l'engouffrement de l'eau dans la Torche.

Ici brille, haut de 64 mètres, le *Phare d'Eckmuhl*, le plus éclairant qu'il y ait encore au monde : sa lumière égale celle de 36 millions de bougies, six à sept fois plus que n'importe quel autre phare, avec portée de 100 kilomètres.

LXX
ODET
ET
LAITA

A partir de Penmarch la côte cesse de regarder l'occident.

Elle se tourne vers le midi, et désormais la mer s'insurge moins; au large, des brise-lames l'arrêtent : îles comme Belle-Isle ou Groix; îlettes comme Hœdic ou Houat; îlots comme les Glénan; puis des écueils et des éclaboussures de rocs, des plateaux sous-océaniens avec nom ou sans nom : toute cette digue, ici brisée, là ébréchée, découronnée, est le reste d'un ancien rivage.

QUATRIÈME   *Petits Monts, Bas Plateaux, Plaines.*

Belle-Isle, plus avancée dans l'Océan que Hœdic, Houat et Glénan, fit partie d'un littoral antérieur.

L'*Anse de Bénodet* est la première grande échancrure de cette Bretagne moins bruyante en sa mer, moins stérile sur son rivage, souvent même bocagère jusqu'au liséré de la vague.
Elle reçoit deux fleuves : l'Aven de Pont-l'Abbé, l'Odet de Quimper; Bénodet tire son nom de l'embouchure de celui-ci, car Bénodet, affaiblissement de Pénodet, c'est « tête de l'Odet » : non son commencement, mais sa fin.
Elle enferme deux îles : l'île Chevalier, l'île Tudy. L'*Ile Chevalier*, longue d'une demi-lieue, haute de 15 mètres, ne surgit pas dans l'anse même de Bénodet, mais dans l'estuaire de l'*Aven*, d'abord ru, pastoral et champêtre, puis au delà de Pont-l'Abbé, tout à coup bras de mer de 1 500 à 2 000 mètres de large avec jolis îlots boisés. L'*Ile Tudy* (39 hectares) n'est plus une île depuis que sables et chaussées l'ont soudée au continent par une longue flèche d'extrême étroitesse.
L'*Odet* passe à la dignité de rivière navigable dans une ville appelée réellement « Confluent », ce que signifie le celte Quimper : exactement Kimber; et avant d'être Quimper tout court, ou Quimper-Corentin, d'après le premier évêque de la Cornouaille, elle se nommait Kimber Odet ou confluent de l'Odet (et du Steir).
L'Odet, c'est-à-dire les rivages, et le Steir, c'est-à-dire la Rivière, s'unissent donc dans la charmante capitale du Finistère; ils y composent un fleuve à marée qu'on navigue de ville à mer, sur 17 kilomètres, par 2 mètres 10 en morte eau, 3 mètres 30 en vive eau, dans un estuaire de 200, 500, 1 000, 1 500 mètres entre rives, fjord qui reçoit des sous-fjords, autres apparences de fleuve continuées en amont par de minces ruisseaux. A son engloutissement dans l'anse de Bénodet, ce fils du versant méridional des Montagnes Noires a parcouru quatorze lieues, drainé 75 000 hectares; il roule à son premier contact avec la marée 8 mètres cubes en volume coutumier, 3 au plus bas.

La seconde grande échancrure, c'est la très gracieuse *Anse de la Forêt*, que bordent les chênes et qui fut elle-même forêt : d'où son nom; mais l'Océan roule sa vague sur cette sylve dès longtemps engloutie dont la très basse mer révèle parfois quelques troncs. Ce rentrant de la côte serait la moitié d'un ovale sans les trois estuaires qui l'irrégularisent en le prolongeant par trois cornes vers le nord. Une pêcheuse de sardines, *Concarneau* touche presque à cette anse, partie sur terre ferme à l'issue d'un beau fjord, partie sur un îlot où son quartier de

Le Plus Beau Royaume Sous le Ciel.

Ville-Close est muré, comme une plus sombre Aigues-Mortes, par un vieux rempart de granit. Concarneau est devenue piscicole et l'on célèbre son aquarium.

A son enfoncement dans les terres, à l'obstacle d'un plateau sous-marin de grande étendue qui sépare au sud les eaux littorales des eaux du grand large, l'anse de la Forêt doit d'être une des moins orageuses de l'Armorique; ce plateau en brise-lames a pour têtes visibles, à 15 kilomètres en mer, les neuf îles de l'archipel des *Glénan*, qui toutes ensemble portent 75 Glénantois sur leurs roches éparpillées. Soixante-quinze hommes seulement, et leur sporade ne saurait les nourrir tant il y a peu d'humus, peu d'herbe sur ces débris infinitésimaux d'un ancien fronton du continent.

La troisième grande anse boit l'*Aven*, c'est-à-dire l'eau, la rivière, et spécialement l'Aven de Rosporden [1], qui devient fjord à partir de la rocheuse Pontaven, la « ville des meuniers » — « Pontaven, cité de renom; quatorze moulins, quinze maisons ».

La quatrième, l'*Anse du Pouldu* ou de l'Étang Noir absorbe la Laita, le fleuve de Quimperlé.

Effluent de 80 000 hectares, la *Laita*, qui a dix-sept lieues de déroulement à partir de la font la plus reculée de sa conque, devrait s'appeler la Lèta, des deux mots *Lêt Aw* : Près de l'eau, près de l'Océan.

Dans Quimperlé, exactement Kimber Ellé ou Confluent de l'Ellé, s'unissent les deux jolies rivières qui forment la Laita :

> L'Ellé, plein de saumons, et son frère l'Izôle,
> De Scaer à Quimperlé courant de saule en saule.

Ainsi les décrit Brizeux.

L'Ellé, Ellez, Elez, c'est l' « Eau sombre », qui passe au bas du Faouet; l'Izôle, c'est la « Rivière basse », qui coule au bas de Scaër.

« Quimperlé, gracieuse et pimpante, dans l'Arcadie de Basse-Bretagne », étage ses jardins fleuris sur son « Rhône » et sur sa « Saône », à 16 kilomètres de l'Océan, qui pousse jusque-là son flot de marée et fait la Laita navigable en vive eau pour les bateaux qui n'exigent pas plus de 2 m. 1/2 de profondeur. De la ville à la mer le fleuve s'avance à la rencontre de l'Atlantique au fond d'une sorte de cagnon, entre versants et roches de 50 à 70 mètres.

---

1. 36 kilomètres, 21 500 hectares.

QUATRIÈME   *Petits Monts, Bas Plateaux, Plaines.*

La cinquième anse, c'est l'*Estuaire de Lorient* où se confondent deux rivières à marée : le Blavet et, bien moindre le Scorff, à deux lieues au nord-est de l'île de Groix.

LXXI
ILE DE GROIX

Légère déviation du celtique Groach, **Groix**, c'est tout au long l'Enez er Groach, ou l'Enez er Hrock des Bretons; soit, en français, l'île des Sorcières, peut-être l'île des Prêtresses ou des Druidesses.

Lambeau détaché du continent, bloc de micaschiste de 18 à 20 kilomètres de tour, de 50 mètres d'élévation majeure, elle a des côtes sauvages, des cavernes que tour à tour vide et remplit la mer, de petits figuiers dans ses jardins, des sureaux, des ormeaux malingres, des champs d'orge, de blé, de pommes de terre cultivés par les femmes : tous les hommes sont à la mer, dont ils vivent, dont beaucoup meurent, puisque en moyenne 17 à 18 Grésillons périssent chaque année dans la tempête de l'Océan. Ces insulaires habitués depuis l'ère des ancêtres à tendre la voile sur tout notre littoral atlantique, d'Ouessant en Espagne, passent pour les premiers de nos matelots, marins et pilotes. Ils sont « loups de mer » par destination.

Tant dans la Primiture ou district d'est que dans la Piwisi ou district d'ouest — voilà deux noms singuliers — il y a des dolmens, des menhirs, dont un très haut christianisé par la croix de son sommet, un tumulus, des restes d'enceinte : tout le vieux passé de la Bretagne antéchrétienne, et l'Enez er Groach est encore bretonne par la langue de ses Grésillons qui, d'ailleurs, savent tous le français. Leur vieux sang celtique s'est mêlé quelque peu d'origines normandes avec infusions de sang de proscrits, familles de calvinistes, Acadiens chassés de l'Amérique du Nord par les Anglais. La constante pratique des mariages consanguins n'a point abâtardi cette race féconde, et Groix compte 5 222 « Iliens », soit, pour 1 476 hectares, 353 Grésillons au kilomètre carré : cinq fois la moyenne de la France.

LXXII
BLAVET

Un volume compris, crues à part, entre 6 et 15 mètres cubes, 140 kilomètres, 261 500 hectares, ainsi se comporte le *Blavet*, dont le nom celtique répond à l'Eau jaillissante, l'Eau courante. Parti de collines de 300 mètres, à 15 ou 18 kilomètres au sud de Guingamp, ville du versant de la Manche, tandis que lui, il descend à l'Atlantique, il disparaît près de Lanrivain, l'espace d'environ 400 mètres, au *Toul Goulic* — *toul*, c'est le français *trou*.

Le Plus Beau Royaume Sous le Ciel.

Ce n'est pas une perte véritable comme celles des rivières du calcaire, de la craie, qui entrent dans l'ombre profonde, pour y couler sourdement, plus froides, sans reflets, sous l'arceau des nefs naturelles; le Blavet ne s'enfonce pas dans un obscur palais de marbre; des granits, blocs énormes, sont tombés en chaos d'une double colline; des rocs encore hésitants pendent, comme à la dernière minute de leur équilibre, parmi genêts et bruyères, jusqu'aux pierres enchevêtrées dans le fond de la ravine au-dessus du fleuve écrasé : sous ces granits l' « Eau courante » court ou dort invisible, pareille au Tarn sous les rouges rochers du Pas de Souci.

A Goarec il se mêle au canal de Nantes à Brest, puis il erre entre coteaux escarpés, schistes grisâtres qui dominent ses eaux de 100 à 150 mètres. Après avoir étreint le promontoire de Castel-Finans et laissé à l'est Mûr de Bretagne, il sinue dans un val sans caractère où lui arrivent divers ruisseaux ayant de petits étangs dans leur conque; puis, à Pontivy, qui s'appela Napoléonville après que Napoléon l'eut doublée d'une cité militaire, il cesse d'être incorporé au canal de Nantes à Brest, mais il continue d'être artificiellement navigable pendant quinze lieues, jusqu'à Hennebont, ville où la marée commence à soulever le fleuve subitement élargi; enfin, en aval d'un viaduc de 225 mètres pour le passage du chemin de fer de Nantes à Brest, il devient un golfe de mer haute, la mer basse le changeant en vasière, et dans cet estuaire le sillon du Blavet a 5 à 8 mètres de profondeur pendant les basses eaux ordinaires, 10 à 13 au plein du flot.

Ce golfe, antique fjord, s'unit devant Lorient au sous-golfe du *Scorff*[1] qui est la rivière de Guémené, de Pontscorff, et de Kérantrech, grand faubourg de Lorient.

Brizeux a chanté passionnément ce Scorff, lieu de ses souvenirs; il décrit ainsi les deux fleuves de Lorient :

C'est le Scorff, tout barré de moulins, de filets,
Et le Blavet tout noir au milieu des forêts.

Lorient, en réalité l'Orient, dut sa naissance à la Compagnie de l'Orient, société de marchands qui trafiquaient avec l'Inde; fondé en 1628, il fut longtemps digne de son nom par son commerce avec l'Indus et le Gange; il eut même une fleur de jeunesse durant laquelle aucun port de France n'entretint autant de relations par mer avec les lointains pays; la conquête de l'Inde par les Anglais le ruina, mais il devint port militaire, port de pêche et chantier de constructions navales.

---

1. 78 kilomètres, 49 000 hectares.

QUATRIÈME *Petits Monts, Bas Plateaux, Plaines.*

Scorff et Blavet confondus en un bras de mer vont passer devant Port-Louis, nommé de la sorte en l'honneur de Louis XIII; cette ville, qui décroît depuis que Lorient grandit, s'appela d'abord Blavet, comme son fleuve, qui tombe aussitôt après dans l'Atlantique.

LXXIII
PRESQU'ILE
DE
QUIBERON

A l'est de l'embouchure du Blavet, le chenal de l'Etel, Entel, Intel, gêné par sa barre, qui est sable sur roc, conduit à la *Baie d'Etel*, fjord de 13 kilomètres à chaque instant compliqué de sous-fjords où d'étroits ruisseaux s'engloutissent; avec ses largeurs fort variables, jusqu'à près de 4 000 mètres, mais aussi jusqu'à 500 mètres seulement, l'Etel n'a pas beaucoup plus de 4 000 hectares entre vingt lieues de rives très capricieusement découpées; les improfondeurs et difficultés de son embouchure en font un lieu de barques et non pas de vaisseaux.

Puis on longe le fameux pays des mégalithes dispersés dans la lande derrière de petites dunes, au bord des indentations de la mer, à Erdeven, Plouharnel, Carnac, la Trinité, Locmariaquer.

A Plouharnel s'enracine la *Presqu'île de Quiberon*, où ne manquent non plus ni dolmens, ni menhirs, ni tombelles. Un long cordon de sable dont l'isthme n'a que 60 mètres de large unit au continent cette vieille île de granit, qui d'ailleurs fut part intégrante de la terre ferme avant que la mer l'arrachât du rivage de Bretagne : une flèche aréneuse, dite falaise de Quiberon, quoique pas un rocher n'y monte, a recousu ce que les flots avaient déchiré; on vêt de sapins cette sablonnière où fleurit l'œillet des dunes.

Le cordon quiberonnais a 7 ou 8 kilomètres de long, et le bloc de granit 8 ou 10, avec 2 à 3 de travers : la protubérance entière, où virent des ailes de moulins profitant de mamelons dont les plus hauts atteignent 30 mètres, a donc quatre lieues au moins, de son enchaussement dans le sable en Plouharnel jusqu'à sa dernière pointe de roche au delà de Port-Haliguen; elle protège des vents de nord-ouest et d'ouest la vaste *Baie de Quiberon*, mouillage excellent ouvert du seul côté du sud par un bâillement de 18 kilomètres entre le bout de deux chersonèses qui sont, à l'ouest la péninsule effilée de Quiberon, et à l'est la presqu'île de Rhuis : dans cette baie débouchent par un estuaire commun la rivière d'Auray et le golfe déversoir du Morbihan.

La baie de Quiberon n'est pas sans brise-lames : des flots rompent la mer du sud à bonne distance au large et une île

Le Plus Beau Royaume Sous le Ciel.

casse la mer du sud-ouest : les îlots, Houat et Hœdic, continuent la péninsule de Quiberon vers le sud-est, dans la direction du golfe de la Loire ; l'île est Belle-Isle.

Tout au long Houat-Enez ou l'île des Canards sauvages, *Houat*, environnée d'écueils, est un débris du granit quiberonnais, auquel elle reste encore unie sous onde par une levée d'écueils, comme aussi les roches sous-marines du plateau du Four la rattachent à la presqu'île du Croisic : tant l'Atlantique a par ici dévoré de territoires.

305 insulaires y demeurent sur 281 hectares, ou n'y demeurent guère, quant aux hommes, tous marins. Ce petit peuple des Houatais ou Hois parle la langue qui a nommé le dolmen, le menhir, et c'est tout dernièrement qu'on a commencé d'y apprendre le français à l'école. Gouvernée théocratiquement, l'île dépendait en tout et pour tout de son curé, et jusqu'à ces dernières années cette autorité souveraine craignit l'esprit nouveau, et proscrivit la langue nationale.

Comme Houat n'a jamais vécu de la vie du monde extérieur, qu'elle ne s'est pas « faisandée » à l'exemple du continent d'Europe, les Houatais valent mieux que nous : ils ne connaissent ni crime, ni jalousie, ni procès, ni haine ; ils vivent simplement — et simplement, c'est saintement, — ce sont des marins au cœur droit, à la parole sûre, à la main vaillante ; les Houataises cultivent le blé, l'avoine, et font tout ce que ne fait pas l'homme ; or ici l'homme vit sur la mer, et souvent il n'en revient pas ; il pêche, il navigue, il chavire ; et entre temps il chasse le canard sauvage dans les falaises.

Hœdic, pour Houatic, c'est l'île des Canetons sauvages, moins grande que Houat, et un peu moins haute (25 mètres contre 31).

Qui dit Hœdic, dit Houat : même grande mer, même vent salé qui gonfle généreusement la poitrine ; mais qui dit Hœdicois, ne dit pas tout à fait Houatais ; les 366 Hœdicois, plus visités que leurs voisins par les équipages, ont quelque peu perdu de leurs mœurs antiques.

LXXIV
BELLE-
ISLE

Roche de micaschiste, *Belle-Isle* est séparée de la grande terre par le détroit sardinifère appelé le Coureau. Elle a 8 960 hectares en un contour de douze lieues, avec 18 kilomètres de long, 4 à 10 de large.

Si petite, c'est après Oleron la saintongeaise, et Corse à part, la plus grande de nos îles. Dans quatre bourgs et cent trente hameaux ou écarts 9 836 personnes l'ont pour demeure, qui parlent à la fois le français et le breton : cela fait 110 habitants au kilomètre carré ; comme sur nos autres roches d'Atlantique, la vie surabonde à Belle-Isle.

C'est un plateau d'une cinquantaine de mètres d'élévation avec maximum de 63, entre falaises de plus ou moins de 40 ; elle envoie à soixante-quatre criques les ruisselets qui ont gazouillé sur ses pentes nues, entre des coteaux à bruyères, des prairies, des champs de blé, sans un seul grand bois, quoiqu'une de ses landes se nomme la forêt de Bangor.

Parmi ces criques, il y a de bonnes anses, dont deux, le port du Palais et le Port-Sauzon ou Port-Philippe sauvèrent dix mille caboteurs français, pendant les guerres de la République et de l'Empire.

Bien différents ses deux rivages : celui qui regarde la terre ne lutte pas contre une mer terrible, comme la « côte sauvage » ou « côte de fer », qui regarde le grand large ; mais l'un et l'autre montent en falaises que la vague a taillées. Grottes, arcades, conques, rochers, obélisques, flots tonnants devant le granit et le schiste, tout cela c'est la Bretagne.

Bretagne aussi le peuple marinier, les pêcheurs de sardines, de thons, de homards, les familles où l'Océan prélève la dîme, les hommes francs et sans dol, la lande, les petits bœufs et les petits chevaux, les tumulus, les dolmens et les pierres debout.

Mais c'est une Bretagne clémente en ses petits vallons, plutôt qu'une Bretagne terrible, excepté sur la côte, pendant la tempête homicide.

Une partie des insulaires de Belle-Isle descend de familles de la malheureuse Acadie, lambeau de ce Canada conquis par les Anglais sur les Français. L'Angleterre, qui n'est pas d'humeur accommodante et qui n'a jamais eu de pitié pour les vaincus, fusilla, dispersa, déporta, consomma des milliers d'Acadiens. Parmi ceux qui purent lui échapper, d'aucuns vinrent demander à la mère patrie un lieu où reposer leur tête, parmi lesquels un petit nombre se fixa dans Belle-Isle.

LXXV
RIVIÈRE
D'AURAY,
MORBIHAN

De la pointe de Locmariaquer au bout de la presqu'île de Rhuis, l'ouverture de Port-Navalo, laquelle n'a que 750 mètres, laisse passer les eaux réunies de la rivière d'Auray et du golfe de Morbihan.

La *Rivière d'Auray* [1], dite en son cours supérieur le Loc, reste longtemps un ru n'ayant d'ampleur que

---

1. 52 kilomètres, 32 000 hectares.

Le Plus Beau Royaume Sous le Ciel.

derrière les écluses des moulins; elle laisse à demi-lieue de sa rive gauche l'église de **Sainte-Anne d'Auray**, sanctuaire révéré des Bretons, but d'un pèlerinage annuel avec foule immense pendant la semaine de la Pentecôte; puis elle serpente près des lieux célèbres dans nos guerres civiles sous les noms de Champ des martyrs, Chapelle expiatoire, Chartreuse de Brech : là elle rencontre le flot marin, elle s'élargit, elle devient navigable au bas de la colline d'Auray, à 14 kilomètres de l'Océan, pour les navires de 3 mètres 1/2 à basse mer, de 5 à mer haute.

D'Auray, c'est-à-dire de la Halle, du Palais du Roi (Hall Ré), jusqu'à la baie de Quiberon, le fleuve coule dans un vieux fjord de 300, 500, même 1 000 mètres de largeur, entre deux rives verdoyantes, et de ville à mer c'est un charmant voyage. A la lisière du pays classique en « mégalithisme », son estuaire est un grand parc aux huîtres, ainsi que tant d'autres eaux de la plage bretonne.

Le *Morbihan* tire son nom des mots *mor*, la mer, et *bihan*, petite : la Petite mer, séparée de la Grande mer par la presqu'île de Rhuis.

Dimensions extrêmes, ce golfe a 17 kilomètres sur 10, avec un contour variable suivant que la mer y couvre ou découvre les plages — contour presque impossible à préciser, tant l'*haot bihan* ou petite côte, par contraste avec l'*haot braz* ou grande côte de l'Océan, est ondoyante, sinueuse, indentée d'estuaires avec rus au bout.

De par ses dix à douze mille hectares, ce serait une autre rade de Brest si ses profondeurs étaient plus grandes; même le Morbihan vaudrait mieux que la mer intérieure où finissent l'Aune et l'Elorn, vu la tranquillité de son avant-mer, de sa baie de Quiberon, garantie du large, et qui ne ressemble point à l'Iroise, défoncée par les vents.

Son *Ile d'Arz* le diminue de 323 hectares, la verdoyante *Ile aux Moines* de 318; l'Ile de la Chèvre, *Gavr'iniz* ou Gavr'enez est fameuse par son galgal, tumulus de 100 mètres de tour, de 8 mètres de haut, couvrant un dolmen précédé d'une galerie de 13 mètres; dans la chambre sépulcrale, des mains barbares y ont tracé, sur le roc des pierres debout, des hiéroglyphes qu'on n'a pas déchiffrés.

Un dicton du pays donne au Morbihan autant d'îles que de jours dans l'année — ainsi dans plusieurs villes telle maisonasse passe pour avoir 365 fenêtres. En réalité, il n'y a guère dans la « Petite mer » qu'une cinquantaine d'îlots avec terre de culture, dont quarante à peine sont habités; tout le reste n'est que rochers plus ou moins engloutis par la haute mer.

QUATRIÈME *Petits Monts, Bas Plateaux, Plaines.*

Les habitants des îlots, des estuaires du Morbihan restent fidèles au destin du Breton des rivages; ils voguent sur l'eau, auprès comme pêcheurs à la côte, au loin comme marins, et beaucoup vont « dormir sous les goémons verts »; puis l'orphelin fait comme avait fait son père, il quitte son roc, sa dune, sa lande, son menhir qui marque des morts en terre, et il part, souvent pour mourir en mer.

L'Océan remplit presque à lui seul le Morbihan; dans les chenaux de ce golfe, sur ses béhins, qui sont champs de vase noire, il ne passe guère que de l'eau salée, tant sont menus les tributaires de la « Petite mer » : l'un d'eux coule devant la ville de Vannes, c'est-à-dire la Blanche; tous ensemble ne composeraient pas en un an les mascarets qui roulent en un seul flot dans les chenaux où les courants de reflux descendent à 12, 15, même 18 kilomètres par heure entre les îles et les pointes.

LXXVI
PRESQU'ÎLE
DE
RHUIS

Entre Petite mer au nord, Grande mer au sud, la *Presqu'île de Rhuis* baigne dans un climat d'une extrême douceur. Le laurier-rose, le grenadier, l'aloès, arbres d'Afrique, y viennent en pleine terre, non par le soleil qui luit sur l'Atlas, mais par les vents humides que l'Atlantique souffle sur cette péninsule de 11 000 hectares où l'on ne compte pas les mégalithes.

Son antique forêt de Rhuis a disparu; ses vignes lui restent, qui « produisent un des vins les plus âpres et verts du royaume de France : témoin le chien d'un conseiller au parlement de Bretagne, lequel, pour avoir mangé une grappe de raisin breton, aboya le cep de vigne, comme protestant se venger de telle aigreur qui jà commençait à lui bouillir le ventre ».

C'est que si le ciel armoricain ne proscrit pas les plantes du Midi, son soleil tamisé ne dore point les grappes; la figue aussi mûrit mal dans ce pays de myrtes, de camélias, de pins d'Italie, qui a deux grands débris du passé : le tumulus de Tumiac et les ruines de Sucinio.

Le Tumulus de Tumiac, pareil au Saint-Michel de Carnac, montre comme Gavr'iniz des dessins hiéroglyphiques et des reliefs indéchiffrés sur les parois de son réduit sépulcral; le château ducal de Sucinio, décombre superbe, domine la Mor Braz ou Grande mer, rive qu'ont tailladée la houle et les saccades de l'Océan, à l'entrée de ce golfe de la Vilaine, où meurt le fleuve armoricain, qui par une étrangeté du sort se déroule entièrement en territoire francophone, dans la province aussi

Le Plus Beau Royaume Sous le Ciel.

célèbre par la survie de sa vieille langue que par ses promontoires tragiques et ses vagues farouches.

LXXVII
PRESQU'ILE
DE
GUÉRANDE

De l'estuaire de la Vilaine au golfe de la Loire on n'est plus en Bretagne bretonnante ; les hommes y ont même sang que les Celtes aux longs cheveux, même énergie passionnée, même amour pour la mer, leur sauvage nourrice ; mais ils parlent français ; après le vieux langage, les vieilles mœurs s'en vont de la *Presqu'île de Guérande*.

La péninsule guérandaise donne sur la mer, tantôt par des roches et falaises, tantôt par des dunes fixées ; au nord, elle s'arrête au fossé de Mesquer, estuaire non profond bordé de salines ; à l'est, elle finit aux tourbes de la Grande Brière.

Elle a pour ports Piriac, la Turballe, le Croisic, le Bourg de Batz et le Pouliguen.

Piriac ne reçoit que des barques ; la Turballe, confiseuse de sardines, ne peut accueillir que des bateaux de pêche.

Le nom du Croisic rappelle que le breton régna sur cette côte ; qu'il signifie la Petite croix ou la Petite grève, c'est un diminutif celtique. A cette ville bien plus marinière et commerçante il y a deux cents ans qu'aujourd'hui, les bains de mer ramènent quelque chose de sa vieille fortune, alors qu'elle entremêlait rues et ruelles là où il n'y a plus à cette heure que des jardins et des prés.

Bourg-de-Batz, assis sur sa dune, vendait autrefois le sel de Guérande en Armorique et hors de la vieille province ; ses « paludiers » ressemblaient par le costume aux « arrieros » espagnols, coiffés comme eux d'un grand chapeau et comme eux suivis de mules aux pompons coquets.

Leur commerce était exempt de fraude, puisqu' « une boule lancée dans les rues de Batz s'arrête toujours devant la porte d'un brave homme ».

Ces bonnes gens n'allaient jamais chercher femme au dehors : ils étaient tous cousins, et l'une des familles du bourg, les Lohuédé comptent près de 500 personnes — telles, en Canada français, les familles issues des premiers pionniers de la Nouvelle-France, les Gagnon, les Tremblay, les Labelle, etc. Autour de Batz, en quelques hameaux aux noms commençant surtout par la syllabe *Ker* — 400 hommes parlent encore le breton, à neuf lieues à vol d'oiseau de ce qui reste encore Bretagne celtophone.

Le Pouliguen est un port de pêcheurs, de saliniers, une ville de bains dont le nom celtique à peine altéré signifie

QUATRIÈME — *Petits Monts, Bas Plateaux, Plaines.*

la Petite Baie Blanche : de la blancheur de sa plage de sable fin.

Le Pouliguen, Bourg-de-Batz, le Croisic occupent tous trois une antique rangée d'îles parallèle à un vieux rivage aujourd'hui reculé dans les terres ; ces trois îlots, la vase et les sables les ont réunis en un seul en même temps qu'ils les rattachaient au continent ; puis l'homme assura la soudure par des routes, des digues, des ponts sur des chenaux ; l'union est consommée depuis quatre siècles.

Mais si des apports ont cousu cet archipel à la France les emports de substance à la suite des tempêtes l'ont incroyablement diminué, de même que tout le rivage au nord de l'embouchure de la Loire. Des écueils innombrables, des banches, bancs ou platins, ici une pointe noire, une crête tranchante comme un rasoir, là un plateau couvert de fucus, ailleurs une roche isolée, un piédestal de phare, disent qu'il y eut en ces lieux une vaste fin des terres devenue une fin des mers.

Dans les apports de la mer pris autre part à la terre, les riverains, tant ceux de la côte d'antan que ceux des îlots soudés à la France, creusèrent, croisèrent, entre-croisèrent les étiers et canaux des salines.

Ces salines, la noble ville de *Guérande* les domine, encore entourée de sa muraille de granit flanquée de dix tours : féodale au dehors par cette enceinte dont l'eau des fossés reflète immobilement le lierre et le chèvrefeuille, Guérande l'est au dedans par de vieilles maisons seigneuriales.

Très bien protégés de la haute mer par l'« île de Batz », et la presqu'île étroite, affilée, sablonneuse de Pen Bron où les enfants scrofuleux sont hospitalisés dans deux sanatoires marins, il y a là, sur la baie très intérieure et point profonde du Trait, 1 700 hectares de salines, jadis travail et richesse de Guérande, de Saillé, de Batz, du Croisic.

C'est une prospérité passée ; les paludiers ne vendant plus leur sel, abandonnent leurs « œillets » ; le marais salant devient marais saumâtre, insalubre, et la vaillante population des sauniers décroît à vue d'œil : ce n'est plus le temps où vingt mille familles au moins vivaient du sel sur notre rivage océanique, d'avant l'embouchure de la Loire jusqu'à l'estuaire de la Gironde, sur le littoral et dans les îles.

L'Anse du Pouliguen donne sur une baie conquise par une mer agressive ; au large, des écueils marquent la ligne de ce qui fut la côte. Tout au long de son magnifique sable doux aux pieds, à Penchâteau, au Pouliguen, à la Bôle, ce ne sont que chalets de plaisance et ce ne sont que baigneurs. Toute cette

Le Plus Beau Royaume Sous le Ciel. CHAPITRE QUATRIÈME

rive est sable et pins; sable rejeté par l'Océan, pins immobilisant les hautes dunes de la Bôle et d'Escoublac (53 mètres) qu'il était grand temps d'arrêter : quand on les a figées sur place, elles avaient couvert déjà des hameaux, des vallons et tout un village, l'ancien Escoublac, abandonné depuis 1779.

Au delà de Pornichet, autres bains de mer, on arrive à la pointe de Chemoulin, qui est le terme septentrional du golfe de la Loire, dont la borne méridionale est la pointe de Saint-Gildas : de l'une à l'autre il y a plus de 10 kilomètres.

CHAPITRE CINQUIÈME

LA LOIRE

LXXVIII. LA LOIRE, SES ACCÈS, SES DÉFAILLANCES. ‖ LXXIX. DE LA SOURCE A LA PLAINE DU FOREZ. ‖ LXXX. PLAINE DU FOREZ. ‖ LXXXI. DE LA PLAINE DU FOREZ A L'ALLIER. ‖ LXXXII. DE L'ALLIER A LA VIENNE. ‖ LXXXIII. DE LA VIENNE A NANTES. ‖ LXXXIV. DE NANTES A LA MER : GRANDE BRIÈRE. ‖ LXXXV. BOCAGE POITEVIN. ‖ LXXXVI. THOUET ET SÈVRE NANTAISE. ‖ LXXXVII. MARAIS BRETON. ‖ LXXXVIII. NOIRMOUTIER. ‖ LXXXIX. ILE D'YEU. ‖ XC. DU MARAIS BRETON AU MARAIS POITEVIN.

LXXVIII
LA LOIRE,
SES EXCÈS,
SES
DÉFAIL-
LANCES

COMMENCÉE à la baie du Mont-Saint-Michel, la presqu'île armoricaine s'achève à l'estuaire de la Loire, mais les vieilles roches armoricaines se continuent jusqu'en plein Poitou, par delà le fleuve autour duquel gravitent le plus de terres françaises.

Cette *Loire* dont le très ample val divertit le granit de Bretagne du granit de Poitou, la Loire coupe à peu près la France en deux et, si elle n'a point de part aux Alpes, aux Pyrénées, au Jura, aux Vosges, aucun de nos grands courants n'a de contact avec plus de montagnes, plateaux et plaines du plus beau royaume sous le ciel : Cévennes volcanique ou non, Monts Vellaves et Devès, Monts du Vivarais, Pilat, Monts du Forez, Monts du Lyonnais et du Charolais, Morvan, Dore et Dôme, Cantal, Margeride, Monts de la Marche et du Limousin, Puisaye, Gâtinais, Beauce et Sologne, Champagne du Berry, Brenne, plaines de Touraine et d'Anjou, Perche et Monts Normands, plateaux du Poitou, Gâtines et Bocages, etc., etc. Du Languedoc à la Bretagne c'est bien le « grand fossé central » de la terre française, le trait d'union par

Le Plus Beau Royaume Sous le Ciel.

excellence, et si les divinités topiques alliées aux puissances de l'air en avaient fait un courant plein, profond, régulier, fécondant, bienfaisant, c'est sur sa rive et non sur celle de Seine qu'aurait grandi la ville royale, impériale et nationale.

Le nom de la Loire, tel que nous l'ont transmis les Romains, *Liger*, a-t-il ou n'a-t-il pas de relations d'intime parenté avec celui des Ligures, ce peuple énigmatique, ibère suivant les uns, celte suivant les autres, qui vivait sur des rivages et dans des îles de la Méditerranée ? Tout ce qu'on peut affirmer, c'est qu'il ne vient pas des deux mots latins *lignum gerens*, porteuse, flotteuse de bois, comme prétendaient nous l'apprendre les étymologistes naïfs d'il y a cinquante ans à peine.

Tout au long de ses 1 025 kilomètres, la Loire est un terrible modèle d'irrégularité désastreuse : et cela par l'imperméabilité d'une grande partie de son bassin de 12 109 210 hectares, soit de près du quart de la France : exactement les 225 ou 226 millièmes du sol national. Environ les 45 centièmes de son aire appartiennent à des roches non absorbantes, surtout dans la conque supérieure, à l'inverse de la Seine, ce fleuve pacifique drainant une région dont les roches étanches n'occupent que le quart.

Dans la moitié du versant ligérien, ou peu s'en faut, les eaux tombées à gouttelettes ou celles que l'ouragan jette en cascades s'enfuient d'une course vertigineuse et le sol ne les boit pas au passage ; qu'il pleuve longtemps ou en brève averse, par un orage noir ou dans une souriante ondée du printemps, entre deux soleils ou pendant l'astre, chaque pli de ces terres sans porosité rassemble un torrent, chaque ravin concentre un fleuve, et ces déluges s'écroulent sur la Loire.

Tous les ans, et souvent plusieurs fois l'an, la Loire mène autant de flots qu'un grand fleuve d'Asie, d'Afrique, d'Amérique, et ce Mississippi fait d'orages détruit plus que le Meschacébé des Yankees, fait de lacs et de fontaines. La rivière de Nevers, d'Orléans, de Tours n'épuise pas sa colère, comme le fait encore le « Père des Eaux », sur des plages à demi désertes, sur des savanes et des marais ; ce n'est pas une solitude qu'elle noie, c'est une vallée féconde, parée, pimpante, des jardins, des parcs, des châteaux, des villes, des quais orgueilleux, des ponts superbes ; quand la crue passe, elle menace l'œuvre de vingt générations, dont il lui arrive même de troubler les tombeaux. Ainsi en 1856, elle fouilla le cimetière de la Chapelle, près de l'embouchure de l'Indre.

Jadis la Loire avait de vastes étendues à couvrir de flots

Petits Monts, Bas Plateaux, Plaines.

jaunes, rayés de boue et de sable, avant de sillonner les champs, de raviner les jardins, de cerner les maisons devant les riverains pâles d'épouvante; en lits vivants ou morts, en flaques, en îles, en bancs de sable, en terres vagues, en berges variables, elle avait, par exemple, 7 kilomètres de large devant Jargeau, et moitié de cette ampleur devant Orléans, ville où l'on a la folie de la museler dans un canal de 250 mètres entre bords.

Le riverain de la Loire est pareil à tout paysan du monde sublunaire; il vaut le Sicilien qui s'empare de la lave à peine refroidie du volcan, à deux pas du cratère sournois; dans le partage qu'il méditait entre sa plaine et son fleuve, il a lésé la Loire.

L'homme de l'Orléanais, de la Touraine, de l'Anjou a donc entrepris d'enchaîner le fleuve : partout où la nature ne l'a pas contenu par de hautes berges ou des collines, il a construit des levées; d'abord jusqu'à 3 ou 4 mètres de hauteur, puis, sous Louis XIV, Louis XV et Louis XVI, jusqu'à 7 mètres.

Ces digues, supérieures aux crues moyennes, gardent le val tant qu'il plaît à la Loire de ne pas crever leurs flancs ou dépasser leur crête; mais, ce faisant, elles retiennent dans le fleuve le sable et la vase qu'il répandait libéralement dans la campagne quand on le laissait à sa large expansion.

Ainsi s'exhausse lentement, mais toujours, le lit de la rivière « Porte-bois » de nos vieux latinistes, et ce serait démence que de relever indéfiniment les digues de retenue.

Devant Orléans, devant Blois, devant Tours, dans son lit tel que l'homme l'a réduit, il ne coule commodément que 6 500 mètres cubes par seconde, et les crues en amènent 8 000, 9 000, peut-être 10 000; il arrive donc un moment où le fleuve a beau se bomber à son milieu et passer du trot au galop : l'instant venu, la digue devient une crête de cascade longitudinale et la campagne est déchirée.

On n'a point oublié 1856 : les levées rompues à soixante-treize brèches; les villes éventrées; les plaines triturées; la vallée où Beaufort borde un ruisseau paisible envahie tout à coup par un fleuve exaspéré; les ardoisières de Trélazé comblées en quelques heures par un Niagara fangeux, quand il avait fallu tant d'années, tant d'hommes pour creuser leurs cavernes dans le schiste des coteaux angevins.

Dès avant Roanne, à l'issue de 640 000 hectares seulement, la Loire en crue roule 3 000 mètres cubes à la seconde, ou 300 fois l'étiage, 40 fois l'ordinaire volume; et telle phénoménale avalanche peut la gonfler à 6 000 ou 7 000 devant Nevers; or au-dessous de Nevers arrive l'Allier, frère de la Loire, qui vient de presque aussi loin qu'elle dans un bassin non moins imperméable : mais par bonheur on voit rarement, ou plutôt on ne voit jamais les deux grands torrents jumeaux arriver avec la même fureur au bec de leur rencontre.

Au-dessous de l'Allier, la Loire en débordement croît peu ou point ; les rivières d'en bas, Cher, Indre, Vienne, Maine, Thouet, Sèvre Nantaise, ne montent jamais au maximum en même temps que les torrents d'amont ; puis chaque brèche des levées étend l'eau sur la plaine, tandis qu'une partie des flots de la crue va se perdre tout près de là dans des riviérettes parallèles coulant dans le val même : c'est à droite la Cisse et l'Authion qui ne s'appartiennent plus qu'à demi dès leur entrée dans le sillon du fleuve ; sur la rive gauche ce sont des branches du Cher et de l'Indre, puis le réseau de bras coulants, de bras obstrués, de ruisseaux lents, qui va des Ponts-de-Cé à Saint-Florent le Vieil ; enfin la rivière d'Angers, la Maine sans pente, qui boit une partie de la crue ligérienne, puis la régurgite. Ce sont là les petits « igarapés », soit, à la française, les bras latéraux, les coulées, les fausses rivières d'un très petit Amazone. En aval du confluent de cette rivière d'Angers la Loire ne roule jamais beaucoup plus de 6 000 mètres cubes, moins qu'à Nevers en crue « formidable ».

L'été venu, la longue sécheresse fait du fleuve un sable où coulent çà et là des ruisseaux clairs et, près du bord, un chenal régulier qu'on s'efforce de tenir navigable.

Elle descend à 24 mètres cubes devant Orléans, à peine ce qui passe dans la Seine lors des sécheresses séculaires, avant que la Marne ait accru d'un tiers le fleuve étroit de Paris ; elle peut même ne pas rouler 10 mètres devant la ville que délivra Jeanne d'Arc, par suite de fuites d'eau dans son lit fissuré — mais tout ce dont elle se diminue à son passage sur le calcaire de Beauce lui revient un peu plus bas par des sources de fond, et surtout par les apports du Loiret, rivière faite uniquement de la remontée des flots soutirés en profondeur à la Loire.

Ces « défaillances » à part, elle épanche en étiage normal 32 mètres cubes à son entrée dans l'Orléanais, 52 au-dessous du confluent du Cher, 72 en aval de l'embouchure de la Vienne, 100, plus ou moins, lorsqu'elle vient d'absorber la Maine. Quant au débit normal, le Cher l'élève à 215 mètres cubes, la Vienne à 300, la Maine à 375 (?).

A Nantes le fleuve n'est pas sans grandeur, mais les quais de la ville ne pressent pas seulement la Loire, il y a surtout du flot de mer entre ces quais, et ce flot retient et régularise les eaux d'amont.

CINQUIÈME *Petits Monts, Bas Plateaux, Plaines.*

Dix fois trop d'onde ou dix fois trop peu, c'est le blason de la Loire, qui boit moins de fonts vives que la Seine, et pas un seul glacier, comme le Rhône en a tant, et la Garonne quelques-uns.

On a projeté sur la Loire et l'Allier 68 barrages qui pourraient retenir ensemble 520 millions de mètres cubes : assez pour verser au fleuve 60 mètres de plus par seconde pendant cent jours d'eaux basses, et les crues seraient diminuées de tout ce qu'immobiliseraient ces réservoirs.

Quatre seulement de ces barrages sont faits : celui de l'Echapre ou de Firminy, sur un tributaire de l'Ondaine, ceux de Rochetaillée et du Pas de Riot, sur le Furens de Saint-Étienne; celui du Saut du Pinay, sur la Loire elle-même, ce dernier datant de deux cents ans bientôt, les trois autres construits récemment.

Trente, quarante de ces soixante mètres cubes par seconde pourraient être enlevés par une dérivation près du Bec d'Allier, sans que les riverains d'aval en murmurent, puisque la Loire d'Orléans, de Blois, de Tours, même diminuée de ces 30 000 à 40 000 litres, serait une Loire supérieure au fleuve d'aujourd'hui.

Prise assez haut en fleuve, on amènerait cette rivière bienfaisante sur le plateau de Gien; elle arroserait Gâtinais, Beauce, Brie, elle verserait des ruisseaux dans les ravins anhydres de la forêt de Fontainebleau, qui serait alors, non pas la belle, mais la plus belle, et arrivée dans Paris, cette eau doublerait la Seine estivale.

On ferait ces digues, ces lacs, ce canal avec la moitié de l'or que Lutèce a dépensé pour sa fausse élégance.

LXXIX
DE LA
SOURCE
A LA
PLAINE DU
FOREZ

A moins de 150 kilomètres de la plage méditerranéenne de Palavas-les-Flots près de Montpellier, à distance égale du Puy, de Privas et de Largentière, une source jaillit sans bruit, dans l'Ardèche, à 1 375 mètres; elle s'épanche d'un versant du Gerbier-de-Jonc, phonolithe nu qui se lève coniquement dans les Cévennes, près du Mézenc, prince de ces monts.

Oubliant le sage proverbe : « Les petits ruisseaux font les grandes rivières », on s'imagine volontiers que les grands fleuves ont un grand commencement; que, sortis du sein mystérieux de la Terre, d'une caverne, d'une forêt, d'un cirque, nés à peine et déjà féconds, ils passent avec la majesté du triomphe, amples, calmes, profonds, vénérables, devant les premiers torrents qui s'attachent à leur fortune; or, la presque imperceptible source de la Loire, effluent d'une humble mare, entre aussitôt dans des tuyaux en bois qui la versent en une auge à porcs.

Au lieu de bondir à l'est vers le Rhône, dont la vallée se devine du haut du Gerbier-de-Jonc, au lieu de descendre au sud vers la Méditerranée prochaine, la Loire tourne au septentrion vers la lointaine Atlantique. Mille chemins, un seul but !

Rejetée au nord par le Suc de Bauzon, elle serpente quelque temps dans une contrée dont les basaltes et autres pâtes plutoniennes sortirent de volcans de l'ère quaternaire ; dans ce passage tortueux vers le confluent du Vernazon parti des monts de Peyrebeille, elle coule en un lit de laves au bas des *Orgues de la Palisse*, vraiment superbe colonnade basaltique issue des flancs de ce Suc de Bauzon. Ensuite elle entre dans une région de gneiss, de granit, et coule à plus de 100 mètres en contre-bas du lac d'Issarlès, dont elle ne reçoit aucun ruisseau visible ; mais des sources lui transsudent à travers la paroi poreuse de ce gouffre ovale extrêmement profond.

Puis elle s'en va, vive et claire, dans les gorges du Velay, où la verdure de son val contraste avec le talus des rougeâtres basaltes : car, si la Loire coule jusqu'aux environs du Puy dans une vallée de roches dures, il arrive parfois que les pierres volcaniques des plateaux du Devès et du Velay, basaltes pliocènes, descendent jusqu'à presque dominer le cours tordu de ses eaux qui perpétuellement se nouent et se dénouent.

Elle n'a point perdu les allures d'un torrent qui tantôt mouille à peine ses pierres, tantôt menace d'engloutir sa vallée, quand, par 600 mètres d'altitude, elle arrive dans le bassin de la cité des dentelles, le Puy-en-Velay, ville étrange qu'elle laisse à une lieue à gauche, dans le vallon latéral de la Borne. Large de 30 à 60 mètres, limpide sur un lit de pierre, elle passe dans les *Gorges de Peyredeyre*, taillées en granit et longues de deux lieues ; et ces sombres couloirs la transmettent, en planiols interrompus de ratchs, du bassin du Puy, lac comblé, dans l'Emblavès qui fut également un lac ; puis ce sont les *Étroits de Chamalières*, où les torsions du jeune fleuve ont 15 kilomètres de long, entre granits de 400 à 500 mètres de hauteur que recouvrent çà et là des coulées volcaniques. Puis dans un val moins comprimé, le Lignon Vellave lui amène des eaux rapides venues des mêmes monts que la Loire par un chemin presque deux fois plus court ; aussi ne roule-t-il guère que la moitié de l'eau du fleuve qui lui prend son nom ; plus bas arrive l'Ance forézienne, torrent des roches dures.

Ensuite, ayant erré déjà pendant 170 kilomètres, tandis qu'il n'y en que 60 à vol d'oiseau depuis sa source, elle pénètre

CINQUIÈME   *Petits Monts, Bas Plateaux, Plaines.*

dans les *Gorges de Saint-Victor*, dont le déroulement a 18 kilomètres, entre le pied des monts du Forez à l'ouest et l'enracinement du Pilat à l'est : celui-ci voit deux rivières inégales, à peu près parallèles : au couchant la fantasque Loire qui marche vers le nord ; au levant, le vaste Rhône qui court vers le sud.

LXXX
PLAINE
DU
FOREZ

La percée de Saint-Victor, deux fois moins creuse que les étroits de Chamalières, s'ouvre par 370 mètres sur la *Plaine du Forez*. Celle-ci fut l'un des grands lacs qui retenaient le cours de la Loire ; lacs dont on doit à la fois louer et regretter la disparition : en se comblant de débris et en se vidant d'eaux ils nous ont donné de larges plans d'alluvions avec villes, bourgs, villages, champs, prairies et jardins ; mais s'ils ne s'étaient ni comblés, ni vidés, ils suspendraient les eaux de crue, et la Loire, ainsi régularisée, serait un fleuve utile, et bienveillant, au lieu d'un courant sauvage.

Ayant à l'occident les monts du Forez, à l'orient les monts du Lyonnais, ceux-ci deux fois plus proches du fleuve que ceux-là, la plaine du Forez a dix lieues de long du sud au nord sur quatre à cinq de large : en tout 62 000 hectares, dont 40 000 environ sur la rive gauche de la Loire.

Plaine du Forez, et aussi plaine de Montbrison d'après la petite ville découronnée qui fut la capitale du pays ; Montbrison, presque morte depuis qu'a tant grandi Saint-Étienne, groupe ses maisons au pied oriental des monts où règne Pierre-sur-Haute, à la lisière occidentale de la plaine, sur la pente et au bas de l'un des trente petits volcans qui éclairèrent de leurs fumées rouges la vallée du fleuve, si c'était une vallée déjà ; son lac si c'était encore un lac.

Le lac aboli du Forez fut à son début sans indépendance propre, car il y eut une ère très antérieure à ce que nous appelons la nuit des temps où ce parage presque central de la France contenait une sorte de mer douce, un « Lac Supérieur » très allongé qui allait de la Cévenne au Morvan, avec étranglements et épanouissements comme les bassins lacustres du Canada et de son Nord-Ouest.

De ce lac dont font la preuve rétrospective des plaquements d'alluvions à une très grande hauteur au-dessus des plaines actuelles, se dégagèrent lentement, par l'usure des roches opposées au cours du fleuve, le plan de Roanne, le plan du Forez, l'Emblavès, le bassin du Puy-en-Velay.

Et chacune de ces plaines demeura longtemps un lieu de lutte entre la terre et l'eau ; celle du Forez plus durablement

Le Plus Beau Royaume Sous le Ciel.

que les trois autres, et même le combat n'y a pas encore cessé faute de combattants : l'eau y est toujours là, non encore vaincue, avec son fleuve qui parfois s'atténue jusqu'à humecter à peine les sables de son lit, mais qui s'enfle souvent à crever, et crève en effet en remontant au loin ses affluents et des affluents de ses affluents; elle est toujours là, avec ses marais, ses étangs, ses riviérettes alanguies qui s'y reposent des cascades de la montagne, ses brumes que le soleil ne disperse pas toujours.

Jusqu'au siècle dernier, même jusqu'à ce siècle-ci la plaine du Forez le disputait avec Dombes, Brenne et Sologne en stagnance des eaux, en bruines glaciales, en pestilence, en fièvres, en scrofules, en morts avant l'âge. 871 étangs de nulle profondeur avec plages découvertes en été et, à côté de ces étangs, des marais étaient la cause du mal; il en reste encore des centaines, qui sont viviers à poissons, mais leur nombre diminue constamment, les marais s'effacent, les riviérettes et ruisseaux sont curés, assainis; et le Canal du Forez commence à répandre la fécondité le long de ses branches, sous-branches, et rigoles.

Le *Canal du Forez* puise à la rive gauche du fleuve dans les gorges de Saint-Victor, à l'altitude de tout près de 400 mètres; il lui prend de 5 à 10 mètres cubes par seconde, suivant la saison, et vraiment quand la Loire est très basse, il la confisque presque toute, puisqu'il y a des jours, des semaines même où elle ne convoie guère que 6 000 litres. Une descente d'une trentaine de mètres le mène dans la plaine forézienne, laquelle a le plus haut de son terroir à 370 mètres, le moins haut à 320; et là, il domine 26 000 hectares dont il pourrait, tout le réseau terminé, toutes eaux employées, arroser de 10 000 à 20 000 selon qu'il reçoit 5 ou 10 mètres cubes à son départ du fleuve; on compte surtout lui soumettre 8 000 hectares de prairies qu'il doublerait assez exactement de valeur; ces prés seront le meilleur de la campagne forézienne, mais le sol, fait d'argiles, de marnes, de grès tertiaires, d'alluvions quaternaires, se prête également au blé, au chanvre, au mûrier, aux arbres fruitiers, à la vigne : si la terre est froide ici, l'altitude n'a rien d'excessif et la latitude, entre 45° et 46°, n'est guère plus éloignée de la ligne équatoriale que du sommet de la toiture polaire — d'où cette vigne et ces mûriers, plantes à demi méridionales.

Dans la plaine de Forez, la Loire visite en passant les formidables tours du château de Montrond, près du confluent de la Mare, fille des monts du Forez, et de la Coise de Saint-Galmier, fille des monts lyonnais; elle baigne Feurs, qui

CINQUIÈME   *Petits Monts, Bas Plateaux, Plaines.*

donna son nom au Forez, elle boit un Lignon moins âpre et violent que le Lignon Vellave, et ce Lignon c'est naturellement le Lignon forézien.

**LXXXI
DE LA
PLAINE
DU FOREZ
A
L'ALLIER**

Vers le confluent de l'Aix, autre enfant de la montagne forézienne, la plaine fait place à de nouveaux défilés dans les roches anciennes, couloirs tortueux où la Loire reste enfermée pendant près de huit lieues et qui sont la fin de ses travaux en montagne, car à partir de son issue de ce corridor de pierre, elle ne rencontre plus de Roanne à l'Océan que plaines et collines, au lieu de monts et cagnons. Ces dernières gorges, où elle pénètre par un peu plus de 300 mètres et dont elle se dégage par un peu plus de 270, n'admettent ni bourgs, ni villages, en vertu de leur étroitesse. Le fleuve y a son Saut de Pinay, à 6 kilomètres après l'entrée en rainure, et son Saut du Perron à 6 kilomètres avant la sortie. Le *Saut de Pinay* était un courant violent, un bouillonnement rapide ; c'est aujourd'hui le lieu d'un barrage-réservoir : dressée en 1711, une digue de 17 mètres de hauteur au-dessus de l'étiage a profité de ce qui restait des piles d'un pont romain jeté sur un étroit de la Loire ; 12 à 13 millions de mètres cubes refluent derrière la levée, dans la gorge, puis en plaine jusque vers le pont de Feurs. Au-dessous du *Saut du Perron*, la Loire se calme, son lit s'ouvre ; elle s'épanche dans la plaine de Roanne, baigne Roanne, « annihile » le Rhin, venu des monts du Beaujolais, et le Sornin, issu de ces mêmes monts.

En aval de Roanne dormait jadis, comme en amont, l'eau d'un léman du fleuve retenue par une digue de porphyre qui alliait ce qui est en ce temps-ci monts de la Madeleine à ce qui est monts du Beaujolais et du Morvan.

Cette digue s'usa : lentement, vu son extrême dureté ; alors Morvan et Beaujolais furent disjoints du plateau central.

Désormais rivière de plaine affranchie des austères étranglements, la Loire hume l'Arconce amenant des monts herbeux du Charolais le tribut de mille ruisseaux tournoyants ; elle recueille dans la proche banlieue d'aval de Digoin l'Arroux, rivière en grande partie morvandelle ; elle s'incline vers le nord-ouest, confisque la Bèbre, qui découle des Bois Noirs, laisse à une lieue à droite la ville thermale de Bourbon-Lancy, absorbe à Decize l'Aron, morvandiau par ses affluents de gauche, nivernais par ses affluents de droite issus d'étangs dans les bois. Elle rencontre à Nevers la Nièvre, riviérette vive, premier affluent du fleuve qui, formé dans l'oolithe, soit véritablement un courant constant, pacifique, fait de fontaines et non d'orages, avec belles eaux, bon étiage, crues modérées. A 7 kilomètres sous Nevers, au *Bec d'Allier*, par 172 mètres, la Loire arrive en face de l'Allier, seconde branche mère.

Quel est réellement le plus grand des deux courants dont se forme le fleuve d'Orléans, Tours et Nantes? Au confluent, la Loire, qui vient de l'est, a la même largeur exactement que l'Allier, qui vient du sud, à angle droit. Mais la rivière de Nevers, encore qu'elle cède ici la direction à la rivière de Moulins qui l'incline de l'ouest au nord, est malgré cette apparence d'égalité la plus puissante des deux dans la moyenne de l'année, pour trois causes : un déroulement supérieur de 20 kilomètres (430 contre 410), un bassin plus grand de 310 000 hectares (1 753 000 contre 1 443 000), une plus grande abondance de pluie dans le bassin (822 millimètres par an contre 691) : en somme, et sans accorder trop de confiance aux mesures des ingénieurs, la Loire heurterait l'Allier avec 136 mètres cubes par seconde en volume coutumier, et l'Allier en opposerait 90 à la Loire : d'où 226 mètres cubes pour le fleuve d'immédiat aval.

LXXXII
DE L'ALLIER
A LA
VIENNE

L'Allier reçu, la Loire prend momentanément une extrême largeur, jusqu'à plus de 1 200 mètres quand des îles embarrassent son cours, avec rétrécissements à 600, 400, même 300; elle effleure Fourchambault, ville de forges, et la Charité; elle s'étale au bas de la colline que couronne superbement Sancerre, puis devant Cosne où conflue le Nohain, courant de l'oolithe et de la craie notable pour sa pureté d'eau, son flot jamais tari, ses crues sans désastre, au cœur de l'ancien pays du Donzois.

A Briare, la Loire passe sous un pont-aqueduc de 663 mètres portant de la rive gauche à la droite le canal latéral au fleuve jusqu'au lieu de départ du canal de Briare, lequel se continue jusqu'à la Seine par le canal du Loing; ensuite c'est Gien, et le fleuve s'avance dans son *Val de Loire*, entre le talus de la Sologne à gauche, et à droite le talus du Gâtinais, puis celui de la Beauce. C'est alors qu'il commence à diminuer très visiblement en temps d'eau basse — en eau moyenne, encore plus en grandes eaux, la diminution n'est pas apparente. A partir des environs de Saint-Benoît-sur-Loire, qui eut 15 000 âmes quand florissaient son abbaye et ses écoles, elle décroît de tout le flot que soutirent au passage les fentes du calcaire de Beauce, roche de son lit; et ce soutirage est tel que, forte normalement d'une trentaine de mètres cubes à l'étiage de Gien, elle finit par ne pas même en amener dix devant Orléans : indigence vraiment extraordinaire quand on repasse en mémoire tous les torrents « ligériens » qui se déroulent de la Cévenne au Morvan, de la Margeride et du Cantal à la Puisaye, du Pilat aux monts de la Marche! Mais, dès Orléans, elle commence à récupérer ce qu'elle a perdu, et le confluent du Loiret la restaure intégralement.

Car icelui *Loiret* lui ramène suivant la saison 10, 15, 18, 20, voire 25 mètres cubes puisés à des sources visibles et surtout à des sources de fond qui ont pour unique origine les avalements d'entre Saint-Benoît et Orléans. Il part de deux fontaines dont on a trop célébré l'abondance, mais le site est gracieux, les arbres sont beaux.

Il jaillit tout près d'Orléans, ville qui boit son onde, au parc du château de la Source, dans la vallée même de la Loire, au pied d'un talus bas dont le sommet commence la Sologne. Sa première et gracieuse fontaine, le *Bouillon* ne bouillonne (suivant son nom) que depuis 1672 : auparavant toute l'eau sortait de l'*Abîme*, trou profond.

Quand le Bouillon naquit, déchirant soudain la terre du Val de Loire, il courut aussitôt vers l'*Abîme*, qui n'était éloigné que de 117 mètres ; il le noya, et cet antique surgeon du Loiret ne fut plus qu'un de ses gouffres, et en même temps une source de fond.

Bouillon, Abîme du Loiret, ce sont les mêmes noms que le Bouillant, le Dormant de la Touvre ; et les mêmes faits, mais avec infiniment moins de grandeur, les deux surgeons du Loiret n'épanchant ensemble que 700 litres par seconde en temps sec.

Il n'a que 12 kilomètres de déroulement, toujours à la base du terre-plein de Sologne, d'un cours pur, frais, ombragé, très endormi par les usines, avec tant de sources aveuglées par ses eaux qu'il en résulte une rivière vingt, trente fois plus abondante que l'initial Loiret de l'Abîme et du Bouillon ; bref, comme le dit si bien le nom de Loiret, une « Petite Loire », presque égale à son homonyme en saison « déplorablement » sèche, mais dix, vingt, cinquante et plus de cent fois inférieure lors des grandes ou très grandes crues. En étiage cette riviérette de 700 litres à son origine devient un courant de 12, 15, 20 mètres cubes, ou plus encore, selon que la Loire, sa pourvoyeuse, pourvue elle-même par les pluies d'amont, laisse descendre plus ou moins de flot dans les lacunes de son lit d'avant Orléans.

Le Plus Beau Royaume Sous le Ciel.

Dès Gien, le fleuve incline à l'ouest et prend décidément le chemin de l'Atlantique : s'il gardait sa direction première, il gagnerait la Seine par Montargis, et Paris presserait entre ses quais une rivière deux ou trois fois plus large.

Après Meung et Beaugency, vers Blois, commence le « *Jardin de la France* », de tout temps vanté comme notre plus séduisant paysage ; cette renommée vient de ce que l'ancienne France, celle qui a modelé la nation, ne comprenait que la moindre partie du pays formé par l'alliance des langues d'oïl et d'oc ; cette France-là n'opposait à la Touraine que l'Orléanais, l'Ile-de-France, la Champagne et la Bourgogne ; elle n'avait pas alors les terres de beauté, Franche-Comté, Dauphiné, Provence, Auvergne, Languedoc, Limousin, Guyenne et Béarn ; plus tard les courtisans, les favoris, les poètes payèrent en hyperboles l'hospitalité des châteaux royaux.

Il faut autre chose que des peupliers, des saules, des îles basses, des châteaux et des parcs pour être la première des vallées dans un pays où passent Doubs, Rhône, Isère, Tarn, Lot, Dordogne, Nants, Dorons, Nestes et Gaves. Toutefois, s'il n'a pas de cluses comme Doubs et Rhône, de montagnes comme l'Isère, de gorges lumineuses comme le Gard et l'Hérault, de cagnons comme le Tarn, de créneaux de rochers comme Lot et Dordogne, de promontoires de granit et de gneiss comme Viaur, Taurion, Creuse et Vézère, de cirques et de cascades comme les Gaves, le Val de Loire est une campagne clémente, riante, paisible, parée de villas, de parcs, de châteaux, de ruines, douce en hiver, charmante en automne.

Au-dessous de *Blois*, ville au grand château royal, la Loire admet le flot trouble de deux rivières solognotes, le Cosson, le Beuvron ; elle sillonne des sables au bas du château de Chaumont, puis au bas de la ville d'Amboise et de son grand manoir qui fut princier, plus que cela, royal, comme celui de Blois ; elle engloutit la Cisse, elle se coupe aux quinze arches du pont de Tours (434 mètres), ville où le val est commun au fleuve et au Cher, ici séparés par moins de 3 kilomètres. Ce Cher lui vient en aval de Langeais, suivi de l'Indre, puis de la Vienne, ces deux dernières ayant leur embouchure dans le *Véron*, plaine d'une extrême richesse, prairie et surtout chanvrière fiévreuse à l'époque du rouissage : cette plaine longe la rive gauche, vis-à-vis des campagnes de Bourgueil, plus opulentes encore. Cher, Indre et Vienne augmentent ensemble le fleuve de Touraine de 35 mètres cubes aux moindres eaux, de 125 au minimum en volume ordinaire, et leurs expansions réunies peuvent dépasser 4 500 : c'est pourquoi la Loire qui entoure les

CINQUIÈME   *Petits Monts, Bas Plateaux, Plaines.*

îles du pays angevin est un courant presque deux fois plus puissant en réalité (non pas en apparence) que celui dont les sables orléanais divisent les eaux en ruisseaux transparents dès que les flots de crue se sont écoulés.

LXXXIII
DE LA
VIENNE
A
NANTES

De la rencontre de la Vienne aux Ponts de Cé, qui sont réellement un faubourg méridional d'Angers, la rive gauche, au pied de coteaux raides, est comme une longue, pittoresque, agréable rue, tandis que la rive droite fuit vers une plaine de très grande ampleur qui continue vers l'aval celle de Bourgueil et où l'*Authion*[1] dort dans des prairies mouillées, en canal, en fossé plus qu'en rivière. A 2 500 mètres au-dessous de Saumur, où un pont métallique de 1 300 mètres convoie les trains du chemin de fer de Paris à Bordeaux par Niort, le Thouet épanche les eaux du Bocage poitevin; au delà des Ponts de Cé débouche la rivière de la ville d'Angers, laquelle n'est qu'à 5 kilomètres au nord de la rive droite. Cette rivière, la Maine, apporte des eaux de très diverse provenance : de Beauce, de Perche, de Normandie, d'Anjou, de Bretagne. Plus bas, à Chalonnes, qui a des mines de houille à grande profondeur sous le val et sous la Loire elle-même, le Layon arrive avec des eaux empruntées au Bocage d'Anjou.

A partir des Ponts de Cé, les îles plates comprises entre le fleuve et la grande coulée de gauche appelée le *Louet*, et les petites îles de la Loire elle-même, allongées dans le sens du courant, sont extrêmement nombreuses, admirablement soignées, vrais jardins de production et de plaisance avec population drue.

Près de Saint-Florent-le-Vieil, annexion de l'extraordinairement sinueuse Èvre, riviérette du bocage vendéen; et malgré tant de confluents plus ou moins étroits pour les ruisseaux ou largement ouverts pour les grands courants, le fleuve n'est encore qu'une rivière, à vrai dire majestueuse, étendue, superbe. Mais voici qu'en aval d'Ancenis, à 12 ou 15 kilomètres en amont de Nantes, il se trouve de niveau avec la haute mer.

Devant cette très belle cité de Nantes, que la mauvaise tenue du fleuve a seule empêchée de devenir un des grands ports de l'Europe, la Loire se divise en six bras franchis par seize ponts, et elle absorbe à droite l'Erdre, à gauche la Sèvre Nantaise, épanchement des Gâtines, des Bocages de Vendée, d'Anjou, de Poitou.

1. 100 kilomètres, 100 000 hectares.

Le Plus Beau Royaume Sous le Ciel. CHAPITRE

L'*Erdre* [1] n'est longtemps qu'un étroit ruisseau sur plateau bas, jusqu'à Nort : mais là, elle prend tout à coup une largeur de 200 à 1 000 mètres ; on croirait contempler un de ces fleuves du Canada qui sont léman autant que rivière ; elle en a l'indolence, l'ampleur et profondeur lacustres, mais les rapides entre lacs lui manquent faute de pente, et elle est aussi dormante en ses étranglements qu'en ses expansions.

Cet épanouissement du ru de l'Erdre avec ses étroits entre granits et schistes, cet ancien fjord (car c'est bien un vieux golfe) se nomme, en ses deux amplitudes majeures, la « plaine » de la Poupinière, puis la « plaine » de Mazerolles ; il a 27 kilomètres de long, de Nort à Nantes même ; par lui commence magnifiquement le canal de Nantes à Brest, qui s'étrique dès qu'il quitte la plaine de la Poupinière et devient un fossé fait de main d'homme, dans des vallons de ruisseaux et de sombres, de lentes riviérettes.

L'héritière du nom des *Nannetes*, peuple gaulois, ainsi bâtie à l'embouchure d'une Erdre fjordique, eau sombre, et d'une Sèvre à l'eau noirâtre, sur un fleuve divisé par des prairies basses, la fastueuse *Nantes* reçut de cette rencontre de trois courants son nom celtique de *Condivicnum* ou lieu des confluents. Jadis quatrième port de France, aujourd'hui le vingt-troisième seulement, sa décadence profonde tient au surencombrement de son fleuve par les sables et les vases, et son renouveau probable ou possible aura pour causes efficientes le dragage constant de la Loire entre Nantes et la Martinière à 2 kilomètres en aval du Pellerin, et le tout récent *Canal de la Loire Maritime*, long de 15 kilomètres avec mouillage de 6 mètres qu'on pourra porter à 7 mètres et demi ; ce monument de superbe hydraulique mène les navires nantais à la rade de Paimbœuf où commencent, et durent jusqu'à l'Océan les profondeurs nécessaires.

LXXXIV
DE NANTES
A LA MER :
LA
GRANDE
BRIÈRE

De Nantes, l'ancien grand port de la Loire, à Saint-Nazaire, qui est le nouveau port et le petit Havre de ce petit Paris, il y a 53 kilomètres où la Loire s'écarquille en estuaire et finit grâce à flux et reflux par rouler un flot puissant : à son embouchure devant Saint-Nazaire son « roulement » de morte eau est de 5 600 mètres cubes, celui de vive eau de 12 500 ; c'est bien un autre fleuve que la Loire telle qu'elle passe sous les ponts de *Condivicnum*. Et de

---

1. 95 kilomètres, 103 500 hectares.

CINQUIÈME *Petits Monts, Bas Plateaux, Plaines.*

la ville antique des Nannètes à la très neuve Saint-Nazaire la marée descend à raison de 5 mètres par seconde. Grand et beau spectacle que ce retour du flux vers la mer.

L'estuaire côtoie de sa rive gauche le *Pays de Retz*, fertile en grains, riche en vignes, terroir verdoyant assez bocager et charmant par endroits, cependant qu'à la rive droite s'étend une campagne très ample, très basse et marécageuse qui se butte au *Sillon de Bretagne*. Ainsi se nomment des gneiss, des schistes, des granits de très humble altitude, pas même 100 mètres : 91 au plus éminent de leurs mamelons couverts de chênes et de bruyères. Le fleuve les a séparés des roches de même nature qui s'élèvent sur la rive gauche; c'est lui qui, de l'embouchure de l'Authion jusqu'à l'Océan, a fait d'un seul plan granitique deux plateaux dont l'histoire n'a pas été la même : au nord la Bretagne, au midi le Poitou.

Cette rive gauche lui envoie la Chenau; la rive droite lui fournit l'Etier de Méan, déversoir mi-partie naturel, mi-partie artificiel de la Grande Brière.

Au lieu de *La Chenau*, l'on écrit à tort l'Acheneau, par cette incorporation de l'article qui défigure en France une multitude de noms.

Chenau, autrement dit Chenal : cette rivière n'est en effet qu'un canal menant du *Grand-Lieu* à la Loire ou de la Loire au Grand-Lieu, car la marée du fleuve domine d'un mètre le miroir de ce lac qu'elle envahirait sans l'obstacle des portes de flot.

Même elle le forma, conte la légende, ou plutôt l'agrandit, il y a treize cents ans, un jour qu'elle monta très haut dans son estuaire, soit par l'effort des vents, soit du fait de la mer; des prairies, des fins de ruisseau, des forêts furent englouties, et toute une ville, Herbauge avec son clocher qui, disent les pêcheurs, sonne encore pendant les tempêtes.

Cet étang, vase et sable sur granit, n'a même pas 2 mètres au plus creux; sa surface dépasse à peine 3 700 hectares; plus, 4 000 hectares de marais de pourtour; ce n'est qu'un vivier, une « canardière », à 12 ou 15 kilomètres au sud-ouest de Nantes.

Nous n'avions pas de plus vaste plaine d'eau douce avant que le retour de la Savoie nous donnât l'Annecy, le Bourget et notre part de l'eau de Genève.

On le dessécherait facilement : il suffirait de verser ailleurs ses deux « Rhônes », la Boulogne de Roche Servière et l'Ognon, Rhônes qui sont de longs ruisseaux; la *Boulogne*[1], eau noire, part d'un plateau bas du Bocage de Vendée.

1. 68 kilomètres, 41 895 hectares.

Il n'est même pas besoin de l'assécher; il disparaîtra tout naturellement, par le dépôt de ses sables, de son mica, de ses limons et vases; déjà son palus de ceinture, jadis domaine aquatique, a plus d'étendue que son onde; et celle-ci se réfugie de plus en plus, vers le plus profond de la point profonde cuvette, devenue en son entour jonchère et roselière autant que lac, et en elle-même herbière autant qu'eau.

De sa sortie du Grande-Lieu à la Loire, la Chenau ou rivière de Buzay se promène en terre basse, en prairie molle, souvent presque en marais pendant six lieues : elle se promenait plutôt, à sa fantaisie, mais au commencement du xviiie siècle, on l'encastra dans un canal à longues lignes droites de seulement 12 mètres d'ampleur, et navigable aux bateaux de cent tonnes; elle draine 117 500 hectares.

La principale des prairies spongieuses de la rive droite, la *Grande Brière* est, son nom l'indique, une Brie, autrement dit une glaise; sur cette glaise il y a de la tourbe; dans cette tourbe une forêt de troncs encore debout, ou plutôt inclinés vers l'est, comme aujourd'hui les arbres du littoral prosternés sous la fureur jamais apaisée des vents d'occident; et au-dessus de la glaise trempée d'eau dont l'altitude atteint 3 mètres à peine, des îlots bas, tables de granit solide ayant de quelques pieds à quelques mètres de surrection, jusqu'à 14 mètres au plus.

Ces îlots de toute humilité portent les demeures du peuple briéron, qui vit au sec sur ces mamelons, au pourtour de la Grande Brière — de son nom complet Grande Brière mottière.

Chaussés dans la boue, comme jadis ils furent noyés au pied dans l'eau, les îlots interrompent, au nombre de vingt-cinq, le palus tourbeux, qui est une aire de deux à quatre lieues de large, de près de cinq lieues de long; une contrée gorgée d'eau qui va de Saint-Nazaire à Herbignac et aux modestes coteaux de l'ancien *Pays de Coislin*.

De l'un quelconque de ces îlots à l'autre on va par des routes pavées, car là où le sol manque de cohésion il faut des chemins très résistants. La principale de ces routes va de la rive du fleuve, de Montoir, à la Roche-Bernard sur Vilaine, à peu près par le centre de la Brière : on la nomme route de Bretagne.

Des granits de la presqu'île de Guérande à l'ouest jusqu'aux granits du Sillon de Bretagne, la Grande Brière ne peut avoir moins de 15 000 hectares, tous îlots exclus. Dix-sept communes la possèdent en domaine indivis; et leurs seuls citoyens ont pouvoir d'y récolter la tourbe, richesse maîtresse, tantôt pendant quatre jours, chaque année, tantôt pendant neuf, pas plus, au mois caniculaire. Alors, sous l'août flamboyant, 4 000 Briérons au moins taillent à qui plus plus dans les deux pieds, deux pieds et demi du banc tourbeux et ils en enlèvent au delà de 20 000 tonnes de mottes. — C'est pourquoi la Grande Brière est « mottière ». — Ces mottes vont brûler lentement et lourdement dans les foyers de Nantes ou d'ailleurs, tandis que les 10 000 tonnes de vases brunes qui proviennent, bon an, mal an, du curage des canaux et des étiers, se dispersent au loin dans la contrée pour l'amendement des terres ou s'en vont, pulvérisées, tamisées, jusqu'à Nantes, jusqu'à Angers, voire jusqu'à Tours, pour fertiliser de leurs particules, soit le sol de granit, soit le sol de calcaire.

Donc, au mois d'août, prairie dont on fauche les roseaux et champ d'extraction des tourbes, des vases qui engluent les troncs noirs de la très antérieure forêt couchée peut-être soudain dans la boue par un raz de marée ; en hiver, palus à sangsues où l'on chasse les oiseaux d'eau qui tout à coup s'envolent à tire-d'aile d'une touffe d'herbes ou de buissons « aquatiques » ; au printemps, prairie humide où paissent moutons, bœufs et chevaux, sur un sol tremblotant que les chaleurs de l'été vont cuire, recuire, cuire encore et fendiller entre coteaux bordés de tamaris, devant les gros villages ombragés d'ormeaux ; chacun de ces villages, ou plutôt de ces bourgs, fait le tour de son île, au bord d'un étier ou chenal de ceinture, quand il ne dispose pas ses maisons le long des chemins, surtout de la route de Bretagne. — Donc la Grande Mottière se transforme en toute saison.

C'est par l'*Etier de Méan*, régularisant la riviérette du Brivet, que des bateaux plats appelés les blains transportent les tourbes et les boues d'engrais au fleuve de la Loire, à toucher Saint-Nazaire. Si voisin de cette cité est le palus qu'on pensa d'abord à y creuser le port de la ville ambitieuse qui aspire à supplanter Nantes, et que l'un de ses îlots, celui de Trignac, porte sur son dos les grandes forges et les chantiers de construction dits de Saint-Nazaire. A 3 kilomètres au nord-est de la butte de Trignac, l'île de Montoir, la plus grande en Brière, n'a pas moins d'une lieue de long sur un à deux kilomètres de large, presque à toucher la rive droite du fleuve.

La Loire a une lieue d'ampleur devant la ville de Paimbœuf, presque vide aujourd'hui, mais qui eut quelque animation quand les navires s'y allégeaient avant de monter jusqu'à Nantes dont Paimbœuf était l'avant-port ; cette cité déchue fut bretonnante : Paimbœuf, c'est Pen-Bo, la Tête de Bœuf.

Le Plus Beau Royaume Sous le Ciel.

Cette largeur de 4 kilomètres est le maximum de la Loire. A l'embouchure même une demi-lieue seulement sépare la pointe de Mindin, rive gauche, de Saint-Nazaire, rive droite.

Sur un estuaire trop ouvert aux vents du large, *Saint-Nazaire* commande l'entrée en Loire, comme le Havre l'entrée en Seine; mais le Havre a derrière lui Rouen et Paris, Saint-Nazaire n'a que Paimbœuf et Nantes. Avant qu'on commençât d'y creuser (1845) les bassins qui reçoivent en foule des vaisseaux de commerce et des courriers transatlantiques, il n'y avait ici qu'une noire bourgade bretonne à côté d'un dolmen.

LXXXV
BOCAGE
POITEVIN
ET
ANGEVIN.
GATINE

Des Ponts de Cé à l'Océan Atlantique, le Val de Loire, presque ou tout à fait maritime, se déroule amplement, magnifiquement, entre deux îles de granit et de schiste.

C'était vraiment deux îles, aux temps consommés depuis des myriades de siècles, quand des vagues marines en assaillaient les promontoires; mais elles sont devenues, par la force des âges, l'une, au nord, la presqu'île armoricaine avec ses dépendances normandes, mancelles, angevines, l'autre, beaucoup moindre, au midi, le Bocage et la Gâtine du Poitou.

Des assises d'oolithe et de craie germées du fond des mers, finirent par coudre l'île armoricaine aux roches antiques, dites primitives, des plateaux du centre, à travers tout le bassin de Paris.

Et des croissances d'oolithe, sous la mer créatrice, encore qu'elle semble si désordonnée, et si frivole, attachèrent l'île poitevine aux monts du Limousin et au noyau résistant du massif central. Cette île de Poitou fut dès lors une péninsule comme l'Armorique, avant de s'empâter dans le continent par le remblayage du golfe transformé récemment, sous les yeux de l'histoire, en Marais Breton au septentrion, et par le remplissage de la baie muée en Marais Poitevin au méridion.

Bocage et Gâtine, c'est tout un, et des deux noms on peut n'en retenir qu'un : le Bocage, en conformité avec les Bocages de Normandie, de Bretagne, de Maine.

Rien d'essentiel absolument ne différencie le *Bocage Poitevin* de Parthenay, de Bressuire, de la Roche-sur-Yon, des Herbiers de Mortagne, d'avec le *Bocage Angevin* de Cholet, de Beaupréau, de Vihiers : mêmes roches, granits ou schistes, mêmes aspects, mêmes hommes et même histoire.

Point de montagnes ardues par ici, pas même de 400 mètres comme en Normandie; ou de près de 400 comme en Bretagne; pas même de 300.

CINQUIÈME *Petits Monts, Bas Plateaux, Plaines.*

Le géant de ce Bocage ne se hausse qu'à 288 mètres au-dessus de l'Océan, à moins de 45 kilomètres à vol d'oiseau de l'ourlet du Marais Poitevin, jadis rive de mer, à une cinquantaine de l'Anse de l'Aiguillon, rivage momentané (puisque tout change, et si vite) où grondent en flots vaseux les retours de la clapotante Atlantique. C'est le *Mont Mercure*, sur le faîte entre la Loire (par la Sèvre Nantaise) et le Lay. Un village aérien, Saint-Michel de Mont-Mercure ou de Mont-Malchus perche sur ce « haut lieu »; son nom nous rappelle qu'il fut consacré à un Génie topique remplacé dans ses droits à la révérence par le Mercure classique lorsque Rome eut courbé les nations gauloises.

On retrouve ici dans l'Ouest le Dieu latinisé qui eut un temple dans le Centre, sur le sommet du Puy de Dôme, un temple dans le Sud, à la forêt de Mercoire; et qui sait combien d'autres en des lieux dont l'appellation quelque peu voilée transparaît encore. A Mercuès, sur une fière colline du pays cadurque, fort au-dessus de Lot errant qui dans sa route vers l'ouest cherche aussi souvent le midi que le nord; Mercurol, sur un coteau qui regarde au sud la plaine où l'Isère se marie au Rhône; Mercus, qui commande le profond couloir d'un torrent vert, l'Ariège; Mercœur, ainsi que se nomment un bourg cantonal du pays de la Xaintrie, en Corrèze, un village de la Margeride, un puy volcanique de 1 250 mètres, voisin du Puy de Dôme, un château d'Auvergne, chef-lieu d'un ancien duché, presque dans les nuages, à 945 mètres dans le ciel, à mille pieds au-dessus d'une de ces Couzes qui s'éparpillent en écharpes irisées par le soleil ou se concentrent en eaux transparentes dans des gours, sur le chemin du translucide Allier; le Mercury, petit mont de 570 mètres, dans la chaîne du Lyonnais; et d'autres.

Pourquoi ce nom de Bocage, non moins mérité par des contrées appelées autrement, par la Gâtine poitevine à l'orient, par le pays des Mauges au nord, dans les alentours de Beaupréau, pourquoi ce nom puisqu'on y trouve très peu de forêts, encore sont-elles très petites, et même peu de bois dont on puisse dire qu'ils ne sont pas simplement des bosquets?

C'est que cette contrée donne l'impression d'une sylve immense, immobile ou frissonnante, étendue de la Loire à l'Atlantique, des plaines sèches de l'oolithe à la terre surhumide du Marais. Telle elle paraît pour peu qu'on la contemple de haut, et alors on l'admire : de Saint-Michel de Mont-Mercure, du massif de Pouzauges (279 mètres), du Terrier de Saint-Martin du Fouilloux (272 mètres), des cimes de l'Absie (259 mè-

Le Plus Beau Royaume Sous le Ciel.

tres), du Mont des Alouettes (231 mètres), dont les sept moulins à vent, de tant de lieux visibles, furent, selon qu'on disposait leurs ailes, un télégraphe des Vendéens pendant leur guerre contre le reste de la France.

De ces belvédères du Bocage on le croit, on le voit forêt, parce que des arbres, surtout des chênes et des ormeaux la coupent par mille et mille rangées en lignes sinueuses le long des ruisseaux, en lignes droites au bord des routes et dans les haies vives qui ferment ici tous les champs.

Les haies n'entourent pas le champ lui-même, semé en blé, planté de choux, ou livré à toute autre culture; l'ombre étant l'ennemie des plantes (puisque le soleil est leur ami), les Bocageons intercalent entre la haie et les bouts des sillons une bordure d'herbes, une quadruple prairie longitudinale où paissent la paire de bœufs, la vache et le fidèle compagnon qu'on immole tous les ans sur l'autel de la Nécessité, le porc passionné pour la glandée et pour les feuilles de l'ormeau.

Très belles, ces haies vives où luit « métalliquement » la feuille épineuse des houx. Elles sont ici plus fortes, plus serrées et vivaces que dans les Bocages du Nord-Ouest et d'ailleurs plus touffues vers l'occident du faîte, dans le Bocage Vendéen, sous l'haleine des mers, qu'à son orient, dans la Gâtine, au vent sec et continental.

Vraiment superbes seraient-elles avec leurs ormeaux et chênes, leurs frênes, érables, châtaigniers, cerisiers, pommiers, si le Bocageon n'ébranchait ces arbres, les fruitiers à part. Tous les cinq ans ou tous les sept on les ampute douloureusement, et au lieu d' « ancêtres de la forêt » avec frisselis des feuilles dans le remous des airs, il ne monte des haies que des poteaux noueux auxquels chaque nouveau printemps ajuste des rameaux qui ne sont que des gaules et ne deviendront jamais des branches, puisqu'elles n'ont devant elles que le dérisoire avenir de cinq ou sept années : au bout de soixante ou quatre-vingts lunaisons l'ormeau redeviendra têtard à côté de rares arbres qu'on a laissés à leurs libres allures et qui témoignent superbement de la supériorité de la nature sur « l'art ».

Avant qu'on eût tracé des chemins en tous sens dans la contrée, ce Bocage poitevin, comme le Bocage breton, était admirablement propre à la guerre de partisans, qui est une stratégie des bois ou une stratégie des monts. C'est pourquoi les « Blancs » et les « Bleus » s'y sont coupé la gorge.

Depuis les drames de cette guerre impie, qui faucha tant de gars résolus, le Bocage a changé du tout au tout, autant que peut changer un pays en dehors de sa nature essentielle déterminée par sol et climat. Il reste, il restera toujours la terre des dégénérescences du schiste et du granit, la région des argiles froides, des prées entretenues en fraîcheur par la pluie et l'embrun de mer dispersé dans le ciel, la contrée des sources extrêmement menues, mais très nombreuses, et moins fontaines que petits creux de distillation goutte à goutte ; les rus y seront toujours, c'est-à-dire longtemps, pourvus d'une eau tantôt sombre, tantôt rouilleuse, suivant le schiste ou le granit, et la rougeâtre comme la noirâtre fort raréfiées dans les jours d'avant, de pendant, d'après la canicule ; et ils ne cesseront de s'arrondir entre collines dans des vallées agréables.

Mais les genêts, les ajoncs disparaissent du Bocage, qui a plus d'herbages, plus de choux géants et moins de bois : d'où plus d'horizon, plus de lumière sur l'uniforme plaine ; beaucoup d'étangs ont disparu dont l'eau pourrissait en été sous les nénuphars entre les herbes de fond.

Le *Pays des Mauges* surtout s'est désassombri. Jadis *Pagus Metallicus* ou Canton des Métaux, il ne cherche point sa richesse sous terre, mais sur terre ; le voisinage de la riche ville d'Angers, de l'opulent Val de Loire, y hâte l'amélioration du sol, le comblement des fossés d'enceinte, l'arrasement des haies, l'établissement des routes. Les hameaux aux maisons à tuiles rouges (si près des ardoisières d'Angers) ne ressemblent plus aux sordides rendez-vous des chaumières d'antan, quand éclata la guerre de Vendée, précisément dans ce Canton des Métaux, au village du Pin en Mauges, par l'insurrection de vingt-sept jeunes hommes qui suivirent l' « étoile » de Cathelineau.

LXXXVI
THOUET
ET SÈVRE
NANTAISE

Parmi les trois maîtresses rivières du Bocage Poitevin, les « fleuves » à part, le *Thouet* parcourt 140 kilomètres et draine 342 500 hectares. Deux rivières très dissemblables le forment, tel qu'il passe derrière Saumur : le Thouet et la Dive.

Le Thouet coule avec des flots sans clarté dans le vallon de Parthenay, puis près d'Airvault sous les onze arches du pont de Vernay, le plus vieux de ceux qui nous restent du moyen âge (XIe siècle). Il contourne ensuite, au pied de rochers sombres, le promontoire de Thouars, ville féodale qui a gardé d'anciennes églises, un donjon, des débris d'enceinte : il y dort sous un pont gothique, sous la travée d'un pont suspendu haut de 27 mètres et sous un viaduc de chemin de fer haut de 39. Puis, quittant les roches anciennes, il baigne la colline de Montreuil-Bellay, qui est un fort beau site, et frôle

Le Plus Beau Royaume Sous le Ciel.

Saumur, que lavent ainsi deux eaux inégales, le Thouet et la Loire. Avant d'arriver à Saumur, à toucher cette jolie ville, il reflète presque le plus puissant mégalithe qu'on puisse voir en France hors de la Bretagne : le *Dolmen de Bagneux*, allée couverte de 21 blocs de grès, dont 4 pour la dalle d'en haut; ce monument a 20 mètres de long, 7 de large, plus de 3 mètres de haut et 140 mètres carrés de surface.

La *Dive*, qui a Moncontour à son bord, et dans son bassin Loudun, doit ses eaux à la craie et à l'oolithe : d'où quelques grandes sources, entre autres les fonts de la Grimaudière, de Saint-Chartres, et de belles eaux tranquilles dans une vallée dont la prairie est ou fut marécage. On l'appelle de son nom complet, et pour la distinguer de mainte autre Dive ou « divine », la Dive Mirebalaise, de ce qu'elle vient du *Mirebalais*, l'une des régions constituant le plateau sec d'entre Limousin et Bocage, si différent de l'un comme de l'autre. Longue de 75 kilomètres, elle apporte au Thouet l'hommage de 95 000 hectares, et celui-ci renforce la Loire d'une dizaine de mètres par seconde en temps ordinaire, mais son étiage ne dépasse pas 450 litres.

De Thouet à Sèvre Nantaise, le pays des Mauges entremèle un réseau touffu de rus qui vont au Layon et à l'Evre. — Le *Layon*[1] s'achève en Loire à Chalonnes; l'*Evre* (même nom qu'*Eure* et *Avre*) est une riviérette sinueuse comme peu d'autres : longue de 92 kilomètres pour moins de 40 à vol d'oiseau, elle égoutte 58 000 hectares, serpente au bas de Beaupréau et se termine en Loire entre Chalonnes et Ancenis.

La *Sèvre Nantaise* a son embouchure en Loire à Nantes : d'où son surnom, par opposition à la Sèvre de Niort ou Sèvre Niortaise, qui a aussi sa part de Bocage mais appartient surtout à l'oolithe et au marais de Poitou. Elle part des mêmes collines que le Thouet et que la Vendée, celle-ci tributaire de l'autre Sèvre. Lente en son voyage, très errante, mais par menus vagabondages, tantôt en val étroit, tantôt en gorge, son eau sans transparence, ni bleue ni verte, réfléchit confusément des promontoires de granit sombres comme elle.

Elle coule au bas de Mortagne, puis au pied de l'austère Tiffauges.

La rivière de Cholet, ville moderne et lieu d'industries, la *Moine*[2], lui arrive dans le « Tivoli de l'Occident », à Clisson, lieu charmant et beau.

---

1. 90 kilomètres, 98 000 hectares. — 2. 70 kilomètres, 40 000 hectares.

Thouet, Layon, Èvre, Sèvre de Nantes sont spécialement des courants gâtinais ou maugeois; le Lay, la Vendée sont bocageons et ce n'est pas vers la Loire qu'ils se dirigent, mais directement vers la mer. De l'estuaire de la Loire jusqu'à l'embouchure dudit Lay il n'y a pas moins de trente lieues à vol d'oiseau, le long d'un rivage très sinueux, d'abord breton, ensuite poitevin; et sur ce long espace, roche, sable ou palus, il n'arrive que des ruisseaux à l'Atlantique.

LXXXVII
MARAIS
BRETON

En voguant de la pointe de Chemoulin à la pointe de Saint-Gildas, c'est-à-dire en franchissant l'estuaire de la Loire, on ne quitte pas la Bretagne osseuse et au sud comme au nord du golfe ligérien, la mer se roule en frénésie sur des roches « primitives ».

Mais bientôt elle butte contre un moins dur rivage; au delà de Pornic, bains aimés des Nantais et aussi des Parisiens, elle heurte une plage basse faite des débris qu'elle a de siècle en siècle apportés par ses courants et laissé choir en son repos sur une ancienne grève pareille à la baie du Mont-Saint-Michel.

Là, dans la *Baie de Bourgneuf*, entre la côte de France et l'île de Noirmoutier, elle a déposé, dépose et déposera des alluvions jusqu'à comblement, devant le continent toujours accru, à l'abri des roches et des sables de l'île de Noirmoutier, dressée en brise-lames contre le grand large.

Il n'y a présentement ici qu'une seule terre en mer, mais quand ce remblaiement commença le rivage regardait trois îles : Noirmoutier au nord-ouest; Riez, rocher de schiste, au sud-est; et, entre les deux, l'île de Monts, levée de dunes portant aujourd'hui trois bourgs nommés d'après elle Barre de Monts, Notre-Dame de Monts, Saint-Jean de Monts. Entre le continent et cet archipel allongé, des îlots calcaires montaient au-dessus de la grève, comme le Mont-Saint-Michel et Tombelaine dans le golfe normand-breton; seulement Tombelaine, Saint-Michel sont hauts, et ces îlots étaient bas : celui de Sallertaine ne dominait que de 8 mètres, celui de Bouin que de 6, et non moins humbles l'île Chauvet, l'île Boisseau, l'île Gaudin, les îlots d'Ardillon, de Quinquenavant, de la Vacheresse et de la Villate.

Ce que l'Océan laissa tomber ici, ce qui y tombe encore, c'est la ruine des caps bretons, la vase de la Loire, les menus fragments des caps de Noirmoutier, et quelques boues des ruisseaux du rivage.

De plus, le sol s'exhausse : insensiblement, mais il s'exhausse — du moins on le croit.

Ainsi s'allongent vers le nord par de nouvelles alluvions, les anciens marais commencés à partir du sud autour des îlots calcaires ; la France a gagné durant les deux derniers siècles sept centaines d'hectares dans la baie de Bourgneuf, ainsi appelée de Bourgneuf-en-Retz, ville qui fut riveraine tandis qu'une demi-lieue de plaine basse et de salines la sépare du flot à cette heure ; de même, Beauvoir-*sur*-*Mer* est à une lieue de la mer. Entre Bourgneuf et Beauvoir trois à quatre mille hectares se sont ainsi consolidés autour des 60 hectares du calcaire de Bouin.

C'est là, loin de la Bretagne, le *Marais Breton*, aire d'au delà de 30 000 hectares où le Maraîchin, souvent fiévreux, vit entre les étiers et les charrauds.

Les étiers sont les anciens estuaires, de moins en moins profonds à mesure que le sol s'élève, que la terre s'accroît ; les charrauds sont les canaux et sous-canaux qui coupent la plaine molle : eux aussi se combleraient si l'homme des cabanes prochaines n'en curait la vase, s'il ne coupait la toujours renaissante forêt des joncs, des roseaux, des iris ; laissés à eux-mêmes, de corruption en corruption, ces fossés deviendraient un marécage, puis, d'herbe en herbe, une prairie spongieuse.

La cabane du Maraîchin, levée sur la boue, est de boue mêlée de brins de roseaux ; également de terre le toit, joncs qu'on alourdit par un mastic de fange ; autrement, il serait éparpillé par le vent de la mer.

Dans sa bourrine — nom de son palais sans marbre — Le Maraîchin se chauffe de paille pétrie dans la bouse de vache. Il n'a pas beaucoup plus de bois que de pierre dans son polder des peupliers, des saules ne sont pas une forêt, et celui qui n'achète point de fagots chez les Dannions ou Bocageons du voisin Bocage brûle à son foyer la fiente musquée du bétail, puis en vend la cendre au laboureur du pays d'en haut qui la répand sur l'argile de ses granits.

En somme, terre embryonnaire, point tassée, point assurée, mal exondée, peu salubre ; prairies ayant tendance à « s'aroucher », c'est-à-dire à s'emplir de roseaux ; rangées et petits bosquets de tamaris dont l'ombre est à demi soleilleuse ; champs de blé, d'orge, de fèves, de lentilles ; marais salants que de plus en plus on délaisse ; palus abandonnés déjà, qui, sous le nom de marais gats, sont l'officine des fièvres de ce rivage ; buttes de sable qui furent des dunes arrêtées un jour dans leur pérégrination vers l'est.

Plus fermes et plus hautes que le sol de vase du Marais, ces dunes, sur leurs pentes, portent des villages et aussi des vignes protégées du phylloxera par le sable où serpentent leurs radicelles; à leur cime, des moulins aux ailes bruyantes s'emparent des moindres souffles de l'air; vers le septentrion, au bout du plan d'alluvions grandissantes, c'est le liséré glauque de l'Océan; à l'occident, Noirmoutier et la longue dune de Monts; à l'orient, la ligne des coteaux bas, ancien bastion du continent contre la mer Atlantique.

Aucun vrai fleuve ne descend ici de l'intérieur; des chenaux navigables vont au rivage à travers le Marais planté de saules, de peupliers, de quelques ormeaux, semé de hameaux, de villages; mais ces chenaux, ces étiers, ne recueillent que d'insignifiants courants dont le plus grand a nom Falleron : il passe devant Machecoul, ville morte, qui fut une capitale en son plat pays de Retz.

LXXXVIII
NOIRMOUTIER

On a cru longtemps, et tout naturellement, que *Noirmoutier*, c'est le Noir moutier, le Couvent noir; or l'ancien monastère de cette île s'appelait tout contrairement Notre-Dame-la-Blanche.

L'insulaire ne nomme pas son île : Noirmoutier; mais Nermoutier, soit Moutier de Ner ou de Her; — l'île, suppose-t-on, s'appelait Her, au très vieux temps jadis.

Ce ne fut d'abord qu'un écueil de l'Océan, à peu près ce qu'était aussi, vis-à-vis à l'est, l'îlot de Bouin; mais pendant que sable et vase effaçaient l'ample golfe réduit maintenant à la baie de Bourgneuf, la même vase, le même sable accroissaient l'îlot de Her ou Ner, bloc de gneiss, de micaschiste, de granit; ils l'augmentaient de tant d'arène, d'alluvion, de marais facile à prendre au flot, que Noirmoutier atteignit la longueur de 18 kilomètres sur 1 000 à 7 000 mètres de large, avec une cinquantaine de mille mètres d'entour, et qu'elle a 5 678 hectares, dont 900 de sable encore mobile ou de sable arrêté déjà.

Dès qu'on le voudra, ce ne sera plus une île : elle fait presque partie du continent, le détroit de Fromentine n'ayant plus que 750 mètres d'étroitesse à mer basse, le double à mer haute.

Même il n'est besoin de bateau pour passer de la terre ferme à la terre entourée de vagues; deux fois par jour, en flot bas, on va de la côte à l'île et de l'île à la côte par le passage du Gouas ou du Gois ou du Gua, c'est-à-dire du Gué, route empierrée de 4 kilomètres 1/2 : en voiture, en charrette, à cheval; à pied, si l'on veut, quitte à se tremper dans les ruisseaux marins dont le reflux ne débarrasse pas la chaussée. Des poteaux supérieurs aux plus grandes hauteurs des flots

Le Plus Beau Royaume Sous le Ciel.

indiquent le chemin, qu'on perdrait de vue pendant la brume, pendant la nuit; sept balises où l'on monte par des crampons en fer et trois balcons-refuges semblables à la hune d'un navire garent d'un bain dans la vague, et quelquefois de la mort le passant qui s'est laissé surprendre par le rapide retour de l'Atlantique; cet empierrement domine la mer basse de près de 2 mètres 1/2; l'île n'est donc plus réellement une île qu'à mer haute.

Noirmoutier, dont la moyenne hauteur ne dépasse pas 8 mètres, a les deux tiers de son bloc, protégé par des digues, en contre-bas des grandes marées; sa cime suprême n'atteint que 21 mètres en sol ferme, 26 sur la dune. On l'appela cependant, cette vieille terre de Ner, l'*Ile de la Montagne* en 1793, lorsqu'on débaptisa les lieux par milliers sans se douter qu'on n'arrache pas un nom du sol comme on en tire une pierre ou comme on déracine un chardon. C'est alors qu'on prétendit changer Lyon en *Ville de la Montagne*, Compiègne en *Marat-sur-Oise*, Château-Thierry en *Egalité-sur-Marne*, Grenoble en *Grelibre*, Saint-Lô en *Rocher de la Liberté*, Saint-Jean-de-Bournay en *Toile-à-Voile* et Saint-Pierre-le-Moutier en *Brutus-le-Magnanime*.

L'île a des fontaines, mais pas un ruisseau capable de mettre en branle une roue d'usine; heureusement que sur sa dune, au souffle des brises du large, s'agitent les grands bras des moulins à vent.

Sauf de beaux figuiers dans ses jardins, elle n'a point d'arbres; ses seules forêts sont le Bois de la Blanche et les 17 hectares du Bois de la Chaise, pins et chênes verts.

7 780 habitants y vivent dans de longues enfilades de hameaux, dans quelques bourgades, quelques villes : sur une aire de 5 678 hectares, c'est 137 personnes au kilomètre carré, ou presque deux fois la densité de population de la France : parce que le climat est doux, l'air sain, que blé, fève, pomme de terre, vigne, y poussent dans un sol bien travaillé, bien fumé de varech, mais privé, par erreur, d'engrais animal; la bouse de vache pétrie par les femmes, puis séchée en gâteaux par le roi de l'éther lui-même, n'est pas pour la campagne de Noirmoutier; elle chauffe le foyer de ses chaumières. La mer d'autour est poissonneuse; délicieuses, innombrables, l'huître et la moule; et l'on y fait du sel, industrie menacée, dans 1 200 hectares de marais salants.

On croit que *Le Pilier*, îlot porte-phare à 3 500 mètres de la pointe de l'Herbaudière, tenait encore à Noirmoutier il y a sept ou huit siècles, par une digue allant d'écueil en écueil, alors que l'île était moins grande au sud, à l'est, à l'ouest, moins flanquée de marais, de sables, et plus riche en dolmens, en menhirs, dont peu sont aujourd'hui debout.

**LXXXIX
ILE
D'YEU**

A six ou sept lieues au sud de Noirmoutier, l'*Ile d'Yeu* en diffère singulièrement.

Ce n'est pas, comme Her, une île « terrienne », presque une chersonèse, mais au contraire une île très marine en proie à des vagues puissantes.

De ces vagues, le sable la défend sur le littoral tourné vers la dune de Monts, continent du Poitou, et là est son Port-Joinville, auparavant Port-Breton, havre d'échouage accessible aux bateaux de 200 tonnes. Mais la rive qui regarde la grande mer est côte sauvage avec sombres rocs assaillis, courants terribles, vents sans frein, noires tempêtes, douloureux naufrages; des ruines la dominent, celles du *Vieux Château*, forteresse médiévale digne de sa « côte de fer » : sa pierre est obscure, ses tours lugubres croulent, une eau livide dort dans ses fossés, le vent siffle et l'Atlantique mugit désespérément.

Yeu fut *Olga*, *Ogia*, *Oya* : on n'a donc pas le droit de la nommer Dieu, comme on le fait souvent par incarnation de l'article. Deux à trois fois moindre que Noirmoutier, 9 kilomètres font sa longueur, 3 à 4 sa largeur, 2 247 hectares son bloc de micaschiste que se partagent les sols de labour, les prairies, les bruyères.

Peu fertile, par le peu d'épaisseur de l'humus, Yeu donne sans prodigalité des pommes de terre, du seigle, de l'orge, du trèfle incarnat; par malheur les gens d'Yeu n'engraissent aucunement leur île; ils négligent de l'aider du goémon, du varech découverts à marée basse, et ils n'ont point de fumier pour elle, car du bran d'animal ils font des gâteaux de chauffage comme à Noirmoutier. Pourtant ce rocher sans générosité ne porte pas moins de 3 489 personnes, soit 155 au kilomètre carré.

Il y a sur l'île quelques figuiers dans les jardins et des pins sur la dune; à part quoi, point d'arbres.

Pour que l'Anglais n'y débarque plus, qui s'en empara l'an 1795, on l'a munie de forts et de canons; pour que la mer y dévore moins de pêcheurs de l'île, moins de passants du large, on y a dressé des phares.

Elle a des dolmens et des pierres plantées; sa prairie, sa lande nourrissent des chevaux, des moutons presque « microscopiques »; sa terre est cultivée par les femmes et les filles; les hommes et les garçons pêchent langouste, homard, crabe et poursuivent la sardine jusqu'en Portugal; ils sont matelots, ils arrachent, s'il se peut, la victime à l'Océan qui l'aspire.

Le Plus Beau Royaume Sous le Ciel.

Pas plus que Noirmoutier Yeu n'a de celtophones, mais, si tout le monde y parle français, il est possible que les « gens de la Fouras » viennent du pays celtique de la rivière d'Auray, et que dans leur patrie nouvelle ils aient longtemps conservé l'usage du breton : chez eux, au nord-ouest de l'île, les noms des hameaux commencent par le radical *Ker*, essentiellement celtique ; tandis qu'au sud-est, chez les « Gruzelands », tous les noms sont de pur français.

XC
DU MARAIS
BRETON
AU MARAIS
POITEVIN :
LE LAY

De Noirmoutier à l'anse de l'Aiguillon, des dunes qu'interrompent çà et là des rochers, bordent le rivage de la mer ; il y a là, flanquant le département de la Vendée, près de 10 000 hectares d'une arène qui marchait et ne marche plus. Bourrelet de sable ou fronton de pierre, ce littoral laisse passer la Vie et l'Auzance, l'une et l'autre issues des collines, ici fort peu fières, du Bocage Poitevin.

La *Vie*, remontée pendant 13 kilomètres par le flux, finit dans le havre de Saint-Gilles, port de pêche plutôt que port de commerce où les navires calant 3 mètres ne peuvent arriver qu'avec l'aide du flot. C'est un courant de près de quinze lieues en un bassin de 53 100 hectares.

L'*Auzance*[1] aboutit au havre de la Gâchère, qui n'est point un « havre de grâce » : même en marée de syzygie les seuls bateaux de 2 mètres au plus de tirant y pénètrent : encore faut-il qu'ils aient franchi la barre d'obstruction, très souvent infranchissable.

A une douzaine de kilomètres au sud-sud-est de la Gâchère s'ouvre le seul port que recherchent ici les navires, les *Sables d'Olonne* dont le double nom rappelle à la fois les dunes de la côte et l'ancienne ville d'Olonne, devenue bourgade à la lisière de marais salants. Héritière d'Olonne, la jeune ville offre aux baigneurs en mer une magnifique plage de sable fin ; ses marins, les pêcheurs de ses cinq cents bateaux sont des bruns intrépides qu'on croit d'origine méridionale : leurs ancêtres seraient venus du pays des Escualdunacs, ou peut-être de l'Espagne.

Entre les Sables d'Olonne et le Pertuis Breton l'estuaire du Payré ou Perray acceptait antan des navires et les bateaux pêcheurs le remontaient jusqu'à Talmont : il y a trois siècles Henri IV put s'en servir encore pour un transport d'artillerie ;

---

1. 32 kilomètres, 31 500 hectares.

Petits Monts, Bas Plateaux, Plaines.

aujourd'hui tout ce qui par hasard y navigue, ce sont des embarcations de 30 à 40 tonnes, et Talmont leur est inaccessible ; le continent doit donc avoir surgi, puisqu'on ne peut attribuer aux envasements la moderne sécheresse de l'estuaire.

A la pointe du Grouin du Cou commence le *Pertuis Breton*, lequel sépare l'île de Ré de la côte plate, lisérée de dunes et bordée d'alluvions, où le Lay verse en Atlantique le tribut d'infiniment nombreux ruisselets du Bocage Poitevin.

A la rive gauche de l'estuaire du Lay, le bourg de l'Aiguillon-*sur-Mer* prouve par son surnom que l'Atlantique, éloigné maintenant de 10 kilomètres, venait antan jusqu'ici ; l'avancée de sables qu'occupait l'Aiguillon a fini par pénétrer ainsi de deux lieues et demie dans l'Océan, elle s'est transformée en un lido nanti de deux rivages : l'un sur l'eau violente du Pertuis Breton ; l'autre à l'intérieur, sur l'eau calme de l'*Anse de l'Aiguillon*, qui est le dernier reste de ce qu'on nomme rétrospectivement la « baie du Poitou ».

Le *Lay* [1] n'a pas donné son nom au département de la Vendée, territoire où il a son bassin, son cours, et dont il est la rivière maîtresse.

Bien que petit, il est cependant fort supérieur à la Vendée : mais peut-être aurait-on ri, par calembour involontaire, d'un département du Lay ou des Deux-Lays.

Par 20 mètres d'altitude, il se forme du Grand et du Petit Lay, descendus l'un et l'autre des plus hauts talus du Bocage vendéen par une voie tortueuse.

Grand Lay et *Petit Lay* se ressemblent par leur passage dans les mêmes granits, gneiss, lias, terrains houillers ; par l'excessive contractilité qui ne cesse de les courber, de les arrondir en un étroit val où pas une ville ne jette ses ponts sur leur eau brune ; par une égale longueur d'une quinzaine de lieues ; mais le Grand Lay, dans un bassin plus vaste, l'emporte en volume sur le Petit Lay. L'un et l'autre traversent la singulière *Champagne de Chantonnay*, île de lias, d'oolithe, de roches houillères, très allongée [2], fort étroite [3], empâtée d'un bout à l'autre dans les vieux schistes ; elle mérite son nom, en tant que terre sans verdure de haies vives, sans frondaison d'arbres, sans herbe de prairie, en tout pareille à la *Plaine de Poitou*, qui borde ici le Marais Poitevin. Cette plaine, le Lay l'écorche un peu de sa rive gauche, puis il entre dans ce Marais, vers le confluent de l'*Yon*, gros ruisseau noir de quinze lieues de déroulement venu de la ville aux trois noms officiels :

1. 125 kilomètres, 197 000 hectares. — 2. 30 kilomètres. — 3. 5 kilomètres.

Le Plus Beau Royaume Sous le Ciel.

Bourbon-Vendée sous les rois « légitimes », Napoléon-Vendée quand règne un empereur, la Roche-sur-Yon lorsque la France est en République ou qu'elle a pour chef un roi-citoyen ; en réalité cette cité régulière, vide, aux monuments faux, ce campement d'administration dut la vie à Napoléon Ier, qui la fonda ou plus exactement l'agrandit et en fit la capitale de la Vendée, dans un site appelé de tout temps la Roche-sur-Yon.

Dans le Marais, le Lay passe insensiblement de 25, 30, 40 mètres de largeur à 500 mètres d'ampleur devant l'Aiguillon, à 1 200 à son embouchure dans le Pertuis Breton, à l'abri de la flèche de sable qui allonge son cours de plus de deux lieues.

Ainsi ce fleuve né sur les plus vieilles pierres de France, sur les « protogines » de l' « Ile Armoricaine », expire dans les plus jeunes de nos alluvions, près de la Sèvre Niortaise, non loin de la Charente et de la Gironde, au liséré des craies et des oolithes qui ont comblé la mer agitée jadis en large détroit entre le granit « breton » et le granit « central » de Limousin et d'Auvergne

CHAPITRE SIXIÈME

CORSE

XCI. L'ILE ADMIRABLE. ‖ XCII. LE TOUR DE LA CORSE. ‖ XCIII. MONTS ET TORRENTS. FORÊTS ET MAQUIS. ‖ XCIV. LES CORSES.

XCI
L'ILE
ADMI-
RABLE

LOIRE, Seine, Rhône, Garonne; les rivières du versant du Rhin, de la Meuse, de l'Escaut, tous les fleuves, riviérettes, ruisseaux côtiers, tant de monts, de plateaux, de plaines, de dunes, de falaises, ce n'est pas encore toute la France.

Un hasard heureux nous a dotés, dans la seconde moitié du XVIIIe siècle, d'une terre de beauté, d'une île méditerranéenne peuplée de vaillants hommes, d'un bloc de granit alpestre par ses hautes montagnes autant que cévenol, provençal, italien par ses garrigues appelées ici maquis, par ses herbes parfumées, sa radieuse sérénité de lumière, ses vives et chaudes couleurs, ses panoramas sur la mer magique.

Cette île ultra-précieuse, cette éducatrice de guerriers, de marins, d'hommes d'action, de patriotes, de colons pour notre Afrique, la *Corse*, ajoute à peu près un soixante-deuxième à notre domaine continental.

Rocs de granit, porphyres, serpentines, micaschistes dans tout son ouest, son centre, presque tout son est, elle a, sur ce dernier versant, d'assez grands lambeaux tertiaires et des alluvions de vaste étendue, bordure d'incroyable fertilité qui n'est pour le moment qu'un long palus fiévreux, vis-à-vis des maremmes empoisonnées de la Toscane et du pays romain.

La Corse est une île de la Méditerranée, la troisième en

Le Plus Beau Royaume Sous le Ciel.

grandeur dans cette plus belle des mers, après la Sicile, après la Sardaigne.

Longue de 183 kilomètres, large de 84 800 mètres à son plus ample, elle a 872 000 hectares entre 500 kilomètres de côtes, non compris ce qu'il y a de très petit de presque infinitésimal en sa découpure.

C'est beaucoup plus que la moyenne du département français, laquelle dépasse de peu 600 000 hectares.

Mais ce n'est guère que le tiers de la Sicile, car « l'île triangulaire » dérobe à la Méditerranée 2 574 000 hectares.

L' « île en forme de sandale », la Sardaigne, l'emporte sur la Corse presque autant que la Sicile, de par ses 2 408 000 hectares.

Quant à la Terre de Vénus, à ce qui fut l' « île aux cent villes » et n'est plus que l'île aux cent villages, la Crète n'a que 861 800 hectares.

Troisième en grandeur, première en magnificence. Elle n'a pas la sécheresse de la Crète et des plateaux calcaires de la Sicile; ses montagnes percent plus de ciel que les monts siciliens, l'Etna mis à part, qui est latéral à la Sicile plutôt que Sicile elle-même; elles dominent surtout de haut les chaînes de la Sardaigne.

Avant tout la Corse est bien plus arbrée, plus arrosée, plus verte que l'île de Vénus, que celle des bergers de Théocrite, et que la maremmatique Sardaigne.

Avec moins de prairies et plus de bois, avec moins de pluie et plus de soleil, la Corse, hérissée de monts et de forêts, est une « île de l'Émeraude » comme Érin, bien qu'Érin soit lacustre et tourbeuse, et que la Corse n'ait ni tourbières, ni grands lacs, ni plaine étendue.

A 160-170 kilomètres environ de la France d'Europe, à 460 de la France d'Afrique, à 450 du cap espagnol le plus rapproché, le cap de Creus, chez les Catalans, elle surgit à 80, 85, 90 seulement de la Toscane, pays d'Italiens; et une île italienne, un rocher de fer, Elbe monte à l'est dans les flots tyrrhéniens qui bercent à la fois la Corse et l'antique Étrurie. Plus voisine encore est la Sardaigne, autre île « romaine » qui se lève au sud, par delà les trois lieues d'ampleur du détroit de Bonifacio.

Son nord extrême, c'est 43° 0′ 42″; son sud 41° 21′ 4″; son occident, 6° 11′ 47″; son orient, 7° 11′ 6″; ses latitudes sont plus ou moins celles de Porto la lusitanienne, de Barcelone la catalane, de Rome l'italienne, et de Constantinople, qui est un caravansérail des peuples; sa capitale, Ajaccio, a presque exactement le même soleil que la « Ville Éternelle ».

SIXIÈME — *Petits Monts, Bas Plateaux, Plaines.*

Il y a cent trente ans que la Corse nous fut vendue par les Génois au prix de 40 millions; la domination de ces marchands, succédant à celle de Pise, avait duré près de cinq siècles; elle avait brutalisé, évoqué la haine et la résistance; enfin, lasse des révoltes, la ville des palais de marbre blanc, la mère de Christophe Colomb — à supposer que Colon ne soit pas Corse, ce dont on discute aujourd'hui, — la boutique, le port et l'arsenal des Italiens de la côte d'azur, Gênes offrit l'île indomptable aux Français, qui l'acceptèrent. C'était en 1768.

Un Corse, Paoli tenta de la défendre contre les héritiers de Gênes; il fut vaincu sur les bords du Golo, fleuve majeur de l'île, à Ponte-Nuovo (1769). En 1794 il la livra, croyant bien faire, aux Anglais qui ne la gardèrent que deux ans.

Soumise pendant vingt siècles à des pouvoirs italiens, à Rome, à Pise, à Gênes, la Corse est italienne; non certes par les sentiments, mais par l'histoire, les mœurs, les superstitions, le langage : si déjà beaucoup de citadins, bourgeois, villageois y savent notre langue, aucun district rural ne la parle encore communément, faute par nous de n'avoir pas colonisé cette île.

Or, la place ne manquait guère. La Corse n'avait alors que 120 000 habitants, là où cinq cent mille hommes, sinon même un million, s'assiéraient largement au banquet de la vie; l'île est ou belle ou superbe en sa mer poissonneuse, les femmes aimables, le ciel gai, l'air doux et salubre, sauf en quelques plaines basses des fleuves, et sur la moitié du rivage d'orient autour d'étangs miasmogènes.

Mais il ne vint que quelques ouvriers ou marchands dans les villes; aucune famille de France n'élut son séjour dans la campagne, là où quelque « fiume » ou « fiumicello », sortant d'une étroiture du mont peut arroser d'un flot non tarissant quelque fertile « campo ».

Pourtant dès l'année même de la prise de possession, le gouvernement français choisit la Corse pour y fixer quatre à cinq cents des plus qu'infortunées familles françaises que les Anglais avaient proscrites dans l'Amérique du Nord, dans notre Acadie, aujourd'hui Nouvelle-Écosse, Nouveau-Brunswick, île du Prince-Édouard : trois petits États maritimes de la confédération canadienne. Cernées et enchaînées en pleine paix, enlevées à leur patrie du Bassin des Mines (baie de Fundy), vendues sur les marchés de la Nouvelle-Angleterre, plus que décimées, et beaucoup à jamais abolies, elles se disséminèrent un peu partout : dans le pays même, où des centaines rentrèrent, en Canada; chez les Yankees; en Louisiane; aux Antilles; en Guyane; la France en reçut une part qu'on ins-

Le Plus Beau Royaume Sous le Ciel.

talla comme on put, où l'on put, à Belle-Isle en mer, sur des landes poitevines, et ailleurs. On voulut en faire profiter aussi la nouvelle conquête, mais les Corses, encore frémissants et naturellement jaloux, soupçonneux, ennemis-nés des étrangers, souhaitaient passionnément que la Corse, non encore en quoi que ce fût française, restât Corse, et Corse seulement; il fallut renoncer à vaincre leur hostilité, et pas un Acadien ne mit le pied dans l'île.

N'importe! La Corse est aujourd'hui très intimement française. Mêlée depuis cent trente ans à nos tragédies, fertile en émigrants pour toute ville de France et toute bourgade et colonie d'Algérie, de Tunisie, elle mêle de plus en plus ses souvenirs, ses espoirs, ses passions, ses intérêts avec les intérêts, les passions, les espérances, les souvenirs de ceux qu'elle nomme les continentaux. La grande langue nationale prend droit de cité dans les deux métropoles, Bastia, Ajaccio, et dans les principaux bourgs de la vieille et très vieille Kyrnos, Cerneatis, Cirné, Corsis, tous noms qu'employa l'antiquité grecque et latine; un autre nom, et le premier qu'aient appliqué les Hellènes à la Corse, nom très mérité s'il en fut au monde, c'est Καλλίστη, la Très belle.

XCII
LE TOUR
DE
LA CORSE

« Heureux qui, comme Ulysse, a fait un beau voyage! » dit un poète de la Pléiade, Joachim du Bellay.

Il n'en est guère de plus charmant qu'autour de la Corse, tant la rive occidentale est harmonieuse, ainsi que le littoral du sud et du sud-est.

Le promontoire le plus septentrional, le *Cap Corse*, termine une presqu'île montagneuse dont les Capo-Corsini, grands émigrants aux Antilles et en Amérique du Sud, ont fait un odorant jardin, un verger d'orangers, d'oliviers, de cédratiers, de châtaigniers, de noyers, un vignoble de vins chauds et généreux.

A la racine de cette péninsule, à l'ouest, en face de Bastia, mais séparé de cette ville par des monts, le *Golfe de Saint-Florent*, qu'on a comparé à celui de la Spezia et à celui de Toulon, est très vaste, très sûr; la fièvre des marais empestait son rivage, par les « extravagances » du petit fleuve Aliso qui se répandait en marais et remblayait, bien qu'avec lenteur, le port de Saint-Florent; mais des saignées ont eu raison des palus de l'Aliso et les « arbres de la fièvre », comme disent les Corses, les lauriers-roses, ici magnifiques, n'y sont plus un présage de frissons froids, puis brûlants, et quelquefois de la mort.

Cet Aliso court dans une des maîtresses vallées du *Nebbio*, terre sauvage qui fut un des six diocèses de l'île. Ce pays tenait son nom d'une ville que mirent à mal les pirates musulmans de l'Afrique aujourd'hui française; ce qui témoigne encore de ce siège d'évêché, c'est, tout près de Saint-Florent, la cathédrale de Nebbio, monument byzantin, et les débris du palais épiscopal.

A l'ouest de Saint-Florent, port qui s'ensable, cette contrée de monts moyens (jusqu'à plus de 1 500 mètres), cette région de vin, d'huile, de vers à soie, de fruits, ce Nebbio se prolonge, sur une rive très découpée, mais sans grandes avancées du flot dans le continent, par les « marines » du *Désert des Agriates*, par hauts coteaux et par petits monts, par maquis, pâtures, gorges de torrents sans eaux de source, et souvent sans eaux d'orage; et pas un hameau, pas un paysan; quelques bergeries, quelques bergers « primitifs », et c'est tout; la solitude est lourde, longue, jusqu'au delà du fleuve Ostriconi, sinon même jusqu'au delà du fleuve Regino.

A part ce morne silence, la monotonie, la demi-aridité du désert des Agriates, c'est, du Cap Corse à Porto Vecchio, par l'Ile Rousse, Calvi, Ajaccio, Bonifacio, soit à la rive septentrionale, soit à l'occidentale, soit à la méridionale, c'est presque partout un brillant spectacle que le défilé de mille promontoires, blocs les plus bas, quoique très hauts encore, d'une île qui est un entassement de pierres, et çà et là (moins que jadis) un amphithéâtre de forêts.

Ils séparent des baies fjordiques, de grandes anses à la bretonne, mais le soleil ici n'a rien d'armoricain, et ce n'est pas un granit sombre, un gneiss obscur, un schiste noir qui s'y reflètent dans l'eau d'azur; le granit rouge y cerne les sous-golfes, les criques sûres, les grands golfes profonds où évolueraient des escadres.

Le long de ce rivage, qui de loin semble terrible quand on n'entre pas dans l'intimité des calanques, le navigateur voit d'abord passer devant lui, dans un lumineux périple, les anses menues du désert des Agriates, avec aussi peu de pêcheurs en mer que de colons sur terre, véritable néant humain jusqu'aux approches de l'Ile Rousse; puis il passe devant l'*Ile Rousse*, ville ainsi nommée de roches rouges, îlots au bout de la jetée du port; des ports plutôt, car il y en a deux, tous deux petits: celui de l'Ile Rousse à l'est de la jetée, celui de Parcipina à l'ouest; cette cité fondée en 1769 par le héros de l'indépendance devait porter son nom: *Paolivia*, mais la désignation topique a prévalu, comme presque toujours, sur la désignation officielle.

Le Plus Beau Royaume Sous le Ciel.

Ensuite *Calvi* la Génoise borde un golfe profond, ouvert au nord, plus près de France qu'aucune autre ville corse; peu de navires jettent l'ancre dans le port de cette ville délabrée, branlante sur le rocher de son cap et qui, contrairement à Gênes, prétend avoir mis au monde le découvreur de l'Amérique — erreur ou vérité qu'elle a monumentée par une plaque sur une masure caduque. La montagne voisine, dans le pays qui s'étend en arrière de l'Ile Rousse et de Calvi, autour de Belgodere, d'Olmi-Capella, de Muro, de Calenzana, c'est la féconde *Balagne*, c'est le « Jardin de la Corse », la terre des oliviers.

Bientôt après, la côte tourne au sud : de septentrionale, elle devient occidentale, avec échancrures merveilleuses :

Golfe de Galéria, lentement diminué par les alluvions insalubres du Fango, fleuve sorti d'une gorge de la Balagne déserte, que son surnom distingue de la Balagne riche et peuplée de l'Ile Rousse et de Calvi.

Golfe de Girolata, luisant comme la braise quand le soleil ensanglante ses porphyres de 400 à 600 mètres de hauteur; alors quatre couleurs se disputent le plus admirablement beau des fjords de la Corse : l'azur du ciel, le bleu très sombre de l'eau très profonde jusqu'au bord, le rouge vif des rochers, et au pied de la falaise un autre et moindre rouge évoqué dans le flot dormant par la réverbération du porphyre.

Golfe de Porto, dont celui de Girolata n'est, au vrai, qu'un sous-golfe septentrional; plus grand que sa voisine l'anse aux rutilantes pierres, il peint dans son onde de très puissants escarpements grisâtres; et ces falaises, au-dessus de son rivage méridional, sont la chute en mer de l' « inconcevable » fouillis granitique des *Calanches*, paysage prodigieusement lapidaire en même temps que sylvestre, fait de granits rouges et d'arbres verts; ces arbres sont de toute taille, de l'arbuste du maquis aux géants de la forêt, et ces granits de toute forme ou régulière ou chaotique, arêtes, tranchants, dos et dômes, aiguilles, pointes, pans, fûts et colonnes; et partout, d'entre les pins, d'entre les pierres, des horizons « miraculeux », restreints vers l'orient par la barre immobile des montagnes neigeuses, infinis à l'occident sur la mer fluide. A l'est des Calanches et tout à fait digne d'elles par l'escarpement des parois, la couleur des falaises, rouges porphyres à droite, parois grisâtres à gauche, la *Spelunca* ou la Caverne, défilé de lugubre profondeur, ouvre une obscure issue aux rapides, aux cascades, aux gouffres du Porto, fleuve de 22 kilomètres descendu des superbes châtaigneraies d'Évisa.

SIXIÈME *Petits Monts, Bas Plateaux, Plaines.*

Ensuite, par delà les pierrières des Calanches, après une foule de très belles ou très gracieuses baies, on entre en tournant le cap de Cargèse, la ville grecque, dans le *Golfe de Sagone*, dont la grâce est indicible, et à cette grâce il allie la grandeur; plus évasé que le golfe de Porto, il comble peu à peu sa demi-conque aux anses régulières, là où lui arrivent la Sagone, la Liscia, et surtout le Liamone. Une presqu'île montagneuse le sépare du golfe d'Ajaccio, presqu'île dont l'effort de la mer a fini par détacher des roches allongées devenues les *Iles Sanguinaires*, dont la plus grande a 100 hectares.

Beau des montagnes de son rivage de 90 kilomètres, encore plus de la vue de l'un des géants de l'île, du Mont d'Oro que cuirassent des neiges éternelles, le *Golfe d'Ajaccio* décroît séculairement par les alluvions de la Gravona et du Prunelli, qui sont les deux créateurs de la riche campagne du Campo dell'Oro, et aussi les deux évocateurs de ses fièvres paludéennes; car, comme les autres torrents côtiers de la Corse, ils refluent à leur embouchure en étangs, en mares, en *stagnoni*, derrière la barre née au contact des eaux de terre et des eaux de mer; et ces stagnoni sont des flaques mortes, la Méditerranée ne s'enflant pas en marée; dans leur immobilité la lymphe croupit et pourrit sous l'air lourd et monte en malexhalaison avec les rayons du soleil. La ville du golfe, *Ajaccio* règne en Corse depuis que n'y règne plus Bastia; ce premier rang lui vient de son port, ample, sûr, profond; de son climat délicieux sans torridité comme sans froidure, du charme de sa campagne fleurie d'orangers, et non pas de son histoire ou de son antiquité : son fondateur ne fut certes point, comme tradition le prétend, et comme savants l'ont prouvé, le fabuleux Ajax, fils de Télamon.

Dernière grande échancrure de la côte occidentale, le *Golfe de Valinco* ou de Campo Moro se rapetisse également, par les apports de deux ratisseurs infatigables de la montagne, le Taravo, le Tavaria.

La côte tourne au sud-est et l'on arrive à *Bonifacio*, au merveilleux port enfoncé de 1 500 mètres entre falaises, à la ville hautaine avec tours et clochers sur un blanc calcaire contemplant de près la Sardaigne; ce calcaire, presqu'île effilée, tombe à pic, ici sur la mer captive du port, là sur la mer libre des bouches de Bonifacio, et il se termine en surplomb sur cette eau de divorce entre le Corse et le Sarde : c'est de 50 mètres que la vague a creusé la roche en dessous, donc de 50 que s'avance au-dessus des flots la vieille cité, colonie génoise qui combattit fidèlement pour Gênes; de temps en

Le Plus Beau Royaume Sous le Ciel.

temps un pan de la pointe du surplomb s'écroule, mais la vague continue à ronger le pied d'élancement de la demi-voûte et Bonifacio suspend toujours des maisons sur le détroit céruléen.

On passe de la côte méridionale à l'orientale, infiniment moins belle que celle du couchant parce que les alluvions l'ont empâtée devant une mer moins fougueuse que les flots occidentaux depuis le cap Corse jusqu'à Bonifacio : c'est que la Méditerranée d'ouest est une grande houle entre Corse, France, Espagne, Afrique ; et la Méditerranée d'est, dite mer Tyrrhénienne, n'est qu'un simple détroit aux ondes amorties, entre la Corse et la Toscane.

Au tournant de l'ouest à l'est, à 9 kilomètres de Bonifacio, à 4 du rivage, un rocher de granit où les Romains taillèrent des carrières, un fruste, un sauvage entassement de blocs rongés par le flot saccadé des tempêtes, un chaos désossé que nul n'habite, sinon, de temps en temps, des bergers bonifaciens avec leurs moutons, l'*Ile des Lavezzi* est un écueil de sombre mémoire. Vers midi, en février 1855, l'un de ses traîtres rochers entr'ouvrit la *Sémillante* : nom de franche gaîté pour un vaisseau de destin lugubre, qui portait 750 hommes de guerre en Crimée, devant Sébastopol, alors glacée comme le pôle et grondante comme le tonnerre ; de ces 750 soldats pas un ne remonta vivant du gouffre.

A peine a-t-on doublé les caps devant lesquels surgissent les funèbres rochers des Lavezzi qu'on arrive au *Golfe de Santa Manza*, profondément enfoncé et dont le cul-de-sac terminal, le port de Santa Manza ou de Gurgazzo, est abrité de tous les vents.

Encore un grand rentrant de mer, aussi beau qu'aucun autre en Corse, on peut dire presque incomparable, et c'en est fini des baies merveilleuses, capables d'accueillir et de garder en tranquillité des flottes de Léviathans cuirassés à côté des barques les plus « innombrables » des pêcheurs : le *Golfe de Porto Vecchio* ou Port Vieux s'avance à 8 500 mètres dans les terres, sur une largeur qui est assez uniformément de deux kilomètres et demi, avec des profondeurs de 5 à 24 mètres. Son avenir prochain, c'est, devenu grand port de guerre, d'unir Toulon à Bizerte et de couper en deux la Méditerranée au profit de la France d'Europe et de la France d'Afrique.

A quelques lieues au nord du Port-Vieux, vers la tour de la Solenzara, lieu fiévreux qu'ont fait salubre et pur des bois d'eucalyptus, la côte change d'aspect, parce que le sol, changeant de nature, passe du granit au tertiaire.

Petits Monts, Bas Plateaux, Plaines.

L'estran, jusque-là presque partout sans largeur, devient plaine, la montagne s'écarte, ou plutôt le rivage s'éloigne de plus en plus depuis des milliers d'années. Sur ce versant de la Corse, les roches sont de texture plus lâche que sur le penchant opposé, leurs torrents transportent plus de débris, et ces dépouilles du mont se tassent dans une onde rarement fouettée d'ouragans.

Une plaine s'est donc déposée ici en avant de l'île, plaine qui, dans le lointain des âges, combla des golfes, enterra des pieds de caps; qui, plus tard, sous les yeux de l'histoire, transforma des baies en étangs; qui maintenant remplit ces étangs, remblaie des échancrures et amortit en rivières marécageuses les torrents sautés du roc « alpestre ». De la tour de la Solenzara à Bastia, ce plan peut avoir vingt lieues de long sur une largeur qui varie d'une lieue et demie à quatre lieues; là où il a pour nom *Plage d'Aléria*.

Là jauniront un jour les plus belles moissons de l'antique Thérapné, encore un des vieux noms de la Corse; là sévit aujourd'hui la fièvre, les Corses n'ayant pas le courage d'y dessécher les marais, eux qui pour bêcher, semer, scier le bois, couper le blé, laissent venir annuellement huit à dix mille Italiens, des Lucquois, qui regagnent leur paradis de l'Apennin, riches de l'argent des insulaires, si quelques pauvres écus sont la richesse.

Non pas que l'« insulaire » soit plus indolent que l'« étranger », mais il n'a pas encore épousé la terre avec passion; il est berger plus que colon.

Les fièvres de la plage d'Aléria ne ravagent pas seulement la plaine, que d'ailleurs nul n'ose habiter tout l'an durant et que tous abandonnent pendant quatre longs mois, lorsqu'on a coupé la moisson, en fin de juin, en juillet, août, septembre et part d'octobre; les vents du littoral emportent le miasme jusqu'à des hameaux de la basse montagne que leur altitude semblerait devoir préserver.

Sur ce rivage peu sinueux, mal abrité, l'on trouve, de la Solenzara à Bastia : l'embouchure du Travo; celle du Fiumorbo; l'*Étang d'Urbino* (750 hectares) dont l'eau salée nourrit de grandes huîtres; la bouche du Tavignano, près des ruines informes d'une ville antérieure aux Romains, Aléria dont Sylla fit une colonie du Peuple-Roi et qui fut ensuite la capitale de la Corse, pendant des siècles; l'*Étang de Diane* (570 hectares); la bouche du Golo; enfin l'*Étang de Biguglia* (1 500 hectares), ainsi nommé d'un misérable village qui, cité jadis, régna sur l'île au temps des Pisans, puis au temps des Génois, avant la fondation de Bastia; quand Biguglia était « princesse », son

Le Plus Beau Royaume Sous le Ciel.

étang, port très ample, était apte aux navires ; aujourd'hui sans profondeur, il a pour toute flotte les bateaux des pêcheurs, et seulement en hiver, vu l'empestement de l'été.

Il n'y a qu'une lieue entre l'ouverture du grau de Biguglia et *Bastia*, ville majeure de la Corse.

XCIII
MONTS
ET TORRENTS.
FORÊTS
ET MAQUIS

Sous des latitudes moins méridionales, la Corse aurait des névés, des glaciers, car fort élevés sont ses monts.

L'arête mère partage l'île en deux versants : le versant d'est et de nord, l'ancienne « province en deçà des monts », vaste de 520 000 hectares ; et le versant d'ouest ou « province au-delà des monts » — par rapport à Bastia, l'ancienne capitale de la Corse — grand d'un peu plus de 320 000.

Étant pierres « primitives », roches très dures, de longue et tenace résistance à l'usure du temps, la montagne corse a conservé ses formes antiques bien mieux que si elle se composait, par exemple, de craies, d'oolithes ; elle a été moins diminuée par l'érosion, les glissements, les chutes, la pulvérisation ; elle est demeurée roide, rude, fruste, et magnifique.

Le *Monte Rotondo* (Mont Rond), au panorama vaste et vague, passait pour le géant de la Corse ; haut de 2 625 mètres, il se lève à peu près au centre de l'île, entre les bassins du Tavignano et du Liamone.

On le disait premier, on lui donnait 2 800 mètres ; il n'est que second. Le *Monte Cinto* (2 707 mètres) l'emporte sur lui de 82 mètres : il trône au nord-ouest de la Corse, entre Calvi et Corte, dans le bassin du fleuve Golo ; il voit, entrevoit ou soupçonne la grande majorité des monts insulaires, la mer, l'île d'Elbe et, vaguement, des profils de Sardaigne.

Moins haute que Cinto, que Rotondo, la *Paglia Orba* ou Vaglia Orba (2 525 mètres) ne se lève pas comme ces deux géants sur une arête secondaire, mais sur la crête mère, au vrai nœud de diramation des sierras de « Thérapné », entre les premières fontaines du Golo, tributaire de la mer du levant, et les sources du Fango, qui tombe à la mer du couchant, dans le golfe de Galéria.

Au-dessous du vrai monarque et du roi détrôné, plus bas donc que Rotondo, Cinto, Paglia Orba, nombreux sont les princes, si l'on veut bien nommer ainsi, comme étant au-dessus des principicules, les sommets souvent neigeux qui s'élancent à plus de 2 000 mètres.

De l'un des moins hauts d'entre eux, de l'*Incudine* (2 136 mètres), qui monte au voisinage de la Solenzara, le périorama est miraculeusement beau sur tout le sud de la Corse, du Rotondo jusqu'au détroit de Bonifacio et à la Sardaigne, du golfe d'Ajaccio à l'asile de Porto-Vecchio et aux étangs mortifères qui miroitent sur la plage d'Aléria ; il y a par ailleurs de plus grands spectacles de montagnes, nulle part une plus superbe contemplation de la mer sans marée.

De tant de sommets, pointus ou trapus, arbrés, arbustés ou nus, mille torrents tombent en cascatelles, au grand jour ou sous bois.

Malgré leurs détours, ils expirent bientôt dans la mer de Toscane, ou dans celle qui regarde au loin l'Espagne.

Les plus longs, Golo et Tavignano, s'engloutissent dans la mer d'orient ; le Liamone, la Gravona, le Prunelli, le Taravo, le Tavaria, vont à la mer d'occident.

Le *Golo* donna son nom à l'un des deux départements qui se partagèrent d'abord la Corse, l'autre étant le département du Liamone. Né au plus haut des monts, il descend en sauts furieux, parmi les pins larix, les hêtres, les ifs, les aunes de la Forêt du Valdoniello, qu'aucune sylve corse ne surpasse en splendeur (4 638 hectares).

Son bassin supérieur, le plus haut et froid, le plus pastoral de la Corse, s'appelle *Niolo*, l'une des deux formes du nom dont l'autre forme apparaît dans Valdoniello (val du Niello, du Niolo). Dans ces lieux les moins accessibles de l'île, les bergers, chevriers et porchers ont mieux conservé que les autres Corses l'héritage du passé de « Kyrnos », mœurs, coutumes, costumes, traditions ; moins qu'ailleurs ils ont oublié les « voceri », chants d'amour ou de vengeance.

Ou plutôt leurs femmes et leurs filles restent fidèles à la vieille Corse ; car eux, les hommes, ils sont pasteurs itinérants, donc moins enfouis dans la solitude entre monts, dans la « Corse de la Corse » ; avec leurs bêtes ils descendent à l'entrée de l'automne vers les vallons d'ouest jusqu'au bord de la mer, en climat plus doux, et ils ne remontent qu'au printemps dans le Niolo ceint des rocs les plus altiers de l'île, puisque là s'élancent Cinto, Paglia Orba et des pans forestiers, des flancs nus, des têtes chauves qui se lèvent jusqu'à 1 500, 2 000 mètres au-dessus du fond du Niolo, compris entre 850 et 650 mètres d'altitude ; et la plupart de ces granits tellement droits que, même vus d'en bas, ils donnent l'impression du vertige.

Quand tous les bergers sont rentrés au bercail, à peine y a-t-il 5 000 Niolains dans le Niolo ; encore n'habitent-ils pas

Le Plus Beau Royaume Sous le Ciel.

le plan du Golo ; ils vivent sur les premières pentes jusqu'à 1 100 mètres, hommes qui ne ressemblent point aux autres Corses, encore qu'ils soient avec les montagnards des châtaigneraies de Bastelica sur Prunelli, les meilleurs exemples du passé de l'île guerrière, vindicative et passionnée. Les Niolains, de taille très haute, parfois gigantesque, sont des Corses plutôt blonds ou roux que bruns, des gens puissamment charpentés, avec os solides ; ils aiment la rêverie, ils parlent peu ; l'on dirait des septentrionaux, et la neige qui dure de quatre à sept mois sur le fronton de leurs « monts », « cimes », « pointes » et « caps » rappelle aisément la Scandinavie dont ils partirent, si l'on doit admettre qu'ils se rattachent à quelque horde gothique du temps de l'invasion des Barbares.

Des 24 184 hectares du Niolo, le Golo sort par la *Scala de Santa Regina*, gorge étranglée à 600, 800, 1 000 mètres de profondeur d'encastration dans la roche vive ; à son issue, au Pont du Diable, à 344 mètres au-dessus des mers, il passe dans le bas pays de la fièvre : on n'a plus sous les yeux un torrent de cristal aux bonds éperdus, une onde où se peint l'image renversée des rocs, des hêtres, des laricios, du maquis, mais une rivière lente et louche, qui se noue et dénoue autour des îlots de graviers dans une vallée de malsaines chaleurs ; en cette plaine étouffante, point de bourgs ; le fleuve coule dans la maremme orientale, là où il ne reste plus rien de la *Mariana* qu'avait fondée Marius, et il s'engouffre en mer Tyrrhénienne au midi de l'étang de Biguglia, après avoir scié la serra corse pendant 75 kilomètres, en un bassin de 108 700 hectares.

Le *Tavignano* porta le même nom que le Rhône, puisque les Latins l'appelèrent Rhotanus ; toutefois ce n'est point le premier courant de Corse, comme le Rhône le premier courant de France : à peu près aussi long[1] que le Golo mais dans un bassin moindre[2], il ne roule pas autant d'eau que ce maître courant de l'île française après avoir été génoise.

Il vient des mêmes monts que le Golo. Sorti d'un lac dormant à 1 743 mètres d'altitude, de l'Ino ou Nino, coupe limpide, il a pour vallée supérieure le *Val de Campotile* ; en belle forêt comme son rival et maître, entre rochers comme lui, pas un seul village, pas un hameau jusqu'à *Corte*. Au bas du rocher de plus de 100 mètres de hauteur auquel s'appuie ou qu'escalade en partie cette ville marquant assez exactement le centre de la Corse, il se double à peu près par l'accession de la belle *Restonica*, dont on vante la pureté d'onde ; ensuite, et tout

---

1. 72 kilomètres. — 2. 82 000 hectares.

comme en amont, c'est la solitude aux bords du fleuve, sauf quelques maisons de cantonniers et de forestiers; tous les bourgs couronnent des saillies ou des plateaux du mont; c'est ainsi que le Tavignano s'achemine vers sa destinée, qui est d'entrer dans la malsalubre plaine du littoral et de finir dans la mer d'Italie près d'Aléria, au sud de l'étang de Diane.

Le *Liamone*, qui nomma l'un des deux départements de la Corse avant que l'île devînt une et indivisible, descend, comme Golo et Tavignano, du plus abondant château d'eau de la Corse. Par des entailles où il est souvent périlleux de descendre, qui même sont parfois inaccessibles, il arrive de désert en désert, non de ville en ville, à la plaine fiévreuse et abandonnée quoique très fertile dont ses dépôts ont diminué l'azur du golfe de Sagone. 40 kilomètres, 36 966 hectares, le Liamone ne dépasse guère les capacités d'un torrent de montagne.

La *Gravona* commence au Renoso, mont de 2 357 mètres où les gens d'Ajaccio prennent leur glace en été. Très rapide, elle descend au sud-ouest, suivie de la grand'route et du grand chemin de fer de la Corse — de Bastia à Ajaccio par Corte : l'une et l'autre, le plus souvent à terribles hauteurs au-dessus du vertigineux torrent, se hasardent aux flancs du précipice de droite ou de l'abîme de gauche, sur la roche nue ou sous les châtaigniers, les chênes, les laricios, les maquis. — Très peu se desserre le couloir où la Gravona gronde; fille des neiges au temps de la fonte, des eaux de source et d'égouttement des pelouses au temps de la sécheresse, elle pourvoit les fontaines d'Ajaccio par un canal et sinue dans le *Campo dell' Oro*, ainsi nommé comme riant et riche, puis se perd enfin en deux bras dans le golfe d'Ajaccio. L'une de ces branches s'unit au *Prunelli* [1] qui, né pareillement du Renoso, est le « fiume » de Bastelica. La Gravona, presque exactement égale au Prunelli, draine 29 898 hectares et serpente pendant 42 550 mètres.

Le *Taravo* s'achève aussi par deux bras marécageux, dans le golfe de Valinco. Il sort de monts dont on peut dire, comme des autres serras corses, qu'ils sont sublimes, monts dont le versant contraire pourvoit l'un des plus beaux torrents de la côte orientale, le *Fium' Orbo* [2], soit la Rivière Aveugle, ce qui veut dire évidemment : cachée dans les profondeurs. Le Taravo court déchaîné sur une pente raide, entre montagnes de 1 500 à 2 000 mètres, sans villages riverains, dans le silence de la forêt

---

1. 41 260 mètres, 28 454 hectares. — 2. 41 kilomètres, 25 000 hectares.

Le Plus Beau Royaume Sous le Ciel.

çà et là vierge encore; ses bords restent solitaires, jusqu'aux approches du golfe qui est son tombeau. Long de 61 400 mètres, il s'ouvre aux torrenticules de 49 250 hectares.

Troisième fleuve à delta sur la côte occidentale, le *Tavaria* s'appelle aussi Rizzanèse, et Valinco, dans le bas de son cours de 58 266 mètres; il s'abîme par deux lits dans le golfe de Valinco. Fils du Mont de l'Enclume (Incudine), des hautes et profondes sylves, des gazons feutrés, des beaux pâturages, il serpente en de très creux et serrés précipices, et quel est le torrent corse dont on ne puisse en dire autant? Il coule à 3 kilomètres au nord de la pittoresque Sartène, s'engage dans l'alluvion dont il a remblayé son fond de golfe et finit à l'issue d'un bassin de 38 771 hectares.

Les torrents corses doivent leurs crues à la neige du mont; ils doivent à la forêt, gardienne des sources, presque tout ce qui leur reste d'onde en saison caniculaire.

A ces forêts la Corse n'a pas conservé toute leur splendeur. Ainsi la *Forêt d'Aïtone*, charmante encore, n'a plus la majesté d'antan; d'Evisa, ses sapins, ses laricios, arbres de bonne odeur, montent toujours jusqu'au toit d'entre deux mers, dont ils redescendent pour aller marier leur verdure à celle des bois du Valdoniello; mais elle a perdu ses laricios altissimes, on les a coupés et ceux qui les remplacent, gracieux et minces comme la jeunesse, ne sont plus des géants de 120 à 150 pieds de hauteur, avec 18 ou 20 pieds de tour.

C'est récemment qu'on a couché par terre les patriarches de la sylve d'Aïtone, comme de mainte autre forêt, depuis que des chemins vont des ports de la côte à la futaie majestueuse; mais la déforestation date de plus loin, des temps premiers, du Ligure ou de l'Étrusque, du Phénicien, du Carthaginois, puis du Romain. Le paysan continue l'œuvre sauvage; il allume l'arbuste pour semer dans la cendre, et l'incendie gagne souvent les grands bois. Le troupeau du berger nomade, guidé par des chiens féroces, fait plus de mal encore; les moutons arrachent les herbes dont le tissu retient la terre au penchant du mont, la chèvre broute les pousses, espoir trompé d'une forêt future, et les versants s'écroulent et s'écoulent. De bois solennels, certains districts sont devenus une pierre sans ruisseaux et sans verdure.

Toutefois la forêt corse ombrage encore 149 000 hectares, y compris rocs et clairières. Sur les pentes inférieures l'empire est au pin maritime et au larix, ce superbe mélèze qui s'élance à 40 ou 45 mètres, et même, très rarement à 50. Au-dessus de

SIXIÈME *Petits Monts, Bas Plateaux, Plaines.*

1 200 mètres, la montagne appartient au chêne blanc, au hêtre, à l'érable, au tremble, à l'if, au majestueux châtaignier, à l'aune ; tout en haut, sur les cimes que le vent tourmente, que l'orage foudroie, que la neige saupoudre ou qu'elle ensevelit, les sapins alternent avec les bouleaux.

Parmi ces forêts, il en est de merveilleuses : tels, du nord les *Bois de Tartagine* (2 900 hectares), laricios et pins dont un torrent emporte au Golo les aiguilles ; la *Valdoniello*, noire sur la blanche écume du Golo ; la *Forêt de Vizzavona*, larix, sapins, chênes verts, superbes hêtres, dans le val du Vecchio, tributaire du Tavignano, au pied du Mont d'Or (2 391 mètres), à la descente de la *foce*, c'est-à-dire du col de Vizzavona (1 162 mètres), où la route et le chemin de fer d'Ajaccio à Bastia franchissent l'arête de la Corse ; la *Forêt de San Pietro di Verde*, la plus solennelle de toutes, ce dit-on, laricios, hêtres, chênes verts, aux deux bords des profondeurs où se démène le naissant Taravo, sur le chemin de Sartène à Corte ; la *Forêt de Coscione*, hêtres magnifiques, dans les montagnes où trône l'Incudine, vers le bourg de Zicavo ; le *Bois de Bavella*, fait de pins laricios splendides, sur des croupes où se tord la route de Sartène à la Solenzara.

Heureuse Corse où tous les bois abattus n'ont pas été remplacés par des terres vagues, des rocs en ruine, dans des ravins dont le torrent, jadis bruyant sous l'ombrage, est devenu la goutte d'eau que le sable boit, que le soleil sèche !

Plusieurs centaines de milliers d'hectares qui furent autrefois forêt vierge, ont pour monotone parure le maquis, mot détourné de l'italien *macchie* (*maculæ*), les taches ; jadis asile du proscrit, aujourd'hui bauge du voleur et de l'homme de vendetta, ces fourrés tachent, en effet, de tons verts ou bruns les bosses rouges, roses, blanches et grises des montagnes corsiques.

Odorants sous les rayons du Midi, coupés d'abîmes, de torrents sans ponts, ces fouillis inextricables réunissent tous les arbrisseaux du climat méditerranéen, lentisques, buis, myrtes, cistes, genévriers, arbousiers, ronces, fougères, chênes verts, bruyères arborescentes : sous un autre nom c'est le « monte » *bajo* des sierras espagnoles, la broussaille du Sahel d'Alger et des pentes inférieures du vieil Atlas.

L'antique forêt pourra reprendre une partie de cette « brousse », comme on dit dans nos colonies ; les oliviers, les vergers, les châtaigneraies, çà et là des prés, des champs s'empareront du reste.

Le Plus Beau Royaume Sous le Ciel.

Ce qui n'est pas maquis ou grand bois appartient surtout à la châtaigne et à l'olive. Le châtaignier, dont l'habitant vit, ainsi que du lait, du fromage des brebis et surtout des chèvres, protège d'un feuillage épais les villages contre le soleil; ceux-ci, presque toujours, sont accrochés à des talus, vissés à des parois, juchés sur des pitons. Le peuple corse, qui ne respire librement que depuis la souveraineté française, avait choisi pour ses cabanes de pierre sèche des sites escarpés, écartés, hautains, tragiques. Il fallait tenir sa chèvre près du maquis, ses moutons près du pâturage ; garder sa famille loin des vallées qu'opprimait le Génois, et plus que le Génois la fièvre des marais ; loin de la rive qu'écumait le pirate, que le Barbaresque pillait malgré les tours de défense. Or le Génois n'a disparu de l'île que dans la seconde moitié du dernier siècle et le corsaire y enlevait encore, il y a cent ans, des chrétiens : non seulement sur le littoral du sud, ouvert de plus près à ses iniquités, mais aussi tout à fait au nord, jusqu'aux environs du cap Corse.

Cet arbre admirable, le châtaignier de puissant ombrage, est comme le pin laricio presque ubiquiste dans l'île, mais nulle part il ne domine comme dans la région qui lui doit le nom de *Castagniccia* ou Châtaigneraie : contrée dont quelques ravins, dans le bassin de Lama, s'ouvrent par le fleuve Ostriconi sur la mer du septentrion, tandis que tout le reste appartient au versant d'orient.

La « Châtaigneraie » s'étend au sud de Bastia, à l'est et au nord-est de Corte, entre le bas Golo, le Tavignano inférieur et la mer de Toscane, autour d'Orezza, célèbre par ses eaux minérales, et de la *Montagne de San Pietro* (1 766 mètres) dont le panorama splendidissime rivalise avec celui de l'Incudine lui-même.

Ami de la silice, ayant à ses pieds la fougère, le châtaignier voit passer des centenaires, peut-être même des millénaires et, devenu cabourne, comme disent les paysans d'oïl, c'est-à-dire vidé par l'âge, ayant pour tronc sa seule écorce, il s'épanche encore en feuillage. Sa forêt fut le dernier asile de la liberté corse; aujourd'hui qu'elle ne cache plus les patriotes, elle nourrit paysans et bergers, dans le pays de l'arbre lui-même et dans les vallées où il ne croît pas mais où s'exporte la châtaigne dont se fait la « polenta » nationale.

L'autre fidèle compagnon des hameaux, l'olivier connaît peu la greffe et la taille, et ce n'est pas ici l'arbre étriqué du Languedoc ; le climat plus méridional de la Corse, hors du mistral, dans un bain de mer, accroît mieux les arbres du Midi que ne le font Avignon, Perpignan, Nîmes ou Marseille.

SIXIÈME — *Petits Monts, Bas Plateaux, Plaines.*

XCXIV
LES
CORSES

Il est incroyable qu'il n'y ait pas 300 000 habitants sous un pareil climat, le long d'une telle mer, au pied de monts minéraux tranchés par des torrents énergiques assez forts pour irriguer les bas lieux. Le Corse n'a jamais voulu se vouer intimement à la terre, à l'arrosage, aux mines ; il préfère la vie contemplative, le lazzaronisme ; il est chasseur, il est berger, avant tout gardeur de chèvres : à la campagne tout cela ; en ville, il adore les fonctions publiques, les honneurs, si petits soient-ils, la demi-sinécure ou la sinécure entière.

Il aime aussi le métier des armes, le grand soleil, et les aventures.

Depuis que le Corse est Corse, il dépense, ou du moins il dépensait les plus belles heures de sa vie à défendre son rocher, ses oliviers, sa châtaigneraie. Ibère, Celte, Ligure, Étrusque à ses premières origines, que sait-on? il a lutté contre l'Étrusque, le Celte, le Ligure, l'Ibère d'Italie, d'Ibérie ; puis contre le Carthaginois, le Romain, le Vandale, le Goth, l'Italien, l'Aragonais, l'Arabe et le Berbère, les routiers cosmopolites du Moyen Age et le Génois, Ligure moderne ; il n'a compté sur le lendemain qu'au temps des Césars ; puis sous les Pisans, maîtres débonnaires ; enfin sous les Français.

Et il se peut que la guerre suscitée par les continentaux ne lui ait pas tiré tant de sang que la guerre intérieure, de val à val, de piève ou paroisse à piève, de famille à famille, de cabane à chaumière.

La vendetta, c'est la loi naturelle, qui paye la mort par la mort jusqu'à la millième génération. Que ferait-elle de l'homme de loi, du juge? Il n'a pas senti l'injure, il ne saurait la comprendre.

C'est le frère, le père, le fils, même la mère ou la fille qui rougira le maquis du sang d'une vengeance et d'un meurtre, et ce meurtre appellera d'autres meurtres, comme « l'abîme appelle un autre abîme au son de ses canaux ».

Un chant du Niolo l'a dit :

De toute ta race, que reste-t-il? Rien qu'une sœur, petite, pauvrette, orpheline, sans parents. Mais pour te venger, crois-moi, c'est bien assez d'elle!

Épier l'ennemi, viser juste, plonger l' « impeccable » couteau, ce fut la vie du Corse pendant des semaines de siècles, et de tout temps on le connut pour son caractère sombre, altier, méfiant, vindicatif.

Que sont les Corses modernes? Après tant de chocs de peu-

Le Plus Beau Royaume Sous le Ciel.

ples, d'unions franches ou forcées, de mélanges de races, quel sang prédomine chez eux? Nul ne sait.

Le temps a tout émoussé : le même esprit, la même âme, les mêmes usages, le même dialecte italien, la même nécessité du français chaque jour croissante, c'est là le commun patrimoine de cette nation faite cependant de tant de pères ennemis que, si les morts reprenaient tout à coup le souffle et la mémoire une furieuse bataille éclaterait aussitôt d'Ajaccio à la tour de la Solenzara et du cap Corse à l'azur marin des grottes de Bonifacio.

Les seuls Corses qui se distinguent franchement du reste des insulaires, ce sont les hommes très hauts, très osseux, point bruns, du Niolo, d'origine germanique peut-être; et les Grecs du bourg de *Cargèse*, au nord d'Ajaccio, sur le golfe de Sagone : ces Hellènes ne parlent plus guère que le français et le corse, mais ils ont gardé leur religion grecque; ils arrivèrent en l'an 1676, au nombre de 730, sous la conduite d'un descendant des Comnène de monts Péloponésiens dominant le rivage d'un golfe du Magne.

290 000 Corses sur 872 000 hectares, cela répond à 30 personnes au kilomètre carré, pas même la moitié de la densité de population française, qui est de 72 : ce soixante-deuxième de la France n'entretient guère que le cent trente-troisième des Français.

N'empêche que la Corse fournit à nos colonies plus de colons qu'aucun autre de nos quatre-vingt-sept départements : au recensement de 1896, sur 4 429 421 habitants, l'Algérie comprenait environ 578 000 « colons », Français, Européens, Juifs naturalisés : là-dessus 318 137 Français, dont 135 379 nés en France ; et parmi ces derniers 7 303 nés en Corse, soit du *dix-huitième* au *dix-neuvième*.

De même en Tunisie, en cette même année 1896, sur 16 534 Français, 3 339 étaient nés en Tunisie, 2 384 en Algérie, 10 097 en France, dont 917 en Corse, soit environ le *onzième*.

CINQUIÈME PARTIE

CLIMATS ET PLUIES

CLIMATS ET PLUIES

I. LES CLIMATS DE LA FRANCE. ‖ II. DE 9 A 16 DEGRÉS DE CHALEUR MOYENNE. ‖ III. LES SEPT CLIMATS DE FRANCE. ‖ IV. LA PLUIE EN FRANCE.

I
LES CLIMATS DE LA FRANCE, LEUR VARIÉTÉ INFINIE

NOUS attachons invinciblement l'idée de froid au mot *Nord*, l'idée de chaleur au mot *Sud*. Et cependant l'homme de Dieppe ou de Dunkerque peut grelotter à Saint-Flour ou à Montlouis, le Brestois gèle à Limoges en hiver, et les Alsaciens-Lorrains de Terni, dans la province d'Oran, près du Sahara, ont pu s'y plaindre de la rudesse de décembre, janvier, février, mars.

Le climat ne dépend pas seulement des latitudes; l'altitude est plus puissante que le voisinage ou l'éloignement de l'Équateur, lieu des rayons verticaux du soleil.

La nature du sol et du sous-sol; la prédominance de tel ou tel vent; la présence de l'Océan ou de grands lacs, de marais, de rivières; le passage de tel courant froid ou chaud de la mer ou des cieux; la proximité des déserts, qu'ils soient brûlants ou glacés; l'absence, la modération, l'excès des pluies, leur distribution suivant les saisons; le luxe, l'indigence ou l'absence des forêts; tout ce qui est la terre, l'air ou l'eau, tout ce qui est mouvement, lumière, chaleur, électricité, change et brouille infiniment les climats.

Les pays de grandes plaines fouettés par les mêmes vents de chaleur ou de froidure ont un climat uniforme, parfois sur d'« infinis » espaces, de l'est à l'ouest, et même du nord au sud. Il faut cent, deux cents lieues vers le midi pour donner un peu plus de tiédeur en hiver aux cités sibériennes ou russes.

Sol plat, ciel uniforme, peuple homophone, ces trois choses

Le Plus Beau Royaume Sous le Ciel.

vont ensemble : une terre très petite, mais fort raboteuse, la Grèce, a plus de climats, de dialectes que toute l'immense et plane Russie.

Autres sont les pays de plastique puissante : leurs montagnes rompent, arrêtent, font tourner les vents, attirent ou dévient les pluies, et à leurs pieds se créent des climats provinciaux, et sur leurs flancs, suivant l'altitude, une infinité de climats locaux.

La France est une de ces contrées : elle a quatre mers, des plateaux, des sierras, des glaciers à sa frontière, des monts moyens et de hautes collines à l'intérieur ; telle de ses cités craint la marée haute ; une de ses villes, Briançon, est à 1 321 mètres ; un de ses bourgs, Montlouis, à 1 513 ; un de ses villages, Saint-Véran, à plus de 2 000 ; et son Mont-Blanc s'élance à 4 808 mètres.

Tel de ses cantons n'a pas d'arbres, il gèle au vent, brûle au soleil ; dans tel autre, des bois tempèrent la chaleur, brisent les vents, conservent les sources ; certaines de ses contrées doivent le nom de Terres Froides à leur sol argileux qui retient les eaux et les rassemble en étangs : ce sont des pays de prairies ; d'autres s'appellent Terres Chaudes, en raison de leur calcaire ou de leur craie : ce sont des pays de vignobles.

Telle de ses plaines est d'argile, telle autre de cailloux, telle autre d'humus ; telle vallée est à fond de sable, et ni l'argile, ni le sable, ni les cailloux, ni l'humus ne reçoivent, ne rayonnent ou ne gardent également la chaleur.

Dans tel ou tel de ses lieux le vent, soufflant de la mer, apporte brumosité, pluie, douceur, égalité de climat ; dans tel autre il souffle du continent, de la montagne, et il amène le froid et la sécheresse de l'air.

Tout cela détermine une infinité de climats, que cependant on réduit coutumièrement à sept.

Il ne faut donc pas s'imaginer qu'en allant au midi droit devant soi, de Dunkerque à Montlouis, de Cambrai à Béziers, de Givet aux Saintes-Maries de la Mer, on verra la froidure faire insensiblement place à la chaleur.

Bien au contraire le Flamand de Dunkerque trouvera le Nord au moment où, venant de franchir la Loire, il se croira tout près d'entrer au pays des lucides soleils : car il lui faudra monter sur ce Massif Central qui porte de blancs hivers au seuil même du Midi lumineusement éthéré où flottent, du bleu vers le bleu, des horizons dormants remplis de rêverie.

L'Ardennais de Givet, quand il descend le Rhône vers Montélimar, passe brusquement du septentrion au méridion, et

Climats et Pluies.

presque d'Europe en Afrique : en quelques demi-lieues il a changé de climat plus que jusqu'alors en cent lieues.

Dans l'autre sens, de l'ouest à l'est, de Brest à Épinal, de la Rochelle à Chamonix, de Bayonne à Menton, on ne reste point sous le même climat en suivant le même degré de latitude : de l'occident à l'orient les climats français empirent : plus loin de l'Océan et hors de l'influence des tièdes vents du sud-ouest, ils deviennent plus froids dans la moyenne de l'année, beaucoup moins tièdes en hiver et plus chauds en été.

En moyenne l'hiver est plus doux dans le nord que dans le centre et le midi de la France, avec naturelle exception du littoral de Gascogne et Béarn, et des côtes de Languedoc, Roussillon, Provence, rivage de Méditerranée où les mois froids sont presque ce qu'on nommerait des mois tièdes. Ainsi la moyenne du mois de janvier à Paris est à peu près la même que celle de Dieppe, Orléans, Blois, la Roche-sur-Yon, Bergerac, Toulouse, Carcassonne, Valence, et des petites montagnes au nord de Marseille et de Nice ; elle fléchit donc extraordinairement vers le midi, parce qu'au nord le pays est de plaine et que la pluie y adoucit la température, tandis qu'à l'ouest et au sud, tout autour du Plateau Central et des Alpes du Sud-Est, la montagne provoque un temps dur, brusque, incontinent en froidure, chaleur, aridité du ciel, fureur des ouragans.

Si, grâce aux montagnes, la moyenne januarienne de Paris s'infléchit au sud jusqu'à presque toucher la mer, sa moyenne de juillet s'infléchit au nord-est, c'est-à-dire vers le continent, parce que l'Océan rafraîchit l'occident par ses vents, par ses pluies, auxquels participent moins les régions de l'intérieur ; de Paris elle pénètre en France près des Sables-d'Olonne et nous quitte au delà de Mézières : c'est le franc nord-est.

Quant aux moyennes de l'année, l'influence de la mer les incline au Nord-Ouest par la raison que le grand réchauffeur, modérateur, égalisateur des climats, l'Océan, baigne chez nous Nord et Nord-Ouest, tandis que les monts refroidissants chargent Est, Centre et Sud.

*II
DE 9 A 16
DEGRÉS
DE
CHALEUR
MOYENNE*

Il n'y a guère de villes françaises dont la moyenne annuelle soit inférieure à 9°, peut-être n'y en a-t-il pas.

La ligne des lieux ayant l'année de 9° n'est pas une ligne française, mais une ligne belge et allemande ; elle passe sur Gand, Bruxelles, près de Trèves et dans la montagne au sud de Mayence.

Le dixième degré de chaleur moyenne entre en France par

Le Plus Beau Royaume Sous le Ciel.

la Manche près de Saint-Valery-en-Caux; il passe sur la Seine près de Rouen, coupe l'Oise vers Pontoise, la Marne inférieure vers Meaux, la Marne supérieure vers Saint-Dizier, la Moselle vers Épinal.

Cherbourg, Saint-Lô, le Mans, Amboise, Bourges, Decize, Mâcon, Bourg-en-Bresse, tels sont les lieux situés à peu près sur le parcours du onzième degré de chaleur annuelle.

Le douzième passe plus ou moins sur la Tremblade, Saintes, Brantôme, Tulle, Argentat-sur-Dordogne, et s'en va couper le Rhône entre Vienne et Valence.

Le treizième traverse la Grande Lande au sud de Bordeaux, passe près d'Agen et rencontre l'Aveyron au nord de Montauban, le Tarn vers Millau, et le Rhône entre Montélimar et Avignon.

Le quatorzième quitte l'Atlantique pour le continent au nord de Bayonne; il franchit l'Adour au confluent du Gave, puis derechef à Tarbes, la Garonne au confluent du Salat, l'Aude vers Limoux, et s'infléchissant au nord-est, il passe près de Narbonne, de Montpellier, il coupe la Camargue et enfin, arrivé à l'orient de Marseille, il se tient dans la Provence au-dessus du littoral.

Le quinzième, le seizième, passent sur les villes privilégiées de ce littoral, dites villes d'hiver, entre Hyères et la frontière d'Italie.

III
LES SEPT CLIMATS DE FRANCE

On partage la France en sept climats sans trop forcer l'infinie variété des choses

Quatre de ces climats, régentés par les vents de mer, sont maritimes et par cela même tempérés, avec moins d'écart que les climats continentaux entre la chaleur et le froid des heures successives, du jour et de la nuit, de l'été et de l'hiver.

Le climats continentaux, plus loin de la marine humidité, sont singulièrement plus variables, bien plus brusques, plus secs, plus sensibles au rayonnement nocturne, plus esclaves du pouvoir glaçant de l'altitude; et, en somme, plus froids dans la moyenne de l'année, quoique plus chauds à certaines heures et dans certaines saisons.

Le *Climat Vosgien* ou Austrasien ressemble plus qu'aucun autre de nos sept à celui qui domine dans le centre, l'est, le sud-est de l'Europe, sur la très majeure étendue de la partie du monde. Essentiellement continental, il dépend surtout des vents de l'est et du nord-est, venus de la Russie, de la Sibérie

Climats et Pluies.

même, par les plaines de l'Allemagne septentrionale. Épinal, Nancy, Mézières, Rocroi lui obéissent, villes où l'hiver ramène ce qu'on est convenu d'appeler les « beaux froids », des jours de soleil sur la candeur vierge des neiges. La glace, les flocons tombant d'un ciel blafard, les rayons éclatants qui égaient la neige et ne la fondent pas, la pluie qui la troue, qui la déchire et qui l'emporte, elle si blanche, en noirâtres ruisseaux; de nouveaux flocons, de nouvelles glaces, un nouveau givre, de nouvelles pluies, gel et dégel, ainsi se passe l'hiver. Au printemps c'est une transformation magique; quinze jours après les fanges du dégel, la nature a repris toute sa fécondité, les arbres ont leurs fleurs, et les champs leurs promesses. Sous ce climat l'on a des étés superbes et des automnes fort beaux.

La moyenne de Paris étant presque égale à 11°, celle d'Épinal, ville plus méridionale, mais aussi plus élevée que Lutèce, n'est que de 9° C.; on y a vu des froids de 25 à 26°, même de 30 au-dessous de la glace fondante, et des chaleurs de 36, 37, même au delà de 38°. Nancy, bâtie plus bas qu'Épinal, à 200 mètres environ au-dessus des mers, au lieu de 326, mais en revanche plus exposée aux vents dans sa large campagne qu'Épinal en son val profond, Nancy a pour moyenne 9°,30, avec soixante-huit jours de gelée.

Le *Climat parisien*, ou Séquanien (de *Sequana*, la Seine), ou encore Neustrien, par opposition à Austrasien, règne de la Belgique au cap de la Hague, sur les bassins de la Seine, de la Somme, de l'Escaut, des petits fleuves flamands, artésiens, picards, et normands.

Les vents de la Manche, mer septentrionale et pourtant chaude, lui font un climat maritime fort tempéré pour ses latitudes. Paris n'est point froid; on y connaît des hivers presque sans neiges, sans glaces; novembre, décembre, janvier, février, les sombres mois qui font le tiers de l'année lui dispensent parfois des heures tièdes qui seraient printanières s'il ne leur manquait la clarté du ciel et les baumes du renouveau.

Le Paris des Français est bien au nord du Paris des Canadiens, de Québec, qui se trouve à peu près sous la latitude de Châtellerault ou de Châteauroux; or à Québec la moyenne de l'année est de 4° seulement, celle de l'hiver étant de — 12°, avec des jours et des nuits qui vont jusqu'à coaguler le mercure.

Paris a les caractères du climat parisien, mais adoucis par le paravent des collines, l'abri des rues et monuments, la chaleur, les fourneaux, la lumière, le gaz, l'électricité, par la respiration de ses trois millions d'hommes, de ses chiens, de ses chats, de son énorme cavalerie. Aussi sa moyenne annuelle,

Le Plus Beau Royaume Sous le Ciel.

de 10°,7 ou 10°,8 dépasse-t-elle quelque peu celle des lieux de son voisinage; l'hiver surtout y pique moins : alors qu'en décembre 1879 le mercure ne descendit qu'à — 17° dans l'intérieur de la métropole, il marqua — 20° à Asnières et — 25°,6 dans le bois de Vincennes, au Parc Saint-Maur.

Voilà pourquoi la moyenne hivernale de Lutèce atteint 3°,7, celle du printemps étant de 10°3, celle de l'été de 18°,2 et celle de l'automne de 11°,1.

L'hiver y est fait de journées de pluie et de brume plus que de gel; le printemps se passe aussi en pluies et bruines; l'été, brillant, est torride, orageux; l'automne est superbe.

Les froids les plus vifs qu'on y ait sentis, en 1778, en 1871, en 1872 et en 1879, ont amené le thermomètre à — 23°, — 24°, même — 25°,6, non dans la ville même, mais sur les coteaux de la banlieue; la chaleur la plus forte, 38°,4 à l'ombre, a pesé sur ses trottoirs, dans ses rues sans un souffle d'air, le 9 juillet 1894.

En moyenne, le « pôle du froid » de Paris est le 8 janvier; son « pôle du chaud », le 19 juillet.

Sur les 365 jours qui sont pour nous la division normale du temps, 143 y sont des jours de pluies fines tombant en toutes saisons et ne donnant que 512 millimètres; il y a 80 jours beaux ou très beaux, 90 nuageux, 183 couverts ou rayés de pluie, 12 neigeux; il y a 56 journées de gel, 13 d'orage, 20 de grêle.

Du cap de la Hague à l'embouchure de la Loire, le *Climat breton* ou climat armoricain est le plus maritime des climats français; par la mer dans laquelle baigne la presqu'île celtique, il profite plus qu'aucun des bouffées d'air tièdes accompagnant le courant du Golfe, — c'est ainsi qu'on appelle un immense fleuve d'eau plus chaude que l'Océan, dans le sein duquel il chemine en une rivière indépendante bien qu'elle soit sans rivages : on l'y distingue à sa chaleur, à sa couleur, à sa vitesse. Venu des mers tropicales, et un peu du golfe du Mexique, il frappe le Portugal, l'Espagne, la France, l'Irlande, l'Angleterre, l'Écosse, la Norvège, et va porter quelque tiédeur jusque dans les flots arctiques.

Ce n'est pas seulement de ce golfier, dont on s'exagérait benoîtement la domination, c'est surtout de la mer elle-même en sa puissance et grandeur, de ses effluves, de ses vents de nord-ouest, d'ouest et de sud-ouest, que le climat armoricain tient sa douceur singulière.

Ciel obscur et bas pendant la moitié de l'année, brumes, pluies fines, vents mélancoliques, le climat breton a peu de neige, et si peu de froids l'hiver que des arbres provençaux, africains même, le grenadier, le figuier, l'aloès, le magnolia, le camélia, le laurier-rose, y vivent en pleine terre au bord des anses, dans les presqu'îles, dans les îles. A Brest, dont la moyenne annuelle dépasse 11°, il est rare que la chaleur estivale développe plus de 23°, rare aussi que le froid descende au-dessous de 6° : pas 6° au-dessous, mais 6° au-dessus de zéro; par contre le nombre des jours de bruines, de pluies tamisées approche de deux cents.

De la Loire aux Pyrénées, de l'Atlantique aux monts du Centre, le *Climat girondin*, climat gascon, climat d'Aquitaine, réclame un grand lambeau du bassin de la Loire, une très vaste part de celui de la Gironde, ceux du Lay, de la Sèvre Niortaise, de la Charente, de la Leyre et de l'Adour.

C'est encore un climat maritime, moins tempéré que le breton, mais plus brillant, et à mesure qu'on avance au sud, plus agréable et plus chaud.

Tout au nord de son domaine, la basse Loire a des prairies, des champs, des landes, des vignes; au centre, Cognac doit son renom à ses eaux-de-vie, Bordeaux à ses vins; et tout au sud, en Pays Basque, en Béarn, en Bigorre, un climat charmant caresse des villes d'hiver.

Peu ou pas de neige en froide saison, des pluies d'hiver et de printemps, des étés chauds, des automnes superbes, quoique pluvieux, c'est la marche des saisons, de Nantes à Bayonne et de la mer aux montagnes.

L'année de Nantes donne une température moyenne de 12°,6; celle de la Rochelle se résume par 12°,7, celle de Bordeaux par 13°,5; Arcachon, sol de sable, air marin, pins frémissants, guérit les phtisiques sous un ciel si doux que la moyenne de l'hiver est de 10° dans la forêt et la dune, de 8° sur les plages du bassin; Pau les guérit aussi, dans une atmosphère calme dont la moyenne annuelle est de 13°,39, et le climat de l'humide Bayonne est plus clément encore.

Les pays où courent de leurs sources dans les monts à leur entrée dans les plaines, la Dordogne, le Lot, le Tarn, la Loire, l'Allier, la Vienne, la Creuse, et les hautes vallées des torrents qui meurent à la rive droite du Rhône, relèvent d'un climat que l'altitude des sites fait plus dur que ne le voudraient ses soleils.

Car cette région, le Massif Central, est à distance égale du Pôle et de l'Équateur, dans la zone exactement tempérée, le 45ᵉ degré de latitude passant tout près d'Aurillac, de Saint-Flour, du Puy-en-Velay; or, il y a de l'Équateur au Pôle un quart de cercle ou 90 degrés.

Le Plus Beau Royaume Sous le Ciel.

Le **Climat auvergnat** ou climat limousin a des hivers terribles et des neiges effaçant les plis de vallons, cachant les routes, ployant les rameaux des pins; ces neiges se glacent, et sur elles tombent d'autres neiges; sur certaines routes, dans les fonds, des poteaux élevés balisent les chemins, et il arrive qu'ils disparaissent jusqu'à la cime, tant il pleut de flocons sur le plateau, tant le vent ou la pente entraînent d'avalanches dans la ravine. Mais l'été calcine les vallées, les gorges fermées aux souffles de l'air, tandis que sur les hautes plaines, la bise, âpre, brusque, inattendue, vagabonde, tempère les ardeurs du soleil, et l'altitude des lieux donne, même aux jours les plus enflammés, des aubes glaciales, des matins froids, des soirées fraîches, des heures perfides.

Le Puy, Mende, Saint-Flour, Rodez, Limoges, sont soumis à ce climat à demi labradorien pendant un bon quart, un tiers ou une moitié de l'année, conformément aux altitudes des sites. On estime que la moyenne annuelle de Limoges, à 250 mètres au-dessus des mers, est de 10°,45; celle de Tulle (248 mètres), de 11°,43; celle de Guéret (453 mètres) de 9°,20; celle d'Aurillac (668 mètres) de 9°,07; celle de Clermont-Ferrand (388 mètres) de 9°,87, au pied du Puy de Dôme, qui, haut de 1 465 mètres, a pour résumé thermique de son année, la très froide chaleur de 3°,44. La plupart des villes de ce climat sont climatiquement inférieures à Paris, situé pourtant à 3, 4, 5 degrés plus au septentrion.

Un autre climat, c'est celui qu'on a nommé **Climat rhodanien**, et qu'on appellerait peut-être mieux climat lyonnais d'après la superbe ville, prodigue en froids brouillards, qui voit s'unir les deux grandes rivières du pays où il règne : le nom de rhodanien ne fait penser qu'au Rhône, et point à la Saône, qui baigne plusieurs des cités de cette zone climatique. Ainsi qu'en toute autre contrée plus ou moins sevrée de la mer, le climat rhodanien a des étés chauds, des hivers rigoureux même en plaine, et les vallées élevées de la Savoie, les plateaux du Jura sont un autre Massif Central pour la rudesse et longueur de l'hivernale saison.

Lyon varie suivant les années entre 11°,5 et 12°; Mâcon a pour moyenne 11°,3, Dijon 11°.

Qu'on aille de Toulouse à Cette, de Lyon à Marseille on voit vers Montélimar ou Carcassonne le pays passer du vert au jaune ou au blanc, les prairies roussir, les roches s'illuminer, la poussière charger les feuilles à courber la branche et le terne olivier monter les mamelons pierreux devant plaines sèches et monts décharnés : on vient de passer du climat girondin, ou du lyonnais, au *Climat méditerranéen* ou provençal, fait de deux zones : zone du mistral à l'ouest de Toulon, zone sans mistral (ou presque) à l'orient de cette ville marine.

Le *mistral*, qui tord rageusement l'olivier vers le sud-est, est un souffle furieux ; les Provençaux disaient : « Le Mistral, le Parlement, la Durance, sont les trois fléaux de la Provence ». — Un fléau, c'est trop dire, car ce vent féroce chasse les effluves, les miasmes, les ferments, les odeurs ; grâce à lui l'on ne meurt pas autant qu'on mourrait sur les bords d'étangs, dans les « paluns », dans les lieux surarrosés, en Camargue et dans mainte ville impure sous ce traître soleil.

Sa force est incroyable, sa persistance inouïe ; il peut arrêter des trains. C'est le « Borée noir » de Strabon : « le Mélamboras, dit-il, est un vent violent, terrible, qui roule des pierres, précipite les hommes de leurs chars, broie leurs membres et les dépouille de leurs vêtements et de leurs armes. »

Son nom veut dire le « maître », et en effet il règne au ciel comme sur la terre ; il déchire lugubrement les airs, il plie, tord ou casse les arbres, il agite éperdument les branches, il éparpille les eaux, il soulève et disperse les spirales de la poussière, il entre par les portes closes, il assaille sous le manteau ; et quand on le rencontre à l'improviste au sortir d'une maison, à l'angle de deux rues, au détour d'une coulière, à l'arrivée sur la cime d'une colline ou le seuil d'un plateau, il faut raidir tous ses muscles contre lui ; des oliviers, des bois, des herbes, des vignes, des cailloux, des murs de pierre sèche, des plaines comme de la garrigue ou du mont, de toute la nature il tire une voix qui gémit.

Quand il souffle, c'est parfois pour des semaines, pendant le jour clair et la nuit pâle et blanche car, poussant violemment les vapeurs vers la mer, il n'amène avec lui ni tempête, ni pluie fine sur le sol d'entre Mézenc et Méditerranée. Descendant des monts cévénols et des Alpes très occidentales, avec acharnement, par rafales continues ou bouffées passagères, il se démène au loin en Provence, dans le Comtat, en Languedoc, en Roussillon ; au nord il commence avec l'olivier, un peu au-dessus de Montélimar ; à l'ouest il se déclare à partir du col de Naurouze, de Castelnaudary et surtout de Carcassonne, qui est aussi l'une des bornes de l'olivier ; au sud il se fait maudire jusqu'au pied des Pyrénées et des Albères où va se perdre dans la Méditerranée ; mais ici ce n'est pas tout à fait le même vent, venu de la même borne de l'horizon ; il ne porte pas non plus le même nom car à Narbonne et autres lieux du Bas Languedoc et du Roussillon, on le nomme *cers* ou cierce ; et c'est aussi un bien méchant compère que ce cers, terrible à la Nouvelle et sur les plages du lido derrière lequel miroitent les étangs palustres, au pied des ardentes Corbières.

À l'est de Toulon, le mistral ne souffle que çà et là par des cassures et cols de la montagne; l'oranger et le palmier, fleurissent dans des parterres « africains », aux tièdes brises de la mer, au seul gré du sud, à l'abri du nord dont ils sont garantis par les monts. Mais en zone à mistral comme en zone sans mistral, et toutes altitudes égales les moyennes annuelles sont plus élevées que dans le reste de la France.

L'année de Montpellier, ramenée à cette unité factice et, de fait, toujours trompeuse, qui s'appelle une moyenne, se résume par $14°,6$, avec $5°,8$ pour l'hiver et $22°$ pour l'été; l'année de Marseille par $14°,36$; celle de Toulon par $14°,4$; celle d'Hyères par $15°$, avec 40 jours pluvieux seulement, quand la plupart des autres villes françaises en ont 80, 100, 150, même 200, et peut-être plus encore; celle de Cannes par $15°,5$ (l'hiver étant de $9°,8$); celle de Nice par $15°,6$ (avec $9°$, en hiver); celle de Menton par $16°,3$ (l'hiver donnant $9°,6$).

En somme, l'hiver le plus doux de la France est celui du climat breton; le plus dur, celui de l'auvergnat; l'été le plus chaud est sous le climat méditerranéen, le plus froid sous le breton.

$11°$ pour l'année, $5°$ pour l'hiver, $20°$ pour l'été, voilà le climat de la France, autant qu'on peut tirer une moyenne d'un ciel si changeant sur un sol si varié.

IV
LA PLUIE
EN
FRANCE

En supposant que toute la pluie tombée restât sur le sol sans couler, sans filtrer, sans s'évaporer, comme dans une citerne fermée, au bout de l'an elle couvrirait notre territoire d'un lac où navigueraient toutes les barques à fond plat du monde.

On avait admis, d'après trop peu de pluviomètres mal répartis sur le territoire, que ce lac aurait 770 millimètres de profondeur; mais les éléments de ce nombre étaient tout naturellement des observations faites dans les villes de plaine, et sur la plaine il tombe en moyenne bien moins d'eau que sur la montagne.

Cette hauteur annuelle des pluies, ces 770 millimètres sont donc, en toute certitude, très inférieurs à la vérité; et sans doute que le « lac pluvial » de France atteint et même dépasse peut-être notablement les 844 millimètres qu'on admet provisoirement comme l'expression de la pluviosité, de douze mois en douze mois, sur l'ensemble de la Terre.

Climats et Pluies.

Ce lac, les divers climats de la France ne le rempliraient pas annuellement jusqu'à la même hauteur.

Si les climats varient à l'infini suivant les lieux, même à très menue distance, de même en est-il des pluies; tel endroit tout voisin d'un autre reste presque sec, et cet autre est humide à l'excès : à Clermont-Ferrand et dans la Limagne d'Auvergne, la quantité de pluie oscille entre 500 et 600 millimètres, tandis qu'au-dessus même de Clermont, et tout près, la pluie, la brume, bruine et brouillard, la neige, le givre, versent sur le Puy de Dôme, d'une urne énorme, 1 601 millimètres d'humidité — soit trois fois plus par an.

Il pleut beaucoup sur les vallées ouvertes aux vents humides, sous les parages du ciel où quelque remous les arrête; il pleut fort peu sur certaines plaines et plateaux cerclés de montagnes et qui ne voient flotter dans leur azur que des nuages déjà beaucoup moins « vaporeux ».

Sur le bord de l'Océan, de la Manche, et plus encore dans les monts contre lesquels crèvent les nues, la quantité d'eau du ciel dépasse grandement la moyenne.

Sur certaines Alpes, Pyrénées et Cévennes, il tombe deux, trois, quatre fois plus d'eau que sur certaines plaines : Alpes dressées du Mont-Blanc à la Durance briançonnaise, de Grenoble à la frontière d'Italie, sur l'Isère, l'Arc, le Drac, la Romanche; Pyrénées de Bedous, de Gavarnie, du val de Neste; Cévennes du Tanargue.

A ces Alpes diadémées de glaciers, à ces Pyrénées argentées de frimas, la pluie vient sous ses deux formes, onde et neige, mais l'année finie, les flocons muets ont plus fait que les gouttes clapotantes pour le murmure de la fontaine ou le tonnerre des torrents; sur le Tanargue, au contraire, quelle que neige qu'il tombe, indiscontinument, sur la sylve ou les nus de la Cévenne, l'orage noir cuivré par l'éclair jette en une heure d'été, surtout d'automne, plus de flots dans les torrents d'Ardèche que toute une journée, peut-être que toute une semaine ou quinzaine de nivôse.

Il « mouille » très fort aussi, ainsi que dit le paysan d'oïl, sous les deux formes de neige et pluie, dans le Haut Jura, la Haute Vosge, le Morvan, le Limousin, tous pays de croupes élevées qui sollicitent le nuage.

Les rives de mer les plus humides sont le littoral picard et normand, du cap Gris-Nez à Saint-Valery-en-Caux; le littoral occidental du Cotentin et le tour de la baie du Mont-Saint-Michel; la côte de Brest et Douarnenez; la plage landaise, et surtout le bout extrême de notre Atlantique, de Bayonne à la frontière d'Espagne, au pied des Pyrénées Occidentales : là et

Le Plus Beau Royaume Sous le Ciel.

dans tout le pays basque et béarnais d'arrière, la pluie est de toute saison, principalement d'automne et de printemps, et il y a des semaines, suivies d'autres semaines, où la jeune aurore voit ce qu'a vu l'aube de la veille, ce que verra demain le lever du jour, un doux vent d'ouest, un ciel livide, un ruissellement d'en haut sur la prairie, la bruyère ou fougère du touya, les champs de maïs et l'arbre dont tous les rameaux pleurent.

Les lieux de moindre pluie sont cinq : autour de Paris, en Limagne, dans la plaine du Forez, le long de la Méditerranée, et sur le haut de la Durance.

La région peu mouillée d'autour Paris, bien plus vaste à elle seule que les quatre autres ensemble, s'étend de l'est-nord-est à l'ouest-sud-ouest sur une longueur de 500 kilomètres, à partir du bas de l'Argonne, là où cette Argonne commande la Champagne Pouilleuse, jusqu'au faîte entre la Mayenne inférieure et la Vilaine moyenne ; cette contrée où Paris est presque le lieu d'équilibre, ou bien Chartres, se développe sur la Seine champenoise et « française », sur l'Yonne, la Marne, l'Oise inférieure, sur presque tout le cours de l'Eure, sur la Loire de Gien, sur un petit coin du val du Cher en pays de Vierzon, sur quasi tout le Loir, sur le bas de la Sarthe et de la Mayenne : la hauteur annuelle des pluies s'y tient communément, on peut dire à peu près universellement, entre un minimum de 500 millimètres et un maximum de 600, dépassé çà et là dans des lieux soit élevés au-dessus des plaines, soit plus exposés que d'autres aux vents mouillés.

Il en est de même dans les deux vallées de Limagne et de Forez, encastrées par de hautes montagnes arrêtant de tous côtés la pluie ; de même aussi dans la zone méditerranéenne : sur l'Aude vers Limoux, Carcassonne, et dans les Corbières ; et le long des étangs littoraux du Languedoc ; et sur la Camargue et sur la Crau, jusqu'au delà de Marseille ; enfin dans le remous des montagnes dont vient l'immense torrent de la Durance : en tous ces lieux, plus de 500, moins de 600 millimètres.

Parmi nos bassins fluviaux, celui de la Seine est moyennement le moins humide ; le plus sec après lui, c'est le bassin de la Loire ; après quoi viennent, par ordre de pluviosité, la Vilaine, la Gironde, la Charente, le Rhône et, premier de tous pour la moyenne d'annuelle humidité, le pyrénéen Adour.

En résumé, presque tout notre tour de mer et de terre, Manche, Atlantique, Pyrénées, Alpes, Jura, Vosges, et tout notre relief central, du Morvan jusqu'à la Montagne Noire d'où l'on voit la chaîne hispano-française par-dessus le val d'Aude, voilà chez nous l'empire de la pluie. Les plaines intérieures et

Climats et Pluies.

plateaux du bassin de Paris, et telles vallées grandes ou petites spécialement garées des vents du nord-ouest et de l'ouest, qui sont chez nous les sources de l'averse, voilà le domaine, non pas de la sécheresse, car la France n'est vraiment sèche que sur divers plans de calcaire ou de craie, mais de la pluviosité moindre.

Bienheureux pays où pas une campagne n'est au-dessous des 400 millimètres de pluie par année, qui marquent assez bien la séparation entre les terres de culture intensive et les terres de Steppe; donc si fort au-dessus des 200 millimètres qui limitent le Steppe d'avec le Désert : partout où le sol attristé ne hume pas au moins 200 millimètres d'humidité dans son an, la sève ne sort plus du sol frappé de mort, c'est le Sahara; et là où elle n'en boit pas 400, c'est le Steppe, en Australie comme en Afrique, en Asie comme en Amérique, en Hongrie comme en Espagne, en Numidie et Maurétanie.

Au-dessus de ces limites inférieures, la fécondité des terres dépend encore plus de l'heureuse distribution des pluies selon les saisons que de leur quantité totale. Paris, dans notre contrée suprasèche, ne reçoit que 512 millimètres d'humidité par an, à peine autant que la brûlante Marseille où vole une poussière aride, ou que la poudreuse Oran, sèche en la sèche Afrique. Et pourtant Paris est une humide cité.

Parce qu'il y pleut souvent, par gouttelettes; tandis qu'à Marseille, à Oran, il pleut par seaux mais rarement, avec un intervalle de six ou huit mois entre les dernières averses du printemps et les premières ondées de l'automne ou de l'hiver.

Mieux valent 500, 600, 700 millimètres par an d'ondées de peu d'abondance chaque fois mais tombant à propos, sans lacune excessive qui laisse au soleil le loisir de tarir les rivières, de sécher le sol, ensuite le sous-sol, et en même temps qu'eux, de cuire l'herbe, la plante, l'animal et l'homme. La Champagne Pouilleuse elle-même, dans notre zone la plus anhydre, est moins altérée que mainte vallée du Vivarais où les ouragans, épanchant l'eau du ciel en cascades, versent 1 000, 1 200, 1 500, 1 800 millimètres en quelques semaines seulement, sur les cinquante-trois du cycle de l'année.

Il tombe moins d'onde sur la verte Erin que sur telle gorge éternellement brûlée des Cévennes méridionales.

La goutte d'eau, dit le vers latin, cave la pierre; non de vive force, mais en tombant toujours; de même, c'est en mouillant paisiblement mais souvent la terre, que la pluie entretient la verdure, habille les arbres, adoucit les cieux, évoque la source et trace les rivières.

Les trois mers et le grand golfe océanique où la France

Le Plus Beau Royaume Sous le Ciel.

est immergée à demi, les heureuses directions des vents, la non moins heureuse implantation des montagnes qui, ne se dressant nulle part sur nos rivages, mais dans l'intérieur de la contrée, n'arrêtent en aucun endroit les effluves imbrifères, c'est à quoi nous devons notre trésor de pluies, la bonne grâce de nos vallons, le sourire de nos paysages, la fécondité des champs, la gentillesse des ruisseaux et l'abondance des rivières.

SIXIÈME PARTIE

LES FRANÇAIS

LES FRANÇAIS

I. LA FRANCE ET SES FRANÇAIS. ‖ II. IL N'Y A POINT DE RACE FRANÇAISE. ‖ III. LES FRANÇAIS PRÉHISTORIQUES. ‖ IV. LES CELTES. ‖ V. LES GRECS. ‖ VI. LES ROMAINS. ‖ VII. LES GERMAINS, SCYTHES ET SARMATES. ‖ VIII. LES NORMANDS, LES ARABES. ‖ IX. DES NORMANDS A NOS JOURS. ‖ X. INVASIONS MODERNES ; ADULTÉRATION PACIFIQUE. ‖ XI. STAGNATION PRÉMÉDITÉE DE LA NATION FRANÇAISE. ‖ XII. DIMINUTION RELATIVE DU NOMBRE DES FRANÇAIS. ‖ XIII. POURQUOI LES FRANÇAIS DIMINUENT RELATIVEMENT. ‖ XIV. CROÎT ET DÉCROÎT ; AMPLIFICATION DES VILLES. ‖ XV. ÉMIGRATION. ‖ XVI. CATHOLIQUES, PROTESTANTS, JUIFS. ‖ XVII. LES FRANÇAIS NE SONT POINT LE PEUPLE SUPÉRIEUR. ‖ XVIII. LUEURS D'UN GRAND AVENIR.

1
LA FRANCE
ET SES
FRANÇAIS

TEL est, mers, monts, rivières et climats, le pays où vivent les Français, d'une plage où le froid humide abâtardit la vigne à la rive où le vent du midi secoue les palmes du dattier. Telle est la France avec ses grandes régions :

Le *Nord*, rarement très beau, à part, et comme partout, le rivage de la mer ; rarement laid ; mais il est monotone ; mais il est riche avec de noires misères, avec trop de maisons, trop d'usines, des champs savamment cultivés, des houillères profondes, des villes et des bourgs qui s'enchevêtrent tant les uns dans les autres, qu'on y perd à chaque instant la vue de la campagne, jamais celle du casse-échine, qui est la fabrique, et du « casse-poitrine », qui est le cabaret — ainsi s'étiole et s'avilit un peuple vigoureux.

Le *Nord-Est,* hautes collines, petits monts, plateaux humides, grandes forêts que l'automne peint, puis qu'il dépouille, et que le rude et long hiver, charge de neige ; des hommes forts l'habitent ; comme une de ses villes, Phalsbourg, que nous avons

Le Plus Beau Royaume Sous le Ciel.

perdue, cette patrie de Jeanne d'Arc est la « pépinière des braves »; les gens du Nord-Est, laboureurs, bûcherons, usiniers, tirent du sol tout ce qu'on en peut tirer; ce canton de la France est agricole, pastoral, sylvestre, manufacturier, et ses forêts restaurent la race fatiguée par l'atelier, l'usine, et par les cafés et tabagies qui sont nos jardins d'Académus.

Le *Nord-Ouest*, plaines, coteaux et plateaux d'un climat très doux sous des cieux éplorés, est aussi une « pépinière des braves ». Agricole, pastoral et marin, point industriel, pas trafiquant, fécond en existences, c'est la principale réserve de nos hommes de mer.

Sur le charmant *Sud-Ouest* la nature a secoué la corne d'abondance; un gai soleil mêlé de pluies tièdes sourit à cette terre des vins et des fruits; une race aimable, spirituelle, heureuse de vivre, riche en capitaines, habite ses riantes collines.

Le *Sud*, Alpes du Midi, Pyrénées Orientales, Cévennes, est une France à part, un pays excessif aux contrastes éclatants, à demi polaire sur ses monts, aux trois quarts africain dans ses vallées et ses plaines, hors les jours où dégringole du ciel la trombe glacée du mistral ou du cers; ses Catalans, ses Languedociens, ses Provençaux, ses Corses, sont les plus bruyants, les plus exubérants des Français; paysans, ils cultivent la vigne et l'olivier; marins, ils sont les Bretons de la Méditerranée; hommes des patois, ils francisent l'Afrique, et leurs patois meurent.

Dans l'*Est*, presque en entier fait de montagnes, Alpes et Jura, vivent les Dauphinois, les Savoisiens, les Comtois, les Bourguignons, races très solides qui sont avec les Lorrains l'avant-garde de la France contre l'Europe; cet Orient de la France est industriel, agricole et pasteur, mais, par bonheur, l'industrie n'y domine point.

Le *Centre*, notre acropole, l'urne de cent rivières, le champ de nos plus vastes neiges d'hiver (mais il n'a point de glace éternelle), est comme suspendu sur le Sud et l'Est, qu'il domine par des pans courts et rapides; il s'incline plus doucement vers l'Ouest, le Nord-Ouest et le Nord; il a plus de prairies que de champs, peu de commerce et d'industrie; ses monticoles sont osseux, vigoureux, entêtés, parcimonieux, endurants, féconds; hommes des hauteurs, ils renouvellent sans cesse la France des plaines; ruraux sans lettres, ils assiègent, ils pressent, ils pénètrent, ils remplacent les urbains fiers de leurs écoles, de leurs palais, de leurs boutiques, de leur luxe et de leur politesse.

II
IL N'Y A POINT DE RACE FRANÇAISE

Nés de mélanges infinis, dix fois plus croisés qu'ils ne l'imaginent, ayant des ancêtres blancs, noirs, jaunes, les Français ne se ressemblent guère; il en est peu qui aient même visage, même taille et même allure.

Des familles blondes aux yeux bleus, grandes, élancées, se sont unies en France à des familles petites et trapues, brunes, aux yeux noirs.

Où domine le sang des unes le Français se rapproche plus ou moins de ce qu'on appelle couramment l'homme du Nord; où les autres prépondèrent il a plus ou moins le type de ce qu'on est convenu de nommer l'homme du Midi; entre les deux extrêmes, les dégradations sont infinies : il n'y a ni taille, ni crâne, ni cheveux, ni yeux, ni type français.

Il n'y a pas de race française, pas plus que d'allemande, d'anglo-saxonne ou d'espagnole. Ce sont là des inventions de pédants; elles ont ouvert l'écluse à des fleuves de sang, elles l'ouvriront sûrement encore, et, pendant que de « nation » à « nation », l'on se canonnera sur les champs de bataille, les soi-disant races continueront à se mêler en tout lieu, de tout élément à tout élément, comme cent rivières tombant dans un même lac : seulement les Rhônes s'épurent dans le repos des Lémans, et de la promiscuité de mille eaux sordides le bassin profond compose une eau transparente — en sera-t-il de même pour les argiles humaines, et que sortira-t-il du concubinage de toutes ces familles?

Nous ne sommes pas bien sûrs, ni nous, ni les autres, de sortir de cette prétendue race des Aryas qui ne cesse d'exalter sa beauté, sa noblesse, sa magnanimité, sa grandeur, mais où tant d'hommes ivres de leur aryanisme descendent des tribus méprisées que nos prétendus pères laissaient à la porte du temple.

Nos principaux ancêtres, à nous Français, sont évidemment les Gaulois du temps de César.

Mais ces Gaulois que nous vénérons étaient-ils vraiment de race aryane (s'il fut jamais une race des Aryas); ne s'étaient-ils pas mêlés sur notre sol à des tribus que la science retrouve, que l'histoire ignore? Et, avant de s'unir à ces peuplades obscures, n'avaient-ils pas altéré déjà leur sang « à l'infini » dans de longs voyages à travers l'Asie, l'Europe, dans ces steppes sarmates où passèrent tant de Barbares, le long de ce Danube qui est un grand chemin des nations? Eussent-ils été purs en arrivant en Gaule, ils admirent alors les filles des indigènes à l'honneur de leur alliance — car les conquérants exterminent moins qu'ils n'épousent, — et il se peut que nous soyons surtout les héritiers de sauvages qui tremblèrent devant l'arrogance des « Aryas ».

« Mais, dit maint orgueilleux encore moins Arya que nous, c'est là le secret de toutes vos misères : les infirmités de votre peuple viennent de la bassesse de ses origines! » Laissons ces docteurs enfler la voix : nul ne sait de quelle source de vie il est le meilleur de couler.

III
LES
« FRANÇAIS »
PRÉHISTORIQUES

Antérieurement aux Celtes, aux Ligures, aux Ibères dont nous entretient, d'une voix sourde et parfois incompréhensible, notre première histoire, telle que l'écrivirent les Grecs et les Latins avant l'aurore des « belles-lettres », la France avait appartenu tout au moins à deux sortes d'hommes.

De ces deux sortes d'hommes, la préhistoire nous prouve l'existence, mais ne nous raconte guère autre chose que ce fait : elles furent nôtres, ayant habité sur notre sol, ou plutôt sous notre sol : sinon toutes deux, en tout cas la première en date, celle des Cavernicoles ou Troglodytes.

Déjà plus de cinq cents grottes nous parlent des *Cavernicoles*, et sans doute que d'autres milliers d'antres nous en montreront encore des débris, crânes, côtes, tibias, haches de pierre, outils en os avec gravures d'hommes et d'animaux, dessins qui ne sont pas tous absolument puérils.

Les os de bête les plus communément associés à leurs os sont ceux de l'animal lapon, du renne, qui leur donnait sa chair à manger, sa peau pour se couvrir, sa charpente pour leurs outils naïfs : car ils ne travaillaient point le métal, ils brisaient en éclats le silex, ils fendaient et travaillaient les ossements.

La plupart des cavernes où reposent en ultime dessèchement ou dernière moisissure les vertèbres des chasseurs de rennes, et des proies de leurs chasses, s'ouvrent tout naturellement dans les régions oolithiques ou crayeuses de la France, là où la roche se laisse aisément tailler, là surtout où l'homme n'avait pas à creuser son antre dans la pierre, parce que la nature s'était chargée de cette peine en forant par rétraction, fissuration ou autrement, des spélonques, de grandes salles, des couloirs dans la craie ou le calcaire et en les agrandissant par usure dès que par une bouche d'aven elle pouvait y vider un ruisseau de surface, soit de flot constant, soit d'inconstante fureur à la suite des pluies d'ouragan ou des longues ondées et des neiges fondues.

C'est principalement dans le Sud-Ouest, avant tout dans le territoire de la Dordogne, surtout le long de la Vézère, qu'on a fouillé les plus instructives, les plus célèbres de ces cavernes aussi vieilles que « Saturne ».

Tels étaient nos premiers pères : « premiers » veut dire ici ceux dont nous avons la preuve avant tous les autres; mais que d'autres aïeux peut-être avant ces barbares, et dans une telle antiquité qu'auprès d'eux les Pyramides sont des monuments contemporains; plus que contemporains : bâtis hier, bâtis aujourd'hui même!

Il n'est aucunement douteux qu'avant les poursuivants du renne, avant les pauvres brutes habitant les cavernes, les abris sous roche, d'autres humains, plus brutes encore, ont pâti dans la contrée française, alors justement que l'existence y fut le plus terrible, une infinité de siècles avant le temps cossu, plantureux et commode où l'Allemand put dire en proverbe : « On y vit comme le Bon Dieu vit en France ».

Il ne s'agissait pas de se laisser aller à la bonne loi naturelle; des animaux redoutables rôdaient dans la forêt, les marais, la savane : des bêtes massives telles que l'hippopotame, le rhinocéros, l'éléphant, des bêtes cruelles comme l'ours des cavernes; l'homme ne pouvait que chasser, et être chassé; pareil à certaines tribus des pays giboyeux du centre de l'Afrique, il épiait, l'oreille au guet, pour n'être pas surpris ou pour surprendre, et souvent il était « décousu »; d'autres fois sa proie lui échappait, mais quand il abattait son lourd ennemi, c'était une ripaille; il passait de l'abstinence au pantagruélisme; et sans nul doute la faim l'emportait sur la bombance. Ainsi élevé à la dure, à l'école du travail, des blessures, de la mort sanglante, il y prit l'énergie de dominer le monde.

Ce furent certainement des humains très laids, très grossiers, ces ancêtres « extrêmes »; pas encore des hommes, mais des anthropoïdes à front bas au devant d'un crâne où la ruse dominait l'intelligence, où dormaient, prompts à se réveiller, les instincts sanguinaires naturels à la bête qui dispute tous les jours sa vie à d'autres bêtes.

S'il est vrai que tel clan, telle famille, même tel homme isolé, de face fruste et rudimentaire, fasse revivre parmi nous l'une quelconque des races ancestrales, mainte vallée perdue

Le Plus Beau Royaume Sous le Ciel.

des Alpes, maint plateau du Massif Central montrent à quel degré furent bestiales certaines des tribus de la France antérieure, bien avant qu'arrivât, on ne sait d'où, le peuple « qui ne craignait rien sur terre, fors la chute du ciel ».

On voit là des figures qui rappellent une « animalesque » humanité d'allures simiesques, avec mâchoires puissantes et front déprimé, notamment dans la montagne du Puy de Dôme, en plusieurs hameaux de ce qu'on nomme le Mauvais Pays, et sur des plateaux de la Corrèze, dernier département de France pour la taille de ses soldats. Et les hommes de ces figures sont trapus, sur courtes jambes, et petits, même au-dessous de quatre pieds et demi.

Et leurs âmes sont sanguinaires et sournoises.

On cite un hameau d'Auvergne qui pourvoyait une partie de nos guillotines alors que la France n'en était pas encore réduite aux seuls bois de justice de Monsieur de Paris : c'est la Narse, près de Gelles, dans le canton de Rochefort, à 860 mètres au-dessus des mers.

Aux Cavernicoles sauvages succédèrent, à quel intervalle, on ne sait, les *Hommes du dolmen*, supérieurs à leurs antécesseurs, en instruments, en industrie, en science, et par tout cela même, en intelligence. Ayant des pouvoirs plus grands, des ambitions plus hautes, des idées plus suivies, beaucoup plus de cohésion par clans et tribus que la race solitaire et dispersée des cavernes, ils élevèrent des monuments « historiques » à la fois religieux, nationaux, funéraires; ils firent preuve d'instinct de continuité, de solidarité; ils se rattachèrent au temps et à l'espace par leurs dolmens, leurs menhirs, leurs avenues de pierres plantées, leurs cromlechs.

Quoiqu'on les ait couchés, brisés, broyés en cailloux pour ferrure des routes, bref détruits par milliers, et par milliers encore, il nous reste au delà de 3 000 de ces monuments, soit pierres isolées, soit ensembles de pierres et avenues de piliers. Il n'y en a plus, et peut-être n'y en eut-il pas dans l'Est et le Sud-Est de la France, à l'orient du Rhône et de la Saône; très disséminés dans le Sud-Ouest et au midi de la Garonne-Gironde, ils se pressent au contraire extraordinairement en Bretagne, dans les pays ligériens en aval d'Orléans, et en Poitou, en Limousin, en Périgord, en Quercy, en Rouergue.

Des hommes du dolmen nous ne savons guère plus que des Cavernicoles : des os, des outils, des bijoux, quelques lignes, informes sculptures, tracées sur une pierre dans la sépulcrale enceinte de quelque tumulus, c'est assez pour mille conjectures et trop peu pour une certitude.

Les Français.

**IV
LES CELTES**

A la race des mégalithes fit suite la nation des *Celtes*, à laquelle on a si longtemps attribué les grandes pierres armoricaines.

Les premiers rayons de l'histoire, quand ils tombent sur notre terre gauloise, n'y montrent point une race unique : du Rhin aux Pyrénées, des fjords armoricains aux anses de Ligurie, la Gaule portait au moins quatre grands peuples : des Kymris, hauts et blonds, dans le Nord-Est; des Celtes, bas et trapus, à l'Ouest et au Centre; des Ibères, au Sud; des Ligures, à l'Est et au Sud-Est. Rien ne nous dit que ces quatre peuples fussent, chacun chez eux, d'un bloc homogène : au contraire, et l'on doit croire que plus d'une tribu d'hétérogènes les bravait encore dans les vallons reculés, dans les marécages, sur les monts, et dans les forêts, qui sont les éternels asiles des proscrits.

Que les *Kymris* du Nord et du Nord-Est de la Gaule, les *Celtes* ou *Gaulois* du Nord-Ouest et du Centre eussent ou non le même sang dans le cœur (mais on suppose qu'ils parlaient des dialectes d'une même langue, sœur du latin, du grec, du germain, du slave, du lithuanien, et autres idiomes dits aryens);

Que les *Ibères* du Sud-Ouest fussent ou ne fussent pas les Basques d'aujourd'hui;

Que les *Ligures*, qui couvrirent un moment le bassin du Rhône et empiétèrent sur ceux de Garonne, Loire et Seine, aient ou non appartenu à la même race que les Ibères;

En tout cas, ces confédérations, ces clans, tels qu'ils se composaient alors, mêlés entre eux et mêlés à leurs prédécesseurs sur le sol des Gaules, forment la trame de notre nation : ni Rome, ni les Germains ne brisèrent le tissu, mais ils y ajoutèrent quelques fils.

Il n'en est pas des Celtes ou Gaulois comme de la race des mégalithes et de celle des cavernes, on ne les ignore pas entièrement; mais, du fait de la négligence méprisante des Romains, leurs asservisseurs, on ne sait ni leurs origines, ni leur histoire, ni leurs mœurs, ni leur langue; tout ce que nous en avons appris vient de documents indigents, çà et là de quelques lignes.

D'où venus? De l'Orient sans doute : des immenses plaines de l'Asie par les plaines, immenses aussi, où l'on parle maintenant le russe. Quand, comment et pourquoi? Nuit noire!

Fixés, les jours venus, dans une patrie définitive, ils croissent en nombre, en puissance, et redoutés autour d'eux; cette patrie, c'est surtout, à la droite du Rhin, sur le Neckar, le

Le Plus Beau Royaume Sous le Ciel.

Main, le haut Danube, des régions fières aujourd'hui de leur « excellence », voire préexcellence germanique, sous les noms de grand-duché de Bade, Wurtemberg, Bavière, Hesse; c'est aussi la Bohême, victorieusement disputée maintenant par le Slave au Germain. Cette *Bohême*, cette *Bavière*, et chez nous le petit pays landais de *Buch*, dont le nom vit encore dans la Teste de Buch, ces trois inégales contrées s'appellent ainsi fraternellement d'après la nation celte des *Boïens*.

Puis dans un temps relativement récent, car la ville qui devait les dénaturer en leur enlevant leur langue, Rome, était déjà fondée, ils essaimèrent au loin, à partir du viie siècle avant Jésus-Christ.

Ils se lancèrent, se poussèrent, se dispersèrent ici, se concentrèrent là, sur les froides plaines, alors très forestières et marécageuses, de la Germanie septentrionale, sur la Gaule jusqu'à l'Océan, jusqu'aux Pyrénées, jusqu'à la Méditerranée; puis ils franchirent cet Océan, ou du moins son grand détroit, sa Manche, pour couvrir la Grande-Bretagne et l'Irlande; ils traversèrent les Pyrénées pour conquérir l'Ibérie et s'y mêler à ses nations sous le nom de Celtibériens; ils passèrent avant Annibal par-dessus les Alpes, ils s'emparèrent de la Haute Italie, depuis le Golfe des Ligures jusqu'à l'Adriatique; ils attaquèrent Rome et faillirent l'effacer du monde : plus heureux que le Carthaginois, ils la prirent et la rançonnèrent, mais ne purent, ne surent ou ne voulurent la détruire. D'autres hordes descendaient le Danube et dominaient ses plaines et ses monts, en Illyrie, en Pannonie, en Dacie et jusqu'à la mer Noire; plus encore, jusque sur un plateau d'Asie Mineure qui reçut d'eux le nom de Galatie.

Mais souvent se disséminer, c'est se perdre; et trop conquérir, c'est être conquis. Ainsi en advint-il de ce grand peuple dont les anciens ne se lassent pas de nous dire qu'il était ultra-courageux, turbulent, éloquent, vain, léger, fanfaron : nation de grands enfants destinée à ne pas vieillir.

En effet, la mort les guettait, non comme race, mais comme peuple gardant ses mœurs, ses imaginations, ses conceptions, sa philosophie, sa langue, suivant jusqu'au bout ses penchants originels et disposant souverainement de son histoire. Les Germains lui prirent la Germanie, et bien plus tard la Grande-Bretagne et l'Irlande; les Romains le vainquirent en Italie, en Espagne; ils le disloquèrent, le désossèrent et l'absorbèrent en Gaule, du Rhin aux Pyrénées, et les Eburons, les Trévires, les Ménapiens, les Morins, les Médiomatrices, les Leuques, les Rèmes, les Bellovaques, les Parisiens, les Lingons, les Sénons, les Eduens, les Séquanes, les Helvètes, les

Les Français.

Allobroges, les Voconces, les Helviens, les Volques Arécomiques et les Volques Tectosages, les Ruthènes, les Gabales, les Vellaves, les Arvernes, les Cadurques, les Pétrocoriens, les Nitiobriges, les Santones, les Lemovices, les Pictones, les Bituriges, les Turones, les Andes, les Carnutes, les Aulerques, les Redones, les Vénètes, les Namnètes, etc., bref en Gaule, les nations gauloises disparurent dans la Gallo-Romanie, sans laisser d'elles (sang à part) autre chose que des noms de pays, de villes, quelques mots dans la langue néo-latine issue du parler de Rome et, bien entendu, des superstitions, des usages, des tournures de pensée, et tous les legs invisibles obscurément départis par les ancêtres à leurs descendants :

Quod latet arcanā non enarrabile fibrā.

V
LES
GRECS

Les *Hellènes* précédèrent les Romains en Gaule. A partir de l'an 600 environ avant Jésus-Christ, ils s'établirent en républiques commerçantes, sur le littoral du golfe du Lion : républiques de nom seulement, comme toutes ou presque toutes les communautés républicaines de l'antiquité, pures oligarchies fondées sur l'esclavage des tribus vaincues et sur la spoliation des pauvres.

Les « démocraties » de la race des Hellènes en Gaule furent des gouvernements de marchands ; elles essaimèrent de Marseille aux Pyrénées, et de Marseille à la Corniche où les Alpes embrassent la mer.

Qu'eurent-elles de dominance ou d'influence sur le Ligure, le Celte, l'Ibère, le Celtibère ? On ne sait. Il en reste des noms, Agde, Antibes, Nice, Monaco, etc., et des traits de visage, de plus en plus abolis, chez les Arlésiennes jadis superbes.

VI
LES
ROMAINS

Après les Grecs, les *Romains*, leurs vainqueurs. Ils entrèrent en Gaule, comme auparavant les Hellènes, par Marseille, qui devant ses montagnes blanches, au bord de son flot bleu, était, comme elle est encore, la grande porte ouverte sur le val du Rhône et l'intérieur des terres, jusque vis-à-vis des Bretons « divisés du monde » et jusqu'au fond de cette Germanie, alors inconnue des Romains derrière ses forêts sauvages, dans ses marais, par delà le Rhin et par delà les Alpes. La fille de Phocée, menacée de vol, viol et male mort par ses voisins, donc ses ennemis, les Celtes, les Ligures, invoqua Rome ; et Rome accourut, moins pour soutenir le faible que pour confisquer, suivant sa coutume, et le

Le Plus Beau Royaume Sous le Ciel.

faible et le fort. Cette ville, d'ailleurs, leur importait, étant sur la grande route de terre entre l'Italie et l'Espagne. Dès qu'ils furent arrivés dans le pays en alliés, ils y restèrent en maîtres; ils y bâtirent ou plutôt y agrandirent et « civilisèrent » *Aquæ Sextiæ* (Aix), *Narbo* (Narbonne), *Arelate* (Arles), *Arausio* (Orange), *Nemausus* (Nîmes); et cette admirable contrée, pareille comme sol, ciel et soleil, à leur Latium, à leur Etrurie, à leur Samnium, devint la « Province », notre Provence.

Ensuite César « vint, vit, vainquit », mais très péniblement, par des guerres atroces, égorgement de dix ans de durée, comme le siège de Troie; les Gaulois, non moins courageux que les Romains et défendant leur terre, sous leur climat, succombèrent : ils étaient divisés, et n'avaient ni la tactique des légions, ni le plan longtemps médité, ni la fourberie du divin Jules.

La Gaule devint chose romaine et les Romains s'y installèrent çà et là de plus en plus, surtout dans la « Province », et dans la Narbonnaise : de celle-ci ils descendirent par *Tolosa* (Toulouse) le long de la Garonne jusqu'à la mer Atlantique; de celle-là ils remontèrent Rhône et Saône jusqu'à la Seine, jusqu'au Rhin. Mais, au vrai du vrai, et malgré ce qu'on en raconte, leurs colonies furent peu nombreuses; ils ne rendirent point en sang italien ce qu'ils avaient tiré de sang gaulois à la Gaule : des administrants, des généraux, caporaux et soldats, des entrepreneurs de plaisirs, des spéculateurs, des touristes, c'est surtout ce que reçut d'eux le pays conquis par le « paillard chauve ».

Celtes, Kymris, Ibères, Celtibères, Ligures, le sol avait partout ses maîtres, laboureurs, bergers, bûcherons; chaque plaine ou val portait sa tribu; chaque mont ardu, chaque pointe ou plan de colline propre à la résistance dressait son « oppidum ». Rare était la place vide le Romain ne détruisit point le paysan et ne le remplaça pas; il l'entortilla dans ses lois, il l'emprisonna dans les mailles du fisc, il lui prit sa simplicité de barbare, il détourna son esprit en lui enseignant le latin, d'abord très lentement, sinon dans la ville, puis plus vite, quand la langue du Latium, devenue le verbe général de l'Église chrétienne, pénétra partout avec l'apôtre jusque dans les taudis de la montagne neigeuse.

Par là triompha Rome en Gaule, et non par l'infusion de la vie charnelle. On peut croire que pendant cinq cents ans de règne elle travailla moins à la perpétuité du peuple dont elle traversait le destin que ne le fit en quelques années une bande de *Bretons*, lorsque, vers la fin de l'Empire, des foules celtiques passèrent de la Grande-Bretagne dans l'Armorique, laquelle dut à ces immigrants son nom de Petite-Bretagne, aujourd'hui Bretagne tout court : ainsi se renforça d'un coup l'élément celtique plus qu'il ne s'adultéra jamais d'élément romain; ou, pour plus d'exactitude, ainsi se mêlèrent à des Celtophones, dans un coin de la Gaule, d'autres Celtophones, qui peut-être n'étaient leurs parents que par les formes du langage.

Quelques siècles mirent une Gaule latinophone à la place d'une Gaule celtisante, avec ses noms de villes transformés entièrement, non par corruption du celte au latin, mais parce que les villes, du moins presque toutes, perdirent, soit leur ancien nom gaulois, soit leur nouveau nom romain (le plus souvent nom de flatterie en l'honneur du divin Auguste) pour le nom de la nation dont chacune d'elles était la capitale. Ainsi *Lutetia*, chez les Parisii, devint Paris; *Augusta*, chez les Trévires, devint Trèves; *Durocortorum*, chez les Remi, devint Reims; *Augustobona*, chez les Tricasses, devint Troyes; *Agedincum*, chez les Senones, devint Sens; *Avaricum*, chez les Bituriges, devint Bourges; *Cæsarodunum*, chez les Turones, devint Tours; *Augustoritum*, chez les Lemovices, devint Limoges; *Vesunna*, chez les Petrocorii, devint Périgueux; *Limonum*, chez les Pictones, se transforma en Poitiers; *Mediolanum*, chez les Santones, en Saintes; *Juliomagus*, chez les Andes ou Andegavi, en Angers; *Condivicnum*, chez les Namnètes, en Nantes; etc., etc. Ce fut presque une loi générale.

Quelles étaient les limites de ces nations? On ne les connaît pas exactement, mais on en a quelque idée, par à peu près, en les faisant concorder à grandes lignes avec les séparations présentes entre nos départements, arrondissements, cantons. Lorsque la Gaule eut passé du polythéisme au christianisme, le tracé de divorce entre les tribus gauloises continua fidèlement sur de longs trajets sinueux, à séparer les divers diocèses; puis à la fin du XVIIIe siècle, on calqua plus ou moins les frontières des circonscriptions administratives sur celles des diocèses.

Un fait dont on est sûr, c'est que le nom celtique d'*Eviranda*, *Igoranda*, *Icoranda*, traduit en Ingrandes, Ingrannes, Eygurande, Aigurande, Yvrande, Guirande, etc., marque des lieux de partage entre peuplades antéromaines. Tels : Ingrandes sur Loire, à la commune frontière des Andes et des Namnètes; Ingrandes sur Vienne, à celle des Turones et des Pictones; Aigurande, sur son tertre froid de 423 mètres dont les eaux descendent en tour d'horizon vers Indre, Bouzanne, Creuse, à celle des Bituriges Cubi et des Lemovices; Ingrandes sur Anglin, à cette même borne des Lemovices et des Bituriges; Ingrannes, dans la forêt d'Orléans, à celle des Carnutes et des Senones ; Eygurande, voisine du clair Chavanon, à celle des Lemovices et des Arvernes ; la Guirande, non loin de Coutras, près du Lary, tributaire de l'Isle, à celle des Santones, des Petrocorii, des Bituriges Vivisci, etc.

VII
LES GERMAINS, SCYTHES ET SARMATES

Avant et après la subite arrivée de Celtophones en un lieu restreint du pays, dans une presqu'île, des *Germains* entre Barbares envahirent longtemps la « Gallo-Romanie », s'y répandirent au loin et finirent par la conquérir. Venus en plus grand nombre que les Romains, et souvent avec leurs femmes, ils prirent plus de part que les Latins à la naissance de notre peuple, mais, à l'inverse des conquérants partis de la « Ville Eternelle », leur langue ne triompha ni du latin, déjà très puissant en Gaule, ni du gaulois, vivant encore.

Invasion longue, multiple, tenace : les Francs dans le Nord-Ouest, jusque vers Paris ; les Burgondes dans le bassin de la Saône, les Visigoths dans la conque de la Garonne ; ce transport de peuples modifia quelque peu la race ; quelque peu la langue, non point dans son esprit, sa texture, mais par l'entrée de quelques centaines de mots.

Il n'en laissa pas moins l'une et l'autre intactes, celle-ci latine, celle-là gauloise, avec tous les éléments dont s'étaient mêlés les conquérants dits gaulois sur la terre de Gaule.

Quelle obscure et douloureuse aurore que celle de la nation française à cette époque maudite, au temps des Mérovingiens et des premiers Carolingiens : car c'est bien alors que, passée de sa première incarnation gauloise à sa seconde incarnation gallo-romaine, elle mua de nouveau pour devenir française par la perte insensible de son parler latin dont elle fit en quelques siècles, par évolutions sourdes, son idiome « définitif et sans remise ! »

L'invasion romaine avait été brusque, et la Gaule vite étranglée par des mains puissantes habituées depuis des centaines d'années aux exécutions sommaires. Tout autrement, l'invasion germaine fut plutôt une très longue infiltration mêlée d'irruptions ; non plus guerre à mort entre deux grands peuples et, pour ainsi dire, duel au dernier sang, mais des assauts éternellement renouvelés : une horde ici, une horde là, d'autres ailleurs, tantôt avec continuité, tantôt avec intermittence, ainsi qu'une armée qui mettrait des siècles à conquérir un pays et dont les derniers traînards arriveraient après la mort des arrière-neveux de l'avant-garde des conquérants.

Les Français.

Ils venaient de toute Germanie, de toute Scythie et Sarmatie, ces hommes de la grande invasion : *Francs* et *Saxon* partis des sables, des sapinières, des étangs de la grande plaine du Nord, des palus disputés par la mer et les fleuves à la terre et par la terre à la mer et aux fleuves; *Suèves* habitant entre l'Elbe et l'Oder jusqu'aux racines de la péninsule cimbrique où vivaient ces Angles qui passèrent leur nom à l'Angleterre; *Burgondes* venus de la Germanie centrale, des rives gracieuses du Main; *Vandales* arrivés des monts Carpates; *Visigoths* dont les chevaux pâturaient sur la rive gauche du Danube, au pied méridional de ces mêmes Carpates, là où les Roumains parlent à ce jour un patois néo-latin; *Ostrogoths* installés, comme le dit leur nom de Goths de l'Est, à l'orient ou plutôt au nord-est des Visigoths ou Goths de l'Ouest, dans les plaines sarmates parcourues par le Borysthène, aujourd'hui Dniéper; *Alains* du bas Tanaïs ou Don inférieur, au nord du Caucase, entre mer Noire et mer Caspienne; *Huns* du plan des Steppes, au nord des Alains, sur le Tanaïs et le Rha ou Volga; et beaucoup d'autres. Tout cela n'était pas allemand, et parmi les terribles malandrins qui fourragèrent si longtemps dans les Gaules si avenantes au prix des marais, des savanes, des sylves empêtrées dans la boue, « cinquième élément » de l'Europe centrale, il y avait, entre autres, des cavaliers mongols, des Turcs d'antan au nez camus, les Huns et les Alains, issus des monts Altaï et des immenses hauts plateaux de l'Asie centrale, où ils avaient longtemps combattu, de horde à horde et divisés entre eux, ou contre les Germains, ou contre des peuples divers, rôdeurs dont l'histoire ne se rappelle ni les mœurs, ni les voyages, ni les batailles, ni souvent les noms.

Ces clans, ces tribus, ces confédérations, ces nations, ces fantassins aux pieds meurtris, ces cavaliers en escadrons volants arrivaient, qui d'outre Oural, qui d'outre Vistule, d'outre Elbe, d'outre Rhin, races primitives, bandes cruelles harassées de la marche, furieuses des maux subis, des chocs d'armées, des défaites, des morts, du typhus, de la variole, des fièvres, des blessures, du froid, des chaleurs, des vents, tout au long de leurs sanglants pèlerinages.

Le Rhin était alors le fleuve des Celtes latinisés d'*Augusta Rauracorum* (Augst, près de Bâle), d'*Argentoratum* (Strasbourg), de *Moguntiacum* (Mayence), de *Colonia Agrippina* (Cologne). Passées les ondes vertes, ces coureurs de fortune, ces quêteurs de terres entraient en contact avec des Gallo-Romains civilisés, riches, amollis, vieillis, indifférents; ils tuaient, violaient, brûlaient, pillaient et démantibulaient, puis, ahuris de la splendeur des villes, des cirques, des jeux, des

Le Plus Beau Royaume Sous le Ciel.

thermes, des habits somptueux, des bijoux, des femmes, ils s'amollissaient aussi, plus ou moins vite, selon qu'ils étaient plus ou moins perdus dans la foule « romaine »; et ainsi après deux ou trois générations, parfois peut-être dès les premiers-nés sur le sol usurpé, voici que les conquérants étaient agglutinés à la race vaincue; plus qu'agglutinés, fondus et confondus, disparus sauf le nom patronymique ou le sobriquet, d'ailleurs corrompu à la romaine.

Et déjà les fils des envahisseurs se retournaient avec colère vers l'orient, prêts à repousser les hordes subséquentes de leurs excellents frères d'outre Rhin, attirés eux aussi vers la richesse gauloise, le luxe gaulois, les villes pompeuses, les campagnes si charmantes quand on les comparait aux forêts redoutables des Germains, aux fanges des Sarmates; si tièdes surtout à ceux qui venaient des Steppes, des marais, des bois par la grand'route septentrionale entre la massive Asie et l'occident de la maritime Europe.

Si donc le galop des chevaux de guerre, les cris des hommes d'armes, le fracas des boucliers entrechoqués, le coup sec des francisques, les cités forcées, les bourgs incendiés, si la guerre fut partout en Gaule, en tous lieux accessibles, ainsi que dix ou douze siècles ensuite, au temps exécré des guerres de religion, si la lutte fut souvent double, d'envahisseurs à envahis, et d'envahisseurs à envahisseurs lors des partages du butin, et ensuite à la division des royaumes après mort naturelle ou assassinat des rois : pourtant, dans cet effroyable remous de meurtres, de rapts, de férocités, un grand œuvre s'accomplissait, une grande semence germait, une grande nation arrivait au monde; « la Germanie, la Sarmatie, la Scythie » se résorbaient en « Gaule » et leurs langues disparaissaient avec elles dans le néo-latin plus court, plus clair, moins sonore que la langue de Rome, et de jour en jour croissait l'idiome dont nous nous honorons aujourd'hui.

VIII
LES
NORMANDS,
LES
ARABES

Une autre invasion fut celle des *Normands*, plus ou moins cousins des Francs, Burgondes et Visigoths.

Ces Scandinaves, pirates abominables, écumèrent les côtes de la Manche et de l'Atlantique; ils remontèrent Seine et Loire, et petits fleuves, et ruisseaux à marées; leurs barques très légères les portèrent au loin dans l'intérieur jusqu'à des bourgs qui s'étaient crus protégés par l'improfondeur de leur rivière contre ces professeurs éminents de la politique du fer et du feu.

Les Français.

La vallée de la Seine les attira plus que toute autre, sans doute parce qu'elle menait à la grande ville, à Paris, dont le pillage leur promettait les délices du Walhalla, paradis des Scandinaves : le rut, l'orgie, l'ivresse et le sang.

Ils n'entrèrent pas dans Paris, en vain assiégé, mais ils obtinrent par traité, sur ce même fleuve de Seine, et au loin sur le rivage de la mer, le beau pays qui prit d'eux le nom de *Normandie*. N'ayant point amené leurs familles, ils se marièrent aux Gallo-Romaines et disparurent.

Les Normands étant les corsaires du Nord, les *Arabes* furent les corsaires du Sud. Sans rien dire de leur immense incursion dans l'Ouest, de l'Espagne aux vallées d'entre Poitiers et Tours où leur destin fut scellé, ils piratèrent longtemps sur le littoral de la Méditerranée « rhodanienne », dans le pays de Narbonne, de Maguelonne, et vers l'orient de Marseille, en ce qui fut ensuite Roussillon, Languedoc, Provence.

En certains lieux ils ne firent que passer ; ailleurs ils demeurèrent, notamment dans les montagnes littorales des Maures où ils eurent un camp retranché difficile à forcer en ce temps d'armes sans portée lointaine ; et ils méditèrent la conquête de tout le pays, aussi loin que la terre porte le galop du cheval : le monde n'était-il pas promis, et tout entier, aux louangeurs du Prophète, aux hommes de la « Guerre Sainte » ? Et le vrai croyant, mort en conquérant le sol infidèle, n'était-il pas attendu par les vierges dans le lieu des délices, Walhalla sans bière et sans hydromel, — les hommes du Sud étant sobres de nature autant qu'ivrognes ceux du Nord ?

Ces Arabes, ces Maures, ces Sarrasins, disons mieux, ces Berbères islamisés étaient peut-être peu ou prou les cousins des hommes de notre Midi de par une communauté d'ancêtres préhistoriques ; ils entrèrent dans l'alliance de beaucoup de familles méridionales : jusqu'en pleine Bresse, aux environs de Pont-de-Vaux, près de la Saône, il y a tels villages de sang sarrasin, s'il faut en croire une tradition confirmée par les traits des villageois.

IX
DES
NORMANDS
A NOS
JOURS

De moindre puissance d'adultération furent les *Anglais*, alors passablement Français, qui dominèrent pendant des siècles sur le Sud-Ouest ; et les *Espagnols*, qui régnèrent sur Flandre et Franche-Comté ; et les traînards de toutes les invasions ; et les routiers hétérogènes à la solde des rois, des princes ou des seigneurs : Brabançons ; gardes écossais du temps de Charles VII, et qui ont laissé 3 000 héritiers, ce dit-on, en Berry, au nord et près de Bourges, à Saint-Martin d'Auxigny et à Ménetou-Salon, où ils se nomment les Forétains ; les régiments irlandais ; les lansquenets allemands ; les « Ibériens » des guerres de la Ligue ; les Suisses qui furent les gardes royaux de la Couronne de France ; les Mamelouks de Napoléon ; les ouvriers de tout métier qu'attira, que garda la France ; les matelots jetés sur notre côte par la tempête ou restés après désertion ; les trafiquants venus pauvres en « Douce France » et restés par habitude, par reconnaissance et surtout par intérêt ; et les courtisans, les écervelés, les déclassés, les aventuriers, les misérables envoyés par l'étranger, auquel il ne faut point reprocher la lie qu'il verse chez nous puisque nous en versons chez lui.

X
INVASIONS MODERNES, ADULTÉRATION PACIFIQUE

Les invasions armées qui jettent un peuple dans un autre ont cessé de créer, par effraction, des foyers doubles, des races mêlées, des parlers bilingues ; mais les intrusions pacifiques sont devenues formidables.

Elles ne peuvent violer la langue des nations et ne font qu'effleurer leurs mœurs ; pour le sang, c'est autre chose, elles ne cessent de l'adultérer ; d'heure en heure elles transforment le peuple français ; Belges, Italiens, Espagnols, Allemands, Suisses, Polonais, Anglais, viennent par milliers planter leur tente en France.

Chez nous le climat est égal, la vie gaie, les vins délicieux.

Aussi les *Polonais*, les *Russes* et tous autres *Slaves* nous préfèrent à leurs froides forêts, à la Vistule, à la Sibérie.

L'*Anglais* compare nos jours riants à ses brouillards pleureurs : usine pour usine, mieux vaut celle qu'éclaire un rayon de soleil.

L'*Allemand* de toute Allemagne, Rhénan, Bavarois, Souabe, voire Prussien, quitte pour nous sa patrie neigeuse et caporalesque ; plus que personne au monde il chérit l'adage : *Ubi bene, ibi patria*. — Où l'on est bien, c'est la patrie ! — Il dit aussi : *Patria est ubi pascor, non ubi nascor*. — Ma patrie est où je pais, non où je nais.

Le *Belge*, tant Wallon que Flamand, étouffé dans son petit pays par 6 500 000 autres Belges, vient en France par bandes, plus que toute autre nation, absolument et relativement.

Le *Suisse*, à l'étroit dans son Helvétie, aime la France, où les horizons sont plus larges, et où l'on fait fortune, ce qui charme la gent montagnarde.

L'*Italien*, homme vif, enthousiaste et pourtant pratique,

Les Français.

avec toutes les ruses du savoir-faire, est attiré par nos grandes villes, Marseille, Lyon, Paris ; et travailleur sobre, infatigable, bravant pluie et soleil, il pioche et brouette la terre, il cloue les traverses des voies ferrées, creuse les canaux, extrait la pierre, la taille, la dispose et l'étage en maisons.

L'*Espagnol* passe les Pyrénées avec un vaste mépris pour une terre qui n'est ni Léon, ni Castille, ni l'Aragon, ni l'Andalousie ; mais, une fois chez les Gavachos, ainsi qu'il nous appelle, ouvrier, terrassier, exilé politique, déserteur, homme fuyant la justice pour un coup de *navaja* malheureux, il se francise lentement et ne revoit pas toujours l'Espagne.

L'*Américain du Sud*, castillanisant ou lusitanisant, vient jouir de Bordeaux, surtout de Paris, qui est pour lui comme une seconde patrie ; parlant l'une ou l'autre langue péninsulaires qui sont sœurs de la nôtre, sachant notre idiome ou le comprenant sans l'avoir appris, lisant volontiers nos livres, la France lui plaît.

L'Américain du Nord, le *Yankee* vient étaler à Paris le luxe hautain qu'il doit au pétrole, à la houille, au fer, à l'industrie, de la plus simple à la plus compliquée, aux immenses tueries de porcs, aux monopoles de l'argent, aux fièvres, aux enthousiasmes, aux insomnies, aux désespoirs de la chasse à l'or fauve.

Le recensement de 1896 a trouvé parmi nous 1 027 490 étrangers, contre 1 101 798 en 1891, et 1 115 214 en 1886, année de dénombrement quinquennal où ils ont été le plus nombreux. Après avoir crû longtemps, et très rapidement par suite de la prospérité de la France, des travaux vraiment innombrables entrepris à la fois dans tous les lieux du pays, chemins de fer, canaux, ports, fortifications, prétendus embellissements des villes, ils diminuent depuis une décade parce que ces travaux ont cessé ou qu'on les a ralentis ; parce que « Belle France » s'est appauvrie ; parce que la loi de naturalisation de 1889 a déclaré Français tout individu né sur notre sol, avec faculté de répudiation à l'âge de vingt et un ans s'il y est né d'un père étranger, sans répudiation possible si ce père y est né lui-même.

Ainsi tous les forains deviennent, s'ils restent définitivement chez nous, la souche d'une famille française ; et cela presque toujours dès la première génération, vu que les jeunes gens nés en France d'un père né hors de France optent rarement à vingt et un ans pour la patrie de leurs ascendants.

1 027 491 étrangers sur 38 517 975 habitants, cela fait un

Le Plus Beau Royaume Sous le Ciel.

forain sur 37 à 38 résidents en France; ou encore 265 à 266 sur 10 000 personnes.

Le Nord avec 263 656 non Français; la Seine avec 186 792; les Bouches-du-Rhône avec 97 765; les Alpes-Maritimes avec 54 702; le Var, avec 33 807; Meurthe-et-Moselle avec 33 060; les Ardennes avec 25 567, ce sont là les départements les plus chargés d'étrangers; le Centre et l'Ouest en ont encore très peu, mais de proche en proche et par le va-et-vient qui est la respiration d'un pays, le sang des divers peuples s'infiltre dans toute la nation française; et naturellement c'est des frontières, de Belgique, du Luxembourg, d'Allemagne, de Suisse, d'Italie, d'Espagne, que part la vague et que l'ondulation se propage.

Parmi les étrangers, ceux qui se naturalisent le plus volontiers ce sont nos frères de langage ou d'affection, et nos demi-frères néo-latins : au premier rang les Italiens, au second les Belges, ensuite les Alsaciens-Lorrains : ceci en nombre absolu; les plus zélés relativement à devenir, ou plutôt à redevenir Français, on les devine sans qu'il soit besoin de le dire : les Alsaciens-Lorrains ont soif de rentrer dans le peuple dont le sort les exile.

N'y eût-il ni naturalisation de plein gré, ni naturalisation légale, le résultat serait le même au bout de deux ou trois générations, car ici deux forces interviennent, qui sont incessamment agissantes : la fusion, le milieu; les étrangers, même en très grand nombre, finissent bon gré mal gré, et sans aucune exception, par s'adapter à la langue, aux us, aux climats de notre pays; chaque an, chaque mois, chaque jour, on peut dire à chaque minute, ils perdent un peu des caractères de leur extranéité; et leurs fils, dont la mère est presque toujours française, n'ont plus rien de commun avec la patrie de leurs ancêtres; leurs premières syllabes mollement bafouillées sont des syllabes françaises, des balbutiements néo-latins, et non pas allemands ou polonais ou russes.

Ainsi, nous possédons un Chinois, d'ailleurs naturalisé, dans un de nos départements du Sud-Ouest : ses enfants, s'il en a, ne jargonnent point le « pékinois », pas plus qu'ils ne portent la queue de cheveux nationale. Ainsi encore, le jadis si célèbre Dumollard, l'assassin des bonnes de Lyon, le guillotiné de Montluel, ne savait point le magyar, bien que fils d'un déserteur hongrois : c'était comme un Français « pur sang » et il ne parlait qu'un « lyonnais » assaisonné de patois.

La France n'a donc rien à craindre du flot d'étrangers qui l'inonde et qui est pour elle comme le Nil pour l'Égypte, le

Niger pour les marches de Tombouctou, le Jaune et le Bleu pour la Chine, le Mékong pour la Cochinchine et le Cambodge, un très précieux élément de fécondité.

Pourtant on s'inquiète : au delà d'un million d'étrangers, chaque année accrus par les arrivées presque autant que diminués par les départs, en un pays où les naissances n'équilibrent pas toujours les décès! Que deviendra la race française?

La race française! Elle ressemble à celle des Yankees : au jour glorieux du 4 juillet, anniversaire de l'indépendance américaine, des centaines de milliers de citoyens de la Grande République roulent en torrents dans les rues de New-York, l' « Impériale Cité »; ils brandissent les étendards brodés de 46 étoiles, autant que d'États dans l' « Union », ils s'égosillent en cris patriotiques, ils chantent du nez les deux hymnes nationaux *Star spangled Banner!* (Drapeau semé d'étoiles!), *Hail Columbia!* (Salut, Amérique!), et la chanson chauvine de *Yankee doodle!* Sur ces centaines de milliers, à peine si le tiers descend des « premiers pères de la nation », des insurgés de la Nouvelle-Angleterre; un autre tiers a pour ascendants les ennemis mêmes de ces insurgés, les Britishers vaincus alors en réalité non par les Yankees révoltés mais par les Français; le dernier tiers provient de races qui furent absolument indifférentes à ce conflit national : d'Allemands, de Scandinaves, de Finlandais, de Suisses, de Hollandais, de Flamands, de Tchèques et Slovaques, d'Italiens, de Cosmopolites.

En existe-t-il moins un peuple des Yankees fortement discipliné par l'héritage des mêmes mœurs « américaines », de la même langue anglaise, de la même direction d'esprit sèchement, strictement pratique; nation où le « milieu » est assez puissant, on peut dire : assez dévorant, pour se passer du secours des siècles : une génération, deux au plus suffisent pour muer tous ces troupeaux d'immigrants en une seule et même anglophonie.

Voici pourtant qu'ils se révoltent contre le principe même de leur grandeur; ils ont cessé d'être tout à tous, ils n'accueillent plus les colons sans les avoir dévisagés, ils veulent les choisir; ils refusent les analphabétisants, ils renvoient les pauvres.

Ils oublient que le pauvre est la source du riche, comme aussi le riche est la source du pauvre puisque un siècle à peine, quelquefois plus, rarement moins, sépare ces deux pôles de l'humaine destinée : quatre-vingts, cent, cent vingt ans sont assez pour mener une famille de la glèbe la plus basse et dure à la plus haute finance, puis, inversement, des palais éhontés

Le Plus Beau Royaume Sous le Ciel.

du luxe à la boutique de l'ouvrier, à l'échope du savetier, au tombereau du balayeur des rues ; ils récusent les Italiens bruns, les Slaves roux, et ne souffrent de bon cœur que les gens du Nord, comme si le nom de « Nordistes » sous lequel les Yankees septentrionaux ont vaincu leurs frères « Sudistes » les avait à tout jamais dissociés de la nature et de l' « humanité » du Midi.

Nous que presse également l'immigration des continentaux de l'Est et des péninsulaires d'Italie et d'Espagne, nous devons nous féliciter à la fois des uns et des autres; chacun nous apporte ses vertus propres, Belges, Néderlandais, Allemands, Luxembourgeois, Russes, Polonais, Suisses, Italiens, Castillans, et tous ensemble nous aident à lutter contre la stérilité de notre sang.

Plus tard, nous en verrons bien d'autres, nous et tous les Occidentaux d'Europe, si nous persistons, de la Vistule à l'Adour, à mépriser toujours plus le travail de la terre : on verra les Jaunes amenés par le transsibérien, les Noirs amenés par le transsaharien, envahir nos campagnes, et après nos campagnes, nos villes. Qu'adviendra-t-il alors de nos orgueilleuses races? Elles se mêleront, à la « brésilienne ».

Inquiétante ou non pour la pureté du métal français, l'immigration des étrangers repare incessamment la France, qui est malheureusement, dans l'instant présent, l'un des plus inféconds parmi tous les peuples.

XI
STAGNATION
PRÉMÉDITÉE
DE LA
NATION
FRANÇAISE

Un idéal, des mœurs simples, des familles fécondes, voilà les trois forces vives d'un peuple. Un idéal : un bourg de voleurs, Rome devint la maîtresse du monde par la fierté de ses grands et par l'orgueil de son nom; dès que la cité des Sept-Collines eut dompté ses voisins, Étrusques, Latins, Samnites, Grecs campaniens, elle méprisa le reste des hommes. C'est le zèle de la Loi qui fit l'empire des Arabes, la haine du More qui fit l'Espagne, le fanatisme qui fit les Yankees; le dogme de l'infériorité des Velches a cimenté l'Allemagne; la vision de Constantinople, la tentation de la mer et peut-être l'espoir de l'Inde et de la Chine poussent la Russie vers le Sud et vers l'Est.

La France eut aussi son rêve, la frontière du Rhin, songe faux et creux qui fut notre malheur; et c'est à peine s'il s'éveille chez nous un nouvel idéal : l'empire de l'Afrique, de Mogador à Tripoli, d'Alger à Brazzaville, de Dakar au Nil Blanc.

Des mœurs simples : les Romains furent longtemps un peuple frugal, dur, grossier, quelque peu barbare, et, pour

Les Français.

tout dire, « auvergnat » : c'est alors qu'ils soumirent la Terre ; dès qu'ils connurent les Grecs, puis l'Orient, leur destin pencha ; les rhéteurs, les joueurs de flûte, les baladins, les cuisiniers, les épileurs, les professeurs de bon ton, les flatteurs empoisonnèrent leur sang rustique ; il ne leur fallut plus seulement du pain, mais aussi des théâtres.

Les peuples qui débordèrent ou débordent sur le Globe, Arabes du désert, Germains des bois, Turcs et Mongols des steppes, Slaves des plaines, Irlandais des bogs, Canadiens-Français bloqués par l'hiver, furent ou sont des nations rustiques ou pastorales ayant pour tout palais la chaumière ou la tente.

Le luxe est le plus redoutable des faux dieux : qui l'adore perd la virilité, la conscience ; comme l'homme de Sybaris il est vaincu par une feuille de rose ; eunuque autant qu'on peut l'être en dehors des sérails, il ne témoigne plus pour le juste, il ne lève point l'épée contre le superbe, il n'étend ses mains impures que pour les faux serments.

Or la France, jadis agreste, devient de plus en plus l'asile et l'exemple du luxe ; sans les montagnes, dernier temple de la sainte simplicité, elle sacrifierait tout entière à l'autel des vœux stériles.

Même ces montagnes escaladées de tous côtés par des chemins de fer ont maintenant leurs villes de jeux, leurs tripots et bastringues, leurs théâtres, leurs oisifs, leurs « joyeux noceurs », leurs cosmopolites ; et, par surcroît d'infortune, la fée verte de l'absinthe, les alcools impurs, les liqueurs toxiques, les apéritifs ont fait d'une nation très sobre il y a quelques années un peuple qui se condamne de lui-même à l'hébétude, aux tics, aux folies, à la mort.

La fécondité des familles suit la simplicité des mœurs : c'est par elle que l'Angleterre, île étroite, a fondé vingt nations ; plus que des victoires de hasard elle donne à l'Allemagne la conscience de sa force ; elle promet à l'immense Russie, jadis petite Moscovie, la domination du Vieux Continent ; en Amérique, de 65 000 paysans abandonnés sur les quelques arpents de neige de M. de Voltaire, elle a fait en cent quarante ans un peuple de deux millions d'hommes qui refoule ou submerge et noie les Anglais, les Écossais, les Irlandais de son voisinage, ajoute des quartiers français aux villes industrielles de la Nouvelle-Angleterre, et couvre de villages le Far-West des Yankees et le Nord-Ouest des Canadiens.

La France a parmi les nations de l'Europe le honteux « privilège » de l'infécondité. Et par cela même elle prouve

Le Plus Beau Royaume Sous le Ciel.

qu'elle est le peuple le plus réellement civilisé de l'Occident, dans toute l'étendue du mot civilisation, avec tout ce qu'il comporte de vanités, d'erreurs, de tares et de défaillances.

Mais sur cette route périlleuse, avec le néant pour but caché, les autres pays du monde marchent derrière la France : loin derrière elle sans doute, mais en pressant le pas pour l'atteindre et qui sait ? pour la dépasser. Partout les statistiques vitales, bien interrogées, répondent uniformément : passé certain niveau d'égalité, de bien-être, de luxe, de compréhension pratique (ou censée telle) des intérêts de famille, l'égoïsme individuel ou familial s'éveille et devient terrible : Tout pour moi, tout pour les miens, ou plutôt tout pour moi et le mien, mon fils, mon unique ! c'est la presque universelle devise. Et chacun de mourir sans postérité, ou de n'élever qu'un fils, ou qu'une fille ; et souvent ni l'un, ni l'autre, par une vengeance de la nature longuement, constamment, obstinément, effrontément outragée. Ce fils, s'il arrive à l'âge d'homme, sera grand avocat, grand médecin, chef de bureau, député, sénateur, ministre, homme de cheval, homme de loisir, arbitre des élégances. Et surtout, *per fas et nefas*, par toutes les divinités du Styx, il sera riche, millionnaire, milliardaire : alors il brûlera sa vie à outrance, en un effort inouï, entre tous les désirs, toutes les satiétés, toutes les vanités, tous les effondrements, y compris celui de la fortune, et souvent celui de l'honneur, en un train de jours et de nuits dont ne voudraient, bien informés, ni le galérien, ni son garde-chiourme. Et la fille, elle, sera très riche et se mariera princièrement.

Tels sont, en France, les vœux secrets ou avoués des pères, et l'avenir qu'ils préparent, eux et les mères, aux héritiers de leur nom, de leurs ambitions, de leurs vices ; tels seront bientôt ou tels sont déjà les souhaits des Blancs, des Aryas, des Élus, des Civilisés de par le monde : la natalité décroît, ici plus lentement, là plus vite, là très vite, chez toutes les nations supérieures, Anglais et Yankees, Scandinaves, Belges, Suisses, Allemands dans les régions opulentes ; aux bords de la Tamise, de la Tay, de la Liffey, du Shannon comme aux rives du Rhin, de l'Hudson, de l'Ohio, de la Delaware ; en Écosse comme en Nouvelle-Angleterre, en Nouvelle-Zélande, en Californie, en Australie, chez le Suédois comme chez le Suisse et chez le Wallon, comme chez l'Ontarien. La sève humaine, celle que prouvent les naissances, ne bouillonne plus que chez les peuples encore barbares ou jusqu'à un certain degré semi-barbares : Russes, Roumains, Slaves d'Autriche ou des Balkans, Polonais partagés par les trois grands empires,

Les Français.

Italiens des monts, Espagnols des sierras, plateaux et páramos, Lusitaniens, et la plupart des nations encore très jeunes sur de vastes espaces à conquérir : Algériens, Canadiens-Français, Brésiliens, Argentins, etc.

Il y a là une loi de la nature, dont on ne se doutait guère il y a seulement vingt ou trente années, quand on croyait le Globe menacé, comme le radeau de la *Méduse*, de porter une humanité qui se déchirerait pour vivre et se mangerait elle-même, en simple et pure anthropophagie. Or, voici qu'on peut craindre que le « combat de la vie » finisse en quelques âges d'homme faute de combattants.

XII
DIMINUTION
RELATIVE
DU NOMBRE
DES
FRANÇAIS

Y avait-il bien six millions de Gaulois en Gaule, au temps romain? Bien savant qui le prouvera ; on l'admet cependant.

En 1789, on se trouvait environ 24 millions d'hommes sur la terre de France: quatre fois plus que de Gallo-Romains au bout de quinze siècles ; et peut-être pas beaucoup plus qu'au XIII°, au XIV° siècle, et jusqu'à l'aurore de la guerre de Cent Ans. Certes nos villes sont bien autrement animées qu'en 1200, 1300 ; parmi ces villes tel baraquement où l'homme déborde, entrepôts devant une forêt de mâts, assemblées d'usines, puits de houille, ateliers sans fin, n'était alors qu'un hameau, parfois un désert ; et çà et là des contrées ont doublé, décuplé leurs demeures ; mais aussi que de cités ont décru, disparu, que de montagnes ont moins de maisons qu'il y a six cents ans ! Et les maisons aujourd'hui presque silencieuses dans les trois quarts de la France, étaient alors bruyantes et riantes avec enfants dans tous les coins.

La Peste Noire secoua ses poisons, et, après ce fléau « dont bien la tierce partie du monde mourut », le canon, la dague et l'arquebuse, l'Anglais, l'Armagnac, le Bourguignon, le Lansquenet, le Protestant, le Catholique, agrandirent les cimetières autour des églises de la France de saint Louis ; pendant deux siècles et demi de fatales années, la vie ne put racheter la mort ; et peu à peu la solitude étendait son froid empire sur le plus beau royaume du monde.

En revenant à cent ans en arrière, nous voyons la France peuplée de 24 millions d'hommes, l'Autriche de 18, la Russie de 17, l'Allemagne de 15.

Aujourd'hui la France, étant à 38 millions 1/2, accroissement d'un peu plus de moitié, n'égale pas l'Autriche, qu'elle dépassait d'un quart il y a cent ans : il s'en faut, car l'empire

Le Plus Beau Royaume Sous le Ciel.

aux deux gouvernements, aux dix ou douze langues, avec autant de peuples, compte aujourd'hui plus de 42 millions d'hommes, sans les 1 600 000 habitants de la Bosnie-Herzégovine, pays de nouvelle conquête, ou pour mieux dire, de récente annexion : l'Autriche ne les a pas conquis; ils lui sont venus par voie sournoise, diplomatiquement, injustement, sans qu'elle ait rien fait pour les acquérir avec un semblant d'équité. La Russie, grandie de son propre sang plus encore que par d'immenses conquêtes, dépasse 130 millions d'âmes, sept à huit fois les 17 millions d'alors; les Allemands ont bien plus que triplé leur race en Allemagne en dépit d'un très vaste épanchement d'émigrants vers l'Amérique du Nord, et un peu vers toutes les régions du Globe; enfin, au delà du fossé dont une eau salée sans profonds abîmes ronge les falaises de craie, la Grande-Bretagne et l'Irlande où, comme dit plus haut, le flot de vie commence à décroître, ont semé de colons tous les pays « anglo-saxons » de l'Orbe des terres.

XIII
POURQUOI LES FRANÇAIS DIMINUENT RELATIVEMENT

Il semble que la France ait adopté la devise du Précurseur, qui baptisait dans les eaux du Jourdain : « Il faut qu'il croisse et que je diminue. » Car après avoir crû lentement d'elle-même, puis stationné, la voici qui s'appauvrit presque chaque année par plus de décès que de naissances, tandis qu'elle augmente heureusement un peu plus qu'elle ne perd, par l'excès de l'immigration sur l'émigration; et cette décrue lente, contrariée en certaines années par de petites crues, tient à deux causes : l'une plutôt urbaine, l'autre exclusivement rurale.

La cause urbaine, c'est, comme nul n'en ignore, le luxe, et pourtant, comme l'a dit Franklin : « Un enfant coûte moins qu'un vice »; il coûte aussi moins que les vanités de la mode, les soirées, le théâtre, moins que la périlleuse futilité du tabac, que l'absinthe et l'alcool, qui sont un danger mortel.

L'autre cause majeure, la cause rurale, c'est l'amour passionné du paysan pour le sol.

En France la propriété n'est pas fixée dans quelques centaines ou quelques milliers de familles; tous y ont accès; les enfants se partagent l'avoir paternel à lots égaux et l'aîné ne spolie pas les puînés par droit de primogéniture.

La majorité de la nation se compose de paysans maîtres du sol, et peu de nos campagnards connaissent la vraie misère, celle de l'Irlande et de la « libérale Angleterre », où il n'y a pas de paysans, mais seulement des seigneurs très arrogants et très pleins d'eux-mêmes, des fermiers et des journaliers.

Les Français.

Ces lois, l'équité même, pèsent lourdement sur la France.

Dès que le rural a sa vigne, ses champs, son pré, son bois, son ruisseau, dès qu'il a fondé son royaume ou qu'il l'a mené jusqu'au ravin, jusqu'à la haie, jusqu'au fossé de ses vœux, il ressemble au conquérant qui redoute le démembrement de l'empire; il appréhende la famille qui, lui mort, écartèlera son domaine : heureux s'il n'a qu'un fils, héritier de son nom! Si c'est une fille, son clos passe à quelque étrangère lignée, dynastie sans durée comme sa devancière.

Tous ces « royaumes » se brisent ou tombent en quenouille : histoire obscure et sans unité que celle de ces terres errant de maître en maître pour la fortune des hommes de loi.

Les domaines, qui devraient vivre des siècles, ne vivent que des années sans qu'une famille y laisse la trace de son nom. Que de Français n'ont pas de maison paternelle, soit qu'ils aient vu le jour dans le caravansérail d'une ville aux rues passagères, soit que déjà la demeure natale ait changé de seigneur!

Telle est la grande cause de l'infécondité de nos campagnards.

L'excès du célibat, l'armée, les ordres ecclésiastiques diminuent moins la nation : telle race fertile a plus de non mariés que nous; le recrutement pèse autant sur la grouillante Italie que sur la France; le Bas-Canada, sans rival pour la puissance des familles, donne au clergé la dîme de son sang.

Donc, il ne sort que peu d'enfants de nos chaumières, disons de nos maisons des champs, puisque les paysans français sont riches sauf sur certains sols très indigents.

Que de villageois regardent d'un œil louche les fils qui partageront l'enclos! L'enfant supplémentaire entre dans la famille en étranger, presque en ennemi; la mère l'aimait déjà, mais le père le subit, il ne l'avait point désiré.

Nos villes non plus ne sont pas fécondes, et les mères n'y sont pas maternelles; l'enfant naît à peine qu'il part en vagon pour la campagne, dont très souvent il ne revient pas; il y dépérit sur le sein mercenaire, par la négligence, l'avarice, la brutalité des nourrices sans amour pour leurs nourrissons.

XIV
CROIT ET DÉCROIT; AMPLIFICATION DES VILLES

Il y a quelques années la diminution des naissances affligeait surtout la Normandie et les départements opulents du bassin de la Garonne; aujourd'hui c'est presque partout qu'elle commence à nous épuiser. Ainsi, en l'an 1895, qui s'est résumé par une perte de 17 813 existences, du fait de 834 173 naissances seulement contre 851 986 décès (tandis que l'an 1894 avait donné un excès de

Le Plus Beau Royaume Sous le Ciel.

39 768, et l'an 1893 un surplus de 7 146), en 1895 il y a eu supériorité de naissances dans 29 départements seulement, et supériorité de décès dans 58.

L'Eure aura bientôt 63 000 habitants de moins qu'au temps de Bonaparte premier consul, en 1801 : c'est pourtant le pays des plateaux fertiles, des prairies arrosées et des vallons magnifiques.

L'Orne a 56 000 « Ornais » de moins qu'en cette année 1801, qui fut celle du premier recensement précis de la France ; et lui aussi est sain, avec superbes prés, majestueuses forêts, vallées fécondes, petites « Arcadies ».

La Manche est moins peuplée de 30 000 âmes qu'à l'aurore du siècle, elle qui a l'entour de la mer, le doux climat, les pluies créatrices, les savoureuses pâtures.

Le Tarn-et-Garonne, fait après les autres de cantons pris à cinq départements, a près de 38 000 âmes de moins qu'en 1821 ; or rien ne lui manque, ni les alluvions au long de la Garonne et du Tarn, ni les coteaux vinicoles, ni les vergers, les fruits, l'air sain, le gai soleil.

Rien non plus ne fait défaut au Lot-et-Garonne, possesseur de plaines magnifiques, de collines frugifères, sous un doux climat : cependant il y a sur ce terroir au delà de 40 000 hommes de moins qu'en 1866, et sans un grand concours d'Espagnols maints cantons y tomberaient en friche.

Le Gers, si riche de ses vignes, de ses eaux-de-vie, avec rivières régénérées, et l'on peut presque dire créées par dix dérivations de la Neste, s'est vidé de plus de 45 000 personnes depuis 1866 ! A continuer, il sera désert dans cent ans, sans un seul habitant, sans un seul !

Le Lot, le pays des vignobles, des truffes, du tabac le plus puissant en nicotine, a perdu plus de 48 000 personnes depuis cette même année 1866 ! Lui, si cette stérilité continue, il sera vide en un siècle et demi tout juste. A vrai dire, Lot, Gers et beaucoup de départements se dépeuplent aussi par émigration, les uns vers Paris, les autres vers notre Afrique et les terres étrangères ; mais à presque tous l'infécondité préméditée enlève plus de monde que les départs pour la capitale ou l'expatriation, soit lointaine, soit voisine.

Qu'on se rassure : la France ne mourra jamais faute de Français : des jours viendront où les mœurs ayant changé, puisque tout oscille, et toujours, entre des extrêmes, d'un pôle à un autre pôle, d'un « comble » à un autre « comble », sans que jamais la direction devienne immuable et le phénomène éternel, des jours viendront où le suc remontera dans la tige desséchée, la plante refleurira, et d'elle renaîtra la forêt vaillante, vibrante, stridente, orageuse. Mais, dans l'instant présent nous dépérissons ; ou, plus exactement, nous dépéririons sans le secours de l'étranger, et surtout si nous n'avions conduit à sa première adolescence une immense France d'Afrique où la vie poussera dru.

Autre malheur : nous avons des départements encore fertiles en hommes, en Bretagne, dans l'Ouest, dans le Centre, et parmi les monts ; mais leur accroissement, œuvre unique des champs, ne profite pas aux campagnes ; il est absorbé par les villes qui flattent et qui dévorent. Des bois balsamiques, des pelouses d'en haut, des roches salubres, du bord des fonts d'eau vive, de la lèvre des glaciers, notre race, comme toutes celles de la Terre, descend au cloaque doré des cités ; l'Auvergne elle-même voit flétrir dès la première ou la seconde génération les familles rouges qu'elle mêle sans compter à la foule pâle des Parisiens.

Il y a cent ans, Paris ne faisait pas la cinquantième partie de la nation ; il en fait aujourd'hui le quinzième ; et près du treizième avec les pattes d'araignée, les tentacules de pieuvre qu'on nomme les faubourgs.

Depuis 1800 Paris a passé de moins de 550 000 âmes à quelque 2 550 000 : soit, tout net, 2 millions de plus. Lyon a « sauté » de 139 000 habitants à 466 000 ; Marseille de 76 000 à 442 000 ; Bordeaux de 83 000 à 257 000 ; Lille de 13 000 à 216 000, sans compter que ses deux voisines Roubaix et Tourcoing, simples bourgades, sont devenues des villes de 125 000 et de 73 000 habitants ; Saint-Étienne en Forez s'est élevée de 9 000 à 136 000, etc., etc. Ces villes ont doublé, triplé, décuplé, quindécuplé, tandis que le nombre des Français n'augmentait que d'un tiers.

Partout, surtout dans le Nord, les cités sucent les campagnes. Pour nous en tenir aux vingt dernières années, Paris a gagné 548 000 âmes ; son département de la Seine s'est augmenté de 200 000 personnes, ou bien près, dans le quinquennat 1891-1896 ; le département du Nord, qui n'est guère qu'une énorme ville d'industrie, du moins dans sa partie centrale, a passé, dans ces cinq années, de 1 736 000 habitants à 1 812 000 ; celui du Pas-de-Calais, autre ruche industrielle, de 874 000 à 906 000 ; celui des Bouches-du-Rhône, grâce à Marseille, de 631 000 à 674 000 ; celui du Rhône, grâce à Lyon, de 807 000 à 839 000 ; celui de Seine-et-Oise, de 629 000 à 669 000, grâce à des villes qui sont en réalité des faubourgs parisiens ; tandis que l'Orne perdait 15 000 âmes, la Manche près de 14 000, la Dordogne, le Lot, la Haute-Garonne plus de 13 000, l'Yonne 12 000, le Cal-

Le Plus Beau Royaume Sous le Ciel.

vados, le Cher, la Haute-Marne, l'Aveyron plus de 11 000, le Gers plus de 10 000.

A chaque recensement, même phénomène, sauf le peu d'exceptions : moins de monde à la campagne et, sauf exceptions aussi, plus ou beaucoup plus de monde à la ville, par la constante arrivée des braves gens du village attirés vers les cités par les plaisirs, les industries sans nombre (et souvent sans nom) : vers Paris tout d'abord, puis vers les autres villes maîtresses, la brumeuse Lyon, la claire Marseille, la gracieuse Bordeaux, la diligente Lille, tous les centres de filage et tissage, les villes de la houille, les villes du fer, les villes d'hiver, les villes d'été, les villes de plage sur Manche, Océan, Méditerranée. Voilà ce qui « fleurit comme la rose » et qui flétrira comme elle ; mais ce n'est pas de leur propre sève que ces cités grandissent, c'est du suc de toute la France.

A ces lieux de richesses, de gaîté, d'élégance, de savoir, de travail, qui sont aussi les lieux de pauvreté, de loisir, d'infamie, de désespoir, accourt, comme au flambeau les papillons, l'engeance rurale de la France stérile comme de la France féconde. Et si celle-ci continue de germer, fleurir et grainer, malgré la dîme prélevée par Lutèce, Lugdunum, Phocée et toute ville, même tout bourg cantonal, celle-là, l'impuissante et la stagnante, se fane chaque jour, car elle ne sait, elle ne veut, elle ne peut se réparer : ainsi diminuent, du solstice à l'équinoxe et de l'équinoxe au solstice, la Normandie, l'Anjou, le Maine, la Touraine, la Guyenne, la Gascogne et tant d'autres terres opulentes ; ainsi s'augmentent encore Bretagne, Vendée, Poitou, Limousin, Flandre, Artois, et mainte autre contrée de plateau, de plaine et de montagne.

XV
ÉMIGRATION

On connaît des pays dépeuplés par l'émigration, l'Irlande par exemple, l'île esclave si durement fouaillée par la plus parlementaire et la plus libérale des nations : du fait de départs en masse des familles préférant l'exil à la mort par inanition, la « Verte Erin », qui eut plus de huit millions d'habitants avant la grande famine de 1847, n'en a pas beaucoup plus de quatre aujourd'hui.

La France, elle, ne diminue point par transport de centaines de milliers d'hommes, ou seulement de dizaines de milliers vers l'outre-mer, encore qu'elle émigre malgré tout beaucoup plus qu'on ne croit, par une saignée dont d'autres nations ne s'apercevraient pas, mais qui nous est sensible, à nous, faute d'une vitalité suffisante. Si les Français s'en vont par bandes de la campagne à la ville, ou de la ville à la ville, ils n'aiment guère

Les Français.

à secouer la poussière de leurs pieds sur « Belle et douce France ». C'est l'un des peuples européens qui se dispersent le moins à l'étranger; aussi n'a-t-il augmenté que lentement la France du dehors. Si dans une seule année du règne de Henri IV ou de Louis XIII, quand Québec existait déjà, si chacune de nos communes avait envoyé, une fois pour toutes, une famille, pas plus, en Amérique, soit en Canada, soit en Louisiane, le sort du monde était changé : c'était France au lieu d'Angleterre.

Avant 1870, cinq à dix mille Français nous quittaient tous les ans; depuis, un nombre quelquefois double, rarement triple abandonne chaque année le sol natal, presque tous avec regret.

Est-il des pays valant la France parmi ceux que les Français vont habiter, par étourderie ou par nécessité?

Ce n'est certes point la terre des Yankees, trop froide ou trop chaude suivant la saison; il y faut baragouiner la langue étrangère, et l'on s'y trouve perdu dans une foule indifférente ou hostile, Scandinaves, Anglais hautains, Américains méprisants, Allemands devenus par les prêches de leurs docteurs les ennemis « héréditaires » de la France.

Ce n'est pas la Louisiane, où l'on parle encore un peu le français, mais où l'on meurt encore un peu de la fièvre jaune entre des marais et des cyprières.

Ce n'est pas l'Argentine, malgré la langue espagnole, sœur de la nôtre; car sauf au bord de son Parana, de son Uruguay et de son Paraguay, ce grand empire latin de l'avenir a pour tout attrait la Pampa, Beauce zébrée de Sahara ou Sahara zébré de Beauce, avec des îlots de sierras pelées et à l'horizon lointain, vers l'ouest, des montagnes sèches, nues, inhumaines, terribles, des Andes sans glaciers, versant à la plaine des torrents indignes de la majesté d'une Cordillère aussi haute que le Sancy sur le Mont-Blanc.

Ce n'est pas le Brésil avec la sécheresse de ses provinces du Nord, l'air étouffant de sa Beiramar; ni les Antilles où la tiédeur énerve, où l'on fait si peu fortune depuis qu'il ne suffit plus d'y fouetter des nègres.

L'Algérie seule vaut la France pour les Français du Midi; et le Canada pour les Français du Nord, des hautes montagnes ou des plateaux froids.

En Algérie nous retrouvons tous notre idiome, et les Méridionaux y retrouvent de plus leur climat, leur nature sèche, éclatante, harmonieuse, grandiose même en sa petitesse, et, pour tout dire, provençale, italienne, andalouse.

Au Canada, sur les plus belles rivières du monde, devant des lacs sans nombre, à l'entrée de la forêt qui s'en va vers

Le Plus Beau Royaume Sous le Ciel.

l'aurore boréale, notre langue règne aussi, et là n'apprend l'anglais que qui veut bien l'apprendre ; déjà nos émigrants y vont, mais encore en petit nombre.

Les pays que jusqu'à cette heure ils préfèrent sont l'Amérique du Sud, notamment la région de la Plata, les États-Unis, l'Algérie et la Tunisie. Ces contrées d'outre-mer à part, l'Europe qui nous entoure, l'Angleterre, la Belgique, la Suisse, l'Italie, l'Espagne, reçoivent, l'Allemagne exceptée, des Français dont bien peu nous reviennent.

Une grande moitié de la France n'émigre pas ou émigre très peu.

Normandie, Poitou, Saintonge, d'où l'on partait, d'ailleurs très petitement, pour le Canada, ces provinces se sont repliées sur elles-mêmes depuis la mort de Montcalm.

Le pays de l'Adour, d'où les Béarnais et les Basques s'en vont en foule, et les départements garonnais à partir de Toulouse, envoient leurs enfants vers l'Amérique Espagnole ou Portugaise, vers les Antilles, vers la Nouvelle-Orléans, l'Algérie, la Tunisie, l'Espagne.

Les départements pyrénéens à l'orient de Toulouse, ceux du Rhône et des Alpes à partir de Lyon, et ceux de la côte méditerranéenne émigrent en Algérie et en Tunisie.

La Corse, plus voisine d'Algérie et de Tunisie qu'aucun autre pays français, est pour cette raison même celui de tous qui contribue le plus au peuplement national de notre Afrique du Nord, surtout de la province de Constantine et de la terre tunisienne.

Les gens de l'Est se portent principalement vers les États-Unis, un peu vers le Canada et aussi l'Afrique française.

La Seine émigre partout, d'une émigration qui vaut rarement celle des familles rurales.

Le Nord, le Nord-Ouest, l'Ouest de Brest à Bordeaux, et le Centre n'essaiment guère à l'étranger : Paris est leur Californie dorée.

C'est en 1830 que les Français apprirent deux des routes qu'ils préfèrent : cette année-là nous entrâmes en Algérie, et c'est alors que parurent dans les Basses-Pyrénées les recruteurs qui entraînèrent les premiers Basques et Béarnais vers la Plata ; avant 1830 les États-Unis, les Antilles et l'Amérique du Sud recevaient tous nos « fuyards », alors encore moins nombreux qu'à présent. Nous n'avons jamais beaucoup traversé les mers : nous n'eûmes de part très active qu'à l'établissement des Antilles.

Il s'agissait d'acheter et de fouailler des esclaves ; la

Les Français.

Garonne et l'Adour fournirent les planteurs, les intendants, les surveillants, les fouetteurs ; quant aux négriers, l'Europe en eût trouvé pour des plantations cent fois plus vastes, elle les trouverait encore ; de la sorte, nous créâmes la Guadeloupe, la Martinique, diverses autres Antilles, la superbe Saint-Domingue, le sud de Cuba, la Trinité ; plus dans l'Océan des Indes, Bourbon et l'île de France.

Sur le continent d'Amérique, dont les Antilles sont l'archipel majeur, la France fut paresseuse, elle en porta la peine ; au lieu d'y semer à main libérale des paysans qui pouvaient devenir la nation prépondérante du Globe, à peine si elle jeta des centaines d'hommes en Acadie, dix à douze mille colons au Canada, vingt mille peut-être d'après d'autres documents, et quelques aventuriers en Louisiane. Et c'est pourquoi nous sommes petits sur Terre.

Ce n'est pas que les fils de la Gaule ne soient partis par centaines de milliers, par millions, pour la terre étrangère, mais ils passèrent la frontière drapeaux au vent, tambours et clairons en tête, pour l'œuvre sanglante, et la moitié ne revit jamais le clocher paternel.

Voilà comment la France a tari sa veine.

D'autres centaines de milliers nous quittèrent aussi, vaste exode qui ne nous donna point de fils.

Ce que nous perdîmes quand Louis XIV révoqua l'édit de Nantes, les bras vaillants, les intelligences claires, les esprits résolus, les consciences qui préférèrent l'exil à l'abjuration (si étroite que fût la doctrine), tout cela, cette vigueur, cette ardeur, la Prusse, la Hollande, l'Angleterre, le gagnèrent et le tournèrent aussitôt contre nous : les Huguenots montèrent sur les navires qui nous disputaient l'Océan, chemin des peuples ; ils s'alignèrent en régiments contre les Français ; ils fécondèrent des industries qui firent la splendeur de l'Étranger, et c'est aux Calvinistes français que la Hollande dut l'essor de l'Afrique australe, de New-York et de Surinam.

Les Puritains anglais avaient, eux aussi, maudit la terre maternelle, mais par un bienheureux hasard l'Angleterre les poussa vers l'Amérique, vers un monde à prendre au néant, l'Homme Rouge, pêcheur et chasseur, n'ayant encore évoqué du sol rien de ce qui pouvait germer dans ses flancs inépuisables.

Les Puritains français ne traversèrent point la mer sur le chêne ou le sapin sujets au naufrage ; malheureusement, la France n'était point marinière.

L'Espagne et l'Italie, terres papistes, leur faisaient horreur ; il ne leur resta donc pour s'enfuir que la frontière de l'Allemagne et des Pays-Bas, là où ils avaient les participants de leur foi, nos ennemis jurés, l'Allemand luthérien, le calviniste Hollandais, riche en ports d'où l'on s'embarquait pour le pays des Anglicans, autres mortels ennemis.

Ainsi tourna contre nous la plus forte de nos émigrations, dans le siècle même où nous essaimions au loin sur la terre la plus française après la France, et qui pourtant reçut de nous trente fois moins de colons que nous n'avons perdu de « réfugiés » de l'édit de Nantes.

Le siècle qui suivit la révocation vit peu de personnes partir de France, si ce n'est quelques Saintongeais pour le Canada, et des Gascons pour Saint-Domingue; après quoi vinrent 1793, la guillotine, la guerre civile, les batailles de la France contre toute l'Europe, et le Rhin, le Pô, le Nil, le Danube, le Tage, le Dniéper, l'Elbe, puis la Seine, la Marne, l'Aisne roulant nos cadavres.

Ainsi, d'année en année nous remplîmes l'Europe de cimetières avec moitié des fosses pour les enfants de la France, et d'année en année s'amoindrissait notre part du Globe, jusqu'en 1830.

Depuis lors nos destins se sont élargis : l'Afrique Septentrionale, la plus historique des Afriques, la plus voisine de l'Europe et presque Europe elle-même, nous est ouverte, des dattiers sans fruits du littoral aux palmiers chargés de régimes qui sont la gloire du Sahara; de l'Atlantique nous avons atteint le Niger, le Congo et dans la mer des Indes Madagascar est nôtre; en Asie orientale nous avons fondé le grand empire indo-chinois; en Amérique, le Canada de Champlain, de Montcalm, qu'on croyait mort, est ressuscité.

Ce Canada français, « fleuron » de notre couronne coloniale, cette contrée de grand avenir pour nous peut-être, est connue dans le monde entier par la sève extraordinaire de ses familles; elle l'est aussi par la foi catholique très vivante que lui a léguée la vieille France, terre jadis essentiellement « romaine », et qui l'est encore beaucoup; tandis que notre excellente voisine, Albion reste jusqu'à ce jour l'infatigable protagoniste de l' « anti-papisme ».

XVI
CATHOLIQUES,
PROTESTANTS,
JUIFS

Tant de Français professent le catholicisme, soit avec sincérité, dans l'intégrité de leur conscience, soit par mode, par convenance, par bon ton, et pour « faire comme les autres », que vraiment protestantisme et judaïsme sont en France de bien petits compagnons, mais en même temps que petits, voire minuscules, ces deux cultes sont agissants, exigeants, accapareurs; ou pour plus de justesse d'expression, les hommes qui se réclament de la Réforme et ceux qui prétendent obéir aux « Livres de Loi » sont très intelligents, très avisés, très versés en toute science, sagesse, doctrine, discipline, et ils savent très bien se pousser dans le monde.

Nos derniers recensements n'ont pas tenu compte des religions. Bien qu'étant coupable, cet oubli volontaire a moins de gravité qu'en tel autre empire ou royaume, la France n'étant pas un de ces pays où Protestants et Catholiques lèvent un front rival, soit que les confessions s'équilibrent, soit que l'une ou l'autre y présente une minorité compacte qui peut tendre à la majorité.

Elle n'est pas non plus semblable à ces contrées du centre, de l'orient d'Europe où les Juifs se nombrent par centaines de mille, où ils dominent dans mainte cité, remplissent des bourgades, encombrent des villages et non seulement peuvent ouvrir ou fermer le coffre-fort, cela va sans dire, mais tiennent aussi tous les commerces, presque tous les métiers de l'ouvrier et de l'artisan; exemples : la Galicie, la Pologne, la Moldavie et divers gouvernements de la Russie occidentale.

En France, le catholicisme prépondère tellement que les autres cultes sont presque comme n'existant pas : plus encore depuis la guerre de 1870-1871, puisque la perte de l'Alsace-Lorraine nous a privés de 235 000 Protestants et de 45 000 Israélites; nous avions là, de la « Vosge » au « Fleuve », notre département le plus hétérodoxe, le Bas-Rhin, premier pour le nombre des Protestants, premier pour le nombre des Juifs.

Sur nos trente-huit millions et demi d'habitants, les Protestants n'arrivent peut-être pas à 600 000; les Juifs sont 80 000 à 100 000; restent près de 38 millions de catholiques — c'est un véritable écrasement.

Et la force du catholicisme ne réside pas uniquement dans le nombre.

En face du protestantisme devenu riche, mais sceptique (et pourtant fanatique), point généreux pour ses œuvres de propagande et, de plus, déchiré par ses enfants, qui sont maintenant des frères ennemis, ici des « orthodoxes », là des « libéraux », le catholicisme demeure uni, compact et très puissamment hiérarchisé.

Au temps de la Réforme, quand il luttait pour l'existence même, quel Français aurait osé prédire que ce vieux culte, dont on pouvait penser qu'il était déjà mort, survivrait à la jeune religion qui prétendait l'abolir de la France et du Monde?

C'est de France que la religion « catholique, apostolique et romaine » reçoit le plus de dons en argent et en hommes;

Le Plus Beau Royaume Sous le Ciel.

d'elle que partent surtout ces missionnaires, jeunes gens que « le zèle de la maison de Dieu consume » ou, si l'on veut, le zèle de la « maison de saint Pierre », et qui s'en vont cherchant le martyre *in partibus infidelium*, en Indo-Chine, en Chine, en Corée, en Afrique, en Amérique, dans les mers du Sud, partout où il y a des Jaunes, des Noirs, des Cuivrés, des Bronzés, des Basanés, des Rouges qui ne confessent pas encore le nom de Jésus.

Ce martyre auquel ils courent avec joie, beaucoup l'atteignent, et souvent, dit Hugo :

.... La mouche horrible, essaim au vol joyeux,
Comme dans une ruche entre en leur bouche noire
Et bourdonne au soleil dans les trous de leurs yeux.

Nous avons certes moins de Protestants qu'il ne tomba de Huguenots sur les champs de bataille et dans les mille sièges et assauts de nos guerres de religion, durant les abominables règnes des derniers des Valois.

On ne se battait pas alors à cinq cent mille contre cinq cent mille, sur un front de douze à vingt lieues, avec un immense attirail électrique, chimique et mécanique. La guerre n'en était que plus terrible, parce qu'elle était partout, de tous contre tous ; rien ne lui échappait, pas même le hameau ; le capitaine de reîtres, le chef de lansquenets, le moindre « corporal » de gens de pieds s'attaquait suivant sa force à la ville, à la bourgade, au village, à la maison forte, et, s'il était Protestant, à tout couvent d'hommes ou de femmes.

Donc le sang coula par fleuves dans ces longues guerres de religion ; des villes furent prises dix et vingt fois par le Calviniste sur le Papiste, puis par le Papiste sur le Calviniste, puis encore par le Réformé sur le Romain, et ainsi de suite, de massacre en massacre.

Voici ce qu'on raconte de deux cités du Sud-Ouest, l'une de la religion prétendue catholique, l'autre de la religion prétendue réformée, et assez voisines, à quelques lieues de distance, en un pays de collines. Par une nuit noire, de la ville catholique sortit un bataillon « papal » qui marcha contre la ville protestante, et l'ayant trouvée sans défense, coupa la gorge aux endormis.

Quand ces vaillants hommes rentrèrent chez eux, couronnés de lauriers, ils trouvèrent leur cité navrée, des lits et des berceaux vides : pendant qu'ils marchaient sourdement, sans la lune amie, vers la bicoque réformée, la jeunesse et la virilité d'icelle avaient pris, sous les mêmes ténèbres mais par une autre voie la route de la bicoque des « Papalins ».

Les Français.

Ces guerres finies par le triomphe des Catholiques, la France, en somme restée papiste, possédait sans doute plus de Protestants que de nos jours, quoiqu'elle eût alors deux fois moins d'habitants qu'au moment présent; des villes, des contrées entières étaient calvinistes, qui ne le sont plus guère ou pas du tout.

C'est que la révocation de l'Édit de Nantes chassa de notre sol, vers la fin du xvii° siècle, une « infinité » de Réformés, dont on ignore le nombre : 200 000, disent les uns; 300 000, disent les autres; 400 000 même d'après les plus généreux. Toujours est-il que des villes perdirent la moitié, les trois quarts de leur monde, et que des campagnes se dépeuplèrent, et que de belles familles allèrent à l'étranger chanter en français les psaumes de David ou des enfants de Coré, qu'elles entonnèrent ensuite en anglais, en hollandais, en allemand.

En 1789 les Protestants de France étaient encore près d'un million, dit-on; depuis lors ils ont diminué, non seulement des 235 000 Luthériens d'Alsace-Lorraine, mais encore par lente absorption, comme il arrive aux très petites minorités dispersées dans les majorités massives; les mariages mixtes surtout les déciment, depuis qu'il y a des mariages interreligionnaires, depuis que les héritiers des Camisards ne sont plus des Protestants passionnés croyant à leurs dogmes, à leur apostolat, à leur ultime triomphe en ce monde et dans l'autre, à l'exemple de la vie probe et de la foi sincère.

Ils se divisent en Calvinistes, en Luthériens, en Dissidents.

Les *Calvinistes* habitent surtout le Midi et le Sud-Ouest; c'est dans les Cévennes qu'il y en a le plus, là même où Louis XIV ne put les extirper, à l'ouest et au nord de Nîmes; le seul département du Gard en compte près de 120 000, l'Ardèche 45 000, la Drôme 36 000, la Lozère 21 000, le Tarn 17 000, l'Hérault 14 000, le Tarn-et-Garonne 10 000, etc.; au Sud-Ouest, 38 000 dans les Deux-Sèvres autour de Saint-Maixent, et 18 000 dans la Charente-Inférieure, autour de la Rochelle, de Rochefort, de la Tremblade; la Seine aussi, naturellement, en renferme un très grand nombre, environ 50 000; mais dans la plupart des départements ils existent à peine : par centaines ou par dizaines seulement, et presque tous fonctionnaires errants de l'État.

Les *Luthériens*, fort réduits par le départ de l'Alsace-Lorraine, se trouvent surtout à Paris et dans le pays de Montbéliard, la seule ville de France où les non-catholiques aient la majorité; la plupart des 50 000 protestants du Doubs, de la Haute-Saône et du territoire de Belfort sont des Luthériens.

Le Plus Beau Royaume Sous le Ciel.

Les *Dissidents*, secte extrême ou plutôt ensemble de petites sectes, sont disséminés un peu partout au milieu des autres protestants ; c'est la Gironde qui en renferme le plus.

Il y a quelques familles de *Vaudois* dans les Hautes-Alpes, où jadis ils furent nombreux, notamment dans l'une des plus belles vallées de ces monts, en Vallouise, à l'ombre du Pelvoux ; mais ces « réformateurs avant la réforme », ces montagnards qui lisaient leur Bible dans l'idiome vulgaire des centaines d'années avant Calvin, sont aujourd'hui simplement des Calvinistes. Si la semence des martyrs était toujours féconde, les Vaudois couvriraient la Terre, car aucune secte ne connut autant le bourreau, et de France comme d'Italie on persécuta l' « Israël des Alpes », maintenant réduit à 17 000 fidèles, presque tous sur le versant d'Ausonie, dans le ruisselant pays des sources du Pô.

Avec l'Alsace-Lorraine nous avons perdu 45 000 Juifs.

Nous en avons 100 000, dont les deux tiers à Paris ou dans les départements voisins.

Ces « Sémites » ne sont point tous des « Sémites » et, si les Juifs originaires de Portugal ou d'Espagne ont noble visage, beau nez ou grand nez, yeux noirs, cheveux de jais, teint jaune, mat ou basané, toutes marques de l'Orient arabe, les autres, beaucoup plus nombreux, originaires d'Allemagne et de Pologne, descendent de Juifs tartares ou aryens ; ils n'ont du Sémite que l'une des trois religions nées parmi les hommes au nez busqué du désert et du demi-désert, dans la lumière sèche, devant la roche illuminée.

Que dire de ces fondateurs de deux sur trois des religions monothéistes, sinon que leur vraie, leur seule religion, c'est l'argent ; qu'ils sont les plus tenaces de tous les suivants de la fortune ; que toutes leurs forces sont bandées vers « Ophir » ; qu'ils courent à perdre haleine vers l'Eldorado, et qu'avant tous, et plus que tous, ils entrent dans le faux Paradis qui cache les sept cercles de l'Enfer.

XVII
LES FRANÇAIS
NE SONT
POINT
LE PEUPLE
SUPÉRIEUR

Ces Juifs si distincts des autres Français dans la conduite de la vie, ces protestants, ces catholiques, et, plus nombreux peut-être, ceux qui ne croient pas ou qui « croient sans croire » ; ces croisés et mâtinés, ces fils de l'homme des cavernes, de l'homme des dolmens et du Gaulois, du Ligure, de l'Ibère, du Germain, du Normand, du Berbère, cette vaste nation que renouvelle incessamment l'afflux des étrangers de toute l'Europe et qu'il

Les Français.

ne cessera jamais de renouveler — car l'homme coule comme l'eau, il cherche son équilibre et toujours les pays riches, soleilleux, accueillants, faciles, seront comme un lac où tendent les fleuves, des lieux d'attirance, et de concentration pour le flot des « humanités » voisines, — ces « miscégénés » qui reçoivent journellement dans leur mélange des Belges, des Italiens, des Allemands, des Alsaciens-Lorrains et Luxembourgeois, des Hollandais, des Slaves, des Espagnols, des gens de toute langue, de tout sang, de tous oripeaux, de toutes vêtures; bref les Français n'en sont pas moins un peuple très homogène, fort bien ajusté dans toutes ses parties, parfaitement vibrant du centre à toutes les extrémités, et des extrémités au centre; en somme l'image d'une nation indivisible, et l'une des grandes œuvres de l'histoire.

Grâce à la puissance de la fusion, du milieu, du temps, au-dessus de toutes les différences entre les Français du Nord et du Sud, de l'Est, de l'Ouest et du Centre, entre le laboureur de l'alluvion et le pasteur de la montagne, entre le sylvicole et l'habitant des pays nus, entre les gens du « milieu » et les hommes assez heureux pour voir tous les jours la mer, il y a malgré tout assez de ressemblances intimes pour qu'on reconnaisse aux Français une originalité « nationale ».

Ils paraissent devoir les traits communs qui les différencient des autres peuples à la prépondérance de l' « âme » gauloise et à l'agrément, à la facilité de la vie dans un pays ni froid ni chaud, ni sec ni pluvieux, ni brumeux ni étincelant, sur de gais coteaux où les meilleurs des vins mûrissent.

Ils ont eu la stupidité de se dire le premier des peuples du monde.

Ce faisant, ils ressemblaient aux autres nations.

L'Anglais, plus que tout autre peuple, est orgueilleux de lui jusqu'à l'emportement; l'Allemand se donne toutes les vertus modestes et toutes les vertus viriles; le Slave se décerne l'hégémonie de l'avenir; l'Espagnol n'a pas un regard pour le reste des humains; le Portugais a vaincu les « vainqueurs des vainqueurs de la Terre »; l'Arabe ne désespère pas de soumettre la Terre au Prophète; le Chinois habite le Milieu; les Hottentots se donnent trois noms : Hommes des hommes, Premiers des hommes, Vrais hommes; le Nègre a son fétiche, roi des fétiches; le Grec sa « grande idée »; l'Italien sa « primauté »; le Yankee sa « destinée manifeste » de modeler, sinon même de conquérir, l'Univers par la force.

Tous les peuples, les plus misérables tribus elles-mêmes, ont l'ingénuité de se croire la « race élue, la nation sainte, le peuple acquis »; chaque ville a comme Marseille sa Canebière,

Le Plus Beau Royaume Sous le Ciel.

qu'elle croit incomparable ; toute cité fait de son Manzanarès un Amazone, et de sa halle un Parthénon.

Le poète immense, Hugo, prophétisait que Paris est la cité mère, la ville antérieure, l'alpha et l'oméga, le commencement et la fin, le but des choses, la balance de justice et l'éternel flambeau ; que la France est le peuple-lumière, la sainte martyre, la race marquée, l'exemple du monde.

Paroles honteuses, que la nation répétait après lui, sauf le peu d'hommes qui ont horreur de la vanité.

Mieux vaut le Teuton qui nous injurie depuis trois générations, surtout depuis le triomphe de quelques méchants hommes dont l'œuvre de haine est déjà caduque.

Il nous appelle famille de singes, tribu grimacière, nation de coiffeurs, race décriée, risée des hommes, rôdeurs de nuit, écume sans nom, Velches pourris, brutale engeance. « En revenant du pays de France, dit à peu près un de leurs poètes, Rückert, jette une pierre derrière toi : peut-être écraseras-tu une fleur ! »

Et les Anglais et Yankees sont encore moins bienveillants pour nous.

Un jour luira peut-être où les peuples se jugeront avec moins de scélératesse ; fétus éternellement roulés dans le tourbillon d'heur et malheur, ils se réveilleront enfin du néant de leurs songes, et dès lors nul d'entre eux ne criera comme le Pharisien : « Nous sommes plus justes que ces hommes-là ! »

Il se peut qu'alors les Français, les Italiens, les Portugais, les Espagnols rougissent de leur vanité « latine » ; les Anglais, les Allemands, les Yankees de leur outrecuidance « saxonne ».

XVIII
LUEURS
D'UN GRAND
AVENIR

Il se peut aussi que la France devienne grande un jour dans le monde, parce que le hasard des temps lui a donné deux pays tempérés pour se perpétuer et s'étendre, l'Afrique du Nord, l'Amérique des Laurentides ; et parce qu'au midi de son Afrique Mineure elle commande à beaucoup d'Afrique Majeure ; et à Madagascar, et à la « prestigieuse » Indo-Chine.

Alors, entre une Germanie moindre et une France majeure, les descendants des « héros » au casque pointu qui crurent avoir conquis le monde, verront la Terre pleine de Russes, d'Anglais, de Lusitaniens, d'Espagnols, même de Français ; ils sauront ce qu'il y avait de rêve dans la prédiction d'un de leurs princes, à Sedan, vers la fin de la déroute horrible des « Velches ».

Les Français.

Au tonnerre des canons de longue atteinte qui furent, avec les mouvements tournants facilités par le nombre, le principe vital de la « vaillance » allemande, ce général ivre du triomphe daigna (dit-on) faire aux vaincus l'honneur de parler un moment leur langue, et du haut de son cheval, il cria :

Un grand destin commence, un grand destin s'achève !

Mais le méchant fait une œuvre qui le trompe.
Des jours maudits où triomphèrent les apôtres de la politique du fer et du sang naquit pour nous une destinée nouvelle et plus grande.
De l' « année terrible » datent les ans de renaissance : les jeunes vaillances à la place du recueillement stérile et sénile ; la course en avant au lieu du piétinement sur place ; l'empire d'Afrique au lieu des départements de la rive gauche du Rhin ; l'horizon d'infini recul au lieu de la contemplation du nombril ; les fleuves immenses dans la savane des pays sans histoire au lieu du modeste fleuve historique entre ses petits monts ; et la langue française devenant mondiale, au lieu d' « occidentale » seulement, et passant de la politesse précieuse des Académies, du papotage des salons, des conférences de professeurs, des épîtres de savants, des fausses confidences de diplomates, des actes et formules de traités de paix, à l'honneur de guider, d'instruire, d'élever et de transformer cent nations.
Ainsi donc, suivant l'éternelle loi des « avatars », ce qui était la mort, tout au moins la vieillesse abominable avec sa défaillance et ses mornes désespoirs, est devenu la vie, par une seconde naissance qui sera l'aube d'une seconde jeunesse moins orageuse que les jeunes ans de la France capétienne et suivie d'une maturité plus calme et plus sereine que ne le fut celle de la France moderne : quoique pourtant ce monde qu'on croyait hier encore voué à la paix, à la bienveillance, à la fraternité des hommes, semble menacé plus que jamais du cliquetis des armes, de la sauvagerie, de la haine entre frères et de toutes les scélératesses de l'égoïsme transcendantal.
Que faire devant la peut-être sanglante aurore qui présage un jour électrique, puis une noire nuit de désastre ?
Nous serrer entre nous, et contre les autres, puisque ces autres, fronçant le sourcil, nous menacent, mèche allumée ;
Comprendre enfin, quoique des siècles de misères ne nous aient rien appris, qu'il eut une fois raison, l'homme de l'esprit court, et même de l'esprit « bas » dans le sens déshonorant

Le Plus Beau Royaume Sous le Ciel.

du mot. Voltaire — c'est Voltaire — a dit, et bien dit : « Il faut cultiver notre jardin. »

Notre jardin, c'est la France et ce n'est pas l'Europe; ce n'est pas Shakespeare et c'est Victor Hugo; ce n'est pas l'Angleterre, et c'est celui du grand peuple qui nous a tendu des mains secourables; ce n'est pas New-York, Chicago, Buenos-Ayres, c'est Paris et surtout c'est Alger. A nouvelle naissance, nouvelle vie!

SEPTIÈME PARTIE

LA LANGUE FRANÇAISE

LA LANGUE FRANÇAISE

I. DU SANSCRIT AU FRANÇAIS MODERNE. || II. DU XII° AU XX° SIÈCLE. || III. LE LATIN. || IV. LANGUES NÉO-LATINES. || V. ORIGINES DU FRANÇAIS. || VI. SUPÉRIORITÉS DU FRANÇAIS. || VII. FIN PROCHAINE DE L'UNIVERSALITÉ DU FRANÇAIS. || VIII. VIEILLES LANGUES MOURANTES : BRETON, FLAMAND, BASQUE. || IX. OC CONTRE OIL; RUINE ET MORT D'OC. || X. PAYS FRANCOPHONES D'EUROPE. || XI. EN LUXEMBOURG. || XII. EN PRUSSE. || XIII. EN BELGIQUE. || XIV. EN SUISSE. || XV. EN ITALIE. || XVI. DANS L'ARCHIPEL NORMAND. || XVII. LE FRANÇAIS EN ASIE. || XVIII. LE FRANÇAIS EN AFRIQUE. || XIX. LE FRANÇAIS EN CANADA. || XX. LE FRANÇAIS EN LOUISIANE. || XXI. LE FRANÇAIS AUX ANTILLES. || XXII. LE FRANÇAIS EN GUYANE. || XXIII. LE FRANÇAIS EN OCÉANIE. || XXIV. DÉCOMPTE DES FRANCOPHONES. || XXV. LE GRAND EMPIRE. || XXVI. COMMENT NAQUIT ET GRANDIT L'AMÉRIQUE « IBÉRIENNE ». || XXVII. COMMENT MOURUT L'AMÉRIQUE FRANÇAISE : 1700, 1830. || XXVIII. VAINE UNIVERSALITÉ DU FRANÇAIS. || XXIX. COMMENT GRANDE FRANCE EST NÉE. || XXX. VALEURS ET NON-VALEURS DE L'EMPIRE D'AFRIQUE. || XXXI. MISCÉGÉNATION. || XXXII. PROPAGATION DE LA LANGUE FRANÇAISE. || XXXIII. MADAGASCAR; INDO-CHINE. || XXXIV. LE FRANÇAIS DEVIENT LANGUE MONDIALE. || XXXV. TANDEM VOTI COMPOS!

I
DU SANSCRIT
AU FRANÇAIS
MODERNE

EN l'an 842, l'un des trois petits-fils de Charlemagne qui se disputaient l'empire d'Occident, Louis le Germanique prononçait devant l'armée de son frère Charles le Chauve, à Strasbourg, un serment qui n'est plus du latin, qui est déjà du français. Et huit cents ans avant ce serment, les vétérans, les ruraux, les citadins que Rome essaimait en Gaule parlaient un latin roturier où le français était en germe.

C'est à partir de ce latin populaire et de son frère patricien, le latin des livres, que nous avons le devoir d'étudier notre langue, et non pas depuis Malherbe seulement; ou depuis Villon et Charles d'Orléans; ou même depuis Villehardouin, Joinville et Froissart.

C'est pour ne l'avoir connue, admirée, aimée qu'à partir de

Le Plus Beau Royaume Sous le Ciel.

son « grand siècle », de son siècle pompeux, pour ne pas l'avoir suivie dès sa prime enfance et pendant son adolescence, que nos grammairiens, nos lettrés, nos professeurs, nos écrivains, nos poètes, l'ont désossée, desséchée, racornie, détournée de sa nature, de ses origines, de sa plus simple et meilleure ordonnance.

Aujourd'hui nous le prenons à ses racines, à ses radicelles les plus profondément enfouies dans le temps, en Italie, chez les Latins et les Ombriens, Sabins, Osques, Volsques, Samnites, et nous l'étudions, de métamorphose en métamorphose, depuis les vieux chants religieux de Rome, la Loi des Douze Tables ou les Comédies de Plaute jusqu'à la *Légende des Siècles*.

Il faudrait même remonter plus haut dans le temps jusqu'à l'aurore des langues dites aryennes ou indo-européennes qui sont l'héritage commun des peuples triomphants aujourd'hui dans le monde : non certes jusqu'aux premières lueurs de l'aube, car l'éveil de la parole est pour nous un mystère de la nuit, mais jusqu'au matin déjà brillant que marque le sanscrit, l'idiome sonore, superbe, vaste, harmonieux, puissant en mots, puissant en formes.

Vers cette langue, la plus ancienne dans la famille des Aryas, à supposer que le verbe du peuple obscur des Lithuaniens ne l'égale pas ou ne la dépasse point en antiquité de formes, vers ce sanscrit remontent, chacun par son sentier, tous nos langages celtiques, latins, grecs, slaves, germains; à quelques siècles en arrière, plusieurs de ces idiomes se trouvent sur une route commune; et à des mille ans de recul nous les voyons au lieu de départ, on ne sait où, dans le pays où vivaient les ancêtres les plus éloignés que retrouve notre mémoire : encore ignorons-nous tout d'eux, si ce n'est que leur langue contenait en germe toutes les nôtres, de l'auvergnat au lithuanien, de l'anglais au bengali, du persan au portugais de Minas Geraes, du celtique écossais ou de l'erse d'Irlande au français du Métis de la Saskatchewan.

Notre verbe ancestral, celui dont descendent ce sanscrit, ce lithuanien, et tout le trésor slave, celte, germanique, grec et néo-latin, ce verbe était comme un arbre dont aucun rejeton ne fut tout à fait pareil à l'autre, et les fils de ces rejetons ne se ressemblèrent pas non plus tout à fait, si bien que, de génération en génération, l'arbre devint, comme dirait Hugo, une forêt

Touffue, inextricable et fourmillante à l'œil.

Il est mort, cet arbre, ancêtre de la forêt profonde; mais un de ses fils ou petits-fils, le sanscrit, vit encore; et c'est dans le murmure de ses feuilles que le Français, comme l'Espagnol, comme le Russe ou l'Anglais, doit écouter les premières voix de son langage.

II
DU XIIe
AU
XXe SIÈCLE

Dès le xiie siècle l'informe jargon du serment de Strasbourg était devenu la langue « délectable », aimée dans l'Occident, avec poètes héroïques, satyriques, dramatiques, conteurs, chroniqueurs naïfs à la fois et narquois. Leurs œuvres enthousiasmèrent le moyen âge; on les imita dans l'Europe insulaire et péninsulaire : de l'Italie, qui s'ignorait encore, jusqu'à l'Angleterre où la cour, les seigneurs, la justice ne parlaient que le français, héritage des conquérants normands; notre langue avait alors déjà comme une sorte de suprématie.

Aux magnifiques années de jeunesse et d'expansion du français durant le xiie et le xiiie siècle succéda la décadence, au xive et au xve, quand la France luttait pour ne pas mourir, lasse à ne plus rouvrir les yeux.

La guerre de Cent Ans finie, l'Anglais chassé, le sang lavé, la flamme éteinte, qui brûlait les villes (soit que l'étranger l'eût allumée, soit que ce fût le Bourguignon ou l'Armagnac), le Parisien Villon, le poète qui faillit pendre au gibet, « plus becqueté d'oiseaux que dés à coudre », retrouva les accents profonds, lui qui ne rêvait qu'à « trippes », pauvre « estudiant » pensif devant les « rostisseries ».

Et après lui vint l'éclosion prodigieuse du xvie siècle : le Tourangeau Rabelais, l'Homère gaillard et raillard, maître éternel de la langue, le Périgourdin Montaigne, le Vendômois Ronsard et sa « Pléiade », et tant d'autres lâchement oubliés — ère vraiment classique à laquelle nous revenons pour rendre au français la force plastique, tant qu'il se peut, l'aisance, l'abondance dont les « Aristarques » du siècle suivant l'ont injustement dépouillé.

Siècle pourtant magnifique, celui qui prit rang dans l'histoire des hommes après la poussée de sève de cette Renaissance, prodigue de tout, même de sang.

Mais les « hérauts et héros » de cette ère dite le « grand siècle » ou « siècle de Louis XIV » tinrent servilement leur pensée chez le Grec, le Romain, le Juif. Plût au ciel qu'ils eussent laissé la harpe de Sion aux saules de Babylone, la lyre classique aux branches du pâle olivier ! Molière et La Fontaine s'inspirèrent seuls des fabliaux, des joyeusetés, des vieilles rimes, et tous les autres méprisèrent les antiques refrains, les ballades, les chansons de geste, les « mystères ». Que ne pro-

Le Plus Beau Royaume Sous le Ciel.

cédèrent-ils de l'« écolier » Villon? Ses seules *Neiges d'antan* valent toute la poésie du xviie siècle, qui ne comprit point la nature et qui ne la chanta pas, sauf, bien entendu, le bon La Fontaine : à tel point qu'un vers comme celui de Molière,

La campagne à présent n'est pas beaucoup fleurie,

y éclate comme un scandale.

Non moins fermés à la nature furent les poètes d'un autre grand siècle, le xviiie, nommé « siècle de Voltaire », d'après l'homme « incommensurablement » spirituel qui écrivit dans une langue si claire, si gaie, si vive, si sobre, que certes on n'a pas vu la pareille. Réduite alors sur terre et sur mer, la France perd l'Inde qui dore le palais des marchands, le Canada qui porte une race virile; mais elle devient l'Athènes du monde, le temple du goût, l'asile des arts, l'exemple de la mode, et le français assure son rang de langue littéraire, sociale et politique de l'Europe.

Au xixe siècle enfin, c'est un printemps neuf où fleurissent de grands poètes; de tous, le plus vaste, à peine couché dans la tombe, est le premier lyrique de tous les temps et de tous les lieux : comme essor, ampleur, coups d'ailes, imagination, puissance, verbe créateur, ses plus grands rivaux, d'Homère à nos jours, ne sont auprès de lui que de pauvres « élèves de sixième ».

III
LE LATIN

Au milieu de l'Ausonie, vis-à-vis de la Corse, coule un modeste fleuve, onde rayée d'alluvions, qui a mérité le surnom de jaune : il naît dans les Apennins voisins de l'Adriatique, il se perd dans la mer Tyrrhénienne.

C'est le Tibre.

Il y a 2 650 ans qu'un village naquit au bord de ce Tibre, à quelques lieues au-dessus de la fourche de son delta, en vue des volcans sabins, chez les Latins, près des Étrusques, non loin des Celtes Cisalpins installés en peuples à son nord et à son nord-ouest; pas loin non plus des Hellènes de la Grande-Grèce dont les cités opulentes s'élevaient à son sud-est, dans la péninsule et en Sicile.

Énigmatiques restent jusqu'à ce jour les fondateurs de ce village; non moins ceux qui l'accrurent, Latins, Sabins, Étrusques, Osques, « Italiotes », on ne sait comment venus en Italie.

Le village devint *Rome*, qui domina le monde; un idiome s'y forma d'un choc de langues et patois, à moins que le parler de l'une quelconque des tribus fondatrices n'ait régné dès la naissance de la « cité des Sept Collines ».

Cet idiome suivit la fortune de la ville-empire : il fut d'abord jargon de paysans ; puis langage urbain accru dans ses termes, dans ses formes, dans ses idiotismes, par les ruraux que la ville attirait ou dont elle s'emparait comme clients, comme esclaves ; puis langue d'un grand peuple marchant à la conquête de l'Italie et, après l'Italie, de tout le tour de la Mer Intérieure ; enfin verbe universel en sa domination sur le vieux monde — sinon que le grec était plus ou moins officiel en Orient, que plusieurs peuples le parlaient « maternellement », et que d'autres en avaient fait l'organe de leurs idées, de leur politique, de leur commerce ; Rome elle-même adorait cette langue des Hellènes, plus souple que la sienne, et beaux fils, belles dames, artistes, pédants, savants, aigrefins affectaient de parler le grec jusque sur le forum des Latins.

Rome cessa de gouverner la Terre ; et le latin d'être officiel, mais quand il avait déjà conquis l'occident de l'empire.

Puis ce latin mua diversement suivant les pays, et de ces mues différentes sortirent les langues « néo-latines » ou « latines », parmi lesquelles est notre français.

IV
LANGUES
NÉO-
LATINES

Étant néo-latin, le français est frère de l'espagnol, parlé en Espagne et dans la plus belle Amérique ; du portugais, qui sonne en Portugal, dans l'immense Brésil, et aussi dans l'Afrique tropicale ; de l'italien, qui règne dans la plus célèbre presqu'île de la Terre ; du roumain, dont on use au bord du Danube inférieur et dans les monts Carpates, en Moldavie, en Valachie, en Hongrie, en Transylvanie, en Bukovine, en Bessarabie, et un peu en Serbie, en Bulgarie, et dans le Pinde.

Ces cinq langues sont présentement le patrimoine de cent soixante-dix millions d'hommes, soit un bon neuvième de la mortelle engeance.

Et ce nombre croît vite, grâce à l'étendue des colonies fondées par Espagnols et Portugais : Mexique, Guatemala, San-Salvador, Honduras, Nicaragua, Costa-Rica, Colombie ou Nouvelle-Grenade, Venezuela, Équateur, Pérou, Bolivie, Chili, République Argentine, Uruguay ou Bande Orientale, Paraguay, Brésil, Antilles.

La France a sa part dans ce croît des « Latins », par elle-même, par le Canada, son ancien empire, par son Afrique du Nord ; et sans doute qu'avant longtemps son domaine de nouvelle et très vaste domination se francisera comme se castillanisa ou se lusitanisa l'Amérique. Mais pour l'instant, les hommes de parole française croissent plus lentement en nombre que leurs cousins de langue « ibérienne ».

A grands traits, sans approximation serrée et en s'en tenant aux dizaines de millions, il y a dix millions de Roumains, vingt millions de Portugais, trente millions d'Italiens, cinquante millions de Français, soixante millions d'Espagnols.

V
ORIGINES
DU
FRANÇAIS

Le capitaine qui fit de la Gaule une chose romaine, César, introduisit chez nous le sang d'Italie et la langue latine ; ce sang ne vainquit point le sang indigène, mais cette langue tua le gaulois, et quelques centaines d'années y suffirent.

Que pouvaient des patois sans lettres, n'ayant que chansons, dictons, litanies, proverbes, contre la langue parlée par les maîtres du monde, langue des soldats, des tabellions, des juges, des collecteurs d'impôts, des marchands, des maîtres de thermes, des directeurs de cirques, des régisseurs de théâtres ? La langue aussi des prêtres, dès que le christianisme eut renversé les autels païens, quand le gaulois ne vivait déjà plus que dans les lieux ruraux.

Ce fut la lutte impossible de l'algonquin contre le français, de l'iroquois contre l'anglais, du guarani contre le lusitanien, le combat désespéré des langues indiennes contre l'espagnol, des langues sibériennes contre le russe : le celte de nos pères disparut tellement devant le latin, qu'il n'y a guère en français que vingt mots bien authentiquement gaulois.

Quand Rome perdit l'empire, la Gaule était donc romaine : par la langue s'entend, le sang restant avant tout gaulois, et sans doute « antégaulois ». Elle parlait le latin populaire, vulgaire, la *lingua rustica* ; elle écrivait le latin littéraire. Les invasions des Barbares déposèrent quelques centaines de mots teutons dans la langue gallo-romaine, qui peu à peu s'altéra, perdant ses désinences, contractant ses mots, usant de plus en plus des verbes auxiliaires que dédaignait le latin des livres.

Et pendant que germait, puis fleurissait ce parler populaire, si méprisé d'abord, le latin séchait de plus en plus, bien que langue d'église et quoique les lettrés n'en écrivissent pas d'autre.

Sous les Carolingiens, la chrysalide prépare sa métamorphose, elle l'achève sous les premiers Capétiens, avant Philippe Auguste : quand on pose la première pierre de Notre-Dame de Paris, en 1163, le français est tout à fait lui-même ; les poètes l'embelliront, les grammairiens l'appauvriront, l'Orient, l'Italie,

La Langue Française.

l'Espagne, l'Allemagne, l'Angleterre lui donneront des mots, bien moins qu'il ne leur en fournira, mais il a déjà son trésor, ses noms et verbes vitaux, son esprit, son allure, ses caractères. Son vocabulaire est alors de 4 260 mots, les dérivés à part, et sans les termes dont la filiation nous échappe; sur ces 4 260 mots, 20 d'origine celtique, 20 d'origine grecque, 420 d'origine allemande, 3 800 d'origine latine — c'est dire combien notre langue est l'héritière de Rome, quand même, comme d'aucuns le croient, des mots peut-être nombreux qu'on attribue à la filiation latine, seraient réellement de filiation gauloise : là où les deux idiomes du vainqueur et du vaincu, langues sœurs, tout au moins cousines, désignaient le même objet par le même nom ou par un nom peu différent, pourquoi ne serait-ce pas le terme gaulois qui s'immisça dans la trame du français?

Depuis lors nous avons pris 450 termes à l'italien, 110 aux langues sémitiques, 100 à l'espagnol, 100 à l'anglais, 60 à l'allemand, 50 à la langue d'oc, 20 à l'Amérique, 16 à l'Orient d'Asie, 16 aux langues slaves; 40 mots sont des onomatopées, 115 des mots de hasard ayant une origine historique; 650 de provenance inconnue, se résoudront surtout dans le latin, puis dans l'allemand et peut-être le celtique — il ne s'agit ici que des mots vitaux, en dehors du vocabulaire scientifique, lequel est immense, et dont les termes proviennent surtout des deux langues classiques, principalement du grec.

Le français de *Raoul de Cambrai*, de la *Chanson de Roland* et du million de rimes des trouvères ne tint pas les promesses de son adolescence; fils des temps féodaux, il mourut avec eux. Après avoir crié *Montjoie Saint-Denis!* l'oriflamme au vent, sous les murs de Jérusalem, de Constantinople, de Damiette, de Tunis, couvert de baronnies franques la Syrie, la Grèce et les îles, il fallut rentrer vaincus en « Douce France », et de tout ce long fracas d'armes il ne resta qu'un souvenir, des poèmes de prouesse et d'énormes châteaux qui sont les Coucy de l'Orient.

Puis avec les Valois la fatalité s'assit sur le trône de France; à force de reculer devant les Anglais alliés aux Gascons, il vint un jour où nous ne fûmes plus que le royaume de Bourges. Pendant cent ans de batailles perdues, de villes forcées, de moissons en flammes, sous l'accablement des dix plaies d'Égypte, en ce siècle de famine, de peste noire, de typhus, de névrose, étranglée par ses propres fils, n'attendant plus rien des hommes, rien même du Dieu des pauvres et des navrés qui semblait avoir oublié le très chrétien royaume, la France crut périr, et sa langue fut blessée ; elle perdit le cas régime qui la rapprochait du latin pour ne garder que le cas sujet, comme l'espagnol et l'italien ; elle abandonna des termes précieux, elle en acquit de nouveaux, la plupart moins droits que les anciens et dans le sens profond du mot, moins français parce qu'ils sont plus latins.

D'usure en usure le français que les jongleurs chantaient devant des seigneurs vêtus, coiffés et chaussés de fer devint la langue de Villon, de Marot, de d'Aubigné, de Henri IV, d'où sort celle que nous parlons. Et d'ailleurs notre idiome est si voisin de la langue des trouvères qu'il y a, même dans la *Chanson de Roland*, bien des vers que comprend sans effort le premier venu d'entre nous, hommes de l'an 1900.

Le français de Marot, de Rabelais, de Ronsard, de Montluc, de Montaigne, d'Agrippa d'Aubigné, de Henri IV, était souple, abondant ; il fut appauvri, raidi, glacé par des puristes qu'on nomma les législateurs du Parnasse ; ces tyranneaux sont morts, mais non tout à fait leur tyrannie, et des milliers de mots français n'ont pas officiellement droit de cité dans nos livres.

Quand notre langue osera reprendre tous ses termes, ce qui ne tardera guère, elle triplera sa richesse ; nos vieux auteurs fourmillent de mots charmants, vifs, brefs, naïfs, pittoresques, pleins de suc, que désormais nous reprendrons en foule, par droit et par devoir.

On est émerveillé quand on ouvre le glossaire de l'un de nos patois, du poitevin ou du saintongeais par exemple : tout ce qui nous manque est là, notamment une infinité de mots pour les aspects du sol ou du ciel, l'état de l'air, les faits et gestes du soleil, de la lune, des vents et bises, des tonnerres, des pluies, des gelées, des neiges ; mine inépuisable de termes vivants sur tout ce qui est histoire du jour et de la nuit, cours des saisons, calmes ou tempêtes, terre ou mer, montagne ou plaine, sylve ou clairière, contenances des arbres, allures des rivières, reflets des marais, et les prés, les herbes, les travaux, les moissons, les vendanges, bref toute la nature et toute la vie.

Ces patois meurent, mais en nous laissant un inestimable héritage.

VI
SUPÉRIORITÉ
DU
FRANÇAIS

Cet héritage, la France l'accepte ; de jour en jour elle répudie le goût pointilleux, la noble sobriété, la sagesse académique ; parce que cette sagesse est une impuissance, que cette sobriété est une fille anguleuse et sèche de la dyspepsie ; que ce « goût » confine à la préciosité, qui est une des formes les plus stériles de la vanité ; parce qu'il ne faut pas mourir de pauvreté, d'inanition, mais qu'il faut vivre, absorber, transformer et créer; enfin parce que cette langue des salons devient une langue du peuple et des peuples.

Par sa « divine » clarté que des histrions de passage, décadents, déliquescents et symbolistes, n'enfermeront et n'obscurciront jamais dans la toile de leurs baraques, par sa franche simplicité, son esprit, son noble et gai sourire, le français rachète la présente indigence qui demain sera richesse à ne pas compter ses trésors.

Il se plie à la poésie et nomme avec orgueil des poètes « sacrés ».

Mieux encore à la prose : à lui le récit limpide, l'histoire, la science, le discours, l'éloquence qui a son principe dans l'esprit, la netteté, la bonne grâce. — En tout cela c'est l'idiome supérieur, digne de son renom de langage le plus vif de l'Europe.

Dans le français l'harmonie abonde : pas de rythme accentué, nulle clarisonnance, mais aussi pas de gutturales, de blaisements, de lettres zézayantes, de consonnes heurtées, point d'excès de sifflantes, rien de la cantilène méridionale, de la redondance espagnole, des glougloussements de l'anglais.

Il se distingue par la pondération des voyelles et des consonnes et par une sainte horreur de l'hiatus. L'e muet qu'on lui reproche abonde en toute langue, même, et peut-être surtout, dans celles du Midi, où l'a, l'e, l'o final ne sont qu'un *e* sourd écrit d'une lettre sonore : *blanca* se prononce *blanque*, et *primero*, c'est *primère*. Ainsi l'espagnol, par exemple, est plus éclatant aux yeux qui le lisent qu'aux oreilles qui l'écoutent; de même l'italien; et nous ne disons rien du portugais, dont la nasalité dépasse toute croyance.

Il est des étrangers qui viennent au Théâtre-Français pour la seule musique de la parole qui tombe de la scène.

Après avoir admiré, souvent trop béatement, l'allemand riche, l'anglais bref, le grandiloquentissime espagnol, le musical italien, ou comme on dit, le toscan dans la bouche romaine, que de Français, revenus des faux dieux, rentrent pieusement dans la révérence de leur langage maternel!

Si nous entendions parler le latin comme le prononça Rome, le grec tel que l'énonçait Athènes, celui-ci nous semblerait tantôt mou, tantôt guttural, tantôt dental et sifflant; celui-là nous paraîtrait dur; et à tous les deux nous reprocherions la ritournelle des langues trop rythmées.

Ritournelle indéfiniment monotone : on appuie sur la longue, on glisse sur la brève, ou sur les brèves, qui s'assour-

Le Plus Beau Royaume Sous le Ciel.

dissent ; c'est une mélopée, c'est un récitatif, un ron-ron de déclamation théâtrale.

On ne parle pas réellement ces langues ; on ne les chante pas non plus, on les crie ; les détonnements de l'espagnol ressemblent singulièrement aux explosions sourdes de l'anglais.

VII
FIN PROCHAINE DE L'UNIVERSALITÉ DU FRANÇAIS

Le français jouit encore de la prépondérance que lui firent, il y a deux cents ans passés, la splendeur de la cour du Grand Roi, puis l'esprit de nos écrivains.

Mais cette royauté touche à sa fin : l'anglais passe au premier rang, et derrière l'anglais s'avancent le russe, qui s'empare de l'Asie, l'espagnol, et même le portugais, grâce au Brésil.

Dans le moment présent, le français règne encore universellement ; c'est le lien de la société, la langue de la conversation, du bon ton, du « grand genre », celle aussi de la politique.

C'est l'instrument de la diplomatie depuis le traité de Nimègue, ce qui lui donne déjà plus de deux cents ans d'empire ; tous les gens dits hommes du monde le parlent, surtout en Allemagne, en Italie, et plus encore dans l'immense Russie ; les Néo-Latins d'Amérique en ont fait la seconde de leurs langues, chacun après son espagnol ou son portugais, et il est telle de leurs villes où l'on lit plus de livres français que de livres « nationaux ».

Hors de France, en dehors des millions d'hommes dont c'est l'idiome policé, son domaine direct, fort diminué au siècle dernier par la perte de nos colonies, vient de s'agrandir démesurément :

Parce que la colonie française de l'Afrique du Nord croît en nombre ; qu'elle absorbe les éléments européens en contact avec elle ; et que les Arabes, surtout les Berbères commencent à se courber sous la nécessité d'apprendre la langue devenue par la force des choses le parler général des pays de l'Atlas ;

Parce que les Canadiens-Français, qu'on croyait anéantis, font preuve d'une vertu singulière ; qu'on ne les refoule pas, mais qu'ils refoulent, et que les voici désormais maîtres du Saint-Laurent ;

Parce que les Français viennent de conquérir des empires dont plus d'un double ou triple en étendue la France, et que là, dans l'indéfini du steppe, de la brousse, de la forêt vierge, des alluvions, il sera facile d'étouffer les parlers inférieurs des basanés, des Noirs et des Jaunes.

A supposer même que ces grandes régions nous échappent avant d'avoir été conquises à notre « novo-latin », l'Atlas,

La Langue Française.

septentrion de l'Afrique, et les Laurentides, nord-est de l'Amérique, ouvrent à la langue élégante née du latin dans la Gaule un avenir qu'aucun Français n'aurait osé rêver il y a un demi-siècle; encore moins à un quart de siècle en arrière, après les coups d'assommoir des deux fatales années.

<small>VIII
VIEILLES
LANGUES
MOURANTES :
BRETONS,
FLAMANDS,
BASQUES</small>
Si la langue nationale se comprend partout en France, telles petites contrées n'ont pas encore perdu leur ancien idiome.
Dans le Nord-Ouest, en un assez grand territoire, les *Bretons*, ou plutôt la petite moitié des Bretons use encore de son vieux parler celtique fort ressemblant à celui que gardent opiniâtrément un million de montagnards du Pays de Galles, en Angleterre; tandis que près de là, dans cette même Angleterre, vis-à-vis de la Bretagne, les gens de la Cornouaille ont cessé de le parler depuis plus de cent ans.

Gallois et Bretons ont d'ailleurs en partie la même origine. Au Ve et au VIe siècle débarquèrent en Armorique des milliers de Celtes insulaires fuyant la barbarie des Saxons; ces hommes d'outre-Manche mêlèrent leur sang à celui de leurs cousins et en mémoire de la grande île qu'ils abandonnaient aux Germains, ils nommèrent le lieu de leur refuge la Petite Bretagne.

Ce dialecte celtique disparaît vite.

Ayant derrière lui la mer, en face les quarante millions de francophones que les Bretons nomment Gallos, il perd les villes, qui déjà sont au pouvoir de l'idiome de Paris plus qu'en son pouvoir propre, et les champs vont imitant les cités.

On le parle à l'occident d'une ligne qui part de la Manche entre Saint-Brieuc et Paimpol, aux environs du bourg de Plouha, passe entre Loudéac et Pontivy et finit sur l'Océan à l'estuaire de la Vilaine; ligne assez uniformément dirigée vers le sud un peu est, qui laisse aux Gallos le bassin presque entier de la Vilaine et donne aux Bretonnants de menus fleuves côtiers Trieux, Elorn, Aune, Odet, Laita, Blavet, rivière d'Auray, etc. Le Finistère, moins les villes (surtout Brest), plus de la moitié du Morbihan, la moitié à peine des Côtes-du-Nord, sont maintenant le seul domaine du breton : sur les 3 534 900 hectares et les 3 175 000 habitants de l'Armorique, l'antique langue ne règne plus que sur moins de 1 400 000 hectares, et sur moins de 1 350 000 Armoricains, dont plus de la moitié parlent aussi le français. Dans quelques années ils le parleront tous; même avant deux décades.

C'est par une colonisation normande que commença le

Le Plus Beau Royaume Sous le Ciel.

recul de la Bretagne bretonnante devant le roman du Nord; dans toute la partie française de la dure péninsule, même en pleine Ille-et-Vilaine, et jusque près des frontières de Normandie, les noms de lieux celtiques abondent : tels ceux qui commencent par *lan*, c'est-à-dire pays, terre; ou par *plé, pleu, plou*, c'est-à-dire peuple, population, village; ou par *tré*, c'est-à-dire trêve, paroisse : Tréhorenteuc, dans l'arrondissement de Ploërmel; Plélan et Treffendel, dans celui de Monfort-sur-Meu; Pléchâtel, dans celui de Redon; Langoué, Lanrigan, dans celui de Rennes; Landavran dans celui de Vitré; Landéan dans celui de Fougères; Plerguer, Lanhélin, Tréméheuc, Bagner-Morvan, Minihic, Pleurtuit, Plesder, Pleugueneuc, Trévérien, Trimer, dans celui de Saint-Malo. — Ce sont là d'infaillibles témoins de ce qui fut, de ce qui n'est plus.

Vers les temps de Charlemagne, et un peu après, la frontière entre les deux langues se développait de l'embouchure du Couesnon dans la baie du Mont-Saint-Michel jusqu'à la rive droite de l'estuaire de la Loire vis-à-vis de Paimbœuf : alors presque toute l'Armorique était celtisante, presque tout l'évêché de Dol, tout celui de Saint-Malo, la majeure part de celui de Nantes ignoraient absolument le français. Puis au XIIe siècle la limite partit de l'estuaire de la Rance pour aboutir à la fin de la Loire ou à peu près; ensuite, au coucher du « roi soleil », le divorce des deux langues commença vers Saint-Quay sur le rivage occidental de la baie de Saint-Brieuc et s'acheva sur la Vilaine entre Redon et la Roche-Bernard, tandis qu'aujourd'hui la ligne de séparation finit exactement là où meurt la Vilaine.

Ainsi le breton fut chassé de ses terres d'orient et ne garda que son occident, la pointe de sa presqu'île; de même au sud il a beaucoup perdu : Piriac ne parle plus la vieille langue depuis cent à cent cinquante années et à Batz 400 hommes seulement l'emploient encore, petit îlot celtique toujours décroissant, isolé dans la mer française à huit ou dix lieues des plus voisins villages bretonnants.

Dans ce qui lui reste, et qui se corrompt, la langue des bardes jadis chantée autour des dolmens, des menhirs, criée aujourd'hui sur la mer orageuse devant la côte sauvage, le « breizad » n'est pas homogène; il a quatre grands dialectes : le trécorien, dans le pays de Tréguier; le léonard ou léonnais, dans le pays de Léon; le cornouaillais en Cornouaille, vers Douarnenez; le vannenais, autour de Vannes; ces quatre dialectes sont tous de plus en plus souillés de mots français; ils ne mourront pas de cette intrusion d'éléments étrangers, le génie des deux langues étant différent; ils disparaîtront parce que, de proche en proche, dans la ville, puis dans le bourg, enfin dans le village, le hameau, on les abandonnera pour la langue qui rassemble en un seul peuple des origines éparses des patois divers, des parlers ennemis.

Tout à fait à l'extrême septentrion de la France, dans le département du Nord, en des plaines très basses et des marais bien exondés, encore qu'en petite part au-dessous du niveau de la mer dont des dunes les séparent, 150 000 *Flamands* parlant tous ou presque tous aussi le français vivent au sud de Dunkerque, à l'est de Saint-Omer, autour de Bergues, de Cassel, d'Hazebrouck, de Bailleul.

En 1858, sur les 112 communes des deux arrondissements d'Hazebrouck et de Dunkerque, 71 parlaient exclusivement le flamand, 10 exclusivement le français, 15 les deux langues avec dominance du français, 16 avec domination du flamand ; depuis lors, celui-ci a reculé.

Ce dialecte bas-allemand qui, chez nous du moins, devient un patois, s'efface de France ; il disparaîtrait plus vite si les leçons de catéchisme ne se donnaient encore en flamand dans presque toutes les églises.

Au Moyen Age on le parla jusque vers Abbeville, et il y a quelques siècles il régnait jusqu'à Boulogne, ville voisine de bourgs aux noms nederduitsch, comme Halinghem, Verlincthun, Echinghem, Widehem, Alincthun, etc. ; au siècle dernier, Ryssel (Lille) n'était guère qu'à demi française (?). En ce siècle-ci la frontière des deux verbes ne cesse de se déplacer vers le nord où bruit la mer, et vers l'est où les Belges flamands essayent de sauver leur dialecte en le fondant avec le hollandais, qui est une langue ayant une histoire et des monuments.

Ainsi le domaine des Flamands français, où déjà des villes, telles que Dunkerque, sont bilingues, ou même totalement françaises comme Gravelines et Bourbourg, la terre flamingante se rétrécit de jour en jour entre le territoire roman, la mer et la lisière des Belges ; il sera bientôt réduit à rien : présage du sort qui menace les Flamands des Flandres, d'Anvers, du Brabant, du Limbourg, si jamais la Belgique redevient terre de France.

A l'extrême sud-ouest de la France, au pied des Pyrénées, à l'orée de la mer Atlantique, là où s'y versent Adour, Nivelle, Nive, les Escualdunacs ou *Basques* vivent sur des montagnes charmantes, depuis le pic d'Anie, l'Olympe de leur race, jusqu'au Choldocogagna, qui domine la plage où la Bidassoa tombe en mer : de l'arête pyrénéenne à presque toucher le

Le Plus Beau Royaume Sous le Ciel.

fleuve Adour ils peuplent les arrondissements de Bayonne et de Mauléon, sauf quelques bourgades, sauf surtout Bayonne, qui est gasconne et française, et Biarritz, qui est « européenne ».

Très petit pays : 260 000 à 270 000 hectares continués au sud et à l'ouest, en Espagne, par une région deux fois plus grande comprenant la province de Guipúzcoa, presque toute la Biscaye, une part de la Haute Navarre, un lambeau de l'Alava.

La Haute Navarre étant espagnole, la Basse Navarre, qui avait pour capitale Saint-Jean-Pied-de-Port, est française; on ignore l'origine de ce nom de *Navarre*; on ne sait pas non plus ce que signifient les mots *Soule* et *Labourd* qui désignent les deux autres régions franco-basques : la *Soule*, chef-lieu Mauléon, se nomme dans la langue des Escualdunacs : Zuboroa, terme inexpliqué; le *Labourd*, entre la Navarre et la mer, au sud de Bayonne, avait pour capitale Ustaritz.

Ainsi ce peuple habite en France, en Espagne, un territoire de 800 000 hectares au plus, d'ailleurs assez densément habité, où vivent de 550 000 à 600 000 Basques, dont 115 000 à 120 000 chez nous.

Qu'est-ce auprès de l'antique maîtrise de cette race, s'il est vrai qu'elle couvrit toute l'Ibérie et tout le Midi de la France?

Des noms basques se retrouvent en France du Sud et en toute Espagne : Collioure et Elne, cités de nos Pyrénées-Orientales, s'appelaient, au temps des Romains, *Illiberri* ou Ville Neuve; Auch était également une *Illiberri*, et son nom moderne lui vient du peuple des *Ausci*; or les Basques s'appellent eux-mêmes Euskes, Euskariens, Eskaldunacs, Escualdunacs. Dans un tout autre monde, sous un soleil voisin du Maroc, la gracieuse Grenade rappelle par son mont Elvira qu'elle aussi fut une Ville Neuve, une *Illiberri*. Le Bigorre, *Baïgori*, la Rivière Rouge, porte aussi un nom basque, de même qu'un de ses torrents, le Bastan ou Gave de Barèges. Martres Tolosanes, bourg presque riverain de la Garonne, au pied des Pyrénées, fut *Calagorris*, nom des plus euskariens, presque intégralement conservé en Espagne par Calahorra, qui est une ville point éloignée du fleuve de l'Èbre.

Ces mots dispersés en Gascogne et Languedoc et sur la très fière presqu'île, ont suffi pour prouver aux savants, clair comme le jour, que les Basques sont les anciens Ibères, la grande nation qui régna de la Garonne aux Colonnes d'Hercule avant que l'invasion des Celtes en fît des Celtibériens.

C'est conclure vite : comme si, tous documents disparus sauf quelques noms, quelques phrases, et l'histoire presque abolie, les « abstracteurs de quintessence » de l'an 10 000 démontraient que les Français couvraient l'Allemagne, ainsi qu'en témoignent le château de Sans-Souci près de Berlin ou la Solitude, ou Mon Repos et tel autre palais des Tudesques.

Aux savants qui font des Escualdunacs les fils presque anéantis des vastes Ibères, d'autres savants, même des Basques, s'opposent; ils croient que ces *Illiberri*, ces *Calagorris* furent des colonies des Euskariens, de bon gré, ou installées de force, car, nous disent les Romains, le « Cantabre » était inhabile au joug; il regimbait contre l'aiguillon, et l'on peut penser que Rome déporta telles ou telles de leurs tribus; ils croient que l'étude approfondie de la langue des Basques, de leurs mœurs, de leur civilisation, nous montre en eux un peuple très menu, sans influence et puissance à l'entour, et n'ayant guère habité que là où il habite, devant la mer respirante, en sa montagne agreste, sur les collines mouillées que la rondeur de l'arc-en-ciel unit à d'autres collines. Leur origine se cache dans les nues les plus reculées du passé.

Qui ne sait rien, peut tout supposer, tout oser : aussi leur donne-t-on les ancêtres les plus divers et leur fait-on parcourir deux routes contraire entre leur première patrie et leur dernier refuge : d'aucuns les amènent d'Asie par la « Porte des peuples » entre l'Oural et la Caspienne, ensuite par les grandes plaines du Nord et le Danube; d'autres les attirent en Espagne par l'Afrique du Nord et le détroit de Gibraltar, par la voie qui fut plus tard le chemin des Mahométans.

On les a rattachés aux Sémites, dont les langues n'ont avec la leur aucune parenté; à la vieille race des Berbères, campée dans cet Atlas que si peu de mer éloigne des sierras ibériennes; aux Finnois, auxquels ils ne ressemblent point.

Pour nous en tenir aux Basques français, les Romains avaient, semble-t-il, latinisé le pays d'entre Garonne et Pyrénées, et il n'y avait plus que peu d'Escualdunacs sur notre versant de la chaîne lorsque vers la fin du VIe siècle, les Euskes d'Espagne franchirent la sierra par les cols des Pyrénées Occidentales et s'établirent en nation dans les vallées où nous les trouvons encore, en Labourd, en Navarre, en Soule.

Hommes et femmes, ils sont beaux de visage, nobles de corps : il n'y a pas d'Européens si souples, et tous les Basques sont des Achilles aux pieds légers.

Ils mènent une vie simple dans la montagne, peuple heureux s'il en est au monde, et pourtant l'émigration vers la Plata dépeuple leurs villages : dans les steppes de Buenos Ayres, dans la pampa cordobienne, ou même sur les bords du magnifique Uruguay, ils ne retrouvent certes point un pays aussi gracieux que celui qu'ils abandonnent, et plus d'un regrette sa gentilhommière aux contrevents rouges, sa prairie

Le Plus Beau Royaume Sous le Ciel.

sa bruyère en fleur, son bois de chênes, son torrent des Pyrénées, quand il regarde ces plaines de l'Argentine qui n'ont que la beauté du désert et sont près de la perdre : devant ces horizons sans montagne, ces rios sans eau, ces lagunes sans ombre, il se souvient.

Que de bergers de la Rhune et du mont Orhy sont devenus garçons égorgeurs dans les « saladeros » ou boucheries de l'Amérique du Sud !

Avant longtemps il y aura plus d'hommes d'origine basque à la Plata qu'en France, quoique l'émigration vers la Bande Orientale et l'Argentine ait fort diminué dans ces dernières années, pour bien des causes, dont une seule suffirait à décourager : crises politiques, crises financières, place prise partout, en tout négoce, en tout métier, en tout « truc », en toute agriculture, par d'innombrables Italiens si sobres, si peu exigeants qu'ils défient toute rivalité.

En racontant quelle part les Basques prennent au peuplement de l'Amérique espagnole, il convient de ne pas parler seulement des hommes de l'émigration contemporaine. Sans compter les Escualdunacs qui débarquent à pleins navires dans l'Argentine ou l'Uruguay, les descendants de ceux qui cinglèrent vers le Nouveau Continent à partir de la conquête espagnole et surtout depuis le début du xviiie siècle, formeraient à eux seuls un peuple basque égal à celui des Pyrénées ; mais à cette ancienne émigration les montagnards de la Soule, du Labourd et de la Navarre française n'eurent qu'une fort petite part : elle consista surtout en Biscayens et Guipúzcoans ; et si elle a grandement contribué au peuplement de l'Amérique latine, à la gloire espagnole, à l'essor du commerce, elle n'a guère laissé d'autre trace que ces longs noms de famille sur lesquels le castillan n'a pas de prise : au Chili, au Venezuela, aux Antilles, au Mexique, tous les petits-fils de ces pionniers ont depuis bien longtemps oublié la langue des ancêtres.

Nos Basques acquièrent en se jouant le français, tandis que malgré sa beauté, sa régularité, sa saveur primitive et son harmonie sans cantilène, leur langage rebute ceux qui ne le tiennent pas du berceau, ou tout au moins de la première adolescence.

Sans doute cet idiome très riche en formes et capable de créer des mots d'une longueur insolente, a des vertus que n'ont plus nos parlers émoussés ; mais pourquoi le Béarnais et le Castillan ou l'Aragonais apprendraient-ils cette langue sans passé (quelque vieille qu'elle soit), puisqu'elle n'a pas de livres ; sans présent, puisque les Basques savent le français ou l'espagnol ; sans avenir, puisque les jours « modernes » voient partout croître les grands et diminuer les petits? Les Escualdunacs, menu peuple, le basque, langue inutile, sont voués à la mort; cette nation vivra dans ses descendants, mais sous un autre nom, comme Français, Espagnols, Argentins ; son langage tombera dans le néant, car c'est être plus que profondément oublié que de servir d'argument à quelque grammairien, de thèse à quelque savant, et c'est périr deux fois que périr sans grandes œuvres.

Ainsi les Basques français apprennent de plus en plus la langue générale du pays. Ils vont disparaître; et déjà leurs frères d'Espagne, cinq fois plus nombreux qu'eux, ont perdu plusieurs vallées.

Dans notre île très admirable de la Méditerranée 290 000 *Corses* usent d'un dialecte italien; mais peu à peu sur le littoral, et aussi dans l'intérieur, parmi monts et maquis, leurs villes, même leurs bourgs et villages commencent à s'accoutumer au français.

A la borne du sud-est, au plus méridional de la France, dans les Pyrénées-Orientales et dans un coin de l'Aude 250 000 *Catalans* parlent un dialecte d'une rare dureté; mais cet idiome sec, sifflant, d'ailleurs poétique, n'est pas un dialecte de l'espagnol, comme on croit; c'est bel et bien un tronçon de la langue d'oc, semblable de très près à nos patois du Midi.

Si le destin de la France avait été d'absorber toute la terre d'oc, par opposition à la terre d'oïl, nous aurions des préfets jusque vers Alicante, le catalan régnant encore en Espagne sur les quatre provinces de la Catalogne, sur l'orient de la province aragonaise de Huesca à partir du Rio Cinca, sur les trois provinces du royaume de Valence, enfin sur l'archipel des Baléares : soit un peuple de près de quatre millions d'âmes qui perd, ici rapidement, là lentement, ses cités et aussi quelque peu de ses campagnes devant l'ascendant de la plus parlée de toutes les langues romanes.

IX
OC
CONTRE OIL ;
RUINE
ET MORT D'OC

Bretons, Flamands, Basques, Corses à part, il reste à peu près 37 millions de Français partagés entre deux grands dialectes : la langue d'oïl, la langue d'oc : distinction autrefois tout à fait capitale, aujourd'hui sans importance et dont il est presque puéril de parler au présent, puisque ce n'est plus guère qu'une chose du passé.

Il n'y a pas bien longtemps encore, la *langue d'oïl* ou

langue du Nord n'était réellement parlée que sur son territoire propre, sur la Seine et les petits fleuves tributaires de la Manche entre Calais et Saint-Brieuc, sur la Vilaine, la Loire à partir des montagnes, la Charente, et sur la Saône, le Haut Escaut, la Meuse et la Moselle.

Les hommes du Centre, du Sud ne connaissaient antan que leurs idiomes rythmés, tirés du latin comme le français, mais presque aussi voisins de l'espagnol et de l'italien que de la langue de Paris; Auvergnats, Limousins, Gascons, Béarnais, Languedociens, Provençaux, Catalans, tous les gens de la *langue d'oc* n'étaient Français que pour payer l'impôt, donner leur sang au roi de Paris et envoyer leurs nobles à la cour du Nord, et non pas à Madrid ou chez les podestats italiens; en ce temps-là les Méridionaux appelaient Gavaches les Français du Nord, comme les Espagnols nomment tous les hommes de France des Gavachos.

Mais aujourd'hui le français règne souverainement dans toutes les villes de France, et là où il n'est pas le maître il s'infiltre sournoisement dans les patois.

Quelques poètes un instant célèbres sur le Rhône et la Garonne ont essayé de rendre la vie à ces langues mourantes; on les a lus, on a chanté leurs refrains, on les chante encore; et à chaque jour, à chaque heure une pierre tombe du palais effondré des dialectes méridionaux.

Un perruquier de la rive droite de la Garonne, Jasmin, le plus mélodieux de ces poètes, a sa statue sur une place d'Agen; on y lit au piédestal ces mots qu'il adressait à la langue agénaise, dialecte du gascon : « *Plantareï uno estèlo à toun froun encrumit* ». Et certes, il a « planté l'étoile à ce front soucieux », déjà pâli des approches de la mort : qui donc oserait maintenant, même en terroir d'Agen, prédire une immortalité de cinquante ans au patois du pays des prunes?

Il a dit aussi : « Pour moi la petite patrie est bien avant la grande. Fidèle à sa mère, le peuple sera toujours Gascon, il ne sera jamais Francimane. » Pauvre prophète : son patois est justement l'un de ceux qui se francisent le plus vite.

En Limousin, en Auvergne, en Languedoc, en Gascogne, aucun autre chantre d'oc ne s'est cru le précurseur d'un destin nouveau; chacun d'eux pensant n'être que le chansonnier de sa ville, ou tout au plus de son bout de province, aucun n'a déclaré la guerre à la langue de la patrie. Les « félibres » du Bas Rhône ont été moins modestes : le Ventoux, le Lubéron, les Alpines leur ont caché la puissance de Paris. Prenant à la lettre le mot de « provençal » sous lequel on range les jargons de la vieille Occitanie, ils n'ont pas vu que leur patois est l'un des plus menacés de France, parce qu'il est sur le plus grand chemin du pays, sur la route de Paris à Marseille, et que cette Marseille vers laquelle il tend est une ville cosmopolite, donc française et dévoreuse de parlers provinciaux ; ils ont essayé de réveiller le peuple « provenço-catalan », entreprise aussi vaine que de ressusciter la foire de Beaucaire ; ils ont dit que vingt-cinq à trente départements aspirent à secouer le joug du verbe de Paris ; or, dans tous ces pays-là, sauf près d'Avignon, de Tarascon, de Saint-Remy, nul n'a le moindre souci du provençal des félibres ; leurs vers sont indifférents aux hommes des autres dialectes, aux gens de Confolens, de Ribérac, d'Arcachon, de Bayonne, d'Orthez, d'Auch, d'Agen, de Rodez, de Montpellier ; et même de Nîmes, ville déjà presque entièrement francophone dont le parler n'est pas celui d'Avignon, de Tarascon, d'Arles, pourtant si voisines.

Les chemins de fer, la grande ville qui boit des Provinciaux et rejette des Parisiens, l'école commune où tous lisent, écrivent, comptent en français, le commerce que nulle meule de pressoir n'égale en écrasement, en faut-il autant pour achever les patois d'oc qui déjà, sentant une étrange difficulté de vivre, se sont couchés chacun dans son coin pour mourir ?

Quel élixir les rajeunirait, quand de grands idiomes littéraires s'effrayent de l'impétueux accroissement de l'anglais, du russe et des langues sœurs de la péninsule où Madrid envoie son Manzanarès au Tage de Lisbonne ; quand l'allemand et l'italien doutent de l'avenir ; quand le français lui-même, jusqu'à maintenant langue générale, se sentirait perdu s'il ne se croyait sauvé par son Afrique illimitée !

D'ailleurs la mort ne sera point dure aux dialectes occitaniens : le passage d'oc à oïl n'est pas celui du grec à l'arabe, ou du celtique au chinois ; de même chair, de même sang que le français, ce sera pour eux la mue, non la mort ; ou si l'on tient à l'idée de trépas, ils s'en iront sans secousse, non comme le jeune homme qui se cramponne à l'être, mais comme le vieillard qui s'éteint, n'y songeant point, n'y croyant pas, sans râle et sans soubresauts.

Et bientôt, dans le siècle qui s'approche, on montrera du doigt le dernier vieux ou la dernière vieille dont la chanson « limousine » aura bercé l'enfance, sur une Alpe, sur une Pyrénée, sur une pelouse des Monédières, un ségala du Rouergue, un causse du Gévaudan, une chèire d'Auvergne : on ne sait où, dans un des douze mille villages de l'Occitanie, quelque part entre la tiède brise de la Corniche et la psalmodie des pins de la Gascogne, entre le Montcalm d'où les neiges

Le Plus Beau Royaume Sous le Ciel.

s'écroulent et Saint-Benoît-du-Sault où des torrents babillent.

Qui pourrait nous ramener aux « cours d'amour », aux troubadours, et quel « baron » réveillera jamais l'hégémonie des comtes de Toulouse, terrassés à toujours avec leurs Languedociens et leurs Aragonais en 1213, à la bataille de Muret-sur-Garonne, en vue des Pyrénées, sur un des grands chemins de la France? Depuis cette journée terrible, nul dialecte, ni le languedocien, ni le gascon, ni le limousin, ni l'auvergnat, ni le provençal, ni le catalan, n'eut la vertu d'hériter du latin comme langue écrite; au français revint la formidable puissance qu'a la parole officielle quand elle n'est pas seulement l'organe de la force par les décrets, les lois, les jugements, les actes; lorsqu'elle est aussi la voix de la persuasion par les livres, les théâtres, les chansons, les salons, la science, le commerce et les arts.

Et maintenant, dans toute l'ex-Occitanie, des prairies d'Availles-sur-Vienne aux caps de Port-Vendres, on ne se soucie pas de savoir si les dialectes des troubadours auraient donné des chefs-d'œuvre à la France, tandis que nul n'ignore ce que doit le monde aux floraisons séculaires de la langue du septentrion.

Il faut considérer la ligne de divorce d'oïl et d'oc comme une digue irrévocablement crevée par le courant du Nord : déjà le flot septentrional submerge toutes les cités, tous les bourgs du Midi; la « fleur » du Sud-Ouest, Bordeaux, qui a plus de 250 000 âmes, fut il n'y a guère une ville d'oc; elle est devenue ville d'oïl, et l'on peut la traverser dix fois sans entendre dix mots du grasseyant patois qu'on parla dans toutes ses rues.

La plupart de ces dialectes sont déjà tellement francisés, qu'en traduisant mot à mot leurs chansons, on écrit des vers français sur mêmes rimes, avec même nombre de syllabes; il n'y a plus entre ces charabias et la grande langue que des différences de terminaison, la diversité d'accent, et çà et là de vieux mots, souvent précieux, que ces dialectes ont gardés, que le français a méprisés follement; bientôt toute cette langue d'oc n'aura laissé d'elle que l'accent dit méridional, qui perpétuellement change en ïambes les spondées du parler français.

Les trois quarts des Français parlent la langue d'oïl, avec plus ou moins de vivacité dans l'accent; on admet dans les livres que le pays d'oïl s'arrête à la Loire; il n'y a pas de plus grande erreur : en aucun point de son cours ce fleuve ne sépare le langage du Nord des patois du Midi. Sur la route de Paris à Bordeaux, le dernier village d'oc, les Billaux touchent Libourne, à plus de 300 kilomètres au sud de la Loire devant

Tours. Poitiers, la Roche-sur-Yon, la Rochelle, Niort, Angoulême, sont en pleine terre d'oïl, et cette dernière ville est célèbre dans le Sud-Ouest par la pureté de son accent.

X
PAYS
FRANCOPHONES
D'EUROPE

Par delà nos frontières une dizaine de millions d'hommes usent « maternellement » du français, dont plus de 4 millions en Europe, et plus de 5 millions hors d'Europe.
En Europe, il vit dans une partie d'Alsace-Lorraine, c'est-à-dire encore en France, en quelques lieux du Luxembourg indépendant et de la Prusse Rhénane, en Belgique, dans la Suisse française, les Vallées Piémontaises, et dans l'archipel anglo-normand, dont il tend à disparaître.

300 000 hommes au moins ont le français pour langue maternelle en *Alsace-Lorraine*, et ils ne sont pas près de l'abandonner : contigus à la France et sans aucun entraînement de cœur vers leurs conquérants, ils résisteront indéfiniment aux maîtres d'école, aux bureaucrates, aux administrateurs à poigne, aux feldwebels (sous-officiers) de l'armée allemande, aux yeux bleus, aux cheveux blonds ou roux de Gretchen.

Ils habitent un grand lambeau de ce que nous avons perdu de la Meurthe, autour de Château-Salins; des cantons de ce que nous appelions la Moselle; le pays des origines de la Bruche, qui faisait partie du département des Vosges ; plusieurs bourgades de l'ex-Bas-Rhin, dans l'ex-canton de Villé ; enfin, dans l'ex-Haut-Rhin, la vallée de Sainte-Marie-aux-Mines, la région de la Poutroie et quelques villages voisins de notre territoire de Belfort.

Dans ces lieux le français n'a plus rang de langue officielle, mais il reste langue nationale.

Reprendrons-nous ces vallées?

Peut-être, puisque tout n'a qu'un jour, que la fortune insolente est près de la ruine, et que « celui qui s'élève sera abaissé » ; c'est la loi de nature, et rien n'en défend, ni fantassins, ni cavaliers, ni canons, ni blindage ; quand a sonné l'heure c'est en vain qu'on invoque son Dieu, son roi, son « droit », sa force, ses alliés et le trésor de la tour de Spandau.

Mais ne semble-t-il pas qu'on voit déjà poindre le jour où les nations de tout l'Occident, l'Allemagne en tête, ne seront plus que des satrapats de la sainte Russie?

Avant 1870 les patois tudesques reculaient devant le français : c'est ainsi que Dieuze, où l'allemand seul était connu vers 1600, parle aujourd'hui le français, ainsi que tout son voisinage.

Le Plus Beau Royaume Sous le Ciel.

Maintenant c'est le français qui perd du terrain ; point dans les campagnes : dans les villes seulement, qu'envahissent les fonctionnaires teutons, les négociants et boutiquiers, et tout ce qu'attirent d'au delà du Rhin d'énormes garnisons casquées ; Metz, uniquement française il y a trente ans, est devenue plus qu'à moitié « deutsch ».

XI
EN
LUXEM-
BOURG

A toucher l'Alsace-Lorraine, le **Luxembourg**, pays indépendant et neutre de 258 700 hectares, de 217 583 habitants, appartient par ses patois au domaine de la langue allemande, et il ne s'y trouve en fait de francophones que 4 000 ou 5 000 Français ou Belges ; mais le français y a rang de langue officielle, et voici pourquoi :

Le Luxembourg d'idiome germanique est le démembrement d'un Luxembourg plus vaste où les Wallons avaient la majorité — Wallons que se sont partagés depuis la Belgique et la France.

XII
EN
PRUSSE

Au nord du Luxembourg, à l'est de la Belgique et contigûment à sa frontière, en *Prusse*, 9 000 Français Wallons touchant au Luxembourg belge et à la province de Liège vivent autour de Malmédy, sur les Hautes Fagnes, plateaux des plus argileux et très froids où naît l'Amblève, rivière tortueuse, saccadée, dont les eaux gagnent l'Ourthe, affluent de la Meuse à Liège.

XIII
EN
BEL-
GIQUE

La Belgique française, plus spécialement la *Belgique Wallonne*, est le midi du royaume bilingue, et même trilingue, puisqu'il contient quelques dizaines de milliers d'Allemands.

C'est la Montagne, par opposition à la Plaine de la Belgique flamande, qui longe l'Escaut, le rivage de la mer et la frontière hollandaise.

La ligne de divorce entre le wallon et le flamand passe à quelque distance au midi de Bruxelles ; toutefois beaucoup de Bruxellois ne parlent que le français et presque tout le monde le comprend dans cette ville et dans ses faubourgs, surtout dans ceux qui touchent à la haute cité, comme Ixelles, Saint-Gilles, Saint-Josse-ten-Node, Schaarbeck.

Sur le champ de bataille de Waterloo, à 15 kilomètres au sud de la métropole belge, on voit les noms flamands, tels que Waterloo même, côtoyer les noms français, comme Planchenoit, Mont-Saint-Jean, la Haie-Sainte et Belle-Alliance : c'est

La Langue Française.

que la séparation des deux langues se fait sur ces collines pleines de morts.

Que de Waterloo, depuis longtemps francophone, l'on tire une ligne à l'ouest vers l'endroit où la Lys, tributaire gauche de l'Escaut, quitte les Français pour les Belges ; qu'une autre ligne aille aux lieux où la Meuse passe des Belges aux Hollandais, on aura divisé de la sorte le surpeuplé royaume en deux parts : la part des Flamands au nord, et au sud celle des « Franquillons », nom que les Flamands donnent aux Wallons avec une pointe d'ironie.

La part des Franquillons est la plus grande ; mais les monts, coteaux et plateaux qui la composent ont un climat plus rude, un terroir moins gras que la campagne flamande : aussi n'y avait-il que 2 485 072 francophones sur 6 069 321 Belges au recensement du 31 décembre 1890, tandis que les Flamingants, les hommes du parler flamand, étaient au nombre de 2 744 293.

Mais peu de Wallons parlent le flamand et l'allemand, tandis que beaucoup de Flamands et d'Allemands savent le français à côté de leur langue maternelle.

Ce même dénombrement de 1890 a constaté que 700 519 Belges parlent à la fois français et flamand, 58 059 français et allemand, 36 185 français, flamand et allemand.

Donc, 3 280 000 Belges parlent français : soit plus de la moitié des régnicoles.

L'éternel va-et-vient entre la Flandre flamingante et les villes industrielles de notre Flandre à nous, où des centaines de milliers de Belges s'entassent dans les usines, augmente chaque jour le nombre des Nederduitsch ou Bas-Allemands francophones.

Dans le duel entre les deux Belgiques, les Flamands se croient vainqueurs depuis que des poètes, des historiens, des romanciers, pléiade de patriotes dont le plus grand, Henri Conscience était un fils de Français, ont réveillé la nation du Bas Escaut, nantie maintenant de journaux, d'orphéons, de théâtres, et surtout depuis qu'ils ont obtenu pour leur idiome l'égalité de droits avec le verbe de Paris.

Et cependant le flamand périra sans doute ; même avec le hollandais, son frère, c'est une petite langue, et le français est une grande langue.

Si par hasard le français n'en héritait point par le progrès des Wallons, ce serait l'allemand.

En moyenne, c'est le français qui gagne ; ainsi nous savons, entre autres faits, que sur la rive gauche de la Lys des bourgs de la Flandre Occidentale ont abandonné leur bas tudesque

Le Plus Beau Royaume Sous le Ciel.

pour le français; tels Ploegsteert, Warnêton, Bas-Warnêton, Comines et Houthem : soit, pour ces cinq lieux, environ 12 000 personnes.

De 1866 à 1890 le nombre des Belges qui ne parlent que le français a crû de 443 288; celui des Belges qui n'usent que du flamand a grandi de 337 680; celui des « utraquistes » de 392 636.

On peut espérer que la langue française profitera sur l'Escaut inférieur, d'un fait extérieur à la Belgique, d'un fait africain de « colossale » importance : la mainmise des Belges sur le Congo dit Belge ou indépendant, près de quatre-vingts fois grand comme le royaume qui gravite autour de Bruxelles. Ce Brésil de l'avenir, sur son fleuve à peine moindre que l'Amazone des Brésiliens, a le français pour idiome officiel; car vraiment on ne pouvait lui imposer deux langues civilisées, et, puisqu'il fallait faire un choix, lui donner le flamand, langue locale, au lieu du français, langue mondiale. Si la Belgique se maintient au Congo, si ses intérêts se nouent, d'abord lâchement, puis inextricablement, à ceux de sa colonie africaine, si elle devient en réalité, comme la Lusitanie d'Europe en face de celle d'Amérique, une métropole au lieu d'une dépendance le Congo francisé pèsera sur la Belgique flamande d'un poids aussi lourd que la Belgique wallonne.

Les Flamingants occupent presque toute la Flandre Occidentale et la Flandre Orientale, la province d'Anvers, le Limbourg, le nord et le centre du Brabant, les Allemands habitent la partie orientale du Luxembourg; il reste donc aux Wallons un lambeau des deux Flandres, le Hainaut, l'arrondissement de Nivelles, tiers méridional du Brabant, la province de Namur, un fragment du Limbourg, presque toute la province de Liège et de beaucoup la plus grande part du Luxembourg : soit 1 530 812 hectares, contre 1 414 900 ou les 52 centièmes du royaume. Bruxelles et ses faubourgs sont indivis entre les deux idiomes, avec très grande prépondérance sociale du français.

XIV
EN SUISSE

Sur près de 3 millions d'arrière-neveux de Guillaume Tell dénombrés par le recensement de 1888, exactement sur 2 933 334, la *Suisse* renfermait 634 623 Français, contre 2 083 097 Allemands, 155 130 Italiens, 38 557 Roumanches, etc.

Ce nombre de 634 623 ne représente pas tout à fait la force de notre élément en Suisse, parce que les cantons francophones contiennent de nombreux milliers d'Allemands incessamment dénationalisés par les Français au milieu desquels ils sont dispersés : à tel degré que presque tous, dès la seconde génération, ils se confondent avec le peuple des « Velches ».

Sinueuse est la ligne de divorce entre les durs dialectes allemands de la Suisse et les patois français, de plus en plus remplacés par la langue littéraire.

Elle part de Lucelle, à la frontière entre Helvétie et Alsace-Lorraine, non loin des sources de l'Ill de Strasbourg, et se termine au Mont Cervin, à la borne entre Suisse et Italie.

Elle coupe la Birse, affluent du Rhin de Bâle, entre Délémont et Laufen et, suivant plus ou moins la crête du plateau jurassien, là où cette crête domine le val de l'Aar, laisse au français ledit plateau, tandis que le sillon de ce torrent, branche mère du Rhin, est exclusivement germanophone.

Du rebord de la crête elle descend sur le lac de Bienne entre Neuveville, restée française, et Ligerz, jadis Gléresse, qui ne l'est plus; puis elle remonte le cours de la Thielle, affluent du lac de Neuchâtel, et, après la Thielle, le cours de la Broye, qui verse au léman neuchâtelois l'eau du petit lac de Morat; sur ces deux déversoirs, l'un et l'autre lents et marécageux, le rivage de gauche use du français, le rivage de droite use de l'allemand; après quoi la ligne divisoire passe à Morat, plus allemande que française; à Fribourg, plus française qu'allemande; puis entre Charmey et Jaun, que nous appelons Bellegarde, mais qui appartient au parler germain; elle croise ensuite la rivière de Fribourg, la Sarine, en son cours supérieur, entre Rougemont et Saanen.

Puis elle gravit les grandes Alpes neigeuses, paroi hautaine entre le canton de Berne et le Valais; ces Alpes, elle en atteint la tranche au-dessus des glaces éternelles des Diablerets, à l'Oldenhorn; elle les suit vers l'est à peu près jusqu'au Wildstrubel, et de là s'abat sur le val du Rhône valaisan, qu'elle franchit à Sierre pour s'élever jusqu'à la chaîne italo-suisse, jusqu'au Cervin, en laissant à la « francophonie » le val d'Anniviers, celui de Tourtemagne à la « germanophonie ».

En somme, les Genevois, les Vaudois, les Neuchâtelois, près des trois quarts des Fribourgeois, plus des deux tiers des Valaisans et les Bernois du Jura relèvent de la « langue moult délectable », en un territoire d'au delà de 900 000 hectares, égal à plus du cinquième, à moins du quart de l'Helvétie.

Qui a gagné, qui a perdu le long de cette limite des deux langues? L'une et l'autre : les positions restant à peu près les mêmes sur le plateau du Jura bernois, le français a perdu quelques villages de la vallée de l'Aar, rive gauche, en amont de Soleure, entre la rivière et l'escarpement du mont; quand vint la Réforme, les gens de la plaine se « réformèrent », ceux d'en

Le Plus Beau Royaume Sous le Ciel.

haut demeurant catholiques, et l'allemand, qui était l'idiome de l'immense majorité des Bernois, conquit peu à peu les Velches, par le temple et par l'école.

Partout ailleurs le français a gagné : dans le canton de Fribourg il a presque définitivement acquis la cité capitale et dénationalisé nombre de villages et hameaux germains ; dans le canton du Valais il a fait de Sion, qui fut allemande, une ville aux deux tiers francophone, et il est aujourd'hui le maître exclusif de la vallée du fleuve jusqu'à Sierre ; enfin, là où le français a reculé, entre l'Aar et le pied de la paroi jurassienne, la ville de Bienne, précédemment teutonne, et rien que teutonne, tend à se franciser à moitié.

**XV
EN ITALIE**

Au midi de la patrie hérissée des « Confédérés », à l'est de la France, par delà les Alpes des patois français règnent dans les hautes *Vallées Piémontaises* descendant sur Ivrée et sur Turin : Vallée d'Aoste, Val de Cogne, Val Tournanche, Vallée de Suze, Vaux de Bardonnèche, d'Oulx et de Pragelas, Vallées Vaudoises de Saint-Martin, d'Angrogne et de Luzerne ; il y a 130 000 personnes de langue française sur le versant italien des Alpes, du Mont-Rose au Viso, mais depuis que la France a si malencontreusement délivré l'Italie, la parole du Dante y gagne sur celle de Victor Hugo.

**XVI
DANS
L'ARCHIPEL
NORMAND**

Ce que les Anglais nomment les Iles du Canal, c'est-à-dire de la Manche, l'*Archipel Normand* (on dit aussi Anglo-Normand) appartient contre nature à l'Angleterre ; il émerge de notre mer, près de nos côtes, loin d'Albion.

Aussi beaucoup des 92 234 habitants de ses quatre îlots, qui n'ont ensemble que 19 600 hectares, Jersey, Guernesey, Aurigny, Sercq sont-ils restés jusqu'à ce jour coutumiers du français, ou plutôt d'un vieux dialecte normand.

C'est à la campagne qu'ils lui demeurent fidèles : dans la ville qui concentre presque toutes les forces d'un si petit pays, l'anglais dévore le français.

**XVII
LE FRANÇAIS
EN
ASIE**

Hors d'Europe, on peut espérer un grand avenir en *Asie* pour la langue française, en Cochinchine, Cambodge, Annam, Tonkin, Laos et Siam, mais le présent, c'est à peine un premier délinéament d'embryon : des soldats d'infanterie de marine ou de la Légion étrangère, des turcos ou des zouaves, des matelots, des négociants, des brasseurs d'affaires, des aventuriers, quelques colons audacieux sur des grands domaines où ils essaient des cultures riches ; en tout quelques milliers de Français, Blancs affaiblis par le climat tropical, non encore adaptés à l'Extrême-Orient, ils sont perdus comme des brins de paille en une mer de vingt-huit à vingt-neuf millions de Jaunes, un Océan qui a des calmes perfides, des tempêtes, des remous, des tourbillons et des maëlstroms. Que de temps avant que nos millions d'Annamites, Cambodgiens et Laotiens préfèrent notre idiome aux leurs, nos idées à leurs idées, et qu'ils n'aient plus le crâne fait autrement que nous !

Et pour parler de notre Inde, si petite, si misérablement fragmentaire, nos 300 000 assujettis de Chandernagor, Pondichéry, Yanaon, Karikal, Mahé, déserteront-ils jamais leur aryen ou leur dravidien pour notre néo-latin ?

XVIII
LE FRANÇAIS
EN
AFRIQUE

Mais si le français n'a pour le moment d'autres racines dans la jaune Asie, dans la plus vaste des cinq parties du monde, que les « pieux » mal assurés, destinés peut-être à rester à jamais secs, que la France y a plantés çà et là durant quarante à cinquante ans de conquête, il s'est très fortement enfoncé dans la noire Afrique.

Avant tout c'est le langage des 600 000 colons de l'*Algérie* : langage maternel pour la majeure part d'entre eux, et, pour tous les autres, langage de l'école, de la rue, de la flânerie des affaires ; chaque journée amène des recrues à l'idiome officiel, et le français est d'ores et déjà le lien commun de tous les Européens.

Plus que cela, puisque le Berbère qui descend de sa montagne pour travailler en ville ou chez le colon ne peut s'adresser au Roumi que dans la langue du Roumi ; l'Arabe aussi, mais il le fait plus à contre-cœur, lui l'élu du Dieu un, du « plus puissant », qui lui a révélé sa pensée dans l'idiome le plus raboteux parlé par les enfants des hommes.

Tout s'unit ici pour présager au français un précieux domaine : la croissance rapide d'une colonie qui, dès le premier quart du XXe siècle, dépassera le million d'hommes ; l'inéluctable nécessité où sont de parler français l'Arabe, qui y répugne, et le Berbère, qui n'y répugne point ; l'existence à côté de l'arabe, langue religieuse et littéraire (d'ailleurs incommode), d'un idiome sans littérature, le berbère, que rien ne préservera d'une prompte mort ; la séparation virtuelle que les déserts sans fin de la Tripolitaine élèvent entre les arabophones du Tell et ceux d'Égypte, de Syrie, d'Arabie ; le voisinage de la

Le Plus Beau Royaume Sous le Ciel.

France qui met Alger, Oran, Tunis, Constantine, Biskara, voire les oasis d'Insalah et Tombouctou même, beaucoup plus près de Marseille et de Paris que de la sainte la Mecque et de la sainte Médine.

Déjà des centaines de milliers d'Arabes et Berbères, 800 000 proclament les uns, 1 200 000 prétendent les autres, peuvent s'entretenir couramment avec nous, ou tout au moins nous comprendre (souvent sans en avoir l'air); et certes il y a telles tribus où notre langue est plus connue qu'en maints écarts du Finistère; les Béni-Mzab, hommes du Grand Désert, le parlent presque tous, beaucoup l'écrivent; et plus loin que les Mozabites il y a des Touatis, mieux encore, des Soudaniens qui ne l'ignorent pas.

A l'autre extrémité de l'Afrique, à son sud-est, dans l'Océan des Indes, nous avons au-delà de 450 000 pionniers pour la francisation de Madagascar, au voisinage de l'île énorme.

Ils vivent, ces pionniers, à *Bourbon*, terre française autour d'un haut volcan; à *Maurice*, l'ancienne île de France, restée française malgré bientôt cent années d'allégeance anglaise; aux *Seychelles*, britanniques de nom, françaises de fait, comme ayant longtemps obéi aux fleurs de lis avant de saluer de force le léopard, qui est une bête de proie.

XIX
LE FRANÇAIS
EN
CANADA

En Nouveau Monde, dans le *Canada*, presque égal en grandeur à l'Europe, 1 500 000 Canadiens et Acadiens essaiment sur le Nord-Est de l'Amérique Septentrionale, demi-continent que le « testament d'Adam » semblait nous avoir légué, quand débarqua dans une anse du Saint-Laurent l'homme qui fut le premier colon de la Nouvelle France : Louis Hébert.

La nation anglaise fixée aussi dans la « Puissance » y grandit de deux manières, par voie naturelle et par intussusception, car c'est à dizaines de milliers par an qu'elle absorbe des Européens. Les Français du Saint-Laurent n'ont, eux, qu'une seule façon de croître : les naissances, mais elle leur suffit tellement que, tout décimés qu'ils sont par l'émigration aux États-Unis, ils ne reculent point dans leur propre pays : le Bas-Canada, terroir égal à une France et demie, depuis qu'en 1897 il a porté sa frontière septentrionale à la rive gauche du fleuve East Main, tributaire de la baie d'Hudson; bien plus vaste encore s'il remplit sa destinée possible, qui paraît être d'épancher sa race sur les « Provinces Maritimes » de l'ancienne Acadie, sur le nord de l'Ontario, et qui sait où, jusqu'au delà du lac Supérieur, vers l'ambitieuse Winnipeg, presque au centre de l'Amérique du Nord !

Donc, loin de diminuer chez eux, les Canadiens-Français augmentent tous chez les autres. Déjà sûrs de l'avenir dans leur province de Québec, sur leur Saint-Laurent, leur Saguenay, leur Saint-Maurice, leur Ottawa grandiose, ils conquièrent partout autour d'eux :

Dans le *Labrador*, jusqu'à ce jour pays de pêche où ils envoient des familles de paysans ;

Dans le *Nouveau-Brunswick*, dont ils possèdent le nord et l'ouest et où ils augmentent régulièrement tandis que les Anglais et assimilés diminuent : ainsi, du recensement décennal de 1881 à celui de 1891, ils ont crû de 10 000 et leurs rivaux décru d'autant ;

Dans la province d'*Ontario*, qui est la forte et redoutable citadelle des « Saxons » de la Puissance ; si hautaine soit-elle, les Canadiens-Français lui donnent l'assaut ; ils ont emporté déjà presque tout le bastion de l'est, le long de l'Ottawa, et ils attaquent le bastion du nord le long du lac Nipissing et du chemin de fer du Pacifique : ici, en quelques années, ils ont gagné des centaines de kilomètres vers l'ouest, de Mattawan, ville riveraine de l'Ottawa, jusqu'à de lointaines stations de cette ligne transcontinentale, et l'on peut les regarder comme étant déjà les maîtres du district du *Nipissing*, vaste de huit millions d'hectares et de l'orient du district d'*Algoma*.

Des bourgs naissants de l'Algoma oriental jusqu'à l'anse labradorienne du Blanc Sablon sur le détroit de Belle-Isle, le jeune peuple des Canadiens-Français s'étend déjà souverainement sur 24 degrés de longitude : soit le quinzième de la rondeur de la Terre sous la latitude de Paris.

On ne sait où s'arrêtera, sauf catastrophe, ce peuple de 1 500 000 hommes, laboureurs et bûcherons, race féconde, si, très malheureusement, sa belle, on peut dire sa folle jeunesse, n'allait se perdre en masse aux États-Unis, surtout dans les villes manufacturières de la Nouvelle-Angleterre ; ils y ont envoyé, l'on peut dire enfoui des centaines de milliers de braves gens dont la plupart ne reviendront jamais au pays natal. Aujourd'hui, 500 000, peut-être 600 000, on dit même 800 000 Franco-Canadiens, fils ou petits-fils de ceux qui ont fui les forêts paternelles, ou eux-mêmes, en très grand nombre, transfuges du pays des lacs, des pins, des grandes cascades, plus d'un demi-million de paysans français sont devenus les serfs des contremaîtres yankees dans des usines immenses ; eux et leurs familles, ils sont perdus pour la vie des champs, et de Français dans une sévère et grandiose nature ils deviennent

Le Plus Beau Royaume Sous le Ciel.

Anglais dans de grandes maisons de briques ou d'énormes cahutes en planches; beaucoup aussi passent leur vie, les uns à jeter par terre, les autres à scier les sylves qui furent l'orgueil de l'Amérique; beaucoup enfin cultivent la terre des Yankees, au lieu de cultiver celle des Canadiens; et la plupart n'y gagnent guère : les États-Unis, surtout ceux du Nord, là où s'épanche l'émigration canadienne, se composent, sur d'immenses espaces, de roches dures, de sols sans profondeur, de savanes stériles entrecoupées de marais, de tourbes, et qui ne sont bonnes que pour la forêt, et encore pour celle qui met des siècles à croître.

Au lieu de se perdre aux États-Unis, dans le pays de ces « Bostonnais » qui furent leurs ennemis les plus implacables, les Franco-Canadiens auraient mieux fait de partir en foule pour le Manitoba, l'Assiniboïa, l'Alberta, la Saskatchewan, en un mot pour le Nord-Ouest, domaine presque sans bornes dont ils auraient pu prendre leur part, tandis que jusqu'à ce jour il est la proie de Juifs russes, galiciens, polonais, de Hongrois, d'Allemands, de Scandinaves, bref de hordes cosmopolites destinées à brève anglicisation, là ils pouvaient se tailler un nouvel empire que celui du Saint-Laurent et de la baie d'Hudson.

Mais peut-être que tout en commettant un crime de lèse-nation, même de lèse-humanité en allant s'étioler dans les usines, ateliers, fabriques de « l'Oncle Sam », qui ne leur veut, certes, aucun bien, pas plus qu'à personne au monde, car il est essentiellement égoïste, dur et cupide, peut-être ont-ils eu raison de se borner à conquérir l'Ontario septentrional, qui est justement la route de ce grand Nord-Ouest : là ils cohèrent avec leurs frères du Saint-Laurent; arrivés trop vite sur la rivière Rouge du Nord et les Saskatchewans, ils seraient « en l'air » et menacés d'être tranchés de leur race.

XX
LE FRANÇAIS
EN
LOUISIANE

Il fut un temps de puissance, d'espérance, de gloire, où notre Canada ne s'arrêtait qu'aux embouchures du Mississippi dans le golfe du Mexique : alors il n'y avait que des Français presque tous d'origine canadienne, des grands lacs aux bouches du grand fleuve, dans le pays nommé *Louisiane*, d'après Louis, roi de France. Ce Mississippi, que nous reconnûmes les premiers, ainsi que le Nord-Ouest, entend toujours sonner la langue de ses premiers maîtres à la Nouvelle-Orléans et dans des bourgs et domaines de la Louisiane peuplés par les anciens colons français, puis par des Canadiens et des Acadiens, et dans notre siècle, par des Français de Gascogne ou Béarn; 200 000 Louisianais, 300 000 même, ce dit-on (?), en ont conservé l'usage dans ce pays qui, sous un nom français et monarchique, n'est plus qu'un simple État de la République à la bannière étoilée; mais, quand nous le possédions, on appelait Louisiane tout ce qui n'était pas Canada, Nouvelle-Angleterre et Mexique.

L'avenir de la langue française en Louisiane, c'est la mort sans phrases, avant longtemps; le câble qui retenait ce riche et lumineux pays à la France est coupé; coupé aussi celui qui le rattachait au Canada par les colonies de la Belle Rivière (l'Ohio), des Illinois, du Mississippi; et le navire vogue à la dérive.

XXI
LE FRANÇAIS
AUX
ANTILLES

Entre l'Amérique des Yankees et l'Amérique des Hispano-Lusitaniens, les *Antilles*, que l'usage range dans le demi-continent du Nord, sont en réalité une Amérique centrale comme celle des isthmes d'entre deux mers; seulement les isthmes des Antilles sont sous-marins et font de la longue sierra qu'ils interrompent un archipel d'îles essentiellement tropicales, vu leurs latitudes.

Cet archipel fut le lieu de nos plus grands efforts; nous y envoyâmes bien dix fois plus d'hommes qu'au Canada; mais le Tropique est un lieu qui dévore, et de tant de Normands, de Bretons, de Gascons venus dans ces plus belles des îles de l'Atlantique, le temps n'a pas fait un grand peuple.

C'est justice, car ils arrivaient là sans femmes blanches, pour régir des Noirs et non pour propager la France, pour l'honorer du travail de leurs mains; d'ailleurs la place manquait : un archipel n'est pas un continent, quand même il aurait autant d'îles, perles ou fleurs de la mer, qu'il y a de jours dans une année.

De tous ces aventuriers, cadets de famille, matelots, soldats, colons, il nous reste les Français d'Haïti et de diverses petites Antilles : Français, c'est trop dire, car le sang de Normandie, de Gascogne, de Bretagne, de Provence, se noya dans le sang des Noirs importés d'Afrique, et la foule de ces Pseudo-Français est une race nègre ou mulâtresse usant de notre langue, ou, pour dire mieux, du dialecte créole qu'on parle aussi dans la Guyane et dans la Louisiane.

Notre part des Grandes Antilles, c'est le tiers occidental d'*Haïti*, qui fut la prodigieusement opulente Saint-Domingue : environ 2 876 000 hectares, avec 960 000 hommes, peut-être plus, sans doute moins, Nègres pour les neuf dixièmes, l'autre dixième étant Mulâtres, sans aucun Blanc. Ce petit million d'hommes a pour langage maternel le français créole, qui est un

Le Plus Beau Royaume Sous le Ciel.

babillement de nourrice, un balbutiement d'enfant, un parler doux, chantant, naïf, à peu près sans conjugaisons, avec un minimum de syntaxe : gracieux pourtant, parce qu'il est puéril ; le français littéraire est l'organe de leurs écrivains, de leurs maîtres d'école.

Créole et français règnent aussi plus ou moins, à côté de l'espagnol, au-dessous de lui, et pour peu de temps encore, sur une portion du rivage de Cuba tournée vers Saint-Domingue, dans le pays de Santiago et de Guantanamo : c'est que ce littoral de la « perle des Antilles », de Cuba la castillanophone, reçut de Saint-Domingue des centaines de familles, quand se déchaîna vers la fin du siècle dernier sur le Port-au-Prince, sur Jacmel, sur les Cayes, sur Jérémie, les Gonaïves, le Cap Haïtien, le typhon sanglant de la révolte des Noirs.

Nous perdîmes alors Haïti, et diverses Antillettes : si bien que nous n'en possédons plus que deux, la Martinique et la Guadeloupe, celle-ci pourvue de quelques dépendances, îlots plutôt qu'îles.

Cette *Martinique*, cette *Guadeloupe*; la *Trinité* que nous ne possédâmes jamais, mais qui fut un asile de Français enfuis de Saint-Domingue ; plus, des terres perdues par nous, les Anglais nous les ayant enlevées, la *Dominique*, *Sainte-Lucie*, la *Grenade*, voilà les Petites Antilles francophones, peuplées de 650 000 insulaires, Nègres ou Mulâtres, avec extrèmement peu de Blancs.

XXII
LE FRANÇAIS
EN
GUYANE

Au midi des Antilles française, notre pauvre *Guyane*, le pays si décrié de Cayenne, reçoit de temps en temps quelques Français, qui viennent surtout pour fouiller l'or dans la vase des criques fécondes en crapauds ou dans le courant des rivières claires, brisées de sauts et de ratchs ; mais ce pays où vivraient des millions d'hommes, n'en souffre encore que trois dizaines de mille, et c'est jusqu'à ce jour une plus qu'obscure « francophonie », à côté de la très brillante « lusitanophonie » du Brésil.

XXIII
LE FRANÇAIS
EN
OCÉANIE

Pour en finir, que sont nos « Frances » dans la plus vaste des mers du Globe, en Océanie? Presque rien : les *Marquises*, îlettes sans colons français; *Taïti*, égale à cinq ou six de nos cantons ; les *Tuamotou*, écueils de corail ; des îlots çà et là disséminés ; et la *Nouvelle-Calédonie*, qui, toutes annexes comprises, est presque quatre cents fois moindre que l'Australie sa voisine, petit continent qui parle anglais.

La Langue Française.

XXIV
DÉCOMPTE DES FRANCOPHONES

Ainsi, pas tout à fait 43 millions de francophones en Europe, y compris les Français de France encore ignorants de leur langue et les Belges bilingues ; moins de 4 millions en Amérique en faisant entrer dans le rang les Franco-Canadiens des États-Unis et les Louisianais qu'il faut considérer comme très aventurés, voire déjà perdus ; à peu près 2 millions en Afrique en y comprenant les Arabes et Berbères capables de notre idiome ; en tout moins de 50 millions de *Francophones*, quand il y a déjà deux à trois fois plus d'Anglophones et de Russophones, et aussi plus de Germanophones et de Castillanophones ; et quand on peut dire en toute certitude que Portugais, Espagnols, Russes, Anglais compteront bientôt par centaines de millions !

Mais il y a lieu de considérer l'Algérie, de Gabès au Maroc, comme étant un pays de « Français par destination », les Arabes et les Kabyles étant si mêlés à nos colons et dans une telle nécessité de parler notre langue, qu'ils ne pourront longtemps s'y soustraire : pas plus que, par exemple, les bretonnants de la presqu'île têtue.

L'Afrique du Nord doit donc compter pour quelque six millions d'hommes dans l'armée des francophones, ce qui nous mène à 54 ou 55 millions : encore, la « misère des misères ! »

XXV
LE GRAND EMPIRE

Mais, nous aussi, nous avons enfin un empire mondial où il y a place pour des centaines de millions de Français : empire où séchera, puis mourra, par impuissance de vivre, tout idiome qui ne sera pas celui de France ; les jours approchent où s'épanchera, comme tout autre verbe général, cette pauvre « francophonie », presque stagnante aujourd'hui, faute de naissances en France et de grands domaines à peupler sous des climats ou froids ou tempérés. Il était grand temps de nous conquérir une place au soleil : car, que sommes-nous maintenant ? Pas beaucoup plus du trentième des mortels, puisqu'on estime la race effrontée de Japet à 1 500 millions d'êtres « à deux pieds, sans plumes ».

Que vaut ce nouvel empire « universel » ?

On ne vit jamais rien de plus faux, de plus insensé, de plus impossible à maintenir pendant seulement deux vies d'homme que le grand empire du Corse : et de fait, il périt avant son créateur.

Il allait de Brest au delà de Rome, de Bayonne à l'embouchure de l'Elbe ; il était fait de Français, de Flamands, de Hol-

Le Plus Beau Royaume Sous le Ciel.

landais, d'Allemands, d'Italiens, même d'Illyriens, Slaves annexés sur la rive orientale de l'Adriatique, dans la presqu'île des Balkans, sans continuité de sol avec la France. C'était donc une bâtisse imbécile, une « Tour de Pise » follement penchée pour son écroulement, une haute muraille surplombante, sur des sables fuyants; ce monument de vertige, d'incohérence, fut donc semblable à ces vagues empires d'Assyrie, de Babylonie, de Perse, ou à l'empire d'Alexandre, et il dura moins qu'eux.

Telle paraît aussi notre coloniale « Babel », avec plus de tendance encore à l'effondrement, puisqu'elle commence à la Méditerranée et finit au centre de l'Afrique ; puisqu'elle passe sur le Sahara, le désert le plus vide au monde (comme l'empire d'Alexandre sur les sables et steppes d'Hyrcanie, de Parthie, d'Arachosie, de Drangiane et de Gédrosie); puisqu'elle assemble des inassemblables, des blancs, des bronzés, des cuivrés, des noirs, des chrétiens, des musulmans, des fétichistes; puisqu'elle s'étend sous tous les climats, jusqu'aux plus chauds, des moins pluvieux aux plus humides; puisqu'elle a pour avant-postes, d'abord une île séparée de nous par d'immenses mers ou par les sables où s'embrassent l'Afrique et l'Asie, ensuite une grande péninsule d'Extrême-Orient habitée par des Jaunes qui sont les cousins de « Jean le Chinois »; bref, puisqu'elle semble un défi stupide à la possibilité.

Mais la Babel française ne défie réellement ni la raison ni la possibilité : ces avant-postes à part, elle commence tout près de nous, vis-à-vis de Marseille; elle se prolonge droit au midi, sous le méridien de Paris, et avec un certain équilibre aux deux côtés de cette longitude de l'Observatoire français; d'Alger elle s'étend en pleine continuité jusqu'au fleuve Congo : il y a bien par là, dans le Sahara, du sable et de la pierre, d'ailleurs avec puits, sources, jardins de palmiers; mais un « transsaharien » prolongé par un « transsoudanien », que continuera un « transcongolais », en fera très aisément un seul et même territoire. Enfin, et surtout, aucun des cinquante, des cent, des cinq cents peuples qui l'habitent, aucun n'est de taille à lutter longtemps contre l'ascendant de la France; et nul de ses cinquante, de ses cent, de ses cinq cents dialectes ne peut protester, sauf un seul, qui est l'arabe, contre l'entière et définitive royauté du français à moins qu'une catastrophe imprévue nous enlève l'hégémonie de ces pays sauvages, de ces races ou puériles ou séniles, de ces langues informes ou déjà policées.

Le pessimiste dit : « Le Grand Empire est fondé sur le

sable ». « Qu'importe, répond l'optimiste, si ce sable est solide, et si chaque jour le comprime en grès dur! »

Même à supposer avec l'optimiste qu'aucune débâcle n'entraîne « France Majeure » contre un écueil, il ne paraît pas possible qu'on puisse parler de la destinée du français aussi superbement que les Espagnols parlent du sort ultime de leur castillan ; ce serait folie à nous que de discuter, comme ils le font pour leur idiome, en quelle année du xxe ou du xxie siècle le français sera plus parlé que l'anglais.

XXVI
COMMENT
NAQUIT
L'AMÉRIQUE
« IBÉRIENNE »

Le français ne conquerra probablement pas sous le soleil un domaine égal à l'espagnol, destiné à rester la plus usitée des langues néo-latines, à moins que le Yankee n'en décide autrement : le Nouveau Continent est à la merci de cette race dure et pharisaïque.

Sauf les menaces d'un avenir de guerres injustes, de confiscations éhontées, la très héroïque péninsule, Espagne et Portugal, s'apprête à recueillir l'opulente moisson dont elle sema les premières graines il y a maintenant plus de quatre cents ans.

Efforts héroïques et jamais las, Castillans, Catalans, Aragonais, Basques, Estrémaduriens, Andalous, Galiciens, Lusitaniens, et les hommes des îles, Isleños ou Canariotes, Açoriens et Madériens, chacune de ces races vivaces rôda, des siècles durant, dans les deux Amériques. Ces conquistadores, ces matadores, ces carniceros, ces destruidores, furent aussi des criadores : ces destructeurs furent des créateurs.

Ils ne mourront pas tous dans les poursuites stériles, à la recherche de la Fontaine de Jouvence, de l'Eldorado, de la Castille d'or, de l' « Ophir insaisissable ». Qui triompha de la mort à la traversée des sierras, et des pàramos, au passage des rios et dans l'étranglement des lianes, tout vainqueur de la fièvre, de la flèche empoisonnée, de la bataille contre l'Indien ou contre la nature, et de la guerre civile, fut à lui seul le noyau d'une petite Espagne; l'un dans sa capitainerie peuplée d'Aztèques, de Nahuatls ou de Mayas ou de Chibchas, ou de Quitchouas, d'Aymaras, d'Araucans, de Guaranis ; l'autre dans la *ciudad*, le *pueblo* qu'il avait fondé sous l'invocation d'un saint, ou de tous les saints, ou de la Sainte Foi, ou du Rosaire, ou du Christ, ou de la Vierge des Sept Douleurs; un autre dans son *hacienda*, ferme et château fort qui ne tardait pas à devenir le chef-lieu d'un district de terreur et d'assouplissement.

Aussi chaque génération d'hommes consomma-t-elle des

Le Plus Beau Royaume Sous le Ciel.

nations, des sous-nations, des tribus dont les noms mêmes furent voués à l'oubli ; mais en même temps, de force ou de gré, la parole castillane ou lusitanienne et la foi catholique s'emparaient de l'Amérique chaude et tropicale ; la nouvelle et plus grande Espagne, le nouvel et plus grand Portugal étaient nés, puis de l'enfance arrivaient à l'adolescence. Ni l'un ni l'autre ne se développaient régulièrement, homogènement, massivement, autour d'un seul et unique lieu de règne, mais tout au contraire en désordre et dissémination, sur des espaces immenses, en une foule de communautés, les unes inquiètes, les autres molles et torpides, celles-ci « blanches », celles-là « rouges », d'autres « nègres », et le plus grand nombre mêlées de ces trois éléments, ou seulement de deux. Tout cela germa pendant trois centaines d'années, et tout à coup, dans le premier quart de ce siècle, parut au grand soleil en vastes États ayant l'espagnol ou le portugais pour langue générale, en attendant que l'œuvre du temps fasse de l'un et de l'autre l'idiome unique, chacun dans son prodigieusement long et large domaine.

Seulement, si la Néo-Lusitanie d'Amérique n'a rien perdu de son territoire amplissime, la Nouvelle Espagne, si vaste et belle qu'elle soit, n'a plus son étendue première, comme au temps de la stricte domination de Castille et Léon, et même quelques années après la poussée d'indépendance qui finit par séparer de Madrid comme de Lisbonne les provinces « ibériques » éparses dans le Nouveau Monde. Les Yankees, dignes fils de l'irrassasiable Angleterre, ont pris au Mexique, par la guerre sans honneur du très fort contre le très faible, les pays soit arides et chauds, soit humides et tempérés, dont ils ont fait leurs États de Californie, de Nevada, d'Utah, d'Arizona, du Nouveau Mexique, du Texas, soit plus ou moins 220 millions d'hectares, ou encore au delà de quatre fois l'aire de la « chevaleresque » Espagne ; puis en cette année même, en 1898, non moins « chevaleresques », non moins « chrétiens » et libéraux que par le passé, ils ont pris à l'Espagne Cuba, Porto-Rico, les Philippines. Et qui sait ce qu'ils méditent encore ?

Et en Afrique, l'Angleterre, digne mère des Yankees, a extorqué aux Portugais la meilleure partie du bassin du Zambèze : il y avait là, vis-à-vis de la Néo-Lusitanie américaine, une sorte de moindre Brésil de plus de 300 millions d'hectares, allant de côte à contre-côte, de l'Atlantique à la mer des Indes ; par le rapt du moyen Zambèze et des terres adjacentes, le minotaure anglo-saxon en a fait deux colonies, l'une de 134 millions d'hectares, l'Angola, sur l'Océan d'occident, l'autre de 80 millions d'hectares, le Mozambique, sur l'Océan d'orient. C'est de cent bons

La Langue Française.

millions d'hectares que les Anglais ont ainsi diminué le Portugal, soit de onze fois l'aire du plus petit des deux royaumes ibériens.

Malgré tout, dans l'instant présent, les deux pays de langue « péninsulaire » disposent, en Amérique (et un peu en Afrique), de plus de deux milliards d'hectares, exactement 2 270 000 000, dont 1 220 000 000 pour l'Espagne et 1 050 000 000 pour le Portugal. En cette Ibérie neuve, faite des plus riches régions du monde, il y a place, et place large, pour deux milliards de « Latins » à la Cervantès, ou à la Camoëns. Avenir tellement splendide que d'aucuns n'hésitent pas à fixer à moins de deux cents ans en avant de nous l'époque où l'espagnol et le portugais ensemble seront plus parlés que l'anglais.

XXVII
COMMENT
MOURUT
L'AMÉRIQUE
FRANÇAISE :
1700, 1838

Bien autrement obscur serait le destin probable de la langue française dite « universelle », si, très heureusement pour nous, la France n'avait toute certitude de défendre plus victorieusement son Afrique contre les Anglais que les Ibériens leur Amérique contre les Yankees. On peut dire que notre langue semblait vouée à la mort avant 1830, quand son domaine se réduisait, colonies minuscules à part, à la seule France d'Europe, c'est-à-dire à rien, par suite de nos enfantillages et de nos sénilités, de nos folies, de nos déroutes, et à l'infatigable, on peut dire à la diabolique inimitié des Anglais qui ont toujours haï en nous le voisin, le français, le papiste et nous dirons : le voisin confiant, l'honnête homme.

Ce que planta la France en Amérique il y aura bientôt trois cents ans, un siècle après Espagne et Portugal, germa pour d'autres que pour nous, et les germes que nous verrons à la terre d'Afrique entre 1830 et 1900 sortent à peine d'un sol conquis par de longues patiences ou par de brusques coups d'audace.

Quel horizon radieux devant le français en 1700! Que de noires ténèbres en 1830!

Avant 1700 nous avions à notre commandement l'Amérique septentrionale (en dehors des plateaux mexicains, et à l'exclusion de deux étroits lambeaux d'Atlantique et de Pacifique) : Canada et Louisiane, Saint-Laurent et Mississippi, plus les immenses plaines du Nord-Ouest, et de belles Antilles, et la Guyane, qui semblait faite pour atteindre, et pourquoi pas dépasser? l'Amazone et l'Orénoque. Le Canada perdu sous Louis XV, le Mississippi vendu par Napoléon aux États-Unis, la prodigue Saint-Domingue abandonnée à ses nègres, la

Le Plus Beau Royaume Sous le Ciel.

Guyane inerte et honteuse réduite aux marais de Cayenne, — ainsi dilapidâmes-nous notre héritage en Nouveau-Monde.

Nos malheurs vinrent des Anglais et de nous-mêmes. Les Anglais nous chassèrent à l'hallali, comme on force le cerf et le sanglier; aidés sur mer des Hollandais, et sur terre d'une meute où il y avait plus de chiens continentaux que de dogues insulaires, ils nous harcelèrent dans le monde entier, sur l'Escaut, sur le Rhin, le Danube, en Espagne, aux Indes, en Amérique, et ils nous donnèrent le coup de grâce à Québec. Et nous, effarés, meurtris, hors d'haleine, étourdis de frivolités, de philosophies, de systèmes, « d'idées générales », de cosmopolitisme, de fraternité, nous lâchâmes toujours obstinément la proie pour l'ombre; et toujours les Anglais l'ombre pour la proie.

L'an 1815 nous trouva maîtres, en tout et pour tout, de quelques Antillettes, de quelques bouts de côte en Afrique et en Amérique, de cinq villes et banlieues de l'Inde et possesseurs de l'héritage, intact encore, de ce XVIIIe siècle où l'on discutait sur les causes de l'universalité de la langue française parmi les « gens du monde ».

XXVIII
VAINE
UNIVERSALITÉ
DU
FRANÇAIS

Cette universalité si fort vantée, et qui nous enflait d'orgueil, n'était qu'une apparence aristocratique, ainsi qu'aujourd'hui même la qualité de langue générale dont le français se prévaut avec quelque raison. Langue générale, c'est-à-dire langue des protocoles, des traités, des conférences, des congrès internationaux, des salons et un peu des théâtres; langue qu'aucun savant ne peut ignorer, et qu'une certaine noblesse, une certaine bourgeoisie distinguée se plaisent à parler dans les villes d'eaux, dans les Casinos, sur les plages cosmopolites; rien qu'une convention que plus tard une autre convention détrône; ou, si l'on préfère, rien qu'un brillant état-major, une parade de casques, de plumets, de pompons, de chamarres, sans un régiment, sans un soldat derrière le prestige des sabres, des ornements et des harnachements militaires. Quelle durée promet au français son rang de première langue d'apparat, voire de langue de science et d'études en Russie, en Turquie, en Italie, dans l'Amérique latine et, pour tout dire, dans l'Univers entier? Qu'est-il advenu de l'idiome du conquérant normand, des Plantagenets angevins, de Richard Cœur de Lion, dans cette Angleterre où la cour, la noblesse, l'aristocratie foncière, la justice, les trouvères ne parlèrent que lui pendant des centaines d'années? Mais le peuple ne le parlait pas, il usait d'un mélange de saxon, de danois et de celte méprisé des seigneurs, et qui n'en a pas moins étouffé le français, puis revendiqué sa trop grande part du monde.

En réalité, la puissance véritable de la langue universelle française, quand personne ne lui contestait ce rang, c'était la France d'Oïl et, par commencement d'assimilation, la France d'Oc, un morceau de Belgique et de Suisse, de petites îles de l'Océan des Indes, quelques Antilles et l'occident de Saint-Domingue; plus, cent mille hommes à peine entre Québec et Montréal, des villages et hameaux dispersés le long des rivières dans le bassin du Mississippi, et les milliers de Français, d'Acadiens, de nègres de la Louisiane.

Et quand la grande flotte partit de Toulon pour Alger, le français, devenu et demeuré langue d'apparat, n'avait encore conquis sur le reste des terres que les centaines de milliers d'hectares enlevés par les Canadiens à la sylve profonde. L'idiome dit universel n'avait pas encore reculé dans les salons, les chancelleries, les cabinets de lecture, les théâtres, mais nous n'avions mis au monde aucun peuple homophone, ni pénétré la moindre nation barbare; or, filiation, adoption, assimilation, ce sont là les seules sources de l'accroissement national.

Le jour où sauta le Fort l'Empereur, cette clef d'Alger la Blanche, qui était la fille et la mère des Corsaires, la langue française se bornait à 32 500 000 Français d'Oïl ou d'Oc (Basques, Bretons, Allemands, Flamands compris), à 1 360 000 Belges Wallons, à 400 000 Suisses, à 450 000 Canadiens et Acadiens et à 500 000 nègres et mulâtres en Haïti, sans tenir compte des petites îles et des îlettes. Notre pied-à-terre en Amérique, la Guyane, n'était alors (comme aujourd'hui) qu'un estran mou, une vase devant une savane déserte, avec fourmillement de serpents, de boas, de crapauds, et pas d'homme; notre pied-à-terre en Afrique, le Sénégal, n'avait de français que des échoppes incendiées de soleil où des commis bordelais achetaient de la gomme à des Maures plus pillards que marchands.

S'il fut jamais un néant c'était bien celui-là!

XXIX
COMMENT
GRANDE
FRANCE
EST
NÉE

De 1830 date le germe de Grande France, de France Ultramarine, et spécialement de France d'Afrique, sans laquelle France d'Europe, vieille France ne serait dans l'orbe des terres que comme une maison dans la ville, un mamelon dans les dunes, un sapin dans la sapinière.

Des soixante-dix années qui vont de 1830 à 1900 vingt-sept, bien plus du tiers, se consumèrent à la conquête de l'Algérie; mais cette dure campagne, toujours

Le Plus Beau Royaume Sous le Ciel.

recommençante sous le soleil intransigeant, entre la mer d'azur et la mer fauve des Aregs et des Hamadas, juste en face de Marseille, nous valut enfin le pays où nous pouvions renouveler l'antique France des Celtes, des Kymris, des Ibères, des Romains, des Francs, par une jeune France de Français, d'Espagnols, d'Italiens, destinée à pénétrer, à dissoudre les Arabes et les Berbères. Dès aujourd'hui cette Néo-France a cessé de vagir, et comme l'enfant, même bien né, dispos et vigoureux, d'hésiter entre la vie et la mort ; elle a presque dépassé l'adolescence, et la voici capable d'essaimer autour d'elle, en Tunisie, au Maroc, voire par delà le Sahara sur les hautes terres nigériennes et congolaises. Sans les Algériens, sans cette jeune race que nous avons mise au monde, nous ne pourrions rien en Afrique ; avec elle nous pourrons tout, quand nous l'aurons unie aux rives du Congo par le chemin d'acier.

Par quelles merveilleuses chances avons-nous conquis le Niger et le Congo, le Niger plus qu'aux trois quarts ignoré, le Congo tout à fait inconnu pendant que nous nous débattions, de 1830 à 1857 en Algérie, contre le sol, contre le ciel, contre les hommes, alors que nous pensions au Tell, et rien qu'au Tell, avec un saint effroi du Sahara, dont nous savions tout juste qu'il confrontait au Soudan ?

Chances merveilleuses, et l'on peut dire imméritées : car nous ne voulions pas nous abstraire de la périlleuse Europe (et de la dangereuse Asie). Avant 1860, la France ne songeait qu'à pousser à son dam des pions sur l'échiquier maudit de l'Europe centrale ; et après l'« année terrible » elle pansa longtemps dans un coin ses blessures, puis « fonça » sur l'Indo-Chine.

Qu'il a fallu de vaillants capitaines dans le Soudan du Niger et de vaillants explorateurs dans le Soudan du Congo ! Et en France, chez les sages que n'hypnotisait pas la frontière des Vosges, quel esprit de suite extraordinairement rare dans nos entreprises, sinon même absent de notre stupide histoire !

Apôtres pacifiques ou conquistadors inquiets, des hommes inestimables nous ont donné, comme Fernan Cortez à Charles Quint, « plus de royaumes que nous n'avions de villes » ; ils nous ont fait présent d'un grand morceau du monde, au nord, au nord-ouest, au centre de l'Afrique : de Bizerte à Brazzaville, plus de 40 degrés de latitude, le neuvième de la rondeur du Globe, et de Saint-Louis au bassin du Nil, sur 45 degrés, ou le huitième du tour de la Sphère ; plus la troisième île du monde, l'africaine Madagascar ; et l'asiatique Indo-Chine qu'on peut considérer comme destinée à empiéter sur la Chine méridionale : car le « péril jaune » est un mythe : la Russie menace bien plus la Chine que la Chine ne menace l'Europe.

<small>XXX
VALEURS
ET NON-
VALEURS
DE
L'EMPIRE
AFRICAIN</small>

On a longtemps maudit cet empire d'Afrique, et tels le calomnient encore.

Avant de reconnaître l'intérieur, le long des grandes rivières ou sur les plateaux de séparation, nous avons d'abord piétiné, ici pendant des siècles, là pendant une série d' « Olympiades », sur la côte humide et tépide, dans la chaleur, l'énervement et les moisissures de l'hivernage, saison épuisante à Libreville, comme à la plage dahoméenne, au Grand-Bassam, en Guinée, en Casamance, à Saint-Louis même, ville bien plus septentrionale et saharienne à demi.

Ensuite, remontant les fleuves sénégalais, guinéens, congolais, les explorateurs ont rencontré des marais, des lagunes, des vallées boueuses, des marigots envasés par une ou deux saisons de pluies annuelles, des forêts mouillées à l'air tiède, immobile et moisi; puis, près du haut Sénégal et du moyen Niger ce fut une suite de plateaux secs, de grès ferrugineux sous des vents de fournaise arrivés du Sahara. En pensant à cette étuve et ces flamboiements à la fièvre, à l'hématurie, à la dysenterie, au souvenir de tant de morts bravées, de tant de croix de bois déjà pourries sur les tombes des camarades, comment ne pas invectiver cet abominable Soudan?

Mais aussi que de beaux pays après ces régions du tombeau, sur l'incomparable Niger et l'incomparable Congo, ce « capitão das Agoas » qui faillit s'appeler à l'anglaise le Livingstone, au moment où il allait échapper aux tentacules britanniques pour devenir français et belge.

Est-il même au monde un fleuve pareil au *Niger*, à l'eau de Tombouctou, mieux combiné par ses branches, ses lagunes, ses déversements, ses renversements de flot, pour susciter un jardin sans rival, un Brésil « supérieur », un Eldorado sans or (et ce sont les meilleurs), juste à la bordure du Sahara, là où des hommes qui n'étaient pas des « prévoyants de l'avenir » imaginaient un désert de sable pire que tous les autres?

Qu'est le Nil, le prestigieux Nil, le père de l'Égypte, à côté du Niger, père du Soudan? Qu'est son inondation annuelle, dans son couloir qu'étranglent à droite les roches calcinées de la chaîne arabique, à gauche les falaises de la chaîne libyque, celle-ci pressée par les plus immenses, les plus sahariennes de toutes les sablonnières. Le Nil est un miracle sans doute, et tout au long il crée des merveilles de beauté, de

Le Plus Beau Royaume Sous le Ciel.

richesse, de noble simplicité de paysage entre les arènes fauves ; mais comment le comparer, tous monuments des Pharaons à part, à l'expansion du Niger en amont de *Tombouctou* avec ses vingt, ses cinquante, même ses cent trente-huit kilomètres de travers ; et en aval de la « ville mystérieuse » dont tous les secrets sont aujourd'hui dévoilés le fleuve passe d'étranglements parfois extraordinaires — tel celui de Tosaye — à des épanouissements bien plus larges que ceux du Nil égyptien.

Et surtout qu'est le fameux lac Mœris, la gloire de l'Égypte, l'entretien de l'antiquité, auprès du lac Faguibine et des autres moindres lémans et lagunes où s'engloutit la crue du Niger amenée par de tortueuses coulées, fleuves d'hivernage à chaque instant anastomosés en un lacis de rivières. Puis, la décrue venue, ces bassins de réserve régurgitent ; l'eau que le fertilisateur du Soudan avait épanchée lui revient, plus lentement qu'il ne l'avait perdue, par le cours renversé des marigots. Si bien que quand le Niger, venu du midi, retourne au midi par delà le grand coude de Tombouctou-Tosaye, il subit, du fait de ces récupérations de flot, une seconde crue, qui l'enfle de deux mètres : cette autre expansion annuelle, moindre que la première, n'arrive de l'amont qu'après des mois et des mois, tant l'onde a sommeillé dans les lacs et perdu d'heures en son double voyage du fleuve aux lagunes et des lagunes au fleuve.

Tout cela, par merveilleux contraste, à côté des steppes du Demi-Désert, ou à toucher le Désert lui-même, à deux pas de régions qui sont très saines, dispensatrices d'énergie, et probablement accessibles sans trop d'épreuves à la race blanche.

Que de beautés aussi, que de grandeur, que de trésors de fécondité, de vie enfouis dans ce *Congo*, devenu en quelques années un quadruple empire, avec quatre grands aspects : province de l'Atlantique, province du Congo, province de l'Oubangui, province de Chari. On dirait que l'Empire créé par Brazza suit une loi contraire au principe essentiel de la *Peau de chagrin*. Celle-ci, nous dit Balzac, se recroquevillait et diminuait à chaque volonté de son maître ; celui-là s'agrandit à chaque vœu, à chaque espoir, à chaque vouloir de ses chefs et conducteurs : ils souhaitaient passionnément de franchir la hauteur des terres entre Ogôoué et Congo : ils l'ont dépassée ; de s'étendre à la droite du second fleuve du monde, premier d'Afrique : ils ont réussi ; de limiter le Cameroun allemand bien en avant de ses ambitions orientales vers la Sanga, l'Oubangui, les grands lacs, voire l'Océan des Indes : ils ont pu le faire ; de remonter l'Oubangui puis le Mbomou jusqu'à la tranche du versant du Nil, et leur vœu n'a pas été trompé. Nous avons même pu descendre le Bahr-el-Ghazal jusqu'à la rive gauche du Père des Eaux, mais il nous a fallu reculer devant l'Angleterre, bien heureuse d'humilier une fois de plus la France avant que l'Europe, devenue enfin consciente d'elle-même, ait compris qu'il n'y aura de paix et de bonne volonté parmi les peuples que lorsque les Anglo-Saxons auront été chassés de l'Asie et de l'Afrique, après des siècles d'hypocrisies, d'intrigues, de brutalités, de trahisons, de triomphes qui sont le plus grand scandale de l'histoire.

Un dernier avantage, et le plus grand de tous, serait d'hériter du Congo Indépendant, futur Congo Belge, si par hasard la Belgique renonçait un jour à cette colonie magnifique, plus de quatre fois égale à la France; or, par une convention signée et contresignée à Paris et à Bruxelles, en cas d'abandon du Congo, la Belgique doit nous l'offrir en vente, préférablement à tout autre; elle nous reconnaît le « droit de préemption ».

Supposons que le lieu du plus brûlant soleil, le *Sahara*, ne devienne pas à quelque temps d'ici, quand on aura conquis les rayons comme la foudre, l'une des zones utiles de la terre.

Imaginons même qu'il n'existe pas, et de fait il ne compte en ce moment que comme espace et comme obstacle.

En nous en tenant à nos sols les plus déshérités, à ces cantons où le Grand Désert cesse d'être lui-même sans devenir encore Soudan, que nous ont appris les Arabes, les Berbères, les Touaregs interrogés par les arabisants et berbérisants de l'Algérie? Ils nous ont dit qu'au bout méridional de l'allée de palmiers du *Touat*, forêt clairsemée de quatorze millions de dattiers, recommence le Sahara fauve, gris ou terne, plateau de grès de la Hamada ou sables provenus de la décomposition de ces grès : mais bientôt un plateau s'y lève, l'*Ahénet*, où déjà quelque peu d'ondée évoque des pâturages ; puis après un nouveau désert, un autre et plus grand « adrar », une montagne se profile massivement dans un ciel au moins aussi pluvieux que celui qui s'arrondit sur les steppes de Numidie, d'Algérie, d'Oranie. C'est l'*Adrar des Aouellimiden*, peut-être habitable aux Français de France et certainement aux Algériens et assimilés d'Ibérie, d'Ausonie.

Il semble qu'il y a sur cet Adrar, et de l'autre côté du fleuve, dans la *Boucle du Niger*, une contrée beaucoup plus vaste que notre Tell où tantôt la sécheresse du climat, tantôt l'altitude du sol permettront aux Français, tout comme l'Atlas, l'Uruguay, l'Argentine, de prouver, *omnes et omnia contra*, qu'ils sont, eux aussi, nés colonisateurs.

Le Plus Beau Royaume Sous le Ciel.

Dans cette zone aride en apparence, et dans les contrées d'en haut prodigues de pluies, prodigues d'herbes, comme le *Fouta-Djallon*, Limousin d'Afrique, et les monts et plateaux d'où les deux Nigers découlent, la France commencera de verser des Français dans l'Afrique noire — beaucoup moins des Français d'Europe que des Algériens.

Puis, dès que seront bien cimentés les fondements de la nation franco-soudanienne, arriveront tout naturellement, sans qu'on les en prie, leurs Européens Espagnols, Italiens, Maltais, Portugais, et des Canariotes, des Lusitaniens des îles de Madère et du Cap Vert, et aussi des Brésiliens : de ceux-ci nous en avons déjà beaucoup, en Guinée, en Dahomey et jusque dans le Congo littoral.

Or, pour un pays à moitié semi-tropical, à moitié tropical, puis équatorial, les hommes bronzés par le soleil, les cuits et recuits, les secs et bistrés, les maigres et nerveux valent cent fois les blonds et les phlegmatiques, les Germains, Anglais ou Scandinaves. Encore qu' « Algarve » veuille dire Occident, les fils de cet Occident-là, les Algériens, les Ausoniens, les Ibériens ont plus qu'aucune autre souche la force de prendre racine dans le Midi du Midi. Même on peut croire qu'ils prospéreront joyeusement en toute région où notre Afrique domine les Océans de quinze cents, de deux mille, de trois mille pieds.

D'avance ils sont chez eux partout où soufflent des vents qu'aucun marais n'envénène, partout où l'eau coule allègrement et tombe en cascades sur la route d'un fleuve ou proche ou distant de la mer, là où la vie a plus de chances que la mort, en attendant que par la force du temps, tout le Soudan soit aéré, drainé, d'année en année, de vallée en vallée.

Nous sommes à la veille du jour où l'homme domptera la nature tropicale par la découverte du microbe des grandes fièvres africaines : pour peu qu'on guérisse au premier accès les frissons d'empoisonnement, mieux encore si l'on les prévient, le Blanc vivra plus à l'aise et croîtra plus naturellement, en plein soleil que sous la voûte froide dont il est parti pour la conquête du monde.

Ce qui a le plus désespéré nos pionniers dans la région sans opulence qui, de Saint-Louis à Tombouctou, sépare le Désert (au nord) du Soudan véritable (au sud), c'est le vide presque absolu des provinces.

Là, pas d'autres villes que des « tatas », sortes de places fortes qu'il a fallu prendre d'assaut, puis conquérir de case en case, comme d'autres Constantines.

Ces vides, la guerre les a faits : non la guerre contre nous, mais les batailles entre les Noirs eux-mêmes affolés par leurs marabouts, par leurs rois qui veulent devenir sultans universels (ainsi la bête fauve qui a nom Samory), par leurs roitelets qui ambitionnent d'être rois. Et alors, et partout, et toujours, c'est (c'était plutôt) le pillage, le rapt des femmes, le rapt des hommes vendus comme esclaves ou gardés comme janissaires, et les marabouts entrant en campagne, tous fusils chargés, toutes lances affilées, tous arcs bandés prêts à lancer la flèche empoisonnée, pour fonder comme El-Hadj Omar un grand empire musulman.

Mais on avait exagéré ce vide : maint explorateur a trouvé derrière la brousse, dans la clairière, au bord d'un marigot, loin de la route des hommes de guerre, de gros bourgs auxquels il ne s'attendait pas : le recensement du Sénégal, le premier hasardé en « France Noire », a découvert onze cent mille hommes là où l'on en soupçonnait à peine la moitié.

Nous avons ainsi devant nous en Afrique des centaines de millions d'hectares, non pas vides, comme on disait, mais où l'homme est très clairsemé.

C'est bien des fois l'étendue de la vieille et vénérable France.

Même il ne semble pas que ce domaine imprévu ait atteint le terme de sa croissance. Il y a tout lieu de supposer que la jeune France bronzée ou noire absorbera d'abord l'orient du Maroc, le bassin de la Malouïa, puis le Maroc entier, jusqu'au delà des colonnes d'Hercule; car on ne comprend guère l'Atlas autrement que comme une région indivisible, et voici qu'il est trop tard pour que ce bloc naturellement infrangible puisse être espagnol au lieu de français.

Ils décideront aussi pour nous ailleurs en continent noir : d'autres provinces nous sont réservées, par l'achat de la Guinée portugaise, l'échange de la Gambie anglaise contre des droits ou des terres quelconques; on « protégera » la Libéria, et, le temps aidant, on réduira à la portion congrue, voire on absorbera les enclaves anglaises ou allemandes : mais seulement si nous peuplons le Tell, les Steppes, et si nous traçons le Transsaharien, essentielles conditions de la fondation, puis du maintien de l'empire.

<small>XXXI
MISCÉGÉNA-
TION</small>
Les Sénégalais et leurs voisins de l'Est, les Soudaniens adultérés de Berbères et d'Arabes, ne le cèdent à personne au monde en force physique, en endurance, en courage, en enthousiasme guerrier; ils pèseront toujours, du poids de leur audace sur les peuples mous du Soudan pluvieux. Ce n'est pas la fange des deltas, les jardins de la

Le Plus Beau Royaume Sous le Ciel.

plaine, la sucrière, la cotonnière qui font les races indomptées, inépuisables; c'est le Mont, le Steppe, le Demi-Désert, le Désert avec ses vents de flamme le jour, ses brises froides la nuit : d'eux naissent les hommes qui « ne craignent ni Dieu ni Diable »; chez eux grandiront les pionniers noirs ou cuivrés qui seconderont les Français d'Afrique dans l'accaparement du continent le plus tropical.

Pour dominer en Afrique, il faut un peuple africain puisant sa sève dans l'Afrique elle-même, et non pas en Europe. Or, des avancées les plus septentrionales aux promontoires les plus méridionaux de la région des « faces brûlées », de Bizerte au Cap de Bonne-Espérance, il n'est encore que deux nations européennes déjà devenues exotiques quant à l'Europe, autochtones quant à l'Afrique : les Boers et Anglais des pays du Cap, les Français de l'Algérie. La part de l'Angleterre ou de la Hollande sera ce que la feront un jour les Néerlandais ou les Anglais austraux, aidés de leurs Cafres, et la part de la France ce que la feront les Français de Tunisie, de Numidie, d'Algérie, d'Oranie, aidés d'une part de leurs Arabes, de leurs Kabyles, d'autre part de leurs cuivrés ou nègres musulmans du Soudan, qui sont une réserve d'énergie terrible.

Il faut donc, avant tout, semer libéralement des Français dans l'Atlantide : c'est pourquoi tout retard dans la colonisation du Tell, comme tout retard dans le Transsaharien mérite d'être maudit comme un crime de lèse-nation, même comme un crime de lèse-humanité, puisqu'il y a peut-être trop peu de Français, et certainement trop d'Anglais dans le monde. A quoi bon traîner sur la claie Louis XIV et ses derniers ministres, Louis XV, Voltaire, les grands seigneurs, les courtisans et les diplomates qui ont méconnu les conditions de la grandeur française en Amérique, quand on méconnaît si cruellement les nécessités primordiales de la grandeur française en Afrique!

Il faut aussi mêler, s'il se peut, le sang de France à celui des plus belles et des plus vaillantes de nos nations du Demi-Sahara et du Soudan sec.

Sur nos centaines de millions d'hectares du bloc africain, il n'y a pas que des « simiesques », des « macaques », des « grimpeurs de cocotiers ». La diversité des races y est extraordinaire, de même qu'extraordinaire la diversité des sols.

On ne saurait trop insister sur la prodigieuse inhomogénéité de notre Afrique occidentale et centrale, de l'Empire du soleil, tandis que le Canada était un Empire de la neige.

Ce bloc résistant de France majeure n'a pas même de droits

au nom de conglomérat, puisque le ciment d'agglutination manque encore : le ciment français entre tant de nations, tant de langues sur des distances « magnifiques » où la nature, le ciel et le sol, varient autant que l'homme.

Dans ces vastes lieux, pas la moindre zone vraiment froide; point de frimas latitudinaires puisque les roches les plus hasardées vers le nord, les caps de Bizerte ne dépassent guère 37°; pas de glaces non plus, ni de neiges altitudinaires, du moins de neiges éternelles, aucune montagne n'atteignant seulement 2 500 mètres et la masse du pays se tenant, même par ses pointes, au-dessous de 1 500, souvent de 1 000. Par contre, tous les autres climats : le tempéré chaud, le sec, le sérénissime, le semi-tropical, le tropical et l'équatorial, soit avec un seul hivernage, soit avec deux.

Et tous les sols, du plus mort, qui est la hamada, jusqu'au plus plastique et vivant, comme les deltas continentaux du Niger et le delta du Chari.

Et toutes les races, du noir cirage au noir de bronze, à l'olivâtre, au blanc; des faces de « gorille » et des profils d'aigle; des peuples nains et des peuples géants, des nations difformes et des têtes d'Apollon sur des torses d'Hercule; des Arabes, des Berbères, des Maures nomades, des Sonrays, des Malinkés et Bambaras, des Peuls, des Haoussas, des Pahouins, des Bantous, des Niams-Niams longtemps ridiculisés par la queue prétendue qui les rapprochait du singe, et des tribus littorales sans nombre, parfois sans nom connu; des laboureurs et des pasteurs, des commerçants et des cannibales; et tout le panthéon des Dieux, idoles, grigris et fétiches, à côté de l'Etre Unique des Islamites et de la Trinité des Chrétiens.

Au nombre de ces races il s'en trouve de fort belles.

Parmi les alliances inévitables entre les Blancs et les femmes des diverses plèbes et plébécules noires ou négroïdes, à côté d'unions ratées on peut espérer que d'autres seront eugénésiques : telles celles de Franco-Sénégalais et Franco-Soudaniens avec les superbes filles des Peuls, nation qui est elle-même un mélange de sang blanc et de sang noir. Ces intermariages réussiront d'autant mieux que les Néo-Français de l'Empire d'Afrique auront plus de sang algérien, espagnol, italien, maltais dans les veines.

Une longue expérience en Amérique, en Asie, en Afrique a montré que, dans les régions ou chaudes ou très chaudes, nous nous croisons tout naturellement avec les races indigènes : ce dont les Anglais s'abstiennent beaucoup plus que nous, par morgue, dédain, dégoût, impuissance de condescendre. Or il se peut que la maîtrise en Afrique revienne

Le Plus Beau Royaume Sous le Ciel.

quelque jour au peuple qui, se dénaturant lui-même, aura dénaturé le plus d'Africains.

Voilà comment, de génération en génération, le mélange des sangs pourra tendre à la moindre inégalité des races de la France africaine, comme en France même se sont à la très longue atténuées les différences de taille, de teint, de crâne entre grands et petits, efflanqués et trapus, blonds et bruns, hommes de cheveux plats, de cheveux ondulés, de cheveux frisés, d'yeux bleus et d'yeux noirs, septentrionaux et méridionaux, Antéceltes, Celtes, Kymris, Phéniciens, Grecs, Romains, Germains, Normands, Berbères.

Il suffira d'une longue « paix française », si peu qu'elle aspire toujours au même but, l'unité, pour fondre lentement, obscurément, *occulto velut arbor ævo*, les supérieurs et les inférieurs, les puissants et les faibles, l'or, l'argent, le cuivre, tous les métaux hétérogènes et diversicolores, en un seul et solide airain auquel les races d'Afrique donneront la consistance, les races d'Europe les vibrations et la sonorité.

XXXII
PROPAGATION
DE LA
LANGUE
FRANÇAISE

La « paix française » n'agira sûrement que si la France rallie les parties éparses de son Afrique par un réseau de chemin de fer, de la Méditerranée à Brazzaville, de Saint-Louis à Oran, de Tombouctou au Tchad et au littoral de la Guinée, de Libreville au Nil;

Que si elle cesse de regarder la prise de possession du sol par des paysans francophones comme un luxe inutile et se décide à voir dans la colonisation la seule chose nécessaire en Algérie, en Tunisie et partout où le surgissement du sol en plateaux et monts disperse des provinces tempérées dans la zone tropicale ou dans la zone équatoriale;

Enfin, et surtout, que si elle institue le français comme langue désirable, puis indispensable, puis souveraine, enfin unique.

Ne demandons pas aux Africains de savourer nos Parnassiens, mais seulement de comprendre et de répondre; d'indiquer la route au Blanc indécis à la croisée des sentiers, de dire : à droite, à gauche, viens, par ici, par là, oui, non; de savoir les deux cents, les cinq cents mots dont on ne peut se passer; ce que sachant ils seront supérieurs, comme le chêne à l'hysope, à ce roi noir dont un gouverneur du Sénégal nous raconte qu'il n'a que deux mots français à son commandement : *Signé Carnot!* mais qu'il les prononce avec autorité, sans accent, en toute perfection, en conformité parfaite avec sa volonté quand elle est irrévocable.

La Langue Française.

XXXIII
MADAGASCAR
INDO-CHINE

En dehors du grand empire des basanés et des noirs, la destinée a bien voulu nous octroyer *Madagascar* après deux siècles de rodomontades, puis de reculades, et de brusques efforts suivis de longues paresses.

Par malheur cette île majeure d'Afrique se lève dans l'Océan des Indes, vis-à-vis d'une côte où nous n'avons ni colonies, ni protectorats.

Qu'elle nous vaudrait mieux, la Grande Terre, si sa masse de quatre cents lieues de long sur cent à cent cinquante de large émergeait de l'Atlantique en face du Cap Vert et si, dirigée vers le Sud-Ouest, elle tendait vers le cap Saint-Roch et s'approchait ainsi du Brésil jusqu'à moins de 1 500 kilomètres !

Mais telle quelle, dans la plus immense des mers, elle a le grand avantage de regarder, bien que d'un peu loin, notre part du monde jaune, qui ne vaut pas notre part du monde noir.

En tant qu'île, terre de tous côtés bien définie, sans voisins, c'est-à-dire sans ennemis, la patrie des Malgaches se maintiendra facilement en paix perpétuelle et comme elle a plus du tiers de ses sols au-dessus de 800 mètres, la moitié au-dessus de 500, beaucoup de ses cantons accepteront sans rechigner les colons français, qui sauront bien y trouver les belles et bonnes terres que tels explorateurs ne surent jamais y reconnaître.

Madagascar est donc directement colonisable avec le privilège inestimable du voisinage de Bourbon, de Maurice, deux îles de francophones, dont une surpeuplée, celle justement qui ne nous appartient plus malgré son ancien nom d'Ile de France, mais qui est restée nôtre par la langue et par l'affection. Ces francophones, on n'aura pas besoin de les attirer, ils y viennent déjà d'eux-mêmes en grand nombre.

En ce petit monde insulaire de soixante millions d'hectares, étendue supérieure à la France, à la Belgique, à la Suisse romane, autrement dit à toute la francophonie d'Europe, il y a place pour une grande nation dont on peut prédire qu'elle deviendra la seconde métropole et la première réserve de notre Indo-Chine : il y a bien moins loin de Saigon à Diégo-Suarez que de Saigon à Marseille, et sur le même Océan, sans isthme de Suez et sans Mer Rouge étouffante.

Durant ces vingt dernières années l'*Indo-Chine* a été fatale ; la tension excessive qu'elle nous imposait nous a détournés de l'Afrique, et même pendant quelque temps de tout ce qui n'est pas la France française. Dépensés au Niger, au Congo, les hommes, l'argent qu'elle nous a coûtés nous auraient acquis

Le Plus Beau Royaume Sous le Ciel.

dans le continent torride, ici, là, des terres précieuses qui nous ont échappé. Or, ne valait-il pas mieux donner plus de cohésion, plus d'étendue à notre grand bloc « impérial » que de se glisser de force dans une très lointaine presqu'île, hors de secours si l'on nous barre la mer, et menacés d'infiltration sournoise par les glabres innombrables de la Chine?

Sans doute, mais la proximité même de cette Chine donne à notre Indo-Chine un grand prix.

Pour ceux qui croient l'empire jaune à jamais incapable de vaincre et d'assimiler autour de lui et qui voient déjà poindre le jour où le « Fils du Ciel » deviendra le protégé du « tsar blanc », la contiguïté de nos pays du Mékong avec l'« Empire du Milieu » nous présage et nous promet quelque jour les provinces méridionales de la « Terre jaune ».

Lorsque la Russie pèsera sur le monde sinique du poids intolérable d'une moitié de l'Asie, devenue la Slavie principale, la France indo-chinoise pourra déborder sur le Kouang-Toung, le Kouang-Si, le Yun-Nan et autres domaines de « John Chinaman ».

En réalité, les Chinois et les Annamites n'ont pas de langues, du moins de langues souples, développées, aptes à tout dire, armées pour les combats de l'idée, capables de vaincre encore l'avenir, quelques dizaines de siècle qu'elles aient déjà bravées. Au lieu d'un rudiment d'idiome avec l'écriture la moins cursive que les hommes aient imaginée, pourquoi ne pas leur donner notre idiome?

Si tout cela, par hasard, arrivait, or, en affaires humaines, l'impossible est possible, il y aurait plus tard en Asie une Grande « France Orientale » appuyée de loin sur la « Nouvelle France de Madagascar ». Mais pourtant, quel malheur que tout notre effort n'ait pas saisi à pleines mains l'Afrique, près de nous, devant nous, à nos portes!

XXXIV
LE FRANÇAIS
DEVIENT
LANGUE
MONDIALE

Empire d'Afrique, Madagascar, Indo-Chine, semblent nous garantir la perpétuité, ce qui veut dire, humainement parlant, la longue continuité de notre idiome.

Il cessera d'être la langue faussement dite universelle; mais, retiré dans son grand coin du monde, il deviendra le verbe de centaines de millions d'hommes de toute origine, fils de Japhet, de Sem, de Cham, de Gog et Magog et autres ancêtres inconnus.

En dehors de l'île des Hovas et de la presqu'île des Annamites, il résonnera sur les deux rives de la Méditerranée, et aussi sur les deux bords de l'Atlantique, car on ne peut guère admettre que le français disparaisse de ce Canada qui fut le

La Langue Française.

meilleur espoir de la France et reste son meilleur souvenir en tant que pays où notre race s'est développée et se développe toujours avec une vigueur non pareille. Si, par impossible, il doit s'effacer du livre de la France, ce ne sera pas avant de nous avoir fourni, pendant une suite de générations, des familles de « rustres » pour renouveler notre sève : car, c'est des « rustres » que tout naît, et le Canada vivacissime pourrait nous coloniser après avoir été colonisé par nous.

Avec ou sans cette France Boréale, presque indestructible en avant du Pôle, nous devons donc attendre de l'avenir une « francophonie » supérieure à celle d'aujourd'hui comme le Liban au Carmel, la Cévenne à la Garrigue ou, pour parler à l'africaine, le Grand Atlas au Sahel ou le Hoggar à la dune.

A mesure que les ans s'écouleront, nos arrière-neveux verront le français gagner en longueur, largeur et profondeur ce qu'il lui arrivera de perdre en éclaboussement. Ce ne sera plus l'idiome compris dans tous les bourgs d'Europe par un professeur, un savant, un marchand, un seigneur, un prêtre, un cosmopolite, mais on fera quinze cents lieues du nord au sud, quinze cents lieues aussi d'occident en orient, dans une petite « infinité » qui sera le quinzième du monde. Peut-être même ne cessera-t-il jamais de vibrer sur des lèvres innombrables chez les Slaves d'Europe et d'Asie, chez les Allemands et Saxons, surtout chez les Néo-Latins d'Europe et d'Amérique.

Comment ne pas espérer en l'an 2000, quand on compare l'aire de sa langue, en cette fin du XIXe siècle, à l'espace occupé par elle en 1830, et même à la veille de 1848, quand Louis-Philippe, recevant à Paris la visite du bey de Tunis, ne put causer avec lui qu'en langue italienne? Alors il n'y avait qu'une seule ville de cent mille âmes sur notre rive de Méditerranée, Marseille, et en ce temps-là Marseille ignorait presque entièrement le parler national; tandis qu'aujourd'hui, sur cette mer qui est le nœud d'union de l'Europe, de l'Asie, de l'Afrique, le centre de l'ancien monde, le rendez-vous des peuples, le nœud vital de la Terre, nous avons quatre cités supérieures à cent mille habitants, Marseille, Alger, Tunis, Toulon (faubourgs compris); avec Nice, avec Oran, nous en aurons bientôt six.

XXXV
TANDEM VOTI
COMPOS

Heureux donc après tant de malheurs, nous avons acquis à la France en vingt-cinq ans plus de centaines de milliers de lieues carrées que nous n'en avions de dizaines de milliers en notre patrie d'Europe.

Et nous pouvons espérer que des centaines de millions d'hommes parleront un jour la langue de Victor Hugo,

Le Plus Beau Royaume Sous le Ciel.

quand auront disparu les nations qui se croient plus assurées que nous d'une éternelle durée.

Par un audacieux miracle, des peuples vont naître, vaillants, fourmillants, frémissants, d'une vieille race qui sentait le cadavre au printemps de 1871.

Que le Temps en soit loué, puisque la « primauté » française est moins fondée que d'autres sur l'orgueil et la haine!

Nous avons désormais un but, un espoir, un avenir, une raison d'être.

Il n'est qu'un travail immense comme l'instauration, la consolidation, la perfection de l'Empire d'Afrique pour désenvaser la France, pour l'enlever aux mille et une écoles de la science, qui ne sont pas l'école de la vie.

Lui seul peut nous arracher à la stérilité, à la frivolité, à la stupidité, vaincre l'inertie, la folie, l'utopie, la bureaucratie, la routine.

Entonnons l'hosanna : Nous étions morts, et voici nous vivons!

INDEX ALPHABÉTIQUE

A

Aa. 528, 530
Abbaye Blanche. . 638
Abbaye (Lac de l'). 263
Abbeville . . . 543, 544
Aber-Benoît. 663
Aber-Ildut. 666
Aber Vrach 663
Abîme (Fontaine de l'), 267.
Abîme (Gouffre de l'), 695.
Abîme de Jean Nouveau, 342.
Abîmes de Myans (Les), 303.
Abjat. 71
Abondance (Val de l'), 295.
Achenau, voy. CHENAU.
Achens (Pyramide de l'), 366.
Adouin (Fontaine d'), 327.
Adour, 420, 422, 439-442, 746.
Adrar des Aouellimiden, 835.
Africain (Empire), 833, 840.
Agay (Rade d'). . . 385
Agde . . . 414, 126, 413
Agen. 478
Agly . . 187, 489-490, 496
Agnoux (Puy d'). . . 57
Agoût 34, 115
Agriates 719
Agris. 71, 82
Ahénet. 835
Ahun. 63
Aigoual (Mont), 109, 122-123, 144.
Aiguamoch 467
Aiguebelette (Lac d'), 304.
Aigue Blanche. . . 347
Aigues ou Eigues. . 334
Aigues-Mortes. . . 409
Aiguilhe (Roches d'), 209.
Aiguille (La Roche). 153
Aiguille (Mont). . . 327
Aiguillier. 39
Aiguillon 174
Aiguillon (Anse de l'), 76, 87, 89, 713.
Aiguillon-sur-Mer. . 713
Aigurande. 701
Aigurande (Massif d'). 63
Ailette. 549
Aimé (Mont). 520
Ain. . 259, 265, 267-268

Aire. 524
Airvault. 705
Aisne. 523
Aitone (Forêt d'). . 728
Aix 365, 760
Aix (Rivière). . . . 217
Aix (Canal d'). . . . 356
Aix (Ile d') . . . 78, 85
Aix-les-Bains 301
Aixe. 61
Aizac (Coupe d'). . . 196
Ajaccio 721
Ajaccio (Golfe d'). . 721
Ajol (Val d'). 253
Ajoux (Roche d'). . 220
Alagnon 53, 94-95
Alais. 129
Alaise 275
Alains (Les). 763
Alaric (Canal d'). . 440
Alaric (Mont d'). . 487
Albarine. 268
Albères (Les). . 490-491
Albertville 315
Albi. 456
Alençon 621
Aleria 723
Aleria (Plage d'). . 723
Alesia 230, 275
Alet (Ruisseau d'). . 488
Alise-Sainte-Reine. 229
Alismois. 718
Allaine. 23, 255
Allevard 319
Allègre. 210
Allier, 41, 52-54, 93, 100, 694.
Allogne (Puy d'). . . 57
Allos (Lac d'). . . . 335
Alouettes (Mont des). 704
Alpes (Tunnel des). 310
Alpes 285-295
Alpes (Basses). 349, 351
Alpes Cottiennes, 309-311.
Alpes Graies . . 311-312
Alpes (Hautes). 349, 351
Alpes Mancelles. . . 631
Alpes Maritimes. . . 378
Alpines 360-363
Alpines (Canal des). 358
Alsace (Ballon d'). 248
Alsace-Lorraine, 40-41, 786, 813-814.
Alsace-Lorraine (Frontière d'), 21-23.
Altier. . . 138, 182, 498
Alzon 130
Alzon de Rocamadour, 179.

Amain (Monts d'), 564, 613.
Amance 233
Ambel (Monts d'). . 328
Ambialet. 155
Ambleteuse 530
Amboise. 696
Amélie-les-Bains . . 493
Amiens. 545
Amour (Val d'). . . 275
Amphion. 295
Ance Forézienne, 214, 690.
Ance Margeridienne, 102.
Ancre. 545
Andaines (Chaînon des), 637.
Andelle. 594
Andelys (Les). . . . 590
Andorre 465, 475
Anduze. 127
Aneto (Pic d'). 419, 461
Angèle (Montagne d'), 332.
Angers. 641, 761
Anglars (Roch. d'). 168
Angles 64
Anglin 64
Anglo-Normandes (Iles), 632.
Angoumois. . 70, 71, 74
Angoumois (Craies de l'), 72.
Anie (Pic d'). . . . 427
Anjeau (Pic d'). . . 421
Anjou. 642
Annecy. 300
Annecy (Lac d'). . . 299
Annonay. . . 189, 192
Anse 276
Antenne 73
Antibes. 386
Antifer (Cap d'). . . 604
Antilles 823
Antioche (Pertuis d'), 77, 89.
Antre (Lac d'). . . 264
Antres de Midroi. . 200
Anzin 532
Août (Mont). . . . 520
Apance 269
Apchon (Château d'). 97
Aps. 102
Apt. 346
Arabes. 765
Arac. 474
Aromits (Vallée d'). 437
Aran (Val d'). . 462, 468
Aravis (Massif d'). . 300
Arbizon (Pic d'). . . 421

Arc. 316-318
Arc d'Aix. 365
Arc (Pont d'). . 199, 200
Arc (Sylve d'). . . . 236
Arcs (Rivière des). 131
Arcachon. . . . 455, 741
Arcachon (Bassin d'), 454-455.
Arconce. 224, 693
Arcy (Grottes d'). . 238
Ardèche, 195, 196, 197-201, 203.
Ardèche (Départ de l'), 745.
Ardennes. . . . 508-510
Ardennes (La Font des), 152.
Ardière. 221
Ardon. 549
Arfontaine (Cascade d'), 268.
Argelès. 418
Argens. . . 367-368, 385
Argentan. 620
Argentat. 98
Argentière (Glacier d'), 289.
Argenton 63, 64
Argoat. 647
Argonne, 505-506, 507-508.
Arguenon 657
Ariège 475-476
Arize. 463
Arles. . . . 397-398, 760
Arles (Torrent d'). . 113
Arlier (Chaux d'). . 259
Arly. 315
Armagnac. . . 443, 474
Armainvilliers (Forêt d'), 577.
Armance. 231
Armançon. . . 231, 237
Ar-Men (Phare d'). . 671
Armentières. 533
Armentières (Font d'), 524.
Armor. 647
Arn. 115-116
Arnon 59, 558
Aron. 693
Arpon (Dôme de l'). 312
Arques (Château d'). 602
Arques (Rivière). . 600
Arras. 532
Arrats. 472
Arre. 124
Arrée (Montagne d'), 647-648.
Arromanches. . . . 617
Arronaise. 531

« 845 »

Index Alphabétique.

Arros. 440
Arroux. . . 224, 228-229
Ars (Ile d') 89
Artense (Plateau de l'), 97.
Artois. . . . 533-534, 540
Artouste (Lac d') . . 428
Artout (Cirque d') . 94
Arve. . . . 289, 291-294
Arve (Aiguilles d'). 320
Arvéron. . . . 289, 291
Arvert (Presqu'île d'), 80, 484.
Arz (Ile d'). 680
Arz (Rivière). . . . 656
Aspres. 494
Aspres de Fontange, 98.
Asse. 354
Astazou. 429
Aubais (Défilé d'). 133
Aubazine 66
Aube. 521-522
Aubenas. 198
Aubeterre. 70
Aubette. 597
Aubin. 173
Aubrac (Hôpital d'). 104
Aubrac (Monts d'), 99, 104-107.
Aubusson. 62
Auch. 472, 806
Aude. 487-489
Audierne. 672
Audierne (Baie d'), 671-672.
Auge (Pays d'). . . 613
Augronne. 253
Aujon. 521
Aulas (Pic d'). . . . 123
Aulus. 474
Aumance. 558
Aumont (Forêt d') . 516
Aune. 667-668
Aunis. 77-79
Aup Duffre. 332
Auray. 680
Auray (Rivière d'), 679-680.
Aure. 618
Aure (Glacier d'). . 418
Aure (Vallée d'). . 470
Aureilhan. 453
Aurélien (Mont). . . 365
Aurigny (Ile d'). . . 632
Aurillac. 98
Auron. 558
Auron du Dauphiné. 308
Aurouze (Mont). . . 338
Authie. 539, 542
Authie (Baie d'). . 542
Authion. 697
Autise. 87
Autun. 226, 228
Autunois. . . . 224, 225
Auvezère. . 37, 60, 67-69
Auxerre. . . . 472, 516
Auxois. . . . 229-230, 231
Auxois (Mont). . . . 229
Auxonne. 271
Auzance. 89, 712
Auze. 44, 97
Auzon. 215
Aval (Ilot d'). . . . 661
Avaloirs (Monts des), 622-640.
Avallon. 228
Avance. 459
Aven Armand. . . . 200
Aven de Carteyraux. 169
Aven de Mas-Razals. 162

Aven de Pont-l'Abbé, 673.
Aven de Rosporden, 674.
Aven de Vigne Close, 499.
Avens (Gouffres des), 145-146.
Avens du Causse Noir, 157-158.
Aveyron (Départ de l'), 778.
Aveyron. . 155, 167-168
Avignon. 397
Avisse (Source d'). 412
Avord (Camp d'). . 558
Avranches. 636
Avre Normande. . . 607
Avre Picarde. . . . 545
Axat. 488
Ax-les-Thermes. . . 475
Ay. 631
Aydat (Lac d'). . . 49
Azay-le-Rideau (Château d'), 561.
Azergues. . . . 221-222

B

Badet (Pic). 430
Bagnères-de-Bigorre, 440.
Bagnères-de-Luchon, 469.
Bagneux (Dolmen de), 706.
Bagnoles. 638
Bagnols-les-Bains. 171
Bagnols-sur-Cèze. . 136
Bague de Bordeillat. 7
Baïse. 472
Balaïtous. 428
Balagne. 720
Ballende (Abîme de), 315.
Balme (Col de). . . 291
Balmes de Montburn, 204.
Balmes viennoises. 307
Balmon (Etang de). 408
Ban (Réservoir du). 192
Bandiat. . . . 71, 82, 86
Bandol. 379
Banne (Monts de). . 195
Banyuls. 492
Bar (Cratère de). . 208
Barbe (Ile). 276
Barbizon. 573
Barcarès. 490
Barenton (Fontaine de), 646.
Barfleur (Pointe de), 627, 628.
Barme (Puy de). . . 51
Baronnies (Les). . . 335
Barre de Monts. . . 707
Barre des Écrins, 287, 321-322.
Barrouède (Glacier de la), 470.
Barthelasse (Ile de), 397.
Bas Champs de Cayeux, 546.
Basque (Pays), 741.
Basques (Les), 433, 438, 439, 442, 443, 805-809.
Bassigny. . . . 236, 519
Bassure de Baas (La), 540.
Bastan. 806

Bastia. 721, 724
Bastide. 52
Bastide d'Orniol. . 135
Bataillouse (Puy de), 95.
Batou (Pic de). . . 460
Batz (Ile de). . . . 663
Bauges. 301
Bauds (Les). 361
Baume (La). 198
Baume (Cascade de la), 207.
Baume (Cirque de). 283
Baumes-Chaudes (Grotte des), 148.
Bauzon (Monts de). 184
Bavella (Bois de). . 729
Bayeux. 616
Bayonne. . . 439, 442, 741
Béarn. 436, 741
Beaucaire. 397
Beauce. 564-571
Beaugeay. 80
Beaujeu. 221
Beaujolais (Monts du), 220-221, 693.
Beaumont (Landes de), 630.
Beaumont-le-Roger. 610
Beaulieu. 44
Bèbre. 216, 693
Bec d'Allier. . . 54, 694
Bec d'Ambès (Le), 45, 481.
Bec de l'Echaillon, 298, 301, 326.
Bec du Gave. . . . 440
Bédarieux. 117
Bédeillac (Grottes de), 462.
Bedous (Bassin de), 437
Beffou (Massif de), 667
Bégon (Causse), 157, 159
Belabre. 64
Belcaire (Plateau de), 466.
Belfort. 11, 254
Belfort (Trouée de), 254-255.
Belgique (Frontière de), 17-21.
Belledonne, 304, 319, 325
Bellegarde. 394
Belle-Isle, 673, 678-679
Bellocq. 436
Belvédère. 10
Béniguet. 664
Bénodet (Anse de), 673
Bérarde (La). . . . 324
Berck. 544
Berg (Chaîne de). . 205
Bergerac. 45, 46
Berre. 499
Berre (Etang de), 364, 407-408.
Berru (Monts de). . 519
Bès. . . . 104, 106, 108
Bès en Dauphiné. . 333
Besançon. 274
Bessèges. . . . 135, 202
Besset (Mont). . . . 212
Bessin. 645
Besson (Mont). . 56, 65
Béthune. 601, 602
Beuvray. 226
Beuvron. 236
Beuvron de Sologne, 555.
Beynac. 44
Bez. 441
Bèze. 234, 271

Bézan (Source de). 68
Béziers. 118
Biaisse. 352
Biarritz. 448
Bibracte. 226
Bidart. 448
Bidassoa. . . . 426, 433
Bidouze. 438
Bief Sarrasin. . . . 275
Bienne. 264, 267
Bièvre du Dauphiné, 308.
Bièvre de Paris. . . 587
Bièvre de Sologne. 555
Biguglia (Etang de). 723
Bigorre. 741, 806
Bionnassay (Aiguille de), 289.
Bime de Cérilly. . 524
Biscarosse (Etang de), 453.
Blagour. 66, 180
Blaise. 522
Blaise de Dreux, 606, 608.
Blaisy (Tunnel de). 581
Blâme (Source du). 68
Blanc (Glacier). . . 322
Blanc (Le Roc). . . 121
Blanche (Bois de la). 710
Blanche (Chaînon de la), 354.
Blanchemer (Lac de), 247.
Blanc-Nez (Cap). 534, 537.
Blavet. 675-676
Bléone. 354
Bleu (Lac). 420
Blois. 565, 696
Blond (Montagne de), 57.
Bocage Angevin. . 702
Bocage Champenois, 515.
Bocage Manceau, 638-640.
Bocage Normand, 622-623.
Bocage Poitevin, 702-705.
Bocage Vendéen, 34, 697.
Bois (Le) en Rhé. . 90
Bois-Blanc. 74
Boischaut. 559
Bois Junson. . . . 232
Bois-Noirs (Monts), 215-216.
Bois du Roi. 226
Bois de Paiolive. . 202
Boissière de Molines, 150.
Boivre. 88
Bolbec. 598
Bonifacio. 721
Bon Nant. 292
Bonne. 323
Bonnette (source de la), 169.
Bonnevic (Roc de). 96
Bonneville. 293
Bonnieure. 82
Bon Vignoble. . . . 258
Bord (Lac de). . . . 105
Bordeaux, 479-480, 741, 777, 812.
Bormes (Rade). . . 384
Born. 452
Borne. 209, 210
Borne de l'Ardèche. 198

Index Alphabétique.

Bornes (Région des), 198.
Bort (Orgues de). . 42
Boubioz (Puits de). 299
Bouchet (Lac du). . 207
Boucle du Niger. . 835
Boudigau. 449
Bouës. 472
Bougès. . . 120, 144, 149
Bouillant. 83
Bouillidour des Fonts (le), 69
Bouillidous (les). . 364
Bouillon (Source de), 693.
Bouldoire (Source de), 153.
Boulet. 180
Boulogne. . . . 538, 539
Boulogne (La). . . 699
Boulonnais, 534, 537, 539.
Boulzane. 490
Bourbeuse. . . 23, 253
Bourbince. 224
Bourbon (Ile). 820, 844
Bourbon-Lancy. . . 693
Bourbon l'Archambault, 63.
Bourbonne-les-Bains, 269.
Bourboule (La), 41, 42
Bourbre. . . 306, 393
Bourdeilles. 69
Bourdouze (Lac de la), 40.
Bourg-de-Batz. . . . 682
Bourg-en-Bresse. . 283
Bourg-d'Oisans. . . 324
Bourges. . . 558, 761
Bourget (Lac du). . 301
Bourgneuf (Baie de) 707
Bourgogne, 236, 271, 276, 281-282.
Bourgogne (Canal de), 231, 232.
Bourne. . . . 327, 329
Bourne (Canal de la), 329.
Boussac. 63
Boussièvre. 222
Boutières (Les). . . 187
Boutonne. . . 74, 84, 86
Bouvines. 19
Bouzanne. . . . 63, 761
Bouzey (Réservoir du), 249.
Bozouls. 203
Braconne (Forêt de la), 71.
Braguse. 66
Bramabiau. 159
Bramont. . . 147, 171
Brantôme. 69
Bras de Fer (Le). . 399
Bras forcé de Breteuil, 608.
Bras forcé de Verneuil, 607.
Brassac. 115
Braunhie. 176
Bray (Pays de). . . 601
Brayc. 569
Bréda. 320
Bréhat (Ile de). . . 659
Brenas (Mont de). . 120
Brenne en Bresse. 293
Brenne (en Touraine), 561-563.
Brenets (Lac des). Voy. Chaillexon.

Bresle. . . . 592, 599
Bresse. 265, 278, 281-282
Brest. 666, 741
Brest (Rade de), 666-667
Bretagne. 777
Brétenoux. 98
Breteuil (Forêt de). 611
Breteuil (Plateau de), 531.
Breton (Climat). . . 740
Breton (Marais), 707, 709.
Breton (Pertuis), 77, 89, 713.
Bretonne (Forêt de), 610.
Bretons (Les). . 803-805
Breuchin. 252
Breuil. 79
Brévenne. . . 219, 222
Brian. 120
Briance. . . . 61, 180
Briançon. . . 351, 352
Briare. 694
Briare (Canal de). . 574
Bric. 576-579
Brillanne (Canal de la), 357.
Brimont. 519
Brioude (Plaine de), 53.
Brive. 67
Broc (Saut du). . . 250
Brocéliande (Forêt de), 646.
Brouage. 78
Bruche. 23
Brudoux. 328
Brunet (Puy). . . . 95
Bruniquel. 168
Buch. 758
Buech. 338-353
Buet. 294
Bugarach (Puy de). 486
Buguc. 66
Buisson de Bord. . 105
Burc (Pic de). . . . 338
Burgondes (Les), 762, 763.
Burle (La Font de). 151
Bussang. 248
Bussang (Col de). . 248
Buzc. 81

C

Cabanis. 427
Cabardès. 112
Cabourg. 612
Cabouy. 479
Caen. 615, 624
Caen (Campagne de), 614-615.
Cahors. . . . 169, 174
Caillaouas (Lac de). 460
Caille (Pont de la). 301
Cailly. 597
Cailly (Fontaines de), 606.
Calais. . . . 535, 536
Calanches. 720
Calonne. 613
Calvados. . . . 615-617
Calvados (Ecueils du), 615, 617.
Calvi. 720
Calvignac. 174
Calvinistes en France, 783-784.

Camargue. . . 400-403
Camarguette. . . . 409
Cambo. 439
Cambrai. 531
Cambrésis. 526
Campbicll (Pic de). 430
Campo dell'Oro. . . 727
Campotilo (Val de). 726
Campus Vogladensis. 87.
Can. 127
Canada, 775, 779, 782, 820-822.
Canau (Etang de la), 456.
Cancale. . . . 643-644
Cancale (Presqu'île de), 643.
Cance. 189
Canche. . . . 539, 541
Canche (Baie de la). 540
Cancllon (Cascade du), 117.
Canigou, 422, 493, 495, 496.
Cannes. 385
Cannes (Rivière de), 380.
Canourgue (La). 171, 172
Canse. 636, 638
Canson. 638
Cantal. 94-96, 98, 99, 100
Cantal (Plomb du). . 94
Cantalou (Puy). . . . 95
Cap-Breton. 449
Cap-Breton (Gouf. de), 449.
Cap de Long (Le Lac de), 430, 469.
Capdenac. . . 173, 174
Capestang (Etang de), 489
Capsir. 488
Capvern. . . . 421, 470
Carcanières. 488
Carcassés. 112
Carcassonne. . . . 488
Careraon (Etang de). 655
Carentan (Prairie de), 625.
Cargèse. . . . 721, 732
Carjac (Causse de). . 174
Carlitte (Puy de). 484-485
Carlitte (Désert de). 484
Carnac. 652
Caronte (Etang de). 407
Caroux. 113
Carpentras (Canal de), 343, 357.
Carteret. 630
Casque de Néron. . 304
Cassel. 528
Castagniccia. . . . 730
Castelbouc (La Font. de), 151.
Castel-Finans. . . . 676
Castellane. 355
Castelmoron. . . . 174
Castillon-sur-Dordogne, 619.
Castres. 115
Cats (Mont des). . 527
Caudiés (Gorges de). 490
Caunes. 112
Causses (Les). . 139-180
Cauterets. 425
Caux (Pays de), 591, 592, 594-598.
Caux (Rivière). . . 598
Cavalaire. 384

Cazau (Lac de). . . 452
Cazeau (Ile de). . . 483
Célé. 474-475
Celtes. . . . 757-759
Cengle (Mont de). . 364
Centre (Canal du), 224, 271.
Centre de la France. 752
Cépet (Cap). . . . 380
Cerbère (Cap). . . . 491
Cerdagne. . 26, 485-486
Cère. 44, 98
Cère (Pas de la). . 98
Céret. 494
Cernon. . . . 155, 160
Cernon (Sources du), 162
Cerveyrette. 352
Cervi (Aven de). . . 342
Cesse. . . . 119, 120
Cesson. 655
Cette. 411
Cévennes. . . 109-139
Cézallier (Monts). . 93
Cèze. . . 135-136, 396
Cézembre (Ilot de). 644
Chablais. 294
Chablis. 231
Chadeire (Puy de la), 50.
Chadoulin. 355
Chaffal (Plateau de), 328.
Chaillé. 76
Chaillexon (lac de), 24, 273.
Chailly (source de). 577
Chaîne Française. . 127
Chaintreauville (source de), 574, 584.
Chaise (Bois de la). 710
Chaise-Dieu. . . . 210
Chalancon. 214
Chalard (Cascade du) 69.
Chalard (Puy de). . 49
Chalaronne. . 276, 281
Chalin (Lac de). . 263
Châlon. 276
Chalonne. 697
Châlons. 523
Châlons (Camp de). 519
Chalosse. . . . 431, 442
Chalus. 70
Chalus (Les Monts de), 57.
Chalusset (Château de), 61.
Chamalières. . 194, 690
Chamaroux. 94
Chambaran. . . . 308
Chambéry. 302
Chambeyron (Aiguille de), 314.
Chambon (Couze de). 46
Chambon (Lac de), 39, 47.
Chambord. 555
Chamechauve. . . . 304
Chamonix. 287
Champagne Berrichonne, 553, 558-559.
Champagne de Chantonnay, 713.
Champagne de Cognac, 73.
Champagne Pouilleuse, 516-520.
Champagne Tourangelle, 561.
Champagnole (Plateau de), 258, 267.

‹ 847 ›

Index Alphabétique.

Champdamois (Font. de), 270.
Champ-Raphaël (La), 184, 203.
Champsaur. 322
Chanteuges. 102
Chantilly (Forêt de). 550
Chaource. 516
Chapeauroux (Rivière de), 42, 101.
Charbonnel. 309
Charente, 74, 78, 81-82, 84-86.
Charentonne. . . . 610
Charité (La) 694
Charmine (Saut de). 268
Charnie. 339
Charolais (Monts du), 223-224, 693.
Charron. 87
Chartres. 570
Charvin. 300
Chasseforet. 312
Chassezac, 171, 198-199
Chastellux. 228
Chat (Mont du). . . 301
Château-Chinon. . . 227
Chateaudun. 568
Château-Gaillard. . 590
Châteauneuf-de-Randon, 101.
Château-Queyras. . 252
Châteauvillain (Sylve de), 236.
Châtel-Aillon. . . . 78
Châtellerault. . . . 61
Châtillon (Forêt de), 235.
Châtillonnais, 234-235
Chaubier (Source du), 68.
Chaudes-Aigues. . . 107
Chaudun. 337
Chaumesd'Auvenay. 232
Chaumont. 496
Chauscy (Iles). . . . 631
Chautagne. 302
Chauvet (Le Lac). . . 40
Chaux (Forêt de) . 264
Chavanon. . . . 60, 64
Chavaroche (Puy de), 95.
Cheiron. 366
Chenau. 699
Chénavari (Volcan de), 205.
Chenonceaux (Château de), 557.
Cher, 59, 556-557, 696
Cherbourg. 628
Cherchemus (Le). . 58
Chère. 656
Chéronnac. . . . 81, 82
Chevade (Col de la). 497
Chevalier (Ile). . . . 673
Chez-Roby (Gouffre de), 71.
Chiers. 20, 514
Chignon de Rabuons, 373.
Chinon. 62
Cholet. 706
Chopine (Puy). . . . 50
Choldocogagna. 426, 448
Cialancias. 373
Cicié (Presqu'ile de), 380.
Cinq-Mars. 557
Cinto (Monte). . . . 724
Ciotat (Baie et rivière de la), 379, 380.

Cisse. 696
Ciron. 459
Civrai. 82
Clain. . . . 74, 87-89
Clairac. 174
Clairée. 352
Claise. 562
Claisse. 202
Clamouse. 42-43
Clape (Monts de la). 498
Clapier de Saint-Christophe. 325
Clarabide (Glacier de), 460.
Clermont-Ferrand, 48, 50, 742.
Climats de la France, 738-745.
Clisson. 706
Clos du Doubs. . . 259
Clouère. 89
Cluny. 221
Clus de Courmes. . 372
Clus du Verdon. . . 355
Cluses. 293
Cochepies (Sources de), 584.
Cognac. 73, 84
Coiron. . . 193, 203-205
Coise. 219, 692
Coislin (Pays de). . 700
Colagne. . . . 103, 171
Colbart. 536
Côle. 69
Collioure. 492
Colloque des Iles. . 80
Colombier de Gex (Le), 264.
Colombine. 270
Colostre. 356
Combade. . . . 56, 60-61
Combeauté. 253
Combraille (Monts de), 59.
Côme (Puy de). . . 50
Commentry. 558
Compain (Pas de). . 98
Compiègne (Forêt de), 549.
Comtal (Causse du). 166
Concarneau. 673
Conches (Forêt de). 611
Condate. 85
Concy. 209
Conflans-sur-Lanterne. 253.
Confolens. 82
Congo. 834
Conic. 568
Conlie (Campagne de), 621.
Conques. 173
Contis (Courant de). 452
Corbeau (Lac du). . 247
Corbie. 545
Corbières. . . . 486-487
Corcono (Dolmen de). 653.
Cordouan (Ilot et Phare de), 457, 484.
Corn. 475
Corneille (Mont). . 208
Corniche. . . . 387-388
Cornouaille. 669
Corrèze. 66
Corse. . . . 715-732, 809
Corse (Cap). . . . 718
Corto. 726
Coscione (Forêt de). 729
Cosne. 694
Cosson. 555, 696

Costabonne. 490
Côte d'Azur (La). . 377
Côte-d'Or. . . 232-233
Cotentin. . . . 625-632
Coucouron (Volcans de), 195.
Coucy (Château de). 549
Coudon. 381
Couesnon. 636, 642, 643
Couevrons. . 639, 642
Cougouille. 160
Couiza. 488
Coulon. 343
Courbefy. 57
Courseulles. 617
Courtine (Massif de), 59.
Couserans. 462
Cousin. 228
Couspeau. 332
Coussac (Source de). 152
Coutances. 626
Coutelle (Aven de). 341
Coutras. 67
Couzan (Ruines de). 215
Couzes (Les). . . 46-47
Couzc d'Ardes. . . . 46
Couze de Chambon. 46
Couze de Larche. . 66
Couze-Pavin. 46
Couzon (Réservoir du), 192.
Cransac. 168
Craponne. 210
Crappone (Canal de), 358.
Crau. 358, 361
Craynaux. 166
Crécy. 548
Crécy (Forêt de). . 577
Crémieux (Ile de), 306, 392.
Creuse. . . . 59, 62-64
Creuse (La Petite), 59, 63
Creuzot. 228
Creux du Souci. . . 232
Creyssels (Les Fonts de), 162.
Crézen (Source de). 68
Croisic (Le). 682
Croix-Haute (Col de la), 338.
Croix-Rousse. . . . 279
Croix-Scaille (La). . 508
Crozan (Mont). . . 223
Crozant. 63
Crozon (Presqu'ile de), 668-669.
Cruis (Aven de). . . 341
Crune. 514
Cubjac. 68
Cure. . . . 228, 237, 238
Cusancin. 274
Cuves (Saut des). . 249

D

Dadou. 116-117
Dalon. 68
Dame (Font). . . . 497
Dames de Laifour. . 512
Dargilan (Antre de). 158
Darnétal. 507
Darney (Forêt de). . 238
Dauphiné. 312
Dax. 442
Decazeville. . 168, 173
Demoiselles de Fontenailles, 617.

Demoiselles (Baume des), 125.
Denain. 532
Denise (Volcan de la), 209.
Dentelles de Gigondas, 335.
Dent d'Oche. . . . 294
Dent Parrachée. . . 312
Déôme. 489
Der. 514-515
Desert (Le). 332
Déroute (Passage de la), 630.
Desge. 102
Dessoubre. 273
Deule. 533
Deulémont. 533
Devès. . . 206-210, 690
Dévoluy. . . . 335-338
Dheune. . . . 224, 271
Dhuis. 523, 578
Diane (Etang de). . 723
Die. 333
Diège. . . . 60, 64, 65
Dieppe. 600
Dieppette, voy. Arques.
Dieuze. 813
Digne. 354
Dijon. 232, 742
Dinan. 643
Dinard. 645
Diosaz. 294
Dive Mirebalaise. . 706
Dives. 614
Divonne (Fontaine de), 266.
Divonne de Cahors, 169, 174.
Dol. 635
Dol (Marais de). . . 635
Dôle (La). 24
Dolore (Monts). 210-211
Dombes, 278, 281, 393, 692.
Dôme (Monts). . 47-51
Dôme (Puy de). 49, 756
Dôme (Petit Puy de). 50
Domfront. . . . 637, 638
Dominique (La). . . 824
Domrémy. 505
Don. 656
Donon. 244, 245
Dordogne, 38, 42-46, 67, 484, 483.
Dore (Monts). . . 39-42
Dore (Rivière), 210, 211-212, 214.
Dormant. 82
Dormois. 507
Dorne. 188
Doron de Beaufort. 315
Doron de Bozel. . . 315
Dossen. 661-662
Douai. 511
Douarnenez (Baie de), 669.
Double (La). . . 72-73
Doubs. . . 23, 272-277
Doubs (Saut du), 273, 276.
Douix de Châtillon. 235
Dourbie, 122, 155, 158-159.
Dourdou de Conques, 165, 173.
Dourdou de Vabres. 161
Doux. 66, 189
Doux de Coly, 67, 69-70, 180, 582.
Doux de Durzon. . . 582

Index Alphabétique.

Douze. 441
Drac. 304, 322
Draguignan. 368
Draille (La Grande). 137
Dranse de Savoie, 294-295.
Droites (Aiguille des), 289.
Drôme. . . 322-333, 396
Drôme (Monts de la), 330-332.
Dromme. 618
Dronne. 67, 69-70
Drot. 478-479
Droues (Les). . . . 617
Dru (Aiguille du). . 289
Druise (Cascade de la), 328.
Drumont. 248
Duc (Étang du). . . 656
Ducsmois. 235
Dunkerque, 351-355, 397
Dun-sur-Meuse. . . . 505
Durance. . 351-355, 397
Durande. 207
Duransole. 408
Durdent. 603
Durgeon. 270
Durolle. . . . 212, 215
Durzon. 458

E

Eau-d'Olle. 325
Eaulne. 602
Eaux-Chaudes. . . . 437
Eaux-Pendantes. . . 347
Ebron. 323
Échapre (Barrage de l'), 689.
Échaudan (Défilé de l'), 374.
Échelle du Roi. . . 496
Écouves (Mont d'). . 622
Écouves (Forêt d'). 624
Eckmühl (Phare d'). . 672
Élancèze (Pic d'). . 77
Elbœuf. 590
Elez. 648
Ellé. 674
Elle (Ile d'). . . . 76
Elne. 806
Elorn. 668
Emblavès. 691
Enchastraye (Pic de l'), 312.
Enfer (Gouffre d'). 192
Enfer (Val d'). . . 364
Enfer de Bozouls, 165, 173.
Enfer de Plogoff. . 671
Engrenier. 406
Enragé (L'). . . . 264
Entraygues. . . 106, 108
Entre-deux-Mers. . . 481
Enversac (Font. d'). 412
Épinal. 250
Épinay (Source de l'), 603.
Épine (Monts de l'). 305
Epte. 594, 601
Erdeven. 652
Erdre. 698
Ergué, 119, 126, 160, 162.
Erieux. 188, 202
Ermenonville (Bois d'), 550.
Erquy (Cap d'). . . 653
Err (Iles d'). . . . 660

Escalette (Source de l'), 162.
Escandolgue. . . 120-121
Escaut. . . . 19, 531-533
Esclauze (Lac d'). . 41
Escouloubre. 488
Escualdunaes. Voy. Basques.
Esnandes. 77
Espagne (Frontière d'), 25-27.
Espérelle (Source de l'), 159.
Espérou. 123
Espézonnette. . 183, 195
Espiguette (Pointe de l'), 409.
Espinouze. . . . 113-115
Essonne. 564, 571
Est (Canal de l'), 249, 250, 269, 505.
Estables (Les). . . 187
Estampon. 441
Estaque. . 365, 378, 399
Estaubé (Cirque d'). 424
Estérel. . . . 370-371, 385
Esteron. 376
Estomac (Étang de l'), 406.
Estramer (Font). . . 497
Estre (Rochers d'). 499
Étaples. 540
Étel (Baie d'). . . 677
Étoile (Chaîne de l'), 365.
Étretat. 603
Étrier de Méan. . . 701
Eu (Forêt d'). . . 596
Eure. . . . 570, 590, 606
Eure (La Fond d') ou d'Urc, 130.
Eure (Départ. de l'). 776
Évan. 205
Évian. 298
Évisa. 720, 728
Èvre. 697, 706
Évreux. 608
Eygue. 170, 174
Eygues. 334, 396
Eyzies (Les). . . . 66

F

Fagnes. 509
Falaise. 614
Falleron. 709
Faron. 381
Faucigny. 293
Faucilles (Monts), 238-239.
Fave. 250
Fayment (Saut de). 253
Fécamp. 602
Fécamp (Rivière de), 603.
Fer-à-Cheval. . . . 292
Ferney. 24
Ferrand (Puy). . . . 41
Ferret (Cap). . . . 457
Ferté-sous-Jouarre. 578
Feuille (Col de la). 413
Feurs. 692
Fier. 300, 302
Finistère. 664
Fissure d'Holçarté. 438
Fiumorbo. 723
Flamands. 805
Flamanville (Cap de), 630.

Flavien (Pont). . . 364
Florac. 146
Foix. 476
Folletière (Source de la), 613.
Fonta (Puits de). . 69
Fontainebleau. . . . 582
Fontainebleau (Forêt de), 575-576.
Fontaines du Pas (Les), 153.
Fontarabie. . . 426, 433
Fontenay-le-Comte. 87
Fontenoy. 49
Fontevrault. 62
Fontestorbes (Cavernes de), 464-465, 476.
Font-l'Évêque. . . . 355
Fontmaure (Source de), 153.
Font Sancte (Pointe de), 347.
Fontvanne. 524
Forcalquier. 355
Forêt (Anse de la). 673
Forez (Canal du). . 692
Forez (Monts du), 212-213, 214, 215.
Forez (Plaine du), 691-693.
Formigny. 619
Fos (Golfe de). . . 699
Fosse aux Dames. . 608
Fosse du Souci. . . 618
Fou (Barrage de la). 493
Fou (Fissure de la). 494
Fougères. 637
Four (Chenal du). . 664
Four (Rocher du). . 664
Fouras. 85
Fourchambault. . . 694
Fourches (Mont des). 239
Fourmies. 513
Foux de la Vis. . . 124
Fouzon. 536
Frais-Puits. 270
Fraïsse. 114
France (Le nom de) 15-17
Français (Les), 769-773.
— Diminution relative du nombre des Français, 773-778. — Émigration des Français, 778-782. — Religion des Français, 782-786.
— Grand avenir des Français, 788-790.
Franche-Comté. . . 765
Franchi (Golfe de la), 498
Francs (Les). . . . 763
Fréhel (Cap). . . . 658
Fréjus. 284
Fresquel. 488
Freyssinet (Cratère de), 204.
Frinandour (Château ruiné de), 660.
Fromveur (Passage du), 664.
Frontières marines, 27-28.
Frontignan. 410
Fure. 305
Furens. 191, 492

G

Gabas. 432
Gabiétou (Pic de). . 429

Gachère. 712
Galdarès. 7
Galéria (Golfe de). 720
Galise (Glaciers de la), 314.
Ganelon (Mont). . . 549
Gonges. 123
Gap (Canal de). . . 323
Gapeau. 366
Garabit (Pont du), 99, 107.
Garbet. 474
Gard, ou Gardon, 128-130, 397.
Gard (Départ. du). . 785
Gard (Pont du). . . 130
Garde (Puy de la). 164
Gardille. 183
Gardiole. 379
Gardiole (Monts de la), 410.
Gardon d'Alais. . . 129
Gardon d'Anduze. . 129
Gardonnenque, 126-128, 129.
Gargan (Le). 57, 60, 68
Garin (Moraine de). 462
Garonne, 467-469, 473-481, 776.
Garouppe. 386
Garrigue (Bains de la), 488.
Garrigues de Lussan, 134-135.
Garrigues de Montpellier, 130-132.
Garrigues de Nîmes, 133-134.
Garrigues du Vivarais, 205-206.
Gartempe. 64
Gascogne. 778
Gâtinais. . . . 571-574
Gâtine. 702
Gâtine du Poitou, 87, 703.
Gaube (Lac de). . . 425
Gaudy (Puy de). . . 59
Gaulois. . . 753, 757-759
Gaunios (Les). . . . 115
Gavarnie (Cirque de), 423.
Gavarnie (Monts de), 428.
Gave (Bec du). . . 440
Gave d'Argelès. . . 434
Gave d'Aspe. . . . 437
Gave de Bastan. . . 434
Gave de Cauterets. 434
Gave de Héas. . . . 434
Gave de Mauléon. . 438
Gave d'Oloron. 437-438
Gave d'Ossau. . . . 437
Gave d'Ossouc. . . 434
Gave de Pau, 434-437, 440.
Gavr'iniz (Ile de). 680
Géant (Aiguille du). 289
Gélise. 472
Genèvre (Mont). . . 310
Gensac (La Font de). 85
Gentioux (Plateau de), 58, 61.
Ger (Plateau de), 431-432.
Gérardmer (Lac de). 246
Gerbier de Jonc (Le), 185, 203, 689.
Gerbizon. 194
Gère. 307, 391
Gergovie. 55

Index Alphabétique.

Germains en France (Les), 762, 763, 764.
Gers........ 472
Gers (Départ. du).. 776
Gévaudan.. 100, 103-104
Gex.......... 264
Gien.......... 695
Giens (Golfe de).. 381
Giers....... 192, 395
Giffre........ 292
Gillardes (Font des), 336, 337.
Gimel (Cascade de). 66
Gimone........ 472
Girolata (Golfe de). 720
Gironde. 28, 481-484, 746
Gironde (Golfe de).. 484
Gisors......... 594
Givet......... 512
Givors...... 193, 395
Glace (Mer de)... 289
Glanc......... 67
Glandar....... 327, 333
Glenan (Iles)..... 674
Godivelle (Lac de la), 40.
Golo........ 723, 725
Gonds (Les)..... 85
Gorch de la Llausc. 490
Gordolasque..... 375
Gorges (Marais de). 625
Goudargues (Font. de), 435.
Gouëil de Rébenacq. 435
Gouessant....... 658
Gouët.......... 658
Gouffry (Trou de).. 71
Gouffourent..... 352
Goulet (Mont du), 137, 171, 182.
Goulven (Grève de). 663
Gourdon (Roc de).. 204
Gourgas (La Font. de), 169.
Gourgas (Fontaines de), 462.
Gourgs-Blancs (Glacier des), 460.
Goyaen........ 672
Graisivaudan..... 318
Graissessac...... 113
Gramat (Causse du), 175-178.
Grand barrage... 43
Grand-Biriou..... 281
Grandcamp (Roches de), 649.
Grand-Canal du Rhône, 405.
Grand'Combe (La).. 129
Grand-Crédo (Le).. 264
Grande-Brière.. 700-701
Grande-Chartreuse (Massif de la), 303-304.
Grand-Felletin... 187
Grand-Ferrand.... 337
Grand-Glareins (Le). 281
Grands-Goulets (Les), 327.
Grandes-Jorasses.. 289
Grand-Lieu (Lac de), 699-700.
Grand-Morin..... 579
Grand-Orient (Plateau et Forêt du), 515.
Grand-Plan-du-Bourg, 399, 406.
Grande-Roubine (Canal de), 409.
Grand-Saint-Bernard, 310.

Grand-Sambuc.... 364
Grande-Sassière... 309
Grand-Thoret (Saut du), 44.
Grand-Veymont... 326
Granges (Cascade des), 47.
Granier........ 303
Granville....... 631
Gras (Les). 193, 201-203
Grasse......... 372
Gratusse (Saut de la), 44.
Grau-du-Roi..... 409
Graus-d'Olette (Bains des), 496.
Grave.......... 324
Grave (Péninsule de), 458, 484.
Gravelotte...... 507
Gravenne de Montpezat, 196.
Gravenne de Soulhiols, 196.
Gravenoire (Puy de), 51.
Gravona........ 727
Gray........... 271
Grenade (La)..... 824
Gréoulx........ 356
Griou (Puy)...... 94
Gris-Nez...... 534, 538
Groix (Ile de)..... 675
Gros (Puy)....... 95
Groseau........ 339
Grosne....... 221, 276
Gros-Rochard..... 638
Gruissan (Etang de), 499
Guadeloupe (La).. 824
Guérande....... 683
Guérande (Presqu'île de), 682-683.
Gué de Velluire... 76
Guêpie (La)..... 167
Guéret (Massif de), 63, 64.
Guernesey....... 632
Guéry (Lac de)... 41
Guétary........ 448
Gueule d'Enfer (Cascade de la), 496.
Guidon du Bouquet, 133, 135.
Guiers... 304-305, 392
Guildo (Château du), 657.
Guindy......... 660
Guisane........ 352
Guise.......... 531
Guitres......... 67
Guyane (Amérique). 824
Gyronde...... 322, 352

H

Hague (Presqu'île de la), 629.
Haguedick...... 620
Hainc......... 582
Haïti......... 823
Halatte (Forêt d').. 550
Ham.......... 545
Harfleur........ 591
Haumont....... 513
Haut-d'Honeck... 247
Haut-du-Sec..... 233
Hautecombe (Abbaye d'), 301, 302.
Haut-Mont...... 239

Havre (Le).. 591, 592
Heaux (Phare des). 660
Helpes......... 513
Hendaye..... 425, 448
Hennebont...... 676
Hérault, 119, 122, 123-126, 131.
Hérault (Départ. de l'), 785.
Herbauge...... 699
Héric...... 113, 117
Hers Mort...... 477
Hers Vif........ 476
Heute (Plateau de l'), 258.
Hève (Cap de la).. 604
Hiémois........ 620
Hière.......... 667
Hoedic (Ile d')... 678
Hondouville (Source d'), 608.
Honfleur.... 611, 612
Hôpitaux (Brèche des), 265.
Hortus (Montagne d'). 43.
Hort-Dieu (Cirque de la), 122.
Hospitalet (Causse de l'), 427.
Houat (Ile de).... 678
Hongue (Rade de la), 627.
Houlgate....... 611
Houplines...... 533
Hourtin (Etang d'). 456
Huine........ 641
Humbligny (Motte d'), 552.
Hures......... 144
Huveaune....... 366
Hyères......... 382
Hyères (Iles d')... 381

I

Ibères......... 757
Ignon......... 233
Ile-aux-Moines... 680
Ile de France..... 583
Ile de Grâce..... 606
Ile du Levant..... 383
Ile Grande....... 661
Ill............ 22
Ille........... 655
Ille et Rance (Canal d'), 655.
Incudine....... 724
Indo-Chine.. 841-842
Indre....... 560-561
Ingril (Etang d').. 410
Ino (Lac)....... 726
Iroise (Golfe de l'). 666
Irouselle (source de l'), 153.
Is (Ville légendaire d'), 670.
Isac.......... 656
Isère...... 313-330, 396
Iseran (Col d').... 314
Isigny (Chenal d'). 620
Isle.. 44, 45, 67-70
Isle sur Sorgue... 343
Ispagnac....... 150
Issarlès (Lac d'), 185, 195, 699.
Issoire......... 46
Issolu (Puy d').... 174
Italie (Frontière d'). 25

Iton........ 607-608
Ivel......... 656
Izernore........ 208
Izole.......... 674

J

Jabron......... 334
Jabron des Omergues, 340.
Jaleux......... 234
Jalles (Les)..... 483
Jamagne.... 246, 249
Janus (Mont)..... 351
Jardin de la France. 696
Jarnac......... 84
Jarreaux (Gour des), 61.
Jaudy......... 660
Jaujac (Coupe de). 197
Jaur....... 113, 117
Javols......... 104
Jersey......... 632
Jeumont........ 513
Joinville........ 523
Jonte. 144, 149, 153, 156
Jordanne....... 98
Josselin........ 656
Jouan (Golfe).... 386
Jouéou......... 467
Jouéou (Gouëil de). 468
Jouvence (Fontaine de), 446.
Joyeuse........ 498
Joyeuse Garde... 668
Jublains........ 638
Juine.......... 572
Julien (Pont).... 343
Jura........ 265-284
Jura (Percée du), 390-393.

K

Kérantrech...... 676
Kin Breis....... 648
Kymris......... 757

L

Labourd........ 806
Labrador....... 821
Lacaune (Monts de), 114-115.
Lafage (Montagnes de), 132.
Laigle......... 610
Laigne......... 235
Laisse......... 302
Laïta.......... 674
Lalinde (Rapides de), 44, 46.
Lalouvesc...... 187
Lamalou.... 117, 131
Lamanon (Pertuis de), 358, 360.
Lamothe....... 505
Lampy-Neuf (Lac de), 411.
Landerneau..... 668
Landes de Gascogne, 442-448, 484.
Landrecies..... 513
Langeac (Plaine de). 53
Langres........ 504

« 850 »

Index Alphabétique.

Langres (Plateau de), 233, 504, 521, 522.
Langue française, 793 ; — ses origines, 798-800 ; — supériorité du français, 800-802 ; — son universalité, 802 ; — pays francophones d'Europe, 813-818.
Languedoc. 765
Lannemezan (Plateau de), 470-473.
Lanoux (Le). 485
Lans. . 321, 324, 326-327
Lanterne. 252, 270
Lantouy. 469
Laon. 549
Lauvaux (Lande de). 647
Largue. 354
Lartige. 61
Lary. 73
Larzac (Causse de), 460-464.
Larzalier (Causse de), 182.
Lassois. 235
Lassolas (Puy de). . 51
Laugerie (Basse). . . 66
Laugerie (Haute). . . 66
Laumes (Plaines des), 229.
Laurière (Monts de). 57
Laval. 640
Lavalduc. 406
Lavedan. 435
Lavezzi (Ile des). . . 722
Lavours (Marais de). 302
Lay. . . . 707, 713-714
Layon. 697, 706
Lèche. 83
Leff. 660
Lège. 456-457
Légué (Port du). . . 658
Léguer. . . . .
Léman. . 294, 296-297
Lente (Forêt de). . . 328
Léon (Courant et Etang de), 451-452.
Léonnais. 662
Lérins (Iles de). . . 386
Lescar. 436
Lessay (Landes du). 626
Leucate (Etang et Pointe de), 497, 498.
Lévanna. 309
Lévezou. 448, 150
Leyre. . 454, 455, 456
Lez. 131
Lézarde. 594, 598
Lézardrieux. 660
Liamone. 721, 727
Liane. 539
Libourne. . 44, 45, 67
Libron. 413
Lien. 82
Lieuvrin. 611
Lignon Forézien, 190, 215, 693.
Lignon Vellave, 190, 690
Ligoure. 61
Ligures (Les), 757, 759, 760.
Lille. 527, 777
Lillebonne. 591
Limagne. . 51-52, 53, 54
Limeuil. 66
Limoges. . . 60, 67, 761
Limogne (Causse de), 468.
Limon. 178
Limousin. 55-58, 64, 67.

Limoux. 488
Lingas. 123
Lionne. 327
Lioran. 94, 98
Liquisse (La). . . . 160
Lis (Port du). . . . 84
Lis (Glacier du). . . 464
Lis (Torrent du). . . 463
Liscia. 724
Lisieux. 611
Lison. 275
Lit (Etang de). . . . 452
Liverdun. 250
Livradois, voy. Monts Dore.
Livradois (Plaine du), 212.
Livron (La Font. de) 469
Loches. 560
Locmariaquer. . . . 653
Lodève. 126
Loing. 571, 573
Loing (Canal du). . 574
Loir. . 567-569, 641, 642
Loire, 28, 185, 195, 223, 224, 226, 683-689-702
Loire (Val de). . . . 694
Loire Maritime (Canal de la), 698.
Loiret. 697
Lomagne. 471
Lomont. 259
Long (Pic). 429
Longemer (Lac de). 246
Longpendu (Etang de), 224.
Longuyon. 511
Longwy. 511
Lons-le-Saunier. . . 258
Lorient. 676
Lorient (Estuaire de), 675.
Lot. . . 468, 469, 470-474
Lot (Départ. du). . 776
Lot-et-Garonne. . . 776
Loue. . . 259, 274-275
Louge. 474
Louisiane. . . . 822-823
Loup. 372
Loup (Saut du). . . 97
Lourde (La). 68
Lourdes. 435
Lourdes (Lac de). . 418
Lozère. . . 136-138, 149
Lubéron. 346
Luchadou (Cascade de), 102.
Luchon (Monts de). 461
Luech. 135
Lugdarès (Monts de), 184.
Luguet. 94, 95
Lure. 75
Lure (Monts de). 340-341
Lure (Font. de). . . 254
Lusignan. 88
Lussac (Font de). . 83
Lustou (Pic du). . . 400
Lutèce. . . . 16, 587-588
Luxembourg (Frontière du), 21.
Luxeuil. 253
Luy de Béarn. . . . 432
Luy de France. . . 432
Luzech. 174
Luzège. . . 60, 64, 65
Luzières (Saut du). . 83
Lyon, 276-277, 393, 394, 742, 777.
Lyonnais (Monts du), 218-219.

Lyons (Forêt de). . 503
Lys. 532, 815

M

Machecoul. 709
Madagascar. 841
Madame (Ile). . . . 85
Madeleine (Monts de la), 217.
Madic. 43
Madon. . . . 239, 250
Maguelonne. 410
Maguelonne (Etang de), 410.
Mailhebiau. 104
Maillé. 78
Maillezais. 78
Maine (Rivière), 640, 642, 697.
Maintenon (Aqueduc et Vallée de), 570, 590.
Maire. 355
Maladetta. . . . 419, 464
Malarago (Etroit de). 392
Malène (La). . 152, 153
Malesherbes. 86
Malpertus (Roc de), 138, 149.
Malplaquet. 19
Manche (La), 27, 548, 663-664, 739.
Manche (Départ. de la), 776.
Mandailles (Cirque de), 98.
Manosque. 357
Mantes. 590
Maquis (Les). . . 729-730
Marais Breton, voy. Breton.
Marais de Brouc. . 79
Marais Poitevin. . 75-79
Marais de Saintonge. 79
Marans. 76, 87
Marborè (Le). . 423, 429
Marche. . . 58-60, 64
Marcillé-Robert (Etang de), 655.
Marcory. 118
Marcou. 113
Mare. 117, 692
Maremne. 446
Marennes. 80
Marensin. 446
Margeride, 99, 100-101, 137.
Marlois. 548
Marlotte. 575
Marmande. 10
Marne, 522-523, 579, 587, 589.
Marne au Rhin (Canal de la), 250.
Maromme. 597
Maronne. . . 95, 97-98
Marquenterre. . 542-543
Marquises (Iles). . . 824
Mars. 97
Marseille. . 378-379, 777
Marseille (Canal de). 357
Marseillon (Forêt de), 432.
Marsilly. 77
Mars-la-Tour. . . . 507
Martel. 159
Martel (Causse de), 179-180.
Martigues. 407

Martinique. 824
Martray (Isthme du). 89
Mary (Puy). 95
Mas d'Azil (Grotte du), 463.
Masfraulé (Gour de). 71
Masméjan. 195
Masmichels (Puy de). 57
Mas-Raynal (Abîme du), 161.
Massegros (Causse de), 147.
Masserac. 656
Massif Central, 37-38, 742.
Matheysine. 325
Maubeuge. 513
Maude. 56, 60, 61
Mauges (Pays des). 705
Maugnio (Etang de). 410
Mauléon. 438
Maumusson (Pertuis de), 81, 90.
Maupuy (Le). . . . 59
Maures (Montagnes des), 368-370, 765.
Maurice (Ile), 820, 841
Maurienne. . . . 316-317
Maye. 543
Mayenne (Rivière), 640, 642.
Mayenne (Ville). . . 640
Maynial. 153
Mazamet. . . 412, 445
Mazan (Monts de). . 184
Meaux. 523
Méditerranée. . . 27-28
Médoc. 483
Mégal. 193-194
Mégalithes en Bretagne, 647, 648-649, 654-654, 669, 677.
Meije. 324
Méjan (Causse), 143, 147
Ménamont. 238
Men-Ar-Hrock. . . . 653
Mende (Causse de). 174
Méné. 645
Méné-Hom. 648, 668, 669
Ménilmontant (Réservoir de), 583.
Menton. 388
Mercœur. . . . 46, 703
Mercoire (Forêt de), 52, 483.
Mercurol. 703
Mercury. 703
Mer du Nord. . . . 534
Mérinchal (Monts de), 59.
Merlerault. . . 640, 641
Metz. 251, 814
Meu. 655
Meurthe. . . . 11, 22, 250-251.
Meuse, 504-505, 510-513
Meuse (Hauts de la). 505
Mézenc (Le), 104, 185-187, 203.
Mézières. 512
Miaune. 494
Midi (Aiguille du). . 289
Midi (Canal du), 477, 488
Midi de Bigorre (Pic du), 420.
Midi de Pau (Pic du), 428.
Midou ou Midour. . 441
Midouze. 441
Miéges (Val de). . . 259
Miélandre. 333

« 851 »

Index Alphabétique.

Mignon. 87
Millevache (Plateau de), 56, 65, 66.
Milobre de Massac. 487
Mimente. 149
Mimizan. 454
Mimizan (Courant de), 452-454.
Minerve. 120
Minerve (Causse de), 119.
Minervois (Monts du), 118-120.
Miouse (Etang de la), 64.
Miousette. 64
Mirebalais. 706
Mirecourt. 239
Mi-Voie (Lande de). 656
Modane. 317
Moine. 706
Moissac. 156
Molène. 664
Mollières (Chaînon des), 221.
Monaco. . . . 387-388
Monédières (Les), 57, 65, 66.
Monné. 220
Monpazier. 479
Montagne-Noire de Bretagne, 648-649.
Montagne-Noire de Languedoc, 111, 488, 489.
Montahuc. 118
Mont-Aigu. 233
Montalafiat. 195
Montalet (Roc de). 115
Montalivet. 484
Montane. 66
Montargis. . . 572, 573
Montauban. 156
Montbazens (Causse de), 168.
Monthel (Causse de). 182
Mont-Blanc. . 287-291
Mont-Blanc (Aiguilles et glaciers du), 288-289, 291.
Montbrison. 213
Montbrison (Volcans de), 213-214.
Montbron. 70
Montcalm. . . 465, 814
Mont-Cenis. 310
Montchier (Puy de). 51
Montdardier (Causse de), 160.
Mont-de-Marsan. . . 441
Mont-Dol. 635
Mont-Dolan. 25
Mont-d'Or. 249
Mont-Dore (du Jura). 265
Mont-Dore-les-Bains, 38, 41, 42.
Monte-d'Oro. 724
Monteil. 167
Montélimar. 396
Montendre (Lande de), 73.
Montereau. 237
Mont-Fleuri. 398
Monts-Français. . . 38
Montfrin. 130
Monthermé. 514
Mont Hivernesse. . 336
Montignac. 66
Montvernoux. . . . 103
Montjughéat (Puy de), 51.
Montlieu. 85

Montluçon. 557
Montmédy. 511
Montmeillan. . . . 78
Mont Mercure. . . 703
Montmirat (Col de). 147
Montmorillon. . . . 64
Montoisset. 264
Montoncel (Puy de). 216
Montoux (Défilé de), 391
Montpellier-le-Vieux, 157-158.
Mont-Perdu. . 422-429
Montréal. 230
Montreuil-Bellay. . 705
Montricoux. 168
Montrond. 264
Mont-Saint-Michel, 633-634, 707.
Mont-Saint-Michel (Baie du), 633-637.
Montsineyre. . . . 40
Montsineyre (Lac de), 40.
Montsouris (Réservoir de), 583.
Montusclat. 336
Montvalent. 176
Mont-Valérien. . . 585
Morbihan. . 680-681, 803
Moret. 574
Morge. 24
Morin. 578
Morlaix. 661
Mortagne. 251
Mortagne sur Sèvre. 706
Mortain. . . . 636, 638
Morteau. 273
Mortier (Saut du). 267
Morvan. . . 224-227, 603
Moselle, 11, 22, 248-252.
Moselotte. 249
Mothe-Saint-Héraye (la), 87.
Motte (La). 106
Motte (Lac de la). 263
Motte-Beuvron. . . 555
Mouillère (Font de la), 274.
Moulins. 54
Mounier. 373
Moures ou Mocres (Les), 530, 535.
Mourèze (Cirque de). 159
Moustier-Sainte-Marie, 355.
Mouzon. 504
Munia (Pic de la), 423, 429.
Murat. 96
Murols (Château de). 47
Mussidan. 67
Myans. Voy. Abîmes.

N

Naguile (Etang de). 466
Najac. 168
Nancy. . . . 251, 739
Nant. 157, 158
Nantes. 697, 698, 741, 761
Nantua (Lac de). . 262
Napoule. 385
Narbonne. 489, 499, 760
Narbonne (Roubine de), 489.
Narce (Plateau de la), 184.

Narlay (Lac de). . 263
Narturby. 368
Naurouze (Col de), 410, 488.
Navacelles (Cascades de), 125.
Navarre. 806
Né. 84
Nebbio. . . . 718, 719
Néez. 435
Nègre (Pic de). . 475
Neige (Crêt de la). 264
Neiges (Glacier des), 428.
Nemours. 571
Néouvieille (Massif et pic de), 429.
Nemetum. 50
Nerte (Tunnel de la), 365
Nesque. 345
Neste, 431, 469-470, 776
Neste (Canal de la), 472-473.
Neubourg (Campagne de), 609.
Neufchâtel en Bray. 602
Neuffons (Source de), 459.
Neuilly sur Seine. . 589
Neuville. 268
Nevers. 693
Neyrac-les-Bains. . 196
Nez de Jobourg. . 629
Nice. 373, 387
Nice (Canal de). . 376
Nid de l'Aigle (Le). 171
Nièvre. 693
Niger. 833
Nîmes. 133-134, 760, 811
Nîmes (La Font de). 133
Ninian. 609
Niolo. . . 725-726, 732
Niort. 75, 87
Nipissing (District de), 821
Nive. 438-439
Nivelle. 433
Nivolet. 301
Nizonne. 69
Nohain. 694
Noir (Causse), 148, 156-158.
Noir (Glacier). . . 322
Noirmont. . . 265, 272
Noirmoutiers (Ile de), 707, 709-711.
Nonnette. 550
Nontron. 74
Nord (Départ. du). . 805
Nore (Pic de). . . 112
Normandie, 598-600, 602-604, 605, 765.
Normands. 764
Notre-Dame-de-Livron, 169.
Notre-Dame-des-Anges (La Font de), 339.
Notre-Dame-des-Anges (Mont de), 369.
Notre-Dame de Monts, 707.
Notre-Dame-des-Monts, 211.
Nouvelle. 499
Nouveau-Brunswick, 821.
Noyers. 230
Nozeroy (Plateau de), 259.
Nugère (Puy de), 51
Nyons. 334

O

Obiou (Mont). . . . 338
Oc (Langue d'). 809-811
Odet. 673
Odouze (Mont). . 56, 60
OEil de la Doux. . . 180
OEuf. 572
Ognon, 23, 248, 253-254, 271.
Oignin. 267-268
Oïl (Langue d'). 809-814
Oisans. 321
Oise. 531, 533, 547-551
Oison. 542
Olan (Pic d'). . . 323
Olargues (Mont d'). 118
Oléron (Ile d'). 89, 90-92
Olette. 496
Olioules (Gorges d'). 381
Olme (Rochers de l'), 413.
Olonne. 712
Olonzac (Causse d'). 163
Oloron. 437
Olympe (Mont). . 365
Ombres (Roc des). 95
Ondon (Puech d.). 154
Onne. 468
Ontario. 821
Oo (Lac d'). . . . 460
Oo (Monts d'). . . 460
Oo (Port ou col d'). 460
Orange, 334, 396, 760
Orb (L'). 460, 117, 118.
Orbe. 277-278
Orbec. 613
Orbieu. 489
Orezza. 730
Orédon (Lac d'). 430, 469
Orgon (Cascade d'). 123
Orhy (Pic d'). 427, 808
Ornain. 523
Ornans (Plateau d'). 259
Orne. 623-624
Orne (Départ. de l'). 776
Orne Saosnoise. . 641
Orne de Woëvre. . 252
Oro (Campo dell'). 724
Orouze (Mont). . 338
Orthez. 436
Othain. 511
Othe (Pays d'). . . 520
Ouanne. 573
Ouche. . . 232, 271, 614
Oudon. 640
Ouessant (Ile d'), 664-665.
Oult. 656
Ource. 236
Ourcq. 523
Ourcq (Canal de l'). 583
Ouve. 625
Ouvèze d'Auvergne. 204
Ouvèze du Dauphiné, 335, 396.
Ouysse. . . . 178-179

P

Padirac (Puits de). 177
Paglia Orba. . . . 724
Paillon. 376
Paimbœuf. . 698, 704
Paimpol. 659

Index Alphabétique.

Paimpont (Monts de), 646.
Pal (Mont du)..., 154
Paladru (Lac de). . 305
Palais du Roi. . 102-103
Palanges (Montagne des), 147, 154.
Palisse (Orgues de la), 690.
Pallice (Rade de la). 77
Palme (Etang de la), 498.
Palud......... 452
Pampelonne..... 205
Pamproux...... 87
Paolive (Roches de). 498
Parade (La)..... 144
Parayres (Source des), 453.
Pariou (Puy de)... 50
Paris, 582-589, 739-740, 761, 777.
Paris (Bassin de). . 243
Parmelan....... 298
Parthenay...... 705
Pas de Calais, 535, 536-538.
Pas-de-Calais (Départ.), 777.
Pas-de-Riot (Réservoir du), 192, 689.
Pas des Soucis... 153
Pau........ 435, 741
Pau (Gave de), voy. GAVE.
Pauillac....... 483
Pavin (Lac). . 39-40, 46
Pays-Bas...... 73-74
Péclet........ 313
Pédroux (Pic)... 466
Pélat......... 347
Pelvoux. . 320, 321, 786
Penfeld....... 666
Pénitents des Mées. 354
Penmarch..... 672
Penmarch (Torche de), 672.
Penne......... 168
Penzé......... 662
Perche.... 563-564, 570
Perche (Col de la). 486
Perche (Petit).... 564
Perche Gouet.... 564
Périgord..... 66, 68
Périgord (Crates du). 72
Périgueux.... 67, 761
Pérols (Etang de). . 410
Péronne....... 545
Perpignan..... 496
Perron (Saut du). . 693
Perseigne (Forêt de), 621.
Perthois....... 515
Péruse......... 82
Pesquier (Source du), 149.
Pesqueyroux..... 44
Petite-Flandre.... 79
Pévèle (Mont).... 527
Peyrabout (Puy de). 59
Peyre (Roc de)... 104
Peyre-Arse...... 95
Peyrebeilles (Mont de), 483-484.
Peyredeyre (Gorges de), 690.
Peyrehorade..... 436
Pézenas....... 126
Phalsbourg..... 751
Picardie..... 533-534
Picheron (Saut de). 155
Pierre-Châtel.... 392

Pierre-du-Charbonnier, 217.
Pierre-du-Jour.... 217
Pierrefonds (Château de), 549.
Pierre-Lys (Défilé de), 488.
Pierre-Menue.... 311
Pierre-Pertuis.... 288
Pierres Noires (Chaussée des), 664.
Pierre-sur-Haute, 212, 691.
Pilat.... 191-192, 395
Pilatte (Glaciers de la), 322.
Pilier (Ilot)..... 710
Pilon du Roi (Le). 365
Pin en Mauges... 705
Pinay (Saut de)... 693
Pique......... 468
Pique d'Estats... 465
Pithiviers...... 571
Plaine........ 251
Pluine Flamande.. 526
Planche d'Arlod... 391
Planche des Belles filles, 248.
Plan de Canjuers.. 355
Plan de Cuges.... 366
Plan de la Bouilloure, 495.
Plan de la Caille.. 371
Plancy........ 253
Planèze........ 99
Plantaurel...... 421
Plateau Central, voy. MASSIF CENTRAL.
Plateau des Lacs (Le), 106.
Platey (Désert de). 298
Plèche (La).... 105
Plombières.... 253
Plouharnel..... 652
Ploumanach (Roches de), 661.
Pluie en France. 744-748
Point Sublime (Le). 148
Pointue (La Roche). 97
Poissonnière (Manoir de la), 569.
Poissy........ 590
Poitiers... 87, 88, 761
Poitou.... 74-75, 713
Polignac...... 209
Pont-Audemer... 610
Pontaven...... 674
Ponts de Cé.... 697
Pont-de-Monvert, 438, 149.
Pont-du-Diable... 295
Pont-du-Roi..... 468
Pont-du-Sault.... 392
Pont-en-Royans... 329
Ponthieu...... 533
Pontivy....... 676
Pont-Long..... 432
Pont-Navet..... 300
Pontoise...... 551
Pont-Saint-Esprit.. 396
Pontscorff..... 676
Pornic....... 707
Porquerolles.... 382
Portbail (Isthme de), 625.
Port-Breton..... 711
Port-Cros...... 383
Port Miou (Rivière de), 380.
Portillon...... 460
Porto (Golfe de)... 720

Porto-Vecchio (Golfe de), 722.
Portrieux...... 658
Port-Vendres.... 492
Posces........ 590
Pougnadoires... 152
Pouldu (Anse du). 674
Pouliguen..... 682
Pourcheyrolles... 196
Pourseille..... 196
Poutroye...... 23
Pradelles..... 206
Pradelles (Monts de), 184.
Prades........ 496
Pralognan..... 312
Prénelay...... 226
Prigue (Puy de).. 485
Provence...... 705
Provence (Monts de). 363
Provins....... 578
Prunelli...... 727
Prunjet (Chateau de), 64.
Pucelle (Saut de la), 177.
Puignal....... 485
Puisaye..... 516, 573
Puits-des-Bancs (Grotte du), 336.
Puits-Billard.... 275
Puybrun....... 98
Puy-de-Dôme, Voy. Dôme.
Puy-en-Velay, 207-209, 690.
Puy-l'Evêque.... 174
Puyvert (Lac de). 476
Pyfara....... 187
Pyrénées, 414-431, 460-462, 462-470.
Pyrénées Orientales, 431.

Q

Quatre Montagnes.. 326
Québec..... 739, 779
Quélern (Lignes de). 668
Quéménés..... 664
Queyras...... 252
Quiberon (Baie de). 677
Quiberon (Presqu'île de), 677.
Quillan....... 488
Quillebœuf.. 590, 591
Quimper...... 673
Quimperlé..... 674
Quissac...... 133

R

Rabanel...... 121
Rabastens..... 156
Rabodeau..... 251
Rambervillers... 251
Ramponneuche (La), 426.
Rance..... 642, 645
Rancé (Le)..... 461
Rancogne...... 70
Rançon....... 598
Randon (Mont)... 101
Raspes (Rapides des), 155.
Ravaillac...... 82
Ray-Pic...... 196

Raz (Pointe du). 669-670
Raz-Blanchard... 629
Ré (Ile de). 75, 77, 89-90
Réart........ 495
Reculet de Thoiry.. 264
Redon....... 655
Reims..... 524, 761
Reims (Montagne de), 519.
Remoray (Lac de). 264
Remoulins..... 130
Renoso....... 727
Rennes.... 646, 655
Réole....... 481
Réservoir du Pont. 231
Restonica..... 726
Retournemer (Lac de), 247.
Retz (Pays de)... 699
Revard....... 304
Réveillon..... 177
Revel....... 111
Revermont..... 281
Revin........ 512
Reyssouze... 276, 283
Rezonville..... 507
Rhin (Frontières du), 14, 15.
Rhin (Bas).... 10, 813
Rhin (Haut).... 11, 813
Rhins...... 222-223
Rhône, 205, 265, 296, 388-400, 403-406, 746.
Rhône (Canal du), 405-406.
Rhône au Rhin (Canal du), 254.
Rhuis (Presqu'île de), 681.
Rhune..... 426, 808
Rialp (Pic de)... 466
Ribérac....... 69
Riez (Ile de)... 707
Rignac (Ru de).. 177
Rille........ 610
Rimarde...... 572
Rives........ 325
Rivesaltes..... 490
Roanne....... 693
Robec....... 597
Rocamadour.... 175
Roche (Cascade de la), 209.
Roche-Bernard... 657
Roche-Berthier (La). 70
Rochebonne..... 89
Rochebrune.... 347
Roche-Chalais (La), 70, 75.
Rochefort.... 85, 785
Rochefort (Aiguille de), 289.
Rochefoucauld (Château de la), 70.
Rochegude..... 210
Rochelle (La), 77, 78, 785.
Rochecourbe.... 331
Rochemaure. 205, 396
Rochemelon.... 309
Roche-Posay (La). 64
Rocher Pointu.... 204
Rocherolles (Château de), 64.
Roche Rouge (La). 153
Rochers du Claps.. 333
Roche-Sanadoire (La), 41.
Roche-sur-Yon (La). 714
Roche-sur-Yonne (La), 231.

Index Alphabétique.

Rochetaillée (Réservoir de), 192, 689.
Roche Tuilière (La). 41
Rocroi. 20
Rodez. 165
Rodez (Causse de), 165-167.
Rognon. 522
Roger (Fontaine de). 610
Rohan. 656
Roland (Pas de). 439
Romanche . . . 324-326
Romorantin. . . . 556
Roncevaux. . . . 427
Ronzo (Causse de). 200
Roquebrou. 98
Roquecourbe. . . . 115
Roque de Corn (La). 478
Roquefavour (Aqueduc de), 358, 365, 379.
Roquefort d'Aveyron, 160, 163.
Roquefort de Marsan, 441.
Roquefort (Causse de), 163.
Roscanvel (Presqu'île de), 668.
Roscoff. 662
Rotondo (Monte) . 724
Roubaix. 527
Roubion. 334
Rouen. 590, 593
Rouergue. . . 164, 168
Rouloir de Conches. 608
Roumois 609-610
Rousse (Ile) 719
Rousses (Lac des), 24, 262.
Roussillon. 496
Roux (Cap). 385
Roya 25, 376
Royan. 484
Royannais. . . 327-328
Royat (Gorges de). 51
Ruchard (Landes du), 561.
Ruc. . . 42-43, 93, 97
Rue de Cheylade. . 97
Ruelle. 84
Ruffec. 82
Rumilly (Forêt de). 516
Ruoms (Cagnon de), 198, 201.

S

Saâne. 602
Sables d'Olonne (Les), 712.
Sabo (Saut de) . . 455
Sagone (Golfe de). . 721
Sagone (Fleuve de), 721
Sahara. 835
Saillans (Cascade du), 47.
Saint-Affrique (Causse de), 163.
Saint-Amand-Mont-Rond, 557.
Saint-Ambroix. . . 135
Saint-Andéol (Lac de), 105.
Saint-André. . . . 608
Saint-André (Plaine de), 608-609.
Sainte-Anne-d'Auray 680.
Saint-Anthème. . . 214

Saint-Antoine de Galamus, 486, 490.
Sainte-Austreberte . 597
Sainte-Barbe (Cap de), 448.
Sainte-Baume (La), 365, 381.
Saint-Béat. 468
Saint-Benoît-sur-Loire, 694.
Saint-Benoît-du-Sault, 812.
Saint-Brieuc (Baie de), 658.
Saint-Césaire. . . . 374
Saint-Chély. . . . 152
Saint-Cirq-Lapopie. 174
Saint-Clair (Pilier de), 411.
Saint-Cloud. . . . 589
Saint-Cyr (Monts de), 379.
Saint-Denis. . . . 590
Saint-Denis (Fontaine de), 603.
Saint-Dizier. . . . 522
Sainte-Enimie. . . 151
Saint-Etienne. 192, 777
Sainte-Eulalie (Courant de), 453.
Saint-Félix (Monts de), 411.
Saint-Félix-de-Caraman, 111.
Saint-Ferréol (Bassin de), 411.
Saint-Florent (Golfe de), 718, 719.
Saint-Flour. . . . 99
Sainte-Foy-la-Grande, 45, 46.
Saint-Frézal (La Font de), 472.
Saint-Front (Lac de). 494
Saint-Galmier. . . . 219
Saint-Gaultier. . . 63
Saint-Germain-en-Laye, 590.
Saint-Gervais (Bains de), 292.
Saint-Gildas (Ile de), 660.
Saint-Gilles (Havre de), 712.
Saint-Guilhem-le-Désert, 42, 125.
Saint-Herbot (Cascade de), 648.
Saint-Hippolyte-du-Fort, 132.
Saint-Honorat. . . 386
Saint-Jean-d'Aurcillan (Crète de), 119.
Saint-Jean-de-Blagnac, 46.
Saint-Jean-de-Luz. . 448
Saint-Jean-de-Maurienne, 317.
Saint-Jean-de-Monts, 707.
Saint-Jean-Pied-de-Port, 806.
Saint-Julien (Etang de), 452.
Saint-Junien. . . . 61
Saint-Laurent-les-Bains, 198.
Saint-Lizier. . . . 474
Saint-Lô. 624
Saint-Louis. . . . 405
Saint-Louis (Canal). 404

Saint-Loup (Pic de), 126, 131, 413.
Sainte-Lucie. . . . 824
Saint-Maixent. . . 87
Saint-Malo. . . 644-645
Saint-Malo (Baie de), 657.
Saint-Marcel (Grotte de), 206.
Sainte-Marguerite (Ile), 386.
Saint-Marien (Monts de), 59.
Saint-Martin-d'Estréaux, 217.
Saint-Martin-du-Fouilloux, 703.
Saint-Martin (Ile de), 89, 499.
Saint-Martin-Valmeroux, 98.
Saint-Martory (Canal de), 473.
Saint-Mathieu (Pointe de), 666.
Sainte-Maure (Plateau de), 560.
Sainte-Menehould. . 507
Saint-Michel-de-Brasparts (Mont.), 648.
Saint-Michel-de-Mont-Mercure, 703.
Saint-Nazaire. . 698, 702
Saint-Nazaire (Etang de), 494-495.
Saint-Nectaire. . . 41
Saint-Nicolas-de-Campagnac, 129.
Saint-Pardoux. . . 69
Saint-Pierre-Colamine, 46.
Saint-Point (Lac de), 261.
Saint-Pol. 662
Saint-Pons. 117
Saint-Privat. . . . 507
Saint-Quay (Iles de), 658.
Saint-Quentin (Canal de), 531.
Saint-Raphaël. . . 385
Sainte-Remèze (Causse de), 199.
Saint-Rigaud (Mont), 220.
Saint-Riquier (Fontaine de), 603.
Saint-Romain-le-Puy, 213.
Saint-Saturnin-de-Tartaronne, 173.
Saint-Sauveur (Lac de), 478.
Saint-Savinien. . . 84
Saint-Servan. . . . 645
Saint-Séver. . 432, 440
Saint-Trojan. . 80, 92
Saint-Tropez (Golfe de), 384.
Saint-Vaast-de-la-Hougue, 628.
Saint-Valéry-en-Caux, 602.
Saint-Valéry-sur-Somme, 543, 614.
Saint-Véran. . . . 347
Saint-Véran du Tarn, 159.
Sainte-Victoire. . . 364
Saint-Victor (Gorges de), 691.

Saint-Vincent (Gour de), 67, 68.
Saint-Vincent (Mont de), 223.
Saint-Vivien. . . . 484
Saintes. . . . 84, 761
Saintes-Maries-de-la-Mer (Les), 400.
Saisse (Saut de la). 267
Saintonge. 84
Saintonge (Craies de la), 72.
Salanque. . . 496, 497
Salat. 474
Salau (Port ou col de), 462.
Salers. 97
Salers (Plateau de). 95
Salève. 298
Salbicus (Lac des). 105
Salles de Béarn. . . 437
Salins (Cascade des). 97
Salins de Savoie. . 315
Sullanches. . . 292, 293
Salles-la-Source, 166, 173.
Salon. 364
Salses. 497
Salvetat (Monts de la), 114.
Sambre. 513
Sammon. 655
Samoens. 292
Sanary. 379
Sancerre (Massif de). 552
Sancy (Puy de), 38-39, 41, 42, 46.
Sangatte. 537
Sanguinaires (Iles). 721
Sanon. 22
San-Pietro (Mont de), 730.
San-Pietro-di-Verde (Forêt de), 729.
Santa-Manza (Golfe de) 722.
Santa-Regina (Scala de), 725.
Santoire. 97
Sanxay. 88
Saôlon. 233, 271
Saône, 238, 239, 268-272, 276-277, 281, 282, 393-394.
Saorge. 377
Saosnois. 621
Saou (Forêt de). . 331
Sarre. 252
Sarre Blanche . . . 22
Sartène. 728
Sarthe, 569, 621, 640-641
Saujon. 79, 81
Sauldre. . . . 556, 558
Saule (Saut de la). . 43
Saule (Mont). 233, 521
Sauliac. 175
Saulieu. 230
Saulx. 522
Saumail. 413
Saumon (Saut du). . 65
Saumur. . . . 697, 706
Sautadet (Le). . . . 136
Saut-du-Pinay (Réservoir du), 689.
Sautel (Pont du). . . 323
Sauternes. 459
Sauvage (Côte). . . 90
Sauvageon. 195
Sauvages (Tunnel des), 222.
Sauvagnac (Puy de). 57

Index Alphabétique.

Sauve.... 133
Sauveterre (Causse de), 144, 147, 167.
Sauvette...... 369
Save........ 471
Saverne....... 10
Savières (Canal de), 302, 303.
Savoie....... 742
Savoureuse... 23, 254
Saxons....... 763
Scarpe....... 532
Schlestadt..... 11
Schlucht (Col de la). 248
Scie........ 602
Scorff....... 676
Séculéjo (Saut de). 461
Sedan....... 505
Sédelle....... 63
Séc....... 635-636
Sées........ 623
Ségalas (Les), 155, 164, 167.
Sègre...... 26, 486
Seiche....... 655
Seigné (Mont)..... 154
Seille de Bresse, 276, 283.
Seille de Lorraine, 22, 251.
Sein (Ile et Chaussée de), 670-671.
Seine, 28, 237, 579-582, 587-592, 740.
Sélé (Glacier du). 322
Selle........ 546
Sélune....... 636
Semène..... 190-194
Semnos....... 298
Semouze...... 253
Semoy..... 510-511
Semur-en-Auxois.. 231
Sénart (Forêt de).. 576
Senonches (Forêt de), 570.
Sens...... 237, 761
Sensée....... 531
Sept-Laux (Les).. 320
Séranne...... 121
Sercq....... 632
Serein..... 230-231, 237
Sermur (Montagne de), 59.
Serre........ 548
Serre de Pailhos.. 450
Serrère (Pic de)... 466
Servance (Ballon de), 248, 253.
Servière (Lac de).. 41
Servissas..... 209
Settons (Réservoir des), 225, 228.
Seudre..... 79-80
Seuge....... 101
Seugne....... 85
Seulles....... 617
Sève........ 625
Séverac (Causse de), 147, 150.
Séveraisse..... 323
Sèvre Nantaise. 697, 706
Sèvre Niortaise.. 86-87
Sèvres....... 589
Seychelles (Les).. 820
Seyne (La)..... 381
Siagne....... 374
Siagnole...... 372
Sicbon....... 216
Sidobre...... 145
Silan (Brèche de). 265
Silan (Lac de)... 263

Sienne....... 630
Sigean..... 489, 498
Sillé (Forêt de)... 638
Sillon de Bretagne. 699
Sillon de Talbert.. 660
Simplon.... 310-311
Sioule..... 54-55
Sioulet....... 54
Sisteron...... 353
Sixt........ 292
Soissons...... 524
Solenzara..... 723
Solnan....... 283
Sologne, 553-556, 692, 695.
Somme, 531, 533, 539, 543-547.
Somme (Baie de la). 543
Somme-Soude... 523
Sommières..... 133
Sore........ 456
Sorèze....... 111
Sorgues de Vaucluse, 344-345, 397.
Sorgues du Larzac, 160-161.
Sornin..... 223, 693
Sorps...... 66, 742
Souche....... 548
Souci (Perte du).. 68
Soucis (Source des). 453
Souillac....... 44
Soulac....... 438
Soulaines (Forêt de), 515.
Soule........ 806
Soulle....... 631
Souloise... 323, 336-337
Soultz (Ballon de). 245
Sourde (La Roche). 453
Sourzac (Cascade de), 67.
Soustons (Courant de), 451.
Soustons (Etang de), 451.
Spelunca...... 720
Stenay....... 506
Strasbourg... 11, 763
Suc de Bauzon, 195, 690
Suc du Pal..... 195
Sucinio (Château de), 684.
Suèves....... 763
Suippe....... 524
Suisse..... 816-818
Suisse (Frontière de), 23-25.
Sumène..... 44, 97
Superbe...... 579
Surmelin...... 523

T

Tabe (Pic de).... 421
Tacon....... 267
Taillebourg..... 84
Taillon....... 429
Tain........ 396
Taïti........ 324
Talberg (Sillon de), voy. SILLON.
Talmont...... 482
Tanargue..... 184
Tancarville (Canal de), 592.
Tancarville (Château de), 591.
Tantajo (Pic).... 119

Tarare....... 222
Tarare (Monts de).. 222
Tarascon sur Rhône. 397
Taravo....... 727
Tarbes....... 440
Tardes..... 59, 557
Tardoire.... 70-71, 82
Tardonnenche.... 127
Tarentaine..... 97
Tarentaise..... 314
Tarn.. 138, 149-150, 478
Tarn (Cagnon du), 150-152.
Tarn et Garonne, 776, 785.
Tarnier (Mont).... 207
Tarnon.. 127, 144, 149
Tartagine (Bois de). 729
Tartaret....... 47
Tartas (Mont)... 207
Tartas....... 441
Taurion..... 60-61
Tauron (Trou du). 468
Taute....... 625
Tavaria.... 721, 728
Tavaro....... 721
Tavignano.. 723, 726
Tazana (Gour de).. 49
Tech..... 49, 493-494
Tende (Col de)... 377
Tenneverge (Pointe de), 292.
Ternay (Réservoir du), 189, 192.
Ternois.... 533, 541
Ternoise...... 541
Terrasson...... 66
Terres-Basses... 306
Terres-Chaudes... 72
Terres-Froides... 306
Têt... 486, 493-496
Tête d'Ours (La).. 248
Tête-Rousse (Glacier de), 292.
Thau (Etang de), 411, 412.
Thabor (Mont).... 311
Thelle....... 601
Théols....... 558
Thérain...... 551
Thérouanne.... 533
Thiérache..... 533
Thiers....... 212
Thimerais.. 567, 608
Thionville..... 252
Thiou....... 300
Thonon....... 208
Thoré....... 115
Thorey (Cascade de), 208.
Thorus (Plateau de). 89
Thouars...... 705
Thouet... 697, 705-706
Thuyets (Volcan de). 496
Tier........ 304
Tignes....... 314
Tille.... 233, 234, 271
Tindoul de la Veyssière, 165.
Tinée....... 375
Tinibras...... 373
Tiretaine...... 51
Tombelaine (Ile de), 634, 707.
Tombouctou..... 834
Tomé (Ile de).... 660
Tonnay-Charente.. 84
Tonnerre..... 231
Tonquedec (Château de), 661.
Touat....... 833

Toul........ 250
Toul-Goulic... 675-676
Toulinguet..... 669
Toulon..... 380-381
Touloubre... 364, 408
Toulouse.... 477, 760
Toulouse (Plaine de), 474-475.
Toulx - Sainte-Croix. 59
Touques.. 611, 612, 613
Tourcoing..... 527
Tourmont...... 540
Tourne (Fontaine de), 206.
Tournette..... 189
Tournon...... 189
Tournoux..... 253
Tourouvre (Sylves de), 607.
Tours..... 696, 761
Tourvéon...... 220
Tousque (Landes de la), 454.
Toussière (Montagne de), 332.
Toutes-Aures.... 172
Touvre... 60, 74, 82-84
Trappe (Vallon de la), 607.
Trans (Font de)... 368
Travo....... 723
Tréguier...... 660
Treignac...... 65
Treize-Eglises (Pierre des), 638.
Trélatête (Glacier de), 292.
Tremblade (La). 81, 785
Trépassés (Baie des), 670.
Trévaresse..... 363
Trèves....... 764
Trévezel... 157, 159
Trévoux...... 253
Trieux..... 659-660
Trieux de Nontronnais, 70.
Trièves...... 324
Triguères..... 573
Trinité....... 824
Trois-Cornes (Pic des), 59.
Trois-Evêchés (Pic des), 354.
Trois-Fontaines (Sylve de), 515.
Troumouse (Cirque de), 423.
Tronquière (Monts de la), 175.
Trouville...... 612
Troyes....... 761
Truc de l'Aire.... 138
Truc de Finiels... 138
Truc de Fortunio.. 103
Truc de la Garde.. 104
Truc de l'Homme.. 103
Truc des Laubies.. 138
Truyère, 95, 99, 101, 106, 107-108, 172.
Tuamotou...... 824
Tuchie....... 374
Tudy (Ile)..... 673
Tumiac (Tumulus de), 681.
Tude (Rochers de la), 121.
Tulle........ 66
Turdine...... 222
Turenne...... 175
Turia....... 309

(855)

Index Alphabétique.

U

Ubaye........ 353
Urbino (Etang d').. 723
Urdos (Gorge d').. 437
Urle (Porte d'), 327-328
Urugne.. 148, 171, 172
Ussat........ 475
Ussel...... 65, 174
Usses....... 301
Usson....... 488
Uxellodunum, 44, 65, 174, 176.
Uzège....... 202
Uzès........ 130
Uzore (Mont).. 213, 214

V

Vache (Puy de la). 51
Vaire........ 374
Vaison..... 335, 339
Val (Forêt du)... 515
Valbonnais..... 323
Valbonne.... 268, 279
Valcarès...... 402
Valdaine...... 334
Val d'Isère..... 314
Valdoniello (Forêt de), 725, 729.
Valence....... 328
Valenciennes.... 532
Valgodemar..... 323
Valinco (Golfe de), 721, 727.
Vallespir...... 433
Vallier (Mont).... 421
Vallière...... 283
Valloire...... 308
Vallon....... 199
Vallouise... 352, 786
Valmasque..... 346
Valois....... 550
Valserine.... 296, 391
Vanne, 237, 520, 524, 583
Vanne (Siphon de la), 575.
Vanoise. ... 312-313
Var...... 373-375
Varenne du Maine. 640
Varenne de Normandie, 602.
Varne........ 536

Vaucluse (Fontaine de), 343-345.
Vaucluse (Plateaux de), 345.
Vaudémont (Coteau de), 239.
Vauville (Anse de). 630
Veillards (La Font de), 85.
Velay..... 194, 690
Venasque...... 462
Vendée... 87, 706, 713
Vendôme...... 568
Vendres....... 489
Venelle....... 234
Vénéon.... 321, 324
Ventadour (Château de), 65.
Ventalon...... 127
Ventoux (Mont).. 339
Ventron...... 248
Vercors....... 327
Verdun.... 272, 505
Verdun (Mont).... 213
Vergeroux (Les).. 85
Vermandois..... 533
Vernaison...... 327
Vernay (Pont de). 705
Vernazoubre.... 117
Verneuil....... 584
Vernay (Pont de). 705
Véron....... 696
Versailles...... 590
Versoix.... 24, 266
Vert........ 437
Verte (Aiguille)... 289
Vertus (Montagne de), 520.
Vesles....... 524
Vesoul....... 270
Vésubie.... 375-376
Veules....... 602
Veulettes...... 602
Veuze....... 308
Vexin.... 592-594
Veyle..... 276, 283
Veys (Baie des), 619-620, 625.
Vézelay....... 238
Vézère, 44, 57, 60, 65-67, 462.
Vézoles (Saut de). 113
Vezouze.... 22, 251
Viadène...... 104
Viaur.... 164-165, 168
Viauc (Igue de)... 177
Vic (Etang de)... 410

Vicdessos...... 476
Vichatel (Puy de).. 51
Vichy..... 54, 216
Vidourle.... 132-133
Vie......... 712
Vieilles (Source des). 610
Vienne, 38, 60-62, 88, 395, 696.
Vienne du Dauphiné, 307.
Vierzon....... 557
Vieux-Boucau, 442, 450
Vieux (Château), 711, 450.
Vieux-Salins (Les). 383
Vigan (Monts du), 121, 122-123.
Vigne..... 584, 607
Vignemale...... 424
Vignoble (Le)... 281
Vilaine... 646, 654-657
Villecomtal.. 165, 173
Villedieu...... 407
Villedieu-les-Poêles. 631
Villedoux...... 77
Villefort....... 135
Villeneuve-sur-Lot. 174
Villers-Cotterets (Forêt de)...... 550
Villerville...... 612
Vilpion....... 548
Vimeu.... 546, 598
Vinaigre (Mont).. 371
Vinça....... 496
Vingeanne... 234, 271
Violent (Le Puy).. 95
Vioménil...... 239
Vionville...... 507
Vire........ 624
Vire (Rivière), 619, 624-625.
Virolle (Saut de la), 65.
Vis..... 124, 162
Vis (Foux de la).. 124
Viso....... 311
Vis Sec, Vissec ou Virenque..... 424
Vissous (Pic de).. 449
Vistre.... 133, 134
Vitré....... 655
Vitrolles (Monts de). 408
Vitry-le-François.. 515
Vivarais, 185, 193, 491-497, 203.
Viviers.... 205, 396
Vivonne..... 74, 88

Vizzavona...... 729
Voirons (Les)... 394
Voise....... 515
Volane..... 196, 198
Vologne.... 246, 249
Volvic....... 51
Vonne....... 88
Vosges.... 244-248
Vouillé....... 89
Voulon..... 87, 89
Voulzie...... 578
Vuache.... 264, 301

W

Wateringues (Les), 528, 530, 535.
Wimereux...... 539
Wissant....... 537
Woëvre (Côtes de). 505
Woëvre (Plaine de). 506

X

Xaintois....... 239
Xaintrie....... 98

Y

Yères..... 579, 599
Yeu (Ile d').. 711-712
Yeux de la Garonne, 467.
Yèvre....... 558
Yffiniac (Anse d').. 658
Yon........ 713
Yonne, 226, 227, 228, 231, 236-238.
Yport....... 603
Yser....... 528
Yssengeaux.. 190, 193
Yvernesse...... 59
Yvetot....... 595

Z

Zuydcoote..... 535

TABLE DES MATIÈRES

PREMIÈRE PARTIE
LA BELLE FRANCE

CHAPITRE PREMIER
NEC PLURIBUS IMPAR
I. Le Coupe-Gorge. . . . 3
II. Europe occidentale; France 6
III. Petitesse de la France. 8
IV. Le Belvédère. . . . 10
V. Perte de l'Alsace-Lorraine 10
VI. Petitesse au dedans, grandeur au dehors. . 12

CHAPITRE DEUX
LES FRONTIÈRES
VII. Frontière du Rhin. 14
VIII. Le nom de France. 15
IX. Frontières de Belgique et de Luxembourg. 17
X. Frontière d'Alsace-Lorraine 21
XI. Frontière de Suisse. 23
XII. Frontière d'Italie. . 25
XIII. Front. d'Espagne. 25
XIV. Front. marines. . 27

DEUXIÈME PARTIE
MONTS INTÉRIEURS

AUX SOURCES DE LA VIE ET DU RENOUVELLEMENT
I. Monts et Montagnards. 33

CHAPITRE PREMIER
DORE, DOME, D'AUVERGNE A BRETAGNE
II. Massif central. . . . 37
III. Monts Dore. 38
IV. Dordogne initiale. . 42
V. Dordogne moyenne, Basse Dordogne . . . 43
VI. Les Couzes. 46
VII. Monts Dôme. . . . 47
VIII. Limagne. 51
IX. Allier, Sioule. . . . 52
X. Monts du Limousin et de la Marche. . . 55
XI. Vienne. 60
XII. Creuse. 62
XIII. Gartempe. 64
XIV. Chavanon, Diège et Luzège. 64
XV. Vézère. 65
XVI. Isle, Auvezère et Dronne. 67
XVII. Tardoire et Bandiat. 70
XVIII. De Guyenne à Touraine, de Limousin à Bretagne 72
XIX. Double. 72
XX. Champagne de Cognac. 73
XXI. Pays-Bas. 73
XXII. Isthme d'Angoumois et Poitou. . . . 74
XXIII. Marais du Poitou. 75
XXIV. Litt. de l'Aunis. 77
XXV. Marais de Saintonge. 79
XXVI. Seudre. 79
XXVII. Presqu'île d'Arvert. 80
XXVIII. Haute-Charente et Touvre. . . . 81
XXIX. Basse-Charente. 84
XXX. Sèvre-Niortaise. 86
XXXI. Clain. 87
XXXII. Ile de Ré. . . 89
XXXIII. Ile d'Oléron. . 90

CHAPITRE DEUX
DU SANCY AUX CÉVENNES
XXXIV. Luguet ou Cézallier 93
XXXV. Le Cantal, sa diramation de torrents. 94
XXXVI. Alagnon. . . . 96
XXXVII. Rue, Sumène, Maronne et Cère. . 97
XXXVIII. Planèze. . . 99
XXXIX. Margeride. . 100
XL. Chapeauroux, Ance, Seuge, Desge. . 101
XLI. Palais du Roi. . 102
XLII. Gévaudan. . . . 103
XLIII. Monts d'Aubrac. 104
XLIV. Truyère. . . . 107

CHAPITRE TROIS
CÉVENNES
XLV. Les Cévennes. . 109
XLVI. Montagne noire 111
XLVII. Espinouze et monts de Lacaune. . 113
XLVIII. Agout. . . . 115
XLIX. Orb. 117
L. Monts du Minervois. 118
LI. Escandolgue. . . . 120
LII. Séranne. 121
LIII. Monts du Vigan, Aigoual. 122
LIV. Hérault. 123
LV. Cévennes de la Gardonnenque. . . . 126
LVI. Gard ou Gardon. 128
LVII. Garrigues de Montpellier. 130
LVIII. Vidourle. . . . 132
LIX. Garrigues de Nimes. 133
LX. Garrigues de Lussan 134
LXI. Cèze. 135
LXII. Lozère. 136

CHAPITRE QUATRE
CAUSSES
LXIII. Les Causses. . 139
LXIV. Causse Méjan. 143

Table des Matières.

- LXV. Causse de Sauveterre. 147
- LXVI. Le grand Cagnon du Tarn. . . . 149
- LXVII. Lévezou, Montagne des Palanges. 154
- LXVIII. Tarn d'en Bas. 155
- LXIX. Causse noir. . . 156
- LXX. Dourbie le Martel. 158
- LXXI. Larzac. 160
- LXXII. Ségalas du Rouergue. 164
- LXXIII. Viaur. . . . 164
- LXXIV. Causse de Rodez. 165
- LXXV. Aveyron. . . . 167
- LXXVI. Causse de Limogne. 168
- LXXVII. Lot. 170
- LXXVIII. Causse de Gramat. 175
- LXXIX. Ouysse. . . . 178
- LXXX. Causse de Martel 179

CHAPITRE CINQ
DES CÉVENNES AUX VOSGES

- LXXXI. De la Lozère au Pilat 181
- LXXXII. Goulet. . . . 182
- LXXXIII. Causse de Montbel. 182
- LXXXIV. Mercoire. . . 183
- LXXXV. Monts de Peyrebeille. 183
- LXXXVI. Le Mézenc et les sucs d'alentour. 185
- LXXXVII. Boutières. 187
- LXXXVIII. Erieux, Doux et Cance . . . 188
- LXXXIX. Lignon Vellave et Semène. . . 190
- XC. Pilat. 191
- XCI. Gier. 192
- XCII. Mégal 193
- XCIII. Monts et volcans du Vivarais . . 194
- XCIV. Ardèche et Chassezac. 197
- XCV. Les Gras. . . . 201
- XCVI. Coiron. 203
- XCVII. Garrigues du Vivarais 205
- XCVIII. Devès. . . . 206
- XCIX. Monts Dolore . 210
- C. Dore. 211
- CI. Monts du Forez. . 212
- CII. Volcans de Montbrison. 213
- CIII. Ance et Lignon forézien. 214
- CIV. Bois-Noirs. . . . 215
- CV. Bèbre, Sichon. . . 216
- CVI. Monts de la Madeleine 217
- CVII. Monts du Lyonnais. 217
- CVIII. Monts du Beaujolais. 220
- CIX. Grosne, Ardière, Azergues. 221
- CX. Monts de Tarare : Rhin et Sornin . . 222
- CXI. Monts du Charolais. 223
- CXII. Morvan. 224
- CXIII. Yonne et Cure supérieures. Arroux. 227
- CXIV. Auxois. 229
- CXV. Serein, Armançon 230
- CXVI. Côte d'Or. . . 232
- CXVII. Plateau de Langres : Tille et Bèze. 233
- CXVIII. Châtillonnais : Laigne, Ource . . 234
- CXIX. Bassigny . . . 236
- CXX. Oolithes de Bourgogne : Yonne et Cure inférieures 236
- CXXI. Monts Faucilles, Madon 238

TROISIÈME PARTIE

MONTS EXTÉRIEURS

CHAPITRE PREMIER
VOSGES ET MOSELLE

- I. De Lutèce aux Vosges : le Bassin de Paris. 243
- II. Les Vosges, leurs forêts. 244
- III. Lacs des Vosges . 246
- IV. Maître mont des Vosges. 247
- V. Moselle et Meurthe. 248
- VI. Lanterne 252
- VII. Ognon. 253
- VIII. Trouée de Belfort. 254

CHAPITRE DEUX
JURA ET SAONE

- IX. Le Jura : ses dislocations, ses plateaux. 256
- X. Enfouissement et résurrection des eaux. 260
- XI. Lacs du Jura. . . 261
- XII. Monts et cols du Jura 264
- XIII. Rivières du Jura. 265
- XIV. Versoix, Valserine. 266
- XV. Ain 267
- XVI. Saône : de la source au Doubs. . . 268
- XVII. Doubs 272
- XVIII. Loue et Lison. 274
- XIX. Doubs au Rhône. 276
- XX. Orbe. 277
- XXI. Dombes. 278
- XXII. Bresse. 281
- XXIII. Seille, Reyssouze et Veyle. . . 283
- XXIV. Jura d'Outre-Rhône. 283

CHAPITRE TROIS
LES ALPES ET LE RHONE

- XXV. Les Alpes en Europe et en France. . 285
- XXVI. Le Mont-Blanc. 287
- XXVII. Glaciers du Mont-Blanc. 288
- XXVIII. Arve 291
- XXIX. Petites Alpes de Savoie. Chablais et Léman. 294
- XXX. Dranse de Savoie. 294
- XXXI. Léman. 296
- XXXII. Monts d'entre Arve, Isère et Rhône. 298
- XXXIII. Lac d'Annecy, le Fier 299
- XXXIV. Lac du Bourget; les Bauges. . . 301
- XXXV. Grande Chartreuse ; Guiers. . . . 303
- XXXVI. Terres Froides, Terres Basses, Ile de Crémieu . . . 305
- XXXVII. Balmes Viennoises. 307
- XXXVIII. Bièvre et Valloire. 308
- XXXIX. Du Mont-Blanc au Mont Cenis. . . 308
- XL. Grands cols, grandes routes des Alpes. 310
- XLI. Du Mont Cenis aux Alpes Maritimes. 311
- XLII. Vanoise 312
- XLIII. Isère supérieure. 313

Table des Matières.

XLIV. Tarentaise. . . 314
XLV. Arc, Maurienne. 316
XLVI. Graisivaudan ; Belledonne 318
XLVII. Grandes Rousses. 320
XLVIII. Monts d'Oisans : Pelvoux . . . 320
XLIX. Champsaur; Drac, Romanche, Vénéon 322
L. Monts du Lans, du Vercors, du Royannais. 326
LI. Bourne. 329
LII. Isère inférieure. . 329
LIII. Petites Alpes méridionales. Monts de la Drôme. 330
LIV. Drôme, Roubion, Eygues, Ouvèze. . . 332
LV. Dévoluy; Souloise. 335
LVI. Buech. 338
LVII. Ventoux et monts de Lure. 339
LVIII. Plateaux de Vaucluse 341
LIX. Vaucluse; la Sorgue. 343
LX. Lubéron 346
LXI. Monts de la Durance. 346
LXII. Déforestation et Reforestation des Alpes françaises. . . . 348
LXIII. Durance. . . . 351
LXIV. Verdon 355
LXV. Grands canaux d'arrosage. 357
LXVI. Basse Durance. 359
LXVII. Alpines. . . . 360
LXVIII. La Crau. . . 361
LXIX. Petits monts de Provence. 363
LXX. Argens. 367
LXXI. Montagnes des Maures. 368
LXXII. Estérel. . . . 370
LXXIII. Siagno et Loup 371
LXXIV. Alpes Maritimes. 373
LXXV. Le Var. . . . 373
LXXVI. La Roya. . . 376
LXXVII. En avant des Alpes : nos plus beaux rivages. 377
LXXVIII. Marseille. . 378
LXXIX. De Marseille à Toulon 379
LXXX. Toulon 380
LXXXI. Iles d'Hyères. 381
LXXXII. Au pied des Maures. 383
LXXXIII. Au pied de l'Estérel. 385
LXXXIV. De Nice à l'Italie : la Corniche. 387
LXXXV. Rhône supérieur : de la source au Jura. 388
LXXXVI. Percée du Jura 390
LXXXVII. Lyon : la Saône. 393
LXXXVIII. De Lyon à Arles. 395
LXXXIX. D'Arles à la mer : Grand Rhône, Petit Rhône. . . . 397
XC. La Camargue. . . 400
XCI. Puissance du Rhône 403
XCII. Grand Plan du Bourg. 406
XCIII. Etang de Berre. 407
XCIV. Camargue languedocienne : du Rhône à Cette 408
XCV. Etang de Thau. 412

CHAPITRE QUATRE
PYRÉNÉES, ADOUR ET GARONNE

XCVI. Les Pyrénées. 411
XCVII. Versant de France, versant d'Espagne. 416
XCVIII. Climats, pluies, glaciers, lacs Pyrénéens 417
XCIX. Grands belvédères. 420
C. Grands Cirques. . . 422
CI. Le Vignemale. . . 424
CII. De la Rhune au Balaïtous. 426
CIII. Du Balaïtous à la Munia. 428
CIV. Néouvielle et ses lacs. 429
CV. Plateau de Gor; Chalosse 431
CVI. Gabas et Luy. . 432
CVII. Gaves des Béarnais, rivièrettes des Basques 433
CVIII. Gave de Pau. 434
CIX. Gave d'Oloron. . 437
CX. Gave de Mauléon. 438
CXI. Bidouze et Nives. 438
CXII. Adour 439
CXIII. Midouze. . . . 441
CXIV. Landes. 442
CXV. Beauté des Landes. 444
CXVI. Dunes landaises. 446
CXVII. Rivage des Landes. 447
CXVIII. D'Hendaye à Cap-Breton 448
CXIX. Cap-Breton et son Gouf 449
CXX. Courant de Soustons. 450
CXXI. Courant de Léon. 451
CXXII. Courant de Contis 452
CXXIII. Courant de Mimizan. 452
CXXIV. Bassin d'Arcachon 454
CXXV. La Leyre. . . 456
CXXVI. La Lège. . . 456
CXXVII. Du Bassin d'Arcachon à la Gironde. 457
CXXVIII. La presqu'île de Grave 458
CXXIX. Avance et Ciron 459
CXXX. Du Pic de Troumouse au port de Vénasque 460
CXXXI. Du port de Vénasque au pic de Carlitte. 462
CXXXII. Pyrénées ariégeoises 462
CXXXIII. Garonne supérieure 467
CXXXIV. Neste . . . 469
CXXXV. Plateau de Lannemezan. 470
CXXXVI. Rivières du Lannemezan. 471
CXXXVII. Canal de la Neste 472
CXXXVIII. De la Neste à l'Ariège : Salat. . 473
CXXXIX. Plaine de Toulouse 474
CXL. Ariège 475
CXLI. Toulouse. . . . 477
CXLII. De Toulouse à Bordeaux. 477
CXLIII. Drot. 478
CXLIV. Bordeaux. . . 479
CXLV. Puissance de la Garonne 480
CXLVI. La Gironde. . 481
CXLVII. Puy de Carlitte à la mer Bleue. 484
CXLVIII. Cerdagne française 485
CXLIX. Corbières. . . 486
CL. Aude. 487
CLI. Agly. 489
CLII. Albères. 490
CLIII. Littoral du Roussillon. 491
CLIV. Tech. 493
CLV. Etang de Saint-Nazaire. 494
CLVI. Têt. 495
CLVII. Etang de Leucate : Font Dame et Font Estramer . . . 496
CLVIII. Etangs de Sigean et de Gruissan. 498

Table des Matières.

QUATRIÈME PARTIE
PETITS MONTS, BAS PLATEAUX, PLAINES

CHAPITRE PREMIER
ARGONNE, ARDENNE, MEUSE, CHAMPAGNE
I. La France inférieure. 503
II. Meuse supérieure, Argonne orientale. . 504
III. La Woëvre. . . . 506
IV. Argonne occidentale. 507
V. Meuse inférieure : Ardennes. 508
VI. Champagne humide. 514
VII. Champagne Pouilleuse. 516
VIII. Pays d'Othe. . . 520
IX. Aube, Marne, Aisne, Vanne. 521

CHAPITRE DEUX
PLAINES, RIVAGES, FLEUVES DU NORD
X. Plaines de Flandre. 526
XI. Les Wateringues. L'Aa. 528
XII. Escaut. 531
XIII. Plateaux de l'Artois et de Picardie. . 533
XIV. Mer du Nord et Pas de Calais. . . . 534
XV. Manche ; sables picards : Canche, Authie. 538
XVI. Marquenterre. . 542
XVII. La Somme. . . 543
XVIII. Oise. 547

CHAPITRE TROIS
DE SANCERRE AU HAVRE ; AUTOUR DE PARIS ; LA SEINE
XIX. Monts de Sancerre 552
XX. Sologne : Cosson, Beuvron, Sauldre. . 553
XXI. Cher 556
XXII. Champagne Berrichonne. 558
XXIII. Boischaut. . . 559
XXIV. Indre : Faluns de Saint-Maur, Champagne Tourangelle. . 560
XXV. Brenne et Claise. 561
XXVI. Perche. . . . 563
XXVII. Beauce : le Loir ; la dessiccation. 564
XXVIII. Gâtinais, Essonne et Loing. . . 571

XXIX. Forêts d'Orléans et de Fontainebleau . 574
XXX. Brie : les deux Morins. 576
XXXI. Seine supérieure. 579
XXXII. Paris. 582
XXXIII. De Paris à la mer. 589
XXXIV. Les deux Vexins : Epte, Andelle. 592
XXXV. Pays de Caux, rivièrettes cauchoises. 594
XXXVI. Falaises normandes : fleuves cauchois ; pays de Bray. 598

CHAPITRE QUATRE
DU HAVRE A SAINT-NAZAIRE : LE NORD-OUEST
XXXVII. Plateaux normands. 603
XXXVIII. Ile de Grâce ; Eure, Avre, Iton. . 606
XXXIX. Plaine de Saint-André. 608
XL. Campagne du Neubourg. 609
XLI. Roumois. . . . 609
XLII. La Rille. . . . 610
XLIII. Pays d'Ouche. 611
XLIV. Lieuvin. . . . 611
XLV. Pays d'Auge : Touques. 613
XLVI. Campagne de Caen : Dives. . . 614
XLVII. Le Bessin : Fosses du Souci. . . 615
XLVIII. Estuaire des Veys. 619
XLIX. Campagnes d'Argentan, d'Alençon, du Saosnois, de Conlie. 620
L. Bocage normand : Orne, Vire. . . . 622
LI. Cotentin. 625
LII. Baie du Mont-Saint-Michel, Sée, Sélune, Couesnon. . 633
LIII. Bocage Manceau : Les Couévrons. . 637
LIV. Mayenne, Sarthe, Maine. 640
LV. La Rance et Saint-Malo. 642
LVI. Méné ; plaine de la Bretagne intérieure. 645

LVII. Monts de Paimpont, landes de Lanvaux. 646
LVIII. Montagne d'Arrée. 647
LIX. Montagnes Noires. 648
LX. Bretagne et Bretons. 649
LXI. Vilaine. 654
LXII. Arguenon, Gouessan, Gouet. . . . 657
LXIII. Trieux, Tréguier, Léguer, Dossen. 659
LXIV. Roscoff, Ile de Batz, fin de la Manche. 662
LXV. En Atlantique : Ouessant. 664
LXVI. Rade de Brest : Aune, Elorn. . . . 666
LXVII. Presqu'île de Crozon, Baie de Douarnenez. 668
LXVIII. Ile de Sein. . 670
LXIX. Baie d'Audierne ; Penmarch. 671
LXX. Odet et Laita. . 672
LXXI. Ile de Groix. . 675
LXXII. Blavet. . . . 675
LXXIII. Presqu'île de Quiberon. 677
LXXIV. Belle-Isle. . . 678
LXXV. Rivière d'Auray, Morbihan. . . . 679
LXXVI. Presqu'île de Rhuis. 681
LXXVII. Presqu'île de Guérande. 682

CHAPITRE CINQ
LA LOIRE
LXXVIII. La Loire, ses excès, ses défaillances. 685
LXXIX. De la source à la plaine du Forez. 689
LXXX. Plaine du Forez. 691
LXXXI. De la plaine du Forez à l'Allier. . . 693
LXXXII. De l'Allier à la Vienne. 694
LXXXIII. De la Vienne à Nantes. 697
LXXXIV. De Nantes à la mer : la Grande Brière. 698
LXXXV. Bocage Poitevin et Angevin, Gâtine. 702

(860)

Table des Matières.

LXXXVI. Thouet et Sèvre Nantaise... 705
LXXXVII. Marais Breton... 707
LXXXVIII. Noirmoutier... 709
LXXXIX. Ile d'Yeu. . 711
XC. Du Marais Breton au Marais Poitevin : le Lay... 712

CHAPITRE SIX

CORSE

XCI. L'île admirable. . 715
XCII. Le tour de la Corse... 718
XCIII. Monts et torrents. Forêts et maquis... 724
XCIV. Les Corses... 731

CINQUIÈME PARTIE

CLIMATS ET PLUIES

I. Les climats de la France, leur variété infinie... 735
II. De 9 à 16 degrés de chaleur moyenne. . 737
III. Les sept climats de France... 738
IV. La pluie en France. 744

SIXIÈME PARTIE

LES FRANÇAIS

I. La France et ses Français... 751
II. Il n'y a point de race française... 753
III. Les « Français » préhistoriques... 754
IV. Les Celtes... 757
V. Les Grecs... 759
VI. Les Romains... 759
VII. Les Germains, Scythes et Sarmates. 762
VIII. Les Normands, les Arabes... 764
IX. Des Normands à nos jours... 765
X. Invasions modernes, adultération pacifique... 766
XI. Stagnation préméditée de la nation française... 770
XII. Diminution relative du nombre des Français... 773
XIII. Pourquoi les Français diminuent relativement... 774
XIV. Croît et décroît; amplification des villes... 775
XV. Emigration... 778
XVI. Catholiques, Protestants, Juifs... 782
XVII. Les Français ne sont point le peuple supérieur... 786
XVIII. Lueurs d'un grand avenir... 788

SEPTIÈME PARTIE

LA LANGUE FRANÇAISE

I. Du sanscrit au français moderne... 793
II. Du XII° au XX° siècle. 795
III. Le latin... 796
IV. Langues néo-latines... 797
V. Origines du français... 798
VI. Supériorité du français... 800
VII. Fin prochaine de l'universalité du français... 802
VIII. Vieilles langues mourantes : Bretons, Flamands, Basques 803
IX. Oc contre oïl; ruine et mort d'oc... 809
X. Pays francophones d'Europe... 813
XI. En Luxembourg. . 814
XII. En Prusse... 814
XIII. En Belgique. . 814
XIV. En Suisse... 816
XV. En Italie... 818
XVI. Dans l'archipel normand... 818
XVII. Le français en Asie... 818
XVIII. Le français en Afrique... 819
XIX. Le français en Canada... 820
XX. Le français en Louisiane... 822
XXI. Le français aux Antilles... 823
XXII. Le français en Guyane... 824
XXIII. Le français en Océanie... 824
XXIV. Décompte des Francophones... 825
XXV. Le Grand Empire... 825
XXVI. Comment naquit l'Amérique « Ibérienne »... 827
XXVII. Comment mourut l'Amérique française : 1700, 1838, . 829
XXVIII. Vaine universalité du français. . 830
XXIX. Comment Grande France est née. . 831
XXX. Valeurs et non-valeurs de l'Empire d'Afrique... 833
XXXI. Miscégénation. 837
XXXII. Propagation de la langue française. 840
XXXIII. Madagascar, Indo-Chine... 841
XXXIV. Le français devient langue mondiale... 842
XXXV. Tandem voti compos!... 843

www.ingramcontent.com/pod-product-compliance
Lightning Source LLC
Chambersburg PA
CBHW070859300426
44113CB00008B/891